תלמוד בבלי

— מהדורת נאה —

קידושין חלק א

Steinsaltz
Center

ירושלים

KOREN

Please note that the number ranges that appear at the bottom of each daf of the Vilna pages indicate the corresponding pages of the Koren Talmud Bavli translation and commentary.

תלמוד בבלי

הוצאת קורן ירושלים

— מהדורת נאה —

מסכת קידושין
דף ב. עד דף כה:

COMMENTARY BY

Rabbi Adin Even-Israel
Steinsaltz

EDITOR-IN-CHIEF

Rabbi Dr Tzvi Hersh Weinreb

EXECUTIVE EDITOR

Rabbi Joshua Schreier

STEINSALTZ CENTER
KOREN PUBLISHERS JERUSALEM

הָאִשָּׁה

הָאִשָּׁה נִקְנֵית בְּשָׁלֹשׁ דְּרָכִים, וְקוֹנָה אֶת עַצְמָהּ בִּשְׁתֵּי דְּרָכִים. [א]נִקְנֵית בְּכֶסֶף, בִּשְׁטָר, וּבְבִיאָה. בְּכֶסֶף, *בֵּית שַׁמַּאי אוֹמְרִים: בְּדִינָר וּבְשָׁוֶה דִּינָר, וּבֵית הִלֵּל אוֹמְרִים: *[ב]בִּפְרוּטָה וּבְשָׁוֶה פְּרוּטָה. [ג]וְכַמָּה הִיא פְּרוּטָה? — אֶחָד מִשְּׁמוֹנָה בְּאִיסַּר הָאִיטַלְקִי. וְקוֹנָה אֶת עַצְמָהּ בְּגֵט וּבְמִיתַת הַבַּעַל. [ד]הַיְּבָמָה נִקְנֵית בְּבִיאָה, וְקוֹנָה אֶת עַצְמָהּ בַּחֲלִיצָה וּבְמִיתַת הַיָּבָם.§ **גמ'** "הָאִשָּׁה נִקְנֵית". מַאי שְׁנָא הָכָא דְּתָנֵי "הָאִשָּׁה נִקְנֵית", וּמ"ש הָתָם דְּתָנֵי "הָאִישׁ מְקַדֵּשׁ"? מִשּׁוּם דְּקָא בָּעֵי לְמִיתְנֵי כֶּסֶף. וְכֶסֶף מנ"ל — *גָּמַר קִיחָה קִיחָה מִשְּׂדֵה עֶפְרוֹן; כְּתִיב הָכָא: °"כִּי יִקַּח אִישׁ אִשָּׁה", (דברים כב) וּכְתִיב הָתָם: °"נָתַתִּי כֶּסֶף הַשָּׂדֶה קַח מִמֶּנִּי". (בראשית כג) וְקִיחָה אִיקְּרֵי קִנְיָן, דִּכְתִיב °"הַשָּׂדֶה אֲשֶׁר קָנָה אַבְרָהָם". (שם מט) אִי

תורה אור

הָאִשָּׁה נִקְנֵית. לְבַעְלָהּ. בְּשָׁלֹשׁ דְּרָכִים. כִּדְמְפָרֵשׁ וְאָזֵיל. וְהַאי שָׁלֹשׁ לְשׁוֹן נְקֵבָה הוּא, וּבַגְּמָרָא בָּעֵי אַמַּאי תָּנָא לְשׁוֹן נְקֵבָה. וְקוֹנָה אֶת עַצְמָהּ בִּשְׁתֵּי דְּרָכִים. גָּרְסִי'. וְקוֹנָה אֶת עַצְמָהּ. לִהְיוֹת בִּרְשׁוּתָהּ לְהִנָּשֵׂא לְאַחֵר. בְּכֶסֶף וּבִשְׁטָר. מְפָרֵשׁ בַּבָּרַיְיתָא בַּגְּמָ' (לקמן ד' ה:) נוֹתֵן לָהּ כֶּסֶף אוֹ שָׁוֶה כֶּסֶף, וְאוֹמֵר לָהּ "הֲרֵי אַתְּ מְקוּדֶּשֶׁת לִי". שְׁטָר — כּוֹתֵב לָהּ עַל הַנְּיָיר, אע"פ שֶׁאֵינוֹ שָׁוֶה פְּרוּטָה "הֲרֵי אַתְּ מְקוּדֶּשֶׁת לִי". בִּיאָה — בָּא עָלֶיהָ, וְאָמַר: "הִתְקַדְּשִׁי לִי בְּבִיאָה זוֹ", וְכוּלְּהוּ יָלֵיף מִקְּרָאֵי. טַעְמָא דְּב"ש מְפָרֵשׁ בַּגְּמָ' (דף יא.). פְּרוּטָה. שֶׁל נְחֹשֶׁת. אִיסָּר הָאִיטַלְקִי. שֶׁל כֶּסֶף, וְדָמָיו שְׁמֹנֶה פְּרוּטוֹת. הַיְּבָמָה נִקְנֵית. לַיָּבָם. בְּבִיאָה. לִהְיוֹת כְּאִשְׁתּוֹ לְכָל דָּבָר, שֶׁאִם בָּא לְגָרְשָׁהּ אַחַ"כ — אֵינָהּ צְרִיכָה הֵימֶנּוּ חֲלִיצָה, אֶלָּא גֵּט. אֲבָל שְׁטָר וְכֶסֶף אֵין מוֹעִילִין בָּהּ מִן הַתּוֹרָה, אֶלָּא מִדְּרַבָּנַן, דְּתַקּוּן דְּמַהֲנֵי בָּהּ מַאֲמָר, כִּדְאָמְרִי' בִּיבָמוֹת (דף נ.): אֲבָל אֵינוֹ גּוֹמֵר בָּהּ לִהְיוֹת יוֹרְשָׁהּ, וּמִיטַּמֵּא לָהּ, לֹא לְפוֹטְרָהּ מִן הַחֲלִיצָה, אֶלָּא לְפוֹסְלָהּ עַל שְׁאָר אֶחָיו. **גמ'** וּמַאי שְׁנָא הָתָם. בְּפֶרֶק שֵׁנִי (לקמן דף מא.) דְּתָנָא: הָאִישׁ מְקַדֵּשׁ בּוֹ וּבִשְׁלוּחוֹ — נִיתְנֵי הָכָא: הָאִשָּׁה מִתְקַדֶּשֶׁת! מִשּׁוּם דְּקָבָעֵי לְמִיתְנֵי כֶּסֶף. בְּהָנֵי קִנְיָנִין. וְאָמְרִינַן לְקַמָּן (דף ד:): כֶּסֶף, מְנָלַן דְּנִקְנֵית בּוֹ? וּמְפָרְשִׁינַן דְּגָמְרִינַן "קִיחָה" "קִיחָה" מִשְּׂדֵה עֶפְרוֹן, דְּאִיקְּרֵי קִנְיָן, הִלְכָּךְ תָּנָא הָכָא קִנְיָן. וְכֶסֶף מְנָלַן. לָאו הָכָא קָא בָּעֵי לָהּ אֶלָּא לְקַמָּן (ד' ג:), וְהָכָא הַאי מְתָרֵץ קָאָמַר לָהּ לְכוּלָּא מִילְּתָא, מִשּׁוּם דְּקָא בָּעֵי לְמִיתְנֵי כֶּסֶף. וְכֶסֶף מְנָלַן יָלְפִינַן לֵיהּ לְקַמָּן (דף ד:) מִ"קִּיחָה" וְ"קִיחָה" לְשׁוֹן קִנְיָן הוּא, הִילְכָּךְ תָּנֵי "הָאִשָּׁה נִקְנֵית". וְנִיתְנֵי

האשה נקנית. הכא תני בה"א, וכן בכמה דוכתין גבי איש ואשה קתני בה"א, כמו "האשה שהלכה" (יבמות דף קיד:), "האשה שהלך בעלה" (שם דף פז:), "האשה שנתארמלה" (כתובות דף טו:), "האיש מקדש" (לקמן דף מא.). וקשה: דההיא דתנן "בתולה נשאת" (כתובות דף ב.) אמאי לא תני "הבתולה נשאת"? וי"ל: דהכא אקרא קאי, כלומר: האשה המבוררת בפסוק, דאשכחנא אשה מבוררת בקרא גבי נשואין, דכתיב "כי יקח איש אשה". אבל בתולה לא קאי אקרא, דלא אשכחנא בשום דוכתא בתולה בקרא מפורש גבי נשואין. אבל קשה: לקמן (דף יד:) דתנן "עבד עברי", "עבד כנעני" (דף כב:), "אמה עבריה" (דף יד:) אמאי לא תני בהם ה'? דהא מבוררין בפסוק נינהו! ושמא בהני עבד ואמה אין נופל בהן לשון ה', שאין מבוררין כ"כ, לפי שהוצרך לפרש בהן בהי מינייהו — אי בעברי אי בכנעני או בעבריה או בכנענית. (א) דהא גבי יבמה קתני "היבמה". ואין לחוש כל כך, שבכ"מ שונה התנא לשון הרהוט לו בפה. דכן מצינו שיש מקומות ששונה המעשה קודם המנין כי האי דהכא, וכן: "בתולה נשאת ליום הרביעי", "אתרוג שוה לאילן בשלש דרכים" ו"התורה נקנית במ"ח דברים" (אבות פ"ו מ"ה) ויש מקומות ששונה המנין קודם כמו "בעשרה מאמרות" (שם פ"ה מ"א), "אור לי"ד בודקין" (פסחים דף ב.), "ז' ימים קודם יו"כ" (יומא ד' ב.), "בשבעה דרכים בודקין את הזב" (זבין פ"ב מ"ב), "בג' דברים שוו גיטי נשים לשחרורי עבדים" (גיטין ד' ט.)*. **ב"ש** אומרים בדינר. במס' עדיות (פ"ד מ"ז) תני ליה גבי קולי ב"ש וחומרי ב"ה. ואע"ג דאי קבלה קדושין מאחר הוו ב"ש לחומרא — מיהו לאו להכי מיתשיל, כדאמרינן ביומא (דף פ:): כי אתשיל — לענין עוג מלך הבשן. **בפרוטה** ובשוה פרוטה. תימה דלא הוה ליה למיתני אלא "בשוה פרוטה" כדתנן ב"הזהב" (ב"מ ד' נה.): חמשה פרוטות הן: ההודאה בשוה פרוטה, והאשה מתקדשת בשוה פרוטה! וי"ל: משום דתנא כאן "בכסף" מפרש באיזה כסף, דינר לב"ש ופרוטה לב"ה. ולפי שלא נטעה לומר כסף דוקא ולא שוה כסף, כדיליף קיחה קיחה משדה עפרון דכתיב ביה "כסף", מפרש שוה כסף. וא"ת: ומנא לן דשוה כסף ככסף? דהא לקמן (דף טז.) מיבעי ליה קרא גבי עבד עברי: "ישיב" — לרבות שוה כסף ככסף. ופדיון הבן דכתיב ביה "כסף", ואמר לקמן (דף ח.) דרב כהנא שקל סודרא בפדיון הבן, ומנא לן דשוה כסף ככסף? ומיהו, בפרק קמא דשבועות (דף ד:) דריש כלל ופרט וכלל. אבל גבי ערכין דכתיב ביה "כסף", והקדש נמי, דתנן (ערכין דף כז.) גבי המקדיש שדהו שהקדש נפדה בכסף ובשוה כסף, מנלן דשוה כסף ככסף? מיהו, בהקדשות נמי אפשר דדרשינן כלל ופרט וכלל, דהא אין הקדש נפדה בקרקע, כדאמרינן ב"הזהב" (ב"מ דף נד.): הרי אמרו אין הקדש מתחלל ע"ג קרקע, דרחמנא אמר "ונתן הכסף וקם לו", ולקמן (דף ה.) נמי אמרינן דאין פודין הקדש ומעשר שני בשטר. אבל גבי קדושין וערכין מנלן דשוה כסף ככסף? וי"ל: דילפינן מע"ע. וא"ת: והא גבי נזיקין נמי כתב קרא "כסף ישיב לבעליו" ודרשינן בפ"ק דב"ק (דף ז.): "ישיב" לרבות שוה כסף ככסף. וא"כ הוו נזיקין ועבד עברי שני כתובין הבאין כאחד, ואין מלמדין! ויש לומר: דתרוייהו צריכי, דאי כתב עבד גרידא — לא מצי למילף נזיקין מיניה, לפי שמצינו שהקפיד הכתוב לענין מיטב, וסד"א נמי כסף דוקא ולא שוה, להכי איצטריך "כסף ישיב" גבי נזיקין. וגבי ע"ע איצטריך נמי קרא, דלא מצי יליף מנזיקין, דהוה אמינא עבד דומיא דנזיקין ואם מיקני בקרקע ליבעי מיטב, לכך איצטריך תרוייהו. אי נמי, י"ל: אי כתב בעבד — הוה אמינא דדין הוא שנקל עליו דיכול לפדות עצמו אפי' בשוה כסף, כדי שלא יטמע בין הגוים. אבל גבי נזיקין, דלא שייך למימר כך — לא אמרי' הכי, ואי כתב בנזיקין גרידא — לא מצי למילף עבד מיניה, דס"ד דלא יהיה שוה כסף ככסף בעבד, לפי שגם הוא גרם לו לימכר על שגנב ונתן בפירות שביעית, וכר' יוסי בר' חנינא דלקמן (ד' כ.), וס"ד דנחמיר עליו לומר דוקא כסף ולא שוה. והא דאיצטריך קרא לפדיון הבן והקדש דשוה כסף ככסף, ולא יליף מנזיקין וע"ע — לפי שבא למעט קרקעות ושטרות שאין פודין בהן בכור אדם והקדשות.

וכמה היא פרוטה. הא דלא מפרש כמה הוא דינר — משום דדינר היו יודעין כמה היה, שהוא אחד *מכ"ד בדינר של זהב, כדאמרינן בריש "הזהב" (ב"מ ד' מד:). אבל פרוטה, איכא פלוגתא בגמרא לקמן (דף יב.) זימנין דזילי וזימנין דייקרי. ועוד: לדברי ב"ה, דקי"ל כוותיה, איבעי ליה לפרושי טפי. **אחד** מח' באיסר. כשהאיסרים כדינס. אבל כשהאיסרים מתזיילין — אחד משםה, כדאמרינן בגמרא (שם). **איטלקי**. מפרש ר"ת: על שם איטליא של יון. ואין לתמוה על הקו"ף, כדאשכחנא (בעזרא ד): שושנכיא על שם שושן. **היבמה** נקנית כו'. תימה: דלא תני מניינא כלדעיל, וליתני: נקנית בדרך אחד וקונה עצמה בשני דרכים. וכמו מניינא דלעיל למעוטי, כדאמרינן בגמרא — האי מניינא נמי למעוטי; דרישא למעוטי כסף ושטר, כדדריש לקמן (דף יד.) ביאה גומר ואין כסף ושטר גומרין בה. ומניינא דסיפא — למעוטי ג"כ דלא נילף ק"ו מאשה, כדאמרי' בגמ' (שם) דדרשינן: "נעלו" — אין, מידי אחרינא לא! וי"ל: דבחדא מילתא אין לשנות מניינא. ואע"ג דגבי אתרוג תנן ששוה לאילן בג' דרכים ולירק בדרך א' — התם בא לפרש דברים החלוקים בו. ומאחר דלא תנא מניינא ביבמה — לא חש לשנות מניינא בעבד עברי* וכנעני.* אי נמי, משום דלא איצטריך למיתני בהם מניינא למעוטי מידי. **מאי** שנא הכא דתנן האשה נקנית. המ"ל: אגב דבעי למיתני סיפא "וקונה את עצמה", דלא שייך התם לשון קדושין. וכה"ג משני בסמוך. מיהו, אומר הר"ר מנוח: דה"מ למיתני: וניתרת בשני דרכים, דגבי קדושין שייך לשון היתר.

משום דקבעי למיתני כסף. והכא לא שייך למיפרך: ותנא תרתי אטו חדא? כדפריך לקמן. דלשון קנין שייך נמי בשטר וביאה. ולא היה תמוה על לשון קנין, אלא משום דלקמן תנא לשון קידושין והכא תנא לשון קנין. אי נמי, בשטר נמי אשכחן לשון קנין, דכתיב "ואקח את ספר המקנה" (ירמיה לב). **וכסף** מנלן גמר קיחה קיחה משדה עפרון. ואם תאמר: ומה צריך לכל זה? לא היה צריך לומר אלא כסף איקרי קנין, דכתיב "נתתי כסף השדה קח ממני" וכתיב "השדה אשר קנה אברהם" אי נמי "שדות בכסף יקנו"! וי"ל: דבהכי לא סגי, דנהי דכסף השדה איקרי קנין — כסף דאשה לא איקרי קנין, לכך צריך להביא ראיה דאותו כסף דגמרינן אשה מיניה איקרי קנין. **וכתיב** התם "נתתי כסף השדה קח ממני". אינו חושש אלא שמוצא לשון קיחה. אע"ג דלא דמי, דקיחה דהכא קיימא אכסף של שדה, וקיחה דאשה לא קיימא אכסף של אשה, אלא אאשה עצמה. וא"ת: וליתני "האשה נקחת", שהוא לישנא דקרא טפי, דכתיב "כי יקח", ותנן נמי עירובין (ד' כו:) "הכל נקח בכסף מעשר", וביאה שייך נמי לשון קיחה, דכתיב (ויקרא כ) "ואיש אשר יקח, את אחותו"! וי"ל: דלא שייך למיתני סיפא "ולוקחת עצמה בב' דרכים". אי

עין משפט נר מצוה

א א מיי' פ"א מהל' אישות הל"ב סמג עשין מח טוש"ע אה"ע סי' כו סעי' ד:

ב ב מיי' שם פ"ג הל"א סמג שם טוש"ע אה"ע סי' כז סעי' א:

ג ג מיי' פ"ג מהל' טוען ונטען הל"א סמג עשין נה טוש"ע אה"ע סי' כז סעי' י:

ד ד מיי' פ"א מהלכות יבום הל"א ופ"ב שם הלכה ג סמג עשין נא טוש"ע אה"ע סי' קסו סעי' ז:

תוס' ר"י הזקן

האשה נקנית לבעל בא' מג' דרכים: וקונה את עצמה. מיד הבעל וכולה מפרש בגמ': היבמה נקנית ליבם קנין גמור ליורשה וליטמא לה בביאה. אבל ההוא קנין דלעיל לא הוי קנין גמור דעדיין אינו יורשה ואינו מטמא לה אם הוא כהן אלא שנעשית ארוסה: התם. בפרקא דלקמן:

[וע"ע תוס' ע"ז ג. ד"ה לפני]

מסורת הש"ס

עדיות פ"ד מ"ז בכורות נ:

ב"מ נה. [לקמן יא:]

[לקמן ג. יא:]

[נ"ל מכ"ה]

[לקמן יד:]

[לקמן כב:]

הגהות הב"ח

(א) תוס' ד"ה האשה וכו' דהא גבי יבמה. נ"ב עיין בשו"ת ב"ח סי' קפב:

תורה אור

ירמיה לב אי נמי °"שדות בכסף יקנו", תני "האשה נקנית". וניתני התם "האיש קונה"! מעיקרא תני לישנא דאורייתא, ולבסוף תני לישנא דרבנן. ומאי לישנא דרבנן? דאסר לה אכ"ע כהקדש. וניתני הכא "האיש קונה"! משום דקא בעי למיתנא סיפא "וקונה את עצמה", בדידה – תנא נמי רישא בדידה. וניתני "האיש קונה ומקנה"! משום דאיכא מיתת הבעל, דלאו איהו קא מקני, *מן שמיא הוא דמקני לה. ואב"א: אי תנא "קונה" – ה"א אפילו בע"כ, תנא "האשה נקנית", א דמדעתה – אין, *שלא מדעתה – לא. ומאי איריא דתני "שלש"? ליתני "שלשה"! משום דקא בעי למיתני "דרך"; ו"דרך" לשון נקבה הוא, דכתיב: °"והודעת להם את הדרך ילכו בה". שמות יח ואלא הא *דתניא: *בשבעה דרכים בודקין את הזב, ניתני "שבע"! משום דקא בעי למיתני "דרך", ואשכחן "דרך" דאיקרי לשון זכר, דכתיב: °"בדרך אחד יצאו אליך ובשבעה דרכים ינוסו לפניך". דברים כח אי הכי קשו קראי אהדדי, וקשיא נמי מתני' אהדדי! קראי אהדדי לא קשיין. הכא דבתורה קאי, ותורה איקרי לשון נקבה, דכתיב: °"תורת ה' תמימה משיבת נפש" – תהלים יט כתב לה בלשון נקבה. התם דבמלחמה קאי, דדרכו של איש לעשות מלחמה ואין דרכה של אשה לעשות מלחמה – כתב לה בלשון זכר. מתני' אהדדי לא קשיין; הכא דלגבי אשה קאי – קתני לה בלשון נקבה; התם דלגבי איש קאי, דדרכו של איש ליבדק ואין דרכה של אשה ליבדק, דהא אשה נמי באונס מיטמאה – תני לשון זכר. מ"ט תני "שלש"? משום "דרכים", ניתני "דברים", וניתני "שלשה"! משום דקבעי למיתני ביאה, וביאה איקרי "דרך", דכתיב: °"ודרך גבר בעלמה כן דרך אשה מנאפת". משלי ל הא תינח ביאה, כסף ושטר מאי איכא למימר? משום ביאה. ותני תרתי אטו חדא? הנך נמי צורך ביאה נינהו. ואב"א: הא מני? ר"ש היא. דתניא, ר"ש אומר: מפני מה אמרה תורה °"כי יקח איש אשה" ולא כתב "כי *תלקח אשה לאיש"? דברים כב *מפני שדרכו של איש לחזר על אשה, ואין דרכה של אשה לחזר על איש. משל לאדם שאבדה לו אבידה. מי חוזר על מי? בעל אבידה מחזר על אבידתו. והא דתנן: *בז' דרכים בודקין את הזב, ליתני "דברים"! התם הא קמ"ל דדרכא דמיכלא יתירא לאתויי לידי זיבה, ודרכא דמישתיא יתירא לאתויי לידי זיבה. והא דתנן: *ג אתרוג שוה לאילן בג' דרכים, ליתני "דברים"! משום דבעינן מתני סיפא "ולירק בדרך אחד". סיפא נמי ניתני "דבר"! התם

וניתני הכא האיש קונה. כי היכי דקתני בלישנא דרבנן "האיש מקדש". וניתני. הכא, "האיש קונה בג' דרכים". ומקנה. אותה לעצמה בשתי דרכים. ומשני משום דאיכא בהנהו ג' דרכים מיתת הבעל. בודקים את הזב. במאכל, ובמשתה, בחולי, במשא, בקפיצה, ומראה, והרהור, שמא מחמת אחד מהן ראה, ואנוס הוא וטהור. דרחמנא אמר (ויקרא טו): "מבשרו" – מאליו, ולא מחמת אונס. והאשה באונס נמי מטמאה, כדאמר בפ' "בנות כותים" (נדה דף לו:): כשהוא אומר "כי יזוב זוב דמה" – הרי אונס אמור. ופרכינן: מ"ט תני שלש. משום "דרכים" קאמרת. ליתני דברים וניתני שלשה. כי אורחא דגמרא. ותני תרתי משום חדא. בתמיה: שינה לשון כסף ושטר משום ביאה? היה לו לילך אחרי הרוב! הא מני. דתני לשון "דרך" בקדושי אשה – ר"ש היא דאמר: אורחא דארעא שייך ביה. אבידה. אחת מצלעותיו. בג' דרכים. ערלה ורבעי נוהג בו כאילן, ולענין שביעית הולכין בפירותיו אחר החנטה כאילן, ולא אחר לקיטה כירק. ולירק בדרך אחד. שבשעת לקיטתו עישורו, שאין הולכין בו לענין מעשרות אחר חנטה כשאר אילנות, אלא אחר שנה שנלקט בו, כירק, כדמפרש טעמיה לקמן. המעשרות משתנות כסדר השנים: שנה ראשונה של שמיטה – מעשר ראשון ושני, וכן בשניה. אבל שלישית – מעשר ראשון ומעשר עני. ואם חנט בשניה ונלקט בשלישית, בשאר אילנות – אחר חנטה, ובאתרוג – אחר לקיטה, כירק.
התם

אי נמי שדות בכסף יקנו. והא דלא מייתי קנין שנכתב בתורה "מכסף מקנתו" (ויקרא כה) משום דבעי לאתויי קנין דשדה. וקשה: א"כ ה"ל לאתויי "השדה אשר קנה אברהם"! וי"ל: דמההיא ליכא למידק, דאיכא למימר: השדה אשר קנה אברהם בחזקה או בשטר, דהא לא כתיב "השדה אשר קנה בכסף". דאסר לה אכ"ע כהקדש. ו"הרי את מקודשת לי" כלומר: להיות לי מקודשת לעולם בשבילי. כמו (נדרים ד' מח.) "הרי הן מקודשין לשמים" – להיות לשמים. ופשטא דמילתא: מקודשת לי – מיוחדת לי ומזומנת לי. ומיהו, אם היה אומר "טלית זו מקודש לי" – אין נראה שיועיל, דגבי אשה, כמה דמתיחדת להיות לו – היא נאסרת לכל, אבל בככר וטלית – לא שייך למימר הכי. אי תנא קונה ה"א בע"כ. ואע"ג דתני "האיש מקדש" דמשמע בע"כ, היינו משום דכבר אשמועינן הכא דבע"כ לא. והא דקתני "היבמה נקנית", ולא קתני "היבם קונה", בע"כ איידי דקתני "האשה נקנית" תני נמי סיפא "היבמה נקנית", דנקנית משמע מדעתה ומשמע בע"כ.
ליתני שלשה. פירוש: משום דכל התורה כולה בלשון זכר נאמרה. קשו קראי אהדדי. אע"ג דמצינו כמה דברים שנקראים בלשון זכר ונקבה, דכתיב (יחזקאל ב) "יד שלוחה אלי והנה בו מגילת ספר", וכן "השמש באה" (בראשית טו) "השמש יצא" (שם יט) "המחנה האחת והכהו" (שם לב) וכן בלשון חכמים מצינו (שבת דף כא.) גבי "נר שכבתה אין זקוק לה" "נר שכבה" (שם דף מד.) "הלכה תמורך טרפון" (סנהדרין דף לג.) "השוכר את החמור והבריקה והוליכה בהר" (ב"מ דף עח.), "לא הספיק בעל הפרה למשוך את החמור עד שמת החמור" (כתובות דף עו.) והכנה רבות. מיהו, היכא דאיכא לשנויי – משנינן. ובקראי נמי, יש שום דרשה. אי נמי: לפי שראה המשניות ששינו לשונם אחרי שני הפסוקים, היה רוצה לתת בהם טעם ודקדוק עליהם. הכא דבתורה קאי ותורה איקרי לשון נקבה. וא"ת: מלחמה נמי איקרי לשון נקבה, דכתיב (שמואל א, לא) "ותכבד המלחמה אל שאול", "ותוסף (עוד) המלחמה" (שם יט) ועוד: כי היכי דקאמר דרכו של איש לעשות מלחמה ולא אשה – ה"נ דרכו של איש ללמוד תורה ולא אשה! וי"ל: דלא דמי, דהכא בתורה גופיה קאי, דקרי הכתוב בלשון דרך, ולא קאי בלומדיה. וכתוב "יצאו אליך" (דברים כח) אאנשי מלחמה קאי, והם האנשים שדרכם לעשות המלחמה: [מפני מה אמרה תורה "כי יקח" וכו'. פי' דמשמע בע"כ, ולא כתיב "כי תלקח" דמשמע מדעתה] ת"י.
אתרוג שוה לאילן בג' דרכים. פי' בקונטרס: לערלה ולרבעי ולשביעית. דלענין שביעית הולכין בפירותיו אחר חנטה כאילן, ולא בתר לקיטה כירק. וא"ת: השתא משמע דרבעי נוהג באתרוג, א"כ קשה מהכא למ"ד: תני כרם רבעי, בריש "כילד מברכין" (ברכות דף לה.) דמשמע דאין רבעי נוהג בשאר אילנות! וי"ל: דה"ק: כרם רבעי – כל היכא דמצי למתני, והיכא דל"מ למתני לא פליגי עליה. דלא פליגי התם לומר שלא יסבור שום תנא נטע רבעי, דשמא בר מההיא דאתרוג איכא פלוגתא דתנאי בהדיא בשום מקום, ולא נחלקו אלא לסתום המשניות דסוף מס' מעשר שני ובשאר דוכתין, אי כמאן דסבר (ברכות דף לה.) נטע רבעי, אי כמאן דסבר (שם) כרם רבעי – לידע כמאן הלכתא. וי"מ: דאפי' מאן דתני כרם רבעי – מודה בשאר אילנות דמדרבנן נוהג, והכא מדרבנן קאמר. ויש לנו נפקותא בדבר, דאי פליגי, דמאן דתני כרם רבעי דוקא, אבל בנטע אין רבעי כלל אפילו מדרבנן, ואמרו (שבת דף קלט.): כל המיקל בארץ – הלכה כמותו בחוצה לארץ, וא"כ עכשיו בחו"ל אין דין רבעי נוהג באילנות. ואי מדרבנן כ"ע מודו דנוהג בשאר אילנות – ה"ה בחו"ל דרבעי נוהג מדרבנן. ומה שפי' בקונטרס: לשביעית אזלינן בתר חנטה כאילן, ולא בתר לקיטה כירק. משמע מתוך פירושו דבירק אזלינן בתר לקיטה לענין שביעית. ולא דק, דבמס' שביעית (פ"ט מ"א) תנן: כל הספיחים מותרין, חוץ מספיחי כרוב. והקשה רבינו נסים: דבפרק "מקום שנהגו" (פסחים דף נא:) תני איפכא? ותירץ: דההיא דמס' שביעית דקתני כל הספיחים מותרין – מיירי בספיחים של ערב שביעית שנכנסו בשביעית. דכיון שגדלו רובן בששית הם כשל ששית, ומותרין אף לסחורה, חוץ מספיחי כרוב שהם אסורין לסחורה כדין שביעית, או אחר הביעור לאכילה, כדמפרשינן בירושלמי: דכל ירק אתה יכול לעמוד עליו בין חדש בין ישן. אבל ספיחי כרוב שדרכו לגדל אמהות אמהות, ויש עלין שהם גדלים בשביעית, ושמא יקח מן העלין שהן אסורין, ויאמר: מן האמהות לקחתי. וההוא ד"מקום שנהגו" (שם) דקתני: כל הספיחים אסורים – מיירי בספיחים שגדלו בשביעית, ואליבא דרבי עקיבא, דדריש: וכי
מאחר

ה א מיי' פ"ד מהל' אישות הל"א סמג עשין מח טוש"ע אה"ע סי' מב סעי' א:
ו ב מיי' פ"ב מהל' מחוסרי כפרה הל"ב:
ז ג מיי' פ"א מהל' מעשר שני הל"ה ופ"ד מהל' שמיטה ויובל הלי"ב:

תום' ר"י הזקן
דאורייתא דכתיב לשון קנין בכסף: והא דתנן בשבעה וכו' בזבין פרק [ב'] היא שנויה:

[נ"ל דתנן]

כתובות פב: [וש"נ] יבמות לט.

[ז"ל רש"י ביבמות יט: ד"ה קדושין דעלמא והלכה והיתה לאיש אחר מדעתה משמע וע"ע רש"י לקמן מד. ד"ה קדושין למדעתה דבעינן דעת המקנה]

[זבין פ"ב מ"ב נזיר סה:]

ס"א תקח

נדה לא:

נזיר סה: זבין פ"ב מ"ב

ר"ה יד: סוכה לט: בכורים פ"ב מ"ו

התם הא קמשמע לן דדרכיה דאתרוג כירק; מה ירק דרכו ליגדל על כל מים, ובשעת לקיטתו עישורו – אף אתרוג דרכו ליגדל על כל מים, ובשעת לקיטתו עישורו. והא דתנן: *כוי יש בו דרכים שוה לחיה, ויש בו דרכים שוה לבהמה, ויש בו דרכים שוה לחיה ולבהמה, ויש בו דרכים שאינו שוה לא לחיה ולא לבהמה, ניתני "דברים"! ותו: הא דתנן: *זו אחת מן הדרכים ששוו גיטי נשים לשחרורי עבדים, ניתני "דברים"! אלא: כל היכא דאיכא פלוגתא – תני "דרכים". וכל היכא דליכא פלוגתא – תני "דברים". דיקא נמי, דקתני סיפא: ר"א אומר: אתרוג שוה לאילן לכל דבר. ש"מ. § מניינא דרישא למעוטי מאי, מניינא דסיפא למעוטי מאי? מניינא דרישא למעוטי חופה. *ולרב הונא דאמר: חופה קונה מק"ו למעוטי מאי? למעוטי חליפין. ס"ד אמינא: הואיל *וגמר קיחה קיחה משדה עפרון, מה שדה מקניא בחליפין – אף אשה נמי מקניא בחליפין. קמ"ל. ואימא הכי נמי! חליפין איתנהו בפחות משוה פרוטה, ואשה בפחות משוה פרוטה לא

רש"י

התם הא קמ"ל. לטעם דאזלינן ביה אחר לקיטה משום אורחא דמילתא הוא. מפני שדרכו ליגדל על כל המים. שמשקין אותו במים שאובין כירק. דהיינו טעמא דירק, כדאמר בר"ה (דף יד.): גורן ויקב כתיב גבי מעשר: "כדגן מן הגורן" כו', מה גורן ויקב מיוחדין שגדלין על רוב מים, דהיינו גשמים, ומתעשרין אחרי השנה שעברה, כדאמרינן בר"ה (דף יב:) דאזלינן בתר שנה שהביאו שליש בה, ולא בתר לקיטתו, וילפינן לה מקראי – אף כל שגדלין על רוב מים, דהיינו אילנות – מתעשרין לשעבר. ואע"ג דמעשר ירקות דרבנן הוא – אסמכינהו אקראי. יצאו ירקות שגדלין על כל מים – מתעשר לשנה הבאה. כוי. ספק חיה ספק בהמה. יש בו דרכים כו'. דכיון דמספקא לן – ניזיל ביה לחומרא. שוה לחיה. וטעון כיסוי דם. ולבהמה. חלבו אסור. ושוה לבהמה וחיה. טעון שחיטה. שאין שוה לא לחיה ולא לבהמה. אסור הרבעה עם בהמה וחיה. זו אחת מן הדרכים. שהמביא גט או שחרור ממדינת הים צריך שיאמר: בפני נכתב ובפני נחתם, בפ"ק דגיטין. דאיכא פלוגתא. חילוק בדרכיו: בדרך זו הוא דומה לכאן, ובדרך זו אינו דומה. כגון מתני' "בג' דרכים" – למעוטי חופה דלא קניא, ודזב – הכי הוא דהוי אונס לזיבה, ולא אונס אחר. ודגטין – באלו שוה, ולא באומר "תנו גט זה לאשתי ושטר שחרור זה לעבדי", דחוזר בגט ואינו חוזר בשחרור, דזכין לו לאדם שלא בפניו. דיקא נמי. דהיכא דלא הוי ליה פלוגתא תנא "לכל דבר". מניינא דרישא. ג' דרכים. מניינא דסיפא. וקונה את עצמה בשתי דרכים. למעוטי חופה. שאם מסרה לו אביה לחופה לשם קידושין – אינה מקודשת בכך. ולרב הונא כו'. לקמן בשמעתין (דף ה.). חליפין. קנין סודר. מה שדה מקניא בחליפין. דכתיב (רות ד): "ושלוף נעלו", וקסם שדה הואי. חליפין איתנהו בפחות משוה פרוטה. דקי"ל בפרק "הזהב" (ב"מ דף מז.): קונין בכלי אע"פ שאינו שוה פרוטה.
לא

תוספות

מאחר שלא נזרע מהיכן אוספין? אלא לימד על הספיחים שהן אסורים אפילו לאכילה, וכ"ש לסחורה. וסבר דספיחים אסורין בשביעית מדאורייתא, ואפילו קודם זמן הביעור. וכשילא למולאי שביעית – אסור מדרבנן בכדי שיעשו כיוצא בהן. וקסבר: כל שאר ספיחים אסורים במולאי שביעית, אבל ספיחי כרוב שאין כיוצא בהן בירקות השדה לא גזרינן בהם משום שאר ספיחים, דהא מינכרא מילתא. ומה שגידל אמהות – הרי היא של שביעית, ואסור. ומה שלא הגיע – הרי הוא של מולאי שביעית, ושרי. ומאן דחזי לבר איניש דאכל ספיחי כרוב למולאי שביעית – לא אתי למיכל שאר ספיחים, דהא שאני משאר ספיחים, ולא גזרינן היתירא משום איסורא. מ"מ ש"מ דלא אזלינן כלל בירק בתר לקיטה, אלא בתר רוב גידולים, מדשרי ספיחי שביעית שנכנסו לשביעית! וי"ל: דנהי (א) דהסיפא דלא אזלינן בתר לקיטה מ"מ בתר חנטה נמי לא אזלינן, אלא הגדל באיסור – אסור, בהיתר – מותר. מה שאין כן באתרוג ושאר אילן דאזלינן לגמרי בתר חנטה; דאם חנט באיסור, אפי' מה שגדל בהיתר אח"כ – אסור. והשתא, לשביעית שוה לאילן, דאי הוה בירק – הוה אזלינן בתר רוב גידול. מה ירק דרכו ליגדל על כל מים. טעמא דירק מפרש בפ"ק דר"ה (דף יד. ושם) דגורן ויקב כתיב גבי מעשר "כדגן מן הגורן כו'", מה גורן ויקב מיוחדים שגדלים על רוב מים – מתעשרים לשנה שעברה, יצאו ירקות שגדלין על כל מים. ואע"ג דמעשר ירק מדרבנן, והיאך עושה בנין אב מדבר שהוא מדרבנן – אסמכוה רבנן אקרא, כדפירש בקונטרס. ור"י פי': אם אינו ענין למעשר – תנהו ענין לשביעית, שנוהג בירק מן התורה. דעיקר דרשה אתיא לשביעית לענין ירק, דהוי דאורייתא בין בירק בין באילנות, כדאמרינן בר"ה (דף טו:): אמינא לך מעשר מרובין – דרבנן, ואמרת לי שביעית דבנות שוח – דאורייתא! וה"ה בירקות דהוו דאורייתא מסתמא, ככל דבר שהוא (ב) אוכל ונשמר כו', כדתנן במס' שביעית (פ"ז מ"א): כלל אמרו בשביעית כו'. וה"ק: מה גורן ויקב שגדלין על רוב מים, ואזלינן בתר שנה שעברה לגבי שביעית – אף כל כו'. וקשה: דהרי אתרוג שגדל על כל מים, כדאיתא בשמעתין, ואפ"ה אמרינן שוה לאילן לענין שביעית ליזיל בתר חנטה! ושמא י"ל: דהא דאזלינן ביה בתר חנטה לשביעית – היינו דוקא לחומרא, כגון אם חנט בשביעית ונלקט בשמינית. א"נ, י"ל: אע"ג דאתרוג גדל על כל מים אין לנו לחלקו מדין שאר אילנות לענין שביעית, כיון דלענין ערלה ורבעי לא חלקתו תורה משאר אילנות. ודרשה דגורן ויקב – לירקות אתא ולא לאתרוג. ומכ"מ, לענין מעשר שהוא דרבנן תקנו חכמים אחר לקיטתו עישורו, הואיל וגדל על כל מים כירק. וא"ת: אמאי לא חשיב שהאתרוג שוה לאילן לכלאים, שאינו כלאים בכרם, וליחשב דשוה לאילן בארבע דרכים? וי"ל: לא תני אלא דשוה לאילן ליזיל בתר חנטה, ולירק בתר לקיטה. וא"ת: אמאי לא חשיב שוה לירק בשני דרכים, כגון לענין פיאה, דלא מיחייב אתרוג בפיאה משום דאין לקיטתו כאחד? דלענין פיאה בעינן לקיטתו כאחד, ומהאי טעמא ממעטינן תאינה בפרק "כלל גדול" (שבת דף סח.) ובפרק "מקום שנהגו" (פסחים דף נו:). ובירק נמי אין פיאה מתנהגת, דאינו בכלל דבר המתקיים, כדאיתא התם! וי"ל: כיון דאיכא אילנות טובא שאין חייבין בפיאה, כגון האגוז והחרובים, השנויים במסכת פיאה (פ"א משנה ה) – לא שייך למיתני שוה לירק. ומהאי טעמא נמי לא קאמר שוה לירק לענין ביכורים – (ג) שאין ביכורים אלא משבעה מינין, כדאיתא בספרי, אם כן שוה נמי לשאר אילנות. **לא** לחיה ולא לבהמה. פי': (ד) לענין הרבעה, משום דמספקא לן אי מין חיה אי מין בהמה הוא. הקשה הר' אליעזר: למ"ד (חולין דף פ.): כוי בריה בפני עצמו הוא מאי איריא משום דמספקא לן כו' אפילו ידעינן דחיה היא לא מרביעין אלא על בדי! וי"ל: דאיתא כמ"ד (שם) כוי זה הבא מן התיש ומן הצבייה, ומספקא לן אי חוששין לזרע האב או לא. דאי הוה אמר דאין חוששין היינו מרביעין עליה צבי.

ואשה בפחות מש"פ לא מקניא נפשה. פי' בקונטרס: משום דגנאי הוא לה, הילכך בטיל לה תורת חליפין בקידושין, ואפילו בכלי שיש בה ש"פ, אי יהיב לה בתורת חליפין. וקשה לר"ת: דא"כ, פשטה ידה וקבלה – תתקדש בפחות מש"פ, ועוד: כיון דתלי טעמא משום דגנאי הוא לה – א"כ אמאי לא פריך בגמרא: בנתיה דרבי ינאי דקפדו אנפשייהו ולא מקדשי בפחות מתרקבא דדינרי כו'? כי היכי דפריך לקמן (דף יא.) אמילתיה דב"ש! ועוד קשה: כיון דס"ד השתא למגמר קניני אשה מקניני שדה – א"כ אשה נמי תקני בחזקה, כמו שדה? ועוד, דלקמן (דף ה.) בעי בגמ': בשטר מנלן? ומאי בעי? ליגמר משדה! לכך נראה לר"ת, דגרסי': בפחות משוה פרוטה לא מקניא. ולא גרס "נפשה", דלא בקפידא תליא מילתא, אלא ה"ט: משום דגמר "קיחה" "קיחה" משדה עפרון דכתיב ביה כסף, ובפחות משוה פרוטה לא מיקרי כסף. והמקשה שהקשה תחילה: ואימא ה"נ, בשטר וחזקה לא הקשה – דהא פשיטא דלא גמרינן "קיחה" לעשות אשה ככל עניני שדה. ולהכי מבעיא לן לקמן: בשטר מנלן? דלא גמרינן משדה אלא לכסף דוקא, דכתיב ביה "קיחה". ולא פריך מחליפין אלא משום דסד"א דהוי כעין כסף דקרא, שיש בהם שוה פרוטה. והכי פירושו: ואימא ה"נ שתקנה אשה בחליפין, כשיש באותם חליפין שוה פרוטה, כעין כסף דקרא, טפי משטר שיש בו שוה פרוטה דא"ל שישוה השטר פרוטה, כדאמרי' גיטין (דף כ.): כתבו על איסורי הנאה – כשר. אבל חליפין דשוה פרוטה דומין לכסף! ומשני: חליפין איתנהו בפחות משוה פרוטה, וא"כ אינם מטעם כסף, אלא קנין אחר הוא. וא"ת: היכי ס"ד דניליף משדה עפרון שתקנה אשה בחליפין? והא שדה עפרון גופה לא מיקני בחליפין, דלא מצינו חליפין בגוי, דהא אמרינן בבכורות (דף יג.): מדישראל בחלה גוי נמי בחלה?! וי"ל: דהיינו לבר מחליפין, דומיא דישראל בחלה. וה"ק: מדישראל בחלה – קנין חדש, בר מחליפין שהם בשניהם. וכן משמע לקמן (דף ח.) גבי נמכר לגוי: "מכסף מקנתו", בכסף נקנה ואין נקנה בתורת תבואה וכלים, ומאי ניהו – חליפין. ש"מ דשאר דברים נקנין בחליפין לגוי. וכן היה רגיל ר"ת לשלוח הרשאה ביד גוי, והיה מקנה בחליפין. ומיהו, בזה צריך ליזהר שלא לכתוב "וקנינא מיניה" – דאין שליחות וזכיה לגוי, כדאמרינן בפרק [חמישי] דבבא מציעא (דף עא:) אלא "וקנה הגוי" כתבינן. ואם תאמר: אם כן, כיון דפשיטא לן דאשה לא מקניא בחליפין, אמאי

עין משפט נר מצוה

ח א מיי' פ"ב מהל' נזירות הל' י:

תוס' ר"י הזקן

על כל מים. את דמפרש אפי' אינון מי גשמים. ועיקר הפירוש הוא על כל מים שיבאו אליו אין מים מזיקים אותם כלל: דתנן כוי וכו'. בבכורים פ' ב' היא שנויה: פלוגתא. שמחלק בענין: חופה. שאם מסרה לחופה לשם קידושין לא מהני: ולרב הונא דאמר. לקמן: חליפין. קנין סודר: משדה עפרון. לקמן: בפחות משוה פרוטה. דקי"ל קונין בכלי אע"פ שאין בו שוה פרוטה:

מסורת הש"ס

בכורים פ"ב מ"ח חולין קלב.

גיטין ע.

[לקמן ה.]

[לעיל ב.]

הגהות הב"ח

(א) תוס' ד"ה (בע"א) אתרוג וכו' וי"ל דנהי דלא כצ"ל ותיבת דהסיפא נמחק: (ב) ד"ה מה וכו' מסתמא ככל דבר שהוא מאכל כו' כדתנן במסכת שביעית כלל גדול אמרו: (ג) בא"ד לענין ביכורים דכיון שאין ביכורים אלא: (ד) ד"ה לא וכו' פי' בקונטרס לענין הרבעה:

עין משפט נר מצוה

ט א ב מיי' פ"ג מהל' אישות הל' א סמג עשין מח טוש"ע אה"ע סי' לג סעי' א:

[ועיין היטב בתוס' דחולין קיז: ד"ה חד למעוטי וכו']

לָא מַקְנְיָא נַפְשָׁהּ. מִנְיָינָא דְּסֵיפָא (לְמַעוּטֵי מַאי?) לְמַעוּטֵי חֲלִיצָה. סד"א תֵּיתֵי בְּק"ו מִיבָמָה, *מַה יְבָמָה שֶׁאֵינָהּ יוֹצְאָה בְּגֵט — יוֹצְאָה בַּחֲלִיצָה, זוֹ שֶׁיּוֹצְאָה בְּגֵט — אֵינוֹ דִּין שֶׁיּוֹצְאָה בַּחֲלִיצָה. קמ"ל. וְאֵימָא ה"נ! אָמַר קְרָא °"סֵפֶר כְּרִיתוּת" (דברים כד) — *סֵפֶר כּוֹרְתָהּ, וְאֵין דָּבָר אַחֵר כּוֹרְתָהּ.§ "בְּכֶסֶף".§ מנ"ל? וְתוּ, הָא דִּתְנַן: *אהָאָב זַכַּאי בְּבִתּוֹ בְּקִדּוּשֶׁיהָ; בְּכֶסֶף בִּשְׁטָר וּבְבִיאָה — מְנָלַן דְּמִיקַּנְיָא בְּכֶסֶף, וְכֶסֶף דַּאֲבוּהָ הוּא? אֲמַר רַב יְהוּדָה אֲמַר רַב: דְּאָמַר קְרָא: °"וְיָצְאָה חִנָּם אֵין כָּסֶף" (שמות כא) — אֵין כֶּסֶף לְאָדוֹן זֶה, אֲבָל יֵשׁ כֶּסֶף לְאָדוֹן אַחֵר. וּמַאן נִיהוּ? אָב. וְאֵימָא לְדִידָהּ! *הָכִי הַשְׁתָּא?! אָבִיהָ מְקַבֵּל קִידּוּשֶׁיהָ, דִּכְתִיב: °"אֶת בִּתִּי נָתַתִּי לָאִישׁ הַזֶּה" (דברים כב), וְאִיהִי שָׁקְלָה כַּסְפָּא?! וְאֵימָא ה"מ — קְטַנָּה דְּלֵית לָהּ יָד לְקַבֵּל קִידּוּשִׁין, אֲבָל נַעֲרָה דְּאִית לָהּ יָד לְקַבֵּל קִידּוּשִׁין — תִּקְדִּישׁ אִיהִי נַפְשָׁהּ, וְתִשְׁקוֹל כַּסְפָּא! אָמַר קְרָא: °"בִּנְעוּרֶיהָ בֵּית אָבִיהָ" (במדבר ל) — כָּל שֶׁבַח נְעוּרִים לְאָבִיהָ. וְאֶלָּא הָא דַּאֲמַר רַב הוּנָא אֲמַר רַב: *מִנַּיִן שֶׁמַּעֲשֵׂה הַבַּת לָאָב? שֶׁנֶּאֱמַר: °"וְכִי יִמְכּוֹר אִישׁ אֶת בִּתּוֹ לְאָמָה" (שמות כא) מָה אָמָה מַעֲשֵׂה יָדֶיהָ לְרַבָּהּ — באַף בַּת נַמִי מַעֲשֵׂה יָדֶיהָ לְאָבִיהָ. תֵּיפוֹק לֵיהּ מִ"בִּנְעֻרֶיהָ בֵּית אָבִיהָ"! אֶלָּא: בַּהֲפָרַת נְדָרִים הוּא דִּכְתִיב, ה"נ — בַּהֲפָרַת נְדָרִים הוּא דִּכְתִיב! *וְכ"ת נֵילַף מִינֵּיהּ — *מָמוֹנָא מֵאִיסּוּרָא לָא יָלְפִינַן. וְכִי תֵּימָא נֵילַף מִקְּנָסָא — מָמוֹנָא מִקְּנָסָא לָא יָלְפִינַן. וְכ"ת נֵילַף מִבּוֹשֶׁת וּפְגָם — שָׁאנֵי בּוֹשֶׁת וּפְגָם דַּאֲבוּהּ שַׁיָּיךְ בְּגַוַּויְהוּ! אֶלָּא מִסְתַּבְרָא, דְּכִי קָא מְמַעֵט יְצִיאָה

רש"י

לא מקניא נפשה. דגנאי הוא לה. הלכך, בטיל לה לתורת חליפין בקידושין, ואפילו בכלי שיש בו שוה פרוטה, אי יהיב לה בלשון חליפין, עד דיהיב לה בתורת לשון קנין, או קיחה, או קידושין. מה יבמה שאינה יוצאה בגט. דילפי' לקמן בהאי פרקין (דף יד.): כתיב "לה" ולא ליבמה. בכסף מנלן. הכא עיקר. ולעיל (דף ב:) אגב גררא נקיט ליה, לתרוצי לשון קנין דמתני'. זכאי בבתו. שהכסף יהיה שלו, והוא מקבל השטר, והוא מוסרה לביאה על כרחה לשם קידושין בעודה נערה. מנלן. הנך תרתי: דמקניא בכסף כדקתני מתני', ומנלן שהאב זכאי בו כדקתני התם? ויצאה חנם. גבי אמה העבריה היוצאת מרשות אדון בסימני נערות, ומצי למיכתב "ויצאה חנם" ולא בעי "אין כסף" אלא למידרש ביה: אין כסף לאדון זה שיוצאה ממנו, אבל יש כסף לאדון אחר כשיוצאה ממנו. ואימא לדידה. הוי האי כסף. דהא לא כתיב "אין לו כסף" דתידוק מינה: אין כסף לאדון זה כו', אלא הכי דוק מינה: אין כסף ביציאה זו, אבל יש כסף ביציאה אחרת, ולעולם לדידה. ואיהי תשקול כספא. בתמיה: אפשר שעל חנם זיכהו הכתוב בקבלת קידושיה?! ואימא ה"מ. דזכי ליה לקבלם — בקטנה שאין לה יד, דלאו בת דעה היא, ואע"ג דקרא דמוציא שם רע בנערה כתיב, דכתיב (דברים כב): "ונתנו לאבי הנערה" — לעולם דקדשה כיהלה בקטנותה. אבל נערה דאית לה יד. משהביאה שתי שערות גדולה לכל דבר, לכל עונשין ולממון, שמקחה מקח וממכרה ממכר — איהי תקדיש נפשה כו'. בנעוריה בית אביה. הכי דריש לה: כל זמן שבנעוריה — היא של אביה, דכל שבח הבא לה — לאביה הוא. לאמה. קרא יתירא הוא, ודריש ליה: בתו הרי היא לו כאמה. ובבתו נערה אשמעי', דאי בקטנה — לא איצטריך, השתא זבוני מזבין לה — מעשה ידיה מבעיא?! תיפוק ליה מבנעוריה. אי מיניה הוי מצי למילף. אלא, על כרחך מדלא יליף מהתם — שמעינן מינה לא לשבח נעורים אתיא, דלגופיה איצטריך גבי נדרים דקאי עלייהו. וכי תימא נילף. ממון מנדרים — ממונא מאיסורא כו'. וכי תימא נילף. כסף קידושיה מכסף קנסה, שאונס ומפתה לאביה חמשים כסף. ממונא מקנסא לא ילפינן. שהקנס כולו חדוש, ומחדוש לא גמרינן. ואכתי, קידושיה מנלן דלאביה הוי? מבושת ופגם. דקיימא לן בכתובות (דף מ:) שהמאנס נותן בושת ופגם לאב, והנהו לאו קנסא נינהו. דאבוה שייך בגווייהו. שיש לו דין חלק בהן, שיש בידו לביישה ולפוגמה בשביל ממון שיתנו לו. דאי בעי — מסר לה למנוול ומוכה שחין, דהויא לה בושת ופגם. ואם זה שבא עליה — מחסר ממון זה, שזילזלה ולא יקפלו עליה תובעין. אלא. לעולם מקרא קמא דאין כסף לאדון זה נפקא, ודקשיא לך: ואימא לדידה — מסתברא דלאביה, דכי קממעט יציאת אירוסין מדין יציאת אמה העבריה, ובא לומר: כאן אין כסף, אבל ביציאת אירוסין — יש כסף. יציאה

תוספות

אמאי איצטריך קרא (לקמן דף ה.) למימר "מכסף מקנתו" שאינו נקנה בתורת תבואה וכלים, דהיינו חליפין? תיפוק ליה דאיתקש עבד עברי לעבריה, דמינה גמרינן לקמן (דף יד:) דעבד עברי נקנה בכסף, והעבריה הוקשה לאשה, דכתיב "אם אחרת יקח לו" — הקישה הכתוב לאחרת, כדילפי': מה אחרת בשטר! וי"ל: דרבוי קניינין גמרינן מהקישא, ולא מיעוט קניינין. דכה"ג אמרינן בפרק "כל הבשר" (חולין דף קיז:): תלתא קראי כתיבי בדם; חד לאפוקי מנותר, וחד למעוטי ממעילה, וחד מטומאה. ובפ' "ב"ש" (זבחים דף מה.) יליף נותר "חילול" "חילול" מטומאה. וא"כ אמאי צריכי תרי קראי, חד לנותר וחד לטומאה? *אלא לאו — משום דלא נאמר גזירה שוה ד"חילול" להקל, אלא להחמיר. **ואין** דבר אחר כורתה. וא"ת: תהא אמה העבריה יוצאה בחליצה מק"ו דיבמה מהאי ק"ו גופה! ואין לומר: אשה תוכיח, דמה לאשה שכן אינה יוצאה בכסף — תאמר באמה! וי"ל: דה"א שפחה כנענית תוכיח, דיוצאה בכסף ואין יוצאה בחליצה. וא"ת: היא גופא תיתי בהאי ק"ו דתיפוק בחליצה! וי"ל: דאיכא למיפרך: מה ליבמה, שיוצאת במיתת היבם, ולכך יוצאת בחליצה, תאמר בשפחה כנענית שכן אינה יוצאה במיתת אדון — לכך אינה יוצאה בחליצה. וא"ת: א"כ היכי נימא שפחה כנענית תוכיח? איכא למיפרך: מה לשפחה כנענית — שכן אינה יוצאה במיתת אדון, (א) תאמר באמה העבריה! וי"ל: דנעשה יוכיח מאשה ומשפחה כנענית, דכי פרכת: מה לשפחה כנענית שכן אינה יוצאה במיתת אדון אשה תוכיח שיוצאה במיתת הבעל ואינה יוצאה בחליצה, מה לאשה שכן אינה יוצאה בכסף — שפחה כנענית תוכיח.

האב זכאי בבתו וכו'. מפרש בירושלמי: שיש לו זכות בביאה, שנותנין לו שכר לקדש בביאה. **ואימא** לדידה. וא"ת: הא ע"כ לא איצטריך קרא אלא לומר שהן לאב. דהא דמקדשה בכסף — גמר קיחה קיחה משדה עפרון! וי"ל: דמ"מ מיתורא לא נאמר שהן של אב, אם אין משמעות דקרא. דלקמן במסקנא אמרי' דהני תרי קראי צריכי. **ואימא** ה"מ קטנה. אע"ג דקרא איירי בנערה, דכתיב (דברים כב) "וסקלוה", ועוד, דמוציא שם רע על הקטנה פטור — מ"מ י"ל דה"ק: "את בתי נתתי לאיש הזה" כשהיתה קטנה, ועתה היא גדולה. וא"ת: הא לקטנה לא איצטריך קרא, דהשתא זבוני מזבין לה — כסף קידושין מיבעיא?! דכה"ג אמרי' גבי מעשה ידיה בפרק "נערה שנתפתתה" (כתובות דף מז.)! וי"ל: דלא דמי; דגבי מעשה ידיה ניחא, כי כשמכרה — מוכר מעשה ידיה, שהרי למלאכתה נמכרת. אבל קידושין — לא שייכא במכר, אע"פ שיכול ליעדה — היינו בכסף שנמכרה, אבל בקידושיה ממש לא מצינו שום זכות לאב. וא"ת: הא אמרינן בפרק "נערה" (שם) שמעשה הבת לאב, מדזכי ליה רחמנא למימסרה לחופה אע"פ שמבטלה ממלאכתה. ופירש התם בקונטרס: דזכי ליה רחמנא מדכתיב "את בתי נתתי לאיש" דמשמע כל נתינות, אפילו מסירה לחופה. ומאי ראיה? אימא: ה"מ קטנה, אבל נערה — לא, כדאמר הכא! וי"ל: דהאי קרא "את בתי נתתי" ע"כ איירי בנערה, כדפרישית. ונהי דלענין קידושין נוכל לפרש "את בתי נתתי" — כשהיתה קטנה, החופה — א"א לפרש אלא בנערה, דאי בקטנות — א"כ היתה נשואה כשזינתה, ודינה בחנק ולא בסקילה, דעל זנות של קטנות לא מיחייבה. **וכי** תימא נילף מבושת ופגם. תימה: היכי בעי למימר נילף קידושין מבושת ופגם? הא בושת ופגם גופה לא ידעינן שהן לאב אלא מקידושין, דאמר בסוף "אלו נערות" (כתובות דף מ:): דאי בעי מסר לה למנוול ומוכה שחין? וכ"ת: דנ"מ מיהא, דאי בעי מסר לה כשהיתה קטנה, והיה עומד לה בושת זה אף בנערות — א"כ גם כשהיא בוגרת יהא בושת ופגם של אב מהאי טעמא! וי"ל: דלא דמי בוגרת לנערות, דנהי דלא ילפינן מהפרת נדרים כולה מלתא, לענין הא ילפינן — שלא ימשוך כח האב אלא ימי נערות, כי הסיא דלקמן: ומה סימנין שאין מוציאין מרשות אב מוציאין מרשות אדון, בגרות שמוציאה כו'. ומנא לן הא דבגרות מוציא מרשות אב לקידושין ולכל דבר אי לאו דילפינן מהפרת נדרים. מיהו, לא נהירא; כיון דבטעמא תליא מלתא, דאי בעי מסר לה בקטנות — כך שייך דבר זה לבגרות כמו לנערה. לכן נ"ל לעיל "ואימא ה"מ קטנה", כלומר: קטנה שייך לעשות אותו ק"ו דהשתא אביה מקבל קדושיה איהי תשקול כספא?! כיון שאין לה כלל יד לקדש עצמה. אבל נערה דאית לה יד — איהי תקדיש נפשה ותשקול כספא. פירוש: כיון דיש לה יד לקדש עצמה — יהיו הקידושין שלה. אבל אמת הוא, שגם כשהיא נערה אביה יכול לקדשה. וכשאביה מקדשה — אז יהיו הקידושין שלו. והשתא ניחא קושיא דלעיל; דקרא איירי כשקדשה אביה, והתם יליף בושת ופגם מקידושין שע"י אביה, שהם של אביה. והכא ה"ק: וכי תימא נילף מבושת ופגם, קידושין שע"י עצמה שיהא של אביה מבושת ופגם, כי ודאי מקדושי אביה ליכא למילפינהו, שאלו על ידה לגמרי הם. אבל מתחילה הוה יליף בושת ופגם שאינו על ידה מקדושי אביה, ובתר הכי איכא למילף מה שהוא על ידה ממה שאינו על יד אביה. יציאה

תוס' ר"י הזקן

לא מקניא נפשה. הלכך אע"פ שהיא רוצה להתקדש בפחות משוה פרוטה אין הקדושין כלום והפקיעו תורת חליפין בקדושי אשה: דסיפא דתני וקונה את עצמה בשני דרכים: ואין דבר אחר כורתה. על ידי מעשה הבעל או שהיא עושה לבעל אבל מיתה מן שמיא מקנו לה: הא דתנן. בכתובות פרק נערה: ויצאה חנם. באמה העבריה היוצאת מרשות אדון בסימנים כתיב. וקא דייק אין כסף לאדון ביציאה של זו אבל יש כסף לאדון אחר ביציאתה ומאי ניהו אב שיש לו קדושי בתו: ואימא לדידה. ודרוש הכי אין כסף ביציאה זו אבל יש כסף ביציאה אחרת וליהוי דידה: ה"מ קטנה. ואע"ג דקרא איירי בנערה דכתיב ואם אמת היה וסקלוה וקטנה לאו בת סקילה היא מ"מ מדכתיב נתתי כבר קאמר שקדשה כשהיא קטנה וכשבא לדין היא נערה: ואלא. סיומא דאתקפתא הוא: מבושת ופגם. דממונא הוא: שייך בגווייהו שיש לו חלק בדבר ומשום הכי הוי דיליה:

מסורת הש"ס

רש"ל מ"ז [וכ"ה ברא"ש]

[לקמן יד.]

[לקמן ה. יד. סוכה כד:] ספרי פרשה כי תצא גטין כא: ודף פג. כתובות מו: ודף סה: [לקמן י.] תוספתא דסוטה פ"ב

[בכתובות ליתא תיבת הכי]

כתובות מ: מו: מז:

ג"ז שם *[ברכות יט: וש"נ]

הגהות הב"ח

(א) תוס' ד"ה ואין וכו' תאמר באמה העבריה. נ"ב ע"ל דף טז סוף ע"א.

יְצִיאָה דִכְוָותָהּ קָא מְמַעֵט. וְהָא לָא דָּמְיָא הַאי יְצִיאָה; לְהַאי יְצִיאָה הָתָם — נָפְקָא לָהּ מֵרְשׁוּת אָדוֹן לְגַמְרֵי, וְהָכָא — אַכַּתִּי מִיחַסְּרָא מְסִירָה לַחוּפָּה! בַּהֲפָרַת נְדָרִים מִיהָא נָפְקָא לָהּ מֵרְשׁוּתֵיהּ. דִּתְנַן:* [א]נַעֲרָה הַמְאוֹרָסָה אָבִיהָ (שמות כא) וּבַעְלָהּ מְפִירִין נְדָרֶיהָ. וְהַאי °"וְיָצְאָה חִנָּם" לְהָכִי הוּא דְּאָתָא? הָא מִבָּעֵי לֵיהּ לְכִדְתַנְיָא, דְּתַנְיָא: "וְיָצְאָה חִנָּם" — אֵלּוּ יְמֵי בַגְרוּת; "אֵין כָּסֶף" — [ב]אֵלּוּ יְמֵי נַעֲרוּת! אֲמַר רָבִינָא: אִם כֵּן לֵימָא קְרָא "אַן כֶּסֶף". מַאי "אֵין כָּסֶף"? אֵין כֶּסֶף לְאָדוֹן זֶה, אֲבָל יֵשׁ כֶּסֶף לְאָדוֹן אַחֵר. וּמַאן נִיהוּ? אָב. וּמִמַּאי (ויקרא כב) דְּדָרְשִׁינַן הָכִי? *דְּתַנְיָא: °"וְזֶרַע אֵין לָהּ". אֵין לִי אֶלָּא זַרְעָהּ. זֶרַע זַרְעָהּ מִנַּיִן? ת"ל "זֶרַע אֵין לָהּ" — [ג]עַיֵּין לָהּ. וְאֵין לִי אֶלָּא זֶרַע כָּשֵׁר. *זֶרַע פָּסוּל מִנַּיִן? ת"ל "זֶרַע אֵין לָהּ" *[ד] — עַיֵּין לָהּ. וְהָא אַפִּיקְתֵּיהּ לְזֶרַע זַרְעָהּ! "זֶרַע זַרְעָהּ" לָא אִיצְטְרִיךְ קְרָא, *דִּבְנֵי בָנִים הֲרֵי הֵן כְּבָנִים. כִּי אִיצְטְרִיךְ קְרָא — לְזֶרַע פָּסוּל. וְתַנָּא גּוּפֵיהּ מְנָלֵיהּ דְּדָרֵישׁ (במדבר כב) הָכִי? אָמְרִי: כְּתִיב °"מֵאֵן בִּלְעָם" °וּ"מֵאֵן יְבָמִי" (דברים כה) דְּלָא כְּתִיב בְּהוּ יוּ"ד, וְהָכָא כְּתִיב בֵּיהּ יוּ"ד — ש"מ לִדְרָשָׁא הוּא דְּאָתָא. וְאִיצְטְרִיךְ לְמִכְתַּב קִידּוּשֶׁיהָ לְאָבִיהָ, וְאִיצְטְרִיךְ לְמִכְתַּב מַעֲשֵׂה יָדֶיהָ לְאָבִיהָ; דְּאִי כָּתַב רַחֲמָנָא קִידּוּשֶׁיהָ לְאָבִיהָ — הֲוָה אָמֵינָא: מִשּׁוּם דְּלָא טָרְחָא בְּהוּ, אֲבָל מַעֲשֵׂה יָדֶיהָ דְּקָא טָרְחָא בְּהוּ — אֵימָא דִּידַהּ הָווּ. וְאִי אַשְׁמְעִינַן מַעֲשֵׂה יָדֶיהָ — *דְּקָא מִתְזַנָּא מִינֵּיהּ, אֲבָל קִידּוּשֶׁיהָ דְּמֵעָלְמָא קָאָתֵי לָהּ — אֵימָא דִּידַהּ הָווּ. צְרִיכָא.§ גּוּפָא: "וְיָצְאָה חִנָּם" — אֵלּוּ יְמֵי בַגְרוּת; "אֵין כָּסֶף" — אֵלּוּ יְמֵי נַעֲרוּת. וְלִכְתּוֹב רַחֲמָנָא נַעֲרוּת וְלָא בָּעֵי בַגְרוּת! אָמַר רַבָּה: בָּא זֶה וְלִמֵּד עַל זֶה, מִידֵי דַּהֲוָה אַתּוֹשָׁב וְשָׂכִיר. דְּתַנְיָא: *[ה]"תּוֹשָׁב" — זֶה קָנוּי קִנְיַן עוֹלָם; "שָׂכִיר" — זֶה קָנוּי קִנְיַן שָׁנִים. יֵאָמֵר תּוֹשָׁב וְלֹא יֵאָמֵר שָׂכִיר, וַאֲנִי אוֹמֵר: קָנוּי קִנְיַן עוֹלָם — אֵינוֹ אוֹכֵל, קָנוּי קִנְיַן שָׁנִים לֹא כ"ש? אִילּוּ כֵּן הָיִיתִי אוֹמֵר: "תּוֹשָׁב" — זֶה קָנוּי קִנְיַן שָׁנִים, אֲבָל קָנוּי קִנְיַן עוֹלָם — אוֹכֵל. בָּא שָׂכִיר וְלִימֵּד עַל תּוֹשָׁב שֶׁאַע"פ שֶׁקָּנוּי קִנְיַן עוֹלָם — אֵינוֹ אוֹכֵל. א"ל אַבַּיֵי: מִי דָּמֵי? הָתָם — תְּרֵי גּוּפֵי נִינְהוּ, דְּכִי נַמִּי כָּתַב רַחֲמָנָא תּוֹשָׁב נִרְצָע לֹא יֹאכַל, וַהֲדַר כָּתַב אִידָךְ — הֲוָה שָׂכִיר מִילְּתָא דְּאָתְיָא בְּק"ו, *וּמִילְּתָא דְּאָתְיָא בְּק"ו — טָרַח וְכָתַב לָהּ קְרָא. אֶלָּא הָכָא — חַד גּוּפָא הִיא, כִּי נָפְקָא לָהּ בְּנַעֲרוּת — בַּגְרוּת מַאי בָּעְיָא גַּבֵּיהּ? אֶלָּא אָמַר אַבַּיֵי: לֹא נִצְרְכָה אֶלָּא לְבֶגֶר דְּאַיְלוֹנִית. סד"א בְּנַעֲרוּת — תֵּיפּוֹק, בְּבַגְרוּת — לָא תֵּיפּוֹק, [ו]קמ"ל. מַתְקִיף לָהּ מָר בַּר רַב אַשִׁי: וְלָאו ק"ו הוּא? וּמָה סִימָנִין, שֶׁאֵין מוֹצִיאִין מֵרְשׁוּת אָב — מוֹצִיאִין מֵרְשׁוּת אָדוֹן, בַּגְרוּת שֶׁמּוֹצִיאָה מֵרְשׁוּת אָב — אֵינוֹ דִּין שֶׁמּוֹצִיאָה מֵרְשׁוּת אָדוֹן? אֶלָּא אָמַר מָר בַּר רַב אַשִׁי: לָא נִצְרְכָה אֶלָּא [ז]לְעִיקַּר זְבִינָא דְּאַיְלוֹנִית. סד"א דְּאָתְיָא סִימָנֵי נַעֲרוּת — הָוֵי זְבִינָא, דְּלָא אָתְיָא סִימָנֵי נַעֲרוּת — לָא הָוֵי זְבִינָה זְבִינָא. קמ"ל

יְצִיאָה דִּכְוָותָהּ קָא מְמַעֵט. יְצִיאַת אֵירוּסִין דּוּמְיָא דִּיצִיאַת אָמָה קָא מְמַעֵט מִדִּין אָמָה, וּלְמֵימַר דְּיֵשׁ כֶּסֶף בָּהּ. וּמַה יְּצִיאַת אָמָה הָעִבְרִיָּה אֵין כֶּסֶף לָאָדוֹן דְּנָפְקָא מֵרְשׁוּתֵיהּ קָאָמַר קְרָא – אַף מִיעוּט דְּיֵשׁ כֶּסֶף, דְּקָא דָּיֵיק לִיצִיאַת אֵירוּסִין – יֵשׁ כֶּסֶף לְמִי שֶׁיָּצְאָה הֵימֶנּוּ קָאָמַר, וְהַיְינוּ אָב. וְהָא לָא דָּמְיָא. יְצִיאַת אֵירוּסִין לִיצִיאַת אָמָה, וְהֵיכִי קָאָמְרַתְּ דִּיצִיאַת אֵירוּסִין אָתֵי לְמַעוּטֵי? הָא לָאו דִּכְוָותָהּ הִיא, דְּהַכָּא לָא נָפְקָא מֵרְשׁוּתֵיהּ דְּאָב לְמַעֲשֵׂה יָדֶיהָ וְלִירוּשָּׁתָהּ, עַד שֶׁתִּכָּנֵס לַחוּפָּה! בַּהֲפָרַת נְדָרִים מִיהָא נָפְקָא לֵיהּ מֵרְשׁוּתֵיהּ. שֶׁאֵינוֹ יָכוֹל לְהָפֵר לְבַדּוֹ. וְיָצְאָה חִנָּם. וְלֹא פֵּירֵשׁ מָתַי תֵּצֵא. אֵלּוּ יְמֵי בַגְרוּת. שֶׁהִיא מִשְׁתַּנָּה מִנַּעֲרוּת לִהְיוֹת בּוֹגֶרֶת. אֵין כֶּסֶף. אֶלָּא דָּבָר אַחֵר מוֹצִיאָהּ — אֵלּוּ יְמֵי נַעֲרוּת. וּלְקַמֵּיהּ פָּרֵיךְ: מִכִּי נָפְקָא לָהּ בְּנַעֲרוּת, בַּגְרוּת מַאי עֲבִידְתֵּיהּ? אַן כֶּסֶף. בְּלֹא יוּ"ד, כִּדְכְתִיב: "מֵאֵן יְבָמִי". מְנָלַן דְּדָרְשִׁינַן. יוּ"ד דְּ"אֵין" כִּי הַאי גַּוְונָא, בְּאַנְפֵּי נַפְשֵׁיהּ. זֶרַע אֵין לָהּ אֵין לִי. שֶׁיְּעַכֵּב עַל בַּת כֹּהֵן מִלֶּאֱכוֹל בִּתְרוּמָה אֶלָּא זַרְעָהּ מִיִּשְׂרָאֵל. זֶרַע זַרְעָהּ מִנַּיִן ת"ל אֵין לָהּ עַיֵּין עָלֶיהָ. שֶׁאִם מֵת בְּנָהּ וְיֵשׁ לוֹ בֵּן — אַף הוּא מְעַכְּבָהּ. זֶרַע פָּסוּל. כְּגוֹן מַמְזֵר. בְּנֵי בָנִים הֲרֵי הֵם כְּבָנִים. נָפְקָא לָן בְּמַסֶּכֶת יְבָמוֹת בְּפֶ' "הַבָּא עַל יְבִמְתּוֹ" (דף סב:). וְתַנָּא גּוּפֵיהּ מְנָא לֵיהּ. דְּמַשְׁמַע לֵיהּ אֵן בְּלֹא יוּ"ד. מֵאֵן בִּלְעָם. אֵין בְּדַעְתּוֹ לֵילֵךְ עִמָּנוּ. וְאִיצְטְרִיךְ לְמִכְתַּב מַעֲשֵׂה יָדֶיהָ לְאָבִיהָ. כִּדְיָלֵיף לְעֵיל מֵ"אֶת בִּתּוֹ לְאָמָה". דְּקָא מִתְזַנָּא מִינֵּיהּ. וְדַעְתֵּיהּ עַל מַעֲשֵׂה יָדֶיהָ דִּשְׁכִיחָא. דְּמֵעָלְמָא קָא אָתֵי לָהּ. וְלֹא הָיְתָה דַּעְתּוֹ עֲלֵיהֶם לְזוּנָהּ בִּשְׁבִילָם. בָּא זֶה וְלִימֵּד עַל זֶה. מִתּוֹךְ שֶׁלֹּא פֵּירֵשׁ נַעֲרוּת בַּמִּקְרָא, אֶלָּא מֵאֵילָיו הוּא לָמֵד, שֶׁאֵין לָנוּ דָּבָר אַחֵר לִתְלוֹת יְצִיאָתוֹ בּוֹ — הוּצְרַךְ לִכְתּוֹב שְׁנֵיהֶם. דְּאִי כְּתַב חַד, הֲוָה אָמֵינָא: בַּגְרוּת הוּא דְּאַשְׁמוּעִינַן קְרָא, אֲבָל נַעֲרוּת – לָא מַפֵּיק לָהּ, בָּא חֲבֵירוֹ וְלִמֵּד עָלָיו: עַל כָּרְחָךְ חַד מִינַּיְיהוּ לְנַעֲרוּת אֲתָא. מִידֵי דַּהֲוָה אַתּוֹשָׁב וְשָׂכִיר. דִּכְתִיב גַּבֵּי תְּרוּמָה, לְמִידְרַשׁ הָכִי. תּוֹשָׁב. הָאָמוּר אֵצֶל תְּרוּמָה: "תּוֹשַׁב כֹּהֵן וְשָׂכִיר לֹא יֹאכַל קֹדֶשׁ". זֶה קְנוּי קִנְיַן עוֹלָם. עֶבֶד עִבְרִי הַנִּרְצָע בְּיַד כֹּהֵן, וְאַעְפ"כ אֵין גּוּפוֹ קָנוּי לוֹ כִּשְׁאָר עֲבָדִים כְּנַעֲנִים, לֶאֱכוֹל בִּתְרוּמָה. קִנְיַן שָׁנִים. שֶׁלֹּא הִגִּיעַ לוֹ עֲדַיִין שֵׁשׁ שָׁנִים. בָּא שָׂכִיר וְלִימֵּד עַל תּוֹשָׁב. דְּעַל כָּרְחָךְ חַד מִינַּיְיהוּ לְנִרְצָע הוּא דַּאֲתָא, וּמֵאַחַר שֶׁנִּכְתְּבוּ שְׁנֵיהֶם — מַשְׁמָעוּתָא דְּנִרְצָע מִ"תּוֹשָׁב" אָתְיָא, שֶׁהוּא מְיוּשָּׁב אֶצְלוֹ יוֹתֵר מִן הַקָּנוּי לְשֵׁשׁ שָׁנִים. הָתָם תְּרֵי גּוּפֵי נִינְהוּ. נִרְצָע וְשֶׁאֵינוֹ נִרְצָע שְׁנֵי גוּפִים הֵם, וְאֶפְשָׁר לִהְיוֹת שְׁנֵיהֶם בְּבֵיתוֹ שֶׁל כֹּהֵן. דְּכִי נַמִּי כָּתַב רַחֲמָנָא כוּ'. כְּלוֹמַר, וַאֲפִילּוּ פֵּירֵשׁ הַכָּתוּב: נִרְצָע לֹא יֹאכַל, וְחָזַר וּפֵירֵשׁ עַל שֶׁאֵינוֹ נִרְצָע, וְאַע"פ שֶׁלֹּא הוּצְרַךְ לְכוֹתְבוֹ — הָיִיתִי יָכוֹל לְתָרֵץ וְלוֹמַר: אַע"ג דַּהֲוֵי שָׂכִיר מִילְּתָא דְּאָתְיָא בְּק"ו – טָרַח וּכְתַב לָהּ קְרָא. לְפִיכָךְ כְּשֶׁכְּתָבוֹ הָתָם י"ל: בָּא זֶה וְלִימֵּד עַל זֶה, וְאֵין לָנוּ לְהַקְשׁוֹת: יִכְתּוֹב נִרְצָע בְּפֵירוּשׁ, וְלֹא יִכְתּוֹב שָׂכִיר. אֲבָל הָכָא. דְּאַפְּקָהּ קְרָא מֵרְשׁוּתֵיהּ בְּנַעֲרוּתָהּ, לָא מַשְׁכַּחַתְּ לָהּ אָמָה יוֹצְאָה בְּבַגְרוּת, וְהֵיכִי כָּתַב לָן קְרָא מִידֵי דְּלָא הָוֵי? לִכְתּוֹב נַעֲרוּת בְּהֶדְיָא, וְתוּ לָא! אַיְלוֹנִית. אֵין לָהּ סִימָנֵי נַעֲרוּת. וְאַשְׁמוּעִינַן קְרָא שֶׁיּוֹצִיאוּהָ יְמֵי בַגְרוּתָהּ כְּשֶׁיִּהְיֶה לָהּ עֶשְׂרִים שָׁנָה. שֶׁאֵין מוֹצִיאִין מֵרְשׁוּת אָב. כִּדְאָמְרִינַן לְעֵיל, שֶׁמַּעֲשֵׂה יָדֶיהָ לְאָבִיהָ. בַּגְרוּת שֶׁמּוֹצִיאָה מֵרְשׁוּת אָב. דְּלָא אַשְׁכְּחָנָא דְּזָכֵי לֵיהּ קְרָא אֶלָּא נַעֲרוּת, דִּכְתִיב (דברים כב): "לַאֲבִי הַנַּעֲרָה". אֵינוֹ דִין כוּ'. וּלְקַמָּן פָּרֵיךְ: הָא אָמְרַן: מִילְּתָא דְּאָתְיָא בְּקַל וָחוֹמֶר טָרַח וְכָתַב לָהּ קְרָא! לֹא נִצְרְכָה. קְרָא דְּבַגְרוּת אֶלָּא לְלַמְּדֵנוּ שֶׁהָאַיְלוֹנִית נִמְכֶּרֶת בְּקַטְנוּתָהּ כִּשְׁאָר בָּנוֹת. הָא

יציאה דכוותה קא ממעט. פי' ר"ת: יציאת אמה העבריה מאדון, שהוא עת נעורים, אף כאן נערה. מיהו, סוגיא לא משמע כלל שהוא צריך ללמוד דביום נערות מיירי, אלא מנלן דכסף דאביה הוי. ונראה לפרש יציאה דכוותה – כגון ברשות אדון, אם היה שם כסף – אז היה נותן לאדון שיצאה ממנו, כמו כן כאן שיש כסף ביציאתה מרשות אב – דאביה הוי. וכן משמע לשון *הקושיא. **זרע** פסול מנין. אומר ר"י: זרע זרעה פסול קאמר. דהא כיון שנבעלה לפסול לה – פסלה מן הכהונה, ולא תאכל עוד בתרומה. הילכך ליכא לפרש זרע פסול ממש, אלא זרע זרעה. **בא** זה ולימד על זה. פירוש: אי לא כתב אלא חד – הוי מוקמי ליה בנראה יותר, דהיינו בגרות. וא"ת: ולמה לי "ויצאה חנם" ללמוד על "אין כסף"? הא ע"כ לא הוה מצינן לאוקמי "אין כסף" בבגרות אלא בנערות, דהא מיניה דרשינן לעיל: אבל יש כסף לאדון אחר, ומנו – אב. אם כן, ע"כ האי קרא איירי בנערות, דאילו בבגרות – אין האב זכאי בקדושין, דכיון שבגרה אין לאביה רשות בה! ואומר הר"ס: דאי לאו "ויצאה חנם" – הוה מוקמינן "אין כסף" ויתורא דיו"ד דאמר רבינא – חד לנערות וחד לבגרות. ודרשה ד"אין כסף לאדון זה" – לא הוה דרשינן, להכי איצטריך "ויצאה חנם". **בגרות** שמוציאה מרשות האב כו'. וא"ת: מיתת האב תוכיח, שמוציאה מרשות האב ואינה מוציאה מרשות אדון – אף אני אביא! ויש לומר: דאיכא למפרך: מה למיתת האב – שכן לא נשתנה הגוף, תאמר בבגרות שנשתנה הגוף. **ויצאה** חנם אלו ימי בגרות אין כסף אלו ימי נערות. וא"ת: ברישא הוה ליה למנקט אלו ימי נערות, והדר ימי בגרות! וי"ל: משום ד"אין כסף" צריך לאוקמיה לימי נערות, כדאמר לעיל: אבל יש כסף לאדון אחר, דהיינו ימי נערות, דאין האב זכאי בקדושי בתו בוגרת. **דלא** אתיא סימני נערות לא הוי זבינה זבינא. וא"ת: ובקטנות איך נדע שלא תביא סימני נערות? דסימני אילונית היינו כשהיא בת עשרים ולא הביאה שערות, כדאיתא פרק "הערל" (יבמות דף פ:). ואע"פ שיש סימני אילונית שאפשר להכיר בקטנות, כגון סימן דקולה עבה ואין שיפולי מעיה כנסים – הא אמרינן (שם) גבי סריס: עד שיהא בו כולן, ומסתמא הוא הדין באילונית! וי"ל: דהכי קאמר: לא הוי זבינה זבינא, וצריך האדון להחזיר מעשיה, והאב יחזיר הכסף. וגם אין שייך בה דין ייעוד אם יעדה. מעיקרא

עין משפט נר מצוה

י א מיי' פי"א מהל' נדרים הל"ט סמג לאוין רמב טוש"ע יו"ד סי' רלד סעיף ה:

יא ב מיי' פ"ד מהל' עבדים הל"ה סמג עשין פג:

[יש גורסין לשון הקונטרס ואין צורך ח"מ]

יב ג ד מיי' פי"א מהל' יבום הל"ג סמג עשין נב טוש"ע אה"ע סי' קנו סעי' ב:

יג ה מיי' פ"ו מהל' תרומות הל"ה:

יד ו מיי' פ"ד מהל' עבדים הל"ה סמג עשין פג:

טו ז מיי' שם הל"א סמג שם:

תוס' ר"י הזקן

דכוותה. דאדון אין כסף לאדון זה אבל יש כסף לאחר: לא נפקא מרשות האב עד שתכנס לחופה ואמה נפקא מרשות אדון לגמרי. ומשני לענין הפרת נדריה יוצאה מרשותו על ידי הקדושין דמעיקרא אב מפר ומשקדשה אינו מפר אלא בשותפות הבעל:

מסורת הש"ס

נדרים סו. עז: יבמות כט: כתובות לט. מו:

יבמות ע. ע"ש ספרא פרשת אמור

[ע' תוס' לקמן סו: ד"ה ולזרעו]

[יבמות כב: וש"נ ועמ"ש שם על הגליון בשם הערוך וסמ"ע ר"ס רעו סי"ט]

יבמות ע. ב"ב קמג. ע"ש [תוספתא דיבמות פ"ח]

[ע' תוס' גיטין מז: ד"ה ולביתך וכו']

יבמות ע. זבחים פב: ספרא פרשת אמור

[פסחים יח: וש"נ]

קמ"ל "וְיָצְאָה חִנָּם כו'". וּלְמַר בַּר רַב אַשִׁי (שמות כא) דַאֲמַר: וְלָאו ק"ו הוּא, הָא אָמְרִינַן: *מִילְּתָא דְּאָתְיָא בְּק"ו טָרַח וְכָתַב לָהּ קְרָא! ה"מ הֵיכָא דְּלֵיכָּא לְשַׁנּוּיֵי, אֲבָל *הֵיכָא דְּאִיכָּא לְשַׁנּוּיֵי — מְשַׁנֵּינַן.§ וְתַנָּא מַיְיתֵי לָהּ מֵהָכָא, דְּתַנְיָא: (דברים כד) "כִּי יִקַּח אִישׁ אִשָּׁה וּבְעָלָהּ וְהָיָה אִם לֹא תִמְצָא חֵן בְּעֵינָיו כִּי מָצָא בָהּ וגו'" — אֵין קִיחָה אֶלָּא בְּכֶסֶף. וְכֵן הוּא אוֹמֵר: (בראשית כג) "נָתַתִּי כֶּסֶף הַשָּׂדֶה קַח מִמֶּנִּי". וַהֲלֹא דִּין הוּא: וּמָה אָמָה הָעִבְרִיָּה שֶׁאֵינָהּ נִקְנֵית בְּבִיאָה — נִקְנֵית בְּכֶסֶף, זוֹ שֶׁנִּקְנֵית בְּבִיאָה — אֵינוֹ דִּין שֶׁתִּקָּנֶה בְּכֶסֶף? יְבָמָה תּוֹכִיחַ, שֶׁנִּקְנֵית בְּבִיאָה וְאֵינָהּ נִקְנֵית בְּכֶסֶף! מַה לִּיבָמָה — שֶׁכֵּן אֵין נִקְנֵית בִּשְׁטָר, תֹּאמַר בְּזוֹ שֶׁנִּקְנֵית בִּשְׁטָר! ת"ל "כִּי יִקַּח אִישׁ". הָא לָמָּה לִי קְרָא? הָא אָתְיָא לָהּ! אֲמַר רַב אַשִׁי: מִשּׁוּם דְּאִיכָּא לְמֵימַר מֵעִיקָּרָא דְּדִינָא פִּירְכָא; מֵהֵיכָא קָא מַיְיתֵית לָהּ? מֵאָמָה הָעִבְרִיָּה. מַה לְּאָמָה הָעִבְרִיָּה — שֶׁכֵּן יוֹצְאָה בְּכֶסֶף, תֹּאמַר בְּזוֹ — שֶׁאֵינָהּ יוֹצְאָה בְּכֶסֶף. ת"ל "כִּי יִקַּח אִישׁ". וְאִיצְטְרִיךְ לְמִיכְתַּב "וְיָצְאָה חִנָּם", וְאִיצְטְרִיךְ לְמִיכְתַּב "כִּי יִקַּח אִישׁ". דְּאִי כָּתַב רַחֲמָנָא "כִּי יִקַּח" — הֲוָה אָמֵינָא: קִידּוּשִׁין דִּיהַב לָהּ בַּעַל — דִּידָהּ הָווּ, כָּתַב רַחֲמָנָא "וְיָצְאָה חִנָּם". וְאִי כָּתַב רַחֲמָנָא "וְיָצְאָה חִנָּם" הֲוָה אָמֵינָא: הֵיכָא דְּיָהֲבָה *(לֵיהּ) אִיהִי לְדִידֵיהּ וְקִידַּשְׁתּוֹ — הָווּ קִידּוּשֵׁי, כָּתַב רַחֲמָנָא "כִּי יִקַּח" וְלֹא כִּי תִקַּח.§ *"וּבְעָלָהּ" — מְלַמֵּד שֶׁנִּקְנֵית בְּבִיאָה. וַהֲלֹא דִּין הוּא: וּמַה יְּבָמָה שֶׁאֵין נִקְנֵית בְּכֶסֶף — נִקְנֵית בְּבִיאָה, זוֹ שֶׁנִּקְנֵית בְּכֶסֶף — אֵינוֹ דִּין שֶׁנִּקְנֵית בְּבִיאָה? אָמָה הָעִבְרִיָּה תּוֹכִיחַ, שֶׁנִּקְנֵית בְּכֶסֶף וְאֵין נִקְנֵית בְּבִיאָה. מַה לְּאָמָה הָעִבְרִיָּה — שֶׁאֵין קִנְיָנָהּ לְשׁוּם אִישׁוּת, תֹּאמַר בְּזוֹ — שֶׁקִּנְיָנָהּ לְשׁוּם אִישׁוּת! ת"ל "וּבְעָלָהּ". וְלָמָּה לִי קְרָא? הָא אָתְיָא לָהּ! אֲמַר רַב אַשִׁי: מִשּׁוּם דְּאִיכָּא לְמֵימַר: מֵעִיקָּרָא דְּדִינָא פִּירְכָא; מֵהֵיכָא קָא מַיְיתֵית לָהּ? מִיבָמָה. *מַה לִּיבָמָה — שֶׁכֵּן זְקוּקָה וְעוֹמֶדֶת, תֹּאמַר בְּזוֹ — שֶׁאֵין זְקוּקָה וְעוֹמֶדֶת. תַּלְמוּד לוֹמַר: "וּבְעָלָהּ".§ וּמִנַּיִן

הָא אָמַרְתְּ כו'. וּמַאי תִּקְשֶׁה לֵיהּ אִי אַשְׁמוּעִינַן קְרָא בְּגֶר דְּאַלְמָנוּת דְּתֵיפּוֹק בֵּיהּ? וְתַנָּא מַיְיתֵי לֵיהּ מֵהָכָא. קִידּוּשֵׁי כֶּסֶף, דְּיָלֵיף לְהוּ רַב יְהוּדָה דִּלְעֵיל מֵ"אֵין כֶּסֶף" נָפְקֵי לֵיהּ לְתַנָּא מִ"קִיחָה" דִּשְׂדֵה עֶפְרוֹן. כִּי יִקַּח אִישׁ אִשָּׁה וּבְעָלָהּ. וְהִצְרִיכָהּ הַכָּתוּב גֵּט לְפוֹטְרָהּ מִקִּיחָה זוֹ, כִּדְכָתַב סֵיפָא דִּקְרָא: "וְהָיָה אִם לֹא תִמְצָא" וגו'. וַהֲלֹא דִּין הוּא. שֶׁתְּהֵא נִקְנֵית בְּכֶסֶף מִק"ו, וְלָמָּה לִי קְרָא? שֶׁאֵינָהּ נִקְנֵית בְּבִיאָה. אִם מְסָרָהּ לֵיהּ לְבִיאָה לְשֵׁם שִׁפְחָה — אֵינָהּ שִׁפְחָתוֹ בְּכָךְ. נִקְנֵית בְּכֶסֶף. כִּדְכְתִיב: "מִכֶּסֶף מִקְנָתוֹ" (ויקרא כה). זוֹ שֶׁנִּקְנֵית בְּבִיאָה. כִּדְיָלֵיף לְקַמָּן מִ"וּבְעָלָהּ". יְבָמָה אֵינָהּ נִקְנֵית בְּכֶסֶף. לְיַבָּם לִהְיוֹת כְּאִשְׁתּוֹ, לְהוֹצִיאָהּ בְּגֵט בְּלֹא חֲלִיצָה. כִּדְיָלֵיף לְקַמָּן (דף יד.): "יְבָמָהּ יָבֹא עָלֶיהָ וְיִבְּמָהּ" — בִּיאָה גּוֹמֶרֶת בָּהּ, וְאֵין כֶּסֶף גּוֹמֵר בָּהּ. מֵעִיקָּרָא דְּדִינָא. מִמָּקוֹם שֶׁאַתָּה בָּא לִלְמוֹד, דְּהַיְינוּ אָמָה הָעִבְרִיָּה, יֵשׁ לְהָשִׁיב. וּלְהָכִי קָאָמַר: מֵעִיקָּרָא דְּדִינָא פִּירְכָא, שֶׁהַתְּשׁוּבָה שֶׁהֵשִׁיב בַּתְּחִלָּה "יְבָמָה תּוֹכִיחַ" — לָאו מֵעִיקָּרָא דְּדִינָא אָתְיָא, אֶלָּא מִמָּקוֹם אַחֵר. שֶׁכֵּן יוֹצְאָה בְּכֶסֶף. שֶׁפּוֹדָה אֶת עַצְמָהּ בְּתוֹךְ שֵׁשׁ שָׁנִים אִם תִּרְצֶה, כִּדְכְתִיב (שמות כא): "וְהֶפְדָּהּ". וְהוֹאִיל וְכֶסֶף חָשׁוּב בָּהּ לִפְדוֹתָהּ — חָשׁוּב נַמִי לִקְנוֹתָהּ. שֶׁאֵינָהּ יוֹצְאָה בְּכֶסֶף. כִּדְנָפְקָא לָן מִ"סֵפֶר כְּרִיתֻת", וְאֵין דָּבָר אַחֵר כּוֹרְתָהּ". וְאִיצְטְרִיךְ לְמִיכְתַּב וְיָצְאָה חִנָּם. לְמֵילַף מִינֵּיהּ כִּדְיָלֵיף לְעֵיל: יֵשׁ כֶּסֶף לְאָדוֹן אַחֵר. הֵיכָא דְּיָהֲבָה אִיהִי לְדִידֵיהּ. כֶּסֶף, וְקִדַּשְׁתּוֹ. דְּאָמְרָה לֵיהּ: "הִתְקַדֵּשׁ לִי". לֶיהֱווּ קִידּוּשִׁין. דְּכֵיוָן דְּאַשְׁמוּעִי' דְּכֶסֶף עָבֵיד אִישׁוּת — מָה לִי כֶּסֶף דִּידֵיהּ, מָה לִי כֶּסֶף דִּידָהּ? לְהָכִי הָדַר תְּנָא קְרָא זִימְנָא אַחֲרִיתִי בְּהֶדְיָא: "כִּי יִקַּח אִישׁ" וְלֹא "כִּי תִקַּח אִשָּׁה לְאִישׁ". שֶׁכֵּן אֵין קִנְיָנָהּ לְשׁוּם אִישׁוּת. הִלְכָּךְ לָא שַׁיְיכָא בָּהּ בִּיאָה. שֶׁכֵּן זְקוּקָה וְעוֹמֶדֶת. לָזֶה, מֵחֲמַת קִידּוּשֵׁי הַמֵּת, וְאֵין בִּיאָה בָּאָה אֶלָּא לִגְמוֹר. אֲבָל קִנְיָן דְּמֵעִיקָּרָא — לָא. שְׁטָר

מעיקרא דדינא פירכא שבן יוצאת בכסף. ה"ה דמלי למינקט: שכן יולאת בשש ויובל וסימנין, אלא ניחא ליה למפרך פירכא דשייכא אף בשפחה כנענית, דהוה מלי למיעבד ק"ו משפחה כנענית, דלא שייכי פירכא דסימנים ושש ויובל. הקשה ה"ר יעקב מאורליינ"ש: אכתי למה לי "כי יקח"? נהי דלא מלי יליף מק"ו, מ"מ נילף מהיקישא, שהקישה לאמה העבריה מ"ואם אחרת יקח לו" — הקישה הכתוב לאחרת, כדאיתא לקמן (דף טו.). ואמה העבריה נפקא לן לקמן (דף יד:) שנקנית בכסף מ"והפדה", ומה אמה נקנית בכסף — אף אשה נקנית בכסף, דאין משיבין על ההיקש! וי"ל: דאי מהיקש לחוד ה"א דלא סגי בפרוטה עד שיהא ב' פרוטות, כדבעינן באמה העבריה, כדמוכח לקמן. ורבינו נתנאל תירץ: כיון דלא ידענו דאמה העבריה נקנית בכסף אלא מ"והפדה", דהואיל ויוצאה בכסף נקנית בכסף, לא ילפי' מיניה קנין של אשה, לפי שבילאתה אינה יולאה בכסף כמו אמה העבריה. **מה** לאמה העבריה שבן יוצאה בכסף. וא"ת: נילף כסף מביאה, ומה ביאה שאין קונה באמה העבריה — קונה באשה, כסף שקונה באמה העבריה — אינו דין שיקנה באשה? וי"ל: כ"ש דאיכא למיפרך: יבמה תוכיח, שנקנית בביאה ואינה נקנית בכסף. **היכא** דיהבה לדידיה וקידשתו. פי' בקונטרס: שאומרת "הרי אתה מקודש לי". וקשה: שהרי באיש אינו נופל לשון קידושין, שאין נאסר בכך לשאר נשים! ויש לפרש: שאומרת "הרי אני מקודשת לך". וצריך לומר דיהבה לדידיה — לאו דוקא, שהרי אביה מקבל הקדושין, אלא רוצה לומר: ואמרה. **כתב** רחמנא כי יקח ולא כי תקח אשה לאיש. תימה: כיון דעיקר קרא ד"כי יקח" אתא למימר שהיא לא תקדשנו, מה צריך למילף קיחה קיחה משדה עפרון? בלאו הכי שמעינן ליה, מדכתיב "כי יקח" ולא "כי תקח אשה את איש"! וי"ל: דאי לאו ג"ש הוה מוקמינן קרא ד"כי יקח איש" — אקידושין של ביאה, אבל בקדושי כסף — לא בעינן נתן הוא ואמר הוא. להכי איצטריך גזירה שוה; לאורויי ד"כי יקח" מיירי בכסף, ואפ"ה בעינן נתן הוא ואמר הוא. **ובעלה** מלמד שנקנית בביאה. וא"ת: תיפוק ליה מדכתיב "כי יקח" דמשמע נמי לשון ביאה, כמו כולהו קיחה דעריות: "איש אשר יקח את אחותו" "ואשה אל אחותה לא תקח" "איש אשר יקח את אשת אחיו"! וי"ל: דשאני היכא דאי אפשר לפרשו בענין אחר, כדאמרינן בפ' "נושאין על האנוסה" (יבמות דף נז.): ליקוחין כתובין בתורה סתם, הראויה לשכיבה — שכיבה, הראויה לקיחה — קיחה. וא"ת: ונילף מג"ש (א) דנקנית בביאה, כדאמרי' בריש "הבא על יבמתו" (שם דף נה:): אשה לבעלה מנין שנקנה בהעראה — אתיא "קיחה" "קיחה"! וי"ל: דאי לאו כתב "ובעלה" — עיקר ביאה לא הוה גמרינן מקיחה דעריות, דכיון דקיחה דהתם לא מישתעי בקנין כלל. אבל לחשב הערלה כגמר ביאה — גמרינן שפיר. **אמה** העבריה תוכיח שנקנית בכסף ואינה נקנית בביאה. תימה: אי הוה שתיק מ"ובעלה", ה"א אמה העבריה נמי נקנית בביאה מק"ו, דהא לקמן (דף ט:) ממעטינן מ"ובעלה" אמה העבריה. והכא — אילו לא נכתב "ובעלה" קאמר! וי"ל, דהכי פריך: והלא דין הוא, דמשום אשה לא איצטריך "ובעלה", דאתיא בק"ו. ואי למעוטי אמה העבריה — לכתוב קרא ובעל, והוי מוקי למעוטי אמה, דמשום היא גופה לא צריך, וה"א יתירה למה לי? ומשני: אי לא כתב אלא ובעל — היא גופה לא הוה אתיא בקל וחומר, דהוה אמינא: אמה העבריה תוכיח. **מה** ליבמה שבן זקוקה ועומדת. וא"ת: הלא אין מועיל לה זקיקתה לענין כסף, וא"כ כל זה אכניס בקל וחומר, ונימא הכי: ומה יבמה, שאע"פ שהיא זקוקה ועומדת — אין נקנית בכסף ונקנית בביאה, אשה שאינה זקוקה, ונקנית בכסף — אינו דין שנקנית בביאה? ולא יזיק לה מה שאינה זקוקה. דכי האי גוונא צריך לומר פרק "כילד הרגל" (ב"ק דף כה.) דבעי לאוכוחי התם דקרן משלם בחצר הניזק נזק שלם מק"ו, דשן ורגל שפטורין ברשות הרבים — חייבין ברשות הניזק נזק שלם, קרן שחייב ברשות הרבים חצי נזק — אינו דין שחייב ברשות הניזק נזק שלם. והקשה ר"י התם, דאיכא למיפרך: מה לשן ורגל דהזיקן מצוי, תאמר בקרן שאין הזיקו מצוי. ומפרש ר"י התם: דלענין חיוב נזק שלם ברשות הניזק — לאו חומרא היא למיפרך מינה, שהרי אינה מועלת כלום בשן ורגל לחייב חצי נזק ברה"ר כקרן, וכל זה אשים בקל וחומר; ומה שן ורגל, שאע"פ שהזיקן מצוי, פטורין ברשות הרבים חייבין ברשות הניזק נזק שלם, קרן שאע"פ שאין הזיקו מצוי, חייב ברשות הרבים חצי נזק — אינו דין שחייב בחצר הניזק נ"ש? ונראה לר"י דהכי פריך: שכן זקוקה ועומדת לביאה, כלומר: שעיקר מצותה להקים לאחיו שם, הילכך נקל לה להקנות בביאה יותר מאשה. וה"ר אלעזר משנז"א פי': שכן זקוקה ועומדת — שביאה זו אינה עושה אלא גומרת קדושי ראשון, ומשום דאשכחן ביאה גומרת — לא נאמר שתקנה תחלת קנין. [וע' תוס' ב"ק כה. ד"ה אני]. ומנין

איצטריך למכתב תרוייהו להשלים דין קדושי כסף: דידה הוו דמכי יקח לא גמרינן אלא שהאיש נותן כסף ת"ל ויצאה והיתה דגמרינן אבל יש כסף לאדון. ומויצאה חנם חזינא דהיכא דיהיב איהו לדידה הוי דאב אבל (א) לא מצית למימר דאי איהי יהבה לדידיה הוו קדושי ת"ל כי יקח איש שהאיש לוקח ונותן כסף:

[פסחים יח: וש"נ]

[פסחים עז: חולין קיח:]

[ברש"י ובתוס' ליתא]

[לקמן ט:]

[לקמן ט:]

הגהות הב"ח

(א) תוס' ד"ה ובעלה וכו' ונילף מג"ש דקיחה קיחה דנקנית בביאה:

גליון הש"ס

גמ' א"ר אשי כו' מעיקרא דדינא פירכא. תמורה כח ע"ב:

תורה אור

וּמִנַּיִן שֶׁאַף בִּשְׁטָר? וְדִין הוּא: וּמַה כֶּסֶף [א]שֶׁאֵין מוֹצִיא – מַכְנִיס, שְׁטָר שֶׁמּוֹצִיא – אֵינוֹ דִּין שֶׁמַּכְנִיס? מַה לְּכֶסֶף [ב]שֶׁכֵּן פּוֹדִין בּוֹ הֶקְדֵּשׁ וּמַעֲשֵׂר שֵׁנִי, תֹּאמַר שְׁטָר [ג]שֶׁאֵין פּוֹדִין בּוֹ הֶקְדֵּשׁ וּמַעֲשֵׂר שֵׁנִי, דִּכְתִיב °*"וְנָתַן הַכֶּסֶף וְקָם לוֹ"! אָמַר קְרָא: °"וְיָצְאָה וְהָיְתָה" – *מַקִּישׁ הֲוָיָה לִיצִיאָה, מַה יְּצִיאָה בִּשְׁטָר – אַף הֲוָיָה נַמִי בִּשְׁטָר. *וְאַקִּישׁ נַמִי יְצִיאָה לַהֲוָיָה: מַה הֲוָיָה בְּכֶסֶף – אַף יְצִיאָה בְּכֶסֶף! אָמַר אַבַּיֵי: יֹאמְרוּ: כֶּסֶף מַכְנִיס כֶּסֶף מוֹצִיא, סַנֵּיגוֹר יֵעָשֶׂה קַטֵּיגוֹר? אִי הָכִי, שְׁטָר נַמִי יֹאמְרוּ: שְׁטָר מוֹצִיא שְׁטָר מַכְנִיס, *קַטֵּיגוֹר יֵעָשֶׂה סַנֵּיגוֹר? מִילֵּי דְּהַאי *שְׁטָרָא לְחוּד, וּמִילֵּי דְּהַאי שְׁטָרָא לְחוּד. הָכָא נַמִי – הַאי כַּסְפָּא לְחוּד וְהַאי כַּסְפָּא לְחוּד! טִיבְעָא מִיהָא חַד הוּא. רָבָא אֲמַר: אָמַר קְרָא: *°"וְכָתַב לָהּ" – בִּכְתִיבָה מִתְגָּרֶשֶׁת וְאֵינָהּ מִתְגָּרֶשֶׁת בְּכֶסֶף. וְאֵימָא: בִּכְתִיבָה מִתְגָּרֶשֶׁת וְאֵינָהּ מִתְקַדֶּשֶׁת בִּכְתִיבָה! הָא כְּתִיב: °"וְיָצְאָה וְהָיְתָה" מַקִּישׁ וכו'. וּמָה רָאִיתָ? מִסְתַּבְּרָא: קָאֵי בְּגֵירוּשִׁין – מְמַעֵט גֵּירוּשִׁין, קָאֵי בְּגֵירוּשִׁין וּמְמַעֵט קִידּוּשִׁין?! וּלְרַבִּי יוֹסֵי הַגְּלִילִי דְּאַפֵּיק לֵיהּ לְהַאי קְרָא לִדְרָשָׁא אַחֲרִינָא, שֶׁאֵינָהּ מִתְגָּרֶשֶׁת בְּכֶסֶף מְנָא לֵיהּ? אָמַר קְרָא: °"סֵפֶר כְּרִיתֻת" – *סֵפֶר כּוֹרְתָהּ, וְאֵין דָּבָר אַחֵר כּוֹרְתָהּ. וְרַבָּנַן: הַאי "כְּרִיתוּת" מַאי עָבְדֵי לֵיהּ? מִיבְּעֵי לֵיהּ [ד]לְדָבָר הַכּוֹרֵת בֵּינוֹ לְבֵינָהּ. *כְּדְתַנְיָא: [ה]"הֲרֵי זֶה גִּיטֵּיךְ ע"מ שֶׁלֹּא תִּשְׁתִּי יַיִן" "עַל מְנָת שֶׁלֹּא תֵּלְכִי לְבֵית אָבִיךְ לְעוֹלָם" – אֵין זֶה כְּרִיתוּת. "כָּל שְׁלֹשִׁים יוֹם" – הֲרֵי זֶה כְּרִיתוּת. וְרַבִּי יוֹסֵי הַגְּלִילִי: מִ"כָּרֵת" "כְּרִיתוּת" קָא נָפְקָא לֵיהּ. וְרַבָּנַן: "כָּרֵת" "כְּרִיתוּת" לָא מַשְׁמַע לְהוּ. חֲדָא מֵחֲדָא לָא אָתְיָא. תֵּיתֵי חֲדָא מִתַּרְתֵּי! הֵי תֵּיתֵי? לָא לִיכְתּוֹב רַחֲמָנָא בִּשְׁטָר וְתֵיתֵי מֵהָנֵךְ – מַה לְּהָנֵךְ שֶׁכֵּן הֲנָאָתָן מְרוּבָּה. לָא נִיכְתּוֹב רַחֲמָנָא בְּבִיאָה וְתֵיתֵי מֵהָנֵךְ – מַה לְּהָנֵךְ שֶׁכֵּן קִנְיָנָן מְרוּבֶּה. לָא נִיכְתּוֹב רַחֲמָנָא בְּכֶסֶף וְתֵיתֵי מֵהָנֵךְ – מַה לְּהָנֵךְ שֶׁכֵּן יֶשְׁנָן בְּעַ"כ, וְכ"ת כֶּסֶף נַמִי בְּעַ"כ בְּאָמָה הָעִבְרִיָּה – *בְּאִישׁוּת מִיהָא לָא אַשְׁכְּחַן.§ *אָמַר רַב הוּנָא: חוּפָּה קוֹנָה מִקַּל וָחוֹמֶר: וּמַה כֶּסֶף שֶׁאֵינוֹ מַאֲכִיל בִּתְרוּמָה – קוֹנֶה, חוּפָּה [ו]שֶׁמַּאֲכֶלֶת בִּתְרוּמָה – אֵינוֹ דִּין שֶׁתִּקְנֶה? וְכֶסֶף אֵינוֹ מַאֲכִיל? *וְהָאָמַר עוּלָּא: [ז]דְּבַר תּוֹרָה אֲרוּסָה בַּת יִשְׂרָאֵל אוֹכֶלֶת בִּתְרוּמָה, שֶׁנֶּאֱמַר: °"וְכֹהֵן כִּי יִקְנֶה נֶפֶשׁ קִנְיַן כַּסְפּוֹ" – וְהַאי קִנְיַן כַּסְפּוֹ הוּא. וּמַה טַּעַם אָמְרוּ אֵינָהּ אוֹכֶלֶת? גְּזֵירָה שֶׁמָּא יִמְזְגוּ לָהּ כּוֹס בְּבֵית אָבִיהָ וְתַשְׁקֶנּוּ לְאָחִיהָ וְלַאֲחוֹתֶיהָ! אֶלָּא פְּרֵיךְ הָכִי: וּמַה כֶּסֶף שֶׁאֵינוֹ גּוֹמֵר – קוֹנֶה, חוּפָּה

ויקרא כז | דברים כד | שם | שם | שם | [פסול ג.] | ויקרא כב

שטר שאין פודין בו הקדשות. אם כתב לגזבר שטר על מעות פדיון הקדש – אין הקדשו פדוי, דבעינן "ונתן הכסף וקם לו". **האי שטרא לחוד והאי שטרא לחוד.** בזה כתוב לשון כניסה, וזה מפורש לשון יציאה. **האי כספא לחוד.** כשהוא נותנו מפרש על מנת מה הוא נותנו. **חד הוא.** אינו נזכר בתוכו אם להוציא אם להכניס. **קאי בגירושין וממעט קידושין.** בתמיה. **ולר' יוסי הגלילי דמפיק ליה להאי וכתב לדרשא אחרינא.** בפ"ב דגיטין (דף כא:). **לדבר הכורת.** שיהא הספר מבדילן, ולא שיהא בו תנאי האוגדן. **אין זה כריתות.** שכל ימיה היא נאגדת בו לקיים תנאי זה מחמתו. **הרי זה כריתות.** אפילו מיד – דהיא תקיים תנאו ותלך. שאפשר דברים הללו לבא לידי הבדלה. **מכרת כריתות.** דהוה מצי למיכתב "ספר כרת", דמשמע ספר כורתה. והך דרשא אחריתי מייתורא דלישנא. **חדא מחדא לא אתיא כו'.** הכי קשיא ליה: האי תנא דלעיל דפריך בכולהו "והלא דין הוא", והדר – דלא אתו מדינא, ואצרכיה קרא – למה לי קרא בכולהו? נהי דחדא מחדא לא אתיא, תיתי חדא מתרתי, במה מצינו; בהצד השוה שבהן, שקונין בעלמא וקונין כאן, אף אני אביא את השלישי. שהרי כולם קונים במקום אחר: כסף ושטר – קונה באמה העבריה, כדלקמן (דף יד:) ביאה – קונה ביבמה. **כסף וביאה הנאתן מרובה.** אבל שטר אירוסין אין בו לה שום הנאה, שהרי אין כתוב בו אלא "הרי את מקודשת לי". **קנינן מרובה.** שקונין קרקעות ועבדים. **בע"כ.** ביאה קונה ביבמה בע"כ, דנפקא לן ביבמות (דף נד.) מ"ויבמה". וכן שטר מוציא את האשה בע"כ מבעלה. **באמה העבריה בע"כ.** שאביה מוכרה שלא מדעתה. **כסף שאינו מאכיל בתרומה.** אם נתארסה לכהן, כדתנן בכתובות (דף נז:): אין האשה אוכלת בתרומה עד שתכנס לחופה. **שאינו גומר.** להוציאה מרשות אביה למעשה ידיה ולירושתה.

אף

ומנין שאף בשטר. ומק"ו דאמה העבריה שאין נקנית בביאה ונקנית בשטר ליכא למימר; חדא – משום דאמה גופה מדאיתקש לאחרת נפקא לן לקמן (דף טז.). ואפילו לרב חסדא דיליף לה מ"לא תצא כצאת העבדים" אבל נקנית היא בקנין העבדים – איכא למיפרך כדלעיל: שכן יוצאה בכסף. ועוד: דכיון דלרב חסדא אב כותבו ליכא למילף באשה שאינה נקנית בזה הענין, שהבעל כותבו.

שכן פודין בו הקדשות ומעשר. וא"ת: כל זה אשים בק"ו: ומה כסף שאע"פ שפודין בו הקדש ומעשר ואינו מוציא – ואפ"ה מכניס, שטר שאע"פ שאין פודין בו הקדש מוציא – אינו דין שיכניס? י"ל: דחומרא הכתובה בפסוק אין להכניס בק"ו. דודאי חומרא של סברא ניתנה להשים בק"ו, אבל הכתובה יש לנו לומר שהיא הגורמת מעלה. וא"ת: ונימא ק"ו מקרקעות שאינן מוציאות – אפ"ה מכניסות. פי': דאדם יכול לקדש אשה בקרקע, ואינה מתגרשת בקרקע. והתם ליכא למיפרך "שכן פודין בו הקדש"! וי"ל, דאיכא למיפרך: מה לקרקע – שכן קונין מטלטלין אגבן, תאמר בשטר. וא"ת: מטלטלין יוכיחו, שאין קונין אגבן ואינן מוציאות ומכניסות – אף אני אביא שטר! וי"ל: מה למטלטלין – שכן פודין בו הקדש.

מה הויה בכסף אף יציאתה בכסף. ולענין ביאה ליכא למימר מה הויה בביאה אף יציאתה בביאה – שלהתרחק ממנה הוא מגרשה. ועוד: משום שמלא בה ערות דבר רגיל לגרשה, ואז יש לו לפרוש.

סניגור יעשה קטיגור. וא"ת: א"כ היכי קאמר לעיל: מה לאמה העבריה שכן יוצאה בכסף, ודין הוא שתהא נקנית בכסף. אדרבה, גריעותא – דאין קטיגור נעשה סניגור! וי"ל: דבאמה העבריה ליכא למימר הכי, לפי שמתחלה שאביה מוכרה לשפחות הוא מקבל הכסף מן האדון, א"כ, כשהוא רוצה לפדותה – דין הוא שיקבל האדון הכסף. אבל איש שמקדש אשה – הכל בא על ידו, בין הקידושין בין הגירושין, והתם שייך למיפרך: יאמרו כסף מכנים וכו'.

קאי בגירושין ממעט גירושין. ואין סברא לומר: קאי בכתיבה וממעט בכתיבה – דפשטא דקרא משמע שבא לומר דוקא בכתיבה, דקאמר "אם לא תמצא חן בעיניו וכתב לה", משמע – דוקא בזה הענין.

על מנת שלא תלכי לבית אביך לעולם אין זה גט. פירש בקונטרס: שכל ימיה נאגדת לקיים תנאי זה מחמתו. וא"ת: אמאי לא אמר דהוי גט, שהרי אם מת אביה יכולה היא ליכנס לבית, ושוב אינה נאגדת בו. דלאחר מיתת אביה לא חשיב "בית אביה", כדאמרינן בנדרים (דף מו.): קונם לביתך שאיני נכנס, מת או מכרו – מותר! וי"ל: ד"בית אביה" קרוים כל יוצאי חלציו של אביה אע"ג שמת, כדכתיב (בראשית לח) גבי תמר "שבי אלמנה בית אביך" אע"פ שמת אביה, כדמוכחי קראי.* **ורבי** יוסי הגלילי מ"כרת" "כריתות" נפקא. תימה: דבפרק "המגרש" (גיטין ד' פג:) קאמר על רבנן דר"א בן עזריה – "כרת" "כריתות" לא דרשי, ור' יוסי הגלילי בכלל דרבנן, והכא אמר דר' יוסי הגלילי דרש "כרת" "כריתות"! וי"ל: דלא קאמר לא משמע להו, אלא דלא דרשי. פירוש, להסוא דרשא דהתם, דמיבעי להו לדרשא דהכא. **שכן** ישנן בעל כרחה. פי' בקונטרס: ביאה ביבמה, שטר בגרושין, כסף באמה העבריה. וקשה לרבינו תם: אם זה חשוב בעל כרחה מה שהאב מוכר את בתו בעל כרחה – א"כ מאי קאמר רב הונא לקמיה: כסף באישות מיהא לא אשכחן בע"כ. הלא האב מקדש בתו קטנה בכסף בע"כ! ואומר רבינו תם: כיון דאב במקום בתו קאי – אין זה חשוב בע"כ, כיון שהוא מדעתו של אב. וא"ת: א"כ, היכי קאמר: כסף נמי איתא באמה העבריה בע"כ? הרי אב מוכרה מדעתו! וי"ל, דהכי פריך: כסף איתא באמה בע"כ, כגון שהאדון מייעד את העבריה בכסף מקנתה בע"כ של אב ובע"כ של בת. דהא דאמר לקמן (דף יט.) "אשר לא יעדה" – שצריך לייעדה – לא שצריך לעשות מרצונה, אלא שצריך להודיעה שלשם קידושין מייעדה. ואע"ג דאמר לקמן: באישות מיהא לא אשכחנא, ובכי האי גוונא שמייעד הוי אישות, מ"מ בתחילה לא בא הכסף בשביל אישות. ויש מיישבים פי' הקונטרס: דודאי זה קרוי בעל כרחה – מכירה של אמה העבריה, שחוב הוא לה. ואם היתה בת דעת – לא היתה מתרצית. אבל קידושי קטנה – לאו חוב הוא לה כמו מכירה, וסופה עומדת לינשא. אם היתה בת דעת – היתה מתרצית, ולא חשיב על כרחה.

חופה

תוס' ר"י הזקן

חופה קונה. קנין כארוסין אם מסרה לחופה לשם קידושין. חופה שמיחדי שניהם בלא ביאה: שאינו גומר. ליורשה וליטמא לה:

טז א מיי' פ"א מהל' גירושין הל"א ב סמג עשין מח:
יז ב ג מיי' פ"ז מהל' ערכין הל"א ופ"ד מהל' מעשר שני הל"ט:
יח ד ה מיי' פ"א מהלכות גירושין הל"א ופ"ח שם הלי"א טז סמג עשין נ טוש"ע אה"ע סי' קמג סעי' כ:
יט ו ז מיי' פ"ו מהל' תרומות הל"ג ופ"ח שם הל"ז:

[עי' תוס' שבת קכח. ד"ה ונתן] [לקמן ע: מא. מז. מח. גטין עח: פג:] עירובין טו: סוכה כד: גיטין כא: [כתובות מז.] [חגיגה יג:] ברכות נט. ר"ה כו. [לקמן כג.] [עירובין טו: גטין כא: סוכה כד:] [לעיל ג: וש"נ] עירובין טו: סוכה כד: גטין כא: פג: [תוספתא שם פ"ה] [לקמן טז.] [לקמן י: כתובות נז:] [וע' תוס' עירובין טו: ותוספת סוכה כד:]

גליון הש"ס

תום' ד"ה שכן פודין וכו' מה לקרקע שכן קונין מטלטלין אגבן. עיין ב"ק דף יב ע"א תוס' ד"ה אגב מקרקעי:

[א]חוּפָּה שֶׁגּוֹמֶרֶת אֵינוֹ דִּין שֶׁתִּקְנֶה? מַה לְּכֶסֶף שֶׁכֵּן פּוֹדִין בּוֹ הֶקְדֵּשׁוֹת וּמַעֲשֵׂר שֵׁנִי — בִּיאָה תוֹכִיחַ. מַה לְּבִיאָה שֶׁכֵּן קוֹנָה בִּיבָמָה — כֶּסֶף יוֹכִיחַ. *וְחָזַר הַדִּין; לֹא רְאִי זֶה כִּרְאִי זֶה, וְלֹא רְאִי זֶה כִּרְאִי זֶה, הַצַּד הַשָּׁוֶה שֶׁבָּהֶן: שֶׁקּוֹנִין בְּעָלְמָא וְקוֹנִין כָּאן. אַף אֲנִי אָבִיא חוּפָּה — שֶׁקּוֹנָה בְּעָלְמָא וְקוֹנָה כָּאן. מַה לַּצַּד הַשָּׁוֶה שֶׁבָּהֶן — שֶׁכֵּן הֲנָאָתָן מְרוּבָּה. שְׁטָר יוֹכִיחַ. מַה לִּשְׁטָר — *שֶׁכֵּן מוֹצִיא בְּבַת יִשְׂרָאֵל. כֶּסֶף וּבִיאָה יוֹכִיחוּ. וְחָזַר הַדִּין; לֹא רְאִי זֶה כִּרְאִי זֶה, וְלֹא רְאִי זֶה כִּרְאִי זֶה, הַצַּד הַשָּׁוֶה שֶׁבָּהֶן — שֶׁקּוֹנִין בְּעָלְמָא, וְקוֹנִין כָּאן. אַף אֲנִי אָבִיא חוּפָּה — שֶׁקּוֹנָה בְּעָלְמָא וְקוֹנָה כָּאן. מַה לְּהַצַּד הַשָּׁוֶה שֶׁבָּהֶן שֶׁכֵּן יֶשְׁנָן בְּע"כ! וְרַב הוּנָא: כֶּסֶף מִיהָא *בְּאִישׁוּת לָא אַשְׁכַּחַן בְּע"כ. אֲמַר [ב]רָבָא: שְׁתֵּי תְשׁוּבוֹת בַּדָּבָר; חֲדָא — דְּ"שָׁלֹשׁ" תְּנַן וְד' לָא תְּנַן. וְעוֹד: כְּלוּם חוּפָּה גּוֹמֶרֶת — אֶלָּא ע"י קִידּוּשִׁין. וְכִי גָּמְרִי' חוּפָּה שֶׁלֹּא ע"י קִידּוּשִׁין מֵחוּפָּה שֶׁע"י קִידּוּשִׁין? א"ל אַבַּיֵי: הָא דְּקָאָמְרַתְּ: ג' תְּנַן וְד' לָא תְּנַן — תַּנָּא, מִילְּתָא דִּכְתִיבָא בְּהֶדְיָא קָתָנֵי, מִילְּתָא דְּלָא כְּתִיבָא בְּהֶדְיָא — לָא קָתָנֵי. וּדְקָאָמְרַתְּ: כְּלוּם חוּפָּה גּוֹמֶרֶת אֶלָּא ע"י קִידּוּשִׁין — רַב הוּנָא נַמִי ה"ק: וּמַה כֶּסֶף שֶׁאֵינוֹ גּוֹמֵר אַחַר כֶּסֶף — קוֹנֶה, חוּפָּה שֶׁגּוֹמֶרֶת אַחַר כֶּסֶף — אֵינוֹ דִּין שֶׁתִּקְנֶה?§ *ת"ר [ג]כֵּיצַד בְּכֶסֶף? נָתַן לָהּ כֶּסֶף אוֹ שָׁוֶה כֶּסֶף, וְאָמַר לָהּ "הֲרֵי אַתְּ מְקוּדֶּשֶׁת לִי" "הֲרֵי אַתְּ מְאוֹרֶסֶת לִי" "הֲרֵי אַתְּ לִי לְאִינְתּוּ" — הֲרֵי זוֹ מְקוּדֶּשֶׁת. °אֲבָל הִיא שֶׁנָּתְנָה, וְאָמְרָה הִיא "הֲרֵינִי מְקוּדֶּשֶׁת לְךָ" "הֲרֵינִי מְאוֹרֶסֶת לְךָ" "הֲרֵינִי לְךָ לְאִינְתּוּ" — אֵינָהּ מְקוּדֶּשֶׁת. מַתְקִיף לָהּ רַב פַּפָּא: טַעְמָא — דְּנָתַן הוּא וְאָמַר הוּא, הָא נָתַן הוּא וְאָמְרָה הִיא — אֵינָהּ מְקוּדֶּשֶׁת. אֵימָא סֵיפָא: אֲבָל הִיא שֶׁנָּתְנָה לוֹ וְאָמְרָה הִיא — לָא הָווּ קִידּוּשִׁין. טַעְמָא — דְּנָתְנָה הִיא וְאָמְרָה הִיא, הָא נָתַן הוּא וְאָמְרָה הִיא — הָווּ קִידּוּשִׁין! רֵישָׁא — דַּוְקָא, סֵיפָא — *כְּדֵי נְסָבָה. וְתָנֵי סֵיפָא מִילְּתָא דִּסְתָרָא לָהּ לְרֵישָׁא?! אֶלָּא ה"ק נָתַן הוּא וְאָמַר הוּא — פְּשִׁיטָא דְּהָווּ קִידּוּשִׁין. נָתַן הוּא וְאָמְרָה הִיא — נַעֲשָׂה כְּמִי שֶׁנָּתְנָה הִיא וְאָמְרָה הִיא, וְלָא הָווּ קִידּוּשִׁין. וְאִב"א: נָתַן הוּא וְאָמַר הוּא — מְקוּדֶּשֶׁת. נָתְנָה הִיא וְאָמְרָה הִיא — אֵינָהּ מְקוּדֶּשֶׁת. נָתַן הוּא וְאָמְרָה הִיא — [ד]סְפֵיקָא הִיא, וְחָיְישִׁינַן מִדְּרַבָּנַן.§ אָמַר שְׁמוּאֵל: [ה]בְּקִידּוּשִׁין; נָתַן לָהּ כֶּסֶף וְשָׁוֶה כֶּסֶף, וְאָמַר לָהּ "הֲרֵי אַתְּ מְקוּדֶּשֶׁת" "הֲרֵי אַתְּ מְאוֹרֶסֶת" "הֲרֵי אַתְּ (לִי) לְאִינְתּוּ" — הֲרֵי זוֹ מְקוּדֶּשֶׁת. "הֲרֵינִי אִישֵׁךְ", "הֲרֵינִי בַּעֲלֵיךְ", "הֲרֵינִי אֲרוּסֵיךְ" — אֵין כָּאן בֵּית מֵיחוּשׁ. [ו]וְכֵן בְּגֵירוּשִׁין; נָתַן לָהּ וְאָמַר לָהּ "הֲרֵי אַתְּ מְשׁוּלַּחַת" "הֲרֵי אַתְּ מְגוֹרֶשֶׁת" "הֲרֵי אַתְּ מוּתֶּרֶת לְכָל אָדָם" — הֲרֵי זוֹ מְגוֹרֶשֶׁת. "אֵינִי אִישֵׁךְ" "אֵינִי בַּעֲלֵיךְ" "אֵינִי אֲרוּסֵיךְ" — אֵין כָּאן בֵּית מֵיחוּשׁ. אֲמַר לֵיהּ רַב פַּפָּא לְאַבַּיֵי: *לְמֵימְרָא דְּסָבַר שְׁמוּאֵל יָדַיִם שֶׁאֵין מוֹכִיחוֹת הָוְיָין יָדַיִם? וְהָתְנַן: *[ז]הָאוֹמֵר "אֶהֱא" — הֲרֵי זֶה נָזִיר. וְהָוֵינַן בָּהּ: וְדִילְמָא "אֶהֱא בְּתַעֲנִית" קָאָמַר? וְאָמַר שְׁמוּאֵל: [ח]וְהוּא שֶׁהָיָה נָזִיר עוֹבֵר לְפָנָיו. טַעְמָא — דְּנָזִיר עוֹבֵר לְפָנָיו, הָא לָאו הָכִי — לָא! הָכָא בְּמַאי עָסְקִינַן דַּאֲמַר "לִי". אִי הָכִי מַאי קמ"ל? הָנֵי

לִישָּׁנֵי

אַף אֲנִי אָבִיא חוּפָּה שֶׁקּוֹנָה בְּעָלְמָא. שֶׁגּוֹמֶרֶת לְיוֹרְשָׁהּ וּלְהָפֵר נְדָרֶיהָ, יִקְנֶה נַמִי כָּאן בְּלֹא אֵירוּסִין. **שֶׁכֵּן יֶשְׁנָן בע"כ.** שֶׁקּוֹנֶה בְּעָלְמָא: בִּיאָה בִּיבָמָה, וּשְׁטָר בְּגֵירוּשִׁין, וְכֶסֶף בְּאָמָה הָעִבְרִיָּה. **כֶּסֶף בְּאִישׁוּת מִיהָא לָא אַשְׁכַּחַן בְּעָלְמָא בע"כ.** וַאפ"ה קוֹנֶה כָּאן, וְאַף עַל כָּרְחָהּ. כְּגוֹן אָב מְקַבֵּל קִידּוּשִׁין לְבַת קְטַנָּה, אַף אֲנִי אָבִיא חוּפָּה. **שְׁתֵּי תְּשׁוּבוֹת בַּדָּבָר.** לְהָא דְּאָמְרַתְּ: חוּפָּה קוֹנָה בְּלֹא כֶּסֶף. **וְעוֹד כְּלוּם חוּפָּה גּוֹמֶרֶת.** דְּקָאָמְרַתְּ: חוּפָּה שֶׁגּוֹמֶרֶת כו'! וְכֵיוָן שֶׁאֵינָהּ גּוֹמֶרֶת אֶלָּא לְאַחַר קִידּוּשִׁין — הֵיאַךְ אַתָּה בָּא לָדוּן חוּפָּה שֶׁלֹּא ע"י קִידּוּשִׁין מֵחוּפָּה שֶׁע"י קִידּוּשִׁין? **הֲרֵי אַתְּ מְקוּדֶּשֶׁת לִי.** אוֹ "הֲרֵי אַתְּ מְאוֹרֶסֶת לִי". **וְתָנָא סֵיפָא מִילְּתָא דִּסְתָרָא לְרֵישָׁא.** בִּתְמִיָּה: וְכִי אָמְרִינַן בְּכָל דּוּכְתָּא "כְּדֵי נְסָבָה" — מִידֵּי דְּלָא אִיצְטְרִיךְ לְמִיתְנֵיהּ וּתְנָיֵיהּ בִּכְדִי. אֲבָל סֵיפָא דִּסְתָרָא לְרֵישָׁא — לָא תָּנֵי תַּנָּא. **ה"ק. סֵיפָא:** אֲבָל שִׁינָּה מִמַּה שֶּׁאָמַרְנוּ, כְּגוֹן שֶׁנָּתַן הוּא וְאָמְרָה הִיא — נַעֲשָׂה כְּאִילּוּ נָתְנָה הִיא וְאָמְרָה הִיא וְאֵינָהּ מְקוּדֶּשֶׁת, דְּבָעֵינַן "כִּי יִקַּח אִישׁ". **נָתַן הוּא.** דָּמֵי לְ"כִי יִקַּח אִישׁ". **וְאָמְרָה הִיא.** דָּמֵי לְ"תִקַּח אִשָּׁה לְאִישׁ". **וְחָיְישִׁינַן מִדְּרַבָּנַן.** שֶׁאִם בָּא אַחֵר וְקִידְּשָׁהּ — צְרִיכָה גֵּט מִשְּׁנֵיהֶם, שֶׁמָּא לֹא הָיוּ שֶׁל הָרִאשׁוֹן קִידּוּשִׁין וַחֲלוּ קִידּוּשֵׁי שֵׁנִי. אוֹ שֶׁמָּא שֶׁל רִאשׁוֹן קִידּוּשִׁין, וְלֹא שֶׁל שֵׁנִי. **בְּקִידּוּשִׁין נָתַן לָהּ כו'.** מִשּׁוּם דְּקָא בָּעֵי לְמֵימַר סֵיפָא בְּגֵירוּשִׁין "נָתַן לָהּ" כו' נָקַט כִּי הַאי לִישָּׁנָא (א) (נָתַן). **הֲרֵי אַתְּ מְקוּדֶּשֶׁת.** וְלָא גָּרְסִינַן "לִי". **אֵין כָּאן בֵּית מֵיחוּשׁ.** אֵין כָּאן אֲפִי' סְפֵק קִידּוּשִׁין, דְּ"כִי יִקַּח" כְּתִיב, וְלֹא שֶׁיִּקַּח עַצְמוֹ לָהּ. וּדְגֵירוּשִׁין אֵין כָּאן בֵּית מֵיחוּשׁ — אַף לְפוֹסְלָהּ לִכְהוּנָּה. **יָדַיִם שֶׁאֵין מוֹכִיחוֹת.** בֵּית יָד, אֲחִיזַת הַדָּבָר, אע"פ שֶׁאֵינוֹ מוֹכִיחַ אֲחִיזַת לָשׁוֹן גָּמוּר, כִּי הָכָא, דְּקָאָמַר "הֲרֵי אַתְּ מְקוּדֶּשֶׁת" וְלָא קָאָמַר לְמַאן. **הָוְיָין יָדַיִם.** וְאָמַר דִּלְדִידֵיהּ קִדְּשָׁהּ. **אֶהֱא.** אֶהְיֶה. **שֶׁהָיָה נָזִיר עוֹבֵר לְפָנָיו.** דְּוַדַּאי אֶהְיֶה אַף אֲנִי כָּזֶה קָאָמַר, אַלְמָא בָּעֵינַן הוֹכָחָה.

חופה שגומרת אינו דין שתקנה. וא"ת: נימא "דיו" לסוף דינא? דמהיכא מייתית דחופה קונה, משום דגומרת — דיו לבא מן הדין להיות כנדון; מה להלן אחר כסף — אף כאן לאחר כסף! וי"ל: דאתיא כרבי טרפון, דאמר (ב"ק דף כה.): היכא דמיפריך קל וחומר לא אמר "דיו". והכא אי אמר "דיו" — מיפריך קל וחומר, דלאחר כסף לא איצטריך. וא"ת: לדידן, דאמר דחופה אינה קונה — נימא דכסף גומר אחר כסף מק"ו דחופה; מה חופה שאינה קונה — גומרת, כסף שקונה אינו דין שיגמור? וי"ל: דלא מצי לאוכוחי שיגמור אלא אחר כסף כחופה, ומאי אולמיה האי כסף מהאי כסף? **אף אני אביא חופה שקונה בעלמא וקונה כאן.** מה להצד השוה שבהן שכן קונין בע"כ. ואע"פ שמוסר בתו הקטנה לחופה בע"כ. כיון דבמקום בתו קאי — לא חשיב בע"כ. וא"ת: אכתי אשכחנא חופה בעל כרחה, דייעוד לאו נישואין עושה, ונמצא שאחר ייעוד כונסה האדון לחופה על כרחו דאב! וי"ל: אע"פ שהייעוד יכול לעשות בעל כרחו דאב — החופה צריך לעשות מדעת. **ורב הונא כסף באישות מיהא לא אשכחנא בע"כ.** אע"פ שהאב מקדש בתו קטנה בעל כרחה, מכל מקום, כיון שהוא מדעת האב — לא קרי בעל כרחה, כדפרישית. ועוד: בחופה נמי אשכחנא כי האי גוונא (כתובות מח.) שהאב מוסר את בתו קטנה לחופה. **הא נתן הוא ואמרה היא כו'.** [א] מה שלא הזכיר כלל נתנה היא ואמר הוא — משום דלא פסיקא ליה, דפעמים מקודשת, באדם חשוב, כדאמר לקמן (דף ז.). **הא לאו הכי לא אלמא קסבר ידים שאין מוכיחות לא הוויין ידים.** וא"ת: אמאי לא משני דלעולם הוויין ידים, והתם דקאמר "אהא" — אפילו ידים שאין מוכיחות לא הוויין, דדילמא "אהא בתענית" קאמר! וי"ל: דטפי משמע "אהא" לשון נזירות מלשון תענית, ד"אהא" משמע מיד, ופעמים שאכל ולא מצי למימר "אהא בתענית" עד למחר. אבל גבי נזירות — מיד יכול להתחיל נזירותו אם ירצה. **הכא במאי עסקינן דאמר לי.** משמע דמסיק הכא לשמואל דידים שאין מוכיחות לא הוויין ידים. ותימה: דבריש מסכת נדרים (דף ב.) אמר: האומר לחבירו "מודרני ממך" "מופרשני ממך" "מרוחקני ממך" "שאיני אוכל לך" "שאיני טועם לך" — אסור. וקאמרי' עלה בגמרא (שם דף ד:), אמר שמואל: בכולן עד שיאמר "שאיני אוכל לך" "שאיני טועם לך". ומסיק: מאי טעמא — דילמא "מודרני ממך" — דלא משתעינא בהדך משמע, "מופרשני ממך" — דלא עבידנא משא ומתן בהדך משמע, "מרוחקני" — דלא קאימנא בד' אמות דילך משמע. ופריך (שם דף ה:): לימא דסבר שמואל ידים שאין מוכיחות לא הוויין ידים? ומשני: שמואל מוקי מתני' כרבי יהודה, דאמר: ידים שאין מוכיחות לא הוויין ידים. ומדקאמר: שמואל מוקי למתני' כרבי יהודה — מכלל דאיהו לא סבירא ליה כוותיה, אלא סבירא ליה דהוויין ידים! ואין לפרש דשמואל מוקי למתני' כרבי יהודה וסבר ליה כוותיה, מדאמר בתר הכי: ומאי דוחקיה דשמואל לאוקמא מתני' כרבי יהודה? ומאי קשיא? אמאי דחיק ומוקי מתני' כרבי יהודה — משום דסבר ליה כוותיה, לכך מוקי כרבי יהודה. אלא ודאי קים ליה דהוויין ידים. ועוד: דאמר בגיטין (דף פה.): גופו של גט — הרי את מותרת לכל אדם. רבי יהודה אומר:

ודן

עין משפט נר מצוה

כ א מיי' פ"י מהל' אישות הל"א ג סמג עשין מח טוש"ע אה"ע סי' נה סעי' א:

כא ב מיי' פ"א שם הל"ב טוש"ע שם סי' כו סעי' ב:

כב ג מיי' שם פ"ג הל"א סמג שם טוש"ע אה"ע סי' כז סעי' א:

כג ד מיי' שם הל"ב וסמג שם טוש"ע שם סעי' א:

כד ה מיי' שם הל"א ו וסמג שם טוש"ע שם סעי' א ו:

כה ו מיי' פ"א מהל' גירושין הל"ד סמג עשין נ טוש"ע אה"ע סי' קלו סעי' ג:

כו ז ח מיי' פ"א מהל' נזירות הל"ו:

תוס' ר"י הזקן

ביאה תוכיח. שאין פודין בה הקדש וקונה אף אני אביא חופה שאע"פ שאין פודין בה הקדש קונה: קונה ביבמה. תאמר בחופה שאין קונה ביבמה: כסף יוכיח. אין קונה ביבמה וקונה אף אני אביא חופה. שאע"פ שאין קונה ביבמה קונה: וחזר הדין. דכי פרכת מה לכסף שכן פודין תהדר ביאה תוכיח ומה לביאה [שקונה ביבמה] כסף יוכיח: בעלמא. כסף בכל מקום וביאה ביבמה: חופה שקונה בעלמא. היינו שגומרת: קונה כאן. בתורת קדושין ופירוש לא ראי זה כראי זה לא תראה אותם שקולים בכל ענין אלא שיש לאחד מה שאין בחברו אלא שוים באיזה ענין: הנאתן מרובה. כסף וביאה אבל חופה אין הנאתו מרובה: שטר יוכיח. שאין הנאתו מרובה: מוציא. מגרש: שתי תשובות. יש להשיב ולומר: שלש תנן. במתני': וכי דנין. ודהכי קאמרת חופה שגומרת אחר כסף אין דין שתקנה בלא כסף: דלא כתיבא בהדיא דהא מייתינן לה מקל וחומר: אחר כסף. שאם נתן לה כסף קדושיה וחזר ונתן לה כסף לקנותה קנין גמור אינו מועיל ואינו (רק) גומר קנינו. ואפ"ה חד כסף מהני לקנותה קנין גמור דאירוסין. חופה שגומרת אחר כסף אינו דין שתקנה בלא כסף קנין דאירוסין. והלכתא כרבא דחופה אינה קונה דסתמא דמתני' משתמע דאינה קונה. ועוד דבפרק הבא על יבמתו גרסי' בהדיא עד כאן לא קאמרי' אלא בקדושין דקני לה אבל חופה דלא קני לה לא וכן דעת הר"ם והרי"ף ז"ל: נתן לה כסף. שכן דרך הלוקח. ואמר לשון שקנאה דכתיב כי יקח ולא שיקיח את עצמו ולא תלקח אשה לאיש: נתן הוא הכסף דומה לכי יקח: אמרה היא הריני מקודשת לך דומה לתקח אשה לאיש ומ"ה מספקא מילתא ואם רוצה לכנסה צריכה קדושין אחרים ואם בא אחר וקדשה תצא מזה ומזה מספק ומסתברא דוקא היכא דאינו מדבר עמה על עסקי קדושיה שהוא צריך לומר הרי את מקודשת לי לבאר שהכסף נותן לה בתורת קדושין והואיל והוא צריך לדבר אם היא דברה מה שמוטל עליו שהוא הלוקח הוי ספקא אבל אם היה מדבר עמה על עסקי קדושיה שאינו צריך לדבר אלא תכף שנתן לה הכסף הויא מקודשת ודאי שהרי הוא עשה כל המוטל עליו לעשות ואע"פ שהיא מדברת מה שאינו מוטל עליה אין היזק בזה. והיכא דנתנה היא הכסף ואמר הוא הרי את מקודשת לי לא הוזכר בגמ' בביאור ודאי לא הויא מקודשת כלל דבעינן שיקח ויתן כסף וכ"כ הרי"ף והר"מ ז"ל וכן נראה מן ההלכה באתקפתא דרב פפא דדייק רישא ואותביה אסיפא בנתן הוא ואמרה היא ולא דייק בנתנה היא ואמר הוא דמצי נמי למידק אלא משמע היכא דנתנה היא אע"ג דאמר הוא ליכא למידק דתהוי מקודשת דודאי אינה מקודשת דכתיב כי יקח וכל לוקח נותן כסף. ומיהו דוקא כשאמר הרי את מקודשת לי בזה הכסף שיחשב הואיל ויש כסף בקדושין אין הפרש אם הוא יקח או יתן. אבל אם אמר הרי את מקודשת לי בהנאה שיש לך כשאני אקבל כסף זה במתנה זו ממך מקודשת אם הוא אדם חשוב כדלקמן: הרי את מקודשת ולא אמר לי ידים שאין מוכיחות שאין בית יד אחיזת הדבר מוכיח אחיזתו בביאור כי הכא דלא מבאר מקודשת למי לעצמו או לאחר: הויין ידים. הויא אחיזה כאילו ביאר לעצמו: לפניו. ודאי דאהא נזיר כמוהו קאמר אלא וכו' וכן הלכתא דידים שאין מוכיחות לא הויין ידים ואי לא אמר לי לאו כלום הוא: אין כאן בית מיחוש דכתיב כי יקח ולא שיקיח את עצמו. ואפי' ספק קדושי' לא הוו ואם בא אחר וקדשה מקודשת לשני ואיכא מ"ד דוקא שאינו מדבר עמה על עסקי קדושיה אבל מדבר עמה על עסקי קדושיה קדושיו קדושין דלא גרע משתק. ומסתברא דמגרע גרע שאילו שתק היה מובן שנתן כסף הקדושין

לקנותה

מסורת הש"ס

[לקמן כח. וש"נ]

[לקמן טז.]

שם

רש"ל מ"ז ופירש בקדושין וכן בר"נ

תוספתא דקדושין פ"א

[ר"ה ה: וש"נ]

[נזיר ב: ע"ש נדרים ה: ע"ש גטין פה:] נזיר ב: ע"ש

הגהות הב"ח

(א) רש"י ד"ה בקידושין וכו' כי האי לישנא בקידושין נתן כו' הס"ד:

הגהות הגר"א

[א] תוס' ד"ה הא נתן מה שלא הזכיר כו'. נ"ב הרי"ף והרמב"ם והרשב"א חולקין על זה:

גליון הש"ס

גמ' אבל היא שנתנה ואמרה. ע' ר"ן נדרים ל ע"א:

לישני בתראי קמ"ל; הכא כתיב: "כי יקח" – ולא שיקח את עצמו, והכא כתיב: "ושלחה" – ולא שישלח את עצמו. § ת"ר [א]"הרי את אשתי", "הרי את ארוסתי", "הרי את קנויה לי" – מקודשת. [ב]"הרי את שלי", "הרי את ברשותי", "הרי את זקוקה לי" – מקודשת. וליתנינהו כולהו כחדא! תנא תלת תלת שמעינהו וגרסינהו. [ג]איבעיא להו: "מיוחדת לי" מהו? "מיועדת לי" מהו? "עזרתי" מהו? "נגדתי" מהו? "עצורתי" מהו? "צלעתי" מהו? "סגורתי" מהו? "תחתי" מהו? "תפושתי" מהו? "לקוחתי" מהו? פשוט מיהא חדא, דתניא: [ד]האומר "לקוחתי" – הרי זו מקודשת, משום שנאמר: "כי יקח איש אשה". איבעיא להו: "חרופתי" מהו? ת"ש דתניא, [ה]האומר "חרופתי" מקודשת, שכן ביהודה קורין לארוסה חרופה. ויהודה הויא רובא דעלמא?! ה"ק האומר "חרופתי" – מקודשת, שנאמר "והיא שפחה נחרפת לאיש". ועוד: ביהודה קורין לארוסה חרופה. *ויהודה ועוד לקרא?! אלא ה"ק האומר "חרופה" ביהודה – מקודשת, שכן ביהודה קורין לארוסה חרופה. במאי עסקינן? אילימא בשאין מדבר עמה על עסקי גיטה וקידושיה – מנא ידעה מאי קאמר לה? ואלא במדבר עמה על עסקי גיטה וקידושיה – אע"ג דלא אמר לה נמי, *דתנן: היה מדבר עם אשה על עסקי גיטה וקידושיה, ונתן לה גיטה וקידושיה, ולא פירש. ר' יוסי אומר: דיו. ר' יהודה אומר: צריך לפרש. ואמר רב הונא אמר שמואל: [ו]הלכה כר' יוסי! אמרי: לעולם במדבר עמה על עסקי גיטה וקידושיה. ואי דיהיב לה ושתיק – ה"נ. [ז]הב"ע? דיהב לה ואמר לה בהני לישני. והכי קא מיבעי ליה: הני לישני, לקידושי קאמר לה, או דילמא למלאכה קאמר לה? תיקו. § *גופא, היה מדבר עם האשה על עיסקי גיטה וקידושיה, ונתן לה גיטה וקידושיה ולא פירש, רבי יוסי אומר: דיו. ר' יהודה אומר: צריך לפרש. אמר רב יהודה אמר שמואל: [ח]והוא שעסוקין באותו ענין. וכן אמר ר"א א"ר אושעיא: והוא שעסוקין באותו ענין. כתנאי, *רבי אומר: והוא שעסוקין באותו ענין. ר' אלעזר בר ר"ש אומר: אע"פ שאין עסוקין באותו ענין. ואי לאו דעסוקין באותו ענין מנא ידעה מאי קאמר לה? אמר אביי: *מענין לענין באותו ענין. אמר רב הונא אמר שמואל: הלכה כר' יוסי. א"ל רב יימר לרב אשי: ואלא הא *דאמר רב יהודה אמר שמואל: כל שאינו יודע בטיב גיטין וקידושין לא יהא לו עסק עמהם, אפילו לא שמיע ליה הא דרב הונא אמר שמואל? א"ל אין הכי נמי. § וכן בגירושין, נתן לה גיטה ואמר לה "הרי את משולחת", "הרי את מגורשת", "הרי את מותרת לכל אדם" – הרי היא מגורשת. § *[ט]פשיטא, נתן לה גיטה ואמר לה לאשתו "הרי את בת חורין"

לא

תורה אור: דברים כד; שם; שם; ויקרא יט

רש"י

לישני בתראי. דקאמר בהו "אין כאן בית מיחוש" בין דקידושין בין דגירושין. ליתנינהו בחדא. למה לי למיתני "מקודשת" "מקודשת" תרי זימני. מיוחדת. לשון "והיו לבשר אחד" (בראשית ב). מיועדת. לשון "אשר לא יעדה" (שמות כא) שהוא לשון קידושין באמה העבריה. עזרתי נגדתי. לשון "אעשה לו עזר כנגדו" (בראשית ב). סגורתי. לשון "ויסגור בשר" (שם). עצורתי. לשון עצרת, שאתה נאספת עמי לבית. ורבותי אמרו: לשון: "כי אשה עצורה לנו" (שמואל א, כא). ולא נהירא, דההיא – עצורה ממנו קאמר. דהא אחימלך אמר לו לדוד: "אם נשמרו הנערים אך מאשה", ודוד אהדר ליה: "אשה עצורה לנו" והננו טהורים. ויהודה ועוד לקרא. וכי המקרא צריך סיוע ממנהג שביהודה?! שכן ביהודה כו'. אבל מקרא ליכא למילף, דההוא יחוד בעלמא הוא. שהרי בשפחה כנענית הכתוב מדבר, שאין קידושין תופסין בה. ומעיקרא הוה סלקא דעתיה כמ"ד בגיטין (דף מג.): בחציה שפחה וחציה בת חורין הכתוב מדבר, דשייכי בה לד קידושין. במאי עסקינן. בהנך לישני דקא מיבעיא לן אי הוו קידושין או לא, ה"ד? אי בשאין מדבר עמה קודם לכן על עסקי קידושין, וכן בהנך לישני דגירושין שלא היה מדבר עמה על עסק גיטה. מנא ידעה כו'. כלומר, אפילו הוו הנך לישני לשון קידושין, היכי מקדשא? הא לא ידעה מאי קאמר לה, שתתרצה להתקדש לו! ואלא במדבר. מה לי אי לא הוה לשון קידושין, אפילו לא אמר לה מידי נמי, אלא שנתן לה קי"ל דהוו קידושין, כר' יוסי. גיטה וקידושיה. או גיטה או קידושיה. ה"נ. דמקדשא כרבי יוסי, דאמרינן: מסתמא לשם קידושין נתן, והיא קבלתם לכך. אבל השתא דפריש הנך לישני, אם לשון קידושין הן – נתקדשה, ואם לשון לבוא לעשות מלאכתו הם – הרי גילה בדעתו שאינו חפץ לקדשה עכשיו. והוא שעסוקין כו'. הא דקאמר רבי יוסי דיו – והוא שהיו עסוקים בדיבור עיסקי קידושיהן עד שעת נתינה. מנא ידעה. כיון דבשעת נתינה לא עוסקין בדיבור הקידושין, מנא ידעה שלשם קידושין הוא נותנם לה שתתרצה? ואע"פ שדברו כבר בכך – הרי פסקו אותו עסק. מענין לענין. שפסקו מלדבר בקידושין ממש, והיו מדברים בדברים אחרים. ומיהו, לדבר צרכי זיווגם היה. כמו: כמה יש לך נדוניא, וכמה שדות יש לך להתפרנס מהם. בטיב גיטין. בהלכותיהן. לא יהא לו עסק עמהן. להיות דיין בדבר. שמא יתיר איסור ערוה, וזהו עיוות שאינו יכול לתקן. אפי' לא שמיע ליה. הא דהלכה כרבי יוסי, נימא נמי דלא יהא לו עסק עמהם. כלומר, מי שכיחא הא או לא שכיחא שיהא אדם נותן גט או קידושין לאשה ואינו מפרש? וכן בגירושין. כמו: אמר מר וכן בגירושין כו'. פשיטא. בניחותא.

לא

[ע' תוס' ב"ב סא. ד"ה ואב"א]
מעשר שני פ"ד מ"ז
[ע' מ"ש רש"י סוכה יד. ד"ה משום הכי וכו' שאלתי את מורי וכו']
תוספתא דקדושין פ"ב [ע"ש]
ב"ב קיד.
לקמן יג.
גיטין פה.

תוספות

"ודן די יהוי ליכי מינאי" – הוא גופו של גט. ופליגי רבנן עליה, ושמואל סבר כרבנן! וי"ל: ד"הרי את מקודשת" ולא אמר "לי" – לא משמע כלל דמקודשת לי קאמר, דאדם עשוי לקדש אשה לחבירו, וידים שאין מוכיחות כלל כי הני – ודאי קאמר שמואל לא הויין ידים. אבל בהאי דנדרים – הוו מוכיחות טפי. וכן ההוא דכותב טופסי גיטין הוו מוכיחות, דאין אדם מגרש אשת חבירו. אך בריש מסכת נזיר (דף ב:) יש ספרים דגרסי: האומר "אהא" – ה"ז נזיר. אמר שמואל: והוא שהיה נזיר עובר לפניו. וקא אמר: לימא דקסבר שמואל ידים שאין מוכיחות לא הויין ידים. אין, מש"ה כי נזיר עובר לפניו – הוי ידים מוכיחות, ומהני. אבל אין נזיר עובר לפניו – הוי ידים שאין מוכיחות, ולא מהני. ואית ספרים דגרסי: לימא קסבר שמואל ידים שאין מוכיחות לא הויין ידים, ומשני: עובר לפניו הויין ידים שאין מוכיחות, לכל הפחות, אבל אין עובר לפניו – אפילו שאין מוכיחות לא הוי.

עצורתי מהו. פי' בקונטרס: לשון עצרת, שתהא נאספת עמי בבית. ורבותי מפרשים: לשון "כי אשה עצורה לנו". ולא נהירא, דההוא – עצורה ממנו קאמר, דהא אחימלך אמר לו לדוד "אם נשמרו הנערים אך מאשה" ודוד אהדר ליה "אשה עצורה לנו" והננו טהורים, עכ"ל. ור"י מיישב לישנא דקרא כפירוש רבותיו, דה"פ כי אשה שהיתה אצלנו – מתמול שלשום היה זה, אבל עכשיו אנחנו טהורים. וניחא, דכל אלו הלשונות השתא לישנא דקרא.

משום שנא' והיא שפחה נחרפת לאיש. וסבר דקרא איירי בחציה שפחה וחציה בת חורין המאורסת לע"ע וכמ"ד ב"השולח" (גיטין דף מג.) דקידושין תופסין בה.

שכן ביהודה קורין לארוסה חרופה. ודוקא ביהודה, אבל בעלמא לא, דקסבר *דבשפחה כנענית הכתוב מדבר, שאין קידושין תופסין בה. **לא** יהא לו עסק עמהן. פי' בקונטרס: לא יהא דיין בדבר, שמא יתיר איסור ערוה, וזהו עיוות שאינו יכול לתקן. והר"ר עזריאל פי': שלא ידבר עם הנשים על עסקי קידושין לקדשם, שפעמים שתהא מקודשת באמירתם או בנתינתם ולא יבין. וקשה: תינח בקידושין, בגירושין מה בכך אם יסבור שאינה [מגורשת] ושמא איכא למיחש לכהן. מיהו, לישנא ד"עמהן" לא משמע הכי, דאין אדם יכול ליתן גט אלא לאשתו. ועוד: דלקמן בפרקין (דף יג.) משמע שיש חשש איסור אשת איש, דאמר: וקשין לעולם מדור המבול. ומיהו, יש לומר: דאיכא למיחש אם פשטה ידה וקבלה קידושין מאחר. **אפי'** לא שמיע ליה. פירוש: אדם שנתמנה אגיטין וקידושין צריכין אנו להודיעו הא דרב יהודה אמר שמואל, שלא יכשל בה, דשכיחא. או דילמא: ליכא למיחש להכי, דלא שכיחא כולי האי. וכן משמע מתוך פירוש הקונטרס.

אשה

עין משפט נר מצוה

כז א ב מיי' פ"ג מהל' אישות הל"ו סמג עשין עח טוש"ע אה"ע סי' כז סעי' ב:
כח ג מיי' שם הל"ז טוש"ע שם סעי' ג:
כט ד מיי' שם הל"ז טוש"ע אה"ע שם סעי' ב:
ל ה מיי' שם הלכה ו טוש"ע סעי' ג בהג"ה:
לא ו מיי' שם הל"ח ופ"א מהל' גירושין הלי"א סמג עשין מח טוש"ע שם סעי' א וסי' קלו סעי' ב:
לב ז מיי' פ"ג מהל' אישות הל"ז סמג שם טוש"ע שם סימן כז סעי' ג:
לג ח מיי' שם הל"ח ופ"א מהל' גירושין הלי"א סמג שם טוש"ע אה"ע סי' כז סעי' א וסי' קלו סעי' ב:
לד ט מיי' פ"א מהל' גירושין הל"ד סמג שם טוש"ע אה"ע סי' קלו סעי' ד:

תוס' ר"י הזקן

לקנותה ועכשיו ביאר שנתן כסף הקדושין להקנות עצמו לה ואין הקדושין קדושין כלל: הרי את אשתי שקדשה בכסף ואמר לה כך והיא מכרת ומבינה כוונת הלשון דאי לאו מבינה לאו כלום הוא. אי נמי שהיה מדבר עמה על עסקי קדושיה שאע"פ שאינה מבינה הרי נתרצית ואע"פ שלא אמר לה כלום דיו: ואם קדשה בשטר מיירי שכתב לה כך. מיוחדת לשון והיו לבשר אחד. מיועדת [לשון] אשר לא יעדה עזרתי נגדתי לשון אעשה לו עזר כנגדו. צלעתי סגורתי תחתי ויבן את הצלע ויסגור בשר תחתינה עצורתי כלומר נאספת עמי בבית ולא מצינן למימר לשון אשה עצורה לנו דההוא ר"ל מנועה ממנו. תפושתי לשון לא נתפשה או ר"ל נתפסת עמי בבית: כי יקח אלמא לשון קדושין ואידך תבעי והוי ספק מקודשת חרופה אלמא לשון ארוסין הוא א): רובא דעלמא הוו קדושין. אף במיעוט אם אינו שם לשון קדושין שהרי אף אם אומרת ב) שדעתה שהלשון אמר לה לשם קדושין הם העדים אינם מבינים הלשון והוו להו כמקדש בלא עדים שהרי אין הדבר ברור לעדים מצד מה שראו ושמעו אלא מצד מה שהם אומרים שכוונו לקדושין. אלא ה"ק הכי עביד מימרא חלוטה וקתני קודשת כאילו הויא מקודשת ברוב העולם שמבינים הלשון: [יהודה] ועוד לקרא הואיל וסבירא לך דבקרא לשון קדושין [הוא] מה לנו להביא סיוע מלשון יהודה אלא ודאי סבירא ליה דקרא לאו קדושין הוא דלשון יחוד בעלמא דבשפחה כנענית הכתוב מדבר שאין קדושין תופסין בה אלא ביהודה קאמר דהואיל ובלשונם הוא לשון קדושין מקודשת הואיל ומכרת שלשם קדושין אמר לה כך הילכך זאת פשיטא אליבא דר' ישמעאל דסבירא ליה הכי בכריתות פרק ד' מחוסרי כפרה ואנן קי"ל כתנא דפליג עליה התם דבחציה שפחה וחציה בת חורין המאורסת לעבד עברי הכתוב מדבר כמו דאיתא בפרק השולח ולדידיה נחרפת לשון קדושין הלכך האומר חרופתי בכל מקום מקודשת דקי"ל כוותיה כמו שביארנו בהשולח וכ"כ הר"ם: במאי עסקינן בהני לישני דמבעיא ליה: מנא ידעה פירוש אפי' לשון ההוא לשון קדושין הוא היכי מקדשה והלא אינה בקיאה בלשון והואיל ולא דבר עמה להתקדש לו ואינה מבינה ענין הדברים לא נתרצית להתקדש לו: הכי נמי דהוו קדושי דתנן היה מדבר עמה על עסקי קדושיה ונתן לה ולא פירש דיו: למלאכה משתמעי ואע"פ ששניהם מודים שלקדושין נתכוונו אינן קדושין שהרי העדים לא נתברר להם אמתת הלשון בעת ששמעו ונמצא שאין הדבר תלוי במה שראו העדים ומסתברא אם תחלה אמרו לעדים הרי אני נותן לה לשם קדושין בזה הלשון והיא תאמר שתבין שהלשון לשם קדושין דודאי הוו קדושין שבשעה ששמעו העדים הלשון [נתברר להם] שהן קדושין דלא שייך הכא למימר בטלה דעתם אצל כל אדם כדאמרי' בשבת דאנשי הוצל שמוציאים משוי על ראשם אם עשו בשבת פטור דבטלה דעתן אצל כל אדם דבשבת מלאכת מחשבת אסרה תורה אבל קדושין בכל לשון שתכיר ותבין שהוא לשון קדושין ויבינו השומעים גם כן כשנתקדשה מקודשת דהא חרופתי ביהודה הואיל וביהודה הוי לשון קדושין הויא מקודשת ביהודה. ומסתברא דהא דאיסתפקא לן בהני לישני אי לקידושין משתמעי הטעם מפני שהיה מדבר עמה על עסקי קדושיה אבל אם לא היה מדבר עמה על עסקי קדושיה ודאי למלאכה משתמעי ואפי' ששניהם מודים שלקדושין נתכוונו אין כאן עדים כלל אבל בלישני דלעיל שהם לשון קדושין אפי' לא דיבר עמה על עסקי קדושין אם היא מודה שהבינה הלשון מקודשת שהרי הבינה הלשון ונתרצית והלשון היא לקדושין ויש כאן עדים וכ"נ דעת הר"ם שכתב פ"ג דאין חוששין למלות אלו וכן לאיזה מלות חוששין אם לא היה מדבר עמה על עסקי קידושיה אלא ודאי שזה החילוק בין מלות אלו ומלשון שהם לשון קדושין: גופא היה מדבר עמה במסכת מעשר שני פ"ד תנינא לה גבי גט נמי אע"ג דלא בעינן דעתה דידה צריך שיגלה דעתה שנותנו לה בתורת כריתות ומדרבנן (נמי) [כמו] שכתבנו בגיטין פרק הזורק. באותו ענין שתכף שאמרה הן כלומר שרוצה להתקדש לו נתן לה הכסף: באותו ענין. כלומר מענין הקדושין לענין אחר והוא מאותו ענין שאמר לה תרצי להתקדש לי ואמרה הן ואמר כמה צריכה את לפרנסה כמה יש לך נדוניא ג) כלומר מי שכיחא האי מילתא שיהא אדם מקדש או מגרש ואינו מפרש או לא שכיחא ובעוד שהיו עסוקים באלו הדברים נתן לה הכסף והלכתא כרבי מחברו ולא הוו קדושי: בטיב גיטין בהלכותיהן לא יהא לו עסק להיות דיין בדבר שמא יתיר ערוה וזהו עיוות שאינו חוזר לתיקון: דרב יהודה אמר שמואל והוא שעסוקים באותו ענין דוקא ד): אמר לאשתו בכתב שכתב לה כן אבל בדבור אינה מתגרשת: בת חורין לא אמר כלום דבת חורין היא כשהיא תחתיו ג"כ: הרי את מותרת לא אמר כלום שהרי אסורה היא ולא שייך לשון התר בשחרורה שהשחרור אינה מתירה

עד

א) נראה דל"ל ויהודה הוי רובא דעלמא. אין ר"ל דאם הוי רובא דעלמא הוי קדושין אף במיעוט אם אינו וכו'. ב) נראה שצ"ל אף אם אומרת שהבינה הלשון שאמר לה ודעתה היה לשם קדושין מ"מ אם העדים וכו'. ג) מתיבת כלומר עד תיבת שכיחא שייך אחר תיבות ענין דוקא. ד) כאן שייך מתי' כלומר עד שכיחא.

[א] לא אמר ולא כלום. אמר לה לשפחתו: "הרי את מותרת לכל אדם" – לא אמר ולא כלום. אמר לה לאשתו: "הרי את לעצמך" מהו? מי אמרינן – למלאכה קאמר לה, או דילמא – לגמרי קאמר לה? א"ל רבינא לרב אשי: ת"ש *דתניא: *[ב]גופו של גט שחרור: "הרי אתה בן חורין" "הרי אתה לעצמך". השתא, ומה עבד כנעני דקני ליה גופיה, כי א"ל "הרי אתה לעצמך" – לגמרי קא"ל, אשה דלא קני ליה גופה – [ג]לא כ"ש?! א"ל רבינא לרב אשי: אמר לעבדו "אין לי עסק בך" מאי? מי אמרינן: אין לי עסק בך – [ד]לגמרי קא"ל, או דילמא – למלאכה קאמר ליה? א"ל ר"נ לרב אשי, ואמרי לה רב חנין מחוזאה לרב אשי, ת"ש: *[ה]המוכר עבדו לגוי – יצא לחירות, וצריך גט שחרור מרבו ראשון. אמר רשב"ג: בד"א – שלא כתב עליו אונו, אבל כתב עליו אונו – זהו שחרורו. ה"ד אונו? אמר רב ששת: דכתב ליה "כשתברח ממנו אין לי עסק בך". § *אמר אביי: [ו]המקדש במלוה – אינה מקודשת. [ז]בהנאת מלוה – מקודשת, *ואסור לעשות כן מפני הערמת רבית. האי הנאת מלוה ה"ד? אילימא דאזקפה, דאמר לה ארבע בחמשה – הא רבית מעלייתא הוא, ועוד: היינו מלוה! [ח]לא צריכא, דארווח לה זימנא. § אמר רבא: הילך מנה על מנת שתחזירהו לי, במכר – לא קנה; באשה – אינה מקודשת; בפדיון הבן – אין בנו פדוי; בתרומה – יצא ידי נתינה, ואסור לעשות כן *מפני שנראה ככהן המסייע בבית הגרנות. מאי קסבר רבא? אי קסבר מתנה על מנת להחזיר שמה מתנה – אפילו כולהו נמי. ואי קסבר לא שמה מתנה – אפילו תרומה נמי לא! ועוד, הא רבא הוא דאמר: [ט]מתנה על מנת להחזיר – שמה מתנה! *דאמר רבא: [י]"הילך אתרוג זה על מנת שתחזירהו לי", נטלו והחזירו – יצא; ואם לאו – לא יצא! אלא אמר רב אשי: [כ]בכולהו קני, [ל]לבר מאשה, לפי שאין אשה נקנית בחליפין. א"ל רב הונא מר בריה דרב נחמיה לרב אשי: הכי אמרינן משמיה דרבא כוותיך. § אמר רבא: [מ]"תן מנה לפלוני ואקדש

רש"י

לא אמר כלום. להתגרשה, אם כתב לשון זה בגט – שאין זה לשון גירושין. הרי את מותרת. לשון גירושין הוא, ולא לשון שחרור דשפחה. דאי בת חורין משוה לה – אינה מותרת לעבדים. אבל לשון גט הוא לאשה, שמתירה לכל, שהיתה אסורה לו על ידו. לגמרי. אפילו להנאה. למלאכה. שיהא מעשה ידיה שלה. לעבדו. כנעני. לגמרי. אפי' לשחרור גופו, ומותר בבת חורין. יצא לחירות. ואע"ג דקי"ל (גיטין דף מד.): קונסין אותו לפדותו מן הגוי, עד עשרה בדמיו, דאפקעיה ממצות. וצריך גט שחרור. להתירו בבת חורין, משום דגוי גופו לא קני, דכתיב: "מהם תקנו" – אתם קונין מהם, ולא הם קונים מכם, ולא הם קונים זה את זה (שם דף לח.). בד"א. שצריך גט שחרור – שלא כתב עליו אונו כשמכרו לגוי. אונו. לשון שטר. לכשתברח ממנו. מן הגוי. אין לי עסק בך. אלמא לשון שחרור הוא. המקדש במלוה. דאמר: התקדשי לי במלוה שהלויתיך. אינה מקודשת. ד"קיחה" משדה עפרון גמרינן, דיהיב מידי בשעת קידושין. ומלוה להוצאה ניתנה, וכבר הן שלה, ומעות אחרים היא חייבת לו. בהנאת מלוה. מפרש לה ואזיל. אילימא דאזקפה. מעיקרא ארבעה בחמשה, והשתא אמר לה: התקדשי לי בזוז חמישי. רבית מעלייתא הוא. ואמאי קרי ליה הערמת רבית? ה"ג ועוד היינו מלוה. שאף הזוז הזה כבר מחוייבת ועומדת. לא צריכא דארווח לה זמן. הלואתו. ואמר לה: התקדשי בהנאה זו, שאת היית נותנת פרוטה לאדם שיפייסני על כך. או לי. ואפי' לאגר נטר לא דמי כלל. ואם פירש לה כך – מקודשת. והערמת רבית הוא דהויא, ולא רבית גמור, דלא קץ לה מידי, ולא מידי שקל מינה. וכ"ש אם מחל לה כל המלוה, ואמר לה: התקדשי לי בהנאת מחילה זו. דהשתא הוא דקא יהיב לה הך פרוטה דהנאת מלוה. אבל כי מקדש לה בעיקר המעות – לאו מידי יהיב לה, שכבר הם ברשותה, והם שלה. במכר לא קנה. כגון קרקע, דקי"ל לקמן (דף כו.) שהיא נקנה בכסף – אינו נקנה בכך, דלאו מידי יהיב ליה. יצא ידי נתינה. ומוכרה לכהנים, והדמים שלו. ולקמן פריך: ממה נפשך. ואסור לעשות כן. לפי שנשכר זה יתן לו שאר תרומותיו, והוי האי כהן כקונה תרומה בשכרו, ומסייע בבית הגרנות שיתנו לו התרומה. ותנן בבכורות (דף כו:): כהנים המסייעים בבית הגרנות – אין נותנין להם תרומה ומעשרות בשכרן, ואם עשו כן – חללו, ועליהם הכתוב אומר (מלאכי ב): "שחתם ברית הלוי". לא החזירו לא יצא. דהוה ליה גזל למפרע. אלא אמר רב אשי. ודאי בכולהו אמר רבא דקונה, לבר מאשה כו', והאי לחליפין דמי כקנין בסודר, דאינו אלא אוחז בה ומחזירו.

ואקדש

תוספות

אשה דלא קני ליה גופה לכ"ש. אע"ג דגבי "הרי את בת חורין" לא מהני מק"ו, היינו משום דלא שייך חירות באשה, ולא עביד ק"ו אלא מלשונות דשייכי הכא והכא.

כשתברח ממנו. כלומר, מן הגוי. אבל אינו רוצה לומר: כשתברח ממני מעכשיו אין לי עסק בך – (א) א"כ יהיה מיד בן חורין ויתחייב במצות, ולא יוכל לקיימו בבית הגוי – נמצא שרע לו מה שכותב עליו אונו.

דארווח לה זימנא. פי' בקונטרס: שהיתה חייבת לו, ונתן לה זמן, ואמר לה: התקדשי לי בהנאה זו, שאת היית נותנת לאדם פרוטה שיפייסני על כך. ואם פירש לה כך – מקודשת, והערמת רבית הוא דהויא, ולא רבית גמור – דלא קץ לה, ולא מידי שקיל מינה. וכ"ש אם מחל לה כל המלוה, ואמר לה: התקדשי לי בהנאת מחילה זו – מקודשת. אבל כי מקדשה בעיקר המעות – לאו מידי יהיב לה, שכבר הם שלה וברשותה. ומה שפי' דרבית קצוצה לא הוי, כיון שאין האשה נותנת לאיש כלום לא נהירא. כיון שהוא נותן לה זה פרוטה בקידושין, ולא נתן לה כלום – הוי כאילו נתנה לו פרוטה ממש, והוי רבית גמור. וכי ההיא (ב"מ דף סג:) דמנה אין לי, חטין במנה יש לי – שייך לקרות הערמת רבית, שמערים, דלא הוי אגר נטר ליה. לכן פר"ת: דאיירי הכא שהיתה חייבת מעות לאדם אחר, והגיע זמנו לפרוע, ובא זה ונותן למלוה פרוטה לארווחי לה זימנא, וקידשה באותה הנאה. ואם תאמר: אמאי אסור לעשות כן מפני הערמת רבית? והא אמר בפרק "איזהו נשך" (שם דף סט:): שרי ליה לאיניש למימר לחבריה שקול ד' זוזי ואוזפי לפלוני זוזי, דלא אסרה תורה אלא רבית הבאה מלוה למלוה! וי"ל: היינו שאין הלוה נותן כלום לנותן, אבל אם היה נותן – היה נראה כשלוחו, ואסור. דכי נמי אמרינן התם ב"איזהו נשך" (שם): שרי ליה לאיניש למימר לחבריה שקול ד' זוזי ואמור לפלוני דלוזפן זוזי – היינו כשאין המקבל נותן כלום למלוה, כי אם היה נותן – היה נראה כשלוחו, ואסור. וא"ת: אמאי מוקי לה בארווח לה? בתחילת הלוואה היה יכול להעמיד, דבהנאת מלוה מקודשת, כגון שהמקדש נותן למלוה פרוטה להלוות לה מעות, ובאותה פרוטה נתקדשה לו! וי"ל: בהנאת מלוה – משמע מלוה שהיתה עליו כבר.

לא החזירו לא יצא. וא"ת: אמאי לא יצא? הא לא הוה תנאי כפול? וי"ל: דאיכא תנאי דלא בעי כפול, כגון הכא שהיה דעתו שיברך חבירו על אתרוג שלו. וגדולה מזאת אמרו (לקמן דף מט: ושם) בההוא גברא דזבין נכסיה אדעתא למיסק לארעא דישראל, ולא פירש ולא מידי, וסוף לא סליק. בעי למיהדר, ואמר רב הונא: הוי דברים שבלב, ואינם דברים. א"כ משמע דוקא משום דלא פירש, אבל אם פירש – הוי תנאי, אע"ג דלא כפליה. וה"נ איתא ב"מי שמת" (ב"ב דף קמז.) גבי ש"מ שאמר: כמדומה אני שאשתי מעוברת, אבל עכשיו שאינה מעוברת – נכסי לפלוני. לסוף נתגלה שהיתה מעוברת. וקאמר התם דלא הוי מתנה, משום דמעיקרא לא היה בדעתו ליתנם לאותו פלוני אם היתה אשתו מעוברת. ה"נ לא בעינן תנאי כפול, כיון שהיה בדעתו לכך. וא"ת: ובלא החזירו אמאי לא יצא? והא הוי תנאי ומעשה בדבר אחד, והתנאי בטל, כדאמרי' התם (גיטין דף עה.): מכדי כל תנאי מהיכא ילפינן – מתנאי בני גד ובני ראובן, והתם תנאי בדבר אחד ומעשה בדבר אחר הוה! וי"ל: התם לא הוי מסקנא הכי, ואיכא שינויי אחריני. א"נ י"ל: הא דלא מהני תנאי ומעשה בדבר אחד – היינו כששניהם סותרים זה את זה, כי ההיא ד"על מנת שתחזירי לי את הנייר" דפרק "מי שאחזו" (שם), דהתם ס"ד דכל האומר "ע"מ" לאו כאומר "מעכשיו" דמי, ונמצא שאינה מגורשת עד שמחזרת הנייר – ואז אינו שלה. אבל הכא סבר דכל האומר "על מנת" כאומר "מעכשיו" דמי.

ואם לאו לא יצא. והא דאמר במסכת סוכה (דף מא:): אתרוג היה לו לר"ג, נטלו ר' יהושע ויצא בו, ונתנו לר"ע ויצא בו ר"ע, והחזיר לר"ג. ודייקי' מינה: מתנה על מנת להחזיר – שמה מתנה. אע"פ שר' יהושע לא החזירו לר"ג – דעתו של ר"ג היה לכך, שלא היה חושש אלא שיחזור לידו אחר שיצאו כולם.

לבר מאשה לפי שאין אשה נקנית בחליפין. וא"ת: במאי דמו לחליפין? אי משום דחליפין הדרי – הא בחליפין גופייהו אמר בנדרים פרק "השותפין" (דף מח:) דאי תפיס לה – מיתפסי! ונראה לר"י: דלאו חליפין הוא. ומדרבנן הוא דלא הוו קידושין, לפי שדרך העולם להחזיר חליפין, והני כעין חליפין דמי, ואתי למימר אשה נקנית בחליפין – הילכך אפקעינהו רבנן לקידושין מינה. תדע, דאי כחליפין דמו – במכר היאך קנה בהאי מנה? הא אין מטבע נעשה חליפין. וכן בפדיון הבן – למה יהא בנו פדוי בחליפין? הלא "כסף ה' שקלים" כתיב, ולא חליפין.

אם

עין משפט נר מצוה

לה א מיי' פ"ה מהל' עבדים הל"ג סמג עשין פז טוש"ע י"ד סי' רסז סעי' מג:

לו ב מיי' וסמג שם טוש"ע שם סעי' מח:

לז ג מיי' פ"א מהל' גירושין הל"ד סמג עשין מח טוש"ע אה"ע סי' קלו סעי' ד:

לח ד מיי' פ"ה מהל' עבדים הל"ג סמג עשין פז טוש"ע י"ד סי' רסז סעי' מח:

לט ה מיי' שם פ"ח הל' א סמג שם טוש"ע שם סעי' פ:

מ ו מיי' פ"ה מהל' אישות הל"ג סמג עשין מח טוש"ע אה"ע סי' כח סעי' ז:

מא ז ח מיי' שם הל' טו טוש"ע שם סעי' ט:

מב ט מיי' פ"ג מהל' זכיה ומתנה הל"ט סמג עשין פב טוש"ע חו"מ סי' רמא סעי' ו:

מג י מיי' פ"ח מהל' לולב הל"י סמג עשין מד טוש"ע או"ח סי' תרנח סעי' ד:

מד כ מיי' פי"א מהל' בכורים הלכה ח ופי"ב מהל' תרומות הל"ט טוש"ע חו"מ סי' קצ סעי' ב וטוש"ע י"ד סי' שה סעי' ז:

מה ל מיי' פ"ה מהל' אישות הלכ"ד סמג עשין מח טוש"ע אה"ע סי' כט סעי' א:

מו מ מיי' שם הלכ"א סמג שם טוש"ע שם סעי' ב:

תום' ר"י הזקן

עד שתטבול: הרי את לעצמך. משמע שפטרה והתיר לה כל זכות או קצת מזכותו: לגמרי קא"ל שהתיר ונתן לה כל זכותו כל שכן באשה: אמר לעבדו שכתב לו כך: יצא לחירות משום קנסא שמכרו לעובדי כוכבים שמפקיע למצות ועבד שייך במצות כאשה: גט שחרור. להתירו בבת ישראל שהרי אין האיסור מסלק עד שיעשה לו שחרור: אונו כחו ושטרו אלמא לגמרי קאמר ליה וכ"ש באשה דלא קני לה גופה דלגמרי קאמר לה וזה אין בו ספק. [ואע"פ שהר"ם לא הביא אין לי עסק בגרושין פ"א אולי כללו בכל כיוצא בזה שכתב או שהיא טעות סופר]: במלוה פי' אע"פ שהמלוה בעין דמלוה להוצאה ניתנה והני זוזי דידה נינהו וזוזי אחריתי הוא דמחייבא ליה וכן פרש"י וכן הוא בפרק האיש מקדש. ומ"ש הר"ם שכבר הוציא הדינר פירוש האיש הוציאו מרשותו כשהלוה אותם לה. בהנאת מלוה כדמפרש: ארבעה בחמשה וקידשה באותו תוספת שמוספת על הקרן האי רבית היא והיכי קרי לה הערמה: דארווח לה זימנא. פירוש שבא זמן פרעון החוב והאריכה ואמר לה בההיא הנאה שאת נותנת פרוטה לפלוני שיפיים אותי שאאריכך תהיי מקודשת ורישא רבותא קמ"ל שאע"פ שמוחל לה החוב והמלוה בעין אינה מקודשת דהא לית לה הנאה השתא וה"ה אם אמר לה א) שיש ליך שתתני פרוטה לפלוני לפייסני שאמחול חובי שמקודשת: ובהלכות הרי"ף הבאות מספרד נמצא דמטיא זמנא למגבי ונקטה זוזי בידה למפרעיה ואמר לה בההיא הנאה דקא מרווחנא ליך עד זמן פלוני תהי מקודשת לי וברוב ההלכות ליכא ונקטנהו זוזי בידה דאפי' אין המעות בעולם מקודשת וזה כפי' רש"י ור"ח שפי' שהביאה לו מעות ונתנה לו המעות והוא נתנם לה הוא תימה. והר"ם פי' דארווח לה זימנא כלומר שהלוה אותה עד זמן פלוני ואמר לה הרי את מקודשת לי בהנאה שיש ליך כשאני מרויח לך להשתמש במעותי עד זמן פלוני ויפה פירש וא"ת ולכל הפירושים היכא הויא הערמת רבית. רבית קצוצה היא שאם אמר לחברו תן לי שדה פלוני ואני אלוה אותך כך וכך או אאריך עד זמן פלוני הוי ריבית קצוצה ואיכא למימר דנותן רבית אין לו הנאה במה שנותן ואשה יש לה הנאה בנתינת גופה דבעלה חייב במזונותיה ובכמה דברים משו"ה גבי אשה לא הוי רבית גמורה: במכר אם מכר לו קרקע בכסף על מנת שיחזירהו לו: המסייע שאין נותנין לו תרומה אלא מפני שמסייעם אף לזה אין נותנין אלא מפני שמחזירה: בחליפין וזה דומה לחליפין שלוקח הסודר ומחזירו וזה ג"כ לוקח המתנה ומחזירה: תן מנה והוא חזר ואמר הרי את מקודשת לי בהנאה שיש ליך כשאני נותן מעותי לפלוני במצותיך וכן בכולם מפרש הכי שאם לא אמר לה כך לאו כלום הוא דבעינן כי יקח ולא תלקח אשה לאיש ועוד איך יקנה אותה הלא לא יתן לה ולא אמר לה כלום וכתב רש"י ולא דמי לתנם לאבא ולאביך דהכא איירי דאיהי קאמר ליה מעיקרא אבל התם הוא קאמר לה להתקדש לו והיא אמרה לו תנם לאבא ולאביך ומשתה היא בו ע"כ: איכא מאן דאמר התם נמי אי אמר הרי את מקודשת לי בהנאה שיש ליך כשאני נותן מעותי לפלוני במצותיך מקודשת אלא התם איירי בשהוא מדבר עמה על עסקי קדושיה והיא השיבה כן ב) אם הוא דברי רצוי מקודשת ואם לאו אינה מקודשת ולאו מילתא [היא] דבמאי מקדש הלא לא נתרצית ולא אמר לה כלום אלא שאמרה לו להפסיד מעותיו והאי דשתקה כי אמר לה הכי מפני שאינה מקפדת על דבריו:

א) נראה דל"ל אם אמר לה הרי את מקודשת בההיא הנאה שיש לך וכו'. ב) אולי צ"ל אם הוא דברי ריצוי אינה מקודשת ואם לאו מקודשת.

דלא

הגהות הב"ח

(א) תוס' ד"ה כשתברח וכו' דא"כ יהיה:

מסורת הש"ס

[נ"ל דתנן]

גיטין פה: ע"ש בתוי"ט

גיטין מג: פה: [תוספתא דע"ז פ"ד]

לקמן מז. מח. [וב"ק נט: סנהדרין יט:]

ב"מ סב:

[בכורות כו: תמורה ח:]

סוכה מא: ב"ב קלז:

וְאֶקָּדֵשׁ (א) לְךָ" — מְקוּדֶּשֶׁת *מִדִּין עָרֵב. עָרֵב, לָאו אַף ע"ג דְּלָא מָטֵי הֲנָאָה לְיָדֵיהּ — קָא מְשַׁעְבֵּיד נַפְשֵׁיהּ, הַאי אִיתְּתָא נַמִי, אע"ג דְּלָא מָטֵי הֲנָאָה לְיָדַהּ — קָא מְשַׁעְבְּדָא וּמַקְנְיָא נַפְשָׁהּ. א"הֵילָךְ מָנֶה וְהִתְקַדְּשִׁי לִפְלוֹנִי" — מְקוּדֶּשֶׁת, מִדִּין עֶבֶד כְּנַעֲנִי. עֶבֶד כְּנַעֲנִי, לָאו אַף ע"ג דְּלָא קָא חָסֵר וְלָא מִידֵי — קָא קָנֵי נַפְשֵׁיהּ, הַאי גַּבְרָא נַמִי אע"ג דְּלָא קָא חָסֵר וְלָא מִידֵי — קָא קָנֵי לָהּ לְהַאי אִיתְּתָא. ב"תֵּן מָנֶה לִפְלוֹנִי וְאֶקָּדֵשׁ אֲנִי לוֹ" — מְקוּדֶּשֶׁת מִדִּין שְׁנֵיהֶם; עָרֵב לָאו אַף ע"ג דְּלָא קָא מָטֵי הֲנָאָה לְיָדֵיהּ — קָא מְשַׁעְבֵּד נַפְשֵׁיהּ, הַאי אִיתְּתָא נַמִי, אע"ג דְּלָא קָא מָטֵי הֲנָאָה לְיָדַהּ — קָא מַקְנְיָא נַפְשָׁהּ. מִי דָּמֵי? עָרֵב, הַאי דְּקָא קָנֵי לֵיהּ — קָא חָסֵר מָמוֹנָא. הַאי גַּבְרָא קָא קָנֵי לָהּ לְהַאי אִיתְּתָא, וְלָא קָא חָסֵר וְלָא מִידֵי!? עֶבֶד כְּנַעֲנִי יוֹכִיחַ, דְּלָא קָא חָסֵר מָמוֹנָא וְקָא קָנֵי נַפְשֵׁיהּ. מִי דָּמֵי? הָתָם הַךְ דְּקָא מַקְנֵי — קָא קָנֵי, הָכָא — הַאי אִיתְּתָא קָא מַקְנְיָא נַפְשָׁהּ, וְלָא קָא קָנְיָא וְלָא מִידֵי! עָרֵב יוֹכִיחַ, אע"ג דְּלָא קָא מָטֵי הֲנָאָה לְיָדֵיהּ — מְשַׁעְבֵּד נַפְשֵׁיהּ. בָּעֵי רָבָא: "הֵילָךְ מָנֶה וְאֶקָּדֵשׁ אֲנִי לָךְ" מַהוּ? אֲמַר מָר זוּטְרָא מִשְּׁמֵיהּ דְּרַב פַּפָּא: מְקוּדֶּשֶׁת. אֲמַר לֵיהּ רַב אַשִׁי לְמָר זוּטְרָא: אִם כֵּן הָוֵה לֵיהּ נְכָסִים שֶׁיֵּשׁ לָהֶם אַחֲרָיוּת נִקְנִין עִם נְכָסִים שֶׁאֵין לָהֶם אַחֲרָיוּת, וַאֲנַן אִיפְּכָא תְּנַן: *נְכָסִים שֶׁאֵין לָהֶם אַחֲרָיוּת נִקְנִין עִם נְכָסִים שֶׁיֵּשׁ לָהֶם אַחֲרָיוּת בְּכֶסֶף בִּשְׁטָר וּבַחֲזָקָה! אֲמַר לֵיהּ: מִי סָבְרַתְּ דְּאָמְרָה לֵיהּ אַגַּב? גהָכָא בְּאָדָם חָשׁוּב עָסְקִינַן, דִּבְהַהִיא הֲנָאָה דְּקָא מְקַבֵּל מַתָּנָה מִינָּהּ — גָּמְרָה וּמַקְנְיָא לֵיהּ נַפְשָׁהּ. אִיתְּמַר נַמִי מִשְּׁמֵיהּ דְּרָבָא: דוְכֵן לְעִנְיַן *מָמוֹנָא. וּצְרִיכָא, דְּאִי אַשְׁמוּעִינַן קִידּוּשִׁין — מִשּׁוּם דְּהָא אִיתְּתָא נִיחָא לָהּ בְּכָל דְּהוּ, כִּדְרֵישׁ לָקִישׁ. *דַּאֲמַר ר"ל: טַב לְמֵיתַב טַן דּוּ מִלְּמֵיתַב אַרְמְלוּ, אֲבָל מָמוֹנָא — אֵימָא לָא. וְאִי אַשְׁמוּעִינַן מָמוֹנָא — מִשּׁוּם דְּאִיתְיְהִיב לִמְחִילָה, אֲבָל קִידּוּשִׁין — אֵימָא לָא, צְרִיכָא.§ *אָמַר רָבָא: ה"הִתְקַדְּשִׁי לִי לְחֶצְיִי" — מְקוּדֶּשֶׁת, "חֶצְיֵיךְ מְקוּדֶּשֶׁת לִי" — אֵינָהּ מְקוּדֶּשֶׁת. אֲמַר לֵיהּ אַבָּיֵי לְרָבָא: מַאי שְׁנָא "חֶצְיֵיךְ מְקוּדֶּשֶׁת לִי" דְּאֵינָהּ מְקוּדֶּשֶׁת — "אִשָּׁה" אָמַר רַחֲמָנָא, וְלֹא חֲצִי אִשָּׁה. ה"נ "אִישׁ" אָמַר רַחֲמָנָא וְלֹא חֲצִי אִישׁ! א"ל: והָכִי הַשְׁתָּא! הָתָם — *אִיתְּתָא לְבֵי תְּרֵי לָא חַזְיָא, אֶלָּא גַּבְרָא — מִי לָא חֲזֵי לְבֵי תְּרֵי? וְה"ק לָהּ: דְּאִי בָּעֵינָא לְמִינְסַב אַחֲרִיתִי — נְסֵיבְנָא. אֲמַר לֵיהּ מָר זוּטְרָא בְּרֵיהּ דְּרַב מָרִי לְרָבִינָא: וְנִיפְשְׁטוּ לָהּ קִידּוּשֵׁי בְּכוּלָּהּ? מִי לָא תַּנְיָא: *הָאוֹמֵר "רַגְלָהּ שֶׁל זוֹ עוֹלָה" — תְּהֵא כּוּלָּהּ עוֹלָה? וַאֲפִי' לְמ"ד אֵין כּוּלָּהּ עוֹלָה — זה"מ הֵיכָא דְּמַקְדִּישׁ דָּבָר שֶׁאֵין הַנְּשָׁמָה תְּלוּיָה בּוֹ, אֲבָל מַקְדִּישׁ דָּבָר שֶׁהַנְּשָׁמָה תְּלוּיָה בּוֹ — הָוְיָא כּוּלָּהּ עוֹלָה! מִי דָּמֵי? הָתָם — בְּהֵמָה, הָכָא — דַּעַת אַחֶרֶת. הָא לָא דָּמְיָא אֶלָּא לְהָא *דְּאָמַר רַבִּי יוֹחָנָן: חבְּהֵמָה שֶׁל שְׁנֵי שׁוּתָּפִין, הִקְדִּישׁ חֶצְיָהּ, °וְחָזַר וּלְקָחָהּ, וְהִקְדִּישָׁהּ — קְדוֹשָׁה וְאֵינָהּ קְרֵיבָה, וְעוֹשָׂה תְּמוּרָה, וּתְמוּרָתָהּ כַּיּוֹצֵא בָּהּ. שְׁמַע מִינָּהּ תְּלָת; ש"מ

רש"י

וְאֶקָּדֵשׁ אֲנִי לְךָ. וּכְשֶׁנְּתָנוֹ לוֹ א"ל "הִתְקַדְּשִׁי לִי" – מְקוּדֶּשֶׁת, וְאע"ג דְּלָא מָטֵי הֲנָאָה לְיָדָהּ. מִדִּין עָרֵב. מִמַּה שֶּׁמָּצִינוּ בַּתּוֹרָה שֶׁהֶעָרֵב מִשְׁתַּעְבֵּד לַמַּלְוֶה, אָנוּ יְכוֹלִין לִלְמוֹד. הֵילָךְ מָנֶה וְהִתְקַדְּשִׁי לִפְלוֹנִי. וְהוּא שְׁלוּחוֹ, אֶלָּא שֶׁמְּקַדְּשָׁהּ מִשֶּׁלּוֹ. מְקוּדֶּשֶׁת. וְאע"ג דְּמָמוֹנָא לָאו שֶׁל מְשַׁלֵּחַ הוּא. מִדִּין עֶבֶד כְּנַעֲנִי. דִּתְנַן בְּמַתְנִי' לְקַמָּן (דף כב:): קוֹנֶה אֶת עַצְמוֹ בְּכֶסֶף ע"י אֲחֵרִים. שֶׁאֲחֵרִים פּוֹדִין אוֹתוֹ בְּמָמוֹנָן, וְהוּא קוֹנֶה עַצְמוֹ וְיוֹצֵא לְחֵירוּת, וְאע"ג דְּלָא חָסֵר אִיהוּ בְּהַאי מָמוֹנָא מִידֵי. וְאֶקָּדֵשׁ אֲנִי לוֹ. לְאוֹתוֹ פְּלוֹנִי, בַּמָּנֶה שֶׁתִּתֵּן לוֹ בִּשְׁבִילִי. מִדִּין שְׁנֵיהֶם. (ב) מִבֵּין שְׁנֵי הַדִּינִין הַלָּלוּ שֶׁל עָרֵב וְשֶׁל עֶבֶד כְּנַעֲנִי אָנוּ לְמֵידִין. הַאי דְּקָא מַקְנֵי. בַּעַל הָעֶבֶד, שֶׁהוּא מַקְנֶה אֶת הָעֶבֶד לְחֵירוּת, – קָא קָנֵי הַאי כֶּסֶף שֶׁמְּקַבֵּל בְּפִדְיוֹנוֹ. וְאֶקָּדֵשׁ אֲנִי לָךְ. וְהוּא קִיבְּלוֹ, וְאָמַר לָהּ: "הִתְקַדְּשִׁי לִי בְּכָךְ". מְקוּדֶּשֶׁת. כִּדְמְפָרֵשׁ וְאָזֵיל טַעְמֵיהּ לְקַמֵּיהּ. שֶׁיֵּשׁ לָהֶן אַחֲרָיוּת. אָדָם הוּקַּשׁ לְקַרְקָעוֹת, דִּכְתִיב (ויקרא כה): "וְהִתְנַחַלְתֶּם אוֹתָם לָרֶשֶׁת אֲחוּזָּה". עִם נְכָסִים שֶׁאֵין לָהֶם אַחֲרָיוּת. שֶׁמּוֹכֵר אוֹ נוֹתֵן לוֹ קַרְקָעוֹת וּמִטַּלְטְלִין, וְזֶה מוֹשֵׁךְ הַמִּטַּלְטְלִין, וְהַקַּרְקָעוֹת קְנוּיִים לוֹ בִּמְשִׁיכַת הַמִּטַּלְטְלִין. וַאֲנַן אִיפְּכָא תְּנַן. שֶׁצָּרִיךְ לִקְנוֹת הַקַּרְקַע בְּאַחַד מִן הַדְּבָרִים שֶׁהַקַּרְקַע נִקְנֶה בָּהֶן, כְּגוֹן: כֶּסֶף אוֹ שְׁטָר אוֹ חֲזָקָה דְּנָעַל וְגָדַר וּפָרַץ כָּל שֶׁהוּא. וְהַמִּטַּלְטְלִים נִקְנִים אַגַּבָּן. בְּאָדָם חָשׁוּב עָסְקִינַן. שֶׁאֵינוֹ רָגִיל לְקַבֵּל מַתָּנוֹת. בְּהַהִיא הֲנָאָה כו'. שֶׁתְּרָצֶה זֹאת לָתֵת פְּרוּטָה לְאָדָם שֶׁיִּפַּיְּיסֶנּוּ לָזֶה לְקַבֵּל הֵימֶנָּה מַתָּנָה. וְכֵן לְעִנְיַן מָמוֹנָא. הָנָךְ שְׁמַעְתָּא דְּרָבָא, דְּיָלְפִינָא קִידּוּשִׁין מִדִּין עָרֵב וּמִדִּין עֶבֶד כְּנַעֲנִי – כֵּן לְעִנְיַן מָמוֹנָא: מָכַר לוֹ שָׂדֶה, וְאָמַר לוֹ "תֵּן הַכֶּסֶף לִפְלוֹנִי וְשָׂדִי מְכוּרָה לְךָ בּוֹ" – קָנָה מִדִּין עָרֵב. "הֵילָךְ מָנֶה וּתְהֵא שָׂדְךָ מְכוּרָה לִפְלוֹנִי" – קָנָה אוֹתוֹ פְּלוֹנִי הַשָּׂדֶה מִדִּין עֶבֶד. "תֵּן מָנֶה לִפְלוֹנִי וְתִקְנֶה לוֹ שָׂדִי בּוֹ" – קוֹנֶה מִדִּין שְׁנֵיהֶם. נִיחָא לָהּ. לִהְיוֹת נִקְנֵית בְּכָל דְּהוּ, בְּקִנְיָן כָּל שֶׁהוּא, וַאֲפִילּוּ בְּטוֹבַת הֲנָאָה בְּעָלְמָא. טַן דּוּ. בְּגוּפִים שְׁנַיִם, בַּעַל וְאִשְׁתּוֹ, וַאֲפִילּוּ אֵינוֹ לָהּ אֶלָּא לְוָות בְּעָלְמָא. דְּאִיתְיְהִיב לִמְחִילָה. שֶׁאָדָם רַשַּׁאי לְמָחְלוֹ. אִשָּׁה אָמַר רַחֲמָנָא. "כִּי יִקַּח אִישׁ אִשָּׁה". אִישׁ אָמַר רַחֲמָנָא. "כִּי יִקַּח אִישׁ". אִיתְּתָא לְבֵי תְּרֵי. לְהִנָּשֵׂא לָהֶם, אִי אֶפְשָׁר. הִילְכָּךְ הַאי לָא קַדֵּישׁ אֶלָּא פַּלְגָּא וְחֶלְיֵיהּ נִשְׁאָר לְאַחֵר, א"כ אֵינָהּ מְקוּדֶּשֶׁת לָזֶה. נִיפְשְׁטוּ קִידּוּשֵׁי בְּכוּלָּהּ. כִּי אָמַר "חֶצְיֵיךְ מְקוּדֶּשֶׁת לִי", דְּהָא "מְקוּדֶּשֶׁת" בִּלְשׁוֹן הֶקְדֵּשׁ קָאָמַר לָהּ. וַאֲפִי' לְמ"ד כו'. פְּלוּגְתַּיְיהוּ בְּמַסֶּכֶת תְּמוּרָה. הָתָם בְּהֵמָה הִיא. וְשֶׁלּוֹ הִיא, וְאֵין מְעַכֵּב עַל יָדוֹ מִלְּהִתְקַדֵּשׁ, לְפִיכָךְ יֵשׁ כֹּחַ בְּמַאֲמָרוֹ לִפְשׁוֹט. וְהָכָא דַּעַת אַחֶרֶת יֵשׁ, חֲשׁוּבָה כְּמוֹתוֹ, הַמְעַכֶּבֶת בַּדָּבָר. שֶׁאִם אֵין הָאִשָּׁה רוֹצָה – אֵינָם קִידּוּשִׁין, וְזוֹ לֹא נִתְרַצָּה אֶלָּא לְחֶלְיֵיהּ – לְפִיכָךְ אֵין דִּיבּוּרוֹ תָּפֵיס בָּהּ. הָא לָא דָּמְיָא כו'. מַסְקָנָא דְּתֵירוּצָא הוּא: אֵין דָּבָר זֶה דּוֹמֶה אֶלָּא לִבְהֵמָה שֶׁל שְׁנֵי שׁוּתָּפִין, דְּאִיכָּא דַּעַת אַחֶרֶת הַמְעַכֶּבֶת בָּהּ. וְהָתָם לָא אָמְרִי' דְּתִקְדַּשׁ כּוּלָּהּ ע"פ הָאֶחָד. וְאֵינָהּ קְרֵיבָה. הוֹאִיל וּבִתְחִלַּת הֶקְדֵּישָׁהּ לֹא נִרְאֵית לִקְרֵב, שֶׁלֹּא קִידְּשָׁהּ אֶלָּא חֶלְיָהּ, וְתִמָּכֵר וְיַקְרִיב אַחֶרֶת בְּדָמֶיהָ. וְעוֹשָׂה תְּמוּרָה. אִם הֵמִיר בָּהּ. וּתְמוּרָתָהּ כַּיּוֹצֵא בָּהּ. דְּאֵינָהּ קְרֵיבָה, דִּמְכַּח קְדוּשָּׁה דְּחוּיָה בָּאתָה. בַּעֲלֵי

תוספות

אם כן הו"ל נכסים שיש להם אחריות. פי' בקונטרס: דאדם הוקש לקרקעות, דכתיב "והתנחלתם אותם לרשת אחוזה". וקשה: דההוא קרא כתיב בעבד, אבל בן חורין לא איתקש אלא דוקא ב"דמי עלי", לפי ששמין אותו כעבד, כדאיתא בפ"ק דסנהדרין (דף טו.). ועבד נמי, פלוגתא היא בפ"ק דב"ק (דף יב.) אי כמקרקעי אי כמטלטלי דמי. ונראה: דלאו דוקא יש להם אחריות, אלא אף כי נמי אין להם אחריות לא מצינו מטלטלין נקנין אגב מטלטלין. דנכסים שאין להם אחריות לא שייך בהו אגב. א"נ י"ל, דה"ק: ע"כ אי אשה נקנית אגב מטלטלין – שדה נמי נקנה אגב מטלטלין, שהרי קנין כסף דאשה ילפינן משדה "קיחה" "קיחה", ואם אין שדה נקנה – מהיכא תיתי באשה?*.

ונפשטו קידושי בכולה מי לא תניא כו'. תימה: דבריש תמורה (דף יא:) יליף רגלה של זו עולה, ובדבר שהנשמה תלויה בו, מקרא, דכתיב "כל אשר יתן ממנו לה'". וגבי אשה לא כתיב קרא, וא"כ מאי פריך? הא לא דמו להדדי! ונראה: שלכך דקדק רש"י ופירש דהא מקודשת – בלשון הקדש קאמר לה, וכדאמר בריש פירקין: דאסר לה אכ"ע כהקדש. שאדם עושה אותה כהקדש – לפיכך יש להיות דינה כהקדש. אבל אם היה אומר "מאורסת", או חד מהנהו לישני דלעיל (דף ו.) – על זה לא היה מקשה: "ונפשטו קידושי בכולה" לפירוש זה. **וחזר** ולקחה. הא דנקט וחזר ולקחה, ולא נקט בהמה של שני שותפין שהקדיש כל אחד חליה – משום דלא שייך התם "ועושה תמורה ותמורתה כיוצא בה". דשותפין אין ממירין, כדאמר בתמורה (דף יג.) ובפ"ק [דזבחים] (דף ו.).

ואפי' למאן דאמר אין כולה עולה. התם (תמורה יא:) מפרש למאן דאמר דאין כולה עולה מה יעשה ממנה – וקאמר דימכרנה לצרכי עולות, חוץ מדמי הרגל שהקדיש. ופריך: היאך יפטר זה מעולתו? הא הויא ליה עולה חסירה! ומשני: כגון דאמר: הרי עלי עולה כמו שאמלאנה*: שמע

עין משפט נר מצוה

מז א מיי' פ"ה מהל' אישות הל' כב סמג עשין מח טוש"ע אה"ע סי' כט סעי' ה:

מח ב מיי' שם הל' כא סמג שם טוש"ע שם סעי' ג:

מט ג מיי' שם הל' כב סמג שם טוש"ע אה"ע סי' כז סעי' ט:

נ ד מיי' פ"א מהל' מכירה הל"ו סמג עשין כב טוש"ע חו"מ סי' קל סעי' ג ד ה ו ז וע"ש בב"י:

נא ה ו מיי' פ"ג מהל' אישות הל"ט טוש"ע אה"ע סי' לא סעי' ח:

[ועי' תוס' מגילה כג: ד"ה שמין]

נב ז מיי' פט"ו מהל' מעשה הקרבנות הל"ב:

נג ח מיי' שם הל"ד ופסק דקריבה ודלא כר"י [עיין כ"מ]:

[ע"ש בתמורה באמר הרי עלי עולה בחיי וע' פרש"י שם ויש ליישב קצת]

מסורת הש"ס

[ע"ז סג:]

[לקמן כו. וש"נ]

[ע"ז סג:]

כתובות עה. יבמות קיח: לקמן מא. ב"ק קיא.

[גיטין מג.]

לקמן מג:

חולין סט: קלה. תמורה י יא. ערכין ד

[זבחים יב. תמורה כו. כריתות כז.]

הגהות הב"ח

(א) גמ' ואקדש אני לך: (ב) רש"י ד"ה מדין שניהם מבין הדינין כל"ל ותיבת מבין נמחק:

גליון הש"ס

גמ' וחזר ולקחה והקדישה. ע' גיטין מג ע"ב תד"ה גמרו:

תוס' ר"י הזקן

דלא מטי הנאת ממון לידיה שכל הממון נוטל האחר וזה נכנס ערב. בההיא הנאה דקא מהימן ליה שנותן ממונו לאחר מפני שהוא ערב גמיר ומשעבד נפשיה: והתקדשי לפלוני ואותו פלוני אומר לה הרי את מקודשת לי בהנאה שיש ליך בשבילי שנותן ליך פלוני המנה שתתקדשי לי קונה האשה אע"פ שאינו חסר ממון שהרי עבד כנעני קונה עצמו בכסף על ידי אחרים שפודין אותו ואפי' נתן לה הפלוני המנה על מנת שתתקדש לו א) והוא אמר לה עתה כך מקודשת שהנאה יש לה עתה שאם לא תתקדש אין לה במעות כלום ומסתברא שאם נתאכלו המעות קודם שיאמר לה האחר זה הלשון שאינה מקודשת שהרי בשעה שהוא אומר כך הויא להו מלוה ולא דמי להתקדשי לי בזה לאחר שלשים יום: דקא מקנה. העבד וזהו האדון קני הכסף מיד אחרים שפודין אותו. ב) ופי' שהוא אומר לה הרי את מקודשת לי בהנאת מתנה זו שקבלתי ברצונך: נכסים שיש להם אחריות. כגון קרקעות ואדם איתקש לקרקע והיה סבור המקשה שהטעם הוא אגב שקנה המעות במשיכה קנה האשה ואנן אפכא תנן במתני' דהאי פירקאי הכא מיירי שהוא אדם חשוב שאינו רגיל לקבל מתנות ויש לה הנאה בשקבל מתנה הימנה והוא אמר לה הרי את מקודשת בהנאה שיש לך כשקבלתי מתנה ממך אבל אם לא הוי אדם חשוב ליכא הנאה ונמצא שמתקדשת בלא דבר ואינם קדושין כלל ואע"ג דאמר לה הרי את מקודשת בהנאה שיש ליך כשקבלתי מתנה ממך דאלת"ה למה לי למימר באדם חשוב הכי איבעי ליה למתני מי סברת דאמר לה אגב הכא דאמר לה בההיא הנאה וכ"כ הרי"ף והר"מ ז"ל: וכן לענין ממונא תן מנה לפלוני ואתן לך ביתי כיון שנתן המנה קנה הבית וכן הילך מנה ותן ביתך לפלוני וכן תן מנה לפלוני ואתן לו ביתי כיון שנתן לו המנה ג"כ קנה הבית וצ"ע למה לא הביא הר"ם ז"ל אלא תן מנה לפלוני ואתן לך ביתי: אבל קדושין שאינה יכולה למחול אימא לא צריכא: אשה כי יקח איש אשה. לא חזיא דאשת איש אסורה לאחר והוה ליה כמאן דאמר התקדשי לי ולאחר. אבל כי אמר לחציי ונתרצית ונתן לה כסף או שטר מקודשת לא רצה לומר שאין לה בו אלא החצי אלא רצה לומר הואיל והרשות בידי ליקח אשה אחרת אקחנה ותהיה אשתי את ואחרת. וכתב רבינו מאיר פשיטא שהרשות בידו ותירץ דאפי' לא אפשר למיקם בסיפוקייהו דאמרינן ביבמות שאינו רשאי הכא רשאי דכאילו התנה לה בפירוש דמי ודעת הר"ם כפי' קמא: בכולה דהואיל וקדשה לחציה דבר שהנשמה תלויה בה קידש: התם בהמה שלו וליכא אלא דעת המקדש והואיל והקדיש אבר שהנשמה תלויה כולה רוצה לקדש. הכא איכא דעת האשה ואע"פ שהוא כוון לכולה היא לא כיוונה אלא לחציה ולא דמיא הא אלא

א) ר"ל דאפי' לאותו פלוני לא אמר לה הרי את מקודשת בעת נתינת המעות לידה אלא אח"כ ג"כ מקודשת. ב) נ"ל בעי רבא הילך מנה ואקדש אני לך פי' כו'.

*ש"מ: בעלי חיים נדחים. וש"מ: דחוי מעיקרא הוי דחוי. וש"מ: יש דחוי בדמים. [א]בעי רבא: "חצייך בחצי פרוטה וחצייך בחצי פרוטה" מהו? כיון דאמר לה חצי פרוטה – פסקה, או דילמא – מונה והולך הוא? אם תימצי לומר מונה והולך הוא, "חצייך בפרוטה וחצייך בפרוטה" מהו? כיון דאמר לה בפרוטה ופרוטה – פסקה למילתיה, או דילמא – כל ביומיה, מונה והולך הוא? את"ל כל ביומיה מונה והולך הוא, "חצייך בפרוטה היום וחצייך בפרוטה למחר" מהו? כיון דאמר לה "למחר" – פסקה, או דילמא הכי קאמר לה: קדושין מתחלו מהאידנא, ומגמר לא ניגמרו עד למחר? *"שני חצייך בפרוטה" מהו? הכא ודאי בחד זימנא קאמר לה, או דילמא – אין אשה מתקדשת לחצאין כלל? תיקו. § [ב]בעי רבא: "שתי בנותיך לשני בני בפרוטה" מהו? – °בתר נותן ומקבל אזלינן – והאיכא ממונא, או דילמא בתר דידהו אזלינן והא ליכא? תיקו. בעי רב פפא: "בתך ופרתך בפרוטה" מהו? מי אמרינן: בתך בחצי פרוטה ופרתך בחצי פרוטה, או דילמא: בתך בפרוטה, ופרתך במשיכה? תיקו. [ג]בעי רב אשי: "בתך וקרקעך בפרוטה" מהו? בתך בחצי פרוטה וקרקעך בחצי פרוטה, או דילמא: בתך בפרוטה, וקרקעך בחזקה? תיקו. ההוא גברא דאקדיש בשיראי. רבה אמר: לא צריכי שומא. רב יוסף אמר: צריכי שומא. אי דאמר לה בכל דהו – כולי עלמא לא פליגי דלא צריכי שומא. אי דאמר לה "חמשין" ולא שוו חמשין – הא לא שוו. כי פליגי – דאמר "חמשין" ושוו חמשין. [ד]רבה אמר: לא צריכי שומא, דהא שוו חמשין. רב יוסף אמר: צריכי שומא. כיון דאיתתא לא בקיאה בשומא – לא סמכה דעתה. איכא דאמרי: בבכל דהו נמי פליגי, רב יוסף אמר: שוה כסף הרי הוא ככסף. מה כסף – דקיץ,
אף

רש"י

בעלי חיים נדחים. אם נדחו – ידחו לעולם. ואיכא למ"ד (יומא דף סד.): אין דיחוי אלא בשחוטין, אבל בעלי חיים שנדחו – חוזרים ונראין. ולדידיה קריבה הך בהמה כשחזר ולקח חליה. דיחוי מעיקרא. כגון זו, שמתחילת הקדישה לא נראית ליקרב. ואיכא למ"ד (בסוכה דף לג:) דפליג ואמר: אין דיחוי אלא בנראה ונדחה. יש דיחוי בדמים. יש תורת דיחוי בדבר שאינו קדוש אלא לדמיו. כגון זו, שמתחלה לא הקדישה אלא לדמיה, שתמכר ויקדשו דמי חליה. שהרי ליקרב לחצאין – לא היתה ראויה, ואפ"ה חל עלה תורת דיחוי לדחות מעל המזבח לעולם, ולא אמרינן אין דיחוי אלא בדבר שהוקדש לגופו ליקרב. פסקה. והוה ליה כמקדש לחצאין. מונה והולך הוא. ורישא דמילתא אמסקנא נמי קאי. ולאו לחצאין הוא, דהא חצי פרוטה לאו בר תפיסה הוא. כיון דאמר בפרוטה פסקה. ולא היה תחילת דבורו אלא לחליה, וטעה לומר שמקדשין לחצאין. כל ביומיה. הואיל ובדעתיה לגומרו היום. לשני בני. והם גדולים, ועשאוהו שליח לקדש. או דילמא בתך בפרוטה. דמידע ידע דבציר מפרוטה לא מקדשה. ופרתו לא אמר על פרוטה, אלא שתקנה לו כשימשכנה. קרקעך בחזקה. כשמחזיק בה. לא צריכי שומא. שישומו אותן שמאים קודם שתקבלם. צריכי שומא. וכיון שלא שמאום תחלה – אינה מקודשת, כדמפרש ואזיל. בכל דהו. "התקדשי לי בהן כמו שהן", דלא צריכי שומא, דבציר מפרוטה לא שוו. אי דאמר. התקדשי לי בחמשים זוז, והרי לך אלו בדמיהם. ושוו חמשין. מיהו, לא שמאוה בקיאים קודם לכך.
שוה

תוספות

שמע מינה בעלי חיים. פי' בקונטרס: אם נדחו – ידחו לעולם. דאיכא למ"ד אין דיחוי אלא בשחוטין, אבל בעלי חיים שנדחו – חוזרים ונראים, ולדידיה קרבה הך בהמה כשחזר ולקח חליה. וש"מ דיחוי מעיקרא הוי דיחוי. פי': כגון זו שמתחילת הקדישה לא נראית ליקרב. דאיכא מאן דפליג דאין דיחוי אלא בנראה ונדחה. וש"מ יש דיחוי בדמים, פי': יש תורת דיחוי בדבר שאין קדוש אלא לדמיו. כגון זו שמתחילה לא הקדישה אלא לדמיה שתמכר ויקדשו דמי חליה, שהרי ליקרב לחצאין לא היתה ראויה, ואפ"ה חל עלה תורת דיחוי לדחות מעל המזבח לעולם, ולא אמרינן אין דיחוי אלא בדבר שהוקדש לגופו ליקרב. וא"ת: למה לי למימר הני תרתי: ש"מ יש דיחוי בדמים, ודיחוי מעיקרא. והלא אי אפשר לדיחוי מעיקרא שלא יהא דיחוי בדמים! ויש לומר: דאשכחן דיחוי מעיקרא אע"ג שקדוש קדושת הגוף, כדאמר ר' יוחנן פ' "נגמר הדין" (סנהדרין דף מז.): כגון אכל חלב והפריש קרבן, ועבד עבודה זרה וחזר בו. והואיל ונדחה כשעבד עבודה זרה משום ד"זבח רשעים תועבה" – ידחה. ולאו דוקא נקט התם והפריש קרבן תחלה, דה"ה עבד עבודה זרה ואח"כ הפריש קרבן, דהשתא הוי דיחוי מעיקרא, דהא ר"י הוא דאית ליה דיחוי מעיקרא הוי דיחוי. אלא משום אידך מילתא דרבי יוחנן דמייתי התם: אכל חלב והפריש קרבן ונשתטה, וחזר ונשתפה. דלא מצי למימר דנשתטה תחילה – כיון דשוטה הוא לאו בר הפרשה הוא, נקט נמי: הפריש קרבן ועבד עבודה זרה. ואשכחן נמי קדושת דמים אע"ג דלא הוי דיחוי מעיקרא, כגון המפריש נקבה לפסחו וילדה זכר. והוי קדושת דמים דאין פסח בא מנקבה. ולא הוי דיחוי מעיקרא – שהרי הולד ראוי להקריב. ויש ספרים דגרסינן: ש"מ קדושת דמים מדחה. ומפרש: דוחה תמורתה מליקרב, מדקתני: ותמורתה כיוצא בה. ולא נהירא; דהא בכריתות (דף כח.) גבי מטמא מקדש עשיר שהפריש קן לכבשתו והעני, הואיל ונדחה – ידחה, גרסינן נמי: ש"מ תלת, כמו בשמעתין. והתם ע"כ אין לפרש קדושת דמים מדחה התמורה – דאין תמורה בעופות. אלא ע"כ היינו קדושה ואינה קריבה. וא"ת: למה ליה לרבי יוחנן לאשמועינן הני תלת מילי? הא שמעינן לה בפרק "מי שהיה טמא" (פסחים דף לח.)! ויש לומר: משום דפלוגתא היא בפרק בתרא דכריתות (שם), דפליגי בה רבי שמעון בן יוחאי ורבנן, מייתי דברי האמוראים. ויש לתמוה: אמאי לא פריך עלה דרבי יוחנן כי היכי דפריך בסוף כריתות (שם) עלה דרבי אושעיא, דאמר: מטמא מקדש עשיר שהפריש קן לכבשתו והעני, הואיל ונדחה – ידחה. דפריך עלה מרבי שמעון מההיא דאמר: המפריש נקבה [לפסחו קודם הפסח – תרעה עד שתסתאב, ותמכר ויביא בדמיה פסח] ילדה זכר – ירעה עד שיסתאב, וימכר [ויביא בדמיו פסח] ורבי שמעון אומר: הוא עצמו יקרב פסח! ועוד: אדפריך עלה מרבי שמעון – לסייעה עלה מדרבנן, דקאמרי ברישא: ירעה עד שיסתאב! ועוד: כיון דפריך מיחידאה, אדפריך מרבי שמעון דברייתא – לפרוך מרבי אליעזר דמתני' דתמורה, דתנן פרק "אלו קדשים" (דף יח:) גבי מפריש נקבה לעולה וילדה זכר, רבי אליעזר אומר: הוא עצמו יקרב עולה! ויש לומר: היינו טעמא דפריך מרבי שמעון – משום דבההיא אפילו רבנן מודו. דעד כאן לא פליגי רבנן עליה אלא בדבר דשייך ביה קדושת דמים סברי: מיגו דנחתא ביה קדושת דמים – נחתא ביה נמי קדושת הגוף. וקדושת הגוף לא הוי – שהרי אין פסח בא מן הנקבה. אבל גבי קן – אפילו רבנן מודו, שהרי אין קדושת דמים חלה בעופות. ולמילתא דרבי יוחנן דהכא לא מצי לאותובי, משום דהוה כי ההוא דהמפריש נקבה לפסחו. ואי הוה מותיב מרבי שמעון – הוה אמינא לסיועיה מדרבנן. וממילתא דר' אליעזר נמי לא מצי לאותביה, משום דהוה יחידאה. **חצייך** בפרוטה וחצייך בפרוטה. ואם תאמר: אמאי לא יועיל? והא לא אמר לעיל דלא פשטו קידושין בכולה – אלא משום דאיכא דעת אחרת, ואינה מתרצה אלא למה ששומעת. אבל אם היינו יודעים שמתרצה בכולה – פשטו קידושין בכולה. והכא – גלי דעתה שמתרצה בכולה! וי"ל: דאי הוי מיירי דאמר לה בלשון קידושין – אין ה"נ דהוו פשטו קידושין בכולה. אבל הכא איירי דאמר לה "הרי את מאורסת לי" או בחד מהני לישני דלעיל (דף ו.). **חצייך** בפרוטה היום וחצייך בפרוטה למחר. כך אמר לה בפעם אחת. **שתי** בנותיך לשני בני. אומר ר"י: דמיירי בבנות קטנות, דקידושין דאב נינהו. דאי בגדולות, ואב מקבל קידושין בתורת שליחות – פשיטא דבעי פרוטה לכל אחת, דשליח לא עדיף ממשלחו. דבתר נותן דקאמר – לאו דוקא, שהרי הנותן, ע"כ, בתורת שליחות בניו הוא בא. ואי בתר נותן אזלינן – הוי בעי שתי פרוטות, כאילו הבנים בעצמם מקדשין. אבל הבעיא היא אי בתר מקבל אזלינן לגמרי, דשמא אין לחוש אלא שיקבל המקבל שוה פרוטה. וצ"ל שבירר לאיזה מהם, כגון רחל לראובן ולאה לשמעון, דאל"כ הוי קידושין שלא נמסרו לביאה. **בתך** ופרתך בפרוטה. כיון דפרה אין נקנית בכסף – שדינא להו בתר בתו. והדר בעי "בתך וקרקעך", דקרקע נקנה בכסף. **ורב** יוסף אמר צריכי שומא. קודם קידושין קאמר, כדפי' בקונטרס. ותימה: דלקמן פ"ב (דף מח.) תניא גבי "התקדשי לי (א) בשטר חוב": וחכמים אומרים: שמין את הנייר, אם יש בו שוה פרוטה – מקודשת. ומשמע: שמין את הנייר אחר קידושין, ואע"ג דמתחלה שומת הנייר לא היתה ידועה! ויש לומר: דללישנא דאמר: בכל דהו כולי עלמא לא פליגי – איירי דאמר לה כל דהו. וללישנא דבכל דהו נמי פליגי – הכי קאמר: ואם רוצה לקדשה בשטר – שמין את הנייר מתחילה, אם יש בו שוה פרוטה – מקודשת. כלומר, אם שמוהו תחילה. לאפוקי ממ"ד: מקודשת אע"פ שאין בו שוה פרוטה, מטעם שטר.
אף

תוס' ר"י הזקן

אלא לבהמה של שני שותפין שאם הקדיש חציה אינה מקודשת כולה: פסקא למילתיה והואיל ואמר חצי פרוטה לא כלום הוא: מונה והולך [הוא] הו"ל כאילו אמר התקדשי לי בפרוטה והילך חציך בחצי פרוטה וחציך בחצי פרוטה: חציך בפרוטה מהו דע כי טעם מונה והולך שייך טפי כשמחלק על החשבון יותר מכשכולל האחד ומחלק כי הכא שאינו מחלק הפרוטה אלא האשה ומסיק דאף כה"ג אמרי' מונה והולך הוא הואיל ועביד תרי דבורי לחלק האשה ורוצה שהקדושין יחולו יחד: כל ביומיה מונה והולך. שהקדושין יחולו היום: שתי חציך בפרוטה הכא לא מצינן למימר מונה והולך דהא בדבור אחד אמר ולא שייך מונה והולך אלא כשעושה שני דבורים לחלק מניינא: בחד זימנא קאמר והוא כאילו אמר כולך בפרוטה ומקודשת או דילמא אין אשה מתקדשת לחצאים כלל היכא דליכא טעמא דמונה והולך תיקו הילכך בהני תרי בעיי קמאי מקודשת ודאי דאמרי' מונה והולך ואידך [הוי] בעיא ולא איפשיטא ומקודשת מספק וכן דעת הר"ם ז"ל. ואיכא מאן דמפרש שני חצייך בפרוטה מהו דהדר ביה מההיא אוקימתא דאם תמצא לומר מונה והולך דלעיל דסבר דאי אמרינן מונה והולך בתרי דבורי כ"ש הכא בחד דיבורא ופסקי דכולהו בעיא לא איפשיטא והעיקר מה שפירשנו תדע דאפי' כי אסיק דאמרינן מונה והולך בחצייך בחצי פרוטה הדר בעיא אי אמרינן מונה והולך בחצייך בפרוטה. ועוד היכי תני סיפא מילתא דסתרי ליה לרישא: לשני בני ומיירי שהבנים עשו אביהם שליח לקדש: לא צריכי שומא בקצת פירושנו נמצא א) ודוק. הואיל ובקיאי כ"ע בשומא דידהו דדבר חשוב הוא וסמכא דעתה דאשה נמי בקיאה בהך שומא אבל מידי אחריני שאין ידוע שווים כל כך בעולם מודה דצריכי שומא. ומכאן יש להוכיח שאם קדשה בטבעת זהב כיון דדבר חשוב הוא ובקיאי כ"ע בשומא דידיה מקודשת ובלבד שלא יהיה בה אבן דהיא לא בקיאה בשומת האבן ולא סמכא דעתה ע"כ. וקי"ל דליתא לדרב יוסף דלישנא בתרא דקי"ל שוה כסף ככסף אע"ג דלא קייץ כי הך מסקנא דהכא דמסיק לעולם לא שוי הילכך אפי' קדשה בטבעת שיש בה אבן אם אמר בכל דהו דהיינו הרי את מקודשת לי בטבעת זו ודאי הויא מקודשת קדושין גמורין ואי אמר לה בחמשין ושוי חמשין מצי למימר הכי מיהו לדעת הר"ם אין זה הדין אלא בבגדים מעולים שהאשה מתאוה להם כמו שנבאר לקמן: שומא. כדמפרש: בכל דהוא שלא אמר לה שהן שוין כך וכך אלא אמר לה התקדשי לי בשיראין אלו: לא סמכא דעתה שיהיו שוין כמו שאמר לה ואינה מקודשת עדיין עד שתשום אותן אבל שמו ולא חזרה בה ודאי מקודשת דהו"ל כמאן דאמר התקדשי לי בזה לאחר שתשומי אותן: שוה כסף דאמרי' בכל דוכתא ככסף דוקא היכא דקיץ שקצוץ ערכו:
עגל

א) נראה דצ"ל בקצת פירושים נמצא דוקא בשיראי הואיל ובקיאי וכו'.

עין משפט נר מצוה

נד א מיי' פ"ג מהל' אישות הל' י טוש"ע אה"ע סי' לא סעי' ז:
נה ב ג מיי' וטוש"ע שם:
נו ד מיי' פ"ז מהל' אישות הל"ח סמג עשין מח טוש"ע שם סעי' א:

מסורת הש"ס

פסחים לח. יומא סד. כריתות כז. כח. תמורה כו: זבחים יב. נט.

[ע' תוס' זבחים ל. ד"ה דבריו]

הגהות הב"ח

(א) תוס' ד"ה ורב יוסף וכו' בשטר וחכמים כצ"ל ותיבת חוב נמחק:

גליון הש"ס

גמ' בתר נותן ומקבל. עיין ב"מ נז ע"א:

תורה אור

אַף שָׁוֶה כֶסֶף נַמִי — דְּקָיֵיץ. אֲמַר רַב יוֹסֵף: מְנָא אָמֵינָא לָהּ — דְּתַנְיָא: °"מִכֶּסֶף מִקְנָתוֹ" בְּכֶסֶף הוּא נִקְנֶה, וְאֵינוֹ נִקְנֶה בִּתְבוּאָה וְכֵלִים. הַאי תְּבוּאָה וְכֵלִים הֵיכִי דָּמֵי? אִילֵימָא דְּלָא מִקְנוּ בְּהוּ כְּלָל — *°"יָשִׁיב גְּאוּלָּתוֹ" אָמַר רַחֲמָנָא, [א]לְרַבּוֹת שָׁוֶה כֶסֶף כְּכֶסֶף. וְאִי דְּלֵית בְּהוּ שָׁוֶה פְּרוּטָה — מַאי אִירְיָא תְּבוּאָה וְכֵלִים? אֲפִי' כֶּסֶף נַמִי! אֶלָּא לָאו דְּאִית בְּהוּ שָׁוֶה פְּרוּטָה, וְכֵיוָן דְּלָא קַיְיצִי — לָא. *וְאִידָךְ — ה"ק בְּתוֹרַת כֶּסֶף הוּא נִקְנֶה, וְאֵין נִקְנֶה בְּתוֹרַת תְּבוּאָה וְכֵלִים. וּמַאי נִינְהוּ — חֲלִיפִין. וּלְרַב נַחְמָן, *דַּאֲמַר: פֵּירוֹת לָא עָבְדֵי חֲלִיפִין, מַאי אִיכָּא לְמֵימַר? אֶלָּא, לְעוֹלָם דְּלֵית בְּהוּ שָׁוֶה פְּרוּטָה. וּדְקָאָמְרַתְּ: מַאי אִירְיָא תְּבוּאָה וְכֵלִים, אֲפִי' כֶּסֶף נַמִי — לָא מִיבַּעְיָא קָאָמַר; לָא מִיבַּעְיָא כֶּסֶף, דְּאִי אִית בֵּיהּ שָׁוֶה פְּרוּטָה — אִין, אִי לָא — לָא. אֲבָל תְּבוּאָה וְכֵלִים אֵימָא *מִדְּמִקַּרְבָא הֲנָאָתַיְיהוּ — גָּמַר וּמַקְנֵי נַפְשֵׁיהּ. קָא מַשְׁמַע לָן. אֲמַר רַב יוֹסֵף: מְנָא אָמֵינָא לָהּ — דְּתַנְיָא: *"עֵגֶל זֶה לְפִדְיוֹן בְּנִי", "טַלִּית זֶה לְפִדְיוֹן בְּנִי" — לֹא אָמַר כְּלוּם. "עֵגֶל זֶה בְּחָמֵשׁ סְלָעִים לְפִדְיוֹן בְּנִי", "טַלִּית זוֹ בְּחָמֵשׁ סְלָעִים לְפִדְיוֹן בְּנִי" — בְּנוֹ פָּדוּי. הַאי פִּדְיוֹן הֵיכִי דָּמֵי? אִילֵימָא דְּלָא שָׁוֵי — כָּל כְּמִינֵיהּ?! אֶלָּא לָאו — אַף עַל גַּב דְּשָׁוֵי, וְכֵיוָן דְּלָא קַיְיצִי — לָא. לָא, לְעוֹלָם דְּלָא שָׁוֵי, [ב]וּכְגוֹן דְּקַבֵּיל כֹּהֵן עִילָּוֵיהּ. כִּי הָא דְּרַב כָּהֲנָא שְׁקֵיל סוּדָרָא *מִבֵּי פִּדְיוֹן הַבֵּן, אֲמַר לֵיהּ: לְדִידִי חֲזִי לִי חָמֵשׁ סְלָעִים. אֲמַר רַב אַשִׁי: לָא אֲמַרַן אֶלָּא כְּגוֹן רַב כָּהֲנָא, דְּגַבְרָא רַבָּה הוּא, [א]וּמִיבָּעֵי לֵיהּ סוּדָרָא אַרֵישֵׁיהּ. אֲבָל כּוּלֵּי עָלְמָא — לָא. כִּי הָא דְּמָר בַּר רַב אַשִׁי זְבַן סוּדָרָא מֵאִימֵּיהּ דְּרַבָּה מִקּוֹבֵי שָׁוֵי עֲשָׂרָה בִּתְלֵיסַר. § *אָמַר רַבִּי אֶלְעָזָר: [ג]"הִתְקַדְּשִׁי לִי בְּמָנֶה" וְנָתַן לָהּ דִּינָר — הֲרֵי זוֹ מְקוּדֶּשֶׁת, וְיַשְׁלִים. מַאי טַעְמָא? כֵּיוָן דַּאֲמַר לָהּ מָנֶה וִיהַב לָהּ דִּינָר — כְּמַאן דַּאֲמַר לָהּ "עַל מְנָת" דָּמֵי. *וַאֲמַר רַב הוּנָא אֲמַר רַב: [ד]כָּל הָאוֹמֵר ע"מ כְּאוֹמֵר "מֵעַכְשָׁיו" דָּמֵי. מֵיתִיבֵי: [ה]"הִתְקַדְּשִׁי לִי בְּמָנֶה" וְהָיָה מוֹנֶה וְהוֹלֵךְ, וְרָצָה אֶחָד מֵהֶן לַחֲזוֹר, אֲפִילּוּ בַּדִּינָר הָאַחֲרוֹן — הָרְשׁוּת בְּיָדוֹ! [ו]הָכָא בְּמַאי עָסְקִינַן? דַּאֲמַר "בְּמָנֶה זוֹ". הָא מִדְּסֵיפָא בְּמָנֶה זוֹ, רֵישָׁא בְּמָנֶה סְתָם, דְּקָא תָּנֵי סֵיפָא: אָמַר לָהּ "הִתְקַדְּשִׁי לִי בְּמָנֶה זוֹ" וְנִמְצָא מָנֶה חָסֵר דִּינָר, אוֹ דִּינָר שֶׁל נְחֹשֶׁת — אֵינָהּ מְקוּדֶּשֶׁת. [ז]דִּינָר רַע — הֲרֵי זוֹ מְקוּדֶּשֶׁת, וְיַחֲלִיף! [ח]לָא, רֵישָׁא וְסֵיפָא דַּאֲמַר "בְּמָנֶה זוֹ", וּפֵרוּשֵׁי קָא מְפָרֵשׁ: רָצָה אֶחָד מֵהֶן לַחֲזוֹר אֲפִי' בַּדִּינָר הָאַחֲרוֹן הָרְשׁוּת בְּיָדוֹ, כֵּיצַד? כְּגוֹן דַּאֲמַר לָהּ "בְּמָנֶה זוֹ". וְהָכִי נַמִי מִסְתַּבְּרָא, דְּאִי ס"ד רֵישָׁא בְּמָנֶה סְתָם, הָשְׁתָּא בְּמָנֶה סְתָם לָא הָווּ קִידּוּשֵׁי "בְּמָנֶה זוֹ" מִיבַּעְיָא?! אִי מִשּׁוּם הָא לָא אִירְיָא. תָּנָא סֵיפָא לְגַלּוּיֵ רֵישָׁא; שֶׁלֹּא תֹּאמַר רֵישָׁא "בְּמָנֶה זוֹ", אֲבָל בְּמָנֶה סְתָם הָווּ קִידּוּשִׁין — תָּנָא סֵיפָא "בְּמָנֶה זוֹ", מִכְּלָל דְּרֵישָׁא בְּמָנֶה סְתָם, וַאֲפִילּוּ הָכִי לָא הָווּ קִידּוּשִׁין. רַב אַשִׁי אֲמַר: מוֹנֶה וְהוֹלֵךְ שָׁאנֵי, דְּדַעְתָּהּ אַכּוּלֵּיהּ. הַאי דִּינָר שֶׁל נְחֹשֶׁת הֵיכִי דָּמֵי? אִי דְּיָדְעָה בֵּיהּ — הָא סְבָרָה וְקִבְּלָה! לָא צְרִיכָא, דִּיהַבֵיהּ נִיהֲלַהּ בְּלֵילְיָא, אִי נַמִי דְּאִשְׁתַּכַּח לֵיהּ בֵּינֵי זוּזֵי. הַאי דִּינָר רַע הֵיכִי דָּמֵי? אִי דְּלָא נָפֵיק — הַיְינוּ דִּינָר שֶׁל נְחֹשֶׁת! אֲמַר רַב פַּפָּא: [ט]כְּגוֹן דְּנָפֵיק עַל יְדֵי הַדְּחָק. § אָמַר רָבָא אָמַר רַב נַחְמָן: [י]אָמַר לָהּ "הִתְקַדְּשִׁי לִי בְּמָנֶה" וְהִנִּיחַ לָהּ מַשְׁכּוֹן עָלֶיהָ — אֵינָהּ מְקוּדֶּשֶׁת.

מָנֶה

רש"י

שָׁוֶה כֶסֶף כְּכֶסֶף. גַּבֵּי קִידּוּשִׁין "כֶּסֶף" כְּתִיב, וְשָׁוֶה כֶסֶף אִיתְרַבֵּי כְּכֶסֶף, כִּדְאָמְרִינַן לְקַמָּן: "יָשִׁיב" לְרַבּוֹת שָׁוֶה כֶסֶף. הִלְכָּךְ כִּי כֶּסֶף בָּעֵינַן, דְּקָיֵיץ. מִכֶּסֶף מִקְנָתוֹ. בְּעֶבֶד עִבְרִי כְּתִיב. יָשִׁיב גְּאוּלָּתוֹ. "יָשִׁיב" קְרָא יְתֵירָא הוּא, דְּמָצֵי לְמִכְתַּב: "לְפִיהֶן גְּאוּלָּתוֹ" — לְרַבּוֹת שָׁוֶה כֶסֶף לְעִנְיַן פִּדְיוֹן. וְכֵיוָן דְּמִיפְּרוּק בֵּיהּ — אִיקְנוּיֵי נַמִי מִקְנֶה בֵּיהּ, דִּכְתִיב: "גְּאוּלָּתוֹ מִכֶּסֶף מִקְנָתוֹ". וְכֵיוָן דְּלָא קָיֵיץ לָא. וְה"ק: וְאֵינוֹ נִקְנֶה בִּתְבוּאָה וְכֵלִים, אֶלָּא א"כ קָצַץ דָּמֶיהָ. בְּתוֹרַת כֶּסֶף וכו'. בְּתוֹרַת דָּמִים הוּא נִקְנֶה, בֵּין שֶׁנּוֹתְנִין עָלָיו כֶּסֶף בֵּין שָׁוֶה כֶסֶף — בְּתוֹרַת דָּמִים אִקְנוּ, וְלֹא בְּתוֹרַת חֲלִיפִין. שֶׁדֶּרֶךְ לַעֲשׂוֹת חֲלִיפִין בִּתְבוּאָה וְכֵלִים. כֵּלִים — שֶׁנֶּאֱמַר (רות ד): "שָׁלַף אִישׁ נַעֲלוֹ". וּתְבוּאָה נַמִי, דִּכְתִיב (שם): "כָּל דָּבָר". וּלְרַב נַחְמָן דְּאָמַר. בְּפֶרֶק "הַזָּהָב": פֵּירֵי לָא עָבְדִי חֲלִיפִין; אִם נָתַן תְּבוּאָה בְּתוֹרַת חֲלִיפִין; כְּמוֹ סוּדָר, לִקְנוֹת בָּהֶן שָׂדֶה אוֹ שׁוּם דָּבָר בַּחֲלִיפִין — לֹא קָנוּ. וְהַאי "כָּל דָּבָר" מְפָרֵשׁ לֵיהּ דְּהַכֹּל נִקְנֶה בְּמִנְעָל, הָשְׁתָּא לֵיכָּא לְמֵימַר תּוֹרַת תְּבוּאָה וְכֵלִים הַיְינוּ חֲלִיפִין — מַאי אִיכָּא לְמֵימַר? אֶלָּא לְעוֹלָם. וְאֵינוֹ נִקְנֶה בִּתְבוּאָה וְכֵלִים דְּקָאָמַר — בִּדְלֵית בְּהוּ שָׁוֶה פְּרוּטָה. מִקַּרְבָא הֲנָאָתַיְיהוּ. מְזוּמָּנִין לֵיהָנוֹת מֵהֶם. לְפִדְיוֹן בְּנִי. לְחָמֵשׁ סְלָעִים שֶׁל פִּדְיוֹן הַבְּכוֹר, דִּכְתִיב (במדבר יח): "וּפְדוּיָו מִבֶּן חֹדֶשׁ תִּפְדֶּה בְּעֶרְכְּךָ כֶּסֶף חֲמֵשֶׁת שְׁקָלִים". לֹא אָמַר כְּלוּם. אֲפִי' נְתָנוֹ לַכֹּהֵן. כָּל כְּמִינֵיהּ. כִּי אָמַר בְּחָמֵשׁ סְלָעִים?! בִּתְמִיָּה. דְּשָׁוֵי. וַאֲפִי' הָכִי קָתָנֵי רֵישָׁא: לֹא אָמַר כְּלוּם, הוֹאִיל וְלֹא נִישּׁוֹמוּ. לְדִידִי שָׁוֵי לִי. אֲנִי שָׂם אוֹתוֹ לְעַצְמִי, וַאֲקַבְּלוֹ בְּכָךְ. דְּגַבְרָא רַבָּה הוּא. וְלָא אָזֵיל בְּגִילּוּי הָרֹאשׁ. מִקּוֹבֵי. שֵׁם מָקוֹם. וְנָתַן לָהּ דִּינָר. מִיָּד — מְקוּדֶּשֶׁת. דְּקִיבְּלָה לֵיהּ לְשֵׁם קִידּוּשִׁין, וְע"מ שֶׁיַּשְׁלִים תְּנָאוֹ. הָרְשׁוּת בְּיָדוֹ. שֶׁאֵין הַקִּידּוּשִׁין חָלִין עַד שֶׁתְּקַבֵּל אֶת כּוּלּוֹ, וְאַתְּ אָמְרַתְּ מְקוּדֶּשֶׁת?! בְּמָנֶה זוֹ. דְּדַעְתָּהּ אַכּוּלָּהּ. דִּינָר רַע. לְקַמָּן מְפָרֵשׁ. כֵּיצַד דְּאָמַר (א) בְּמָנֶה זוֹ. וְנִמְצָא חָסֵר דִּינָר — אֵינָהּ מְקוּדֶּשֶׁת. וְהַיְינוּ דְּקָאָמַר: רָצָה אֶחָד לַחֲזוֹר — הָרְשׁוּת בְּיָדוֹ. מִסְתַּבְּרָא. דְּפֵרוּשֵׁי מְפָרֵשׁ. הָשְׁתָּא בְּמָנֶה סְתָם. תְּנָא לֵיהּ דִּיכוֹלִים לַחֲזוֹר, כָּל זְמַן שֶׁלֹּא קִבְּלָה אֶת כּוּלָּהּ. בְּמָנֶה זוֹ. וְנִמְצָא חָסֵר, (ב) דְּהָשְׁתָּא לֹא קִבְּלָה כּוּלָּהּ — מִיבָּעֵי', דְּמָצֵי הָדְרָא?! מוֹנֶה וְהוֹלֵךְ שָׁאנֵי. וְאע"ג דְּאָמַר בְּמָנֶה סְתָם, כֵּיוָן דַּחֲזִיתֵיהּ מוֹנֶה וְהוֹלֵךְ — דַּעְתָּהּ אַכּוּלָּהּ. אֲבָל כִּי לֹא נָתַן לָהּ אֶלָּא דִּינָר וְקַבִּילְתֵּיהּ — וַדַּאי לְשֵׁם קִידּוּשִׁין קַבִּילְתֵּיהּ, וְעַל מְנָת שֶׁיַּשְׁלִים. דְּאִישְׁתַּכַּח בֵּינֵי זוּזֵי. וְלֹא הִכִּירָה בּוֹ מִתְּחִילָּה, שֶׁהָיָה מְעוֹרָב בֵּינֵיהֶם. הַיְינוּ דִּינָר שֶׁל נְחֹשֶׁת. וְאַמַּאי מְקוּדֶּשֶׁת?

מָנֶה

תוספות

אף שוה כסף דקיץ. הא דאמרינן לקמן (דף יב.): ההוא גברא דקדיש בזוודא דאורדי, יתיב רב שימי בר חייא וקא מעיין בה, אי אית בה שוה פרוטה — אין, אי לא — לא, לכאורה דומה דלא כרב יוסף.

ומאי ניהו חליפין. אין עבד עברי נקנה בחליפין ולא קונה עצמו בחליפין. דמה שהוא קונה בכסף — נפקא לן מהאי קרא ד"מכסף מקנתו" לקמן (דף יד:). אבל עבד כנעני נקנה[ב] בחליפין, *כדתני בפ' "השולח" (גיטין דף לט:) גבי שקל כומתא ושדא בה, אמר לה: קני האי וקנה נפשך. ומשמע: משום דהויא ליה כליו של מקנה לא עשה ולא כלום, אבל בכליו של קונה — קנתה. ומתורת חליפין משמע, ולא בתורת כסף. וכן פירש רבינו חננאל שם*.

מנא אמינא לה דתניא עגל זה. ללישנא קמא מייתי ראיה.

רב כהנא שקל סודרא בפדיון הבן. משמע הכא דרב כהנא היה כהן. ותימה: דבסוף "אלו עוברין" (פסחים דף מט.) משמע דלא היה כהן, דקאמר: אי לאו דנסיבי כהנתא לא גלאי! וי"ל: דתרי רב כהנא הוו. אי נמי י"ל: דבשביל אשתו היה לוקח, כדאשכחן בפרק "הזרוע" (חולין דף קלב.): רב כהנא אכל בשביל אשתו*.

אבל כולי עלמא לא. וא"ת: מאי טעמא דלא מהני? מי גרע ממתנה ע"מ להחזיר, דאמרינן לעיל (דף ו:) דשמה מתנה! וי"ל: דאין הכי נמי, דמיגרע גרע; דהתם איכא דבר חשוב דהוי מתנה אע"פ שנתן ע"מ להחזיר. אבל הכא גבי פדיון לא היה שוה אותו סודר חמש סלעים. ומתחילה, כשנתן לו — לא יצא ידי נתינה.

השתא במנה סתם לא הוו קידושין במנה זו מיבעיא. וא"ת: דלמא הא קמ"ל: ד"במנה זו" אע"ג דלא חזרה בה — לא הוי קידושין, כיון שנמצא חסר! ויש לומר: דמרישא שמעת מינה, כיון דבמנה סתם יכולה לחזור בה ולא אמרינן ישלים — אלמא לא חלו הקידושין כלל עד שישלים. הכי נמי, כי אמר לה "במנה זו" ונמצא חסר — לא חלו הקידושין, ואף ההשלמה לא מהניא, שהרי לא סמכה דעתה להשלמתו אלא למנה שמראה לה, והרי הוא חסר.

מנה

תוס' ר"י הזקן

עגל זה לכהן קאמר שיקח העגל או הטלית בדמי פדיון בנו: ומבעי ליה סודרא וכן נמי עגל וטלית לכל אדם שהרי לכל אדם הן צורך אבל טלית אינו צריך לכל אדם ולא מצי למימר לדידי שוה לי אלא מדבר שהוא צריך לו שפעמים שאדם קונה אותם יותר משווייהם מפני הצורך: ה"ז מקודשת. מיד כשנתן לה הדינר ואינה יכולה לחזור בה דהו"ל כמאן דאמר לה הרי את מקודשת לי בדינר על מנת שאשלים לך מנה ומיהו אם לא השלים לה המנה א"צ גט שהרי לא השלים תנאו נמצא שהוא יכול לחזור בו והיא אינה יכולה לחזור בה. וה"ה אם נתן לה פרוטה מקודשת וישלים לה המנה. ואורחא דמילתא נקט שמי שרוצה למנות מנה אינו מונה לו בפרוטות אלא בדינרין שמקצר חשבונו. ודינר הוא כמו פשוט של כסף וא"ו מעות כדמפרש לקמן (דף י"ב) ואיכא מ"ד שאע"פ שלא השלים לה המנה צריכה גט וטעות הוא בידם דמאי בין תנאי זה לשאר תנאים: במנה זה משמע כל המנה ולא חלו הקדושין עד שהגיע בידה כל המנה אבל במנה סתם אפי' מונה והולך מקודשת בדינר הראשון שנתן לה: רב אשי אמר אפי' במנה סתם אם היה מונה והולך אינה מקודשת עד שהגיע בידה כל המנה והאי ברייתא סתם איירי ומהא א) מילתא פליג אם ההיא אוקימנא כר' אלעזר כמו שנפרש לקמן: דידעה ביה שהכירה אותו ומחלה אותו הדינר שמעינן מהא דאע"ג דאמרי' דקדושין לא ניתנו לימחל היינו דבעינן (שיש לה) ויתן לה שוה פרוטה ואפי' אמרה הריני כאילו קבלתיה אינו מועיל אבל אם אמר לה התקדשי במאה דינרים יכולה היא למחול מקצתם הואיל ומגיע בידה פרוטה: בלילה. ולא הכירתו: ביני זוזי. שלא ראתו: היינו [דינר] של נחשת והיכי תני מקודשת: על ידי הדחק משום הכי מקודשת שהרי יכולה להוציא בדוחק ומיהו יחליף אותו הואיל ואינה יכולה להוציאו בלא טורח ב): תוספתא תבעו זה את זה האיש תבע תחלה ואמר לה קבל הקדושין. ואם האשה תבעה תחלה שאמרה לו תני לי קדושין וקדשו סתם הואיל ותבע האיש תחלה והיא אמרה לו כבר שלא תתקדש לו אלא במאתים ודאי על מנת ליתן מאתים קדש ומנה או מאתים סתם הוא זה ומקודשת מה שנתן לה והוא ישלים המאתים מיהו אם אינו רוצה להשלים אינה מקודשת כדפרישנא לעיל גבי ההיא דרבי אלעזר ג). תבעו זה

את

א) לשון זה צ"ע ואולי יש כאן ט"ס. ב) בתוספתא פ"ב דמכילתין וכך איתא שם זה אומר במנה וזה אומר במאתים וכו' ואח"כ תבעו זא"ז וקדשו אם האיש תבע את האשה יעשו לדברי האשה ואם האשה תבעה את האיש יעשו לדברי האיש. ג) נ"ל וכן במוכר חפץ לחבירו וכו' ותבעו זא"ז.

עין משפט נר מצוה

נז א מיי' פ"ב מהל' עבדים הלכה א והלכה ח:

נח ב מיי' פי"א מהל' בכורים הלכה ז סמג עשין קמד טוש"ע י"ד סימן שה סעיף ה:

[נ"ל כלאמרינן]

נט ג מיי' פ"ז מהלכות אישות הלכה יז טוש"ע אה"ע סימן כט סעיף ז:

[ועי' היטב תוס' גיטין לט: ד"ה משום]

ס ד מיי' פ"ו שם הלכה יז ופ"ג מהל' זכייה ומתנה הלכה ח סמג עשין מח טוש"ע אה"ע סי' לח סעיף ג:

סא ה ו ז ח ט מיי' פ"ז מהלכות אישות הלכה יז סמג עשין מח טוש"ע אה"ע סי' כט סעיף ז:

[ועי' תוס' פסחים מט: ד"ה אמר ותוס' ב"ב קי. ד"ה ולא ובחולין קלב. ד"ה רב]

סב י מיי' פ"ה מהל' אישות הלכה כג סמג שם טוש"ע שם סעיף ו:

מסורת הש"ס

ויקרא כה | שם | [לקמן טז.] | ס"א לא ה"ק | [לקמן כח: ב"מ מז.] | [לקמן מו.] | תוספתא דבכורות פ"ו | [נ"ל בפדיון וכן העתיקו תוס' לעיל ב. ד"ה בפרוטה] | לקמן מז. | ע"ז לז. ע"ש גיטין עד. [ועי' תוס' לקמן: [ע"ש]

הגהות הב"ח

(א) רש"י ד"ה כיצד דאמר לה במנה זו ונמצא: (ב) ד"ה במנה זו וכו' חסר דינר דהשתא:

גליון הש"ס

גמ' מכסף מקנתו בכסף הוא נקנה. ע"ל יד ע"ב תד"ה מוכר עצמו:

הגהות הגר"א [א] גמ' כגון רב כהנא דגברא רבה הוא. נ"ב וידע למחולי אבל כ"ע לא כי הא דמר בר רב אשי כו'. כ"ה גירסת בה"ג ורמב"ם ומפרשים לענין שאין בו משום אונאה (ועמ"ש רבינו ביו"ד סי' ש"ה ס"ק ח): [ב] תוס' ד"ה ומאי כו' עבד כנעני נקנה. נ"ב וקונה עצמו:

עין משפט נר מצוה

סג א מיי' פ"ה מהל' אישות הלכה כג סמג עשין מח טוש"ע אה"ע סי' כח סעיף יב:

סד ב מיי' פ"י מהלכות שכירות הלכה א סמג עשין לל טוש"ע ח"מ סי' עב סעיף ב:

סה ג ד מיי' פ"ד מהל' אישות הלכה ג סמג עשין מח טוש"ע אה"ע סימן ל סעיף ז:

סו ה מיי' שם טוש"ע שם סעיף ח:

סז ו ז מיי' שם הלכ' ז טוש"ע שם סעיף ט:

סח ח ט מיי' שם טוש"ע שם סעיף יא:

סט י מיי' שם טוש"ע שם סעיף י:

גמרא

מָנֶה אֵין כָּאן, מַשְׁכּוֹן אֵין כָּאן. אֵיתִיבֵיהּ רָבָא לְרַב נַחְמָן: אקִידְּשָׁהּ בְּמַשְׁכּוֹן מְקוּדֶּשֶׁת! הָתָם בְּמַשְׁכּוֹן דַּאֲחֵרִים, וְכִדְרַבִּי יִצְחָק, *דְּאָמַר רַבִּי יִצְחָק: במִנַּיִן לְבַעַל חוֹב שֶׁקּוֹנֶה מַשְׁכּוֹן? שֶׁנֶּאֱמַר: °"וּלְךָ תִּהְיֶה צְדָקָה", אִם אֵינוֹ קוֹנֶה — צְדָקָה מִנַּיִן? מִכָּאן לְבַעַל חוֹב שֶׁקּוֹנֶה מַשְׁכּוֹן. (דברים כד) בְּנֵי רַב הוּנָא בַּר אָבִין זְבוּן הַהִיא אַמְתָא בִּפְרִיטֵי. לָא הָווּ בַּהֲדַיְיהוּ, אוֹתִיבִי נַסְכָא עֲלֶיהָ. לְסוֹף אַיַּיקַר אַמְתָא. אָתוּ לְקַמֵּיהּ דְּרַבִּי אַמִי, אֲמַר לְהוּ: פְּרִיטֵי אֵין כָּאן, נַסְכָא אֵין כָּאן. גת"ר: *"הִתְקַדְּשִׁי לִי בְּמָנֶה", נְטָלַתּוּ וּזְרָקַתּוּ לַיָּם, אוֹ לָאוּר, אוֹ לְכָל דָּבָר הָאָבֵד — אֵינָהּ מְקוּדֶּשֶׁת. הָא שְׁדִיתִינְהוּ קַמֵּיהּ — הָווּ קִידּוּשִׁין? הָא קָאָמְרָה לֵיהּ: שְׁקֵיל, לָא בָּעֵינָא! דלָא מִיבַּעְיָא קָא אָמַר; לָא מִיבַּעְיָא שְׁדִיתִינְהוּ קַמֵּיהּ דְּלָא הָווּ קִידּוּשִׁין, אֲבָל זְרָקַתּוּ לַיָּם אוֹ לָאוּר, אֵימָא: כֵּיוָן דְּמִיחַיְּיבָא בְּהוּ — קִדּוּשֵׁי קָדֵישׁ נַפְשָׁהּ, וְהָא דְּקָא עָבְדָא הָכִי סָבְרָא: אִיבַּדְקֵיהּ לְהַאי גַּבְרָא אִי רַתְחָנָא הוּא אוֹ לָא. קמ"ל. תָּנוּ רַבָּנַן: ה"הִתְקַדְּשִׁי לִי בְּמָנֶה" — "תְּנֵם לְאַבָּא וּלְאָבִיךָ" — אֵינָהּ מְקוּדֶּשֶׁת. "עַל מְנָת שֶׁיְּקַבְּלוּם לִי" — מְקוּדֶּשֶׁת. תָּנָא "אַבָּא" לְהוֹדִיעֲךָ כֹּחַ דְּרֵישָׁא, תָּנָא "אָבִיךָ" לְהוֹדִיעֲךָ כֹּחַ דְּסֵיפָא. "הִתְקַדְּשִׁי לִי בְּמָנֶה" — "תְּנֵם לִפְלוֹנִי" — אֵינָהּ מְקוּדֶּשֶׁת. "עַל מְנָת שֶׁיְּקַבְּלֵם לִי" — מְקוּדֶּשֶׁת. וּצְרִיכָא. דְּאִי אַשְׁמְעִינַן "אַבָּא" וְ"אָבִיךָ" הָתָם הוּא דְּכִי אָמְרָה "עַל מְנָת שֶׁיְּקַבְּלוּם לִי" הָווּ קִידּוּשִׁין — דְּסָמְכָה דַּעְתָּהּ עִילַּוַיְיהוּ, סָבְרָה: עָבְדִין לִי שְׁלִיחוּתַאי. אֲבָל פְּלוֹנִי — לָא. וְאִי אַשְׁמְעִינַן "פְּלוֹנִי" — הָכָא הוּא דְּכִי אָמְרָה "תְּנֵם לִפְלוֹנִי" לָא הָווּ קִידּוּשֵׁי — דְּלָא מְקָרְבָא דַּעְתָּהּ לְגַבֵּיהּ לְמֵיתְבָה לֵיהּ בְּמַתָּנָה. אֲבָל "אַבָּא" וְ"אָבִיךָ", דִּמְקָרְבָא דַּעְתָּהּ לְגַבַּיְיהוּ — אֵימָא בְּמַתָּנָה יְהַבִיתֵיהּ נִיהֲלַיְיהוּ. צְרִיכָא. ת"ר: ו"הִתְקַדְּשִׁי לִי בְּמָנֶה" — "תְּנֵם עַל גַּבֵּי סֶלַע" — אֵינָהּ מְקוּדֶּשֶׁת. וְאִם הָיָה סֶלַע שֶׁלָּהּ — מְקוּדֶּשֶׁת. בָּעֵי רַב בֵּיבָי: זסֶלַע שֶׁל שְׁנֵיהֶם מַהוּ? תֵּיקוּ. ח"הִתְקַדְּשִׁי לִי בְּכִכָּר" — "תְּנֵהוּ לַכֶּלֶב" — אֵינָהּ מְקוּדֶּשֶׁת. וְאִם הָיָה כֶּלֶב שֶׁלָּהּ — מְקוּדֶּשֶׁת. בָּעֵי רַב מָרִי: טכֶּלֶב רָץ אַחֲרֶיהָ מַהוּ? בְּהַהוּא הֲנָאָה דְּקָא מַצְּלָה נַפְשָׁהּ מִינֵּיהּ — גָּמְרָה וּמַקְנְיָא לֵיהּ נַפְשָׁהּ, אוֹ דִּלְמָא: מָצֵי אָמְרָה לֵיהּ: מִדְּאוֹרַיְיתָא חִיּוּבֵי מִחַיְּיבַתְּ לְאַצּוֹלַן? תֵּיקוּ. י"הִתְקַדְּשִׁי לִי בְּכִכָּר" — "תְּנֵהוּ לְעָנִי" — אֵינָהּ מְקוּדֶּשֶׁת, אֲפִילּוּ עָנִי הַסָּמוּךְ עָלֶהָ. מַאי טַעְמָא? אָמְרָה לֵיהּ: כִּי הֵיכִי דִּמְחַיַּיבְנָא בֵּיהּ אֲנָא — הָכִי מְחַיַּיבְתְּ בֵּיהּ אַתְּ. הַהוּא גַּבְרָא דַּהֲוָה קָא מְזַבֵּין

חוּמְרֵי

רש"י

מָנֶה אֵין כָּאן. הִלְכָּךְ מַשְׁכּוֹן (א) אֵינוֹ שָׁוֶה (כָּאן) כְּלוּם, שֶׁאֵין הַמַּשְׁכּוֹן מַתָּנָה. בְּמַשְׁכּוֹן דַּאֲחֵרִים. שֶׁהָיָה בְּיָדוֹ, וְקִדְּשָׁהּ בְּחוֹב שֶׁיֵּשׁ לוֹ עָלָיו. הִלְכָּךְ מְקוּדֶּשֶׁת, שֶׁהַמַּשְׁכּוֹן עַצְמוֹ קָנוּי לָהּ. בִּפְרִיטֵי. עַל מְנָת לְקַבֵּל פְּרוּטוֹת שֶׁל נְחֹשֶׁת. נַסְכָא. חֲתִיכָה שֶׁל כֶּסֶף. פְּרִיטֵי אֵין כָּאן. שֶׁהִתְנוּ עָלֶיהָ. הִלְכָּךְ, נַסְכָא שֶׁהוּא מַשְׁכּוֹן — אֵין כָּאן, לִהְיוֹת בִּמְקוֹמוֹ לִקְנוֹת. שֶׁאִם נָתְנוּ הַפְּרוּטוֹת — הָיְתָה קְנוּיָה לָהֶם, דְּעֶבֶד כְּנַעֲנִי נִקְנֶה בְּכֶסֶף. נְטָלַתּוּ וּזְרָקַתּוּ לַיָּם. בְּפָנָיו, לוֹמַר: אֵינִי רוֹצָה: הָא שְׁדִיתִינְהוּ קַמֵּיהּ. בְּמָקוֹם שֶׁאֵינוֹ אָבוּד, הָוֵי קִידּוּשִׁין?! בִּתְמִיָּה. מִדְּאִיחַיְּיבָא בֵּיהּ. לְשַׁלּוּמֵי, גָּמְרָה וְקִדְּשָׁה נַפְשָׁהּ. וּלְפִי שֶׁהוּא שֶׁלָּהּ — זְרָקַתּוּ, לְנַסּוֹת אֶת זֶה אִם הוּא רַגְזָן. אֵינָהּ מְקוּדֶּשֶׁת. וְאֵינוֹ דּוֹמֶה לְ"תֵּן מָנֶה לִפְלוֹנִי וְאֶקַּדֵּשׁ לָךְ". *דְּהָתָם אִיהִי קָאָמְרָה לֵיהּ מֵעִיקָּרָא, אֲבָל כָּאן — מַשְׁטָה הִיא בּוֹ, כְּלוֹמַר: תֵּן מְעוֹתֶיךָ לַאֲחֵרִים. לְהוֹדִיעֲךָ כֹּחַ דְּרֵישָׁא. דְּאַף עַל גַּב דְּאָבִיהָ הוּא — לֹא גָּמְרָה וְקִדְּשָׁה נַפְשָׁהּ. כֹּחַ דְּסֵיפָא. דְּאָמַר מְקוּדֶּשֶׁת, דְּאַע"ג דְּלֹא קָרוֹב שֶׁלָּהּ הוּא. סָמְכָה עֲלֵיהּ. דְּעָבֵיד שְׁלִיחוּתֵיהּ, וְכִי מְקַבֵּל לְהוּ — הָוֵה שְׁלוּחָהּ, וּמְקַדְּשָׁהּ. וְאִם הָיָה סֶלַע שֶׁלָּהּ מְקוּדֶּשֶׁת. שֶׁחֲצֵרוֹ שֶׁל אָדָם קוֹנֶה, וַהֲרֵי הוּא כְּמוֹ שֶׁמְּקַבַּלְתּוֹ. רָץ אַחֲרֶיהָ. לְנוֹשְׁכָהּ.

סוּמְרֵי

תוספות

מנה אין כאן משכון אין כאן. פי': ואינה מקודשת. לפי שהאשה נקנית בכסף, והכסף אינו בעין, היאך יקנה? שאין המשכון תחת הכסף, כיון שלא ישאר ביד האשה. ודאי, אי אמר לה: התקדשי לי במשכון זה והמשכון יהיה שלך — פשיטא דמקודשת. וכמו כן, אם אדם אומר לחבירו: אתן לך מנה במתנה והניח לו משכון עליה לא קנה המנה במשיכת המשכון, ואין לחלק בין מתנה לקידושין. ורבינו חיים כהן בשם ר"ת אומר: שאם אמר אדם לחבירו "אתן לך מנה במתנה והילך משכון עליו, ואל תחזיר לי המשכון עד שאתן לך המנה" — דאז ודאי יכול לעכב המשכון עד שיתן לו המנה. ותימה: מהא דאמר ב"השוכר את האומנין" (ב"מ דף עה:) גבי השוכר את הפועלים להעלות פשתן וכל דבר שהוא אבוד, מקום שאין שם אדם וחזרו בהן — שוכר עליהן או מטען. וקאמרינן: *עד כמה שוכר עליהן? א"ר נחמן: עד כדי שכרן. איתיביה רבא לרב נחמן: עד ארבעים וחמשים זוז! התם כשבאת חבילה בידו. פירוש: שבאו כלי אומנות של פועל ליד בעל הבית. והשתא, כי באת חבילה בידו מאי הוי? הא מנה אין כאן, משכון אין כאן! וי"ל: דלא דמי, דהתם גרמו לו הפסד. ועוד: שאין החבילה בתורת משכון, אלא קנוייה לו לשכור פועלין. וכשרגילין לעשות שידוכין צריך ליזהר בדבר יפה, שיאמר: "הרי אני מקנה לך כך וכך בגוף החפץ". דאם אמר "אם אחזור בי אתן לך כך וכך והא לך משכון" — מנה אין כאן, משכון אין כאן. ושמא בשדוכין לא אמרינן מנה אין כאן, משכון אין כאן, כיון שכשהאחד מהן חוזר בו — השני מתבייש בדבר.

משכון דאחרים וכדרבי יצחק. אע"ג דרבי יצחק איירי במשכון שלא בשעת הלואתו, מצינו למימר: כיון דבעל חוב קונה משכון שלא בשעת הלואה קנין גמור, עד שיפדה — בשעת הלואה נמי אלים שיעבודיה לחשב ממון, לקדש בו האשה ולקנות בו עבדים וקרקעות. וכן צריך לפרש בפ' "השולח" (גיטין דף לז, ושם) בההיא דאמר: המלוה על המשכון אינו משמט. ומפרש התם משום דקני ליה כרבי יצחק. ורבי יצחק הוי שלא בשעת הלואתו, ו"המלוה" — משמע בשעת הלואתו, כדמשמע סוף פרק "האומנים" (ב"מ פא: ושם). אלא ה"פ: התם: כיון דקני ליה שלא בשעת הלואתו לגמרי — סברא הוא דיקנה הוא בשעת הלואתו, שלא ישמט, דחשיב "של אחיך בידך", ודרשינן בספרי (פ' ראה): "את אחיך תשמט ידך" — ולא של אחיך בידך. וכן יש לפרש פרק "כל שעה" (פסחים דף לא: ושם) בההיא דישראל שהלוה את הגוי על חמצו, אחר הפסח עובר לרבי מאיר, ומפרש התם משום דקנה ליה כר' יצחק. וכיון דקני ליה כרבי יצחק שלא בשעת הלואתו — בשעת הלואתו קני ליה נמי, לענין דקרינן ליה: שלך אי אתה רואה. **מנין** לבעל חוב שקונה משכון. פי' בקונט' בשאר דוכתי: להתחייב באונסין. וקשה: דהא ר"מ ור' יהודה פליגי *במלוה על המשכון אי הוי שומר שכר אי שומר חנם, אבל שואל — לא הוי. ואוקי גמרא ר"מ כר' יצחק, משמע דר' יצחק לא אמר להתחייב באונסין! לכך נראה לי: שקנה את המשכון להתחייב בגניבה ואבידה.

צדקה מנין. וא"ת: היכא צדקה ממה שיחזיר לו לשכב עליו! וי"ל: דדייק מדכתיב (דברים כד) "ושכב בשלמתו וברכך", ואי לא הוי קונה ליה, א"כ כשמברכו העני — הוי ליה רבית דברים. ויש מפרשים: דלא מיקרי צדקה אלא הנותן משלו, כמו "צדק משלך ותן לו" (ב"ב פח:).

תנם לאבא או לאביך אינה מקודשת. ואם תאמר: הא אמרינן לעיל (דף ו:) "תן מנה לפלוני ואקדש אני לך" — מקודשת! ויש לומר: דלא דמי; דהתם שהתחילה היא בדבר — איכא למימר דדעתה להתקדש, אבל הכא שהוא אמר לה תחילה: התקדשי לי, והיא משיבה: תנם למי שתרצה — איכא למימר דאין דעתה להתקדש, אלא היא משטה בו ואינה חוששת. **תנם** לפלוני אינה מקודשת. וא"ת: אמאי קתני לעיל בברייתא "אביך"? "לאבא ולפלוני" סגיא! ואיכא למיעבד כל הני צריכותא! ושמא יש לומר: דאין לחוש לכך, כיון דלא תנא "אביך" בברייתא לחודיה. אי נמי, י"ל: דלהכי תנא "אביך ופלוני" — משום דס"ד דליהוי מקודשת טפי כשאמרה "תנם לפלוני" מכשאמרה "תנם לאביך", דסמכה דעתה טפי כשיהא ביד פלוני. **אם** היה סלע שלה מקודשת. פי' בקונטרס: דחצרה קונה לה. ולא נהירא; דאם כן מאי בעי: סלע של שניהם מהו? פשיטא דאינה קונה, כיון דהוא חצר של שניהם, כדאמרינן פרק "המוכר את הספינה" (ב"ב דף פד:), אמר רבי ינאי: חצר של שני שותפין — קונין זה מזה. ומוקי לה במודד בתוך קופתו של לוקח, אבל במודד על הקרקע לא! ונראה לפרש: דהכא הטעם אין תלוי בקנין חצרה, אלא כשהסלע שלה — סמכה דעתה, ובשאינו שלה — לא סמכה דעתה. ובעי, כשהסלע של שניהם אי סמכה דעתה או לא.

הב

תוס' ר"י הזקן

את זה. אם המוכר תבע ואמר לו קנה החפץ (ונתנו לו) [יעשו דברי לוקח] אם הלוקח תבע ואמר לו תן לי החפץ ובא ומשכו [יעשו דברי מוכר] ע"כ התוספתא פ"ב: מנה אין כאן לא המנה הגיע לידה ולא משכון נתן לה להיות שלה דנימא שוה כסף ככסף הלכך אין לה על המשכון כלום: במשכון מקודשת וקס"ד דמיירי כה"ג דאמר לה התקדשי לי במנה והניח לה משכון: [במשכון] דאחרים. במשכון שמסרו לו ב"ד על חוב שיש לו אצל אחרים וקדשה באותו זכות שיש לו על המשכון דאי אמר לה התקדשי לי בזה הואיל ואחרים מוציאין אותו המשכון מידה אינה מקודשת אלא ודאי דאמר לה התקדשי לי במשכון זה שיש לי מפלוני או התקדשי לי במאה זוז שיש לי על משכון זה מקודשת. וכי תימא הכא נמי מנה לא הגיע בידה ומשכון לא נתן לה להיות שלה ואין לה על המשכון כלום שהרי הוא קונה המשכון עד אותו סך וגוף המשכון הקנה לה עד אותו מנה. והה"נ אם בעל חוב עצמו תפשו אחר ההלואה דכה"ג נמי קני ביה זכותא כנגד אותו סך כמו שביארנו בסוף המקבל. ומשום הכי פרישנא לה במשכנו שלא בשעת הלואתו והכי אוקימנא לה להא כר' יצחק בשבועות ובבא מציעא. ואיכא מאן דמפרש במשכון דאחרים אפי' משכנו בשעת הלואתו והכי דייק מהא דר' יצחק הואיל ומשכנו שלא בשעת הלואתו קני ליה עד אותו סך שהלוה חייב לו משכנו בשעת הלואתו [נמי] קצת שעבודא מיהו אית ליה עילויה ואותו שעבוד נתן לה וזה הבל: בפריטי. דעבד כנעני נקנה בכסף: נסכא. חתיכה של כסף. ונתייקרה השפחה ורצו לחזור בהם המוכרים: פריטי אין כאן שלא נתנו המעות שקנו אותה והנסכא לא נתנו להם להיות שלהם דנימא שוה כסף ככסף הלכך לא נתנו להם עליה לא כסף ולא שוה כסף שאין להם על הנסכא כלום שמעינן מיהא שהמוכר יין לגוי אף על פי שהגוי מניח משכון על היין קודם שנאסר אינו מועיל ואכתי דמי היין נסך קא שקיל שהרי לא נתן לו הכסף שיקנה בו היין ולא נתן לו המשכון שיהא שלו הלכך אין לו במשכון כלום ואין לו תקנה אלא שילוה לו המעות על המשכון ויקח המשכון קודם שיאסר היין. ואיכא מאן דאמר הואיל בדיניהם קונה היין לית לן בה: מדאחייבא בהו אם לא נטלם בתורת קדושין. וכתב רבינו נסים ודוקא היכא שנטלתם בכעס וזרקתם מיד אבל לקחם בפני עדים ואח"כ זרקתם לפניו או לדבר האבד צריכה הימנו גט: במנה והיא השיבה אותו תנם לאבא אינה מקודשת שלא נתרצית בקדושין אלא שאמרה לו להפסיד מעותיו: שיקבלם לי מקודשת דסמכה דעתה שאותו פלוני יקבל מעותיה ונתרצית בקדושין איכא מאן דאמר בכל הני אי הוא חזר ואמר הרי את מקודשת לי במנה זה שאתן לפלוני במצותיך והיא שתקה מקודשת אע"פ שלא אמרה תחלה אלא תנם לפלוני ולאו מילתא היא כמו שבארנו לעיל: על גבי הסלע דלאו לשון ריצוי הוא אלא הפסד מעותיך ומיירי נמי בשלא חזר ואמר לה כלום אלא שהניחם שם לפירושא קמא: שלה לשון ריצוי הוא דקאמרה כלומר הניחם ברשותי: של שניהם בעיא ולא איפשטא הואיל והמקום של שניהם אם נתרצית לקדושין אם לאו: לכלב כלומר הפסידהו ואינו לשון ריצוי: גמרה ומקניא ולשון ריצוי הוא דקאמרה או חיובי מחייבת ולא נתרציתי בקדושין אלא אמרתי לך שתצילני כמו שאתה חייב להציל נפש אחת מישראל איכא מאן דאמר אם היה כלב של שניהם נמי מקודשת אם היה בככר שתי פרוטות דלשון ריצוי הוא ולא אמרינן דאמרה כי היכי דמחייבת ביה אנא מחייבת ביה את כדאמרינן דהתם הוא חייב בכל המתנה אבל כאן אינו מוטל עליו אלא חצי מזונותיו. ואיכא מאן דאמר אינה מקודשת דהואיל דמחייב ביה איהו לא נתרצית לקדושין וצ"ע. הלכך הוי ספק מקודשת. כי היכי דמחייבנא ולא נתרצית לקדושין: ירושלמי פרק האיש מקדש התקדשי לי בסלע תנהו לעני מקודשת ותראה עושה טובה לעני. ודאי זה הירושלמי חולק עם התלמוד שלנו דודאי ליכא הפרש בין סלע לככר וכן דעת הר"ם והרי"ף שלא הביאו זה הירושלמי ואיכא מאן דאמר דלא פלוג וחלוק יש בין סלע לככר דבסלע לא מציא למימר כי היכי דמחייבנא דלא רמיא עליה חובה למיתן ליה סלע חדא זימנא. וזה רחוק דאטו מי לא עסקינן בככר גדול וודאי אינו חייב ליתן לו ככר גדול כאחת. ופי' לשון הגמ' הוא שלא היה בדעתה להתרצות בקדושין אלא שיתן לו לשום מצוה שהרי הוא מחויב במעה כמו שהיא מחויבת יהיה מחויב לתת לו כולו או מקצתו וודאי פליג אגמרא דידן. וודאי אם נותן לעני

אלף

מסורת הש"ס

גיטין לז. פסחים לא: שבועות מד. ב"מ פב.

[לעיל ו:]

תוספתא דקידושין פ"ב

[שם עח.]

[ב"מ פא:]

תורה אור

דברים כד

הגהות הב"ח

(א) רש"י ד"ה מנה וכו' משכון אין כאן אינו שוה כלום וכו' קנוי לו הס"ד:

עין משפט נר מצוה

[לעיל ו:]

ע א ב ג מיי' פ"ד מהל' אישות הלכה ה סמג עשין מח טוש"ע אה"ע סי' כט סעיף י:

עא ד מיי' שם פ"ג הלכה ג סמג שם טוש"ע אה"ע סי' לב סעיף ג:

[וכדף קיד: ע"ש בתוס']

עב ה מיי' שם סמג שם טוש"ע שם סעיף א:

מסורת הש"ס

[פי' מיני סלקות ערוך ערך חמר טו] ס"א שיפא

יבמות נב. ע"ש

ויקרא כה

ירמיה לב

דברים כב

ירמיה לב [נ"ל אמר]

לקמן מח.

[עי' תוספות סוכה כח. ד"ה הלכתא]

גמרא

חוּמְרֵי *פְּתַכְיָיתָא. אֲתַאי הַהִיא אִיתְּתָא, אָמְרָה לֵיהּ: הַב לִי חַד *שׁוּכָא! אֲמַר לָהּ: אִי יָהֲבִינָא לִיךְ מִיקַדְּשַׁתְּ לִי? אָמְרָה לֵיהּ: הֲבָה מִיהֲבָה. אֲמַר רַב חָמָא: [א]כָּל "הֲבָה מִיהֲבָה" — לָאו כְּלוּם הוּא. הַהוּא גַּבְרָא דַּהֲוָה קָא שָׁתֵי חַמְרָא בְּחָנוּתָא. אֲתַאי הַהִיא אִיתְּתָא, אָמְרָה לֵיהּ: הַב לִי חַד כָּסָא! אֲמַר לָהּ: אִי יָהֵיבְנָא לִיךְ מִיקַדְּשַׁתְּ לִי? אָמְרָה לֵיהּ: אַשְׁקוּיֵי אַשְׁקְיַין. אֲמַר רַב חָמָא: [ב]כָּל "אַשְׁקוּיֵי אַשְׁקְיַין" — לָאו כְּלוּם הוּא. הַהוּא גַּבְרָא דַּהֲוָה קָא שָׁדֵי תַּמְרֵי מִדִּקְלָא. אֲתַאי הַהִיא אִיתְּתָא, א"ל: שְׁדֵי לִי תַּרְתֵּי! אֲמַר לָהּ: אִי שָׁדֵינָא לִיךְ מִיקַדְּשַׁתְּ לִי? אָמְרָה לֵיהּ: שְׁדֵי מִישְׁדָא. אֲמַר רַב זְבִיד: כָּל "שְׁדֵי מִישְׁדָא" — לָאו כְּלוּם הוּא. אִיבַּעְיָא לְהוּ: "הַב", "אַשְׁקֵי" וּ"שְׁדֵי" מַהוּ? אֲמַר רָבִינָא: מְקוּדֶּשֶׁת. רַב סָמָא בַּר רַקְתָּא אֲמַר: תָּגָא דְּמַלְכָּא! אֵינָהּ מְקוּדֶּשֶׁת. [ג]וְהִלְכְתָא: אֵינָהּ מְקוּדֶּשֶׁת. וְהִלְכְתָא: שִׁירָאֵי לָא צְרִיכִי שׁוּמָא. וְהִלְכְתָא כְּר"א. וְהִלְכְתָא כְּרָבָא אֲמַר רַב נַחְמָן.§ *ת"ר: בִּשְׁטָר כֵּיצַד? כָּתַב לוֹ עַל הַנְּיָיר אוֹ עַל הַחֶרֶס, אע"פ שֶׁאֵין בּוֹ שָׁוֶה פְּרוּטָה, "בִּתְּךָ מְקוּדֶּשֶׁת לִי" "בִּתְּךָ מְאוֹרֶסֶת לִי" "בִּתְּךָ לִי לְאִינְתּוּ" — [ד]הֲרֵי זוֹ מְקוּדֶּשֶׁת. מַתְקִיף לָהּ ר' זֵירָא בַּר מָמָל: הָא לָא דָּמֵי הַאי שְׁטָרָא לִשְׁטָר זְבִינֵי! הָתָם — מוֹכֵר כּוֹתֵב לוֹ "שָׂדִי מְכוּרָה לָךְ"; הָכָא בַּעַל כּוֹתֵב "בִּתְּךָ מְקוּדֶּשֶׁת לִי"! אֲמַר רָבָא: הָתָם מֵעִנְיָינָא דִּקְרָא, וְהָכָא מֵעִנְיָינָא דִּקְרָא. הָתָם כְּתִיב: °"וּמָכַר מֵאֲחוּזָּתוֹ" — בְּמוֹכֵר תָּלָה רַחֲמָנָא, הָכָא כְּתִיב: °"כִּי יִקַּח" — בְּבַעַל תָּלָה רַחֲמָנָא. הָתָם נַמִי כְּתִיב: °"שָׂדוֹת בַּכֶּסֶף יִקְנוּ"! קְרֵי בֵּיהּ "יַקְנוּ". מַאי טַעְמָא קָרֵית בֵּיהּ "יַקְנוּ"? מִשּׁוּם דִּכְתִיב "וּמָכַר", ה"נ קְרֵי בֵּיהּ "כִּי יַקַּח" דִּכְתִיב: °"אֶת בִּתִּי נָתַתִּי לָאִישׁ הַזֶּה"! אֶלָּא אֲמַר רָבָא: הִלְכְתָא נִינְהוּ, וְאַסְמְכִינְהוּ רַבָּנַן אַקְּרָאֵי. וְאִיבָּעֵית אֵימָא: הָתָם נַמִי כְּתִיב: °"וָאֶקַּח אֶת סֵפֶר הַמִּקְנָה". *וְאָמַר רָבָא אָמַר רַב נַחְמָן: כָּתַב לוֹ עַל הַנְּיָיר אוֹ עַל הַחֶרֶס, אע"פ שֶׁאֵין בּוֹ שָׁוֶה פְּרוּטָה "בִּתְּךָ מְקוּדֶּשֶׁת לִי" "בִּתְּךָ מְאוֹרֶסֶת לִי" "בִּתְּךָ לִי לְאִינְתּוּ", בֵּין ע"י אָבִיהָ בֵּין ע"י עַצְמָהּ — [ה]מְקוּדֶּשֶׁת מִדַּעְתּוֹ, וְהוּא שֶׁלֹּא בָּגְרָה. כָּתַב לָהּ עַל הַנְּיָיר אוֹ עַל הַחֶרֶס, אע"פ שֶׁאֵין בּוֹ שָׁוֶה פְּרוּטָה, "הֲרֵי אַתְּ מְקוּדֶּשֶׁת לִי" "הֲרֵי אַתְּ מְאוֹרֶסֶת לִי" "הֲרֵי אַתְּ לִי לְאִינְתּוּ" — מְקוּדֶּשֶׁת, בֵּין ע"י אָבִיהָ בֵּין ע"י עַצְמָהּ מִדַּעְתָּהּ, וְהוּא שֶׁבָּגְרָה.§ בָּעֵי ר' שִׁמְעוֹן בֶּן לָקִישׁ: *שְׁטַר אֵירוּסִין שֶׁכְּתָבוֹ שֶׁלֹּא לִשְׁמָהּ, מַהוּ? הֲוָיוֹת לִיצִיאוֹת מַקְשִׁינַן; מַה יְצִיאָה

רש"י

חוּמְרֵי. בוטייני"ש, שֶׁעוֹשִׂין שֶׁל בְּדִיל, וְחוֹרְזִין הַרְבֵּה מֵהֶן בְּחוּט אֶחָד, וְעוֹשִׂין אוֹתוֹ כְּמִין עֲנָק וְנוֹשְׂאִין בְּצַוְּארֵיהֶן לִמְכּוֹר. וְיֵשׁ גּוֹרְסִין: פְּתַכְיָיתָא — וְהֵן שֶׁל זְכוּכִית, כְּמִין טַבָּעוֹת דַּקִּים, וְקוֹרִין אוֹתוֹ פוריל"ש, וּבִלְשׁוֹן רַבּוֹתֵינוּ אוּשְׁטְנִי"ת. חַד שׁוּכָא. מְלֹא חוּט הָעֲנָק. מִיקַדְּשַׁתְּ לִי. בִּלְשׁוֹן שְׁאֵלָה. הַב אַשְׁקֵי וּשְׁדֵי. דְּלָא כָּפְלָתֵיהּ לְדִיבּוּרָא. תָּגָא דְּמַלְכָּא. בְּכֶתֶר הַמֶּלֶךְ נִשְׁבַּע. וְהִלְכְתָא כְּר"א. דְּאָמַר (לעיל דף ח.): "הִתְקַדְּשִׁי לִי בְּמָנֶה" וְנָתַן לָהּ דִּינָר — הֲרֵי זוֹ מְקוּדֶּשֶׁת, וְיַשְׁלִים. כְּרָבָא אָמַר רַב נַחְמָן. דְּאָמַר לְעֵיל (שם): מָנֶה אֵין כָּאן מַשְׁכּוֹן אֵין כָּאן. בִּתְּךָ מְקוּדֶּשֶׁת לִי. וְהִיא בִּרְשׁוּת אָבִיהָ לְקַדְּשָׁהּ, כְּגוֹן שֶׁלֹּא בָּגְרָה. לִשְׁטָר זְבִינֵי. וּמְנָלַן דְּכִי הַאי גַּוְונָא הָוֵי שְׁטָרָא? מַאי טַעְמָא קָרֵית בֵּיהּ יַקְנוּ מִשּׁוּם דִּכְתִיב וּמָכַר. בִּתְמִיָּה. קְרֵי בֵּיהּ "כִּי יַקַּח", וְנֵימָא דַּאֲבִי הַנַּעֲרָה קָאָמַר, שֶׁיְּהֵא מַקִּיחָהּ לַבַּעַל, וּמִשּׁוּם דִּכְתִיב: "אֶת בִּתִּי נָתַתִּי". הִלְכְתָא נִינְהוּ. לְמֹשֶׁה מִסִּינַי. הָתָם נַמִי. גַּבֵּי שְׁטָר זְבִינֵי כְּתִיב: "וָאֶקַּח אֶת סֵפֶר הַמִּקְנָה". אַלְמָא הַמּוֹכֵר נְתָנוֹ לַלּוֹקֵחַ, דִּכְתִיב: "וָאֶקַּח" וְלָא כְּתִיב "וָאֶתֵּן". וְיִרְמְיָהוּ הָיָה קוֹנֶה אֶת הַשָּׂדֶה מִיַּד חֲנַמְאֵל, אַלְמָא מוֹכֵר כּוֹתֵב: "שָׂדִי מְכוּרָה לָךְ" וְנוֹתֵן בְּיַד לוֹקֵחַ. אֲבָל הָכָא — "כִּי יִקַּח" כְּתִיב. בֵּין ע"י עַצְמָהּ. שֶׁקִּבְּלָתָהּ הִיא מִדַּעְתּוֹ שֶׁל אָב. מִדַּעְתָּהּ. שֶׁהִיא אָמְרָה לוֹ לְקַבֵּל. וְהָא דְּבָעֵינַן דַּעְתָּא דִּידָהּ — וְהוּא שֶׁבָּגְרָה. שֶׁלֹּא לִשְׁמָהּ. שֶׁנִּכְתַּב לְשֵׁם אִשָּׁה אַחֶרֶת, וְנִמְלַךְ. יְלִיפָה

תוספות

הב אשקי ושדי אינה מקודשת. וא"ת: מי גרע "מתן מעות לפלוני" דמקודשת,* כ"ש כשאומרת "תן לי"! וי"ל: דשאני הכא, דמעיקרא היתה שואלת שלא בתורת קידושין. ומשום הכי איכא למימר כשאומרת "הב" – אדעתא דמעיקרא קאמרה. **כל** אשקי אשקויי כו'. הנך תלת עובדי אצטריך לאשמועינן, דבשום דבר אין מועיל לא במידי דאכילה ושתיה, ולא בשאר מילי.

והלכתא שיראי לא צריך שומא. [*]וא"ת: אמאי איצטריך לפסוק כרבה לגבי רב יוסף? דהא בבבא בתרא (דף קמג:*) פסקינן הלכתא כרבה בר משדה, ענין, ומחלה! וי"מ: דהיינו דוקא במילי דב"ב. ולא נהירא; [*]דע"כ בכולי גמרא הלכתא כרבה, כדמוכח פרק "מי שאחזו" (גיטין דף עד:) גבי ההוא דאמר ליה לאריסיה: כ"ע דלו תלתא ושקלו ריבעא כו'. וקאמר: ותסברא דרבה כרשב"ג? והא קי"ל הלכתא כרבה, והא קי"ל אין הלכה כרשב"ג! משמע מדקאמר: "והא קי"ל הלכתא כרבה" – משמע דבכולי גמרא הלכתא כוותיה! ושמא יש לדחות, דהתם יש ספרים דגרסי: בהא קי"ל הלכתא כרבה. דמשמע – בהא דוקא, ולא בכולי גמרא. מיהו, קשיא: אמאי לא קאמר בהדיא: הלכתא כוותיה דרבה, כדאמר: הלכה כר' אלעזר והלכתא כרבא אמר רב נחמן? ואומר ר"ת: דאתא לאשמועינן דדוקא שיראי הוא דלא צריכי שומא, לפי ששומתן ידוע קצת, ואין רגילין לטעות בו כל כך. אבל שאר דברים, כגון אבנים טובות ומרגליות, שיש שאינם טובות אלא מעט, ורגילים לטעות בהרבה יותר משוויים – צריכי שומא, משום דלא סמכה דעתה. ולפיכך נהגו העולם לקדש בטבעת שאין בה אבן. והא דאמר לקמן בפרק שני (דף מח:) שהוסיף לה נופך משלו – יש לומר ששמו אותו. אי נמי: ההוא נופך כעין שיראי, שידוע שוויו קצת. וההוא גברא דקדש באבנא דכוחלא (לקמן דף יב.) והוה רב חסדא משער אי אית ביה שוה פרוטה – אבנא דכוחלא לא הוי כשאר אבנים טובות, אלא כעין אבני שיש, כדאשכחנא פ"ה דסוכה (דף נא:) בהורדוס דבניה לבהמ"ק באבני דשישא וכוחלא ומרמרא. וי"מ: משום הכי איצטריך לפסוק כרבה לגבי רב יוסף – משום דרב יוסף הביא לעיל (דף ח.) כמה ראיות לדבריו. עוד י"מ: מש"ה לא קאמר הלכתא כרבה – דלא תימא דהיינו רבה דאיכא דאמרי דבכל דהו לא צריכי שומא, אבל אמר לה חמשין ושוי חמשין – בעי שומא. לפיכך פסק דבשום ענין לא בעי שומא. לפי זה הטעם יתיישב הא דאיצטריך לפסוק כרבה,[*] אע"ג דבכל דוכתא קי"ל כוותיה. **כתב** על הנייר ועל החרס. משמע דשטר כשר על החרס. וכן משמע לקמן בפירקין (דף כו.), דאמר: כתב לו על הנייר ועל החרס "שדי מכורה לך" "שדי נתונה לך" – הרי זו מכורה ונתונה. וקשה: דאמר בפ"ב דכתובות (דף כא.): האי מאן דבעי לאשוויי חתימת ידיה בבי דינא – לכתוב אחספא כו'. וקאמר: דוקא אחספא, אבל אמגילתא לא, דלמא משכח איניש דלא מעלי, וכתיב עליה מאי דבעי. ותנן: הוציא עליו כתב ידו, משמע: אבל על חרס – ליכא למיחש להכי, דאפי' כתוב עליו לא יועיל. ואומר ר"ת: דההיא דלקמן וההיא דהכא – אתיא כר' אלעזר, דאמר (בגיטין דף פו.): עדי מסירה כרתי. וההיא דכתובות אתיא כר"מ דאמר (שם): עדי חתימה כרתי. וההיא דהכא לא אתיא כר' מאיר; דכיון דבעינן בשטר קדושין עדי חתימה, כדמוכח לקמן בפרק שני (דף מח.), ועדים שעל גבי החרס לא חשיבי, ואין מוכיח מתוכו כלום בחרס, דדבר שיכול להזדייף הוא. ותנן בפ"ב דגיטין (דף כא:): אין כותבין לא על נייר מחוק ולא על דיפתרא משום שיכול להזדייף, וחכמים מכשירין, ואמרו: מאן חכמים – ר' אלעזר. ש"מ דלא מהני בדבר שיכול להזדייף. ואע"ג דאמר בגיטין בסוף פרק שני (דף כב: ושם): לא הכשיר ר' אלעזר אלא בגיטין, אבל בשטרות – לא, ה"מ בשטרות העומדות לראיה, דבעינן ראוי לעמוד ימים רבים. אבל זה, שאינו עשוי אלא לקדש בו אשה ולקנות בו שדה – כעין גיטין הוה, שעשוי לגרש בו את האשה לפי שעה. ואע"פ שהשטר של קנין יכול להועיל לראיה – כמו כן הגט יכול להועיל, כדאמר בפ' "הכותב" (כתובות פט:) ובפ"ק דב"מ (דף יט.): וכ"ת ליקרעיניה – בעינא לאינסובי ביה. אלמא, אע"פ שהיא צריכה לראיה – עיקרו לא לכך נעשה. **אף** על פי שאין בו שוה פרוטה. הכא ניחא, דקלא הוא רבותא, לפי דבשוה פרוטה היתה ראויה להתקדש בלא שטר. אבל לקמן (דף כו.) גבי "שדי מכורה לך", יש לתמוה: מאי רבותא דאע"פ שאין בו שוה פרוטה? דהתם המוכר נותן השטר, וכן לי בשוה פרוטה כמו באין בו שוה פרוטה! וי"ל: משום דכתב ביה נתינה אחריתי "ספר המקנה"; ס"ד דליבעי שוה פרוטה, משום דמוכר מקנה שדהו ללוקח, קמ"ל דלא בעי. **הא** לא דמי האי שטרא וכו'. ומגט לא היה יכול להקשות, דבלא אחד דמי שפיר לגט, דמה גט הבעל כותבו (א) בב"ד. **הלכתא** נינהו. תימה: כיון דהלכתא נינהו ל"ל קרא ד"ויצאה" "והיתה" שהאשה נקנית בשטר? וי"ל: דשטר מכר לחוד הוי הלכתא, ושטר קידושין נפקי מ"כי יקח" דבעל כותבו, ודמי למכר. ואע"ג דקאמר "הלכתא נינהו" לשון רבים – לאו אתרוייהו קאי. וכהאי גוונא אשכחן בריש "בנות כותים" (נדה לב:) דקאמר: הי קרא והי הלכתא. *אך קשה: דלקמן (דף כו.) גבי שדה, קבעי: מנין שנקנית בשטר, ואייתי קרא דכתיב "ואקח את ספר המקנה"! ושמא י"ל: דכיון דההוא קרא לא הוי אלא מדברי קבלה – אין להקפיד בכך. אי נמי, יש לפרש: (ב) הלכות מדינה, כלומר: מנהג היה כך. הן

תוס' ר"י הזקן

אלף זוז בבת אחת מצוה עביד כדתנן בסוף פאה היו לו מאתים זוז חסר דינר אפילו נתנו לו אלף זוז בבת אחת יקח: שוכא. קשר או אגודה: לאו כלום הוא. שלא נתרצית ליקח לשם קדושין אלא לא תשחק בי בדברים אלו: ומסתברא דוקא שלא אמר לה עוד דבר אלא נתן בידה אבל אם אמר לה בשעת נתינה הרי את מקודשת לי בזה וקבלה ודאי האי הבה מיהבא דקאמרה ריצוי הוא ומקודשת א) שלא היה ריצוי לא היה לוקח מה שהוא נותן לה שהרי אין לה בהן כלום: הב אשקי שלא כפלה הלשון אי הוי ריצוי או לאו: תגא. עטרה ולשון שבועה היא: והלכתא שיראי לא צריכי שומא. כתב הר"ם פ"ז אמר לה הרי את מקודשת לי בבגדים אלו שהם שוים חמשים דינר ב) (ה"ז מקודשת משעת לקיחה ואינם צריכים שומא) והיו של משי וכיוצא בהם שהאשה מתאוה להן אם היו שוים חמשים ה"ז מקודשת משעת לקיחה ואינם צריכים שומא בשוק ואח"כ תהיה מקודשת כדי שתסמוך דעתה אלא הואיל והם שוים כמו שאמר לה הרי היא מקודשת משעה ראשונה ואם אינם שוים אינה מקודשת ע"כ. נראה דעתו דדוקא שיראי וכיוצא בהן שהיא מתאוה להן ומעכבן לעצמה ואינה רוצה למכרם סמכא דעתה. אבל במה שאינה מתאוה להם שמא דעתה למכרם ולא סמכא דעתה שמא לא תמצא שויין. ומ"ה פסיק בגמ' והלכתא שיראי לא צריכי שומא. ולא אמר והלכתא מאני לא צריכי שומא. ואיכא מ"ד ה"ה לכל מילי והאי דנקט שיראי משום דעובדא דאיפליגו ביה רבה ורב יוסף שיראי הוו: והלכתא כר' אלעזר. דעת הרי"ף והר"מ לפי מה שנמצא ברוב ההלכות דהאי והלכתא כר' אלעזר דאי אמר לה התקדשי לי במנה סתם ונתן לה דינר אפי' היה מונה והולך ה"ז מקודשת וישלים כדאוקימנא לתירוצא דתריצנא כר' אלעזר. ולא כרב אשי. וכן עיקר. דא"כ לימא נמי והלכתא כרב אשי. ואיכא מ"ד דהאי תירוצא לאו ר' אלעזר הוא דתרצה אלא בעל הגמ' הוא דתירצה. ואפשר דר' אלעזר ס"ל כרב אשי הלכך האי והלכתא כר' אלעזר ממימריה בלחוד הוא דפסקינן כוותיה דהתקדשי במנה ונתן לה דינר מקודשת וישלים וכדאסקה רב אשי דמונה והולך דעתה אכולא מנה: כרבא א"ר נחמן דמנה אין כאן ומשכון ליכא ואע"ג דליכא מאן דפליג אדרב נחמן כיון דאיכא ברייתא דלכאורה משמע דפליג עלייהו איצטריך תלמודא למפסק כוותיה לאשמועינן דהנהו שינויא דמשני שינוייא הוו: על הנייר או על החרס אע"פ שיכול הכתב להזדייף בהני כיון דאיכא עדים כשנתן לה השטר בתורת הקדושין דקדושי בלא סהדי לאו כלום הוא לא איכפת לן ובפ"ק דגיטין אסיקנא דמחובר פוסל בקדושין כגיטין. ולענין קדושין ודאי מקודשת דאע"ג דבגיטין אם כתבו קודם התורף הויא ספק מגורשת בשטר קדושין ליכא תורף שאין שם אלא שם האיש ולא שם האשה ולא זמן ועוד דבכל דוכתא תשכח דאיתקש הויה ליציאה אלא במה שפוסל הגט מהיות גט אבל במה שהוא ספק לא מדמינן קדושין לגיטין שלא הקשה תורה קדושין לגיטין אלא במה שפוסל הגט מהיות גט בגט ואינו גט אבל מספק לא איירי קרא דליכא ספיקא קמי קודשא בריך הוא ואפי' תימא דמשום שהקישה תורה הוייה ליציאה יש לנו לומר שמה הוא ספק בגרושין הכי נמי בקדושין הא ליכא תורף בקדושין הלכך הויא מקודשת ודאי ומ"ש בעל הש"ש דמקודשת אינה כמו שכתבנו: הלכתא נינהו כלומר שכך קבלו פי' ענין קדושין מסיני מפי משה רבינו: שלא בגרה דהויא ברשות אביה: שלא לשמה שכתבו לתתו לרחל ונתנו ללאה: הויה

א) נראה דצ"ל שאילו לא היה רצוי לא היתה לוקחת מה שהוא נותן לה וכו'. ב) מתיבת הרי זה עד ואינם צריכים שומא ליתא ברמב"ם שם ועיי"ה.

הגהות הב"ח

(א) תום' ד"ה הא לא וכו' כותבו בלבד הס"ד: (ב) ד"ה הלכתא וכו' הלכות מדינה. נ"ב האי לישנא אשכחן לקמן בדף לח ע"ב:

גליון הש"ס

תום' ד"ה והלכתא וכו' וא"ת אמאי איצטריך. עי' ברכות דף יב ע"ב ובמע"ד שם: **בא"ד** דע"כ בכולי גמרא. וכן דעת רש"י עירובין ד' נב ע"ב ד"ה כמאן והרי"ף פ"ב דשבת דף טו: **בסה"ד** אע"ג דבכל דוכתא קי"ל כוותיה. ועי' מגילה ד' כט ע"ב תד"ה והלכתא:

עג א מיי' פ"א מהל' גירושין הלכה א סמג עשין מח טוש"ע אה"ע סימן קלא סעיף א:
עד ב מיי' פ"ג מהל' אישות הלכה ד סמג שם טוש"ע אה"ע סי' לב סעיף א:
עה ג מיי' שם הלכה ד סמג שם טוש"ע שם:
עו ד מיי' פכ"ד מהל' מלוה הלכה א סמג עשין צד טוש"ע אה"ע סי' נא:
עז ה מיי' פכ"ג מהל' אישות הלכה יג ופ"ו מהלכות זכיה ומתנה הלכה יד סמג עשין מח טוש"ע אה"ע סי' נא:
עח ו מיי' פ"ג מהל' איסורי ביאה הלכ' ו:

[א]יְצִיאָה בָּעֵינַן לִשְׁמָהּ — אַף הֲוָיָיה בָּעֵינַן לִשְׁמָהּ. אוֹ דִּלְמָא: *הֲוָיוֹת לַהֲדָדֵי מַקְּשִׁינַן, מַה הֲוָיָיה דְּכֶסֶף — לָא בָּעֵינַן לִשְׁמָהּ, אַף הֲוָיָיה דִּשְׁטָר, לָא בָּעֵינַן לִשְׁמָהּ? בָּתַר דְּבַעְיָא הֲדַר פַּשְׁטָהּ: [ב]הֲוָיָיה לִיצִיאָה *מַקְּשִׁינַן, דְּאָמַר קְרָא: °"וְיָצְאָה... וְהָיְתָה" (דברים כד).§ *אִיתְּמַר, כְּתָבוֹ לִשְׁמָהּ וְשֶׁלֹּא מִדַּעְתָּהּ; רָבָא וְרָבִינָא אָמְרִי: מְקוּדֶּשֶׁת. רַב פָּפָּא וְרַב שֵׁרֵבְיָא אָמְרִי: [ג]אֵינָהּ מְקוּדֶּשֶׁת. אָמַר רַב פָּפָּא: אֵימָא טַעְמָא דִּידְהוּ, וְאֵימָא טַעְמָא דִּידִי. אֵימָא טַעְמָא דִּידְהוּ: דִּכְתִיב: "וְיָצְאָה... וְהָיְתָה" — מַקִּישׁ הֲוָיָיה לִיצִיאָה; מַה יְצִיאָה לִשְׁמָהּ וְשֶׁלֹּא מִדַּעְתָּהּ — אַף הֲוָיָיה נַמִי, לִשְׁמָהּ וְשֶׁלֹּא מִדַּעְתָּהּ. וְאֵימָא טַעְמָא דִּידִי: "וְיָצְאָה... וְהָיְתָה" — מַקִּישׁ הֲוָיָיה לִיצִיאָה; מַה יְצִיאָה — בָּעֵינַן דַּעַת מַקְנֶה, אַף הֲוָיָיה — בָּעֵינַן דַּעַת מַקְנֶה. מֵיתִיבֵי: *[ד]אֵין כּוֹתְבִין שִׁטְרֵי אֵירוּסִין וְנִשּׂוּאִין אֶלָּא מִדַּעַת שְׁנֵיהֶן. מַאי לָאו שִׁטְרֵי אֵירוּסִין וְנִשּׂוּאִין מַמָּשׁ? לָא, שִׁטְרֵי פְּסִיקְתָּא, וְכִדְרַב גִּידֵּל אָמַר רַב. *דְּאָמַר רַב גִּידֵּל אָמַר רַב: [ה]"כַּמָּה אַתָּה נוֹתֵן לִבְנְךָ?" "כָּךְ וְכָךְ"; "לְבִתְּךָ"? — "כָּךְ וְכָךְ". עָמְדוּ וְקִדְּשׁוּ — קָנוּ, הֵן הֵן הַדְּבָרִים הַנִּקְנִים בַּאֲמִירָה.§

"וּבְבִיאָה".§ מְנָא לָן? אָמַר ר' אַבָּהוּ א"ר יוֹחָנָן: דְּאָמַר קְרָא: °"בְּעוּלַת בַּעַל" (שם כב) — מְלַמֵּד שֶׁנַּעֲשָׂה לָהּ בַּעַל עַל יְדֵי בְּעִילָה. א"ל ר' זֵירָא לְר' אַבָּהוּ, וְאָמְרִי לָהּ, ר"ל לְרַבִּי יוֹחָנָן: *כְּעוּרָה זוֹ שֶׁשָּׁנָה רַבִּי: °"וּבְעָלָהּ" (שם כב) — *מְלַמֵּד שֶׁנִּקְנֵית בְּבִיאָה? אִי מֵהָתָם הֲוָה אָמִינָא: עַד דִּמְקַדֵּשׁ וַהֲדַר בָּעֵיל. קמ"ל. מַתְקִיף לָהּ ר' אַבָּא בַּר מֶמֶל: אִם כֵּן נַעֲרָה הַמְאוֹרָסָה דְּאָמַר רַחֲמָנָא בִּסְקִילָה, הֵיכִי מַשְׁכַּחַתְּ לָהּ? אִי דְּאַקְדֵּישׁ וַהֲדַר בָּעֵיל — בְּעוּלָה הִיא. אִי דְּאַקְדֵּישׁ וְלָא בָּעֵיל — לָאו כְּלוּם הוּא! אַמְרוּהָ רַבָּנַן קַמֵּיהּ דְּאַבָּיֵי: מַשְׁכַּחַתְּ לָהּ כְּגוֹן שֶׁבָּא עָלֶיהָ אָרוּס שֶׁלֹּא כְּדַרְכָּהּ. א"ל אַבָּיֵי: עַד כָּאן לָא פְּלִיגִי רַבִּי וְרַבָּנַן אֶלָּא בְּאַחֵר, אֲבָל בַּעַל — דִּבְרֵי הַכֹּל, אִם בָּא עָלֶיהָ שֶׁלֹּא כְּדַרְכָּהּ — עֲשָׂאָהּ בְּעוּלָה! מַאי הִיא? *דְּתַנְיָא: [ו]בָּאוּ עָלֶיהָ י' אֲנָשִׁים וַעֲדַיִין הִיא בְּתוּלָה — כּוּלָּן בִּסְקִילָה. רַבִּי אוֹמֵר: אוֹמֵר אֲנִי: הָרִאשׁוֹן — בִּסְקִילָה, וְכוּלָּן בְּחֶנֶק! אָמַר רַב נַחְמָן בַּר יִצְחָק: מַשְׁכַּחַתְּ לָהּ כְּגוֹן שֶׁקִּדְּשָׁהּ בִּשְׁטָר, הוֹאִיל וְגוֹמֵר וּמוֹצִיא — גּוֹמֵר וּמַכְנִיס. וְר' יוֹחָנָן, הַאי "וּבְעָלָהּ" מַאי עָבֵיד לֵיהּ? הַהוּא מִיבָּעֵי לֵיהּ: זוֹ נִקְנֵית בְּבִיאָה, וְאֵין אָמָה הָעִבְרִיָּה נִקְנֵית בְּבִיאָה. ס"ד אָמִינָא תֵּיתֵי בְּק"ו מִיבָמָה: וּמַה יְּבָמָה שֶׁאֵין נִקְנֵית בְּכֶסֶף — נִקְנֵית בְּבִיאָה, זוֹ שֶׁנִּקְנֵית בְּכֶסֶף — אֵינוֹ דִּין שֶׁנִּקְנֵית בְּבִיאָה? *מַה לִּיבָמָה שֶׁכֵּן זְקוּקָה וְעוֹמֶדֶת! ס"ד אָמִינָא: הוֹאִיל וּכְתַב °"אִם אַחֶרֶת יִקַּח לוֹ" (שמות כא) — הִקִּישָׁהּ הַכָּתוּב לְאַחֶרֶת; מַה אַחֶרֶת מִיקַּנְיָא בְּבִיאָה — אַף אָמָה הָעִבְרִיָּה מִיקַּנְיָא בְּבִיאָה. קמ"ל. וְרַבִּי, הַאי סְבָרָא מְנָא לֵיהּ? א"כ לִכְתּוֹב רַחֲמָנָא "וּבָעַל". מַאי "וּבְעָלָהּ"? שְׁמַע מִינָּהּ תַּרְתֵּי. וּלְרָבָא, דְּאָמַר: *בַּר אָהִינָא אַסְבְּרָה לִי: °"כִּי יִקַּח אִישׁ אִשָּׁה וּבְעָלָהּ" (דברים כד), קִידּוּשִׁין הַמְּסוּרִין לְבִיאָה — הָווּ קִידּוּשִׁין, קִידּוּשִׁין שֶׁאֵין מְסוּרִין לְבִיאָה — לָא הָווּ קִידּוּשִׁין, מַאי אִיכָּא לְמֵימַר? אִם כֵּן נִכְתּוֹב קְרָא "אוֹ בְּעָלָהּ". מַאי "וּבְעָלָהּ"? שְׁמַע מִינָּהּ כּוּלְּהוּ. וְרַבִּי, הַאי "בְּעוּלַת בַּעַל" מַאי עָבֵיד לֵיהּ? הַאי מִיבָּעֵי לֵיהּ: בַּעַל עוֹשֶׂה אוֹתָהּ בְּעוּלָה שֶׁלֹּא כְּדַרְכָּהּ, וְאֵין אַחֵר עוֹשֶׂה אוֹתָהּ בְּעוּלָה שֶׁלֹּא כְּדַרְכָּהּ. וּמִי אִית לֵיהּ לְרַבִּי הַאי סְבָרָא? וְהָתַנְיָא: בָּאוּ עָלֶיהָ י' אֲנָשִׁים וַעֲדַיִין הִיא בְּתוּלָה — כּוּלָּם בִּסְקִילָה. רַבִּי אוֹמֵר: אוֹמֵר אֲנִי: הָרִאשׁוֹן בִּסְקִילָה וְכוּלָּם בְּחֶנֶק.

אָמַר

יְצִיאָה בָּעֵינַן לִשְׁמָהּ. דִּכְתִיב (דברים כד): "וְכָתַב לָהּ" — לִשְׁמָהּ. **הֲוָיָיה דְּכֶסֶף לָא בָּעֵינַן שֶׁתְּהֵא לִשְׁמָהּ.** שֶׁתְּהֵא צוּרַת הַדִּינָר טְבוּעָה לִשְׁמָהּ. **הֲדַר פַּשְׁטָהּ.** "וְיָצְאָה וְהָיְתָה". שֶׁהֲרֵי עִיקָּר שֶׁהַשְּׁטָר קוֹנֶה בָּאִשָּׁה מִכָּאן לָמַדְנוּ. **שֶׁלֹּא מִדַּעְתָּהּ.** קוֹדֶם הַכְּתִיבָה לֹא נִמְלַךְ בָּהּ, וְאַחַר כָּךְ הוֹדִיעָהּ וְקִבְּלַתָּהּ, וּבִגְדוֹלָה קָאֵי, וְהוּא הַדִּין בִּקְטַנָּה וְנַעֲרָה, לִשְׁמָהּ וְשֶׁלֹּא מִדַּעַת אָבִיהָ. **מַה יְצִיאָה שֶׁלֹּא מִדַּעְתָּהּ.** שֶׁהֲרֵי עַל כָּרְחָהּ הִיא מִתְגָּרֶשֶׁת. **דַּעַת מַקְנֶה.** הַיְינוּ בַּעַל, שֶׁהִקְנָה אוֹתָהּ בְּגֵט זֶה לְעַצְמָהּ, וּפוֹטְרָהּ מִמֶּנּוּ. וּבָעֵינַן שֶׁיִּכְתּוֹב מִדַּעְתּוֹ, דִּכְתִיב: "וְכָתַב לָהּ". **אַף כָּאן דַּעַת מַקְנֶה.** דְּהַיְינוּ הָאִשָּׁה, שֶׁנִּקְנֵית לַבַּעַל. **מַאי לָאו שִׁטְרֵי אֵירוּסִין מַמָּשׁ.** כְּגוֹן: "בִּתְּךָ מְקוּדֶּשֶׁת לִי". **שִׁטְרֵי פְּסִיקְתָּא.** הַתְּנָאִים שֶׁבֵּינֵיהֶם, וּמָמוֹן שֶׁפּוֹסְקִין זֶה לָזֶה. **בַּאֲמִירָה.** בְּלֹא קִנְיָן. שֶׁהַקִּידּוּשִׁין הֵן גְּמַר הַדָּבָר, דִּבְהַהִיא הֲנָאָה דְּקָא מִתְחַתְּנִי אַהֲדָדֵי — גָּמְרִי וּמַקְנֵי. וּבְאוֹתָן הַתְּנָאִים קָאָמַר, שֶׁהָעֵדִים אֵין רַשָּׁאִין לִכְתּוֹב עֲלֵיהֶם שְׁטָר אֶלָּא מִדַּעְתָּם, דְּנִיחָא לְהוּ שֶׁתְּהֵא כְּמִלְוֶה עַל פֶּה וְלֹא כְּמִלְוֶה בִּשְׁטָר. **אָמַר קְרָא בְּעוּלַת בַּעַל.** "כִּי יִמָּצֵא אִישׁ שׁוֹכֵב עִם אִשָּׁה בְּעוּלַת בַּעַל". **כְּעוּרָה זוֹ.** בִּתְמִיָּה: וְכִי אֵינָהּ מְקוּבֶּלֶת עָלֶיךָ, שֶׁאַתָּה מְחַזֵּר לְלָמְדָהּ מִמָּקוֹם אַחֵר? **עַד דִּמְקַדֵּשׁ.** בְּכֶסֶף, וַהֲדַר בָּעֵיל, כִּדְכְתִיב: "כִּי יִקַּח" דְּהַיְינוּ כֶּסֶף, וַהֲדַר "וּבְעָלָהּ". **א"כ.** דְּהָכִי קָאָמַר קְרָא דְּבָעֵינַן כֶּסֶף וּבִיאָה, וּבְלָאו בִּיאָה לָא מְקַדְּשָׁה. **נַעֲרָה מְאוֹרָסָה דְּבִסְקִילָה כו'.** הִלְכָּךְ ע"כ "כִּי יִקַּח" — הָווּ קִידּוּשִׁין לְעַצְמָן, "וּבְעָלָהּ" — הָווּ קִידּוּשִׁין לְעַצְמָן בְּלֹא כֶּסֶף. וּמַשְׁכַּחַתְּ סְקִילָה בְּקִידּוּשֵׁי כֶּסֶף בְּלֹא בִּיאָה. **בְּעוּלָה הִיא.** וּסְקִילָה בִּבְתוּלָה כְּתִיבָא (דברים כב): "כִּי יִהְיֶה נַעֲרָה בְתוּלָה מְאוֹרָשָׂה לְאִישׁ" וגו' וְדָרְשִׁינַן (כתובות דף מח:): בְּתוּלָה וְלֹא בְּעוּלָה, שֶׁהַבְּעוּלָה בְּחֶנֶק כִּשְׁאָר אֵשֶׁת אִישׁ. **שֶׁלֹּא כְּדַרְכָּהּ.** דְּאִיתְקוּשׁ מִשְׁכָּבוֹת לַהֲדָדֵי, דִּכְתִיב (ויקרא כ): "מִשְׁכְּבֵי אִשָּׁה" — שְׁתֵּי מִשְׁכָּבוֹת. וְקָרֵינָא בָּהּ: "כִּי יִקַּח וּבְעָלָהּ" וַאֲכַתִּי בְּתוּלָה הִיא. **א"ל אַבָּיֵי.** לֵיכָּא לְאוֹקְמֵי הָכִי, דְּאִי בָּא עָלֶיהָ אָרוּס שֶׁלֹּא כְּדַרְכָּהּ — תּוּ לָא הָוְיָא בִּסְקִילָה. דְּעַד כָּאן לָא פְּלִיגֵי רַבָּנַן עֲלֵיהּ דְּרַבִּי גַּבֵּי בָּאוּ עָלֶיהָ עֲשָׂרָה שֶׁלֹּא כְּדַרְכָּהּ, וְאָמְרוּ: כּוּלָּן בִּסְקִילָה — אֶלָּא בְּאַחֵר שֶׁאֵינוֹ בַּעְלָהּ, אֲבָל בַּעְלָהּ — עוֹשֶׂה אוֹתָהּ בְּעוּלָה בְּשֶׁלֹּא כְּדַרְכָּהּ, דְּיָלְפִינַן לָהּ מִ"בְּעוּלַת בַּעַל" כִּדְלְקַמָּן. **וַעֲדַיִין הִיא בְּתוּלָה.** שֶׁבָּאוּ כּוּלָּן עָלֶיהָ שֶׁלֹּא כְּדַרְכָּהּ. **הָרִאשׁוֹן בִּסְקִילָה.** לְקַמָּן יָלֵיף טַעְמָא בְּשָׁמַעְתִּין. **מַשְׁכַּחַתְּ לָהּ.** דְּבִסְקִילָה. שֶׁקִּדְּשָׁהּ בִּשְׁטָר. וְהִיא לָא בָּעְיָא בִּיאָה. דְּהוֹאִיל וְגוֹמֵר וּמוֹצִיא גּוֹמֵר וּמַכְנִיס. בְּלָא בִּיאָה. הִלְכָּךְ, אִם לָאו דְּר' יוֹחָנָן, הֲוָה אָמִינָא: לְגַבֵּי כֶּסֶף — עַד דִּמְקַדֵּשׁ וּבָעֵיל. אֲבָל הַשְׁתָּא דְּנָפְקָא לָן מִ"בְּעוּלַת בַּעַל", דְּבִבְעִילָה לְחוּדָהּ מִיקַּדְּשָׁה — ע"כ "כִּי יִקַּח" דְּיָלֵיף "קִיחָה" "קִיחָה" אַגְמְרֵיהּ דִּבְכֶסֶף לְחוּדֵיהּ מִיקַּדְּשָׁה. דְּאִי עַד דִּמְקַדֵּשׁ וּבָעֵיל — כֶּסֶף מַאי אַהֲנֵי? לְאַחֶרֶת. אִשְׁתּוֹ. א"כ. דְּלָא אַשְׁמְעִינַן אֶלָּא קִידּוּשֵׁי בִּיאָה — לִכְתּוֹב "וּבָעַל", מַאי "וּבְעָלָהּ"? זוֹ וְלֹא אָמָה הָעִבְרִיָּה. וּלְרָבָא דְּאָמַר. לְקַמָּן בְּפ' שֵׁנִי גַּבֵּי מְקַדֵּשׁ אַחַת מִשְּׁתֵּי אֲחָיוֹת סְתָם — לָא הָווּ קִידּוּשִׁין, הוֹאִיל וְאֵין רְאוּיִין לְבִיאָה, שֶׁאֵינוֹ יוֹדֵעַ אֵיזוֹ אִשְׁתּוֹ וְאֵיזוֹ אֲחוֹת אִשְׁתּוֹ שֶׁהִיא בְּכָרֵת. וְאָמַר רָבָא: בַּר אָהִינָא אַסְבְּרָהּ לִי. חָכָם אֶחָד שֶׁשְּׁמוֹ בַּר אָהִינָא לִימְּדַנִי טַעַם זֶה מִן הַמִּקְרָא "כִּי יִקַּח וּבְעָלָהּ": קִיחַת כֶּסֶף הָרְאוּיָה לִבְעִילָה הוּא דְּהָוְיָא קִיחָה. מְנָא לֵיהּ הָא דְּדָרְשֵׁי' לֵיהּ לְכִדְרַבִּי וּלְמַעוּטֵי אָמָה? א"כ. דִּלְקִידּוּשֵׁי בִּיאָה וּלְמַעוּטֵי אָמָה, וְתוּ לָא יָלֵיף מִינָּהּ, לִכְתּוֹב "אוֹ בְּעָלָהּ"? מַאי וּבְעָלָהּ. מַשְׁמַע דְּקָאֵי נַמִי אַקִּיחָה, לְמֵילַף הַךְ דְּבַר אָהִינָא. הַאי סְבָרָא. דְּאֵין אַחֵר עוֹשֶׂה אוֹתָהּ בְּעוּלָה שֶׁלֹּא כְּדַרְכָּהּ.

מוֹדֶה

הן הן הדברים הנקנים באמירה. תימה: דבפרק "שני דייני גזירות" (כתובות קט.) תנן: הפוסק מעות לחתנו ופשט לו את הרגל – תשב עד שתלבין ראשה. ולמה תשב? ישאנה, ויקרא חמיו לדין, כיון דהן הן דברים הנקנין באמירה! וי"ל: שהחתן אינו רוצה לטרוח בב"ד ולמיקס בדינא. ורשב"ם פי': דדוקא כשמתוך התנאים עמדו וקדשו – אז נקניס באמירה. ומדקדק מדקתני "עמדו". והתם ד"שני דייני גזירות" מיירי בשלא קדשו מתוך הדברים. ומ"מ מאחר שהסכימו על כך – תשב עד שתלבין ראשה. ומיהו, אין ראיה מלשון "עמדו" – דאורחיה דגמרא בהכי, כמו: קטנה שלא מיאנה (והגדילה) ועמדה ונשאת, ביבמות פ' "ב"ש" (דף קח.). ור"ת פי': דהא דאמר נקניס באמירה – בנישואין ראשונים דוקא, שהאב משיא את בתו, ויש לו קירוב דעת גדול אצל חתנו. אבל התם מיירי בשניים. וכן היה אומר ר"ת: אין נקנין באמירה אלא כשהאב פוסק, אבל אחיה ואמה – לא.

עד

תורה אור: דברים כד; שם כב; שם כב; שמות כא; דברים כד

[כתובות מו: עז.] [לעיל ה. וש"נ] כתובות קב: לקמן מח. כתובות קב: ב"ב קסז: כתובות קב: מועד קטן יח: לעיל ז: [חולין קטו: קיז.] סנהדרין סו: [לעיל ז:] לקמן נא.

תוס' ר"י הזקן

הויה דכסף שאינו צריך לצייר צורת הכסף או להתיכו לשמה[א]) דכתיב וכתב לה לשמה שלא מדעתה שלא ידעה האשה כשכתבו ונתנו לה ונתרצית: דעת מקנה בגט היינו הבעל ובקדושין האשה שהיא מקנה עצמה לו: פסיקתא שפוסקין על עצמן לתת להן ואע"ג דהלכתא בלא טעמא אין כותבין דניחא להו למיהוי מלוה על פה ולא תהוי מלוה בשטר: ופסקו הרי"ף והר"ם ז"ל דאינה מקודשת דרב אשי אוקמא בפ' הנושא בשטרי אירוסין ממש ומדעת שניהם מהאיש ומהאשה קאמר וכתב רבינו חננאל וקי"ל כרב פפא ורב שרביא ויש מי שפסק כרבא ורבינא והדבר צ"ע ע"כ: והיא בעולת בעל. אית דגרסי כי ימצא איש שוכב עם אשה בעולת בעל: כעורה כלומר וכי נמאסת הברייתא דתני רבי מה צורך ללמוד מקום אחר: דקדיש ובעל דתרוייהו בעינן דכתיב כי יקח דהיינו קדושי כסף: בעולה היא. ובחנק היא: שלא כדרכה ועדיין היא בתולה ובסקילה היא שקנאה באותה ביאה: באחר אם בא עליה אחר שלא כדרכה אם היא בחנק כבעולה או בסקילה[ב]) בכדרכה וחנק היא ואת אמרת קדושין וביאה בעינן היכי משכחת

א) נראה דל"ל לשמה ושלא מדעתה. שלא ידעה וכו'. ב) אולי צ"ל עשאה בעולה כמו בכדרכה וחנק היא ואי אמרת כו'.

אָמַר רַבִּי זֵירָא: מוֹדֶה רַבִּי לְעִנְיַן קְנָס דְּכוּלְּהוּ מְשַׁלְּמֵי. מַאי שְׁנָא מִקְטָלָא? שָׁאנֵי הָתָם דְּאָמַר קְרָא "וּמֵת הָאִישׁ אֲשֶׁר שָׁכַב עִמָּהּ לְבַדּוֹ". וְרַבָּנַן, הַאי "לְבַדּוֹ" מַאי עָבְדֵי לֵיהּ? מִיבָּעֵי לְהוּ *לִכְדְתַנְיָא: "וּמֵתוּ גַּם שְׁנֵיהֶם" — עַד שֶׁיִּהְיוּ שָׁוִין כְּאֶחָד, דִּבְרֵי ר' *אוֹשַׁעְיָא. רַבִּי יוֹנָתָן אוֹמֵר: "וּמֵת הָאִישׁ אֲשֶׁר שָׁכַב עִמָּהּ לְבַדּוֹ". וְרַבִּי יוֹחָנָן: הַאי סְבָרָא מְנָא לֵיהּ? אִם כֵּן נִכְתּוֹב קְרָא "בְּעוּלַת אִישׁ", מַאי "בְּעוּלַת בַּעַל"? ש"מ תַּרְתֵּי.§ אִיבַּעְיָא לְהוּ: תְּחִילַּת בִּיאָה קוֹנָה אוֹ סוֹף בִּיאָה קוֹנָה? נָפְקָא מִינָּהּ כְּגוֹן שֶׁהֶעֱרָה בָּהּ, וּפָשְׁטָה יָדָהּ וְקִבְּלָה קִדּוּשִׁין מֵאַחֵר. אִי נַמִי לְכֹהֵן גָּדוֹל, דְּקָא קָנֵי בְּתוּלָה בְּבִיאָה, מַאי? אֲמַר אַמֵימָר מִשְּׁמֵיהּ דְּרָבָא: כָּל הַבּוֹעֵל — דַּעְתּוֹ עַל גְּמַר בִּיאָה.§ אִיבַּעְיָא לְהוּ: בִּיאָה, נִשּׂוּאִין עוֹשָׂה אוֹ אֵירוּסִין עוֹשָׂה? נָפְקָא מִינָּהּ לְיוֹרְשָׁהּ, וְלִיטַּמֵּא לָהּ, וּלְהָפֵר נְדָרֶיהָ. אִי אָמְרַתְּ נִשּׂוּאִין עוֹשָׂה — יוֹרְשָׁהּ, וּמִיטַּמֵּא לָהּ וּמֵיפֵר נְדָרֶיהָ. וְאִי אָמְרַתְּ אֵירוּסִין עוֹשָׂה — אֵינוֹ יוֹרְשָׁהּ, וְאֵינוֹ מִיטַּמֵּא לָהּ, וְאֵינוֹ מֵיפֵר נְדָרֶיהָ. מַאי? אֲמַר אַבַּיֵי, ת"ש: *הָאָב זַכַּאי בְּבִתּוֹ בְּקִדּוּשֶׁיהָ בְּכֶסֶף בִּשְׁטָר וּבְבִיאָה, *וְזַכַּאי בִּמְצִיאָתָהּ וּבְמַעֲשֵׂה יָדֶיהָ וּבַהֲפָרַת נְדָרֶיהָ, וּמְקַבֵּל אֶת גִּיטָּהּ, וְאֵינוֹ אוֹכֵל פֵּירוֹת בְּחַיֶּיהָ. נִישֵּׂאת — יָתֵר עָלָיו הַבַּעַל, שֶׁאוֹכֵל פֵּירוֹת בְּחַיֶּיהָ. קָתָנֵי בִּיאָה וְקָתָנֵי נִישֵּׂאת. כִּי קָתָנֵי נִישֵּׂאת — אַשְּׁאָרָא. אֲמַר רָבָא, (א) תָּא שְׁמַע: *בַּת שָׁלֹשׁ שָׁנִים וְיוֹם אֶחָד מִתְקַדֶּשֶׁת בְּבִיאָה. וְאִם בָּא עָלֶיהָ יָבָם — קְנָאָהּ, וְחַיָּיבִין עָלֶיהָ מִשּׁוּם אֵשֶׁת אִישׁ, וּמְטַמְּאָה אֶת בּוֹעֲלָהּ לְטַמֵּא

[דברים כב] [שם]

רש"י

מודה לענין קנס. אע"ג דלענין קטלא לא חשיב לה כבתולה, לענין קנס כשאינה ארוסה – מודה דכולהו משלמי. לבדו. קרא יתירא הוא, דהא כתיב (דברים כב): "ולנערה לא תעשה דבר". שניהם שוים. בני עונשין, למעוטי גדול הבא על הקטנה. האי סברא. דבעל עושה אותה בעולה שלא כדרכה כו' מנלן? תחילת ביאה קונה. באירוסין. אי נמי לכהן גדול. אם מותר לקדש בביאה. אי אמרת תחילת ביאה קונה – מותר, ואם סוף ביאה קונה – נמצאת בעולה משעת הערעה שלא לשם קדושין, ואסירה ליה, דכתיב (ויקרא כא): "בתולה מעמיו יקח". ביאה אירוסין עושה כו'. המקדש בביאה מי הויא הך ביאה כנשואין, או אינה אלא כשאר אירוסין? ואינו יורשה כו'. דקי"ל (יבמות דף כט:): אשתו ארוסה – לא אונן ולא מיטמא לה. מתה – אינו יורשה, ואינו מיפר נדריה בלא אביה. ומקבל את גיטה. אם גירשה בעלה מן האירוסין בעודה נערה. פירות. מנכסים הנופלים לה מבית אבי אמה. קתני. קידושי ביאה, והדר תני "נשאת". אלמא: ביאה לאו נישואין עבדי. כי קתני נשאת אשארא. אכסף ושטר, דאין עושין נשואין. אבל ביאה – לעולם אימא לך דנשואין עושה. מתקדשת בביאה. מדעת האב. אבל פחות מכאן – כנותן אצבע בעין, ואינה ביאה. קנאה. ואם רוצה להוציאה – מוציאה בגט. וחייבין עליה משום אשת איש. אם קיבל בה אביה קדושין. ומטמאה את בועלה. כשהיא נדה, שבעת ימים, כדכתיב: (ויקרא טו): "ותהי נדתה עליו". לטמא

תוספות

עד שיהיו שניהם שוין. פי' הקונטרס: בני עונשין, למעט גדול הבא על הקטנה. ולא נהירא; דהא תנן בפ' "יוצא דופן" (נדה דף מד:), ומייתי לה בסמוך: בת ג' שנים ויום אחד כו'. וקא אמר: אם בא עליה אחד מכל העריות האמורות בתורה – מומתין על ידה. משמע דגדול הבא על הקטנה חייב, ואע"ג דקטנה לאו בת עונשין היא! ויש מפרשים: דההיא דהתם אתיא כרבי יונתן, דפליג אדרבי *אושעיא, ודוחק הוא. ור"ת פי': עד שיהיו שניהם במיתה אחת. ולאו בבני עונשין תליא מילתא, ואפילו גדול הבא על הקטנה חייב אם הם שוים בקטלא. וקאי אמילתיה דר"מ דאמר בפ' "ד' מיתות" (סנהדרין דף סו:) גבי נערה המאורסה, דר"מ סבר: נערה ולא קטנה, וחכמים אומרים: נערה – אפילו קטנה במשמע. ובעא מיניה רבי יעקב בר אבא מרב: בא על קטנה המאורסה, לרבי מאיר מהו? לגמרי ממעטינן לה, או מסקילה ממעט לה אבל מחנק לא. וקאמר התם: מסתברא דלגמרי ממעט לה, דאי ס"ד מסקילה ממעט לה, אבל חנק חייב – והא בעינן שניהם שוין. כלומר, באותה מיתה, שאם היתה גדולה – בסקילה. ולפירוש זה ניחא דבעי התם רבי יעקב בר אבא: בא על קטנה המאורסה לרבי מאיר מהו. דוקא בארוסה מיבעיא ליה, משום דאינן שוין במיתה. אבל בנשואה ליכא למיבעי, שהרי מיתתו בחנק, ואם היתה גדולה – היתה נמי בחנק, ושניהם שוין למיתה. אבל לפ"ה קשה: אמאי מיבעי ליה בארוסה טפי מבנשואה? ומיהו י"ל: כיון ד"מתו גם שניהם" כתיב בנשואה פשיטא ליה דפטור, אבל בקטנה ארוסה מיבעיא ליה, דס"ד דחייב, וקאמר: עד שיהיו שניהם שוין, כלומר: דאפילו ארוסה נמי הוא פטור, לפי שאינם בני עונשין. וקשה: דאיכא התם אמוראי דנפקי מלתא דר"מ דחייב בחנק מהאי קרא דכתיב "ומת האיש אשר שכב עמה לבדו", ובעי התם לר"מ: האי "ומתו גם שניהם" לר"מ מאי עביד ליה? ומאי בעי? לוקמא בנשואה כדפי'! וי"ל: דניחא ליה לתנא לדחוק לאוקמי מתניתין ד"יוצא דופן" (נדה דף מד:) אפילו כר"מ.

כל הבועל דעתו על גמר ביאה. תימה: דבפ' "הבא על יבמתו" (יבמות דף נה:) ילפינן דאשה נקנית לבעלה בהעראה, אתיא "קיחה" "קיחה" (ב) דעריות. והעראה היינו תחילת ביאה, והכא מסיק דסוף ביאה קונה! ואומר רשב"א: דכי אמרינן העראה קונה – היינו בשלא עשה כי אם העראה ופירש מיד, דמוכח שלא היה בדעתו לקנות בגמר ביאה. אבל הכא מיירי שגמר ביאתו, דאז לא קני בהעראה, כיון שדעתו על גמר ביאה. והלשון מוכיח, דקאמר "כל הבועל" ולא קאמר "כל המערה". והריב"א תירץ: הא דנקנית בהעראה – היינו במפרש שרוצה לקנות בהעראה, אבל בסתם – דעתו על גמר ביאה. ור"ת תירץ: דאחרי שנתרבתה העראה כגמר ביאה, אם כן כל מקום שמזכיר ביאה – בהעראה קאמר. וה"ק: תחילת העראה קונה או בסוף העראה קונה. ולמ"ד (שם) העראה זו הכנסת עטרה דשייך בה תחלה וסוף. ורבינו נסים גאון תירץ: דההיא דיבמות איירי אחר קדושין, דע"י אותה העראה הוי כנשואה, כמו חופה דלאחר קדושין. וקשה לפירושו: ד"קיחה" "קיחה" גבי קדושין כתיב, ולא מיירי בחופה כלל!

ומקבל את גיטה. יש להסתפק אם יכול האב לקבל גט לבתו קטנה משנשאת. ונראה למורי הר"ר יצחק: דמשנשאת אין האב יכול לקבל לה גט, ואפילו היא קטנה. ומביא ראיה מהא דתנן בירושלמי במסכת תרומות בפ"ח, דהכי תנן התם: האשה שהיתה אוכלת בתרומה, ואמרו לה: מת בעליך או גירשך, וכן העבד שהיה אוכל בתרומה וכו', רבי אליעזר מחייב קרן וחומש, רבי יהושע פוטר. וקאמר עלה בגמרא: ניחא "מת בעליך". "גירשך", מי לא ידעה? רבנן אמרין: כמשנה ראשונה, שכן ארוסה בת ישראל אוכלת בתרומה, ואביה מקבל גיטה. ור"א אומר: אפילו תימא כמשנה אחרונה. תפתר שאמרה לו "התקבל לי גיטי במקום פלוני" והיה לו להביאו בב' ימים ומלא סוס רץ והביאו בה' ימים. והשתא, מדדחיק לאוקמי כמשנה אחרונה, וכגון שאמרה "התקבל" וכו' ולא מוקי לה בנשאת כשהיא קטנה ואביה מקבל את גיטה – משמע דמשנשאת, אף כי היא קטנה – אין אביה מקבל גיטה.

וחייבין עליה משום אשת איש. פ"ה: אם קיבל בה אביה קדושין. ויש לתמוה: אמאי איצטריך וחייבין עליה משום אשת איש? והא קתני סיפא: אם בא עליה אחד מכל העריות שבתורה – מומתים על ידה, ואשת איש בכלל, כדמוכח פרק "בן סורר ומורה" (סנהדרין דף סט.), אפילו בהמה כדאיתא פרק "ד' מיתות" (שם נה:) בשמעתא דתקלה וקלון! ונראה לר"י: דקאי א"אם בא עליה יבם קנאה", וקא משמע לן דקונה קנין גמור, וחייבין עליה אף מדאורייתא. דסד"א דלא קניא אלא מדרבנן, כדאמר (יבמות דף סח.): עשו ביאת בן ט' כמאמר בגדול, דממעטין לה לקמן בפירקין (דף יט.) מ"אשר ינאף את אשת איש" – פרט לאשת קטן, ה"נ נעשה ביאה בקטנה כמאמר בגדול, קמ"ל. ומיהו, קשה: דבפרק "בן סורר ומורה" (סנהדרין דף סט.) דייק מהך דהולכין בדיני נפשות אחר הרוב, דאי לא אזלינן אחר הרוב ניחוש דילמא איילונית היא, ולדעתא דהכי לא קדיש. והשתא, כיון דא"אם בא עליה יבם" קאי – הוה ליה למימר אדעתא דהכי לא ייבם! וכ"ת דאקדושין דאחיו שמת קאי, ולהכי קאמר לאדעתא דהכי לא קדיש, (ג) והשתא מאי כ"מ? אפילו אדעתא דהכי קדיש – מ"מ מני למיפרך: אמאי חייבים משום אשת איש, והא איילונית לאו בת ייבום היא, דכתיב (דברים כה) "אשר תלד" פרט לאיילונית! לכן נראה לפרש: דחייבין עליה משום אשת איש, בין א"אם בא עליה יבם" בין אאשת איש דעלמא קאי. וחידוש הוי, דקאי נמי א"אם בא עליה יבם". דמסיפא, ד"אם בא עליה א' מכל העריות כו'" – לא הוה שמעינן, דמההיא לא משתמע אלא דוקא א"א, והתם פריך מהא דמחייבין משום אשת איש. והר"ר דוד תירץ דאיצטריך למיתני "וחייבין עליה משום אשת איש" – לאשמועינן דסיפא ד"מומתים על ידה", ר"ל דאף הבהמה אם היא באה על האשה – נהרגה על ידה הבהמה. דאי לא תני אלא הא דמומתים על ידה ה"א היינו דוקא עריות, דומיא דא"א, אבל הבהמה לא. אבל השתא דתנא ברישא (ד) "וחייבין עליה משום אשת איש" – א"כ סיפא דקתני "מומתים על ידה" אשמועינן חדוש; דאף אותן עריות דלא דמיין לא"א כמו הבהמה – אמרינן נהרגת. [וע"ע תוס' יבמות נז: ותוס' סנהדרין נה:].

ומה

תוס' ר"י הזקן

משכחת לה נערה בסקילה. ומתרץ דמשכחת לה מאורסה ובסקילה שקדשה בשטר הואיל ושטר גומר הקדושין בלא דבר אחר: מודה רבי. דכי אמר רבי דביאת אחר שלא כדרכה הויא כדרכה ה"מ לענין מיתה אבל לגבי קנס כולהו משלמי: אית דמפרשי כל העשרה שבאו עליה שלא כדרכה ואע"ג דאמרינן הנאת שכיבה חמשים הנאה יש לו אע"פ בשלא כדרכה דהא אף לדידה אמרינן בהאי פרקא מאן לימא דלית לה הנאה דלמא אית לה הנאה כדאמרי' גבי שפחה כנענית תקנה בביאה. והר"ם כתב בנערה בתולה פ"א שאינו משלם קנס אלא כדרכה נראה שפירש כולהו כל הבאים עליה כדרכה אחר אלו משלם קנס ונראה דלא גרים כולהו והכי גרסינן פרק אלו נערות [דף מ ע"ב] אמר רבי זירא אלו באו עליה שנים א' כדרכה ואחד שלא כדרכה יאמרו בעל שלמה חמשים בעל פגומה חמשים. א) פי' אחד שלא כדרכה שבא עליה שלא כדרכה ופי' בעל פגומה זה שנמצאת פגומה שהרי נבעלה שלא כדרכה (אלא) ובעל שלמה כלומר שלא בא עליה אדם מעולם אף שלא כדרכה ישלם (קנס) [חמשים] מיהו דבר פשוט דאף בא עליה שלא כדרכה חייב האונס לקחתה וקרינן ביה ולו תהיה לאשה לא יוכל לשלחה כל ימיו דגרסי' ביבמות פרק הבא על יבמתו אמר רב נבעלה שלא כדרכה פסולה לכהונה מתיב רבא ולו תהיה לאשה אשה הראויה לו פרט לאלמנה לכ"ג ה"ד אילימא בכדרכה מה איריא אלמנה תיפוק לי דהויא לה בעולה פי' דאונס עצמו לא ישא בעולה אלא שלא כדרכה ומשום אלמנה אין משום בעולה לא ב): שוין. בני עונשין. אלמא הא אחר חייב לקחתה. למעוטי גדול הבא על הקטנה: תחלת [ביאה] היא הערעה והיא נשיקת אבר: סוף ביאה היא גמר ביאה והיא הכנסת כל האבר: קונה אשה להיות ארוסה. ופשטה ידה דאי סוף ביאה קונה מקודשת לשני ואי תחלת ביאה קונה מקודשת לראשון. לכהן גדול אם רשאי לקדש אשה בביאה אי אמרת תחלת ביאה קונה רשאי לקדשה בביאה דבשעת קדושין בתולה היא ואי סוף ביאה קונה אינו רשאי דבשעת קדושין בעולה היא: על גמר ביאה. והא דגרסי' ביבמות פ' הבא על יבמתו אשה לבעלה דמקניא בהערעה מנין אתיא קיחה קיחה. אלמא אשה מקניא בהערעה דהיינו תחלת ביאה. תירץ בעל הלכות דהתם מיירי שפירש ואמר שדעתו לקנותה בהערעה והכא מיירי בסתמא ורבינו נסים תירץ דהא והא בסתם והכא איירי בקנין דארוסין והתם איירי בקנין דנשואין דומיא דיבמה שמקודשת מקדושי אחיו. הכא נמי מיירי שקדשה ואח"כ בא עליה לשם נשואין ואם הערה בה קנאה להיותה אשתו גמורה. וכן תירץ הרי"ף ביבמות. והר"ם כתב שני התרוצים בפ"ג ובפרק יו"ד וכי תימא מנלן דביאה בלא חופה גומר תריץ דתניא בפ' נערה שנתפתתה סתם חצר דידיה ללון סתם חצר דידיה לשם (קדושין) [נשואין] אלמא ביאה בלא חופה גומר ואי קשיא לך הא דתניא בסוטה פרק ארוסה תחת אישה פרט לארוסה ושומרת יבם למה לי תיפוק לי שקדמה שכיבת בועל לבעל. כגון שבא עליה ארוס בבית אביה דכוותה גבי שומרת יבם שבא עליה יבם בבית אביה שומרת יבם קרית לה האמר רב קנה לכל. כשמואל דאמר לא קנה אלא לדברים האמורים בפרשה. ואי אמרת דביאה דאחר קדושין קנה לכל כדשני ליה שבא עליה ארוס לותביה ארוסה קרית לה. תירץ דכי אמרי' דביאה דאחר קדושין קונה קנין גמור ה"מ שבא עליה לשם נשואין אבל בא עליה לשם זנות לא. והתם מיירי שבא עליה לשם זנות: ביאה. אם קדשה בביאה קנאה קנין גמור ליורשה וליטמא לה ולהפרת נדריה בלא שותפות האב כאלו נשאה. או אירוסין עושה ואינו יורשה ואינו מיטמא לה ואינו מפר לה אלא בשותפות האב. קתני ביאה שאם מסרה אביה לביאה לשם קדושין אינו אוכל פירות נכסי מלוג שלה ולא הוי נכסי הבעל עד שנשאת אלמא אירוסין עושה: אשארא. אכסף ושטר. אבל קדשה בביאה בעל אוכל פירות כאלו נושאה דנשואין עושה: מתקדשת בביאה דביאתה ביאה. ומשנה היא בפ' יוצא דופן:

מטמאה

א) נראה דל"ל שאחד בא עליה כדרכה אחר שבא עליה אחד מתחילה שלא כדרכה ופי' וכו'. ב) דל"ל משום בעולה לא. אלמא הא אחר חייב לקחתה: שוין. בני עונשין למעוטי גדול וכו'.

עין משפט נר מצוה

עט א מיי' פ"ג מהל' איסורי ביאה הל' ה:
פ ב מיי' פ"ג מהל' אישות הלכה ה סמג עשין מח טוש"ע אה"ע סי' לג סעיף ב:
פא ג מיי' פ"ג מהל' אישות הלכה א ועיין במ"מ שם:
פב ד מיי' פ"ג מהל' אישות הלכה יא ופי"ז מהלכות אבידה הלכה יג סמג שם ועד טוש"ע אה"ע סי' לז סעיף א וטוש"ע ח"מ סי' ער סעיף ב:
פג ה מיי' פי"א מהל' נדרים הלכה ו סמג לאוין רמב טוש"ע י"ד סימן רלד סעיף א:
פד ו מיי' פ"ב מהל' גירושין הלכה יח סמג עשין נ טוש"ע אה"ע סימן קמא סעיף ז:
פה ז מיי' פ"ד מהלכות חובל הלכה יט סמג עשין ח טוש"ע ח"מ סי' תכד סעיף ז:
פו ח מיי' פי"ב מהלכות אישות הלכה א ג ופכ"ב הלכה יב סמג עשין מח טוש"ע אה"ע סימן סט סעיף א ג:
פז ט מיי' פ"ג מהלכות אישות הלכה יא טוש"ע אה"ע סימן לז סעיף א:
פח י מיי' פ"א מהלכות יבום הלכה יז טוש"ע שם סימן קסז סעיף ד:
פט כ מיי' פ"ג מהל' איסורי ביאה הלכ' ב:
צ ל מיי' פ"ג מהלכות מטמאי משכב ומושב הלכה ג:

מסורת הש"ס

סנהדרין סו: ערכין ז.
[נ"ל יאשיה]
כתובות מו: סס. לעיל ג: [תוספתא דסוטה פ"ב] [נדה מז.]
סנהדרין נה: סט. נדה מד: יבמות נז:

הגהות הב"ח

(א) גמ' אמר רבא (תא שמע) תא"מ. ונ"ב ס"א אף אמר נמי תניא: (ב) תוס' ד"ה כל וכו' קיחה מערוות וכו' ורבינו נסים. נ"ב וכן פירש האלפסי בפ' הבא: (ג) ד"ה וחייבין וכו' מ"מ מני כ"מ: (ד) בא"ד ברישא וחייבין עליה משום א"א. נ"ב כלומר דנקטו א"א. וה"ה לכל עריות דלדמיין לא"א:

גליון הש"ס

גמ' אי נמי לכה"ג דקא קני בתולה. עיין יבמות דף נט ע"א תוס' ד"ה הא לא: תוס' ד"ה ומקבל וכו' לבתו קטנה משנשאת. עיין ברכ"ש יבמות דף קט ע"א ד"ה שהנישאת וסנהדרין דף ז ע"א ד"ה קנאה ולקמן מג ע"ב ד"ה היא ואביה.

לְטַמֵּא מִשְׁכָּב תַּחְתּוֹן כְּעֶלְיוֹן. [א]וְאִם נִישֵּׂאת לְכֹהֵן — אוֹכֶלֶת בִּתְרוּמָה. [ב]וְאִם בָּא עָלֶיהָ אֶחָד מִכׇּל עֲרָיוֹת שֶׁבַּתּוֹרָה — מוּמָתִין עַל יָדָהּ וְהִיא פְּטוּרָה. [ג]וְאִם בָּא עָלֶיהָ אֶחָד מִן הַפְּסוּלִין — פְּסָלָהּ מִן הַכְּהוּנָּה. קָתָנֵי בִּיאָה, וְקָתָנֵי נִישֵּׂאת. הָכִי קָאָמַר: אִי הָנֵי נִשּׂוּאִין דְּכֹהֵן נִינְהוּ — אוֹכֶלֶת בִּתְרוּמָה. תָּא שְׁמַע: *וּכְבָר שָׁלַח יוֹחָנָן בֶּן בַּג בַּג אֵצֶל רַבִּי יְהוּדָה בֶּן בְּתֵירָה לִנְצִיבִין: שָׁמַעְתִּי עָלֶיךָ שֶׁאַתָּה אוֹמֵר אֲרוּסָה בַּת יִשְׂרָאֵל אוֹכֶלֶת בִּתְרוּמָה. שָׁלַח לוֹ: וְאַתָּה אִי אַתָּה אוֹמֵר כֵּן? מוּחְזְקַנִי בְּךָ שֶׁאַתָּה בָּקִי בְּחַדְרֵי תוֹרָה, לִדְרוֹשׁ בְּקַל וָחוֹמֶר אִי אַתָּה יוֹדֵעַ?! וּמָה שִׁפְחָה כְּנַעֲנִית שֶׁאֵין בִּיאָתָהּ מַאֲכִילָתָהּ בִּתְרוּמָה — [ד]כַּסְפָּהּ מַאֲכִילָתָהּ בִּתְרוּמָה, זוֹ שֶׁבִּיאָתָהּ מַאֲכִילָתָהּ בִּתְרוּמָה — אֵינוֹ דִּין שֶׁכַּסְפָּהּ מַאֲכִילָתָהּ בִּתְרוּמָה? אֲבָל מָה אֶעֱשֶׂה שֶׁהֲרֵי אָמְרוּ חֲכָמִים: *[ה]אֵין אֲרוּסָה בַּת יִשְׂרָאֵל אוֹכֶלֶת בִּתְרוּמָה עַד שֶׁתִּכָּנֵס לַחוּפָּה. הֵיכִי דָּמֵי? אִי בְּבִיאָה שֶׁעַל יְדֵי חוּפָּה, וְכֶסֶף שֶׁעַל יְדֵי חוּפָּה — בְּתַרְוַיְיהוּ מֵיכַל אָכְלָה. וְאֶלָּא בְּבִיאָה שֶׁעַל יְדֵי חוּפָּה, וְכֶסֶף שֶׁלֹּא עַל יְדֵי חוּפָּה — הָכָא תַּרְתֵּי וְהָכָא חֲדָא. אֶלָּא לָאו — בְּבִיאָה שֶׁלֹּא עַל יְדֵי חוּפָּה, וְכֶסֶף שֶׁלֹּא עַל יְדֵי חוּפָּה. אִי אָמְרַתְּ בִּשְׁלָמָא נִשּׂוּאִין עוֹשָׂה — מִשּׁוּם הָכִי פְּשִׁיטָא לֵיהּ דְּאַלִּימָא לַהּ בִּיאָה מִכֶּסֶף. אֶלָּא אִי אָמְרַתְּ קִדּוּשִׁין עוֹשָׂה — מַאי שְׁנָא הָכָא דִּפְשִׁיטָא לֵיהּ, וּמַאי שְׁנָא הָכָא דְּמִסְּפְקָא לֵיהּ? אֲמַר רַב נַחְמָן בַּר יִצְחָק: לְעוֹלָם אֵימָא לָךְ בְּבִיאָה שֶׁעַל יְדֵי חוּפָּה, וְכֶסֶף שֶׁלֹּא ע״י חוּפָּה. וּדְקָאָמְרַתְּ: הָכָא תַּרְתֵּי וְהָכָא חֲדָא — קַל וָחוֹמֶר מִיהָא אִיתֵיהּ. וְהָכִי שָׁלַח לֵיהּ: וּמָה שִׁפְחָה כְּנַעֲנִית שֶׁאֵין בִּיאָתָהּ מַאֲכִילָתָהּ בִּתְרוּמָה אֲפִילּוּ עַל יְדֵי חוּפָּה — כַּסְפָּהּ מַאֲכִילָתָהּ בְּלֹא חוּפָּה, זוֹ שֶׁבִּיאָתָהּ מַאֲכִילָתָהּ בִּתְרוּמָה עַל יְדֵי חוּפָּה — אֵינוֹ דִּין שֶׁכַּסְפָּהּ מַאֲכִילָתָהּ בִּתְרוּמָה בְּלֹא חוּפָּה? אֲבָל מָה אֶעֱשֶׂה שֶׁהֲרֵי אָמְרוּ חֲכָמִים: אֵין אֲרוּסָה בַּת יִשְׂרָאֵל אוֹכֶלֶת בִּתְרוּמָה עַד שֶׁתִּכָּנֵס לַחוּפָּה, מִשּׁוּם *דְּעוּלָּא. וּבֶן בַּג בַּג, גַּבֵּי שִׁפְחָה כְּנַעֲנִית — לָא שַׁיֵּיר בְּקִנְיָנָהּ; הָכָא — שַׁיֵּיר בְּקִנְיָנָהּ. רָבִינָא אֲמַר: מִדְּאוֹרָיְיתָא — מִיפְשַׁט פְּשִׁיטָא לֵיהּ דְּאָכְלָה, וּמִדְּרַבָּנָן הוּא דְּשָׁלַח לֵיהּ. וְהָכִי שָׁלַח לֵיהּ: שָׁמַעְתִּי עָלֶיךָ שֶׁאַתָּה אוֹמֵר אֲרוּסָה בַּת יִשְׂרָאֵל אוֹכֶלֶת בִּתְרוּמָה, וְלָא חָיְישַׁתְּ *לְסִימְפוֹן. שָׁלַח לֵיהּ: וְאַתָּה אִי אַתָּה אוֹמֵר כֵּן? מוּחְזְקַנִי בְּךָ שֶׁאַתָּה בָּקִי בְּחַדְרֵי תוֹרָה, לִדְרוֹשׁ בְּקַל וָחוֹמֶר אִי אַתָּה יוֹדֵעַ? וּמָה שִׁפְחָה כְּנַעֲנִית שֶׁאֵין בִּיאָתָהּ מַאֲכִילָתָהּ בִּתְרוּמָה — כַּסְפָּהּ מַאֲכִילָתָהּ בִּתְרוּמָה, וְלָא חָיְישִׁינַן לְסִימְפוֹן. זוֹ שֶׁבִּיאָתָהּ מַאֲכִילָתָהּ בִּתְרוּמָה — אֵינוֹ דִּין שֶׁכַּסְפָּהּ מַאֲכִילָתָהּ בִּתְרוּמָה וְלָא נֵיחוּשׁ לְסִימְפוֹן? אֲבָל מָה אֶעֱשֶׂה, שֶׁהֲרֵי אָמְרוּ חֲכָמִים: אֲרוּסָה בַּת יִשְׂרָאֵל אֵינָהּ אוֹכֶלֶת בִּתְרוּמָה עַד

לְטַמֵּא מִשְׁכָּב תַּחְתּוֹן כְּעֶלְיוֹן. שֶׁעוֹשָׂה בּוֹעֲלָהּ מוֹשָׁב וּמִשְׁכָּב אֲפִי׳ עֶשֶׂר מַצָּעוֹת. אֲבָל לֹא לִהְיוֹת אַב הַטּוּמְאָה לְטַמֵּא אָדָם וְכֵלִים כְּמִשְׁכָּבָהּ שֶׁל נִדָּה עַצְמָהּ, אֶלָּא לְטַמֵּא אוֹכָלִין וּמַשְׁקִין כְּעֶלְיוֹנוֹ שֶׁל זָב. וְכֵן מְפָרֵשׁ לָהּ בְּמַסֶּ׳ נִדָּה (דף לג:). אֲבָל פְּחוּתָה מִבַּת שָׁלֹשׁ שָׁנִים — אֵינָהּ מְטַמְּאָה אֶת בּוֹעֲלָהּ אֶלָּא טוּמְאַת עֶרֶב, כְּנוֹגֵעַ בְּעָלְמָא. **נִישֵּׂאת לְכֹהֵן.** קס״ד שֶׁנִּכְנְסָה לַחוּפָּה לְנִשּׂוּאִין אוֹכֶלֶת בִּתְרוּמָה, אֲבָל פְּחוּתָה מִבַּת ג׳ שָׁנִים — אֵין חוּפָּתָהּ מַאֲכִילָתָהּ, הוֹאִיל וְאֵין בִּיאָתָהּ בִּיאָה. **וְהִיא פְּטוּרָה.** לְפִי שֶׁאֵינָהּ בַּת עוֹנָשִׁין. **אִי הָנֵי נִישּׂוּאִין.** הַאי מִתְקַדֶּשֶׁת בְּבִיאָה דְּתָנָא בְּרֵישָׁא, אִי לְכֹהֵן הָוֵי — אוֹכֶלֶת בִּתְרוּמָה. **שֶׁאֵין בִּיאָתָהּ מַאֲכִילָתָהּ.** אִם בָּא עָלֶיהָ כֹּהֵן, וְלֹא קָנָאָהּ בְּכֶסֶף — אֵינָהּ אוֹכֶלֶת, דְּבָעֵינַן ״קִנְיַן כַּסְפּוֹ״. וְקִדּוּשִׁין נַמִי לָא תָּפְסִי בָּהּ, שֶׁתְּהֵא מְקוּדֶּשֶׁת לוֹ בְּבִיאָתָהּ — שֶׁהֲרֵי הִיא כַּחֲמוֹר, עַם הַדּוֹמֶה לַחֲמוֹר. **כַּסְפָּהּ מַאֲכִילָתָהּ.** דִּכְתִיב (ויקרא כב): ״קִנְיַן כַּסְפּוֹ הוּא יֹאכַל בּוֹ״. **זוֹ שֶׁבִּיאָתָהּ מַאֲכִילָתָהּ.** קס״ד הָשְׁתָּא דְּבִיאָה עוֹשָׂה נִישּׂוּאִין, כִּדְמְפָרֵשׁ וְאָזֵיל. וְנִישֵּׂאת פְּשִׁיטָא לֵיהּ דְּאָכְלָה, דְּנָפְקָא לֵיהּ בְּסִפְרֵי מִ״כׇּל טָהוֹר בְּבֵיתְךָ יֹאכַל אוֹתוֹ״. וְהַךְ דְּבֶן בַּג בַּג הָתָם תָּנֵי לָהּ. **הֵיכִי דָּמֵי.** דְּיָלֵיף כֶּסֶף מִבִּיאָה. אִי נֵימָא בִּיאָה שֶׁלְּאַחַר חוּפָּה, וְיָלֵיף מִינֵּיהּ כֶּסֶף שֶׁהִכְנִיסָהּ אַחַר כָּךְ לַחוּפָּה. **בְּתַרְוַיְיהוּ אָכְלָה.** וּמַאי ״אֲבָל מָה אֶעֱשֶׂה״ דְּקָאָמַר? **אֶלָּא בְּבִיאָה שֶׁע״י חוּפָּה.** וְקָא יָלֵיף מִינֵּיהּ כֶּסֶף שֶׁלֹּא עַל יְדֵי חוּפָּה, הֵיכִי יָלֵיף לַהּ מִינֵּיהּ? הָכָא תַּרְתֵּי וְהָכָא חֲדָא! **מַאי שְׁנָא.** בִּיאָה דִּפְשִׁיטָא לֵיהּ. **וּמַאי שְׁנָא.** כֶּסֶף דְּמִסַּפְּקָא לֵיהּ. **וַאֲפִילּוּ ע״י חוּפָּה.** דְּהָא לָאו בַּת נִישּׂוּאִין הִיא. **מִשּׁוּם דְּעוּלָּא.** דְּאָמְרִי׳ בְּרֵישׁ פִּירְקִין (דף ה.): שֶׁמָּא יִמְזְגוּ לָהּ כּוֹס בְּבֵית אָבִיהָ, וְתַשְׁקֶה לְאָחִיהָ וְלַאֲחוֹתֶיהָ. **לָא שַׁיֵּיר בְּקִנְיָנָהּ.** אַחַר שֶׁנָּתַן הַכֶּסֶף אֵין הַקִּנְיָן חָסֵר כְּלוּם. **הָכָא שַׁיֵּיר בְּקִנְיָנָהּ.** דַּאֲכַתִּי מִיחַסְּרָה מְסִירָה לַחוּפָּה, לְעִנְיַן לְיוֹרְשָׁהּ וְלִיטַּמֵּא לָהּ. **רָבִינָא אָמַר.** מֵהָכָא לֵיכָּא לְמִיפְשַׁט דְּנִישּׂוּאִין עוֹשָׂה. דְּהָא אֲפִילּוּ אֵירוּסִין עוֹשָׂה, אָכְלָה מִדְּאוֹרַיְיתָא. וְכֶסֶף נַמִי, מִדְּאוֹרַיְיתָא אָכְלָה. **וּמִדְּרַבָּנַן הוּא דְּשָׁלַח לֵיהּ.** הָא דְּשָׁלַח לֵיהּ לְאוֹסְרָהּ בִּתְרוּמָה — מִדְּרַבָּנַן הוּא דְּאָסַר לָהּ. **מִשּׁוּם סִימְפוֹן.** שֶׁמָּא יִמְצָא בָּהּ מוּם, וְנִמְצְאוּ קִידּוּשֵׁי טָעוּת. **סִימְפוֹן.** כׇּל דָּבָר הַמְבַטֵּל דָּבָר קָרוּי סִימְפוֹן שֶׁלּוֹ. כְּגוֹן, שׁוֹבֵר הָוֵי סִימְפוֹן שֶׁל שְׁטָר, בְּ״שְׁנַיִם אוֹחֲזִין״ (ב״מ כ.). וְכָאן קוֹרֵא סִימְפוֹן דָּבָר הַמְבַטֵּל אֶת הַקִּידּוּשִׁין אוֹ אֶת הַמִּקָּח שֶׁל עֶבֶד. **אִי אַתָּה יוֹדֵעַ.** בִּתְמִיָּה. **זוֹ שֶׁבִּיאָתָהּ מַאֲכִילָתָהּ.** דִּבְנִישֵּׂאת מוֹדֶה דְּלָא חָיְישִׁינַן לְסִימְפוֹן, דְּאֵין אָדָם שׁוֹתֶה בְּכוֹס אֶלָּא אִם כֵּן בּוֹדְקוֹ, וְיָדַע וְקִבֵּל עָלָיו. **אֲבָל מָה אֶעֱשֶׂה כו׳.** וּלְקַמֵּיהּ פָּרֵיךְ: מַאי בֵּינַיְיהוּ? הוֹאִיל וְסוֹף סוֹף לָא אָכְלָה.

סִימְפוֹן

ומה שפחה כנענית וכו׳ זו שביאתה מאכילתה בתרומה **אינו דין** שכספה מאכילתה. וא״ת: ונימא יבמה תוכיח, שביאתה מאכילתה ואין כספה מאכילתה – אף אני אביא ארוסה! ויש לומר: דהאי ק״ו אינו כ״א גלוי מלתא בעלמא, דארוסה מקרי קנין כספו כמו שפחה, הלכך לא שייך למיפרך יוכיח. עי״ל: דליכא למימר יבמה תוכיח. דאיכא למיפרך: מה ליבמה – שכן אינה נקנית בכסף, תאמר באשה שנקנית בכסף, דין הוא שתאכל בתרומה על ידי כסף. **מה** שפחה כנענית שאין ביאתה מאכילתה. מהאי ק״ו ליכא למילף שתהא אשה נקנית בכסף ובשטר. דאיכא למיפרך: מה לשפחה כנענית – שכן יוצאה בכסף, *כדפריך לעיל גבי אמה העבריה. אבל לענין אכילת תרומה – לא שייך למיפרך הכי.

זו שביאתה מאכילתה **אינו דין** שכספה מאכילתה. וא״ת: ונימא ״דיו״ אסוף דינא. כלומר, מאיזה כח אתה בא ללמוד כסף – מכח ביאה – דיו כביאה, ולא יאכיל אלא אחר חופה. ודוגמתה בפ״ב דב״ק (דף כה.)! וי״ל: הכא סברי כרבי טרפון, דאמר: לא אמרינן ״דיו״ היכא דמיפרך ק״ו. ואי אמרת הכא ״דיו״ – מיפרך ק״ו. ורבינו שמשון מקוצי תירץ: דלא אמרינן ״דיו״ אלא היכא דבעי למימר דין חדש, כגון התם דאמר קרן בר״ה חצי נזק, ואתה בא ללמוד נ״ש מק״ו דשן ורגל. אבל הכא, דרחמנא אמר קנין כסף אוכל, ואין אנו באין ללמוד מן הק״ו אלא מהו קנין כסף. **רבינא אמר** מדאורייתא **מיפשט פשיטא** דאכלה. פי׳: ורבינא בא לקיים לעולם אימא לך דביאה אירוסין עושה. ודקאמרת: מאי שנא הכא דפשיטא ליה, ומאי שנא הכא דמספקא ליה? – בדאורייתא פשיטא דאכלה בין בביאה בין בכסף, והא דשלא ליה לאוסרה בתרומה – מדרבנן, ומדרבנן היה ריב״ב דן ק״ו. דבביאה פשיטא ליה דאכלה אפילו מדרבנן, דלא שייך בה חשש סימפון, משום דאין אדם שותה בכוס אלא אם כן בודקו. ומק״ו רוצה לדון דבכסף נמי ליכא למיחש לסימפון, כדמפרש בגמרא.

זו שביאתה מאכילתה בתרומה. פ״ה: דבנישאת פשיטא דכ״ע מודו דלא חיישינן לסימפון, דאין אדם שותה בכוס אלא א״כ בודקו, וידע וקבל עליו. וקשה מה שפירש בקונט׳ דאיירי בנישאת. דהא לא בא רבינא ליישב אלא דאירוסין עושה! ויש ליישב, דה״ק: כי היכי דבנישואין פשיטא ליה דאכלה, דכ״ע מודו דאין אדם שותה בכוס אלא א״כ בודקו – ה״נ אינו בא עליה אלא א״כ בודקה, ואין אדם עושה בעילתו בעילת זנות. והרר״ס פירש, דה״ק: מה שפחה כנענית, שאין ביאתה מאכילתה בתרומה אפילו מן התורה – כספה מאכילתה אפילו מדרבנן. זו שביאתה מאכילתה מן התורה – אינו דין שכספה מאכילתה אפילו מדרבנן? ומיירי שפיר בביאה שלא ע״י חופה.

עד

עין משפט
נר מצוה

צא א מיי׳ פ״ו מהל׳ תרומות הלכה ג:

צב ב מיי׳ פ״א מהל׳ איסורי ביאה הלכה יג:

צג ג מיי׳ פי״ח שם הלכה ו ופי״ט הלכה ב טוש״ע אה״ע סימן ו סעי׳ ט וסי׳ ז סעיף יב:

צד ד מיי׳ פ״ו מהל׳ תרומות הלכה א סמג לאוין רנד:

צה ה מיי׳ שם הלכה ג ופ״ח הלכה ז:

[ומהאי טעמא גם שטר ליכא למידן כדאיתא מפורש לעיל בתוס׳ ה. ד״ה ומנין שאף בשטר]

תום׳ ר״י הזקן

מטמאה את בועלה אם היא נדה: משכב התחתון בעליון שעושה בועלה משכב ומושב אפי׳ בעשר מצעות זו על זו לטמא אוכלים ומשקים אבל לא לטמא אדם וכלים כדאיתא התם: פטורה לפי שאינה בת עונשין: ביאה שעל ידי חופה. כלומ׳ ביאה שאחר חופה: חופה היא שמייחדין שניהם בפני רבים בבית א׳ לבדם ועדים רואין היחוד אבל אין עדים נשארים עמהם בבית שאין לבעול בפני שום אדם. א) וקי״ל כאביי ורבא דביאה אירוסין עושה ואע״ג דדחי להו תלמודא דחייתא נינהו דפשטא (דמייחדין) [דידהו] דייקי דאירוסין עושה וכן הלכתא:

א) ר״ל אביי ורבא דלעיל עמוד א׳ דפשטו ממתני׳ דביאה אירוסין עשה:

מסורת הש״ס

ספרי פרשת קרח

כתובות נז: [לעיל ה.]

[לעיל ה. וש״נ]

כתובות נז:

עַד שֶׁתִּכָּנֵס לַחוּפָּה, מִשּׁוּם דְּעוּלָּא. וּבֶן בַּג בַּג: [א]סִימְפּוֹן בַּעֲבָדִים לֵית לֵיהּ; אִי מוּמִין שֶׁבְּגָלוּי הוּא — הָא קָא חָזֵי לֵיהּ. אִי מִשּׁוּם מוּמִין שֶׁבְּסֵתֶר — מַאי נָפְקָא לֵיהּ מִינֵּיהּ? לִמְלָאכָה קָא בָּעֵי לֵיהּ, לָא אִיכְפַּת לֵיהּ. *[ב]נִמְצָא גַּנָּב אוֹ קוּבְיוּסְטוּס — הִגִּיעוֹ. מַאי אָמְרַתְּ, לִסְטִים מְזוּיָּן אוֹ נִכְתַּב לְמַלְכוּת? הָנְהוּ קָלָא אִית לְהוּ. *מִכְּדִי בֵּין לְמָר וּבֵין לְמָר לָא אָכְלָה, מַאי בֵּינַיְיהוּ? אִיכָּא בֵּינַיְיהוּ קִיבֵּל, מָסַר וְהָלַךְ.§ "בְּכֶסֶף ב"ש אוֹמְרִים בְּדִינָר וכו'".§ מַאי טַעֲמַיְיהוּ דְּב"ש אָמַר רַבִּי זֵירָא: שֶׁכֵּן אִשָּׁה מַקְפֶּדֶת עַל עַצְמָהּ, וְאֵין מִתְקַדֶּשֶׁת בְּפָחוֹת מִדִּינָר. אֲמַר לֵיהּ אַבַּיֵי: אֶלָּא מֵעַתָּה, כְּגוֹן בְּנָתֵיהּ דְּר' יַנַּאי דְּקַפְּדָן אַנַּפְשַׁיְיהוּ וְלָא מִקַּדְּשִׁי בְּפָחוֹת מִתַּרְקָבָא דְּדִינָרֵי, הָכִי נַמִּי דְּאִי פָּשְׁטָה יָדָהּ וְקִבְּלָה חַד זוּזָא מֵאַחֵר, הָכִי נַמִּי דְּלָא הָווּ קִדּוּשִׁין? א"ל: פָּשְׁטָה יָדָהּ וְקִבְּלָה לָא קָאָמִינָא. כִּי קָאָמִינָא — דְּקִדְּשָׁהּ בְּלֵילְיָא. אִי נַמִּי דְּשַׁוְיָהּ שָׁלִיחַ. רַב יוֹסֵף אֲמַר: טַעֲמַיְיהוּ דְּבֵית שַׁמַּאי כִּדְרַב יְהוּדָה אָמַר רַב אַסִי, *דְּאָמַר רַב יְהוּדָה אָמַר רַב אַסִי: [ג]כָּל כֶּסֶף הָאָמוּר בַּתּוֹרָה — כֶּסֶף צוֹרִי, וְשֶׁל דִּבְרֵיהֶם — כֶּסֶף מְדִינָה.§ גּוּפָא, אָמַר רַב יְהוּדָה אָמַר רַב אַסִי: כָּל כֶּסֶף הָאָמוּר בַּתּוֹרָה — כֶּסֶף צוֹרִי; וְשֶׁל דִּבְרֵיהֶם — כֶּסֶף מְדִינָה.§ וּבִכְלָלָא הוּא?

וַהֲרֵי

רש"י

סִימְפּוֹן בַּעֲבָדִים לֵיכָּא. לְבַטֵּל אֶת הַמִּקָּח. הָא קָא חָזֵי לְהוּ. וְסָבַר וְקִיבֵּל. נִמְצָא גַּנָּב כו'. אֵינוֹ בָּטֵל בְּכָךְ, דְּהָא קי"ל: הַמּוֹכֵר עֶבֶד לַחֲבֵירוֹ וְנִמְצָא גַּנָּב אוֹ קוּבְיוּסְטוּס – הִגִּיעוֹ. וּבָרַיְיתָא הִיא [בְּב"ב בְּ"הַמּוֹכֵר פֵּירוֹת"] (דף צב:). קוּבְיוּסְטוּס. גּוֹנֵב נְפָשׁוֹת. הִגִּיעוֹ. הֲרֵי הוּא שֶׁלּוֹ, דִּסְתָם עֶבֶד גַּנָּב הוּא. לִסְטִים מְזוּיָּן. דְּהָא לָא שְׁכִיחַ, וְלֹא קִבְּלוֹ עָלָיו. אוֹ מוּכְתָּב לַמַּלְכוּת. שֶׁנִּתְחַיֵּיב מִיתָה לַמֶּלֶךְ. קָלָא אִית לְהוּ. וְסָבַר וְקִבֵּל. קִיבֵּל מָסַר וְהָלַךְ. סִימָן הוּא. קִיבֵּל. עָלָיו אֶת הַמּוּמִים. מִשּׁוּם סִימְפּוֹן – לֵיכָּא, מִשּׁוּם דְּעוּלָּא – אִיכָּא. מָסַר. הָאָב לִשְׁלוּחֵי הַבַּעַל, אוֹ שֶׁהָלְכוּ שְׁלוּחֵי הָאָב עִם שְׁלוּחֵי הַבַּעַל וְעוֹדָהּ בַּדֶּרֶךְ. מִשּׁוּם סִימְפּוֹן – אִיכָּא, מִשּׁוּם שֶׁמָּא תַּשְׁקֶה – לֵיכָּא, דְּלֵיתְנְהוּ לְאָחִיהָ וְלַאֲחוֹתָהּ גַּבָּהּ. תַּרְקָבָא. שְׁלֹשָׁה קַבִּין. דְּדִינָרֵי. זְהוּבִים. דְּשַׁוְיֵיהּ שָׁלִיחַ. לְקַבֵּל קִדּוּשֶׁיהָ וְלֹא נִמְלַךְ בָּהּ בְּכַמָּה. וּבְנָתֵיהּ דְּרַבִּי יַנַּאי נַמִּי, אִי שַׁוּוּ שָׁלִיחַ – לָא הָווּ קִדּוּשִׁין אֶלָּא בְּתַרְקָבָא דְּדִינָרֵי. כָּל כֶּסֶף הָאָמוּר בַּתּוֹרָה כֶּסֶף צוֹרִי. אִם פֵּירֵשׁ שְׁקָלִים הָוֵי שֶׁקֶל צוֹרִי, וְאִם סָתַם – הָוֵי מַטְבֵּעַ הַפְּחוּתָה שֶׁבְּצוֹרִי. וְשֶׁל דִּבְרֵיהֶם כֶּסֶף מְדִינָה. לְקַמָּן מְפָרֵשׁ לָהּ: כֶּסֶף מְדִינָה – שְׁמִינִית שֶׁבְּכֶסֶף צוֹרִי; אִם סֶלַע הוּא – שְׁמִינִית שֶׁבְּסֶלַע צוֹרִי, וְאִם דִּינָר הוּא – שְׁמִינִית שֶׁבְּדִינָר צוֹרִי; הִלְכָּךְ, פְּרוּטָה לָא מָצִית לְמֵימַר, לְפִי שֶׁהִיא שֶׁל נְחוֹשֶׁת, וּבְצוֹרִי מַטְבֵּעַ שֶׁל נְחוֹשֶׁת לֵיכָּא. וּבְקִדּוּשִׁין "כֶּסֶף" כְּתִיב, דְּהָא "קִיחָה" "קִיחָה" גְּמִירִי. וְכֵיוָן דְּאַפִּיקְתֵּי' מִפְּרוּטָה[] – אַלְמָא מִידֵי דַּחֲשִׁיבוּת בָּעֵי, אוֹקְמוּהָ אַדִּינָר, כִּדְלְקַמָּן. ה"ג גּוּפָא אָמַר רַב יְהוּדָה כו'. וּבִכְלָלָא הוּא. שֶׁכֶּסֶף שֶׁכָּתוּב בַּתּוֹרָה דַּוְקָא כֶּסֶף כְּתִיב אוֹ שָׁוְיוֹ. וְכ"מ דְּהָוֵי כֶּסֶף צוֹרִי וְלֹא פְּרוּטוֹת.

וַהֲרֵי

תוספות

"עד שתכנס לחופה" – משום דעולא. מדנקט עד שתכנס לחופה משמע דהיינו כמשנה אחרונה דפ' "אע"פ" (כתובות דף נז:) שאינה אוכלת בהגעת זמן עד שתכנס לחופה. ותימה: דבפ' "אע"פ" (שם) פליגי אמוראי במשנה ראשונה שאינה אוכלת בתרומה עד שיגיע זמן – אי משום דעולא, או משום סימפון. אפ"ה, במשנה אחרונה מודו כולהו דטעמא משום סימפון, כדאיתא התם. דקאמר התם: [ובתרייתא] משום סימפון. והכא קאמר משום דעולא – דהיינו משום שמא ימזגו! וי"ל: עד שתכנס לחופה לאו דוקא, אלא עד שיגיע זמן וכמשנה ראשונה. ולפי שבהגעת זמן רגילין לעשות חופה נקט חופה. והר"ר משה מנרבונה מפרש: עד שתכנס לחופה הוי דוקא. דקסבר: אי לאו דגזרו מעיקרא משום דעולא – משום סימפון לא היו מתחילין לגזור ולאסור עד שתכנס לחופה. שהרי מומין לא שכיחי, ורוב נשים אין בהם מום. אלא מאחר שהתחילו לגזור משום דעולא, שגזרו בתחילה עד הגעת זמן משום שמא ימזגו – האריכו הגזירה משם ואילך עד החופה משום סימפון, הואיל וכבר הוצרכו לגזור עד הגעת זמן משום דעולא. ולכך תלה הטעם בדעולא, שהוא עיקר הדבר. וגם יש ספרים דגרסי (א) התם: עד שתכנס לחופה משום דעולא ומשום סימפון, ולפי"ז ניחא. וקצת קשה: דאמר בסמוך: איכא בינייהו קבל מסר והלך. במסר והלך, למ"ד משום דעולא ליכא ומשום סימפון איכא, ולפי' הר"ר משה ק': מאי קאמר? הא כולהו אית (ב) להו דעולא והיא דסימפון, כדפי'. וי"ל: דמאי בינייהו לאו לפי האמת שנוהג עכשיו, דאז חיישינן לסימפון – אלא לפי משנה ראשונה בא לפרש, מה לנו אי הוי טעמא משום דעולא או משום סימפון.

קוביוסטוס פ"ה: גונב נפשות. וקשה: דבפ"ק דבכורות (דף ה.) אמר: שאל קונטריקוס הטפסר לריב"ז גבי שקלים ובקע לגלגולת: בגבוי הכסף אתה מולא מאתים ואחד ככר וי"א מנה, ובנתינת הכסף אתה מולא ק' ככר. משה רבכם גנב היה, או קוביוסטוס היה, או אינו בקי בחשבונות היה? ומה ענין גונב נפשות לחסרון השקלים? לכן פר"ח: דקוביוסטוס – משחק בקוביא. והא דאמר *בבראשית רבה (פרשה "וישלח") "ויאמר שלחני כי עלה השחר" דקאמר ליה יעקב למלאך: וכי גנב אתה או קוביוסטוס אתה שאתה מתיירא מן השחר? לפירוש הקונטרס ניחא. ולפירוש רבינו חננאל נמי יש לומר, דאדם שמשחק בקוביא רגיל להיות עליו נושים הרבה, ונטמן בפניהם. **הנהו** קלא אית להו. פ"ה: וסבר וקבל. וקשה לר"ת: דבפרק "המוכר פירות" (ב"ב דף נג:) אמר בהדיא: לסטים מזוין או מוכתב למלכות – אומר לו "הרי שלך לפניך". ומפרש ר"ת: קלא אית להו – ולא שכיחי, ולא חשו להו לסימפון, כיון דלא שכיחי. ורבינו אליהו מקיים פי' הקונטרס; דהיכא דקיבל המוכר מעות, אמרינן: מדלא בדק הלוקח קודם נתינת המעות הני מומין דאית להו קלא אם כן סבר וקבל. והא דאומר לו "הרי שלך לפניך" – מיירי קודם שנתן הלוקח מעות. וקצת משמע כן התם, דפריך: ולימא המוציא מחבירו עליו הראייה.* אלמא משמע דהלוקח מוחזק. **קבל** מסר והלך. פ"ה: קבל או מסר או הלך, כלומר: מסר האב לשלוחי הבעל, או שהלכו שלוחי האב עם שלוחי הבעל. וקשה: דמשמע הכא דבמסר לשלוחי הבעל חיישינן לסימפון, ובפרק "נערה שנתפתתה" (כתובות מח:) אמר *רב: מסירתה לכל, אף לתרומה. משמע דמשום סימפון ליכא למיחש! לכך נראה לפרש: דמסר והלך חדא מילתא היא, וה"פ: מסר האב לשלוחי הבעל, והלך גם הוא עמהם. והלכך חיישינן לסימפון, דאז לא בדקינן לה עד שתהא בביתו. אבל מסירה דהתם – מיירי כשלא הלך עמהם, דאז בדק לה מיד*.

שכן אשה מקפדת על עצמה וכו'. קס"ד דר' זירא אפילו פשטה ידה וקבלה קאמר דאינה מקודשת, הואיל ורגילה להקפיד על דינר, משום דכתיב "כסף" בקרא, ולגבי דידה לא חשיב כסף אלא דבר שרגילה בו להקפיד. ומש"ה (ג) (קפדי) בנתיה דרבי ינאי שרגילות להקפיד על תרקבא דדינרי – הכי נמי לא יתקדשו בדינר, אפילו פשטה ידה וקיבלה פחות מתרקב לא יחשב כסף לגבייהו? ואין זו סברא! ומשני: פשטה ידה לא קאמינא – דאפילו בפרוטה היתה מתקדשת, דכסף קרינא ביה. כי קאמינא – דקידשה בלילה, אי נמי דשוייה שליח. ובהכי הוי פלוגתא דב"ש וב"ה דמתני'. ופירש הקונטרס: דבנתיה דרבי ינאי היכא דשוו שליח לא הוו קדושין אלא דוקא בתרקבא דדינרי. וקשה: דא"כ נתת דבריך לשיעורין, כיון דאזלינן בתר כל אחת ואחת לפי דעתה. דכה"ג פריך בפ"ק דגיטין (דף יד.) ובפרק "חזקת הבתים" (ב"ב דף כט.) גבי בר אלישיב! ונראה דהכי פריך: אלא מעתה כגון בנתיה דרבי ינאי וכו', וכי תימא הכי נמי דלא מתקדשי בפחות מתרקבא דדינרי – א"כ נתת דבריך לשיעורין; דבנתיה דרבי ינאי משום שהן עשירות לא מתקדשי בפחות מתרקבא דדינרי, ואחרות מתקדשות בדינר. ומשני: פשטה ידה לא קאמינא – דגלתה בדעתה דאינה מקפדת, ומתקדשת אפי' בשוה פרוטה. כי קאמינא דקידשה בלילה, אי נמי דשויה שליח, דאז כולן שוות דבפחות מדינר אינה מתקדשת. ואז אין יוצאות מכלל שאר נשים, דהן יודעות שלא יתנו לשליח אלא כמו לשאר נשים. **כל** כסף האמור בתורה סתם כסף צורי. פי' הקונט': אם פירש שקלים – הוי שקל צורי, ואם סתם – הוי מטבע פחותה שבצורי. הלכך, פרוטה לא מצית אמרת לפי שהיא של נחשת, ובצורי מטבע של נחשת ליכא, ובקדושין "כסף" כתיב, ד"קיחה" "קיחה" גמירי. וכיון דאפיקתיה מפרוטה – אלמא מידי דחשיבות בעי, אוקמוה אדינר. ולקמיה בשמעתין פי' הקונטרס דה"ג: גופא אמר רב יהודה אמר רב אסי. והיינו משום דאי קאי אדלעיל הוה ליה למיפרך לאלתר: לימא רב אסי דאמר כבית שמאי!

והרי

עין משפט נר מצוה

צו א ב מיי' פט"ו מהלכות מכירה הלכה יב סמג לאוין קע טוש"ע ח"מ סימן רלב סעיף י:

צז ג מיי' פ"ג מהלכות טוען ונטען הלכה א ב סמג עשין לה:

רש"א

הגהות הב"ח

(א) תוס' ד"ה עד וכו'. יש ספרים דגרסי הכא עד שתכנס: (ב) בא"ד קשה מאי קאמר הא כולהו אית ליה דעולא כ"ב פי' ריב"ב אית ליה כולהו טעמי דעולא ודסימפון: (ג) ד"ה שכן וכו' ומש"ה קאמר אלא מעתה בנתיה דרבי ינאי וכו' דפחות מתרקב:

גליון הש"ס

תוס' ד"ה הנהו קלא אית להו פי' הקונטרס וסבר וקבל. עיין גיטין דף פו ע"א תד"ה עלולי מלכא:

[נ"ל רב אסי]

[ועי' תוס' כתובות מח. ד"ה רב אסי]

[נ"ל קפדין]

מסורת הש"ס

ב"ב נב: כתובות נז: תוספתא דב"ב פ"ד

[כתובות נח.]

ב"ק לו: בכורות נ:

[קצת נ"ע דהא בחולין נא: איתא הכי להדיא ועי' תוס' כתובות נח. ותוס' ב"ב נב: ותוס' בכורות ה. קוביוסטוס]

ע"ס הוא כי לא נמצא שם כן בפרק המוכר פירות ודיבור זה כתוב ג"כ בכתובות פרק אע"פ דף נח. וכתב עליו מהרש"ל שהוא ע"ס והגיה שם גירסא אחרת. [מהר"ס]

תורה אור

וַהֲרֵי טַעֲנָה, דִּכְתִיב: °"כִּי יִתֵּן אִישׁ אֶל רֵעֵהוּ כֶּסֶף אוֹ כֵלִים לִשְׁמוֹר", וּתְנַן: *[א]שְׁבוּעַת הַדַּיָּינִין, הַטַּעֲנָה — שְׁתֵּי כֶסֶף; וְהַהוֹדָאָה — שָׁוֶה פְּרוּטָה? הָתָם דּוּמְיָא *דְּכֵלִים; מַה כֵּלִים — שְׁנַיִם, אַף כֶּסֶף — שְׁנַיִם. וּמַה כֶּסֶף דָּבָר חָשׁוּב — אַף כֵּלִים דָּבָר חָשׁוּב. וַהֲרֵי מַעֲשֵׂר, דִּכְתִיב: °"וְצַרְתָּ הַכֶּסֶף בְּיָדְךָ", וּתְנַן: *הַפּוֹרֵט סֶלַע מִמְּעוֹת מַעֲשֵׂר שֵׁנִי! "כֶּסֶף" "הַכֶּסֶף" רִיבָּה. וַהֲרֵי הֶקְדֵּשׁ, דִּכְתִיב: "וְנָתַן הַכֶּסֶף וְקָם לוֹ", *וְאָמַר שְׁמוּאֵל: [ב]הֶקְדֵּשׁ שָׁוֶה מָנֶה שֶׁחִילְּלוֹ עַל שָׁוֶה פְּרוּטָה — מְחוּלָּל! הָתָם נַמִי *"כֶּסֶף" "כֶּסֶף" יָלֵיף מִמַּעֲשֵׂר. וַהֲרֵי קִידּוּשֵׁי אִשָּׁה, דִּכְתִיב: *°"כִּי יִקַּח אִישׁ אִשָּׁה וּבְעָלָהּ" וְגָמַר "קִיחָה" °"קִיחָה" מִשְּׂדֵה עֶפְרוֹן, *וּתְנַן: בֵּית הִלֵּל אוֹמְרִים: בִּפְרוּטָה וּבְשָׁוֶה פְּרוּטָה נֵימָא רַב אַסִּי דַּאֲמַר כְּבֵית שַׁמַּאי?! אֶלָּא, אִי אִיתְּמַר הָכִי אִיתְּמַר: אָמַר רַב יְהוּדָה אָמַר רַב אַסִּי: כָּל כֶּסֶף קָצוּב הָאָמוּר בַּתּוֹרָה — כֶּסֶף צוֹרִי, וְשֶׁל דִּבְרֵיהֶם — כֶּסֶף מְדִינָה. מַאי קמ"ל? *תָּנֵינָא: [ג]חָמֵשׁ סְלָעִים שֶׁל בֵּן, [ד]שְׁלֹשִׁים שֶׁל עֶבֶד, [ה]חֲמִשִּׁים שֶׁל אוֹנֵס וְשֶׁל מְפַתֶּה, [ו]מֵאָה שֶׁל מוֹצִיא שֵׁם רַע — כּוּלָּם בְּשֶׁקֶל הַקּוֹדֶשׁ, בְּמָנֶה צוֹרִי! "וְשֶׁל דִּבְרֵיהֶם כֶּסֶף מְדִינָה" אִיצְטְרִיכָא לֵיהּ, דְּלָא תְּנַן. *דְּתַנְיָא: *[ז]הַתּוֹקֵעַ לַחֲבֵירוֹ נוֹתֵן לוֹ סֶלַע. וְלָא תֵּימָא: מַאי סֶלַע — אַרְבַּע זוּזֵי, אֶלָּא [ח]מַאי סֶלַע — פַּלְגָא דְּזוּזָא, דַּעֲבִידֵי אֱינָשֵׁי דְּקָרוּ לְפַלְגָא דְּזוּזָא *אִיסְתֵּירָא. רַבִּי שִׁמְעוֹן בֶּן לָקִישׁ אוֹמֵר: טַעֲמַיְיהוּ דְּבֵית שַׁמַּאי כְּדְחִזְקִיָּה. *דְּאָמַר חִזְקִיָּה: אָמַר קְרָא: °"וְהֶפְדָּהּ" — מְלַמֵּד שֶׁמְּגָרַעַת מִפִּדְיוֹנָהּ וְיוֹצְאָה. אִי אָמְרַתְּ בִּשְׁלָמָא דִּיהַב לָהּ דִּינָר הַיְינוּ דִּמְגָרְעָה וְאָזְלָה עַד פְּרוּטָה. אֶלָּא אִי אָמְרַתְּ דִּיהַב לָהּ פְּרוּטָה — מִפְּרוּטָה (א) מִי מְגָרְעָה? וְדִלְמָא ה"ק רַחֲמָנָא: הֵיכָא דִּיהַב לָהּ דִּינָר — תִּיגְרַע עַד פְּרוּטָה; הֵיכָא דִּיהַב לָהּ פְּרוּטָה — לָא תִּיגְרַע כְּלָל! לָא

שמות כב | דברים יד | שם כד | בראשית כג | שמות כא

וַהֲרֵי טַעֲנָה. שֶׁאָדָם טוֹעֵן אֶת חֲבֵירוֹ, וּמַשְׁבִּיעִין אוֹתוֹ אִם הוֹדָה בְּמִקְצָת, דִּכְתִיב: "כִּי יִתֵּן אִישׁ" וגו' וְעָלָיו כְּתִיב: "אֲשֶׁר יֹאמַר כִּי הוּא זֶה" דְּיָלְפִינַן מִינָּהּ (ב"ק דף קז.) שֶׁהַמּוֹדֶה מִקְצָת יִשָּׁבַע, דִּ"וְנִקְרַב בַּעַל הַבַּיִת" הָתָם כְּתִיב, וְדָרְשִׁי' לֵיהּ לִשְׁבוּעָה. וּתְנַן שְׁבוּעַת הַדַּיָּינִין. אֵינָהּ בְּפָחוֹת מִטַּעֲנַת שְׁתֵּי מָעוֹת כֶּסֶף. וּפְלִיגִי בָּהּ רַב וּשְׁמוּאֵל; רַב אָמַר: כְּפִירָה שְׁתֵּי כֶסֶף, וּשְׁמוּאֵל אָמַר: טַעֲנָה עַצְמָהּ שְׁתֵּי כֶסֶף, וַאֲפִילּוּ לֹא כָּפַר בָּהּ אֶלָּא פְּרוּטָה, אוֹ הוֹדָה בִּפְרוּטָה — חַיָּיב. מ"מ, מִדְּקָתָנֵי שְׁתֵּי כֶּסֶף ש"מ קְרָא לָאו דַּוְקָא כֶּסֶף קָאָמַר, אֶלָּא אֲמוּנָה בְּעָלְמָא קָפֵיד. וְכֵיוָן שֶׁלֹּא פֵּירֵשׁ כַּמָּה — לֹא מְסָרוֹ הַכָּתוּב אֶלָּא לַחֲכָמִים, וְלָא קִים לְהוּ לְרַבָּנַן לְאַשְׁבּוּעֵיהּ בְּבָצִיר מֵהָכִי. דְּאִי קְרָא דַּוְקָא כֶּסֶף כְּתִיב, נְהִי דְּמָעָה הִיא מַטְבֵּעַ הַפְּחוּתָה שֶׁבְּצוֹרִי — מִיהוּ שְׁתַּיִם מְנָא לְהוּ? הָכִי גָּרְסִי': וּמַה כֶּסֶף דָּבָר חָשׁוּב אַף כֵּלִים דָּבָר חָשׁוּב. שֶׁיְּהוּ שָׁוִים שְׁתֵּי כֶסֶף, וּלְאַפּוּקֵי מִמ"ד הָתָם: טְעָנוֹ שְׁנֵי מְחָטִין — חַיָּיב בְּהוֹדָאַת אַחַת מֵהֶן, לְכָךְ יָלְאוּ כֵּלִים לְמַה שֶּׁהֵן, כְּלוֹמַ': שֶׁיִּתְחַיֵּיב בְּכֵלִים בְּכָל שֶׁהוּ. וְרַבּוֹתֵינוּ מְפָרְשִׁים: שֶׁהַדִּינָר הוּא מַטְבֵּעַ הַפְּחוּתָה שֶׁבְּצוֹרִי. וּפִירְכָא — מִדְּקָתָנֵי שְׁתֵּי כֶסֶף שֶׁהֵן מָעוֹת. וְתֵירוּצָא — מַה כֵּלִים דָּבָר חָשׁוּב אַף כֶּסֶף דָּבָר חָשׁוּב, וּמָעָה דָּבָר חָשׁוּב הוּא. וּלְדִידִי קַשְׁיָא בֵּיהּ טוּבָא; חֲדָא: דְּא"כ דְּכָל כֶּסֶף הָאָמוּר בַּתּוֹרָה דִּינָר הוּא — הֵיכִי אָתְיָא הַךְ הֶיקֵּישָׁא וּמַפְקָא לֵיהּ? הָא כִּי אָתָא הֶיקֵּישָׁא לְאַשְׁמוּעִינַן מַה כֵּלִים שְׁנַיִם אַף כֶּסֶף שְׁנַיִם הוּא דַּאֲתָא! וְעוֹד: "מַה כֵּלִים דָּבָר חָשׁוּב" — וְכִי מַחַט דָּבָר חָשׁוּב הוּא? וְהָא אָמְרִינַן הָתָם: לְכָךְ יָלְאוּ כֵּלִים לְמַשֶּׁהוּ — אַלְמָא לָא חֲשִׁיבִי מְחָטִים! וְעוֹד, בְּהֶדְיָא אָמְרִינַן הָתָם אִיפְּכָא: מַה כֶּסֶף דָּבָר חָשׁוּב אַף *כֵּלִים דָּבָר חָשׁוּב, וְכֶסֶף כִּי אֲתָא — לְהַךְ דְּרָשָׁא אֲתָא. הַפּוֹרֵט סֶלַע מִמְּעוֹת מַעֲשֵׂר שֵׁנִי. מַסְקָנָא: ב"ש אוֹמֵר בְּכָל הַסֶּלַע מָעוֹת כו'. וּמִיהוּ, שָׁמְעִינַן מִינָּהּ שֶׁחִילֵּל תְּחִילָּה הַמַּעֲשֵׂר בִּפְרוּטוֹת שֶׁל נְחוֹשֶׁת, וְעַתָּה בָּא לִפְרוֹט בָּהֶן סֶלַע. וְנָתַן הַכֶּסֶף וְקָם לוֹ. דִּכְתִיב: "וְיָסַף חֲמִשִׁית כֶּסֶף עֶרְכְּךָ עָלָיו וְקָם לוֹ". שֶׁחִלְּלוֹ עַל הַפְּרוּטָה מְחוּלָּל. דְּאֵין אוֹנָאָה לְהֶקְדֵּשׁ, דִּכְתִיב (ויקרא כה): "אִישׁ אֶת אָחִיו", וְאַשְׁמוּעִינַן שְׁמוּאֵל דְּכִי הֵיכִי דְּאִימְעִיט מֵאוֹנָאָה — אִימְעִיט נַמִי מִבִּיטּוּל מִקָּח. כֶּסֶף כֶּסֶף. גָּמַר פִּדְיוֹן הֶקְדֵּשׁ מִפִּדְיוֹן מַעֲשֵׂר, אֲבָל שְׁאָר כֶּסֶף שֶׁבַּתּוֹרָה — לָא יָלֵיף מִינֵּיהּ, דְּלָא דָּמוּ. וְעוֹד: דְּהָכָא כְּסָפִים יְתֵירָא כְּתִיבָא. כֶּסֶף קָצוּב הָוֵי כֶּסֶף צוֹרִי. וְכֶסֶף קִידּוּשִׁין אֵינוֹ קָצוּב, וְלָא אַיְירֵי בֵּיהּ רַב אַסִּי כְּלָל. קָצוּב. שֶׁנֶּאֱמַר בּוֹ כַּמָּה, כְּגוֹן חֲמִשִּׁים שֶׁל קְנָס, וּשְׁלֹשִׁים שֶׁל עֶבֶד, וּמֵאָה שֶׁל מוֹצִיא שֵׁם רַע, שֶׁנֶּאֱמַר בָּהֶן "שְׁקָלִים" וְנֶאֱמַר חֶשְׁבּוֹנוֹ. בְּשֶׁקֶל הַקּוֹדֶשׁ בְּמָנֶה צוֹרִי. שֶׁקֶל הַקֹּדֶשׁ שֶׁיֵּשׁ בְּכ"ה שְׁקָלִים מָנֶה צוֹרִי. וְשֶׁל דִּבְרֵיהֶם אִיצְטְרִיכָא לֵיהּ דְּלָא תְּנַן. כַּמָּה הָוֵי. וְאַשְׁמוּעִינַן דְּהוּא כֶּסֶף מְדִינָה. כִּדְתְנַן הַתּוֹקֵעַ כו'. כְּלוֹמַר, הֵיכָא מָלֵינוּ כֶּסֶף דִּבְרֵיהֶם — כִּדְתְנַן כו'. הַתּוֹקֵעַ לַחֲבֵירוֹ. בְּאָזְנוֹ, לְשׁוֹן רַבֵּינוּ הַלֵּוִי. וְרַבֵּינוּ הַזָּקֵן לִמְּדָנוּ: שֶׁהִכָּהוּ אֵצֶל הָאוֹזֶן. נוֹתֵן לוֹ סֶלַע. כָּךְ שִׁיעֲרוּ דְּמֵי בּוֹשְׁתּוֹ לְאָדָם בֵּינוֹנִי. וְאַשְׁמוּעִינַן רַב אַסִּי: דְּלָא תֵּימָא הַאי סֶלַע ד' זוּזֵי סֶלַע צוֹרִי, אֶלָּא פַּלְגָא דְּזוּזָא — שְׁמִינִי שֶׁבְּסֶלַע צוֹרִי. אִיסְתֵּירָא. סֶלַע, פַּלְגָא דְּזוּזָא, וְהוּא סֶלַע מְדִינָה. כְּדְחִזְקִיָּה. לְקַמָּן בְּפִירְקִין (דף יד:) דְּקָתָנֵי גַּבֵּי עֶבֶד עִבְרִי קוֹנֶה אֶת עַצְמוֹ בְּגֵירָעוֹן כֶּסֶף, שֶׁמְּחַשֵּׁב עִם אֲדוֹנָיו כְּשֶׁבָּא לִפְדּוֹת אֶת עַצְמוֹ: בְּכָךְ וְכָךְ לְקַחְתַּנִי, וְלֹא הָיָה לְךָ לְשַׁעְבְּדֵנִי אֶלָּא שֵׁשׁ שָׁנִים, נִמְצֵאתָ קוֹנֶה עֲבוֹדָתִי לְשָׁנָה בְּכָךְ וְכָךְ. חֲשׁוֹב כַּמָּה שָׁנִים עֲבַדְתִּיךָ, וְצֵא מִכֶּסֶף מִקְנָתִי דְּמֵי עֲבוֹדַת שָׁנִים הַלָּלוּ, וְטוֹל הַשְּׁאָר. וְאָמְרִינַן: מְנָא ה"מ? וְאָמַר חִזְקִיָּה: "וְהֶפְדָּהּ" וְלָא כְּתִיב "וְנִפְדֵּית", מַשְׁמַע שֶׁאַף אֲדוֹנֶיהָ מְסַיֵּיעַ בְּפִדְיוֹנָהּ. וְזֶהוּ שֶׁמְּגָרַעַת פִּדְיוֹנָהּ וְיוֹצְאָה. אַלְמָא, אֵין אָמָה הָעִבְרִיָּה נִקְנֵית בְּפָחוֹת מִדִּינָר. אִי אָמְרַתְּ בִּשְׁלָמָא וכו' מִפְּרוּטָה מַאי מְגָרְעָה. שֶׁתִּתֵּן לוֹ שׁוּב כְּלוּם? וּלְקַמֵּיהּ מַסִּיק מִילְּתֵיהּ, וְאָמַר: וְקִידּוּשֵׁי אִשָּׁה לב"ש מֵאָמָה הָעִבְרִיָּה נָפְקָא לֵיהּ וכו', אֶלָּא דְּפָרְכִי' גְּמָרָא וְלָא שָׁבְקִי' לְאַסּוֹקֵי לְמִילְּתַי'. לָא

והרי טענה וכו'. פ"ה: מדקתני שתי כסף – ש"מ קרא לאו דוקא קאמר כסף, אלא אמונה בעלמא קפיד. וכיון שלא פירש כמה – לא מסרו אלא לחכמים, ולא קים להו לאשבועיה בבציר מהכי. דאי קרא כסף דוקא קאמר, נהי דמעה היא מטבע הפחותה שבצורי – מיהו שתים מנא להו? ומשני: מה כלים שנים אף כסף שנים, ומה כסף דבר חשוב – אף כלים דבר חשוב, כלומר שיהיו שוין שתי כסף. ולאפוקי ממ"ד: טענו שני מחטין חייב בהודאת אחת מהן, לכן יצאו כלים למשהו – כלומר שיתחייב עליהן בכל שהוא. ורבותינו מפרשים: שהדינר הוי מטבע הפחות שבצורי, ופריך: מדקתני שתי כסף שהם מעות, ולא קתני "שני", דהוי משמע שני דינרין. ותירץ: מה כלים דבר חשוב – אף כסף דבר חשוב, ומעה דבר חשוב. ולדידי קשה בה טובא: חדא – א"כ, דכל כסף האמור בתורה הוא דינר, היכי אתיא הך היקישא ומפיק לה? הא כי אתא היקישא – לאשמועינן מה כלים שנים אף כסף שנים הוא דאתא. ועוד: מאי קאמר מה כלים דבר חשוב, וכי מחט דבר חשוב הוא? והא אמר: לכך יצאו כלים למשהו – אלמא לא חשיבי מחטין. ועוד, בהדיא אמר התם איפכא: מה כסף דבר חשוב – אף כלים דבר חשוב, וכסף כי אתא – להך דרשה אתא, עכ"ל. ור"י הקשה על פי' רש"י: כיון דמטבע פחות שבצורי היא מעה היכי שייך כלל למימר כיון דאפיקתיה מפרוטה אוקמיה אדינר? ה"ל למימר אמעה, שהוא מטבע פחות שבצורי. דבשלמא לקמן (דף יב.) דאמר: כיון דאפיקתיה מפרוטה אוקמיה אדינר – היינו בתר דאשכחנא דפרוטה הוי שפיר כסף לגבי אמה העבריה, וכיון דאפיקתיה מפרוטה דהוי כסף – אוקמוה אדינר דהוי דבר חשוב. אבל השתא, דאמר דבצורי ליכא פרוטה – אלמא מטבע פחות שלהן היינו מעה, נהי נמי דאפיקתיה מפרוטה, אדינר אמאי מוקמת ליה? אמעה הוה לן לאוקמא! ועוד קשה: דפי' דאתא לאפוקי ממ"ד טענו שתי מחטין והודה לו באחת מהן דחייב. דהא בפ' "שבועת הדיינים" (דף לט:) משמע דהך דרשה ד"מה כסף דבר חשוב" אתי אליבא דשמואל, דלרב סבירא ליה כסף כי אתא – לכפירה הוא דאתא! לכן נראה לר"י כמו שפי' בשם רבותיו: דדינר הוי מטבע הפחותה שבצורי. ומה שהקשה רש"י דאי כל כסף האמור בתורה דינר, היכי אתיא הקישא ומפקא ליה? הא כי אתא הקישא לאשמועינן מה כלים שנים אף כסף שנים אתא. נראה דלא קשה (ב) ליה מידי; דהא אין היקש למחצה, וכי היכי דגמרינן מיניה שנים – גמרינן מיניה נמי דבר חשוב. ומה שהקשה: וכי מחט דבר חשוב הוא? – הא אמרי' התם לכך יצאו כלים למשהו – הא נמי לא קשה; דאפי' מחט יש בו חשיבות גדול, שראוי לעשות בו מלאכה גדולה. והא דקאמר התם: יצאו כלים למה שהן – לאו דוקא למה שהן, אלא לאפוקי דלא בעינן שיהא הכלי שוה מעה, אך שיהא שוה פרוטה, ומ"מ חשיבות גדול יש, שראוי לעשות בו מלאכה גדולה. ומה שהקשה דבשבועות גרסי' איפכא – הא נמי לא קשיא מידי; דהתם היינו לשמואל, דלא אילטריך ליה כסף למידי אחרינא, ודריש ליה התם: ללמד על כלים דבעינן דבר חשוב. אבל הכא אתא אליבא דרב, דמוקי כסף לכפירה, ולדידיה תרוייהו דרשות נפקי מכלים – שנים ודבר חשוב. ומיהו, לפי' זה דאמר דבצורי ליכא מעה, קשה: דהא כתיב (ויקרא כז) "עשרים גרה השקל" ומתרגמינן: עשרים מעין. אלמא היתה מעה בימי משה בכסף שבתורה! ואומר ר"ת: דגרה לא הוי מעה, אלא משקל היה בימי משה שהיה שוה מעה, ושוב עשו ממנו מטבע, וקראוהו מעה.

רב

עין משפט נר מצוה

צח א מיי' פ"ג מהל' טוען ונטען הלכ' א ג סמג עשין לה טוש"ע ח"מ סימן פח סעי' א:

צט ב מיי' פ"ז מהל' ערכין הלכה ח סמג עשין קלב:

ק ג מיי' פי"א מהלכ' בכורים הלכה ו סמג עשין קמד טוש"ע י"ד סימן שה סעיף א:

קא ד מיי' פי"א מהל' נזקי ממון הלכה א סמג עשין סז:

קב ה מיי' פי"א מהל' נערה בתולה הלכה א סמג עשין נג:

קג ו מיי' שם פ"ג הלכ' א סמג לאוין פז ועשין נה:

[בבכורות נ: איתא ויצאה חנס אין כסף ותנן בש"א בדינר ובשוה דינר ובה"א וכו']

קד ז מיי' פ"ג מהל' חובל ומזיק הל' ט סמג עשין ע טוש"ע ח"מ סימן תכ סעיף מח:

קה ח מיי' שם הלכה י סמג שם טוש"ע שם סעיף מב:

[נ"ל דתנן]

[לקמן יב: טז.]

הגהות הב"ח

(א) גמ' מפרוטה מאי מגרעה: (ב) תוס' ד"ה והרי וכו' דלא קשה ולא מידי דהא אין היקש:

מסורת הש"ס

שבועות לח: בכורות נ: ב"מ נה.

[שבועות לט:]

[מעשר שני פרק ב מ"ט]

ב"מ נז. בכורות כה. נ: מעילה יד: תמורה כז: ערכין כט.

[בבכורות נ: איתא יליף קודש קודש ממעשר וע"ש ברש"י]

לעיל ב.

בכורות מט: ע"ש

ב"ק לו: ל. בכורות נ:

ענין איסתירא בכתובות סד. לג: גיטין מה: ב"מ קב: סוכה כב: בכורות נ: (ערכין כט) ב"ב קה: ב"ק לו:

גליון הש"ס

גמ' ושל דבריהם כסף מדינה. עיין כתובות דף סז ע"א תוד"ה אמר אביי:

קו א מיי' פ"ד מהל' עבדים הל' ג סמג עשין פה:
קז ב ג מיי' פ"ד מהל' אישות הל' יט סמג עשין מח טוש"ע אה"ע סימן לא סעיף ג:

לֹא ס"ד. שֶׁתְּהֵא נִקְנֵית בְּדָבָר שֶׁאֵין בּוֹ גֵּירוּעַ, מֵאַחַר שֶׁנִּכְתַּב גֵּירוּעַ כָּאן. דוּמְיָא דְּיִיעוּד. כִּי הֵיכִי דְּאָמַר לְעִנְיַן יִיעוּד שֶׁנִּכְתַּב עִמּוֹ: "אֲשֶׁר לֹא יְעָדָהּ", וְלָמְדוּ שֶׁרַשַּׁאי הָאָדוֹן לְיַיעֲדָהּ לוֹ בְּתוֹךְ שְׁנֵי אֲמָהוֹת, וּתְהֵא מְקוּדֶּשֶׁת לוֹ אִם יֹאמַר לָהּ "הֲרֵי אַתְּ מְיוּעֶדֶת לִי בַּמֶּה שֶׁיֵּשׁ לִי עָלַיִךְ", וְאֵין צָרִיךְ כֶּסֶף אַחֵר. וְאָמַר לְקַמָּן (דף יח:): אֵין אָבִיהָ רַשַּׁאי לְמוֹכְרָהּ לִקְרוֹבִים שֶׁהִיא אֲסוּרָה לָהֶם מִשּׁוּם עֶרְוָה, לְפִי שֶׁאֵין אֲנִי מְקַיֵּים בָּהּ "אֲשֶׁר לֹא יְעָדָהּ". וְגֵירוּעַ נַמִי כְּיִיעוּד, מַה יִּיעוּד אע"ג כו'. וְקִידּוּשֵׁי אִשָּׁה כו'. מַסְקָנָא דְּמִילְּתָא דר"ל הִיא, דְּקָא מַסִּיק וְאוֹמֵר טַעְמָא דב"ש כִּדְמִזְקְקָה. אַף אִשָּׁה בִּפְרוּטָה לָא מִיקַּדְשָׁה. דְּגָמְרִינַן מִקִּידּוּשֵׁי יִיעוּד. פַּלְגָא דְּדִינָר. וְאִיכָּא גֵּירוּעַ עַד פְּרוּטָה. כֵּיוָן דְּאַפִּיקְתֵּיהּ מִפְּרוּטָה. אַלְמָא חֲשִׁיבוּתָא בָּעֵי, אוֹקְמָהּ אַדִּינָר דַּחֲשִׁיב. כְּהֶפְקֵר. לִקְנוֹת בְּדָבָר מוּעָט. וּמִדְּרַבָּנַן הוּא דְּקָאָמְרִי לָהּ ב"ש דְּאַפְקְעִינְהוּ רַבָּנַן לְקִידּוּשִׁין הַפְּחוּתִין מִדִּינָר. כָּל דְּהוּ. כָּל מַה שֶׁהַדּוֹרוֹת מְשַׁנִּים אֶת הַמַּטְבֵּעַ, פְּעָמִים שֶׁפּוֹחֲתִין, פְּעָמִים שֶׁמּוֹסִיפִין מִמִּשְׁקָלָם. שִׁיעֵר ר' סִימַאי. מַעֲשֶׂה בָּא לְפָנָיו בְּאִשָּׁה שֶׁנִּתְקַדְּשָׁה בִּפְרוּטָה, וְהִצְרִיךְ לִהְיוֹת שָׁוֶה אֶחָד מִשְּׁמֹנָה בָּאִיסָּר, וּבִיטֵּל אֶת הַקִּידּוּשִׁין. אֶחָד מִשִּׁשָּׁה. לְקַמָּן מְפָרֵשׁ פְּלוּגְתַּיְיהוּ. א"ל רַב יוֹסֵף לְאַבַּיֵי. אִי הָכִי. דְּאֵין פְּרוּטָה פְּחוּתָה מִכָּאן. הַיְינוּ דְּתַנְיָא. שֶׁאֲנִי שׁוֹנֶה בְּתוֹרַת כֹּהֲנִים: צֵא וַחֲשׁוֹב כו'. הַשְׁתָּא. אִם הוּא אֶחָד מִשְּׁמֹנָה בְּאִיסָּר הָאִיטַלְקִי. אַלְפַּיִם. פְּרוּטוֹת. לָא הָווּ. בִּשְׁנֵי סְלָעִים, כִּדְפָרֵישִׁית בְּסָמוּךְ. יוֹתֵר מֵאַלְפַּיִם קָרֵי לְהוּ. מִשְׁנָה זוֹ שְׁנוּיָה אֵצֶל נֶהֱנֶה מִן הַהֶקְדֵּשׁ, שֶׁמֵּבִיא עַל הֲנָיַית פְּרוּטָה אָשָׁם בְּכֶסֶף שְׁקָלִים. צֵא וַחֲשׁוֹב לְהִתְרַחֵק מִן הָעֲבֵירָה – שֶׁאַף עַל הַשּׁוֹגֵג צָרִיךְ כַּפָּרָה גְּדוֹלָה כְּגוֹן זוֹ. א"ל הַהוּא סָבָא. טוֹעֶה אַתָּה בְּמִשְׁנָה זוֹ. דַּאֲנָא תָּנֵינָא לָהּ, וְקָרוֹב לְאַלְפַּיִם תָּנֵינָא בָּהּ. אַלְפָּא וְחָמֵשׁ מֵאָה וּתְלָתִין וְשִׁיתָּא הָוְיָין. שֶׁהַסֶּלַע ד' דִּינָרִין וְהַדִּינָר כ"ד אִיסָּרִים כִּדְלְקַמָּן. וְאִי אִיסָּר שְׁמֹנָה פְּרוּטוֹת לְעוֹלָם – נִמְצְאוּ קצ"ב פְּרוּטוֹת בְּדִינָר, וְהַשְּׁמֹנָה דִּינָר שֶׁבִּשְׁתֵּי סְלָעִים עוֹלִים כָּל אֶחָד מָאתַיִם פְּרוּטוֹת חָסֵר שְׁמֹנָה – הֲרֵי אֶלֶף וְתקל"ו. כֵּיוָן דְּנָפְקָא. אֶלֶף הַשֵּׁנִי מֶחֱצְיוֹ שְׁלֹשִׁים וְשִׁשָּׁה – קָרוֹב לְאַלְפַּיִם קָרֵי לֵיהּ. פוּנְדְּיוֹנִין אִיסָּרִין מְסַמְסִים קוֹנְטְרוֹנְקִין. מִינֵי מַטְבֵּעוֹת הֵם, קְטַנּוֹת, זוֹ מִזּוֹ. וְכֵן הַדְּרֵיסִין, הֶנֵצִין, שְׁמָנִין. נִמְצֵאת פְּרוּטָה אֶחָד מִשִּׁשָּׁה. שֶׁהָאִיסָּר אֶחָד מִכ"ד בְּדִינָר, כִּדְקָאָמְרַתְּ. אֲבָל הַפְּרוּטוֹת גְּדוֹלוֹת מִמַּה שֶׁאָמַרְתָּ, שֶׁהַדִּינָר שֵׁשׁ מָעָה, וְהַמָּעָה ג' הַדְּרֵיסִים – הֲרֵי י"ח הַדְּרֵיסִים לְדִינָר. וְהֵם שְׁלֹשִׁים וְשֵׁשׁ הֶנֵצִין, וְהֵם שִׁבְעִים וּשְׁנַיִם שְׁמָנִין, וְהֵם קמ"ד פְּרוּטוֹת. חַלְקֵם לְכ"ד חֲלָקִים – תִּמְצָא שִׁשָּׁה בְּכָל חֵלֶק, הֲרֵי שֵׁשׁ פְּרוּטוֹת לָאִיסָּר, שֶׁהוּא אֶחָד מִכ"ד בְּדִינָר. אַלִּיבָּא דת"ק. דְּהַיְינוּ כִּסְתָם מַתְנִי'. וְהַךְ דְּרַבִּין – לֹא שֶׁהוֹסִיפוּ עַל הַפְּרוּטוֹת, אֶלָּא הָאִיסָּרִין הוּזְלוּ וְעָמְדוּ שְׁלֹשִׁים וּשְׁתַּיִם בְּדִינָר בִּימֵיהֶם. וּלְעוֹלָם קצ"ב פְּרוּטוֹת בְּדִינָר, חֲשׁוֹב ו' פְּעָמִים שְׁלֹשִׁים וּשְׁתַּיִם וְתִמְצָא קצ"ב. וּבִימֵי ר' סִימַאי הָיוּ הָאִיסָּרִים יְקָרִים כְּמִשְׁפָּטָם כ"ד בְּדִינָר, וְנִמְצֵאת שֶׁהַפְּרוּטָה שֶׁהִיא קצ"ב לְדִינָר הָיְתָה אֶחָד מִשְּׁמֹנָה בָּאִיסָּר. בְּמָדַי. כְּלוֹמַר, בְּמָקוֹם שֶׁאֵין תְּמָרִים מְצוּיִין. וְהָא תְּנַן כו'. וְאִם בָּאתָה לוֹמַר כֵּן, אֵין שִׁיעוּר (א) קִידּוּשִׁין. הָא בְּקִידּוּשֵׁי וַדַּאי. אִם יֶשְׁנוֹ שָׁוֶה פְּרוּטָה בִּמְקוֹמוֹ – הָוֵי קִידּוּשִׁין וַדַּאי, וְאִם בָּא אַחֵר וְקִידְּשָׁהּ אח"כ – מוּתֶּרֶת לָרִאשׁוֹן, וְאֵינָהּ צְרִיכָה גֵּט מִשֵּׁנִי. וְאִם אֵינוֹ ש"פ בִּמְקוֹמוֹ – קִידּוּשֵׁי וַדַּאי לָא הָוֵי לְבַטֵּל קִידּוּשֵׁי שֵׁנִי, אֲבָל קִידּוּשֵׁי סָפֵק הָוֵי, וְאֵינָהּ מוּתֶּרֶת לְאַחֵר בְּלֹא גֵּט, דְּחָיְישִׁינַן שֶׁמָּא ש"פ בְּמָדַי. וְשִׁיעוּר אַהֲנֵי לָדַעַת אֵלּוּ הֵן קִידּוּשִׁין גְּמוּרִים, שֶׁמֵּאַחַר שֶׁקִּידֵּשׁ בִּפְרוּטָה בִּמְקוֹמָם – אֵין גִּמְגּוּם בַּדָּבָר. בְּזַוְודָא דְּאוּרְדֵי. אֲגוּדָּה שֶׁל מוֹכִין. וְהָאָמַר שְׁמוּאֵל. הָא דִּלְעֵיל חָיְישִׁינַן שֶׁמָּא ש"פ בְּמָקוֹם אַחֵר. אַבְנָא דְּכוּחְלָא. שַׁיִישׁ שָׁחוֹר, דּוֹמֶה לְכָחוֹל. יְתִיב רַב חִסְדָּא וְקָא מְעַיֵּין כו'. לְפִי שֶׁבָּא *אַחֵר וְקִדְּשָׁהּ בִּפְרוּטָה אח"כ. הַהוּא יוֹמָא. בַּיּוֹם שֶׁקִּידְּשָׁהּ הָוָה בָּהּ ש"פ וְעַכְשָׁיו הוּזְלָה. לְהָעִיד שֶׁהָרִאשׁוֹן קִידּוּשִׁין, וְאוֹסַרְתָּהּ אַבַּתְרָא. לָאו כָּל בְּמִינָךְ.

לָא ס"ד דּוּמְיָא דְּיִיעוּד; מַה יִּיעוּד, אע"ג דְּאִי בָּעֵי מְיַיעֵד וְאִי בָּעֵי לָא מְיַיעֵד, כָּל הֵיכָא דְּלָא מָצֵי מְיַיעֵד – לָא הָווּ זְבִינָא זְבִינֵי, ה"נ [א]כָּל הֵיכָא דְּלָא מָצֵי מִיגְרְעָא – לָא הָווּ זְבִינָא זְבִינֵי. וְקִידּוּשֵׁי אִשָּׁה לְב"ש נָפְקָא לְהוּ מֵאָמָה הָעִבְרִיָּה: מָה אָמָה הָעִבְרִיָּה בִּפְרוּטָה לָא מִקַּנְיָא – אַף אִשָּׁה בִּפְרוּטָה לָא מִיקַּדְשָׁא. וְאֵימָא פַּלְגָא דְּדִינָר, וְאֵימָא שְׁתֵּי פְּרוּטוֹת? כֵּיוָן דְּאַפִּיקְתֵּיהּ מִפְּרוּטָה – אוֹקְמָהּ אַדִּינָר. רָבָא אֲמַר: הַיְינוּ טַעְמָא דב"ש שֶׁלֹּא יְהוּ בְּנוֹת יִשְׂרָאֵל כְּהֶפְקֵר.§ "וּב"ה אוֹמְרִים בִּפְרוּטָה". סָבַר רַב יוֹסֵף לְמֵימַר: פְּרוּטָה – כָּל דְּהוּ. א"ל אַבַּיֵי: וְהָא עֲלָהּ קָתָנֵי: כַּמָּה הִיא פְּרוּטָה – אֶחָד מִשְּׁמֹנָה בְּאִיסָּר הָאִיטַלְקִי! וְכ"ת ה"מ בְּדוֹרוֹ שֶׁל מֹשֶׁה, אֲבָל הָכָא – כִּדְחַשְׁבָה לְהוּ לֶאֱינָשֵׁי, וְהָא כִּי אֲתָא רַב דִּימִי אֲמַר: שִׁיעֵר רַבִּי סִימַאי בְּדוֹרוֹ כַּמָּה הִיא פְּרוּטָה: אֶחָד מִשְּׁמֹנָה בְּאִיסָּר הָאִיטַלְקִי. וְכִי אֲתָא רָבִין אֲמַר: רַבִּי דּוֹסְתַּאי וְרַבִּי יַנַּאי וְרַבִּי אוֹשַׁעְיָא שִׁיעֲרוּ: כַּמָּה הָוֵי פְּרוּטָה – אֶחָד מִשִּׁשָּׁה בְּאִיסָּר הָאִיטַלְקִי! א"ל רַב יוֹסֵף: אִי הָכִי הַיְינוּ דְּתַנְיָא: *צֵא וַחֲשׁוֹב כַּמָּה פְּרוּטוֹת בִּשְׁנֵי סְלָעִים – יוֹתֵר מֵאַלְפַּיִם. הַשְׁתָּא אַלְפַּיִם לָא הָוְיָין, יָתֵר מֵאַלְפַּיִם קָרֵי לְהוּ?! אֲמַר לְהוּ הַהוּא סָבָא: אֲנָא תָּנֵינָא לָהּ: קָרוֹב לְאַלְפַּיִם. סוֹף סוֹף אַלְפָּא וְחָמֵשׁ מֵאָה וּתְלָתִין וְשִׁיתָּא הוּא דְּהָוְיָין! כֵּיוָן דְּנָפְקָא לְהוּ מִפַּלְגָא – קָרוֹב לְאַלְפַּיִם קָרֵי לֵיהּ. גּוּפָא, כִּי אֲתָא רַב דִּימִי אֲמַר: שִׁיעֵר ר' סִימַאי בְּדוֹרוֹ כַּמָּה הִיא פְּרוּטָה – אֶחָד מִשְּׁמֹנָה בְּאִיסָּר הָאִיטַלְקִי. וְכִי אֲתָא רָבִין אֲמַר: שִׁיעֲרוּ ר' דּוֹסְתַּאי וְרַבִּי יַנַּאי וְר' אוֹשַׁעְיָא, כַּמָּה הִיא פְּרוּטָה – אֶחָד מִשִּׁשָּׁה בְּאִיסָּר הָאִיטַלְקִי. אֲמַר לֵיהּ אַבַּיֵי לְרַב דִּימִי: נֵימָא אַתְּ וְרָבִין בִּפְלוּגְתָּא דְּהָנֵי תַּנָּאֵי קָא מִיפַּלְגִיתוּ, דְּתַנְיָא: *פְּרוּטָה שֶׁאָמְרוּ חֲכָמִים – אֶחָד מִשְּׁמֹנָה בְּאִיסָּר הָאִיטַלְקִי, שֵׁשׁ מָעָה כֶּסֶף – דִּינָר; מָעָה – שְׁנֵי פוּנְדְּיוֹנִין; פּוּנְדְּיוֹן – שְׁנֵי אִיסָּרִין; אִיסָּר – שְׁנֵי מוּסְמִיסִים; מַסְמֵס – שְׁנֵי קוּנְטְרוֹנְקִין; קוּנְטְרַנְק – שְׁתֵּי פְּרוּטוֹת; נִמְצָא פְּרוּטָה – אַחַת מִשְּׁמֹנָה בְּאִיסָּר הָאִיטַלְקִי. רַבָּן שִׁמְעוֹן בֶּן גַּמְלִיאֵל אוֹמֵר: שְׁלֹשָׁה הַדְּרֵסִין לְמָעָה; שְׁנֵי הֶנְצִין לְהַדְרֵיס; שְׁנֵי שְׁמָנִין לְהֶנֶץ; ב' פְּרוּטוֹת לְשָׁמִין; נִמְצָא פְּרוּטָה – אַחַת מִשִּׁשָּׁה בְּאִיסָּר הָאִיטַלְקִי. לֵימָא דְּמָר אָמַר כְּת"ק, וְרָבִין דְּאָמַר כְּרשב"ג? א"ל: בֵּין דִּידִי וּבֵין רָבִין אַלִּיבָּא דְּת"ק, וְלָא קַשְׁיָא; הָא – דְּאִיַּיקוּר אִיסּוּרֵי, הָא – דְּזוּל אִיסּוּרֵי. הָא דְּאִיַּיקוּר אִיסּוּרֵי – קוּם עֶשְׂרִים וְאַרְבַּע בְּזוּזָא; הָא דְּזוּל – קוּם תְּלָתִין וּתְרֵין בְּזוּזָא. אֲמַר שְׁמוּאֵל: [ב]קִידְּשָׁהּ בִּתְמָרָה, אֲפִילּוּ עוֹמֵד כּוֹר תְּמָרִים בְּדִינָר – מְקוּדֶּשֶׁת. חָיְישִׁינַן שֶׁמָּא שָׁוֶה פְּרוּטָה בְּמָדַי. וְהָא אֲנַן תְּנַן: ב"ה אוֹמְרִים בִּפְרוּטָה וּבְשָׁוֶה פְּרוּטָה! לָא קַשְׁיָא, הָא – בְּקִידּוּשֵׁי וַדַּאי; [ג]הָא – בְּקִידּוּשֵׁי סָפֵק. הַהוּא גַּבְרָא דְּאַקְדֵּישׁ בְּזַוְודָא *דְּאוּרְדֵי. יְתִיב רַב שִׁימִי בַּר חִיָּיא קַמֵּיהּ דְּרַב, וְקָא מְעַיֵּין בָּהּ; אִי אִית בָּהּ שָׁוֶה פְּרוּטָה – אִין, אִי לָא – לָא. וְאִי לֵית בָּהּ שָׁוֶה פְּרוּטָה לָא? וְהָאָמַר שְׁמוּאֵל: חָיְישִׁינַן! לָא קַשְׁיָא; הָא – בְּקִידּוּשֵׁי וַדַּאי, הָא – בְּקִידּוּשֵׁי סָפֵק. הַהוּא גַּבְרָא דְּאַקְדֵּישׁ בְּאַבְנָא דְּכוּחְלָא. יְתִיב רַב חִסְדָּא וְקָא מְשַׁעֵר לֵיהּ; אִי אִית בֵּיהּ שָׁוֶה פְּרוּטָה – אִין, וְאִי לָא – לָא. וְאִי לֵית בֵּיהּ שָׁוֶה פְּרוּטָה לָא? וְהָא אֲמַר שְׁמוּאֵל: חָיְישִׁינַן! רַב חִסְדָּא לָא סָבַר לֵיהּ דִּשְׁמוּאֵל. אָמְרָה לֵיהּ אִימֵּיהּ: וְהָא הַהוּא יוֹמָא דְּקַדְּשָׁהּ הֲוָה בֵּיהּ שָׁוֶה פְּרוּטָה! אֲמַר לָהּ: לָאו כָּל כְּמִינָּךְ דְּאָסְרַתְּ לָהּ אַבַּתְרָא.

לָאו

רב חסדא לא סבר ליה דשמואל. הכא לא מצי לשנויי הא בקידושי ספק, כדלעיל. משום דמיירי שקדשה אחיו אח"כ בפרוטה, והיה בא רב חסדא להפקיע קידושי ראשון, כדאמר: לאו כל כמינך דאסרת לה אבתרא. ואי הוה אמר דראשונים ספק הוו – א"כ צ"ל דלריכה גט מראשון – א"כ תהיה אסורה, משום דהויא גרושת אחיו.

הא

דקדיש ביה דוקא או אפילו שוה בשום מקום אע"פ שאינו שוה כאן שמא יגיע זה לשם וישוה פרוטה הילכך יש לחוש בכל שוה כסף שיקדש בו שמא יש מקום בעולם שישוה זה פרוטה. מיהו כי הויא ספק הני מילי בדבר המתקיים אבל דבר שאינו מתקיים לא הויא ספק מקודשת דהא בהאי דוכתא לא שוה פרוטה ואינו מגיע לה בשום מקום שישוה כלום שהרי קודם שהגיעו שם יפסד וכן דעת הר"ם: ואיכא מאן דאמר דאפילו במה שאינו מתקיים ואינו שוה פרוטה כאן מקודשת מספק ומפרש שאין הספק בדעת חכמים אלא דגזרינן האי דוכתא דלא שוה אטו ההוא דשוה. ולא נהירא שאין מקום לזאת הגזרה שכל שיקדשו בשוה כסף יעיינו אם יש שם שוה כסף אם לא ובלא הכי לא אפשר הילכך לא נפיק מיניה חורבא: (זווא דאורדי) [בזוודא דאורדי] אגודה של מוכין: אבנא דכוחלא. אבן של כחל שהיה דומה לכחול: וקא מעיין בה שאם אי הוו קדושין אם לאו. ור"ש פי' שבא אחר וקדשה בפרוטה: לא סבר לה [דשמואל] ואי אין בה כאן שוה פרוטה אינה מקודשת כלל ואם בא אחר וקדשה מקודשת לשני: דקדיש ועכשיו הוזלה:

תוס' ר"י הזקן

שש מעה כסף דינר. דינר של כסף הוא שש מעין: חיישינן שמא שוה פרוטה [במדי]. איכ' מאן דאמר דאי ידעינן בודאי דוכתא דשוה ביה פרוטה מקודשת ודאי. והעיקר דאפילו ידעינן דוכתא דשוה פרוטה הוה ספק מקודשת הואיל ובהאי דוכתא לא שוה פרוטה והספק הוא אי שוה פרוטה דאמרו חכמים בהאי דוכתא

צער

ת"כ פ' ויקרא

ב"מ מה: עדיות פ"ד מ"ז תוספתא דב"ב פ"ה

[נ"ל דאודרי וכן בברכות נו. ובשבת מח. ובמנחות מב: אודרי ופרש"י מוכין וכן העתיקו תוס' לעיל ח. ד"ה אף שוה ועיין בערוך ערך זוד ג]

כ"א אחיו

הגהות הב"ח

(א) רש"י ד"ה והא תנן וכו' לקידושין:

עין משפט נר מצוה

קח א ב ג מיי' פ"ג מהל' אישות הל' כא כב ופכ"א מהל' איסורי ביאה הל' יד סמג עשין מח טוש"ע אה"ע סי' כו סעיף ד:

קט ד ה מיי' פ"ו מהלכות גירושין הל' כו סמג שם טוש"ע אה"ע סימן קמא סעיף סז:

קי ו מיי' פכ"ה מהלכות סנהדרין הל' ה יא סמג לאוין רח טוש"ע ח"מ סי' ח סעיף ה:

[גי' רש"י בכתובות כג. מלאיסתנא]

קיא ז מיי' פ"א מהל' טוען ונטען הל' ה טוש"ע ח"מ סימן פז סעיף ע:

קיב ח מיי' פכ"א מהל' איסורי ביאה הל' טו סמג לאוין קנו:

קיג ט מיי' פ"ב מהל' איסורי ביאה הל' יב:

קיד י מיי' פ"ה מהל' אישות הלכה כה סמג עשין מח טוש"ע אה"ע סי' כח סעיף ה:

קטו כ מיי' שם הל' יא טוש"ע שם סעיף ד:

גמרא

לָאו הַיְינוּ *דִּיהוּדִית דְּבֵיתְהוּ דְּרַבִּי חִיָּיא, דַּהֲוַית לָהּ צַעַר לֵידָה, אָמְרָה לֵיהּ: אָמְרָה לִי אֵם: קִיבֵּל בֵּיךְ אֲבוּךְ קִידּוּשֵׁי כִּי זוּטַרְתְּ. אֲמַר לָהּ: לָאו כָּל כְּמִינָּהּ דְּאִימֵּךְ דְּאָסְרַתְּ לֵיךְ עִילָּוַאי. אָמְרִי לֵיהּ רַבָּנַן לְרַב חִסְדָּא: אַמַּאי? הָא (א) אִיכָּא סָהֲדֵי בְּאִידִית, דְּיָדְעִי דְּבְהַהוּא יוֹמָא הֲוָה בֵּיהּ ש"פ! הַשְׁתָּא מִיהָא (ב) לָא לֵיתְנְהוּ קַמָּן. לָאו הַיְינוּ דר' חֲנִינָא, *דא"ר חֲנִינָא: עֵידֶיהָ בְּצַד אִסְתָּן וְתֵיאָסֵר?! אַבַּיֵי וְרָבָא לָא סְבִירָא לְהוּ לְהָא דְּרַב חִסְדָּא; אִם *הֵקִילּוּ בִּשְׁבוּיָה, דִּמְנַוְּולָה נַפְשָׁהּ גַּבֵּי שַׁבַּאי — נֵיקִיל בְּאֵשֶׁת אִישׁ?! אִישְׁתָּאַר מֵהַהִיא מִשְׁפָּחָה בְּסוּרָא וּפָרְשׁוּ רַבָּנַן מִינַּהּ. וְלָאו מִשּׁוּם [א] דִּסְבִירָא לְהוּ דִּשְׁמוּאֵל, אֶלָּא מִשּׁוּם דִּסְבִירָא לְהוּ כְּאַבַּיֵי וְרָבָא. הַהוּא גַּבְרָא דְּאַקְדֵּישׁ בְּשׁוֹטִיתָא דְּאָסָא בְּשׁוּקָא. שְׁלַחָה רַב אַחָא בַּר הוּנָא לְקַמֵּיהּ דְּרַב יוֹסֵף, כְּה"ג מַאי? שְׁלַח לֵיהּ: נַגְּדֵיהּ — כְּרַב, וְאִצְטְרִיךְ גִּיטָּא — כִּשְׁמוּאֵל. *דְּרַב [א]מְנַגֵּיד עַל דִּמְקַדֵּשׁ בְּשׁוּקָא; [ב]וְעַל דִּמְקַדֵּשׁ בְּבִיאָה; [ג]וְעַל דִּמְקַדֵּשׁ בְּלָא שִׁידּוּכֵי; [ד]וְעַל דִּמְבַטֵּיל גִּיטָּא; [ה]וְעַל דְּמָסַר מוֹדָעָא אַגִּיטָּא; (ג) *[ו]וְעַל דִּמְצַעַר שְׁלוּחָא דְּרַבָּנַן; [ז]וְעַל דְּחָלָה שַׁמְתָּא עִילָּוֵיהּ תְּלָתִין יוֹמִין; *[ח]וְעַל חַתְנָא דְּדָיֵיר בֵּי חֲמוּהּ. דְּדָיֵיר — אִין, חָלֵיף — לָא. וְהָא הַהוּא חַתְנָא דַּחֲלֵיף אַבָּבָא דְּבֵי חֲמוּהּ, וְנַגְּדֵיהּ רַב שֵׁשֶׁת! [ט]הַהוּא מֵידָם הֲוַת דַּיְימָא חֲמָתֵיהּ מִינֵּיהּ. נְהַרְדְּעֵי אָמְרִי: בְּכוּלְּהוּ לָא מְנַגֵּיד רַב אֶלָּא עַל דִּמְקַדֵּשׁ בְּבִיאָה בְּלָא שִׁידּוּכֵי. וְאִיכָּא דְּאָמְרִי: וַאֲפִילּוּ בְּשִׁידּוּכֵי נַמִי, מִשּׁוּם פְּרִיצוּתָא. הַהוּא גַּבְרָא דְּקַדֵּישׁ בְּצִיפְּתָא דְּאָסָא. אָמְרוּ לֵיהּ: וְהָא לֵית בָּהּ ש"פ! אֲמַר לְהוּ: תִּיקַדֵּשׁ בְּאַרְבַּע זוּזֵי דְּאִית בָּהּ. שְׁקַלְתָּא וְאִישְׁתִּיקָא. אֲמַר רָבָא: הָוָה שְׁתִיקוּתָא דִּלְאַחַר מַתַּן מָעוֹת, וְכָל שְׁתִיקוּתָא דִּלְאַחַר מַתַּן מָעוֹת — לָאו כְּלוּם הִיא. אֲמַר רָבָא: מְנָא אָמִינָא לָהּ — דְּתַנְיָא, *אָמַר לָהּ: [כ]כִּנְסִי סֶלַע זוֹ בְּפִקָּדוֹן, וְחָזַר וְאָמַר לָהּ: הִתְקַדְּשִׁי לִי בּוֹ; בִּשְׁעַת מַתַּן מָעוֹת — מְקוּדֶּשֶׁת, לְאַחַר מַתַּן מָעוֹת, רָצְתָה — מְקוּדֶּשֶׁת, לֹא רָצְתָה — אֵינָהּ מְקוּדֶּשֶׁת. מַאי רָצְתָה וּמַאי לֹא רָצְתָה? אִילֵימָא: רָצְתָה — דְּאָמְרָה "אִין", לֹא רָצְתָה — דְּאָמְרָה "לָא", מִכְּלָל דְּרֵישָׁא

כִּי

רש"י

לָאו הַיְינוּ דִּיהוּדִית. רַב חִסְדָּא קָאָמַר לָהּ. צַעַר לֵידָה. שֶׁהָיְתָה יוֹלֶדֶת תְּאוֹמִים, דְּאָמַר מָר (יבמות דף סה:): יְהוּדָה וְחִזְקִיָּה אַחֵי, פָּזִי וְטָוִי אַחְוָותָא. קִבֵּל בֵּיךְ אֲבוּךְ קִידּוּשֵׁי. מֵאִישׁ אַחֵר, וּבַעַל זֶה אָסוּר לָךְ. בְּאִידִית. שֵׁם מָקוֹם. וְאוֹתוֹ הַיּוֹם הָיוּ כָּאן, וְהָלְכוּ לָהֶם. דְּרַבִּי חֲנִינָא. בִּכְתוּבוֹת, גַּבֵּי בְּנָתֵיהּ דִּשְׁמוּאֵל דְּאִשְׁתַּבְיָין וְאַיְיתִינְהוּ לְבֵי מִדְרְשָׁא דְּרַבִּי חֲנִינָא, וְאוֹקְמִינְהוּ לְשַׁבּוּיֵיהוּ אַבָּרַאי, הָא אָמְרָה: נִשְׁבֵּיתִי וּטְהוֹרָה אֲנִי, וְכֵן אִידָךְ, וְהִתִּירָם לִכְהוּנָּה, וַאֲמַרוּ לֵיהּ לְר' חֲנִינָא: הָא אִיכָּא סָהֲדֵי בִּמְדִינַת הַיָּם שֶׁרָאוּ אוֹתָן שֶׁנִּשְׁבּוּ, וּתְנַן: אִם יֵשׁ עֵדִים שֶׁנִּשְׁבֵּית, וְהִיא אוֹמֶרֶת "טְהוֹרָה אֲנִי" — אֵינָהּ נֶאֱמֶנֶת! וַאֲמַר לְהוּ: הַשְׁתָּא מִיהָא לֵיתְנְהוּ, וְאֵינָן מְעִידִין עַל שִׁבְיָיתָן, וְנַתִּירֵם. עֵידֶיהָ בְּצַד אִסְתָּן. רוּחַ צְפוֹנִית, וְאֵינָן בָּאִים וּמְעִידִים, וְתֵאָסֵר?! בִּתְמִיָּה. לָא סְבִירָא לְהוּ הָא דְּרַב חִסְדָּא. לְהַתִּירָהּ, מִשּׁוּם דְּאִיכָּא סָהֲדֵי בְּאִידִית. מֵהַהִיא מִשְׁפָּחָה. שֶׁנִּשֵּׂאת לְאַחֵר וְיָלְדָה לוֹ. וְלָאו מִשּׁוּם דִּסְבִירָא לְהוּ דִּשְׁמוּאֵל. לְמֵיחַשׁ שֶׁמָּא ש"פ בְּמָדַי. אֶלָּא מִשּׁוּם דִּסְבִירָא לְהוּ דְּאַבַּיֵי וְרָבָא. דְּכֵיוָן דְּאִיכָּא סָהֲדֵי בְּאִידִית — לָא מְקִילִינַן בָּהּ. בְּשׁוֹטִיתָא דְּאָסָא. בְּשֵׁבֶט בַּד שֶׁל הֲדַס. נַגְּדֵיהּ כְּרַב. מִשּׁוּם פְּרִיצוּתָא, דְּקָדֵישׁ בְּשׁוּקָא. וְאִצְטְרִיכָה גִּיטָּא. אִם בָּאת לִינָּשֵׂא לְאַחֵר, כִּשְׁמוּאֵל. דְּאָמַר: חָיְישִׁינַן שֶׁמָּא שָׁוֶה פְּרוּטָה בְּמָדַי. דְּרַב מְנַגֵּיד כו'. מִשּׁוּם פְּרִיצוּתָא. וְעַל דִּמְבַטֵּיל גִּיטָּא. הַשּׁוֹלֵחַ גֵּט לְאִשְׁתּוֹ וְהִגִּיעַ בַּשָּׁלִיחַ, וְאָמַר לוֹ: גֵּט שֶׁנָּתַתִּי לְךָ בָּטֵל הוּא. דִּילְמָא לָא יָדְעִי לֵיהּ אִינָשֵׁי דְּבַטְלֵיהּ קוֹדֶם שֶׁיָּבֹא לְיָדָהּ, וְשֶׁמָּא יִתְּנוּ הַשָּׁלִיחַ לְאַחַר שֶׁבִּטְּלוֹ. וְתִנָּשֵׂא בּוֹ. וְעַל דְּמָסַר מוֹדָעָא אַגִּיטָּא. כְּגוֹן בְּגֵט הַמְעוּשֶּׂה בְּיִשְׂרָאֵל, דְּמוֹצִיא לַעַז עַל בָּנֶיהָ. דִּמְצַעַר שְׁלִיחַ דְּרַבָּנַן. שֶׁמַּזְמִינוֹ לַדִּין מִפִּי הַדַּיָּינִין, וְזֶה קָם עָלָיו וּמַכֵּהוּ. וְעַל חַתְנָא דְּדָיֵיר בְּבֵית חֲמוּהּ. שֶׁמָּא יִכָּשֵׁל בָּהּ. שֶׁסְּתָם חֲמוֹתוֹ אוֹהֶבֶת אֶת חֲתָנָהּ, דְּאָמַר מָר (בפסחים דף קיג.): הֱוֵי זָהִיר בְּאִשְׁתְּךָ מֵחֲתָנָהּ הָרִאשׁוֹן. מֵידָם הֲוַת דַּיְימָא חֲמָתֵיהּ מִינֵּיהּ. חֲשָׁדוּהָ מִמֶּנּוּ. לְשׁוֹן "דּוּמָה וּבַת דּוּמָה" (סוטה דף כז.). בְּצִיפְּתָא דְּאָסָא. מַחֲלֶלֶת שֶׁל הֲדַס. בְּד' זוּזֵי דְּאִית בָּהּ. כְּרוּכִים הָיוּ בָּהּ. שְׁקַלְתָּא. כְּלוֹמַר, נָקְטָה לָהּ וְלֹא הִשְׁלִיכַתָּהּ, וְאִישְׁתִּיקָה. הָוְיָא שְׁתִיקָה דִּלְאַחַר מַתַּן מָעוֹת. שֶׁמִּתְּחִלָּה כְּשֶׁקִּיבְּלַתָּהּ וְהַמָּעוֹת הָיוּ בְּתוֹכָהּ לֹא יָדְעָה בָּהֶן, וּכְשֶׁיָּדְעָה אַחַר כֵּן וְשָׁתְקָה — שְׁתִיקָה דִּלְאַחַר מַתַּן מָעוֹת הִיא, וְלָאו כְּלוּם הִיא. דְּהַאי דְּשָׁתְקָה — מִשּׁוּם דְּלָא אִיכְפַּת לָהּ, מֵימַר אָמְרָה: מֵעִיקָּרָא לָאו אַדַּעְתֵּיהּ דְּהָכִי קַבִּילְתִּינְהוּ. מְנָא אָמִינָא לָהּ. דִּשְׁתִיקָה דִּלְאַחַר מַתַּן מָעוֹת לָאו כְּלוּם הִיא. בִּשְׁעַת מַתַּן מָעוֹת. אִם קוֹדֶם שֶׁקִּבְּלָתַן אָמַר לָהּ "הִתְקַדְּשִׁי לִי בּוֹ" — מְקוּדֶּשֶׁת, דְּכִי קַבִּילְתֵּיהּ — אַדַּעְתָּא דְּהָכִי קַבִּילְתֵּיהּ. מִכְּלָל דְּרֵישָׁא. דְּלָא פָּלֵיג בֵּין רָצְתָה לְלֹא רָצְתָה.

כִּי

תוספות

הא איכא סהדי באורית. ה"ג ר"ת, ולא גרים "באידית". והסופרים טעו בין אידית לאורית. ואורית הוא מערב, כמו אוריה בפרק "לא יחפור" (ב"ב דף כה.) גבי שכינה במערב: מאי אוריה – אויר יה. ולא כמו שפירש בקונטרס: אוריה מזרח, אויר של פני השכינה. והשתא אתיא שפיר, דבני בבל היו אומרים "הא איכא סהדי באורי", כלומר בא"י שהוא מערב, כדאמרינן "במערבא אמרי". ורב חנינא (ד) מא"י אמר: עדיה בצד אסתן ותיאסר – כלומר בבל שהיא בצפון. דאסתן הוא צפון, כדאמרן (מגילה דף כח.) שמעתתא בעי צילותא כיומא דאיסתנא. דרוח צפונית מונעת את הגשמים, כדאמר (איוב לז) "מצפון זהב יאתה" תרגומא: מצפונא *אסתנא יאתי.

והאיכא סהדי באורית. אין לפרש: דניחוש לשמא איכא סהדי – דא"כ אין לדבר סוף, דלעולם איכא למיחש. והא נמי ליכא לפרש: והא איכא סהדי דידעי דבההוא שעתא הוה ביה ש"פ, דפשיטא דעל זה ראוי להחמיר. אלא נראה לר"י לפרש: והא איכא סהדי, כלומר יצא הקול שיש עדים באורית או במדינת הים.

אם הקלנו בשבויה. אית ספרים שכתוב בהן: משום דמנוולא נפשה, נקל באשת איש?! וי"מ: אם הקלנו בשבויה – היינו משום דאפילו איכא סהדי שנשבית – מ"מ לא היו יודעין אם נטמאה, א"כ אינה אסורה מה"ת. (א"כ) נקל באשת איש?! דאי איכא סהדי דאותה אבנא דכותלא אית בה ש"פ הויא א"א גמורה – א"כ אין דין הוא שנקל עליה! וי"מ: אם הקלנו בשבויה – משום דליכא אלא איסור לאו דזונה, נקל בא"א דאיכא איסור מיתה?! ולא נהירא, שהרי השבויה נמי פעמים דאיכא איסור מיתה – אם הוא כהן ויש לו בן ממנה שהוא חלל, ויעבוד עבודה במזבח בשבת, ובזה יש חיוב מיתה*).

ועל דמבטל גיטא. פ"ה: כגון השולח גט לאשתו והגיע בשליח, וא"ל: גט שנתתי לך בטל הוא. ואיכא למיחש שמא יתננו לה השליח לאחר שבטלו, ותנשא בו. ולא נהירא; דאין סברא לומר שיתן לה השליח כיון שהוא מוחה בו, דאטו ברשיעי עסקינן? לכן נ"ל כדאמר התם (גיטין דף לג.): בראשונה היה עושה ב"ד ומבטל לפניהם, התקין ר"ג שלא יהו עושין כן. אך פליגי התם (דף לג.), דאיכא למ"ד אם בטלו – מבוטל. ולדידיה ניחא, שהרי אשה זו אינה יודעת שבטלו, ותינשא. ואפילו למ"ד התם: אם בטלו אינו מבוטל – מ"מ הרי מוציא לעז על הגט**). **בכולהו** לא מנגיד רב. על זה סומכין התתנים בזמן הזה שדרים בבית חמותם. ואפילו למאן דחייש לעיל, מה שדרין עכשיו בבית חמותם – היינו בשביל טובת הנאה, שדרים בלא שכירות בבית, דיש הוכחה שאינם דרים בשביל חמותם, אלא בשביל שאר טובות שעושין להם. **משום** פריצותא. מפרש ר"ת: דהיינו פריצותא – לפי שצריך או עדי ביאה או עדי יחוד, ודבר מכוער שמעמיד עדים על כך. וקשה: דביבמות פ' "ר"ג" (דף נב.) מייתי לה: מצות יבמה מקדש והדר בעיל, לא קדיש – לוקה מכת מרדות מדרבנן, כרב. והתם לאו משום עדים תליא טעמא, דהא יבמה מדאורייתא אינה נקנית אלא בביאה! אלא נראה לר"י: דהיינו פריצות – שעושין תחלת קניין בביאה, דומיא דמקדש בלא שידוכי.

בשעת מתן מעות מקודשת. ה"ג: ולא גרסינן "בין רצתה בין לא רצתה", כדאמר לקמן (דף יג.): ליתני מקודשת סתם, כי התם.

*) [ע' תוספות כתובות כג. ד"ה עדי טומאה כו']. **) [וע' היטב תוס' יבמות נב. ד"ה דמבטל ותוס' גיטין לג: ד"ה אמר רב יוסף].

תוס' ר"י הזקן

צער לידה יולדת בקושי והיתה רוצה שתאסר על בעלה: אמרי איכא סהדי באידית. שם מקום: אותן [העדים] היו כאן והלכו להם ונחוש להם: דרבי חנינא בכתובות גבי בנתיה דמר שמואל דאשתביין: אסתן. צפון כלומר לא נחוש לעדים שאינם כאן: בשבויה שהרבה קולות עשו בה חכמים והטעם שאע"פ שנשבית לא היה לנו לאוסרה מספק שהי' לנו להעמיד' על חזקה ובחזקת כשרה היתה. אבל הכא הרי יצאתה מחזקת פנויה שהרי קבלה קדושין ואיתרע לה חזקה ואע"ג דהשתא לית בהו שוה פרוטה הואיל ונפק קלא דההוא יומא דקדיש הוה ביה שוה פרוטה חיישינן לה. ורב חסדא סבר הואיל והשתא חזינן דלית בהו שוה פרוטה יש לנו להעמידה בחזקת פנויה דומיא דשבויה. ואע"ג דקיימא לן כשמואל דחיישינן שמא שוה פרוטה במדי ולגבי האי מילתא לא נפקא לן מידי. לגבי שאר מילי דאשת איש נפקא מינה דחיישינן לעדים שאינם כאן והוא שיצא קול כל דהו אבל אם לא יצא קול כלל ודאי לא חיישינן לסהדי כמו שבארנו בכתובות פרק האשה שנתארמלה: מהדיא משפחה שיצאו מאותה אשה שהתיר רב חסדא לשני: שוטיתא.

מסורת הש"ס

[יבמות סה:]

כתובות כג. ב"ב קלה.

[כתובות כג. וש"נ]

יבמות נב.

לקמן ע:

ב"ב לח:

תוספתא דקידושין פ"ב [ע"ש]

הגהות הב"ח

(א) גמ' אמאי הא אמרי איכא סהדי. נ"ב כך הוא גירסת הר"ן: (ב) שם השתא מיהא ליתנהו כצ"ל ותיבת לא נמחק: (ג) שם מודעא אגיטא (ועל דמלגט וכו' יומין). תא"מ ונ"ב ס"א ועל דפקיר נגד שלוחי דרבנן ועל דקפי שמתא תלתין יומין ולא אתי ותבע שמתיה: (ד) תוס' ד"ה הא וכו' ור' חנינא מבני א"י אמר:

הגהות הגר"א

[א] גמ' ולאו משום דשמואל. כצ"ל:

כסם

בר של הדס: בביאה ובשוקא ובלאו שידוכי משום פריצותא. דמבטל גיטא ששלח גט לאשתו וקודם שיגיע גט לאשתו ביטלו בפני שנים ונפיק מיניה חורבא שהשליח הולך ונותנו לה והיא הולכת ונשאת ונמצא גט בטל ובניה ממזרים וכ"פ הר"מ: ור"ש פי' שהגיע בשליח ובטלו שמא יתננו לה השליח אחר שביטלו ותנשא בו: מודעא היא בשני עניינים אם אמר לשנים כל גט שאכתוב לאשתי הרי הוא בטל או אפילו אם הוא מאלו שכופין אותו להוציא הואיל והודיע להם שמחמת אונסו יאמר רוצה אני אי לא בטיל ומיהו אינו גומר בלבו לגרשה דלאו הוי גיטא א) עד דמבטל גיטא למודעיה בתר דאכתוב תו לא מהני דהא מיד דאכתוב הו"ל כחספא דהא איבטיל כמו שנבאר בג"ה בהשולח. וכן אם מודיע להם שהוא אנוס אע"ג דהוי מאלו שכופין אותו להוציא הואיל והודיע להם שמחמת אונסו יאמר רוצה אני אי לא בטיל למודעא בהדיא מקמי דאיכתיב גיטא לא הוי גט כשר דאונסא בלא מסירת מודעא בעינן דנימא בהדיא רוצה אני והיכא דמסר מודעא בהדיא בעינן דליבטיל במודעיה כדאיתא בערכין וכמו שביארנו פ' המגרש וכל מודעא דגיטא אע"ג דלא ידע בההוא מודעא הויא מודעא ואע"ג דאמרינן כל מודעא דלא כתיב בה ידענא ביה באנסא דפלוני לאו מודעא היא ה"מ במקח וממכר אבל בגט הויא מודעא דכל מודעא גילוי מילתא בעלמא הוא כדאיתא בחזקת הבתים ובטיל גיטא ובהדיא אמרינן בערכין (דף כא) גבי הא מילתא אמר רב ששת האי מאן דמסר מודעא אגיטא מודעיה מודעא: שליחא דרבנן שמכה שליח ב"ד שמזמין לדין או כשעשה שליחותו ומה שצוו לו ב"ד: תלתין יומין דעמד כל כך בשמתא ולא אתי למשרי שמתיה: חתנא אית דמפרשי חתן שקדש ארוסתו ודר בבית חמיו משום פריצותא: דחליף. שעובר על הפתח: מידם. כמו דומה. יצא עליו לעז מחמותו: ש"מ שמי שנטען על ערוה לא יראה על פתח ביתה כלומר באותה שכונה ואם עבר מכין אותו מכת מרדות: ולשון הר"ם באיסורי ביאה פ' ה' מי שנטען על ערוה או מי שיצא עליו שם רע לא ידור עמה בבית אחד ולא יראה באותה שכונה ומעשה באחד שהיו מרננין אחריו עם חמותו והכו אותו חכמים מפני שעבר על פתח ביתה ע"כ. נראה דלענין דירה נתן הר"ם לנטען על הערוה דין כהן שגירש דאמרינן בהאשה שנתאלמנה לא תדור עמו במבוי והשוה ריחוק דירה לערוה שהיא בכרת גבי ישראל. עם דירה הגרושה לגבי כהן שהוא בלאו והטעם דלאו דכהונה חמיר וערוה שהיא בכרת חמירא: נהרדעי וכו' והלכתא כרב יוסף דאכולהו מנגיד רב וכן פסק הר"ם. מיהו לא הביא חתנא דדייר בבי חמוה לענין מכת מרדות. אלא שכתב בקדושה פרק כ"א וכן על האיש שידור בבית חמיו שזו עזות פנים ע"כ נראה שפירש חתנא אפילו נשאת. ור"ש פי' שמא יכשל בחמותו שסתם חמות אוהבת חתנה. ולזה הפי' קשה אמאי אמר בי חמוה היה לנו לומר בי חמותו דלדידיה אם אין לו חמות מותר: ציפתא. אגודה של הדס. ור"ש שפי' מחצלת שאמר לה הרי את מקודשת לי בזה והיא קבלה בתורת קדושין ואמרה הן או שתקה שהרי הבינה הלשון: אמרו ליה אותן העומדים. והא לית ביה שוה פרוטה (ואסרה רבא) דלא הוה ס"ל הא דשמואל: שקלתה כלומר לא זרקתה אלא הלכה לה עם האגודה ולא אמרה כלום כשאמר תתקדש לי בד' זוזי דאית בה: תתקדש לי גרסינן ואית דאמרי דאפילו לא אמר לה השתא לי הוו ידים מוכיחות דהא מעיקרא אמר לה לי: שתיקה דלאחר מתן מעות. שהרי מעיקרא כשנטלה האגודה בתורת קדושין לא היה דעתה אלא על האגודה שהרי לא היו נראין המעות אע"ג דאמר לה בזה לא היה דעתה אלא על האגודה והואיל והאגודה אינה שוה כאן פרוטה הקדושין אינן כלום וכי אמר לה בתר הכי תתקדש במה שיש בתוכה הואיל ושתקה אין זה כלום שלא נתרצית והאי דלא שדיתה לאגודה סברא אחיבנא ביה דנשי לאו דינא גמירי כדמפרש רב אחאי לקמן. ואית דגרסי אמרה ליה שנראה מתוך דבריה שאין דעתה אלא על האגודה אבל אם אמר לה בזה ולא נראה מתוך תשובתה שאין דעתה אלא על מה שהיא רואה דעתה על כל מה שבתוכה ואפילו אין בה באגודה שוה פרוטה אם יש במה שבתוכה שוה פרוטה מקודשת קדושי ודאי ואם בא אחר וקדשה

א) נראה דצ"ל עד דמבטל ליה למודעא מקמיה דאיכתוב גיטא אבל בתר דאכתוב וכו'.

כִּי אָמְרָה "לָא" נַמִי הָווּ קִידּוּשִׁין? אַמַּאי? וְהָא קָאָמְרָה "לָא"! אֶלָּא לָאו: רָצְתָה — דְּאָמְרָה "אִין", לֹא רָצְתָה — דְּאִישְׁתִּיקָה מִשְׁתְּקָה. וּשְׁמַע מִינָּהּ: שְׁתִיקָה דִּלְאַחַר מַתַּן מָעוֹת — וְלָא כְּלוּם הִיא. קָשׁוּ בָּהּ בִּפּוּם נַהֲרָא מִשְּׁמֵיהּ דְּרַב הוּנָא בְּרֵיהּ דְּרַב יְהוֹשֻׁעַ: מִי דָּמֵי? הָתָם — בְּתוֹרַת פִּקָּדוֹן יַהֲבִינְהוּ נִיהֲלָהּ, סָבְרָה: אִי שָׁדֵינָא לְהוּ וּמִיתַּבְרִי — מִחַיַּיבְנָא בְּהוּ; הָכָא — בְּתוֹרַת קִידּוּשִׁין יַהֲבִינְהוּ נִיהֲלָהּ, וְאִי אִיתָא דְּלָא נִיחָא לָהּ — לִישְׁדִּינְהוּ. *פָּרֵיךְ רַב אַחַאי: אַטּוּ כּוּלְּהוּ נָשֵׁי דִּינָא גְּמִירִי? ה"נ סָבְרָה: אִי שָׁדֵינָא לְהוּ וּמִיתַּבְרִי מִיתְחַיַּיבְנָא בְּאַחֲרָיוּתַיְיהוּ. שְׁלָחָהּ רַב אַחָא בַּר רַב לְקַמֵּיהּ דְּרָבִינָא: כְּה"ג מַאי? שְׁלַח לֵיהּ: אֲנַן לָא שְׁמִיעַ לָן הָא דְּרַב הוּנָא בְּרֵיהּ דְּרַב יְהוֹשֻׁעַ, אַתּוּן דִּשְׁמִיעַ לְכוּ — חוּשׁוּ לָהּ. [א]הַהִיא אִיתְּתָא דַּהֲוָה קָא מְזַבְּנָה *וַרְשְׁכֵי. אֲתָא הַהוּא גַּבְרָא חֲטַף וַרְשְׁכָא מִינַּהּ. אָמְרָה לֵיהּ: הַבָה נִיהֲלִי. אֲמַר לָהּ: אִי יָהֵיבְנָא לֵיךְ מִיקַּדְּשַׁתְּ לִי? שְׁקַלְתֵּיהּ וְאִישְׁתִּיקָה. וְאָמַר ר"נ: יְכוֹלָה לְמֵימַר: *אִין, שְׁקַלִי, וְדִידִי שָׁקְלִי. אֵיתִיבֵיהּ רָבָא לְר"נ: *[ב]קִידְּשָׁהּ בְּגֶזֶל וּבְחָמָס וּבִגְנֵיבָה, אוֹ שֶׁחָטַף סֶלַע מִיָּדָהּ וְקִדְּשָׁהּ — מְקוּדֶּשֶׁת! הָתָם [ג]בִּדְשָׁדֵיךְ. וּמְנָא תֵּימְרָא דְּשָׁנֵי לָן בֵּין שָׁדֵיךְ וּדְלָא שָׁדֵיךְ? *דְּתַנְיָא: [ד]אָמַר לָהּ "כַּנְסִי סֶלַע זוֹ שֶׁאֲנִי חַיָּיב לִיכִי" וְחָזַר וְאָמַר לָהּ "הִתְקַדְּשִׁי לִי בּוֹ", בִּשְׁעַת מַתַּן מָעוֹת; רָצְתָה — מְקוּדֶּשֶׁת, לֹא רָצְתָה — אֵינָהּ מְקוּדֶּשֶׁת. לְאַחַר מַתַּן מָעוֹת — אֲפִילּוּ רָצְתָה אֵינָהּ מְקוּדֶּשֶׁת. מַאי רָצְתָה וּמַאי לֹא רָצְתָה? אִילֵימָא רָצְתָה דְּאָמְרָה "אִין", לֹא רָצְתָה דְּאָמְרָה "לָא", הָא אִישְׁתִּיקָה — הָווּ קִידּוּשִׁין, — וְנִתְנֵי מְקוּדֶּשֶׁת סְתָם, כִּי הָתָם. אֶלָּא: רָצְתָה — דְּאָמְרָה "אִין", לֹא רָצְתָה — דְּאִישְׁתִּיקָה. וְקָא תָּנֵי דְּאֵינָהּ מְקוּדֶּשֶׁת. מַאי טַעְמָא? יְכוֹלָה לְמֵימַר: אִין, שָׁקְלִי, וְדִידִי שָׁקְלִי. וְאֶלָּא קַשְׁיָא הַךְ דְּקִדְּשָׁהּ בְּגֶזֶל וּבְחָמָס וּבִגְנֵיבָה, אוֹ שֶׁחָטַף סֶלַע מִיָּדָהּ וְקִדְּשָׁהּ — מְקוּדֶּשֶׁת. אֶלָּא לָאו שְׁמַע מִינָּהּ: [ה]הָא — דְּשָׁדֵיךְ, הָא — דְּלָא שָׁדֵיךְ. כִּי נָח נַפְשֵׁיהּ דְּרַב אַסִּי עַיִּילוּ רַבָּנַן לְנַקּוּטִינְהוּ לִשְׁמַעְתֵּיהּ, א"ל הַהוּא מֵרַבָּנַן וְר' יַעֲקֹב שְׁמֵיהּ: הָכִי א"ר אַסִּי א"ר מָנִי: כְּשֵׁם שֶׁאֵין אִשָּׁה נִקְנֵית בְּפָחוֹת מִשָּׁוֶה פְּרוּטָה, כָּךְ [ו]אֵין קַרְקַע נִקְנֵית בְּפָחוֹת מִשְּׁ"פ. אָמְרוּ לֵיהּ: וְהָתַנְיָא: אע"פ שֶׁאֵין אִשָּׁה נִקְנֵית בְּפָחוֹת מִשָּׁוֶה פְּרוּטָה — קַרְקַע נִקְנֵית בְּפָחוֹת מִשְּׁ"פ! א"ל: כִּי תַּנְיָא הַהִיא — בַּחֲלִיפִין. *דְּתַנְיָא: [ז]קוֹנִין בִּכְלִי וְאע"פ שֶׁאֵין בּוֹ שָׁוֶה פְּרוּטָה. הֲדַר יָתְבִי וְקָאָמְרִי, הָא *דַּאֲמַר רַב יְהוּדָה אָמַר שְׁמוּאֵל: [ח]כָּל שֶׁאֵינוֹ יוֹדֵעַ בְּטִיב גִּיטִּין וְקִידּוּשִׁין — לֹא יְהֵא לוֹ עֵסֶק עִמָּהֶן. אָמַר ר' אַסִּי אָמַר רַבִּי יוֹחָנָן: וְקָשִׁין לָעוֹלָם יוֹתֵר מִדּוֹר הַמַּבּוּל, שֶׁנֶּאֱמַר: °"אָלֹה וְכַחֵשׁ וְרָצֹחַ וְגָנֹב וְנָאֹף פָּרָצוּ וְדָמִים בְּדָמִים נָגָעוּ". מַאי מַשְׁמַע? כִּדְמִתַרְגֵּם רַב יוֹסֵף: מוֹלְדִין בְּנִין מִנְּשֵׁי חַבְרֵיהוֹן, חוֹבִין עַל חוֹבִין מוֹסִיפִין. וּכְתִיב: °"עַל כֵּן תֶּאֱבַל הָאָרֶץ וְאֻמְלַל כָּל יוֹשֵׁב בָּהּ בְּחַיַּת הַשָּׂדֶה וּבְעוֹף הַשָּׁמַיִם וְגַם דְּגֵי הַיָּם יֵאָסֵפוּ וגו'". וְאִילּוּ בְּדוֹר הַמַּבּוּל *°לֹא נִגְזְרָה גְּזֵירָה עַל דָּגִים שֶׁבַּיָּם, שֶׁנֶּאֱמַר: °"מִכֹּל אֲשֶׁר בֶּחָרָבָה מֵתוּ" וְלֹא דָּגִים שֶׁבַּיָּם. וְאִילּוּ הָכָא — אֲפִילּוּ דָּגִים שֶׁבַּיָּם. *וְאֵימָא עַד דְּעָבֵיד לְכוּלְּהוּ? לָא סָלְקָא דַּעְתָּךְ, דִּכְתִיב: °"כִּי מִפְּנֵי אָלָה אָבְלָה הָאָרֶץ". וְאֵימָא: אָלָה לְחוּד, וְהָנָךְ לְחוּדַיְיהוּ?

מִי

רש"י

כי אמרה לא נמי הוו קידושין. בתמיה. דשתקה מישתקה. ולא רצתה דקאמר — ה"ק: לא אמרה רוצה אני. לא כלום היא. דהאי דשתקה — משום דלא איכפת לה הוא. מי דמי. שתיקה דהכא לשתיקה דהתם. התם. גבי כנסי בפקדון, מעיקרא בתורת שמירה קבילתיה, כי הדר אמר "התקדשי לי בו" סברה: אי שדינא ליה כו', הילכך לא שדתינהו. והאי דלא מחאי — משום דלא איכפת לה. אבל גבי ליפתא — מעיקרא בתורת קידושין קבלתיה, ונהי דליפתא לית בה שוה פרוטה, כי הדר ואמר "תקדוש בזוזי דאית בה" אי לא ניחא לה — תשדינהו, דהא לא נתחייבה בשמירתה, ומדלא שדתינהו — ש"מ נתרצית בקידושין. דינא גמירי. וידעה כיון דלא קבלה נטירותא עלה, אי שדיא להו לא מתחייב. לא שמיע לן. לא הוא אמר לנו, ולא אחר משמו. חושו לה. ולצרכוה גיטא. וורשכי. בינדלו"ש. גזל. דלא יהיב דמי. חמסן. דיהיב דמי, אבל לא נתרצו בעלים מעולם למכור. בדשדיך. שדבר בה קודם לכן, ונתרצית להתקדש לו. דהתם כי שתקה — משום דניחא לה הוא. נימא מקודשת סתם. ולא איצטריך לפלוגי, ולמימר דכי אמרה "לא" אינה מקודשת, שאף הקטנים יודעים בו. כי התם. כדתנא בההיא דלעיל: בשעת מתן מעות מקודשת. לא רצתה דאישתיקה. וקבילתיה, ואפ"ה אינה מקודשת, דדידה שקלה. ולאחר מתן מעות, אפילו רצתה, דאמרה "אין" — לא מקדשה, דמעיקרא קבלתיה בחובה, וכי הדר אמרה "אין" — לא קיהיב לה מידי. ואלא קשיא הך כו'. מסקנא "דמנא תימרא" היא. לנקוטינהו לשמעתיה. נתקבלו לבהמ"ד ואמרו: כל ששמע שמועה חדשה מפיו — יאמרנה באזני חביריו, כדי לגרסם, שלא ישתכחו. קונין. בחליפין, "שלף איש נעלו" (רות ד). הדר יתבי וקאמרי. בשמעתיה דר' אסי: הא דאמר רב יהודה כו', א"ר אסי עלה: קשים לעולם דיינים המורים הוראה בעריות ואינם בקיאין, יותר מדור המבול. מאי משמע. מהכא (א) קשים לעולם — דקאי "על כן תאבל" אאשת איש. כדמתרגם רב יוסף. דהוה בקי בתרגום נביאים שתרגם יונתן בן עוזיאל, דהאי "פרצו דמים בדמים נגעו" באשת איש קאי. פרצו. כמו "וכן יפרוץ" (שמות א) — מולידין בנין. כי מפני אלה אבלה הארץ. בעלמא כתיב, מיהא שמעינן מינה דאבל אלה קאמר "על כן תאבל", דהא "אלה" אלה מהנך דקרא קמא היא.

תוספות

כשם שאין האשה נקנית בפחות משוה פרוטה כך אין הקרקע נקנית כו'. תימה: דה"ל למידק איפכא, דהא קניני אשה לא ידעינן אלא משדה! ושמא י"ל: דלית ליה ג"ש ד"קיחה" "קיחה", אלא נפקא ליה מ"ויצאה חנם". א"נ י"ל: דאורחיה דגמ' למינקט הפשוט תחילה, כדאי' בנדרים (דף כה:): כשם שנדרי שגגות מותרות — כך שבועות שגגות מותרות. ואע"ג דנדר לא ידעינן אלא משבועות, דכתיב "האדם בשבועה" פרט לאנוס (שבועות דף כו:)*.

*האשה שהביאה חטאתה ומתה. משנה היא במס' קנים (פ"ב משנה ה), וקתני סיפא: הביאה עולתה ומתה — לא יביאו יורשיה חטאתה. פירוש: משום דהוי חטאת שמתו בעליה, ולמיתה אזלא. משמע, דוקא יורשיה לא יביאו חטאתה אחר עולתה, אבל היא עצמה, אם היתה חיה — מביאה חטאתה אחר עולתה, ופטורה. ותימה: דבריש "תמיד נשחט" (פסחים נט.) אמרינן דכל חטאות קודמות לעולות שבאות עמהם, אפילו חטאת העוף לעולת בהמה, וא"כ — איך אפשר שהביאה עולתה קודם חטאתה? וליכא למימר דלכתחילה קאמר, דמצוה להיות החטאות קודמות לעולות, אבל בדיעבד אם הקדימה העולה — קריבה החטאת אחריה. דהא פריך בפרק "תמיד נשחט" (שם): ומי קריבה? והתניא: "והקריב את אשר לחטאת ראשונה" מה ת"ל כו'. ומסיק: זה בנה אב שכל החטאות קודמות לעולות הבאות עמהן. אלמא משמע דאפילו בדיעבד לא קריבה! וי"ל: דהתם מיירי במצורע. ודוקא במצורע הוא דאמר אפילו בדיעבד לא קריבה, משום דכתיב ביה הויה (ויקרא יד) "זאת תהיה" דהוי עיכובא, כדמוכח בפ"ק דמנחות (דף ה.). אבל בעלמא אמרינן בדיעבד קרבה שפיר. א"נ י"ל: דלפי המסקנא דהתם (פסחים נט:) ניחא, דקאמר: ובדיעבד נמי כשר, משום דכתיב "והעלה" — דמשמע שהעלה כבר. ומעתה ילפינן בעלמא מיניה מבנין אב; דמאחר דגלי לן במצורע דבדיעבד קרבה — הוא הדין בעלמא.

מלוה

תוס' ר"י הזקן

וקדשה מקודשת לראשון וכ"נ מהל' הר"ם שכתב ואמרה לו: דינא גמירי. כלומר וכי הנשים הן בקיאות בדיני ממונות שיודעות שמה שאדם נותן לה בתורת קדושין אם אינה מתרצה בדבר ותשליכם ויאבדו לא תהא חייבת לשלם דתימ' דהואיל ולא השליכם נתרצית בקדושין הלא אין דרך אשה לדעת דיני ממונות שהרי אינה מתעסקת בדינם כדאמרינן בהדיא בהאי פירקא אבל דינין אימא איש דבר משא ומתן אין אשה לא. אבל במידי דמעשר שני לא אמרינן הכי כמו שביארנו בנדה פרק תינוקת ובהדיא אמרינן בפ' האיש מקדש אשה יודעת שאין מעשר שני מתחלל על ידה וכו': והלכתא כרבא ורב אחאי דכל שתיקה דלאחר מתן מעות לאו כלום הוא ואפילו קבלה תחלה בתורת קדושין הילכך הויא מקודשת מספק שמא שוה פרוטה במדי דהלכ' כשמואל. ואיכא מ"ד דהואיל ואסיקנא בגמרא אנן לא שמיע לן כלומר לא אמרה לנו ולא אחר משמו אתון דשמיע לכו חושו לה חיישינן. ונפקא מינה אם קדשה בדבר שאינו מתקיים ואינו שוה פרוטה ויש בתוכו שוה פרוטה אי חיישינן לרב הונא הויא מקודשת בספק ואם בא אחר וקידש תצא מזה ומזה ומשום דשמואל ליכא הואיל ואינו מתקיי' כדכתבינן. וכן נראה דעת הרי"ף שהביא אתון דשמיעו לכו חושו לה דמה צורך להביאה תיפוק לי משום דשמואל ודעת הר"ם כדכתבינן דהלכתא כרבא כמו שביאר פרק ה'. הילכך אם אינו מתקיים אינה מקודשת כלל. מכלל דרישא כי אמר לה בשעת מתן מעות: וורשכי ובמ"ש: ודידי שקלי. מפני שהם שלי לקחתים ולא לקחתים בתורת קדושין אבל אי אמרה הן (אינה) הוי ודאי מקודשת: קדשה בגזל אסיקנא בפרקין דלקמן פרושי קא מפרש קדשה בגזל בחמס ובגנבה כיצד כגון שחטף סלע מידה. אבל גזל או חמס דאחרים אינה מקודשת אא"כ נתייאשו הבעלים: גזלן לא יהיב דמי. חמסן יהיב דמי: דשדיך איכא מאן דאמר ששאלה אחר שגזלה אם רוצה להתקדש לו בכסף שגזלה או שחמסה שיתננו לה בכסף קדושיה ואמרה הן אע"פ ששתקה בשעת מתן מעות מקודשת דהא נתרצית כבר ותו לא יכלה למימר דידי שקלי: ומסתברא אע"פ ששידך זה כמה אפילו קודם שגזלה וכ"נ מלשון הר"ם שכתב פרק ה' אם לא שידך אותה מעולם. והטעם דהואיל וכבר רצתה להתקדש לו בתורת קדושין נטלם ותו לא מצי למימר שלא נתרצית וכן עיקר: כי התם גבי כנסי סלע זה בפקדון דתני בשעת מתן מעות מקודשת ואוקימנא

עין משפט נר מצוה

קטז א ב ג מיי' פ"ה מהל' אישות הל' י סמג עשין מח טוש"ע אה"ע סי' כח סעיף ב:

קיז ד ה מיי' שם הל' יב טוש"ע שם סעיף ג:

[וע' תוס' שבת כ: ד"ה אחד ומ"ש שם בגליון]

קיח ו מיי' פ"א מהל' מכירה הל' ד סמג עשין פב טוש"ע ח"מ סי' קצ סעיף ב:

קיט ז מיי' שם פ"ה הלכה ו סמג שם טוש"ע ח"מ סימן קצה סעיף ב:

קכ ח טוש"ע אה"ע סימן מט סעיף ג וסימן קנד בסדר הגט סעיף קח:

מסורת הש"ס

כתובות מז. יבמות כד. מו. נדה לג. בכורות ו. [שבועות מח: זבחים קב: חולין סה:]

פי' אכילות מסי [ור"ח פי' מרגליות וכ' גרסוס פי' מנגפת שנותנין על הפלחת עירך ובכ"מ נח. פרש"י קשורי מסי שקורין בונדיל"ש]

שבועות לב: מז. ב"ק קיז. ב"ב לג: לקמן נב. תוספתא דקדושין פ"ד

שם פ"ב

ב"מ מז.

לעיל ו.

הושע ד

שם

סנהדרין קח. זבחים קיג: בראשית ז

שבועות לט.

ירמיה כג

תורה אור

הגהות הב"ח

(א) רש"י ד"ה מאי וכו' דקשים:

גליון הש"ס

גמ' לא נגזרה גזירה על דגים שבים. עי' הרא"ש ברלאשית ו ד"ה אשר בחרו:

מִי כְּתִיב "וּפָרְצוּ"? "פָּרְצוּ" כְּתִיב. הֲדוּר יָתְבִי וְקָאָמְרִי, הָא *דִּתְנַן: [א]הָאִשָּׁה שֶׁהֵבִיאָה חַטָּאתָהּ וּמֵתָה — יָבִיאוּ יוֹרְשִׁין עוֹלָתָהּ. אָמַר רַב יְהוּדָה אָמַר שְׁמוּאֵל: וְהוּא שֶׁהִפְרִישָׁתָהּ מֵחַיִּים, אֲבָל לֹא הִפְרִישָׁתָהּ מֵחַיִּים — לֹא. אַלְמָא קָסָבַר: שִׁיעְבּוּדָא לָאו דְּאוֹרַיְיתָא. אָמַר רַב אַסִּי א"ר יוֹחָנָן: [ב]אע"ג שֶׁלֹּא הִפְרִישָׁהּ מֵחַיִּים. אַלְמָא קָסָבַר: שִׁיעְבּוּדָא הֲוֵה דְּאוֹרַיְיתָא. וְהָא פְּלִיגֵי בַּהּ חֲדָא זִימְנָא, דְּרַב וּשְׁמוּאֵל דְּאָמְרִי תַּרְוַיְיהוּ: *מִלְוֶה עַל פֶּה — אֵינָהּ גּוֹבָה מִן הַיּוֹרְשִׁין וְלֹא מִן הַלָּקוֹחוֹת, וְר' יוֹחָנָן וְר"ל דְּאָמְרִי תַּרְוַיְיהוּ: מִלְוֶה עַל פֶּה גּוֹבֶה בֵּין מִן הַיּוֹרְשִׁין בֵּין מִן הַלָּקוֹחוֹת! צְרִיכָא. דְּאִי אִיתְּמַר בְּהָא — בְּהַךְ קָאָמַר שְׁמוּאֵל, מִשּׁוּם דְּלָא מִלְוֶה כְּתוּבָה בַּתּוֹרָה הִיא, אֲבָל בְּהַךְ — אֵימָא מוֹדֶה לְהוּ לְרַבִּי יוֹחָנָן וּלְר"ל. וְאִי אַשְׁמְעִינַן בְּהָא — בְּהָא קָאָמַר ר' יוֹחָנָן, *דְּמִלְוֶה כְּתוּבָה בַּתּוֹרָה כִּכְתוּבָה בִּשְׁטָר דָּמְיָא, אֲבָל בְּהַךְ — אֵימָא מוֹדֶה לֵיהּ לִשְׁמוּאֵל. צְרִיכָא. *אָמַר רַב פַּפָּא: [ג]הִילְכְתָא, מִלְוֶה עַל פֶּה — גּוֹבֶה מִן הַיּוֹרְשִׁין, [ד]וְאֵינוֹ גּוֹבֶה מִן הַלָּקוֹחוֹת. גּוֹבֶה מִן הַיּוֹרְשִׁין — שִׁיעְבּוּדָא דְּאוֹרַיְיתָא, וְאֵינוֹ גּוֹבֶה מִן הַלָּקוֹחוֹת — דְּלֵית לֵיהּ קָלָא. § "וְקוֹנָה אֶת עַצְמָהּ בְּגֵט וּבְמִיתַת הַבַּעַל". § בִּשְׁלָמָא גֵּט — דִּכְתִיב: °"וְכָתַב לָהּ סֵפֶר כְּרִיתוּת". אֶלָּא מִיתַת הַבַּעַל מְנָלַן? (דברים כד) סְבָרָא הוּא: הוּא אֲסָרָהּ וְהוּא שָׁרְתָהּ. וְהָא עֲרָיוֹת, דְּאָסַר לְהוּ וְלָא שָׁרֵי לְהוּ! אֶלָּא: מִדְּאָמַר רַחֲמָנָא יְבָמָה שֶׁאֵין לָהּ בָּנִים אֲסוּרָה — הָא יֵשׁ לָהּ בָּנִים — מוּתֶּרֶת. וְדִילְמָא: אֵין לָהּ בָּנִים — אֲסוּרָה לְעָלְמָא וְשַׁרְיָא לְיָבָם, וְיֵשׁ לָהּ בָּנִים — לְכוּלֵּי עָלְמָא נַמִי אֲסוּרָה! אֶלָּא, מִדְּאָמַר רַחֲמָנָא אַלְמָנָה לְכה"ג אֲסוּרָה, הָא לְכֹהֵן הֶדְיוֹט — שַׁרְיָא. וְדִילְמָא: לְכה"ג — בְּלָאו, לְכוּלֵּי עָלְמָא — בַּעֲשֵׂה. הַאי עֲשֵׂה מַאי עֲבִידְתֵּיהּ? אִי דְּאַהֲנְיָא מִיתַת הַבַּעַל — תִּישְׁתְּרֵי לְגַמְרֵי. אִי דְּלָא אַהֲנְיָא מִיתַת הַבַּעַל — תּוֹקְמָהּ בְּמִילְּתָא קַמַּיְיתָא. אַלְמָה לָא? אַפֵּיקְתָּהּ מִמִּיתָה וְאוֹקִימְתָּהּ עַל עֲשֵׂה, מִידֵי דַּהֲוָה אַפְּסוּלֵי הַמּוּקְדָּשִׁים; דְּמֵעִיקָּרָא [ה]אִית בְּהוּ מְעִילָה, וַאֲסִירִי בִּגְיזָּה וַעֲבוֹדָה. [ו]פְּרָקִינְהוּ, מְעִילָה — לֵית בְּהוּ; בִּגְיזָּה וַעֲבוֹדָה — אֲסִירִי. אֶלָּא מִדְּאָמַר קְרָא: °"פֶּן יָמוּת בַּמִּלְחָמָה וְאִישׁ אַחֵר יִקָּחֶנָּה". (שם כ) מַתְקִיף לָהּ רַב שֵׁישָׁא בְּרֵיהּ דְּרַב אִידִי: אֵימָא מַאן "אַחֵר" — יָבָם. א"ר אַשִׁי: ב' תְּשׁוּבוֹת בַּדָּבָר; חֲדָא: *דְּיָבָם לָא אִיקְּרֵי "אַחֵר". וְעוֹד כְּתִיב: °"וּשְׂנֵאָהּ הָאִישׁ הָאַחֲרוֹן וְכָתַב לָהּ סֵפֶר כְּרִיתוּת... אוֹ כִי יָמוּת הָאִישׁ הָאַחֲרוֹן". (שם כד) וְאִיתְּקַשׁ מִיתָה לְגֵירוּשִׁין; מַה גֵּירוּשִׁין — שַׁרְיָא וְגוֹמֶרֶת, אַף מִיתָה — שַׁרְיָא וְגוֹמֶרֶת. § "וְהַיְּבָמָה נִקְנֵית בְּבִיאָה כו'". § בְּבִיאָה מְנָלַן? אָמַר קְרָא: יְבָמָהּ

מִי כְּתִיב וּפָרְצוּ. דְּמוֹסִיף עַל עִנְיָן רִאשׁוֹן, דְּנֵיקוּ "עַל כֵּן" אַכּוּלָּא מִילְּתָא. פָּרְצוּ כְּתִיב. וּמִילְּתָא בְּאַפֵּי נַפְשָׁהּ הִיא, וַעֲלָהּ לְחוּדָהּ כְּתִיב: "עַל כֵּן תֶּאֱבַל". הָאִשָּׁה. יוֹלֶדֶת. וְהוּא שֶׁהִפְרִישָׁתָהּ מֵחַיִּים. וְאַשְׁמְעִינַן דִּקְרֵיבָה לְאַחַר מִיתָה. אֲבָל לֹא הִפְרִישָׁתָהּ — לָא אַשְׁמְעִינַן תַּנָּא לָכוֹף אֶת הַיּוֹרְשִׁין לְהַקְרִיבָהּ, שֶׁלֹּא נִתְחַיְּיבוּ הַנְּכָסִים. תורה אור קָסָבַר. הָא דְּאָמוּר רַבָּנַן: נִכְסֵי מִשְׁתַּעְבְּדִי עַל חוֹב הַמּוּטָּל עַל הַמֵּת. לָאו דְּאוֹרַיְיתָא הִיא. לוֹמַר דְּנִכְסוֹהִי דְּאֱינָשׁ עָרְבִין בֵּיהּ וּמִשְׁתַּעְבְּדִים מִדִּין עָרֵב, וְיִהְיוּ מִלְוֶה עַל פֶּה וּמִלְוֶה שֶׁל שְׁטָר שָׁוִין. אֶלָּא, מִלְוֶה בִּשְׁטָר שֶׁהוּא שִׁיעְבְּדוֹ, דְּכָתַב לֵיהּ: "נִכְסֵי אַחְרָאִין לָךְ" מִשְׁתַּעְבְּדִי, מִלְוֶה עַל פֶּה — לָא מִשְׁתַּעְבְּדִי. וְר' אַסִּי אָמַר כו'. וְהָא נַמִי לְנַקּוּטִינְהוּ לִשְׁמַעְתֵּיהּ אֲמָרוּהוּ הָתָם. הָא פְּלִיגֵי בַּהּ חֲדָא זִימְנָא. הָנֵי אֲמוֹרָאֵי גּוּפַיְיהוּ, שְׁמוּאֵל וְרַבִּי יוֹחָנָן. אֵינָהּ גּוֹבָה מִן הַיּוֹרְשִׁין. דְּשִׁיעְבּוּדָא לָאו דְּאוֹרַיְיתָא, וְכ"שׁ מִן הַלָּקוֹחוֹת. אֲבָל מִלְוֶה בִּשְׁטָר הוּא עַצְמוֹ שִׁיעְבְּדוֹ, דְּכָתַב לֵיהּ: "כָּל נִכְסַיי דְּאִית לִי אַחְרָאִין לִשְׁטָרָא דְּנַן". דְּלָאו מִלְוֶה הַכְּתוּבָה בַּתּוֹרָה. לֹא הוּטַל עָלָיו חוֹבָה מֵאֵת הַמֶּלֶךְ, אֶלָּא מֵעִסְקֵי מַעֲשֵׂה עַצְמוֹ. אֲבָל בְּהַךְ. דְּיוֹלֶדֶת, דְּמִצְוַת הַמֶּלֶךְ הִיא עָלֶיהָ — אֵימַר חֲמִירָא כִּכְתוּבָה בִּשְׁטָר. דְּלֵית לֵיהּ קָלָא. וְאִיהוּ דְּאַפְסֵיד אַנַּפְשֵׁיהּ. וְאַף עַל גַּב דְּשִׁיעְבּוּדָא דְּאוֹרַיְיתָא — עֲבוּד רַבָּנַן תַּקַּנְתָּא לְלוֹקֵחַ דְּלָא הֲוָה יָדַע. דִּכְתִיב וְכָתַב לָהּ סֵפֶר כְּרִיתוּת. וגו', "וְהָיְתָה לְאִישׁ אַחֵר". וְהוּא שָׁרֵי לָהּ. כְּשֶׁאֵינוֹ בָּעוֹלָם נִפְטְרָה הֵימֶנּוּ, שֶׁהֲרֵי בּוֹ הָיְתָה קְשׁוּרָה. וְהָא עֲרָיוֹת. כְּגוֹן אֵשֶׁת אָבִיו וְכַלָּתוֹ וְאֵשֶׁת אֲחִי אָבִיו, שֶׁע"י קִדּוּשֵׁי הַבַּעַל נֶאֶסְרוּ לִקְרוֹבָיו, וּכְשֶׁיָּמוּת הַבַּעַל לָא שָׁרוּ לְהוּ, שֶׁאֲסוּרוֹת לִקְרוֹבָיו לְעוֹלָם. לְכוּלֵּי עָלְמָא בַּעֲשֵׂה. "וְיָצְאָה וְהָיְתָה לְאִישׁ אַחֵר" ע"י גֵּירוּשִׁין וְלֹא ע"י מִיתָה, דְּ"וְשִׁלְּחָהּ" — לָזוֹ וְלֹא לְאַחֶרֶת מַשְׁמַע, וְלָאו הַבָּא מִכְּלַל עֲשֵׂה — עֲשֵׂה. הַאי עֲשֵׂה מַאי עֲבִידְתֵּיהּ. שֶׁיְּהֵא הוּא עוֹמֵד בְּפָנֶיהָ, וְאִיסּוּר לָאו וְכָרֵת שֶׁבָּהּ פָּקְעוּ. אִי אַהֲנֵי מִיתַת הַבַּעַל כו' וְאִי לָא אַהֲנֵי. דְּאַשְׁמְעָךְ קְרָא דְּאֵין מִיתָה מְשַׁלַּחַת. תּוֹקְמָהּ בְּמִילְּתָא קַמַּיְיתָא. וְלָא אִיצְטְרִיךְ לְמִיכְתַּב לָאו בְּכ"ג. אַלְמָה לָא. לְשׁוֹן קוּשְׁיָא הוּא: וְכִי לֹא דָּבָר הָגוּן הוּא כֵּן? אַפֵּיקְתֵּיהּ. מִיתַת הַבַּעַל מֵחִיּוּב מִיתַת בֵּית דִּין, וְאוֹקִימְתָּהּ בְּאִיסּוּר עֲשֵׂה. מֵעִיקָּרָא. קוֹדֶם פִּדְיוֹנָן. וַאֲסִירִי בִּגְיזָּה. (א) כִּדְאָמְרִינַן, דִּכְתִיב: "לֹא תָגוֹז". פְּרָקִינְהוּ מְעִילָה לֵית בְּהוּ. וּמוּתָּרִין לַאֲכִילָה לְכָל אָדָם. וַאֲסִירֵי בִּגְיזָּה, כִּדְאָמְרִינַן בִּבְכוֹרוֹת (דף טו.): "תִּזְבַּח" — וְלֹא גִּיזָּה, "בָּשָׂר" — וְלֹא חָלָב, וְדָרֵישׁ לֵיהּ בִּפְסוּלֵי הַמּוּקְדָּשִׁין לְאַחַר פִּדְיוֹנָן. אִיתְּקַשׁ מִיתָה לְגֵירוּשִׁין כו'. וְהַאי דְּלָא יָלֵיף לֵיהּ מִמַּשְׁמָעוּת דִּקְרָא דִּכְתִיב בַּתְרֵיהּ: "לֹא יוּכַל בַּעְלָהּ הָרִאשׁוֹן" כו' הָא לְאַחֵר שָׁרֵי — מִשּׁוּם דְּאִיכָּא לְמִפְרַךְ כִּדִלְעֵיל: לָזֶה בְּלָאו, וּלְכוּלֵּי עָלְמָא בַּעֲשֵׂה.

מלוה הכתובה בתורה. °פי': כגון קרבנות, ופדיון הבן, וערכין ונזקין, שלא היו יודעים עניי נתיבות הללו אם לא (ב) שנתחייבה התורה בפירוש. אבל מלוה, כגון שלוה לו מעות בלא שטר, אע"ג דכתיב "האיש אשר אתה נושה בו" – לא חשיב כתובה בתורה, כיון שאין צריך לפרש בתורה שיעור הנתינה, דפשיטא; מה שהוא לוה צריך לפרוע. **אמר** רב **פפא הילכתא** מלוה על פה גובה מן היורשין **דשיעבודא דאורייתא ואינו** גובה מן הלקוחות **דלית ליה קלא**. תימה: דבשילהי "גט פשוט" (ב"ב דף קעו.) קאמר רב פפא גופיה: מלוה על פה גובה מן היורשים – שלא תנעול דלת בפני לווין, ואינו גובה מן הלקוחות – דשיעבודא לאו דאורייתא! *ואומר ר"ת: דהכא מיירי במלוה הכתובה בתורה, כגון נזקין וערכין וקרבן, דאמר לעיל דשיעבודא דאורייתא, דלא שייך טעמא דנעילת דלת; דלענין יורשים עשאום כמלוה בשטר, ולענין לקוחות לא עשאום כמלוה בשטר. אבל התם – במלוה על פה שאינה כתובה בתורה, כגון שהלוהו מעות בלא שטר*.

אלא מיתת בעל מנ"ל. תימה דבפרק "ד' מיתות" (סנהדרין דף נד.) מצריכין קרא באשת אב ובשאר עריות שאסורות בין מחיים בין לאחר מיתה, ובפ' "הבא על יבמתו" (יבמות דף נה.) מצריך קרא ביבמה שיש לה בנים דאסורה לאחר מיתת הבעל, והכא מצריך קרא להתיר אשת איש לאחר מיתת בעלה! וי"ל: דאחרי שראינו שהתיר הכתוב אשת איש לאחר מיתת בעלה, כדדרשינן בשמעתין – אילטריך קראי דהתם לאסור עריות לאחר מיתה, דלא נילף מאשת איש שהתיר הכתוב.

לכ"ע בעשה. אומר ר"י: דאיכא עשה באשת איש, כגון "ודבק באשתו" (בראשית ב) ולא באשת חבירו. תימה: דלא ילפינן שתתיר מיתה מק"ו מגט; (ג) ומה גט שאינו מתיר ליבם בשום ענין, אפילו אין לה בנים – מתיר לעלמא בכל ענין, מיתה שמתרת ליבם (ד) שאין לה בנים – אינו דין שתתיר לעלמא בכל ענין.

מדאמר רחמנא **אלמנה** לכ"ג. וא"ת: ודלמא ה"ק רחמנא: אלמנה לכ"ג אסורה אפילו כשהוא יבם, הא לכולי עלמא – שריא ליבמין. אבל לעולם אימא לך דאשה לאחר מיתה נמי אסורה לכ"ע שלא במקום יבום! וי"ל: א"כ ה"ל למיכתב האי קרא "אלמנה וגרושה וחללה" בפרשת יבמין.

חדא דיבם **לא** איקרי אחר. תימה: דגבי שדה אחוזה אמרינן לקמן (דף יז:) דיבם איקרי אחר, דקאמר: אם מכר את השדה לאיש אחר – ואחיו הוי בכלל! וי"ל: דלא דמי; דבמקום שמדבר בכל אדם – הוי יבם בכלל אחר, אבל הכא דבעי למימר דמותרת ליבם דוקא – א"כ הוי יבם אחר דוקא*.

יבמה | הא | יבא

קכא א ב מיי' פ"א מהלכות מחוסרי כפרה הלכה יג:

קכב ג מיי' פי"א מהל' מלוה ולוה הל' ד סמג עשין צד טוש"ע ח"מ סי' קז סעיף א:

קכג ד מיי' וסמג שם טוש"ע שם סימן קיא סעיף א:

קכד ה מיי' פ"א מהל' מעילה הל' א סמג עשין רי:

קכה ו מיי' שם הל' ט:

[וע' תוס' מנחות נח: ד"ה ואיכא]

[וע' היטב תוס' ב"ב קעו. ד"ה גובה]

תוס' ר"י הזקן

ואוקימנא לעיל דאשתיקא. בחליפין ולא בתורת דמים: שעבודא דאורייתא. מן התורה משועבדים כל נכסי הלוה למלוה ואפילו במלוה על פה: ואינה גובה מן הלקוחות משום תקנתא דרבנן שחשו לה משום פסידא דלקוחות הואיל והיא מלוה על פה ואין לה קול אבל מלוה בשטר יש לה קול ואינהו דאפסידו אנפשייהו. ואע"ג דא"ר (ששת) [פפא] בפ' גט פשוט גובה מן היורשין שלא תנעול דלת בפני לווין לאו למימרא דשעבודא [לאו] דאורייתא אלא ה"ק משום הכי אוקמיה אדין תורה שתגבה מן היורשין משום נעילת דלת בפני לווין וכן תירץ שם הרי"ף: עריות. הבאות מחמת הקדושין כגון אשת אביו לבנו ואשתו לאחיו שאסורות אף לאחר מיתת בעליהן:

הגהות מהר"ב רנשבורג

א] במסורת הש"ס וצ"ע בכתובות וכו'. עי' בספר חמשה שיטות בחדושי הר"ן לחולין דף י: בד"ה תניא דלא כראב"י וכו' שהרגיש בזה ומיישבו יעו"ש:

[ע' תוס' כתובות פא. ד"ה יבם ותוס' סוטה ה: ד"ה לאחר]

קינין סוף פ"ב זבחים ר מנחות ל:

ב"ק קד: ב"ב מב. קנז קעה: ערכין ו: ז. כתובות קב. בכורות מח:

בכורות מט: ערכין ו: כ לקמן כט:

בכורות מח: ב"ב קעו וצ"ע דשם בב"ב אמר הטעם' כדי שלא תנעול דלה [ככר הקשו תוס' ומיישבי היטב כאן בד"ה אמר ר"פ]

הגהות הב"ח

(א) רש"י ד"ה ואסירי בגיזה דכתיב כצ"ל ותיבה כדאמרינן נמחק: (ב) תוס' ד"ה מלוה וכו' אם לא שחייבתם התורה וכו' מעות אפילו בשטר אע"ג: (ג) ד"ה לכ"ע בעשה וכו' ומה גט. נ"ב בפ' הבע"י יליף לה מקרא ע"ש דף כ"ד וכ"ה: (ד) בא"ד כשאין לה בנים:

גליון הש"ס

גמ' שיעבודא דאורייתא. עיין ב"ב דף קכה ע"ב תד"ה ואין הבכור: **תוס'** ד"ה מלוה וכו' פי' כגון קרבנות. עי' במאור פ"ד דבילה ד"ה והא דת"ר אין סומכין:

א] וצ"ע בכתובות פא. אמר יבם נמי כאחר דמי ובסוטה ה: אמרינן לאיש אחר ולא ליבם [אמנם לפמ"ש תוס' בד"ה חדא וכו' דבמקום שמדבר בכל אדם הוי יבם בכלל אחר וכו' ל"ק מידי דבכתובות הנ"ל נמי מדבר בכל אדם וגם נעלם מהשואל דברי תוס' במקומו שם שתירץ על זה דלשון תורה לחוד ע"ש וכן כתבו תוס' סוטה ה: ד"ה לאחר]

דברים כה °"יבמה יבא עליה ולקחה לו לאשה". ואימא לכולה מילתא כאשה? לא סלקא דעתך. דתניא: יכול יהו כסף ושטר גומרים בה כדרך שהביאה גומרת בה – תלמוד לומר: °"ויבמה" – *אביאה גומרת בה, בואין כסף ושטר גומרים בה. ואימא: מאי *"ויבמה" – גדבעל כרחה מיבם. *אם כן לימא קרא: "ויבם". מאי "ויבמה"? שמעת מינה תרתי. § "בחליצה" § מנלן? דכתיב: °"ונקרא שמו בישראל בית חלוץ הנעל" – דכיון שחלץ בה נעל הותרה לכל ישראל. האי "ישראל" להכי הוא דאתא? האי מיבעי ליה *לכדתני רב שמואל בר יהודה: "בישראל" – הבב"ד של ישראל, ולא בבית דין (א) *של גוים. תרי "בישראל" כתיבי. ואכתי מיבעי ליה לכדתניא, *אמר רבי יהודה: פעם אחת היינו יושבים לפני ר' טרפון, ובאתה יבמה לחלוץ, ואמר לנו: ועני כולכם ואמרו "חלוץ הנעל, חלוץ הנעל"! ההוא מ"ונקרא שמו" נפקא. § "ובמיתת היבם" § מנלן? ק"ו ומה אשת איש שהיא בחנק – מיתת הבעל מתירתה, יבמה שהיא בלאו – לא כל שכן? מה לאשת איש – שכן יוצאה בגט, תאמר בזו – שאינה יוצאה בגט! הא נמי יוצאה בחליצה. אלא, מה לאשת איש – שכן אוסרה מתירה. אמר רב אשי: הא נמי אוסרה מתירה. יבם אוסרה – יבם שרי לה. ותהא אשת איש יוצאה בחליצה מק"ו; *ומה יבמה שאינה יוצאה בגט – יוצאה בחליצה, זו שיוצאה בגט – שם כד אינו דין שיוצאה בחליצה? אמר קרא: °"ספר כריתות" – *זספר כורתה, ואין דבר אחר כורתה. *ותהא יבמה יוצאת בגט מקל וחומר; ומה אשת איש שאין יוצאה בחליצה – יוצאה בגט, זו שיוצאה בחליצה – אין דין שיוצאה בגט? שם כה אמר קרא: °"ככה", *ו"ככה" עיכובא. וכל היכא דאיכא עיכובא לא דרשי ק"ו? והא יוה"כ ויקרא טז דכתיב °גורל וחוקה *ותניא: °"ועשהו חטאת" – הגורל עושה חטאת, ואין השם עושה חטאת. שיכול, והלא דין הוא: ומה במקום שלא קידש הגורל – קידש השם, מקום שקידש הגורל אינו דין שיקדש השם? ת"ל "ועשהו חטאת" – הגורל עושה חטאת, ואין השם עושה חטאת. וטעמא – דמעטיה קרא, הא לאו הכי – דרשינן קל וחומר, דברים כד אע"ג דכתיב ביה "חוקה"! אמר קרא: °"לה" – לה ולא ליבמה. ואימא: "לה" – לשמה. תרי "לה" כתיבי. ואכתי מיבעי ליה; חד "לה" – לשמה, ואידך "לה" – שם כה *ולא לה ולחבירתה! אלא אמר קרא: °"נעל", נעל – אין, מידי אחרינא – לא. והאי "נעל" להכי הוא דאתא? האי מיבעי ליה *לכדתניא: "נעלו" – אין לי אלא נעלו. נעל של כל אדם מנא ליה? ת"ל "נעל" "נעל" חריבה. א"כ מה ת"ל "נעלו"? נעלו הראוי לו, טפרט לגדול שאין יכול להלך בו, פרט לקטן שאין חופה את רוב רגלו, פרט למסולים

רש"י

יבא עליה ולקחה לו. כלומר, ביאתה הן ליקוחיה. ודילמא כאשה. מה אשה כסף ושטר כי ביאה, אף יבמה כסף ושטר כי ביאה, דהא כתיב "לאשה". ויבמה. ביאה משמע, שנה עליה הכתוב לעכב. ה"ג: האי מיבעי ליה ויבמה בעל כרחה. דלהכי דרשינן לה ביבמות (דף ח:). אם כן. דלביאה גומרת אותה, נימא "ויבם", מאי "ויבמה" – למילף נמי בעל כרחה. והכי תניא ליה בהדיא ביבמות בפ' "הבא על יבמתו" (דף נד.): "ויבם" – ביאה גומרת בה, ואין כסף ושטר גומרין בה. "ויבמה" – בעל כרחה. מנלן. דחלוצה מותרת להנשא? דילמא מצות חליצה הוא דרמא רחמנא עלה, ולעולם לא משתריא. בישראל בית חלוץ. הכי משמע: בישראל ראויה להביא לבית משחלצה. תרי בישראל. "להקים לאחיו שם בישראל". שהיא בלאו. לשוק, "לא תהיה אשת המת החוצה לאיש זר". מה לאשת איש. הנאסרת ע"י מיתת הבעל. שכן אוסרה מתירה. שהרי בעלה הוא האוסרה, לפיכך הוא מתירה במיתתו, אבל יבמה, דקידושי דבעל קאסרי לה – היאך תהא מיתת היבם מתירתה? הא נמי. כשמת יבם נמצא אוסרה מתירה, דאי לאו יבם – מכי מיית הבעל איתתריא לה. ככה. "יעשה אשר לא יבנה" וגו'. דכתיב גורל. על השעירים. וכתיב חוקה. בפרשה, וכל "חוקה" עיכובא הוא. הגורל עושה חטאת. שעיר שגורל השם עולה עליו – עושה חטאת. ואין השם. אם קרא עליו שם חטאת – אינו נקבע בכך. ויפיל עליהם גורלות, ואם יפול הגורל על חבירו – יהא זה לעזאזל. שיכול. כלומר, להכי איצטריך האי קרא, שהייתי יכול לומר: ומה במקום שלא קידש הגורל, כגון גבי קינין, דכתיב בהם (ויקרא ה): "אחד לחטאת ואחד לעולה", ואם הטיל עליהם גורל – אינם נקבעים בכך, ויכול לשנותם, דקי"ל בסדר יומא (דף מא.): אין הקינין מתפרשות אלא או בלקיחת בעלים או בעשיית כהן. קידש השם. אם אמר בשעת לקיחה: "זו לחטאת וזו לעולה" – הוקבעו, ואם שינה – פסול. כאן שקידש הגורל. דכתיב (ויקרא טז): "ונתן אהרן" וגו' אין דין כו'. ת"ל. שנה עליו לעכב. הוה דרשינן קל וחומר. להביא מה שלא נכתב בפרשה, ואע"ג דכתיב עיכובא. לה. דכתיב: "וכתב לה". תרי לה כתיבי. "ושנאה האיש האחרון" וגו'. ולא לה ולחבירתה. ששמותן שוין. שאין שתי נשים מתגרשות בגט אחד, אם כתב "פלוני מגרש פלונית ופלונית נשיו". אמר קרא נעל. קרא יתירא: "בית חלוץ הנעל", דמצי למיכתב "בית החלוץ". פרט. לנעל גדול שאין יכול להלוך בו. מסולייא

תוספות

הא נמי יוצאה בחליצה. כיון דחליצה במקום גט, לא חשיב לה פירכא. ותהא אשת איש יוצאה בחליצה. וא"ת: איכא למיפרך: מה ליבמה שכן בלאו, ולכן דין הוא שתצא בקל, תאמר באשת איש שהיא במיתה! וי"ל: כיון שמצינו שחליצה מפקע' איסורא – אין לחלק בין חמור לקל. והכי נמי אמרינן ביבמות (דף קיט.): וכי מאחר שהתרתה – מה לי איסור לאו, מה לי איסור כרת. ואע"ג דעבדינן מינה לעיל ק"ו: ומה אשת איש שהיא במיתה כו' – לא דמי; דהתם אנו רוצים להשוותם זה לזה, ולימא דכולהו אשה מותרת לאחר מיתה, בין דבעל בין דיבם. אבל אין לומר כשמפקיע את הקל לא יפקיע את החמור – דאדרבה, נאמר עתה להפך: הוא הדין את החמור – דאין לחלק בין לחמור בין לקל, כדפירשתי.

ותהא יבמה יוצאת בגט מק"ו. תימה: מה לאשת איש – שכן נקנית בשטר, ולכך דין הוא שתצא בשטר, אבל יבמה לא! וכי תימא: דלא פרכינן מהכנסה להוצאה – הא לעיל (דף ה:) פרכינן: מה לשטר – שכן מוציא, ומש"ה דין הוא שמכניס? וכמו כן נאמר עתה להפך: דכיון שמכניס – דין הוא שמוציא! ואומר הר"מ: דעביד ק"ו מיבם ויבמתו. וקורא לה אשת איש, דכתיב (דברים כה) "ולקחה לו לאשה", כיון שלקחה – נעשית כאשתו לכל דבר, להיות יוצאה בגט, אע"פ שאינה נקנית בשטר.

אמר קרא ככה עיכובא. וא"ת: מנא לן דאתיא "ככה" למעוטי יבמה מגט? דילמא אתי למעוטי מיתת היבם, שלא תהא מותרת במיתת היבם? וי"ל: דסברא הוא, ד"ככה יעשה" לא ממעט אלא יציאות דבידי אדם, דהיינו גט, דומיא דחליצה דתלו בעשיה. אבל יציאה דבידי שמים, דהוי ממילא, כגון מיתה – לא ממעט.

הא לאו הכי דרשינן ק"ו אע"ג דכתיב ביה חוקה. תימה: הא בפרק "טרף בקלפי" (יומא דף מא.) מוקמי הא ברייתא כרבי יהודה משום דסתם סיפרא רבי יהודה, ושמעינן ליה לר' יהודה בפרק "הוציאו לו" (שם דף ס:) דאמר: ויקרא טז לא כתיב "חוקה" אלא בדברים הנעשים בבגדי לבן בפנים, והגרלה הוי בדברים הנעשים בבגדי לבן בחוץ. א"כ מאי פריך לעיל "והרי יוה"כ דכתיב ביה גורל וחוקה"? והא לא כתיב "חוקה" בהגרלה, כדפי'! וי"ל: דפריך הכא משום דכתיב "אשר עלה" תרי זמני, אלמא דריש ק"ו אע"ג דכתיב עיכובא. והרב רבינו שמשון מקוצי תירץ: מדאיצטריך ליה לר' יהודה *"וזאת" [נ"ל זאת] לגלות דלא קיימא חוקה אלא אדברים הנעשים בבגדי לבן בפנים – ש"מ דדרשינן ק"ו אע"ג (היכא) דכתיב חוקה. דאי לא דרשינן ק"ו היכא דכתיב חוקה – לישתוק מ"זאת" ואנא ידענא דחוקה לא כתיב אדברים הנעשים בחוץ, דהיינו הגרלה. מדאצטריך "ועשהו חטאת" למידרש: הגורל עושהו חטאת ואין השם עושהו חטאת – מכלל דלא קיימא חוקה אדברים הנעשים בחוץ, דהיינו הגרלה. דאי קאי חוקה על דברים הנעשים בבגדי לבן בחוץ – אמאי איצטריך "ועשהו חטאת" למעוטי קריאת שם? הא לא דרשינן ק"ו היכא דכתיב עיכובא, והיכי תיסק אדעתין לרבות קריאת שם מק"ו! אלא ש"מ דדרשינן ק"ו אפילו היכא דכתיב חוקה, ולהכי איצטריך "ועשהו", ואפילו אי כתיבה חוקה בחוץ. ואיצטריך נמי *"וזאת" [נ"ל זאת] לגלויי דלא כתיבה חוקה בדברים הנעשים בבגדי לבן בחוץ. דליכא למימר מדאיצטריך "ועשהו" ידעינן ליה, כיון דדרשינן ק"ו אפילו היכא דכתיב חוקה*. [וע"ע תוס' יומא מא. ד"ה סתם ותוס' חולין כג. ד"ה טעמא]

הואיל

עין משפט נר מצוה

קכו א מיי' פ"ב מהל' יבום הל' א ופ"ה שם הל' ב סמג עשין נא נב טוש"ע אה"ע סימן קע סעיף יב:
קכז ב מיי' שם טוש"ע שם סעיף ב:
קכח ג מיי' פ"ב מהל' יבום הל' י סמג עשין נא טוש"ע אה"ע סימן קסו סעיף ז:
קכט ד מיי' פ"ה מהל' יבום הל' ב סמג עשין נב:
קל ה מיי' פ"ד מהל' יבום הלכה ה סמג שם טוש"ע אה"ע סימן קסט סעיף א:
קלא ו מיי' שם הל' ח סמג שם טוש"ע אה"ע סימן קסט סעיף מב בסדר חליצה סעיף נה ובפי' סדר חליצה סעי' פ:
קלב ז מיי' פ"א מהל' גירושין הלכה א:
קלג ח מיי' פ"ד מהל' יבום הל' יט סמג עשין שם טוש"ע אה"ע סימן קסט סעיף יד:
קלד ט מיי' שם הל' יח טוש"ע שם סעיף כב:

מסורת הש"ס

יבמות נד. | שם ודף ח: | שם קא: | [שם איתא של גרים וכנ"ל] | שם ודף קו: תוספתא דיבמות פי"ב ספרי פרשה כי תצא | לעיל ג: | [שם וש"נ] | [עי' תוס' זבחים טז: ד"ה כל חלה ותוס' חולין כג: ד"ה ותהא] | [יומא ה.] | יומא מ: חולין כג. [כריתות כח.] | [גיטין פז.] | יבמות קג: | [ע' תוס' יבמות ח: ד"ה ויבמה]

הגהות הב"ח

(א) גמ' ולא בבית דין של גרים תרי:

קלה א מיי' פ"ב מהל' עבדים הלכה א והל' יב סמג עשין פג:
קלו ב מיי' שם הל' ב:
קלז ג מיי' שם הל' ג:
קלח ד מיי' שם הל' ח:
קלט ה מיי' שם פ"ד הלכה ה סמג עשין פה:
קמ ו ז מיי' שם פ"ג הל' ו סמג עשין פג:
קמא ח מיי' שם הל' יב סמג שם:

תום' ר"י הזקן

למסולים. שולא בלע"ז: עקב. טאלו"ן בלע"ז: בשנים. שעבד שש שני': וביובל. שהגיע תוך שש: ובגרעון כסף. שמגרע פדיונו לפי מה שעבד ופורע השאר: יתירה. שקונה עצמה בכל הני ובהבאת שתי שערות: ובמיתת האדון. שהנרצע אינו עובד לא את הבן ולא את (האח) [הבת]. וקי"ל אין עבד עברי נוהג אלא בזמן שהיובל נוהג: שכיר דכתיב כשכיר שנה בשנה:

תורה אור

לִמְסוּלַּיִם שֶׁאֵין לוֹ עָקֵב! אִם כֵּן נִיכְתּוֹב קְרָא "נַעַל". מַאי "הַנַּעַל"? שָׁמְעַתְּ מִינָּהּ תַּרְתֵּי.§ **מתני'** [א]עֶבֶד עִבְרִי נִקְנֶה בְּכֶסֶף וּבִשְׁטָר, וְקוֹנֶה עַצְמוֹ [ב]בְּשָׁנִים, [ג]וּבַיּוֹבֵל, [ד]וּבְגֵרְעוֹן כֶּסֶף. *[ה]יְתֵירָה עָלָיו אָמָה הָעִבְרִיָּה שֶׁקּוֹנָה אֶת עַצְמָהּ בְּסִימָנִין. [ו]הַנִּרְצָע נִקְנֶה בִּרְצִיעָה, [ז]וְקוֹנֶה אֶת עַצְמוֹ בַּיּוֹבֵל וּבְמִיתַת הָאָדוֹן.§ **גמ'** עֶבֶד עִבְרִי נִקְנֶה בְּכֶסֶף מְנָלַן? אָמַר קְרָא: °"מִכֶּסֶף מִקְנָתוֹ" — מְלַמֵּד שֶׁנִּקְנֶה בְּכֶסֶף. (ויקרא כה) אַשְׁכַּחַן עֶבֶד עִבְרִי הַנִּמְכָּר לְגוֹי הוֹאִיל וְכָל קִנְיָנוֹ בְּכֶסֶף. נִמְכָּר לְיִשְׂרָאֵל מְנָלַן? אָמַר קְרָא: °"וְהֶפְדָּהּ" — *מְלַמֵּד שֶׁמְּגָרַעַת פִּדְיוֹנָהּ וְיוֹצְאָה. (שמות כא) אַשְׁכַּחַן אָמָה הָעִבְרִיָּה, הוֹאִיל וּמִיקַּדְּשָׁה בְּכֶסֶף — מִיקַּנְיָא בְּכֶסֶף. עֶבֶד עִבְרִי מְנָלַן? אָמַר קְרָא: °"כִּי יִמָּכֵר לְךָ אָחִיךָ הָעִבְרִי אוֹ הָעִבְרִיָּה וַעֲבָדְךָ שֵׁשׁ שָׁנִים" — מַקִּישׁ עִבְרִי לְעִבְרִיָּה. (דברים טו) אַשְׁכַּחַן מְכָרוּהוּ ב"ד הוֹאִיל וְנִמְכָּר בְּעַל כּוֹרְחוֹ. מוֹכֵר עַצְמוֹ מְנָלַן? יָלֵיף °"שָׂכִיר" (שם) °"שָׂכִיר". (ויקרא כה) הָנִיחָא לְמַאן דְּיָלֵיף "שָׂכִיר" "שָׂכִיר". אֶלָּא לְמַאן דְּלָא יָלֵיף "שָׂכִיר" "שָׂכִיר" מַאי אִיכָּא לְמֵימַר? אָמַר קְרָא: °"וְכִי תַשִּׂיג" (שם) — *מוּסָף עַל עִנְיָן רִאשׁוֹן, וְיִלְמַד עֶלְיוֹן מִתַּחְתּוֹן. ⊕וּמַאן תַּנָּא דְּלָא יָלֵיף "שָׂכִיר" "שָׂכִיר"? הַאי תַּנָּא הוּא, דְּתַנְיָא: [ח]הַמּוֹכֵר עַצְמוֹ — נִמְכָּר לְשֵׁשׁ וְיֶתֶר עַל שֵׁשׁ, מְכָרוּהוּ ב"ד — אֵינוֹ נִמְכָּר אֶלָּא לְשֵׁשׁ. הַמּוֹכֵר עַצְמוֹ — אֵינוֹ נִרְצָע, מְכָרוּהוּ ב"ד — נִרְצָע. מוֹכֵר עַצְמוֹ — אֵין מַעֲנִיקִים לוֹ, מְכָרוּהוּ ב"ד — מַעֲנִיקִים לוֹ. הַמּוֹכֵר עַצְמוֹ — אֵין רַבּוֹ מוֹסֵר לוֹ שִׁפְחָה כְּנַעֲנִית; מְכָרוּהוּ ב"ד — רַבּוֹ מוֹסֵר לוֹ שִׁפְחָה כְּנַעֲנִית. רַבִּי *אֶלְעָזָר אוֹמֵר: זֶה וָזֶה אֵינוֹ נִמְכָּר אֶלָּא לְשֵׁשׁ, זֶה וָזֶה נִרְצָע, וְזֶה וָזֶה מַעֲנִיקִים לוֹ, וְזֶה וָזֶה רַבּוֹ מוֹסֵר לוֹ שִׁפְחָה כְּנַעֲנִית. מַאי לָאו בְּהָא קָמִיפַּלְגִי, דְּתַנָּא קַמָּא לָא יָלֵיף "שָׂכִיר" "שָׂכִיר", וְר"א יָלֵיף "שָׂכִיר" "שָׂכִיר"? אָמַר רַב טַבְיוֹמֵי מִשְּׁמֵיהּ דְּאַבַּיֵי: דְּכוּלֵּי עָלְמָא יָלֵיף "שָׂכִיר" "שָׂכִיר". וְהָכָא בְּהַאי קְרָא קָמִיפַּלְגִי; מַאי טַעֲמָא דְּתַנָּא קַמָּא דְּאָמַר: מוֹכֵר עַצְמוֹ נִמְכָּר לְשֵׁשׁ וְיֶתֶר עַל שֵׁשׁ? מִיעֵט רַחֲמָנָא גַּבֵּי מְכָרוּהוּ בֵּית דִּין: °"וַעֲבָדְךָ שֵׁשׁ שָׁנִים" (דברים טו) — זֶה, וְלֹא מוֹכֵר עַצְמוֹ. וְאִידָךְ: "וַעֲבָדְךָ" — לְךָ וְלֹא לְיוֹרֵשׁ. וְאִידָךְ: "וַעֲבָדְךָ" אַחֲרִינָא כְּתִיב. וְאִידָךְ: הַהוּא לְהַרְצָאַת אָדוֹן הוּא דַּאֲתָא. מַאי טַעֲמָא דְּתַנָּא קַמָּא דְּאָמַר מוֹכֵר עַצְמוֹ אֵינוֹ נִרְצָע? מִדְּמִיעֵט רַחֲמָנָא גַּבֵּי מְכָרוּהוּ ב"ד: °"וְרָצַע אֲדֹנָיו אֶת אָזְנוֹ בַּמַּרְצֵעַ" (שמות כא) — אָזְנוֹ שֶׁלּוֹ, וְלֹא אָזְנוֹ שֶׁל מוֹכֵר עַצְמוֹ. וְאִידָךְ

רש"י

מְסוּלְיָיא. נִפְחַת. כִּדְמְסַיֵּים וְאָזֵיל, שֶׁאֵין לוֹ עָקֵב סול"א בְּלַעַ"ז. **מתני'** נִקְנֶה בְּכֶסֶף וּבִשְׁטָר. בַּגְּמָרָא יָלֵיף לָהּ. בְּשָׁנִים. לְסוֹף שֵׁשׁ שָׁנִים יוֹצֵא חָפְשִׁי. וּבַיּוֹבֵל. אִם פָּגַע בּוֹ יוֹבֵל בְּתוֹךְ שֵׁשׁ. וּבְגֵרְעוֹן כֶּסֶף. פּוֹדֶה אֶת עַצְמוֹ, וּמְגָרֵעַ לוֹ אֲדוֹנוֹ מִפִּדְיוֹנוֹ דְּמֵי שִׁיעְבּוּד הַשָּׁנִים שֶׁעָבְרוּ, וְהַכֹּל לְפִי חֶשְׁבּוֹן דְּמֵי מִקְנָתוֹ, כְּדִכְתִיב (ויקרא כה): "וְהָיָה כֶּסֶף מִמְכָּרוֹ בְּמִסְפַּר שָׁנִים". קְנָאוֹ בְּשֵׁשׁ מָנִים וְעָתִיד לָצֵאת בְּסוֹף שֵׁשׁ — נִמְצָא קוֹנֶה עֲבוֹדַת כָּל שָׁנָה בְּמָנֶה. יְתֵירָה עָלָיו. שֶׁקּוֹנָה עַצְמָהּ בְּכָל אֵלֶּה, וּבְסִימָנֵי נַעֲרוּת, כִּדְיָלְפִינַן לְעֵיל (דף ד.) מִ"וְיָצְאָה חִנָּם". וּבְמִיתַת הָאָדוֹן. וְאֵינוֹ עוֹבֵד אֶת יוֹרְשָׁיו. אֲבָל עֶבֶד הַנִּמְכָּר בִּתְחִילָּתוֹ, וּמֵת הָאָדוֹן בְּתוֹךְ שֵׁשׁ — מַשְׁלִימָן לְיוֹרְשָׁיו. וְכוּלְּהוּ יָלֵיף בַּגְּמָ'. **גמ'** מִכֶּסֶף מִקְנָתוֹ. בְּעֶבֶד עִבְרִי הַנִּמְכָּר לְגוֹי הַכָּתוּב מְדַבֵּר: "וְכִי תַשִּׂיג יַד גֵּר וְתוֹשָׁב". הוֹאִיל וְכָל קִנְיָנוֹ. שֶׁל גּוֹי בְּכֶסֶף. שֶׁלֹּא נֶאֶמְרָה בּוֹ מְשִׁיכָה בְּמִטַּלְטְלִין, אֶלָּא בְּיִשְׂרָאֵל כְּתִיב (ויקרא כה): "מִיַּד עֲמִיתֶךָ" עַד שֶׁיִּמְשׁוֹךְ מִיָּד לְיָד, לְפִיכָךְ עֶבֶד נִקְנֶה לוֹ בְּכֶסֶף (א). שֶׁמְּגָרַעַת פִּדְיוֹנָהּ. מִדְּלָא כְּתִיב "וְנִפְדָּה" מַשְׁמַע "וְהֶפְדָּהּ" שֶׁאַף *הַבַּעַל מְסַיֵּיעַ בְּפִדְיוֹנָהּ. אַלְמָא בְּכֶסֶף נִקְנֵית, דְּאִי לָא קְנָאָהּ בְּדָמִים — מַאי מְגָרְעָה. אַשְׁכַּחַן אָמָה הָעִבְרִיָּה דְּמִקַּנְיָא בְּכֶסֶף. וְהַדִּין נוֹתֵן: הוֹאִיל וְקִידּוּשֶׁיהָ בְּכֶסֶף — קִנְיָינָהּ בְּכֶסֶף. מְכָרוּהוּ ב"ד. בִּגְנֵיבָתוֹ. ד"כִּי יִמָּכֵר" — ע"י אֲחֵרִים מַשְׁמַע. וְהַדִּין נוֹתֵן שֶׁיְּהֵא נִקְנֶה בְּכֶסֶף בְּלֹא חֲזָקָה, הוֹאִיל וְיֵשׁ בּוֹ צַד קַל שֶׁנִּמְכָּר בְּעַל כָּרְחוֹ. שָׂכִיר שָׂכִיר. נֶאֱמַר בְּמוֹכֵר עַצְמוֹ (שם): "כִּי יָמוּךְ אָחִיךָ וְנִמְכַּר וגו' כְּשָׂכִיר כְּתוֹשָׁב יִהְיֶה עִמָּךְ", וְנֶאֱמַר בִּמְכָרוּהוּ ב"ד: "כִּי מִשְׁנֶה שְׂכַר שָׂכִיר" וגו'. בְּפָרָשַׁת "כִּי יִמָּכֵר" כְּתִיב (דברים טו). לְמַאן דְּלָא יָלֵיף. דְּלֵית לֵיהּ הַךְ גְּזֵירָה שָׁוָה. וּלְקַמֵּיהּ מְפָרֵשׁ מַאן נִיהוּ. וְכִי תַשִּׂיג. בְּמוֹכֵר עַצְמוֹ לַגּוֹי. וּסְמָכוּהָ לְפָרָשַׁת מוֹכֵר עַצְמוֹ לְיִשְׂרָאֵל, וְיִלְמַד נִמְכַּר לְיִשְׂרָאֵל מִנִּמְכַּר לַגּוֹי בְּהֶיקֵּישָׁא, וּבְנִמְכַּר לַגּוֹי כְּתִיב: "מִכֶּסֶף מִקְנָתוֹ". וְיֶתֶר עַל שֵׁשׁ. אִם הִתְנָה לִימָּכֵר לְעֶשֶׂר שָׁנִים. מְכָרוּהוּ ב"ד. דִּכְתִיב (שם): "וַעֲבָדְךָ שֵׁשׁ שָׁנִים". אֲבָל בְּמוֹכֵר עַצְמוֹ — לָא כְּתִיב שֵׁשׁ, ד"כִּי תִקְנֶה עֶבֶד עִבְרִי" — מִיַּד אֲחֵרִים מַשְׁמַע. וּרְצִיעָה בִּמְכָרוּהוּ ב"ד כְּתִיבָא, וְכֵן הַעֲנָקָה דְּגַבֵּי "יִמָּכֵר לְךָ" כְּתִיבִי. רַבּוֹ מוֹסֵר לוֹ שִׁפְחָה כְּנַעֲנִית. שֶׁיְּהוּ לוֹ וְלָדוֹת מִמֶּנָּה. אֵין רַבּוֹ מוֹסֵר לוֹ שִׁפְחָה כְּנַעֲנִית. וַאֲסוּרָה לוֹ. אֲבָל בִּמְכָרוּהוּ ב"ד כְּתִיב (שמות כא): "אִם אֲדוֹנָיו יִתֶּן לוֹ אִשָּׁה". לָא יָלֵיף שָׂכִיר שָׂכִיר. הִילְכָּךְ, דְּלָא כְּתִיב בֵּיהּ — לָא כְּתִיב בֵּיהּ. דְּכוּלֵּי עָלְמָא יָלֵיף שָׂכִיר שָׂכִיר. לִשְׁאָר מִילֵּי. וְהָנֵי לְת"ק בְּהֶדְיָא כְּתִיב מִיעוּטַיְיהוּ וְלָא אַהֲנֵי לֵיהּ גְּזֵירָה שָׁוָה. וְלֹא לְיוֹרְשִׁין. דְּאֵינוֹ עוֹבֵד לֹא אֶת הַבַּת וְלֹא אֶת הָאָח אִם אֵין לוֹ בֵּן. אֲבָל עוֹבֵד הוּא אֶת הַבֵּן כִּדִלְקַמָּן (דף יז:). וַעֲבָדְךָ אַחֲרִינָא כְּתִיב. "כִּי מִשְׁנֶה שְׂכַר שָׂכִיר עֲבָדְךָ". לְהַרְצָאַת אָדוֹן. לְהַרְצוֹת עַל הָעֲנָקוֹ, שֶׁלֹּא יִקְשֶׁה בְּעֵינָיו, כִּדְמְפָרֵשׁ קְרָא. אָזְנוֹ. מִיעוּט הוּא. דִּקְרָא יְתֵירָא לִדְרָשָׁה, דְּהָא כְּתִיב: "וְנָתַתָּ בְאָזְנוֹ". וְנֶאֱמַר

תוספות

הואיל וכל קנינו בכסף. פ"ה: הואיל ולא נאמר בו משיכה כישראל, דכתיב "או קנה מיד עמיתך" – דבר הנקנה מיד ליד, דהיינו משיכה. וקשה לר"ת, לפי שיטה סתמא דגמרא כדר"ל. דלר' יוחנן דאמר בפ' "הזהב" (ב"מ דף מז:): דבר תורה מעות קונות, דרשינן בפ"ב דבכורות (דף יג.): "מיד עמיתך" – בכסף, הא לגוי – במשיכה, וקי"ל כר' יוחנן לגבי ריש לקיש! ועוד דבמס' ע"ז (דף עב.) אמרינן דלכ"ע משיכה בגוי קונה! לכך נראה לר"ת דה"פ: הואיל וכל קניינו דגוי בעבד עברי בכסף, דכתיב ביה "מכסף מקנתו", לאפוקי שאינו קונה בשטר, דישראל גופיה לא קני ע"ע בשטר אלא משום דאיתקש לאמה, ואמה לאחרת, דדרשינן (לקמן דף טז.): מה אחרת מקניא בשטר – אף זו וכו'. ובגוי לא שייך האי טעמא, שהרי אינו בתורת גיטין וקידושין. ועוד נראה לר"ת דאפילו בקרקעות – גוי אינו קונה בשטר, כדאמר בחזקת הבתים" (ב"ב דף נד:): גוי – מכי מטא זוזי לידיה איסתלק ליה, וישראל לא קני עד דמטא שטרא לידיה. ⊕משמע דאין קנין שטר לגוי. וא"ת: לאו ק"ו הוא? ומה גוי שאינו קונה ע"ע בשטר – קונה בכסף, ישראל כו'! וי"ל: דמסתברא דלכל אחד יש קנין לעצמו, כדאשכחן בפ"ב דבכורות (דף יג.) גבי מטלטלין, מדישראל בחדא – גוי נמי בחדא.

מוכר עצמו מנ"ל ילפינן שכיר שכיר. פי' בקונטרס: נאמר במוכר עצמו "כשכיר כתושב יהיה עמך" ונאמר במכרוהו ב"ד "כי משנה שכר שכיר". וא"ת: כיון דיליף שכיר שכיר – למה איצטריך "מכסף מקנתו" גבי גוי? נילף שכיר דכתיב גבי גוי (ויקרא כה) "כשכיר שנה בשנה וגו'" מנמכר לישראל, ונמכר לישראל מאמה, כדמפרש גמ' לעיל! וי"ל: דאיצטריך ליה לכדדרשינן לעיל (דף ח.): בכסף הוא נקנה, ואינו נקנה בתבואה וכלים. וא"ת: אמאי איצטריך "והפדה" לענין כסף? לישתוק מיניה, ונילף עבריה מע"ע הנמכר לישראל, ועברי הנמכר לישראל מעברי הנמכר לגוי מג"ש דשכיר שכיר! וי"ל: אה"נ, אלא איצטריך לדרשה אחרינא, לגרעון כסף. וא"ת: אמאי איצטריך היקישא דע"ע ועבריה לקנין כסף? נילף שכיר שכיר מנמכר לגוי! וי"ל: דהיקישא דע"ע לעבריה איצטריך, למימר: מה עבריה אינה יוצאה בראשי איברים – אף עברי אינו יוצא, ומה עברי יוצא בשש ויובל – אף עבריה כו'. **לך** ולא ליורש. פי': כגון בת ואח, אבל עובד הוא את הבן, כדלקמן (דף יז:). **ולא** אזנו של מוכר עצמו. וא"ת: למ"ל "אזנו" למעוטי דמוכר עצמו אינו נרצע, תיפוק ליה דמוכר עצמו אינו נרצע – דאין רבו מוסר לו שפחה כנענית, כדלקמן (דף כא:), דבעינן "אהבתי את אשתי ואת בני"! וי"ל: דאי לאו "אזנו" – הוה ילפינן מג"ש דשכיר שכיר, ממכרוהו ב"ד; דאף על גב דלא מצי אמר "אהבתי את אשתי" ה"א דנרצע, קמ"ל "אזנו" דאין נרצע. ואידך

[לקמן יח.]
[לעיל יא: לקמן טז.]
[נ"ל האדון]
[יבמות ע. ושם נסמן]
[אם גרסי' רבי אלעזר בלא יו"ד או רבי אליעזר ביו"ד ע' תוס' לקמן טו. ד"ה ואידך]

הגהות הב"ח

(א) רש"י ד"ה הואיל וכו' בכסף הס"ד ואח"כ מ"ה לישראל שלא נאמרה בו בכסף מנלן הס"ד:

גליון הש"ס

גמ' ומאן תנא דלא יליף שכיר שכיר. עיין ב"מ קיא ע"ב תד"ה וריב"ב: **תוס'** ד"ה הואיל וכו' משמע דאין קנין שטר לגוי. עיין בכורות יג ע"א תוד"ה מה:

וְאִידָךְ הַהִיא לִגְזֵירָה שָׁוָה הוּא דַּאֲתָא. *דְּתַנְיָא, רַבִּי אֱלִיעֶזֶר אוֹמֵר: מִנַּיִן לִרְצִיעָה שֶׁהִיא בְּאֹזֶן יְמָנִית? נֶאֱמַר כָּאן "אֹזֶן" וְנֶאֱמַר לְהַלָּן °"אֹזֶן", מַה לְּהַלָּן יָמִין — [א]אַף כָּאן יָמִין. וְאִידָךְ: א"כ לֵימָא קְרָא "אֹזֶן". מַאי "אׇזְנוֹ"? וְאִידָךְ: הַהוּא מִיבָּעֵי לֵיהּ: "אׇזְנוֹ" — [ב]וְלֹא אׇזְנָהּ. וְאִידָךְ: נָפְקָא לָהּ °מִ"וְאִם יֹאמַר הָעֶבֶד" — הָעֶבֶד וְלֹא אָמָה. וְאִידָךְ: מִיבָּעֵי לֵיהּ *[ג]עַד שֶׁיֹּאמַר כְּשֶׁהוּא עֶבֶד. וְאִידָךְ: מֵ"עֶבֶד" "הָעֶבֶד" נָפְקָא. וְאִידָךְ: "עֶבֶד" "הָעֶבֶד" לָא דָּרֵישׁ. מ"ט דְּתַנָּא קַמָּא דְּאָמַר מוֹכֵר עַצְמוֹ אֵין מַעֲנִיקִין לוֹ? מִיעֵט רַחֲמָנָא גַּבֵּי מְכָרוּהוּ ב"ד °"הַעֲנֵק תַּעֲנִיק לוֹ", לוֹ — וְלֹא לְמוֹכֵר עַצְמוֹ. וְאִידָךְ: הַהוּא מִיבָּעֵי לֵיהּ "לוֹ" — וְלֹא לְיוֹרְשָׁיו. [א]יוֹרְשָׁיו אַמַּאי לָא? "שָׂכִיר" קָרְיֵיהּ רַחֲמָנָא, מַה שָּׂכִיר פְּעוּלָּתוֹ לְיוֹרְשָׁיו — אַף הַאי פְּעוּלָּתוֹ לְיוֹרְשָׁיו! אֶלָּא: *"לוֹ" — [ד]וְלֹא לְבַעַל חוֹבוֹ. מִדְּסְבִירָא לָן בְּעָלְמָא כְּרַבִּי נָתָן, דְּתַנְיָא, *א"ר נָתָן: [ה]מִנַּיִן לְנוֹשֶׁה בַּחֲבֵרוֹ מָנֶה, וַחֲבֵרוֹ בַּחֲבֵרוֹ, מִנַּיִן שֶׁמּוֹצִיאִין מִזֶּה וְנוֹתְנִין לָזֶה? ת"ל °"וְנָתַן לַאֲשֶׁר אָשַׁם לוֹ", אֲתָא "לוֹ" לְאַפּוֹקֵי. וְאִידָךְ: בְּעָלְמָא נַמִי לָא סְבִירָא לָן כְּרַבִּי נָתָן. מ"ט דְּת"ק דְּאָמַר: מוֹכֵר עַצְמוֹ אֵין רַבּוֹ מוֹסֵר לוֹ שִׁפְחָה כְּנַעֲנִית? מִיעֵט רַחֲמָנָא גַּבֵּי מְכָרוּהוּ ב"ד °"אִם אֲדוֹנָיו יִתֶּן לוֹ אִשָּׁה", לוֹ — וְלֹא לְמוֹכֵר עַצְמוֹ. וְאִידָךְ: "לוֹ" — [ו]בְּעַל כׇּרְחוֹ. וְאִידָךְ: מִ"כִּי מִשְׁנֶה שְׂכַר שָׂכִיר" נָפְקָא. דְּתַנְיָא: °"כִּי מִשְׁנֶה שְׂכַר שָׂכִיר עֲבָדְךָ", שָׂכִיר אֵינוֹ עוֹבֵד אֶלָּא בַּיּוֹם, עֶבֶד עִבְרִי — עוֹבֵד בֵּין בַּיּוֹם וּבֵין בַּלַּיְלָה. וְכִי תַּעֲלֶה עַל דַּעְתְּךָ שֶׁעֶבֶד עִבְרִי עוֹבֵד בֵּין בַּיּוֹם וּבֵין בַּלַּיְלָה? וַהֲלֹא כְּבָר נֶאֱמַר: °"כִּי טוֹב לוֹ עִמָּךְ" — *עִמְּךָ בְּמַאֲכָל, עִמְּךָ בְּמִשְׁתֶּה! וְא"ר יִצְחָק: מִכָּאן שֶׁרַבּוֹ מוֹסֵר לוֹ שִׁפְחָה כְּנַעֲנִית. וְאִידָךְ: אִי מֵהָתָם הֲוָה אָמִינָא: ה"מ מִדַּעְתֵּיהּ, אֲבָל בְּעַ"כ אֵימָא לָא. קמ"ל. אֶלָּא מַאן תַּנָּא דְּלָא יָלֵיף "שָׂכִיר" "שָׂכִיר"? הַאי תַּנָּא הוּא, *דְּתַנְיָא: °"וְשָׁב אֶל מִשְׁפַּחְתּוֹ וגו'". אָמַר ר"א בֶּן יַעֲקֹב: בַּמֶּה הַכָּתוּב מְדַבֵּר? אִי בְּמוֹכֵר עַצְמוֹ — הֲרֵי כְּבָר אָמוּר. אִי בְּנִרְצָע — הֲרֵי כְּבָר אָמוּר. הָא אֵין הַכָּתוּב מְדַבֵּר אֶלָּא בִּמְכָרוּהוּ ב"ד שְׁתַּיִם וְשָׁלֹשׁ שָׁנִים לִפְנֵי הַיּוֹבֵל, [ז]שֶׁהַיּוֹבֵל מוֹצִיאוֹ. וְאִי ס"ד יָלֵיף "שָׂכִיר" "שָׂכִיר" — לָמָּה לִי? נֵילַף "שָׂכִיר" "שָׂכִיר"! אָמַר רַב נַחְמָן בַּר יִצְחָק: לְעוֹלָם יָלֵיף "שָׂכִיר" "שָׂכִיר", וְאִיצְטְרִיךְ; ס"ד אָמִינָא: מוֹכֵר עַצְמוֹ הוּא — דְּלָא עֲבַד אִיסּוּרָא, אֲבָל מְכָרוּהוּ ב"ד, דַּעֲבַד אִיסּוּרָא — אֵימָא נִיקְנְסֵיהּ. קמ"ל. אָמַר מָר: אִי בְּנִרְצָע — הֲרֵי כְּבָר אָמוּר. מַאי הִיא? *דְּתַנְיָא: °"וְשַׁבְתֶּם אִישׁ אֶל אֲחֻזָּתוֹ וְאִישׁ אֶל מִשְׁפַּחְתּוֹ וגו'" בַּמֶּה הַכָּתוּב מְדַבֵּר? אִי בְּמוֹכֵר עַצְמוֹ — הֲרֵי כְּבָר אָמוּר. אִי בִּמְכָרוּהוּ ב"ד — הֲרֵי כְּבָר אָמוּר. הָא אֵין הַכָּתוּב מְדַבֵּר אֶלָּא בְּנִרְצָע שְׁתַּיִם וְשָׁלֹשׁ שָׁנִים לִפְנֵי הַיּוֹבֵל, [ח]שֶׁהַיּוֹבֵל מוֹצִיאוֹ. מַאי מַשְׁמַע? אָמַר רָבָא בַּר שֵׁילָא: אָמַר קְרָא: "אִישׁ" — אֵיזֶהוּ דָּבָר שֶׁנּוֹהֵג בְּאִישׁ וְאֵין נוֹהֵג בְּאִשָּׁה? הֱוֵי אוֹמֵר זוֹ רְצִיעָה. וְאִיצְטְרִיךְ לְמִיכְתַּב מְכָרוּהוּ בֵּית דִּין, וְאִיצְטְרִיךְ לְמִיכְתַּב נִרְצָע; דְּאִי אַשְׁמְעִינַן מְכָרוּהוּ ב"ד — מִשּׁוּם דְּלָא מְטָאי זִמְנֵיהּ, אֲבָל נִרְצָע דִּמְטָאי זִמְנֵיהּ — אֵימָא נִיקְנְסֵיהּ. וְאִי אַשְׁמְעִינַן נִרְצָע — מִשּׁוּם דַּעֲבַד לֵיהּ שֵׁשׁ, אֲבָל מְכָרוּהוּ ב"ד דְּלָא עֲבַד לֵיהּ שֵׁשׁ — אֵימָא לָא. צְרִיכָא. וְאִיצְטְרִיךְ לְמִיכְתַּב "וְשַׁבְתֶּם" וְאִיצְטְרִיךְ לְמִיכְתַּב "לְעוֹלָם". דְּאִי כְּתַב רַחֲמָנָא "לְעוֹלָם" — הֲוָה אָמִינָא: לְעוֹלָם מַמָּשׁ, כְּתַב רַחֲמָנָא "וְשַׁבְתֶּם". וְאִי כְּתַב רַחֲמָנָא "וְשַׁבְתֶּם" — הֲוָה אָמִינָא: ה"מ הֵיכָא דְּלָא עֲבַד שֵׁשׁ, אֲבָל הֵיכָא דַּעֲבַד שֵׁשׁ — לֹא יְהֵא סוֹפוֹ חָמוּר מִתְּחִלָּתוֹ: מַה תְּחִלָּתוֹ שֵׁשׁ — אַף סוֹפוֹ נַמִי שֵׁשׁ. קָמַשְׁמַע לָן: "לְעוֹלָם" — לְעוֹלָמוֹ שֶׁל יוֹבֵל. אֶלָּא מַאן תַּנָּא דְּלָא יָלֵיף "שָׂכִיר" "שָׂכִיר"? רַבִּי הִיא, דְּתַנְיָא:

וְאִם

(ויקרא יד; שמות כא; דברים טו; במדבר ה; שמות כא; דברים טו; שם; ויקרא כה; ויקרא כה)

רש"י

וְנֶאֱמַר לְהַלָּן אוֹזֶן. °בִּמְצוֹרָע עָנִי. שֶׁכׇּל הַפָּרָשָׁה לִדְרָשָׁה, שֶׁהֲרֵי נֶאֶמְרָה לְעַצְמָהּ בִּמְצוֹרָע עָשִׁיר, וְהוּכְפְּלָה. וְהָכִי אָמְרִינַן בִּמְנָחוֹת (דף י.). הַהוּא. (א) [מֵאוֹזֶן], וּמִיעוּטָא נָפְקָא לָן מִדִּכְתִיב: "אׇזְנוֹ" — דְּמַשְׁמַע אׇזְנוֹ שֶׁל זֶה וְלֹא שֶׁל אַחֵר. וְלֹא אׇזְנָהּ. שֶׁל אָמָה הָעִבְרִיָּה נִרְצַעַת. וְהָא דִּכְתִיב (דברים טו): "וְאַף לַאֲמָתְךָ תַּעֲשֶׂה כֵּן" — לְהַעֲנָקָה קָאֵי, כִּדְלְקַמָּן (דף יז:). כְּשֶׁהוּא עֶבֶד. מִ"וְאִם יֹאמַר הָעֶבֶד" נָפְקָא, שֶׁאִם לֹא אָמַר "אָהַבְתִּי אֶת אֲדוֹנִי לֹא אֵצֵא חׇפְשִׁי" עַד שֶׁיִּכְלוּ שֵׁשׁ שָׁנָיו, אֵינוֹ נִרְצָע. עֶבֶד הָעֶבֶד. "עֶבֶד" — עַד שֶׁיֹּאמַר כְּשֶׁהוּא עֶבֶד, "הָעֶבֶד" — נָפְקָא לֵיהּ מֵה"א יְתֵירָא לְמַעוּטֵי אָמָה. לָא דָּרֵישׁ. דְּאוֹרְחָא דִּקְרָא לְאִישְׁתַּעֵי הָכִי. וְלֹא לְיוֹרְשָׁיו. אִם לֹא הִסְפִּיק לְהַעֲנִיקוֹ עַד שֶׁמֵּת. פְּעוּלָּתוֹ. שְׂכַר פְּעוּלָּתוֹ. וְלֹא לְבַעַל חוֹבוֹ. אֵין הָאָדוֹן מְחוּיָּיב לְהַגְבּוֹת הָעֲנָקוֹ לְבַעַל חוֹבוֹ. וּמִשּׁוּם דִּסְבִירָא לָן בְּעָלְמָא כְּרַבִּי נָתָן, דְּאָמַר: הַנּוֹשֶׁה בַּחֲבֵרוֹ מָנֶה וַחֲבֵרוֹ בַּחֲבֵרוֹ — מוֹצִיאִין מִזֶּה וְנוֹתְנִין לָזֶה, אִיצְטְרִיךְ לְמַעוּטֵי הַעֲנָקָה מֵהַאי דִּינָא. מִכִּי מִשְׁנֶה שְׂכַר שָׂכִיר נָפְקָא. גָּמְרִינַן בְּעַל כׇּרְחוֹ. וְכִי תָּנָא בֵּיהּ קְרָא: "אֲדוֹנָיו יִתֶּן לוֹ" כו' — לְמַעוּטֵי מוֹכֵר עַצְמוֹ. וְשָׁב אֶל מִשְׁפַּחְתּוֹ. בְּמוֹכֵר עַצְמוֹ כְּתִיב, לוֹמַר שֶׁיֵּצֵא בַּיּוֹבֵל. אִם בְּמוֹכֵר עַצְמוֹ. וּלְלַמֵּד שֶׁאִם פְּגָעוֹ יוֹבֵל בְּתוֹךְ שֵׁשׁ — יוֹבֵל מוֹצִיאוֹ. הֲרֵי כְּבָר אָמוּר. דִּכְתִיב לְעֵיל מִינֵּיהּ: "עַד שְׁנַת הַיּוֹבֵל יַעֲבוֹד עִמָּךְ". אִם בְּנִרְצָע. לְלַמֵּד שֶׁאַף הַנִּרְצָע יוֹצֵא בַּיּוֹבֵל. הֲרֵי כְּבָר אָמוּר. לְקַמֵּיהּ בָּעֵי לָהּ מַאי הִיא. דְּלָא עֲבַד אִיסּוּרָא. דְּלֹא גָּנַב כְּלוּם. אֲבָל מְכָרוּהוּ ב"ד בִּגְנֵיבָתוֹ — נֵימָא נִקְנְסֵיהּ לַעֲבוֹד עַד שֵׁשׁ. וְשַׁבְתֶּם אִישׁ אֶל אֲחֻזָּתוֹ. בְּפָרָשַׁת יוֹבֵל כְּתִיב. הֲרֵי כְּבָר אָמוּר. כִּדְאָמַר לְעֵיל: "עַד שְׁנַת הַיּוֹבֵל יַעֲבוֹד עִמָּךְ". אִי בִּמְכָרוּהוּ ב"ד הֲרֵי כְּבָר אָמוּר. "וְשָׁב אֶל מִשְׁפַּחְתּוֹ" כִּדְאוֹקִימְנָא לְעֵיל. דְּלָא מְטָא זִימְנֵיהּ. לֹא מָלְאוּ שֵׁשׁ שָׁנָיו לָצֵאת. לִיקְנְסֵיהּ. עַל שֶׁאָמַר לֹא אֵצֵא, וְעָבַר עַל "כִּי עֲבָדַי הֵם" (ויקרא כה) וְהוּא קוֹנֶה אָדוֹן לְעַצְמוֹ חִנָּם. מִשּׁוּם דַּעֲבַד לֵיהּ שֵׁשׁ. קוֹדֶם לָכֵן, וְאֵין רַבּוֹ מַפְסִיד בְּשִׁילּוּחוֹ. אֲבָל מְכָרוּהוּ ב"ד, שֶׁפָּגַע בּוֹ יוֹבֵל בְּתוֹךְ שֵׁשׁ — אֵימָא דְּלָא נַפְסְדֵיהּ לְאָדוֹן, קמ"ל. לְעוֹלָם. "וַעֲבָדוֹ לְעוֹלָם". וְהוּא לְעוֹלָמוֹ שֶׁל יוֹבֵל, דְּטְפֵי מֵהָכִי לֵיכָּא לְמֵימַר, דְּהָא כְּתִיב קְרָא אַחֲרִינָא: "וְשַׁבְתֶּם אִישׁ" וגו' וְאוֹקִימְנָא בְּנִרְצָע. ה"מ. דְּיוֹצֵא נִרְצָע בַּיּוֹבֵל וְלֹא קוֹדֶם לָכֵן — הֵיכָא דְּלָא עֲבַד שֵׁשׁ אַחַר רְצִיעָה, אֲבָל הֵיכָא דַּעֲבַד שֵׁשׁ אַחַר רְצִיעָתוֹ — אֵימָא נֵיפּוֹק בְּשֵׁשׁ, דְּלָא תְּהֵא רְצִיעָה חֲמוּרָה מִתְּחִלַּת מִמְכָּרוֹ. קמ"ל לְעוֹלָם. מִידֵּי דַּחֲשׁוּב עַד לְעוֹלָם.

וְאִם

(רש"ל; ספרי פ' ראה זבחים כב: יבמות קד מנחות י.; [לקמן כב.]; [לקמן טז:]; כתובות יט. פב. גיטין לז. פסחים לא. ב"ק מ:; ספרי פ' ראה [לקמן כ. וש"נ]; ת"כ פ' בהר; שם; ויקרא כה)

תוספות

ואידך לג"ש הוא דאתא. פי': וצריך שתהא מופנה משני לדדין. דאי אינה מופנה אלא מצד אחד – איכא מ"ד (נדה דף כב:) דלמידין ומשיבין. ומאי משיבין – דאיכא למיפרך: *מה למצורע שכן טעון עץ ארז ואזוב ושני תולעת. **ואידך**. פי': ת"ק, בעלמא נמי לא ס"ל כר' נתן. מכאן מדקדקין דאין הלכה כר' נתן, דהא ר"א ורבנן פליגי בדר' נתן. ור' אליעזר דשמותי הוא סבר כר' נתן, והלכה כרבנן. ועוד מדקדק ר"ת מהא דאמר לקמן פ' "האומר" (דף סט.) גבי אושפזיכניה דר' שמלאי ממזירא הוה, א"ל: אי קדימתך טהרתינהו לבנך. ומפרש משום דא"ל: זיל גנוב ואיזדבן לעבד עברי. ואי מוכר עצמו רבו מוסר לו שפחה כנענית – למה ליה למימר זיל גנוב? ה"ל למימר זיל זבון עצמך. אלא, ש"מ דאין הלכה כר"א, דודאי מוכר עצמו אין רבו מוסר לו שפחה כנענית. וכי היכי דבהא לית הילכתא כוותיה – בהא דקאמר מעניקין לו נמי לית הילכתא כוותיה, אלא ודאי אין מעניקין לו, כת"ק. ועוד ראיה: מהא דאמר לקמן (דף טז:): הא מני תותאי היא, דאמר "לו" – ולא לבעל חובו, משמע דאין הלכה כוותיה. ור"ת ור"י פי': דהלכה כר' נתן; דהא גבי פלוגתא דאביי ורבא בפרק "כל שעה" (פסחים דף לא.) דאמר רבא: מכאן ולהבא הוא גובה, אי אפשר לרבא לייתב אליבא דרב נחמן דאמר יתומים שגבו קרקע בחובת אביהן בעל חוב חוזר וגובה אותה מהן, אלא כר' נתן, וקי"ל כרב נחמן בדיני. ורבא נמי דחק להעמידה כמותו, וקי"ל כרבא גבי אביי. ומה שהבאתי, דמדלית הילכתא כר"א בהא דרבו מוסר לו שפחה כנענית – ה"נ נימא דלית הילכתא כוותיה בההיא דמעניקין לו – אין זה ראיה; דילמא בההיא אין הלכה כמותו – אבל באחריני הלכתא כוותיה. ועוד: דשמא גם בהא דמוכר עצמו רבו מוסר לו שפחה כנענית נמי הילכתא כוותיה. והא דנקט התם זיל גנוב – לרווחא דמילתא נקט, דמכרוהו ב"ד כ"ע מודו דרבו מוסר לו שפחה כנענית. ומה שאומר דר"א שמותי הוא – ברוב ספרים גרס ר' אלעזר. והא דקאמר תותאי היא – דילמא הכי קאמר: תותאי היא, וס"ל כוותיה. וה"ר נתנאל מפרש: לגבי מלוה כ"ע אית להו כר' נתן, והכי נפרש (ב) לעיל אליבא דר"א. אלא "לו" ולא לבעל חובו – משום דסבירא לן בעלמא כר' נתן בשאר שכירות, שמוציאין מזה ונותנין לזה, אתא "לו" ואפקיה, פי': שאינו משלם הענקה לב"ח. ואידך ת"ק, בעלמא נמי, פי' בשאר שכירות, לא קי"ל כר' נתן, משום דטרח בגופו, אבל בב"ח כ"ע אית להו דרבי נתן כדפי'.

ואידך אי מהתם ה"א ה"מ מדעתיה. אף על גב דמדעתו מ"ואם אדוניו יתן לו אשה" נפקא, מ"מ הוה אמינא דלהרצאת אדון קאתי. **כי** טוב לו עמך. ה"ר אברהם גרים: "כשכיר כתושב יהיה עמך" (ויקרא כה) דמהתם ילפינן בת"כ. אבל בספרי לא דריש מידי מ"כי טוב לו עמך", דאין זה צווי אלא סיפור דברים בעלמא*.

איזהו דבר שנוהג באיש ואינו נוהג באשה. ואם תאמר: ואימא זו מכרוהו ב"ד, דלא שייך באשה, דכתיב (שמות כב) "בגניבתו" ולא בגניבתה! וי"ל: דמ"מ שם מכירה נוהגת באשה, אבל שם רציעה אינו נוהג באשה. [ותימה: דכיון דקרא לא משתמע אלא בנרצע, למאי איצטריך למימר אי במכרוהו ב"ד – הרי כבר אמור!]. ת"י.

אמאי

עין משפט נר מצוה

[כן הוא בהדיא ביבמות קד. ע"ש]

קמב א מיי' פ"ג מהל' עבדים הלכה ט:
קמג ב מיי' שם הל' יג:
קמד ג מיי' שם הל' י:
קמה ד מיי' שם הל' טו:
קמו ה מיי' פ"ב מהל' מלוה ולוה הל' ו סמג עשין צג טוש"ע ח"מ סי' פו סעיף א:
קמז ו מיי' פ"ג מהל' עבדים הלכה ג:
קמח ז מיי' שם פ"ב הלכה ב:
קמט ח מיי' שם פ"ג הלכה ו:

תוס' ר"י הזקן

אשם זה הקרן כדאיתא בהגוזל ונתן לאשר אשם לו למי שהקרן לו כלומר לאשר הוא חייב לו. לא ס"ל כרבי נתן אלא יכול למימר לאו בעל דברים דידי את הילכך לא צריך לו ולא גבינן ליה מיד האדון למתביה לבעל חובו ואתא לו ולא למוכר עצמו וש"מ דמילתא דר' נתן שייכא אע"פ שלא נשתעבדו לו מכח הלואה. ומסתברא שאין זה הדין לשכירות פועל ואע"ג דאמרינן שכיר קרייה רחמנא לאו למימרא שכל מה שיש בעבד עברי יש בשכיר. דהא הענקה אינה בשכיר אלא שכל מה שיש בשכיר יש בעבד עברי. ואיכא מאן דאמר דה"ה לשכירות פועל דלא גבינן מיד האדון למתביה לבעל חובו דשכיר קרייה רחמנא:

הגהות הגר"א

[א] גמ' (יורשיו אמאי לא שכיר כו' האי פעולתו ליורשיו אלא) תא"מ ונ"ב ואידך תרי לו כתיבי ואידך ההוא מבעי ליה לו ולא לבע"ח כצ"ל:

[וע' תוס' כתובות מג. ד"ה ל"ג וע"ע תוס' ב"ק פז: ד"ה דכתב]

הגהות הב"ח

(א) רש"י ד"ה ההוא מיעוטא מאזן נפקא לן: (ב) תום' ד"ה ואידך פי' וכו' והכי נפרש הא דלעיל:

גליון הש"ס

רש"י ד"ה ונאמר וכו' במצורע עני. עיין ביבמות דף ע ע"ב רש"י ד"ה ושמעינן ליה לר"א:

תורה אור

°"וְאִם לֹא יִגָּאֵל בְּאֵלֶּה" — רַבִּי אוֹמֵר: אבְּאֵלֶּה הוּא נִגְאָל, וְאֵין נִגְאָל בְּשֵׁשׁ. שֶׁיָּכוֹל, *וַהֲלֹא דִּין הוּא: וּמַה מִּי *שֶׁאֵינוֹ נִגְאָל בְּאֵלֶּה נִגְאָל בְּשֵׁשׁ, זֶה שֶׁנִּגְאָל בְּאֵלֶּה אֵינוֹ דִּין שֶׁנִּגְאָל בְּשֵׁשׁ? ת״ל "בְּאֵלֶּה" — בְּאֵלֶּה הוּא נִגְאָל, וְאֵין נִגְאָל בְּשֵׁשׁ. וְאִי סָלְקָא דַּעְתָּךְ יָלֵיף "שָׂכִיר" "שָׂכִיר" — אַמַּאי קָאָמַר "וּמַה מִּי שֶׁאֵינוֹ נִגְאָל בְּאֵלֶּה"? נֵילַף "שָׂכִיר" "שָׂכִיר"! אֲמַר רַב נַחְמָן בַּר יִצְחָק: לְעוֹלָם יָלֵיף "שָׂכִיר" "שָׂכִיר", וְשָׁאנֵי הָכָא — דְּאָמַר קְרָא °"יִגְאָלֶנּוּ" לָזֶה וְלֹא לְאַחֵר. וּמַאן תַּנָּא דִּפְלִיג עֲלֵיהּ דְּרַבִּי? ר׳ יוֹסֵי הַגְּלִילִי וְר״ע. *דְּתַנְיָא: °"לֹא יִגָּאֵל בְּאֵלֶּה" — ר׳ יוֹסֵי הַגְּלִילִי אוֹמֵר: בְּאֵלֶּה — לְשִׁחְרוּר, בִּשְׁאָר כָּל אָדָם — לְשִׁעְבּוּד. ר״ע אוֹמֵר: בְּאֵלֶּה — לְשִׁעְבּוּד, בִּשְׁאָר כָּל אָדָם לְשִׁחְרוּר. מַאי טַעְמָא דְּרַבִּי יוֹסֵי הַגְּלִילִי? אָמַר קְרָא: "אִם לֹא יִגָּאֵל בְּאֵלֶּה" אֶלָּא בְּאַחֵר — "וְיָצָא בִּשְׁנַת הַיֹּבֵל". וְר״ע אוֹמֵר: "אִם לֹא יִגָּאֵל" אֶלָּא "בְּאֵלֶּה" — "וְיָצָא בִּשְׁנַת הַיֹּבֵל". *וְר׳ יוֹסֵי הַגְּלִילִי: מִידֵי "אֶלָּא בְּאֵלֶּה" כְּתִיב? אֶלָּא בְּהַאי קְרָא קָמִיפַּלְגִי: °"אוֹ דֹדוֹ אוֹ בֶן דֹּדוֹ יִגְאָלֶנּוּ" — (א)זֶה גְּאוּלַּת קְרוֹבִים. °"אוֹ הִשִּׂיגָה יָדוֹ" — זֶה גְּאוּלַּת עַצְמוֹ. "וְנִגְאָל" — זוֹ גְּאוּלַּת אֲחֵרִים. ר׳ יוֹסֵי הַגְּלִילִי סָבַר: מִקְרָא נִדְרָשׁ לְפָנָיו. שְׁדֵי גְּאוּלַּת קְרוֹבִים אַגְּאוּלַּת עַצְמוֹ; מַה גְּאוּלַּת עַצְמוֹ — לְשִׁחְרוּר, אַף גְּאוּלַּת קְרוֹבִים — לְשִׁחְרוּר. וְר״ע סָבַר: מִקְרָא נִדְרָשׁ לְאַחֲרָיו. שְׁדֵי גְּאוּלַּת אֲחֵרִים אַגְּאוּלַּת עַצְמוֹ; מַה גְּאוּלַּת עַצְמוֹ — לְשִׁחְרוּר, אַף גְּאוּלַּת אֲחֵרִים — לְשִׁחְרוּר. אִי הָכִי "בְּאֵלֶּה" לָמָּה לִי? אִי לָאו "בְּאֵלֶּה" ה״א *מִקְרָא נִדְרָשׁ בֵּין לְפָנָיו בֵּין לְאַחֲרָיו, וְהַכֹּל לְשִׁחְרוּר. אִי הָכִי הֲדַר קוּשְׁיָא לְדוּכְתֵּיהּ! אֶלָּא בִּסְבָרָא קָמִיפַּלְגִי; רַבִּי יוֹסֵי הַגְּלִילִי סָבַר: מִסְתַּבְּרָא גְּאוּלַּת אֲחֵרִים לְשִׁיעְבּוּד, דְּאִי אָמְרַתְּ לְשִׁחְרוּר — הָווּ מִימְנְעִי וְלָא פָּרְקֵי לֵיהּ. וְר״ע סָבַר: מִסְתַּבְּרָא גְּאוּלַּת קְרוֹבִים לְשִׁיעְבּוּד, דְּאִי אָמְרַתְּ לְשִׁחְרוּר — כָּל יוֹמָא וְיוֹמָא אָזֵל וּמְזַבֵּין נַפְשֵׁיהּ. א״ר חִיָּיא בַּר אַבָּא א״ר יוֹחָנָן: זוֹ דִּבְרֵי רַבִּי יוֹסֵי הַגְּלִילִי וְר״ע, אֲבָל חכ״א: בהַכֹּל לְשִׁחְרוּר. *מַאן חֲכָמִים? רַבִּי הִיא, דְּמַפֵּיק לֵיהּ לְהַאי "בְּאֵלֶּה" לִדְרָשָׁה אַחֲרִינָא, וּמִקְרָא נִדְרָשׁ בֵּין לְפָנָיו וּבֵין לְאַחֲרָיו. וְרַבִּי, הַאי °"וְיָצָא בִּשְׁנַת הַיֹּבֵל" מַאי עָבֵיד לֵיהּ? מִיבָּעֵי לֵיהּ לְכִדְתַנְיָא: "וְיָצָא בִּשְׁנַת הַיֹּבֵל"

בְּגוֹי

(ויקרא כה; שם; שם; שם; שם; שם)

וְאִם לֹא יִגָּאֵל בְּאֵלֶּה. בְּנִמְכַּר לְגוֹי כְּתִיב. בְּאֵלֶּה. בִּקְרוֹבִים, דִּכְתִיב לְעֵיל מִינֵּיהּ: "אוֹ דוֹדוֹ" וגו׳. וּמַה מִּי שֶׁאֵינוֹ נִגְאָל בְּאֵלֶּה. נִמְכַּר לְיִשְׂרָאֵל לָא כְּתִיב בֵּיהּ גְּאוּלַּת קְרוֹבִים, דְּלָא נָפְקָא לָן (לעיל דף יד:) מִ"וְהֶפְדָּהּ" אֶלָּא גְּאוּלַּת עַצְמָהּ. נֵילַף שָׂכִיר שָׂכִיר. גְּאוּלַּת קְרוֹבִים לְנִמְכַּר לְיִשְׂרָאֵל מִנִּמְכַּר לַגּוֹי, דְּבְנִמְכַּר לַגּוֹי נַמִי כְּתִיב: "כִּשְׂכִיר שָׁנָה בְּשָׁנָה יִהְיֶה עִמּוֹ". דִּפְלִיגֵי עֲלֵיהּ דְּרַבִּי. וְאָמְרֵי דְּנִמְכַּר לַגּוֹי יוֹצֵא לְשֵׁשׁ. ר׳ יוֹסֵי הַגְּלִילִי כו׳. דְּמַפֵּיק הַאי "בְּאֵלֶּה" לִדְרָשָׁה אַחֲרִיתִי. בְּאֵלֶּה לְשִׁיחְרוּר. גְּאָלוּהוּ קְרוֹבִים — אֵינוֹ מִשְׁתַּעְבֵּד לָהֶם. וְיָצָא בִּשְׁנַת הַיּוֹבֵל. מֵאוֹתוֹ אַחֵר שֶׁיִּגְאָלֵהוּ מִן הַגּוֹי. אַלְמָא, גְּאָלוֹ שְׁאָר כָּל אָדָם — מִשְׁתַּעְבֵּד לוֹ. וְנִגְאַל זוֹ גְּאוּלַּת אֲחֵרִים. וְלִימְּדְךָ שֶׁכָּל אָדָם בְּיִשְׂרָאֵל גּוֹאֲלוֹ מִיַּד הַגּוֹי, וְאֵין הַגּוֹי יָכוֹל לְעַכֵּב עָלָיו. וּבְגוֹי שֶׁתַּחַת יָדֵינוּ הַכָּתוּב מְדַבֵּר. ר׳ יוֹסֵי סָבַר מִקְרָא נִדְרָשׁ לְפָנָיו. גְּאוּלַּת עַצְמוֹ פְּשִׁיטָא לָן דַּהֲוָיָא לְשִׁחְרוּר, וְהִיא מְלַמֶּדֶת עַל שְׁאָר גְּאוּלּוֹת. לְר׳ יוֹסֵי אֵינָהּ מְלַמֶּדֶת אֶלָּא עַל גְּאוּלַּת קְרוֹבִים שֶׁהִיא לְפָנֶיהָ, וּמִקְרָא הַנִּדְרָשׁ לְלַמֵּד — נִדְרָשׁ לְלַמֵּד עַל שֶׁלְּפָנָיו, הַכָּתוּב לְמַעְלָה הֵימֶנּוּ. שְׁדֵי גְּאוּלַּת קְרוֹבִים אַגְּאוּלַּת עַצְמוֹ. לִלְמוֹד הֵימֶנּוּ, לְפִי שֶׁמְּלַמֵּד עַל שֶׁלְּפָנָיו. הִילְכָּךְ גְּאוּלַּת קְרוֹבִים לָמְדוּ מִגְּאוּלַּת עַצְמוֹ הַכְּתוּבָה אַחֲרֶיהָ. לְאַחֲרָיו. הַכְּתוּבָה לְמַטָּה הֵימֶנּוּ. הִילְכָּךְ גְּאוּלַּת עַצְמוֹ מְלַמֶּדֶת עַל גְּאוּלַּת אֲחֵרִים, אַלְמָא לָמוּד גְּאוּלַּת אֲחֵרִים מִגְּאוּלַּת עַצְמוֹ. ה״א כו׳. אֲבָל הָשְׁתָּא דִּכְתִיב "בְּאֵלֶּה" לוֹמַר שֶׁיֵּשׁ חִילּוּק בֵּין אֵלֶּה לַאֲחֵרִים, לְמָר כְּדְאִית לֵיהּ וּלְמָר כִּדְאִית לֵיהּ. אִי הָכִי. דִּבְעָלְמָא נִדְרָשׁ לְפָנָיו וּלְאַחֲרָיו, וְהָכָא מִשּׁוּם דִּכְתִיב "בְּאֵלֶּה" הוּא, הָדַר קוּשְׁיָא לְדוּכְתֵּיהּ: דְּר״ע הֵיכִי מַשְׁמַע שִׁעְבּוּד דְּ"וְיָצָא בִּשְׁנַת הַיּוֹבֵל" אַקְּרוֹבִים? אֶלָּא בִּסְבָרָא פְּלִיגֵי. כְּלוֹמַר, אִי פְּשִׁיטָא לָן דְּהַאי "בְּאֵלֶּה" אַקְּרוֹבִים קָאֵי — עַל כָּרְחָךְ שִׁעְבּוּד דְּ"וְיָצָא בִּשְׁנַת הַיּוֹבֵל" אַאֲחֵרִים מַשְׁמַע. אֶלָּא בִּסְבָרָא פְּלִיגֵי, אִי הַאי "בְּאֵלֶּה" אַקְּרוֹבִים קָאֵי אוֹ אַאֲחֵרִים קָאֵי, דְּהָא אֲחֵרִים נַמִי בְּהַהוּא קְרָא כְּתִיבִי. ר׳ יוֹסֵי הַגְּלִילִי סָבַר מִסְתַּבְּרָא. אֲחֵרִים לְשִׁעְבּוּד, דְּהַאי "בְּאֵלֶּה" אַקְּרוֹבִים קָאֵי. דְּשִׁעְבּוּד דְּ"וְיָצָא בִּשְׁנַת הַיּוֹבֵל" אַאֲחֵרִים, דְּאִי אָמְרַתְּ כו׳. וְר״ע סָבַר מִסְתַּבְּרָא. אַקְּרוֹבִים שִׁעְבּוּד. וְהַאי "אֵלֶּה" — אַאֲחֵרִים קָאֵי. וְשִׁעְבּוּד דְּ"וְיָצָא בַּיּוֹבֵל" — אַקְּרוֹבִים קָאֵי, דְּאִי אָמְרַתְּ כו׳. לְכִדְתַנְיָא. לְלַמֶּדְךָ שֶׁאַע״פ שֶׁהַגּוֹי תַּחַת יָדְךָ, אִם לֹא יִגָּאֵל – יִשְׁתַּעְבֵּד בּוֹ עַד הַיּוֹבֵל, וְאִי אַתָּה רַשַּׁאי לָבֹא עָלָיו בַּעֲקִיפִין.

לְאַחֶרֶת

אמאי קאמר ומה מי שאינו נגאל באלה נילף שכיר שכיר. פירוש: שיהא מוכר עצמו לישראל נגאל באלה. וא״ת: כי נמי לא ילפינן "שכיר" "שכיר" לומר שיהא מוכר עצמו לישראל נגאל באלה מנמכר לגוי, מ״מ נילף מ"וכי תשיג" וי״ו מוסיף על ענין ראשון, וילמד מוכר עצמו לישראל נגאל באלה מנמכר לגוי! ויש לומר: דעביד ק״ו ממכרוהו ב״ד שאינו כתוב למעלה בנמכר לגוי. וא״ת: היכי תיסק אדעתין דנילף מכרוהו ב״ד מנמכר לגוי בג״ש ד"שכיר" "שכיר"? הא אמרת דסברא לומר גבי מכרוהו ב״ד דליקנסיה משום דעבד איסורא! וי״ל: דבתר דגלי קרא לעיל שיוצא ביובל אע״ג דעבד איסורא כדמפרש, הוה בעי למילף "שכיר" "שכיר" שיגאל באלה, אי לאו הוה קרא. וא״ת: אכתי היכי בעי למילף "שכיר" "שכיר" שיגאל באלה מנמכר לגוי? מה לנמכר לגוי — דין הוא שיגאל באלה כדי שלא יטמע בין הגוים! וי״ל: דהאי סברא שלא יטמע אינה כתובה, ואין לסתור מהך סברא. **אמר** קרא יגאלנו. הקשה ה״ר מאיר: למאי דס״ד דלא ידעינן מיעוטא — האי "יגאלנו", אמאי לא יליף ק״ו שמכרוהו ב״ד יהיה נגאל באלה: ומה נמכר לגוי שאינו נגאל בשש — נגאל באלה, מכרוהו ב״ד שנגאל בשש — אינו דין שיגאל באלה? ותירץ דאיכא למיפרך: מה לנמכר לגוי — שכן יוצא במיתת האדון, ולכן דין הוא שיגאל באלה, תאמר לנמכר לישראל שאינו יוצא במיתת האדון, שהרי עובד את הבן — ולכך דין הוא שלא יגאל באלה. ומ״מ קשה: דהא אמה עבריה מצינו למילף מהאי ק״ו דנמכר לגוי, שהרי אינה עובדת לא את הבן ולא את הבת, והדר נילף ע״ע הנמכר לישראל מהקישא דעברי לעבריה! ומהר״י תירץ: דאי לא "יגאלנו" ה״א דנמכר לישראל נמי נגאל באלה, וה״פ: ומה מי שאינו נגאל באלה, פירוש ◉דלא כתיב בקרא בהדיא שיגאל באלה — נגאל בשש, נמכר לגוי דכתיב בהדיא בקרא שנגאל באלה — אינו דין שיגאל בשש? וה״נ אמרינן בפרק "השוכר את הפועלים" (ב״מ דף פח:) דבעי למימר דשור אוכל אפילו במחובר מק״ו מאדם; ומה אדם שאינו אוכל בתלוש — אוכל במחובר, שור שאוכל בתלוש, אינו דין שאוכל במחובר. אלמא עביד ק״ו מאדם שאינו אוכל בתלוש, אע״פ שאמת הוא שאוכל אף בתלוש! אלא ה״פ: שאינו אוכל בתלוש — דלא כתיב בהדיא בקרא שאדם אוכל בתלוש, כדפי׳ הכא. **ומה** מי שאינו נגאל באלה יוצא בשש כו׳. ואם תאמר: שדה אחוזה יוכיח, שנגאלת באלה ואינה נגאלת בשש, אף אני אביא נמכר לגוי? דה״נ לקמן (דף כ:) עביד הוכחה מעבד לשדה, ומשדה לעבד! וי״ל: דאיכא למפרך: מה לשדה — שכן אינה יוצאה במיתת האדון, להכי אינה יוצאה בשש, תאמר בנמכר לגוי שיוצא במיתת האדון על כן דין הוא שיוצא בשש. **ורבי** יוסי הגלילי מידי אלא [באחר] כתיב. נראה דלא גרס ליה — דפשטיה דקרא הכי הוא. ועוד: דמסקנא לא מתרצא ההיא קשיא בין לר׳ יוסי הגלילי בין לר״ע. וברוב ספרים אינו. ולספרים דגרסי ליה, נראה להר״מ דהכי פירושו: מידי אלא [באחר] כתיב? כיון דלא איירי כלל אלא מקרובים — מנליה לר׳ יוסי הגלילי דבשאר כל אדם לשעבוד? דילמא קרובים מצו למפרקיה, אבל אחרים לא מצו למפרקיה אפילו לשעבוד! ובהכי מתרצא שפיר אמסקנא, דמיירי קרא נמי אגאולת רחוקים, וא״כ פשטיה דקרא הכי הוא, למר כדאית ליה ולמר כדאית ליה. **אלא** בסברא קמיפלגי. פי׳ בקונטרס: אי פשיטא לן דהאי "באלה" אקרובים קאי — ע״כ שעבוד ד"ויצא בשנת היובל" אאחרים מישתמע, כדקאמר ר׳ יוסי הגלילי, משום דמגיא להקשות לר״ע: מידי "אלא באלה" כתיב? אלא בסברא פליגי, אי האי "באלה" אקרובים קאי או אאחרים קאי, דהא אחרים נמי כתיב בהאי קרא. ר׳ יוסי סבר: "באלה" — אלו קרובים, ור״ע סבר: "באלה" — אלו אחרים. והקשה רבי׳ ברוך: כיון דאית ליה לר״ע דהאי "באלה" אלו אחרים, ולשחרור, היכי קאמר לעיל ר״ע "באלה" לשעבוד? אדרבה ה״ל למימר "באלה", היינו אחרים — לשחרור! ויש לומר: לדברי ר׳ יוסי הגלילי קאמר. כלומר, מה שאתה קורא "באלה", דהיינו קרובים — לשעבוד. **ורבי** האי ויצא בשנת היובל מאי עביד ליה. לא בעי למאי אתא, דהא מיבעי ליה שאינו יוצא מתחת יד גוי עד היובל. אלא הכי בעי: אמאי נקט בשנת היובל? והא כתיב בקרא אחרינא "עד שנת היובל"!

בעובד

עין משפט נר מצוה:
קנ א מיי׳ פ״ב מהל׳ עבדים הלכה ו:
קנא ב מיי׳ שם הל׳ ז:

[לקמן כח.]

גליון הש״ס

גמ׳ דא״ק יגאלנו לזה ולא לאחר. ע׳ יומא מ ע״ב תד״ה ועשהו חטאת: **תוס׳** ד״ה אמר וכו׳ דלא כתיב בקרא בהדיא. וכיוצא בזה ברכות כח ע״א ברש״י שם:

מסורת הש״ס:

[לפמ״ש תוס׳ חולין כב. ד״ה שיכול וכו׳ נראה דל״ג שלש תיבות הללו והלא דין הוא]

ת״כ פרשה בהר סיני פסיקתא פ׳ בהר סיני

כ״א ור״ע

שבת לב: ב״מ לה. ר״ה ט: זבחים כד: [מנחות יט. חולין קיח:]

[עירובין פג. וש״נ]

רש״א

הגהות הב״ח

(א) גמ׳ יגאלנו זו גאולת קרובים כו׳ זו גאולת עצמו:

*בְּגוֹי שֶׁיֶּשְׁנוֹ תַּחַת יָדְךָ, אוֹ אֵינוֹ אֶלָּא בְּגוֹי שֶׁאֵינוֹ תַּחַת יָדְךָ? אָמַרְתָּ: וְכִי מָה אֶפְשָׁר לַעֲשׂוֹת לוֹ? הָא אֵין הַכָּתוּב מְדַבֵּר אֶלָּא בְּגוֹי שֶׁיֶּשְׁנוֹ תַּחַת יָדְךָ.§ "וּבִשְׁטָר".§ מְנָלַן? אָמַר עוּלָּא: אָמַר קְרָא: °"אִם אַחֶרֶת יִקַּח לוֹ" — הִקִּישָׁהּ הַכָּתוּב לַאַחֶרֶת; מָה אַחֶרֶת מִקַּנְיָא בִּשְׁטָר — אַף אָמָה הָעִבְרִיָּה מִקַּנְיָא בִּשְׁטָר. הָנִיחָא לְמ"ד: שְׁטַר אָמָה הָעִבְרִיָּה אָדוֹן כּוֹתְבוֹ. אֶלָּא לְמ"ד: אָב כּוֹתְבוֹ — מַאי אִיכָּא לְמֵימַר? דְּאִיתְּמַר: שְׁטַר אָמָה הָעִבְרִיָּה מִי כּוֹתְבוֹ? רַב הוּנָא אָמַר: אָדוֹן כּוֹתְבוֹ; רַב חִסְדָּא אָמַר: [א]אָב כּוֹתְבוֹ. הָנִיחָא לְרַב הוּנָא; אֶלָּא לְרַב חִסְדָּא מַאי אִיכָּא לְמֵימַר? אָמַר רַב אַחָא בַּר יַעֲקֹב: אָמַר קְרָא °"לֹא תֵצֵא כְּצֵאת הָעֲבָדִים" — אֲבָל נִקְנֵית הִיא כְּקִנְיַן עֲבָדִים. וּמַאי נִיהוּ? שְׁטָר. וְאֵימָא: אֲבָל נִקְנֵית הִיא כְּקִנְיַן עֲבָדִים — וּמַאי נִיהוּ? חֲזָקָה! *אָמַר קְרָא: °"וְהִתְנַחַלְתֶּם אוֹתָם לִבְנֵיכֶם אַחֲרֵיכֶם", אוֹתָם — בַּחֲזָקָה, וְלֹא אַחֵר בַּחֲזָקָה. וְאֵימָא: אוֹתָם — בִּשְׁטָר, וְלֹא אַחֵר בִּשְׁטָר! הַכְתִיב "לֹא תֵצֵא כְּצֵאת הָעֲבָדִים". וּמָה רָאִיתָ? מִסְתַּבְּרָא: שְׁטָר ה"ל לְרַבּוּיֵי, *שֶׁכֵּן מוֹצִיאָהּ בְּבַת יִשְׂרָאֵל. אַדְּרַבָּה, חֲזָקָה ה"ל לְרַבּוּיֵי, שֶׁכֵּן קוֹנֶה בְּנִכְסֵי הַגֵּר. *בְּאִישׁוּת מִיהַת לָא אַשְׁכַּחַן. אִי בָּעֵית אֵימָא: לְהָכִי אֲהַנֵי "אִם אַחֶרֶת". וְרַב הוּנָא, הַאי "לֹא תֵצֵא כְּצֵאת הָעֲבָדִים" מַאי דָּרֵישׁ בֵּיהּ? הַהוּא מִיבָּעֵי לֵיהּ שֶׁאֵינָהּ יוֹצְאָה בְּרָאשֵׁי אֵבָרִים כְּעֶבֶד. וְרַב חִסְדָּא: א"כ לִכְתּוֹב קְרָא: "לֹא תֵצֵא כַּעֲבָדִים". מַאי "כְּצֵאת הָעֲבָדִים"? ש"מ תַּרְתֵּי.§ "וְקוֹנֶה אֶת עַצְמוֹ בְּשָׁנִים".§ דִּכְתִיב: °"שֵׁשׁ שָׁנִים יַעֲבֹד וּבַשְּׁבִיעִית" וגו'.§ "בַּיּוֹבֵל".§ דִּכְתִיב: °"עַד שְׁנַת הַיֹּבֵל יַעֲבֹד עִמָּךְ".§ "בְּגֵרָעוֹן כֶּסֶף".§ *אָמַר חִזְקִיָּה: דְּאָמַר קְרָא: °"וְהֶפְדָּהּ" — מְלַמֵּד שֶׁמְּגָרַעַ פִּדְיוֹנָהּ וְיוֹצְאָה. תָּנָא: [ב]וְקוֹנֶה אֶת עַצְמוֹ בְּכֶסֶף וּבְשָׁוֶה כֶּסֶף וּבִשְׁטָר. בִּשְׁלָמָא כֶּסֶף — דִּכְתִיב: °"מִכֶּסֶף מִקְנָתוֹ". שָׁוֶה כֶּסֶף נַמִי *°"יָשִׁיב גְּאֻלָּתוֹ" אָמַר רַחֲמָנָא, לְרַבּוֹת שָׁוֶה כֶּסֶף כְּכֶסֶף. אֶלָּא הַאי שְׁטָר ה"ד? אִילֵימָא דְּכָתַב לֵיהּ שְׁטָרָא אַדְּמֵיהּ — הַיְינוּ כֶּסֶף! אֶלָּא שִׁיחְרוּר? שְׁטָר לָמָּה לִי? לֵימָא לֵיהּ בְּאַפֵּי תְּרֵי: זִיל. א"נ בְּאַפֵּי בֵּי דִּינָא: זִיל! *אָמַר רָבָא: [ג]זֹאת אוֹמֶרֶת עֶבֶד עִבְרִי *גּוּפוֹ קָנוּי, וְהָרַב שֶׁמָּחַל עַל גֵּרָעוֹנוֹ — אֵין גֵּרָעוֹנוֹ מָחוּל.§ "יְתֵירָה עָלָיו אָמָה הָעִבְרִיָּה".§ אָמַר ר"ל: *אָמָה הָעִבְרִיָּה קוֹנָה אֶת עַצְמָהּ בְּמִיתַת הָאָב מֵרְשׁוּת אָדוֹן מִק"ו: וּמָה סִימָנִין שֶׁאֵין מוֹצִיאִין מֵרְשׁוּת אָב — מוֹצִיאִין מֵרְשׁוּת אָדוֹן, מִיתָה שֶׁמּוֹצִיאָה מֵרְשׁוּת אָב — אֵינוֹ דִּין שֶׁמּוֹצִיאָה מֵרְשׁוּת אָדוֹן? מֵיתִיבֵי רַב הוֹשַׁעְיָא: יְתֵירָה עָלָיו אָמָה הָעִבְרִיָּה שֶׁקּוֹנָה אֶת עַצְמָהּ בְּסִימָנִין. וְאִם אִיתָא — נִיתְנֵי נַמִי מִיתַת הָאָב! *תָּנָא וְשַׁיֵּיר. מַאי שַׁיֵּיר דְּהַאי שַׁיֵּיר? שַׁיֵּיר מִיתַת הָאָדוֹן. אִי מִשּׁוּם מִיתַת הָאָדוֹן — לָאו שִׁיּוּרָא הוּא, דְּכֵיוָן דְּאִיכָּא נַמִי בְּאִישׁ — לָא קָתָנֵי. וְאֶלָּא נִיתְנֵי! תַּנָּא, דָּבָר שֶׁיֵּשׁ לוֹ קִצְבָּה — קָתָנֵי; דָּבָר שֶׁאֵין לוֹ קִצְבָּה — לָא קָתָנֵי. וְהָא סִימָנִין דְּאֵין לָהֶם קִצְבָּה, וְקָתָנֵי! אָמַר רַב סַפְרָא: אֵין לָהֶם קִצְבָּה לְמַעְלָה, אֲבָל יֵשׁ לָהֶם קִצְבָּה לְמַטָּה

(מסורת הגמרא בשולי הגמרא: שמות כא; שם; ויקרא כה; שמות כא; ויקרא כה; שמות כא; ויקרא כה; שם)

רש"י

לַאַחֶרֶת. לְקִיחַת קִידּוּשִׁין. הָנִיחָא כו'. פְּלוּגְתַּיְיהוּ לְקַמֵּיהּ. אָדוֹן כּוֹתְבוֹ. "בִּתְּךָ קְנוּיָה לִי" וְנוֹתְנוֹ לָאָב, כְּדֶרֶךְ שְׁטָר קִידּוּשִׁין שֶׁהַבַּעַל כּוֹתֵב "בִּתְּךָ הִיא מְקוּדֶּשֶׁת לִי". אֶלָּא לְמ"ד אָב כּוֹתְבוֹ. לָא יָלֵיף מִשְּׁטָר קִידּוּשִׁין, וּמְנָלֵיהּ דְּקָנֵי לֵיהּ שְׁטָרָא? לֹא תֵצֵא כְּצֵאת הָעֲבָדִים. בְּשֵׁן וָעַיִן, בְּרָאשֵׁי אֵיבָרִים, כְּעֶבֶד כְּנַעֲנִי. שֶׁאִם סִימֵּא אֶת עֵינֶיהָ, וְכֵן עֵינוֹ שֶׁל עֶבֶד עִבְרִי — אֵינוֹ יוֹצֵא בְּכָךְ, אֶלָּא נוֹתֵן לוֹ דְּמֵי עֵינוֹ, וְזֶה מַשְׁלִים שֵׁשׁ וְיוֹצֵא. אֲבָל נִקְנֵית הִיא כְּקִנְיַן עֲבָדִים. כְּנַעֲנִים, וְהֵם נִקְנִין בִּשְׁטָר, כִּדְלְקַמָּן (דף כב:) דְּאִיתְקַשׁ לְקַרְקָעוֹת, דְּנִקְנִין בִּשְׁטָר בְּכֶסֶף וּבַחֲזָקָה. וּמַאי נִיהוּ חֲזָקָה. וּלְקַמָּן (שם) מְפָרֵשׁ: כֵּיצַד בַּחֲזָקָה — שֶׁיִּכְפּוּהָ לַעֲשׂוֹת מְלָאכָה אַחַת. וְהִתְנַחַלְתֶּם אוֹתָם. בְּעֶבֶד כְּנַעֲנִי כְּתִיב; "אוֹתָם" כַּאֲחוּזָּה הַנִּקְנֵית בַּחֲזָקָה, וְלֹא אַחֵר. בְּנִכְסֵי הַגֵּר. שֶׁמֵּת וְאֵין לוֹ יוֹרְשִׁין, וּנְכָסָיו הֶפְקֵר. לְהָכִי אֲהַנֵי אִם אַחֶרֶת. הִקִּישָׁהּ הַכָּתוּב לְאַחֶרֶת, לְגַלּוֹת עַל הַלִּימּוּד שֶׁל "כְּצֵאת הָעֲבָדִים" שֶׁבָּא לְלַמְּדוֹ עַל קִנְיַן הַשְּׁטָר, וְלֹא עַל הַחֲזָקָה. אֲבָל עִיקַּר שְׁטָר — לָאו מִקִּידּוּשִׁין יָלֵיף, דְּתֵימָא אָדוֹן כּוֹתְבוֹ, אֶלָּא מִשְּׁטַר קַרְקָעוֹת יָלֵיף, כִּשְׁטַר עֶבֶד כְּנַעֲנִי, וְאָב כּוֹתְבוֹ, כִּי הֵיכִי דִּשְׁטַר שָׂדוֹת מוֹכֵר כּוֹתְבוֹ, כִּדְיָלְפִינַן (לעיל דף ט.) מִן "וָאֶקַּח אֶת סֵפֶר הַמִּקְנָה". שֶׁאֵינָהּ יוֹצְאָה בְּרָאשֵׁי אֵיבָרִים. וּלְגוּפֵיהּ אִיצְטְרִיךְ, וְלָא לְמֵידַק מִינֵּיהּ: אֲבָל נִקְנֵית כְּקִנְיַן עֲבָדִים, דְּכָל קְרָא דְּמִיבָּעֵי לְגוּפֵיהּ — לָא אָתֵי לְדוּקְיָא. מַאי כְּצֵאת. דְּלְדוּקְיָא נַמִי אָתֵי, לוֹמַר לָךְ: מִדִּין יְלִיאָה לְבַדָּהּ מִיעֲטָהּ, וְלֹא מִדִּין הַקִּנְיָן. לָמָּה לִי שְׁטָר. הָא אֵין גּוּפוֹ קָנוּי, אֶלָּא חוֹב מָמוֹן — עֲבוֹדַת שֵׁשׁ שָׁנִים שֶׁיֵּשׁ עָלָיו. נֵימָא לֵיהּ בְּאַפֵּי תְּרֵי זִיל. לֵית לִי עֲלָךְ מִידֵּי, וְנִפְטָר. גּוּפוֹ קָנוּי. עַד שֶׁיַּגִּיעוּ יְמֵי חִיפּוּשׁוֹ. וּלְפִיכָךְ, הָרַב שֶׁמָּחַל עַל גֵּרָעוֹנוֹ — אֵינוֹ מָחוּל, וְצָרִיךְ שִׁחְרוּר. וְאִם לָאו — חוֹזֵר וּמִשְׁתַּעְבֵּד בּוֹ, אִם יִרְצֶה. דְּלָא שַׁיָּיךְ בּוֹ מְחִילַת מָמוֹן אֶלָּא לְשׁוֹן שִׁחְרוּר, וְכִי כָּתַב לֵיהּ לְשׁוֹן שִׁחְרוּר, וְנָתַן לֵיהּ — נָפֵיק, דְּלָא גָּרַע מִכְּנַעֲנִי דְּנָפֵיק בִּשְׁטָר, דִּכְתִיב: "אוֹ חוּפְשָׁה לֹא נִיתַּן לָהּ", וְגָמַר "לָהּ" "לָהּ" מֵאִשָּׁה. בְּמִיתַת הָאָב. אָבִיהָ. מִיתָה שֶׁמּוֹצִיאָה מֵרְשׁוּת אָב. שֶׁאֵין מַעֲשֵׂה יָדֶיהָ לְיוֹרְשָׁיו, כִּדְקַיְימָא לָן בִּכְתוּבּוֹת (דף מג.), אָמַר רַב יְהוּדָה אָמַר רַב: בַּת הַנִּיזּוֹנֶית מִן הָאַחִין — מַעֲשֵׂה יָדֶיהָ לְעַצְמָהּ. אָמַר רַב כָּהֲנָא: מ"ט דְּרַב — דִּכְתִיב: "וְהִתְנַחַלְתֶּם אוֹתָם לִבְנֵיכֶם אַחֲרֵיכֶם" אוֹתָם לִבְנֵיכֶם, וְלֹא בְּנוֹתֵיכֶם לִבְנֵיכֶם. מַגִּיד שֶׁאֵין אָדָם מוֹרִישׁ זְכוּת שֶׁיֵּשׁ לוֹ בְּבִתּוֹ לִבְנוֹ. שַׁיֵּיר מִיתַת אָדוֹן. דְּקי"ל לְקַמָּן (דף יז:) דְּאֵינָהּ עוֹבֶדֶת אֶת הַבֵּן. דְּאִיתָא נַמִי בְּאִישׁ. דְּנִרְצָע נַמִי יוֹצֵא בְּמִיתַת אָדוֹן, דְּאֵינוֹ עוֹבֵד אֶת הַבֵּן, כִּדְתְנַן בְּמַתְנִיתִין (לעיל דף יד:). וְאֶלָּא נִיתְנֵי. מִיתַת הָאָב, הוֹאִיל וְלָא שַׁיֵּיר מִידֵּי. שֶׁיֵּשׁ לוֹ קִצְבָּה. וְכֶסֶף מִקְנָתוֹ. וְשֵׁשׁ שָׁנִים, וְיוֹבֵל — כּוּלְּהוּ יָדְעֵי לְאֵימַת, וְכַמָּה. וְהָא סִימָנִין כו'. שֶׁיֵּשׁ שֶׁמְּמַהֶרֶת לְהָבִיא, וְיֵשׁ שֶׁמְּאַחֶרֶת. לְמַעְלָה. אֵימַת דְּמַיְיתָא לְאַחַר י"ג שָׁנִים הָווּ סִימָנֵי נַעֲרוּת. לְמַטָּה

תוספות

בגוי שישנו תחת ידך. פי' בקונטרס: אם לא יגאל — ישתעבד בו עד היובל, ואין אתה רשאי לבא עליו בעקיפין. וא"ת: תיפוק ליה מדכתיב (ויקרא כה) "וחשב עם קונהו משנת המכרו לו עד שנת היובל", דאי בגוי שאינו תחת ידך לא לייתי! וי"ל: דאי מהתם ה"א דמיירי בגוי שאינו תחת ידך, דאתי קרא למימר שמודיעין לו את הדין לגוי, אם ירצה לשמוע לקבל עליו דין תורה. אבל בגוי שישנו תחת ידך ה"א לא ניתיב ליה כלל, קמ"ל הא קרא דאייתר, שהרי הרבה "יובל" כתיבי בפרשה, לומר: שאפילו יכול להוציאו בעל כרחו — לא תבא עליו בעקיפין, ולא יצא אא"כ ישלם כסף. ואע"ג דכתיב "וחשב עם קונהו" דדרשינן ליה* שידקדק עם קונהו, ולא יכעוס עליו, ואע"פ שאינו תחת ידך — פעמים שיכול להערים עליו ולהטעותו בדין וחשבון. וא"ת: אי בגוי שישנו תחת ידך — מה שייך יובל, ולמה לי נמי דקדוק כלל? וי"ל: דהכא שהגוי בטוח עליו ונתן לו מעות על מכר גופו — בא הכתוב להשמיענו שצריך לדקדק. **שכן** מוציא בבת ישראל. הא דלא נקט שכן מכניס, דהוא דמי טפי — משום דבגט כתיב בהדיא. **לימא** ליה באפי תרי זיל. תימה: אמאי פריך גמרא "לימא ליה באפי תרי זיל" אמאי לא פריך: ויפקירנו? שהרי אפילו עבד כנעני שגופו קנוי יצא בהפקר לשמואל, דאמר: המפקיר עבדו יצא לחירות וא"צ גט שחרור, בפ' "השולח" (גיטין דף לח.), ולמה לי שטרא! ואפילו למ"ד (שם:) דהמפקיר עבדו יוצא לחירות וצריך גט שחרור — היינו משום הפקעת איסור, כדי להתירו בבת ישראל. וא"כ בע"ע למה לי שטרא? דבלאו הכי מותר! וי"ל: דאין ה"נ. ומיהו, לא הוה קשה: למה לי שטרא, ליפקוה בהפקר — דפשיטא דיש יציאות אחרות לבד משטר. אלא הכי קשיא ליה: אף כשבא להוציאו בשטר — למה לי שטר? אותו לשון הכתוב בשטר, דהיינו "הרי את בן חורין" "הרי את לעצמך" כדתנן ב"המגרש" (שם דף פה:) — אותו לשון עצמו יאמר לו בע"פ. דס"ד דאין צריך אלא מחילה, כמו מחילת חוב בעלמא. ולבסוף דמסיק ע"ע גופו קנוי — לשון הכתוב בשטר אין מועיל בעל פה*. **אמר** רבא זאת אומרת עבד עברי גופו קנוי. מדלא חשיב במתניתין שטר — משמע דסבר דעבד עברי אין גופו קנוי. ותימה: דרבא דקאמר עבד עברי גופו קנוי, היכי פליג אמתניתין? וליכא למימר דרבא דייק מברייתא הכי, וליה לא סבירא ליה הכי. דאמר לקמן בפירקין (דף כח.): עד היכן גלגול שבועה? ומסיק, רבא לטעמיה, דאמר רבא: עבד עברי גופו קנוי. וי"ל: דמתני' נמי סברה דגופו קנוי. והא דלא חשיב שטר — משום דתנא דמתני' לא חשיב אלא יציאות שהם בע"כ של אדון, אבל שטר — מדעתו של אדון. **והרב** שמחל על גרעונו. אבל אם לא היה גופו קנוי — היתה מחילה מועלת. ויש לדקדק מכאן דמחילה לא בעי קנין. ומיהו, יש לדחות: דכיון שהוא מוחזק בגופו אין לך קנין גדול מזה. **מיתה** שמוציאה מרשות אב אינו דין שמוציאה מרשות אדון. ואם תאמר: חופה תוכיח, שמוציאה מרשות אביה ואין מוציאה מרשות אדון. דאי חופה מוציאה מרשות אדון — אין אדם קונה בת חבירו, שהרי יכול להכניסה ולהוציאה מרשות אדון! וי"ל: מה לחופה — שכן אינה מוציאה מרשות אב אלא מדעתו, ולכך אינה מוציאה מרשות אדון, תאמר במיתה שמוציאה מרשות אב בע"כ.

והא

תוס' ר"י הזקן

באפי תרי זיל. דקס"ד דלית ליה זכותא בגויה דעבד ולא הוה אלא כלוה ולמה לי שחרור יאמר לו בפני עדים כדי שלא יחזור בו שילך ושמעינן מהא דמחילה א"צ קנין דאי צריכה קנין אכתי לא סגי ליה בהכי אלא בשטר דסתם קנין לכתיבה עומד: [זאת אומרת]. מדאצרכת ליה שטר שחרור ולא סגי ליה באמירה בעלמא שגופו קנוי לו כלומר שיש לו זכות בגופו של עבד וקנאו למעשה של עבד והואיל ויש לו זכות א) בחובו אין האדון מפקיע זכות שיש לו על הגוף באמירה אלא בשטר הילכך אם מחל הגרעון כסף שיתחייב ליתן לו העבד אם ירצה לצאת אינו מחול באמירה אלא בשטר: ומסתברא דכי אמרינן דמחילה א"צ קנין ה"מ היכא דלית ליה משכון על המלוה אבל אית ליה משכון עליה לא קנו מידו כלום עד שיחזור לו המשכון ומיהו דוקא במשכנו שלא בשעת הלואתו דשיעבודא מיהא אית ליה עליה דהא קנין דעבד עברי כמשכון הוי ובלא שטר אינו כלום וה"נ אמרינן לקמן גבי אמה העבריה היא גופה משכון הויא ב) וכי כתב לה שטר הו"ל כמחזיר ליה על המשכון. ומסתברא דמלוה בשטר אם מחל המלוה אע"פ שלא החזיר לו את השטר הויא מחילה דשטר ראיה בעלמא הוא. וגבי עבד עברי דנקנה בשטר כדקס"ד ג) ובמלוה הא אמרינן לימא ליה באנפי תרי זיל. ותנא ד) דמייתי משום דלא חשיב

א) אולי צ"ל ויש לו זכות בגופו בשביל חובו אין האדון וכו'. ב) נראה דצ"ל וכי כתב ליה שטר הו"ל כמחזיר לו את המשכון. ג) אולי צ"ל דנקנה בשטר ואעפ"כ כדקס"ד דכמלוה הוא אמרינן וכו'. ד) נראה דצ"ל ותנא דמתני' לא חשיב ליה היינו משום וכו'.

עין משפט נר מצוה

קנב א מיי' פ"ד מהל' עבדים הלכה ג:
קנג ב מיי' פ"ב מהל' עבדים הלכה ח והלכה יב:
קנד ג מיי' שם הל' יא:

מסורת הש"ס

ת"כ פרשת בהר סיני; פסיקתא פ' בהר סיני; [כתובות מג.]; [לעיל ה:]; [לעיל ה.]; [לעיל יח: יז:]; [לעיל ח.]; ב"ק קיג. לקמן כח.; [וע"ע תוס' ב"מ קיב. סד"ה תוחר]; ב"מ יב:; סוכה נב. ב"ק י. עו. מג: סב: כתובות מו. תענית יג: יבמות כט. עג. פד: לקמן נט. [נזיר לה: סוטה עז. מנחות כח:]; [ב"ק דף קיג:]; [ע' תוס' ב"מ נט. ד"ה דלא ותוספות יבמות ע: ד"ה אלמנה]

למטה. *דתניא: א'בן תשע שנים שהביא שתי שערות — שומא; מבן ט' שנים ויום אחד עד בן י"ב שנה ויום אחד, ועודן בו — שומא. ר' יוסי בר' יהודה אומר: סימן. בן י"ג שנה ויום אחד — דברי הכל סימן. מתיב רב ששת: ר' שמעון אומר: ד' מעניקים להם, ג' באיש וג' באשה. ואי אתה יכול לומר ד' באחד — (א) לפי שאין סימנים באיש, ואין רציעה באשה. ואם איתא: ניתני נמי מיתת אב! וכ"ת: ה"נ תני ושייר — והא ארבעה קתני! וכי תימא: תנא, דבר שיש לו קצבה — קתני, ודבר שאין לו קצבה — לא קתני, והא סימנין דאין להם קצבה וקתני! וכי תימא: ה"נ כדרב ספרא — והאיכא מיתת אדון דאין להם קצבה, וקתני! מיתת אדון נמי לא קתני. ואלא ארבעה מאי ניהו? שנים, ויובל, ויובל של רציעה, ואמה העבריה בסימנים. ה"נ מסתברא, דקתני סיפא: אי אתה יכול לומר ארבעה באחד מהם — לפי שאין סימנים באיש, ואין רציעה באשה. ואם איתא — באשה מיהא משכחת לה ארבעה. שמע מינה. מתיב רב עמרם: ב'ואלו מעניקים להם: היוצא בשנים, וביובל, ובמיתת האדון, ואמה העבריה בסימנים. ואם איתא — ניתני נמי מיתת אב! וכי תימא: תנא ושייר — *והא *"אלו" קתני. וכי תימא: דבר שיש לו קצבה קתני, דבר שאין לו קצבה לא קתני — והא סימנין דאין להם קצבה, וקתני. וכי תימא ה"נ כדרב ספרא — האיכא מיתת אדון. תיובתא דריש לקיש! תיובתא. והא ריש לקיש ק"ו אמר! קל וחומר פריכא היא, משום דאיכא למיפרך: מה לסימנין — שנשתנה הגוף, תאמר במיתת אב — שכן לא נשתנה הגוף. ג'תני חדא: ענק עבד עברי לעצמו, וענק אמה העבריה לעצמה. ותניא אידך: ענק אמה העבריה ומציאתה — לאביה, ואין לרבה אלא שכר בטלה בלבד. מאי לאו, הא — דנפקא בסימנים, והא — דנפקא לה במיתת אב? לא, אידי ואידי דנפקא לה בסימנין. ולא קשיא; ד'הא — דאיתיה לאב, הא — דליתיה לאב. בשלמא ענק אמה העבריה לעצמה — ה'למעוטי אחין, *דתניא: °"והתנחלתם אותם לבניכם (ויקרא כה) אחריכם", אותם לבניכם — ולא בנותיכם לבניכם. ו'מכאן שאין אדם מוריש זכות בתו לבנו. אלא ענק ע"ע לעצמו פשיטא! אלא למאן? אמר רב יוסף: *יו"ד קרת קא חזינא הכא. אביי אמר: הכי אמר רב ששת: הא מני — תוטאי הוא. דתניא, תוטאי אומר: "לו" — ולא לבעל חובו. גופא, אלו מעניקים להם: היוצא בשנים, וביובל, ובמיתת אדון, ואמה העבריה בסימנין. אבל בורח ויוצא בגרעון כסף — אין מעניקים לו. ר"מ אומר: בורח — אין מעניקין לו, ויוצא בגרעון כסף — מעניקים לו. ר"ש אומר: ארבעה מעניקים להם, שלשה באיש וג' באשה, ואי אתה יכול לומר ארבעה באחד מהן, לפי שאין סימנין באיש ורציעה באשה. מנה"מ? דת"ר: *יכול לא יהו מעניקים אלא ליוצא בשש. מנין לרבות יוצא ביובל ובמיתת האדון, ואמה העבריה בסימנין? (ספרי פ' ראה) ת"ל °"תשלחנו" "וכי תשלחנו". יכול שאני מרבה בורח ויוצא בגרעון כסף — ת"ל "וכי תשלחנו חפשי מעמך", מי ששילוחו (דברים טו) מעמך — *יצא בורח ח'ויוצא בגרעון כסף, שאין שילוחו מעמך. רמ"א: בורח — אין מעניקין לו, דאין שילוחו מעמך, אבל יוצא בגרעון כסף, ששילוחו מעמך. בורח השלמה בעי, דתניא: מנין לבורח ט'שחייב להשלים? ת"ל °"שש שנים יעבד". (שמות כא) יכול

רש"י

למטה. אם הביאה לפני זמנה אינן סימנין. ה"ג להא מתניתא בפרק "יוצא דופן": בן תשע שנים שהביא שתי שערות — שומא. מבן ט' שנים ויום אחד עד י"ב שנה ויום אחד ועודן בו — שומא, רבי יוסי בר' יהודה אומר: סימן. בן י"ג שנה ויום אחד — דברי הכל סימן. והתם פריך ליה בנדה: אמאי נקט י"ג ולא נקט י"ב? ומתרץ לה. בן ט' שנים. הכל מודים שומא. מבן תשע ועד בן י"ב שנה ועודן בו. כשהגיע לי"ב ולא נשרו פלוגתא. אבל אם נשרו קודם י"ב לא פליג ר' יוסי, דאיגלאי מילתא דלאו סימן הוי. ומבן י"ג שנים ויום אחד מודו רבנן דהוי סימן, ואפילו נשרו. שומא. ורוא"ה בלע"ז, ודרכה לצמח בה שער. אלמא המביאה קודם תשע אינו סימן ויש לה קצבה למטה. ד' מעניקים להם. תנאי פליגי לקמן; איכא למ"ד: בורח ויוצא בגרעון כסף אין מעניקים לו, ואיכא למ"ד: יוצא בגרעון כסף מעניקים לו. לפיכך קבע כהן ר' שמעון מנין ארבעה, ואין בורח וגרעון אחד מהן. וקס"ד השתא שהן: היוצא בשש שנים, והיוצא ביובל, ונרצע שיוצא במיתת אדון, וסימנין דאמה העבריה. שלשה מהן באיש. שנים ויובל ומיתת אדון דנרצע. ושלשה באשה: שנים ויובל וסימנין. ואין רציעה באשה. ולקמיה פריך: בלא רציעה נמי, אמה העבריה יוצאת במיתת האדון. כדרב ספרא. דיש לה קצבה למטה. מיתת אדון. לא קתני בהני ד'. שנים ויובל. הפוגע בתוך שש. ויובל של רציעה. ויובל המוציא את הנרצע, והני תפושי דיובל כל חד חשיב באפי נפשיה. ה"נ מסתברא. דמיתת אדון לא קתני בהו. ואם איתא. דתנא מיתת האדון ותרתי יובלי כחד חשיב להו — הא איתא נמי באשה, ומאי ניהו דקאמר אין רציעה באשה? דבלא רציעה נמי הוו בה ארבעה ענק. ואין לרבה. במציאתה אלא שכר בטלה, כמה שבטלה ממלאכתה כשהגביהתה. ולקמיה פריך: ענק ע"ע לעצמו פשיטא! הא דנפקא בסימנים. ואביה קיים, הוו דאב. והא דנפקא במיתת האב. דהואיל דליתיה לאב — זכייה איהי בענק. זכות בתו. זכות שזכתה לו תורה בשבח בתו. יו"ד קרת. יו"ד שהיא קטנה עשאה עיר גדולה, כלומר, הארכת משנתו חנם. ולא לבעל חובו. ומדקדיקא לן כרבי נתן, חטה "לו" אפקיה, כדפרישית לעיל (דף טו.). אלו מעניקין להן כו'. ולקמן ילפינן כולהו לטעמייהו. אלא ליוצא בשש. דהענק בדידיה כתיב. תשלחנו וכי תשלחנו. תרי זימני "תשלחנו" ולרבות שאר שילוחין להענק. שאין שילוחו מעמך. מדעתך אלא מאליהם. ששילוחו מעמך. שיהא מקבל גרעון ומשלחו. השלמה בעי. להשלים שש. ולאחר השלמה הרי הוא כיוצא בשנים ויעניקהו. יכול

תוספות

והא ארבעה קתני. נראה דדייק מהא דקתני "ואי אתה יכול לומר ארבעה באחד מהן", דמשמע דנחית לפרושי כולהו. וליכא למימר דדייק מדקתני "ארבעה מעניקים להן" — דהא אמר בפ"ב דסוטה (דף טז.) תנא ושייר אע"ג דתנא מניינא, גבי הא דאמרינן: בג' מקומות ᪲הלכה עוקרת את המקרא*. מה לסימנין שכן נשתנה הגוף. ואם תאמר: מכל הני איכא למידק ק"ו ומה סימנין, שאע"פ שנשתנה הגוף אינו מוציאה מרשות אב, ואפ"ה מוציאה מרשות אדון. מיתה, שאע"פ שלא נשתנה הגוף מוציאה מרשות אב — אינו דין שמוציאה מרשות אדון? וי"ל: דודאי גבי אדון שייך לומר שינוי הגוף גורם הוצאה, משום דאין זה הגוף שקנה. אבל גבי אב — לא שייך טעם דשינוי הגוף, דלעולם הוא אביה אחר השינוי כמו קודם השינוי. וא"ת: נעשה ק"ו משנים ויובל שאין מוציאין מרשות אב ומוציאין מרשות אדון, מיתת אב, שמוציאה מרשות אב — אינו דין וכו'! וכ"ת: מה לשנים ויובל שכן מוציאין בע"ע, תאמר במיתת אב וכו' — סימנין יוכיחו! וי"ל: דאיכא למפרך: מה לסימנין — שכן נשתנה הגוף. וא"ת: תיתי מבינייהו; דמאי אמרת: מה לסימנים שכן נשתנה הגוף — שנים ויובל יוכיחו, מה לשנים ויובל שכן מוציאין בע"ע — סימנין יוכיחו. וחזר הדין, לא ראי זה כו', הצד השוה שבהן — שמוציאין בעלמא; שנים ויובל בע"ע, וסימנין נמי מוציאין בעלמא, שהרי מוציאין האיש מידי קטנות, ומוציאין כאן, אף אני אומר כו'! וי"ל: דאיכא למיפרך: מה להצד השוה שבהן — שמוציאין מעבדות, תאמר במיתת האב שלא מצינו שמוציאה מעבדות. ואע"ג דהיא גופא בעי למילף, מ"מ כל כמה דלא ילפינן פירכא היא. וא"ת: נעשה ק"ו ממיתת אדון שאינה מוציאה מרשות אב, שאם מת אדון בעודה קטנה — חוזרת לרשות אב עד בגרות, ומוציאה מרשות אדון. מיתת אב שמוציאה מרשות אב אינו דין וכו'! וי"ל: מה למיתת אדון — שכן מוציאה בנרלע תאמר במיתת אב וכו'.

והתנחלתם אותם לבניכם אחריכם מכאן שאין אדם מוריש כו'. הר"ר יהודה מקורביי"ל הקשה: למה לי "והתנחלתם" שאין מוריש זכות בתו לבנו? פשיטא; דמהיכא נפקא לן (כתובות דף מו:) דמעשה הבת לאב — מ"לאמה", ואמה גופה אינו יכול להוריש לבנו, כדדייק לקמן (דף יז:) דאמה אינה עובדת לא את הבן ולא את הבת! וי"ל: ה"מ, גדולה הוא דנפקא לן מ"לאמה", אבל קטנה — לא נפקא מ"לאמה", אלא מסברא, דהשתא זבוני מזבין לה וכו' — ולהכי איצטריך "והתנחלתם". אמה

עין משפט נר מצוה

[וע' תוס' יבמות ג: ד"ה למעוטי במה שרשמתי שם על לדו]

קנה א מיי' פ"ב מהל' אישות הלכה יח סמג עשין נ טוש"ע אה"ע סי' קעב סעיף ו וסימן קנה סעיף יד:

קנו ב מיי' פ"ג מהל' עבדים הל' יד:

קנז ג ד ה ו ז מיי' שם הלכה טו סמג עשין פד:

קנח ח מיי' שם הל' יד:

קנט ט מיי' שם פ"ב הלכה ד סמג עשין פב:

[ע' תוס' יבמות פז: ד"ה אלא לאו ותוס' כתובות כט. סד"ה ועל הכותית ותוס' זבחים פז. ד"ה הכן ותוס' שבועות לט. ד"ה ואלו נאמרים ותוספות שם מד: ד"ה כל הנשבעין וע' היטב תוס' שבת עה: ד"ה חסר אחת]

תוס' ר"י הזקן

חשיב ליה אלא מידי דאיתיה בעל כרחו דאדון ושחרור ליתיה אלא מדעתיה דאדון: שכר בטלה. כשמגבהת מציאתה: דליתיה לאב. שלא הספיק לגבות עד שמת: שילוחו. דכתיב וכי תשלחנו חפשי מעמך לא תשלחנו ריקם: בורח. השלמה בעי שישלים כמה שברח

מסורת הש"ס

נדה מז: ע"ש

[לקמן מ.]

כתובות מג. ת"כ פ' בהר

פי' גאון יוד קרת שם עיר כההיא דפ' סדר תעניות כג: א"ר יוסי דמן יוד קרת

ספרי פ' ראה

דברים טו

שמות כא

הגהות הב"ח

(א) גמ' באחד מהן לפי שאין:

גליון הש"ס

תוס' ד"ה והא וכו' הלכה עוקרת את המקרא. עיין רשב"א בחידושיו פרק ז דחולין דף לג ד"ה ותמיה לי ועיין כריתות דף ג ע"ב ברש"י ד"ה אהכי תני ארבעה:

עין משפט נר מצוה

קם א מיי' פ"ג מהל' עבדים הלכה טו סמג עשין פז:

קמא ב ג מיי' שם פ"ב הלכה ה:

קמב ד ה מיי' שם פ"ג הל' יד סמג עשין פד ובלאוין קעת:

מסורת הש"ס

רש"א מ"ז

שמות כח

שם לד

דברים טו

חגיגה ו.

חגיגה יז. סוכה ה: ר"ה ז: [יומא פ. חולין קלח. ערכין ז:]

[ע' חולין קלט: וברש"י שם ד"ה ת"ל ונתן את הערכך וכ"כ בתוס' הרי"ד]

ספרי פ' ראה

[ע' תוס' סוכה יח: ד"ה וגדולי וב"ק נד: ד"ה פרין]

[עי' תוס' יומא עב. ד"ה נעביד]

גמרא

יכול אֲפִילּוּ חָלָה – ת"ל °"וּבַשְּׁבִיעִית יֵצֵא"! אָמַר רַב שֵׁשֶׁת: [א]הָכָא בְּמַאי עָסְקִינַן – כְּגוֹן שֶׁבָּרַח וּפָגַע בּוֹ יוֹבֵל. מַהוּ דְּתֵימָא: הוֹאִיל וְאַפֵּיק לֵיהּ יוֹבֵל שִׁילּוּחוֹ מֵעִמָּךְ קָרֵינַן בֵּיהּ, וְלָא נִיקְנְסֵיהּ, וְנַעֲנִיק לֵיהּ. קמ"ל. אָמַר מָר: יָכוֹל אֲפִילּוּ חָלָה – ת"ל "וּבַשְּׁבִיעִית יֵצֵא". אֲפִילּוּ חָלָה כָּל שֵׁשׁ? וְהָתַנְיָא: חָלָה שָׁלֹשׁ וְעָבַד שָׁלֹשׁ – אֵינוֹ חַיָּיב לְהַשְׁלִים, חָלָה כָּל שֵׁשׁ – חַיָּיב לְהַשְׁלִים! אָמַר רַב שֵׁשֶׁת: [ב]בְּעוֹשֶׂה מַעֲשֵׂה מַחַט. הָא גּוּפָא קַשְׁיָא; אָמְרַתְּ חָלָה שָׁלֹשׁ וְעָבַד שָׁלֹשׁ – אֵין חַיָּיב לְהַשְׁלִים, הָא אַרְבַּע – חַיָּיב לְהַשְׁלִים. אֵימָא סֵיפָא: חָלָה כָּל שֵׁשׁ חַיָּיב לְהַשְׁלִים. הָא ד' אֵין חַיָּיב לְהַשְׁלִים! הָכִי קָאָמַר: [ג]חָלָה ד' נַעֲשָׂה כְּמִי שֶׁחָלָה כָּל שֵׁשׁ וְחַיָּיב לְהַשְׁלִים. § תָּנוּ רַבָּנַן: כַּמָּה מַעֲנִיקִים לוֹ? חָמֵשׁ סְלָעִים מִכָּל מִין וּמִין, שֶׁהֵן חָמֵשׁ עֶשְׂרֵה סְלָעִים, דִּבְרֵי ר' מֵאִיר. ר' יְהוּדָה אוֹמֵר: [ד]שְׁלֹשִׁים, כִּשְׁלֹשִׁים שֶׁל עֶבֶד. ר"ש אוֹמֵר: חֲמִשִּׁים, כַּחֲמִשִּׁים שֶׁבַּעֲרָכִין. אָמַר מָר: חָמֵשׁ סְלָעִים מִכָּל מִין וּמִין, שֶׁהֵם חָמֵשׁ עֶשְׂרֵה סְלָעִים, דִּבְרֵי ר' מֵאִיר. וְר"מ מִנְיָנָא אֲתָא לְאַשְׁמוּעִינַן? הָא קמ"ל: מִיבְצַר הוּא דְּלָא מִבְצַר לֵיהּ מֵהַאי מִנְיָנָא. וְאִי בְּצַר לֵיהּ מֵחַד מִינָא וְטָפֵי לֵיהּ מֵחַד מִינָא – לֵית לָן בָּהּ. מַאי טַעֲמָא דְּרַבִּי מֵאִיר? יָלֵיף "רֵיקָם", °"רֵיקָם" מִבְּכוֹר. מַה לְּהַלָּן חָמֵשׁ סְלָעִים – אַף כָּאן חָמֵשׁ סְלָעִים. וְאֵימָא חָמֵשׁ סְלָעִים מִכּוּלְּהוּ? אִי כְּתִיב: "רֵיקָם" לְבַסּוֹף – כִּדְקָאָמְרַתְּ. הַשְׁתָּא דִּכְתִיב "רֵיקָם" בְּרֵישָׁא – שְׁדֵי "רֵיקָם" אַצֹּאן "רֵיקָם" אַגּוֹרֶן "רֵיקָם" אַיֶּקֶב. וְנֵילַף "רֵיקָם" "רֵיקָם" *מֵעוֹלַת רְאִיָּה? אָמַר קְרָא: °"אֲשֶׁר בֵּרַכְךָ יי' אֱלֹהֶיךָ". רַבִּי יְהוּדָה אוֹמֵר: שְׁלֹשִׁים כִּשְׁלֹשִׁים שֶׁל עֶבֶד. מַאי טַעֲמָא דְּרַבִּי יְהוּדָה? יָלֵיף נְתִינָה נְתִינָה מֵעֶבֶד. מַה לְּהַלָּן שְׁלֹשִׁים – אַף כָּאן שְׁלֹשִׁים. וְנֵילַף נְתִינָה נְתִינָה מֵעֲרָכִין, מַה לְּהַלָּן חֲמִשִּׁים – אַף כָּאן חֲמִשִּׁים? חֲדָא: *דְּתָפַשְׂתָּ מְרוּבֶּה – *לֹא תָּפַשְׂתָּ, תָּפַשְׂתָּ מוּעָט – תָּפַשְׂתָּ. וְעוֹד: עֶבֶד מֵעֶבֶד הֲוָה לֵיהּ לְמֵילַף. ר' שִׁמְעוֹן אוֹמֵר: חֲמִשִּׁים כַּחֲמִשִּׁים שֶׁבַּעֲרָכִין. מַאי טַעְמֵיהּ דְּרַבִּי שִׁמְעוֹן? גָּמַר נְתִינָה נְתִינָה מֵעֲרָכִין, מַה לְּהַלָּן חֲמִשִּׁים – אַף כָּאן חֲמִשִּׁים. וְאֵימָא בִּפְחוּת שֶׁבַּעֲרָכִין! "אֲשֶׁר בֵּרַכְךָ יי' אֱלֹהֶיךָ" כְּתִיב. וְנֵילַף *נְתִינָה נְתִינָה מֵעֶבֶד, מַה לְּהַלָּן שְׁלֹשִׁים – אַף כָּאן שְׁלֹשִׁים! חֲדָא: דְּתָפַשְׂתָּ מְרוּבֶּה – לֹא תָּפַשְׂתָּ. וְעוֹד: עֶבֶד מֵעֶבֶד הֲוָה לֵיהּ לְמֵילַף. ר' שִׁמְעוֹן מִיכָה מִיכָה גָּמַר. בִּשְׁלָמָא לְר' מֵאִיר – הַיְינוּ דִּכְתִיב צֹאן גּוֹרֶן וְיֶקֶב. אֶלָּא לְר' יְהוּדָה וְרַבִּי שִׁמְעוֹן – הַאי צֹאן גּוֹרֶן וְיֶקֶב לָמָּה לִי? הַאי מִיבָּעֵי לֵיהּ *לִכְדְתַנְיָא: יָכוֹל לֹא יְהוּ מַעֲנִיקִין אֶלָּא מִצֹּאן גּוֹרֶן וְיֶקֶב. מִנַּיִן לְרַבּוֹת כָּל דָּבָר? ת"ל: "אֲשֶׁר בֵּרַכְךָ יי' אֱלֹהֶיךָ". א"כ מַה ת"ל צֹאן גּוֹרֶן וְיֶקֶב? לוֹמַר לְךָ: מַה צֹאן גּוֹרֶן וְיֶקֶב מְיוּחָדִים, שֶׁיֶּשְׁנָן בִּכְלַל בְּרָכָה – אַף כָּל שֶׁיֶּשְׁנָן בִּכְלַל בְּרָכָה. [ה]יָצְאוּ כְּסָפִים, דִּבְרֵי ר' שִׁמְעוֹן. רַבִּי אֱלִיעֶזֶר בֶּן יַעֲקֹב אוֹמֵר: יָצְאוּ פְּרָדוֹת. וְר' שִׁמְעוֹן – פְּרָדוֹת מִשְׁבְּחַן בְּגוּפַיְיהוּ. וְרַבִּי אֱלִיעֶזֶר בֶּן יַעֲקֹב: כְּסָפִים עָבֵיד בְּהוּ עִיסְקָא. וּצְרִיכָא. דְּאִי כָּתַב רַחֲמָנָא צֹאן – הֲוָה אָמֵינָא: בַּעֲלֵי חַיִּים – אִין, *גִּידּוּלֵי קַרְקַע – לָא. כָּתַב רַחֲמָנָא גּוֹרֶן. וְאִי כָּתַב גּוֹרֶן הֲוָה אָמֵינָא: גִּידּוּלֵי קַרְקַע – אִין, בַּעֲלֵי חַיִּים – לָא. כָּתַב רַחֲמָנָא צֹאן. יֶקֶב לָמָּה לִי? לְמָר

רש"י

(יָכוֹל אֲפִילּוּ חָלָה. בְּתוֹךְ שֵׁשׁ, יְהֵא חַיָּיב לְהַשְׁלִים יְמֵי חָלְיוֹ. ת"ל וּבַשְּׁבִיעִית יֵצֵא. וַאֲפִילּוּ לֹא עָבַד שֵׁשׁ שְׁלֵימִים). וּפָגַע בּוֹ יוֹבֵל. אַחֲרֵי כֵן, לְמָחֳרָת. בְּעוֹשֶׂה מַעֲשֵׂה מַחַט. בְּחָלְיוֹ, שֶׁהוּא מַעֲשֶׂה קַל, קָתָנֵי לְעֵיל: כָּל שֵׁשׁ אֵינוֹ חַיָּיב לְהַשְׁלִים, דְּהָא עָבַד לֵיהּ מְלָאכָה. מַעֲשֵׂה מַחַט. תּוֹפֵר. חָלָה ד' נַעֲשָׂה כו'. דְּהָכִי קָתָנֵי: כִּי חָלָה שָׁלֹשׁ – אֵינוֹ מַשְׁלִים. חָלָה יוֹתֵר מִכָּאן – כְּחָלָה כָּל שֵׁשׁ, וְהוּא חַיָּיב לְהַשְׁלִים. מִכָּל מִין וּמִין. מִצֹּאנְךָ וּמִגָּרְנְךָ וּמִיִּקְבֶךָ, שָׁוֶה ה' סְלָעִים מִכָּל אֶחָד, שֶׁהֵן ט"ו סְלָעִים. וּלְקַמֵּיהּ פָּרֵיךְ: מִנְיָנָא אֲתָא לְאַשְׁמוּעִינַן? כִּשְׁלֹשִׁים שֶׁל עֶבֶד. נֶזֶק שׁוֹר מוּעָד שֶׁהָרַג אֶת הָעֶבֶד. וּלְקַמֵּיהּ יָלֵיף טַעְמָא. כַּחֲמִשִּׁים שֶׁל עֲרָכִין. הוּא עֵרֶךְ גָּדוֹל שֶׁבַּעֲרָכִין. מִנְיָנָא אֲתָא לְאַשְׁמוּעִינַן. בִּשְׁלֹשָׁה מִינִין שֶׁל חָמֵשׁ, הָווּ לְהוּ ט"ו. הָא קמ"ל כו'. לְהָכִי תָּנֵי "שֶׁהֵן חָמֵשׁ עֶשְׂרֵה": לְאַשְׁמוּעִינַן: דְּלָא קָפֵיד אֶלָּא אַמִּנְיָנָא דְּט"ו סְלָעִים, אֲבָל אַחָמֵשׁ מִכָּל מִין – לָא קָפֵיד; דְּאִי בָּצִיר לֵיהּ מֵהַאי וּטְפֵי לֵיהּ מֵהַאי – לֵית לָן בָּהּ. רֵיקָם רֵיקָם. "לֹא תְשַׁלְּחֶנּוּ רֵיקָם" (דברים טו), וּבְפִדְיוֹן הַבֵּן כְּתִיב (שמות לד): "וְכָל בְּכוֹר בָּנֶיךָ תִּפְדֶּה וְלֹא יֵרָאוּ פָנַי רֵיקָם". אִי כְּתִיב רֵיקָם לְבַסּוֹף. הַעֲנֵיק תַּעֲנִיק לוֹ מִצֹּאנְךָ מִגָּרְנְךָ מִיִּקְבֶךָ וְלֹא תְשַׁלְּחֶנּוּ רֵיקָם – כִּדְקָאָמְרַתְּ. רֵיקָם מֵעִיקָּרָא. קוֹדֶם "הַעֲנֵיק תַּעֲנִיק", שְׁדֵי "רֵיקָם" כו'. מֵעוֹלַת רְאִיָּה. דְּלֵיתֵיהּ אֶלָּא שְׁתֵּי כֶסֶף. אֲשֶׁר בֵּרַכְךָ. סֵיפָא דְּ"הַעֲנֵיק תַּעֲנִיק" הוּא, לְלַמֶּדְךָ שֶׁתִּדְרוֹשׁ הַמִּקְרָא לְרַבּוֹת וְלֹא לְמַעֵט. נְתִינָה נְתִינָה. כְּתִיב הָכָא: "תִּתֵּן לוֹ", וּכְתִיב הָתָם בְּנִזְקֵי עֶבֶד: "כֶּסֶף שְׁלֹשִׁים שְׁקָלִים יִתֵּן לַאדֹנָיו" (שם כא). וְנֵילַף נְתִינָה נְתִינָה מֵעֶבֶד חֲדָא דְּתָפַשְׂתָּ מְרוּבֶּה כו'. כּוּלָּהּ חֲדָא קוּשְׁיָא הִיא, עַד "עֶבֶד מֵעֶבֶד הֲוָה לֵיהּ לְמֵילַף". מִיכָה מִיכָה גָּמַר. אֵין אָדָם דָּן ג"ש מֵעַצְמוֹ, וּמְסוּרָה הִיא לָהֶם מֵרַבּוֹתֵיהֶם וּמִסִּינַי, אֵיזוֹ תֵּיבָה נִכְתְּבָה לִג"ש, בְּכָל דָּבָר הַלָּמֵד מֵחֲבֵירוֹ. וְעַד הַשְׁתָּא דַּהֲוָה אָמְרִינַן דְּרַבִּי שִׁמְעוֹן גָּמַר מֵרַבֵּיהּ דִּנְתִינַת הָעֲנָק נִדְרָשׁ לִג"ש, הֲוָה פָּרְכִינַן: ג"ש מְנָא לֵיהּ, דְּגָמַר מִנְּתִינָה דַּעֲרָכִין, נִגְמַר מִנְּתִינָה דְּעֶבֶד? מש"ה אִיצְטְרִיךְ לְתָרוּצֵי ג"ש, דְּר' שִׁמְעוֹן לָאו ג"ש דִּנְתִינָה גָּמַר, אֶלָּא דְּמִיכָה. כְּתִיב בְּעֶבֶד (ויקרא כה): "וְכִי יָמוּךְ", וּכְתִיב בַּעֲרָכִין (שם כז): "וְאִם מָךְ הוּא". הַיְינוּ דִּכְתִיב צֹאן גּוֹרֶן וְיֶקֶב. לְמֵימַר: שְׁדֵי ג"ש אַכָּל חַד מִינַּיְיהוּ, דְּהָווּ לְהוּ ט"ו. לָמָּה לִי. הוֹאִיל וְסוֹפוֹ לְרַבּוֹת כָּל דָּבָר מֵ"אֲשֶׁר בֵּרַכְךָ". בִּכְלַל בְּרָכָה. לְאֵין פָּרֶה וְרָבֶה, וְכֵן גִּידּוּלֵי קַרְקַע. לְמַעוּטֵי

תוספות

אמה העבריה בסימנים ת"ל וכי תשלחנו. תימה: דלקמיה דרשינן "אף לאמתך תעשה כן" – להענקה, ולמה לי תרי קראי? וי"ל: דתרוייהו צריכי; דאי לאו "לאמתך" – לא הוה ילפינן הענקה באמה העבריה מ"וכי תשלחנו", כיון דלא אשכחן בה הענקה כלל. ואי לא "וכי תשלחנו" – מ"אף לאמתך" לא הוה שמעינן הענקה אלא ביוצא' בשש, דומיא דעבד, אבל בסימנים – לא.

חלה שלש ועבד שלש אינו חייב להשלים. יש שהיו רוצים לומר שאותם שכירים מלמדי תינוקות, אם חלו חצי זמן – כמו כן לא יהיו משלימים את זמנן, כמו ע"ע דהכא, ויטלו כל השכירות, כיון שהיו אנוסין. וקשה: דבפרק "השוכר את האומנין" (ב"מ דף עז.) קאמר רב: פועל יכול לחזור בו ואפילו בחצי היום. ופריך, והתנן: השוכר את הפועל, ושמע שמת לו מת או שאחזתו חמה – יכול לחזור בו. טעמא דמת לו מת, שאנוס הוא, הא לאו הכי – אינו יכול לחזור בו! והשתא, אי היכא דאנים נוטל שכירותו משלם – מאי פריך לרב? דילמא היכא דמת לו מת דאנים הוא נוטל שכירות משלם, ורב איירי בדלא אנים, ואינו נוטל אלא מה שהרויח! אלא ע"כ אף כי נמי הוי אנוס – אינו נוטל אלא מה שהרויח, ואי לא אנים – ידו על התחתונה, דבעה"ב שוכר עליו אם באתה אבידתו לידו, או מטעהו, כדאמר (שם עה:) גבי השוכר את הפועל להעלות פשתנו מן המשרה. והשתא פריך שפיר לרב. וא"כ מלמדי תינוקות נמי, אם חלו – לא יקחו אלא מה שהרויחו, דאין לדמותם כלל לע"ע, דעבד עברי גופו קנוי לאדונו, הילכך חלה שלש – אינו חייב להשלים, דאין יכול לעשות מלאכה יותר מיכולתו. אבל מלמד – אין גופו קנוי, אלא שכר עצמו ללמוד עד הזמן, וכשאינו יכול להשלים – לא יטול אלא מה שהרויח. ועוד נראה לחלק בין מלמד לע"ע: דעבד, היכא דחלה ג' ועבד ג' – היינו טעמא דאינו חייב להשלים – משום דכתיב בספר (ישעיה טז) "מקצה שלש שנים כשני שכיר" אם כן מלינו ד"שנים" דשכיר הן שלש שנים, והיינו דכתיב "כי משנה שכר שכיר עבדך שש שנים", והילכך היכא דעבד שלש, דהיינו שני שכיר – אמר דאינו חייב להשלים, ויטול שכרו כיון דעבדו ג' שנים, דהיינו "שני שכיר".

ונילף ריקם ריקם מעולת ראיה. וא"ת: בעולת ראיה גופה מנא לן דבכל שהוא? נילף מבכור, ותהא ה' סלעים! וי"ל: דשמא הלכה למשה מסיני הוא דבכל שהוא. דהא למ"ד בפ"ק דחגיגה (דף ז.) דעולת ראיה שתי כסף דבר תורה, אמרו בירושלמי פ"ק דמסכת פאה דהוי הלכה למשה מסיני*).

חדא דתפשתה מרובה לא תפשתה. תימה: כיון דכתיב "אשר ברכך" הוה לן למילף מן המרובה, כדאמר לעיל, דפריך: ונילף ריקם ריקם מעולת ראיה? ומשני: אמר קרא "אשר ברכך"! וי"ל: דלא דמי, דלעיל לא כתב אלא חד "ריקם" אבכור, ועולת ראיה אית לן למילף מן המרובה משום "אשר ברכך". אבל הכא – חד נתינה כתיב גבי עבד, וחד גבי ערכין, ואין לומר ד"אשר ברכך" קאי אמרובה דהיינו ערכין, אם סברא ללמד מעבד – משום דתפסת מועט תפסת. ותדע; דהא כי יליף מערכין מהני "אשר ברכך" לאפוקי – דלא נילף מפחות שבערכין, כדפריך בסמוך: ונילף מפחות שבערכין? ומשני: אמר קרא "אשר ברכך". למר

*) [וע' תוס' חגיגה ז. ד"ה ר' יוחנן].

גליון הש"ס

גמ' בעושה מעשה מחט. עיין ב"ק דף פו ע"א תד"ה שבת גדולה:

תוס' ר"י הזקן

ונתבטל: ובשביעית. אף בשביעית עובד היינו כשברח: ובשביעית יצא אע"פ שנתבטל והיינו כשחלה: ופגע בו יובל פרש"י מיד למחרת שברח. והר"ם פי' אע"פ א) שבורח יצא לחרות וכ"ש אם פגע בו כשחזר ומשלים דלעולם אין לאחר יובל תשלומין. ואית דמפרשי שברח שנה קודם יובל ולאחר יובל הוא משלים כמה שברח ב)ויוצא כשעבד שנה ביובל שעבר: מחט שעושה מלאכה קלה ואינו בטל מכל וכל אפילו חלה כל שש בזה החולי יצא אבל אם אינו יכול לעשות שום מלאכה הואיל ונתבטל רוב שש ישלים: ומסתברא שאין זה הדין אלא בעבד עברי אבל שכיר אחר אם חלה מוחשב עמו כל מה שנתבטל אם מעט אם הרבה. ואיכא מ"ד דה"ה בשכר פועל. דשכיר קרייה רחמנא: ירושלמי ברח וחלה שעבד רוב ששג) ואם לא ברח היה פטור לא אבשת לא חלית אתנשמת בפריע ותרפיאת מהרה:

עם

א) נראה דל"ל אע"פ שהוא עדיין בורח בעת שפגע בו יובל וכ"ש וכו'. ב) אולי צ"ל כשעבד שנה ביובל הבאה וצ"ע בזה. ג) צ"ל ברח וחלה אע"פ שעבד רוב שש חייב להשלים ואף שאם לא ברח היה פטור משום דלו יכול מימר ליה אילו הות גבאי לא אבאשתא. פי' לא חלית. וכן חלה ואח"כ ברח יכול מימר ליה אילו הות גבאי איתנשמת בפריע. פי' נתרפאת מהרה.

תורה אור

לָמָר — לְמַעוּטֵי כְּסָפִים, לָמָר — לְמַעוּטֵי פְּרָדוֹת. *ת"ר °"אֲשֶׁר בֵּרַכְךָ ה' אֱלֹהֶיךָ". יָכוֹל נִתְבָּרֵךְ בַּיִת בִּגְלָלוֹ — מַעֲנִיקִים לוֹ, לֹא נִתְבָּרֵךְ בַּיִת בִּגְלָלוֹ אֵין מַעֲנִיקִים לוֹ. ת"ל °"הַעֲנֵק תַּעֲנִיק" — [א]מִכָּל מָקוֹם. אִם כֵּן, מַה ת"ל "אֲשֶׁר בֵּרַכְךָ"? [ב]הַכֹּל לְפִי בְּרָכָה תֵּן לוֹ. ר' אֶלְעָזָר בֶּן עֲזַרְיָה אוֹמֵר: דְּבָרִים כִּכְתָבָן; נִתְבָּרֵךְ בַּיִת בִּגְלָלוֹ; מַעֲנִיקִים לוֹ; לֹא נִתְבָּרֵךְ בַּיִת בִּגְלָלוֹ אֵין מַעֲנִיקִים לוֹ. א"כ מַה ת"ל: "הַעֲנֵק תַּעֲנִיק"? *דִּבְּרָה תוֹרָה כִּלְשׁוֹן בְּנֵי אָדָם.§ תָּנוּ רַבָּנַן: [ג]עֶבֶד עִבְרִי עוֹבֵד אֶת הַבֵּן, וְאֵינוֹ עוֹבֵד אֶת הַבַּת. [ד]אָמָה עִבְרִיָּה אֵינָהּ עוֹבֶדֶת לֹא אֶת הַבֵּן וְלֹא אֶת הַבַּת. [ה]הַנִּרְצָע [ו]וְהַנִּמְכָּר לְגוֹי אֵינוֹ עוֹבֵד לֹא אֶת הַבֵּן וְלֹא אֶת הַבַּת. אָמַר מָר: עֶבֶד עִבְרִי עוֹבֵד אֶת הַבֵּן *וְאֵינוֹ עוֹבֵד אֶת הַבַּת. מְנָהָנֵי מִילֵּי? *דְּתָנוּ רַבָּנַן: °"וַעֲבָדְךָ שֵׁשׁ שָׁנִים", לְךָ — וְלֹא לְיוֹרֵשׁ. אַתָּה אוֹמֵר לְךָ וְלֹא לְיוֹרֵשׁ, אוֹ אֵינוֹ אֶלָּא לְךָ וְלֹא לְבֵן? כְּשֶׁהוּא אוֹמֵר: °"שֵׁשׁ שָׁנִים יַעֲבֹד" — הֲרֵי לְבֵן אָמוּר. הָא מָה אֲנִי מְקַיֵּים "וַעֲבָדְךָ שֵׁשׁ שָׁנִים"? לְךָ וְלֹא לְיוֹרֵשׁ. מָה רָאִיתָ לְרַבּוֹת אֶת הַבֵּן וּלְהוֹצִיא אֶת הָאָח? *מְרַבֶּה אֲנִי אֶת הַבֵּן — שֶׁכֵּן קָם תַּחַת אָבִיו לְיַעֲדָהּ וְלִשְׂדֵה אֲחוּזָּה. אַדְּרַבָּה, מְרַבֶּה אֲנִי אֶת הָאָח שֶׁכֵּן קָם תַּחַת אָחִיו לְיִבּוּם! כְּלוּם יֵשׁ יִבּוּם אֶלָּא בְּמָקוֹם שֶׁאֵין בֵּן. הָא יֵשׁ בֵּן — אֵין יִבּוּם. אֶלָּא טַעֲמָא דְּאִיכָּא הָא פִּירְכָא. הָא לָאו הָכִי — אָח עָדִיף? וְתֵיפוֹק לִי דְּהָכָא תַּרְתֵּי וְהָכָא חֲדָא! שְׂדֵה אֲחוּזָּה נַמִי מֵהַאי פִּירְכָא הוּא דְּקָא נָפְקָא לֵיהּ לְתַנָּא: כְּלוּם יֵשׁ יִבּוּם אֶלָּא בְּמָקוֹם שֶׁאֵין בֵּן.§ "אָמָה הָעִבְרִיָּה אֵינָהּ עוֹבֶדֶת לֹא אֶת הַבֵּן וְלֹא אֶת הַבַּת".§ מְנָהָנֵי מִילֵּי? אֲמַר רַבִּי פְּדָא: דְּאָמַר קְרָא: °"וְאַף לַאֲמָתְךָ תַּעֲשֶׂה כֵּן" — הִקִּישָׁהּ הַכָּתוּב לְנִרְצָע; מַה נִּרְצָע אֵינוֹ עוֹבֵד לֹא אֶת הַבֵּן וְלֹא אֶת הַבַּת — אַף אָמָה הָעִבְרִיָּה אֵינָהּ עוֹבֶדֶת לֹא אֶת הַבֵּן וְלֹא אֶת הַבַּת. וְהַאי "לַאֲמָתְךָ תַּעֲשֶׂה כֵּן" לְהָכִי הוּא דַּאֲתָא? הָא מִיבָּעֵי לֵיהּ *לִכְדְתַנְיָא: "וְאַף לַאֲמָתְךָ תַּעֲשֶׂה כֵּן" — [ז]לְהַעֲנִיק. אַתָּה אוֹמֵר לְהַעֲנִיק, אוֹ אֵינוֹ אֶלָּא לִרְצִיעָה? כְּשֶׁהוּא אוֹמֵר: °"וְאִם אָמֹר יֹאמַר הָעֶבֶד" — [ח]וְלֹא אָמָה הָעִבְרִיָּה, הֲרֵי רְצִיעָה אָמוּר. הָא מָה אֲנִי מְקַיֵּים "וְאַף לַאֲמָתְךָ תַּעֲשֶׂה כֵּן" — לְהַעֲנִיק! א"כ נִכְתּוֹב קְרָא: "לַאֲמָתְךָ כֵּן". מַאי "תַּעֲשֶׂה"? שָׁמְעַתְּ מִינַּהּ תַּרְתֵּי.§ *"הַנִּרְצָע וְהַנִּמְכָּר לְגוֹי אֵינוֹ עוֹבֵד לֹא אֶת הַבֵּן וְלֹא אֶת הַבַּת".§ נִרְצָע — דִּכְתִיב: °"וְרָצַע אֲדוֹנָיו אֶת אָזְנוֹ בַּמַּרְצֵעַ וַעֲבָדוֹ לְעוֹלָם" — *וְלֹא אֶת הַבֵּן וְאֶת הַבַּת. נִמְכָּר לְגוֹי מִנַּיִן? אָמַר חִזְקִיָּה: אָמַר קְרָא" °"וְחִשַּׁב עִם קוֹנֵהוּ" — וְלֹא עִם יוֹרְשֵׁי קוֹנֵהוּ. *אָמַר רָבָא: דְּבַר תּוֹרָה [ט]גּוֹי יוֹרֵשׁ אֶת אָבִיו, שֶׁנֶּאֱמַר: "וְחִשַּׁב עִם קוֹנֵהוּ" — וְלֹא עִם יוֹרְשֵׁי קוֹנֵהוּ, מִכְּלָל דְּאִית לֵיהּ יוֹרְשִׁים. [י]גֵּר אֶת הַגּוֹי אֵינוֹ מִדִּבְרֵי תוֹרָה אֶלָּא מִדִּבְרֵי סוֹפְרִים. דִּתְנַן: *גֵּר וְגוֹי שֶׁיָּרְשׁוּ אֶת אֲבִיהֶם גּוֹי, [כ]גֵּר יָכוֹל לוֹמַר לַגּוֹי טוֹל אַתָּה עֲבוֹדָה זָרָה וַאֲנִי מָעוֹת, טוֹל אַתָּה יַיִן נֶסֶךְ וַאֲנִי פֵּירוֹת. מִשֶּׁבָּאוּ לִרְשׁוּת גֵּר — אָסוּר. וְאִי סָלְקָא דַּעְתָּךְ דְּאוֹרַיְיתָא, כִּי לֹא בָּאוּ לִרְשׁוּתוֹ נַמִי, כִּי שָׁקֵיל — חִילּוּפֵי עֲבוֹדָה זָרָה הוּא דְּקָא שָׁקֵיל! אֶלָּא מִדְּרַבָּנַן, גְּזֵירָה הוּא דַּעֲבוּד רַבָּנַן, שֶׁמָּא יַחֲזוֹר לְסוּרוֹ. תַּנְיָא נַמִי הָכִי: *בַּמֶּה דְּבָרִים אֲמוּרִים — כְּשֶׁיָּרְשׁוּ, אֲבָל כְּשֶׁנִּשְׁתַּתְּפוּ — אָסוּר. [ל]גּוֹי אֶת הַגֵּר, וְגֵר אֶת הַגֵּר — אֵינוֹ לֹא מִדִּבְרֵי תוֹרָה וְלֹא מִדִּבְרֵי סוֹפְרִים. *דִּתְנַן: [מ]מַלְוֶה מָעוֹת מִן הַגֵּר שֶׁנִּתְגַּיְּירוּ בָּנָיו עִמּוֹ — לֹא יַחֲזִיר לְבָנָיו. וְאִם הֶחֱזִיר — אֵין רוּחַ חֲכָמִים נוֹחָה הֵימֶנּוּ. (א) [א]וְהַתַנְיָא: רוּחַ חֲכָמִים נוֹחָה הֵימֶנּוּ! לָא קַשְׁיָא; כָּאן — שֶׁהוֹרָתוֹ וְלֵידָתוֹ שֶׁלֹּא בִּקְדוּשָּׁה, וְכָאן

רש"י

לְמַעוּטֵי כו'. דְּלָא תֵּימָא: "אֲשֶׁר בֵּרַכְךָ" רִבּוּיָא הוּא, וְרִיבָּה הַכֹּל. וְכֵיוָן דְּאִיתְרַבֵּי גִּדּוּלֵי קַרְקַע וּבַעֲלֵי חַיִּים – (*כָּל שֶׁכֵּן) כְּסָפִים. הַכֹּל לְפִי הַבְּרָכָה. אִם נִתְבָּרֵךְ הַבַּיִת בִּשְׁבִילוֹ הַרְבֵּה – תּוֹסִיף עַל הַעֲנֵקוֹ, וְאִם לָאו – אַל תִּפְחוֹת מִן הַכָּתוּב. עֶבֶד עִבְרִי עוֹבֵד אֶת הַבֵּן. אִם מֵת אֲדוֹנָיו עוֹבֵד אֶת בְּנוֹ עַד מְלֹאת שֵׁשׁ, אוֹ עַד הַיּוֹבֵל הַפּוֹגְעוֹ בְּתוֹכָם. וְאֵינוֹ עוֹבֵד אֶת הַבַּת. אִם אֵין לוֹ בֵּן. וְלֹא לְיוֹרֵשׁ. שְׁאָר יוֹרְשִׁין, כְּגוֹן הַבַּת אוֹ הָאָח. יַעֲבֹד. מִדְּלָא כְּתִיב "יַעַבְדְךָ". שֶׁכֵּן קָם תַּחַת אָבִיו לְיַעֲדָהּ. שֶׁמְּיַיעֵד אָמָה הָעִבְרִיָּה בְּכֶסֶף מִקְנָתָהּ, וְאֵין צְרִיכָה קִידּוּשִׁין אֲחֵרִים, דִּכְתִיב (שמות כא): "וְאִם לִבְנוֹ יִיעָדֶנָּה". וְלִשְׂדֵה אֲחוּזָּה. הַמַּקְדִּישׁ שְׂדֵה אֲחוּזָּתוֹ פּוֹדֶה בֵּית כּוֹר זֶרַע חוֹמֶר שְׂעוֹרִים בַּחֲמִשִּׁים שֶׁקֶל כֶּסֶף, וְאִם לֹא פְּדָאָהּ וּמְכָרָהּ גִּזְבָּר לְאַחֵר – אֵין יָכוֹל עוֹד לִפְדוֹתָהּ, וּכְשֶׁיּוֹצְאָה מִיַּד הַלּוֹקֵחַ בַּיּוֹבֵל – מִתְחַלֶּקֶת לַכֹּהֲנִים. אֲבָל אִם לְקָחָהּ בְּנוֹ שֶׁל מַקְדִּישׁ – אֵינָהּ יוֹצְאָה הֵימֶנּוּ בַּיּוֹבֵל לְהִתְחַלֵּק לַכֹּהֲנִים. דְּהָכִי תַּנְיָא בַּעֲרָכִין (דף כה:): "וְאִם לֹא יִגְאַל אֶת הַשָּׂדֶה" – בְּעָלִים, "וְאִם מָכַר אֶת הַשָּׂדֶה" – גִּזְבָּר, "לְאַחֵר" – וְלֹא לַבֵּן. אוֹ אֵינוֹ אֶלָּא לְאַחֵר וְלֹא לְאָח? כְּשֶׁהוּא אוֹמֵר לְאִישׁ – הֲרֵי הָאָח אָמוּר, הָא מָה אֲנִי מְקַיֵּים "לְאַחֵר" – לְאַחֵר וְלֹא לַבֵּן. וּמָה רָאִיתָ לְרַבּוֹת אֶת הַבֵּן וּלְהוֹצִיא אֶת הָאָח? מְרַבֶּה אֲנִי אֶת הַבֵּן – שֶׁכֵּן קָם תַּחַת אָבִיו לְיַעֲדָהּ וּלְעֶבֶד עִבְרִי. אַדְּרַבָּה מְרַבֶּה אֲנִי אֶת הָאָח שֶׁכֵּן קָם תַּחַת אָחִיו לְיִבּוּם כְּלוּם יֵשׁ יִבּוּם אֶלָּא בְּמָקוֹם שֶׁאֵין בֵּן הָא אִם יֵשׁ בֵּן אֵין יִבּוּם. בְּנִיחוּתָא. אֶלָּא טַעֲמָא. מַאי מְרַבֵּית לַבֵּן טְפֵי מֵאָח – דְּאִיכָּא הַאי פִּירְכָא דִּ"כְלוּם יֵשׁ יִבּוּם" כו' וּמְשַׁנֵּי: שְׂדֵה אֲחוּזָּה נַמִי מֵהַאי פִּירְכָא כו', דְּאִי לָאו הַאי פִּירְכָא דִּ"כְלוּם יֵשׁ יִבּוּם" – לָא קַיְימָא לָן לְרַבּוּיֵי בֵּן טְפֵי מֵאָח, דְּהָתָם לֹא בֵּן כְּתִיב בְּהֶדְיָא וְלֹא אָח כְּתִיב בְּהֶדְיָא, אֶלָּא מִשּׁוּם דְּקָם תַּחַת אָבִיו לְיַעֲדָהּ, דִּכְתִיב בְּהֶדְיָא – הוּא דִּמְרַבִּינַן לְהוּ. וּפָרְכִינַן עֲלָהּ: אַדְּרַבָּה, מְרַבֶּה אֲנִי אֶת הָאָח שֶׁכֵּן קָם לְיִבּוּם, וְאִיצְטְרִיךְ לְשַׁנּוּיֵי עֲלָהּ: כְּלוּם יֵשׁ יִבּוּם כו', הָא אִם יֵשׁ בֵּן – אֵין יִבּוּם. וְהָתָם לֵיכָּא לְמֵילַף מִדְּהָכָא תַּרְתֵּי וְהָכָא חֲדָא – דְּהָא חֲדָא וַחֲדָא נִינְהוּ, אֶלָּא דְּאִיכָּא יְעִידָה בְּבֵן וְיִבּוּם בְּאָח דִּכְתִיב בְּהֶדְיָא. מַה נִּרְצָע אֵינוֹ עוֹבֵד אֶת הַבֵּן. דִּכְתִיב (שמות כא): "וַעֲבָדוֹ" – לוֹ וְלֹא לַבֵּן. לְהַעֲנִיק. בִּקְרָא דִּלְעֵיל מִינֵּיהּ כְּתִיב: "הַעֲנֵק", וַהֲדַר כְּתִיב רְצִיעָה, וּכְתִיב בַּתְרֵיהּ: "וְאַף לַאֲמָתְךָ תַּעֲשֶׂה כֵּן", וְאַהֶעֱנֵק קָאֵי. אִם כֵּן. דִּלְהֶקֵּישָׁא לְחוּדֵיהּ אָתָא – נִכְתּוֹב: "וְאַף לַאֲמָתְךָ כֵּן", מַאי "תַּעֲשֶׂה" – לְאַגְמוּרֵי נַמִי הַעֲנֵק. דְּבַר תּוֹרָה. מִדְּאִיצְטְרִיךְ לְמַעוּטֵי עֶבֶד עִבְרִי. מִשֶּׁבָּאוּ לִרְשׁוּת גֵּר אָסוּר. לְהַחֲלִיפָם, דְּקָמִתְהַנֵּי מֵאִיסּוּרֵי הֲנָאָה. כִּי לֹא בָּאוּ נַמִי. מִכִּי מָיְית גּוֹי זָכָה בַּחֲלָקִין, וְהַשְׁתָּא קָא מַחֲלִיף לְהוּ. אֶלָּא ש"מ הָא דְּיוֹרֵשׁ אֶת אָבִיו גּוֹי – לָאו מִדְּאוֹרַיְיתָא הוּא, דְּאֵינוֹ מִתְיַיחֵס אַחַר הַגּוֹי, וּכְקָטָן שֶׁנּוֹלַד מֵאֵלָיו דָּמֵי, אֶלָּא מִדְּרַבָּנַן הוּא. שֶׁמָּא יַחֲזוֹר לְסוּרוֹ. מִשּׁוּם מָמוֹנוֹ. גּוֹי אֶת הַגֵּר. שֶׁנִּתְגַּיֵּיר הָאָב. וְגֵר אֶת הַגֵּר. אָב וּבְנוֹ שֶׁנִּתְגַּיְּירוּ. לֹא יַחֲזִיר לְבָנָיו. אִם מֵת הָאָב. אֵין רוּחַ חֲכָמִים נוֹחָה הֵימֶנּוּ. אֵין דַּעַת חֲכָמִים נוֹחָה עֲלֵיהֶם בְּמַעֲשָׂיו, כְּלוֹמַר: אֵין מַחֲזִיקִין לוֹ טוֹבָה, שֶׁלֹּא הִצְרִיכוּהוּ לְכָךְ. וְלֵידָתוֹ

תוספות

למר למעוטי כספים למר למעוטי פרדות. צריך לפרש דמר ממעט כספים דוקא, ומר ממעט פרדות דוקא. אבל לפי ספרים דלא גרסינן "ורא"ב"י כספים משבחי בעסקא" – צריך לומר: למעוטי פרדות, וכ"ש כספים. ומיהו קשה: אמאי נקט כלל יקב? והא מכלל ופרט דלעיל מלינו למעוטי! לכך נראה לרבי דגרסינן: למר לאתויי כספים ולמר לאתויי פרדות. והשתא איצטריך שפיר יקב; דאי לא כתיב יקב – לא הוה מרבינן לא כספים ולא פרדות, דהוה ממעטינן תרוייהו מצאן וגורן. אבל השתא דכתיב צאן וגורן ויקב – הוי יקב כעין מיעוט אחר מיעוט, ואין מיעוט אחר מיעוט אלא לרבות; לר"ש אתא לרבות פרדות דוקא, דמשבחי בגופייהו, ולר"א בן יעקב לרבויי כספים דוקא, דמשבחי בעיסקא. **מרבה** אני את הבן שכן קם תחת אביו ליעדה ולשדה אחוזה. פי' בקונטרס: המקדיש שדה אחוזה פודה בית זרע חומר שעורים בנ' שקל כסף, ואם לא פדאה ומכרה הגזבר לאחר, (ג) כשיוצאה מיד הלוקח ביובל מתחלקת לכהנים. אבל אם לקחה בנו של המקדיש מיד הגזבר – אינה יוצאה מידו ביובל להתחלק לכהנים, דכתיב "ואם מכר את השדה לאיש אחר" ולא לבן. וא"ת: אמאי לא קאמר ליה: נחלה דבן קודם לאח? וי"ל: דלא חשיב אלא הנהו דליתנהו באח כלל ואיתנהו בבן, אבל נחלה איתא נמי באח, במקום שאין בן ובת.

חליפי עבודה זרה קא שקיל. ואין לומר טעמא משום ברירה, כלומר: השתא הוברר הדבר דזה חלקו, דאם כן – אפילו באו לרשותו נמי יהא מותר מהאי טעמא*.

[**אלא** מדרבנן גזירה שמא יחזור לסורו כו'. והשתא לא הוי חליפי עבודה זרה, דחכמים לא תקנו לו ירושה כי אם בהיתר, דהם אמרו והם אמרו. וא"ת: אמאי יחזור לסורו? הא מיד שנתגייר כקטן שנולד דמי, ואם יחזור לסורו – יש לו דין ישראל מומר! וי"ל: שיטעה להיות לו חלק ירושת אביו]. ת"י. כאן

עין משפט נר מצוה

קסג א ב מיי' פ"ג מהל' עבדים הלכה יד סמג עשין פד:

קסד ג מיי' שם פ"ב הלכה יב סמג עשין פג:

קסה ד מיי' שם פ"ד הלכה ל:

קסו ה מיי' שם פ"ג הלכה ז:

קסז ו מיי' שם פ"ב הלכה יב:

קסח ז ח מיי' שם פ"ג הל' יג:

קסט ט י מיי' פ"ו מהל' נחלות הל' ט י סמג עשין צו טוש"ע ח"מ סי' רפג סעי' א:

קע כ מיי' פ"ז מהל' עבודת כוכבים הל' ה טוש"ע י"ד סי' קמו סעיף ל:

קעא ל מיי' פ"ו מהל' נחלות הלכה י סמג עשין צו טוש"ע ח"מ סימן רפג סעיף א:

קעב מ טוש"ע ח"מ סי' קכז סעי' ב:

[וע' היטב תוס' ע"ז סד: ד"ה תניא]

תוס' ר"י הזקן

עם קונהו מחשב. עברי הנמכר לגוי חשוב כאילו הוא ביד הארון לא אמרינן שלא יצא שטר השחרור מיד האדון דגיטו וידו באים כאחת שתכף שנתן לו גט שחרורו נעשה לו יד לקבל השטר ואין לאדון שום זכייה בו:

הגהות הגר"א

[א] גמ' והתניא. נ"ל והתנן (ומ"ש למעלה דתנן לוה. בדפו"י איתא דתניא ואף הגירסא דתנן א"ש ע' כללי הש"ס):

מסורת הש"ס

[נ"ל ה"נ]

[ב"מ לא: ספרי פ' ראה]

[ברכות לא. ערכין ג. כריתות יא.] יבמות עא. כתובות סז: גיטין מא: נדרים ג. ב"מ לא: לד. סנהדרין נו. סד: פה: ל: מכות יב. ע"ז כז. [זבחים קח:] נדה לב: מד.

[ע' תוס' ב"ב קטו. ד"ה כיון] ספרי פ' ראה פסיקתא פ' ראה

ב"ב קח: ערכין כה:

ספרי פ' ראה

ב"מ עא.

לקמן כא:

נזיר סא.

ע"ז סד. דמאי פ"ו מ"י תוספתא דמאי פ"ו

ע"ז סד:

[נ"ל דתניא וכ"ה בר"ש שביעית פ"י מ"ט]

הגהות הב"ח

(א) גמ' והתנן רוח חכמים. נ"ב משנה סוף שביעית: (ב) תוס' ד"ה מרבה וכו' ומכרה הגזבר לאחר שוב אינו יכול לפדותה וכשיוצאה מיד:

וכאן שהורתו שלא בקדושה ולידתו בקדושה. רב חייא בר אבין א"ר יוחנן: *גוי יורש את אביו דבר תורה, דכתיב: °"כי ירושה לעשו נתתי את הר שעיר". ודלמא ישראל משומד שאני? אלא מהכא: °"כי לבני לוט נתתי את ער ירושה". ורב חייא בר אבין מאי טעמא לא אמר כרבא? מי כתיב °"וחשב עם קונהו" ולא עם יורשי קונהו? ורבא מאי טעמא לא אמר כרב חייא בר אבין? משום כבודו דאברהם שאני.§ *תנו רבנן: יש בעברי שאין בעבריה, ויש בעבריה שאין בעברי; יש בעברי שהוא יוצא בשנים וביובל ובמיתת האדון, מה שאין כן בעבריה. ויש בעבריה שהרי עבריה יוצאה בסימנין, ואינה נמכרת ונשנית, ומפדין אותה בעל כורחו, מה שאין כן בעברי.§ אמר מר: יש בעברי שאין בעבריה. ורמינהי: *יתירה עליו אמה העבריה שקונה עצמה בסימנין! אמר רב ששת: [א]כגון שיעדה. יעדה פשיטא, גיטא בעיא! מהו דתימא: לא ליבטלה הילכתא מינה. קמ"ל. אי הכי אמאי יוצאה בסימנין? ה"ק: אם לא יעדה — יוצאה אף בסימנין.§ "ואינה נמכרת ונשנית".§ מכלל דעבד עברי נמכר ונשנה? והתניא: °"בגניבתו" — [ב]ולא בכפילו; *"בגניבתו" — ולא בזוממו; "בגניבתו" — כיון שנמכר פעם אחת שוב אי אתה רשאי למוכרו! אמר רבא: לא קשיא; כאן — בגניבה אחת, כאן — בשתי גניבות. א"ל אביי: "בגניבתו" — טובא משמע! אלא אמר אביי: לא קשיא; [ג]כאן — באדם אחד; כאן — בשני בני אדם. *ת"ר: [ד]גניבו אלף, ושוה חמש מאות — נמכר [א] וחוזר ונמכר. גניבו חמש מאות, ושוה אלף — אינו נמכר כלל. ר' אליעזר אומר: אם היה גניבו כנגד ממכרו — נמכר; ואם לאו — אינו נמכר. אמר רבא: בהא זכנהו ר"א לרבנן; דמאי שנא גניבו חמש מאות ושוה אלף, דאין נמכר? *דנמכר כולו אמר רחמנא ולא חציו. ה"נ — נמכר בגניבתו אמר רחמנא, ולא נמכר בחצי גניבתו.§ "ומפדין אותה בעל כרחו".§ סבר רבא למימר: בעל כרחיה דאדון. א"ל אביי: מאי ניהו? דכתבנא ליה שטרא אדמיה. אמאי? נקיט מרגניתא בידיה יהיבנא ליה חספא? אלא אמר אביי: [ה]בעל כרחיה דאב, משום פגם משפחה. אי הכי עבד עברי נמי, נכפינהו לבני משפחה *משום פגם משפחה! הדר אזיל ומזבין נפשיה. ה"נ, הדר אזיל ומזבין לה! הא קתני: אינה נמכרת ונשנית. ומני? ר"ש היא. דתניא: [ו]מוכר אדם את בתו לאישות ושונה, [ז]לשפחות ושונה, *[ח]לאישות אחר שפחות, [ט]אבל לא לשפחות אחר אישות. רש"א: כשם שאין אדם מוכר את בתו לשפחות אחר אישות — כך אין אדם מוכר את בתו לשפחות אחר שפחות. ובפלוגתא דהני תנאי, דתניא: °"בבגדו בה" — כיון

רש"י

ולידתו בקדושה. היכא דלידתו של בן בקדושה — מיחלף בישראל גמור. מ"ט לא אמר כרבא. דיליף לה מ"וחשב עם קונהו". משא"כ באמה העבריה. לקמיה בעי לה. ואינה נמכרת ונשנית. לקמי' יליף ליה. בעל כרחו. לקמיה מפרש ליה. יתירה עליו אמה העבריה. אלמא כל הנך איתנהו בה. כגון שיעדה. ותו לא נפקא בהני, אלא בגט. הילכתא. הלכות אמה העבריה. ואם רצתה לצאת בא' מאלו בלא גט — תצא, קמ"ל. ולא בכפילו. אם יש לו לשלם את הקרן, ואין לו מה לשלם הכפל — אינו נמכר. בזוממו. אם העיד בחבירו שגנב, והוזם, ואין לו במה לשלם — אינו נמכר. בגניבתו כיון שנמכר פעם אחת שוב אינו נמכר. קס"ד: "ונמכר בגניבתו" משמע ליה: ונמכר פעם אחת, ולא שתי מכירות. כאן בגניבה אחת כאן בשתי גניבות. בגניבה אחת — פעם אחת. דאם אינו שוה כל גניבתו — אינו נמכר בשביל חציה, ולכשיוצא ימכר משום חציה. והאי דקתני "ונמכר" ונשנה — בשתי גניבות, אפילו לא עמד בדין עד שגנב שתיהם ואינו שוה אלא דמי האחת — נמכר וחוזר ונמכר, דכל חדא וחדא קרינן ביה "ונמכר בגניבתו". טובא משמע. אם עמד על שתיהן בדין א' — כולן קרינן ביה "בגניבתו". כדכתיב (יונה ד): "ובהמה רבה" וגו' "והדגה אשר ביאור" (שמות ז). אלא כאן באדם אחד. שעמד בדין בבת אחת — אינו נמכר ונשנה, אפילו בגניבות הרבה, דהוה דומיא דאחת — הכתוב הוליכה בלשון יחיד. אבל בשני בני אדם שמעמידים אותו שתי פעמים בדין — נמכר בשביל כל אחת ואחת. והוא הדין אם גנב ועמד בדין ונמכר, וחזר וגנב מישראל אחר — חוזר ונמכר. ה"ג ת"ר גניבו אלף, ושוה ה' מאות — נמכר וחוזר ונמכר. גניבו ה' מאות ושוה אלף — אינו נמכר כלל. כנגד ממכרו. לא פחות ולא יותר. בהא זכנהו ר"א לרבנן. יש לו פתחון פה ונצחון במחלוקת זה. ולא חציו. כי השתא, ששוה שכר עבודת שש שנים פי שנים בגניבתו, ואין עליו לעבוד אלא חציין. מאי נינהו. ה"ד בעל כרחו דעבריה טפי מעברי? אי למימרא דאי לית ליה גירעונה כתבינן ליה שטרא על דמיה, ותתנם לו כשתשיג ידה — מנא לן? הא איהו נקיט מרגניתא — גופה המשועבד לו, ואנן יהבינן ליה חספא? בע"כ דאב. אם יש לו — כופין אותו ופודה אותה. ומני. הא דקתני: אינה נמכרת ונשנית. מוכר אדם בתו לאישות ושונה. קיבל בה קידושין, ונתארמלה או נתגרשה מן האירוסין — חוזר ומקדשה לאחר, וכסף קידושיה שלו, אם לא בגרה. לשפחות ושונה. מכרה ויצאה בשש או ביובל או במיתת האדון, ועודה קטנה — חוזר ומוכרה. אבל יוצאה בסימנין — לא. דאפילו לא מכרה מעולם והביאה סימנין — אינו מוכרה, כדתניא במסכת ערכין (דף כט:): יכול ימכור אדם את בתו כשהיא נערה? אמרת: ומה מכורה כבר — יוצאה עכשיו, שאינה מכורה אינו דין שלא תמכר? לאישות אחר שפחות. מוכרה בקבלת קידושין אחר שמכרה לשפחות, ויצתה וחזרה אליו. אבל [לא] לשפחות אחר אישות. קיבל קידושין וחזרה אליו, שנתארמלה — אין חוזר ומוכרה לשפחות. ולקמיה ילפי' לה. ובפלוגתא דהני תנאי. כלומר, קמיפלגי ת"ק ור"ש בדרשה דהאי קרא דפליגי בה ר"א ור"ע. בדברי ר"ע גרסינן

כיון

תוספות

כאן שהורתו שלא בקדושה ולידתו בקדושה. פי' בקונטרס: אז רוח חכמים נוחה הימנו. ותימה: דבפרק "מי שמת" (ב"ב קמט.) גבי עובדא דאיסור גיורא ה"ל תליסר אלפי זוזי בי רבא. פי': בפקדון. כי קא שכיב, קאמר רבא: היכי ליקנינהו רב מרי להנהו זוזי וכו'. משמע דרבא לא רצה לשלם לרב מרי בר רחל, אלא היה רוצה לזכות בהן. והשתא, וכי לא היה רוצה שתהא רוח חכמים נוחה הימנו? שהרי רב מרי בר רחל הורתו שלא בקדושה ולידתו בקדושה הוה! ואומר ר"ת: דלגבי הלואה, שעושה לו טובה — *אין רוח חכמים נוחה הימנו, שמשלם רעה תחת טובה. אבל התם — פקדון הוה, ואדרבה, רבא טרח לשומרם. ואין נראה לר"י לחלק כלל בין מלוה לפקדון. אלא נראה לר"י לפרש: הורתו שלא בקדושה ולידתו בקדושה אין רוח חכמים נוחה הימנו. לפי שהוא קרוב להיות כישראל, ואתי לאיחלופי ולשוויה ישראל גמור, ואם ייבם אשת אחיו — יאמרו שאינה זקוקה עוד לאחיו שהיתה הורתם ולידתם בקדושה*.

כאן בגניבה אחת כאן בשתי גניבות. פי' בקונטרס: בהא אינו חוזר ונמכר. וה"ק: ונמכר פעם א' בגניבה אחת, ולא פעמיים בגניבה אחת. אבל נמכר הוא שתי פעמים בשתי גניבות. ואפילו לא עמד בדין עד שגנב שתיהן, ואינו שוה אלא דמי אחת — נמכר וחוזר ונמכר, דכל חדא וחדא קרינן ביה "בגניבתו". ופריך: "בגניבתו" טובא משמע? אם עמד על שתיהן בדין — כולהו קרינן "בגניבתו", כדכתיב "ובהמה רבה" "והדגה אשר ביאור", ואפ"ה חזר ונמכר הוא דאיכא! אלא, כאן באדם אחד שעמד בדין בבת אחת, אפילו בגניבות הרבה — אינו נמכר ונשנה, דחדא גניבה היא. אבל בב' בני אדם שמעמידין אותו בדין שתי פעמים — נמכר בשביל כל אחת ואחת. וה"ה אם גנב ועמד בדין ונמכר, וחזר וגנב משילא לחפשי — חוזר ונמכר, עכ"ל. וקשה מה שפירש בגניבה אחת אינו חוזר ונמכר — דהא לא אתיא לא כרבנן, ולא כר"א, דהא בסמוך קאמר, ת"ר: היה גניבו אלף ושוה ה' מאות — נמכר וחוזר ונמכר. וכר"א נמי לא אתי — דאיהו קאמר: אם היה גניבו כנגד ממכרו — נמכר, ואם לאו — אינו נמכר כלל, משמע — אפילו פעם אחת אינו נמכר! לכך פר"י: כאן בגניבה אחת — נמכר וחוזר ונמכר עד שישלם כל הגניבה, ד"נמכר בגניבתו" משמע שנמכר כמה פעמים עד שישלם כל גניבתו. אבל בשתי גניבות לא ימכר אלא פעם אחת. ופריך: "בגניבתו" טובא משמע; היכא דגנב וחזר וגנב לאותו אדם עצמו — מיקרי שפיר "בגניבתו", אימא דנמכר עד שישלם הכל! ומשני: באדם אחד דגנב וחזר וגנב לאותו אדם עצמו — נמכר עד שישלם לו כל הגניבות, דהיינו שפיר בגניבתו. אבל בשני בני אדם — אינו נמכר ונשנה.

אמר אביי בעל כורחיה דאב. פירש בקונטרס: אם יש לו — כופין אותו ופודה אותה. וק"ק להר"מ: א"כ, מאי קאמר בסמוך "ה"נ דאזיל ומזבין לה", ומה תועלת במכירתו, מאחר דנכוף אותו לפדותה? ושמא יש לומר: דנכוף בני המשפחה לפדותה בע"כ דאב, משום דלא ניחא ליה לאב שתחזור לביתו ויהא פרנסתו לאב עליה. והשתא ניחא שפיר דהדר אזיל ומזבין לה.

כיון

עין משפט נר מצוה

קעג א מיי' פ"ד מהל' עבדים הלכה ז:
קעד ב מיי' פ"ג מהל' גניבה הלכה יב סמג עשין עא:
קעה ג מיי' שם הל' טו:
קעו ד מיי' שם הל' יד:
קעז ה מיי' פ"ד מהל' עבדים הלכה ב סמג עשין פה:
[נ"ל רוח חכמים נוחה הימנו שלא ישלם רעה תחת טובה כו']
קעח ו מיי' פ"ג מהל' אישות הלכה יא ופ"י שם הלכה יא סמג עשין מח טוש"ע אה"ע סי' לז סעיף ג:
קעט ז ח ט מיי' פ"ד מהלכות עבדים הלכה יג:
[ועי' תוס' ב"ב קמט. ד"ה מגמר]

הגהות הגר"א

[א] גמ' גניבו אלף ושוה ה' מאות נמכר וחוזר ונמכר. נ"ב גי' הרמב"ם ואינו חוזר ונמכר וכ"ה במכילתא והיא גירסא נכונה מאד:

מסורת הש"ס

נזיר סא.
דברים ב
שם
ויקרא כה
ספרי פ' ראה פסיקתא פ' ראה
לעיל יד.
(יונה ד) (שמות ז)
שמות כב
[מכות כ: ע"ש]
מכילתא פ' משפטים
[לקמן כ:]
כתובות מח. פז. ב"ק פו: בכורות נב: סנהדרין עה. יבמות קא. ב"ב ק:
מכילתא פרשה משפטים לקמן מה.
שם כא

עין משפט
נר מצוה

קפ א מיי' פ"ג מהלכות אישות הלכה יב סמג עשין מח טור ש"ע אה"ע סימן לז סעיף ג וסימן נה סעיף ז:
קפא ב מיי' פ"ד מהל' עבדים הלכה ט:
קפב ג מיי' שם הל' יא:
קפג ד מיי' שם הל' יב:

מסורת הש"ס

*כיון שפירש טליתו עליה שוב אין רשאי למוכרה, דברי ר"ע. ר"א אומר: "בבגדו בה" – כיון שבגד בה שוב אין רשאי למוכרה. במאי קמיפלגי? *ר"א סבר: יש אם למסורת; ור"ע סבר: יש אם למקרא; ור"ש סבר: יש אם למקרא ולמסורת.§ בעי רבה בר אבוה: יעוד, נישואין עושה או אירוסין עושה? נפקא מינה ליורשה, וליטמא לה, ולהפר נדריה. מאי? תא שמע: "בבגדו בה", כיון שפירש טליתו עליה – שוב אינו רשאי למוכרה. זבוני הוא דלא מזבין לה, הא יעודי – מייעד לה. ואי אמרת נישואין עושה, [א]כיון דנישאת – שוב אין לאביה רשות בה. אלא לאו שמע מינה: [ב]אירוסין עושה. אמר רב נחמן בר יצחק: הכא בקידושין דעלמא קאי. וה"ק: כיון שמסרה אביה למי שנתחייב בשארה כסותה ועונתה – שוב אין יכול למוכרה. ת"ש: *[ג]אין מוכרה לקרובים. משום רבי אליעזר אמרו: מוכרה לקרובים. [ד]ושוין שמוכרה אלמנה לכהן גדול, גרושה וחלוצה לכהן הדיוט. האי אלמנה היכי דמי? אילימא דקדיש נפשה – אלמנה קרי לה? ואלא דקדשה אביה – מי מצי מזבין לה? והא אין אדם מוכר את בתו לשפחות אחר אישות. ואמר *רב עמרם א"ר יצחק: הכא בקדושי יעוד, ואליבא דרבי יוסי ברבי יהודה, דאמר: מעות הראשונות לאו לקידושין ניתנו. ואי אמרת נישואין עושה – כיון שנישאת, שוב אין לאביה רשות בה! ואלא מאי – אירוסין עושה? ושוין שמוכרה?! הא אין אדם מוכר את בתו לשפחות אחר אישות! אלא מאי אית לך למימר? שאני אירוסין דידה מאירוסין דאביה. אפילו תימא נישואין עושה – שאני נישואין דידה מנישואין דאביה. האי מאי! בשלמא אירוסין מאירוסין – שאני. אלא נישואין מנישואין מי

רש"י

כיון שפירש טליתו עליה. דעל כרחך מיבעי ליה לאוקמי יש אם למקרא כר"ע, כדאמרינן בסנהדרין בפ"ק, ויש אם למסורת כר"א כדדייקי' בבכורות. דרמינן מהא פלוגתא על מילתא אחריתי, דאמרינן התם: לר"א יש אם למקרא, ורמינן עלה מהא דיש אם למסורת ס"ל בפ' "כל פסולי המוקדשין". ובמכילתא גרסינן: "שפירש טליתו עליה" בדברי ר"ע, ודר"א ליתא התם. לעם נכרי. דהיינו לשפחות, לא ימשול האב – מאחר שפירש טליתו אדון עליה לשם יעוד, אם גירשה בגט וחזרה אצל אביה. אבל לא יעדה, וחזרה אצל אב – חוזר ומוכרה, כרבנן דאמרי לעיל: לשפחות אחר אישות הוא דלא – כי הכא, דמכי יעדה הוה ליה לאישות. אבל לשפחות אחר שפחות – מצי מזבין. ור"א אומר: כיון שבגד בה שמכרה לשפחות – שוב אינו יכול למוכרה לעם נכרי, דהיינו שפחות. אבל לשפחות אחר אישות – קידושין – מצי מזבין. ור"ש דריש להא כר"א: כיון שבגד בה – שוב לא ימכרנה. ודריש ליה נמי כר"ע דכיון שפירש טליתו עליה לא ימכרנה. להכי קאמר: לא לשפחות אחר אישות ולא לשפחות אחר שפחות. למסורת. "בבגדו" כתיב ולא "בביגדו". אין הברת חירק בלא יו"ד, ונקודה שתחת הבי"ת במקום יו"ד משמשת. אבל לפי מה שנכתב – היה לו לקרות חטף קמץ – "בבגדו" לשון בגידה, כמו שאתה קורא "בשמעו את דברי האלה" (דברים כט). יש אם למקרא. "בבגדו" קרינן כמו "ותתפשהו בבגדו" (בראשית לט). יש אם למקרא ולמסורת. הילכך דריש תרוייהו. ואת"ל: הא דאמר בסנהדרין* גבי "בסכת בסכת בסוכות" לר"ש יש אם למקרא – התם ליכא למימר מקרא ומסורת, דאי איתיה להאי – ליתיה להאי; אם שלשה דפנות הכשרת – לא תדרש מקרא, ואם תפסול – לא תדרש מסורת. אבל כאן – יש לקיים שניהם. יעוד. אמר לאמתו העבריה: הרי את יעודה לי בכסף מקנתיך. הא יעודי מייעד. כלומר, לקידושין שלא לשם שפחות מוכרה. אין לאביה רשות בה. כדאשכחן לענין נדרים, דאפקיה קרא מרשותיה "ונדר אלמנה וגרושה" וגו', ולענין ירושה – "וירש אותה" – מכאן שהבעל יורש את אשתו. הכא. דקתני: "פירש טליתו" – לאו בייעוד קאי, אלא בקידושי קטנה בעלמא, שלא נמכרה. כיון שמסרה למי שנתחייב בה כו'. כלומר, שקידשה לאישות. אין מוכרה. האב לבתו לקרובים שהיא אסורה עליהם לייעד, דבעינן "אשר לא יעדה" (שמות כא). מוכרה לקרובים. ולא בעינן יעוד. והיכא דאיתיה – אמר קרא דתפיס. ושוין שמוכרה. כשהיא אלמנה, לכ"ג. וקידושין תופסין לו בה, דקידושין תופסין בחייבי לאוין, כדלקמן בפ"ג (דף סח.). אי דקדיש נפשה. שלא ע"י אביה, ונתארמלה הימנו. אלמנה קרי לה. בתמיה. וכי יש במעשה קטנה כלום? ואמר רב עמרם גרסינן. הכא. שנתארמלה מקידושי יעוד. והאי דהדר מצי לזבונה ולא קרי ליה לשפחות אחר אישות – אליבא דר' יוסי בר' יהודה היא, דאמר לקמן (דף יט.): מעות הראשונות של מקנתה לאו לקידושין ניתנו. וכי מייעד לה – בעבדות שיש לו עליה מייעד לה, ואין קידושין אלו ע"י האב, וגזירת הכתוב היא שיהיו קידושין – הילכך הדר מצי לזבונה. הא אין אדם מוכר וכו'. ואפי' אחר אירוסין. שאני אירוסין דידה. דכיון דהוא לא קידשה – יכול למוכרה. בשלמא אירוסין מאירוסין שאני. דאיכא למימר: אב קפיד קרא דלא לזבנה בתר דקידשה, וכיון דהני קידושין לאו איהו עביד – ניתן לו רשות למוכרה. אלא נישואין מי

תוספות

כיון שפירש טליתו, פי' בקונטרס: בדר"ע גרס: כיון שפירש טליתו, דע"כ מיבעי ליה לאוקמי יש אם למקרא, כדאמרינן פ"ק דסנהדרין (דף ד.). ויש אם למסורת כר"א, כדדרשינן בבכורות (דף לד.) דרמינן מהאי פלוגתא על מילתא אחריתי, דאמר התם: לר"א יש אם למקרא, ורמינן עלה מהא דיש אם למסורת ס"ל. וה"פ: ור"ע סבר כיון שפירש טליתו עליה לשם יעוד, אם גירשה בגט וחזרה אצל אביה – אינו יכול למוכרה, דאין אדם מוכר את בתו לשפחות אחר אישות. דסבר: יש אם למקרא. כלומר, "בבגדו" קרינן ביה שהוא לשון בגד. דאי לשון בגידה – איבעי ליה למימר "בבָגדו" כמו "בשָמעו" (דברים כט) ואע"ג דבעלמא קרינן "בְּפִגעו" (במדבר לה) התם ליכא למיטעי, אבל הכא איכא למיטעי. *רבי אליעזר סבר יש אם למסורת. ומדלא כתב "בביגדו" ביו"ד, משמע – היינו לשון בגידה. דאי לשון בגד – הוה ליה למיכתב ביו"ד. ואע"ג דכתיב (בראשית לט) "ותתפשהו בבגדו" בלא יו"ד – היינו משום דליכא למיטעי. וקשה: היכי דייק שהמסורת לשון בגידה מדלא כתיב "בביגדו" ביו"ד? דאדרבה, נידוק שהוא לשון פריסת טלית מדלא כתב "בבוגדו" בוי"ו! ועוד: דאין רגילות למיכתב לא יו"ד ולא וי"ו בתוך אותיות הפעולה! ונראה לפרש: שהמקרא ודאי משמע לשון פריסת טלית, כמו "ותתפשהו בבגדו", דאי לשון בגידה – היה ראוי לקרות "בבגדו". אבל המסורת הוא לשון בגידה, דאי לשון פריסת טלית – היה לו לכתוב "בבגדו עליה" ולא "בבגדו בה". ומיהו קשה לר"ת: דאין דרך הגמרא להקדים דברי ר"ע לדברי ר"א שהיה רבו. לכך נראה לר"ת דגרסי': כיון שפירש טליתו עליה דברי ר"א, ור"ע אומר: כיון שבגד בה. וניחא השתא שדברי ר"א קודמין לדברי ר"ע שהיה תלמידו. וה"פ: ר"א סבר יש אם למסורת, ומסורת הוי לשון בגד – דהיינו פריסת טלית, מדלא כתיב "בבוגדו" בוי"ו או "בביגדו" ביו"ד. אע"ג ד"בשָמעו" לא כתב בוי"ו – היינו משום דליכא למיטעי. ור"ע סבר יש אם למקרא – היינו לשון בגידה, דאי לשון בגד – הל"ל "בבֶגדו", דמבגד יאמר בגדו כמו מנגד נֶגדו ומחלב חֶלבו. ואע"ג דקרינן "ותתפשהו בבִגדו" ולא "בבֶגדו" – התם ליכא למיטעי. וי"מ: בהאי דכתיב "אשר לא יעדה" וקרינן "לו" בוי"ו, ר"ע סבר: יש אם למקרא, דהיינו "לו" בוי"ו, והשתא מגלה על "בבגדו" שהוא לשון בגד, פריסת טלית. ר"א סבר: יש אם למסורת, וכתיב "לא" באל"ף, והשתא מגלה על "בבגדו" שהוא לשון בגידה*. זבוני הוא דלא מזבין לה הא יעודי מייעד לה. לאו דוקא יעודי מייעד, אלא ר"ל: קדושי מקדש לה. דאי לא היה יכול לקדשה – אמאי קאמר: שוב אינו רשאי למוכרה? פשיטא, אפי' לקדשה אינו יכול, כ"ש למוכרה! ויש מיישבין הגירסא: זבוני הוא דלא מזבין לה – הא לשאר מילי מצי עביד. וקא מתמה גמרא: הא יעודי מייעד לה? כלומר: היכי אמרינן דשאר מילי מצי עביד והא כבר יעודי מייעד לה, ואי אמרת נישואין עושה – אין לאביה רשות בה. ודוחק.

בשלמא אירוסין מאירוסין שאני. פי': שאני אירוסין דידה, דכיון דהוא לא קדשה – יכול למוכרה. אלא נישואין מנישואין מי שאני?! פי' הקונטרס: כיון דמדאורייתא נפקא מרשותיה לגמרי. וקשה: והא אירוסין נמי הוו דאורייתא, כדילפינן לעיל מ"כי יקח". וכ"ת: דמ"מ יש לחלק בין אירוסין לנישואין, משום דבנישואין נפקא מרשותיה לגמרי, כדפי' הקונטרס – הא ליתא, דהא קטנה, אי מסרה נפשה לחופה – ה"נ דנפקא מרשותיה דאב? פשיטא דלא! לכך יש ליישב פי' הקונטרס הכי: בשלמא אירוסין מאירוסין שאני – דאכתי ברשותיה דאב היא לכל מילי, ליורשה וליטמא לה ולהפר נדריה עם בעלה, חוץ ממכירה שאינו רשאי למוכרה אחר שקבל כסף קדושיה. א"כ הא מילתא הוי חדוש, ואיכא למימר אין לך (א) בה אלא חדושו, ואיכא לאוקמי האי חדוש באירוסין דידיה, פירוש: כשקיבל אביה קידושין. אבל נישואין גמורין, דמפקי לה לגמרי מרשותיה דאב – א"כ אין לחלק בין נישואין דידה לנישואין דידיה, ובנישואין דידה נמי לא מצי מזבין לה. אבל קטנה דממסרה נפשה לחופה – לא אשכחן דנפקא מרשותיה דאב בהכי. במאי

בכורות לד. מכילתא פ' משפטים

סנהדרין ד. סוכה ו: פסחים פו: בכורות לד. כריתות יז: מכות ז:

לקמן כ. מד:

[ולקמן מה.]

[ד. ובסוכה ו:]

ור"א הד"א. רש"ל

[ועי' תוס' בכורות לד. ד"ה ורמינהו]

הגהות הב"ח

(א) תוס' ד"ה בשלמא וכו' אין לך בו אלא חדושו:

מִי שָׁאנֵי? וּלְרַב נַחְמָן בַּר יִצְחָק, דְּאָמַר: אֲפִילּוּ לְרַבִּי יוֹסֵי בְּרַבִּי יְהוּדָה מָעוֹת הָרִאשׁוֹנוֹת לְקִידּוּשִׁין נִיתְּנוּ, בְּמַאי מוֹקִים לָהּ? מוֹקִים לָהּ כְּרַבִּי אֱלִיעֶזֶר, דְּאָמַר: לְשִׁפְחוּת אַחֵר שִׁפְחוּת הוּא דְּלָא מָצֵי מְזַבֵּין לָהּ, אֲבָל לְשִׁפְחוּת אַחַר אִישׁוּת — מָצֵי מְזַבֵּין לָהּ. בָּעֵי רֵישׁ לָקִישׁ: מַהוּ שֶׁמְּיַיעֵד אָדָם לִבְנוֹ קָטָן? "בְּנוֹ" אָמַר רַחֲמָנָא — בְּנוֹ כָּל דְּהוּ, אוֹ דִּילְמָא: בְּנוֹ דּוּמְיָא דִּידֵיהּ: מַה הוּא גָּדוֹל — אַף בְּנוֹ גָּדוֹל? אֲמַר רַבִּי זֵירָא, תָּא שְׁמַע: "אִישׁ" — [*א]פְּרָט לְקָטָן; "אֲשֶׁר יִנְאַף אֶת אֵשֶׁת אִישׁ" — [ב]פְּרָט לְאֵשֶׁת קָטָן. וְאִי אָמְרַתְּ מְיַיעֵד — אִם כֵּן מָצִינוּ אִישׁוּת לְקָטָן. וְאֶלָּא מַאי? אֵינוֹ מְיַיעֵד, אַמַּאי קָא מְמַעֵט לֵיהּ קְרָא? תִּיפְשׁוֹט מִינָּהּ דִּמְיַיעֵד! אֲמַר רַב אַשִׁי: [ג]הָכָא בְּיָבָם בֶּן תֵּשַׁע שָׁנִים וְיוֹם אֶחָד הַבָּא עַל יְבִמְתּוֹ עָסְקִינַן, דְּמִדְּאוֹרַיְיתָא חַזְיָא לֵיהּ. מַהוּ דְּתֵימָא: כֵּיוָן דְּמִדְּאוֹרַיְיתָא חַזְיָא לֵיהּ, וּבִיאָתוֹ בִּיאָה — הַבָּא עָלֶיהָ מִתְחַיֵּיב בְּאֵשֶׁת אִישׁ. קמ"ל. מַאי הָוֵי עֲלָהּ? תָּא שְׁמַע, *אָמַר ר' אַיְיבוּ א"ר יַנַּאי: [ד]אֵין יִעוּד אֶלָּא בְּגָדוֹל, אֵין יִעוּד אֶלָּא מִדַּעַת. ‎°תַּרְתֵּי?! מַה טַּעַם קָאָמַר; מַה טַּעַם אֵין יִעוּד אֶלָּא בְּגָדוֹל? לְפִי שֶׁאֵין יִעוּד אֶלָּא מִדַּעַת. וְאִיבָּעֵית אֵימָא: מַאי מִדַּעַת? — ‎°[ה]מִדַּעַת דִּידָהּ. דְּתָנֵי אַבָּיֵי בְּרֵיהּ דְּרַבִּי אַבָּהוּ: °"אֲשֶׁר לֹא יְעָדָהּ" — מְלַמֵּד שֶׁצָּרִיךְ לְיַעֲדָהּ. הוּא תָּנֵי לָהּ, וְהוּא אָמַר לָהּ: בְּקִידּוּשֵׁי יִעוּד, וְאַלִּיבָּא דְּרַבִּי יוֹסֵי בְּרַבִּי יְהוּדָה, *דְּאָמַר: מָעוֹת הָרִאשׁוֹנוֹת לָאו לְקִידּוּשִׁין נִיתְּנוּ. רַב נַחְמָן בַּר יִצְחָק אָמַר: אֲפִילּוּ תֵּימָא לְקִידּוּשִׁין נִיתְּנוּ. [ו]שָׁאנֵי הָכָא דְּאָמַר רַחֲמָנָא "יְעָדָהּ". מַאי ר' יוֹסֵי בְּר' יְהוּדָה? דְּתַנְיָא: "יְעָדָהּ וְהֶפְדָּהּ" — צָרִיךְ שֶׁיְּהֵא שְׁהוּת בַּיּוֹם כְּדֵי פְּדִיָּיה. מִכָּאן א"ר יוֹסֵי בְּרַבִּי יְהוּדָה: אִם יֵשׁ שְׁהוּת בַּיּוֹם כְּדֵי לַעֲשׂוֹת עִמּוֹ שָׁוֶה פְּרוּטָה — מְקוּדֶּשֶׁת, וְאִם לָאו — אֵינָהּ מְקוּדֶּשֶׁת. אַלְמָא קָסָבַר: מָעוֹת הָרִאשׁוֹנוֹת לָאו לְקִידּוּשִׁין נִיתְּנוּ. רַב נַחְמָן בַּר יִצְחָק אָמַר: [ז]אֲפִילּוּ תֵּימָא לְקִידּוּשִׁין נִיתְּנוּ. שָׁאנֵי הָכָא דְּאָמַר רַחֲמָנָא "וְהֶפְדָּהּ". § אָמַר רָבָא אָמַר רַב נַחְמָן: [ח]אוֹמֵר אָדָם לְבִתּוֹ קְטַנָּה "צְאִי וְקַבְּלִי קִידּוּשַׁיִךְ", מִדְּרַבִּי יוֹסֵי בְּרַבִּי יְהוּדָה. לָאו אָמַר רַבִּי יוֹסֵי בְּרַבִּי יְהוּדָה: מָעוֹת הָרִאשׁוֹנוֹת לָאו לְקִידּוּשִׁין נִיתְּנוּ, וְכִי מְשַׁיֵּיר בָּהּ שָׁוֶה פְּרוּטָה — הָווּ קִידּוּשֵׁי? הָכָא נַמִי, ל"ש. וְאָמַר רָבָא א"ר נַחְמָן: [ט]הַמְקַדֵּשׁ בְּמִלְוֶה שֶׁיֵּשׁ עָלֶיהָ מַשְׁכּוֹן — מְקוּדֶּשֶׁת, מִדְּרַבִּי יוֹסֵי בְּרַבִּי יְהוּדָה. לָאו אָמַר רַבִּי יוֹסֵי בְּרַבִּי יְהוּדָה מָעוֹת הָרִאשׁוֹנוֹת לָאו לְקִידּוּשִׁין נִיתְּנוּ? הַאי — הַלְוָאָה הִיא, וְהִיא גּוּפָא מַשְׁכּוֹן הִיא, וְכִי

רש"י

מִי שָׁאנֵי. כֵּיוָן דְּנִישּׂוּאִין דְּאוֹרַיְיתָא נִינְהוּ, נָפְקָא לְגַמְרֵי מֵרְשׁוּתֵיהּ. וּלְרַב נַחְמָן דְּאָמַר. לְקַמָּן: לְר' יוֹסֵי בְּר' יְהוּדָה נַמִי בַּמָּעוֹת הָרִאשׁוֹנוֹת הִיא מִתְקַדֶּשֶׁת, דְּקִידּוּשִׁין דְּאָב נִינְהוּ — בְּמַאי מוֹקֵי לָהּ? וַאֲפִילּוּ אֵירוּסִין עוֹשֶׂה — הֵיכִי הֲדַר מְזַבֵּין לָהּ? מוֹקֵי לָהּ כְּרַבִּי אֱלִיעֶזֶר. גָּרְסִינַן. דְּאָמַר לְשִׁפְחוּת אַחַר שִׁפְחוּת כו'. דְּקָדָרֵישׁ: כֵּיוָן שֶׁבָּגַד בָּהּ. וְעַד הָשְׁתָּא מְהַדְּרִינַן לְאוֹקְמָהּ דְּלָא כְּרַבִּי אֱלִיעֶזֶר, מִשּׁוּם דְּשַׁמּוּתִי הוּא. אַמַּאי מְמַעֵט לֵיהּ קְרָא. הוֹאִיל וְלֵיתָא. תִּפְשׁוֹט דִּמְיַיעֵד. וּמִיהוּ, מִיעֲטָהּ קְרָא מִמִּיתָה. דְּמִדְּאוֹרַיְית' חַזְיָא לֵיהּ. כְּלוֹמַר, זְקוּקָה לוֹ בְּאוֹתָהּ בִּיאָה לְכָל דָּבָר, וּקְנָאָהּ לְיוֹרְשָׁהּ. כִּדְתְנַן (נדה דף מה.): בֶּן תֵּשַׁע שֶׁבָּא עַל יְבִמְתּוֹ — קְנָאָהּ. תַּרְתֵּי. הָא חַד הוּא, כֵּיוָן דְּאֵין יִעוּד אֶלָּא מִדַּעַת — פְּשִׁיטָא דְּאֵין יִעוּד אֶלָּא בְּגָדוֹל! שֶׁצָּרִיךְ לְיַעֲדָהּ — גָּרְסִי'. הוּא תָּנֵי לָהּ וְהוּא אָמַר לָהּ. הוּא תָּנֵי לְמַתְנִיתִין, וְהוּא אָמַר בָּהּ מִנַּפְשֵׁיהּ. וְהַאי טַעְמָא דְּהַאי צָרִיךְ לְיַעֲדָהּ — רַבִּי יוֹסֵי בְּרַבִּי יְהוּדָה הִיא, דְּאָמַר: מָעוֹת הָרִאשׁוֹנוֹת שֶׁקִּבֵּל הָאָב לָאו לְקִידּוּשִׁין נִיתְּנוּ, וְאֵין יִעוּד אֶלָּא בִּפְרוּטָה שֶׁעָלֶיהָ, לְפִיכָךְ אֵין דַּעַת הָאָב בָּהֶן מִתְּחִילָּה. וְאִם אֵינוֹ מוֹדִיעָהּ שֶׁתְּקַבֵּל עָלֶיהָ — אֵין כָּאן קִידּוּשִׁין. לְקִידּוּשִׁין נִיתְּנוּ. וְנָפְקָא מִינָּהּ דַּהֲוָה לֵיהּ מָכַר אֶת בִּתּוֹ לְאִישׁוּת, וְאִם יְעָדָהּ וְנִתְאַרְמְלָה — שׁוּב אֵין מוֹכְרָהּ לְשִׁפְחוּת לְרַבִּי עֲקִיבָא. שָׁאנֵי הָכָא. דִּכְתִי' לְשׁוֹן "יְעָדָהּ" — לְמִידְרְשָׁהּ, לְשׁוֹן דֵּיעָה. יְעָדָהּ וְהֶפְדָּהּ. וְאֵין יְעִידָה אֶלָּא בִּמְקוֹם פְּדִיָּה; שֶׁאִם בָּא לְיַיעֲדָהּ בְּסוֹף שֵׁשׁ — צָרִיךְ שֶׁיְּהֵא שְׁהוּת בַּיּוֹם, שֶׁאִם תָּבוֹא לְחֶשְׁבּוֹן גִּרְעוֹנָהּ, דִּיהֵא עָלֶיהָ גֵּרָעוֹן שֶׁל פְּרוּטָה. מָעוֹת הָרִאשׁוֹנוֹת לָאו לְקִידּוּשִׁין נִיתְּנוּ. דְּאִי קִבֵּל אָב ע"מ לְהִתְיַיעֵד, וְקִידּוּשֵׁי יִעוּד תְּלוּיִין בָּאָב — אַף עַל גַּב דְּלֵיכָּא שְׁהוּת נַמִי, כֵּיוָן דְּאָמַר בְּתוֹךְ שֵׁשׁ: תִּתְיַיעֵד לִי — הֲוָה לֵיהּ יִעוּד לְמַפְרֵעַ, מִשְּׁעַת מְכִירָה.

וְכִי

תוספות

במאי מוקי לה כרבי אליעזר. פי' בקונטרס: ועד השתא מהדרינן לאוקומי דלא כרבי אליעזר, דשמותי הוא. לפי' ר"ת, דגריס הכא: במאי מוקי לה כר' עקיבא – נ"ל: דעד השתא מהדר לאוקומי כרבי אליעזר משום דרבנן דר' שמעון קיימי כוותיה, דאמרי: אבל לא לשפחות אחר אישות. ור' שמעון נמי הכי אית ליה, אלא שמוסיף עוד: אבל לא לשפחות אחר שפחות.

איש פרט לקטן. ואף על גב דקטן לאו בר עונשין הוא, מ"מ איצטריך קרא למעוטי – דקס"ד שיהא נהרג, כיון שהאשה נהרגת על ידו*.

ומדאורייתא חזיא ליה. פי' בקונטרס: דזקוקה לו, וביאתו ביאה לכל דבר, וקנאה ליורשה וליטמא לה, כדתנן (נדה דף מה.): בן ט' שבא על יבמתו – קנאה. וקשה: דזה אינו אלא מדרבנן, ולפוסלה מן האחין. כדתנן ב"האשה רבה" (יבמות דף נו:): עשו ביאת בן ט' כמאמר בגדול. אבל ליורשה ולשאר דברים – לא הויא כאשתו! ולכן נ"ל: דמדאורייתא חזיא ליה בעלמא, כגון שהיה היבם גדול. וקטן זה ביאתו ביאה – כלומר, שאם בא על אחת מכל עריות שבתורה מומתים על ידו. מהו דתימא, הואיל ומדאורייתא כו'. כלומר, אי לאו האי קרא דמעטיה – ה"א: מדאורייתא חשובה כאשתו. קמ"ל שאינו קונה אותה אלא מדרבנן, כדאמרינן בעלמא (שם) עשו ביאת בן ט' כמאמר בגדול.

תרתי • פי' בקונטרס: הא בהא תליא. כלומר, חדא מילתא היא; דכיון שאין יעוד אלא מדעת – פשיטא דאין יעוד מועיל אלא בגדול, שהרי קטן לא מצי לשוויי שליח לקדש. וה"ר אלחנן פי': תרתי – כלומר, דסתרן אהדדי; דרישא דאמרי': אין יעוד אלא בגדול – משמע אפילו שלא מדעת מהני, והדר אמרינן: אין יעוד אלא מדעת, משמע: אבל שלא מדעת – לא מהני.

אומר אדם לבתו קטנה צאי וקבלי קידושיך מדר' יוסי. תימה: מאי אתא לאשמועינן? פשיטא, למה לא תתקדש? אפילו היה אומר "תן מנה לפלוני ותתקדש בתי לך" היתה מקודשת מדין ערב, כדלעיל (דף ז.), כ"ש שאמר לבתו! וכי תימא: דהכא לא שייך דין ערבות, דהא לא דיבר למקדש – א"כ לר' יוסי בר' יהודה דאמר דמקודשת בפרוטה אחרונה, אטו נילף מינה דאם לא אמר כלום לא לבת ולא למקדש תהא מקודשת? אלא ע"כ המכירה חשובה כאילו אמר אביה לבת "התקדשי ביעוד" – א"כ המכירה נמי תחשב כאילו אמר למקדש! וי"ל: דלא הוי, לא כאומר לו ולא כאומר לה, אלא הכי מוכיח: ע"כ קטנה יש לה יד לקבל קידושין, מדאשכחן גבי יעוד דאמר רחמנא שתייעד על ידי עצמה; שאם לא היה מועיל בעלמא כשנותן לה רשות להתקדש מדעת ע"י עצמה – לא היה אומר הכתוב שיהיה מועיל לענין יעוד. וא"ת: היאך היא מתקדשת באומר לה "צאי וקבלי קידושיך"? והלא קטן לית ליה זכייה מן התורה, כדמשמע פ"ק דב"מ (דף יב.), דקטנה אין לה יד לזכות בעצמה. ואמרינן דמציאת הקטן לר' יוסי אין בו גזל גמור אלא מדבריהם. בשלמא גבי יעוד – דהתם דין הוא שתזכה (א) בשאר, שאינו אלא מחילת שיעבוד בעלמא! וי"ל: דבדעת אחרת מקנה לה יש לה זכייה מדאורייתא, כדמשמע בפ' [האומר] (גיטין סה.), דפריך לרב חסדא, דאמר: אחד זה ואחד זה קונה לעצמו ואינו זוכה לאחרים, מההיא דאומר אדם לעבדו ולשפחתו העבריים: הילך מעות הללו ופדה מהן מעשר שני. ושפחה עברית קטנה היא! ודחי: בעליך שאינו נקוב, דרבנן. מכלל שהיה רוצה להוכיח שזכה אפילו לאחרים מן התורה.

במלוה שיש עליה משכון מקודשת מדר' יוסי בר' יהודה. אין לפרש דמיירי במשכון שלא בשעת הלואה, דקני לה מדרבי יצחק. דאם כן היה לו להביא כאן דרבי יצחק, כמו שמביא לעיל (דף ח:) גבי קידשה במשכון מקודשת. ולעיל היה לו להביא דרבי יוסי ברבי יהודה. אלא, אפי' במשכון בשעת הלואה איירי, ואפי' אין מחזיר לה משכון אלא שמוחל לה את המלוה, ואע"פ שהמשכון בידו. דהא – המקדש במלוה שיש עליה משכון קאמר, ולא המקדש במשכון. וא"ת: כיון דמקדש בהנאת מחילת מלוה – אפילו בלא משכון אמרי' דמקודשת, לעיל* ולמה אנו צריכין ללמוד מר' יוסי? וי"ל: דהיכא דאיכא משכון גרוע טפי. דס"ד דלא סמכה דעתה, כיון שאינו מחזיר לה משכון – קמ"ל מילתא דרבי יוסי דמקודשת. וא"ת: היכי נילף מרבי יוסי ברבי יהודה מיעוד, והלא ביעוד מחזיר לה המשכון, היינו גופה, דהא גופה משכון היא, והכא אין מחזיר לה משכון! וי"ל: דפשיטא ליה דאין עיקר היעוד בחזרת משכון, אלא מחמת מחילת שיעבוד המלוה לחוד. ונ"ל לדקדק דקסבר ר' יוסי בר' יהודה דעבד עברי אין גופו קנוי. דאי גופו קנוי מה ענין זה אצל מלוה שיש עליה משכון? אין כאן מלוה כלל אלא מקדשה בהקנאת גופה לעצמה. ומיהו, י"ל: דע"כ לא בהקנאת גופה שהיא קנויה לו מקדשה, דאם כן – איך תקדש בלא שטר שחרור ובלא הפקר.

מכל

מסורת הש"ס (שוליים)

סנהדרין נב: · [נ"ל דאמר] · לקמן מה. · (דף ו:)

תורה אור: ויקרא כ · שמות כא

עין משפט נר מצוה

קפד א מיי' פ"א מהל' איסורי ביאה הלכה יח:
קפה ב ג מיי' שם פ"ג הלכה א:
קפו ד מיי' פ"ד מהל' עבדים הלכה ז:
קפז ה ו מיי' שם הלכה ח:
קפח ז מיי' שם הל' ז:
[וע"ע תוס' ערכין ג. ד"ה למעוטי]
קפט ח מיי' פ"ג מהל' אישות הל' יד סמג עשין מח טוש"ע אה"ע סי' לז סעיף ז:
קצ ט מיי' פ"ה מהל' אישות הל' יד סמג שם טוש"ע אה"ע סימן כח סעיף יא:

הגהות הב"ח

(א) תוס' ד"ה אומר וכו' דין הוא שתזכה בשיור שאינו וכו' כדמשמע בפ' התקבל דפריך:

גליון הש"ס

גמ' תרתי מה טעם קאמר. כעין זה ביצה דף יד ע"א בבא מציעא דף י"ד ע"א: **שם** מדעת דידה. עיין לעיל דף ה ע"א תוס' ד"ה שכן ישנן בע"כ:

וכי משייר בה שוה פרוטה ומייעד — הוו קידושין, הכא נמי לא שנא. ת"ר: אכיצד מצות יעוד? אומר לה בפני שנים (א) "הרי את מקודשת לי" "הרי את מאורסת לי", אפילו בסוף שש, ואפילו סמוך לשקיעת החמה. ונוהג בה מנהג אישות, ואינו נוהג בה מנהג שפחות. רבי יוסי ברבי יהודה אומר: אם יש שהות ביום כדי לעשות עמו שוה פרוטה — מקודשת; ואם לאו — אינה מקודשת. משל *לאומר לאשה "התקדשי לי מעכשיו לאחר שלשים יום", ובא אחר וקידשה בתוך שלשים יום — שמקודשת לראשון. משל למאן? אילימא משל לרבי יוסי ברבי יהודה — הא אם יש שהות ביום כדי לעשות עמו שוה פרוטה — מקודשת, ואם לאו — לא! אמר רב אחא בריה דרבא: משל לרבנן. פשיטא! מהו דתימא: הא לא אמר ליה "מעכשיו". קמ"ל. תניא אידך: המוכר את בתו, והלך וקידשה לאחר — שיחק באדון, ומקודשת לשני, דברי רבי יוסי ברבי יהודה. וחכ"א: באם רצה לייעד — מייעד. משל *לאומר לאשה "הרי את מקודשת לי לאחר שלשים יום" ובא אחר וקידשה בתוך שלשים יום — שמקודשת לשני. משל למאן? אילימא לרבנן — האמרי רבנן אם רצה לייעד מייעד! אלא אמר רב אחא בריה דרבא: משל לר' יוסי בר' יהודה. פשיטא! מהו דתימא: הא לא אמר לה "לאחר שלשים יום". קמ"ל. תניא אידך: המוכר את בתו ופסק על מנת שלא לייעד — נתקיים התנאי, דברי ר"מ. וחכ"א: גאם רצה לייעד — מייעד, מפני שהתנה על מה שכתוב בתורה, *וכל המתנה על מה שכתוב בתורה — תנאו בטל. ולר"מ תנאו קיים? והתניא: *האומר לאשה "הרי את מקודשת לי ע"מ שאין לך עלי שאר כסות ועונה" — ה"ז מקודשת, *ותנאו בטל, דברי ר"מ. רבי יהודה אומר: דבדבר שבממון תנאו קיים! אמר חזקיה: שאני הכא, דאמר קרא °"לאמה" — פעמים שאינו מוכרה אלא לאמה בלבד. ורבנן, האי "לאמה" מאי עבדי ליה? האי מיבעי להו לכדתניא: "לאמה" — המלמד שמוכרה לפסולים. והלא דין הוא: אם מקדשה לפסולים — לא ימכרנה לפסולים? מה למקדשה לפסולים — שכן אדם מקדש את בתו כשהיא נערה; ימכרנה לפסולים — שאין אדם מוכר את בתו כשהיא נערה? ת"ל "לאמה" — מלמד שמוכרה לפסולין. ר' אליעזר אומר: אם ללמד שמוכרה לפסולין — הרי כבר נאמר: °"אם רעה בעיני אדוניה" — שרעה בנישואיה. מה ת"ל "לאמה"? מלמד שמוכרה לקרובים

תורה אור: שמות כא | שם

*וכי משייר בה שוה פרוטה הוו קידושין. אלמא: הואיל ומכרה, ויודע שהאדון יכול ליעדה לאחר זמן – מדעתיה הוה, והוה ליה כאומר לה: קבלי קידושיך: *לאו לקידושין ניתנו. ואינו מקדשה אלא ע"י גרעון שיש לו עליה – דהוה מלוה, שהרי היא חייבת לו או הם או שוויים, והיא עצמה משכון. אפילו בסוף שש. ביום השלמתם. משל לאומר לאשה. כלומר, מכאן אתה למד לאומר לאשה כו'. מעכשיו ולאחר שלשים יום. מקודשת לראשון. דה"ק לה: מעתה נתחלו, אי בעינא בהו לאחר שלשים יום. משל למאן. מדברי מי אנו למידין. הא אם יש שהות ביום כו'. אלמא, השתא הוא דמתחלי קידושין בגרעון שיש לו עליה. לרבנן. מדברי חכמים אנו למידין, דאמרי: אפי' אין שהות. דקסברי: לכך ניתנו מעות הראשונות, דאי בעינן לייעודי – יהא יעוד מעכשיו. דאי לאו מההיא שעתא מתחלי – במאי מקדשה השתא? פשיטא. דמלינו למילף. מהו דתימא הא לא א"ל. לאב, האי אדון "מעכשיו", ותילף מיניה דאפי' לא פירש מעכשיו, אלא "הרי את מקודשת לי לאחר שלשים" – תהא מקודשת לראשון. קמ"ל. האי תנא, דאמר: למידין המשל מדברי רבנן; דאי אמר מעכשיו – אין, אי לא – לא. משל לאומר כו'. כלומר, מכאן אתה למד לאומר לאשה כו'. משל למאן. מדברי מי אנו למידים. לרבי יוסי בר' יהודה. דמשום דלא פירש מעכשיו, אע"ג דה"ל לקדושי בהו לאחר זמן – כי קדמו אחר, הוו קידושין, ה"נ לא שנא. מהו דתימא הא לא אמר לה. בשעת מתן מעות: "על מנת שתתייעד לי לאחר זמן", ומשום הכי א"ר יוסי דמקודשת לשני. אבל היכא דאמר: "התקדשי לי לאחר שלשים", אע"ג דלא אמר מעכשיו – חיילי השתא, ומקודשת לראשון, אם ירצה, בסוף שלשים. קמ"ל. דדמו אהדדי. דכיון דתלה הכתוב יעוד במעות הללו לאחר זמן, מעיקרא כי יהבינהו – להכי יהבינהו. שאם ירצה לייעד מייעד. ואפילו הכי, כיון דלא אמר "מעכשיו" מקודשת לשני. ולר"מ תנאו קיים. בתמיה. בדבר שבממון. דניתן למחילה – הוי תנאי קיים. אבל עונה, דצערא דגופא הוא – לא איתיהיב למחילה. מלמד שמוכרה לפסולים. ממזר ונתין, שאין רשאי לייעד. ואינה נמכרת להם אלא לשפחות בלבד. אם מקדשה לפסולין. דקידושין תופסין בחייבי לאוין. לא ימכרנה לפסולין. בתמיה. מה למקדשה לפסולין. כלומר, מה לי לקנתר על מקדשה לפסולין – הרי מלינו שהקידושין מסורין בידו לדבר גדול מזה – שאפילו כשהביאה סימנין מקדשה, כדילפינן לעיל (דף ד:) מ"ויצאה חנם אין כסף". ימכרנה לפסולין. בתמיה: והלא אין המכירה מסורה בידו כל כך. שהרי אינו מוכרה כשהיא נערה, כדדרשינן ק"ו: ומה מכורה כבר – יוצאה עכשיו, שאינה מכורה – אינו דין שלא תמכר? במסכת ערכין (דף כט:). שרעה בנישואיה. שאסורה לו. מיהא, תפסי ליה בה קדושין, כדכתיב (שמות כא): "אשר לא יעדה" – מכאן שמוכרה לפסולין.
לקרובים

משל למאן. פי' בקונטרס: מדברי מי אנו למידין? הא אם יש שהות ביום כו' – אלמא השתא הוא דמתחלי קדושין, בגרעון שיש לו עליה. לרבנן – מדברי חכמים אנו למידין, דאמרי: אפילו אין שהות ביום, דקסברי: לכך ניתנו מעות הראשונות, דאי בעינן ליעודי יהיה ייעוד מעכשיו. דאי לאו מההוא שעתא מתחלי – במאי מיקדשה השתא? ופריך: פשיטא דמלינו למילף! ומשני: מהו דתימא הא לא אמר ליה לאב "מעכשיו", ותילף מיניה דאפי' לא פירש "מעכשיו", אלא "הרי את מקודשת לי לאחר שלשים יום" – תהא מקודשת לראשון, קמ"ל האי תנא דאמר אנו למידין המשל מדברי רבנן, דאי אמר "מעכשיו" – אין, ואי לא – לא. וקשה: דבכוליה גמרא המשל בא ללמד על הדבר, כמו "משל למה הדבר דומה"! ועוד: איך נאמר דמייעוד נלמוד באשה שתהא מקודשת לראשון? והא לא איירי רבנן כלל כשבא אחר וקידש בתוך ימי המכירה! לכך פירש ר"י: שהמשל בא ללמד ולומר, דכי היכי דפשיט לן התם באומר לאשה "הרי את מקודשת לי מעכשיו ולאחר שלשי' יום", ובא וקידשה אחר בתוך שלשים יום – שמקודשת לראשון, ה"ה גבי ייעוד, שאם בא אחר וקדשה אחר המכירה, קודם הייעוד – דאינה מקודשת, דמעות הראשונות לקידושין ניתנו. והכי קאמר: משל למאן, על מי מלמד המשל? אילימא לרבי יוסי בר' יהודה – והאמר אם יש שהות ביום וכו', ואם כן לא דמי לאומר, שהרי בעינן שיתן לה שום דבר בסוף. אלא משל לרבנן – המשל בא ללמד לנו על דברי רבנן, שאם בא אחר וקידשה אחר המכירה, קודם היעוד – אינה מקודשת. ופריך: פשיטא! דכיון שאמר לאשה – כך הוא הדין, ה"נ גבי ייעוד כך הוא לרבנן! ומשני: מהו דתימא הא לא אמר "מעכשיו", ואפילו לרבנן נמי תהא מקודשת לאחר שקדשה קודם הייעוד, דלא דמי לאומר לאשה, דהתם אמר לה "מעכשיו" – קמ"ל, דכיון דכל מכירה ע"מ לייעד – כמאן דאמר לה "מעכשיו" דמי. משל לרבי יוסי ברבי יהודה. פי' בקונטרס: מדר"י ברבי יהודה אנו למידין, משום דלא פירש "מעכשיו" אע"ג דהוי ליה לקדשה בהו לאחר זמן, מיהו כי קדמו אחר – הוו קידושין, ה"נ לא שנא. מהו דתימא הא לא א"ל בשעת מתן מעות "ע"מ שתייעד לי לסוף שש", ומשום הכי אמר רבי יוסי דמקודשת לשני. אבל היכא דאמר "התקדשי לי לאחר שלשים יום", אימא, אע"ג דלא אמר לה "מעכשיו" – חיילא מהשתא ומקודשת לראשון אם ירצה בסוף שלשים, קמ"ל דדמי להדדי. דכיון דתלה הכתוב ייעוד במעות הללו לאחר זמן, מעיקרא כי יהבינהו – להכי יהבינהו, שאם ירצה לייעד מייעד. ואפ"ה, כיון דלא אמר "מעכשיו" – מקודשת לשני. גם פי' זה לא נהירא, שהרי בכולי גמרא המשל בא ללמד על הדבר. ופירש רבינו יצחק: מהו דתימא הא לא אמר לה "לאחר שלשים יום", וכיון דלא פריש – נימא דדעתיה שיחולו הקידושין מעכשיו, דמהני טפי מה שלא הזכיר שלשים יום, שהרי כל שעה ושעה בידו ליעדה כל זמן שירצה, ואם קידשה אחר – אינה מקודשת, קא משמע לן כיון דלא אמר "מעכשיו" בהדיא – מקודשת לשני. לרבי מאיר תנאו קיים וכו'. מדרבנן אדרבנן לא קשיא, דיעוד לא הוי דבר שבממון.

קצא א מיי' פ"ד מהל' עבדים הלכה ז:
קצב ב מיי' שם הל' טו:
קצג ג מיי' שם הל' טז:
קצד ד מיי' פ"ו מהל' אישות הלכה ט ופרק י"ב שם הלכה ו ז סמג עשין מח טוש"ע אה"ע סימן לח סעיף ה וסי' סט סעיף ז:
קצה ה מיי' פ"ד מהל' עבדים הלכה יב:

הגהות הב"ח
(א) גמ' בפני שנים הרי את מיועדת לי הרי את מקודשת:

[עי' תוס' נזיר יא. ד"ה האי על מנת]

[שייך לע"א] [ג"ז שייך לע"א] [לקמן נח: ע"ש] [שם]
נזיר יא. מכות ג: גיטין פד: כתובות פג. פו. כתובות נו. ב"מ נא. צד. ב"ב קכו:

שאינו

לִקְרוֹבִים. וַהֲלֹא דִּין הוּא: אִם מוֹכְרָהּ לִפְסוּלִין לֹא יִמְכְּרֶנָּה לִקְרוֹבִים? מַה לְּמוֹכְרָהּ לִפְסוּלִין – שֶׁאִם רָצָה לְיַיעֵד מְיַיעֵד, יִמְכְּרֶנָּה לִקְרוֹבִים – שֶׁאִם רָצָה לְיַיעֵד אֵינוֹ מְיַיעֵד? – אָמַר קְרָא "לְאָמָה" – מְלַמֵּד שֶׁמּוֹכְרָהּ לִקְרוֹבִים. וְר"מ? לִפְסוּלִין נָפְקָא לֵיהּ מֵהֵיכָא דְּנָפְקָא לֵיהּ לְר"א. בִּקְרוֹבִים סָבַר לָהּ כְּרַבָּנַן, דְּאָמְרִי: *אֵין מוֹכְרָהּ לִקְרוֹבִים. תָּנֵי חֲדָא: [א]מוֹכְרָהּ לְאָבִיו וְאֵין מוֹכְרָהּ לִבְנוֹ. וְתַנְיָא אִידָךְ: אֵין מוֹכְרָהּ לֹא לְאָבִיו וְלֹא לִבְנוֹ. בִּשְׁלָמָא אֵינוֹ מוֹכְרָהּ לֹא לְאָבִיו וְלֹא לִבְנוֹ – כְּרַבָּנַן. אֶלָּא מוֹכְרָהּ לְאָבִיו וְאֵין מוֹכְרָהּ לִבְנוֹ – כְּמַאן? לָא כְּרַבָּנַן וְלָא כְּרַבִּי אֱלִיעֶזֶר! לְעוֹלָם כְּרַבָּנַן, מוֹדוּ רַבָּנַן הֵיכָא דְּאִיכָּא צַד יְעוּד. § ת"ר: °"אִם בְּגַפּוֹ יָבֹא בְּגַפּוֹ יֵצֵא" – בְּגוּפוֹ נִכְנָס בְּגוּפוֹ יֵצֵא. רַבִּי אֱלִיעֶזֶר בֶּן יַעֲקֹב אוֹמֵר: יְחִידִי נִכְנָס יְחִידִי יֵצֵא. מַאי ("בְּגַפּוֹ) בְּגוּפוֹ נִכְנָס בְּגוּפוֹ יֵצֵא"? אָמַר רָבָא: [ב]לוֹמַר שֶׁאֵינוֹ יוֹצֵא בְּרָאשֵׁי אֵבָרִים כְּעֶבֶד. א"ל אַבָּיֵי: הַהוּא °מ"לֹא תֵצֵא כְּצֵאת הָעֲבָדִים" נָפְקָא! אִי מֵהָתָם – הֲוָה אָמֵינָא: נֵיתִיב לֵיהּ דְּמֵי עֵינֵיהּ, וְנִיפּוֹק. קמ"ל. ר' אֱלִיעֶזֶר בֶּן יַעֲקֹב אוֹמֵר: יְחִידִי נִכְנָס יְחִידִי יֵצֵא. מַאי "יְחִידִי יֵצֵא"? אָמַר רַב נַחְמָן בַּר יִצְחָק, הָכִי קָאָמַר: *[ג]יֵשׁ לוֹ אִשָּׁה וּבָנִים – רַבּוֹ מוֹסֵר לוֹ שִׁפְחָה כְּנַעֲנִית, אֵין לוֹ אִשָּׁה וּבָנִים – אֵין רַבּוֹ מוֹסֵר לוֹ שִׁפְחָה כְּנַעֲנִית. *ת"ר: [ד]נִמְכַּר בְּמָנֶה, וְהִשְׁבִּיחַ וְעָמַד עַל מָאתַיִם, מִנַּיִן שֶׁאֵין מְחַשְּׁבִין לוֹ אֶלָּא מָנֶה? שֶׁנֶּאֱמַר °"מִכֶּסֶף מִקְנָתוֹ". נִמְכַּר בְּמָאתַיִם וְהִכְסִיף וְעָמַד עַל מָנֶה, מִנַּיִן שֶׁאֵין מְחַשְּׁבִין לוֹ אֶלָּא מָנֶה? תַּלְמוּד לוֹמַר °"כְּפִי שָׁנָיו". אֵין לִי אֶלָּא עֶבֶד הַנִּמְכָּר לְגוֹי הוֹאִיל וְנִגְאָל בִּקְרוֹבִים – יָדוֹ עַל הַתַּחְתּוֹנָה. נִמְכָּר לְיִשְׂרָאֵל מְנָלַן? ת"ל "שָׂכִיר" "שָׂכִיר" לִגְזֵירָה שָׁוָה. אָמַר אַבָּיֵי: *הֲרֵינִי כְּבֶן עַזַּאי בְּשׁוּקֵי טְבֶרְיָא. א"ל הַהוּא מֵרַבָּנַן לְאַבָּיֵי: מִכְּדִי הָנֵי קְרָאֵי אִיכָּא לְמִידְרְשִׁינְהוּ לְקוּלָּא וְאִיכָּא לְמִידְרְשִׁינְהוּ לְחוּמְרָא. מַאי חָזֵית דְּדָרְשִׁינְהוּ לְקוּלָּא? נִידְרְשִׁינְהוּ לְחוּמְרָא! לָא סָלְקָא דַּעְתָּךְ – מִדְּאַקֵּיל רַחֲמָנָא לְגַבֵּיהּ. *דְּתַנְיָא: °"כִּי טוֹב לוֹ עִמָּךְ" – [ה]עִמְּךָ בְּמַאֲכָל, וְעִמְּךָ בְּמִשְׁתֶּה; שֶׁלֹּא תְּהֵא אַתָּה אוֹכֵל פַּת נְקִיָּה וְהוּא אוֹכֵל פַּת קִיבָר, אַתָּה שׁוֹתֶה יַיִן יָשָׁן וְהוּא שׁוֹתֶה יַיִן חָדָשׁ, אַתָּה יָשֵׁן עַל גַּבֵּי מוּכִים וְהוּא יָשֵׁן עַל גַּבֵּי הַתֶּבֶן. מִכָּאן אָמְרוּ: כָּל הַקּוֹנֶה עֶבֶד עִבְרִי כְּקוֹנֶה אָדוֹן לְעַצְמוֹ. וְאֵימָא הָנֵי מִילֵּי – לְעִנְיַן אֲכִילָה וּשְׁתִיָּה, כִּי הֵיכִי דְּלָא לִיצְטַעַר לֵיהּ. הָא לְעִנְיַן פִּדְיוֹן – נַחְמִיר עֲלֵיהּ, מִדְּרַבִּי יוֹסֵי בַּר' חֲנִינָא. *דְּתַנְיָא, רַבִּי יוֹסֵי בְּרַבִּי חֲנִינָא אוֹמֵר: בֹּא וּרְאֵה כַּמָּה קָשָׁה אֲבָקָהּ שֶׁל שְׁבִיעִית; אָדָם נוֹשֵׂא וְנוֹתֵן בְּפֵירוֹת שְׁבִיעִית – לְסוֹף מוֹכֵר אֶת מִטַּלְטְלָיו, שֶׁנֶּאֱמַר: °"בִּשְׁנַת הַיּוֹבֵל... (א) תָּשׁוּבוּ אִישׁ אֶל אֲחֻזָּתוֹ" וּסְמִיךְ לֵיהּ: "וְכִי תִמְכְּרוּ מִמְכָּר לַעֲמִיתֶךָ אוֹ קָנֹה מִיַּד עֲמִיתֶךָ" דָּבָר הַנִּקְנֶה מִיָּד לְיָד. לֹא הִרְגִּישׁ – לְסוֹף מוֹכֵר אֶת שְׂדוֹתָיו, שֶׁנֶּאֱמַר: °"כִּי יָמוּךְ אָחִיךָ וּמָכַר מֵאֲחֻזָּתוֹ". לֹא בָּאת לְיָדוֹ עַד שֶׁמּוֹכֵר אֶת בֵּיתוֹ, שֶׁנֶּאֱמַר: °"כִּי יִמְכּוֹר בֵּית מוֹשַׁב עִיר חוֹמָה". מַאי שְׁנָא הָתָם דְּאָמַר "לֹא הִרְגִּישׁ", וּמַאי שְׁנָא הָכָא דְּאָמַר "לֹא בָּאת לְיָדוֹ"? כִּדְרַב הוּנָא. *דְּאָמַר רַב הוּנָא: כֵּיוָן שֶׁעָבַר אָדָם עֲבֵירָה וְשָׁנָה בָּהּ – הוּתְּרָה לוֹ. הוּתְּרָה לוֹ סָלְקָא דַּעְתָּךְ?! אֶלָּא: נַעֲשֵׂית לוֹ כְּהֶיתֵּר. [ו]לֹא בָאת לְיָדוֹ עַד שֶׁמּוֹכֵר אֶת בִּתּוֹ, שֶׁנֶּאֱמַר: °"וְכִי יִמְכּוֹר אִישׁ אֶת בִּתּוֹ לְאָמָה". וְאע"ג דְּבִתּוֹ לָא כְּתִיבָא בְּהַאי עִנְיָנָא – הָא קמ"ל: נִיזְבֵּין אֱינָשׁ בְּרַתֵּיהּ, וְלָא נֵיזִיף בְּרִיבִּיתָא. מַאי טַעְמָא? בְּרַתֵּיהּ – מִגְרְעָא וְנָפְקָא; וְהָא – מוֹסְפָא וְאָזְלָא. לֹא בָאת לְיָדוֹ עַד שֶׁלֹּוֶה בְּרִבִּית, שֶׁנֶּא' °"וְכִי יָמוּךְ אָחִיךָ וּמָטָה יָדוֹ עִמָּךְ" וּסְמִיךְ לֵיהּ "אַל תִּקַּח מֵאִתּוֹ" וגו'. [ז]לֹא בָאת לְיָדוֹ עַד שֶׁמּוֹכֵר אֶת עַצְמוֹ, שֶׁנֶּאֱמַר: °"וְכִי יָמוּךְ אָחִיךָ... וְנִמְכַּר לָךְ". *לֹא לְךָ אֶלָּא לְגֵר, שֶׁנֶּאֱמַר °"לְגֵר". וְלֹא לְגֵר צֶדֶק אֶלָּא לְגֵר תּוֹשָׁב, שֶׁנֶּאֱמַר "גֵּר תּוֹשָׁב". *"מִשְׁפַּחַת גֵּר" – זֶה גּוֹי כְּשֶׁהוּא אוֹמֵר "לְעֵקֶר" זֶה

רש"י

לִקְרוֹבִים. אע"ג שֶׁאֵין כָּאן יְעוּד, שֶׁאֵין קִדּוּשִׁין תּוֹפְסִין בָּהּ. וְרַבִּי מֵאִיר. דָּרֵישׁ לְהַאי "לְאָמָה" בְּפוֹסֵק ע"מ שֶׁלֹּא לְיַיעֵד. כְּרַבָּנַן. לְעֵיל בְּשְׁמַעְתִּין, דְּקָתָנֵי: אֵין מוֹכְרָהּ לִקְרוֹבִים. אֵין מוֹכְרָהּ לְאָבִיו. שֶׁאֲסוּרָה לוֹ מִשּׁוּם כַּלַּת בְּנוֹ. וְלֹא לִבְנוֹ. דַּהֲוָיָא לֵיהּ אֲחוֹתוֹ, וְאֵין קִידּוּשִׁין תּוֹפְסִין בְּחַיָּיבֵי כָרֵיתוֹת, כִּדְלְקַמָּן (דף סו:). הֵיכָא דְּאִיכָּא צַד יְעוּד. כְּשֶׁמּוֹכְרָהּ לְאָבִיו וְיֵשׁ לוֹ בֵּן – לְיַיעֲדָהּ לִבְנוֹ, דַּהֲוָיָא לֵיהּ בַּת אָחִיו. אֲבָל כְּשֶׁמּוֹכְרָהּ לִבְנוֹ – אֵין כָּאן צַד יְעוּד, לֹא לוֹ וְלֹא לִבְנוֹ – דַּהֲוָיָא לֵיהּ אֲחוֹת אָבִיו. בְּגוּפוֹ יֵצֵא. לְקַמֵּיהּ מְפָרֵשׁ. יְחִידִי יֵצֵא. לְקַמֵּיהּ מְפָרֵשׁ. הֲוָה אָמֵינָא. לֹא תֵּצֵא בְּרָאשֵׁי אֵבָרִים כְּעֶבֶד, שֶׁיּוֹצֵא וְאֵין נוֹטֵל כְּלוּם, אֲבָל זוֹ – תֵּצֵא וְתִטּוֹל דְּמֵי עֵינָהּ, קמ"ל קְרָא יְתֵירָא, דְּאֵין דִּין יְצִיאָה בְּחֶסְרוֹן אֵבָרִים כְּלָל. יְחִידִי נִכְנָס. לְרַבִּי אֱלִיעֶזֶר נַמִּי מַשְׁמַע לֵיהּ "בְּגַפּוֹ" לְשׁוֹן בְּגוּפוֹ. וּמְפָרֵשׁ לֵיהּ לוֹמַר: שֶׁאִם בָּא בְּגוּפוֹ, יְחִידִי – יֵצֵא יְחִידִי. מוֹסֵר לוֹ. עַל כָּרְחוֹ. שֶׁאֵין מְחַשְּׁבִין לוֹ. כְּשֶׁבָּא לְגָרֵעַ וְלִפְדּוֹת אֶת עַצְמוֹ. אֶלָּא מָנֶה. כַּמָּה מַגִּיעַ מִמָּנֶה לְכָל שָׁנָה שֶׁל שֵׁשׁ שָׁנִים – שְׁתוּת מָנֶה, וְכַמָּה מְגָרֵעַ לְכָל שָׁנָה, (ב) וְאִם נוֹתְרָה שָׁנָה – נוֹתֵן לוֹ שְׁתוּת מָנֶה. וְלָא אָמְרִינַן: הֲרֵי הִשְׁבִּיחַ – שֶׁנִּתְיַיקְּרָה הַפְּעוּלָּה, אוֹ הֶחֱלִיף כֹּחַ וְעוֹמֵד עַל מָאתַיִם, תְּמָנֶה מָאתַיִם לִפְעוּלַּת שֵׁשׁ שָׁנִים, וְיִתֵּן לוֹ שְׁלִישׁ מָנֶה. מִכֶּסֶף מִקְנָתוֹ. מִשְּׁעַת מִקְנָתוֹ יָשִׁיב גְּאוּלָּתוֹ. הִכְסִיף. נִתְקַלְקֵל. שֶׁאֵין מְחַשְּׁבִין לוֹ. אֶת הַשָּׁנִים שֶׁעָלָיו לַעֲבוֹד אֶלָּא בְּמָנֶה, כְּאִילּוּ נִמְכַּר בְּמָנֶה. וּלְקַמֵּיהּ יָלֵיף: מַאי חָזֵית דְּדָרֵישׁ לְהוּ לְקוּלָּא וְיָדוֹ שֶׁל גּוֹי עַל הַתַּחְתּוֹנָה, כְּדַאֲמָרַן. אָמַר אַבָּיֵי הֲרֵינִי כְּבֶן עַזַּאי. כִּי הֲוָה בְּדִיחָא דַּעְתֵּיהּ, הֲוֵי רָגִיל לְמֵימַר הָכִי: הֲרֵינִי פָּתוּחַ וּמוּכָן לְהָשִׁיב לְשׁוֹאֲלַי דְּבַר תּוֹרָה, כְּבֶן עַזַּאי שֶׁהָיָה דָּר בִּטְבֶרְיָא, שֶׁהָיָה חָרִיף וְדַרְשָׁן, וְאָמַר (בכורות נח.): כָּל חַכְמֵי יִשְׂרָאֵל לְפָנַי כִּקְלִיפַּת הַשּׁוּם חוּץ מִן הַקֵּרֵחַ הַזֶּה. נִדְרְשִׁינְהוּ לְחוּמְרָא. לְהַחְמִיר עַל הָעֶבֶד; הִשְׁבִּיחַ – יִתֵּן כְּפִי שָׁנָיו, הִכְסִיף – יָשִׁיב לְפִי כֶּסֶף מִקְנָתוֹ. מִדְּרַבִּי יוֹסֵי בְּרַבִּי חֲנִינָא. שֶׁלֹּא בָּא לִידֵי עַבְדוּת אֶלָּא שֶׁהָיָה חָשׁוּד עַל הַשְּׁבִיעִית. אֲבָקָהּ שֶׁל שְׁבִיעִית. אִיסּוּר הַקַּל שֶׁבָּהּ. הָעוֹשֶׂה סְחוֹרָה בְּפֵירוֹתֶיהָ, דַּהֲוֵה לֵיהּ לָאו הַבָּא מִכְּלַל עֲשֵׂה, "לְאָכְלָה" (ויקרא כה) וְלֹא לִסְחוֹרָה. בִּשְׁנַת הַיּוֹבֵל הַזֹּאת. "וְכִי תִמְכְּרוּ" – אִם תִּמְכְּרוּ וְתִקְנוּ מַה שֶּׁאָסַרְתִּי לָכֶם בּוֹ – סוֹפְךָ לִמְכּוֹר מִמְכָּרֶיךָ וְכָל כְּלֵי בֵיתְךָ. לֹא הִרְגִּישׁ. לֹא שָׂם לִבּוֹ לַפּוּרְעָנוּת הַבָּא עָלָיו לַחֲזוֹר בּוֹ מֵעֲבֵירָה שֶׁבְּיָדוֹ. גַּבֵּי לֹא הִרְגִּישׁ גָּרְסִינַן: לְסוֹף שֶׁמּוֹכֵר (ג) אֶת שְׂדוֹתָיו, וְגַבֵּי לֹא בָּאת לְיָדוֹ בְּכוּלְּהוּ גָּרְסִי' בְּתוֹסֶפְתָּא: עַד שֶׁמּוֹכֵר. וְהָכִי מַשְׁמַע: לֹא תָבֹא בְּיָדוֹ הִרְהוּר תְּשׁוּבָה עַד שֶׁבָּא לְכָל אֵלּוּ. מ"ש דְּקָתָנֵי לֹא הִרְגִּישׁ. דְּמַשְׁמַע: אִם לֹא הִרְגִּישׁ – סוֹפוֹ לָבֹא לְכָךְ, וּבְכוּלְּהוּ תָנָא "לֹא בָאת לְיָדוֹ עַד שֶׁמּוֹכֵר", דְּמַשְׁמַע דִּפְשִׁיטָא לֵיהּ לְתַנָּא דְּדַרְכּוֹ בְּכָךְ – דְּלֹא תָבֹא לְיָדוֹ שֶׁיָּשׁוּב בִּתְשׁוּבָה עַד שֶׁיְּקַבֵּל עוֹד פּוּרְעָנוּת? אע"ג דְּבִתּוֹ בְּהַאי עִנְיָנָא לָא כְּתִיבָא. לִדְרוֹשׁ בָּהּ סְמִיכַת פָּרָשָׁה, מִכָּל מָקוֹם הוֹאִיל וּפָרָשַׁת רִבִּית סְמוּכָה לְפָרָשַׁת מִמְכַּר בַּיִת – אֲנַן סָהֲדִי שֶׁכְּבָר מָכַר אֶת בִּתּוֹ, אִם יֵשׁ לוֹ בַּת קְטַנָּה, קוֹדֶם שֶׁלָּוָה בְּרִבִּית – דְּנִיחָא לֵיהּ בְּרִבִּית וכו'. וְכִי יָמוּךְ אָחִיךָ. הַכֹּל בְּסֵדֶר סְמִיכַת פָּרָשִׁיּוֹת הוּא דּוֹרְשׁוֹ, וְכוּלָּן – זוֹ קָשָׁה מִשֶּׁלְּפָנֶיהָ. שֶׁנֶּאֱמַר לְגֵר. פָּרָשָׁה אַחֶרֶת הִיא, הַסְּמוּכָה לְנִמְכַּר לָךְ "וְכִי תַשִּׂיג יַד גֵּר וְתוֹשָׁב עִמָּךְ" וגו'. זֶה

תוספות

שאינו יוצא בראשי אברים כעבד. דס"ד דלא גרע מעבד כנעני שאינו יוצא בשש ויובל ובגרעון כסף, ועובד את הבת, ואפילו הכי יוצא בראשי אברים.

אבקה של שביעית. פירוש: איסור קל שבה. דעיקר איסור שביעית אינו אלא בעבודת קרקע, כגון חרישה וזריעה, אבל משא ומתן – אינו אלא עשה בעלמא; "לאכלה" ולא לסחורה. ומסברא שבא לו עונש זה על משא ומתן – מדה כנגד מדה.

הא קמ"ל ליזבון איניש ברתיה. אף על גב שמפדין אותה בעל כרחו,* מכל מקום רבית קשה יותר.

לעקר זה עבודה זרה. שסופה ליעקר.

ד"ז שייך לע"ב

עבד ד' ופשו ליה תרתי ניתיב ליה תרתי כפי שניו. פירש בקונטרס: לא איירי קרא לא בהשביח ולא בהכסיף. וקשה: דא"כ, אמאי שני קרא בלישניה? נכתוב אידי ואידי "מכסף מקנתו" או "כפי שניו"! ואומר ה"ר ברוך, דה"פ: "אם עוד רבות בשנים" – דעבד תרתי ופשו ליה ארבע – ליתיב ליה ארבע מכסף מקנתו, בין הכסיף ובין השביח, משום שהוא סמוך לזמן כניסה טפי מזמן יציאה. "ואם מעט נשאר בשנים" – דעבד ארבע ופש תרתי – ניתיב ליה כפי שניו שהוא שוה עתה, והוא סמוך לזמן יציאה, בין הכסיף ובין השביח.

(ד) **כל** הקונה עבד עברי כקונה אדון לעצמו. וקשה: מאי אדון? די לו להיות כאדונו! ויש לומר: כדאיתא בירושלמי, דפעמים אין לו אלא כר אחת, אם שוכב עליו בעצמו – אינו מקיים "כי טוב לו עמך", ואם אינו שוכב עליו וגם אינו מוסרו לעבדו – זו מדת סדום, נמצא שע"כ צריך למסור לעבדו, והיינו אדון לעצמו.

גאולתו

עין משפט נר מצוה

קצו א מיי' פ"ד מהל' עבדים הל' יא:
קצז ב מיי' שם הל' ו:
קצח ג מיי' שם פ"ג הלכה ד:
קצט ד מיי' שם פרק ב הלכה ט:
ר ה מיי' שם פ"א הלכה ט:
רא ו מיי' שם פרק ד הלכה ב:
רב ז מיי' שם פרק א הלכה א ב:

[לעיל יח.]

הגהות הב"ח

(א) גמ' בשנת היובל הזאת תשובו: (ב) רש"י ד"ה אלא מנה וכו' מגרע לכל שנה שתות מנה ואם נותרה: (ג) ד"ה לא הרגיש וכו' לסוף שמוכר וגבי לא באת כצ"ל ותיבות את שדותיו נמחק: (ד) תוס' ד"ה כל צ"ל קודם ד"ה אבקה:

מסורת הש"ס

לעיל יח: [לקמן מז.]

תמורה ל. ת"כ פ' בהר

ערכין ל.

[עירובין כט. ערכין ל. סוטה מה.]

ת"כ פ' בהר פסיקתא פרשת בהר ערכין ל: [לקמן כב. לעיל טו. ע"ש בתוספות]

סוכה מ: ערכין ל: תוספתא דערכין פ"ה פסיקתא פרשת בהר

ערכין ל: לקמן מ. יומא פו: סוטה כב. [מו"ק כז:]

ב"ק קיג: ב"מ עא. [יבמות מז.]

תורה אור

שמות כא; שם; ויקרא כה; שם; דברים טו; ויקרא כה; שם; שם; שמות כא; ויקרא כה; שם; שם

רג א מיי' פי"א מהל' שמיטה ויובל הל' יח:
רד ב מיי' פ"ב מהל' עבדים הלכה ז:
רה ג מיי' שם הלכה י:
רו ד מיי' פ"ה מהל' ערכין הלכה ב סמג עשין קנד:
רז ה מיי' פי"א מהל' שמיטה הלכה טו:
רח ו מיי' שם הלכה יז:
רט ז מיי' פ"ד מהלכות ערכין הלכה ט:
רי ח מיי' פי"ב מהל' שמיטה הלכה ד:

זֶה הַנִּמְכָּר לַעֲבוֹדָה זָרָה עַצְמָהּ. אֲמַר לֵיהּ: הָתָם — הָא אַהַדְרֵיהּ קְרָא, *דְּתָנֵי דְּבֵי רַבִּי יִשְׁמָעֵאל: הוֹאִיל וְהָלַךְ זֶה וְנַעֲשָׂה כּוֹמֶר לַעֲבוֹדָה זָרָה אֵימָא: לִידְחֵי אֶבֶן אַחַר הַנּוֹפֵל — תַּלְמוּד לוֹמַר: °"אַחֲרֵי נִמְכַּר גְּאוּלָּה תִּהְיֶה לּוֹ (ויקרא כה) אֶחָד מֵאֶחָיו יִגְאָלֶנּוּ". וְאֵימָא: "גְּאוּלָּה תִּהְיֶה לּוֹ" — כִּי הֵיכִי דְּלָא לִיטַּמַּע בֵּין הַגּוֹיִם הָא לְעִנְיַן פִּדְיוֹן — נַחְמִיר עֲלֵיהּ, מִדְּרַבִּי יוֹסֵי בְּרַבִּי חֲנִינָא! אֲמַר רַב נַחְמָן *בַּר יִצְחָק: תְּרֵי קְרָאֵי כְּתִיבֵי; כְּתִיב: °"אִם עוֹד רַבּוֹת בַּשָּׁנִים", (שם) וּכְתִיב: °"וְאִם מְעַט נִשְׁאַר בַּשָּׁנִים". (שם) וְכִי יֵשׁ שָׁנִים מְרוּבּוֹת וְיֵשׁ שָׁנִים מוּעָטוֹת? אֶלָּא: נִתְרַבָּה כַּסְפּוֹ "מִכֶּסֶף מִקְנָתוֹ"; נִתְמַעֵט כַּסְפּוֹ — "כְּפִי שָׁנָיו". וְאֵימָא, הָכִי קָאָמַר: הֵיכָא דַּעֲבַד תְּרֵי וּפַשׁ לֵיהּ ד' — נֵיתִיב לֵיהּ ד' "מִכֶּסֶף מִקְנָתוֹ". עֲבַד ד' וּפָשׁוּ לֵיהּ תַּרְתֵּי — נֵיתִיב תַּרְתֵּי "כְּפִי שָׁנָיו"? א"כ נִכְתּוֹב קְרָא "אִם עוֹד רַבּוֹת שָׁנִים" "אִם מְעַט נִשְׁאַר שָׁנִים". מַאי "בַּשָּׁנִים"? נִתְרַבָּה כַּסְפּוֹ בַּשָּׁנִים — "מִכֶּסֶף מִקְנָתוֹ"; נִתְמַעֵט כַּסְפּוֹ בַּשָּׁנִים — "כְּפִי שָׁנָיו".

אֲמַר רַב יוֹסֵף: דָּרְשִׁינְהוּ רַב נַחְמָן (בַּר יִצְחָק) לְהָנֵי קְרָאֵי כְּסִינַי. (סימן: עבד בית חצאי' בית עבד קרובים) בְּעָא מִינֵּיהּ רַב הוּנָא בַּר חִינָּנָא מֵרַב שֵׁשֶׁת: עֶבֶד עִבְרִי הַנִּמְכָּר לְגוֹי נִגְאָל לַחֲצָאִין אוֹ אֵינוֹ נִגְאָל לַחֲצָאִין? (שם) "גְּאוּלָּתוֹ" °"גְּאוּלָּתוֹ" מִשְּׂדֵה אֲחוּזָּה גָּמַר; מַה שְּׂדֵה אֲחוּזָּה [א]אֵינוֹ נִגְאָל לַחֲצָאִין — אַף הַאי נַמִּי אֵינוֹ נִגְאָל לַחֲצָאִין. אוֹ דִּילְמָא: לְקוּלָּא — אָמְרִינַן, לְחוּמְרָא — לָא אָמְרִינַן? א"ל: לָאו אָמְרַתְּ הָתָם: *"נִמְכָּר" — כּוּלּוֹ וְלֹא חֶצְיוֹ; ה"נ "נִגְאָל" — כּוּלּוֹ וְלֹא חֶצְיוֹ. אֲמַר אַבָּיֵי: אִם תִּמְצֵי לוֹמַר [ב]נִגְאָל לַחֲצָאִין — [ג]מַשְׁכַּחַתְּ לָהּ לְקוּלָּא וּלְחוּמְרָא; לְקוּלָּא: זַבְנֵיהּ בְּמֵאָה, יָהַב לֵיהּ חַמְשִׁין, פַּלְגָא דְּדָמֵי, וְאַשְׁבַּח וְקָם עַל מָאתָן. אִי אָמְרַתְּ נִגְאָל לַחֲצָאִין — יָהֵיב לֵיהּ מֵאָה וְנָפֵיק. וְאִי אָמְרַתְּ אֵין נִגְאָל לַחֲצָאִין — יָהֵיב לֵיהּ מֵאָה וַחֲמִשִּׁין וְנָפֵיק. וְהָאָמְרַתְּ: נִתְרַבָּה כַּסְפּוֹ — "מִכֶּסֶף מִקְנָתוֹ"! כְּגוֹן דְּאוֹקִיר וְזָל וְאוֹקִיר. מַשְׁכַּחַתְּ לָהּ לְחוּמְרָא: זַבְנֵיהּ בְּמָאתָן, יָהֵיב מֵאָה, פַּלְגֵי דְּדָמֵי, וְאִיכְסַף וְקָם עַל מֵאָה. אִי אָמְרַתְּ נִגְאָל לַחֲצָאִין — יָהֵיב לֵיהּ חַמְשִׁין וְנָפֵיק. וְאִי אָמְרַתְּ אֵין נִגְאָל לַחֲצָאִין — הָנָךְ מֵאָה פִּקָּדוֹן נִינְהוּ גַּבֵּיהּ, יָהֵיב לְהוּ נִיהֲלֵיהּ וְנָפֵיק. בְּעָא מִינֵּיהּ רַב הוּנָא בַּר חִינָּנָא מֵרַב שֵׁשֶׁת: הַמּוֹכֵר בַּיִת בְּבָתֵּי עָרֵי חוֹמָה, נִגְאָל לַחֲצָאִין אוֹ אֵינוֹ נִגְאָל לַחֲצָאִין? "גְּאוּלָּתוֹ" "גְּאוּלָּתוֹ" מִשְּׂדֵה אֲחוּזָּה גָּמַר; מַה שְּׂדֵה אֲחוּזָּה אֵינָהּ נִגְאֶלֶת לַחֲצָאִין — אַף הַאי נַמִּי אֵינוֹ נִגְאָל לַחֲצָאִין, אוֹ דִּילְמָא: הֵיכָא דְּגַלֵּי — גַּלֵּי, הֵיכָא דְּלָא גַּלֵּי — לָא גַּלֵּי? א"ל: מִמִּדְרָשׁוֹ שֶׁל ר"ש נִשְׁמַע שֶׁלֹּוֶה וְגוֹאֵל, וְגוֹאֵל לַחֲצָאִין. דְּתַנְיָא: *°"אִם גָּאֹל יִגְאַל" — [ד]מְלַמֵּד שֶׁלֹּוֶה (שם כז) וְגוֹאֵל, וְגוֹאֵל לַחֲצָאִין. אָמַר ר"ש: מַה טַּעַם? לְפִי שֶׁמָּצִינוּ בְּמוֹכֵר שְׂדֵה אֲחוּזָּה שֶׁיִּפָּה כֹּחוֹ, שֶׁאִם הִגִּיעַ יוֹבֵל וְלֹא נִגְאֲלָה — [ה]חוֹזֶרֶת לִבְעָלֶיהָ בַּיּוֹבֵל, הוּרַע כֹּחוֹ — [ו]שֶׁאֵינוֹ לֹוֶה וְגוֹאֵל וְגוֹאֵל לַחֲצָאִין. מַקְדִּישׁ, שֶׁהוּרַע כּוֹחוֹ, שֶׁאִם הִגִּיעַ יוֹבֵל וְלֹא נִגְאֲלָה — [ז]יוֹצְאָה לַכֹּהֲנִים בַּיּוֹבֵל, יִפָּה כֹּחוֹ שֶׁלֹּוֶה וְגוֹאֵל וְגוֹאֵל לַחֲצָאִין. הַאי מוֹכֵר בַּיִת בְּבָתֵּי עָרֵי חוֹמָה נַמִּי, הוֹאִיל וְהוּרַע כֹּחוֹ, [ח]שֶׁאִם מָלְאָה לוֹ שָׁנָה תְּמִימָה וְלֹא נִגְאֲלָה נֶחְלָט — יִפָּה כֹּחוֹ שֶׁלֹּוֶה וְגוֹאֵל, וְגוֹאֵל לַחֲצָאִין. אֵיתִיבֵיהּ: °"אִם גָּאֹל יִגְאַל" — מְלַמֵּד שֶׁלֹּוֶה וְגוֹאֵל, וְגוֹאֵל לַחֲצָאִין. (שם) שֶׁיָּכוֹל, וַהֲלֹא דִּין הוּא; וּמָה מוֹכֵר שְׂדֵה אֲחוּזָּה, שֶׁיִּפָּה כֹּחוֹ, שֶׁאִם הִגִּיעַ יוֹבֵל וְלֹא נִגְאֲלָה חוֹזֶרֶת לִבְעָלֶיהָ בַּיּוֹבֵל — הוּרַע כֹּחוֹ שֶׁאֵין לֹוֶה וְגוֹאֵל וְגוֹאֵל לַחֲצָאִין, מַקְדִּישׁ, שֶׁהוּרַע כֹּחוֹ, שֶׁאִם הִגִּיעַ יוֹבֵל וְלֹא נִגְאֲלָה יוֹצְאָה לַכֹּהֲנִים בַּיּוֹבֵל — אֵינוֹ דִּין שֶׁהוּרַע כֹּחוֹ, שֶׁאֵין לֹוֶה וְגוֹאֵל וְגוֹאֵל לַחֲצָאִין? מַה לְּמוֹכֵר שְׂדֵה אֲחוּזָּה — שֶׁכֵּן הוּרַע כֹּחוֹ לִיגְאַל מִיָּד, תֹּאמַר בְּמַקְדִּישׁ — שֶׁיִּפָּה כֹּחוֹ לִיגְאַל מִיָּד. מוֹכֵר בַּיִת בְּבָתֵּי עָרֵי חוֹמָה יוֹכִיחַ, שֶׁיִּפָּה כֹּחוֹ לִיגְאַל מִיָּד — וְאֵין לֹוֶה וְגוֹאֵל וְגוֹאֵל לַחֲצָאִין! לָא קַשְׁיָא; הָא

גאולתו גאולתו גמר. נראה לר"ת דלאו ג"ש גמורה היא אלא גלוי מילתא בעלמא הוא. דאי ג"ש גמורה היא — א"כ מאי קאמר "או דלמא לקולא אמרינן לחומרא לא אמרינן"? הא כיון דהוי ג"ש בין לקולא בין לחומרא אית לן למילף, דאין ג"ש למחצה. וכן משמע לקמיה גבי בתי ערי חומה קאמר "היכא דגלי — גלי, והיכא דלא גלי — לא גלי", ואי ג"ש היא — אפילו היכא דלא גלי נמי.

איתיביה • פי': מסיפא, דקתני: מוכר בית בבתי ערי חומה יוכיח, שאינו לוה וגואל וגואל לחצאין. ואם תאמר: מאי פריך לרבי שמעון? דילמא הך ברייתא אתיא כוותיה דרבי שמעון, והא דקאמר לעיל גבי בתי ערי חומה שלוה וגואל וגואל לחצאין — היינו בתר דרבי לן קרא במקדיש "אם גאל יגאל", אבל הך

זֶה הַנִּמְכָּר לַעֲבוֹדָה זָרָה עַצְמָהּ. לְחָטוֹב עֵצִים וּשְׁאָר צְרָכֶיהָ, וְלֹא לְשֵׁם אֱלֹהוּת. הָא אַהַדְרֵיהּ קְרָא. לְכָל יִשְׂרָאֵל, לְרַחֵם עָלָיו. לִידְחֵי אֶבֶן אַחַר הַנּוֹפֵל. אֲדָמָה אֶבֶן, שֶׁלֹּא תְּהֵא לוֹ גְּאוּלָּה. רַבּוֹת בַּשָּׁנִים. מַשְׁמַע שֶׁיְּהֵא רִבּוּי בַּשָּׁנִים, וְכִי אֶפְשָׁר לִהְיוֹתָן מְרוּבּוֹת עַל שֵׁשׁ אוֹ מוּעָטוֹת? אֶלָּא. ה"ק: אִם יֵשׁ רִבּוּי בְּדָמָיו, שֶׁנִּתְרַבָּה בְּתוֹךְ שָׁנִים הַלָּלוּ, כְּגוֹן שֶׁהִשְׁבִּיחַ, "מִכֶּסֶף מִקְנָתוֹ" — חָשׁוּב כִּמְשַׁעַת קְנִיָּיה, לְהָקֵל. נִתְמַעֵט כַּסְפּוֹ. בְּתוֹךְ שָׁנִים הַלָּלוּ, חָשׁוּב אוֹתוֹ כְּפִי דְּמֵי שָׁנָיו שֶׁל עַכְשָׁיו. נֵיתִיב לֵיהּ. דְּמֵי אַרְבַּע שָׁנִים. וְלָא אַיְירֵי קְרָא לָא בְּהִשְׁבִּיחַ וְלֹא בְּהִכְסִיף. לַחֲצָאִין. הִגִּיעַ יָדוֹ לִדְמֵי חֲצִי גִּרְעוֹנוֹ — תורה אור יִתֵּן, וִימַעֵט חֲצִי שָׁנָיו מֵעָלָיו. אוֹ אֵין נִגְאָל. כְּלָל, אֶלָּא א"כ מָצָא כְּדֵי גְּאוּלָּתוֹ. שְׂדֵה אֲחוּזָּה. כְּתִיב בָּהּ: "וּמָצָא כְּדֵי גְּאוּלָּתוֹ" וְלֹא לַחֲצָאִין, וְהָכָא כְּתִיב: "יָשִׁיב גְּאוּלָּתוֹ", וְלָא כְּתִיב "כְּדֵי". אוֹ דִילְמָא לְקוּלָּא אָמְרִינַן. דִּגְאוּלַּת חֲצָאִין יֵשׁ בָּהּ לְהָקֵל וּלְהַחְמִיר כִּדְלְקַמֵּיהּ. וְהֵיכָא דְּהָוֵי קוּלָּא לְגַבֵּיהּ — אָמְרִינַן דְּנִגְאָל, וְהֵיכָא דְּהָוֵי חוּמְרָא — אָמְרִינַן דְּאֵינוֹ נִגְאָל, כִּדְאָמַר קְרָא גַּבֵּי הִשְׁבִּיחַ וְהִכְסִיף, דְּאָזְלִינַן לְקוּלָּא. לָאו אָמְרַתְּ. לְעֵיל (דף יח.): גְּנֵיבוֹ חָמֵשׁ מֵאוֹת וְשָׁוֶה אֶלֶף — לְדִבְרֵי הַכֹּל אֵינוֹ נִמְכָּר. אַלְמָא: "וְנִמְכַּר" כּוּלּוֹ וְלֹא חֶצְיוֹ מַשְׁמַע. הָכָא נַמִּי, דִּכְתִיב (ויקרא כה): "אוֹ הִשִּׂיגָה יָדוֹ וְנִגְאָל" — כּוּלּוֹ וְלֹא חֶצְיוֹ מַשְׁמַע. מַשְׁכַּחַתְּ לָהּ לְקוּלָּא. דְּהָוְיָא לָהּ הַגְּאוּלָּה קוּלָּא גַּבֵּיהּ, לְטוֹבָתוֹ, וּמַשְׁכַּחַתְּ לָהּ לְרָעָתוֹ. זַבְנֵיהּ בְּמֵאָה. קְנָאוֹ בְּמָנֶה, וְיָהֵיב לֵיהּ הַאי עֶבֶד בָּתַר הָכִי חֲמִשִּׁים בִּגְאוּלַּת חֶצְיוֹ. אִי אָמְרַתְּ הָוְיָא גְּאוּלָּה, כִּי אִייַּקַר — תּוּ לָא בִּרְשׁוּת דְּמָרֵיהּ אִייַּקַר אֶלָּא פַּלְגֵּיהּ. וְאִם בָּא עַכְשָׁיו לִגְמוֹר פִּדְיוֹנוֹ — יָהֵיב לֵיהּ מֵאָה, וְנָפֵיק. וְאִי אָמְרַתְּ אֵינוֹ נִגְאָל. אִייַּקַר כּוּלֵּיהּ בִּרְשׁוּת דְּמָרֵיהּ, וְיָהֵיב לֵיהּ מֵאָה וַחַמְשִׁין. וְהָא אָמְרַתְּ נִתְרַבָּה כו'. דְּהֵיכָא דְּנִשְׁבַּח אֵין מְחַשְּׁבִים לוֹ אֶלָּא כִּשְׁעַת מִקְנָתוֹ. דְּאִייַּקַר וְזָל וְאִייַּקַר. שֶׁקְּנָהוּ בְּמָאתַיִם, וְהוּזַל וְעָמַד עַל מָנֶה. וְחָשֵׁיב לֵיהּ כְּפִי שָׁנָיו, וְנָתַן לוֹ חֲמִשִּׁים, וְלֹא הִסְפִּיק לִגְמוֹר פִּדְיוֹנוֹ עַד שֶׁהוּקַר וְעָמַד עַל מָאתַיִם: ה"ג בְּמַסְקָנָא: וְאִי אָמְרַתְּ אֵינוֹ נִגְאָל לַחֲצָאִין הָנֵי מֵאָה פִּקָּדוֹן נִינְהוּ גַּבֵּיהּ יָהֵיב לֵיהּ נִיהֲלֵיהּ וְנָפֵיק. וְל"ג: וְהָא אָמְרַתְּ נִתְמַעֵט כַּסְפּוֹ כו'. וְאִי אָמְרַתְּ אֵינוֹ נִגְאָל לַחֲצָאִין — לֹא קְנָאָן הָאָדוֹן בְּתוֹרַת גְּאוּלָּה, וְעַכְשָׁיו שֶׁהִכְסִיף — הוּא עוֹמֵד כּוּלֵּיהּ לִפְדוּתוֹ, וְהָנָךְ זוּזֵי הָווּ פִּקָּדוֹן גַּבֵּיהּ, וְיָהֵיב לְהוּ נִיהֲלֵיהּ וְנָפֵיק. הַמּוֹכֵר בַּיִת בְּעִיר חוֹמָה. שֶׁהוּא נִגְאָל עַד שָׁנָה וְלֹא יוֹתֵר. נִגְאָל לַחֲצָאִין. אִם נָתַן חֲצִי דָּמָיו בְּתוֹךְ שָׁנָה — מַפְרִיק פַּלְגֵּיהּ, אוֹ לָא. גְּאוּלָּתוֹ. "יָמִים תִּהְיֶה גְּאוּלָּתוֹ". הֵיכָא דְּגַלֵּי. בִּ"כְדֵי גְּאוּלָּתוֹ" לְמֵימְרָא דְּכוּלָּהּ גְּאוּלָּה בָּעֵינַן — גַּלֵּי. וְהֵיכָא. דְּלָא כְּתִיב בָּהּ "כְּדֵי" לָא מַיְיתִינַן לֵיהּ. שֶׁלֹּוֶה. אִם אֵין לוֹ לֹוֶה מֵאֲחֵרִים וְגוֹאֵל. מַה שֶּׁאֵין כֵּן מוֹכֵר בִּשְׂדֵה אֲחוּזָּה, דְּבָעֵינַן "וְהִשִּׂיגָה יָדוֹ" (ויקרא כה), מַשְׁמַע נַמִּי שֶׁגּוֹאֵל לַחֲצָאִין. וְאִם גָּאֹל יִגְאַל. בְּמַקְדִּישׁ שְׂדֵה אֲחוּזָּה. לְפִי שֶׁמָּצִינוּ כו'. ר"ש דָּרֵישׁ טַעְמָא דִּקְרָא בְּכָל דּוּכְתָּא (ב"מ דף קטו.), וְהָכָא נַמִּי יָהֵיב טַעְמָא לִקְרָא. וְאַשְׁמְעִינַן דְּהִקְפִּידָה תּוֹרָה לַחֲזוֹר שֶׁלֹּא תִּפָּקַע אֲחוּזָּה מִיּוֹרְשִׁים, לְפִי שֶׁיִּפָּה כֹּחַ מוֹכֵר שֶׁאֵין נַחֲלָתוֹ נִפְקַעַת, שֶׁהֲרֵי חוֹזֶרֶת לוֹ בַּיּוֹבֵל — לְפִיכָךְ לֹא חָשׁ לְיַפּוֹת כֹּחוֹ לִלְווֹת וְלִגְאוֹל לַחֲצָאִין. אֲבָל מַקְדִּישׁ, לְפִי שֶׁהוּרַע כֹּחוֹ לְהַפְסִיד נַחֲלָתוֹ בַּיּוֹבֵל, כִּדְכְתִיב (ויקרא כז): "וְהָיָה הַשָּׂדֶה בְּצֵאתוֹ בַּיּוֹבֵל קֹדֶשׁ" וגו' וּמִתְחַלֵּק לַכֹּהֲנִים — יִיפָּה הַכָּתוּב כֹּחוֹ בִּתְחִלַּת פִּדְיוֹנוֹ, לִלְווֹת וְלִגְאוֹל לַחֲצָאִין, וּמֵהָכָא אִית לָן לְמֵיגְמַר נַמִּי מוֹכֵר בַּיִת בְּבָתֵּי עָרֵי חוֹמָה, דְּלֹוֶה וְגוֹאֵל וְגוֹאֵל לַחֲצָאִין שֶׁהֲרֵי הוּרַע כֹּחוֹ לֵיחָלֵט בְּסוֹף שָׁנָה וְלֹא יֵצֵא בַּיּוֹבֵל. אֵיתִיבֵיהּ. דְּקָתָנֵי סֵיפָא: מוֹכֵר בַּיִת בְּבָתֵּי עָרֵי חוֹמָה יוֹכִיחַ, שֶׁאֵין לֹוֶה וְגוֹאֵל וכו'. מוֹכֵר שְׂדֵה אֲחוּזָּה הוּרַע כֹּחוֹ לִיגָּאֵל מִיָּד. עַד שֶׁתְּהֵא שְׁתֵּי שָׁנִים בְּיַד הַלּוֹקֵחַ, כִּדְכְתִיב (שם כה): "בְּמִסְפַּר שְׁנֵי תְבוּאוֹת יִמְכָּר לָךְ" — אֵין מְכִירָה פְּחוּתָה מִשְּׁתֵּי שָׁנִים מֵעֵת לְעֵת, וְאַחַ"כ גּוֹאֵל בְּגִרְעוֹן כֶּסֶף, כִּדְכְתִיב (שם): "לְפִי רֹב הַשָּׁנִים" "וְחִשַּׁב אֶת שְׁנֵי מִמְכָּרוֹ" וגו', כַּמָּה שָׁנִים הֵם מִשֶּׁלְּקָחָהּ עַד הַיּוֹבֵל שֶׁהָיָה עָתִיד לְהַחֲזִיר לַבְּעָלִים — עֶשְׂרִים שָׁנָה, וְדָמֶיהָ — עֶשְׂרִים מָנֶה, הֲרֵי שֶׁקְּנִיַּית תְּבוּאוֹת כָּל שָׁנָה בְּמָנֶה. וְכֵן יִגְרַע לְכָל שָׁנָה שֶׁאֲכָלָהּ (א) לִפְנֵי גְּאוּלָּתוֹ. הָא

ערכין ל: [ע"ש סוגיא זו באיזה שינויים]
[לגירס' רש"ל לקמן בסמוך דמוחק בר יצחק א"כ גם הכא מוכרח למחוק]
רש"ל מ"ז
[לעיל יח.]
ערכין ל:

הגהות הב"ח
(א) רש"י ד"ה מוכר וכו' שאכלה לפני גאולתו:

גליון הש"ס
גמ' מלמד שלוה וגואל וגואל לחצאין. עיין ב"ב דף קג ע"א תד"ה ואמאי וערכין דף לא ע"א תד"ה תני חדא:

הָא רַבָּנַן. דְּלָא יָהֲבִי טַעְמָא לִקְרָא, וְאָמְרִי דְּהוּרַע כֹּחוֹ בַּחֲדָא מִילְּתָא – הוּרַע נַמִי בְּמִילְּתָא אַחֲרִיתָא, בַּר מֵהֵיכָא דְּגַלֵּי בֵּיהּ קְרָא. וּבְבָתֵּי עָרֵי חוֹמָה גָּמְרִינַן "גְּאוּלָּה" "גְּאוּלָּה" מִשְּׂדֵה אֲחוּזָּה. וְהָא דְּקָא אָמֵינָא דְּבַיִת בְּעִיר חוֹמָה לֹוֶה וְגוֹאֵל כו' – לְר"ש קָאָמֵינָא, דְּיָהֵיב טַעְמָא לִקְרָא. תָּנֵי חֲדָא. הַמּוֹכֵר בַּיִת בְּעִיר חוֹמָה לֹוֶה וְגוֹאֵל כו'. אִיכָּא לְמִיפְרַךְ. בְּהָא מַתְנִיתִין, דַּאֲצְרְכָה קְרָא לְמַקְדִּישׁ שֶׁיִּלְוֶה וְיִגְאַל, מִשּׁוּם דְּהָא אָתְיָא לֵיהּ מִדִּינָא שֶׁל מוֹכֵר בַּיִת בְּעִיר חוֹמָה שֶׁאֵין לֹוֶה וְגוֹאֵל. מַה לְּמוֹכֵר בַּיִת בְּעִיר חוֹמָה שֶׁכֵּן הוּרַע כֹּחוֹ לִגְאוֹל לְעוֹלָם. מִשָּׁנָה רִאשׁוֹנָה וְאֵילָךְ. תֹּאמַר בְּמַקְדִּישׁ שֶׁיָּפֶה כֹּחוֹ לִגְאוֹל לְעוֹלָם. לְעוֹלָמוֹ שֶׁל יוֹבֵל, אִם לֹא מְכָרָהּ הַגִּזְבָּר. דְּאֵין מִתְחַלֶּקֶת לַכֹּהֲנִים עַד הַיּוֹבֵל. מוֹכֵר שְׂדֵה אֲחוּזָּה יוֹכִיחַ כו' לְעוֹלָם. עַד הַיּוֹבֵל, וּבַיּוֹבֵל חוֹזֶרֶת בְּלֹא פִּדְיוֹן. אַף אֲנִי אָבִיא מַקְדִּישׁ. לְפִיכָךְ הוּצְרַךְ "אִם גָּאֹל יִגְאַל" לוֹמַר שֶׁלֹּוֶה וְגוֹאֵל. בְּשָׁנָה שְׁנִיָּה. דְּמוֹכֵר שְׂדֵה אֲחוּזָּה אֵין הַמּוֹכֵר יָכוֹל לִגְאוֹל עַד שֶׁתָּבוֹא שָׁנָה שְׁלִישִׁית, וּמוֹכֵר בַּיִת בְּעִיר חוֹמָה אֵינוֹ גּוֹאֵל אֶלָּא בָּרִאשׁוֹנָה. נִמְצָא שֶׁאֵין זֶה וְזֶה גּוֹאֲלִין בַּשְּׁנִיָּה. עֶבֶד עִבְרִי וכו'. כִּדְאָמַר לְעֵיל (דף כ:): "וְנִגְאָל" – כּוּלּוֹ, וְלֹא לַחֲצָיו. וְאֵין לֹוֶה וְגוֹאֵל – דְּהָא "אוֹ הִשִּׂיגָה" כְּתִיב (ויקרא כה). נִגְאָל בִּקְרוֹבִים. עַל כָּרְחוֹ שֶׁל לוֹקֵחַ. כִּדְאַשְׁכַּחַן בִּשְׂדֵה אֲחוּזָּה (שם): "וּבָא גוֹאֲלוֹ הַקָּרוֹב אֵלָיו" וגו'. אַף הַאי נַמִי אֵין נִגְאָל לַחֲצָאִין. לְרַבָּנַן קָבָעֵי לֵיהּ, דְּאָמְרִי לְעֵיל: אֵין נִגְאָל לַחֲצָאִין, וְנֵימָא נַמִי דְּלְהָכִי גָּמַר – דְּנִגְאָל בִּקְרוֹבִים. אוֹ דִּילְמָא כִּי כְּתִיב. "גְּאוּלָּתוֹ" בִּשְׂדֵה אֲחוּזָּתוֹ – לְמַעֵט חֲצָאִין הוּא דִּכְתִיב, שֶׁנֶּאֱמַר (שם): "וּמָצָא כְּדֵי גְּאוּלָּתוֹ" – כְּדֵי כּוּלּוֹ וְלֹא כְּדֵי חֶצְיוֹ. הִילְכָּךְ, כִּי חָזַר כָּתַב ג"ש – לְמִגְמַר חֲדָא מִילְּתָא הוּא דִּכְתִיב, וְלָא לְמִיגְמַר גְּאוּלַּת קְרוֹבִים, דְּלָאו לְגַבֵּי "גְּאוּלָּתוֹ" כְּתִיבִי. בְּכָל גְּאוּלָּה תִּתְּנוּ. "וּבְכָל אֶרֶץ אֲחוּזַּתְכֶם גְּאוּלָּה תִּתְּנוּ לָאָרֶץ" (ויקרא כה) קְרָא יְתֵירָא הוּא, וְלֹא פֵּירֵשׁ לְמַאי אֲתָא. לְרַבּוֹת בָּתִּים וְעֶבֶד עִבְרִי. שֶׁיְּהוּ נִגְאָלִין לִקְרוֹבִים. בָּתֵּי הַחֲצֵרִים. עֲיָירוֹת שֶׁאֵין מוּקָּפוֹת חוֹמָה מִימוֹת יְהוֹשֻׁעַ. עַל שְׂדֵה הָאָרֶץ יֵחָשֵׁב (שם). הֲרֵי הֵן כִּשְׂדֵה אֲחוּזָּה. לְקוֹבְעוֹ חוֹבָה. עַל הַקְּרוֹבִים. וְכִי יֵשׁ לְךָ אָדָם בְּיִשְׂרָאֵל. מְנוּטְלֵי חֵלֶק בָּאָרֶץ שֶׁאֵין לוֹ גּוֹאֲלִין מִזֶּרַע יַעֲקֹב? בְּעוֹד אֶחָד מִכָּל יִשְׂרָאֵל קַיָּים – הוּא קָרוֹב לוֹ! אֶלָּא יֵשׁ לוֹ. גּוֹאֲלִין, אֲבָל אֵין הַגּוֹאֵל רוֹצֶה לִיקַּח. וְלִימֶּדְךָ הַכָּתוּב שֶׁהָרְשׁוּת בְּיַד הַקָּרוֹב. חוֹבָה. וְהַאי "כִּי לֹא יִהְיֶה לוֹ גּוֹאֵל" דָּרֵישׁ בְּשֶׁאִי אֶפְשָׁר בְּיַד הָרָאוּי לְיוֹרְשׁוֹ לִיגְאַל, וְאֵין הַגְּאוּלָּה מוּטֶּלֶת אֶלָּא עַל הַקָּרוֹב מִן הַכֹּל. מַאי בְּכָל. נִכְתּוֹב "גְּאוּלָּה תִּתְּנוּ לָאָרֶץ". מַה ת"ל. בְּעֶבֶד עִבְרִי הַנִּמְכָּר לְגוֹי. לְרַבּוֹת כָּל הַגְּאוּלּוֹת. הָעוֹמְדוֹת לִיגָּאֵל, שֶׁיְּהֵא נִגְאָל כַּסֵּדֶר הַזֶּה. קס"ד שֶׁיְּהוּ נִגְאָלִין לִקְרוֹבִים בָּא לְלַמְּדֵנוּ. וְעֶבֶד עִבְרִי. הַנִּמְכָּר לְיִשְׂרָאֵל, דְּלָא כְּתִיב בֵּיהּ גְּאוּלַּת קְרוֹבִים. לְקָרוֹב קָרוֹב קוֹדֵם. דְּגַבֵּי שְׂדֵה אֲחוּזָּה כְּתִי': "וּבָא גוֹאֲלוֹ הַקָּרוֹב אֵלָיו" וְלֹא פֵּי' הַקָּרוֹב קָרוֹב קוֹדֵם, כִּי הָכָא, דְּפָרֵישׁ דּוֹדוֹ בְּרֵישָׁא, וְאִם אֵין לוֹ דּוֹד – בֶּן דּוֹדוֹ, וְאִי לָאו – מִשְּׁאֵר בְּשָׂרוֹ. מִי שֶׁאֵינוֹ נִגְאָל בְּאֵלֶּה נִגְאָל בְּשֵׁשׁ. אַלְמָא ס"ל דְּאֵין נִגְאָל בִּקְרוֹבִים. יִגְאָלֶנּוּ. כְּתִיב בְּנִמְכָּר לְגוֹי גַּבֵּי קְרוֹבִים, וּמַשְׁמַע מִיעוּטָא.

הַהוּא

הָא – רַבָּנַן, הָא – *ר"ש. *תָּנֵי חֲדָא: לֹוֶה וְגוֹאֵל וְגוֹאֵל לַחֲצָאִין. וְתַנְיָא אִידָךְ: [א]אֵין לֹוֶה וְגוֹאֵל וְגוֹאֵל לַחֲצָאִין. ל"ק, הָא – רַבָּנַן, הָא – ר"ש (סִי' חרש חבש זמן) א"ל רַב אַחָא בְּרֵיהּ דְּרָבָא לְרַב אַשִׁי אִיכָּא לְמִיפְרַךְ: מַה לְּמוֹכֵר בַּיִת בְּבָתֵּי עָרֵי חוֹמָה – שֶׁכֵּן הוּרַע כֹּחוֹ לִיגָּאֵל לְעוֹלָם, תֹּאמַר בְּמַקְדִּישׁ שֶׁיָּפֶה כֹּחוֹ לִיגָּאֵל לְעוֹלָם! א"ל רַב אַחָא סָבָא לְרַב אַשִׁי: מִשּׁוּם דְּאִיכָּא לְמֵימַר נִיהֲדַר דִּינָא; תֵּיתֵי בְּמָה הַצַּד: מוֹכֵר שְׂדֵה אֲחוּזָּה יוֹכִיחַ – שֶׁיָּפֶה כֹּחוֹ לִיגָּאֵל לְעוֹלָם וְאֵין לֹוֶה וְגוֹאֵל וְגוֹאֵל לַחֲצָאִין. מַה לְּמוֹכֵר שְׂדֵה אֲחוּזָּה – שֶׁכֵּן הוּרַע כֹּחוֹ לִיגָּאֵל מִיָּד. מוֹכֵר בַּיִת בְּבָתֵּי עָרֵי חוֹמָה יוֹכִיחַ. *וְחָזַר הַדִּין; לֹא רְאִי זֶה כִּרְאִי זֶה, הַצַּד הַשָּׁוֶה שֶׁבָּהֶן – שֶׁנִּגְאָלִין, וְאֵין לֹוֶה וְגוֹאֵל וְגוֹאֵל לַחֲצָאִין. אַף אֲנִי אָבִיא מַקְדִּישׁ – שֶׁנִּגְאָל וְאֵין לֹוֶה וְגוֹאֵל, וְגוֹאֵל לַחֲצָאִין. א"ל מָר זוּטְרָא בְּרֵיהּ דְּרַב מָרִי לְרָבִינָא: אִיכָּא לְמִיפְרַךְ: מַה לְּהַצַּד הַשָּׁוֶה שֶׁבָּהֶן – שֶׁכֵּן הוּרַע כֹּחָם לִיגָּאֵל בְּשָׁנָה שְׁנִיָּה, תֹּאמַר בְּמַקְדִּישׁ – שֶׁיָּפֶה כֹּחוֹ לִיגָּאֵל בְּשָׁנָה שְׁנִיָּה! א"ל רָבִינָא: מִשּׁוּם דְּאִיכָּא לְמֵימַר: עֶבֶד עִבְרִי הַנִּמְכָּר לְגוֹי יוֹכִיחַ – שֶׁיָּפֶה כֹּחוֹ לִיגָּאֵל בְּשָׁנָה שְׁנִיָּה, וְאֵין לֹוֶה וְגוֹאֵל וְגוֹאֵל לַחֲצָאִין. בְּעָא מִינֵּיהּ רַב הוּנָא בַּר חִינָּנָא מֵרַב שֵׁשֶׁת: הַמּוֹכֵר בַּיִת בְּבָתֵּי עָרֵי חוֹמָה, נִגְאָל לִקְרוֹבִים אוֹ אֵין נִגְאָל לִקְרוֹבִים? "גְּאוּלָּתוֹ" "גְּאוּלָּתוֹ" מִשְּׂדֵה אֲחוּזָּה גָּמַר, מַה שְּׂדֵה אֲחוּזָּה אֵינָהּ נִגְאֶלֶת לַחֲצָאִין [ב]וְנִגְאֶלֶת לִקְרוֹבִים – אַף הַאי נַמִי, אֵין נִגְאָל לַחֲצָאִין וְנִגְאָל לִקְרוֹבִים. אוֹ דִּילְמָא, כִּי כְּתִיבָא גְּאוּלָּה – בַּחֲצָאִין הוּא דִּכְתִיב, בִּקְרוֹבִים – לָא כְּתִיב? א"ל: [ג]אֵינוֹ נִגְאָל. אֵיתִיבֵיהּ (ויקרא כה) °"בְּכֹל... גְּאוּלָּה תִּתְּנוּ" – *לְרַבּוֹת בָּתִּים וְעֶבֶד עִבְרִי. מַאי לָאו בָּתֵּי עָרֵי חוֹמָה? לָא, בָּתֵּי חֲצֵרִים. בָּתֵּי חֲצֵרִים בְּהֶדְיָא כְּתִיב בְּהוּ (שם) °"עַל שְׂדֵה הָאָרֶץ יֵחָשֵׁב"! הַהוּא לְקוֹבְעוֹ חוֹבָה, וְאַלִּיבָּא דְּרַבִּי אֱלִיעֶזֶר. דְּתַנְיָא: (שם) °"וְגָאַל אֵת מִמְכַּר אָחִיו" – [ד]רְשׁוּת. אַתָּה אוֹמֵר רְשׁוּת, אוֹ אֵינוֹ אֶלָּא חוֹבָה? ת"ל (שם) °"וְאִישׁ כִּי לֹא יִהְיֶה לוֹ גּוֹאֵל", *וְכִי יֵשׁ אָדָם בְּיִשְׂרָאֵל שֶׁאֵין לוֹ גּוֹאֲלִים? אֶלָּא זֶה שֶׁיֵּשׁ לוֹ וְאֵינוֹ רוֹצֶה לִיקַּח, שֶׁהָרְשׁוּת בְּיָדוֹ, דִּבְרֵי רַבִּי יְהוֹשֻׁעַ. ר"א אוֹמֵר: "וְגָאַל אֵת מִמְכַּר אָחִיו" – חוֹבָה. אַתָּה אוֹמֵר חוֹבָה, אוֹ אֵינוֹ אֶלָּא רְשׁוּת? ת"ל "בְּכֹל גְּאוּלָּה תִּתְּנוּ" – הַכָּתוּב קְבָעוֹ חוֹבָה. אָמְרִי לֵיהּ רַבָּנַן לְרַב אַשִׁי, וְאָמְרִי לָהּ רָבִינָא לְרַב אַשִׁי: בִּשְׁלָמָא לְמ"ד: לְרַבּוֹת בָּתֵּי עָרֵי חוֹמָה – הַיְינוּ דִּכְתִיב "בְּכֹל". אֶלָּא לְמ"ד: לְרַבּוֹת בָּתֵּי חֲצֵרִים – מַאי "בְּכֹל"? קַשְׁיָא. אֵיתִיבֵיהּ אַבָּיֵי: *מַה ת"ל "יִגְאָלֶנּוּ" "יִגְאָלֶנּוּ" "יִגְאָלֶנּוּ" ג' פְּעָמִים? לְרַבּוֹת כָּל הַגְּאוּלּוֹת שֶׁנִּגְאָלוֹת כַּסֵּדֶר הַזֶּה. מַאי לָאו – בָּתֵּי עָרֵי חוֹמָה, וְעֶבֶד עִבְרִי? לָא, בָּתֵּי חֲצֵרִים, וּשְׂדֵה אֲחוּזָּה. בָּתֵּי חֲצֵרִים וּשְׂדֵה אֲחוּזָּה בְּהֶדְיָא כְּתִיב "עַל שְׂדֵה הָאָרֶץ יֵחָשֵׁב"! כִּדְאָמַר רַב נַחְמָן בַּר יִצְחָק: *לְקָרוֹב קָרוֹב קוֹדֵם; ה"נ לְקָרוֹב קָרוֹב קוֹדֵם. הֵיכָא אִיתְּמַר דְּר"נ בַּר יִצְחָק? אַהָא, דְּאִיבַּעְיָא לְהוּ: עֶבֶד עִבְרִי הַנִּמְכָּר לְיִשְׂרָאֵל נִגְאָל לִקְרוֹבִים אוֹ אֵינוֹ נִגְאָל לִקְרוֹבִים? אַלִּיבָּא דְּרַבִּי – לָא תִּבְּעֵי לָךְ, דְּאָמַר: *מִי שֶׁאֵינוֹ נִגְאָל בְּאֵלֶּה נִגְאָל בְּשֵׁשׁ, אַלְמָא – לָא מִיפְּרַק. כִּי תִּיבְּעֵי לָךְ – אַלִּיבָּא דְּרַבָּנַן, מַאי? יָלְפִינַן "שָׂכִיר" "שָׂכִיר" וְלָא דָּרְשֵׁי "יִגְאָלֶנּוּ", אוֹ דִּילְמָא: יִגְאָלֶנּוּ – לָזֶה וְלֹא לְאַחֵר? ת"ש: "בְּכֹל גְּאוּלָּה תִּתְּנוּ" – לְרַבּוֹת בָּתִּים וְעֶבֶד עִבְרִי, מַאי לָאו: בָּתֵּי עָרֵי חוֹמָה וְעֶבֶד עִבְרִי הַנִּמְכָּר לְיִשְׂרָאֵל? [ה]לָא, עֶבֶד עִבְרִי הַנִּמְכָּר לְגוֹי. עֶבֶד עִבְרִי הַנִּמְכָּר לְגוֹי בְּהֶדְיָא כְּתִיב בֵּיהּ (שם) °"אוֹ דוֹדוֹ אוֹ בֶן דּוֹדוֹ יִגְאָלֶנּוּ"!

הַהוּא

הך ברייתא דקאמר דאינו לוה וגואל וגואל לחצאין מיירי אם לא נכתב "אם גאל יגאל". דה"נ קאמר לעיל "שיכול"! וי"ל: דמשמע ליה כל שיטת הברייתא אף לפי האמת, לבתר דכתיב נמי "אם גאל יגאל". דאי לאו הכי – אמאי נקט כל שיטה זו שאינה קיימת? הוה מצי למינקט ק"ו מע"ע: מה ע"ע שיפה כחו שיוצא ביובל – אפ"ה אינו לוה וגואל וגואל לחצאין כדבסמוך, מקדיש שהורע כחו, אם הגיע יובל אינה נגאלת ומתחלקת לכהנים – אינו דין שאין לוה וגואל וגואל לחצאין? ועל ק"ו זה ליכא למיפרך מידי. אלא פשיטא דהאי "יוכיח" מיירי אף לפי האמת, בתר דכתב "אם גאל יגאל". וא"ת: מ"מ אמאי לא נקט האי ק"ו מע"ע כיון דליכא למיפרך מידי עילויה? וי"ל: דשדה משדה עדיפא ליה למילף.

משום דאיכא למימר ע"ע הנמכר לגוי יוכיח. וא"ת: ולמה לי "ומצא כדי גאולתו" דכתיב בשדה אחוזה, למימר שאינו גואל לחצאין? תיפוק ליה בק"ו מע"ע: ומה ע"ע הנמכר לגוי, שיפה כחו ליגאל מיד, ואפ"ה אינו לוה וגואל וגואל לחצאין, כדבסמוך. מוכר שדה אחוזה, שהורע כחו ליגאל מיד, כדכתיב "במספר שני תבואות" (ויקרא כה) אין דין שאין לוה וגואל וגואל לחצאין? וי"ל: דאדרבה, אית לן למימר איפכא: ומה מקדיש, שהורע כחו ליחלק לכהנים ביובל – ואפ"ה לוה וגואל וגואל לחצאין. מוכר שיפה כחו, שחוזרת לבעלים ביובל – אינו דין שלוה וגואל וגואל לחצאין? וכ"ת: מה למקדיש – שיפה כחו ליגאל מיד, תאמר במוכר – שהורע כחו ליגאל מיד! מ"מ, בתי החצרים שיפה כחן ליגאל מיד – מצינו למיגמר מהאי ק"ו, ולהיות לוה וגואל וגואל לחצאין. ומאחר דחזינן בבתי החצרים – שדה אחוזה נמי מפקי' ליה להאי דינא, דתרוייהו בחד פרש' כתיבי "על שדה הארץ יחשב", ולהכי איצטריך "ומצא כדי גאולתו" דכתיב במוכר שדה אחוזה, לומר שאינו לוה וגואל וגואל לחצאין. דס"ד למילף ממקדיש כדפרישית. ומהשתא ילפינן נמי בתי החצרים מיניה, שאין לוה וגואל וגואל לחצאין.

מאי בכל. לכתוב "גאולה תתנו לארץ", ושמעינן שדה אחוזה לקובעו חובה, ובתי החצרים בכלל! וא"ת: לימא דאתי לרבות עבד עברי! ויש לומר: דמשמע ליה דאתי לרבויי מידי דגאולת קרקע, כדכתיב "ובכל ארץ" – משמע דוקא ארץ מרבינן.

לקובעו

[לקמן סח: ושם נסמן]

לעיל ה: ברכות לה. יבמות עז. נזיר מ. ב"מ ל. פז: סנהדרין סו. זבחים ה: יח. עז. חולין קיז. וב"ק ו. מכות ז: מנחות ו. ס:]

ת"כ פרשה בהר

ב"ק קט. סנהדרין סח

פסיקתא פרשת בהר ת"כ פרשת בהר

ב"ב קי:

[לעיל טו:]

ריא א מיי' פי"ב מהל' שמיטה הלכה ב:
ריב ב מיי' שם פי"א הלכה יח:
ריג ג מיי' שם פרק יב הלכה ב:
ערכין לג.
ריד ד מיי' שם פרק יא הלכה יח:
רטו ה מיי' פרק ב מהל' עבדים הל' ז:

רטז א ב מיי' פ"ב מהל' עבדים הלכה ז:
ריז ג מיי' שם פרק ג הלכה ט:
ריח ד מיי' שם הל' ח:
ריט ה מיי' שם הל' ט:
רכ ו מיי' שם הל' ד:
רכא ז ח מיי' פרק ח מהל' מלכים הל' ד:
רכב ט י מיי' שם הלכה ג:

לקובעו חובה ואפילו לר' יהושע. פירש בקונטרס ואפי' לרבי יהושע דאמר לגבי שדה אחוזה רשות – הכא מודה דהוי חובה, כי היכי דלא יטמע בין הגוים. והכא לא שייך לאקשויי מאי "בכל", דהא לא נכתב בההיא עניינא. אך הקשה ה"ר שמואל מקולי: כיון דמוקי לה כרבי יהושע, ע"כ לא חזי לקובעו חובה אלא בע"ע בלבד. וא"כ אין הריבוי ד"בכל ארץ אחוזתכם" שוה; שהרי לענין בתי ערי חומה – אין מרבה קביעות חובה, ולענין ע"ע הוא מרבה חובה. וא"כ הוה ליה למימר: בתי חצרים וע"ע הנמכר לגוי, ולקובעו חובה בשתיהן וכר"א, ואז הוי ריבוי שוה!

ההוא לקרוב קרוב קודם. ושלשה "יגאלנו" אתי; חד – לגופיה, וחד בבתי חצרים ובשדה אחוזה, דכתב בחד קרא, וחד – למדרש "יגאלנו" – לזה ולא לאחר.

בביאה שניה כ"ע לא פליגי דאסור. ואף ע"ג דגבי שפחה לא מפליג בין ביאה ראשונה לשניה, דאף ביאה שניה שריא, דהא איתותב שמואל לעיל – התם היינו טעמא דהוי חידוש, שהותר איסור "לא יהיה קדש" גבי ישראל – הותר נמי גבי כהן. אבל הכא, דכי שריא גבי ישראל אין כאן חידוש, ולגבי כהן אסורה מטעם זונה. ואע"פ שמתגיירת בעל כרחה – עשאה הכתוב כגיורת גמורה, ואכתי איכא איסורא לגבי כהן, ולא מצינו שהתיר.

אשת אפילו אשת איש. ואע"פ דאין אישות בכותית כדאיתא פ' "ד' מיתות" (סנהדרין נב:*) מ"מ איכא עשה, דכתיב (בראשית ב) "ודבק באשתו" – ולא באשת חבירו*. ה"ג

[לעיל יז:]
[גירסת הערוך ערך מילת במילת פירוש הרך שבאזן וכן אי' בבכורות לז: במילת]
[וע"ש היטב בתוספות ד"ה פרטן]
[כדאיתא בסנהדרין נח.]

תורה אור

אַהַהוּא לְקוֹבְעוֹ חוֹבָה, וַאֲפִי' לְרַבִּי יְהוֹשֻׁעַ. ת"ש: מַה ת"ל °"יִגְאָלֶנּוּ" "יִגְאָלֶנּוּ" "יִגְאָלֶנּוּ" ג' פְּעָמִים? (ויקרא כה) לְרַבּוֹת כָּל הַגְּאוּלּוֹת שֶׁנִּגְאָלוֹת כַּסֵּדֶר הַזֶּה. מַאי לָאו בָּתֵּי עָרֵי חוֹמָה וְעֶבֶד עִבְרִי הַנִּמְכָּר לְיִשְׂרָאֵל? לָא, בָּתֵּי חֲצֵרִים וּשְׂדֵה אֲחוּזָּה. בָּתֵּי חֲצֵרִים בְּהֶדְיָא כְּתִיב בְּהוּ °"עַל שְׂדֵה הָאָרֶץ יֵחָשֵׁב"! (שם) אָמַר רַב נַחְמָן בַּר יִצְחָק: בלְקָרוֹב קָרוֹב קוֹדֵם.§ "וְהַנִּרְצָע נִקְנֶה בִּרְצִיעָה".§ דִּכְתִיב: °"וְרָצַע אֲדוֹנָיו אֶת אָזְנוֹ בַּמַּרְצֵעַ" וגו'.§ (שמות כא) "וְקוֹנֶה אֶת עַצְמוֹ בַּיּוֹבֵל וּבְמִיתַת הָאָדוֹן".§ דִּכְתִיב: "וַעֲבָדוֹ" — *וְלֹא אֶת הַבֵּן וְלֹא אֶת הַבַּת. "לְעוֹלָם" — לְעוֹלָמוֹ שֶׁל יוֹבֵל. תָּנוּ רַבָּנַן: *"מַרְצֵעַ". אֵין לִי אֶלָּא מַרְצֵעַ. מִנַּיִן לְרַבּוֹת הַסּוּל וְהַסִּירָא וְהַמַּחַט וְהַמַּקְדֵּחַ וְהַמַּכְתֵּב? ת"ל °"וְלָקַחְתָּ" — לְרַבּוֹת כָּל דָּבָר שֶׁנִּקָּח בְּיָד, (דברים טו) דִּבְרֵי ר' יוֹסֵי בְּר' יְהוּדָה. רַבִּי אוֹמֵר: גמַה מַּרְצֵעַ מְיוּחָד — שֶׁל מַתֶּכֶת, אַף כָּל — שֶׁל מַתֶּכֶת. ד"א: "הַמַּרְצֵעַ" — לְהָבִיא הַמַּרְצֵעַ הַגָּדוֹל. אָמַר רַבִּי *אֶלְעָזָר, יוּדָן בְּרִיבִּי הָיָה דּוֹרֵשׁ: כְּשֶׁהֵן רוֹצְעִים אֵין רוֹצְעִים אֶלָּא *בְּמֵילְתָא. וַחכ"א: דאֵין עֶבֶד עִבְרִי כֹּהֵן נִרְצָע, מִפְּנֵי שֶׁנַּעֲשֶׂה בַּעַל מוּם. וְא"ת בְּמֵילְתָא הֵם רוֹצְעִים — הֵיאַךְ עֶבֶד עִבְרִי כֹּהֵן יֵעָשֶׂה בַּעַל מוּם? ההָא אֵין נִרְצָע אֶלָּא בְּגוֹבַהּ שֶׁל אֹזֶן. בְּמַאי קָמִיפַּלְגִי? דְּרַבִּי דָּרֵישׁ *כְּלָלֵי וּפְרָטֵי. "וְלָקַחְתָּ" — כְּלָל; "מַרְצֵעַ" — פְּרָט; "בְאָזְנוֹ וּבַדֶּלֶת" — חָזַר וְכָלַל. כְּלָל וּפְרָט וּכְלָל אִי אַתָּה דָּן אֶלָּא כְּעֵין הַפְּרָט; מַה הַפְּרָט מְפוֹרָשׁ — שֶׁל מַתֶּכֶת, אַף כָּל — שֶׁל מַתֶּכֶת. ר' יוֹסֵי דָּרֵישׁ רִיבּוּיֵי וּמִיעוּטֵי; "וְלָקַחְתָּ" — רִיבָּה; "מַרְצֵעַ" — מִיעֵט; "בְאָזְנוֹ וּבַדֶּלֶת" — חָזַר וְרִיבָּה. רִיבָּה וּמִיעֵט וְרִיבָּה — רִיבָּה הַכֹּל. מַאי רַבֵּי? רַבֵּי כָּל מִילֵּי. מַאי מִיעֵט? מִיעֵט סַם. אָמַר מָר: "הַמַּרְצֵעַ" — לְהָבִיא מַרְצֵעַ הַגָּדוֹל. מַאי מַשְׁמַע? *כְּדַאֲמַר רָבָא °"הַיָּרֵךְ" — הַמְיוּמֶּנֶת שֶׁבַּיָּרֵךְ. (בראשית לב) ה"נ — "הַמַּרְצֵעַ" — מְיוּחָד שֶׁבַּמַּרְצְעִין.§ א"ר אֶלְעָזָר, יוּדָן בְּרִיבִּי הָיָה דּוֹרֵשׁ: כְּשֶׁהֵן רוֹצְעִין אֵין רוֹצְעִין אֶלָּא בְּמֵילְתָא. וַחכ"א: אֵין עֶבֶד עִבְרִי כֹּהֵן נִרְצָע, מִפְּנֵי שֶׁנַּעֲשֶׂה בַּעַל מוּם.§ וְיֵעָשֶׂה בַּעַל מוּם! אָמַר רַבָּה בַּר רַב שֵׁילָא: אָמַר קְרָא: °"וְשָׁב אֶל מִשְׁפַּחְתּוֹ" — (ויקרא כה) לְמוּחְזָק שֶׁבְּמִשְׁפַּחְתּוֹ. אִיבַּעְיָא לְהוּ: עֶבֶד עִבְרִי כֹּהֵן מַהוּ שֶׁיִּמְסוֹר לוֹ רַבּוֹ שִׁפְחָה כְּנַעֲנִית? חִידּוּשׁ הוּא, לָא שְׁנָא כֹּהֲנִים וְל"ש יִשְׂרָאֵל, אוֹ דִילְמָא *שָׁאנֵי כֹּהֲנִים, הוֹאִיל וְרִיבָּה בָּהֶן הַכָּתוּב מִצְוֹת יְתֵירוֹת? רַב אֲמַר: ומוּתָּר. וּשְׁמוּאֵל אֲמַר: אָסוּר. א"ל רַב נַחְמָן לְרַב עָנָן: כִּי הֲוֵיתוּ בֵּי מָר שְׁמוּאֵל *בְּאִיסְקוּמַדְרֵי אִיטַּלְלִיתוּ?! מ"ט לָא תֵּימְרוּ לִי' מֵהָא: וַחכ"א: אֵין עֶבֶד עִבְרִי כֹּהֵן נִרְצָע, מִפְּנֵי שֶׁנַּעֲשֶׂה בַּעַל מוּם. וְא"ת: אֵין רַבּוֹ מוֹסֵר לוֹ שִׁפְחָה כְּנַעֲנִית — תֵּיפוֹק לִי דִּבְעֵינָא °"אָהַבְתִּי אֶת אֲדוֹנִי אֶת אִשְׁתִּי וְאֶת בָּנָי" (שמות כא) וְלֵיכָּא. תּוּ לָא מִידֵי. אִיבַּעְיָא לְהוּ: כֹּהֵן מַהוּ בִּיפַת תּוֹאַר? חִידּוּשׁ הוּא, לָא שְׁנָא כֹּהֵן וְלָא שְׁנָא יִשְׂרָאֵל, אוֹ דִילְמָא: שָׁאנֵי כֹּהֲנִים הוֹאִיל וְרִיבָּה בָּהֶן מִצְוֹת יְתֵירוֹת? רַב אֲמַר: מוּתָּר. וּשְׁמוּאֵל אֲמַר: אָסוּר. בְּבִיאָה רִאשׁוֹנָה דכ"ע לָא פְּלִיגִי דִּשְׁרֵי, דְּלֹא דִּבְּרָה תּוֹרָה אֶלָּא כְּנֶגֶד יֵצֶר הָרָע. כִּי פְּלִיגִי — בְּבִיאָה שְׁנִיָּה; רַב אֲמַר: מוּתָּר. וּשְׁמוּאֵל אֲמַר: אָסוּר. רַב אֲמַר: מוּתָּר, הוֹאִיל *וְאִישְׁתְּרַיָא — אִישְׁתְּרֵי. וּשְׁמוּאֵל אֲמַר: אָסוּר, דְּהָא הָוְיָא לָהּ גִּיּוֹרֶת, וְגִיּוֹרֶת לְכֹהֵן לָא חַזְיָא. א"ד: בְּבִיאָה שְׁנִיָּה כ"ע לָא פְּלִיגִי דַּאֲסִירָא, ידְּהָוְיָא לָהּ גִּיּוֹרֶת. כִּי פְּלִיגִי — בְּבִיאָה רִאשׁוֹנָה; רַב אֲמַר: מוּתָּר, חדְּהָא לֹא דִּבְּרָה תּוֹרָה אֶלָּא כְּנֶגֶד יֵצֶר הָרָע. וּשְׁמוּאֵל אֲמַר: אָסוּר, כָּל הֵיכָא דְּקָרֵינָא בֵּיהּ °"וַהֲבֵאתָהּ אֶל תּוֹךְ בֵּיתֶךָ" — קָרֵינָא בֵּיהּ "וְרָאִיתָ בַּשִּׁבְיָה"; (דברים כא) כָּל הֵיכָא דְּלָא קָרֵינָא בֵּיהּ "וַהֲבֵאתָהּ אֶל תּוֹךְ בֵּיתֶךָ" — לָא קָרֵינָא בֵּיהּ "וְרָאִיתָ בַּשִּׁבְיָה". *ת"ר: "וְרָאִיתָ בַּשִּׁבְיָה" — טבְּשַׁעַת שִׁבְיָהּ; "אֵשֶׁת" — יוַאֲפִילּוּ אֵשֶׁת אִישׁ; "יְפַת תּוֹאַר" — כלֹא דִּבְּרָה תּוֹרָה אֶלָּא כְּנֶגֶד יֵצֶר הָרָע, *מוּטָב שֶׁיֹּאכְלוּ יִשְׂרָאֵל בְּשַׂר תְּמוּתוֹת

[שמחות פ"ז]

הַהוּא. "בְּכָל גְּאוּלַּת תִּתְּנוּ" תָּלָה בֵּיהּ קְרָא לְקוֹבְעוֹ חוֹבָה. וַאֲפִי' לְרַבִּי יְהוֹשֻׁעַ. דְּאָמַר גַּבֵּי שְׂדֵה אֲחוּזָּה רְשׁוּת, הָכָא מוֹדֶה דְּחוֹבָה, דְּלָא יִטָּמַע בַּגּוֹיִם. לְעוֹלָמוֹ שֶׁל יוֹבֵל. כִּדְיָלְפִינַן בְּרֵישׁ פִּירְקִין (דף טו.) מִ"וְשַׁבְתֶּם אִישׁ אֶל אֲחוּזָּתוֹ". סוּל. *ברוק"א בְּלַעַ"ז. סִירָא. קוֹץ. מַקְדֵּחַ. טרייד"א. מַכְתֵּב. גרייפ"א, שֶׁחוֹקְקִין בְּפִנְקְסֵיהֶן. מַרְצֵעַ הַגָּדוֹל. לְקַמֵּיהּ מְפָרֵשׁ מַאי גְּמָרָא. יוּדָן בְּרִיבִּי. יוּדָן שְׁמוֹ, וְגָדוֹל בְּדוֹרוֹ הָיָה. וְכָל הֵיכָא דְּקָרֵי לֵיהּ בְּרִיבִּי – לְשׁוֹן חָכְמָה וַחֲרִיפוּת הוּא. אֶלָּא בְּמֵילְתָא. אַלְיָה שֶׁל אֹזֶן, בַּבָּשָׂר וְלֹא בַּתְּנוּךְ. וַחכ"א כו'. חוֹלְקִין עָלָיו וְזוֹ רְאָיָה שֶׁלָּהֶם: קִים לָן דְּאֵין עֶבֶד עִבְרִי כֹּהֵן נִרְצָע מִפְּנֵי שֶׁנַּעֲשֶׂה בַּעַל מוּם, וְלֹא יָכוֹל עוֹד לָשׁוּב לְחִיזּוּק הָרִאשׁוֹן. וּלְקַמֵּיהּ יָלְפִינַן, "וְשָׁב אֶל מִשְׁפַּחְתּוֹ" – לְמוּחְזָק שֶׁבְּמִשְׁפַּחְתּוֹ. וְהֵיאַךְ הוּא נַעֲשֶׂה בַּעַל מוּם? וְהָתְנַן (בכורות דף לז.) גַּבֵּי מוּמִין: נִפְגְּמָה אָזְנוֹ מִן הַסְּחוּס, אֲבָל לֹא מִן הָעוֹר! הָא אֵין רוֹצְעִים כו'. הֲרֵי יֵשׁ לְךָ לִלְמוֹד מִכָּאן שֶׁאֵין רוֹצְעִין אֶלָּא בְּגוֹבַהּ שֶׁל אֹזֶן. בְּמַאי קָא מִיפַּלְגִי. גַּבֵּי סוּל וְסִירָא. דָּרֵישׁ כְּלָלֵי וּפְרָטֵי. בְּכָל הַתּוֹרָה, מָקוֹם שֶׁכּוֹלֵל וּפוֹרֵט – דּוֹרֵשׁ שֶׁהַפְּרָט פֵּירוּשׁ שֶׁל כְּלָל, וְאֵין בַּכְּלָל אֶלָּא מַה שֶׁבַּפְּרָט. וְכִי חָזַר וְכָלַל – לֹא הוֹסִיף לְךָ בַּכְּלָל הָאַחֲרוֹן אֶלָּא הַדּוֹמֶה לַפְּרָט. רִיבּוּיֵי וּמִיעוּטֵי. אֵין הַפְּרָט פֵּירוּשׁוֹ שֶׁל כְּלָל, שֶׁתֹּאמַר, אֵין בַּכְּלָל אֶלָּא מַה שֶׁבַּפְּרָט. אֶלָּא לְמַעוּטֵי הוּא בָּא. לְפִי שֶׁבַּכְּלָל הָיָה מְרַבֶּה אֶת הַכֹּל, וּבָא הַמִּיעוּט אַחֲרָיו לוֹמַר: בָּזֶה וְכַיּוֹצֵא בּוֹ כְּלַלְתִּי לְךָ. הִילְכָּךְ, אֲפִילּוּ לֹא חָזַר וְכָלַל – הָיִיתִי מֵבִיא כְּעֵין הַפְּרָט. וְכִי חָזַר וְרִיבָּה – רִיבָּה הַכֹּל, וְלֹא מִיעֵט לְךָ אֶלָּא דָּבָר אֶחָד, וּמְסָרוֹ הַכָּתוּב לַחֲכָמִים אֵיזֶה דָּבָר הָרָאוּי לְמַעֵט מִן הַכְּלָל. פֵּי' מִיעֵט – מְמַעֵט קְצָת מִמַּשְׁמָעוֹ. מִיעֵט סַם. שֶׁלֹּא יִתֵּן סַם עַל אָזְנוֹ וְיִנַּקְבֶנָּה. דְּהָא לָא דָּמֵי לְמַרְצֵעַ, שֶׁאֵינוֹ נוֹקֵב מִכֹּחַ אָדָם אֶלָּא מֵאֵלָיו. הַיָּרֵךְ מְיוּמָּן שֶׁבַּיָּרֵךְ. בְּפֶרֶק "גִּיד הַנָּשֶׁה" (חולין צ:): ר' יְהוּדָה אוֹמֵר אֵין נוֹהֵג אֶלָּא בְּאַחַת, וְהַדַּעַת מַכְרַעַת שֶׁל יָמִין. וְיָלֵיף לָהּ מֵהֵ"א דְּ"הַיָּרֵךְ" וְדָרֵשׁ "הַיָּרֵךְ" – חֲשׁוּבָה שֶׁבַּיְּרֵכוֹת. וְיֵעָשֶׂה בַּעַל מוּם. וּמַה בְּכָךְ? וַהֲלֹא רְצִיעָה מִצְוָה הִיא! חִידּוּשׁ הוּא. שֶׁהִתִּיר שִׁפְחָה כְּנַעֲנִית לְיִשְׂרָאֵל. בְּאִיסְקוּנַדְרֵי אִיטַּלְלִיתוּ. לֹא הִטִּיתֶם לֵב לְדַקְדֵּק בִּשְׁמוּעַתְכֶם, אֶלָּא כִּמְשַׂחֲקִין בִּפְסַפָּסִין מריל"ש. וְא"ת אֵין רַבּוֹ מוֹסֵר לוֹ שִׁפְחָה כְּנַעֲנִית. לָמָּה לִי טַעְמָא מִפְּנֵי שֶׁנַּעֲשֶׂה בַּעַל מוּם? בְּלָאו הָכִי נַמִי לֹא שַׁיָּיךְ רְצִיעָה, דְּבָעֵינַן "אָהַבְתִּי אֶת אִשְׁתִּי"! תּוּ לָא מִידֵי. אֵין לְהָשִׁיב עַל זֹאת. כֹּהֵן. אָסוּר בְּגִיּוֹרֶת, שֶׁהָיְתָה זוֹנָה קוֹדֶם. מַהוּ בִּיפַת תּוֹאַר. בַּמִּלְחָמָה. מוּתָּר. כִּדְמְפָרֵשׁ וְאָזֵיל. דִּבְּרָה תּוֹרָה. לֹא הִתִּירָתָהּ אֶלָּא בִּשְׁבִיל יֵצֶר הָרָע, שֶׁאִם לֹא יַתִּירֶנָּה יַעֲבוֹר עַל הָאַזְהָרָה, כִּדְיָלֵיף לְקַמֵּיהּ מִדִּכְתִיב: "יְפַת תּוֹאַר" – שֶׁיֵּצֶר הָרָע מִתְגָּרֶה בּוֹ. הִילְכָּךְ בְּכֹהֵן נַמִי אִיכָּא לְמֵיחַשׁ לְיֵצֶר הָרָע, וְשָׁרְיָא. בְּבִיאָה שְׁנִיָּה. שֶׁכְּבָר נִתְקָרְרָה רוּחוֹ. וַהֲבֵאתָהּ אֶל תּוֹךְ בֵּיתֶךָ. לְקַיְּימָהּ. קָרֵינָא בֵּיהּ וְרָאִיתָ בַּשִּׁבְיָה. הוּתְּרָה לוֹ בַּמֶּה שֶׁנָּתַן עֵינָיו בָּהּ. בִּשְׁעַת שִׁבְיָהּ. אִם נָתַן מִתְּחִילָּה עֵינָיו בָּהּ. וְלֹא שֶׁלְּקָחָהּ לִמְכְרָהּ אוֹ לְשִׁפְחָה וְאח"כ נָתַן עֵינָיו בָּהּ. יְפַת תּוֹאַר. מַשְׁמַע: מִתּוֹךְ שֶׁמִּתְגָּרֶה בָּהּ יִצְרוֹ מֵחֲמַת יוֹפְיָהּ הִתִּירָהּ לוֹ, וּבְקוֹשִׁי, אֶלָּא דְּמוּטָב שֶׁיֹּאכְלוּ יִשְׂרָאֵל בְּשַׂר תְּמוּתוֹת שְׁחוּטָה – בָּשָׂר מְסוּכֶּנֶת שְׁחוּטָה, וְאע"פ שֶׁהִיא מְאוּסָה, כִּדְכְתִיב בִּיחֶזְקֵאל: (ד) "וְלֹא בָא בְּפִי בְּשַׂר פִּגּוּל"*. וְלֹא יֹאכְלוּ בְּשַׂר תְּמוּתוֹת. לְאַחַר שֶׁיְּמוּתוּ וִיהוּ נְבֵלוֹת.
תְּמוּתוֹת

וּבשבועות פירש חתיכת עץ חדודה
פסיקתא פרשת ראה ספרי פרשת ראה שבועות ד: בכורות לז: נח. מכילתא פרשת משפטים
[בכורות לז: ע"ש]
שבועות ד: לז: בכורות לז נח. ב"ק קיז: סד. נזיר לה. ב"מ נז: חולין סז. סוכה נ: מנחות כח:
חולין נא. קלד: הוריות יב.
[לקמן לה: לו.] יבמות ה. קיד: סנהדרין נא. [מכות כ.]
יבמות ז:
ספרי פרשת תצא פסיקתא שם
[עי' היטב בחולין לז: עב:]

גליון הש"ס

גמ' לא דברה תורה אלא כנגד יצה"ר. עי' סוטה דף לו ע"א תד"ה כמאן:

[גירסת הערוך באסקונדרי פירש ר"ח בגורי כלבים פ"א כו' והוא כפירוש רש"י כאן]

תּוֹרָה אוֹר

תְּמוּתוֹת שְׁחוּטוֹת וְאַל יֹאכְלוּ בְּשַׂר תְּמוּתוֹת נְבֵילוֹת. °"וְחָשַׁקְתָּ" — אע"פ אשֶׁאֵינָהּ נָאָה. "בָּהּ" — וְלֹא בָּהּ וּבַחֲבֶרְתָּהּ. "וְלָקַחְתָּ" — לִיקּוּחִין יֵשׁ לְךָ בָּהּ. "לְךָ לְאִשָּׁה" — שֶׁלֹּא יִקַּח שְׁתֵּי נָשִׁים, אַחַת לוֹ וְאַחַת לְאָבִיו, אַחַת לוֹ וְאַחַת לִבְנוֹ. °"וַהֲבֵאתָהּ" — מְלַמֵּד שֶׁלֹּא יִלְחָצֶנָּה בַּמִּלְחָמָה.§ *ת"ר: °"אִם אָמֹר יֹאמַר" — בעַד שֶׁיֹּאמַר וְיִשְׁנֶה. אָמַר בִּתְחִילַּת שֵׁשׁ וְלֹא אָמַר בְּסוֹף שֵׁשׁ — אֵינוֹ נִרְצָע, שֶׁנֶּאֱמַר: °"לֹא אֵצֵא חָפְשִׁי" — עַד שֶׁיֹּאמַר בִּשְׁעַת יְצִיאָה. אָמַר בְּסוֹף שֵׁשׁ וְלֹא אָמַר בִּתְחִילַּת שֵׁשׁ — אֵינוֹ נִרְצָע, שֶׁנֶּאֱמַר: "אִם אָמֹר יֹאמַר הָעֶבֶד" — *עַד שֶׁיֹּאמַר כְּשֶׁהוּא עֶבֶד. אָמַר מָר: אָמַר בִּתְחִילַּת שֵׁשׁ וְלֹא אָמַר בְּסוֹף שֵׁשׁ — אֵינוֹ נִרְצָע, שֶׁנֶּאֱמַר: "לֹא אֵצֵא חָפְשִׁי". מַאי אִירְיָא מִ"לֹּא אֵצֵא חָפְשִׁי"? תֵּיפּוֹק לֵיהּ דְּבָעֵינַן °"אָהַבְתִּי אֶת אֲדוֹנִי אֶת אִשְׁתִּי וְאֶת בָּנָי" וְלֵיכָּא! וְתוּ: אָמַר בְּסוֹף שֵׁשׁ וְלֹא אָמַר בִּתְחִילַּת שֵׁשׁ אֵינוֹ נִרְצָע, שֶׁנֶּאֱמַר "הָעֶבֶד". אַטּוּ סוֹף שֵׁשׁ לָאו עֶבֶד הוּא? אֲמַר רָבָא: (מַאי בִּתְחִילַּת שֵׁשׁ?) גבִּתְחִילַּת פְּרוּטָה אַחֲרוֹנָה. (וּמַאי בְּסוֹף שֵׁשׁ?) בְּסוֹף פְּרוּטָה אַחֲרוֹנָה.§ *ת"ר: דלוֹ אִשָּׁה וּבָנִים וּלְרַבּוֹ אֵין אִשָּׁה וּבָנִים — אֵינוֹ נִרְצָע, שֶׁנֶּאֱמַר: °"כִּי אֲהֵבְךָ וְאֶת בֵּיתֶךָ". לְרַבּוֹ אִשָּׁה וּבָנִים וְלוֹ אֵין אִשָּׁה וּבָנִים — אֵינוֹ נִרְצָע, שֶׁנֶּאֱמַר: "אָהַבְתִּי אֶת אֲדוֹנִי אֶת אִשְׁתִּי וְאֶת בָּנָי". הוּא אוֹהֵב אֶת רַבּוֹ וְרַבּוֹ אֵינוֹ אוֹהֲבוֹ — אֵינוֹ נִרְצָע, שֶׁנֶּאֱמַר °"כִּי טוֹב לוֹ עִמָּךְ". רַבּוֹ אוֹהֲבוֹ וְהוּא אֵינוֹ אוֹהֵב אֶת רַבּוֹ — אֵינוֹ נִרְצָע, שֶׁנֶּאֱמַר "כִּי אֲהֵבְךָ". הוּא חוֹלֶה וְרַבּוֹ אֵינוֹ חוֹלֶה — אֵינוֹ נִרְצָע, שֶׁנֶּאֱמַר: "כִּי טוֹב לוֹ עִמָּךְ". רַבּוֹ חוֹלֶה וְהוּא אֵינוֹ חוֹלֶה — אֵינוֹ נִרְצָע, שֶׁנֶּאֱמַר: "עִמָּךְ". בָּעֵי רַב בֵּיבָי בַּר אַבַּיֵי: שְׁנֵיהֶם חוֹלִין מַאי? "עִמָּךְ" בָּעֵינַן — וְהָא אִיכָּא, אוֹ דִילְמָא "כִּי טוֹב לוֹ עִמָּךְ" בָּעֵינַן, הוְהָא לֵיכָּא? תֵּיקוּ.§ *ת"ר: "כִּי טוֹב לוֹ עִמָּךְ" — עִמְּךָ בְּמַאֲכָל, עִמְּךָ בְּמִשְׁתֶּה; שֶׁלֹּא תְּהֵא אַתָּה אוֹכֵל פַּת נְקִיָּה וְהוּא אוֹכֵל פַּת קִיבָר, אַתָּה שׁוֹתֶה יַיִן יָשָׁן וְהוּא שׁוֹתֶה יַיִן חָדָשׁ, אַתָּה יָשֵׁן עַל גַּבֵּי מוֹכִין, וְהוּא יָשֵׁן עַל גַּבֵּי תֶבֶן. מִכָּאן אָמְרוּ: כׇּל הַקּוֹנֶה עֶבֶד עִבְרִי — כְּקוֹנֶה אָדוֹן לְעַצְמוֹ. *ת"ר: °"וְיָצָא מֵעִמָּךְ הוּא וּבָנָיו עִמּוֹ". א"ר שִׁמְעוֹן: אִם הוּא נִמְכָּר בָּנָיו *וּבְנוֹתָיו מִי נִמְכָּרִים? ומִכָּאן שֶׁרַבּוֹ חַיָּיב בִּמְזוֹנוֹת בָּנָיו. כַּיּוֹצֵא בַּדָּבָר אַתָּה אוֹמֵר "אִם בַּעַל אִשָּׁה הוּא וְיָצְאָה אִשְׁתּוֹ עִמּוֹ". א"ר שִׁמְעוֹן: אִם הוּא נִמְכָּר אִשְׁתּוֹ מִי נִמְכְּרָה? זמִכָּאן שֶׁרַבּוֹ חַיָּיב בִּמְזוֹנוֹת אִשְׁתּוֹ. וּצְרִיכָא; דְּאִי אַשְׁמוּעִינַן בָּנָיו — מִשּׁוּם דְּלָא בְּנֵי מֵיעֲבַד וּמֵיכַל נִינְהוּ, אֲבָל אִשְׁתּוֹ דְּבַת מֵיכַל וּמֵיעֲבַד הִיא — אֵימָא תַּעֲבֵיד וְתֵיכוּל. וְאִי אַשְׁמַעִינַן אִשְׁתּוֹ — דְּלָאו דִּירְכַּהּ לַהֲדוּרֵי, אֲבָל בָּנָיו דְּדִירְכַּיְיהוּ לַהֲדוּרֵי — אֵימָא לָא. צְרִיכָא. ת"ר: אִילּוּ

דברים כא | שם | שמות כא | שם | שם | דברים טו | שם | ויקרא כה | רש"ל מ"ז

רש"י

תְּמוּתוֹת. אַמּוֹרְטִיי"ש. וְחָשַׁקְתָּ. בְּחֶשְׁקוֹ תָּלָה הַכָּתוּב, וַאֲפִי' אֵינָהּ נָאָה. וְלֹא בָּהּ וּבַחֲבֶרְתָּהּ. שֶׁלֹּא יִקַּח שְׁתַּיִם. לִיקּוּחִין יֵשׁ לְךָ בָּהּ. קִידּוּשִׁין תּוֹפְסִין, וְאַע"פ שֶׁהָיְתָה גּוֹיָה, שֶׁהֲרֵי אֵינָהּ מִתְגַּיֶּירֶת מִדַּעְתָּהּ. לְךָ וְלֹא לַאֲחֵרִים. שֶׁלֹּא יִקְנֶנָּה לְצוֹרֶךְ אֲחֵרִים, כְּגוֹן אָבִיו. שֶׁלֹּא יִלְחָצֶנָּה בַּמִּלְחָמָה. לָבֹא עָלֶיהָ. ה"ג: לְהַאי בָּרַיְיתָא בְּסִפְרֵי בְּפָרָשַׁת "רְאֵה אָנֹכִי". וְאִם אָמֹר יֹאמַר עַד שֶׁיֹּאמַר וְיִשְׁנֶה אָמַר בִּתְחִילַּת שֵׁשׁ וְלֹא אָמַר בְּסוֹף שֵׁשׁ אֵינוֹ נִרְצָע, שֶׁנֶּאֱמַר לֹא אֵצֵא חָפְשִׁי עַד שֶׁיֹּאמַר בִּשְׁעַת יְצִיאָה. אָמַר בְּסוֹף שֵׁשׁ וְלֹא אָמַר בִּתְחִילַּת שֵׁשׁ — אֵינוֹ נִרְצָע, שֶׁנֶּאֱמַר אִם אָמֹר יֹאמַר הָעֶבֶד עַד שֶׁיֹּאמַר כְּשֶׁהוּא עֶבֶד. וְהָכִי פֵּירוּשָׁהּ: אָמַר וְשָׁנָה שְׁתֵּי הָאֲמִירוֹת בִּתְחִילַּת שֵׁשׁ, וְלֹא אָמַר בְּסוֹף שֵׁשׁ — אֵינוֹ נִרְצָע, שֶׁנֶּאֱמַר: "לֹא אֵצֵא" מַשְׁמַע סָמוּךְ לִיצִיאָה. אָמַר שְׁתֵּי פְּעָמִים בְּסוֹף שֵׁשׁ כו' עַד שֶׁיֹּאמַר כְּשֶׁהוּא עֶבֶד. ה"ג: אָמַר מָר אָמַר בִּתְחִילַּת שֵׁשׁ כו' מַאי אִירְיָא מִלֹּא אֵצֵא חָפְשִׁי תֵּיפּוֹק לֵיהּ דְּבָעֵינַן כו' וְתוּ אָמַר בַּסּוֹף וְלֹא אָמַר בִּתְחִילַּת שֵׁשׁ אֵינוֹ נִרְצָע שֶׁנֶּא' הָעֶבֶד אַטּוּ סוֹף שֵׁשׁ לָאו עֶבֶד הוּא. וְהָכִי פֵּירוּשָׁהּ: אָמַר בִּתְחִילַּת שֵׁשׁ כו' — קס"ד תְּחִילַּת שֵׁשׁ מַמָּשׁ, תֵּיפּוֹק לֵיהּ דְּבָעֵינַן "אָהַבְתִּי אֶת אִשְׁתִּי וְאֶת בָּנָי", וַעֲדַיִין בִּתְחִילַּת שֵׁשׁ אֵין לוֹ אִשָּׁה וּבָנִים, שֶׁלֹּא מָסְרוּ לוֹ עֲדַיִין שִׁפְחָה כְּנַעֲנִית. אַטּוּ סוֹף שֵׁשׁ לָאו עֶבֶד הוּא. יוֹם אַחֲרוֹן נִקְרָא סוֹף שֵׁשׁ, וְכׇל הַיּוֹם הוּא עֶבֶד. ה"ג: אָמַר רָבָא בִּתְחִילַּת פְּרוּטָה אַחֲרוֹנָה בְּסוֹף פְּרוּטָה אַחֲרוֹנָה. וְל"ג "לָא קַשְׁיָא" וְל"ג "כָּאן". וְהָכִי פֵּירוּשׁוֹ: כׇּל תְּחִילַּת שֵׁשׁ דְּקָתָנֵי — כְּשֶׁמַּגִּיעַ לְהַתְחִיל לְסוֹף פְּרוּטָה אַחֲרוֹנָה לְפִי חֶשְׁבּוֹן גִּרְעוֹנָהּ, שֶׁעֲדַיִין עָלָיו שָׁוֶה פְּרוּטָה דַּהֲוֵי דְּמֵי עֶבֶד. וְכׇל סוֹף שֵׁשׁ (א) (פְּרוּטָה אַחֲרוֹנָה) מֵאַחַר שֶׁהִתְחִיל בָּהּ — נִקְרָא סוֹף, דְּלָאו עֶבֶד הוּא, דְּאֵין עָלָיו שָׁוֶה פְּרוּטָה. וְה"ק: אָמַר בִּתְחִילַּת שֵׁשׁ — קוֹדֶם פְּרוּטָה אַחֲרוֹנָה, דִּכְבָר יֵשׁ לוֹ אִשָּׁה וּבָנִים, וְלֹא בְּסוֹף שֵׁשׁ — לְאַחַר שֶׁהִתְחִיל פְּרוּטָה אַחֲרוֹנָה — אֵינוֹ נִרְצָע, וַאֲפִי' אָמַר וְשָׁנָה. דִּכְתִיב: "לֹא אֵצֵא חָפְשִׁי" — סָמוּךְ לִיצִיאָה, וְכׇל זְמַן שֶׁיֵּשׁ עָלָיו פְּרוּטָה שְׁלֵימָה — לָאו סָמוּךְ לִיצִיאָה הוּא. אִי אָמַר וְשָׁנָה בְּסוֹף פְּרוּטָה אַחֲרוֹנָה וְלֹא אָמַר בִּתְחִילַּת פְּרוּטָה אַחֲרוֹנָה — אֵינוֹ נִרְצָע, שֶׁנֶּאֱמַר: "אִם יֹאמַר הָעֶבֶד" — עַד שֶׁיֹּאמַר כְּשֶׁהוּא עֶבֶד. וּבְלָשׁוֹן אַחֶרֶת גִּירְסָא זוֹ בְּפִי כֹּל, וְאֵינִי יָכוֹל לְהַעֲמִידָהּ, שֶׁהַרְבֵּה תְּשׁוּבוֹת בָּהּ. וְזֶה הַלָּשׁוֹן: "אָמֹר יֹאמַר" — עַד שֶׁיֹּאמַר וְיִשְׁנֶה, "הָעֶבֶד" — עַד שֶׁיֹּאמַר כְּשֶׁהוּא עֶבֶד. אָמַר בִּתְחִילַּת שֵׁשׁ וְלֹא אָמַר בְּסוֹף שֵׁשׁ — אֵינוֹ נִרְצָע, שֶׁנֶּאֱמַר: "אִם אָמֹר יֹאמַר". אָמַר בְּסוֹף שֵׁשׁ וְלֹא אָמַר בִּתְחִילַּת שֵׁשׁ — אֵינוֹ נִרְצָע, שֶׁנֶּאֱמַר: "לֹא אֵצֵא חָפְשִׁי". וְהָכִי פֵּירוּשׁוֹ: אָמַר בִּתְחִילַּת שֵׁשׁ פַּעַם אַחַת, וְלֹא חָזַר וְאָמַר בְּסוֹף שֵׁשׁ — אֵינוֹ נִרְצָע, דְּבָעֵינַן "אָמֹר יֹאמַר" שְׁתֵּי אֲמִירוֹת. אָמַר בְּסוֹף שֵׁשׁ וְלֹא אָמַר בִּתְחִילַּת שֵׁשׁ — אֵינוֹ נִרְצָע, שֶׁנֶּאֱמַר: "לֹא אֵצֵא חָפְשִׁי" וְזֶה כְּבָר יָצָא. הַשְׁתָּא קַשְׁיָא לִי טוּבָא: הָא נַמִּי תֵּיפּוֹק לִי מִ"אָמֹר יֹאמַר", דְּהָא לֹא אָמַר וְשָׁנָה! וְאִם בָּאתָ לְפָרֵשׁ "אָמַר בְּסוֹף שֵׁשׁ" שְׁתֵּי פְּעָמִים — א"כ לָא דָּמְיָא לְרֵישָׁא. דְּאִי אוֹמֵר בִּתְחִילַּת שֵׁשׁ שְׁתֵּי פְּעָמִים — מְנָא לֵיהּ דְּאֵינוֹ נִרְצָע? וְעוֹד: מַה לִּי דְּשַׁבְקֵיהּ לִדְרָשָׁה קַמַּיְיתָא דְּדָרֵישׁ "הָעֶבֶד" עַד שֶׁיֹּאמַר כְּשֶׁהוּא עֶבֶד, וְנָקֵיט לֵיהּ קְרָא אַחֲרִינָא מִ"לֹּא אֵצֵא" וַהֲרֵי כְּבָר יָצָא, תֵּיפּוֹק לֵיהּ מֵ"הָעֶבֶד"? לוֹ אִשָּׁה וּבָנִים. שִׁפְחָה כְּנַעֲנִית שֶׁנִּמְסְרָה לוֹ וְיָלְדָה לוֹ. כִּי טוֹב לוֹ. פְּרָט לְחוֹלֶה. הוּא וּבָנָיו עִמּוֹ. עַל כָּרְחָךְ בִּבְנֵי יִשְׂרְאֵלִית. דְּאִי בִּבְנֵי כְנַעֲנִית — "הָאִשָּׁה וִילָדֶיהָ" כְּתִיב (שמות כא). דְּלָאו בְּנֵי מֵיעֲבַד וּמֵיכַל נִינְהוּ. שֶׁקְּטַנִּים הֵם. לַאֲהַדּוּרֵי. לַחֲזֹר עַל הַפְּתָחִים, לְפִי שֶׁהִיא בּוֹשָׁה.

ספרי פ' ראה מכילתא פ' משפטים פסיקתא פ' ראה | [לעיל טו.] | ספרי פ' ראה מכילתא פ' משפטים | רש"ל מ"ז | ת"כ פ' בהר פסיקתא פ' ראה ערכין ל: לעיל כ. [טו. וע"ש בתוספות] | ת"כ פ' בהר מכילתא פ' משפטים | [בערוך ערך לא לא גרס ובנותיו וכן בפרש"י בחומש ליתא תיבת ובנותיו]

תוספות

ה"ג שלא יקחנה לאביו ולא לבנו. ול"ג: שתים, אחת לו ואחת לאביו, או אחת לו ואחת לבנו. דמאי איריא שתים? אפילו אחת לאביו נמי הוי איסור, דהא "לך" דרשינן!

שלא ילחצנה במלחמה. פי' בקונטרס: לבוא עליה. משמע מתוך פירושו דבמלחמה אסור לבוא עליה כל עיקר, ואפילו ביאה ראשונה אינו מותר עד לאחר כל המעשים. ותימה: א"כ מאי קאמר: לא דברה תורה אלא כנגד יצר הרע? כיון דבמלחמה אסור עד שיבא לביתו, ולאחר כל המעשים — היאך נתפייס יצרו בכך? אכתי איכא יצר הרע במלחמה ובביתו עד ירח ימים. ועוד קשה: אמאי קרי לה בשר תמותות כיון שנתגיירה? ועוד קשה מהא דאמר בפ' ב' דסנהדרין (דף כא.): תמר בת יפת תואר היתה ולפיכך היתה מותרת לאמנון, כדכתיב "דבר עלי אל המלך כי לא ימנעני ממך". ואם לא בא דוד על מעכה אם תמר עד לאחר כל המעשים — היאך היתה מותרת לאמנון? והרי אחותו מאביו היתה, שהרי אם תמר לאחר כל המעשים חשובה גיורת, וליקוחין יש לו בה! דבשלמא אם נפרש דיפת תואר מותרת מיד — שפיר (דמי) מאי דקאמרה תמר "כי לא ימנעני ממך" לפי שהיתה מותרת לו, דאיכא למימר שנתעברה אמה במלחמה, שעדיין היתה אמה גויה, וזו אינה חשובה כבתו של דוד, דאין בן הבא מן הגויה קרוי בנך אלא בנה, דולד גויה כמותה. אבל לפירוש הקונטרס שלא בא עליה עד לאחר כל המעשים — קשה, כדפירשתי. ונראה לר"ת: דביאה ראשונה מותרת במלחמה, אבל ביאה שניה אסורה עד שתהא בביתו גיורת. [והא דקאמר: שלא ילחצנה כו' — היינו להתחיל למנות ירח ימים. דאין יכול לדוחקה לעשות סדר הפרשה עד שתהיה בביתו] ויש מיישבים פירוש הקונטרס, ולא קשה מידי מה שהקשה איך נתפייס יצרו — דאיכא למימר דבטל הימנו יצר הרע כיון שיש לו פת בסלו, שסופה להיות מותרת לו לאחר כל המעשים. ומה שהקשה אמאי קרי לה בשר תמותות כיון שנתגיירה — הא נמי לא קשה, דאיכא למימר לפי שמגיירה בע"כ ואינה גיורת גמורה, קרי לה בשר תמותות. ומה שהקשה מתמר — לא קשה, דאיכא למימר דתמר לא היתה בת דוד אלא מקודם לכן היתה אמה מעוברת. והא דכתיב (שמואל ב יג) "כן תלבשנה בנות המלך מעילים" לא משום שהיתה בתו, אלא לפי שגדלה בביתו של דוד עם בנות המלך. אך אין לתרץ שפיר לפירוש הקונטרס מה חילוק בין ביאה ראשונה לשניה דמחלק גמרא לעיל. ומיהו אומר ר"י: דבירושלמי מצינו מחלוקת אמוראים בדבר זה. והכי איתא התם, רב אמר: לא התיר אלא ביאה ראשונה, ואני אומר: לא ביאה שניה ולא ראשונה הותרה אלא לאחר כל המעשים, כדכתיב "ואחר כן תבא אליה ובעלתה". כמין

ת"י

עין משפט נר מצוה

רכג א מיי' פ"ח מהל' מלכים הל"ג:

רכד ב ג מיי' פ"ג מהל' עבדים הל"י סמג עשין פג:

רכה ד ה מיי' שם הלי"א סמג שם:

רכו ו ז מיי' שם הל"א סמג שם:

הגהות הב"ח

(א) רש"י ד"ה ה"ג אמר רבא וכו' וכל סוף שש דקתני פרוטה וכו' קודם שהתחיל פרוטה אחרונה:

עין משפט
נר מצוה

רכז א ב מיי' פ"ג מהל' עבדים הל"ט:

ערך המר ב

[נ"ל אהמרך וע"ע תוס' סוטה טו. בד"ה כמין ותוס' חולין קלד: ד"ה דורקין]

רכח ג ד מיי' שם פ"ה הל"א ופ"ב מהל' מכירה הל"א סמג עשין פב פז טוש"ע יו"ד סי' רסז סעי' כג וטוש"ע חו"מ סי' קנו סעי' א:

רכט ה מיי' פ"ה מהלכו' עבדים הלכה א ופ"ב מהל' מכירה הל"ג סמג שם טוש"ע יו"ד שם סעי' כה וטוש"ע חו"מ שם סעי' ה:

רל ו מיי' פ"ב מהל' מכירה הל"ו סמג שם טוש"ע חו"מ סי' קנז סעי' ג:

[נ"ל עבדי הם ולא כו' כ"א ב"מ י.]

רלא ז מיי' שם הל"ד ופ"ה מהל' עבדים הל"א סמג שם טוש"ע חו"מ סי' קנו סעי' ה וטוש"ע יו"ד סי' רסז סעי' כה:

רלב ח מיי' פ"ב מהל' מכירה הל"ב סמג שם טוש"ע יו"ד שם סעי' כג וטוש"ע חו"מ שם סעי' ג:

רלג ט מיי' שם טוש"ע חו"מ סי' קנז סעי' ב:

רלד י מיי' שם סמג שם טוש"ע יו"ד שם סעי' כד וטוש"ע חו"מ סי' קנו סעי' ג:

כמין חומר. פירש הקונטרס: כרור מרגליות או בשמים שתלוי בצואר נשים לתכשיט. ור"ת פירש: חומר – מעשה. וכן פירש הערוך:* בלשון ערבי, כשאומר לחבירו: "מה מעשיך"? אומר לו: מה *חמרך. **מה** נשתנה אזן. יש במדרש דמרצ"ע בגימטריא ד' מאות (שנה) ולפי שהיו ישראל עבדים ארבע מאות שנה וגאלם הקב"ה, והלך זה וקנה אדון לעצמו – לפיכך ירצע במרצע העולה כך.

[**ת"ל** לעולם כו'. ואין לומר: לעולמו של יובל. דא"כ – לשתוק קרא מיניה, ונילף משדה אחוזה. ת"י].

איכא דאמרי גדול היה. העבד, ונזהר בו שלא יזכה הוא בעצמו מן ההפקר, לפיכך קדם לפני המיתה וזכה בו. זה פירש למיתה – יהודה הינדואה, וזה פירש לחיים – מר זוטרא תחתיו במקומו, שלא יהיה העבד רגע אחד בלא אדון.
ואיכא

תורה אור

אִילּוּ *נֶאֱמַר "אָזְנוֹ בַּדֶּלֶת" – הָיִיתִי אוֹמֵר: יִדְקוֹר כְּנֶגֶד אָזְנוֹ בַּדֶּלֶת, דֶּלֶת – אִין, אָזְנוֹ – לָא. וְאֹזֶן לָא? וְהָכְתִיב: °"וְרָצַע אֲדוֹנָיו אֶת אָזְנוֹ בַּמַּרְצֵעַ"! (שמות כא) אֶלָּא, הָיִיתִי אוֹמֵר: יִרְצָעֶנָּה לָאֹזֶן מֵאַבְּרַאי, וְיַנִּיחֶנָּה עַל הַדֶּלֶת, וְיִדְקוֹר כְּנֶגֶד אָזְנוֹ בַּדֶּלֶת. תַּלְמוּד לוֹמַר "בְּאָזְנוֹ וּבַדֶּלֶת". [א]הָא כֵּיצַד? *דּוֹקֵר וְהוֹלֵךְ עַד שֶׁמַּגִּיעַ אֵצֶל דֶּלֶת. "דֶּלֶת" שׁוֹמֵעַ אֲנִי בֵּין עֲקוּרָה בֵּין שֶׁאֵינָהּ עֲקוּרָה. ת"ל "מְזוּזָה"; [ב]מַה מְּזוּזָה מְעוּמָּד – אַף דֶּלֶת נַמִי מְעוּמָּד. *רַבָּן יוֹחָנָן בֶּן זַכַּאי הָיָה דּוֹרֵשׁ אֶת הַמִּקְרָא הַזֶּה *כְּמִין חוֹמֶר: מַה נִּשְׁתַּנָּה אֹזֶן מִכָּל אֵבָרִים שֶׁבַּגּוּף? אָמַר הקב"ה: אֹזֶן שֶׁשָּׁמְעָה קוֹלִי עַל הַר סִינַי בְּשָׁעָה שֶׁאָמַרְתִּי °"כִּי לִי בְנֵי יִשְׂרָאֵל (ויקרא כה) עֲבָדִים" – *וְלֹא עֲבָדִים *לַעֲבָדִים, וְהָלַךְ זֶה וְקָנָה אָדוֹן לְעַצְמוֹ – יֵרָצַע. וְר"ש ב"ר הָיָה דּוֹרֵשׁ אֶת הַמִּקְרָא הַזֶּה כְּמִין חוֹמֶר: מַה נִּשְׁתַּנָּה דֶּלֶת וּמְזוּזָה מִכָּל כֵּלִים שֶׁבַּבַּיִת? אָמַר הקב"ה: דֶּלֶת וּמְזוּזָה שֶׁהָיוּ עֵדִים בְּמִצְרַיִם בְּשָׁעָה שֶׁפָּסַחְתִּי עַל הַמַּשְׁקוֹף וְעַל שְׁתֵּי הַמְּזוּזוֹת, וְאָמַרְתִּי "כִּי לִי בְנֵי יִשְׂרָאֵל עֲבָדִים" וְלֹא עֲבָדִים לַעֲבָדִים, וְהוֹצֵאתִים מֵעַבְדוּת לְחֵירוּת, וְהָלַךְ זֶה וְקָנָה אָדוֹן לְעַצְמוֹ – יֵרָצַע בִּפְנֵיהֶם.§

מתני' [ג]עֶבֶד כְּנַעֲנִי נִקְנֶה בְּכֶסֶף וּבִשְׁטָר וּבַחֲזָקָה, °וְקוֹנֶה אֶת עַצְמוֹ בְּכֶסֶף עַל יְדֵי אֲחֵרִים, *וּבִשְׁטָר עַל יְדֵי עַצְמוֹ, דִּבְרֵי רַבִּי מֵאִיר. וַחֲכָמִים אוֹמְרִים: בְּכֶסֶף ע"י עַצְמוֹ וּבִשְׁטָר ע"י אֲחֵרִים, וּבִלְבַד שֶׁיְּהֵא הַכֶּסֶף מִשֶּׁל אֲחֵרִים.§

גמ' מְנָלַן? (שם) דִּכְתִיב: °"וְהִתְנַחַלְתֶּם אוֹתָם לִבְנֵיכֶם אַחֲרֵיכֶם לָרֶשֶׁת אֲחוּזָּה" – *הִקִּישָׁן הַכָּתוּב לִשְׂדֵה אֲחוּזָּה; מַה שְּׂדֵה אֲחוּזָּה נִקְנֵית בְּכֶסֶף בִּשְׁטָר וּבַחֲזָקָה – אַף עֶבֶד כְּנַעֲנִי נִקְנֶה בְּכֶסֶף בִּשְׁטָר וּבַחֲזָקָה. אִי מַה שָּׂדֶה אֲחוּזָּה חוֹזֶרֶת לַבְּעָלִים בַּיּוֹבֵל אַף עֶבֶד כְּנַעֲנִי חוֹזֵר לַבְּעָלִים בַּיּוֹבֵל? תַּלְמוּד לוֹמַר: (שם) °"לְעוֹלָם בָּהֶם תַּעֲבוֹדוּ". תָּנָא: *אַף בַּחֲלִיפִין. [ד]וְתַנָּא דִידַן? מִילְּתָא דְּלֵיתָא בְּמִטַּלְטְלִין – קָתָנֵי; מִילְּתָא דְּאִיתָא בְּמִטַּלְטְלִין – לָא קָתָנֵי. אָמַר שְׁמוּאֵל: [ה]עֶבֶד כְּנַעֲנִי נִקְנֶה בִּמְשִׁיכָה. כֵּיצַד? תְּקָפוֹ וּבָא אֶצְלוֹ – קְנָאוֹ; קְרָאוֹ וּבָא אֶצְלוֹ – לֹא קְנָאוֹ. בִּשְׁלָמָא לְתַנָּא דִידַן – מִילְּתָא דְּאִיתָא בְּמִטַּלְטְלֵי לָא קָתָנֵי, דְּלֵיתָא בְּמִטַּלְטְלֵי – קָתָנֵי. אֶלָּא לְתַנָּא בָּרָא, נִיתְנֵי מְשִׁיכָה! כִּי קָתָנֵי – מִילְּתָא דְּאִיתָא בֵּין בְּמִקַּרְקְעֵי בֵּין בְּמִטַּלְטְלֵי, מְשִׁיכָה דִּבְמִטַּלְטְלֵי אִיתָא בְּמִקַּרְקְעֵי לֵיתָא – לָא קָתָנֵי. "כֵּיצַד? תְּקָפוֹ וּבָא אֶצְלוֹ – קְנָאוֹ; קְרָאוֹ וּבָא אֶצְלוֹ – לֹא קְנָאוֹ". וּקְרָאוֹ לָא? *וְהָתַנְיָא: כֵּיצַד בִּמְסִירָה? אֲחָזָהּ בְּטַלְפָּהּ, בִּשְׂעָרָהּ, בָּאוּכָּף שֶׁעָלֶיהָ, בְּשָׁלִיף שֶׁעָלֶיהָ, בְּפְרוּמְבְּיָא שֶׁבְּפִיהָ, וּבַזּוֹג שֶׁבְּצַוָּארָהּ – קְנָאָהּ. כֵּיצַד בִּמְשִׁיכָה? [ו]קוֹרֵא לָהּ וְהִיא בָּאָה, אוֹ שֶׁהִכִּישָׁהּ בְּמַקֵּל וְרָצְתָה לְפָנָיו, כֵּיוָן שֶׁעָקְרָה יָד וָרֶגֶל – קְנָאָהּ. רַבִּי אַסִּי וְאָמְרִי לָהּ ר' אַחָא אוֹמֵר: עַד שֶׁתְּהַלֵּךְ לְפָנָיו מְלֹא קוֹמָתָהּ! אָמְרִי: בְּהֵמָה – אַדַּעְתָּא דְּמָרָהּ אָזְלָה; עֶבֶד – אַדַּעְתֵּיהּ דְּנַפְשֵׁיהּ קָאָזֵיל. אָמַר רַב אַשִׁי: [ז]עֶבֶד קָטָן כִּבְהֵמָה דָּמֵי. תָּנוּ רַבָּנַן: *[ח]כֵּיצַד בַּחֲזָקָה? הִתִּיר לוֹ מִנְעָלוֹ, אוֹ הוֹלִיךְ כֵּלָיו אַחֲרָיו לְבֵית הַמֶּרְחָץ, הִפְשִׁיטוֹ, *הִרְחִיצוֹ, סָכוֹ, גֵּרְדוֹ, הִלְבִּישׁוֹ, הִנְעִילוֹ, הִגְבִּיהוֹ – קְנָאוֹ. אָמַר ר' שִׁמְעוֹן: לֹא תְּהֵא חֲזָקָה גְּדוֹלָה מֵהַגְבָּהָה, *[ט]שֶׁהַגְבָּהָה קוֹנָה בְּכָל מָקוֹם. מַאי קָאָמַר? אָמַר רַב אַשִׁי: [י]הִגְבִּיהוֹ הוּא לְרַבּוֹ – קְנָאוֹ. הִגְבִּיהוֹ רַבּוֹ לוֹ – לֹא קְנָאוֹ. אָמַר רַבִּי שִׁמְעוֹן: לֹא תְּהֵא חֲזָקָה גְּדוֹלָה מֵהַגְבָּהָה, שֶׁהַגְבָּהָה קוֹנָה בְּכָל מָקוֹם. הַשְׁתָּא דְּאָמְרַתְּ הִגְבִּיהוֹ הוּא לְרַבּוֹ קְנָאוֹ, אֶלָּא מֵעַתָּה שִׁפְחָה כְּנַעֲנִית תִּקָּנֶה בְּבִיאָה! כִּי קָאָמְרִינַן – זֶה נֶהֱנֶה וְזֶה מִצְטַעֵר; הָכָא – זֶה נֶהֱנֶה וְזֶה נֶהֱנֶה הוּא. שֶׁלֹּא כְּדַרְכָּהּ מַאי אִיכָּא לְמֵימַר? אָמַר רַב אַחַיי [בַּר אַדָּא] דְּמִן (רש"ל) אַחָא: °מַאן לֵימָא לָן דְּלָאו הֲנָאָה אִית לְהוּ לְתַרְוַיְיהוּ? וְעוֹד: "מִשְׁכְּבֵי אִשָּׁה" כְּתִיב, הִקִּישָׁהּ הַכָּתוּב כְּדַרְכָּהּ לְשֶׁלֹּא כְּדַרְכָּהּ? ר' יְהוּדָה הִנְדּוּאָה גֵּר שֶׁאֵין לוֹ יוֹרְשִׁין הֲוָה. חֲלַשׁ. עַל מָר זוּטְרָא לְשַׁיוּלֵי בֵּיהּ. חַזְיֵיהּ דְּתַקִּיף לֵיהּ עָלְמָא טוּבָא. אֲמַר לֵיהּ לְעַבְדֵיהּ: שְׁלוֹף לִי מְסָנַאי, וְאַמְטִינְהוּ לְבֵיתָא. אִיכָּא דְּאָמְרִי: גָּדוֹל הֲוָה,
זֶה

אִילּוּ נֶאֱמַר וְנָתַתָּ אָזְנוֹ בַּדֶּלֶת הָיִיתִי אוֹמֵר יִדְקוֹר כְּנֶגֶד אָזְנוֹ בַּדֶּלֶת. אֲבָל אֹזֶן לֹא יִרְצָעֶנָּה. לָאֹזֶן מֵאַבְּרַאי. כְּלוֹמַר רָחוֹק מִן הַדֶּלֶת, כִּדְכְתִיב: "אֶת אָזְנוֹ". וַהֲדַר יִתֵּן אָזְנוֹ בַּדֶּלֶת, וְיִקַּח אֶת הַמַּרְצֵעַ וְיִדְקוֹר בַּדֶּלֶת מֵעֵבֶר הַשֵּׁנִי כְּנֶגֶד אָזְנוֹ, לְקַיֵּים: "וְלָקַחְתָּ הַמַּרְצֵעַ וְנָתַתָּ בְאָזְנוֹ בַּדֶּלֶת". דּוֹקֵר וְיוֹרֵד. אָזְנוֹ כְּשֶׁנּוֹתְנָהּ עַל הַדֶּלֶת, עַד שֶׁמַּגִּיעַ לַדֶּלֶת. עֲקוּרָה. מִן הַמְּזוּזָה, וּמוּטֶּלֶת לָאָרֶץ. מַה מְּזוּזָה מְעוּמָּד. דִּבְלָאו הָכִי לָא מִקְרֵי מְזוּזָה. חוֹמֶר. צְרוֹר הַמַּרְגָּלִיּוֹת וּצְרוֹר הַבּוֹשֶׂם, תָּלוּי בְּצַוָּאר לְתַכְשִׁיט. **מתני'** וְקוֹנֶה אֶת עַצְמוֹ. מִיַּד רַבּוֹ. בְּכֶסֶף ע"י אֲחֵרִים. שֶׁיִּתְּנוּהוּ לְרַבּוֹ ע"מ שֶׁיְּהֵא זֶה בֶּן חוֹרִין. אֲבָל הוּא עַצְמוֹ לֹא יְקַבֵּל מֵהֶם, וַאֲפִילּוּ ע"מ שֶׁאֵין לְרַבּוֹ רְשׁוּת בּוֹ, דְּקָסָבַר: אֵין קִנְיָן לְעֶבֶד בְּלֹא רַבּוֹ. וּבִשְׁטָר ע"י עַצְמוֹ. שֶׁיְּקַבְּלֶנּוּ הוּא. וּבַגְּמָרָא מְפָרֵשׁ לְכוּלָּהּ דְּרַבִּי מֵאִיר וְרַבָּנַן. וּבִלְבַד שֶׁיְּהֵא הַכֶּסֶף מִשֶּׁל אֲחֵרִים. דְּעֶבֶד אֵין לוֹ כְּלוּם, דְּאִם מָצָא מְצִיאָה אוֹ קִבֵּל מַתָּנָה – הַכֹּל לְרַבּוֹ. וְאִם בָּא לִפְדּוֹת ע"י עַצְמוֹ – צָרִיךְ לִהְיוֹת מִשֶּׁל אֲחֵרִים, וְיִתְּנוּהוּ לוֹ ע"מ שֶׁאֵין לְרַבּוֹ רְשׁוּת בּוֹ. **גמ'** שָׂדֶה נִקְנֵית בְּכָל הָנֵי. וּלְקַמָּן יָלֵיף בְּפִירְקִין (דף כו.). וְכָל גּוֹיִם כִּכְנַעֲנִים מִשֶּׁנִּמְכַּר לְעֶבֶד, אֶלָּא שֶׁכָּל עֲבָדִים נִקְרָאִין עַל שֵׁם כְּנַעַן, מִשּׁוּם דִּכְתִיב בֵּיהּ (בראשית ט): "עֶבֶד עֲבָדִים". מִילְּתָא. דְּאִיתֵיהּ בְּעֶבֶד וְלֵיתָא בִּשְׁאָר מִטַּלְטְלִין קָתָנֵי. אֲבָל חֲלִיפִין, דְּאִיתְנְהוּ נַמִי בִּשְׁאָר מִטַּלְטְלִין, שֶׁהַמִּטַּלְטְלִין גַּם הֵם נִקְנִין בַּחֲלִיפִין – לָא אִיצְטְרִיךְ לֵיהּ לְמִיתְנֵי. תְּקָפוֹ. בַּחֲזָקָה. לֹא קְנָאוֹ. דְּמִדַּעְתֵּיהּ אָזַל, וְאֵין זוֹ מְשִׁיכָה. בִּשְׁלָמָא לְתַנָּא דִידָן. לָא תִּיקְשֵׁי: לִשְׁמוּאֵל, אַמַּאי לָא תָּנֵי מְשִׁיכָה בְּמַתְנִיתִין. דְּאִיכָּא לְתָרוּצֵי כִּדְאוֹקְמִינַן – דְּמִילְּתָא דְּאִיתָא בְּמִטַּלְטְלִין לָא קָתָנֵי. אֶלָּא תַּנָּא בְּרָא, דְּתָנָא חֲלִיפִין בַּהֲדַיְיהוּ – תִּיקְשֵׁי לִשְׁמוּאֵל אִי אִיתֵיהּ דְּנִקְנֶה בִּמְשִׁיכָה – לִיתְנְיֵיהּ נַמִי בְּמַתְנִיתִין! מִילְּתָא דְּאִיתָא בֵּין בְּמִקַּרְקְעֵי בֵּין בְּמִטַּלְטְלֵי. כְּגוֹן חֲלִיפִין, לֵירֵף וְשָׁנָה עִם הַשְּׁאָר דְּאִיתְנְהוּ בְּמִקַּרְקְעֵי. אֲבָל מְשִׁיכָה דְּלֵיתָא בְּמִקַּרְקְעֵי – לָא תְּנָא בַּהֲדַיְיהוּ. כֵּיצַד בִּמְסִירָה. גַּבֵּי בְּהֵמָה קָאֵי, דְּקָתָנֵי מַתְנִי' (לקמן דף כה:): בְּהֵמָה גַּסָּה נִקְנֵית בִּמְסִירָה. בִּשְׂעָרָהּ. כְּגוֹן שֵׂיעָר שֶׁבְּרֹאשׁ הַסּוּס. שָׁלִיף. מַשָּׂאוֹי. אַדַּעְתָּא דְּמָרָהּ אָזְלָא. עַל דַּעַת הַקּוֹרֵא אוֹתָהּ, לְפִי שֶׁאֵין לָהּ דַּעַת. אַדַּעְתֵּיהּ דְּנַפְשֵׁיהּ. מִדַּעַת עַצְמוֹ. קָטָן. דְּלֵית לֵיהּ דַּעַת, כִּבְהֵמָה דָּמֵי. וְאִם קְרָאוֹ לְשֵׁם קְנִיָּה, וּבָא אֶצְלוֹ – קְנָאוֹ. הִתִּיר לוֹ מִנְעָלוֹ. הָעֶבֶד לַלּוֹקֵחַ. גֵּרְדוֹ. גרט"ר בְּלַעַ"ז. הִגְבִּיהוֹ. הָעֶבֶד אֶת הַלּוֹקֵחַ. מַאי קָאָמַר. מָה עִנְיַן הַגְבָּהָה דְּעָלְמָא לְהַגְבָּהָה דְּהָכָא? הַגְבָּהָה דְּעָלְמָא לוֹקֵחַ מַגְבִּיהַּ הַחֵפֶץ, וְהָכָא אָמְרִינַן שֶׁהָעֶבֶד מַגְבִּיהוֹ מִשּׁוּם עֲבוֹדָה, שֶׁהַלּוֹקֵחַ מִשְׁתַּעְבֵּד בּוֹ לִקְנוֹתוֹ בַּחֲזָקָה. אֶלָּא מֵעַתָּה. דְּהִגְבִּיהוֹ הוּא לְרַבּוֹ קְנָאוֹ. שִׁפְחָה כְּנַעֲנִית תִּקָּנֶה בְּבִיאָה. דְּהָא מַגְבִּהָה לֵיהּ. הִנְדּוּאָה. מֵאֶרֶץ כּוּשִׁי. *"כּוּשׁ" מְתַרְגְּמִינַן: הִינְדּוּאָה. דְּתַקִּיף לֵיהּ עָלְמָא. גּוֹסֵס וְנוֹטֶה לָמוּת. אֲמַר לֵיהּ. מָר זוּטְרָא לְעַבְדֵּיהּ דְּגֵר. שְׁלוֹף לִי מְסָנַאי. לִקְנוֹתוֹ בַּחֲזָקָה הָיָה מִתְכַּוֵּין, שֶׁיְּהֵא בַּעֲבוֹדָתוֹ כְּשֶׁיָּמוּת אֲדוֹנוֹ. **אִיכָּא** דְּאָמְרִי גָּדוֹל הָיָה. הָעֶבֶד, וְנִזְהַר בּוֹ שֶׁלֹּא יִזְכֶּה הוּא עַצְמוֹ מִן הַהֶפְקֵר, לְפִיכָךְ קָדַם לִפְנֵי הַמִּיתָה וְזָכָה בּוֹ. וְהַגֵּר פֵּירַשׁ לְמִיתָה וּמָר זוּטְרָא פֵּירַשׁ לְחַיִּים תַּחְתָּיו, שֶׁלֹּא יְהֵא הָעֶבֶד בְּלֹא אָדוֹן רֶגַע אֶחָד.
וְאִיכָּא

מסורת הש"ס

מכילתא פ' משפטים

[בערוך ערך קדד א איתא קודד ויורד עד שמגיע וכו']

תוספתא דב"ק פרק שביעי

[סוטה טו.]

[ב"ק קטז: ב"מ י.]

[גיטין עז:]

ת"כ פ' בהר [בכורות יג.]

[ע' תוס' גיטין לט: ד"ה משום]

ב"ב עה: ע"ש תוספתא דקדושין פ"ק [ע"ש]

תוספתא שם ע"ש ב"ב נג

[ע' תוס' ב"ב נג: ד"ה הרחיצו] ב"ב עו:

[ע' רש"י יומא לד: ד"ה הנדוין וכו']

גליון הש"ס

מתני' וקונה א"ע בכסף. עיין יבמות מח ע"א תד"ה המפקיר: **גמ'** מאן לימא לן דלא הוי הנאה לתרוייהו. עיין יומא פב ע"א תד"ה מה רואת ובסנהדרין נח ע"ב ברש"י ד"ה שלא כדרכה:

זֶה פֵּירַשׁ לְמִיתָה וְזֶה פֵּירַשׁ לְחַיִּים. וְאִיכָּא דְּאָמְרִי: קָטָן הֲוָה, *וּדְלָא כְּאַבָּא שָׁאוּל. *דְּתַנְיָא: גֵּר שֶׁמֵּת וּבִזְבְּזוּ יִשְׂרָאֵל נְכָסָיו, וְהָיוּ בָּהֶן עֲבָדִים, בֵּין גְּדוֹלִים בֵּין קְטַנִּים — קָנוּ עַצְמָן בְּנֵי חוֹרִין. אַבָּא שָׁאוּל אוֹמֵר: [א]גְּדוֹלִים — קָנוּ עַצְמָן בְּנֵי חוֹרִין, קְטַנִּים — כָּל הַמַּחֲזִיק בָּהֶן זָכָה בָּהֶן.§ "וְקוֹנֶה אֶת עַצְמוֹ בְּכֶסֶף כו'".§ בְּכֶסֶף ע"י אֲחֵרִים — אִין, אֲבָל לֹא עַל יְדֵי עַצְמוֹ. בְּמַאי עָסְקִינַן? אִילֵימָא שֶׁלֹּא מִדַּעְתּוֹ — מִכְּדִי שָׁמַעֲנָא לֵיהּ לְר' מֵאִיר *דְּאָמַר: חוֹב הוּא לְעֶבֶד שֶׁיֵּצֵא מִיַּד רַבּוֹ לְחֵירוּת, וְתָנֵינָא: *[ב]זָכִין לְאָדָם שֶׁלֹּא בְּפָנָיו, וְאֵין חָבִין לוֹ אֶלָּא בְּפָנָיו! אֶלָּא פְּשִׁיטָא — מִדַּעְתּוֹ, וְהָא קָמַשְׁמַע לָן: עַל יְדֵי אֲחֵרִים — אִין, עַל יְדֵי עַצְמוֹ — לָא. אַלְמָא: אֵין קִנְיָן לְעֶבֶד בְּלֹא רַבּוֹ. אִי הָכִי אֵימָא סֵיפָא: בִּשְׁטָר עַל יְדֵי עַצְמוֹ. עַל יְדֵי עַצְמוֹ — אִין, עַל יְדֵי אֲחֵרִים — לָא. וְאִי מִדַּעְתּוֹ, עַל יְדֵי אֲחֵרִים אַמַּאי לָא? וְכִי תֵּימָא: מַאי ע"י עַצְמוֹ? אַף ע"י עַצְמוֹ, וְהָא קמ"ל: דְּגִיטּוֹ וְיָדוֹ בָּאִים כְּאֶחָד. וְהָא לָא תָּנֵי הָכִי, דְּתַנְיָא: בִּשְׁטָר ע"י עַצְמוֹ, וְלֹא ע"י אֲחֵרִים, דִּבְרֵי ר"מ! אָמַר אַבַּיֵי: לְעוֹלָם שֶׁלֹּא מִדַּעְתּוֹ. וְשָׁאנֵי כֶּסֶף, הוֹאִיל וְקָנֵי לֵיהּ בְּעַל כּוֹרְחֵיהּ — מַקְנֵי לֵיהּ בְּעַל כּוֹרְחֵיהּ. אִי הָכִי שְׁטָר נַמִי! *הַאי שְׁטָרָא לְחוּד וְהַאי שְׁטָרָא לְחוּד. הָכָא נַמִי, הַאי כַּסְפָּא לְחוּד וְהַאי כַּסְפָּא לְחוּד! טִיבְעָא מִיהָא חַד הוּא. רָבָא אָמַר: כֶּסֶף — קַבָּלַת רַבּוֹ גָּרְמָה לוֹ; שְׁטָר — קַבָּלַת אֲחֵרִים גָּרְמָה לוֹ.§ "וַחֲכָמִים אוֹמְרִים [ג]בְּכֶסֶף ע"י עַצְמוֹ".§ בְּכֶסֶף ע"י עַצְמוֹ — אִין, ע"י אֲחֵרִים — לָא. אַמַּאי? נְהִי נַמִי דְּשֶׁלֹּא מִדַּעְתּוֹ, מִכְּדִי שָׁמַעֲנָא לְהוּ לְרַבָּנַן דְּאָמְרִי: זְכוּת הוּא שֶׁיֵּצֵא מִתַּחַת יַד רַבּוֹ לְחֵירוּת, וְתָנֵינָא: זָכִין לְאָדָם שֶׁלֹּא בְּפָנָיו, וְאֵין חָבִין לוֹ אֶלָּא בְּפָנָיו! וְכ"ת: מַאי ע"י עַצְמוֹ? [ד]אַף ע"י עַצְמוֹ, וקמ"ל דְּיֵשׁ קִנְיָן לְעֶבֶד בְּלֹא רַבּוֹ. א"ה אֵימָא סֵיפָא: בִּשְׁטָר ע"י אֲחֵרִים וְלֹא עַל יְדֵי עַצְמוֹ. וְהָא קַיְימָא לָן [ה]דְּגִיטּוֹ וְיָדוֹ בָּאִין כְּאֶחָד! וְכִי תֵּימָא: מַאי ע"י אֲחֵרִים? אַף ע"י אֲחֵרִים, וְהָא קמ"ל [ו]דִּזְכוּת הוּא לְעֶבֶד שֶׁיֵּצֵא מִיַּד רַבּוֹ לְחֵירוּת. אִי הָכִי, נַעַרְבִינְהוּ וְנִיתְנִינְהוּ: בְּכֶסֶף וּבִשְׁטָר — בֵּין ע"י אֲחֵרִים בֵּין עַל יְדֵי עַצְמוֹ! אֶלָּא בְּכֶסֶף — בֵּין ע"י אֲחֵרִים בֵּין ע"י עַצְמוֹ; בִּשְׁטָר — ע"י אֲחֵרִים וְלֹא ע"י עַצְמוֹ. וְר"ש בֶּן אֶלְעָזָר הוּא. *דְּתַנְיָא, ר' שִׁמְעוֹן בֶּן אֶלְעָזָר אוֹמֵר: אַף בִּשְׁטָר עַל יְדֵי אֲחֵרִים וְלֹא ע"י עַצְמוֹ, *וְשָׁלֹשׁ מַחֲלוֹקוֹת בַּדָּבָר. אָמַר רַבָּה: מ"ט דְּר' שִׁמְעוֹן בֶּן אֶלְעָזָר? *גָּמַר "לָהּ" "לָהּ" מֵאִשָּׁה. מָה אִשָּׁה — עַד שֶׁיּוֹצִיא גֵּט לִרְשׁוּת שֶׁאֵינָהּ שֶׁלּוֹ, אַף עֶבֶד נַמִי — עַד שֶׁיּוֹצִיא גֵּט לִרְשׁוּת שֶׁאֵינָהּ שֶׁלּוֹ. בָּעֵי רַבָּה: לְר'

רש"י

וְאִיכָּא דְּאָמְרִי קָטָן הֲוָה. וְאעפ"כ הוּלְרַךְ לְכָל זֹאת. וּדְלָא כְּאַבָּא שָׁאוּל. דְּאָמַר: כָּל הַמַּחֲזִיק בָּהֶן זָכָה, אֲפִי' לְאַחַר זְמַן זָכָה בָּהֶן. ע"י עַצְמוֹ לֹא. שֶׁאִם נָתַן לוֹ כֶּסֶף לִפְדּוֹת אֶת עַצְמוֹ — אֵינוֹ פָּדוּי, דְּמַה שֶּׁקָּנָה עֶבֶד קָנָה רַבּוֹ. בְּמַאי עָסְקִינַן. הַאי קָנָה עַצְמוֹ ע"י אֲחֵרִים. אִילֵימָא שֶׁלֹּא מִדַּעְתּוֹ. שֶׁל עֶבֶד. שָׁמְעִינַן לֵיהּ לְרַבִּי מֵאִיר. בְּפ"ק דְּגִיטִּין: חוֹב הוּא לְעֶבֶד שֶׁיּוֹצֵא כו', שֶׁאִם הָיָה עֶבֶד כֹּהֵן — פּוֹסְלוֹ מִן הַתְּרוּמָה, וְאִי עֶבֶד יִשְׂרָאֵל — אוֹסְרוֹ בְּשִׁפְחָה, דִּשְׁכִיחָא לֵיהּ, פְּרִיצָא לֵיהּ. וְתָנֵינָא אֵין חָבִין לְאָדָם כו'. אֵין אָדָם יָכוֹל לֵיעָשׂוֹת שְׁלוּחוֹ שֶׁלֹּא מִדַּעְתּוֹ לְדָבָר שֶׁהוּא חוֹבָה אוֹ הֶפְסֵד. וְהֵיכִי תָּנֵי מַתְנִיתִין דְּנִפְדֶּה עַל יְדֵי אֲחֵרִים שֶׁלֹּא מִדַּעְתּוֹ? אֶלָּא מִדַּעְתּוֹ. וְאִם תֹּאמַר: פְּשִׁיטָא! הָא אִיצְטְרִיךְ לְאַשְׁמוּעִינַן, דְּע"י עַצְמוֹ לֹא, דְּאֵין קִנְיָן לְעֶבֶד בְּלֹא רַבּוֹ בְּשׁוּם צַד. וְאִי מִדַּעְתּוֹ. שֶׁאָמַר לוֹ: קַבֵּל גִּטִּי. בָּאִין כְּאֶחָד. וְלָא אָמְרִינַן: לֹא הוֹצִיא רַבּוֹ אֶת הַגֵּט מֵרְשׁוּתוֹ וְאֵין זוֹ קַבָּלָה. וְהָא לָא תָּנֵי. בְּבָרַיְיתָא הָכִי. הַאי שְׁטָרָא לְחוּד כו'. זֶה לְשׁוֹן קְנִיָּה, וְזֶה לְשׁוֹן שִׁחְרוּר. הַאי כַּסְפָּא לְחוּד וְהַאי כַּסְפָּא לְחוּד. זֶה נִיתַּן לִקְנִיָּה, וְזֶה נִיתַּן לְשִׁחְרוּר. טִיבְעָא מִיהָא חַד הוּא. וְאֵין נִיכָּר הֶפְרֵשׁ בֵּינֵיהֶם. כֶּסֶף קַבָּלַת רַבּוֹ. שֶׁמְּקַבֵּל רַבּוֹ הַכֶּסֶף, גָּרְמוּ לוֹ לְהִשְׁתַּחְרֵר מֵאֵלָיו, וְאֵין אֲחֵרִים הַלָּלוּ חָבִין אֶלָּא קַבָּלַת הָרַב. וְהָרַב אֵין נַעֲשֶׂה שְׁלוּחוֹ, אֶלָּא לְצוֹרֶךְ עַצְמוֹ, וּמַקְנֵיהוּ מֵאֵלָיו. אֲבָל חֵירוּת הַשְּׁטָר — קַבָּלַת אֲחֵרִים גָּרְמָה לוֹ, וְכֵיוָן דְּחוֹב הוּא לוֹ — אֵין חָבִין לְאָדָם שֶׁלֹּא מִדַּעְתּוֹ. שָׁמַעֲנָא לְהוּ כו'. בְּמַסֶּכֶת גִּיטִּין (דף יא:). תָּנֵינָא. כְּמוֹ "הָתְנַן". דְּיֵשׁ קִנְיָן. כִּי יָהֲבֵי לֵיהּ ע"מ שֶׁאֵין לְרַבּוֹ רְשׁוּת בּוֹ. וְהָא קי"ל. כְּלוֹמַר, וְהָא מַעֲשִׂים בְּכָל יוֹם שֶׁהָעֶבֶד מְקַבֵּל אֶת גִּיטּוֹ. וְאִי רַבָּנַן פְּלִיגֵי עֲלָהּ דְּמִילְּתָא — מִי שָׁבְקִינַן רַבָּנַן וְעָבְדִינַן כְּר"מ? אַף ע"י אֲחֵרִים. וַאֲפִי' שֶׁלֹּא מִדַּעְתּוֹ, דִּזְכוּת הוּא לְעֶבֶד כו'. וְרַבִּי שִׁמְעוֹן בֶּן אֶלְעָזָר הִיא. הַךְ סֵיפָא דִּשְׁטָר. דְּלֵית לֵיהּ גִּיטּוֹ וְיָדוֹ בָּאִין כְּאֶחָד. וְשָׁלֹשׁ מַחֲלוֹקוֹת בַּדָּבָר. רַבִּי מֵאִיר אִית לֵיהּ: בְּכֶסֶף עַל יְדֵי אֲחֵרִים וַאֲפִי' שֶׁלֹּא מִדַּעְתּוֹ, וְלֹא ע"י עַצְמוֹ — דְּאֵין קִנְיָן לְעֶבֶד בְּלֹא רַבּוֹ. וּבִשְׁטָר ע"י עַצְמוֹ וְלֹא ע"י אֲחֵרִים שֶׁלֹּא מִדַּעְתּוֹ — דְּחוֹב הוּא לוֹ. וְכֶסֶף, אע"ג דְּחוֹב הוּא לוֹ — קַבָּלַת רַבּוֹ גָּרְמָה לוֹ. וְר"ש בֶּן אֶלְעָזָר אִית לֵיהּ: בֵּין בְּכֶסֶף בֵּין בִּשְׁטָר ע"י אֲחֵרִים, דְּקָסָבַר זְכוּת הוּא לוֹ. וְלֹא ע"י עַצְמוֹ — דְּגַבֵּי כֶּסֶף אִית לֵיהּ אֵין קִנְיָן לָעֶבֶד בְּלֹא רַבּוֹ, וְגַבֵּי שְׁטָר לֵית לֵיהּ גִּיטּוֹ וְיָדוֹ בָּאִין כְּאֶחָד, כִּדְקָתָנֵי: אַף בִּשְׁטָר כו' וכ"ש בְּכֶסֶף, אַלְמָא בִּתְרַוַיְיהוּ אִית לֵיהּ ע"י עַצְמוֹ לֹא. וְרַבָּנַן דְּמַתְנִי' אִית לְהוּ: בְּכֶסֶף — בֵּין ע"י אֲחֵרִים בֵּין ע"י עַצְמוֹ דְּיֵשׁ קִנְיָן, אֲחֵרִים, דִּזְכוּת הוּא לוֹ. וְכֵן בִּשְׁטָר, בֵּין ע"י אֲחֵרִים בֵּין ע"י עַצְמוֹ. וּדְקַיְימָא לָן גִּיטּוֹ וְיָדוֹ בָּאִין כְּאֶחָד — כְּרַבָּנַן עָבְדִינַן לֵיהּ. וְהַאי דְּלָא עָרְבִינְהוּ וְתָנֵינְהוּ — מִשּׁוּם דְּסֵיפָא ר"ש בֶּן אֶלְעָזָר הִיא. אֲבָל רֵישָׁא, ה"ק לֵיהּ רַבָּנַן לְר"מ: אַף בְּכֶסֶף ע"י עַצְמוֹ, דְּיֵשׁ קִנְיָן. וְכ"ש ע"י אֲחֵרִים, דִּזְכוּת לוֹ. וְכ"ש שְׁטָר (א) דִּזְכוּת. וְאִם בָּאנוּ לְפָרֵשׁ שָׁלֹשׁ מַחֲלוֹקוֹת, וְלוֹמַר: דְּרַבָּנַן אִית לְהוּ בְּכֶסֶף בֵּין ע"י עַצְמוֹ בֵּין ע"י אֲחֵרִים, וּבִשְׁטָר ע"י אֲחֵרִים וְלֹא ע"י עַצְמוֹ. וְרַבִּי שִׁמְעוֹן בֶּן אֶלְעָזָר סָבַר כְּר' מֵאִיר בְּכֶסֶף, דְּע"י עַצְמוֹ לֹא, וְאֵין קִנְיָן, וּכְרַבָּנַן בִּשְׁטָר דְּאֵין גִּיטּוֹ וְיָדוֹ בָּאִין כְּאֶחָד — א"כ הָא דְּקי"ל גִּיטּוֹ וְיָדוֹ בָּאִין כְּאֶחָד יְחִידָאָה הִיא, וּכְר' מֵאִיר עָבְדִינַן לֵיהּ. הִילְכָּךְ לֵיכָּא לְפָרוּשֵׁי אֶלָּא כִּדְפָרֵישִׁית; דְּרֵישָׁא דְּמִילְּתָא אֲמָרוּהָ רַבָּנַן, וְסֵיפָא אֲתָאן לְר' שִׁמְעוֹן בֶּן אֶלְעָזָר. שֶׁאֵינָהּ שֶׁלּוֹ. שֶׁל רַבּוֹ. וְרַבָּנַן גָּמְרֵי הָכִי: מָה אִשָּׁה מְקַבֶּלֶת גִּיטָּהּ — אַף עֶבֶד מְקַבֵּל גֵּט. דִּכְתִיב (דברים כד): "וְנָתַן בְּיָדָהּ" וְאִיהִי לָא אַקְנְיָה לַבַּעַל לְגוּפָהּ. לְר'

תוספות

ואיכא דאמרי קטן היה. ואעפ"כ הולרך לזכות בו, כדי שלא יקנה עלמו מן ההפקר אחר מיתת האדון. ודלא כאבא שאול. דלאבא שאול היה יכול לזכות בו ואפי' לאחר מיתה, כפ"ה. וקשה לר"ת: מנא ליה דלא כאבא שאול? דילמא לעולם אימא לך דכאבא שאול סבירא ליה, ומה שהחזיק בו מחיים — לפי שהיה ירא שמא יקדמנו אחר ויזכה בו! ועוד, ה"ל למימר: וכדרבנן. ועוד קשה: דבפרק "השולח" (גיטין דף לט.) פסיק רבי יהושע בן לוי הלכה כאבא שאול. ואע"ג דרבי יוחנן סבר דאין הלכה כאבא שאול, מ"מ קי"ל דבכל מקום הלכה כריב"ל לגבי דרבי יוחנן, כדמוכח בריש פ"ד דמגילה (דף כז.), דמשמע שדברי רבי יהושע בן לוי הם עיקר *מדברי ר' יוחנן, גבי בית הכנסת מותר לעשותו בית המדרש. וא"כ היכי עבוד הכא דלא כהילכתא? ונראה לר"ת, דגרס הכא "וכאבא שאול". כלומר, אפילו לאבא שאול דאמר כל המחזיק בהן זכה בהן הולרך לעשות כן, שלא יקדמנו אחר. ועוד מפרש ר"ת בענין אחר: איכא דאמרי קטן הוה, שאם היה גדול — לא היה מועיל בו זה פירש למיתה וזה פירש לחיים. ואע"פ שעבדות אחרים עליו — קודם הוא לזכות בעלמו, כיון שיש לו יד. אבל קטן שאין לו יד — כל הקודם זכה בהן כאבא שאול. ולא אמר לו "שלוף מסנאי" מחיים, אלא לאחר מיתת יהודה הגדולה עשה כך. והיינו כאבא שאול, דאמר: קטן אין לו יד לזכות בעלמו, ומשום הכי זכה בו מר זוטרא אפילו לאחר מיתה. אבל לרבנן, בין גדול ובין קטן, ואפילו עבדות אחרים עליו — קנה עלמו בן חורין. ור"י מפרש: דהא דקאמר "וכאבא שאול" — דאמילתא קמא נמי קאי. ואפי' ללישנא קמא דגדול הוה לא היתה חזקה מועלת כלום, אלא דוקא לאבא שאול. דלרבנן דאמרי: בין גדולים ובין קטנים קנו עלמן בני חורין — לא היה מר זוטרא יכול לזכות בו. דטעמייהו דרבנן מפרש בפרק "השולח" (גיטין דף לט:), דגמר "לה" "לה" מאשה; דמה אשה מיתת בעל מתירה בלא גט — אף עבד משתלח בלא גט. והוי השתא מיתת הבעל כגט, ואם היה נותן לו גט — מי היה אחר יכול לזכות בו? אבל לאבא שאול ניחא, דהא יליף: מה אשה איסורה מפקעת במיתת הבעל ולא ממונא — אף עבד כו'. וכיון שהיה משעבד עלמו למר זוטרא — לא היה חפץ לזכות בעלמו, והוי כמו קטן לאבא שאול.

[**והא** קמ"ל ע"י אחרים אין כו'. וא"ת: מעיקרא נמי ידע תלמודא דהכי הוא חידוש דמתניתין, כדאמר: בכסף ע"י אחרים — אין, ע"י עלמו כו'! ויש לומר: דהוי סבר מעיקרא דהוי חידוש דמתני' מתרוייהו, ממה שהוא ע"י אחרים ומן דיוקא דע"י עלמו לא. ומסיק דלא אילטריך מתני' אלא מן הדיוק. ת"י].

רבי שמעון בן אלעזר אומר אף שטר ע"י אחרים ולא ע"י עצמו ושלש מחלוקות בדבר. פירש בקונטרס: ר' מאיר אית ליה בכסף על ידי אחרים, ואפי' שלא מדעתו, ולא על ידי עלמו — דאין קנין לעבד בלא רבו. ובשטר על ידי עלמו ולא על ידי אחרים שלא מדעתו — דחוב הוא לו. וכסף, אע"ג דחוב הוא לו — קבלת רבו גרמה לו. ולר' שמעון בן אלעזר אית ליה בין כסף בין שטר

עין משפט נר מצוה

רלה א מיי' פ"ב מהל' זכייה ומתנה הלי"ז סמג עשין פב טוש"ע יו"ד סי' רסז סעי' סה וטוש"ע חו"מ סי' ערה סעי' כט:

רלו ב מיי' פ"ד מהל' זכייה ומתנה הל"ב ופ"ה מהלכות עבדים הל"ב ופ"ו שם הל"א טוש"ע חו"מ סי' רמג סעי' א:

רלז ג ד מיי' פ"ה מהל' עבדים הל"ב סמג עשין פז טוש"ע יו"ד סי' רסז סעי' כו:

רלח ה מיי' שם הל"ג טוש"ע שם סעי' מז:

[ועי' תוס' חולין לז. ד"ה אמר רבא]

רלט ו מיי' שם הל' ב ג טור שו"ע שם סעי' מא:

תוס' ר"י הזקן

שלא מדעתו. של עבד: חוב הוא לעבד. דעבדא בהפקרא ניחא ליה ונוח לו שאסור בבת חורין כדי שיהא מותר בשפחה דזילא ליה ופריצא ליה ושכיחא ליה טפי מבת חורין: קבלת רבו גרמה לו להשתחרר ואין אדם עושה מעשה השחרור שיהא תלוי בו שיהא הוא יכול למנוע שהאדון מקבל מעותיו לתועלת עצמו והוא משוחרר מאליו. אבל בשטר אדם מקבל השטר והוא משוחרר באותה קבלה ואין חבין לו לאדם שלא בפניו: דשלא מדעתו. דהא אמרת על ידי אחרים לא. מיירי שלא מדעת העבד. והא קי"ל דלרבנן נמי אמרי' גטו וידו באין כאחת: אף על ידי אחרים שלא מדעתו: שלש מחלוקות דר' [שמעון בן] אלעזר ס"ל דלא אמרינן גטו וידו באין כאחת:

הגהות הב"ח

(א) רש"י ד"ה ושלש מחלוקות וכו'. וכ"ש שטר ואם באנו כצ"ל ותיבת דזכות נמחק:

מסורת הש"ס

גיטין לט.

[גי' הרי"ף ורא"ש וכדאבא שאול [וכן פירש הר"ת כמ"ש תוס' הכא]

גיטין יא:

שם. לקמן מב. ב"מ יב. עירובין פא: חולין פג. [כתובות יא. יבמות קיח:]

[לעיל ה.]

תוספתא דקידושין פ"א

[עירובין עה. וש"נ]

גיטין לט: [מא: חגיגה ד.]

לר' שמעון בן אלעזר, עבד כנעני מהו שיעשה שליח לקבל גיטו מיד רבו? כיון דגמר "לה", "לה" מאשה – כאשה. או דילמא: אשה, דאיהי מצי מקבלת גיטה – שליח נמי מצי משויא, עבד דאיהו לא מקבל גיטיה – שליח נמי לא מצי משוי! בתר דבעיא הדר פשטא: (א) "לה", "לה" מאשה – כאשה. ואלא הא *דאמר רב הונא בריה דרב יהושע: הני כהני [א]שלוחי דרחמנא נינהו. דאי סלקא דעתך שלוחי דידן נינהו – מי איכא מידי דאנן לא מצינן עבדינן ואינהו מצי עבדי? ולא?! והא עבדא, דאיהו לא מצי מקבל גיטיה, ושליח מצי משוי! ולא היא. ישראל לא שייכי בתורת קרבנות כלל; עבד שייך בגיטין. דתניא: *[ב]נראין הדברים שהעבד מקבל גיטו של חבירו מיד רבו של חבירו אבל לא מיד רבו שלו. § "ובלבד שיהא הכסף משל אחרים". § נימא בהא קמיפלגי: דר' מאיר סבר: *אין קנין לעבד בלא רבו, *ואין קנין לאשה בלא בעלה, ורבנן סברי: יש קנין לעבד בלא רבו, ויש קנין לאשה בלא בעלה? אמר רבה אמר רב ששת: דכולי עלמא [ג]אין קנין לעבד בלא רבו [ד]ואין קנין לאשה בלא בעלה. והכא במאי עסקינן – *דאקני ליה אחר מנה, ואמר ליה "על מנת שאין לרבך רשות בו". ר' מאיר סבר: כי אמר ליה "קני" – *קני עבד, וקני רביה. וכי אמר ליה "על מנת" – לא כלום קאמר ליה. ורבנן סברי: כיון דאמר ליה "על מנת" – אהני ליה תנאיה. ור' אלעזר אמר: כל כי האי גוונא – דכולי עלמא לא פליגי [ה]דקני עבד וקני רביה. והכא במאי עסקינן? כגון דאקני ליה אחר מנה, ואמר ליה "על מנת שתצא בו לחירות". ר"מ סבר: כי אמר ליה "קני" – קני עבד וקני רביה, וכי אמר ליה "על מנת" – לא כלום קאמר ליה. [ו]ורבנן סברי: לדידיה נמי הא לא קא מקני ליה, דהא לא אמר ליה אלא "על מנת שתצא בו לחירות". ורמי דרבי מאיר אדרבי מאיר, ורמי דרבנן אדרבנן. דתניא: אין

לר' שמעון בן אלעזר. דאמר: עבד אינו מקבל גיטו, עבד מהו שיעשה שליח לקבל גיטו? כאשה דמי. ועושה שליח לקבלה כאשה, דנפקא לן (לקמן דף מא.) מ"ושלחה מביתו" – מלמד שהאשה עושה שליח, והיינו דקאמר על ידי אחרים. או דילמא כו'. וע"י אחרים דקאמר – שיזכה לו רבו גיטו על ידי אחרים, או הם עושים שלא מדעתו. גמר לה לה מאשה. ועושה שליח. הני כהני. לענין הקרבת קרבנות. שלוחי דרחמנא נינהו. ולא שלוחי דידן. ונפקא מינה למודר הנאה מכהן, שהכהן מותר להקריב קרבנותיו. והא מילתא איבעיא לן בנדרים, בפרק "אין בין המודר" (דף לה:). והא עבד כו'. והיכי יליף רב הונא מהאי טעמא היתר בהקרבה למודר הנאה? בתורת קרבנות. שיהיו הן עובדים את העבודה. שייך בגיטין. אם אינו מקבל גיטו – משום דלא יצא הגט מרשות רבו – מקבל הוא גט לחברו, שאינו עבדו של רבו, אלא של איש אחר. דהא יצא הגט לרשות שאינו שלו. אבל לא מיד רבו שלו. אם היו שניהם של איש אחד. דר"מ. דאמר בכסף ע"י אחרים, סבר: אין קנין לעבד בלא רבו, אם נתנו לו במתנה – זכה בו רבו. הילכך, אע"ג דהוי כסף משל אחרים – אי אפשר שיקבלנו הוא ויתן לרבו. ורבנן סברי יש קנין. אם נתנו לו מתנה, הואיל ודעת אחרת מקנהו, ונותן זה לא גמר בלבו שיזכה בו הרב – הויא דעבד, ומיפריק ביה על ידי עצמו: קנין דאשה ובעלה בעלמא איצטריכא לן. ואשה כי עבד, הואיל ובעלה זכאי במעשה ידיה ובמציאתה. וכי היכי דפליגי לענין מתנה בעבד – איכא למשמע דה"ה באשה. דכ"ע אין קנין. אי יהבי ליה סתמא. אהני ליה תנאה. דמעיקרא אדעתא דתנאה אקנייה. לא כלום אמר ליה. דכיון דקנה עבד קנה רבו. שתצא בו לחירות. שתתנהו לרבך בפדיונך.

שטר על ידי אחרים, דקסבר, זכות הוא לו. ולא ע"י עצמו – דגבי כסף אין קנין לעבד. וגבי שטר לית ליה גיטו וידו באין כאחד, כדקתני: אף שטר כו', וכל שכן כסף. אלמא בתרוייהו אית ליה ע"י עצמו לא. ורבנן דמתני' אית להו בכסף בין ע"י עצמו בין ע"י אחרים. ע"י עצמו – דיש קנין לעבד, ע"י אחרים – דזכות הוא לו. וכן שטר, בין ע"י עצמו בין ע"י אחרים. ודקי"ל דגיטו וידו באין כאחד – כרבנן עבידא ליה. והאי דלא ערבינהו ותנינהו – משום דסיפא רבי שמעון בן אלעזר היא, אבל רישא הכי קאמרי ליה רבנן לר' מאיר: אף בכסף ע"י עצמו, דיש קנין לעבד, וכ"ש ע"י אחרים – דזכות הוא לו, וכל שכן שטר. ואם באנו לפרש שלש מחלוקות ולומר: לרבנן אית להו בכסף בין ע"י אחרים בין על ידי עצמו, ובשטר ע"י אחרים ולא על ידי עצמו, ורבי שמעון (ב) סבר לה כר"מ דבכסף ע"י עצמו – לא, דאין קנין. וכרבנן בשטר – דאין גיטו וידו באין כאחד. א"כ, הא דקיימא לן דגיטו וידו באים כאחד – יחידאה היא, וכר' מאיר עבדינן. הילכך ליכא לפרושי אלא כדפרישית, דרישא דמילתא רבנן אמרוה, וסיפא אתאן לר' שמעון בן אלעזר, עכ"ל. וא"ת: מנא ליה הך שלש מחלוקות? דילמא כולה מילתא דרבנן דמתניתין רשב"א, ובכסף ע"י עצמו – היינו אף ע"י עצמו, ובשטר על ידי אחרים דוקא. והא דקיימא לן דגיטו וידו באים כאחד – משום דסבירא לן כרבי מאיר, ולא כר"ש בן אלעזר! ויש לומר: אי גרסינן בברייתא דר' שמעון בן אלעזר "אף בשטר ע"י אחרים ולא ע"י עצמו" – על כרחך יש שלש מחלוקות בדבר. דע"כ לאו היינו רבנן דמתני' דהא אמרי בהדיא בכסף על ידי עצמו. ולספרים דלא גרסינן "אף" צ"ל כיון דאשכחן דרבנן פליגי עליה דרשב"א, כדאיתא בסוף פ"ק דגיטין (דף יג:), דאמרי: אי בעי זריק ליה גיטא ופסיל ליה. אלמא אית להו דגיטו וידו באין כאחד. וכיון דהכי הוא – לא קרי ליחיד "חכמים" במתניתין, כיון דרבנן פליגי עליה. ולכך צריך לומר שיש שלש מחלוקות בדבר. **מהו** שיעשה שליח לקבל גיטו מיד רבו. יש מפרשים דהכי קמיבעיא ליה: היכא דאמר העבד לאחר לקבל ליה גיטו מיד רבו, מהני קבלתו או לא? דכי לא א"ל לקבל גיטו ובא ומקבלו – פשיטא לן דמהני, דאמרינן במתניתין (לעיל דף כג:): ובשטר ע"י אחרים. אבל אמירתו, שאמר לו "לך וקבל גיטי" שמא מיגרע גרע, לפי שבא מטעם שליחות. או לא? ויש מפרשים דהכי קמיבעיא ליה: מהו שיעשה שליח – הא דאמר ר' שמעון בן אלעזר "בשטר ע"י אחרים" בתורת שליחות קאמר, כלומר: צריך שהעבד יעשה שליח לקבל גיטו משום דגמר "לה" "לה" מאשה. ולמ"ד זכות הוא לו – יכול לקבל גיטו שלא מדעתו, כל זמן שאינו מוחה. ולמ"ד חוב הוא לו – צריך לעשות מדעתו, שיתרצה. וא"כ, אם הוא עומד וצווח – לא מהני קבלתו. או דילמא לאו בתורת שליחות קאמר, דלא דמי לאשה. דדוקא אשה, דאיהי מקבלת גיטה – שליח נמי מצי משויא, אבל עבד לר' שמעון בן אלעזר, כיון דאיהו לא מצי מקבלו – שליח נמי לא מצי לשווי. ואם כן, בשטר על ידי אחרים דקאמר – היינו אפילו עומד וצווח, כיון דאינו מטעם שליחות. **דאמר** רב הונא הני כהני שלוחי דרחמנא נינהו. פירש בקונטרס: דמיירי לענין הקרבת קרבנות. ונפקא מינה לענין מודר הנאה מן הכהן, שהכהן מותר להקריב קרבנותיו. תימה: דמשמע הכא דפשיטא ליה, ובמסכת נדרים בפרק "אין בין המודר" (דף לה:) בעי: הני כהני שלוחי דרחמנא הוו או שלוחי דידן? ולא איפשיטא. ואמאי לא מייתי התם הך מילתא דרב הונא בריה דרב יהושע למיפשטא? *ויש לומר: דאורחיה דגמרא הוא בכמה דוכתי, דלא מיפשטא אלא ממשנה או מברייתא, אע"ג דמצי למיפשט מדברי *אמוראי. אי נמי, יש לומר: דהתם הכי קמיבעיא ליה: הני כהני שלוחי דרחמנא דוקא נינהו ולא שלוחי דידן כלל, או דילמא הוו נמי שלוחי דידן? ונפקא מינה שאם היה כהן מקריב שלא לדעת הבעלים; אי שלוחי דרחמנא א)[נמי] נינהו – הוי קרבן כשר, ואי הוו א)[דוקא] שלוחי דידן – אינו כשר, כיון שהקריב שלא מדעת הבעלים*.

ורבי אלעזר אומר כל כי האי גוונא כו'. אומר רבינו תם: דהלכה כר' מאיר, דאין קנין לעבד בלא רבו, ואין קנין לאשה בלא בעלה. ואליבא דרב ששת דמוקי פלוגתא – כי מקני ליה אחר ואמר ליה "על מנת שאין לרבך רשות בו". דמשמע: אבל אי אמר ליה "על מנת שתצא בו לחירות" – אפילו ר"מ מודה דאהני ליה תנאיה. וכן משמע פרק בתרא דנדרים (דף פח.), דתנן התם: המדיר (ג) חתנו הנאה ממנו והוא רוצה לתת מעות לבתו – אומר לה: הרי מעות האלו נתונים לך במתנה, ובלבד שלא יהא לבעלך רשות בהן, אלא מה שאת נושאת ונותנת לפיך. וקאמר עלה בגמרא, אמר רב: לא שנו אלא דאמר לה "מה שאת נושאת ונותנת לתוך פיך" אבל אי אמר לה "מה שתרצי תעשי" – קני יתהון בעל. ושמואל אמר: אפילו אמר לה "מה שתרצי עשי" – לא קני יתהון בעל. ומסיק: כמאן אזלא הא שמעתא דרב – כר"מ. וקיימא לן (בכורות דף מט:): הילכתא כוותיה דרב באיסורי. ואע"ג דפליגי נמי לענין ממון – מכל מקום לענין איסורא איתשיל, משמע דהלכה כרבי מאיר, דהא רב קאי כוותיה. והיינו ע"כ אליבא

א) גי' רש"ל.

עין משפט נר מצוה

רמ א מיי' פ"ו מהל' נדרים הל"ה:

רמא ב מיי' פ"ו מהל' עבדים הל"ח טוש"ע יו"ד סי' רסז סעי' נה:

רמב ג מיי' פ"ג מהל' זכייה הלי"ב טוש"ע יו"ד סי' רסז סעי' כב:

רמג ד מיי' שם ופ"ז מהל' נדרים הלי"ז סמג עשין פב סמג לאוין רמב טוש"ע אה"ע סי' פה סעי' יא וטוש"ע יו"ד סי' רכב:

רמד ה מיי' פ"ג מהל' זכייה ומתנה הלכה יג סמג עשין פב טוש"ע יו"ד סי' רסז סעי' כב:

רמה ו מיי' שם הלי"ד ופ"ה מהל' עבדים הל"ב סמג שם טוש"ע שם סעי' כו:

תוס' ר"י הזקן

שלוחי דרחמנא ואפי' היה בעל קרבן מודר הנאה מהכהן מותר לו להקריב קרבנו: יש קנין שהקנו להם אחרים בסתם ולא עשו להם תנאי הואיל ודעת אחרת הקנתו לו ולא גמר בלבו לתת לאדון ולבעל: ולאשה בעלמא איצטריכא ליה. כתב ר"ש דאשה כעבד הואיל וזכאי במעשה ידיה ומציאתה. משמע מלשונו דמתנה כמציאה וכ"כ בפ' בן סורר ומורה. וזה אינו כמ"ש במציאת האשה: ולאו כלום הוא דהו"ל כנותן [לו] אחר מתנה שתכף שנתן לעבד קנה האדון וכי עביד תנאי לעבד לא מהני לאדון. ור' אלעזר וכו' איכא מאן דפסק כרב ששת דגרסי' בנדרים פ' בתרא המודר הנאה מחתנו והוא רוצה ליתן מעות לבתו אומר לה הרי המעות נתונים לך ע"מ שאת נושאת ונותנת לפיך. אמר רב ל"ש אלא מה שאת נושאת ונותנת בפיך אבל מה שתרצי עשי בהן קנה יתהון בעל. אמר רבא מבדי שמעתתיה דרב כר' מאיר מדקאמר דרב כר' מאיר ומודה שאם אמר מה שאת נושאת ונותנת בפיך לא קנה בעל ובמה שתרצי עשי בהן קנה אלמא ס"ל כרב ששת דבעל מנת שאין לרבך רשות בהן פליגי ומיהו ר' מאיר מודה בעל מנת שתצא בהן לחרות והו"ל גבי אשה מה שתרצי עשי בהן כע"מ שאין לבעליך רשות בהן ומה שאת נושאת ונותנת בפיך כע"מ שתצא בו לחירות גבי עבד דאלו סבירא לן כר' אלעזר הויא שמעתתיה דרב כרבנן ולא כר' מאיר. דלר' מאיר כי היכי דלגבי עבד ליכא שום אנפא דקני ליה עבד בלא אדון ה"נ גבי אשה ליכא שום אנפא דתקני אשה בלא בעלה ואוקים רב למתני' כרבי מאיר ושמואל כרבנן אלמא הלכתא כרב ששת. והרי"ף והר"ם פסקו כר' אלעזר: א) פסק כשמואל. והעיקר דרב ושמואל בהא פליגי רב סבר דמתני' ודאי כר' מאיר היא במה שאת נושאת ונותנת לפיך דוקא ר' מאיר מודה ג) בעל מנת שתצא בהן לחרות דלא קנה אדון כרב ששת ומה שתרצי עשי בהן הוי כע"מ שאין לרבך רשות בהן כדפרישית. והיינו דקאמר רב במה שאת נושאת ונותנת בפיך דוקא אבל מה שתרצי עשי בהן אע"פ שהתנה בגופה של מתנה קנה בעל ודאי כר' מאיר ואליבא דרב ששת דס"ל דפלוגתייהו בע"מ שאין לרבך רשות בהן וקסברי רבנן קנתה האשה והעבד ור' מאיר סבר דלא קנו ואיכא למימר דר' מאיר סבר דע"מ שתצא בהן לחירות ודכוותה גבי אשה בע"מ שאת נושאת ונותנת לפיך קנתה האשה אבל בע"מ שתרצי [עשי] בהן לא דבע"מ שתצא בו לחירות גופיה לא שמעי' ליה בפירוש דנימא דקנה דנגמר מטעמיה באשה במה שתרצי עשי בהן וכרבנן לא מצי למיהוי דאף בלא מה שתרצי קנתה האשה והעבד. ואלו רב ס"ל כר' אלעזר בע"מ שתצא בהן לחירות פליגי מני מתני' אי ר' מאיר הא אמר אפ"ה קנה בעל ואדון ואי רבנן אפי' דבעל מנת שתצא בהן לחירות קנה עבד מטעם דלדידיה נמי לא אקני ליה אלא שיצא בהן לחירות כלומר שהתנה בגופה של מתנה גבי אשה נמי קנתה אפי' במה שתרצי עשי בהן שהרי התנה בגופה של מתנה אלא כרבנן ודברי שמואל הילכך לרב דאמר ללישנא דמתני' דוקא לא מתוקמא שמעתתיה אלא כר' מאיר אליבא דרב ששת. שמואל ס"ל כר' אלעזר דבעל מנת שתצא בהן לחרות פליגי הילכך מתני' לאו כר' מאיר מתוקמא אלא כרבנן ומה שאת נושאת ונותנת לפיך לאו דוקא וגבי אשה אפי' מה שתרצי עשי בהן לא קנה בעל דהא לדידה נמי לא אקני לה אלא למה שתרצי עשי בהן דהואיל ופרט לה זה וכבר נתן לה לא הוי כנותן לזה ומתנה לזה אלא כנותן לה מתנה מוחלטת אלא שתעשה בהן מה שתרצה והתנה בגוף המתנה אבל כשהתנה עם המתנה שנתן לה מתנה מוחלטת דאמר לה על מנת שאין לבעליך רשות בהן הוי כנותן לזה ומתנה לאחר. איכא מאן דאמר דשאני ע"מ באשה דלא קני ליה גופא ואין ביד הבעל לעכבה לעשות חפצה הילכך לא נתן לה מצד שהיא תחת בעלה אלא מצד שהיא תחת עצמה. אבל בעבד דקנייה ליה לגופיה ויש לו לעכבו לעשות חפצו אפי' כשאינו לו משל אדון קני אדון המתנה לעולם שהרי הקנה לעבדו ואע"ג דקא"ל ע"מ שתעשה בהן חפציך מהם הואיל ועשיית חפציו היא תחת שעבודו נמצא שהמתנה היא לעבדו שיעשה מהן מה שאמר הילכך כי א"ל קני קנה אדון. ואפי' א"ל ע"מ הוי כמתנה לאחר עד שיאמר לו ע"מ שתצא בהן לחירות דהא לדידיה לא אקני ליה עד שיצא בהן לחירות ויסתלק כל שעבודו מעליו נמצא שלא הקנה עבדו כלל. והלכתא כשמואל דדינא הוא. ולדברי זה אין הפרש בין עבד ואשה דהואיל והתנה בגופה של מתנה כגון שאמר לעבד ע"מ שתצא בהן לחירות [או] מה שתרצה לעשות בלא רשות אדון לא קנה אדון כמ"ש בזכייה פ"ג. והרב בעל התשלום כתב בנדרים דברי הרי"ף והר"ם כמו שכתבנו וכ"ד הר"ם והרי"ף. והוי יודע דמתנת אשה שזוכה בה הבעל אינו זוכה בה אלא לפירות כמו שכתבנו בפ' מציאת האשה: ורמי דר' מאיר [אדר"מ] ורבנן [אדרבנן]. לר' אלעזר מותיב דבעל מנת שתצא בהן לחירות פליגי ושמעי' מהא דר' אלעזר בין בעבד בין באשה קאמר ודינם שוה שלא כדברי בעל התשלום שכתב דהא דר' אלעזר לא איירי אלא בעבד אבל באשה מודה דבעל מנת שאין לבעליך רשות בהן לא קנה בעל דא"כ אמאי אוקמא בעל מנת שתפדי בו את המעשר הו"ל לאוקומי בעל מנת שאין לבעליך רשות בהן דבהא פליגי אפי' לר' אלעזר גבי אשה. ועוד אפי' ג) תפוך קשיא דר' דהא מודה בע"מ שתפדי את המעשר דלא קנה בעל דהוי כע"מ שתצא

א) אולי צ"ל ולענין המדיר הנאה מחתנו פסק כשמואל כנ"ל. ועי' בר"ן כאן שכ' דע"כ דגם הרי"ף פוסק כשמואל ע"ש ועי' ברי"ף על נדרים שם ודו"ק. ב) צ"ל וכן בעל מנת שתצא בהן לחירות לא קנה אדון. ג) אולי צ"ל דאפי' אם לא נימא איפוך לא קשיא דר"מ אדר"מ דהא מודה וכו'. ועי' במהרש"א כאן ד"ה ומשני ודו"ק.

מסורת הש"ס

יומא יט. נדרים לה:

תמורה כה: גיטין כג:

פסחים פח: נדרים פח: *סנהדרין עח. [נדרים שם:]

[נזיר כד: סנהדרין עח.]

[פסחים פח:]

הגהות הב"ח

(א) גמ' הדר פשטא גמר לה: (ב) תו' ד"ה ר' שמעון וכו' ור' שמעון ב"א סבר לה כר"מ: (ג) ד"ה ור' אלעזר וכו' ואומר המדיר את חתנו וכו' אומר לה לבתו הרי:

גליון הש"ס

תוס' ד"ה דאמר וכו' וי"ל לאורחיה דגמ' וכו'. בגליון של הגאון מוהרי"ב זצ"ל ועוד כתובות ד' מד ע"א תד"ה והלכתא ולקמן דף סה ע"א תד"ה ואם נתן ובר"ן נדרים ד' עב ע"א ד"ה ולענין הלכה.

[עי' תוס' שבת עב. ד"ה כי אתא ותוס' יומא יט: ד"ה מי איכא וב"ק פו: ד"ה ביישו וב"מ יז: ד"ה מן] [ועי' תוספות יומא יט: ד"ה מי איכא]

רמו א ב מיי' פ"ה מהל' מעשר שני הלכה ב:
רמז ג מיי' שם פ"ג הלכה יז:
רמח ד מיי' שם פ"ה הלכה יח:
רמט ה מיי' פ"ה מהל' עבדים הל"ד סמג עשין פז טוש"ע יו"ד סי' רסז סעי' כז:

תוספתא דמעשר שני פ"ד

לקמן נב: נג: ב"ק סט: סוכה לה. פסחים לז: ב"מ ל. [סנהדרין קיב: מנחות פב.]

לקמן לד: לה. לז: מב: מג. נח. ע"ז נב: חולין קיג: קיז. בכורות מט. סנהדרין סז: עב: זבחים כז. [פסחים כו. מה. יומא ס. גיטין עו. נזיר לז: סנהדרין מה: שבועות כו: זבחים מז. נז. חולין סא: כריתות ו. מעילה יח: ערכין יד:]

[ע' תוס' ב"ק לח. ד"ה מתיב]

אֵין אִשָּׁה *פּוֹדָה מַעֲשֵׂר שֵׁנִי בְּלֹא חוֹמֶשׁ. ר"ש בֶּן אֶלְעָזָר אוֹמֵר מִשּׁוּם ר' מֵאִיר: [א]אִשָּׁה פּוֹדָה מַעֲשֵׂר שֵׁנִי בְּלֹא חוֹמֶשׁ. הֵיכִי דָּמֵי? אִילֵימָא בְּזוּזֵי דְּבַעַל וּמַעֲשֵׂר דְּבַעַל — שְׁלִיחוּתֵיהּ דְּבַעַל קָא עָבְדָה! וְאֶלָּא, בְּזוּזֵי דִּידָהּ וּמַעֲשֵׂר דִּידֵיהּ — "אִישׁ" אֲמַר רַחֲמָנָא, [ב]וְלֹא אִשָּׁה! אֶלָּא לָאו כִּי הַאי גַּוְונָא, דְּאַקְנֵי לָהּ אַחֵר מָנֶה וְאָמַר לָהּ: ע"מ שֶׁתִּפְדִּי בּוֹ אֶת הַמַּעֲשֵׂר, וְאִיפְּכָא שָׁמְעָנָא לְהוּ? אֲמַר אַבָּיֵי: אֵיפוּךְ. רָבָא אֲמַר: לְעוֹלָם לָא תֵּיפוּךְ, וְהָכָא בְּמַעֲשֵׂר דַּאֲתָא מִבֵּי נָשָׁא עָסְקִינַן. וְר"מ לְטַעֲמֵיהּ, *דַּאֲמַר: [ג]מַעֲשֵׂר מָמוֹן הֶקְדֵּשׁ הוּא, [ד]וְלָא קָנֵי לֵיהּ בַּעַל. וְרַבָּנַן לְטַעֲמַיְיהוּ, דְּאָמְרִי: מָמוֹן הֶדְיוֹט הוּא וְקָנֵי לֵיהּ בַּעַל. הִילְכָּךְ שְׁלִיחוּתָא דְּבַעַל קָעָבְדָא.§ תָּנָא: [ה]יוֹצֵא בְּשֵׁן וְעַיִן וְרָאשֵׁי אֵבָרִים שֶׁאֵינָן חוֹזְרִים. בִּשְׁלָמָא שֵׁן וְעַיִן — כְּתִיבִי. אֶלָּא רָאשֵׁי אֵבָרִים מְנָלַן? דּוּמְיָא דְּשֵׁן וְעַיִן; מָה שֵׁן וְעַיִן — מוּמִין שֶׁבְּגָלוּי וְאֵינָן חוֹזְרִין, אַף כֹּל — *מוּמִין שֶׁבְּגָלוּי וְאֵינָן חוֹזְרִין. וְאֵימָא נֶיהֱווּ שֵׁן וְעַיִן כִּשְׁנֵי כְתוּבִים הַבָּאִים כְּאֶחָד, *וְכָל שְׁנֵי כְתוּבִים הַבָּאִים כְּאֶחָד אֵין מְלַמְּדִין! צְרִיכָא, דְּאִי כְּתַב רַחֲמָנָא שֵׁן — הֲוָה אָמִינָא אֲפִילּוּ
שֵׁן

רש"י

אין אשה פודה מעשר שני. קס"ד: במעשר שני שהוא משדה בעלה, שהיא כבעלה, וקרינן ליה "ממעשרו", וכדמפרש לה ואזיל. אשה פודה בלא חומש. דלאו דידה הוא, ואין מוסיפין חומש על פדיון מעשרות והקדשות אלא בעלים. שליחותיה עבדא. ומ"ט דמאן דאמר פודין בלא חומש? אלא בזוזי דידה. דנכסי מלוג. ומעשר דידיה. משדותיו. איש אמר רחמנא ולא אשה. "איש ממעשרו" אמר רחמנא, ולא אשה ממעשר בעלה, דאשה כאחר דמיא. ע"מ שתפדי בו כו'. שתהיה כאיש אחר לפדות בלא חומש. רבנן סברי: כי אמר לה "קני" – קנה ליה בעלה, וכי אמר לה "ע"מ" – לאו כלום הוא. הילכך, זוזי הוו נמי דבעל, ושליחותיה עבדא, "איש ממעשרו" קרינא ביה. ורבי מאיר סבר: לדידה גופה לא אקני לה אלא להכי, שתהא כאיש אחר לפדות בלא חומש. דאייתי מבי נשא. שמת אביה, והיה לו מעשר שני וירשתה עם שאר נכסים. וירושה הבאה לה לאחר מכאן – נכסי מלוג הן, וילקח בהן קרקע והוא אוכל פירות. ור"מ לטעמיה. דאמר לקמן בפ"ב: מעשר ממון גבוה הוא, ואכילתו משולחן גבוה הוא. הילכך, אינו כשאר נכסים למקנייה בעל בתקנתא דתקון רבנן פירות לבעל. הילכך לא זכי ביה. וכי פרקה ליה בזוזי דבעל – לאו ממעשרו הוא, דזוזי דחד ומעשר דחד. ורבנן לטעמייהו דאמרי ממון הדיוט הוא. וחיילא עליה תקנתא דרבנן, ופירות לבעל כשאר נכסי מלוג. וכיון דבזוזי דבעל פרקה – בעי חומש. תנא יוצא בשן ועין. אמתני' קאי. ראשי אברים. כ"ד הם, ושנויים אצל נגעים (פרק ו משנה ז), ומייתי להו לקמן בשמעתין (דף כה.). שאין חוזרין. אם נטלן, כשן ועין. וגמר במה מצינו. אין מלמדין. מדלא כתיב אחד ונגמור כולהו מיניה. צריכי. דלא גמר חד מחבריה, הילכך לא באין כאחד ניהו.

תוספות

אליבא דרב ששת. דאילו לר"א אליבא דר"מ אפי' "מה שאת נותנת לפיך" – קנה יתהון בעל, כמו שאין מועיל ע"מ שתצא לחירות. אלא ע"כ כרב ששת ולא כר"א סבירא להו לרב ושמואל. ש"מ דלרב ששת "ע"מ שתצא בו לחירות" מועיל לכ"ע כ"מה שאת נותנת לפיך", דמועיל אפילו לר"מ. ואומר ר"ת: דמשמע מהתם דהלכה כרב ששת ולא כר"א. ועוד מייתי ראיה דהלכה כרב ששת, מפרק "בן סורר ומורה" (סנהדרין דף עא.) דאמרינן התם: בן סורר ומורה אינו חייב עד שיאכל משל אביו ומשל אמו. ופריך בגמרא: אמו מנא לה? מה שקנתה אשה קנה בעלה! ומשני: כשנתנו לה אחרים ע"מ שאין לבעלה רשות בהן. והשתא, בשלמא לרב ששת – מכל מקום אתי לכל הפחות מיהא כרבנן. אלא לר' אלעזר – לא אתיא דהתם לא כר' מאיר ולא כרבנן! עוד מייתי ראיה מההיא דפסחים, פרק "האשה" (דף פח:) גבי, האומר לעבדו "שחוט עלי פסח" ושכח מה אמר לו רבו כו'. ופריך בגמרא: מה שקנה עבד קנה רבו! ומשני: כגון דאקני ליה ע"מ שאין לרבו רשות בו. והיינו כרב ששת, אבל לר"א הוה צריך לאוקמי שאמר לו "ע"מ שתצא ידי פסח". אך ר"י אומר: דאין ראיה לומר דהלכה (א) כרב ששת מההיא דנדרים ומפרק "בן סורר", דהתם מיתוקמא שפיר אפי' לר"א. דיש לחלק בין אשה לעבד, ומצינו למימר אפילו לר"א דאמר לר"מ אפילו אמר לו "ע"מ שתצא בו לחירות" קנה רבו – יכול להיות דבאשה לא קנה הבעל, שהרי אינם שוים, שאין יד האשה כיד הבעל כמו שיד העבד כיד רבו. ותדע, דאילו אם נתן הבעל מתנה לאשתו – קנתה לגמרי, ואין הבעל אוכל פירות, כדאיתא פרק "חזקת הבתים" (ב"ב דף נא:). ואילו אם נתן מתנה לעבדו – לא קנה העבד כלל. ועוד תדע שאינן שוים: שהרי אם נתנו אחרים מתנה לעבד – סתמא זכה הרב, בין בגוף בין בפירות, דאין קנין לעבד בלא רבו – היינו שאין קנין לעבד כלל, ויש לרב גוף ופירות. ואם נתנו אחרים מתנה לאשה – אין לבעלה כי אם פירות, אבל הגוף שלה. דהא דאין קנין לאשה בלא בעלה – היינו שהבעל אוכל פירות, אבל הגוף לאשה, וילקח בהן קרקע והוא אוכל פירות. דאע"ג דמציאת האשה לבעלה לגמרי – אין לדמות מציאה למתנה. וכן משמע בירושלמי דכתובות פ' "מציאת האשה" דקאמר התם: מפני מה מציאת האשה לבעלה – שמא תגנוב זהובים, ותאמר "מציאה מצאתי". ופריך: הגע עצמך מתנה? כלומר, במתנה עצמה ניחוש להא, שמא תגנוב ותאמר "נתנו לי מתנה"! ומשני: מתנה יש לה קול. ואי במתנה הוי הגוף נמי לבעל – מה היתה מרווחת לומר "ניתנו לי במתנה"? אלא ש"מ דבמתנה שנתנו לה אחרים אין לבעל אלא פירות, אבל הגוף לאשה. ואילו בעבד, אם נתן לו אחד מתנה – קנה האדון הפירות והגוף. וא"ת: לפר"ת דלרב ששת מועיל "ע"מ שתצא בו לחירות" אפילו לר"מ, א"כ אמאי קאמר ר"מ במתני': בכסף ע"י עצמו לא, הא ע"י עצמו נמי משכחת לה, באומר "ע"מ שתצא בו לחירות"! וי"ל: דכה"ג ע"י אחרים מקרי, ולא על ידי עצמו, כיון דלא קנה אותם העבד לגמרי ולא נתנו לו אלא ע"מ שיצא בו לחירות. ואע"ג דלר' אלעזר דמוקי פלוגתייהו ב"ע"מ שתצא בו לחירות" מיקרי ע"י עצמו – היינו משום דלר' אלעזר אית ליה דקניה עבד וקנה רביה. אבל לרב ששת, דאית ליה לא קניה רביה מיקרי ע"י אחרים. דמחמת שאין העבד קונהו אלא לצאת בו, לא קניה ליה רביה, וע"י אחרים מיקרי. ומיהו, קשה: אליבא דר"א דמוקי פלוגתייהו באומר "ע"מ שתצא בו לחירות" – אם כן היאך מצינו לרבנן דר' מאיר בכסף ע"י עצמו? הואיל ולא הקנו לו אלא ע"מ שיצא בהם לחירות – ע"י אחרים הוא, כדבעינן למימר לר' מאיר אליבא דרב ששת! וי"ל: דרבנן ע"י עצמו דר' מאיר קיימי, דאמר: בכסף ע"י אחרים – אין, ע"י עצמו – לא. ולר' אלעזר אליבא דר' מאיר אפילו הקנו לו ע"מ שיצא בהם לחירות – קנה עבד קנה רבו, ואין יוצא בו לחירות, ומקרי שפיר ע"י עצמו. ואהא קיימי רבנן, ואהכי קאמר: ותכ"א בכסף; במה שאתה קורא "ע"י עצמו", דקאמרת דאינו יוצא אפילו אם נתנו לו ע"מ שיצא בו לחירות – אנו אומרים שיצא בו לחירות. דכה"ג אשכחן ב"הניזקין" (גיטין דף נא:) ובשבועות (דף מב.) ובפ"ב דכתובות (דף יח.), דאמר ר' אליעזר בן יעקב: פעמים שאדם נשבע על טענת עצמו – דהיינו (ב) מה שאתם קורין טענת עצמו.

ה"ג רש"י **אלא** בזוזי דידה ובמעשר דידיה. (ג) פירוש: בזוזי דידה – דנכסי מלוג, ומעשר דידיה – משדותיו; "איש" אמר רחמנא ממעשרו, ולא אשה ממעשר בעלה, דאשה כי אחר דמיא. וקשה לר"ת: דלא היה לו להזכיר איש ואשה כלל, אלא הוה ליה למימר "ממעשרו" אמר רחמנא, ולא ממעשר חבירו! ונראה לר"ת דגרס: אלא בזוזי דידה ומעשר דידה. והכי פירושו: "איש" אמר רחמנא – דמוסיף חומש על מעשרו, ולא אשה – אפילו בזוזי דידה ומעשר דידה. ואפי' היא אלמנה (ד) וגרושה אינה מוספת חומש. והא דתני בת"כ בפ' "בהר": "אם גאל יגאל איש ממעשרו" לרבות את האשה, לענין פדיה דוקא מרבינן את האשה, ולא לענין חומש. דס"ד הואיל וכתיב ביה במעשר "למען תלמד ליראה" ודרשינן מיניה בספרי דגדול מעשר שמביא לידי תלמוד כששוהה בירושלים לאכילת מעשרו, וה"א: אשה כיון דלאו בת לימוד היא – ליתה בדיני מעשר, להכי איצטריך לרבויי. והא דממעט בת"כ קטן מ"איש" ה"נ הוה מצי למעוטי אשה מחומש, כדאמר הכא. אלא משום דרבי בההיא קרא גופיה אשה מ"אם גאול יגאל", ניחא ליה למנקט "איש" ולא קטן, למעוטי לגמרי. ומיהו, בחנם הזכיר ר"ת "למען תלמד", הוה מצי למימר דאיצטריך לרבות אשה לענין פדיה; דלא תיסק אדעתיה למעוטי מאיש לגמרי, כי היכי דממעטינן קטן. ומה שפי' בקונטרס בזוזי דידה היינו נכסי מלוג – לא נהירא. דכיון שהן ברשותו, ומה שקנתה אשה קנה בעלה – כזוזי דידיה חשיבי, כדאמר גבי מעשר דאתי מבי נשא, דקני לה בעל למ"ד מעשר ממון הדיוט הוא, ושליחותא דבעל קא עבדא. לכן נ"ל: דזוזי דידה מיירי כשהקנה לה אחר מנה ע"מ שאין לבעלה רשות בו, דהא פרשינן לעיל שאין הבעל אוכל (ה) פירות. **תנא** יוצא בשן ועין. ותנא דידן דלא תנא להו – משום דסבר דצריך גט שחרור.
הואיל

תוס' ר"י הזקן

שתצא בו שאת נשואת ונותנת לפיך. והוא דחק עצמו לפרש דהכא מיירי דלא אמר לה על מנת שאין לבעליך רשות אלא על מנת שתפדי את המעשר. ואין אלו אלא דברי נביאות וקושיא קמייתא לא מיתרצא אמאי לא אמר ליה דא"ל על מנת שאין לבעליך רשות בהן ובפסח שני מוכחינן דהא דאמרי' על מנת שאין לרבו רשות בו קנה בהן עבד (וקנה) דוקא מה שהוא זכות לאדון אבל מה שהוא חובה לאדון לא שאין חבין לאדם אלא בפניו כמו שביארנו שם: אין האשה הפודה מעשר שלו מוסיף חומש דכתיב ואם גאול יגאל איש ממעשרו ויסף חמישיתו ואחר שפודהו אין מוסיף חומש ואשה שפודה מעשר שלה אינה מוסיף חומש דכתיב איש ולא אשה: א) ומעשר דידה ומיירי שאין לה בעל: דבי נשא. מבית אביה: יוצא. העבד לחרות אם השחית עינו או אבר שאינו חוזר: צריכי. ולא באין כאחד הם:

א) גירסת רבינו בגמ' אלא בזוזי דידה ומעשר דידה וכגירסת רבינו תם בתוס' ד"ה אלא.

הגהות הב"ח

(א) תוס' ד"ה (בעמוד הקודם) ור"א כו' דהלכה כר"מ אליבא דרב ששת: (ב) בא"ד מה שאתם קורין כו'. נ"ב וכיוצא בזה פי' התוס' לעיל סוף דף טו בד"ה אלא בסברא: (ג) ד"ה אלא וכו' ופי' בקונטרס בזוזי דידה וכו' איש ממעשרו אמר רחמנא: (ד) בא"ד אלמנה או גרושה: (ה) בסה"ד אוכל אלא פירות:

עין משפט נר מצוה

רנ א מיי' פ"ה מהל' עבדים הל"ד סמג עשין פז טוי"ד סימן רסז:
רנא ב מיי' שם הל"י טור ש"ע שם סעי' ל:
רנב ג מיי' שם טוש"ע שם סעי' לא:
רנג ד מיי' שם הל"ד טוש"ע שם סעי' כז:
רנד ה ו מיי' שם הל"ז טור ש"ע שם סעיף לה:
רנה ז ח מיי' פ"ב מהל' נזקי ממון הל"ט והל' י סמג עשין סז טוש"ע חו"מ סי' שצ סעי' ט:
רנו ט י מיי' פ"ב מהל' חובל ומזיק הל"ז סמג עשין ע טוש"ע חו"מ סי' תכ סעי' לב וסעי' כה:
רנז כ מיי' פ"ה מהל' עבדים הל"ח סמג עשין פז טוש"ע יו"ד סי' רסז סעי' לד:
רנח ל מיי' שם הל"ט טוש"ע שם סעי' לג:
רנט מ נ מיי' שם הל' יב יג טוש"ע שם סעי' לו:
רס ס מיי' שם הל"ו טוש"ע שם סעי' לג:
רסא ע פ מיי' פ"ג מהל' איסורי מזבח הל"א סמג לאוין שטו:

תוס' ר"י הזקן

דחלב. שן הקטנים היונקים שאם נופלת חוזרת: ובטל ממלאכתו ואבר שאין לו מלאכה בגלוי לא יצא לחרות: ודלדל בו עצם ואינו חוזר למקומו לעולם: ריבויא הוא וריבה אבר אע"פ שאינו עושה מלאכה גלויה. אבל כל אבר ודאי עושה מלאכה: (בשבילה). אע"ג דבעינן מומין שבגלוי הרי בטל מעשה השינים הקבועים בו שהוא אבר גלוי וכ"כ הר"ם שהרי ביטל מעשה השינים הקבועין באותו עצם. ומסתברא דהלכה כר' עקיבא מחברו ואע"ג דאיכא מכריעין הכרעה שלישית היא ואינה מכרעת שהרי הם לא הזכירו בביאור בין שן ועין בין בשאר ראשי אברים ודמיא להא דתניא בהגוזל זוטא חבית של תרומה שנתגלתה בש"א תעשה זלוף ובה"א תשפך הכל א"ר ישמעאל אני אכריע בבית תעשה זלוף ובשדה תשפך הכל. ואמרו כל הכרעה שלישית אינה מכרעת. פי' הואיל ולא זכרו בביאור בין בבית בין בשדה אע"פ שדעתם כך היא הויא הכרעה שלישית וכ"כ ר"ש בפ' ראשית הגז ובהגוזל זוטא. והרי"ף שכתב שאין הלכה כמכריע אלא במשנה אולי לרווחא דמילתא כתב הכי כלומר אפי' הויא הכרעה: כנגד עינו. שנבעת מהקול: תקע. קול התרנגול מיקריא תקיעה. ולסוס צניפה. ולחמור נעירה: נזק שלם דאית ליה דצרורות חייבין נזק שלם ומותיב בפרק כיצד והא משונה ומשני דשדי בה בורני. פי' שיש זרעים בכלי ודרך התרנגול להכנים ראשו: חצי נזק דצרורות נינהו דהא לאו גופיה אזיק אלא כחו: ואם לאו שאינו יכול להבחין בה בין דבר לדבר בדקדוק: אם יכול להשתמש בה כבר שהיה רואה בה קצת הואיל ועכשיו אינו רואה בה כלל יוצא לחרות (וכל זה): שיחק. שגרם לו לצאת מתחת ידו: פטור מלשחרר העובר שלא יצא העובר לחרות כשיולד. ומסתברא דטעמייהו דרבנן דלא דרשי ושחתה אלא לאפוקי עובר דלאו בר השחתה הוא שהרי לא יצא לאויר העולם. אבל עבד אפי' שלא נתכוון ליגע באבר יוצא לחרות והיינו דאמרי' בב"ק ס"פ כיצד הרגל אמר רבה היתה אבן אחת מונחת לו בחיקו ולא הכיר בה מעולם או שהכיר בה ושכחה או שנתכוון לזרוק שתים וזרק ארבע לענין עבד פלוגתא דרשב"ג ורבנן דתניא הרי שהיה רבו רופא וכו' אלא לרבנן אע"פ שלא כיון לזרוק בעבד יוצא לחרות. והר"ם ז"ל ור"ש ז"ל פירשו טעמא דעובר דמודו רבנן דאינו יוצא לחרות שהרי לא ידע דבר שיתכוון לו. וטעמא דבכחול לי עיני שיוצא לחרות שהרי נתכוון ליגע באבר אע"פ שלא נתכוון להזיק א). וכתב הר"ם שאם נתכוון לזרוק לבהמה וזרק לעבדו והפילו שינו או סימא עינו לא יצא לחרות נראה שדחה ההיא דרבה וצ"ע. ולפום סוגיא דגמ' הכי דינא ופירושה כמו שכתבנו: סמויה אע"פ שאין רואה בה כלל.

א) עי' בתוס' ד"ה מבעי ליה.

גמרא

שן דחלב, כתב רחמנא "עין". ואי כתב רחמנא "עין" ה"א, מה עין שנברא עמו — אף כל שנברא עמו, אבל שן — לא. צריכא. ואימא: °"כי יכה" — כלל, (שמות כא) "שן ועין" — פרט; כלל ופרט — אין בכלל אלא מה שבפרט, שן ועין — אין, מידי אחרינא — לא! °"לחפשי (שם) ישלחנו" חזר וכלל. כלל ופרט וכלל אי אתה דן אלא כעין הפרט; מה הפרט מפורש — מום שבגלוי ואינן חוזרים, אאף כל מומין שבגלוי ואינן חוזרין. אי מה הפרט מפורש — מומין שבגלוי, ובטל ממלאכתו, ואינו חוזר — אף כל מומין שבגלוי, ואינו חוזר, ובטל ממלאכתו. אלמה תניא: בתלש בזקנו ודילדל בו עצם — עבד יוצא בהם לחירות? "לחפשי ישלחנו" ריבויא הוא. ואי ריבויא הוא — אפי' הכהו על ידו וצמתה וסופה לחזור נמי. אלמה תניא: *גהכהו על ידו וצמתה וסופה לחזור — אין עבד יוצא בה לחירות? א"כ שן ועין מאי אהני ליה? *ת"ר: דבכולם עבד יוצא בהם לחירות, וצריך גט שחרור, דברי ר"ש. ר"מ אומר: אינו צריך. ר"א אומר: צריך. ר' טרפון אומר: אינו צריך. ר"ע אומר: צריך. המכריעים לפני חכמים אומרים: נראין דברי ר"ט בשן ועין, שהתורה זכתה לו, ודברי ר"ע בשאר אברים, הואיל וקנס חכמים הוא. קנס הוא?! קראי קא דרשינן! אלא, הואיל ומדרש חכמים הוא. מ"ט דר"ש — יליף שילוח שילוח מאשה; מה אשה בשטר — אף עבד נמי בשטר. ור"מ אי כתב "חפשי" לבסוף — כדקאמרת. השתא דכתב "לחפשי ישלחנו" — הוה ליה חפשי מעיקרא. *ת"ר: ההכהו על עינו וסמאה, על אזנו וחרשה — עבד יוצא בהן לחירות. ונגד עינו ואינו רואה, כנגד אזנו ואינו שומע — אין עבד יוצא בהן לחירות. אמר רב שמן לרב אשי: למימרא דקלא לאו כלום הוא? *והתני רמי בר יחזקאל: זתרנגול שהושיט ראשו לאויר כלי זכוכית, ותקע בו ושברו — משלם נזק שלם. ואמר רב יוסף, אמרי בי רב: חסוס שצנף, וחמור שנער, ושברו כלים בתוך הבית — משלמים חצי נזק! א"ל: שאני אדם, דכיון דבר דעת הוא — איהו מיבעית נפשיה. *כדתניא: טהמבעית את חבירו — פטור מדיני אדם וחייב בדיני שמים. כיצד? יתקע באזנו וחרשו — פטור; אחזהו ותקע באזנו וחרשו — חייב. ת"ר: כהכהו על עינו וכהתה, על שינו ונדדה, אם יכול להשתמש בהן עכשיו — אין עבד יוצא בהן לחירות; ואם לאו — עבד יוצא בהן לחירות. תניא אידך: להרי שהיתה עינו כהויה וסמאה, שינו נדודה והפילה, אם יכול להשתמש בהן כבר — עבד יוצא בהן לחירות; ואם לאו — אין עבד יוצא בהן לחירות. וצריכא; דאי אשמועינן הך קמייתא — משום דמעיקרא נהורא בריא והשתא נהורא כחישא, אבל הכא דמעיקרא נמי נהורא כחישא — אימא לא. ואי אשמועינן הא — משום דסמיא לגמרי, אבל התם דלא סמיא לגמרי — אימא לא. צריכא. *תנו רבנן: מהרי שהיה רבו רופא ואמר לו לכחול לו עינו וסמאה, לחתור לו שינו והפילה — שיחק באדון, ויצא לחירות. רשב"ג אומר: °"ושחתה" (שמות כא) — עד שיתכוין לשחתה. ורבנן, האי "ושחתה" מאי עבדי ליה? מיבעי להו לכדתניא: ר"א אומר: הרי שהושיט ידו למעי שפחתו וסימא עובר שבמעיה — נפטור. מ"ט דאמר קרא: "ושחתה" — עד שיכוין לשחתה. ואידך: מ"ושחת" "שחתה" נפקא. ואידך: "שחת" "שחתה" לא דריש. א"ר ששת: סהרי שהיתה עינו סמויה וחטטה — עבד יוצא בהן לחירות. מ"ט — מחוסר אבר הוא. ותנא תונא: *עתמות וזכרות בבהמה, ואין תמות וזכרות בעופות. יכול יבשה גפה, נקטעה רגלה, נחטטה עינה — ת"ל "מן העוף" — פולא כל העוף. א"ר חייא בר אשי אמר רב: היתה לו

יתרת

רש"י

שן דחלב. שן שיונק בה, דעתיד להחליפה, כגון בעבד קטן. לחפשי ישלחנו. ריבה לו שלוחים, מדלא כתיב "חפשי הוא", או "יצא חפשי". בטל ממלאכתו. העין נקמת מראות, והשן מללעוס. ודילדל בו עצם. השמיטו ממקומו, ומחובר בבשר. יוצא בו לחירות. אם עצם שאינו חוזר הוא, וסופו ליבש וליפול. ואע"ג דליכא ביטול מלאכה, דהא עצם דזקן לאו מידי הוי עביד, כיון דבגלוי הוא ואינו חוזר — הרי הוא כעשרים וארבעה ראשי אברים. ריבויא הוא. אינו לשון כלל להיות נידון בכלל ופרט, אלא בריבה ומיעט וריבה — וריבה הכל. וצמתה. יבשה. א"כ. דלא ממעט מידי, מיעוט דשן ועין למאי מיעט? בכולן. בראשי אברים קאי. וצריך גט שחרור. להתירו בבת חורין. שהתורה זכתה לו. דכתיב בהדיא. אי כתב חפשי לבסוף כדקאמרת. דלאו חיפושו אלא בשילוח. השתא דכתיב לחפשי ישלחנו הוה ליה חפשי מעיקרא. וכי אתא "ישלחנו" — לשאר ראשי אברים אתא. כנגד עינו. שהכה בכותל והבעיתו בקול, ואינו רואה, או נתחרש. ושברו. בקול. משלם נזק שלם. כסומכוס מוקמינן לה בב"ק, דאמר: בהמה שהזיקה בצרורות — משלם נזק שלם. ושברו את הכלים. בקולם. חצי נזק. כדין צרורות לרבנן, דפליגי עליה דסומכוס בב"ק, ואמרי: אינו משלם אלא חצי נזק צרורות. שאני אדם דבר דעת הוא. האי ניזק. וכי מיבעית — מדעתיה קא מיבעית, שנותן לבו אל פחד קול הבא פתאום. וכהתה. ולא נסמית לגמרי, שרואה במקצת. אם יכול להשתמש. במראה זה. וצריכי. הני תרתי יצא לחירות, לאשמועינן דהיכא דאין יכול להשתמש, אע"ג דלא סמאה לגמרי — הויא השחתה. והיכא דסמאה לגמרי, אע"ג דכהויה הויא מעיקרא, הואיל והיה יכול להשתמש למראיתה בדוחק — הויא השחתה. והשתא נהורא כחישא. שאין יכול להשתמש. דמעיקרא נמי נהורא כחישא. ואע"ג דיכול להשתמש בו, אימא לאו עין הוא. לחתור לו שינו. לנקרה ולגרר סביב מושבה. לכדתניא הושיט ידו למעי שפחה. להוציא עוברה — פטור, דלא נתכוין לעין כלל. אבל "כחול לי עיני", דנתכוין לעין, אע"ג שלא נתכוין לשחתה — חייב. מושחת. נפקא לן הא דר"א, פרט לזה שלא נתכוין לשחת כלל. "ושחתה" — משמע בעסוק בה הכתוב מדבר, ואפ"ה מתכוין לשחתה בעינן. וחטטה. הוציאה לחוץ. ותנא תונא. כלומר, מצינו תנא שלנו המסייענו בזאת. ואין תמות וזכרות בעופות. האי קרא דריש, הנאמר בכל (כלל) הקרבנות (ויקרא כב): "איש איש מבית ישראל אשר יקריב קרבנו לכל נדריהם וגו' לרצונכם תמים זכר בבקר בכשבים ובעזים". מדלא כתיב "לרצונכם *זכר תמים" ולישתוק — לימדך שאין מקפיד על תמות וזכרות אלא על אלו. נחטטה עינה. אלמא אף על גב דסמויה מעיקרא, כי חטטה — משוי ליה מומא.

יתרת

תוספות

הואיל ומדרש חכמים הוא. פי': משום הכי אמר דבשאר דברים צריך גט שחרור. וא"ת: ומה בכך הואיל ומדרש חכמים הוא? והלא כמה גופי תורה תלויין, שאינם באין אלא מכח דרשה! לכן נראה לר"ת: דגט זה אינו אלא מדרבנן. דחיישינן שמא ימצאנו בשוק ויאמר לו "עבדי אתה", לפי שאין המדרש ידוע לעולם, לכך תקנו גט שחרור. וריב"א פירש: דודאי שן ועין דכתיב בהדיא בקרא, ועלייהו כתיב "לחפשי ישלחנו" דמשמע חפשי מעיקרא, ובהא פשיטא ליה דלא גמר "שילוח" "שילוח" מאשה ולכן א"צ גט שחרור. אבל שאר אברים דלא נפקי אלא מיתורא ד"ישלחנו" ודאי בהכי גמירי "שילוח" "שילוח" מאשה, ולכן צריך להו גט שחרור.

תרנגול שהושיט ראשו וכו'. בתרנגול גרסינן נזק שלם, ובסוס שצנף — חצי נזק. וכן מוכח בפרק "כיצד הרגל" (ב"ק דף יח:).

מיבעי ליה לכדתניא הרי שהושיט כו'. השתא משמע דכ"ע דכשלא נתכוון לעין פטור. ותימה: דבפרק "כיצד הרגל" (ב"ק דף כו:) אמר רבה: היתה מונחת לו אבן בחיקו ולא הכיר בה מעולם, ועמד ונפלה לעין עבד — פלוגתא דרשב"ג ורבנן! וי"ל: דשאני הכא דאיכא תרתי לטיבותא: שהוא מתכוין לטובה, ולא נתכוין לעין כלל. אבל ההיא דהתם, הוי דומיא לכחול לו עין וסמאה. דאיכא חדא לטיבותא — שנתכוין לרפאות, וחדא לריעותא — שנתכוין לעין.

סמויה וחטטה יוצא בהן לחירות. ואע"ג דלעיל אמר: כהויה וסמאה, אם אינו יכול להשתמש בה כבר אין יוצא בהן לחירות. והכא, כיון דסמויה — משמע שלא היה יכול להשתמש בה כבר. מ"מ הכא שאני, דחטטה — עשאו מחוסר אבר.

[**ותנא** תונא כו'. תימה: דלא דמי לעוף, דמתחילה לא היה בו דבר שראוי לפסול בו, דאפילו עינו סמויה בו לא היה פסול. אבל עבד — הרי היה בו מתחילה דבר הראוי לצאת בו! ת"י]. **ת"ל** מן העוף ולא כל העוף. תימה: ל"ל קרא? כיון דמחוסר אבר פסול לבני נח, כדדרשינן בפ"ק דע"ז (דף ה:) ובפ"ב דזבחים (ד' קטו.) "מכל החי מכל בשר" — הבא בהמה שחיין ראשי אברין שלה! וי"ל: דאי לא כתב קרא גבי ישראל — הוה מוקמינן קרא דבני נח בישראל, ולא לבני נח. כדאמר בפרק ד' מיתות" (סנהדרין דף נט.): כל מצוה שנאמרה לבני נח ולא נשנית בסיני — לישראל נאמרה, ולא לבני נח. א"נ ה"א: כיון דאישתרי בעל מום בעופות טפי מבהמה — אישתרי אפילו מחוסר אבר, וקרא דכתיב — איירי בבהמה*).

המנונא

מסורת הש"ס

ב"ק פו. גיטין מב:
גיטין שם
ב"ק נא. נח.
שם יח:
שם נח.
*)וע"ע תוס' זבחים לה: ד"ה אלא ועוד שם סח: ד"ה ושנסמכת]
ל"ל תמים זכר שם כו:
חולין כג. זבחים קטז. [מנחות ו. כה. תמורה יז.]

גמרא

יתרת וחתכה — [א]עבד יוצא בהן לחירות. אמר רב הונא: *[ב]והוא שנספרת על גב היד.§ סבי דנזוניא לא אתו לפירקיה דרב חסדא, אמר ליה לרב המנונא: זיל צנעינהו. אזל אמר להו: מאי טעמא לא אתו רבנן לפירקא? אמרו ליה: אמאי ניתי? דבעינן מיניה מילתא ולא פשט לן. אמר להו: מי בעיתו מינאי מידי ולא פשיטנא לכו? בעו מיניה: עבד שסרסו רבו בביצים מהו? כמום שבגלוי דמי או לא? לא הוה בידיה. אמרו לו: מה שמך? אמר להו: המנונא. אמרו ליה: לאו המנונא, אלא *קרנונא. אתא לקמיה דרב חסדא. א"ל: מתניתא בעו מינך. *דתנן: [ג]עשרים וארבעה ראשי אברים שבאדם כולם אין מטמאין משום מחיה. ואלו הם: ראשי אצבעות ידים ורגלים, וראשי אזנים, וראש החוטם, וראש הגוייה, וראשי דדים שבאשה. רבי יהודה אומר: אף שבאיש. ותני עלה: [ד]בכולם עבד יוצא בהם לחירות. רבי אומר: אף הסירוס. בן עזאי אומר: אף הלשון. אמר מר: רבי אומר אף הסירוס. סירוס דמאי? אילימא סירוס דגיד — היינו גוייה. אלא לאו — סירוס דביצים. "רבי אומר אף הסירוס". ורבי לשון לא? ורמינהו: הרי מי שהיה מזה ונתזה הזאה על פיו, רבי אומר: היזה, וחכמים אומרים: [ה]לא היזה. מאי לאו [ו]על לשונו? לא, על שפתיו. [ז]על שפתיו פשיטא! מהו דתימא: זימנא דחלים שפתיה. קמ"ל. והתניא: על לשונו! ועוד תניא: *ושניטל רוב הלשון, רבי אומר: [ח]רוב המדבר שבלשונו! אלא, רבי אומר: סירוס, ולא מיבעיא לשון. בן עזאי *אמר: לשון, אבל סירוס — לא. ומאי "אף"? אקמייתא. אי הכי נקדמה דבן עזאי ברישא! תנא שמעה לדרבי וקבעה, ושמעה לדבן עזאי ותני, *ומשנה לא זזה ממקומה. אמר עולא: [ט]הכל מודים בלשון לענין טומאה, דגלוי הוא אצל השרץ. מ"ט, (ויקרא טו) "אשר יגע בו" אמר רחמנא — והאי נמי בר נגיעה הוא. לענין [י]טבילה — (שם) כטמון דמי. מ"ט, "ורחץ בשרו במים" אמר רחמנא, מה בשרו *מאבראי — אף כל מאבראי. לא נחלקו אלא לענין הזאה; רבי מדמי לה לטומאה, ורבנן (במדבר יט) מדמו לה לטבילה. ותרוייהו בהאי קרא קמיפלגי: "והזה הטהור על הטמא" וגו'. רבי סבר: "והזה הטהור על הטמא ביום השלישי וביום השביעי וחטאו". רבנן סברי "וחטאו ביום השביעי וכבס בגדיו ורחץ במים". ורבנן נמי, נדמייה לטומאה! טהרה מטהרה הוה ליה למילף. ורבי, נדמייה לטבילה! "וכבס בגדיו" הפסיק הענין. וסבר רבי לענין טבילה כטמון דמי? *והאמר רבין אמר רב אדא אמר רבי יצחק: מעשה בשפחה של בית רבי שטבלה ועלתה, ונמצא עצם בין שיניה, [כ]והצריכה רבי טבילה אחרת! נהי דביאת מים לא בעינן, [ל]מקום הראוי לבוא בו מים בעינן, כדרבי זירא. *דאמר רבי זירא: [מ]כל הראוי לבילה — אין בילה מעכבת בו, ושאינו ראוי לבילה — בילה מעכבת בו. כתנאי

רש"י

יתרת. אצבע יתירה. שנספרת על גב היד. שהיתה בשורת שאר אצבעות. סבי דנזוניא. שם מקום. זיל צנעינהו. אמור אליהם להסגר ולישב בבית. וזה לשון נדוי לתלמיד חכם, כדאמר במועד קטן (דף יז.) לאמר לו דרך כבוד: הסגר ושב בביתך. כמומין שבגלוי דמי. שהרי תלויין בכיס וניכרים מבחוץ. או לא, הואיל וטמונין בתוך הכיס. קרנונא. יושב קרנות אתה, ולא בעל תורה. מתניתא בעו מינך. גרסינן. דמברייתא דתני עלה דמתניתין: רבי אומר אף הסירוס, יליף לה. אין מטמאין משום מחיה. שם אחד מן הנגעים. כדכתיב (ויקרא יג): "ומחית בשר חי בשאת", וכתיב בה (שם): "לכל מראה עיני הכהן" — שתהא כולה נראית כאחת, פרט למחיה שהיא במקום המשופע ויורד לכל צד, שאין יכול לראות ראש הנגע ורגליו כאחת. וראשי אזנים. שפת האוזן. ראש גוייה. גיד. וראשי דדים שבאשה. אבל שבאיש אינן בולטין כל כך, ואין זה שיפוע. לחירות. דכולן, אם קצצו לו רבו — מום שבגלוי הוא, ואינו חוזר. רבי אומר אף הסירוס. מוסיף על אלו לענין עבד. ושן ועין לא איצטריך ליה לרבי למנות בתוספתא, דבהדיא כתיב, וזיל קרי בי רב הוא. ות"ק לא פליג בהא. אף הלשון. שדרכו ליראות כשהוא מדבר, ומום שבגלוי הוא. אמר מר כו'. רב חסדא מסיק ואזיל למילתיה, למיפשט בעיא דסבי. היינו גוייה. דאימני לענין נגעים, ובכולהו אמר ת"ק: עבד יוצא לחירות. ואלא דביצים. ש"מ בעיא דסבי פלוגתא דרבנן ורבי היא. ה"ג: ולרבי לשון לא. ולרבי לשון לא הוי מום גלוי? בתמיה. על פיו. של טמא. רבי אומר היזה. דאע"ג דהזאה על הגלוי בעינן, כדלקמיה. דחלים. סוגר פיו בחזקה עד ששפתיו נדבקות מאד. ולא נשוינהו כגלוי, הואיל ופעמים הם טמונות ע"י חלומו, קמ"ל. חלים — דבר שהוא מדביק יפה, סולדו"ר בלע"ז, כדאמרינן גבי תפירות עור ב"העור והרוטב" (חולין דף קכג:): שאני עור דחלים. שניטל רוב הלשון. לענין מומי בכור שנו, בבכורות. רוב המדבר. ממקום פרישת דיבוקו ולמעלה קרי מדבר. אע"ג דדיבור בבהמה לא שייכא — קרי ליה מדבר, הואיל והוא המדבר בלשון האדם. אלא רבי אומר סירוס. אע"פ שהן טמונין בכיס לעולם. ולא מיבעיא לשון. שהוא נגלה לפרקים. ומאי אף. דקאמר בן עזאי. אקמייתא. קאי, אעשרים וארבעה המנויין אצל נגעים, דקאמר ת"ק: עבד יוצא בהן לחירות — מוסיף בן עזאי לענין עבד, אף הלשון: "אלא" לא גרסינן, והכי גרסינן. תנא שמעה לדרבי וקבעה כו'. קבעה אצל הראשונות, והדר שמעה לדבן עזאי שהיה מוסיף לשון לבדו על הראשונות, ונמלך חלוק על רבי בסירוס, וקבעה בלשון "אף" כמו שאמרה בן עזאי. והיה לו לתנא לקובעה בין ת"ק לרבי, והדר למיתני תוספת סירוס עלה. אלא שמאחר שנקבעה של רבי אצל ת"ק והיתה שגורה בפי התלמידים כך — לא זזה של רבי ממקומו, וסידרו של בן עזאי אחריה. לפי שהגירסא השגורה בפה קשה לשנותה ולחזור ולגורסה בלשון אחר. לענין טומאה. דקי"ל, מגע בית הסתרים אינו מטמא. ונפקא לן במסכת נדה (דף מג.) מ"וכל אשר יגע בו הזב" וגו' הא שטף — טהור?! בתמיה, הא טבילה בעי! אלא: "כל אשר יגע בו הזב" — בדבר שהוא גלוי כידיו, והזב לא שטף עדיין כל גופו במים, שלא טבל מזובו — "וכבס בגדיו". האי קרא ד"וידיו לא שטף במים" הוא. אשר יגע בו אמר רחמנא. האי בר נגיעה. כידיו הוא, בגלוי, שהרי מוציא לשונו ונוגעין בו בגלוי. הילכך, נגע שרץ בלשונו — טמאהו. כטמון דמי. ואין צריך ביאת מים בתוך הפה. אף כל מאבראי. ולא שיכנים מים לתוך הפה. ואף להוציא כל הלשון ולטבילה למקצת לא אשכחינן. אבל נגיעה בכל שהוא — הויא נגיעה. רבי. דריש: "על הטמא וחטאו" — חטוי על מקום טומאה הוי חטוי. ורבנן סברי וחטאו וכבס בגדיו ורחץ. בעינן חטוי שיפול על מקום הראוי לרחיצה, דהיינו טבילה. טהרה מטהרה. הזאה מטבילה. והצריכה רבי טבילה אחרת. משום חציצה. אלמא בעי ביאת מים לתוך הפה. כר' זירא דאמר. במנחות (דף קג:): אין מביאין מנחה של ששים ואחד עשרון בכלי אחד, דקים להו לרבנן שאין נבללין יפה בשוין כיחד. והוינן בה: וכי אין נבללין מאי הוי? והא אנן תנן: אם לא בלל — כשר! ואמר רבי זירא עלה: כל הראוי לבילה — אין בילה מעכבת בו, ואפי' לא בלל — כשר. וכל שאין ראוי לבילה, כגון ששים ואחד — בילה מעכבת בו, דראוי לבילה בעינן. כתנאי

תוספות

המנונא קרנונא. פי' בקונטרס: יושב קרנות אתה, ולא בעל תורה. ור"ח פירש: אתה אומר המנונא היינו חס נונא, דג חס. ואין כן, אלא קר נונא, דג שהוא קר. רבי מדמה ליה לטומאה. וא"ת: מאי פריך לעיל מהזה על לשונו? דילמא הזאה שאני, דאיתקש לטומאה. אבל לענין ראשי אברים — מדמינן לטבילה! וי"ל: דע"כ ליכא לדמויי לטבילה. שהרי שן ועין דהוו גלויי לעבד, שהוא יוצא בהן לחירות, ולגבי טבילה הוו כטמון, כדמסיק בסמוך, דלא בעינן ביאת מים. כל הראוי לבילה כו'. עיקר מילתא דר' זירא בפ' "המנחות והנסכים" (מנחות דף קג.) דתנן: אם אמר "הרי עלי מנחה של ששים ואחד עשרון" — מביא ששים בכלי אחד, והאחד בפני עצמו. ומפרש בגמרא: משום דששים נבללין, וס"א אין נבללין. ופריך: כי אין נבללין מאי הוי? והתנן: אם לא בלל כשר! אמר ר' זירא: כל הראוי לבילה — אין בילה מעכבת, ואפי' לא בלל כשר. וכל שאין ראוי לבילה בילה מעכבת בו, דראוי לבילה בעינן. ואם תאמר: מאי פריך: ואם לא בלל כשר? נהי דבלילה לא מעכבא — היינו דוקא בדיעבד, אבל לכתחילה

עין משפט נר מצוה

רסב א ב מיי' פ"ה מהל' עבדים הל"ו סמג עשין פו טוש"ע יו"ד סי' רסז סעי' כט:

רסג ג מיי' פ"ג מהל' טומאת צרעת הל"ח:

רסד ד מיי' פ"ה מהל' עבדים הל"ד סמג עשין פו טוש"ע יו"ד סי' רסז סעי' כז:

רסה ה ו ז מיי' פי"ב מהל' פרה הל"א:

רסו ח מיי' פ"ז מהל' ביאת מקדש הל"ז:

רסז ט מיי' פ"א מהל' טומאת מת הל"ג:

רסח י מיי' פ"א מהל' מקוואות הל' י סמג עשין רמח טוש"ע יו"ד סי' קצח סעי' לח:

[וז"ל הערוך בערך נגע ב' כשאמרו לו קרנונא ח"ו לא ביזוהו אלא אמרו לו וכי הדגים חמין הן קרים הן קרטנא ראוי לומר לך ובזה תבין היטב מ"ש תוספות בשם ר"ח]

רסט כ מיי' פ"ב מהל' מקוואות הל"ג סמג לאוין קיא טוש"ע יו"ד סי' קצח סעי' כד:

ער ל מיי' פ"א שם הל"י סמג שם טוש"ע שם סעי' מג:

רעא מ מיי' פי"ז מהל' מעשה הקרבנות הל"ו:

תוס' ר"י הזקן

נספרת. שהיא בשורת שאר האצבעות: שסירסו שחתך ביציו ונעשה סרים: מחיה אינה מטמאה אלא בדבר שנראה כולו כאחד דכתיב לכל מראה עיני הכהן. אף הסירוס וכ"ש הלשון: ומסתברא דהלכתא כסתם מתניתין דרבים הם א) ותו לא דהא רבנן אמרי דלשון אבר שבסתר הוא דהא לא עלתה לו הזאה: לא הזה דהזאה בעינן באבר גלוי (הוא) ולשון לאו אבר גלוי הוא: הזאה שלישי ושביעי לטמא מת קאמר: מאבראי ולא שיכנוס מים בתוך הפה וכל לשונו אינו יכול להוציא וטבילה במקצת לא אשכחינן אבל נגיעה בכל שהוא הויא נגיעה: לענין שרץ אם נגע שרץ בלשונו שהוא טמא אב הטומאה ומטמא אדם וכלים: והאמר רבין קס"ד דהאי דאמרי' כטמון דמי שאע"פ שיש שם דבר חוצץ עלתה לו טבילה: מקום הראוי [בעינן] ואפי' רבנן מודו בה דומיא דבית הסתרים דתנן במקוואות [פ"ח מ"ה] הקמטים ובית הסתרים [אינם] צריכים שיבא בהם מים. וגרסי' בנדה אמר רבא ילמוד אדם בתוך ביתו שתהא אשה בשעת טבילה מדיחה קמטיה במים אלמא האי אינן צריכים ביאת מים אלא (בעו) מקום הראוי לבא בו מים מיהא בעו: כל הראוי לבילה במנחות היא גבי ששים עשרון נבללים בבכלי א' ואין מביאים בו ביותר והתנן אם לא בלל כשר ומשני הכי:

א) אולי צ"ל דלוקא בכ"ד ראשי אברים יוצא לחירות ותו לא.

מסורת הש"ס

בכורות מה. נדה מט:

נגעים פ"ו מ"ז תוספתא דנגעים פ"ב

בכורות מ. ע"ש

[צ"ל אומר]

חולין קכז: לב: ע"ז לה: [יבמות ל. לב. שבועות ד.]

נדה מג.

נדה סו: ע"ש

יבמות קד: נדרים עג. ב"ב פא: מכות יח: מנחות יח: קג: חולין פג: נדה סו:

גליון הש"ס

גמ' מ"ט אשר יגע. ג' התוס' בנדה ד' מג ע"א וכי יגע:

עין משפט
נר מצוה

ערב א מיי' פ"ז מהל' ביאת מקדש הל"ח:
ערג ב מיי' פ"ב מהל' מכירה הל"ה סמג עשין פב טוש"ע חו"מ סי' קנז סעי' א:

כתנאי: ״ומעוך וכתות ונתוק וכרות״ – *כולן בביצים, דברי רבי יהודה. בביצים ולא בגיד?! אלא: כולן אף בביצים, דברי רבי יהודה. רבי אליעזר בן יעקב אומר: כולם בגיד. רבי יוסי אומר: ״מעוך וכתות״ – אף בביצים. ״נתוק וכרות״, בגיד – אין, בביצים – לא.§ מתני' בהמה גסה נקנית *במסירה, והדקה בהגבהה, דברי רבי מאיר ור' אליעזר. וחכ"א: בהמה דקה נקנית במשיכה.§ גמ' דרש רב בקימחוניא: בהמה גסה נקנית במשיכה. אשכחינהו שמואל לתלמידי דרב, אמר להו: מי אמר רב בהמה גסה נקנית במשיכה? והאנן במסירה תנן! ורב נמי במסירה אמר! הדר ביה מההיא? הוא דאמר כי האי תנא, *דתניא, וחכ"א: בזו וזו נקנית במשיכה. רבי שמעון אומר: זו וזו בהגבהה. מתקיף לה רב יוסף: אלא מעתה, פיל לרבי שמעון במה יקנה? אמר ליה אביי: בחליפין. אי נמי: בשוכר את מקומו. רבי זירא אמר: מביא ארבעה כלים ומניחן תחת רגליו. שמעת מינה *כליו של לוקח ברשות מוכר – קנה לוקח? הכא במאי עסקינן – בסימטא.
אי

תורה אור: ויקרא כב

רש"י:
כתנאי. סירוס דבילים, אי הוי מום גלוי. בביצים ולא בגיד. בתמיה: גיד ודאי גלוי הוא! אף בביצים. ולא תימא מום טמון הוא, דודאי מינכר. בגיד ולא בביצים. דודאי מום טמון הוא, ולא מום גלוי הוא. מעוך וכתות אף בביצים. דמינכר טפי. כרות. כרותין החוטין שהביצים תלויין בהן בכיסן, ומעורים במקצת, ואינן נתוקין לגמרי. נתוק. בגיד לגמרי, ועדיין תלויין בכיס. נתוק הוי טפי מכרות, כדאמרינן במנחות (דף נו:): להביא נותק אחר כורת שחייב. אלמא נתוק הוי טפי מכרות.
מתני' נקנית במסירה. בעליה מוסרים אותה ללוקח באפסר או בשערה, כדתניא לעיל (דף כב:): כיצד במסירה כו' אבל משיכה לא מקניא, דאין דרכה בכך להוליכה לפניו. בהגבהה. ולא במשיכה.
גמ' והא אנן תנן במסירה ורב נמי במסירה אמר. הוה רגיל לומר. הדר ביה כו'. בתמיה. עד הכא שמואל קאמר לה. זו וזו. הדקה והגסה, וכי האי תנא סבירא ליה לרב. זו וזו בהגבהה. ולא במסירה ולא במשיכה. במה יקנה. שאי אפשר להגביהו. מביא ארבעה כלים. דקני ליה כליו כו'. ש"מ כו'. ופלוגתא היא בב"ב (דף פה.). בסימטא. זוית שהיא אצל רשות הרבים, ואינה לא רה"ר ולא רה"י.
אי

תוספות:
לכתחילה מצוה לבלול! ויש לומר: דכיון דהאי גברא למנחה גדולה קמכוין, אם איתא דבעלמא כשר בדיעבד, בהאי גברא שהתנדב קרבן גדול – שרי אף לכתחילה. עוד יש לומר: דאיכא נפקותא אליבא דמ"ד התם: אפילו המתנדב מנחה גדולה אינו מביא אלא לוג אחד. אם כן כשהתנדב ס"א עשרונים – יצטרך להביא בשני כלים, לפי שאין נבללים יפה, ויצטרך להביא שני לוגים שמן, והוא לא התנדב אלא לוג אחד. והוי כמו ייתור שמנו, דקיימא לן (מנחות יח.) דייתור שמנו פסול. ואי הוה שרי בדיעבד בכלי אחד – היה טוב להביא לכתחילה, שלא יבא לידי ייתור שמן. ומיהו, קשה: מ"ט דראוי? אי שנה הכתוב בלילה לעכב – ליבעי בלילה ממש, ואי לא שנה – אפילו ראוי לא ליבעי! וי"ל: דודאי שנה הכתוב בלול כמה פעמים, אבל לא כתב בלשון לווי. *ובלילה משמע דאתא לאשמועינן דלא בעינן אלא ראוי. וא"ת: בטבילה מנ"ל דבעינן ראוי? ויש לומר: משום דכתיב ״ורחץ את כל בשרו״ – דמשמע אפי' בית הסתרים, וכתיב ״וידיו״ ודרשינן: מה ידיו מאבראי – אף כל מאבראי, וממעטים בית הסתרים. מ"מ, כיון דאיכא ״כל״ דמרבינן אפי' בית הסתרים – איכא למימר לכל הפחות להכי מרבי, דבעינן ראוי לביאת מים.

בהמה גסה נקנית במסירה. פי' בקונטרס: בעליה מוסרים אותה ללוקח באפסר, כדתניא לעיל: כיצד במסירה – אוחזה בטלפיה כו'. משמע מתוך לשונו דמסירה בעינן מיד ליד. וכן פירש ריב"ס, ומייתי ראיה מהא דאמר בפ"ק דב"מ (דף ח.): מאי לשון מסירה – כאדם המוסר דבר לחבירו. וכן ההיא דאמר* במציאה ובנכסי הגר ״מאן מסר ליה דליקני״, דמשמע דמסירה הוי מיד ליד. וקשה לר"י: דהא אמרינן לעיל: כיצד במסירה – אחזה בטלפיה כו'. דלשון אחיזה בטלפי' משמע שמעצמו אוחזה, ולא מסרה לו אדם! לכן נראה לרבי דלא בעינן מיד ליד, אלא כיון דאמר ״לך חזק וקני״ – קנה. והא דקאמר התם במציאה ובנכסי הגר ״מאן קמסר ליה דליקני״ – היינו: מי אמר לו ״לך חזק וקני״. ורשב"ס פי': אחז בטלפיה – אחז במלות המוכר. דמשמע נמי מתוך לשונו דלא בעינן מסירה מיד ליד. ועוד ראיה מפרק ״המוכר את הספינה״ (ב"ב דף עו:) דפליגי התם תנאי; חד אמר: ספינה נקנית במסירה, וחד אמר: עד שימשוך. ומסיק דכל היכא דאמר ליה ״לך חזק וקני״ – כ"ע לא פליגי דקני. כי פליגי – כגון דאמר ליה ״לך משוך וקני״; מר סבר קפיד, ומר סבר: מראה מקום הוא לו. מדאמר ״קפיד״ – אלמא אינו מוסרה מיד ליד. דאי מסר ליה – אמאי לא קני? הא בטלה הקפדתו! אלא ש"מ דמסירה לא הוי מיד ליד. ועוד: אי מסירה מיד ליד בעינן – לא ה"ל למימר ״לך חזק וקני״ אלא ״תא חזק וקני״.

בהמה גסה נקנית במסירה. פי' בקונטרס: דוקא במסירה, אבל במשיכה – לא מיקניא, דאין דרכה בכך להוליכה לפניו. משמע לפירושו דמסירה עדיפא ממשיכה. והא דקאמר בגמרא, דרש רב בקימחוניא: בהמה גסה נקנית במשיכה, וכל שכן במסירה. ופריך שמואל לתלמידי דרב: והאנן במסירה תנן. פי' במסירה דוקא ולא במשיכה. וקשה לר"י: מאי פריך שמואל: והאנן במסירה תנן ולא במשיכה? הא תנן בפ"ק דב"מ (דף ב.): היו שנים רוכבים על גבי בהמה, או שהיה אחד רוכב ואחד מנהיג וכו' – שהשנים יחלוקו, משום דכל אחד קנה מחלה. ומנהיג היינו משיכה! ועוד, דאמר התם (דף ח:): שמעת מיניה דמר שמואל תרתי; רוכב ומנהיג – חד קני וחד לא קני, ולא ידענא הי מינייהו. היכי דמי? אילימא רוכב לחוד ומנהיג לחוד – מנהיג מי איכא למ"ד דלא קני? משמע דשמואל גופיה דקאמר הכא במסירה דוקא תנן, קאמר התם דמנהיג קני, דהיינו משיכה! ועוד קשה: דבגמרא בעו: פיל לר' שמעון במה יקנה? תבעי ליה נמי: בהמה גסה במציאה ובנכסי הגר במה יקנה אליבא דרבי מאיר ורבי אליעזר? במסירה לא אפשר – דמאן מסר ליה דליקני. ומשיכה לא קניא בבהמה גסה לדידהו! ומיהו, הך פירכא איכא לשנויי, ולחלק בין מקח וממכר למציאה ונכסי הגר; דמקח וממכר דאפשר במסירה לא מיקני במשיכה, אבל במציאה ונכסי הגר דלא אפשר במסירה – מקניא במשיכה. אבל אכתי קשה מרבי אליעזר, דאית ליה הכא במסירה דוקא, כדקתני במתניתין: דברי רבי מאיר ורבי אליעזר. והתם קתני, רבי אליעזר אומר: רוכב בשדה ומנהיג בעיר – קני, ומוקי לה במקח וממכר. אלמא, משיכה קני אף לרבי אליעזר! לכן פי' ר"י: בהמה גסה נקנית במסירה – היינו אף במסירה, וכל שכן במשיכה דעדיפא. והשתא ניחא דפריך שמואל: והאנן במסירה תנן. כלומר, אף במסירה. ועוד יש לדקדק דמשיכה עדיפא ממסירה מהא דקתני ב״המוכר את הספינה״ (ב"ב דף עו.): ספינה נקנית במסירה, דברי רבי. וחכמים אומרים: לא קנה עד שימשכנה. משמע דלא קני במסירה לרבנן אלא במשיכה. אלמא דרבי דאמר במסירה – לא למעוטי משיכה אתא, אבל למאן דאמר במשיכה – למעוטי מסירה אתא. והלשון נמי משמע, דקאמר התם: ספינה נמי תקני במסירה? משמע – עם המשיכה. וכן סובר רשב"ס דמשיכה חשיבא מן המסירה. דפירש בפרק ״המוכר את הספינה״ (שם דף עו:) עלה דההיא דאביי ורבא דאמרי תרוייהו: מסירה קונה ברשות הרבים ובחצר שאינו של שניהם, משיכה קונה בסימטא [ובחצר שהיא של שניהן] ופירש רשב"ס התם: מסירה קונה ברשות הרבים – משום דלא אפשר למיקנייה התם במשיכה, דאין משיכה אלא כשמושך ברשותו, והאי לאו רשותיה היא. משיכה קונה בסימטא – דשפיר הוי רשותו להניח שם מה שהוא צריך, משא"כ ברשות הרבים. וכיון דאפשר במשיכה שהוא קנין חשוב – לאו אורחא דארעא למיקנייה במסירה, שהוא קנין גרוע. ור"ת הקשה על פירוש רשב"ס: וכי מלות הן, משיכה ומסירה, שמבטלות זו את זו, שאין לעשות אלא מן המובחר?! ופירש רבינו תם לשם: משיכה קונה בסימטא – כל שכן מסירה, דעדיפא ממשיכה. וכן פירש רש"י. ומיהו, שיטה דשמעתא קשה לפירושו, כדפירשתי. וה"ר חיים כהן מיישב פירוש רשב"ס, ומפרש: דמסירה אינה קונה בסימטא לא מטעמא דרשב"ס, אלא נראה לו הטעם שהסימטא רשות של יחיד הוא, והקודם בו זכה. וסתמא דמילתא המוכר קדם והביא בהמתו לשם קודם שבא הלוקח, ואם כן הוי מקום בהמתו כחצרו, ואין מסירה ולא שום קנין מהני ברשות מוכר. אע"ג דמשיכה קניא שם – היינו משום שעקר הדבר ממקומו הראשון. ור"י הקשה על מה שפירש רבינו תם דמסירה קונה אף בסימטא, מההיא דפרק ״הספינה״ (שם דף עו:) דקאמר התם: ספינה נקנית במסירה דברי רבי, וחכמים אומרים במשיכה. ופריך: היכי דמי? אילימא ברשות הרבים וכו'. עד דקאמר: לימא אביי ורבא דאמרי מסירה קונה ברשות הרבים אמרי כרבי כו'. משמע דאי הוה מוקי לה בסימטא – לא הוי קשה מידי. ואי מסירה קונה בסימטא, אפי' אם מיירי פלוגתא דרבי וחכמים בסימטא – הוה ליה למיפרך הכי: לימא אביי ורבא דאמרי כרבי! לכך נראה לר"י, הא דאמרי אביי ורבא מסירה קונה ברה"ר – היינו דוקא ברה"ר, אבל לא בסימטא, כמו שפירש רשב"ס. [וע' היטב תוס' בבא בתרא עו. ד"ה ספינה].

שמעת מינה כליו של לוקח ברשות מוכר קנה לוקח. וא"ת: דילמא לא מיירי ברשות מוכר? וי"ל: סתמא דמילתא ברשות מוכר מיירי ששם הבהמה עומדת. והוי מצי למידחי, דאמר ליה מוכר ״יקנה לך כליך״, דבהא לכ"ע קנה לוקח, כדאיתא בפרק ״הספינה״ (ב"ב דף פה.).
אי

תוס' ר"י הזקן
אבא א) תרגום אברך ולרב קרי הכי: זה וזה א' בהמה דקה וא' בהמה גסה במשיכה ולא במסירה. ואיכא מאן דאמר דוקא בסימטא ובחצר של שניהם דמהניא משיכה בהני רשויות. אבל ברה"ר דלא מהניא בה משיכה מהניא מסירה בגסה כתנא דמתני'. ונראה דעת הר"ם כפי' קמא והא דהמוכר את הספינה דאמרי' [התם] מסירה קונה ברה"ר מיירי בספינה ולא בבהמה: פיל שאינו יכול להגביהו: בחליפין בקנין סודר: בשוכר את מקומו. שיקנה לו מקומו אותן המטלטלים: ארבעה כלים דקני ליה כליו: ש"מ. ופלוגתא היא בבבא בתרא: בסימטא. צידי רה"ר:

מסורת הש"ס
בכורות לט: ותוספתא יבמות פ"י
[ב"ק יא: ב"ב פו: ע"ש]
ב"ק יא: ב"ב פו:
[ב"מ סז: ב"ב פה: ע"ז עא:]
[שם]
[נ"ל ובללת וכ"כ תוספות מנחות יח: ד"ה ואמר]

Koren Talmud Bavli
THE NOÉ EDITION

KIDDUSHIN

Steinsaltz
Center

KOREN

תלמוד בבלי

KOREN TALMUD BAVLI

THE NOÉ EDITION

קידושין

KIDDUSHIN

Daf 2a through Daf 25b

COMMENTARY BY

Rabbi Adin Even-Israel Steinsaltz

EDITOR-IN-CHIEF

Rabbi Dr Tzvi Hersh Weinreb

SENIOR CONTENT EDITOR

Rabbi Dr Shalom Z Berger

EXECUTIVE EDITOR

Rabbi Joshua Schreier

•

STEINSALTZ CENTER

KOREN PUBLISHERS JERUSALEM

Supported by the Matanel Foundation

Koren Talmud Bavli, The Noe Edition
Vol. 20a: Tractate Kiddushin, Daf 2a through Daf 25b
Paperback, ISBN, 978-965-7765-90-6

First Hebrew/English paperback edition, 2021

Koren Publishers Jerusalem Ltd.
PO Box 4044, Jerusalem 91040, ISRAEL
PO Box 8531, New Milford, CT 06776, USA
www.korenpub.com

Steinsaltz Center

Steinsaltz Center is the parent organization of institutions established by Rabbi Adin Even-Israel Steinsaltz

PO Box 45187, Jerusalem 91450 ISRAEL
Telephone: +972 2 646 0900, Fax +972 2 624 9454
www.steinsaltz-center.org

הִנֵּה יָמִים בָּאִים, נְאֻם אֲדֹנָי יֱהוִה, וְהִשְׁלַחְתִּי רָעָב בָּאָרֶץ,
לֹא־רָעָב לַלֶּחֶם וְלֹא־צָמָא לַמַּיִם, כִּי אִם־לִשְׁמֹעַ אֵת דִּבְרֵי יהוה.

Behold, days are coming – says the Lord God – I will send a hunger to the land, not a hunger for bread nor a thirst for water, but to hear the words of the Lord. (AMOS 8:11)

The Noé edition of the Koren Talmud Bavli
with the commentary of Rabbi Adin Even-Israel Steinsaltz
is dedicated to all those who open its covers
to quench their thirst for Jewish Knowledge,
in our generation of Torah renaissance.

This beautiful edition is for the young, the aged,
the novice and the savant alike,
as it unites the depth of Torah knowledge
with the best of academic scholarship.

Within its exquisite and vibrant pages,
words become worlds.

It will claim its place in the library of classics,
in the bookcases of the Beit Midrash,
the classrooms of our schools,
and in the offices of professionals and business people
who carve out precious time to grapple with its timeless wisdom.

For the Student and the Scholar

DEDICATED BY LEO AND SUE NOÉ

Steinsaltz Center

Executive Director, Steinsaltz Center

Rabbi Meni Even-Israel

Managing Editor

Rabbi Jason Rappoport

Senior Content Editor

Rabbi Dr. Shalom Z. Berger

Editors

Rabbi Dr. Joshua Amaru, *Coordinating Editor*
Rabbi Avishai Magence, *Content Curator*
Menucha Chwat
Rabbi Yehoshua Duker
Betzalel Philip Edwards
Rabbi Yonatan Shai Freedman
Rabbi Jonathan Mishkin
Avi Steinhart

Language Consultants

Dr. Stephanie E. Binder, *Greek & Latin*
Rabbi Yaakov Hoffman, *Arabic*
Dr. Shai Secunda, *Persian*
Shira Shmidman, *Aramaic*

Copy Editors

Aliza Israel, *Coordinator*
Bracha Hermon
Ita Olesker
Debbie Ismailoff
Shira Finson
Ilana Sobel
Deena Nataf
Eliana Kurlantzick Yorav
Erica Hirsch Edvi
Nava Wieder

KOREN

Design & Typesetting

Dena Landowne Bailey, *Typesetting*
Tani Bayer, *Jacket Design*
Raphaël Freeman, *Design & Typography*

Images

Eliahu Misgav, *Illustration & Image Acquisition*
Daniel Gdalevich, *Illustration & Image Acquisition*

Introduction by the Publisher

The Talmud has sustained and inspired Jews for thousands of years. Throughout Jewish history, an elite cadre of scholars has absorbed its learning and passed it on to succeeding generations. The Talmud has been the fundamental text of our people.

Beginning in the 1960s, Rabbi Adin Even-Israel Steinsaltz שליט״א created a revolution in the history of Talmud study. His translation of the Talmud, first into modern Hebrew and then into other languages, as well the practical learning aids he added to the text, have enabled millions of people around the world to access and master the complexity and context of the world of Talmud.

It is thus a privilege to present the *Koren Talmud Bavli*, an English translation of the talmudic text with the brilliant elucidation of Rabbi Steinsaltz. The depth and breadth of his knowledge are unique in our time. His rootedness in the tradition and his reach into the world beyond it are inspirational.

Working with Rabbi Steinsaltz on this remarkable project has been not only an honor, but a great pleasure. Never shy to express an opinion, with wisdom and humor, Rabbi Steinsaltz sparkles in conversation, demonstrating his knowledge (both sacred and worldly), sharing his wide-ranging interests, and, above all, radiating his passion. I am grateful for the unique opportunity to work closely with him, and I wish him many more years of writing and teaching.

Our intentions in publishing this new edition of the Talmud are threefold. First, we seek to fully clarify the talmudic page to the reader – textually, intellectually, and graphically. Second, we seek to utilize today's most sophisticated technologies, both in print and electronic formats, to provide the reader with a comprehensive set of study tools. And third, we seek to help readers advance in their process of Talmud study.

To achieve these goals, the *Koren Talmud Bavli* is unique in a number of ways:

- The classic *tzurat hadaf* of Vilna, used by scholars since the 1800s, has been reset for great clarity, and opens from the Hebrew "front" of the book. Full *nikkud* has been added to both the talmudic text and Rashi's commentary, allowing for a more fluent reading with the correct pronunciation; the commentaries of *Tosafot* have been punctuated. Upon the advice of many English-speaking teachers of Talmud, we have separated these core pages from the translation, thereby enabling the advanced student to approach the text without the distraction of the translation. This also reduces the number of volumes in the set. At the bottom of each *daf*, there is a reference to the corresponding English pages. In addition, the Vilna edition was read against other manuscripts and older print editions, so that texts which had been removed by non-Jewish censors have been restored to their rightful place.
- The English translation, which starts on the English "front" of the book, reproduces the *menukad* Talmud text alongside the English translation (in bold) and commentary and explanation (in a lighter font). The Hebrew and Aramaic text is presented in logical paragraphs. This allows for a fluent reading of the text for the non-Hebrew or non-Aramaic reader. It also allows for the Hebrew reader to refer easily to the text alongside. Where the original text features dialogue or poetry, the English text is laid out in a manner appropriate to the genre. Each page refers to the relevant *daf*.

- Critical contextual tools surround the text and translation: personality notes, providing short biographies of the Sages; language notes, explaining foreign terms borrowed from Greek, Latin, Persian, or Arabic; and background notes, giving information essential to the understanding of the text, including history, geography, botany, archaeology, zoology, astronomy, and aspects of daily life in the talmudic era.
- Halakhic summaries provide references to the authoritative legal decisions made over the centuries by the rabbis. They explain the reasons behind each halakhic decision as well as the ruling's close connection to the Talmud and its various interpreters.
- Photographs, drawings, and other illustrations have been added throughout the text – in full color in the Standard and Electronic editions, and in black and white in the Daf Yomi edition – to visually elucidate the text.

This is not an exhaustive list of features of this edition, it merely presents an overview for the English-speaking reader who may not be familiar with the "total approach" to Talmud pioneered by Rabbi Steinsaltz.

Several professionals have helped bring this vast collaborative project to fruition. My many colleagues are noted on the Acknowledgments page, and the leadership of this project has been exceptional.

RABBI MENACHEM EVEN-ISRAEL, DIRECTOR OF THE STEINSALTZ CENTER, was the driving force behind this enterprise. With enthusiasm and energy, he formed the happy alliance with Koren and established close relationships among all involved in the work.

RABBI DR. TZVI HERSH WEINREB שליט״א, EDITOR-IN-CHIEF, brought to this project his profound knowledge of Torah, intellectual literacy of Talmud, and erudition of Western literature. It is to him that the text owes its very high standard, both in form and content, and the logical manner in which the beauty of the Talmud is presented.

RABBI JOSHUA SCHREIER, EXECUTIVE EDITOR, assembled an outstanding group of scholars, translators, editors, and proofreaders, whose standards and discipline enabled this project to proceed in a timely and highly professional manner.

RABBI MEIR HANEGBI, EDITOR OF THE HEBREW EDITION OF THE STEINSALTZ TALMUD, lent his invaluable assistance throughout the work process, supervising the reproduction of the Vilna pages.

RAPHAËL FREEMAN, EXECUTIVE EDITOR OF KOREN, created this Talmud's unique typographic design which, true to the Koren approach, is both elegant and user friendly.

It has been an enriching experience for all of us at Koren Publishers Jerusalem to work with the Steinsaltz Center to develop and produce the *Koren Talmud Bavli*. We pray that this publication will be a source of great learning and, ultimately, greater *avodat Hashem* for all Jews.

Matthew Miller, Publisher
Koren Publishers Jerusalem
Jerusalem 5772

Contents

For the vocalized Vilna Shas layout, please open as a Hebrew book.

Introduction to **Kiddushin**

The order of *Nashim* primarily deals with all things that relate to marriage: The life of the couple, the financial aspects of the relationship between a husband and wife, widowhood, levirate marriage, the *halakhot* with regard to forbidden sexual relationships, unfaithful spouses, and the willing dissolution of a marriage. It also touches upon vows and naziriteship. It is only tractate *Kiddushin*, the final tractate[1] in this order, that is primarily devoted to the different elements of the act of *Kiddushin*, betrothal.

There are many elements of marital life, and tractate *Kiddushin* is focused primarily on clarifying how the first stage of the marital bond, betrothal, is established. In other words, how do a man and woman become a married couple? How are they transformed into one new entity, a family? The bond of marriage is not formed by virtue of the couple residing together, nor does it result from bringing shared offspring into the world. The marital relationship, while not a blood relationship, is in some ways stronger than any other familial bonds. There are ramifications that result from this union with regard to different areas of *halakha*.

Betrothal is, from a legal perspective, a positive mitzva. When a man wishes to marry a woman, which he is obligated to do in order to fulfill the mitzva of procreation, he must first betroth her. Tractate *Kiddushin* does not discuss the biblical source for this mitzva, nor does it discuss the details of the wedding ceremony. Instead, this tractate clarifies the *halakhot* of betrothal.

In the Torah, this betrothal is called *eirusin*,[2] but the Sages refer to it as *kiddushin* (see *Kiddushin* 2b). Similarly, the Torah uses the verb "take"[3] to connote the effecting of betrothal. The betrothal bond on its own does not constitute a complete marriage, as there still remains the wedding ceremony, or *nisuin*, as it is referred to by the Sages. Although the betrothed couple does not enjoy the rights that come along with marriage until that point, their connection and their mutual obligation to one another is created through the act of betrothal.

The Torah does not elaborate on how the betrothal process is carried out. These details were instead transmitted through the Oral Law and are derived through precise readings of the Written Torah.

There are differences of opinion in the Talmud with regard to the specifics, but the main components of betrothal are agreed upon by everyone. They include four fundamental elements. The first is the manner in which betrothal is effected. The second is the intent of the man and the woman with regard to the betrothal. The third is the requirement that witnesses see the act of betrothal. The fourth is the requirement that the man and the woman be halakhically eligible to become betrothed to one another.

There are three modes of acquisition, i.e., ways in which the betrothal bond can be effected. A woman can be betrothed by means of money or an item of monetary value being given to her from a man; via a document in which the man writes that the document should effect betrothal; or through an act of intercourse with the stated intention that it effect betrothal. Although there are those who say that betrothal can also be performed by means of the couple entering a wedding canopy, this opinion is not accepted as *halakha*.

In each case, it must be clear that the act is being performed for the sake of the betrothal, most often via a clear and explicit statement made by the man who wishes to betroth the woman. Betrothal does not take effect without the knowledge and consent of both sides; nevertheless, a father can betroth his daughter to a man provided that the daughter is not yet an adult.[4] Both parties to the betrothal must be competent, and therefore an imbecile, a male minor, or a female minor on her own cannot be party to betrothal.[5] Since betrothal is dependent on the will and consent of both parties, the Sages provide different conditions, both with regard to the time and the circumstances, under which a betrothal takes effect.

The witnesses for betrothal are not meant to serve as witnesses for authentication; rather, their participation is an intrinsic element of the betrothal. Consequently, betrothal that was performed without witnesses is disregarded, even if both parties agree that the act of betrothal took place.

In some cases, the halakhic status of one or both of the parties prevents betrothal from taking effect. If one of the parties is either a Canaanite slave or a gentile, then the betrothal does not take effect. Similarly, the betrothal does not take effect when the two parties are forbidden to each other due to a prohibition punishable by *karet*,[6] either because they are relatives or because she is a married woman. By contrast, when a less severe prohibition is involved, the betrothal takes effect after the fact, although intercourse between the parties is forbidden. The punishment incurred for their act of intercourse will depend on the details of the prohibition.

Betrothal is an act of acquisition, and therefore it is similar to other types of acquisition in a number of ways. Once the betrothal takes place, the bond between the couple no longer depends on will or agreement. Instead, the boundaries of their bond are set and stand firm, as they do with regard to other prohibitions. With regard to this, there is a similarity between betrothal and consecration, to which the term *kiddushin* is related. The act of consecration also depends on the will of the person who consecrates the item, and once it is performed an essential change takes effect that cannot be canceled or altered.

At the time of betrothal, an essential halakhic bond is formed between the man and the woman, rendering the woman forbidden to every other man and rendering both parties forbidden to engage in intercourse with each other's relatives. This bond can be canceled or altered only via the options specified in the Torah, i.e., through a bill of divorce or death. Even these methods do not cancel the bond with her former husband entirely; rather, they allow the woman to marry another man who is not his relative. Nevertheless, the familial bond created by the betrothal, which renders the woman's relatives forbidden to the man and the man's relatives forbidden to the woman, remains in place.

As an act of acquisition, betrothal includes a number of elements that are common to other acts of acquisition. These include the possibility of setting conditions with regard to the amount of money used for betrothal, provided it is sufficient to effect

an acquisition; setting conditions with regard to the time when the betrothal will take effect, i.e., immediately or after a specified period of time; and with regard to the possibility of appointing an agent to effect betrothal. A betrothal is canceled in the event of a mistaken transaction, if it becomes clear that that there was deception or a fundamental error with regard to the personalities, status, or living conditions of the couple. This is in contrast to conditions that were agreed upon by both parties from the outset.

The dual nature of the bond of betrothal means that, although it constitutes a bond of acquisition, the ordinary *halakhot* of acquisition do not apply. Instead there are unique *halakhot* that do apply. Additionally, the complexity of the bond cannot be defined through the simple terms of buyer and seller, or giver and receiver. Betrothal should be seen as a legal act of acquisition that establishes a relationship that is essentially non-acquisitional; rather, it unifies two individuals as one new entity.

Tractate *Kiddushin* contains four chapters that explore a variety of topics. While some of these topics are discussed throughout multiple chapters, each chapter has its unique focus:

Chapter One deals primarily with the modes of acquisition through which a woman can be betrothed and released. Tangentially, it discusses the *halakhot* of acquisition in all areas, the obligations with regard to mitzvot for parents and their children, the differences between men and women with regard to the obligation to perform mitzvot, and the differences between mitzvot that are obligatory only in Eretz Yisrael and those that obligatory even outside of Eretz Yisrael.

Chapter Two discusses the *halakhot* of agency with regard to betrothal, provides an explanation of items that can and cannot be used to betroth a woman, and discusses the effect of different conditions stated by the couple at the time of the betrothal.

Chapter Three addresses the *halakhot* of conditions made with regard to betrothal. When a condition is nullified, will it cause the betrothal to be nullified? What is the proper way to phrase such a condition? Additionally, the chapter deals with situations in which there is a mistake or uncertainty concerning the identity of the betrothed parties. The end of the chapter contains general *halakhot* with regard to the couple: Which unions are permitted, which are forbidden, and the relevant *halakhot* concerning both types of unions and the children born from such relationships.

Chapter Four deals primarily with the status of those born from permitted and forbidden unions, and it addresses the prohibition against seclusion with a woman other than one's wife.

NOTES

1 This is the common order of the tractates. The Rambam explains that tractate *Kiddushin* is placed after tractate *Gittin* in order to preserve the ordering of the verse: "And she departs out of his house and goes and becomes another man's wife" (Deuteronomy 24:2). By contrast, according to the Meiri this tractate is the first in the order. The *ge'onim* maintain likewise.

2 In the Torah, the word appears only as a verb: "Betrothed a wife" (Deuteronomy 20:7), and: "A maiden who has been betrothed" (Deuteronomy 22:25).

3 The verb "take" used in reference to a woman can either be a reference to betrothal, as in the verse: "For when a man shall take a woman and engage in sexual intercourse with her" (Deuteronomy 22:13), or a reference to marriage as in the verse: "Who betrothed a wife but did not take her" (Deuteronomy 20:7). Additionally, the term is used as a euphemism for sexual intercourse, as indicated in the verse: "When a man shall take his sister" (Leviticus 20:17). Consequently, the

Sages required precision with regard to the manner in which each term should be understood in its context. There are disagreements with regard to certain details, both in the Gemara and among later halakhic authorities.

4 By Torah law, a father's right to betroth his minor daughter is unique to him. The Sages later established that a minor girl's mother or brothers can betroth her in the event that the father has died. Nevertheless, because such a betrothal does not take effect by Torah law, it can be canceled through the girl's refusal alone.

5 The Sages instituted betrothal for deaf-mutes, who were not considered to be halakhically competent, but such a betrothal applies by rabbinic law only.

6 This applies to all instances where intercourse between the parties would render them liable to receive *karet*, with the exception of intercourse with a menstruating woman, with whom betrothal takes effect according to everyone.

Introduction to **Perek I**

When a man takes a woman and engages in sexual intercourse with her; and it comes to pass, if she finds no favor in his eyes, because he has found some unseemly matter in her, and he writes for her a scroll of severance, and gives it in her hand, and sends her out of his house. And she departs out of his house, and goes and becomes another man's wife.

(Deuteronomy 24:1–2)

If you buy a Hebrew slave, six years he shall labor; and in the seventh he shall go out free for nothing.

(Exodus 21:2)

But if the slave shall say: I love my master, my wife, and my children, I will not go out free. Then his master shall bring him to the judges, and shall bring him to the door, or to the doorpost, and his master shall pierce his ear with an awl, and he shall serve him forever.

(Exodus 21:5–6)

As a hired worker and as a settler he shall be with you; he shall labor with you until the Jubilee Year.

(Leviticus 25:40)

And if a man sells his daughter as a maidservant she shall not go out as the men slaves do. If she does not please her master who did not designate her then he shall let her be redeemed. He shall have no power to sell her to a foreign people, seeing that he has dealt deceitfully with her… And if he does not do these three to her, then shall she go out for nothing, without money.

(Exodus 21:7–11)

And as for your slaves and your maidservants, whom you may have, of the nations that are round about you, of them you shall buy slaves and maidservants.

(Leviticus 25:44)

And if you sell any item to your neighbor or buy from your neighbor's hand, you shall not defraud one another.

(Leviticus 25:14)

This chapter begins by discussing the *halakhot* of the acquisition of a woman. The mishna establishes that a woman can be betrothed by three methods: By accepting money or a document, or via sexual intercourse. The similarities and differences between these types of acquisition, as well as between the acts of betrothal and divorce, will be discussed in this chapter.

Due to the unique nature of this particular acquisition with money, in which a woman transfers herself to the authority of a man as his wife, the focus is on several key issues: The precise formula that must be said; whether this statement must be issued by the man or if it can be said by the woman; and whether it must be the man who gives the money to the woman or if she can give it to him. Furthermore, the Gemara discusses the required response from the woman. If she does not overtly reject the betrothal but acts in a manner that can be interpreted as a refusal, e.g., by discarding the money or by insisting on receiving an item she had asked for while ignoring his request to turn the transaction into a betrothal, what is the status of this betrothal? How clear must her acceptance or refusal of the betrothal be?

The Gemara will also compare the method of acquisition of betrothal to the establishment of other legal relationships, e.g., the obligations of a guarantor and the purchase of a Canaanite slave. Also discussed are the differences between betrothal and the marriage canopy. Likewise, the Gemara discusses the difference between a standard betrothal and the other primary forms of acquisition of a woman, namely levirate marriage and the purchase of a young girl as a maidservant, a transaction that can later result in marriage between the maidservant and her master or his son.

Another central topic that will be addressed is the item with which a woman is betrothed. How much must the man give her? Must it be actual money, or can he give her an item worth money? Must she accept a physical item into her possession, or does it suffice that she gains some sort of intangible benefit? Is the avoidance of a loss also considered a benefit in this context?

After debating at length the characteristics of the acquisition of betrothal, the chapter proceeds to analyze various other forms of acquisition. In particular, the acquisition and release of Hebrew slaves and maidservants, and Canaanite slaves and maidservants, is discussed at length. The main focus of this section of the chapter is not the nature of an acquisition but the modes of acquisition. In other words, the formal actions by which ownership is transferred from one party to another. The differences between the modes of acquisition are a result of several factors: The basic nature of the acquisition in question, i.e., whether it is the purchase of an item itself or the right of use of an item; the item that is acquired, which might be a person or a vessel; and the physical nature of the item, i.e., whether it is fixed in one spot, like real estate, or mobile.

If the item is movable, the key issue is the manner in which it is generally moved: Is it pulled, lifted, or transported by some other method? Typically, the mode of acquisition will match the manner in which the item is usually handled. Each mode of acquisition must be discussed both on its own terms and in relation to the others in order to determine the most appropriate form of transfer in each particular case.

Another broad topic that will be discussed in this chapter is an entirely different type of acquisition: The eternal acquisition of life through Torah and mitzvot. One must study all areas of the Torah: Bible, Mishna, and Talmud, while ensuring that he can earn an honest living at the same time. Not all six hundred and thirteen mitzvot apply equally to all Jews. There are differences between the obligations of men and women: Just as certain mitzvot apply only to priests, so too, there are mitzvot that are incumbent solely on men. Likewise, there is a distinction between mitzvot that can be fulfilled only in Eretz Yisrael and those that are not dependent on the land but are obligatory in all places.

מתני׳ הָאִשָּׁה נִקְנֵית בְּשָׁלֹשׁ דְּרָכִים, וְקוֹנָה אֶת עַצְמָהּ בִּשְׁתֵּי דְרָכִים. נִקְנֵית בְּכֶסֶף, בִּשְׁטָר, וּבְבִיאָה. בְּכֶסֶף, בֵּית שַׁמַּאי אוֹמְרִים: בְּדִינָר וּבְשָׁוֶה דִינָר, וּבֵית הִלֵּל אוֹמְרִים: בִּפְרוּטָה וּבְשָׁוֶה פְרוּטָה. וְכַמָּה הִיא פְּרוּטָה? אֶחָד מִשְּׁמֹנָה בְּאִיסָּר הָאִיטַלְקִי.

MISHNA **A woman is acquired**[B] by, i.e., becomes betrothed to, a man to be his wife **in three ways,**[HB] **and she acquires herself**, i.e., she terminates her marriage, **in two ways.** The mishna elaborates: **She is acquired through money,**[N] **through a document, and through sexual intercourse.** With regard to a betrothal **through money,** there is a dispute between *tanna'im*: **Beit Shammai say** that she can be acquired **with one dinar**[L] **or with** anything that is **worth one dinar.**[H] **And Beit Hillel say:** She can be acquired **with one** ***peruta***, a small copper coin, **or with** anything that is **worth one** ***peruta***.[B] The mishna further clarifies: **And how much is** the value of **one** ***peruta***,[H] by the fixed value of silver? The mishna explains that it is **one-eighth of the Italian** ***issar***,[B] which is a small silver coin.

וְקוֹנָה אֶת עַצְמָהּ בְּגֵט וּבְמִיתַת הַבַּעַל. הַיְבָמָה נִקְנֵית בְּבִיאָה, וְקוֹנָה אֶת עַצְמָהּ בַּחֲלִיצָה וּבְמִיתַת הַיָּבָם.

And a woman **acquires herself through a bill of divorce or through the death of the husband. A woman whose husband, who had a brother, died childless [*yevama*],**[B] **can be acquired** by the deceased husband's brother, the *yavam*, only **through intercourse. And she acquires herself,** i.e., she is released from her levirate bond, **through** ***ḥalitza*** **or through the death of the** ***yavam***.[H]

גמ׳ ״הָאִשָּׁה נִקְנֵית״. מַאי שְׁנָא הָכָא דְּתָנֵי ״הָאִשָּׁה נִקְנֵית״, וּמַאי שְׁנָא הָתָם דְּתָנֵי ״הָאִישׁ מְקַדֵּשׁ״? מִשּׁוּם דְּקָא בָּעֵי לְמִיתְנֵי כֶּסֶף.

GEMARA The mishna teaches that **a woman** can be **acquired** in three ways. The Gemara asks: **What is different here**[N] **that** this mishna **teaches: A woman is acquired,** using the language of acquisition, **and what is different there,** in the beginning of the next chapter (42a), **which teaches: A man betroths,** using the language of betrothal? The Gemara explains: In this mishna the *tanna* utilized the language of acquisition **because he wanted to teach** about betrothal through **money,** which is the standard means of exchange in an act of acquisition.

BACKGROUND

A woman is acquired – הָאִשָּׁה נִקְנֵית: It is clear from the Gemara in 6b that although the Sages employ identical language both with regard to the acquisition of a woman through betrothal and the acquisitions of property discussed throughout the chapter, there is a qualitative halakhic difference between them. When one acquires a Canaanite slave, whose legal status is that of property, he assumes ownership of the slave, which includes the right to sell him. The same is true with regard to the acquisition of land, a movable object, or an animal. It is clear that use of the term acquisition with regard to the betrothal of a woman has nothing to do with ownership. Rather, it relates to the fact that with betrothal, the man renders the woman forbidden to all (*Avnei Milluim* 17).

A woman is acquired in three ways – הָאִשָּׁה נִקְנֵית בְּשָׁלֹשׁ דְּרָכִים: While this tractate is concerned with the topic of marriage as a whole, it is focused on the technical process of establishing a union, not the social aspects of marriage. It therefore begins its discussion by describing the modes through which one betroths a woman, or in the mishna's parlance, acquires her. This acquisition is classified as a business transaction, and the modes listed here are formal procedures employed to render an agreement legally binding according to *halakha*.

There is a two-stage process through which a man and a woman become husband and wife. Betrothal is the first stage of the process. The bond created by betrothal is so strong that after this stage a woman requires a divorce before she can marry another man. Similarly, intercourse with other men is considered adulterous and punishable by death. At this point the betrothed couple may not yet live together as man and wife, and most of the couple's mutual obligations do not yet apply. The second stage of the process follows the betrothal. Marriage is effected by the bride and groom coming under the wedding canopy together, and it immediately confers upon the newlywed couple both the privileges and the responsibilities associated with marriage. After marriage, if one spouse dies, all the *halakhot* of mourning for a close blood relative apply to the surviving spouse. If the wife of a priest dies, it is permitted for him to become ritually impure so that he can bury her. In sum, all the monetary rights and obligations of married couples take effect after marriage. Nowadays betrothal and marriage are performed in a single ceremony, but in the talmudic period there was usually a yearlong gap between the two stages.

Peruta – פְּרוּטָה: A *peruta* was a copper coin, the smallest unit of currency. For halakhic purposes, it was defined as the value of half a barley grain's weight of pure silver. Traditionally this is about 24 mg of silver. The halakhic value of all coins is linked to the price of silver.

The Italian ***issar*** – אִיסָּר הָאִיטַלְקִי: An *issar* was a coin of little value, which was worth one twenty-fourth of a silver dinar. Ordinarily, an *issar* was a copper coin. Since there were certain differences in size, weight, and value between different types of *issar*, it is sometimes specified that the reference is to the Italian *issar*, not the equivalent Greek coin.

Yevama – יְבָמָה: A man whose brother died without children is obligated by Torah law to marry his deceased brother's widow or perform *ḥalitza* with her (see Deuteronomy 25:5–10). As long as neither levirate marriage nor *ḥalitza* have taken place, it is prohibited for her to marry another man. According to the Torah, levirate marriage is effected by the act of sexual intercourse. The Sages instituted the practice of *ma'amar*, levirate betrothal, in which the deceased husband's brother betroths the widow. Sexual intercourse consummates the marriage between the deceased's brother and the widow, and she is thereafter considered his wife in all respects. Nowadays, in most Jewish communities the brother-in-law is required to free his brother's widow of her obligation by means of *ḥalitza*, and he is not allowed to marry her through levirate marriage.

HALAKHA

A woman is acquired in three ways – הָאִשָּׁה נִקְנֵית בְּשָׁלֹשׁ דְּרָכִים: A woman can be acquired by a man for marriage by means of money, a document, or sexual intercourse. A woman who has been acquired in one of these ways is called betrothed or consecrated. It is the universally accepted custom to betroth a woman with money or with an item of monetary value. If one wishes to perform betrothal by means of a document he may do so. As will subsequently be explained in the Gemara (12b), one should not perform betrothal through sexual intercourse *ab initio* (Rambam *Sefer Nashim, Hilkhot Ishut* 1:1, 2; *Shulḥan Arukh, Even HaEzer* 26:4).

With one dinar or anything that is worth one dinar – בְּדִינָר וּבְשָׁוֶה דִינָר: The minimum amount of money with which one can betroth a woman is one *peruta* or an item the value of one *peruta* (Rambam *Sefer Nashim, Hilkhot Ishut* 4:19; *Shulḥan Arukh, Even HaEzer* 27:1).

How much is one ***peruta*** – כַּמָּה הִיא פְּרוּטָה: One *peruta* is the weight of half a grain of barley of pure silver or an item of equivalent value. The later commentaries discuss whether this amount is sufficient for betrothal nowadays, when prices have risen (Rambam *Sefer Mishpatim, Hilkhot To'en VeNitan* 3:1; *Shulḥan Arukh, Even HaEzer* 27:10, and see *Ḥelkat Meḥokek* there).

The acquisition and release of a ***yevama*** – קִנְיָן וּפְטוּר יְבָמָה: By Torah law, a *yevama* is acquired by the *yavam* through intercourse. The Sages instituted that he should first perform an act of betrothal. If the *yavam* will not perform levirate marriage, the *yevama* may not marry another man until the *yavam* has performed *ḥalitza* (Rambam *Sefer Nashim, Hilkhot Yibbum VaḤalitza* 1:2, 2:1; *Shulḥan Arukh, Even HaEzer* 166:2).

NOTES

Through money – בְּכֶסֶף: Some commentaries maintain that while betrothal via sexual intercourse or via a document apply by Torah law, betrothal via money applies by rabbinic law (Rambam). Most early commentaries disagree with this statement and hold that betrothal via money also applies by Torah law. Some even claim that the Rambam himself either did not mean that it is by rabbinic law, or held that way but later retracted his opinion (see Meiri).

What is different here, etc. – מַאי שְׁנָא הָכָא וכו׳: The early commentaries note that this entire discussion, up to 3a, was not part of the text of the Gemara as redacted by Ravina and Rav Ashi, but was added by the Torah scholars following the amoraic period or by the early *ge'onim*. Consequently, it differs in style and content from regular sections of the Talmud (see Rav Sherira Gaon).

LANGUAGE

Dinar – דִּינָר: This term for a silver coin is derived from the Latin denarius, which means ten, as a dinar was originally worth ten *issar*. Used across the Roman Empire, the dinar weighed approximately 3.9 g. By the talmudic period, the value of the coin and the amount of pure silver it contained had decreased, due to an admixture of copper in the silver.

BACKGROUND

Taking…taking – קִיחָה קִיחָה: The type of comparison employed here by the Talmud is a verbal analogy. This is a fundamental talmudic principle of biblical exegesis, which is included in all the standard lists of hermeneutical principles. If the same word or phrase appears in two places in the Torah, and a certain *halakha* is explicitly stated in one of these places, on the basis of verbal analogy it is inferred that the same *halakha* applies in the other case as well. Certain restrictions are placed on the use of this principle to prevent one from drawing unfounded conclusions. Most significantly, one cannot infer a verbal analogy on one's own, i.e., only a verbal analogy based on an established tradition is valid.

וְכֶסֶף מְנָא לַן? גָּמַר קִיחָה קִיחָה מִשְּׂדֵה עֶפְרוֹן; כְּתִיב הָכָא: ״כִּי יִקַּח אִישׁ אִשָּׁה״, וּכְתִיב הָתָם: ״נָתַתִּי כֶּסֶף הַשָּׂדֶה קַח מִמֶּנִּי״.

The Gemara continues its explanation: **And from where do we** derive that betrothal is accomplished by means of giving **money?** It is **derived** by means of a verbal analogy between the term expressing **taking** stated with regard to betrothal and **from** the term expressing **taking**[B] with regard to **the field of Ephron.** How so? **It is written here,** with regard to marriage: **"When a man takes a woman"** (Deuteronomy 24:1), **and it is written there,** concerning Abraham's purchase of the field of the Cave of Machpelah from Ephron the Hittite: **"I will give money for the field; take it from me"** (Genesis 23:13). This verbal analogy teaches that just as Ephron's field was acquired with money, so too, a woman can be acquired with money.

וְקִיחָה אִיקְּרֵי קִנְיָן, דִּכְתִיב ״הַשָּׂדֶה אֲשֶׁר קָנָה אַבְרָהָם״.

The Gemara continues: **And the taking** of Ephron's field **is called an acquisition** in the Torah, **as it is written** with regard to the same issue: **"The field which Abraham acquired"** (Genesis 25:10).

Perek **I**
Daf **2** Amud **b**

BACKGROUND

The language of the Sages – לִישָּׁנָא דְּרַבָּנַן: The Sages themselves note in tractate *Ḥullin* (137b) that the language of the Torah differs from the language of the Sages. They point out disparities between the language of the Torah and the language of the Mishna with regard to grammar, spelling, and vocabulary. The language of the Sages refers to the Hebrew spoken by scholars. This was distinct from the language used by the common people, which was a mixture of Aramaic and Hebrew (see 70a).

Consecrated property – הֶקְדֵּשׁ: This term usually refers to property that someone consecrates for use in the Temple or as an offering. Property pledged for consecration becomes consecrated as soon as the pledge is uttered. From that point onward it is no longer considered the private property of the donor. The use of consecrated property for purposes other than those for which it is pledged is prohibited. Of course, a consecrated woman is dedicated, as it were, to her husband rather than to the Temple.

HALAKHA

The woman is acquired…with her consent – הָאִשָּׁה נִקְנֵית מִדַּעְתָּהּ: A woman can be betrothed only with her consent. If she is acquired against her will, the betrothal does not take effect. Many details must be taken into account with regard to the practical implementation of this *halakha*. Some authorities say that one cannot rely on assumptions in this matter, due to the prohibition against adultery (Rema, citing Maharam of Rothenburg). There is also a dispute with regard to a man who is forced to betroth a woman. Some say that she is betrothed, while others disagree. This betrothal is therefore of uncertain status (Rambam *Sefer Nashim, Hilkhot Ishut* 4:1; *Shulḥan Arukh, Even HaEzer* 42:1).

אִי נַמִי ״שָׂדוֹת בַּכֶּסֶף יִקְנוּ״, תָּנֵי ״הָאִשָּׁה נִקְנֵית״.

Alternatively, it can be proven that purchasing a field with money is called an acquisition from the verse: **"They shall acquire fields with money"** (Jeremiah 32:44). Consequently, as the *tanna* wanted to teach that a woman can be betrothed with money, **he taught: A woman is acquired.** This explains why the terminology of acquisition is used in this mishna.

וְנִיתְנֵי הָתָם ״הָאִישׁ קוֹנֶה״! מֵעִיקָּרָא תָּנֵי לִישָּׁנָא דְּאוֹרָיְיתָא, וּלְבַסּוֹף תָּנֵי לִישָּׁנָא דְּרַבָּנַן. וּמַאי לִישָּׁנָא דְּרַבָּנַן? דְּאָסַר לַהּ אַכּוּלֵּי עָלְמָא כְּהֶקְדֵּשׁ.

The Gemara asks: **But let** the mishna **teach there,** in the next chapter: **A man acquires.** The Gemara explains: **Initially,** the mishna **taught** using **the language of the Torah,** in which betrothal is called taking. **And ultimately,** in the next chapter, **it taught** using **the language of the Sages.**[B] **And what** is the reason that betrothal is called *kiddushin*, literally, consecration, in the **language of the Sages?** The reason is **that** through betrothal the husband **renders her forbidden to everyone like consecrated** property.[B] Therefore, this act is referred to as consecration.

וְנִיתְנֵי הָכָא ״הָאִישׁ קוֹנֶה״! מִשּׁוּם דְּקָא בָּעֵי לְמִיתְנָא סֵיפָא ״וְקוֹנָה אֶת עַצְמָהּ״, בְּדִידָהּ – תָּנָא נַמִי רֵישָׁא בְּדִידָהּ.

The Gemara asks another question with regard to the difference in wording between the two *mishnayot*: **And let it teach here,** as in the following chapter: **A man acquires.** Why does this mishna teach: The woman is acquired, with the woman as the subject of the sentence? The Gemara answers: This is **because** the *tanna* **wanted to teach** in **the latter clause** of the mishna: **And she acquires herself,** which is stated **with regard to her.** Therefore, the *tanna* **also taught** the *halakha* stated **with regard to her** in **the first clause.**

וְנִיתְנֵי ״הָאִישׁ קוֹנֶה וּמַקְנֶה״! מִשּׁוּם דְּאִיכָּא מִיתַת הַבַּעַל, דְּלָאו אִיהוּ קָא מַקְנֵי, מִן שְׁמַיָּא הוּא דְּמַקְנֵי לַהּ.

The Gemara further asks: **But** if this is the reason, the mishna could have been formulated entirely differently. **Let it teach: The man can acquire** a woman **and transfer** authority, i.e., grant her the release from marriage in the form of a bill of divorce. The Gemara answers: The mishna could not use the expression: Transfer, **because there is** the case of **the husband's death, in** which **it is not he who transfers** authority. Rather, **it is from Heaven that** her freedom **is transferred to her.** Therefore, the mishna could not issue a general statement that the man can actively transfer to the woman her release from marriage.

וְאִי בָּעֵית אֵימָא: אִי תָּנָא ״קוֹנֶה״ – הֲוָה אָמִינָא אֲפִילּוּ בְּעַל כׇּרְחָהּ, תָּנָא ״הָאִשָּׁה נִקְנֵית״, דְּמִדַּעְתָּהּ – אִין, שֶׁלֹּא מִדַּעְתָּהּ – לָא.

And if you wish, say instead another explanation. **If** the mishna had **taught:** The man **acquires** the woman, **I would say** that he can acquire her **even against her will,** as indicated by the expression: He acquires. One might have assumed that the betrothal depends on the husband, without the need for the woman's consent. Therefore the mishna **taught: The woman is acquired,** from which it may be inferred **that with her consent, yes,** he can acquire her as a wife, but **when** he acts **without her consent, no,** she is not betrothed to him.[H]

וּמַאי אִירְיָא דְּתָנֵי "שָׁלֹשׁ"? לִיתְנֵי "שְׁלֹשָׁה"! מִשּׁוּם דְּקָא בָּעֵי לְמִיתְנֵי "דֶּרֶךְ", וְ"דֶרֶךְ" לְשׁוֹן נְקֵבָה הוּא, דִּכְתִיב: "וְהוֹדַעְתָּ לָהֶם אֶת הַדֶּרֶךְ יֵלְכוּ בָהּ".

The Gemara continues to analyze the style of the mishna: **And why does the** *tanna* **specifically teach: Three [*shalosh*] ways,** formulated in the feminine? **Let it teach: Three [*shelosha*] ways,** formulated in the masculine. The Gemara explains: The mishna uses this form **because it wants to teach** the word **way [*derekh*], and *derekh* is formulated** in the **feminine, as it is written: "And you shall show them the way [*derekh*] in which [*bah*] they must walk"** (Exodus 18:20). The term *bah*, which is referring to *derekh*, is formulated in the feminine.

וְאֶלָּא הָא דְּתַנְיָא: בְּשִׁבְעָה דְּרָכִים בּוֹדְקִין אֶת הַזָּב, נִיתְנֵי "שֶׁבַע"! מִשּׁוּם דְּקָא בָּעֵי לְמִיתְנֵי "דֶּרֶךְ", וְאַשְׁכַּחַן "דֶּרֶךְ" דְּאִיקְּרִי לְשׁוֹן זָכָר, דִּכְתִיב: "בְּדֶרֶךְ אֶחָד יֵצְאוּ אֵלֶיךָ וּבְשִׁבְעָה דְרָכִים יָנוּסוּ לְפָנֶיךָ". אִי הָכִי קָשׁוּ קְרָאֵי אַהֲדָדֵי, וְקַשְׁיָא נַמִי מַתְנִיתִין אַהֲדָדֵי!

The Gemara challenges: **But** with regard to **that which is taught** in a mishna (*Nazir* 65b): **One examines a *zav* in seven [*shiva*] ways [*derakhim*],**[H] where *shiva* is formulated in the masculine, **let it teach: Seven [*sheva*]** ways, formulated in the feminine. The Gemara answers: The mishna uses the masculine formulation of the term seven **because it wanted to teach: *Derekh*, and we find** that the word ***derekh* is referred to** in the **masculine form, as it is written: "They shall come out against you one way [*derekh*], and shall flee before you seven [*shiva*] ways"** (Deuteronomy 28:7). The Gemara asks: **If so, the verses contradict each other,** as in one verse the term *derekh* is masculine, and in the other verse it is feminine. **And** furthermore, **the *mishnayot* contradict each other,** as in one mishna *derekh* is masculine while in the other it is feminine.

קְרָאֵי אַהֲדָדֵי לָא קַשְׁיָין. הָכָא דִּבְתוֹרָה קָאֵי, וְתוֹרָה אִיקְּרֵי לְשׁוֹן נְקֵבָה, דִּכְתִיב: "תּוֹרַת ה׳ תְּמִימָה מְשִׁיבַת נָפֶשׁ" – כָּתַב לָהּ בִּלְשׁוֹן נְקֵבָה. הָתָם דִּבְמִלְחָמָה קָאֵי, דְּדַרְכּוֹ שֶׁל אִישׁ לַעֲשׂוֹת מִלְחָמָה וְאֵין דַּרְכָּהּ שֶׁל אִשָּׁה לַעֲשׂוֹת מִלְחָמָה – כָּתַב לָהּ בִּלְשׁוֹן זָכָר.

The Gemara answers: **The verses do not contradict each other. Here,** that verse: "The way in which they must walk" (Exodus 18:20), **is referring to the Torah,** i.e., the way mentioned here is referring to the path of the Torah, **and Torah is referred to** in the **feminine form, as it is written: "The Torah of the Lord is perfect [*temima*], restoring the soul"** (Psalms 19:8). The word *temima* is in the feminine. Consequently, in reference to the Torah the verse **writes:** *Derekh*, **formulated** in the **feminine. There, that** verse: "Shall flee before you seven ways" (Deuteronomy 28:7), **is referring to war,** and **as it is the way of a man to wage war and it is not the way of a woman to wage war,** it is appropriate to speak in the masculine. Therefore, the verse **writes** the word *derekh* **formulated** in the **masculine.**

מַתְנִיתִין אַהֲדָדֵי לָא קַשְׁיָין. הָכָא דִּלְגַבֵּי אִשָּׁה קָאֵי – קָתָנֵי לָהּ בִּלְשׁוֹן נְקֵבָה; הָתָם דִּלְגַבֵּי אִישׁ קָאֵי, דְּדַרְכּוֹ שֶׁל אִישׁ לִיבָּדֵק וְאֵין דַּרְכָּהּ שֶׁל אִשָּׁה לִיבָּדֵק, דְּהָא אִשָּׁה נַמִי בְּאוֹנֶס מִיטַּמְּאָה – תָּנֵי לְשׁוֹן זָכָר.

Likewise, the ***mishnayot* do not contradict each other: Here, where it is referring to a woman, the mishna teaches *derekh* formulated** in the **feminine. There,** with regard to the examination of a *zav*, **where it is referring to a man,** as it is **common for a man to undergo an examination** to determine if his emission has a cause other than a gonorrhea-like discharge [*ziva*] **but it is not common for a woman to undergo an examination, since,** unlike a man, **a woman is rendered impure even by circumstances beyond** her **control, it taught** and used the word *derekh* **formulated** in the **masculine.** Even if a woman has an emission of blood for a reason other than illness, she is still impure. Consequently, in her case there is no reason for an examination to see what might have caused her discharge.

מַאי טַעֲמָא תָּנֵי "שָׁלֹשׁ"? מִשּׁוּם "דְּרָכִים", נִיתְנֵי "דְּבָרִים", וְנִיתְנֵי "שְׁלֹשָׁה"! מִשּׁוּם דְּקָבָעֵי לְמִיתְנֵי בִּיאָה, וּבִיאָה אִיקְּרֵי "דֶּרֶךְ", דִּכְתִיב: "וְדֶרֶךְ גֶּבֶר בְּעַלְמָה כֵּן דֶּרֶךְ אִשָּׁה מְנָאָפֶת".

The Gemara asks another question with regard to the language of the mishna: **What is the reason** that the mishna **teaches: Three [*shalosh*],** formulated in the feminine? This is **because** it wanted to teach: **Ways. But** if so, **let it teach** instead the word: **Matters,** i.e., a woman can be acquired through three matters, **and** as this term is masculine, **let it teach three [*shelosha*],** in the masculine. The Gemara answers: The mishna did do so **because it wanted to teach intercourse** as one of these ways, **and intercourse is called a way** in the Torah, **as it is written: "And the way of a man with a young woman, so is the way of an adulterous woman"** (Proverbs 30:19–20). For this reason the mishna used the term ways rather than matters.

הָא תִּינַח בִּיאָה, כֶּסֶף וּשְׁטָר מַאי אִיכָּא לְמֵימַר? מִשּׁוּם בִּיאָה.

The Gemara raises a difficulty: **This works out well** with regard to **intercourse,** which is referred to as a way. But **what is there to say** concerning **money and a document?** The mishna could have used the word matters with regard to these modes of betrothal. The Gemara answers: **Because** it was necessary to mention **intercourse,** which is called a way, the mishna used the word way in reference to the other two modes as well.

HALAKHA

The examination of a *zav* – בְּדִיקַת הַזָּב: A man is rendered ritually impure due to an emission of a *zav* only if it is not caused by an external factor. Therefore, if he ate or drank excessively before the discharge, consumed food or drink that might cause an emission of this kind, carried a heavy load, jumped, became sick, or desired a certain woman, the emission is attributed to this act and he is not rendered impure (Rambam *Sefer Korbanot*, *Hilkhot Meḥusrei Kappara* 2:2).

וְתָנֵי תַּרְתֵּי אַטּוּ חֲדָא? הָנָךְ נַמִּי צוֹרֶךְ בִּיאָה נִינְהוּ.

The Gemara asks: **And** would the mishna **teach two** cases in a particular manner **due to one?** Since the word way suits only one of the three modes of betrothal, why didn't the mishna use the term: Matters, on account of the other two? The Gemara answers: **These, too, are for the sake of sexual intercourse.** Since the marital relationship, in which intercourse is paramount, is the ultimate purpose of betrothal, the mishna considers this clause as the most important part of the *halakha*.

וְאִי בָּעֵית אֵימָא: הָא מַנִּי? רַבִּי שִׁמְעוֹן הִיא. דְּתַנְיָא, רַבִּי שִׁמְעוֹן אוֹמֵר: מִפְּנֵי מָה אָמְרָה תּוֹרָה "כִּי יִקַּח אִישׁ אִשָּׁה" וְלֹא כָּתַב "כִּי תִלָּקַח אִשָּׁה לְאִישׁ"? מִפְּנֵי שֶׁדַּרְכּוֹ שֶׁל אִישׁ לַחֲזֵר עַל אִשָּׁה, וְאֵין דַּרְכָּהּ שֶׁל אִשָּׁה לַחֲזֵר עַל אִישׁ. מָשָׁל לְאָדָם שֶׁאָבְדָה לוֹ אֲבֵידָה. מִי חוֹזֵר עַל מִי? בַּעַל אֲבֵידָה מְחַזֵּר עַל אֲבֵידָתוֹ.

And if you wish, say instead: In accordance with **whose** opinion **is this** mishna, which teaches *derekh*? **It is** in accordance with the opinion of **Rabbi Shimon, as it is taught** in a *baraita* that **Rabbi Shimon says: For what** reason **did the Torah say: "When a man takes a woman"** (Deuteronomy 22:13) **and did not write: "When a woman is taken by a man? Because it is the way [*derekh*] of a man to pursue a woman, and it is not the way of a woman to pursue a man.** The Gemara cites **a parable of a man who lost an item. Who searches for what?** Certainly **the owner of the lost item searches for his lost item,** not the other way around. Since woman was created from man's lost side, the man seeks that which he has lost. To allude to this statement of Rabbi Shimon, the mishna employs the term *derekh* in this context.

וְהָא דִּתְנַן: בְּשִׁבְעָה דְּרָכִים בּוֹדְקִין אֶת הַזָּב, לִיתְנֵי "דְּבָרִים"! הָתָם הָא קָא מַשְׁמַע לָן: דְּדַרְכָּא דְּמֵיכְלָא יְתֵירָא לְאַתּוּיֵי לִידֵי זִיבָה, וְדַרְכָּא דְּמִישְׁתְּיָא יְתֵירָא לְאַתּוּיֵי לִידֵי זִיבָה.

The Gemara asks: **But** with regard to **that which we learned** in a mishna: **One examines a *zav*[B] in seven ways,** why does it use this phraseology? **Let it teach** the word: **Matters.** The Gemara answers that the mishna **there teaches us this** *halakha*, **that it is the way of excessive eating to lead to *ziva*, and likewise it is the way of excessive drinking to lead to *ziva*.** Therefore, the mishna uses the phrase: Seven ways, to emphasize that there are ways of behavior that can cause the emission of a *zav*.

וְהָא דִּתְנַן: אֶתְרוֹג שָׁוֶה לְאִילָן בִּשְׁלֹשָׁה דְּרָכִים, לִיתְנֵי "דְּבָרִים"! מִשּׁוּם דְּבָעֵינַן מִתְנֵי סֵיפָא "וּלְיָרָק בְּדֶרֶךְ אֶחָד". סֵיפָא נַמִּי נִיתְנֵי "דָּבָר"!

The Gemara further challenges: **And** with regard to **that which we learned** in a mishna (*Bikkurim* 2:6): The *halakhot* of **an *etrog*** tree **correspond to** those of **a tree**[H] **in three ways. Let it teach** instead: Three **matters.** The Gemara answers: **Because it wants to teach in the latter clause: And** the *halakhot* of an *etrog* tree **correspond to** those of **a vegetable in one way,** therefore the mishna uses the term: Ways, in the first clause as well. The Gemara asks: In the **latter clause too, let** the mishna **teach: Matter,** rather than: Way.

BACKGROUND

Zav – זָב: The laws relating to the severe ritual impurity of a *zav* appear in Leviticus, chapter 15, and in tractate *Zavim*. The *zav* becomes ritually impure as a result of the secretion of a white, pus-like discharge from his penis. A man who experiences a discharge of that kind on one occasion becomes ritually impure for one day, like a man who experienced a seminal emission. If he experiences a second discharge on the same or the following day, or if he experiences a prolonged initial discharge, he contracts the more severe ritual impurity of a *zav*, which lasts seven days. A third discharge experienced within the next twenty four hours obligates him to bring an offering as part of his purification process.

In the laws governing secretions of a *zav*, it is halakhically significant how often, and due to what, the discharge occurs. Before it is concluded that a person is a *zav*, an effort is made to determine if the discharge can be attributed to some other physical or mental condition. Although the Sages distinguished between semen and discharge of a *zav*, this distinction is not always obvious. For this reason, it is possible that a particular discharge might not be that of a *zav* but an unintentional discharge, whose causes are listed in the mishna. A discharge is not considered a sign of a *zav* until it has been established as such by a repeated occurrence.

HALAKHA

The *halakhot* of an *etrog* tree correspond to those of a tree, etc. – אֶתְרוֹג שָׁוֶה לְאִילָן וכו׳: An *etrog* is treated like a vegetable with regard to tithing and the Sabbatical Year. Therefore, if it is picked during the third year of the seven-year Sabbatical cycle after the fifteenth of the month of Shevat, the poor man's tithe must be taken from it, in accordance with the *halakha* of third-year produce, despite the fact that it finished growing in the second year. Likewise, if it was picked in the fourth year after the fifteenth of Shevat, the second tithe is separated from it. With regard to the Sabbatical Year the *halakha* is stringent. Consequently, if it was picked during the Sabbatical Year it must be tithed, but it is consecrated like other Sabbatical-Year produce (Rambam *Sefer Zera'im*, *Hilkhot Ma'aser Sheni* 1:5 and *Hilkhot Shemitta VeYovel* 4:12).

הָתָם הָא קָמַשְׁמַע לָן דְּדַרְכֵּיהּ דְּאֶתְרוֹג כְּיָרָק; מַה יָּרָק דַּרְכּוֹ לִיגָּדֵל עַל כָּל מַיִם, וּבִשְׁעַת לְקִיטָתוֹ עִישּׂוּרוֹ – אַף אֶתְרוֹג דַּרְכּוֹ לִיגָּדֵל עַל כָּל מַיִם, וּבִשְׁעַת לְקִיטָתוֹ עִישּׂוּרוֹ.

The Gemara explains: **There,** the mishna **teaches us this, that** the way an *etrog*[B] grows is **like a vegetable: Just as it is the way of a vegetable to grow by** being watered by **all water,** i.e., in addition to rainwater it requires irrigation, **and its tithing is according to when it is harvested,** i.e., its tithing is based on when it is collected from the field, **so too, it is the way of an *etrog* to grow by** being watered by **all water,** as it requires more water than rain provides, **and its tithing is according to the time when it is harvested.** If, for example, a vegetable is collected during a year when poor man's tithe is given, that tithe is separated from it, even if it formed a bud during the previous year, when second tithe was separated. The same applies to an *etrog*. Therefore, the mishna specifically uses the term: Way, to allude to this reason.

BACKGROUND

Etrog – אֶתְרוֹג: The *etrog*, *Citrus medica* L., is distinct in several ways from other fruit trees that grew in Eretz Yisrael in antiquity. First, an *etrog* tree requires constant irrigation, like other citrus trees in tropical regions, as the winter rains do not provide enough water for its growth. Additionally, this tree blossoms and produces fruit throughout most of the year, which means that one tree may contain both new and ripe fruit simultaneously. Due to these differences, one can compare an *etrog* tree to vegetables, which also need constant watering and do not ripen at a specific time of year.

וְהָא דִּתְנַן: כּוֹי יֵשׁ בּוֹ דְּרָכִים שָׁוֶה לְחַיָּה, וְיֵשׁ בּוֹ דְּרָכִים שָׁוֶה לִבְהֵמָה, וְיֵשׁ בּוֹ דְּרָכִים שָׁוֶה לְחַיָּה וְלִבְהֵמָה, וְיֵשׁ בּוֹ דְּרָכִים שֶׁאֵינוֹ שָׁוֶה לֹא לְחַיָּה וְלֹא לִבְהֵמָה, נִיתְנֵי "דְּבָרִים"! וְתוּ: הָא דִּתְנַן: זוֹ אַחַת מִן הַדְּרָכִים שֶׁשָּׁווּ גִּיטֵּי נָשִׁים לְשִׁחְרוּרֵי עֲבָדִים, נִיתְנֵי "דְּבָרִים"!

The Gemara further asks: **But** concerning **that which we learned** in a mishna (*Bikkurim* 2:8): With regard to **a *koy*,**[HB] an animal whose classification was uncertain, as the Sages were unsure whether it is a domesticated or a non-domesticated animal, **there are ways,** i.e., *halakhot,* **in** which its *halakhot* **correspond to** those of **a non-domesticated animal and there are ways in** which its *halakhot* **correspond to** those of **a domesticated animal. And there are ways in** which its *halakhot* **correspond to** those of both **a non-domesticated animal and a domesticated animal, and there are ways in** which its *halakhot* **correspond to** those of **neither a non-domesticated animal nor a domesticated animal. Let** that mishna **teach** the term: **Matters. And furthermore,** with regard to **that which we learned** in a mishna (*Gittin* 9a): **This is one of the ways in which** the *halakhot* of **bills of divorce correspond to** those of bills of **manumission, let** that mishna **teach** the word: **Matters.**

אֶלָּא: כָּל הֵיכָא דְּאִיכָּא פְּלוּגְתָּא – תָּנֵי "דְּרָכִים". וְכָל הֵיכָא דְּלֵיכָּא פְּלוּגְתָּא – תָּנֵי "דְּבָרִים". דַּיְקָא נַמִי, דְּקָתָנֵי סֵיפָא: רַבִּי אֱלִיעֶזֶר אוֹמֵר: אֶתְרוֹג שָׁוֶה לְאִילָן לְכָל דָּבָר. שְׁמַע מִינָּהּ.

Rather, the Gemara rejects the previous explanations, as the phraseology is not dependent on the nature of the topic at hand. Instead, **anywhere that there is a distinction**[N] with regard to an issue the mishna **teaches** the term: **Ways,** as there are different ways or possibilities available. **And anywhere that there is no distinction it teaches** the word: **Matters.** The Gemara comments: The language of the mishna **is also precise**[B] in this regard, **as it teaches in the latter clause** of that mishna that **Rabbi Eliezer says:** The *halakhot* **of an *etrog*** tree **correspond to** those of **a tree with regard to every matter.** This indicates that when no distinctions apply, the mishna will use the term matter. The Gemara concludes: **Learn from this**[B] clause in the mishna that this explanation is correct.

מִנְיָינָא דְּרֵישָׁא לְמַעוּטֵי מַאי, מִנְיָינָא דְּסֵיפָא לְמַעוּטֵי מַאי?

§ The Gemara continues to analyze the language of the mishna: With regard to **the number in the first clause** of the mishna, i.e., a woman is acquired in three ways, this serves **to exclude what?** The fact that the mishna mentions a number indicates that other modes of acquisition do not apply to betrothal. What mode is excluded? Similarly, **the number in the latter clause** of the mishna, that a woman acquires herself in two ways, serves **to exclude what?**[B]

מִנְיָינָא דְּרֵישָׁא לְמַעוּטֵי חוּפָּה. וּלְרַב הוּנָא דְּאָמַר: חוּפָּה קוֹנָה מִקַּל וָחוֹמֶר, לְמַעוּטֵי מַאי?

The Gemara explains: **The number in the first clause** serves **to exclude** a wedding **canopy,** which does not effect betrothal. The Gemara asks: **And according to** the opinion of **Rav Huna, who said:** A wedding **canopy acquires** a woman, and it alone could be a mode of betrothal, as derived **by an *a fortiori*** inference (see 5a), this number serves **to exclude what?**

HALAKHA

Koy – כּוֹי: The fats of a *koy* may not be eaten, just like those of a domesticated animal; but one is not liable to receive lashes for this infringement. The blood of a *koy* is covered after its slaughter, like that of a non-domesticated animal. Breeding a *koy* with a non-domesticated or a domesticated animal is considered an uncertain violation of the prohibition against diverse kinds, and no lashes are administered. With regard to vows, the *koy* is assumed to be neither a domesticated animal nor a non-domesticated animal. The prohibition against eating the sciatic nerve, which applies to both a non-domesticated and a domesticated animal, applies to a *koy* as well (Rambam *Sefer Kedusha, Hilkhot Ma'akhalot Assurot* 1:13; *Sefer Zera'im, Hilkhot Kilayim* 9:5; and *Sefer Hafla'a, Hilkhot Nezirut* 2:10; *Shulḥan Arukh, Yoreh De'a* 65:5).

NOTES

Anywhere that there is a distinction [*pelugta*] – כָּל הֵיכָא דְּאִיכָּא פְּלוּגְתָּא: There are several opinions as to the meaning of the term *pelugta* in this context. According to Rashi it means that there are different aspects to a *halakha*, some of which are similar to other cases while others are unique. The list of the mishna serves to highlight these distinctions. Others explain that when a *halakha* includes various details, the term: Ways, is used (Ramban; Rashba). An entirely different explanation is that the term *pelugta* refers to any case where there is a dispute between Sages (Rabbi Ḥananel ben Shmuel).

BACKGROUND

Koy – כּוֹי: Many problems arise in trying to identify the *koy*. It is mentioned numerous times in the Mishna and the Gemara, not because it is a common animal, but rather, because it is useful in discussions that explore the application and limits of the *halakhot* of domesticated animals versus wild animals. As early as the mishnaic period, the Sages disagreed on the identification of the *koy*. Some maintain that it is a hybrid born to a goat and a deer or another kosher wild animal.

According to many researchers, the *koy* is identified as the water buffalo. There are allusions to this identification in some medieval rabbinic sources. Others reject this idea and claim that water buffalo did not live in Eretz Yisrael during the time of the Mishna, when the *koy* was first mentioned. Others maintain that the *koy* is the mouflon, a subspecies of wild sheep, although there are a number of opinions as to which specific subspecies of mouflon it may be. There is also uncertainty with regard to both the origin of the term *koy* and its proper vocalization.

Top: Water buffalo
Bottom: Mouflon

The language of the mishna is also precise – דַּיְקָא נַמִי: Sometimes careful reexamination of the language of a mishna reveals that it supports the previously cited opinion of an *amora*.

Learn from this – שְׁמַע מִינָּהּ: When this phrase appears at the beginning of a dispute, it means: Draw the following halakhic conclusion from the previous statement. When used at the end of a dispute, this expression affirms that the previous conclusion or explanation is correct.

To exclude what – לְמַעוּטֵי מַאי: When the mishna states the exact number of cases to which a *halakha* applies, the Gemara often asks: What did the mishna seek to exclude by employing a restrictive expression of this kind?

HALAKHA

What is acquired through symbolic exchange – מַה נִּקְנֶה בַּחֲלִיפִין: Land can be acquired via symbolic exchange (Rambam *Sefer Kinyan, Hilkhot Mekhira* 5:5).

Exchange is effective using an item worth less than the value of one *peruta* – חֲלִיפִין...בְּפָחוֹת מִשָּׁוֶה פְּרוּטָה: The mode of acquisition known as symbolic exchange is effective only by giving a vessel, and the vessel need not be worth the value of one *peruta* (Rambam *Sefer Kinyan, Hilkhot Mekhira* 5:6).

לְמַעוּטֵי חֲלִיפִין. סָלְקָא דַּעְתָּךְ אָמִינָא: הוֹאִיל וְגָמַר קִיחָה קִיחָה מִשְּׂדֵה עֶפְרוֹן, מַה שָּׂדֶה מִקְנְיָא בַּחֲלִיפִין – אַף אִשָּׁה נַמִי מִקְנְיָא בַּחֲלִיפִין. קָמַשְׁמַע לָן.

The Gemara answers: The number serves **to exclude** acquisition through symbolic **exchange,** i.e., a *pro forma* act of acquisition effecting the transfer of ownership of an article. Although a woman can be betrothed by means of money or an item of monetary value, she is not betrothed if she is given an item by symbolic exchange. The Gemara explains why this needs to be excluded: It might **enter your mind to say** that **since** the Sages **derive** the acquisition of a woman by verbal analogy between the term expressing **taking** stated with regard to betrothal **from** the term expressing **taking** with regard to **the field of Ephron,** it can be suggested that **just as a field can be acquired through** symbolic **exchange,**[H] **so too, a woman can be acquired through** symbolic **exchange.** Therefore, the *tanna* **teaches us** that this is not the case.

וְאֵימָא הָכִי נַמִי! חֲלִיפִין אִיתְנְהוּ בְּפָחוֹת מִשָּׁוֶה פְּרוּטָה, וְאִשָּׁה בְּפָחוֹת מִשָּׁוֶה פְּרוּטָה

The Gemara asks: **And** perhaps one should **say** that **so too,** it is possible to betroth a woman by means of symbolic exchange. The Gemara answers: This cannot be the case, as symbolic **exchange is** effective **using** an item worth **less than the value of one *peruta*,**[H] **and with** an item worth **less than the value of one *peruta*, a woman**

Perek **I**
Daf **3** Amud **b**

BACKGROUND

***Ḥalitza* – חֲלִיצָה:** *Ḥalitza* is the ceremony that frees a *yevama*, a widow of a man who died childless, from the obligation to marry one of her deceased husband's brothers [*yevamin*], and allows her to remarry (see Deuteronomy 25:7–10). The term *ḥalitza* is derived from the central element of this ceremony, which involves the widow's removal [*ḥalitza*] of a special sandal from the foot of one of her *yevamin*. *Ḥalitza* must be performed before a rabbinical court. The *halakhot* governing this ceremony are discussed in detail in tractate *Yevamot*.

An *a fortiori* inference – קַל וָחוֹמֶר: One of the fundamental principles of rabbinic exegesis, an *a fortiori* inference appears in all of the standard lists of exegetical principles. In essence, it is a principle of logical argumentation in which a comparison is drawn between two cases, one relatively lenient and the other more stringent. An *a fortiori* inference asserts that if the *halakha* is stringent in a case where the ruling is usually lenient, all the more so it must be stringent in a more serious case. Likewise, if the *halakha* is lenient in a case where the ruling is not usually lenient, it will certainly be lenient in a less stringent case. *A fortiori* inferences appear in the Bible, and the Sages compiled lists of verses in which *a fortiori* inferences appear, for example: "If you have run with the foot soldiers, and they have wearied you, how can you contend with horses?" (Jeremiah 12:5).

A father has authority over his daughter with regard to her betrothal – הָאָב זַכַּאי בְּבִתּוֹ בְּקִידּוּשֶׁיהָ: The *halakha* identifies three stages of a female's development. A girl is considered a minor, a *ketana*, from age three through twelve years and one day. For the next six months she is termed a young woman, a *na'ara*, whereupon she becomes an adult, a *bogeret*. A girl's father has the authority to betroth his daughter in her youngest stage to whomever he pleases, even without her consent, and the money paid for this betrothal belongs to him. He is also entitled to money garnered for any work his daughter performs, and he may take possession of any objects she finds. This parental power lasts until the girl reaches adulthood, i.e., the age of twelve and a half, at which point any decision with regard to her betrothal is hers alone. If a father betroths his minor daughter and subsequently her husband dies or divorces her, the father does not regain his authority over to her even if she is still underage.

לָא מַקְנְיָא נַפְשָׁהּ.

does not render herself acquired[N] by a man.

מִנְיָינָא דְּסֵיפָא לְמַעוּטֵי מַאי? לְמַעוּטֵי חֲלִיצָה. סָלְקָא דַּעְתָּךְ אָמִינָא תֵּיתֵי בְּקַל וָחוֹמֶר מִיבָמָה, מַה יְּבָמָה שֶׁאֵינָהּ יוֹצְאָה בְּגֵט – יוֹצְאָה בַּחֲלִיצָה, זוֹ שֶׁיּוֹצְאָה בְּגֵט – אֵינוֹ דִּין שֶׁיּוֹצְאָה בַּחֲלִיצָה. קָמַשְׁמַע לָן.

The Gemara asks: **The number in the latter clause** of the mishna, that a woman acquires herself in two ways, serves **to exclude what?** The Gemara answers that it serves **to exclude *ḥalitza*,**[B] i.e., a woman is not released from marriage through *ḥalitza*. Without this exclusion it might **enter your mind to say** that this **can be derived through an *a fortiori*** inference[B] **from** the *halakha* of a *yevama*, as follows: **Just as a *yevama*, who is not released** from the *yavam* **through a bill of divorce, is** nevertheless **released** from him **through *ḥalitza*,** with regard to **this** married woman, **who can be released** from her husband **through a bill of divorce, is it not logical that she can be released** from him **through *ḥalitza*?** Therefore, the *tanna* **teaches us** that a married woman cannot be released from her husband by means of *ḥalitza*.

וְאֵימָא הָכִי נַמִי! אָמַר קְרָא "סֵפֶר כְּרִיתֻת" – סֵפֶר כּוֹרְתָהּ, וְאֵין דָּבָר אַחֵר כּוֹרְתָהּ.

The Gemara asks: **And** perhaps one should **say** that **so too,** this is the case, i.e., a married woman can be released from marriage through *ḥalitza*. The Gemara answers: **The verse states** with regard to divorce: **"A scroll of severance"** (Deuteronomy 24:3), which teaches: **A scroll,** i.e., a written document, **severs her** from her husband, **and nothing else severs her** from him.

"בְּכֶסֶף". מְנָא לָן? וְתוּ, הָא דִּתְנַן: הָאָב זַכַּאי בְּבִתּוֹ בְּקִדּוּשֶׁיהָ, בְּכֶסֶף בִּשְׁטָר וּבְבִיאָה – מְנָלַן דְּמִיקַּנְיָא בְּכֶסֶף, וְכֶסֶף דַּאֲבוּהּ הוּא?

§ The mishna teaches that a woman can be acquired **with money.** The Gemara asks: **From where do we** derive that a woman can be acquired through money? **And furthermore,** with regard to **that which we learned** in a mishna (*Ketubot* 46b): **A father has authority over his daughter with regard to her betrothal,**[BH] whether it is **through money, through a document, or through sexual intercourse, from where do we derive that** she **is acquired** by her husband **with money, and that this money is her father's?**

NOTES

Does not render herself acquired – לָא מַקְנְיָא נַפְשָׁהּ: Rashi explains that she does not allow herself to be betrothed by less than the value of one *peruta*, as she considers that demeaning. The commentaries ask whether it is up to her; i.e., can a woman be betrothed with less than one *peruta* if she agrees (Rabbeinu Tam)? Many early commentaries explain that as it is demeaning to women in general, a particular woman may not accept a betrothal of this kind (*Tosefot Tukh*; *Tosefot HaRosh*; Meiri).

HALAKHA

A father has authority of his daughter with regard to her betrothal – הָאָב זַכַּאי בְּבִתּוֹ בְּקִדּוּשֶׁיהָ: A father can betroth his daughter when she is a minor girl or a young woman and the betrothal money belongs to him. Likewise, he may allow his daughter to be betrothed by means of intercourse if she is older than three. Despite this, it is improper for a father to betroth his daughter until she is old enough to decide whom she wants to marry (Rambam *Sefer Nashim, Hilkhot Ishut* 3:11, 19; *Shulḥan Arukh, Even HaEzer* 37:1).

אֲמַר רַב יְהוּדָה אֲמַר רַב: דְּאָמַר קְרָא: ״וְיָצְאָה חִנָּם אֵין כָּסֶף״ – אֵין כֶּסֶף לְאָדוֹן זֶה, אֲבָל יֵשׁ כֶּסֶף לְאָדוֹן אַחֵר. וּמַאן נִיהוּ? אָב.

Rav Yehuda said that **Rav said:** The reason is **that the verse states** with regard to a Hebrew maidservant acquiring freedom from her master: **"Then shall she go out for nothing, without money"**[B] (Exodus 21:11). The extraneous phrase: Without money, indicates that **there is no money for this master,** i.e., in this case the master she leaves loses the money he paid for her, **but there is money for a different master,** i.e., another master receives money for her when she leaves his authority. **And who is** the other master who can transfer her to someone else and receives money for her? This is her **father.**

וְאֵימָא לְדִידַהּ! הָכִי הַשְׁתָּא?! אָבִיהָ מְקַבֵּל קִידּוּשֶׁיהָ, דִּכְתִיב: ״אֶת בִּתִּי נָתַתִּי לָאִישׁ הַזֶּה״, וְאִיהִי שָׁקְלָה כַּסְפָּא?!

The Gemara asks: **But** why not **say** that this money is given **to her?** The Gemara rejects this: **How can one suggest this? Her father receives her betrothal,** i.e., the money or document of betrothal, when he marries her off to her husband, **as it is written: "I gave my daughter to this man"** (Deuteronomy 22:16), **and** shall **she take the money?** Since he is the one who marries her off, he is certainly entitled to the money of her betrothal.

וְאֵימָא הָנֵי מִילֵּי – קְטַנָּה דְּלֵית לַהּ יָד לְקַבֵּל קִידּוּשִׁין, אֲבָל נַעֲרָה דְּאִית לַהּ יָד לְקַבֵּל קִידּוּשִׁין – תִּקְדֵּשׁ אִיהִי נַפְשַׁהּ, וְתִשְׁקוֹל כַּסְפָּא! אָמַר קְרָא: ״בִּנְעֻרֶיהָ בֵּית אָבִיהָ״ – כׇּל שֶׁבַח נְעוּרִים לְאָבִיהָ.

The Gemara asks: **But** why not **say** that **this** *halakha* **applies** only when she is **a minor girl, as she does not have the power to receive** her **betrothal.** Since she lacks the intellectual capacity, she likewise does not have the legal right to conduct this transaction. **But** with regard to **a young woman, who does have the power to receive** her **betrothal,** as a female older than twelve years is considered an adult, **let her betroth herself and take the money.** The Gemara answers that **the verse states: "Being in her youth, in her father's house"** (Numbers 30:17), which teaches: **Any profit** she gains in her **youth** belongs **to her father.**

וְאֶלָּא הָא דְּאָמַר רַב הוּנָא אָמַר רַב: מִנַּיִן שֶׁמַּעֲשֵׂה הַבַּת לָאָב? שֶׁנֶּאֱמַר: ״וְכִי יִמְכֹּר אִישׁ אֶת בִּתּוֹ לְאָמָה״. מָה אָמָה מַעֲשֵׂה יָדֶיהָ לְרַבָּהּ – אַף בַּת נַמִּי מַעֲשֵׂה יָדֶיהָ לְאָבִיהָ. תֵּיפוֹק לֵיהּ מִ״בִּנְעֻרֶיהָ בֵּית אָבִיהָ״!

The Gemara questions this explanation: **But** with regard to **that which Rav Huna says** that **Rav says: From where** is it derived **that the earnings of a daughter,** i.e., the profit from her labor, belongs to her **father? As it is stated: "And if a man sells his daughter as a maidservant"** (Exodus 21:7). This comparison between a daughter and a Hebrew maidservant teaches the following: **Just as** with regard to a Hebrew **maidservant, her earnings** belong **to her master, so too,** with regard to **a daughter, her earnings** belong **to her father.**[H] The Gemara now asks: Why does Rav Huna need this derivation? **Let him derive** this *halakha* **from** the verse **"being in her youth, in her father's house,"** which indicates that any profit from her earnings as a young woman belongs to her father.

אֶלָּא: בַּהֲפָרַת נְדָרִים הוּא דִּכְתִיב, הָכִי נַמִּי – בַּהֲפָרַת נְדָרִים הוּא דִּכְתִיב! וְכִי תֵּימָא נֵילַף מִינַּהּ – מָמוֹנָא מֵאִיסּוּרָא לָא יָלְפִינַן.

Rather, Rav Huna maintains that **that** verse **is written with regard to the nullification of vows,** and it is not referring to the *halakhot* of acquisition. The Gemara asks: If that is so, then **so too,** with regard to her betrothal money, one can say that this verse **is written** only **with regard to the nullification of vows**[B] and does not apply to betrothal money. **And if you would say: Let us derive** the *halakha* of her betrothal money **from** the *halakha* of the nullification of vows, i.e., just as a father has the right to nullify his daughter's vows when she is a young woman, so too, he has rights to her money, this is not possible, as there is a principle: **We do not derive monetary matters from ritual matters.**

וְכִי תֵּימָא נֵילַף מִקְּנָסָא – מָמוֹנָא מִקְּנָסָא לָא יָלְפִינַן.

And if you would say: Let us derive this *halakha* of the betrothal of a young woman **from** the *halakha* **of fines,** as it is stated explicitly in the Torah that a man who rapes a young woman must pay a fine to her father, there is another principle that is applicable here: **We do not derive monetary matters from fines,**[N] as the imposition of a fine is considered a unique case from which ordinary monetary rights cannot be derived.

BACKGROUND

Then shall she go out for nothing, without money – וְיָצְאָה חִנָּם אֵין כָּסֶף: A girl younger than twelve years old may be sold as a Hebrew maidservant by her father. In many cases, a Hebrew maidservant is designated to become the wife of her master or his son. If he or his son does not marry her, she becomes free when she attains majority, after working six years, upon her purchaser's death, or with the advent of the Jubilee Year, whichever happens first. If a maidservant is released, her master receives no monetary compensation, as discussed here.

Nullification of vows – הֲפָרַת נְדָרִים: The Torah (Numbers, chapter 30) authorizes a father to nullify the vows of his daughter before she either attains majority or marries. Similarly, a husband is entitled to nullify vows made by his wife. If a girl is betrothed before she attains majority, her vows may be nullified by her husband and father together. The vow must be nullified on the same day on which the father or husband hears about it. A husband is empowered to nullify only vows of affliction and vows that either directly or indirectly affect the personal relationship between him and his wife. According to many authorities, this restriction applies to the father as well.

HALAKHA

Her earnings belong to her father – מַעֲשֵׂה יָדֶיהָ לְאָבִיהָ: The earnings of a daughter belong to her father until she becomes an adult (Rambam *Sefer Nashim, Hilkhot Ishut* 3:11; *Shulḥan Arukh, Even HaEzer* 37:1).

NOTES

We do not derive monetary matters from fines – מָמוֹנָא מִקְּנָסָא לָא יָלְפִינַן: Although a fine is also a monetary payment, every fine is categorized as a novel Torah law. One expression of this categorization is the fact that although fines are essentially judicial penalties assessed to discourage certain behaviors, not reimbursement for damages, the sum is not paid to the court, but to the other party. There is a principle that novel ideas cannot serve as the basis for other *halakhot*.

BACKGROUND

Humiliation and degradation – בּוֹשֶׁת וּפְגָם: A man who rapes an unmarried female between the age of three and twelve and a half is obligated by the Torah to marry her, and he may not divorce her. He is also required to pay a fine for the rape and to pay damages, according to the *halakhot* of personal injury (Deuteronomy 22:29). The marriage is subject to her consent and that of her father. The amount of the payment for humiliation is evaluated in accordance with the social standing of both the person who suffered the humiliation and the one who caused it. Payment for humiliation is required even if no physical injury was inflicted. This requirement is based on Deuteronomy 25:11. A man who seduces or rapes a girl must also pay for degradation. This is assessed according to the reduction in the girl's value, caused by the loss of her virginity, if she were to be sold as a maidservant. The source for this is based on Exodus 21:24, and both of these payments are discussed in tractate *Bava Kamma* (83b).

וְכִי תֵּימָא נֵילַף מִבּוֹשֶׁת וּפְגָם – שָׁאנֵי בּוֹשֶׁת וּפְגָם דַּאֲבוּהּ שַׁיָּיךְ בְּגַוַּויְהוּ!

And if you would say: Let us derive this *halakha* **from the** reimbursements for the **humiliation and degradation** of a young woman who was raped, which are also given to the father, one can answer that the following distinction applies: Reimbursement for **humiliation and degradation**[B] are **different, as her father has an interest in them.**[N] The father has the ability to derive benefit from her humiliation and degradation in other ways, e.g., by marrying her to a man afflicted with boils. which would humiliate her and cause a reduction in her value. Therefore, one cannot derive from the fact that the father receives the reimbursements for the humiliation and degradation of a young woman who was raped that he receives other monies due to her.

אֶלָּא מִסְתַּבְּרָא, דְּכִי קָא מְמַעֵט

Rather, the *halakha* that a young woman's betrothal money belongs to her father is derived from the verse: "Then shall she go out for nothing, without money" (Exodus 21:11), as previously stated. As for the question why the money does not belong to her, the Gemara answers that **it is reasonable that when** the verse **excludes** another situation and indicates that there is no money for this master but there is money for a different master,

NOTES

As her father has an interest in them – דַּאֲבוּהּ שַׁיָּיךְ בְּגַוַּויְהוּ: Some commentaries write that a father suffers from his daughter's pain (*Tosefot Tukh*; Ritva). Others explain that as a father can receive additional betrothal money by betrothing his daughter to a vile individual, which perforce will humiliate her, he is considered to have a stake in this payment (Rashi; Ramban). One can further add that her humiliation and degradation cause her value to decrease, which renders it more difficult for her father to find a husband for her.

Perek **I**
Daf **4** Amud **a**

HALAKHA

The nullification of the vows of a betrothed young woman – הֲפָרַת נִדְרֵי נַעֲרָה מְאוֹרָסָה: The vow of a betrothed young woman can be nullified only by her husband and father together. If it was nullified by one of them alone the vow remains in effect (Rambam *Sefer Hafla'a*, *Hilkhot Nedarim* 11:9; *Shulḥan Arukh*, *Yoreh De'a* 234:5).

These are the days of her youth – אֵלּוּ יְמֵי נַעֲרוּת: A Hebrew maidservant is emancipated when she develops the signs of a young woman. Even if this occurs one day after she was purchased, she is released without her master receiving any money in compensation (Rambam *Sefer Kinyan*, *Hilkhot Avadim* 4:5).

יְצִיאָה דִּכְוָותָהּ קָא מְמַעֵט.

it excludes a departure that is **like it,** i.e., a departure wherein the two masters are the potential recipients. Just as when no money is paid, the individual who might have received the payment is her master, so too, when money is paid, in a different set of circumstances, the money goes to the one who has authority over her, i.e., her father.

וְהָא לָא דָּמְיָא הַאי יְצִיאָה לְהַאי יְצִיאָה; הָתָם – נָפְקָא לַהּ מֵרְשׁוּת אָדוֹן לְגַמְרֵי, וְהָכָא – אַכַּתִּי מִיחַסְּרָא מְסִירָה לַחוּפָּה! בַּהֲפָרַת נְדָרִים מִיהָא נָפְקָא לַהּ מֵרְשׁוּתֵיהּ. דִּתְנַן: נַעֲרָה הַמְאוֹרָסָה אָבִיהָ וּבַעְלָהּ מְפִירִין נְדָרֶיהָ.

The Gemara asks: **But this departure is not similar to that departure,** as **there, she leaves the authority of the master entirely** upon being freed and she no longer retains any connection to him, **and here, she still lacks** the act of **passing** her over **to the** wedding **canopy.** Until she actually enters the wedding canopy, she has not left her father's authority completely. The Gemara answers: Nevertheless, there is a similarity between her departures in both cases, as **she leaves** her father's **authority at least as** far as **the nullification of vows** is concerned. **As we learned** in a mishna (*Nedarim* 66b): With regard to **a betrothed young woman, her father and her husband** together **nullify her vows,**[H] and her father cannot nullify them alone.

וְהַאי "וְיָצְאָה חִנָּם" לְהָכִי הוּא דַּאֲתָא? הָא מִבָּעֵי לֵיהּ לְכִדְתַנְיָא, דְּתַנְיָא: "וְיָצְאָה חִנָּם" – אֵלּוּ יְמֵי בַּגְרוּת; "אֵין כָּסֶף" – אֵלּוּ יְמֵי נַעֲרוּת!

The Gemara asks: But does **this** verse: **"Then shall she go out for nothing"** (Exodus 21:11), **come for that** purpose, to teach that there is no money for this master, but there is money for a different master? **But it is required for that which is taught** in the following *baraita*. **As it is taught** in a *baraita*: The verse "Then shall she go out for nothing, without money" should be understood as follows: **"Then shall she go out for nothing"; these** words **are** referring to **the days of adulthood,** i.e., a Hebrew maidservant leaves her owner's authority once she becomes an adult. **"Without money [*ein kasef*]"; these** words **are** referring to **the days of** her **youth,**[H] i.e., when she becomes a young woman she leaves his authority.

אֲמַר רָבִינָא: אִם כֵּן לֵימָא קְרָא ״אֵן כֶּסֶף״. מַאי ״אֵין כָּסֶף״? אֵין כֶּסֶף לְאָדוֹן זֶה, אֲבָל יֵשׁ כֶּסֶף לְאָדוֹן אַחֵר. וּמַאן נִיהוּ? אָב.

Ravina said: If so, that the verse is to be used only for this derivation, **let the verse say:** ***En kasef***,[B] without the letter *yod*. **What is** indicated by the full spelling with a *yod*: ***Ein kasef***? This serves to teach the *halakha* stated above: **There is no money for this master, but there is money for a different master. And who is he?** He is her **father,** who has a right to receive the money when his daughter leaves his authority upon her betrothal.

וּמִמַּאי דְּדָרְשִׁינַן הָכִי? דְּתַנְיָא: ״וְזֶרַע אֵין לָהּ״.

The Gemara explains: **And from where** is it derived that **one interprets** the verse **homiletically** in **this** manner? How is it known that the full form of the word *ein* teaches a *halakha*? **As it is taught** in a *baraita* with regard to the daughter of a priest who married a non-priest and was subsequently widowed or divorced: **"And she has no child,** and is returned to her father's house, as in her youth, she may eat of her father's bread" (Leviticus 22:13). This verse indicates that if she has no children from her non-priest husband she may once again partake of *teruma*.

אֵין לִי אֶלָּא זַרְעָהּ. זֶרַע זַרְעָהּ מִנַּיִן? תַּלְמוּד לוֹמַר: ״זֶרַע אֵין לָהּ״ – עַיֵּין לָהּ. וְאֵין לִי אֶלָּא זֶרַע כָּשֵׁר. זֶרַע פָּסוּל מִנַּיִן? תַּלְמוּד לוֹמַר: ״זֶרַע אֵין לָהּ״ – עַיֵּין לָהּ.

I have derived **only** that this *halakha* applies to **her** actual **children. From where** do I derive that **her children's children** are equivalent to children with regard to this *halakha*? **The verse states: "She has no [*ein lah*] child,"** where *ein* is spelled with a *yod* inserted in the middle. This additional letter serves to enable an alternative articulation of the term, specifically, **one examines her [*ayyein lah*]**[NH] to see if she has any descendants. **And I have** derived **only** that this *halakha* applies to **children** of **unflawed** lineage, i.e., her legitimate offspring. **From where** do I derive that **children of flawed** lineage, e.g., *mamzerim*, are also considered her children for the purposes of this *halakha*? **The verse states: "She has no child,"** which indicates that **one examines her,** as explained above.

וְהָא אַפִּיקְתֵּיהּ לְזֶרַע זַרְעָהּ! ״זֶרַע זַרְעָהּ״ לָא אִיצְטְרִיךְ קְרָא, דִּבְנֵי בָנִים הֲרֵי הֵן כְּבָנִים. כִּי אִיצְטְרִיךְ קְרָא – לְזֶרַע פָּסוּל.

With regard to the last derivation, the Gemara asks: **But you have already derived** one *halakha* from this word, that **her children's children** are considered like her children in this case. The Gemara answers: In fact, **a verse was not necessary** to teach about **her children's children,** as there is an established principle that **children's children are** considered **like children.** And therefore, **when the verse was necessary,** it was to teach the requirement of examining her **for children of unflawed** lineage.

וְתַנָּא גּוּפֵיהּ מְנָלֵיהּ דְּדָרֵישׁ הָכִי? אָמְרִי: כְּתִיב ״מֵאֵן בִּלְעָם״ וּ״מֵאֵן יְבָמִי״ דְּלָא כְּתִיב בְּהוּ יו״ד, וְהָכָא כְּתִיב בֵּיהּ יו״ד – שְׁמַע מִינָּהּ לִדְרָשָׁא הוּא דַּאֲתָא.

The Gemara asks: **And the *tanna* himself, from where does** he know **that** one **can expound** the *yod* in *ein* in **this** manner? The Gemara answers: **They say** in explanation that it is **written: "Balaam refuses [*me'en*]"** (Numbers 22:14), **and** it is similarly written: **"My *yavam* refuses [*me'en*]"** (Deuteronomy 25:7), and **in neither** case **is a *yod* written. And here** the word *ein* **is written with a *yod*. Learn from it that** the *yod* is superfluous and **comes** for the sake of **an exposition.**

וְאִיצְטְרִיךְ לְמִכְתַּב קִידּוּשֶׁיהָ לְאָבִיהָ, וְאִיצְטְרִיךְ לְמִכְתַּב מַעֲשֵׂה יָדֶיהָ לְאָבִיהָ. דְּאִי כָּתַב רַחֲמָנָא קִידּוּשֶׁיהָ לְאָבִיהָ – הֲוָה אָמִינָא: מִשּׁוּם דְּלָא טָרְחָא בְּהוּ, אֲבָל מַעֲשֵׂה יָדֶיהָ דְּקָא טָרְחָא בְּהוּ – אֵימָא דִּידַהּ הָווּ.

The Gemara comments: **And it was necessary to write** a verse that teaches that **her betrothal,** i.e., the money or document of betrothal, belongs **to her father, and it was necessary to write** another verse that teaches that **her earnings** belong **to her father,** as one could not derive one *halakha* from the other. **As, if the Merciful One had written** only that **her betrothal** money belongs **to her father, I would say** that this is **because she did not toil for it** and therefore is not entitled to this sum. **But** with regard to **her earnings, for which she toiled, say that they are hers.** Therefore, it is necessary to state that her earnings also belong to her father.

וְאִי אַשְׁמְעִינַן מַעֲשֵׂה יָדֶיהָ – דְּקָא מִתְּזָנָא מִינֵּיהּ, אֲבָל קִידּוּשֶׁיהָ דְּמֵעָלְמָא קָאָתֵי לַהּ – אֵימָא דִּידַהּ הָווּ. צְרִיכָא.

And conversely, **if** the verse **had taught us** only the *halakha* of **her earnings,** one would have said **that** they belong to her father because his daughter **is sustained by him** through his property. **But** with regard to **her betrothal,** i.e., the money or document of betrothal, **which comes to her from an external** source, I would **say** that **it is hers.** Therefore, it is **necessary** for the verse to teach both *halakhot*.

BACKGROUND

Let the verse say: *En kasef* – לֵימָא קְרָא אֵן כֶּסֶף: The written form of the Torah as it appears in Torah scrolls lacks vowels. All Hebrew letters are consonants, but several letters occasionally serve as matres lectionis, the Latin term whose literal meaning is mothers of reading. When used in this manner, these letters, *alef*, *heh*, *vav*, and *yod*, are not pronounced at all, but indicate the correct pronunciation of the words in which they appear. For example, the word *sukkot* can be written with a *vav* or without one. The reason the *vav* is added is that without one, a person may mistakenly read it as *sukkat*. The first form is called *malei*, plene or full, while the second is called *ḥaser*, defective. The Gemara here attempts to derive a *halakha* from the fact that the term *ein*, written in plene form in Exodus 21:11, could have been written without the *yod*, giving us the same word written in defective form.

NOTES

Ein lah, ayyen lah – אֵין לָהּ עַיֵּין לָהּ: The early commentaries engage in a dispute concerning the method of this derivation. Some commentaries state that in general it is appropriate to learn *halakhot* from the addition of any unnecessary letters (Ramah). Others contend that the term *ein*, when written fully, should be read as *ayin*, none, i.e., there aren't any children at all (*Sma*; see *Tosefot Yom Tov*). Yet others suggest that the word *ein* with an *alef* can be understood as *me'ayin*, from where, which is similar to the meaning of the word *ein* with an *ayin* (Maharal, *Be'er HaGola*). If so, this word alludes to the need to investigate whether this woman has any descendants.

HALAKHA

She has no child, one examines her – זֶרַע אֵין לָהּ עַיֵּין לָהּ: If the daughter of a non-priest married a priest and had children, it is permanently permitted for her to partake of *teruma* on account of her children, whether they are male or female. Even if her children's children from the priest are illegitimate, she may still partake of *teruma* due to them. The converse is also true: If the daughter of a priest marries a non-priest and has children, she may no longer partake of *teruma*, even if she is divorced or widowed (Rambam *Sefer Zera'im*, *Hilkhot Terumot* 6:12–13 and *Sefer Nashim*, *Hilkhot Yibbum VaḤalitza* 1:3).

גּוּפָא: "וְיָצְאָה חִנָּם" – אֵלּוּ יְמֵי בַּגְרוּת; "אֵין כָּסֶף" – אֵלּוּ יְמֵי נַעֲרוּת. וְלִכְתּוֹב רַחֲמָנָא נַעֲרוּת וְלָא בָּעֵי בַּגְרוּת!

The Gemara returns to **the matter itself:** The *baraita* states with regard to a Hebrew maidservant: **"Then shall she go out for nothing," these are the days of adulthood; "without money," these are the days of** her **youth.** The Gemara asks: **And let the Merciful One write** that she leaves her master when she reaches her **youth, and it would not be necessary** to state that she leaves upon reaching **adulthood.** If she has already left her master when she becomes a young woman, it is not necessary to state that she leaves him upon reaching adulthood.

אָמַר רַבָּה: בָּא זֶה וְלִמֵּד עַל זֶה,

Rabba says: This phrase **comes and teaches about that** phrase. In other words, since it is not explicitly stated that this particular verse is referring to her departure when she becomes a young woman, if there was only one superfluous phrase one would conclude that it is referring to adulthood, as the *halakha* that she leaves the master when she becomes an adult is a lesser novelty. Therefore, two extraneous verses are required.

מִידֵי דַּהֲוָה אַתּוֹשָׁב וְשָׂכִיר. דְּתַנְיָא: "תּוֹשָׁב" – זֶה קָנוּי קִנְיַן עוֹלָם; "שָׂכִיר" – זֶה קָנוּי קִנְיַן שָׁנִים.

Rabba cites an analogous case. This is **just as it is** with regard to **a tenant and a hired worker. As it is taught** in a *baraita* concerning *teruma*: The verse states: "A tenant of a priest or a hired worker shall not eat of the consecrated" (Leviticus 22:10). **"A tenant"; this** is referring to a Hebrew slave **who has been acquired as a permanent acquisition,** i.e., one who said he wishes to stay with his master. This Hebrew slave has his ear pierced and he remains with his master until the Jubilee Year. **"A hired worker";**[H] **this** is referring to a Hebrew slave who has been **acquired for an acquisition of** six **years,** the standard period of servitude for a Hebrew slave.

יֵאָמֵר תּוֹשָׁב וְלֹא יֵאָמֵר שָׂכִיר, וַאֲנִי אוֹמֵר: קָנוּי קִנְיַן עוֹלָם – אֵינוֹ אוֹכֵל, קָנוּי קִנְיַן שָׁנִים לֹא כׇּל שֶׁכֵּן?

The *baraita* asks: **Let** the verse **say "tenant" and let it not say "hired worker," and I would say:** If one who is acquired **as a permanent acquisition does not partake** of his owner's, i.e., the priest's, *teruma*, as despite his status as a Hebrew slave he is not considered his owner's property, is it **not all the more so** that **one who is acquired for an acquisition of** six **years** should not be permitted to partake of *teruma*?

אִילּוּ כֵּן הָיִיתִי אוֹמֵר: "תּוֹשָׁב" – זֶה קָנוּי קִנְיַן שָׁנִים, אֲבָל קָנוּי קִנְיַן עוֹלָם – אוֹכֵל. בָּא שָׂכִיר וְלִימֵּד עַל תּוֹשָׁב שֶׁאַף עַל פִּי שֶׁקָּנוּי קִנְיַן עוֹלָם – אֵינוֹ אוֹכֵל.

The *baraita* answers: **If so,** that the verse were stated in this manner, **I would say: "A tenant"; this is one who was acquired for an acquisition of** six **years,** as the term itself is ambiguous. **But one who was acquired as a permanent acquisition may partake** of *teruma*. Therefore, the term **"hired worker,"** which is certainly referring to one who is less permanent than a tenant, **comes and teaches about** the meaning of the term **"tenant," that even if** a Hebrew slave **was acquired as a permanent acquisition he may not partake**[B] of *teruma*. A similar line of reasoning applies in the above case of a young woman and an adult.

אֲמַר לֵיהּ אַבַּיֵי: מִי דָּמֵי? הָתָם – תְּרֵי גּוּפֵי נִינְהוּ, דְּכִי נַמִי כָּתַב רַחֲמָנָא תּוֹשָׁב נִרְצָע לֹא יֹאכַל, וַהֲדַר כָּתַב אִידָּךְ – הֲוָה שָׂכִיר מִילְּתָא דְּאָתְיָא בְּקַל וָחוֹמֶר, וּמִילְּתָא דְּאָתְיָא בְּקַל וָחוֹמֶר – טָרַח וְכָתַב לַהּ קְרָא.

Abaye said to Rabba: **Are** these cases really **comparable? There,** the tenant and the hired worker **are two bodies.** This is significant, **as even if the Merciful One had written** explicitly that **a pierced tenant**[B] **may not partake** of *teruma*, from which the *halakha* of a Hebrew slave for six years could have been inferred, **and then** the Merciful One **wrote the other** case of a Hebrew slave acquired temporarily, this would not present a serious difficulty. The reason is that, although the *halakha* of **a hired worker is a matter** that could **be derived by** means of **an *a fortiori*** inference, and therefore it does not have to be stated explicitly, there is a principle: Sometimes with regard to **a matter that can be derived through an *a fortiori*** inference, the **verse** nevertheless **takes the trouble and writes it** explicitly.

אֶלָּא הָכָא – חַד גּוּפָא הִיא, כִּי נָפְקָא לַהּ בְּנַעֲרוּת – בַּגְרוּת מַאי בָּעֲיָא גַּבֵּיהּ?

But here, with regard to a woman, **she is one body,** i.e., it is the same Hebrew maidservant. **Once she has left upon** the arrival of her **youth, what is** she **doing in his** authority **as an adult?** It is entirely unnecessary for the verse to teach that she leaves her master upon becoming an adult, as she has already left him.

HALAKHA

A tenant and a hired worker – תּוֹשָׁב וְשָׂכִיר: It is prohibited for a non-priest to partake of *teruma*, even if he will be the Hebrew slave of a priest until the Jubilee Year (Rambam *Sefer Zera'im, Hilkhot Terumot* 6:5).

BACKGROUND

He may not partake – אֵינוֹ אוֹכֵל: By Torah law, it is usually not permitted for non-priests to partake of *teruma*. Nevertheless, in certain cases relatives or dependents of priests may partake of *teruma* even if they themselves are not priests. In these cases, a male adult priest confers upon his wife, sons, daughters, Canaanite slaves and maidservants, and animals the right to partake of *teruma*. It is permitted for the widow of a priest who is not the daughter of a priest to partake of *teruma* if she has children or grandchildren from her deceased husband. In fact, the surviving descendants of a priest enable not only their mother, but also Canaanite slaves and maidservants she inherited, to continue to partake of *teruma*.

A pierced tenant – תּוֹשָׁב נִרְצָע: A Hebrew slave who does not wish to terminate his servitude after the fixed term of six years may remain with his master until the Jubilee Year or his master's death (see Exodus 21:6 and Leviticus 25:40). Only a slave who was given by his master a Canaanite maidservant with whom to live and has children from her, and has a strong bond of friendship with his master, may issue this request. The master brings the servant to the court and the slave stands next to a doorpost while an awl or similar metal instrument is driven though his ear. A priest who was sold into slavery may not have his ear pierced, as doing so would render him blemished and therefore unfit for Temple service. The rite of piercing may be performed only on a slave sold by the court, not on one who sold himself into slavery.

אֶלָּא אֲמַר אַבַּיֵי: לָא נִצְרְכָה אֶלָּא לְבֶגֶר דְּאַיְלוֹנִית.

Rather, Abaye rejects the previous suggestion that one verse teaches about the other, and **said:** The claim that the verse "Then shall she go out for nothing" is referring to adulthood **is necessary only for the adulthood of a sexually underdeveloped woman** who is incapable of bearing children [***ailonit***].[HB] An *ailonit* will never develop the physical signs of maturity, i.e., two pubic hairs. Consequently, she does not go through the halakhic stage of a young woman. Instead, she remains a minor until the age of twenty, at which point she immediately becomes an adult.

סָלְקָא דַּעְתָּךְ אָמִינָא: בְּנַעֲרוּת – תֵּיפּוֹק, בְּבַגְרוּת – לָא תֵּיפּוֹק. קָא מַשְׁמַע לָן.

Consequently, if the Torah did not teach that a Hebrew maidservant leaves her master upon becoming an adult, it might **enter your mind to say: She leaves** only **when** entering her **youth,** but **when** entering **adulthood** directly **she does not leave.** Since an *ailonit* is never classified as a young woman, she would never leave servitude. Therefore, the verse **teaches us** that a Hebrew maidservant leaves her master even if she reaches adulthood directly.

מַתְקִיף לָהּ מָר בַּר רַב אַשִׁי: וְלָאו קַל וָחוֹמֶר הוּא? וּמַה סִימָנִין, שֶׁאֵין מוֹצִיאִין מֵרְשׁוּת אָב – מוֹצִיאִין מֵרְשׁוּת אָדוֹן, בַּגְרוּת שֶׁמּוֹצִיאָה מֵרְשׁוּת אָב – אֵינוֹ דִּין שֶׁמּוֹצִיאָה מֵרְשׁוּת אָדוֹן?

Mar bar Rav Ashi objects to this: But is it not an *a fortiori* inference? **And if the signs** indicating that a young woman has entered **puberty do not** fully **release** a young woman **from her father's authority,** as he can still betroth her, nevertheless, **they do release** her **from the master's authority; is it not logical that adulthood, which** completely **releases** her **from her father's authority, should release** her **from** the **master's authority?** If so, one can derive by this reasoning that an *ailonit* leaves her master in adulthood, which means the verse is unnecessary.

אֶלָּא אֲמַר מָר בַּר רַב אַשִׁי: לָא נִצְרְכָה אֶלָּא לְעִיקַּר זְבִינָא דְּאַיְלוֹנִית. סָלְקָא דַּעְתָּךְ אָמִינָא: דְּאָתְיָא סִימָנֵי נַעֲרוּת – הָוֵי זְבִינָא, דְּלָא אָתְיָא סִימָנֵי נַעֲרוּת – לָא הָוֵי זְבִינָהּ זְבִינָא.

Rather, Mar bar Rav Ashi says: This verse **is necessary only with regard to the basic** *halakha* of the **sale of an** ***ailonit*** as a Hebrew maidservant.[H] As it might **enter your mind to say that** if a female **will show** the **signs of a young woman,** i.e., puberty, her sale **is a** valid **sale,** whereas in a case **where** she **will not show** the **signs of a young woman, her sale is not** a valid **sale.** The reason one might think this is the case is that if the maidservant turns out to be an *ailonit*, one cannot fulfill the requirements of the verse, as she will never become a young woman.

Perek **I**
Daf **4** Amud **b**

קָא מַשְׁמַע לָן "וְיָצְאָה חִנָּם" כו׳.

Therefore the superfluous phrase: **"Then shall she go out for nothing,** without money" (Exodus 21:11), **teaches us** that even an *ailonit* can be sold as a Hebrew maidservant and is released upon reaching adulthood.

וּלְמָר בַּר רַב אַשִׁי דַּאֲמַר: וְלָאו קַל וָחוֹמֶר הוּא, הָא אָמְרִינַן: מִילְּתָא דְּאָתְיָא בְּקַל וָחוֹמֶר טָרַח וְכָתַב לָהּ קְרָא! הָנֵי מִילֵּי הֵיכָא דְּלֵיכָּא לְשַׁנּוּיֵי, אֲבָל הֵיכָא דְּאִיכָּא לְשַׁנּוּיֵי – מְשַׁנֵּינַן.

The Gemara asks: **And according to** the opinion of **Mar bar Rav Ashi, who said: But is it not an *a fortiori*** inference that adulthood releases a woman from her master's authority, how does he respond to the fact that **we say** in general, with regard to **a matter that can be derived through an *a fortiori*** inference, the **verse** nevertheless **takes the trouble and writes it** explicitly? The Gemara answers: **That matter** applies only where there **is no** other way **to resolve** the difficulty of why a *halakha* is written when it could be derived through an *a fortiori* inference. **But when there is** another, more substantial way **to resolve** the difficulty, **one resolves** it in that manner.

וְתַנָּא מַיְיתֵי לָהּ מֵהָכָא, דְּתַנְיָא: "כִּי יִקַּח אִישׁ אִשָּׁה וּבְעָלָהּ וְהָיָה אִם לֹא תִמְצָא חֵן בְּעֵינָיו כִּי מָצָא בָהּ" וגו׳ – אֵין קִיחָה אֶלָּא בְּכֶסֶף. וְכֵן הוּא אוֹמֵר: "נָתַתִּי כֶּסֶף הַשָּׂדֶה קַח מִמֶּנִּי".

§ The Gemara notes: **And a *tanna* cites** the *halakha* that a woman can be betrothed with money **from here,** a different source. **As it is taught** in a *baraita* that when the verse states: **"When a man takes a woman and engages in sexual intercourse with her, and it comes to pass, if she finds no favor in his eyes, because he has found** some unseemly matter **in her,** and he writes her a scroll of severance" (Deuteronomy 24:1), in this verse, the term **taking is only with money. And so it says: "I will give money for the field; take it from me"** (Genesis 23:13).

HALAKHA

The adulthood of a sexually underdeveloped woman [*ailonit*] – בֶּגֶר דְּאַיְלוֹנִית: If a Hebrew maidservant is an *ailonit*, who never passes through the stage of a young woman but emerges as an adult directly from being a minor, she is emancipated when she becomes an adult. The *halakha* is in accordance with the opinion of Abaye (Rambam *Sefer Kinyan, Hilkhot Avadim* 4:5).

The basic sale of an *ailonit* – עִיקַּר זְבִינָא דְּאַיְלוֹנִית: Even if there are grounds for suspicion that a minor girl might be an *ailonit*, and will not show signs indicating puberty, her father can sell her as a Hebrew maidservant as long as she is a minor. The *halakha* is in accordance with the opinion of Mar bar Rav Ashi (Rambam *Sefer Kinyan, Hilkhot Avadim* 4:1).

BACKGROUND

A sexually underdeveloped woman who is incapable of bearing children [*ailonit*] – אַיְלוֹנִית: The Gemara in *Yevamot* (12b) defines an *ailonit* as one who has a genetic condition that prevents her from having children. This is not identical to a regular barren woman, whose physical and sexual development is normal. A sexually underdeveloped woman is recognizable through her abnormal physical development. Apparently, there are various types of sexually underdeveloped women. Some women possess excess male hormones, while others suffer from Turner syndrome, a condition in which a female is missing part or all of an X chromosome. With regard to the *halakha*, there are many discussions about the status of a sexually underdeveloped woman, primarily because her secondary sex characteristics are missing or appear at a later stage than is common. This leads to many questions about when a sexually underdeveloped woman is considered to have reached adulthood.

וַהֲלֹא דִּין הוּא: וּמָה אָמָה הָעִבְרִיָּה שֶׁאֵינָהּ נִקְנֵית בְּבִיאָה – נִקְנֵית בְּכֶסֶף, זוֹ שֶׁנִּקְנֵית בְּבִיאָה – אֵינוֹ דִּין שֶׁתִּקָּנֶה בְּכֶסֶף?

The Gemara asks: **But** is there any need for this derivation? Could this **not** be derived through an ***a fortiori* inference,** as follows: **And if a** Hebrew **maidservant, who cannot be acquired** as a maidservant **through intercourse,** nevertheless **can be acquired through money, is it not logical that this** woman, **who can be acquired through intercourse** for the purpose of betrothal, **can** likewise **be acquired through money?**

יְבָמָה תּוֹכִיחַ, שֶׁנִּקְנֵית בְּבִיאָה וְאֵינָהּ נִקְנֵית בְּכֶסֶף! מַה לִּיבָמָה – שֶׁכֵּן אֵין נִקְנֵית בִּשְׁטָר, תֹּאמַר בְּזוֹ שֶׁנִּקְנֵית בִּשְׁטָר!

Nevertheless, this *a fortiori* inference can be refuted. **A *yevama* proves** otherwise, **as she is acquired** by the *yavam* **through intercourse, and** yet **she cannot be acquired through money.** The Gemara rejects this refutation: **What** is unique about **a *yevama*** is **that** she **cannot be acquired through a document. Will you say** that the same applies **to this** woman, **who can be acquired through a document** for the purpose of betrothal, and consequently the acquisition of money applies to her as well?

תַּלְמוּד לוֹמַר: ״כִּי יִקַּח אִישׁ״. הָא לָמָּה לִי קְרָא? הָא אָתְיָא לָהּ! אֲמַר רַב אַשִׁי: מִשּׁוּם דְּאִיכָּא לְמֵימַר מֵעִיקָּרָא דְּדִינָא פִּירְכָא.

The Gemara reiterates its question. **The verse states: "When a man takes** a woman." **Why do I need a verse** for **this** purpose? **It was** already **derived** through this *a fortiori* inference, as the proposed refutation of this inference was rejected. **Rav Ashi said:** It is needed **because one can say that** the **refutation of the** ***a fortiori* inference** is present **from the outset,** i.e., there is a difficulty with the comparison between a woman and a Hebrew maidservant.

מֵהֵיכָא קָא מַיְיתֵית לָהּ? מֵאָמָה הָעִבְרִיָּה. מַה לְּאָמָה הָעִבְרִיָּה – שֶׁכֵּן יוֹצְאָה בְּכֶסֶף, תֹּאמַר בְּזוֹ – שֶׁאֵינָהּ יוֹצְאָה בְּכֶסֶף. תַּלְמוּד לוֹמַר ״כִּי יִקַּח אִישׁ״.

Rav Ashi elaborates: **From where do you derive** that a woman can be betrothed with money? It is derived through an *a fortiori* inference **from** the case of **a Hebrew maidservant.** This derivation can be refuted. **What** is unique **about a Hebrew maidservant is that** she can be **released with money,**[N] i.e., she pays her master her value as a maidservant and she is then freed, and therefore she can likewise be acquired through money. **Will you say** the same with regard to **this** woman, **who cannot be released,** i.e., divorced, **through money?** Since this *a fortiori* inference is rejected, one must rely on the source cited in the *baraita,* that **the verse states: "When a man takes."**

וְאִיצְטְרִיךְ לְמִיכְתַּב ״וְיָצְאָה חִנָּם״, וְאִיצְטְרִיךְ לְמִיכְתַּב ״כִּי יִקַּח אִישׁ״. דְּאִי כָּתַב רַחֲמָנָא ״כִּי יִקַּח״ – הֲוָה אָמִינָא: קִידּוּשִׁין דְּיָהֵב לָהּ בַּעַל – דִּידָהּ הָווּ, כָּתַב רַחֲמָנָא ״וְיָצְאָה חִנָּם״.

After mentioning an additional proof for the option of betrothal with money, the Gemara comments: **And it was necessary** for the Torah **to write,** with regard to a Hebrew maidservant: **"Then shall she go out for nothing," and it was** also **necessary to write: "When a man takes** a woman." As, **if the Merciful One had written** only: **"When he takes," I would say:** The **betrothal money that the husband gives her is** invariably **hers.** Therefore, **the Merciful One writes: "Then shall she go out for nothing,"** to teach that when she is not an adult her father has the right to her betrothal money.

וְאִי כָּתַב רַחֲמָנָא ״וְיָצְאָה חִנָּם״ הֲוָה אָמִינָא: הֵיכָא דִּיְהָבָה לֵיהּ אִיהִי לְדִידֵיהּ וְקִידַּשְׁתּוֹ – הָווּ קִידּוּשֵׁי, כָּתַב רַחֲמָנָא ״כִּי יִקַּח״ וְלֹא כִּי תִּקַּח.

And conversely, **had the Merciful One written** only: **"Then shall she go out for nothing," I would say** that in a case **where she gave him** money **and betrothed him, it is** a valid **betrothal,** as this verse does not specify who gives the money to whom. Therefore, **the Merciful One writes: "When he takes," and not: When she takes,** to teach that only a man may betroth a woman, not vice versa.

״וּבְעָלָהּ״ – מְלַמֵּד שֶׁנִּקְנֵית בְּבִיאָה. וַהֲלֹא דִּין הוּא: וּמַה יְּבָמָה שֶׁאֵין נִקְנֵית בְּכֶסֶף – נִקְנֵית בְּבִיאָה, זוֹ שֶׁנִּקְנֵית בְּכֶסֶף – אֵינוֹ דִּין שֶׁנִּקְנֵית בְּבִיאָה?

The *baraita* continues to interpret the verse. The phrase: **"And engages in sexual intercourse with her"** (Deuteronomy 24:1), **teaches that** a woman **can be acquired through intercourse.** Why is it necessary for the verse to state this explicitly? Could this **not** be derived through an ***a fortiori* inference: And if a *yevama*, who cannot be acquired through money, can be acquired through intercourse, is it not logical that this** woman, **who can be acquired through money,** as derived above, **can** also **be acquired through intercourse?**

NOTES

That she can be released with money – שֶׁכֵּן יוֹצְאָה בְּכֶסֶף: This refutation can be interpreted in several ways. One can say that the acquisition of a Hebrew maidservant is different from that of a betrothal, as indicated by the fact that she goes free with money. In other words, her purchase is a genuine commercial acquisition, which cannot be said with regard to betrothal. Alternatively, the fact that the Torah provides multiple modes of emancipation for a Hebrew maidservant indicates that there are likewise many modes of acquisition in her particular case (*Atzmot Yosef*).

אָמָה הָעִבְרִיָּה תּוֹכִיחַ, שֶׁנִּקְנֵית בְּכֶסֶף וְאֵין נִקְנֵית בְּבִיאָה. מַה לְּאָמָה הָעִבְרִיָּה – שֶׁאֵין קִנְיָנָהּ לְשׁוּם אִישׁוּת, תֹּאמַר בְּזוֹ – שֶׁקִּנְיָנָהּ לְשׁוּם אִישׁוּת!

The Gemara counters: The case of **a Hebrew maidservant proves** otherwise, **as she is acquired through money and** yet she **cannot be acquired through intercourse.** The Gemara dismisses this refutation: **What** is distinct about **a Hebrew maidservant** is **that her acquisition is not for the sake of marriage,** as she is acquired as a servant. **Will you say** the same **with regard to this** woman, **whose acquisition is for the sake of marriage?** Therefore, it is logical that a woman can be acquired through sexual intercourse.

תַּלְמוּד לוֹמַר: "וּבְעָלָהּ". וְלָמָּה לִי קְרָא? הָא אָתְיָא לָהּ! אֲמַר רַב אַשִׁי: מִשּׁוּם דְּאִיכָּא לְמֵימַר: מֵעִיקָּרָא דְּדִינָא פִּירְכָא. מֵהֵיכָא קָא מַיְיתֵית לָהּ? מִיְּבָמָה.

The Gemara reiterates its question. **The verse states: "And engages in sexual intercourse with her." But why do I need a verse** for this purpose? **It was already derived** through the above *a fortiori* inference. **Rav Ashi said:** It is needed **because it is** possible **to say that** the **refutation of the** *a fortiori* **inference** is present **from the outset. From where do you derive** that intercourse is a mode of acquisition? **From** the case of **a** ***yevama.***

מַה לִּיבָמָה – שֶׁכֵּן זְקוּקָה וְעוֹמֶדֶת, תֹּאמַר בְּזוֹ – שֶׁאֵין זְקוּקָה וְעוֹמֶדֶת. תַּלְמוּד לוֹמַר: "וּבְעָלָהּ".

One could say: **What** is unique about **a** ***yevama*** is that she **is bound** to the *yavam* **and stands** waiting for him to act, and for this reason sexual intercourse is sufficient to render her his wife. **Will you say** the same **with regard to this** woman, **who is not bound and** is not **standing** waiting for anyone? It is therefore possible that intercourse is not enough to acquire a woman in ordinary circumstances. Consequently, the *a fortiori* inference does not bear close scrutiny. For this reason an additional proof is required, that **the verse states: "And engages in sexual intercourse with her."**

Perek **I**
Daf **5** Amud **a**

וּמִנַּיִן שֶׁאַף בִּשְׁטָר? וְדִין הוּא: וּמַה כֶּסֶף שֶׁאֵין מוֹצִיא – מַכְנִיס, שְׁטָר שֶׁמּוֹצִיא – אֵינוֹ דִּין שֶׁמַּכְנִיס?

The *baraita* continues to discuss the modes of betrothal: **And from where** is it derived that a woman can be acquired **even by** means of **a document?** The Gemara answers: This **is a logical derivation,** made by an *a fortiori* inference: **And if money, which does not release** a woman from her husband, nevertheless can **bring** her **into** a husband's domain by betrothal, **is it not logical that a document, which releases**[H] a woman from her husband in the form of a bill of divorce, **can bring** her **into** a husband's domain by betrothal?

מַה לְּכֶסֶף שֶׁכֵּן פּוֹדִין בּוֹ הֶקְדֵּשׁ וּמַעֲשֵׂר שֵׁנִי, תֹּאמַר שְׁטָר שֶׁאֵין פּוֹדִין בּוֹ הֶקְדֵּשׁ וּמַעֲשֵׂר שֵׁנִי, דִּכְתִיב "וְנָתַן הַכֶּסֶף וְקָם לוֹ"!

The Gemara refutes this claim: **What** is unique about **money** is that it can effect acquisition in many contexts, **as one can redeem with it consecrated** property[B] **and second tithe.**[B] **Will you say** that the same also applies to **a document, with which one cannot redeem**[N] **consecrated** property[H] **and second tithe?** The proof that one may redeem consecrated property only by means of money is **that it is written: "And he will give the money and it will be assured to him"** (see Leviticus 27:19). Consequently, this *halakha* cannot be derived by logical reasoning.

אָמַר קְרָא: "וְיָצְאָה וְהָיְתָה" – מַקִּישׁ הֲוָיָה לִיצִיאָה, מַה יְּצִיאָה בִּשְׁטָר – אַף הֲוָיָה נַמִי בִּשְׁטָר. וְאַקֵּישׁ נַמִי יְצִיאָה לַהֲוָיָה: מַה הֲוָיָה בְּכֶסֶף – אַף יְצִיאָה בְּכֶסֶף!

Therefore, **the verse states: "And she leaves** his house and goes **and becomes** another man's wife" (Deuteronomy 24:2). This verse **juxtaposes becoming,** i.e., betrothal, **to leaving,** i.e., divorce. **Just as leaving** is performed **through a document,** i.e., a bill of divorce, **so too, becoming** can be performed **through a document.** The Gemara asks: **And let one also juxtapose leaving to becoming,** in the opposite direction: **Just as becoming** is performed **through money, so too, leaving** can be effected **through money.**

NOTES

A document, with which one cannot redeem – שְׁטָר שֶׁאֵין פּוֹדִין בּוֹ: Rashi explains that if one were to write a document that specifies the amount of money he owes for consecrated property, the property does not thereby become redeemed. Other commentaries point out that a document of this kind would not be effective in the case of betrothal either (Rashba). The Rashba therefore explains that this is referring to a document that is similar to a document of betrothal. In other words, it is written in the document that the individual declares that he is redeeming the consecrated property. Some explain that he gives the Temple treasurer a promissory note stating that he is owed money by others (Maharshal).

HALAKHA

A document which releases – שְׁטָר שֶׁמּוֹצִיא: A woman can be divorced only by means of a written document she receives from her husband. This is called a bill of divorce (Rambam *Sefer Nashim, Hilkhot Geirushin* 1:1).

A document, with which one cannot redeem consecrated property – שְׁטָר שֶׁאֵין פּוֹדִין בּוֹ הֶקְדֵּשׁ: Consecrated property cannot be redeemed with documents because they lack inherent value. Furthermore, one may redeem second-tithe fruit only with money (Rambam *Sefer Hafla'a, Hilkhot Arakhin VaḤaramim* 7:1 and *Sefer Zera'im, Hilkhot Ma'aser Sheni* 4:9).

BACKGROUND

Redeem with it consecrated property – פּוֹדִין בּוֹ הֶקְדֵּשׁ: Items that were consecrated to the Temple, e.g., as gifts for its upkeep, and sacrificial animals that have become blemished can be redeemed from the Temple treasury. If the consecrated item is redeemed, it loses its sanctity and the money assumes the sanctity of the item that was consecrated. When the owners themselves redeem the item, they must add one-fifth to its value. Unblemished sacrificial animals may not be redeemed.

Redeem with it…second tithe – פּוֹדִין בּוֹ...מַעֲשֵׂר שֵׁנִי: According to the Torah (Deuteronomy 14:25), if it is difficult to bring one's second tithe to Jerusalem one may redeem it with money. Only minted coins may be used, not paper money, bullion, or any other commodity. If it is redeemed, the produce itself is no longer consecrated. In its stead, the money assumes the sanctity of the second tithe and must be brought up to Jerusalem and used to buy food and drink. The money then loses its sanctity, and the purchased food becomes consecrated as though it itself were second-tithe produce. Consequently, this food must be eaten in Jerusalem. When the owner redeems the tithed produce, he must add one-fifth to the total he spends on his food purchases.

אָמַר אַבַּיֵי: יֹאמְרוּ: כֶּסֶף מַכְנִיס כֶּסֶף מוֹצִיא, סַנֵּיגוֹר יֵעָשֶׂה קַטֵּיגוֹר? אִי הָכִי, שְׁטָר נַמִי יֹאמְרוּ: שְׁטָר מוֹצִיא שְׁטָר מַכְנִיס, קַטֵּיגוֹר יֵעָשֶׂה סַנֵּיגוֹר?

Abaye says: If so, people **will say: Money brings in and money releases;** if so, can **an advocate** [*saneigor*][L] **become a prosecutor** [*kateigor*]?[L] It is improper for the same mode that draws man and woman together to be used for the termination of their relationship. The Gemara asks: **If so,** then with regard to **a document too, they will say: A document brings in and a document releases;** if so, can **a prosecutor become an advocate?**

מִילֵּי דְּהַאי שְׁטָרָא לְחוּד, וּמִילֵּי דְּהַאי שְׁטָרָא לְחוּד. הָכָא נַמִי – הַאי כַּסְפָּא לְחוּד וְהַאי כַּסְפָּא לְחוּד! טִיבְעָא מִיהָא חַד הוּא.

The Gemara answers: **The words of this** betrothal **document are discrete,** i.e., distinct, **and the words of this** divorce **document are discrete,** i.e., the two documents differ in content. The Gemara asks: **Here too, this money is discrete and this money is discrete,** as one coin is for the betrothal and a different coin is used for the divorce. The Gemara answers: **In any event, the coin** itself **is one,** i.e., there is no noticeable difference between the coin used for betrothal and one that would be used for divorce. The same cannot be said with regard to documents, as particular texts serve specific purposes, and the same document could not be used for both betrothal and divorce.

רָבָא אֲמַר: אָמַר קְרָא: ״וְכָתַב לָהּ״ – בִּכְתִיבָה מִתְגָּרֶשֶׁת וְאֵינָהּ מִתְגָּרֶשֶׁת בְּכֶסֶף. וְאֵימָא: בִּכְתִיבָה מִתְגָּרֶשֶׁת וְאֵינָהּ מִתְקַדֶּשֶׁת בִּכְתִיבָה! הָא כְּתִיב: ״וְיָצְאָה וְהָיְתָה״ מַקִּישׁ וכו׳.

Rava said: The *halakha* that a woman cannot be divorced by means of money is derived from a different source. **The verse states: "And he writes her** a scroll of severance" (Deuteronomy 24:3). This indicates that a woman **is divorced** only **through writing and she is not divorced through money.** The Gemara asks: **But** as this point is not stated explicitly and is inferred from the verse, one can instead **say** the following interpretation: **She is divorced through writing, and she is not betrothed through writing.** The Gemara rejects this suggestion. It is **written: "And she leaves and becomes"** (Deuteronomy 24:2), which **juxtaposes** betrothal to divorce, indicating that betrothal can be effected with a document.

וּמָה רָאִיתָ? מִסְתַּבְּרָא: קָאֵי בְּגֵירוּשִׁין – מְמַעֵט גֵּירוּשִׁין, קָאֵי בְּגֵירוּשִׁין וּמְמַעֵט קִידּוּשִׁין?!

The Gemara asks: **And what did you see** that you interpreted the verses in this manner? One can say the reverse, that the juxtaposition between betrothal and divorce teaches that in both cases money is effective, while the verse: "And he writes her," means that she can be divorced but not betrothed through writing. The Gemara answers: **It stands to reason** that when the verse is **referring to divorce** it **excludes** a different mode of **divorce.** Would a verse be **referring to divorce and exclude** a mode of **betrothal?**

וּלְרַבִּי יוֹסֵי הַגְּלִילִי דְּאַפֵּיק לֵיהּ לְהַאי קְרָא לִדְרָשָׁא אַחֲרִינָא, שֶׁאֵינָהּ מִתְגָּרֶשֶׁת בְּכֶסֶף מְנָא לֵיהּ? אָמַר קְרָא: ״סֵפֶר כְּרִיתֻת״ – סֵפֶר כּוֹרְתָהּ, וְאֵין דָּבָר אַחֵר כּוֹרְתָהּ.

The Gemara asks: **And according to** the opinion of **Rabbi Yosei HaGelili, who derives a different exposition from this verse, from where does he** derive **that** a woman **cannot be divorced through money?** The Gemara answers that **the verse states: "A scroll of severance,"** which teaches: **A scroll,** i.e., a written document, **severs her** from her husband, **and nothing else severs her** from him.

וְרַבָּנַן: הַאי ״כְּרִיתֻת״ מַאי עָבְדֵי לֵיהּ? מִיבְּעֵי לֵיהּ לְדָבָר הַכּוֹרֵת בֵּינוֹ לְבֵינָהּ.

The Gemara asks: **And** with regard to **the Rabbis,** who disagree with Rabbi Yosei HaGelili, **what do they do with this** verse: "A scroll of **severance**"? How do they interpret it? The Gemara answers: They **require it for** the *halakha* that a document of divorce must be **a matter that** entirely **severs him from her.**[H] The text of the bill of divorce must completely terminate the relationship between them.

כִּדְתַנְיָא: ״הֲרֵי זֶה גִּיטֵּיךְ עַל מְנָת שֶׁלֹּא תִּשְׁתִּי יַיִן״ ״עַל מְנָת שֶׁלֹּא תֵּלְכִי לְבֵית אָבִיךְ לְעוֹלָם״ – אֵין זֶה כְּרִיתוּת. ״כָּל שְׁלֹשִׁים יוֹם״ – הֲרֵי זֶה כְּרִיתוּת.

This is **as it is taught** in a *baraita* (*Tosefta, Gittin* 5:12) that if a husband says to his wife: **This is your bill of divorce on the condition that you will not** ever **drink wine,** or: **On the condition that you will never go to your father's house,**[N] **that is not** an act of **severance,** as she remains restricted by him indefinitely. If he stipulates that she may not do so for **thirty days, that is** an act of **severance.** The Rabbis derive from the term severance that any indefinite condition prevents the divorce from taking effect.

LANGUAGE

Advocate [*saneigor*] – סַנֵּיגוֹר: From the Greek συνήγορος, *sunēgoros*, the representative of the defendant in court.

Prosecutor [*kateigor*] – קַטֵּיגוֹר: From the Greek κατήγορος, *katēgoros*, the prosecutor in a court case.

HALAKHA

A matter that severs him from her – דָּבָר הַכּוֹרֵת בֵּינוֹ לְבֵינָהּ: A bill of divorce cannot be given with a condition that lasts for the entire duration of the woman's life. If a condition of this kind is stipulated, the bill of divorce is invalid. By contrast, if the condition is limited in time, the bill of divorce is valid even if it lasts for an extended period. The stated time can be even longer than a normal individual's lifetime (Rambam *Sefer Nashim*, *Hilkhot Geirushin* 1:1, 8:11; *Shulḥan Arukh*, *Even HaEzer* 143:20).

NOTES

That you will never go to your father's house – שֶׁלֹּא תֵּלְכִי לְבֵית אָבִיךְ לְעוֹלָם: The commentaries, including *Tosafot*, point out that this is not necessarily a clause that binds the wife to her ex-husband forever, as her father might die during her lifetime, in which case there would be no problem with her going to her father's house. *Tosafot* explain further that her father's house refers not just to her father, but to her entire family who live on after his demise. Others (Ritva) ask a different question: If the actual structure of the house is destroyed, wouldn't this mean that the condition is no longer applicable? The Ritva contends that her father's house refers not only to the building itself, but also to the land upon which it stands, which endures.

וְרַבִּי יוֹסֵי הַגְּלִילִי: מִ״כָּרֵת״ ״כְּרִיתֻת״ קָא נָפְקָא לֵיהּ. וְרַבָּנַן: ״כָּרֵת״ ״כְּרִיתֻת״ לָא מַשְׁמַע לְהוּ.

The Gemara asks: **And Rabbi Yosei HaGelili,** from where does he derive this requirement that a bill of divorce must completely sever the ties between husband and wife? The Gemara answers that **he derives it from** the fact that the verse does not utilize the basic form of the word severance, i.e., ***karet,*** but rather its conjugate, ***keritut.*** This indicates an additional principle that is derived from the term. The Gemara asks: **And** what do **the other** Sages derive from the seemingly superfluous use of this word? The Gemara answers: **They do not interpret** the distinction between ***karet*** and ***keritut.***

חֲדָא מֵחֲדָא לָא אָתְיָא. תֵּיתֵי חֲדָא מִתַּרְתֵּי! הֵי תֵּיתֵי? לָא לִיכְתּוֹב רַחֲמָנָא בִּשְׁטָר וְתֵיתֵי מֵהָנֵךְ – מָה לְהָנֵךְ שֶׁכֵּן הֲנָאָתָן מְרוּבָּה.

§ The Gemara asks: It has been shown that **one** mode of betrothal **cannot be derived from another** mode of betrothal, as explained in the *baraita*, but why not **let one be derived from** the other **two** methods? The Gemara answers: This is not possible, as, **which** method **will be derived** from the others? If you say: **Let the Merciful One not write** that a woman can be betrothed **through a document, and** one can **derive** this mode of acquisition **from these** modes of acquisition, i.e., intercourse and money, this claim can be refuted. **What** is unique **about these** other modes is that **their benefit is great,** relative to a document, as a woman experiences no enjoyment upon receiving a document.

לָא נִיכְתּוֹב רַחֲמָנָא בְּבִיאָה וְתֵיתֵי מֵהָנֵךְ – מָה לְהָנֵךְ שֶׁכֵּן קִנְיָנָן מְרוּבֶּה.

And if you say: **Let the Merciful One not write** that a woman can be acquired **through sexual intercourse, and** one can **derive** this mode **from these** modes of acquisition, i.e., money and a document, this too is not possible, as, **what** is unique **about these** modes of betrothal is that **their acquisition is great.** In other words, these modes of acquisition apply in many other situations. Therefore, one cannot derive the unusual acquisition of sexual intercourse from these methods.

לָא נִיכְתּוֹב רַחֲמָנָא בְּכֶסֶף וְתֵיתֵי מֵהָנֵךְ – מָה לְהָנֵךְ שֶׁכֵּן יֶשְׁנָן בְּעַל כָּרְחָהּ.

If you say: **Let the Merciful One not write** that a woman can be acquired **through money, and** one can **derive** this mode **from these** other modes of acquisition, this is also not possible, as **what** is unique **about these** is that they apply **against her will.** A *yavam* acquires a *yevama* through intercourse even against her will, while a document releases a woman from marriage without her consent in the case of a bill of divorce.

וְכִי תֵּימָא: כֶּסֶף נַמִי בְּעַל כָּרְחָהּ בְּאָמָה הָעִבְרִיָּה – בְּאִישׁוּת מִיהָא לָא אַשְׁכַּחַן.

And if you would say that **money also** applies **against her will,** in the case **of a Hebrew maidservant,** whose father can sell her to a master without her consent, enabling one to therefore derive from the other two modes of acquisition, i.e., intercourse and a document, that a woman can be acquired through money, this opinion can be refuted as well: **In any event, with regard to marriage, we do not find** a case in which a woman can be acquired through money against her will. Consequently, none of these modes of acquisition can be derived from any of the others.

אָמַר רַב הוּנָא: חוּפָּה קוֹנָה מִקַּל וָחוֹמֶר: וּמָה כֶּסֶף שֶׁאֵינוֹ מַאֲכִיל בִּתְרוּמָה – קוֹנֶה, חוּפָּה שֶׁמַּאֲכֶלֶת בִּתְרוּמָה – אֵינוֹ דִּין שֶׁתִּקְנֶה?

§ **Rav Huna says:** The ceremony of the wedding **canopy effects acquisition**[NH] of the woman, as is derived **through an *a fortiori*** inference: **If money, which does not enable** the wife **to partake of *teruma,*** as the daughter of a non-priest betrothed to a priest may not yet partake of *teruma*, **effects acquisition** of a woman for betrothal, **is it not logical that** a wedding **canopy, which enables her to partake of *teruma,***[H] as once a woman has entered the wedding canopy it is permitted for her to partake of *teruma* due to her husband the priest, **should** also **effect acquisition** of a woman by her husband?

וְכֶסֶף אֵינוֹ מַאֲכִיל? וְהָאָמַר עוּלָּא: דְּבַר תּוֹרָה אֲרוּסָה בַּת יִשְׂרָאֵל אוֹכֶלֶת בִּתְרוּמָה, שֶׁנֶּאֱמַר: ״וְכֹהֵן כִּי יִקְנֶה נֶפֶשׁ קִנְיַן כַּסְפּוֹ״ – וְהַאי קִנְיַן כַּסְפּוֹ הוּא.

The Gemara asks: **And does** betrothal **money not enable** a woman **to partake of *teruma*? But didn't Ulla say: By Torah law the daughter of a non-priest** who is **betrothed** to a priest may **partake of *teruma***[H] immediately upon her betrothal, **as it is stated: "But if a priest buy any soul, the acquisition of his money,** he may eat of it" (Leviticus 22:11), **and this** woman is considered **the acquisition of his money.**

NOTES

The wedding canopy effects acquisition – חוּפָּה קוֹנָה: There are different opinions with regard to the precise definition of a wedding canopy. Some commentaries explain that this is referring to the stage when the bride and groom are first secluded after the marriage, even if they do not engage in sexual intercourse. Others maintain that this is referring to the act of the groom spreading his cloak over the bride (Rid). For this reason it is customary for the groom to cover her with a veil.

HALAKHA

The acquisition of a wedding canopy – קִנְיַן חוּפָּה: Entering a wedding canopy does not effect betrothal, as the Gemara does not rule in accordance with the opinion of Rav Huna. Rabbeinu Ḥananel says that the ruling in this case is unclear, as Rav Huna's opinion is not rejected outright (*Shulḥan Arukh, Even HaEzer* 26:2).

A wedding canopy, which enables her to partake of *teruma* – חוּפָּה שֶׁמַּאֲכֶלֶת בִּתְרוּמָה: If the daughter of a non-priest marries a priest, she may partake of *teruma* and the portions of animals given to a priest once he has taken her into the wedding canopy. This is the case even if she is only three years and one day old (Rambam *Sefer Zera'im, Hilkhot Teruma* 6:3).

By Torah law the daughter of a non-priest who is betrothed to a priest may partake of *teruma* – דְּבַר תּוֹרָה אֲרוּסָה בַּת יִשְׂרָאֵל אוֹכֶלֶת בִּתְרוּמָה: By Torah law the daughter of a non-priest who is betrothed to a priest may partake of *teruma*. Later, the Sages rendered it prohibited for her to do so until the wedding canopy, lest she feed it to her father or brothers after her betrothal (Rambam *Sefer Zera'im, Hilkhot Teruma* 6:3, 8:7).

וּמָה טַעַם אָמְרוּ אֵינָהּ אוֹכֶלֶת? גְּזֵירָה שֶׁמָּא יְמַזְגוּ לָהּ כּוֹס בְּבֵית אָבִיהָ וְתַשְׁקֶנּוּ לְאַחֶיהָ וּלְאַחְוֹתֶיהָ!

And what is the reason that the Sages said that **she may not partake** of *teruma*? It is a rabbinic **decree lest they pour her a cup** of *teruma* wine **in her father's house,** where she is staying before her marriage, **and she give to her brothers and sisters to drink,** as it is prohibited for them to partake of *teruma*. If so, by Torah law a woman may partake of *teruma* once she has been betrothed with money. Consequently, the above *a fortiori* inference that entering a wedding canopy can effect betrothal is invalid.

אֶלָּא פָּרֵיךְ הָכִי: וּמָה כֶּסֶף שֶׁאֵינוֹ גּוֹמֵר – קוֹנֶה,

Rather, the Gemara emends Rav Huna's statement and says that **he refutes** the opinion that entering a wedding canopy does not effect betrothal **as follows: If money, which does not complete** the acquisition of a woman, as a young woman remains under her father's authority with regard to certain issues, nevertheless **effects acquisition** of her for the stage of betrothal,

Perek **I**
Daf **5** Amud **b**

חוּפָּה שֶׁגּוֹמֶרֶת אֵינוֹ דִּין שֶׁתִּקְנֶה? מָה לְכֶסֶף – שֶׁכֵּן פּוֹדִין בּוֹ הֶקְדֵּשׁוֹת וּמַעֲשֵׂר שֵׁנִי, בִּיאָה תּוֹכִיחַ.

is it not logical that a wedding **canopy, which completes**[NH] the marriage, since it entirely removes a young woman from her father's authority, **can effect acquisition** for betrothal on its own? The Gemara rejects this claim: **What** is unique **about money is that** it can effect acquisition in many contexts, **as one can redeem with it consecrated** property **and second tithe.** This is not so with regard to a wedding canopy, which is ineffective in effecting any acquisition other than marriage. Therefore, in the case of betrothal, money can effect betrothal while a wedding canopy cannot. The Gemara counters: The *halakha* of **sexual intercourse proves** otherwise, as this act serves to effect acquisition of a woman despite the fact that it is not a valid mode of acquisition in any other case.

מַה לְּבִיאָה – שֶׁכֵּן קוֹנָה בִּיבָמָה, כֶּסֶף יוֹכִיחַ. וְחָזַר הַדִּין: לֹא רְאִי זֶה כִּרְאִי זֶה, וְלֹא רְאִי זֶה כִּרְאִי זֶה, הַצַּד הַשָּׁוֶה שֶׁבָּהֶן: שֶׁקּוֹנִין בְּעָלְמָא וְקוֹנִין כָּאן. אַף אֲנִי אָבִיא חוּפָּה – שֶׁקּוֹנָה בְּעָלְמָא וְקוֹנָה כָּאן.

The Gemara counters: **What** is unique about **sexual intercourse** is **that it effects acquisition of a** *yevama*, whereas a *yavam* does not acquire her via a wedding canopy. The Gemara answers: **Money proves** otherwise, as money cannot be used to acquire a *yevama*, and yet it is a valid mode for acquiring a woman. **And the derivation has reverted** to its starting point: **The aspect of this** mode, money, **is not like the aspect of that**[B] mode, intercourse, **and the aspect of that** mode, intercourse, **is not like the aspect of this** mode, money. **Their common denominator is that they generally effect acquisition, and they effect acquisition here,** with regard to betrothal. **Likewise, I will bring** the mode of a wedding **canopy, which generally effects acquisition,** rendering a woman as married, **and** therefore it should also **effect acquisition here.**

מַה לְּצַד הַשָּׁוֶה שֶׁבָּהֶן – שֶׁכֵּן הֲנָאָתָן מְרוּבָּה. שְׁטָר יוֹכִיחַ. מָה לִשְׁטָר – שֶׁכֵּן מוֹצִיא בְּבַת יִשְׂרָאֵל. כֶּסֶף וּבִיאָה יוֹכִיחוּ.

The Gemara rejects this: **What** about the fact that **the common denominator of** money and intercourse is **that their benefit,** i.e., pleasure, **is great?** The Gemara says: The case of **a document proves** otherwise, as no great pleasure is derived from receiving a document, and yet it can be used to acquire a woman. The Gemara answers: **What** is unique about **a document is that it can release a Jewish woman** from her husband in the form of a bill of divorce. The Gemara answers: **Money and intercourse prove** otherwise, as they do not release a woman and yet they are valid modes of acquisition for betrothal.

וְחָזַר הַדִּין: לֹא רְאִי זֶה כִּרְאִי זֶה, וְלֹא רְאִי זֶה כִּרְאִי זֶה, הַצַּד הַשָּׁוֶה שֶׁבָּהֶן – שֶׁקּוֹנִין בְּעָלְמָא, וְקוֹנִין כָּאן. אַף אֲנִי אָבִיא חוּפָּה – שֶׁקּוֹנָה בְּעָלְמָא וְקוֹנָה כָּאן.

And once again, **the derivation has reverted** to its starting point: **The aspect of this** mode **is not like the aspect of that** mode, **and the aspect of that** mode **is not like the aspect of this** mode. **Their common denominator is that they generally effect acquisition and they effect acquisition here,** with regard to betrothal. **Likewise, I will bring** the mode of a wedding **canopy, which generally effects acquisition, and** therefore it should also **effect acquisition here.**

NOTES

A wedding canopy which completes – חוּפָּה שֶׁגּוֹמֶרֶת: Both the early and later commentaries discuss the meaning of Rav Huna's opinion. Some maintain that according to Rav Huna, a wedding canopy, like money, effects only betrothal (*Shita Mekubbetzet*; see *Penei Yehoshua*). Others say that Rav Huna holds that a wedding canopy effects marriage as well (Maharsha; *Talmid HaRashba*).

HALAKHA

A wedding canopy…completes – חוּפָּה גּוֹמֶרֶת: Once a betrothed woman enters the wedding canopy she is considered fully married, even if the couple does not engage in sexual intercourse. Some authorities say that if the bride was a menstruating woman, the wedding canopy does not effect marriage and she remains merely betrothed (Rambam *Sefer Nashim, Hilkhot Ishut* 10:2; *Shulḥan Arukh, Even HaEzer* 61:1).

BACKGROUND

The aspect of this is not like the aspect of that – לֹא רְאִי זֶה כִּרְאִי זֶה: This expression is used in halakhic midrash in formulating an analogy where a principle is derived on the basis of two *halakhot* mentioned in two different verses. First, the midrash articulates the difference between the *halakhot*. Then it mentions the characteristic common to both. Any other case with that common denominator will be subject to the same ruling.

מַה לְּהַצַּד הַשָּׁוֶה שֶׁבָּהֶן שֶׁכֵּן יֶשְׁנָן בְּעַל כָּרְחָהּ! וְרַב הוּנָא: כֶּסֶף מִיהָא בְּאִישׁוּת לָא אַשְׁכְּחַן בְּעַל כָּרְחָהּ.

The Gemara again rejects this claim: **What** about the fact that **the common denominator of** all three modes of acquisition is **that they are** effective in certain situations **against her will?** A bill of divorce, sexual intercourse in the case of a *yevama*, and money with regard to a Hebrew maidservant all effect acquisition of a woman against her will. Therefore, the mode of a wedding canopy cannot be derived from these methods, as a wedding canopy is effective only when the woman enters it willingly. **And** in response to this claim **Rav Huna** would answer: **In any event, with regard to marriage, we have not found** a case in which a woman can be acquired through **money against her will.** Consequently, it is possible to learn from the modes of money, a document, and intercourse that a wedding canopy likewise effects betrothal.

אֲמַר רָבָא: שְׁתֵּי תְשׁוּבוֹת בַּדָּבָר: חֲדָא – דְּ״שָׁלֹשׁ״ תְּנַן וְ״אַרְבַּע״ לָא תְּנַן.

Rava said: There are **two refutations of** this **matter,** i.e., it is possible to refute Rav Huna's opinion in two ways. **One** opinion is **that we learned** in the mishna that a woman can be acquired through **three** modes of acquisition, **and we did not learn** that there are **four** modes. This indicates that there are no other ways to acquire a woman apart from the three listed in the mishna.

וְעוֹד: כְּלוּם חוּפָּה גּוֹמֶרֶת – אֶלָּא עַל יְדֵי קִידּוּשִׁין. וְכִי גָּמְרִינַן חוּפָּה שֶׁלֹּא עַל יְדֵי קִידּוּשִׁין מֵחוּפָּה שֶׁעַל יְדֵי קִידּוּשִׁין?

And furthermore, Rava disagrees with the main point of the proof, which was based on the fact that a wedding canopy completes a marriage: **Doesn't** entering a wedding **canopy complete** a marriage **only by** means of an act of **betrothal,** which precedes the wedding canopy? **And can one derive** that entering a wedding **canopy** effects acquisition **without betrothal from** the case of entering a wedding **canopy that** effects acquisition **by** means of **betrothal?** Consequently, entering a wedding canopy alone cannot effect a betrothal.

אֲמַר לֵיהּ אַבַּיֵי: הָא דְּקָאָמְרַתְּ: ״שָׁלֹשׁ״ תְּנַן וְ״אַרְבַּע״ לָא תְּנַן – תַּנָּא, מִילְּתָא דִּכְתִיבָא בְּהֶדְיָא קָתָנֵי, מִילְּתָא דְּלָא כְּתִיבָא בְּהֶדְיָא – לָא קָתָנֵי.

Abaye said to Rava in response to his two claims: With regard to **that which you said,** that **we learned** in the mishna **three** modes **and we did not learn** that there are **four** modes, this is no proof, as the ***tanna* teaches** only **a matter that is explicitly written** in the Torah, and **does not teach a matter that is not explicitly written** in the Torah, such as a wedding canopy.

וּדְקָאָמְרַתְּ: כְּלוּם חוּפָּה גּוֹמֶרֶת אֶלָּא עַל יְדֵי קִידּוּשִׁין – רַב הוּנָא נַמִי הָכִי קָאָמַר: וּמָה כֶּסֶף שֶׁאֵינוֹ גּוֹמֵר אַחַר כֶּסֶף – קוֹנֶה, חוּפָּה שֶׁגּוֹמֶרֶת אַחַר כֶּסֶף – אֵינוֹ דִּין שֶׁתִּקְנֶה?

And with regard to **that which you said: Doesn't** entering a wedding **canopy complete** a marriage **only by** means of an act of **betrothal, this is also what Rav Huna is saying,** i.e., Rav Huna incorporates this claim into his reasoning: **If money, which does not complete** a marriage **after money,** i.e., after a woman has been betrothed through money an additional monetary gift cannot render her a fully married woman, **effects acquisition** of the woman in the form of betrothal, **is it not logical that** entering a wedding **canopy,** which is more powerful than money in that it **completes** a marriage **after money, should effect acquisition** and be used to perform betrothal by itself?

תָּנוּ רַבָּנַן: כֵּיצַד בְּכֶסֶף? נָתַן לָהּ כֶּסֶף אוֹ שָׁוֶה כֶּסֶף, וְאָמַר לָהּ ״הֲרֵי אַתְּ מְקוּדֶּשֶׁת לִי״ ״הֲרֵי אַתְּ מְאוֹרֶסֶת לִי״ ״הֲרֵי אַתְּ לִי לְאִינְתּוּ״ – הֲרֵי זוֹ מְקוּדֶּשֶׁת. אֲבָל הִיא שֶׁנָּתְנָה, וְאָמְרָה הִיא ״הֲרֵינִי מְקוּדֶּשֶׁת לְךָ״ ״הֲרֵינִי מְאוֹרֶסֶת לְךָ״ ״הֲרֵינִי לְךָ לְאִינְתּוּ״ – אֵינָהּ מְקוּדֶּשֶׁת.

§ After discussing the sources for the modes of acquisition listed in the mishna, the Gemara analyzes these *halakhot* in greater detail. **The Sages taught** in a *baraita* (*Tosefta* 1:1): **How is** betrothal performed **through money?**[H] If a man **gave** a woman **money or** an item **worth money,** and he **said to her: You are hereby betrothed** [*mekuddeshet*] **to me,** or: **You are hereby betrothed** [*me'oreset*] **to me,** or: **You are to me as a wife,** then **she is betrothed. But** if **she** is the one **who gave** the money to him, **and she said:**[H] **I am hereby betrothed** [*mekuddeshet*] **to you,** or: **I am hereby betrothed** [*me'oreset*] **to you,** or: **I am hereby to you as a wife,** then **she is not betrothed.**

HALAKHA

How is betrothal performed through money – כֵּיצַד קִדּוּשֵׁי כֶּסֶף: A man betroths a woman by giving her one *peruta* or an item worth at least one *peruta* and saying to her: You are hereby betrothed to me with this. He may also say: You are hereby to me as a wife, or any formula that is clearly referring to betrothal in that location, provided that she understands that it is a betrothal. Some authorities write that it is appropriate to add: In accordance with the law of Moses and the Jewish people, which is the common practice (Rambam *Sefer Nashim*, *Hilkhot Ishut* 3:1; *Shulḥan Arukh*, *Even HaEzer* 27:1, and in the comment of Rema).

She is the one who gave and she said – הִיא שֶׁנָּתְנָה וְאָמְרָה הִיא: If a woman gives a man money and says to him: I am hereby betrothed to you, or anything similar, she is not betrothed (Rambam *Sefer Nashim*, *Hilkhot Ishut* 3:2).

NOTES

He gave and she said – **נָתַן הוּא וְאָמְרָה הִיא**: Rashi explains that this is an invalid betrothal because it is like a woman who gives herself to the man. Other commentaries say that a betrothal performed in this manner does not constitute a fulfillment of the verse: "When a man takes" (Deuteronomy 24:1), as the verb "takes" indicates that the man performs all elements of the betrothal, both the act of acquisition and the declaration (*Tosefot Tukh*; Rashba).

מַתְקִיף לָהּ רַב פַּפָּא: טַעְמָא – דְּנָתַן הוּא וְאָמַר הוּא, הָא נָתַן הוּא וְאָמְרָה הִיא – אֵינָהּ מְקוּדֶּשֶׁת. אֵימָא סֵיפָא: אֲבָל הִיא שֶׁנָּתְנָה לוֹ וְאָמְרָה הִיא – לָא הָווּ קִידּוּשִׁין. טַעְמָא – דְּנָתְנָה הִיא וְאָמְרָה הִיא, הָא נָתַן הוּא וְאָמְרָה הִיא – הָווּ קִידּוּשִׁין!

Rav Pappa objects to this: This *baraita* contains an internal contradiction. The first part of the *baraita* states: If a man gave a woman money and said to her: You are hereby betrothed to me, from which it may be inferred **that the reason** the woman is betrothed is that **he gave** her money **and he said** the appropriate formula. This leads to the conclusion that if **he gave** her money **and she said**[NH] the formula, **she is not betrothed. Now say the latter clause** of the *baraita*: **But** if **she** is the one **who gave** the money to him, **and she said:** I am hereby betrothed to you, then **it is not** a valid **betrothal.** Rav Pappa infers: **The reason** that it is not a valid betrothal is that **she gave** money to him **and she said** the appropriate formula, from which it may be inferred that if **he gave** money to her **and she said** the appropriate formula, then **this is** a valid **betrothal.**

רֵישָׁא – דַּוְקָא, סֵיפָא – כְּדֵי נַסְבָה. וְתָנֵי סֵיפָא מִילְּתָא דִּסְתָרָא לָהּ לְרֵישָׁא?!

The Gemara explains: **The first clause** of the *baraita* is **exact,** and therefore it is correct to infer that which was not explicitly stated from this ruling. By contrast, **the latter clause** of the *baraita* was **cited for no reason,** i.e., it was simply formulated in the opposite manner of the first clause, and the *baraita* is not exact in the wording of this case. Therefore, one should not analyze this clause too carefully and infer *halakhot* from it. The Gemara asks: **And** would the *baraita* **teach** in **the latter clause a matter that contradicts the first clause?**

אֶלָּא הָכִי קָאָמַר: נָתַן הוּא וְאָמַר הוּא – פְּשִׁיטָא דְּהָווּ קִידּוּשִׁין. נָתַן הוּא וְאָמְרָה הִיא – נַעֲשֶׂה כְּמִי שֶׁנָּתְנָה הִיא וְאָמְרָה הִיא, וְלָא הָווּ קִידּוּשִׁין. וְאִי בָּעֵית אֵימָא: נָתַן הוּא וְאָמַר הוּא – מְקוּדֶּשֶׁת. נָתְנָה הִיא וְאָמְרָה הִיא – אֵינָהּ מְקוּדֶּשֶׁת. נָתַן הוּא וְאָמְרָה הִיא – סְפֵיקָא הִיא, וְחָיְישִׁינַן מִדְּרַבָּנַן.

Rather, the Gemara retracts the previous explanation in favor of the following. **This is what** the *baraita* **is saying:** If **he gave** the money **and he said** the formula, it **is obvious that it is** a valid **betrothal.** If **he gave** the money **and she said** the formula, **it is considered as though she gave** the money **and she said** the formula, **and** therefore **it is not** a valid **betrothal. And if you wish, say** a different explanation of the *baraita*: If **he gave** the money and **he said** the formula, **she is betrothed.** If **she gave** the money **and she said** the formula, **she is not betrothed** at all. If **he gave** the money **and she said** the formula, the ruling **is uncertain, and by rabbinic law we are concerned** that this might actually be a betrothal.

אָמַר שְׁמוּאֵל: בְּקִידּוּשִׁין; נָתַן לָהּ כֶּסֶף וְשָׁוֶה כֶּסֶף, וְאָמַר לָהּ "הֲרֵי אַתְּ מְקוּדֶּשֶׁת" "הֲרֵי אַתְּ מְאוֹרֶסֶת" "הֲרֵי אַתְּ (לִי) לְאִינְתּוּ" – הֲרֵי זוֹ מְקוּדֶּשֶׁת. "הֲרֵינִי אִישֵׁךְ" "הֲרֵינִי בַּעֲלֵיךְ" "הֲרֵינִי אֲרוּסֵיךְ" – אֵין כָּאן בֵּית מֵיחוּשׁ.

The Gemara continues to discuss the language of betrothal. **Shmuel says: With regard to betrothal,** if **he gave her money or** an item **worth money, and said to her: You are hereby betrothed** [*mekuddeshet*], or: **You are hereby betrothed** [*me'oreset*],[H] or: **You are hereby as a wife,** then **she is betrothed.** If he said: **I am hereby your man,**[H] or: **I am hereby your husband,** or: **I am hereby your betrothed,** then **there is no room for concern here.** In these cases there is no possibility that it might be a valid betrothal, as betrothal is effective only if its formulation defines the relationship in terms of the woman's connection to the man, not the reverse.

HALAKHA

He gave and she said – **נָתַן הוּא וְאָמְרָה הִיא**: If a man gave a woman an item that is worth at least one *peruta* and she said: I am hereby betrothed to you, it is uncertain if it is a valid betrothal. The Rosh notes that this is the case only if they were not speaking about matters of betrothal beforehand. But if he was discussing matters of betrothal with her just prior to this action, then even were she to accept the item without saying anything, she would be betrothed. Therefore, the fact that she speaks in this case does not detract from his act, and she is betrothed (Rambam *Sefer Nashim, Hilkhot Ishut* 3:2; *Shulḥan Arukh, Even HaEzer* 27:1).

You are hereby betrothed – **הֲרֵי אַתְּ מְקוּדֶּשֶׁת**: If a man says to a woman: You are hereby betrothed, without adding: To me, she is not betrothed (Rosh). Some say that there is a concern that it might be a valid betrothal. If he was discussing their betrothal with her beforehand, she is betrothed. If a man first betrothed one woman in an entirely valid manner, and immediately afterward he said to another woman: You are hereby betrothed, this is considered an ambiguous intimation, and it is uncertain if it is a valid betrothal (*Shulḥan Arukh, Even HaEzer* 27:4).

I am hereby your man – **הֲרֵינִי אִישֵׁךְ**: If a man says to a woman: I am hereby your man, or: I am hereby your husband, or any similar statement, she is not betrothed, even if they were discussing betrothal beforehand (Rambam *Sefer Nashim, Hilkhot Ishut* 3:6; *Shulḥan Arukh, Even HaEzer* 27:6).

וְכֵן בְּגֵירוּשִׁין; נָתַן לָהּ וְאָמַר לָהּ ״הֲרֵי אַתְּ מְשׁוּלַּחַת״ ״הֲרֵי אַתְּ מְגוֹרֶשֶׁת״ ״הֲרֵי אַתְּ מוּתֶּרֶת לְכׇל אָדָם״ – הֲרֵי זוֹ מְגוֹרֶשֶׁת. ״אֵינִי אִישֵׁךְ״ ״אֵינִי בַּעֲלֵיךְ״ ״אֵינִי אֲרוּסֵיךְ״ – אֵין כָּאן בֵּית מֵיחוּשׁ.

And similarly, with regard to divorce, if a husband **gave** his wife a bill of divorce **and said to her: You are hereby sent away,**[H] or: **You are hereby divorced,** or: **You are hereby permitted to** marry **any man,** then **she is divorced.** If he said: **I am not your man,** or: **I am not your husband,** or: **I am not your betrothed,** then **there is no room for concern,** as a bill of divorce is effective only if its formulation defines the relationship in terms of the woman's connection to the man, not the reverse.

אֲמַר לֵיהּ רַב פַּפָּא לְאַבָּיֵי: לְמֵימְרָא דְּסָבַר שְׁמוּאֵל יָדַיִם שֶׁאֵין מוֹכִיחוֹת הָוְיָין יָדַיִם?

Rav Pappa said to Abaye: Is this to say that Shmuel holds that **ambiguous intimations,** i.e., incomplete expressions that can be understood only from their context, **are** considered like unambiguous **intimations?** In the cases listed by Shmuel, the woman is betrothed despite the fact that the man did not say: You are hereby betrothed to me, but merely: You are hereby betrothed. The statement itself does not include the detail that the speaker intends to betroth her to himself, and yet Shmuel maintains that the betrothal is valid.

וְהָתְנַן: הָאוֹמֵר ״אֱהֵא״ – הֲרֵי זֶה נָזִיר. וְהָוֵינַן בָּהּ: וְדִילְמָא ״אֱהֵא בְּתַעֲנִית״ קָאָמַר? וְאָמַר שְׁמוּאֵל: וְהוּא שֶׁהָיָה נָזִיר עוֹבֵר לְפָנָיו. טַעְמָא – דְּנָזִיר עוֹבֵר לְפָנָיו, הָא לָאו הָכִי – לָא!

Rav Pappa asks: **But didn't we learn** in a mishna (*Nazir* 2a) that **one who says: I shall be,**[HN] **is a nazirite?**[B] **And we discussed** this ruling: **But perhaps** he meant **to say: I will be in a fast? And Shmuel said** that **this** mishna **is** referring to a particular set of circumstances, that he said: I shall be, **when a nazirite was passing before him.** In that context it is clear the individual meant that he too will be a nazirite. Rav Pappa analyzes this statement: **The reason** that he is a nazirite is only due to the fact **that a nazirite passes before him.** But **if this** were **not** the case, **no,** his statement would not be considered a naziriteship vow. This indicates that according to Shmuel, ambiguous intimations are not considered like unambiguous intimations.

הָכָא בְּמַאי עָסְקִינַן דַּאֲמַר ״לִי״. אִי הָכִי מַאי קָמַשְׁמַע לַן? הָנֵי

The Gemara rejects this: **With what are we dealing here?** Shmuel is referring to a case **where he said** the formulation and added the phrase: **To me.** For example, he said to a woman: You are hereby betrothed to me. The Gemara asks: **If so, what is** Shmuel **teaching us?** If the man stated the full formula it is obvious that she is betrothed, as he used the standard expression of betrothal. The Gemara answers: **These**

HALAKHA

You are hereby sent away – הֲרֵי אַתְּ מְשׁוּלַּחַת: If a man said upon giving a bill of divorce: You are hereby divorced, or: You are hereby sent away, or: You are hereby permitted to every man, this is a valid bill of divorce. But if he said to her: I am not your man, or: I am not you husband, some authorities say this bill of divorce is entirely invalid (Rambam). Rabbeinu Yeruḥam holds that if the couple had just been discussing divorce it is uncertain if it is a valid bill of divorce (Rambam *Sefer Nashim, Hilkhot Geirushin* 1:4; *Shulḥan Arukh, Even HaEzer* 136:3).

One who says, I shall be – הָאוֹמֵר אֱהֵא: If someone said: I shall be, as a nazirite passed by him, this means that he should be a nazirite like the nazirite that passed by him. Although he did not make his intention absolutely clear, he is a nazirite (Rambam *Sefer Hafla'a, Hilkhot Nezirut* 1:6).

NOTES

One who says, I shall be – הָאוֹמֵר אֱהֵא: Some commentaries explain that this statement is more likely to mean that the individual in question wants to be a nazirite than to accept a fast upon himself, because his obligation to fast cannot apply that day but only on the next day at the earliest. By contrast, one can become a nazirite immediately (*Tosafot*). Others explain that as the expression: I shall be, is referring to the individual himself, it is logical that he wanted to become a nazirite. It is less appropriate for one who is not changing his status but merely accepting an obligation upon himself (Ramban).

BACKGROUND

Nazirite – נָזִיר: A nazirite is an individual who undertakes a nazirite vow, as detailed in the Torah (Numbers 6:1–21). A nazirite must refrain from eating or drinking any product of the vine. He must avoid becoming ritually impure through contact with corpses, and he must refrain from cutting his hair. A nazirite who violates any of these prohibitions is liable to receive lashes. One can vow to be a nazirite for any period of time that he wishes, but the minimum period is thirty days. One who does not specify how long he wishes to be a nazirite assumes these obligations for thirty days. If a nazirite becomes ritually impure through contact with a corpse, whether intentionally or not, he must first purify himself and then bring two pigeons to the Temple as offerings, one for a sin-offering, and the other as a burnt-offering. He also brings a lamb as a guilt-offering. After this, the individual must begin his naziriteship period again. When the nazirite completes the period of his vow, he must bring two lambs as offerings, one female as a sin-offering and one male as a burnt-offering, as well as a ram for a peace-offering. He shaves his hair and burns it beneath the pot in which the ram sacrificed as a peace-offering is cooked. After these offerings have been sacrificed, the period of naziriteship ends, and the former nazirite is no different from anyone else.

לִישָּׁנֵי בַּתְרָאֵי קָא מַשְׁמַע לַן: הָכָא כְּתִיב: "כִּי יִקַּח" – וְלֹא שֶׁיִּקַּח אֶת עַצְמוֹ, וְהָכָא כְּתִיב: "וְשִׁלְּחָהּ" – וְלֹא שֶׁיְּשַׁלַּח אֶת עַצְמוֹ.

last expressions are **what he teaches us.** The novelty of Shmuel's statement is that with regard to the second set of pronouncements there is no concern at all that a valid betrothal or divorce might have been performed. The Gemara explains why according to Shmuel these pronouncements are not of concern. **Here,** in the case of betrothal, it is **written: "When** a man **takes** a woman" (Deuteronomy 24:1), which indicates that the man is acting to change the status of the woman, **and** it is **not** written **that he takes himself** or gives himself to her, as in the case of one who says: I am hereby your man. **And** likewise, it is **written here,** with regard to divorce: **"And sends her"** (Deuteronomy 24:1), **and** it is **not** written **that he sends himself** from her, as in the case of one who says: I am not your man.

תָּנוּ רַבָּנַן: "הֲרֵי אַתְּ אִשְׁתִּי", "הֲרֵי אַתְּ אֲרוּסָתִי", "הֲרֵי אַתְּ קְנוּיָה לִי" – מְקוּדֶּשֶׁת. "הֲרֵי אַתְּ שֶׁלִּי", "הֲרֵי אַתְּ בִּרְשׁוּתִי", "הֲרֵי אַתְּ זְקוּקָה לִי" – מְקוּדֶּשֶׁת. וְלִיתְנִינְהוּ כּוּלְּהוּ כַּחֲדָא! תַּנָּא תְּלָת תְּלָת שְׁמַעִינְהוּ וּגְרַסִינְהוּ.

The Sages taught in a *baraita* that if a man says to a woman: **You are hereby my wife,**[H] or: **You are hereby my betrothed,** or: **You are hereby acquired to me,** then **she is betrothed.** If he said to her: **You are hereby mine,** or: **You are hereby under my authority,** or: **You are hereby bound to me,** then **she is betrothed.** The Gemara asks: **But** as the *halakha* is that she is betrothed with regard to both sets of statements, **let** the *baraita* **teach all of them together.** Why does the *baraita* divide these statements into two groups? The Gemara answers: **The** *tanna* **heard them as two sets of three, and** consequently **he taught them** in that form. He heard each sequence of three cases as a separate *halakha* from his teachers, and therefore he preserved them as two sets of three.

אִיבַּעְיָא לְהוּ: "מְיוּחֶדֶת לִי" מַהוּ? "מְיוּעֶדֶת לִי" מַהוּ? "עֶזְרָתִי" מַהוּ? "נֶגְדָּתִי" מַהוּ? "עֲצוּרָתִי" מַהוּ? "צַלְעָתִי" מַהוּ? "סְגוּרָתִי" מַהוּ? "תַּחְתַּי" מַהוּ? "תְּפוּשְׂתִי" מַהוּ? "לְקוּחָתִי" מַהוּ?

A dilemma was raised before the Sages: If a man betrothing a woman said: You are hereby **unique to me,**[H] **what is**[N] the *halakha*? Is this woman betrothed? Similarly, if he said to her: You are hereby **designated to me, what is** the *halakha*? If he said: You are hereby **my helper, what is** the *halakha*? If he said: You are hereby **my counterpart, what is** the *halakha*? If he said: You are hereby **my gathered one, what is** the *halakha*? If he said: You are hereby **my rib, what is** the *halakha*? If he said: You are hereby **my closed one, what is** the *halakha*? If he said: You are hereby **beneath me, what is** the *halakha*? If he said: You are hereby **my seized one, what is** the *halakha*? Finally, if he said: You are hereby **my taken one, what is** the *halakha*?

פְּשׁוֹט מִיהָא חֲדָא, דְּתַנְיָא: הָאוֹמֵר "לְקוּחָתִי" – הֲרֵי זוֹ מְקוּדֶּשֶׁת, מִשּׁוּם שֶׁנֶּאֱמַר: "כִּי יִקַּח אִישׁ אִשָּׁה".

The Gemara suggests: **Resolve at least one** of these dilemmas, **as it is taught** in a *baraita*: With regard to **one who says** to a woman: You are hereby **my taken one, she is betrothed, because it is stated: "When a man takes a woman"** (Deuteronomy 24:1).

אִיבַּעְיָא לְהוּ: "חֲרוּפָתִי" מַהוּ? תָּא שְׁמַע: דְּתַנְיָא, הָאוֹמֵר "חֲרוּפָתִי" מְקוּדֶּשֶׁת, שֶׁכֵּן בִּיהוּדָה קוֹרִין לַאֲרוּסָה חֲרוּפָה. וִיהוּדָה הָוְיָא רוּבָּא דְּעָלְמָא?!

A dilemma was raised before the Sages: If a man says to a woman: You are hereby **my espoused one** [*ḥarufati*],[L] **what is** the *halakha*? **Come and hear, as it is taught** in a *baraita* that with regard to **one who says:** You are hereby **my espoused one,**[H] **she is betrothed, as in Judea they call**[B] **a betrothed woman a** *ḥarufa*, **an espoused woman.** The Gemara asks: **And is Judea most of the world?** Even if this is true in Judea, why should a *halakha* that applies in all locations be based on this local custom?

HALAKHA

You are hereby my wife – הֲרֵי אַתְּ אִשְׁתִּי: If a man says to a woman: You are hereby my wife, or: You are hereby bound to me, or: You are hereby acquired by me, or: You are hereby betrothed to me, or: You are hereby mine, or: You are hereby under my authority, or: You are hereby my taken one, she is betrothed. *Maggid Mishne*, citing Ran, adds that this applies only if they were discussing betrothal beforehand (Rambam *Sefer Nashim*, *Hilkhot Ishut* 3:6; *Shulḥan Arukh*, *Even HaEzer* 27:2, and in the comment of Rema).

Unique to me – מְיוּחֶדֶת לִי: If a man said or wrote to a woman: You are hereby unique to me, or: You are hereby designated to me, or: You are hereby my helper, or: You are hereby my counterpart, or: You are hereby my rib, or: You are hereby beneath me, or: You are hereby my gathered one, or: You are hereby my possession, her betrothal is uncertain. This *halakha* applies if they were speaking about matters of betrothal, as the question in the Gemara is left unanswered. If they were not speaking about the issue of betrothal, there is no concern that these statements might constitute a valid betrothal and she is not betrothed (Rambam *Sefer Nashim*, *Hilkhot Ishut* 3:7; *Shulḥan Arukh*, *Even HaEzer* 27:3).

You are hereby my espoused one – הֲרֵי אַתְּ חֲרוּפָתִי: If a man said or wrote to a woman: You are hereby my espoused one, she is betrothed. Some write that only in Judea is she betrothed, whereas in other places it is an uncertain betrothal (Rambam *Sefer Nashim*, *Hilkhot Ishut* 3:6; *Shulḥan Arukh*, *Even HaEzer* 27:3, and in the comment of Rema).

NOTES

You are hereby unique to me, what is, etc. – מְיוּחֶדֶת לִי מַהוּ: In each of the ten formulations discussed in this dilemma, the man employs a terminology that can be understood as a reference to betrothal, either in and of itself or due to its similarity to a term employed in a verse referring to marriage in some sense. Designation [*yi'ud*] is the term for the marriage between a Hebrew maidservant and her master. Helper, counterpart, rib, closed one, and beneath me all allude to the creation of Eve, as the verses state: "And the Lord God said: It is not good that the man should be alone; I will make him a helper as a counterpart to him" (Genesis 2:18), and: "And He took one of his ribs, and closed up the place with flesh beneath it" (Genesis 2:21). Gathered one alludes to a husband bringing a wife into his home. Seized one alludes to the phrase in the verse: "And seize her and lie with her" (Deuteronomy 22:28), a verse that deals with rape; and a rapist is obligated to marry the woman he rapes if she desires this. The connection of the other terms to betrothal is self-evident.

LANGUAGE

My espoused one [*ḥarufati*] – חֲרוּפָתִי: Generally, this word is taken to mean indentured or acquired. The *tanna'im* and the commentaries on the Torah disagree about the origin and precise meaning of the similar term *neḥerefet*, in the verse: "Who is a maidservant espoused [*neḥerefet*] to a man" (Leviticus 19:20). Since the denotation of this term is obscure, the Gemara asks how the woman knows what he means.

BACKGROUND

In Judea they call – בִּיהוּדָה קוֹרִין: The Talmud states in several places that the Hebrew spoken by the residents of Judea differed slightly from that spoken in Jerusalem. These people apparently preserved expressions that were not widely used elsewhere.

הכי קאמר: האומר "חרופתי" – מקודשת, שנאמר "והיא שפחה נחרפת לאיש". ועוד: ביהודה קורין לארוסה חרופה. ויהודה ועוד לקרא?! אלא הכי קאמר: האומר "חרופה" ביהודה – מקודשת, שכן ביהודה קורין לארוסה חרופה.

The Gemara answers that **this is what** the *baraita* **is saying:** With regard to **one who says:** You are hereby **my espoused one, she is betrothed, as it is stated: "Who is a maidservant espoused** [*neḥerefet*] **to a man"** (Leviticus 19:20). This verse means that she is betrothed to a certain man. **And furthermore,** the *baraita* adds another proof for this claim: **In Judea they call a betrothed woman a *ḥarufa*, an espoused woman.** The Gemara asks: **And** is it reasonable to introduce the custom in **Judea** with the term: **And furthermore,** as proof **to a** *halakha* derived from **a verse? Rather,** the Gemara explains that **this is what** the *baraita* **is saying:** With regard to **one who says:** You are hereby **espoused, in Judea, she is betrothed, as in Judea they call a betrothed woman a *ḥarufa*, an espoused woman.**

במאי עסקינן? אילימא בשאין מדבר עמה על עסקי גיטה וקידושיה – מנא ידעה מאי קאמר לה? ואלא במדבר עמה על עסקי גיטה וקידושיה – אף על גב דלא אמר לה נמי,

The Gemara asks a general question with regard to all the previously mentioned expressions: **With what are we dealing? If we say** that these dilemmas are referring to a case **where he was not speaking with her about matters of her bill of divorce or her betrothal,** but suddenly issued this statement to her, **from where does she know what he is saying to her?** Out of context, these statements are not necessarily referring to betrothal. **Rather,** they are referring to a case **where he was speaking to her about matters of her bill of divorce and her betrothal.** But if so, **even though he did not say** anything, she would **also** be betrothed if he gave her money for the purpose of betrothal.

דתנן: היה מדבר עם אשה על עסקי גיטה וקידושיה, ונתן לה גיטה וקידושיה, ולא פירש. רבי יוסי אומר: דיו. רבי יהודה אומר: צריך לפרש. ואמר רב הונא אמר שמואל: הלכה כרבי יוסי!

As we learned in a mishna (*Ma'aser Sheni* 4:7): If **one was speaking with a woman**[H] **about matters of her bill of divorce or her betrothal, and he gave her a bill of divorce or her betrothal,** i.e., the money or a document of betrothal, **but did not clarify** his action, **Rabbi Yosei says:** This **is sufficient for him,** i.e., it is a valid divorce or betrothal because she will understand his intention from the context. **Rabbi Yehuda says: He is required to clarify** the meaning of his behavior. **And Rav Huna says** that **Shmuel says:** The ***halakha*** is **in accordance with** the opinion of **Rabbi Yosei.** If so, even if he said nothing to her she would still be betrothed, and this should certainly be the case if he says one of the statements under discussion.

אמרי: לעולם במדבר עמה על עסקי גיטה וקידושיה. ואי דיהיב לה ושתיק – הכי נמי. הכא במאי עסקינן? דיהב לה ואמר לה בהני לישני.

The Sages **say** in explanation of this matter: **Actually,** we are dealing with cases **where he was speaking to her about matters of her bill of divorce and her betrothal, and if** it was referring to a case **where he** had **given her** the money **and been silent, so too** it would have been a valid betrothal. **With what are we dealing here?** This is a case **where he gave her** something **and said to her** one **of these expressions.**

והכי קא מיבעי ליה: הני לישני, לקידושי קאמר לה, או דילמא למלאכה קאמר לה? תיקו.

And this is the dilemma raised before the Sages: **These expressions, did he say them to her for** the purpose of **betrothal, or perhaps he said** them **to her for** the purpose of **labor?** He might have intended to hire her, withdrawing his previous intention to betroth her. In other words, his statement in conjunction with his giving of an item renders the meaning of the expression less clear than if he had remained silent. The Gemara leaves most of these issues unanswered, and states that the dilemmas **shall stand** unresolved.[B]

HALAKHA

If one was speaking with a woman – היה מדבר עם אשה: If a man was speaking with a woman about betrothal, and he gives her betrothal money in silence, she is betrothed. Some claim that it is unnecessary for them to actually be discussing the topic of marriage, provided that they were talking about tangential issues (Rambam *Sefer Nashim, Hilkhot Ishut* 3:8; *Shulḥan Arukh*; *Even HaEzer* 27:1, and in the comment of Rema).

BACKGROUND

The dilemmas shall stand unresolved [*teiku*] – תיקו: Various explanations have been offered for the etymology of this term. One explanation is that it is an abbreviated form of *tikom*, let it stand. Alternatively, its source is the word *tik*, a case or pouch, whose contents are unknown. Similarly, the resolution is unknown, as though it were hidden inside a case (*Arukh*). Although not the literal meaning, some suggest that the term alludes to an acrostic: The Tishbite, i.e., Elijah the Prophet, will resolve questions and dilemmas (*Tosefot Yom Tov*). This last idea refers to the legendary belief that when Elijah returns to announce the coming of the Messiah, he will also reveal the solutions to outstanding halakhic difficulties.

NOTES

From topic to topic within the same topic – מֵעִנְיָן לְעִנְיָן בְּאוֹתוֹ עִנְיָן: Some commentaries explain that the couple was still discussing betrothal and issues related to marriage, e.g., property and living arrangements (Rashi). Others suggest they began to talk about marriage in general, or discussed other couples (*Talmid HaRashba*; Meiri).

גּוּפָא, הָיָה מְדַבֵּר עִם הָאִשָּׁה עַל עִיסְקֵי גִיטָּהּ וְקִידּוּשֶׁיהָ, וְנָתַן לָהּ גִּיטָּהּ וְקִידּוּשֶׁיהָ וְלֹא פֵּירַשׁ, רַבִּי יוֹסֵי אוֹמֵר: דַּיּוֹ. רַבִּי יְהוּדָה אוֹמֵר: צָרִיךְ לְפָרֵשׁ. אָמַר רַב יְהוּדָה אָמַר שְׁמוּאֵל: וְהוּא שֶׁעֲסוּקִין בְּאוֹתוֹ עִנְיָן.

§ The Gemara discusses **the matter itself: If he was speaking to the woman about matters of her bill of divorce or her betrothal, and he gave her bill of divorce or her betrothal to her and did not clarify** his intention, **Rabbi Yosei says:** This **is sufficient for him. Rabbi Yehuda says: He is required to clarify. Rav Yehuda** says that **Shmuel says: And this** is the *halakha* provided **that they were discussing the same issue** and had not moved on to a different topic.

וְכֵן אָמַר רַבִּי אֶלְעָזָר אָמַר רַבִּי אוֹשַׁעְיָא: וְהוּא שֶׁעֲסוּקִין בְּאוֹתוֹ עִנְיָן. כְּתַנָּאֵי, רַבִּי אוֹמֵר: וְהוּא שֶׁעֲסוּקִין בְּאוֹתוֹ עִנְיָן. רַבִּי אֶלְעָזָר בַּר רַבִּי שִׁמְעוֹן אוֹמֵר: אַף עַל פִּי שֶׁאֵין עֲסוּקִין בְּאוֹתוֹ עִנְיָן.

And likewise, Rabbi Elazar says that **Rabbi Oshaya says: And this** is the *halakha* provided **that they were discussing the same issue.** The Gemara comments: This disagreement is **like** a dispute between *tanna'im*[B] on this topic. **Rabbi** Yehuda HaNasi **says: And this** is the *halakha* provided **that they were discussing the same issue. Rabbi Elazar bar Rabbi Shimon says:** This is the *halakha* **despite** the fact **that they were not discussing the same issue.**

וְאִי לָאו דַּעֲסוּקִין בְּאוֹתוֹ עִנְיָן מְנָא יָדְעָה מַאי קָאָמַר לַהּ? אָמַר אַבָּיֵי: מֵעִנְיָן לְעִנְיָן בְּאוֹתוֹ עִנְיָן.

The Gemara asks: **And if they were not discussing the same issue, from where does she know what he is saying to her?** They have already changed the topic of conversation, and these expressions on their own are ambiguous. **Abaye said:** They have not changed to an entirely different topic; rather, they changed **from** discussing one **topic to** discussing another **topic within the same** general **topic.**[N] In other words, they were no longer speaking directly about divorce or betrothal, but they were still discussing related matters. Therefore, his intention was clear to her when he made his statement.

אָמַר רַב הוּנָא אָמַר שְׁמוּאֵל: הֲלָכָה כְּרַבִּי יוֹסֵי. אָמַר לֵיהּ רַב יֵימָר לְרַב אַשִׁי: וְאֶלָּא הָא דְּאָמַר רַב יְהוּדָה אָמַר שְׁמוּאֵל: כׇּל שֶׁאֵינוֹ יוֹדֵעַ בְּטִיב גִּיטִּין וְקִידּוּשִׁין לֹא יְהֵא לוֹ עֵסֶק עִמָּהֶם, אֲפִילּוּ לָא שְׁמִיעַ לֵיהּ הָא דְּרַב הוּנָא אָמַר שְׁמוּאֵל? אָמַר לֵיהּ: אִין הָכִי נָמֵי.

Rav Huna says that **Shmuel says:** The *halakha* **is in accordance** with the opinion of **Rabbi Yosei. Rav Yeimar said to Rav Ashi: But** if so, with regard to **that** which **Rav Yehuda says** that **Shmuel says: Anyone who does not know the nature of bills of divorce and betrothals**[H] **should have no dealings in them,** i.e., he may not serve as a judge in cases of this kind lest he permit that which is prohibited, does this principle apply **even** if that individual **did not hear this** *halakha* **that Rav Huna** says that **Shmuel says?** Since this type of case is uncommon, should such an individual be considered unfamiliar with the *halakhot* of bills of divorce and betrothals? Rav Ashi **said to him: Yes, it is indeed so;** this person is considered to lack the requisite knowledge to deal with these cases. This ruling is an important matter with regard to the *halakhot* of betrothal, and one who is unaware of it might err.

וְכֵן בְּגֵירוּשִׁין, נָתַן לָהּ גִּיטָּהּ וְאָמַר לָהּ "הֲרֵי אַתְּ מְשׁוּלַּחַת", "הֲרֵי אַתְּ מְגוֹרֶשֶׁת", "הֲרֵי אַתְּ מוּתֶּרֶת לְכׇל אָדָם" – הֲרֵי הִיא מְגוֹרֶשֶׁת. פְּשִׁיטָא, נָתַן לָהּ גִּיטָּהּ וְאָמַר לָהּ לְאִשְׁתּוֹ "הֲרֵי אַתְּ בַּת חוֹרִין",

The Gemara returns to Shmuel's statement. **And similarly, with regard to divorce:** If a husband **gave** his wife **her bill of divorce and said to her: You are hereby sent away,** or: **You are hereby divorced,** or: **You are hereby permitted to** marry **any man,** then **she is divorced.** The Gemara comments: It **is obvious** that if a husband **gave her a bill of divorce and said to his wife: You are hereby a free woman,**[H]

BACKGROUND

This is like a dispute between *tanna'im* – כְּתַנָּאֵי: This phrase indicates that an amoraic dispute will be shown to parallel a tannaitic dispute. When the Gemara uses this expression and it is not preceded by the expression: Let us say, the proposed parallel between the amoraic dispute and the tannaitic dispute is usually accepted. The benefit to matching an amoraic dispute to a tannaitic one is that the earlier dispute helps to clarify the later one. If, for example, the principles are parallel but the applications in the two texts differ, an alternative expression of the respective opinions helps elucidate the reasoning behind each ruling. This is not the case in the Gemara here, where the identical issue discussed indicates that Shmuel's statement has Rabbi Yehuda HaNasi's support. Conversely, the Gemara's use of this term might signal an investigation into the difference between the current amoraic dispute and the earlier tannaitic one. The assumption would be that *amora'im* would not simply repeat an issue that has already been discussed, and therefore a clarification is in order.

HALAKHA

Anyone who does not know the nature of bills of divorce and betrothals – כׇּל שֶׁאֵינוֹ יוֹדֵעַ בְּטִיב גִּיטִּין: One who is not well versed in the *halakhot* of bills of divorce and betrothal should not preside over cases of this kind. This is because he could easily err and permit a married woman to remarry (*Shulḥan Arukh, Even HaEzer* 49:3).

If a husband gave her a bill of divorce and said to his wife: You are hereby a free woman – נָתַן לָהּ גִּיטָּהּ וְאָמַר לָהּ לְאִשְׁתּוֹ הֲרֵי אַתְּ בַּת חוֹרִין: If a man gave his wife a bill of divorce and said to her: You are hereby a free woman, his statement is of no effect (Rambam *Sefer Nashim, Hilkhot Geirushin* 1:4; *Shulḥan Arukh, Even HaEzer* 136:4).

לֹא אָמַר וְלֹא כְלוּם. אָמַר לָהּ לְשִׁפְחָתוֹ: ״הֲרֵי אַתְּ מוּתֶּרֶת לְכָל אָדָם״ – לֹא אָמַר וְלֹא כְלוּם.

he has said nothing, as this statement is not a valid expression of divorce. Similarly, if a master **said to his female** Canaanite **slave** upon emancipating her: **You are hereby permitted**[H] **to any man, he has not said anything.**

אָמַר לָהּ לְאִשְׁתּוֹ: ״הֲרֵי אַתְּ לְעַצְמֵךְ״ מַהוּ? מִי אָמְרִינַן – לִמְלָאכָה קָאָמַר לָהּ, אוֹ דִּילְמָא – לְגַמְרֵי קָאָמַר לָהּ?

The Gemara addresses a less straightforward case: If a man **said to his wife: You are hereby for yourself,**[H] **what is** the *halakha*? **Do we say** that **he said** this **to her only with regard to work?** In other words, he might have meant that she may keep her earnings. **Or perhaps he said to her** that she is on her own **entirely,** i.e., she is divorced.

אֲמַר לֵיהּ רָבִינָא לְרַב אַשִׁי: תָּא שְׁמַע, דְּתַנְיָא: גּוּפוֹ שֶׁל גֵּט שִׁחְרוּר: ״הֲרֵי אַתָּה בֶּן חוֹרִין״ ״הֲרֵי אַתָּה לְעַצְמְךָ״. הָשְׁתָּא, וּמָה עֶבֶד כְּנַעֲנִי דִּקְנִי לֵיהּ גּוּפֵיהּ, כִּי אָמַר לֵיהּ ״הֲרֵי אַתָּה לְעַצְמְךָ״ – לְגַמְרֵי קָאָמַר לֵיהּ, אִשָּׁה דְּלָא קְנִי לֵיהּ גּוּפָהּ – לֹא כָּל שֶׁכֵּן?!

Ravina said to Rav Ashi: Come and hear a proof, **as it is taught** in a *baraita*: **The essence of a bill of manumission** is the expression: **You are hereby a freeman,** or: **You are hereby for yourself. Now** consider, **if** in the case of **a Canaanite slave,**[B] **whose body belongs to** the master, even so, **when** the master **says to him: You are hereby for yourself,** this is considered as though **he said to him** that he **is entirely** on his own and is freed, then **all the more so** is it **not** clear **that a wife, whose body is not owned** by her husband, is divorced by means of this expression?

אֲמַר לֵיהּ רָבִינָא לְרַב אַשִׁי: אָמַר לְעַבְדּוֹ ״אֵין לִי עֵסֶק בְּךָ״ מַאי? מִי אָמְרִינַן: אֵין לִי עֵסֶק בְּךָ – לְגַמְרֵי קָאָמַר לֵיהּ, אוֹ דִּילְמָא – לִמְלָאכָה קָאָמַר לֵיהּ?

With regard to the same issue, **Ravina said to Rav Ashi: If** one **said to his** Canaanite **slave: I have no business with you,**[N] **what is** the *halakha*? **Do we say** that when **he said to him: I have no business with you,** he meant **entirely,** and therefore the slave is freed? **Or** did he **perhaps say** this **to him with regard to labor?** In other words, it is possible that the master is relieving the slave of his obligation to perform labor without actually emancipating him from slavery.

אֲמַר לֵיהּ רַב נַחְמָן לְרַב אַשִׁי, וְאָמְרִי לָהּ רַב חָנִין מְחוֹזָאָה לְרַב אַשִׁי, תָּא שְׁמַע: הַמּוֹכֵר עַבְדּוֹ לְנׇכְרִי – יָצָא לְחֵירוּת, וְצָרִיךְ גֵּט שִׁחְרוּר מֵרַבּוֹ רִאשׁוֹן.

Rav Naḥman said to Rav Ashi, and some say Rav Ḥanin from Meḥoza said to Rav Ashi: Come and hear: With regard to **one who sells his** Canaanite **slave to a gentile,** the slave **is emancipated but** nevertheless **requires a bill** [*get*][L] **of manumission from his first master.** In this manner the Sages penalized this owner for preventing the slave from fulfilling the mitzvot in which he is obligated.

אָמַר רַבָּן שִׁמְעוֹן בֶּן גַּמְלִיאֵל: בַּמֶּה דְּבָרִים אֲמוּרִים – שֶׁלֹּא כָּתַב עָלָיו אוֹנוֹ, אֲבָל כָּתַב עָלָיו אוֹנוֹ – זֶהוּ שִׁחְרוּרוֹ. הֵיכִי דָּמֵי אוֹנוֹ? אֲמַר רַב שֵׁשֶׁת: דְּכָתַב לֵיהּ ״כְּשֶׁתִּבְרַח מִמֶּנּוּ אֵין לִי עֵסֶק בְּךָ״.

Rabban Shimon ben Gamliel says in addition to this: **In what** case **is this statement said?** This is referring to a situation **where he did not write a document** [*ono*][L] for the slave when he sold him to the gentile. **But if he wrote a document for him, this itself is his emancipation.** The Gemara asks: **What are the circumstances** of this **document? Rav Sheshet said** that **he writes to him: When you escape from him I have no business with you.** This indicates that the formula: I have no business with you, is a valid expression of emancipation.

HALAKHA

If a master said to his female slave, you are hereby permitted – אָמַר לָהּ לְשִׁפְחָתוֹ הֲרֵי אַתְּ מוּתֶּרֶת: If an owner said to his female slave: You are hereby permitted to any man, his statement is of no effect (Rambam *Sefer Kinyan, Hilkhot Avadim* 5:3; *Shulḥan Arukh, Yoreh De'a* 267:43).

If a man said to his wife, you are hereby for yourself – אָמַר לָהּ לְאִשְׁתּוֹ הֲרֵי אַתְּ לְעַצְמֵךְ: If a man said to his wife upon giving her a bill of divorce: You are hereby for yourself, it is a valid bill of divorce (Rambam *Sefer Nashim, Hilkhot Geirushin* 1:4; *Shulḥan Arukh, Even HaEzer* 136:4).

NOTES

One said to his slave, I have no business with you – אָמַר לְעַבְדּוֹ אֵין לִי עֵסֶק בְּךָ: This question is not asked with regard to a husband who says to his wife: I have no business with you, as he would thereby be sending himself away rather than sending her away. This is not a valid statement of divorce (Ra'avad; Meiri).

LANGUAGE

Bill [*get*] – גֵּט: Although this term is generally used in reference to a bill of divorce, it can refer to any type of written document. It is apparently derived from the Assyrian getato, meaning document or written testimony.

Document [*ono*] – אוֹנוֹ: Apparently from the Greek ὦνος, *onos*, or ὠνή, *onē*, meaning a price paid, a purchase, or a contract. Sometimes the Sages use this word in reference to bills of sale in general. In particular, *ono* is referring to a document that contains conditions or clauses that can cancel a sale.

BACKGROUND

A Canaanite slave – עֶבֶד כְּנַעֲנִי: A Canaanite slave refers to any gentile slave purchased by a Jew (Leviticus 25:44–46). A female gentile slave is called a Canaanite maidservant. A gentile slave purchased by a Jew must be immersed in a ritual bath, and if male, he must be circumcised. These acts signify a change in the slave's status. Though not yet a Jew in all respects, a Canaanite slave must observe all the Torah's prohibitions and fulfill all positive mitzvot that are not time bound. In many respects Canaanite slaves are the property of their masters and may be sold and purchased like other possessions. Generally, the *halakhot* governing slaves resemble those of real estate. For example, slaves are acquired by means of the same legal transactions as is property, and slaves have the same legal status with regard to the *halakhot* of fraud.

A Canaanite slave owned by a priest may partake of *teruma*. A Canaanite slave serves his master for life and is inherited by his master's heirs. His master can free him by handing him a bill of manumission, which is similar to a bill of divorce. There is a positive mitzva not to free a Canaanite slave without a compelling reason. There is one exception to the above principle: A master must set his slave free if he blinds him, knocks out his tooth, or damages any one of twenty-four other extremities. This *halakha* applies whether or not the master caused the damage intentionally (Exodus 21:26–27). If a master severely beats his slave to the extent that the slave dies within twenty-four hours of the beating, the master is executed as a murderer (Exodus 21:20–21). If a master living in Eretz Yisrael sells his Canaanite slave to a gentile, or if an adult Canaanite slave flees to Eretz Yisrael, his master must give him a bill of manumission.

אָמַר אַבַּיֵי: הַמְקַדֵּשׁ בְּמִלְוֶה – אֵינָהּ מְקוּדֶּשֶׁת. בַּהֲנָאַת מִלְוֶה – מְקוּדֶּשֶׁת, וְאָסוּר לַעֲשׂוֹת כֵּן מִפְּנֵי הַעֲרָמַת רִבִּית.

§ **Abaye says:** With regard to **one who betroths** a woman **with a loan,**[N] i.e., he previously lent this woman money and he now says that she is betrothed to him by means of that loan, **she is not betrothed.** The reason is that a woman can be betrothed only through her acceptance of money, or an item that has monetary value, at the time of the betrothal. Although this woman owes the man money, at the time the man states that she is betrothed to him, the loan is not in fact money but an obligation. Therefore, he does not actually give her anything at the time of the betrothal. By contrast, if he betroths her **by** means of **the benefit of the loan, she is betrothed. But it is prohibited to do so, due to** the fact that betrothing a woman via the benefit of a loan is **an artifice** used to circumvent the prohibition **of** receiving **interest,**[NB] as this enables the husband to gain an additional benefit from the loan.

הַאי הֲנָאַת מִלְוֶה הֵיכִי דָּמֵי? אִילֵימָא דְּאַזְקְפָהּ, דַּאֲמַר לָהּ אַרְבַּע בַּחֲמִשָּׁה – הָא רִבִּית מַעַלְיָיתָא הוּא, וְעוֹד: הַיְינוּ מִלְוֶה!

The Gemara clarifies: **What is meant** by **this** term: **The benefit of the loan? If we say that** it means that **he established** interest **upon it** when she took the loan, e.g., **he said to her** that he is lending her **four** coins **in** exchange for the repayment of **five,** and he betroths her by releasing her from the obligation to pay this additional coin, **this is** a case of **full-fledged interest,** not merely an artifice used to circumvent the prohibition of receiving interest. He is receiving full payment of the loan and an additional benefit. **And furthermore,** when he releases her from the obligation to pay this additional coin, he is simply forgoing another obligation she has toward him; he is not giving her anything. **This is** like a regular case of a betrothal with **a loan,** and therefore she should not be betrothed.

לָא צְרִיכָא, דְּאַרְוַוח לַהּ זִימְנָא.

The Gemara answers: **No,** it is **necessary** in a case **where he extended the time** of the loan **for her.**[N] When the time for her to repay the loan arrived he extended the deadline and betrothed her with the financial benefit she receives from the extra time he is giving her to use the money. In this case he does betroth her with the value he is giving her at that time, but it is similar to interest, as it is included in the prohibition of interest to pay the creditor for an extension of the time of a loan.

אָמַר רָבָא: הֵילָךְ מָנֶה עַל מְנָת שֶׁתַּחֲזִירֵהוּ לִי, בְּמֶכֶר – לֹא קָנָה; בְּאִשָּׁה – אֵינָהּ מְקוּדֶּשֶׁת; בְּפִדְיוֹן הַבֵּן – אֵין בְּנוֹ פָּדוּי;

§ **Rava says:** With regard to one who says to another: **Here are one hundred dinars for you** that I am giving you **on the condition that you return them to me,** if he gave these one hundred dinars as part **of a purchase, he does not acquire** the item, as he has not given the seller any money. And similarly, **with regard to a woman,** if he gave her money for her betrothal on the condition that she return it, **she is not betrothed.** If one gave money in this manner **for the redemption of** his firstborn **son,**[B] for which a priest must receive five *sela*, **his son is not redeemed.**[H]

NOTES

One who betroths with a loan – הַמְקַדֵּשׁ בְּמִלְוֶה: The early commentaries explain that as soon as a loan is given it leaves the possession of the creditor and belongs to the debtor. Therefore, even if he betroths her immediately upon giving her the loan, when the money is still in front of them, the betrothal is invalid because the money no longer belongs to him.

An artifice used to circumvent the prohibition of receiving interest – הַעֲרָמַת רִבִּית: The commentaries ask why this is called an artifice used to circumvent the prohibition of receiving interest when it is apparently full-fledged interest. After all, the man is repaid his money and also betroths a woman at no extra cost. Any additional gain beyond the principal of a loan is interest (*Tosafot*). One answer is that it is considered interest only if the creditor is the sole beneficiary. Here, the woman also benefits from the betrothal, and therefore it is considered merely an artifice used to circumvent the prohibition of interest.

Where he extended the time of the loan for her – דְּאַרְוַוח לַהּ זִימְנָא: Numerous explanations have been offered for this passage. Rashi writes that the woman benefits from the sum she would have had to pay him to agree to extend the due date of the loan. Alternatively, the extension is given when she is prepared to repay the loan, and she is actually holding the money. Since he permits her to retain the money, it is considered as though he gave it to her (Ra'avad). Yet others contend that she actually returns the money, whereupon he gives it back to her to use for an extended period (Rabbeinu Ḥananel; Rif). Alternatively, this man extends the time of a loan she owes to a third party, and he betroths her with that benefit (*Tosafot*).

HALAKHA

His son is not redeemed – אֵין בְּנוֹ פָּדוּי: It is permitted for a priest to refund the father the coins used in the redemption of a firstborn son. Despite this, a father may not give the priest the money used for the redemption with the condition that he return it. If he does so, the son will not be redeemed until the father gives the priest the money as a complete gift. If afterward the priest wishes to return the money, he may (*Shulḥan Arukh Yoreh De'a* 305:8).

BACKGROUND

Interest – רִבִּית: Interest is defined as any sum added to the principal when returning a loan to compensate the creditor for the time that the money was in the debtor's possession. By Torah law, it is prohibited to lend or borrow money with usury (Exodus 22:24; Leviticus 25:36–37; Deuteronomy 23:20). This prohibition applies to the debtor, creditor, and any scribe, witness, or guarantor who takes part in the transfer of funds. The prohibition against usury applies both to loans of money and to loans of any items, provided that the debtor does not return the goods or item intact but rather money or goods of equal value. An addition of any kind is prohibited as usury. If one borrows an item and commits to return a similar item, this promise would be considered interest, if the value of the item to be returned increases.

Redemption of the firstborn son – פִּדְיוֹן הַבֵּן: The mitzva to redeem a firstborn son is mentioned in several places in the Torah (Exodus 13:2; Numbers 3:11–13, 44–51). Following the plague of the death of the firstborn, the Torah proclaimed that a woman's firstborn son is holy to God. The boy's father redeems the baby for a fixed sum of five *sela*. One whose father is a Levi or a priest, or whose mother is the daughter of a Levi or a priest, is not obligated to perform this mitzva. Only sons born by vaginal birth are redeemed; those born by Caesarean section are excluded.

בִּתְרוּמָה – יָצָא יְדֵי נְתִינָה, וְאָסוּר לַעֲשׂוֹת כֵּן מִפְּנֵי שֶׁנִּרְאֶה כְּכֹהֵן הַמְסַיֵּיעַ בְּבֵית הַגְּרָנוֹת.

If one does this **with regard to *teruma*,**[B] i.e., he gives produce to a priest as *teruma* on the condition that it will be returned, **he has** technically **fulfilled** his obligation of **giving.** Once he gets the *teruma* back it belongs to him, as he is the original owner, and although it is prohibited for him to partake of it, as he is a non-priest, he may sell it to a different priest. **But it is prohibited to do this,** i.e., give *teruma* in this manner, ***ab initio*****, because** this priest receiving the *teruma* **appears like a priest who assists at the threshing floor,**[B] as he presumably agrees to this arrangement in return for some gain.

מַאי קָסָבַר רָבָא? אִי קָסָבַר מַתָּנָה עַל מְנָת לְהַחֲזִיר שְׁמָהּ מַתָּנָה – אֲפִילּוּ כּוּלְּהוּ נַמִי. וְאִי קָסָבַר לָא שְׁמָהּ מַתָּנָה – אֲפִילּוּ תְּרוּמָה נַמִי לָא!

The Gemara asks: **What does Rava maintain? If he maintains** that **a gift** given **on the condition that it is returned is called a gift,** this should apply not only to *teruma* but **even** to **all** the other cases, i.e., it should be considered a valid gift in all of the above cases. **And if he maintains** that a gift of this kind **is not called a gift,** then **even** with regard to ***teruma*** **it** should **not** be considered a legitimate form of giving.

וְעוֹד, הָא רָבָא הוּא דְּאָמַר: מַתָּנָה עַל מְנָת לְהַחֲזִיר – שְׁמָהּ מַתָּנָה! דַּאֲמַר רָבָא: ״הֵילָךְ אֶתְרוֹג זֶה עַל מְנָת שֶׁתַּחֲזִירֵהוּ לִי״, נְטָלוֹ וְהֶחֱזִירוֹ – יָצָא; וְאִם לָאו – לֹא יָצָא!

And furthermore, Rava is the one who says: A gift given on the condition that it is later **returned is called a gift. As Rava said** that if one says to another on the first day of the festival of *Sukkot*: **Take this *etrog* on the condition that you return it to me,** and the recipient **takes it,** recites a blessing over it, **and returns it, he has fulfilled** his obligation, despite the fact that one must own the *etrog* he uses for the mitzva on the first day of *Sukkot*. **And if he does not** return it **he has not fulfilled** his obligation, as he gave him the gift only on the condition that it would be returned. This indicates that in the opinion of Rava, a gift that is given on the condition that it is returned is considered a gift.

אֶלָּא אֲמַר רַב אַשִׁי: בְּכוּלְּהוּ קָנֵי, לְבַר מֵאִשָּׁה, לְפִי שֶׁאֵין אִשָּׁה נִקְנֵית בַּחֲלִיפִין. אֲמַר לֵיהּ רַב הוּנָא מָר בְּרֵיהּ דְּרַב נְחֶמְיָה לְרַב אַשִׁי: הָכִי אָמְרִינַן מִשְּׁמֵיהּ דְּרָבָא כְּוָותֵיךְ.

Rather, Rav Ashi said: In all of these cases the gift is **acquired, except for** the betrothal of **a woman, because a woman cannot be acquired by** means of symbolic **exchange.**[NB] **Rav Huna Mar, son of Rav Neḥemya, said to Rav Ashi: We say this in the name of Rava in accordance with your** opinion, not in accordance with the previous ruling.

אָמַר רָבָא: ״תֵּן מָנֶה לִפְלוֹנִי

§ **Rava says** that if a woman said to a man: **Give one hundred dinars to so-and-so**

NOTES

A woman cannot be acquired by means of exchange – אֵין אִשָּׁה נִקְנֵית בַּחֲלִיפִין: The commentaries inquire as to the connection between symbolic exchange and this gift. They answer that this is not a genuine symbolic exchange. Rather, since the gift is returned it has the appearance of a symbolic exchange (*Tosafot*). Others write that the problem with symbolic exchange, i.e., that one might betroth a woman with an item worth less than the value of one *peruta*, applies in this case as well (Rid).

BACKGROUND

***Teruma* – תְּרוּמָה:** Whenever the term *teruma* appears without qualification, it is referring to *teruma gedola*. The Torah commands that the priest be given: "The first fruits of your grain, of your wine, and of your oil" (Deuteronomy 18:4). The Sages extended the scope of this mitzva, which applies only in Eretz Yisrael, to include all produce. After the first fruits, *bikkurim*, have been set aside from the new crop, a certain portion of the remaining produce must be given to the priests. The Torah does not specify the amount of *teruma* that must be donated; one may even theoretically fulfill his obligation by separating a single kernel of grain from an entire crop. The Sages established fixed measures: One-fortieth for a generous gift, one-fiftieth for an intermediate gift, and one-sixtieth for a miserly gift. One may not set aside the other tithes until he has set aside *teruma*. *Teruma* is sacred and may be consumed only by a priest and his household while they are in a state of ritual purity (Leviticus 22:9–15). To emphasize this requisite state of ritual purity, the Sages obligated the priests to wash their hands before partaking of *teruma*. This is the source for the practice of washing one's hands prior to a meal. A ritually impure priest or a non-priest who eats it is subject to the penalty of death at the hand of Heaven. If *teruma* contracts ritual impurity, it may no longer be eaten and must be destroyed. Nevertheless, it remains the property of the priest and he may benefit from its destruction. Nowadays, *teruma* is not given to the priests because they have no definite proof of their priestly lineage. The obligation to separate *teruma* remains in force, although only a small portion of the produce is separated.

A priest who assists at the threshing floor – כֹּהֵן הַמְסַיֵּיעַ בְּבֵית הַגְּרָנוֹת: By Torah law one fulfills his obligation by giving a priest *teruma* under any conditions. The Sages ruled that a priest should benefit from the *teruma*, and a priest will benefit less if he works at the threshing floor or if he returns the *teruma* after receiving it (Rid). Another objection to a priest assisting at the threshing floor is that he thereby positions himself to receive the *teruma* to the exclusion of all other priests, which is considered an unfair advantage. By ingratiating himself with the farmer, he ensures that when it comes time to determine which of the local priests will receive the agricultural gifts, the farmer will naturally defer to the priest who helped him with his work.

Exchange – חֲלִיפִין: Exchange is a legal act of acquisition formalizing the transfer of ownership of an article. Once two parties agree on the barter of one article for another, the acquisition by one party of one of the articles through a recognized mode of acquisition, e.g., through pulling, automatically causes the second article to become the property of the other party. This principle is also the basis for the transfer of ownership by means of a kerchief, a symbolic form of barter that extends the principle of exchange to many formal legal acts of acquisition. In a symbolic exchange the parties are interested in the acquisition of only one item; the other, nearly worthless, item, is used only for a symbolic act of transfer. There are differing opinions in the Talmud as to whether or not money and certain other items can be acquired by means of exchange.

וְאֶקָּדֵשׁ לָךְ״ – מְקוּדֶּשֶׁת מִדִּין עָרֵב. עָרֵב, לָאו אַף עַל גַּב דְּלָא מָטֵי הֲנָאָה לִידֵיהּ – קָא מְשַׁעְבֵּיד נַפְשֵׁיהּ, הַאי אִיתְּתָא נַמִי, אַף עַל גַּב דְּלָא מָטֵי הֲנָאָה לְיָדָהּ – קָא מְשַׁעְבְּדָא וּמַקְנְיָא נַפְשָׁהּ.

and I will be betrothed to you[H] by means of these one hundred dinars that you give to that individual, **she is betrothed,** as derived **from the** ***halakha*** of **a guarantor.**[B] How so? With regard to **a guarantor,** is it **not** the case that **he commits himself** to repaying the debt **even though he receives no benefit,**[N] as the money from the loan is given to the debtor? And with regard to **this woman too, even though she receives no benefit,** as the one hundred dinars are given to someone else, nevertheless **she commits and transfers herself** to the man who gives the money.

״הֵילָךְ מָנֶה וְהִתְקַדְּשִׁי לִפְלוֹנִי״ – מְקוּדֶּשֶׁת, מִדִּין עֶבֶד כְּנַעֲנִי. עֶבֶד כְּנַעֲנִי, לָאו אַף עַל גַּב דְּלָא קָא חָסֵר וְלָא מִידֵּי – קָא קָנֵי נַפְשֵׁיהּ, הַאי גַּבְרָא נַמִי אַף עַל גַּב דְּלָא קָא חָסֵר וְלָא מִידֵּי – קָא קָנֵי לָהּ לְהַאי אִיתְּתָא.

The Gemara discusses a similar case: If a man gives one hundred dinars to a woman and says to her: **Here are one hundred dinars for you, and** with this money you **become betrothed to so-and-so,**[HN] **she is betrothed,** as derived **from** the ***halakha*** of emancipating **a Canaanite slave.** With regard to **a Canaanite slave,** is it **not** the case that **he acquires himself** and is freed when someone gives his master money to emancipate the slave, **even though he loses nothing** of his own? With regard to **this man too,** i.e., the third party, **even though he loses nothing** of his own, **he acquires this woman** by means of the other man's payment.

״תֵּן מָנֶה לִפְלוֹנִי וְאֶקָּדֵשׁ אֲנִי לוֹ״ – מְקוּדֶּשֶׁת מִדִּין שְׁנֵיהֶם. עָרֵב לָאו אַף עַל גַּב דְּלָא קָא מָטֵי הֲנָאָה לִידֵיהּ – קָא מְשַׁעְבֵּד נַפְשֵׁיהּ, הַאי אִיתְּתָא נַמִי, אַף עַל גַּב דְּלָא קָא מָטֵי הֲנָאָה לְיָדָהּ – קָא מַקְנְיָא נַפְשָׁהּ.

The Gemara discusses a similar case: A woman says to a man: **Give one hundred dinars to so-and-so and I will be betrothed to him.**[HN] If he gives the money, **she is betrothed,** as is derived **from** a combination of the ***halakha*** of **both of** these cases, that of a guarantor and a Canaanite slave. How so? With regard to **a guarantor,** is it **not** the case that **he commits himself** to repaying the debt **even though he receives no benefit?** With regard to **this woman too, even though she receives no benefit,** nevertheless **she commits and transfers herself.**

מִי דָּמֵי? עָרֵב, הַאי דְּקָא קָנֵי לֵיהּ – קָא חָסֵר מָמוֹנָא. הַאי גַּבְרָא קָא קָנֵי לָהּ לְהַאי אִיתְּתָא, וְלָא קָא חָסֵר וְלָא מִידֵּי!? עֶבֶד כְּנַעֲנִי יוֹכִיחַ, דְּלָא קָא חָסֵר מָמוֹנָא וְקָא קָנֵי נַפְשֵׁיהּ.

This consideration alone is insufficient, as one could still ask: **Are** these cases **comparable?** In the case of **a guarantor, the one who acquires** the item in question, which in this case is the commitment of the guarantor, is the one **who loses money** when he gives the loan. By contrast, in the situation at hand, **this man,** the third party, **acquires the woman and loses nothing** of his own. Therefore, the Gemara comments: The emancipating of **a Canaanite slave can prove it, as he does not lose** his own **money and** nevertheless **he acquires himself.**

מִי דָּמֵי? הָתָם הַךְ דְּקָא מַקְנֵי – קָא קָנֵי, הָכָא – הַאי אִיתְּתָא קָא מַקְנְיָא נַפְשָׁהּ, וְלָא קָא קָנְיָא וְלָא מִידֵּי! עָרֵב יוֹכִיחַ, אַף עַל גַּב דְּלָא קָא מָטֵי הֲנָאָה לִידֵיהּ – מְשַׁעְבֵּד נַפְשֵׁיהּ.

This consideration alone is insufficient, as one could still ask: **Are** these cases **comparable? There,** with regard to a slave, **the one who transfers** ownership **is the one who acquires** it, as the master transfers ownership of the slave to the slave, and he himself acquires the money from the donor. **Here, this woman transfers herself and she does not acquire anything.** Rather, in this regard the case of **a guarantor can prove it,** as **even though he receives no benefit** from the creditor, nevertheless, he **commits himself,** just like the woman in this case. In this manner one can derive that the woman is betrothed in this case from a combination of those two *halakhot*.

HALAKHA

Give one hundred dinars to so-and-so and I will be betrothed to you – תֵּן מָנֶה לִפְלוֹנִי וְאֶקָּדֵשׁ לָךְ: If a woman said: Give one hundred dinars to so-and-so and I will be betrothed to you, and the man gave it to so-and-so and said to her: You are hereby betrothed to me through the benefit you receive from the gift you told me to give, she is betrothed. This is in accordance with the opinion of Rava (Rambam *Sefer Nashim, Hilkhot Ishut* 5:21; *Shulḥan Arukh, Even HaEzer* 29:5).

Here are one hundred dinars for you, and become betrothed to so-and-so – הֵילָךְ מָנֶה וְהִתְקַדְּשִׁי לִפְלוֹנִי: If a man gave one hundred dinars to a woman and said to her: Take this one hundred dinars and become betrothed to so-and-so, and that man said to the woman: You are hereby betrothed through the one hundred dinars that so-and-so gave you, she is betrothed. There is a dispute among the early commentaries as to whether the prospective husband must appoint the other man as his agent. Rashi maintains that he must do so, and the Rambam maintains that he is not required to do so. The *halakha* is in accordance with the opinion of Rava (Rambam *Sefer Nashim, Hilkhot Ishut* 5:22; *Shulḥan Arukh, Even HaEzer* 29:5).

Give one hundred dinars to so-and-so and I will be betrothed to him – תֵּן מָנֶה לִפְלוֹנִי וְאֶקָּדֵשׁ אֲנִי לוֹ: A woman said to a man: Give one hundred dinars to so-and-so as a gift and I will be betrothed to him, and he gave the one hundred dinars, and the recipient of the gift said to her: You are hereby betrothed to me through the benefit from this gift that I have received in accordance with your will. In such a case she is betrothed, as stated by Rava (Rambam *Sefer Nashim, Hilkhot Ishut* 5:21; *Shulḥan Arukh, Even HaEzer* 29:3).

BACKGROUND

Guarantor – עָרֵב: A guarantor is one who accepts responsibility to repay the debt of another. There are two types of guarantors. The first type is a standard guarantor, to whom the creditor may turn only after he has sought repayment from the debtor, who was unable to pay. The second type is an unconditional guarantor, from whom the creditor can, if he chooses, collect payment even before approaching the debtor.

NOTES

He receives no benefit – דְּלָא מָטֵי הֲנָאָה: The commentaries analyze how the commitment of a guarantor is effected. If there is no act of acquisition, how can the guarantor owe any money? Some commentaries suggest that the guarantor becomes obligated through the benefit he receives from the fact that the debtor and creditor trust him (*Tosefot Rabbeinu Yitzḥak MiDampierre*; Ritva). Here too, the woman derives benefit from the fact that the man obeys her command (Ritva). Others explain that the guarantor stands in place of the debtor, and therefore it is as though he himself received money from the creditor. In the case of a betrothal, when the woman requests that the money be given to a third party, it is as if she herself had received it (*Tosafot* on *Bava Metzia* 57b; Rosh; *Tur*). Yet others contend that this woman commits herself as an actual guarantor, i.e., if she refuses to become betrothed she would, as a guarantor, have to pay the one hundred dinars to that man.

Here are one hundred dinars for you, and become betrothed to so-and-so – הֵילָךְ מָנֶה וְהִתְקַדְּשִׁי לִפְלוֹנִי: Rashi writes that this is the *halakha* only if the man giving the money was appointed to effect the betrothal on behalf of the man becoming betrothed to the woman. Others claim that he does not have to be formally appointed as an actual agent. Rather, it suffices that the man becoming betrothed consent to the betrothal (Rabbeinu Ḥananel). Yet others add that he can even provide his consent after the fact (*Sefer HaIttur*).

Give one hundred dinars to so-and-so and I will be betrothed to him – תֵּן מָנֶה לִפְלוֹנִי וְאֶקָּדֵשׁ אֲנִי לוֹ: The commentaries write that the same *halakha* applies if the woman says: Give this money to so-and-so and I will be betrothed to another man (Rid).

בָּעֵי רָבָא: ״הֵילָךְ מָנֶה וְאֶקָּדֵשׁ אֲנִי לָךְ״ מַהוּ? אֲמַר מָר זוּטְרָא מִשְּׁמֵיהּ דְּרַב פַּפָּא: מְקוּדֶּשֶׁת. אֲמַר לֵיהּ רַב אַשִׁי לְמָר זוּטְרָא: אִם כֵּן הֲוָה לֵיהּ נְכָסִים שֶׁיֵּשׁ לָהֶם אַחְרָיוּת נִקְנִין עִם נְכָסִים שֶׁאֵין לָהֶם אַחְרָיוּת,

Rava raises a dilemma: If a woman said to a man: **Here are one hundred dinars and I will be betrothed to you,**[H] **what is the** *halakha*? **Mar Zutra said in the name of Rav Pappa: She is betrothed. Rav Ashi said to Mar Zutra: If so, this is** an example of a case in which **property that serves as a guarantee is acquired with property that is not guaranteed.** Land is property that serves as a guarantee, and, as derived by way of a verbal analogy, the same applies to people. Money is property that does not serve as a guarantee. Through his acquisition of the money, this man acquires the woman as well.

וַאֲנַן אִיפְּכָא תְּנַן: נְכָסִים שֶׁאֵין לָהֶם אַחְרָיוּת נִקְנִין עִם נְכָסִים שֶׁיֵּשׁ לָהֶם אַחְרָיוּת בְּכֶסֶף בִּשְׁטָר וּבַחֲזָקָה! אֲמַר לֵיהּ: מִי סָבְרַתְּ דְּאָמְרָה לֵיהּ אַגַּב? הָכָא בְּאָדָם חָשׁוּב עָסְקִינַן, דִּבְהַהִיא הֲנָאָה דְּקָא מְקַבֵּל מַתָּנָה מִינָּהּ – גָּמְרָה וּמַקְנְיָא לֵיהּ נַפְשָׁהּ.

Rav Ashi asks: **But we learned the opposite** in a mishna (26a): **Property that does not serve as a guarantee can be acquired with property that serves as a guarantee through** giving **money, through** giving **a document, or through** taking **possession** of them. By contrast, property that serves as a guarantee cannot be acquired by means of acquiring property that does not serve as a guarantee. Mar Zutra **said to** Rav Ashi: **Do you maintain that she** wants her acquisition to be performed **by means of** money, i.e., he will acquire her as well through monetary acquisition? Not so, as **here we are dealing with an important man,**[N] as, **due to the benefit** she receives from the fact **that he** consents to **accept**[N] **a gift from her, she agrees to transfer herself** to him.

אִיתְּמַר נַמִי מִשְּׁמֵיהּ דְּרָבָא: וְכֵן לְעִנְיַן מָמוֹנָא. וּצְרִיכָא,

The Gemara reverts back to the earlier discussion with regard to the derivation from the cases of a guarantor and a Canaanite slave. **It was also stated in the name of Rava: And similarly, with regard to monetary matters,**[H] one can conduct a valid acquisition in the modes derived from the cases of a guarantor and a Canaanite slave. The Gemara comments: **And** it is **necessary** to state this *halakha* with regard to both betrothal and monetary acquisitions.

דְּאִי אַשְׁמוּעִינַן קִידּוּשִׁין – מִשּׁוּם דְּהָא אִיתְּתָא נִיחָא לָהּ בְּכָל דְּהוּ, כִּדְרֵישׁ לָקִישׁ. דַּאֲמַר רֵישׁ לָקִישׁ: טַב לְמֵיתַב טַן דּוּ מִלְּמֵיתַב אַרְמְלוּ, אֲבָל מָמוֹנָא – אֵימָא לָא.

The Gemara elaborates: **As, had he taught us** only the case of **betrothal,** one would have said that this *halakha* applies specifically in that case, **because a woman is amenable** to be betrothed **with any** form of benefit, **in accordance with** the statement **of Reish Lakish. As Reish Lakish said:** There is a popular saying among women: **It is better to sit** as **two bodies,** i.e., be married, **than to sit** alone like a **widow.** A woman prefers any type of husband to being left alone. Consequently, she would be willing to commit herself to betrothal by any form of benefit. **But with regard to monetary matters,** one might **say** that these types of unusual acquisitions are **not** effective.

וְאִי אַשְׁמוּעִינַן מָמוֹנָא – מִשּׁוּם דְּאִיתְיְהִיב לִמְחִילָה, אֲבָל קִידּוּשִׁין – אֵימָא לָא, צְרִיכָא.

And conversely, **if he had taught us** only that this is the *halakha* with regard to **monetary matters,** one might have said that it applies solely to a case of this kind, **because** a monetary claim **can be waived.**[N] One can relinquish his claim to money that is in someone else's possession without receiving anything in return. **But** with regard to **betrothal,** which does not entirely depend on the will and agreement of the woman, as she must actually receive her betrothal money, one might **say** that the *halakhot* of a guarantor and a Canaanite slave are **not** comparable to this case. Therefore, **it is necessary** to state that this is the *halakha* in both cases.

אָמַר רָבָא: ״הִתְקַדְּשִׁי לִי לְחֶצְיִי״ – מְקוּדֶּשֶׁת, ״חֶצְיֵיךְ מְקוּדֶּשֶׁת לִי״ – אֵינָהּ מְקוּדֶּשֶׁת. אֲמַר לֵיהּ אַבַּיֵי לְרָבָא: מַאי שְׁנָא ״חֶצְיֵיךְ מְקוּדֶּשֶׁת לִי״ דְּאֵינָהּ מְקוּדֶּשֶׁת – ״אִשָּׁה״ אָמַר רַחֲמָנָא, וְלֹא חֲצִי אִשָּׁה. הָכִי נַמִי, ״אִישׁ״ אָמַר רַחֲמָנָא וְלֹא חֲצִי אִישׁ!

§ **Rava says** that if a man says to a woman: **Be betrothed to half of me,**[H] **she is betrothed.** But if he said to her: **Half of you is betrothed to me, she is not betrothed. Abaye said to Rava: What is different** between the two cases **that** if he says: **Half of you is betrothed to me, she is not betrothed?** Is it because **the Merciful One states:** "When a man takes a woman, and marries her" (Deuteronomy 24:1), indicating he must take **"a woman," and not half a woman? So too, the Merciful One states: "A man," and not half a man.**

אֲמַר לֵיהּ: הָכִי הָשְׁתָּא! הָתָם – אִיתְּתָא לְבֵי תְּרֵי לָא חַזְיָא, אֶלָּא גַּבְרָא – מִי לָא חֲזֵי לְבֵי תְּרֵי? וְהָכִי קָאָמַר לָהּ: דְּאִי בָּעֵינָא לְמִינְסַב אַחֲרִיתִי – נָסֵיבְנָא.

Rava **said to** Abaye: **How can these cases be compared? There,** a **woman is not eligible for two** men. If one attempts to betroth half a woman it means he wants to leave her other half for someone else. This is impossible, as a woman cannot be married to two men. **But isn't a man eligible to** marry **two** women? **And** when he declares: Be betrothed to half of me, **this is what he is saying to her: If I wish to marry another** woman, **I will marry** another woman.

HALAKHA

Here are one hundred dinars and I will be betrothed to you – הֵילָךְ מָנֶה וְאֶקָּדֵשׁ אֲנִי לָךְ: If a woman said to a man: Take these one hundred dinars as a gift and I will be betrothed to you, and he took the money and said: You are hereby betrothed to me through the benefit you have from my acceptance of your gift, she is betrothed, provided that he is an important person. The authorities add that the court must be cautious before determining that a man is not important, thereby allowing her to marry without receiving a bill of divorce (*Shulḥan Arukh*). This ruling indicates that most people are considered important with regard to this *halakha* (*Ḥelkat Meḥokek*). The *halakha* is in accordance with the opinions of Rav Pappa and Mar Zutra (Rambam *Sefer Nashim, Hilkhot Ishut* 5:22; *Shulḥan Arukh, Even HaEzer* 27:9).

And similarly with regard to monetary matters – וְכֵן לְעִנְיַן מָמוֹנָא: If one man says to another: Give one hundred dinars to so-and-so and I will transfer ownership of my house to you, once he has given the money the other acquires the house, as derived from the *halakha* of a guarantor (Rambam). Other commentaries add that a similar *halakha* applies if one says to another: Take these one hundred dinars and your field will be sold to so-and-so: Once he takes the money from him, ownership of the field is transferred to that third party. Likewise, if one says: Give one hundred dinars to so-and-so and let my field be sold to him, this is an effective sale (*Tur*; *Shulḥan Arukh*). Some say that even if one says: Take these one hundred dinars, and ownership of my field shall be transferred to you, once the recipient takes ownership of the one hundred dinars he acquires the field, as long as the recipient is an important person. Some commentaries (*Tur*) require that the recipient say explicitly that he is acquiring the field by means of this benefit, while others (*Beit Yosef*) disagree (Rambam *Sefer Kinyan, Hilkhot Mekhira* 1:6; *Shulḥan Arukh, Ḥoshen Mishpat* 190:3–6).

Be betrothed to half of me – הִתְקַדְּשִׁי לִי לְחֶצְיִי: If a man says to a woman: Be betrothed to half of me, she is betrothed. By contrast, if he says: Half of you is betrothed to me, she is not betrothed, in accordance with the opinion of Rava (Rambam *Sefer Nashim, Hilkhot Ishut* 3:9; *Shulḥan Arukh, Even HaEzer* 31:8).

NOTES

We are dealing with an important man – בְּאָדָם חָשׁוּב עָסְקִינַן: Some commentaries claim that this does not refer specifically to a man who is objectively considered important. If the woman loves a man and is pleased by his accepting a gift from her, he is considered important in this context (Rabbi Avraham *Av Beit Din*).

As due to the benefit she receives from the fact that he consents to accept – דִּבְהַהִיא הֲנָאָה דְּקָא מְקַבֵּל: Rashi explains that she would pay one *peruta* to a third party to convince the important man to accept the money. Therefore, by accepting the money without her having to pay this *peruta*, the important man is providing a benefit to her. Others write that the benefit she gains from his acceptance is worth at least one *peruta* to her (Rashba; Rabbeinu Ḥananel ben Shmuel).

Because a monetary claim can be waived – דְּאִיתְיְהִיב לִמְחִילָה: The reasoning is as follows: With regard to other types of acquisition, the intention of the one who transfers the ownership is sufficient. Since it is possible to waive a monetary claim or bestow money as a gift, it is enough for the person transferring ownership to desire the transaction. This is not so in the case of betrothal, as one could have said that a formal act of betrothal must be performed for a woman to be betrothed.

אֲמַר לֵיהּ מָר זוּטְרָא בְּרֵיהּ דְּרַב מָרִי לְרָבִינָא: וְנִיפְשְׁטוּ לָהּ קִידּוּשֵׁי בְּכוּלָּהּ? מִי לָא תַּנְיָא: הָאוֹמֵר ״רַגְלָהּ שֶׁל זוֹ עוֹלָה״ – תְּהֵא כּוּלָּהּ עוֹלָה?

Mar Zutra, son of Rav Mari, said to Ravina: But in a case where he says to her: Half of you is betrothed to me, **let the betrothal spread through all of her,** and she will be completely betrothed. **Isn't it taught** in a *baraita* (*Tosefta, Temura* 1:5) that if **one says** about an animal: **The leg of this** animal **is a burnt-offering,**[H] **all of it is a burnt-offering,**[B] as the sanctity of the leg spreads throughout the animal's entire body?

וַאֲפִילּוּ לְמַאן דְּאָמַר: אֵין כּוּלָּהּ עוֹלָה – הָנֵי מִילֵּי הֵיכָא דְּמַקְדִּישׁ דָּבָר שֶׁאֵין הַנְּשָׁמָה תְּלוּיָה בּוֹ, אֲבָל מַקְדִּישׁ דָּבָר שֶׁהַנְּשָׁמָה תְּלוּיָה בּוֹ – הָוְיָא כּוּלָּהּ עוֹלָה!

Mar Zutra adds: **And even according to the one who says** that **it is not entirely a burnt-offering, that statement** applies only **where he consecrated** the leg of the animal, which is **not a matter upon which** the animal's **life depends.** It is possible for an animal to survive the removal of a leg. **But if one consecrates a matter upon which** the animal's **life depends,** everyone agrees that **all of it is a burnt-offering.** Here too, as the woman cannot survive without half of her body, why doesn't the betrothal spread throughout all of her?

מִי דָּמֵי? הָתָם – בְּהֵמָה, הָכָא – דַּעַת אַחֶרֶת.

The Gemara rejects this opinion: **Is it comparable? There,** in the case of the **animal,** it involves a creature without intellectual capacity. **Here,** the issue depends on **another mind,** that of the woman herself. The woman must indicate that she wants the betrothal to be effective.

הָא לָא דָּמְיָא אֶלָּא לְהָא דְּאָמַר רַבִּי יוֹחָנָן: בְּהֵמָה שֶׁל שְׁנֵי שׁוּתָּפִין, הִקְדִּישׁ חֶצְיָהּ, וְחָזַר וּלְקָחָהּ, וְהִקְדִּישָׁהּ – קְדוֹשָׁה וְאֵינָהּ קְרֵיבָה,

This case **is comparable only to that** *halakha* **which Rabbi Yoḥanan says:** With regard to **an animal** that **belongs to two partners,**[H] if one of them **consecrated** the **half of it** that belonged to him, **and** he **goes back and acquires** the other half from his partner **and consecrates** the other half, it is **consecrated,** despite the fact that it was consecrated on two separate occasions. **But** although it is consecrated, **it may not be sacrificed,** because when he first sanctified it the animal was not fit to be sacrificed. The consecration does not spread throughout the entire animal without the consent of the other partner. This flaw cannot be remedied and the animal is permanently disqualified from being sacrificed as an offering.

וְעוֹשָׂה תְּמוּרָה, וּתְמוּרָתָהּ כַּיּוֹצֵא בָּהּ.

But, as it is consecrated now, this is enough to **render** a non-sacred animal that is exchanged with it **a substitute.**[B] If one exchanges this animal with another, non-consecrated, animal, the second animal becomes consecrated as well. **And yet its substitution is like it,** i.e., it too is consecrated but may not be sacrificed either.

שְׁמַע מִינָּהּ תְּלָת.

The Gemara comments: One can **learn from** the statement **three** *halakhot*.

Perek **I**
Daf **7** Amud **b**

שְׁמַע מִינָּהּ: בַּעֲלֵי חַיִּים נִדְחִים.

Conclude from it that living things can be permanently **deferred.** Not only an offering that has already been slaughtered, but also a living animal that has been separated as an offering for which it is disqualified, is permanently deferred from being sacrificed on the altar. Likewise here, when he consecrated only half of it, the animal cannot be offered and is rejected. This ruling is in opposition to the claim that only slaughtered animals are permanently rejected.

וּשְׁמַע מִינָּהּ: דִּחוּי מֵעִיקָּרָא הָוֵי דִּחוּי. וּשְׁמַע מִינָּהּ: יֵשׁ דִּחוּי בְּדָמִים.

And furthermore, **learn from it that deferral**[N] **at the outset,** i.e., a condition disqualifying the animal from being sacrificed that was present when the animal was first consecrated, **is** considered a permanent **deferral.** One does not say that the *halakha* of deferral applies only to an animal that was eligible to be sacrificed at the time it was consecrated and later was deferred. **And learn from it** that **there is deferral** not only with regard to an offering itself, but also **with regard to monetary** value, i.e., deferral applies even to an animal whose value was consecrated. In this case, half of an animal is not consecrated to be sacrificed as an offering, and yet it can still be permanently deferred from the altar.

HALAKHA

If one says: The leg of this animal is a burnt-offering – הָאוֹמֵר רַגְלָהּ שֶׁל זוֹ עוֹלָה: If one says: The foreleg of this animal is a burnt-offering, the animal should be sold to an individual who is required to bring a burnt-offering for the amount of its value minus that limb. If he said that its head or any one of its vital organs is a burnt-offering, the animal is a full-fledged burnt-offering (Rambam *Sefer Avoda, Hilkhot Ma'aseh HaKorbanot* 15:2).

An animal that belongs to two partners – בְּהֵמָה שֶׁל שְׁנֵי שׁוּתָּפִין: If one of the owners of a jointly owned animal consecrated his half and subsequently consecrated the second half after purchasing it from his partner, the animal is consecrated and can be sacrificed as an offering (Rambam *Sefer Avoda, Hilkhot Ma'aseh HaKorbanot* 15:4).

BACKGROUND

Burnt-offering – עוֹלָה: A burnt-offering is entirely consumed on the altar in the Temple. This offering may be brought from male cattle, sheep, goats, or doves. Private individuals generally bring it as a gift offering. There are times when a burnt-offering is sacrificed to atone for the willful non-fulfillment of a positive mitzva or for immoral or idolatrous thoughts. Furthermore, there are certain situations where individuals are required to bring a burnt-offering together with other offerings. Many communal offerings, e.g., the daily offering and many of the additional offerings brought on Shabbat and Festivals, are burnt-offerings.

Substitute [*temura*] – תְּמוּרָה: The *halakha* of substitution is stated in the Torah: "He shall not exchange it nor substitute it, a good for a bad or a bad for a good; and if he shall at all substitute beast for beast, then both it and that for which it is substituted shall be holy" (Leviticus 27:10). Much of tractate *Temura* is dedicated to the *halakhot* of substitution. One who substitutes an unconsecrated animal for one that has been consecrated as an offering violates a biblical prohibition and is therefore liable to receive lashes. Despite the sinful act, the second animal also becomes consecrated and attains a status comparable to the original consecrated animal. With regard to gift offerings, e.g., peace-offerings and burnt-offerings, the substitute is simply sacrificed in addition to the original offering. In the case of a sin-offering, which may not be offered twice for the same transgression, the substitute is left to graze until it becomes disqualified to serve as an offering.

NOTES

Deferral – דִּחוּי: The *halakha* of deferral applies when, due to some deficiency or defect, an animal offering cannot be sacrificed. A deferral is permanent, and the animal can never again be sacrificed on the altar, even after the deficiency has been corrected. The discussion here concerns the details of this phenomenon. Does deferral apply only after the animal has been slaughtered and the disqualification occurs during the sacrificial process, or can it also apply while the animal is alive? Similarly, does deferral take effect only if the animal could have been sacrificed at some point but subsequently became disqualified, or can an offering be permanently deferred even if it had not previously been valid? For example, if an animal was too young to be sacrificed when it was consecrated, but becomes valid later, does the *halakha* of deferral apply (see Meiri)? Finally, does deferral apply only to an animal whose body has been consecrated, i.e., when the animal was consecrated to be sacrificed, or also in a case where it was consecrated for its value.

בָּעֵי רָבָא: ״חֶצְיֵיךְ בַּחֲצִי פְּרוּטָה וְחֶצְיֵיךְ בַּחֲצִי פְּרוּטָה״ מַהוּ? כֵּיוָן דַּאֲמַר לָהּ חֲצִי פְּרוּטָה – פְּסָקָהּ, אוֹ דִילְמָא – מוֹנֶה וְהוֹלֵךְ הוּא?

§ **Rava raises a dilemma:** If a man says to a woman: **Half of you** is betrothed **with half of one** ***peruta*****,**[H] **and half of you with half** of **one** ***peruta*****, what is the** *halakha*? Does one say that **since he said to her: Half of one** ***peruta*****, he has divided** his statement? In other words, by specifying half of one *peruta* he intended the betrothal to be performed in two stages, with one half-*peruta* for each stage, and half of one *peruta* does not effect betrothal. **Or perhaps he was counting** toward the full sum of the betrothal money, and intends for the betrothal to take effect at one time.

אִם תִּימְצֵי לוֹמַר מוֹנֶה וְהוֹלֵךְ הוּא, ״חֶצְיֵיךְ בִּפְרוּטָה וְחֶצְיֵיךְ בִּפְרוּטָה״ מַהוּ? כֵּיוָן דַּאֲמַר לָהּ בִּפְרוּטָה וּפְרוּטָה – פְּסָקָהּ לְמִילְּתֵיהּ, אוֹ דִילְמָא – כָּל בְּיוֹמֵיהּ, מוֹנֶה וְהוֹלֵךְ הוּא?

And **if you say** that in that case it is considered as though **he were counting,** then if he said to her: **Half of you** is betrothed **with one** ***peruta*** **and half of you with one** ***peruta*****,**[N] **what is** the *halakha*? Does one say that **since he said to her: With one** ***peruta*** **and one** ***peruta*****, he divided his statement** and intended to betroth her two halves separately, and one cannot betroth half a woman? **Or perhaps anything** that he does **on** that **day is** considered as if **he were counting,** i.e., since he intended to complete the action that day it is as though she were betrothed with two *perutot*.

אִם תִּימְצֵי לוֹמַר כָּל בְּיוֹמֵיהּ מוֹנֶה וְהוֹלֵךְ הוּא, ״חֶצְיֵיךְ בִּפְרוּטָה הַיּוֹם וְחֶצְיֵיךְ בִּפְרוּטָה לְמָחָר״ מַהוּ? כֵּיוָן דַּאֲמַר לָהּ ״לְמָחָר״ – פְּסָקָהּ, אוֹ דִילְמָא הָכִי קָאָמַר לָהּ: קִדּוּשִׁין מַתְחִלוּ מֵהָאִידָּנָא, וּמִגְמַר לָא נִיגְמְרוּ עַד לְמָחָר?

And **if you say** that **everything** he does **on** that **day** is considered as if **he were counting,** then if he said to her: **Half of you** is betrothed **with one** ***peruta*** **today, and half of you** is betrothed **with one** ***peruta*** **tomorrow, what is** the *halakha*? Does one say that **since he said to her: Tomorrow,** he has **divided** his statement, which prevents the days from being combined, **or perhaps this is what he is saying to her: The betrothal begins from now, and it will not be completed until tomorrow.**

״שְׁנֵי חֲצָיַיִךְ בִּפְרוּטָה״ מַהוּ? הָכָא וַדַּאי בְּחַד זִימְנָא קָאָמַר לָהּ, אוֹ דִילְמָא – אֵין אִשָּׁה מִתְקַדֶּשֶׁת לַחֲצָאִין כְּלָל? תֵּיקוּ.

Rava further inquires: If he said to her: **Your two halves** are betrothed **with one** ***peruta*****, what is** the *halakha*? **Here, he certainly spoke to her at one time,** i.e., he did not divide his statement into two, and therefore it should be a valid betrothal, **or perhaps a woman may not be betrothed in halves at all.** No resolution was found for any of these questions, and therefore the Gemara says that the dilemmas **shall stand** unresolved.

בָּעֵי רָבָא: ״שְׁתֵּי בְנוֹתֶיךָ לִשְׁנֵי בָנַי בִּפְרוּטָה״ מַהוּ? בָּתַר נוֹתֵן וּמְקַבֵּל אָזְלִינַן – וְהָאִיכָּא מָמוֹנָא, אוֹ דִילְמָא בָּתַר דִּידְהוּ אָזְלִינַן – וְהָא לֵיכָּא? תֵּיקוּ.

Rava raises another **dilemma.** If one man said to another: Let **your two daughters** be betrothed **to my two sons**[H] **with one** ***peruta*****, what is** the *halakha*? The Gemara explains the two sides of the dilemma: Do **we follow the giver and recipient, and** as the giver bestows one *peruta* and the recipient receives one *peruta* **there is money** here, since one *peruta* is considered money and therefore the betrothal is valid. **Or perhaps we follow them,** i.e., those affected by the issue, in this case the sons and the daughters, **and there is not** one *peruta* for each of these individuals, and therefore the betrothal is not valid? This problem is also left unanswered, and therefore the Gemara says that the dilemma **shall stand** unresolved.

בָּעֵי רַב פַּפָּא: ״בִּתְּךָ וּפָרָתְךָ בִּפְרוּטָה״ מַהוּ? מִי אָמְרִינַן: בִּתְּךָ בַּחֲצִי פְּרוּטָה וּפָרָתְךָ בַּחֲצִי פְּרוּטָה, אוֹ דִילְמָא: בִּתְּךָ בִּפְרוּטָה, וּפָרָתְךָ בִּמְשִׁיכָה? תֵּיקוּ.

Rav Pappa raises a dilemma: If one man said to another: I hereby acquire **your daughter and your cow with one** ***peruta*****,**[N] **what is** the *halakha*? **Do we say** that he meant: **Your daughter** should be betrothed **with half** of **one** ***peruta*** **and your cow** purchased **with half** of **one** ***peruta*****?** In that case neither the betrothal nor the acquisition take effect. **Or perhaps** he meant: **Your daughter** should be betrothed **with one** ***peruta*** **and your cow** should be acquired **by pulling?** No satisfactory answer was found in this case either, and the Gemara says that the dilemma **shall stand** unresolved.

בָּעֵי רַב אַשִׁי: ״בִּתְּךָ וְקַרְקַעֲךָ בִּפְרוּטָה״ מַהוּ? בִּתְּךָ בַּחֲצִי פְּרוּטָה וְקַרְקַעֲךָ בַּחֲצִי פְּרוּטָה, אוֹ דִילְמָא: בִּתְּךָ בִּפְרוּטָה, וְקַרְקַעֲךָ בַּחֲזָקָה? תֵּיקוּ.

Rav Ashi raises a dilemma: If he said: I hereby acquire **your daughter and your land with one** ***peruta*****, what is** the *halakha*? Does this mean: **Your daughter** should be betrothed **with half** of **one** ***peruta*** **and your land** should be acquired **with half** of **one** ***peruta*****? Or perhaps** it means: **Your daughter** should be betrothed **with one** ***peruta*** **and your land** should be acquired **through** the act of **taking possession?** This question is also left unanswered, and the Gemara again says that the dilemma **shall stand** unresolved.

HALAKHA

Half of you with half of one ***peruta*** **– חֶצְיֵיךְ בַּחֲצִי פְּרוּטָה:** If a man says to a woman: Let half of you be betrothed to me with one *peruta* and half of you with one *peruta*, or if he said: Half of you with half of one *peruta* and half of you with half of one *peruta*, the betrothal is valid (Rambam). The Ra'avad, the Rosh, and others maintain that in all of these cases she is betrothed only due to uncertainty (Rambam *Sefer Nashim, Hilkhot Ishut* 3:10; *Shulḥan Arukh, Even HaEzer* 31:7).

Your two daughters to my two sons – שְׁתֵּי בְנוֹתֶיךָ לִשְׁנֵי בָנַי: If one man says to another: Let your two daughters be betrothed to my two sons with this *peruta*, or: Let your daughter be betrothed to me and your cow sold to me with this *peruta*, or: Let your daughter be betrothed and your land acquired with this *peruta*, the betrothals take effect only due to uncertainty. The reason is that these cases are left unresolved by the Gemara (Rambam *Sefer Nashim, Hilkhot Ishut* 3:10; *Shulḥan Arukh, Even HaEzer* 31:7).

NOTES

Half of you with one ***peruta*** **and half of you with one** ***peruta*** **– חֶצְיֵיךְ בִּפְרוּטָה וְחֶצְיֵיךְ בִּפְרוּטָה:** Most early commentaries explain that in this case the man gives the woman both *perutot* together (see Ran). Similarly, in the other cases described here, the invalidity of the betrothal is due to not any pause in the action itself, but the fact that two halves of the woman are being betrothed separately.

Your daughter and your cow with one ***peruta*** **– בִּתְּךָ וּפָרָתְךָ בִּפְרוּטָה:** The commentaries write that in these cases the one who betroths the woman actually pulls the cow or takes possession of the land. If this were not so, it would be clear that he intended to effect both acquisitions with one *peruta*, which he cannot do (Ritva).

LANGUAGE

Silk [*shira'ei*] – שיראי: From the Greek σηρικόν, *sērikon*, meaning silk.

HALAKHA

An appraisal is not necessary – לא צריכי שומא: If one betroths a woman in an ordinary manner with a regular item, it is not necessary to appraise the item beforehand to see whether it is worth at least one *peruta*. Rather, if it is worth at least one *peruta* she is betrothed. If he said to her: Be betrothed to me with this item that is worth fifty dinars, and he did not appraise it first, she is betrothed only if it is worth that amount. This is in accordance with the opinion of Rabba.

Rabbeinu Tam writes that this applies only to an item whose value is somewhat known. By contrast, items whose value is not well known, e.g., precious stones, require appraisal first. Therefore, it is customary to betroth a woman with a ring that does not contain a precious stone. Additionally, it is customary for the witnesses to evaluate whether the ring is worth more than one *peruta* before the betrothal takes place (Rambam *Sefer Nashim, Hilkhot Ishut* 7:18; *Shulḥan Arukh, Even HaEzer* 31:1–2, and in the comment of Rema).

ההוא גברא דאקדיש בשיראי. רבה אמר: לא צריכי שומא. רב יוסף אמר: צריכי שומא. אי דאמר לה בכל דהו – כולי עלמא לא פליגי דלא צריכי שומא.

§ The Gemara relates: There was **a certain man who betrothed** a woman **with silk** [***beshira'ei***][L] garments. **Rabba said: An appraisal** of the value of the garments is **not necessary,**[H] as they are certainly worth more than one *peruta*. **Rav Yosef said: An appraisal** of the value of the garments is **necessary,** and as the man did not determine the value of the silk garments before the betrothal, the betrothal is invalid. The Gemara comments: **If he said to her** that she should become betrothed to him **by any amount,** regardless of the value of the silk garments, **everyone agrees that** the garments do **not require appraisal,** as they are undoubtedly worth more than one *peruta*.

אי דאמר לה "חמשין" ולא שוו חמשין – הא לא שוו. כי פליגי – דאמר "חמשין" ושוו חמשין. רבה אמר: לא צריכי שומא, דהא שוו חמשין. רב יוסף אמר: צריכי שומא. כיון דאיתתא לא בקיאה בשומא – לא סמכה דעתה.

Conversely, **if he said to her** that they are worth **fifty** dinars, **and they are not worth fifty** dinars, then everyone agrees that the betrothal is not valid, as **they are not worth** the amount he specified. **They disagree when he said** that they are worth **fifty** dinars, **and** in actuality **they are worth fifty** dinars. **Rabba said: An appraisal** of the value of the garments is **not necessary** before the betrothal, **as they are worth fifty** dinars. **Rav Yosef said: An appraisal** of the value of the garments is **necessary, because the woman** herself **is not an expert in appraisal** and **she does not rely on** his assessment. Since she is unsure if the garments are actually worth fifty dinars as he claimed, she does not agree to be betrothed.

איכא דאמרי: בכל דהו נמי פליגי, רב יוסף אמר: שוה כסף הרי הוא ככסף. מה כסף – דקיץ,

There are those **who say** that **even** in a case where he says to her: Be betrothed to me with these silk garments, **whatever** they are worth, the *amora'im* **disagree** with regard to the *halakha*. The reason for the dispute in this case is as follows. **Rav Yosef said:** An item **worth money is like money** in every way. **Just as money is set,** i.e., it has a clearly defined value,

Perek **I**
Daf **8** Amud **a**

NOTES

He shall give back the price of his redemption – ישיב גאלתו: Several explanations are offered as to how this verse teaches that an item of monetary value has the same status as money. According to Rashi, the derivation is based on the extraneous phrase "He shall give back," which serves to include anything that can be given. Others say it is derived from the term "his redemption," which indicates that the slave can be redeemed through anything (*Shita Mekubbetzet*).

HALAKHA

To include an item worth money – לרבות שוה כסף: A Hebrew slave can be acquired and redeemed with money or items of monetary value (Rambam *Sefer Kinyan, Hilkhot Avadim* 2:1).

אף שוה כסף נמי – דקייץ.

so too, an item with an item **worth money** must be **set,** i.e., it must have a clearly defined value.

אמר רב יוסף: מנא אמינא לה – דתניא: "מכסף מקנתו" – בכסף הוא נקנה, ואינו נקנה בתבואה וכלים.

Rav Yosef said: From where do I say this opinion? **As it is taught** in a *baraita* with regard to redeeming a Hebrew slave: "He shall give back the price of his redemption **out of the money that he was bought for**" (Leviticus 25:51), which indicates: **He is acquired** specifically **through money and he is not acquired through grain or vessels.**

האי תבואה וכלים היכי דמי? אילימא דלא מקנו בהו כלל – "ישיב גאלתו" אמר רחמנא, לרבות שוה כסף ככסף.

Rav Yosef explains: **What are the circumstances of these grains and vessels? If we say that** a Hebrew slave **cannot be acquired through them at all,** as money alone may be used, **the Merciful One states: "He shall give back the price of his redemption,"**[N] which serves **to include** all modes of repayment as valid equivalents of money, i.e., an item **worth money**[H] is the same **as money.** There is no requirement to use money in particular; it is also possible to use items with monetary value.

ואי דלית בהו שוה פרוטה – מאי איריא תבואה וכלים? אפילו כסף נמי! אלא לאו דאית בהו שוה פרוטה, וכיון דלא קייצי – לא.

And if you say **that they do not have the value of one *peruta*, why** mention **specifically grain and vessels? Even money** that is not worth one *peruta* cannot be used for acquiring a slave. **Rather, is it not** speaking here about a case **where** the grain and vessels **do have the value of one *peruta*, but since they lack a set** value, **no,** a Hebrew slave cannot be redeemed with them? The comparison with money teaches that a Hebrew slave can be redeemed only with an item that has a clearly defined value, like money.

וְאִידָךְ – הָכִי קָאָמַר: בְּתוֹרַת כֶּסֶף הוּא נִקְנֶה, וְאֵין נִקְנֶה בְּתוֹרַת תְּבוּאָה וְכֵלִים. וּמַאי נִינְהוּ – חֲלִיפִין.

And the other Sage, Rabba, who maintains that appraisal is not necessary, would respond: The *tanna* is referring to an item worth one *peruta*, but he is not teaching that one cannot redeem a slave with items whose value is not set. Rather, **this is what he is saying:** A Hebrew slave **is acquired through the mode of money, and he is not acquired through the mode of grain or vessels. And what is this** mode particular to the acquisition of grain and vessels? This is referring to symbolic **exchange.**[N] A slave cannot be acquired through the mode of acquisition of symbolic exchange.

וּלְרַב נַחְמָן, דְּאָמַר: פֵּירוֹת לָא עָבְדִי חֲלִיפִין, מַאי אִיכָּא לְמֵימַר? אֶלָּא, לְעוֹלָם דְּלֵית בְּהוּ שָׁוֶה פְּרוּטָה. וּדְקָאָמְרַתְּ: מַאי אִירְיָא תְּבוּאָה וְכֵלִים, אֲפִילּוּ כֶּסֶף נַמִי – לָא מִיבַּעְיָא קָאָמַר.

The Gemara notes: This explanation is valid only according to those who say that grain can be acquired through the mode of exchange; **but according to** the opinion of **Rav Naḥman, who said** that **produce cannot effect** symbolic **exchange,** as this mode of acquisition applies only to vessels, **what can be said?** Why does the *tanna* mention grain if grain cannot be used in symbolic exchange? **Rather,** the Gemara rejects this explanation in favor of the following: **Actually,** this is referring to a case where the grain and utensils **do not have the value of one *peruta*. And as for that which you said: Why** mention **specifically grain and vessels; even money** that is not worth one *peruta* cannot acquire **either,** one could say that the *tanna* **is speaking** utilizing the style of: **It is not necessary.**[B]

לָא מִיבַּעְיָא כֶּסֶף, דְּאִי אִית בֵּיהּ שָׁוֶה פְּרוּטָה – אִין, אִי לָא – לָא. אֲבָל תְּבוּאָה וְכֵלִים אֵימָא מִדְּמִקָּרְבָא הֲנָאָתַיְיהוּ – גָּמַר וּמַקְנֵי נַפְשֵׁיהּ. קָא מַשְׁמַע לַן.

The Gemara elaborates: **It is not necessary** to state with regard to **money that if it has the value of one *peruta*, yes,** one effects acquisition with it, and **if not,** then **no,** one cannot effect acquisition with it. **But** with regard to **grain and vessels,** one might **say that** as **their benefit is** readily **available,** i.e., one can enjoy them immediately in their current state, perhaps the slave **decides and transfers** ownership of **himself** to the master by even less than the worth of one *peruta*. Therefore, the *tanna* **teaches us** that an article less than the value of one *peruta* cannot effect acquisition notwithstanding the above reasoning.

אָמַר רַב יוֹסֵף: מְנָא אָמֵינָא לַהּ – דְּתַנְיָא: "עֵגֶל זֶה לְפִדְיוֹן בְּנִי", "טַלִּית זֶה לְפִדְיוֹן בְּנִי" – לֹא אָמַר כְּלוּם. "עֵגֶל זֶה בְּחָמֵשׁ סְלָעִים לְפִדְיוֹן בְּנִי", "טַלִּית זוֹ בְּחָמֵשׁ סְלָעִים לְפִדְיוֹן בְּנִי" – בְּנוֹ פָּדוּי.

Rav Yosef said: From where do I say that betrothal can be effected only with an item with a clearly defined value? **As it is taught** in a *baraita* (*Tosefta, Bekhorot* 6:4), that if one says to a priest: **This calf** should be **for the redemption of my** firstborn **son,** or: **This cloak** should be **for the redemption of my** firstborn **son,** then **he has said nothing.** But if he said: **This calf** worth the value **of five *sela*** should be **for the redemption of my** firstborn **son,** or: **This cloak** worth the value **of five *sela*** should be **for the redemption of my** firstborn **son,** then **his son is redeemed.**

הַאי פִּדְיוֹן הֵיכִי דָּמֵי? אִילֵימָא דְּלָא שָׁוֵי – כָּל כְּמִינֵּיהּ?! אֶלָּא לָאו – אַף עַל גַּב דְּשָׁוֵי, וְכֵיוָן דְּלָא קָיְיצִי – לָא.

The Gemara clarifies: **What are the circumstances** with regard to **this redemption** with a calf or a cloak that has no clearly defined value? **If we say that they are not worth** five *sela*, **is it in his** power to give a priest less than the established amount? Why would it even be considered that perhaps the son is redeemed? **Rather, is it not** referring to a case where **even though they are worth** this amount, one **may not** redeem with them in the case of the first clause **since their value is not set?** This shows that there is a difference between an item that has a set value and one that does not.

לָא, לְעוֹלָם דְּלָא שָׁוֵי, וּכְגוֹן דְּקַבֵּיל כֹּהֵן עִילָּוֵיהּ. כִּי הָא דְּרַב כָּהֲנָא שְׁקִיל סוּדָרָא מִבֵּי פִּדְיוֹן הַבֵּן, אֲמַר לֵיהּ: לְדִידִי חֲזֵי לִי חָמֵשׁ סְלָעִים.

The Gemara rejects this suggestion: **No; actually,** this is referring to a case **where** the calf or cloak **is not worth** five *sela*, **and** the latter clause is referring to a case **where the priest accepted upon himself**[H] to value the items as though they were worth this amount, which is why the son is redeemed. **This is like this** incident in **which Rav Kahana,** who was a priest, **took a cloth** [*sudara*][L] **from the house** of a man obligated to perform **the redemption of** his firstborn **son.** Rav Kahana **said to** the man: **For me, I view** this cloth as though it were worth **five *sela*.**

NOTES

And what is this, symbolic exchange – **וּמַאי נִינְהוּ חֲלִיפִין**: The commentaries explain that this does not refer to property acquired by means of symbolic exchange, but to the article used to effect the exchange. Any property, even land, can be transferred through symbolic exchange. The Gemara is saying that the symbolic transfer must be performed by means of a movable item (Ritva).

BACKGROUND

The *tanna* is speaking utilizing the style of: It is not necessary – **לָא מִיבַּעְיָא קָאָמַר**: When a mishna discusses a specific case, the tendency is to infer that the *halakha* of the mishna applies exclusively to that case and not to others that were omitted. Occasionally, the Gemara suggests that the mishna discussed a less obvious case, and all the more so the *halakha* applies to a more obvious case that was omitted.

HALAKHA

Where the priest accepted upon himself – **דְּקַבֵּיל כֹּהֵן עִילָּוֵיהּ**: If the father of a firstborn son gives a priest an item worth less than five *sela* and the priest accepts it as though it were worth five *sela*, the child is redeemed. This applies only if the item is worth five *sela* to someone. The *Baḥ* maintains that the redemption is valid if the priest accepts this value, even if it is not worth five *sela* to anyone else (Rambam *Sefer Zera'im, Hilkhot Bikkurim* 11:7; *Shulḥan Arukh, Yoreh De'a* 305:5 and *Taz* there).

LANGUAGE

Cloth [*sudara*] – **סוּדָרָא**: From the Greek σουδάριον, *sudariyon*, or the Latin sudarium, meaning towel or napkin. The Sages use the word in reference to any type of cloth used for a variety of functions, including wrapping one's neck or covering one's head. The cloth was worn by married Torah scholars as a symbol of their status (*Shabbat* 77b).

NOTES

Only an individual such as Rav Kahana – אֶלָּא כְּגוֹן רַב כָּהֲנָא: This apparently illustrates that only in exceptional cases may a priest receive an article worth less than five *sela*. Some authorities rule that any priest can state that an item is worth five *sela* to him (Rambam). One explanation for this ruling is that since an item might be worth more money to one who purchases it than its market value, this claim is accepted (Ritva).

And he must complete – וִישַׁלֵּים: Some commentaries write that the man is forced to pay the rest of the money, as the betrothal is complete and he must fulfill his condition (Rashba). Others say that the condition is fulfilled only if he chooses to complete the amount. If he does not pay the rest of the money the betrothal is nullified (Meiri).

PERSONALITIES

Mar bar Rav Ashi – מָר בַּר רַב אַשִׁי: Mar bar Rav Ashi was a seventh-generation Babylonian *amora* and the son of the redactor of the Talmud, Rav Ashi. Mar bar Rav Ashi was nicknamed Tavyumei, although it is possible that this was his given name. He learned his Torah from his father, whom he eventually succeeded as head of the yeshiva at Mata Meḥasya. This took place twenty-eight years after Rav Ashi's death, during which three other individuals served in the post (see *Bava Batra* 12b). Mar bar Rav Ashi respected Torah scholars to such a great extent that he refused to adjudicate any cases involving them, claiming that they were as dear to his heart as himself and therefore he could not be impartial. Mar bar Rav Ashi died at the conclusion of Yom Kippur.

אָמַר רַב אַשִׁי: לָא אֲמָרַן אֶלָּא כְּגוֹן רַב כָּהֲנָא, דְּגַבְרָא רַבָּה הוּא, וּמִבָּעֵי לֵיהּ סוּדָרָא אַרֵישֵׁיהּ. אֲבָל כּוּלֵּי עָלְמָא – לָא. כִּי הָא דְּמָר בַּר רַב אַשִׁי זְבַן סוּדָרָא מֵאִימֵּיהּ דְּרַבָּה מִקּוֹבֵי שָׁוֵי עֲשָׂרָה בִּתְלֵיסַר.

Rav Ashi said: We said that it is possible to redeem one's son in this manner **only** when the priest is an individual **such as Rav Kahana,**[N] **who is a great man and is required** to wear **a cloth on his head.** It was common practice for important people to wear a scarf on their heads. **But** with regard to **everyone** else, i.e., those who do not wear these cloths and cannot say it is worth that amount to them, **no,** they may not perform the redemption of the firstborn son in this manner. The Gemara cites a proof that a distinguished individual who needs a cloth will pay a large amount for one. **This is like this** incident in **which Mar bar Rav Ashi**[P] **bought a cloth from Rabba's mother from Kovei for thirteen** dinars, despite the fact that it was **worth ten,** because he needed a cloth.

אָמַר רַבִּי אֶלְעָזָר: ״הִתְקַדְּשִׁי לִי בְּמָנֶה״ וְנָתַן לָהּ דִּינָר – הֲרֵי זוֹ מְקוּדֶּשֶׁת, וִישַׁלֵּים. מַאי טַעְמָא? כֵּיוָן דַּאֲמַר לָהּ מָנֶה וִיהַב לָהּ דִּינָר – כְּמַאן דַּאֲמַר לָהּ ״עַל מְנָת״ דָּמֵי.

§ **Rabbi Elazar says:** If a man said to a woman: **Be betrothed to me with one hundred dinars, and he gave her** one **dinar**[H] out of the one hundred, **she is betrothed** immediately **and he must** subsequently **complete**[N] the payment of the remainder of the amount he promised her. **What is the reason** for this? **Since he said to her:** Be betrothed to me with **one hundred dinars, and** yet **he gave her** only one **dinar, he is like one who said to her:** Be betrothed to me **on the condition** that I will give you one hundred dinars. In other words, he betroths her now with one dinar on the condition he will pay the remaining ninety-nine in the future. The betrothal therefore takes effect immediately, and he owes her the rest of the one hundred dinars.

וְאָמַר רַב הוּנָא אָמַר רַב: כָּל הָאוֹמֵר ״עַל מְנָת״ כְּאוֹמֵר ״מֵעַכְשָׁיו״ דָּמֵי.

The Gemara adds: **And** this is in accordance with the opinion that **Rav Huna says** that **Rav says:** With regard to **anyone who states** a provision employing the phrase: **On the condition,**[H] **it is** tantamount to his **stipulating** that the agreement take effect retroactively **from now.** An agreement stipulated by means of the phrase: On the condition, takes effect immediately. This is not like an ordinary agreement, which takes effect only after the condition has been fulfilled.

מֵיתִיבִי: ״הִתְקַדְּשִׁי לִי בְּמָנֶה״ וְהָיָה מוֹנֶה וְהוֹלֵךְ, וְרָצָה אֶחָד מֵהֶן לַחֲזוֹר, אֲפִילּוּ בַּדִּינָר הָאַחֲרוֹן – הָרְשׁוּת בְּיָדוֹ!

The Gemara **raises an objection** from a *baraita* (*Tosefta* 2:10). If a man says to a woman: **Be betrothed to me with one hundred dinars, and** while **he was counting**[H] the money, **one of them wanted to retract** the betrothal, **it is in the power** of either of them to do so **even when** only **the last** dinar remains to be given. This indicates that the betrothal does not take effect until the entire one hundred dinars has been paid.

הָכָא בְּמַאי עָסְקִינַן? דַּאֲמַר ״בְּמָנֶה זוֹ״. הָא מִדְּסֵיפָא בְּמָנֶה זוֹ, רֵישָׁא בְּמָנֶה סְתָם,

The Gemara answers: **With what are we dealing here?** This is a case **where he says** to the woman: Be betrothed to me **with this one hundred dinars.** In this case the entire one hundred dinars, not just the first dinar, constitutes the betrothal money. The Gemara raises a difficulty with this answer: **From** the fact that **the latter clause** of the *baraita* uses the expression: **With this one hundred dinars,** it can be inferred that **the first clause** is dealing with **an unspecified one hundred dinars.**

HALAKHA

Be betrothed to me with one hundred dinars, and he gave her one dinar – הִתְקַדְּשִׁי לִי בְּמָנֶה וְנָתַן לָהּ דִּינָר: If a man says to a woman: Be betrothed to me with one hundred dinars, she is betrothed as soon as he gives her even one dinar, provided that he later pays her the rest of the sum (Rambam *Sefer Nashim, Hilkhot Ishut* 7:17; *Shulḥan Arukh, Even HaEzer* 29:7).

Anyone who states, on the condition – כָּל הָאוֹמֵר עַל מְנָת: If someone issues a statement and says that it applies: From now, or: On the condition, the condition is in effect, and if it is fulfilled the statement applies from when it was verbalized (Rambam *Sefer Nashim, Hilkhot Ishut* 6:17 and *Sefer Kinyan, Hilkhot Zekhiya UMattana* 3:8; *Shulḥan Arukh, Even HaEzer* 38:3).

He was counting – הָיָה מוֹנֶה וְהוֹלֵךְ: If a man says to a woman: Be betrothed to me with one hundred dinars, and he began counting out the money, the betrothal is not finalized until he gives her the entire sum. Both of them may retract their agreement until he has given her the last dinar (Rambam *Sefer Nashim, Hilkhot Ishut* 7:17; *Shulḥan Arukh, Even HaEzer* 29:7).

דְּקָא תָּנֵי סֵיפָא: אָמַר לָהּ ״הִתְקַדְּשִׁי לִי בְּמָנֶה זוֹ״ וְנִמְצָא מָנֶה חָסֵר דִּינָר, אוֹ דִּינָר שֶׁל נְחֹשֶׁת – אֵינָהּ מְקוּדֶּשֶׁת. דִּינָר רַע – הֲרֵי זוֹ מְקוּדֶּשֶׁת, וְיַחֲלִיף!

As it is taught in the latter clause of that *baraita*, if he said to a woman: Be betrothed to me with this one hundred dinars, and it was found to be one hundred dinars less a dinar,[H] or if it included a dinar of copper instead of silver, she is not betrothed. If one of the dinars was found to be a flawed dinar,[HB] i.e., it was a silver dinar but it was so worn that it would not be universally accepted, she is betrothed, and he must exchange that dinar for a different one. Since the latter clause of the *baraita* emphasizes the term: This one hundred dinars, evidently the first clause of the *baraita* must be referring to an unspecified one hundred dinars.

לָא, רֵישָׁא וְסֵיפָא דַּאֲמַר ״בְּמָנֶה זוֹ״, וּפֵרוּשֵׁי קָא מְפָרֵשׁ: רָצָה אֶחָד מֵהֶן לַחֲזוֹר אֲפִילּוּ בַּדִּינָר הָאַחֲרוֹן הָרְשׁוּת בְּיָדוֹ, כֵּיצַד? כְּגוֹן דַּאֲמַר לָהּ ״בְּמָנֶה זוֹ״.

The Gemara rejects this opinion: No; one can say that the first clause and the latter clause are both referring to a case where he said: With this one hundred dinars, and the latter clause is explaining the first clause, as follows: If one of them wishes to retract the betrothal, it is in the power of either of them to do so even when only the last dinar remains to be given. How so? This is referring to a case where he said to her: With this one hundred dinars.

וְהָכִי נַמִי מִסְתַּבְּרָא, דְּאִי סָלְקָא דַּעְתָּךְ רֵישָׁא בְּמָנֶה סְתָם, הַשְׁתָּא בְּמָנֶה סְתָם לָא הָווּ קִידּוּשֵׁי ״בְּמָנֶה זוֹ״ מִיבַּעְיָא?!

The Gemara comments: And so too, it is reasonable to explain the *baraita* this way, as, if it enters your mind that the first clause is referring to an unspecified one hundred dinars, consider the following: Now if it is not a betrothal in a case involving an unspecified one hundred dinars, and she can retract her agreement to the betrothal, is it necessary to say that she can retract it when he says: With this one hundred dinars? If that were the correct interpretation of the first clause, the ruling in the last clause would be unnecessary.

אִי מִשּׁוּם הָא לָא אִירְיָא. תָּנָא סֵיפָא לְגַלּוֹיֵי רֵישָׁא, שֶׁלֹּא תֹּאמַר רֵישָׁא ״בְּמָנֶה זוֹ״, אֲבָל בְּמָנֶה סְתָם הָווּ קִידּוּשִׁין – תָּנָא סֵיפָא ״בְּמָנֶה זוֹ״, מִכְּלָל דְּרֵישָׁא בְּמָנֶה סְתָם, וַאֲפִילּוּ הָכִי לָא הָווּ קִידּוּשִׁין.

The Gemara rejects this proof: If it is due to that reason, there is no conclusive argument, i.e., the proof of the argument is inconclusive. The reason is that one could say that the *tanna* taught the latter clause to reveal the meaning of the first clause. The function of the latter clause is not to teach a novel *halakha*, but to preempt a mistaken reading of the first clause. The latter clause was stated so that you should not mistakenly say that the first clause is referring only to a situation when he said: With this one hundred dinars, but in a case of an unspecified one hundred dinars, it would be a betrothal. Therefore, the *tanna* taught in the latter clause: With this one hundred dinars, which teaches by inference that the first clause is referring to an unspecified one hundred dinars, and even so it is not a betrothal. Although this proof is rejected, the Gemara remains with its explanation that the first clause is referring to a case where he said to her: With this one hundred dinars.

רַב אַשִׁי אֲמַר: מוֹנֶה וְהוֹלֵךְ שָׁאנֵי, דְּדַעְתָּהּ אַכּוּלֵּיהּ.

Rav Ashi said: It is unnecessary to explain that the first clause of the *baraita* is referring to a case where he said: With this one hundred dinars, as a situation where he was counting the money is different. The reason is that she has the entirety of the one hundred dinars in mind, and therefore she will not be content with some of the money. His continuous action indicates that they both expect that he will give her the entire one hundred dinars, and consequently both parties can retract their agreement until he finishes counting.

הַאי דִּינָר שֶׁל נְחֹשֶׁת הֵיכִי דָּמֵי? אִי דְּיָדְעָה בֵּיהּ – הָא סָבְרָה וְקִבְּלָה! לָא צְרִיכָא, דִּיהַבֵיהּ נִיהֲלַיהּ בְּלֵילְיָא, אִי נַמִי דְּאִשְׁתַּכַּח לֵיהּ בֵּינֵי זוּזֵי.

The Gemara further analyzes the *baraita*: What are the circumstances of this copper dinar mentioned here? If she knows that it is a copper dinar, she knew and accepted this coin as a dinar. If so, she cannot later retract her betrothal. The Gemara answers: No; it is necessary in a case where he gave her this dinar at night and at the time she did not see that it was copper. Alternatively, it was found among the other dinars, and she did not notice that one of them one was copper.

הַאי דִּינָר רַע הֵיכִי דָּמֵי? אִי דְּלָא נָפֵיק – הַיְינוּ דִּינָר שֶׁל נְחֹשֶׁת! אֲמַר רַב פַּפָּא: כְּגוֹן דְּנָפֵיק עַל יְדֵי הַדְּחָק.

The Gemara further asks: What are the circumstances of this flawed dinar, also mentioned in the *baraita*? If it cannot be spent, i.e., it cannot pass as a silver dinar, this is exactly like a copper dinar, as it too is not worth a full dinar. Rav Pappa said: This is referring to a case where the dinar can be spent with difficulty, i.e., it is difficult, but not impossible, to find someone who will accept it.

HALAKHA

It was found to be one hundred dinars less a dinar – נִמְצָא מָנֶה חָסֵר דִּינָר: If a man says to a woman: You are hereby betrothed to me with this one hundred dinars, and the sum is missing a dinar, or one of its dinars is copper, she is not betrothed. Some authorities (Rema) write that this means that either party can renege on the betrothal. The Ramban and others say that even if they do not renege, she is not betrothed (Rambam *Sefer Nashim, Hilkhot Ishut* 7:17; *Shulḥan Arukh, Even HaEzer* 29:7).

A flawed dinar – דִּינָר רַע: If a man betrothed a woman by saying: With this one hundred dinars, and she found a flawed dinar among the dinars, the betrothal is valid if she saw it when she accepted the money. If she did not see it and it can be spent, even with difficulty, she is betrothed. If it cannot be spent she is not betrothed (Rambam *Sefer Nashim, Hilkhot Ishut* 7:17; *Shulḥan Arukh, Even HaEzer* 29:7).

BACKGROUND

A flawed dinar – דִּינָר רַע: Until recently, the value of a coin depended on, but was not always identical to, the amount of precious metal it contained. A dinar that was worn down through use, and likewise, coins that the government mixed with a large amount of cheaper metal, were therefore of less value than others. This kind of coin could theoretically be used, but many people would refuse to accept it. It took a great amount of effort for the owners of a worn-down coin to find someone willing to accept it for its intended value.

אָמַר רָבָא אָמַר רַב נַחְמָן: אָמַר לָהּ "הִתְקַדְּשִׁי לִי בְּמָנֶה" וְהִנִּיחַ לָהּ מַשְׁכּוֹן עָלֶיהָ – אֵינָהּ מְקוּדֶּשֶׁת.

§ **Rava says that Rav Naḥman says: If one said to** a woman: **Be betrothed to me with one hundred dinars, and** instead of giving it to her **he gave her collateral**[H] for the money, **she is not betrothed.**

HALAKHA

He gave her collateral – הִנִּיחַ לָהּ מַשְׁכּוֹן: If a man said to a woman: Be betrothed to me with one hundred dinars, and he gave her collateral for it, she is not betrothed until he gives her the money (Rambam *Sefer Nashim*, *Hilkhot Ishut* 5:23; *Shulḥan Arukh*, *Even HaEzer* 29:6).

Perek **I**
Daf **8** Amud **b**

מָנֶה אֵין כָּאן, מַשְׁכּוֹן אֵין כָּאן. אֵיתִיבֵיהּ רָבָא לְרַב נַחְמָן: קִידְּשָׁהּ בְּמַשְׁכּוֹן מְקוּדֶּשֶׁת! הָתָם בְּמַשְׁכּוֹן דַּאֲחֵרִים, וְכִדְרַבִּי יִצְחָק,

There is no one hundred dinars here,[N] as he has not yet given her one hundred dinars, and **there is no collateral here,** since this collateral is not a gift but merely a security. He has therefore not given her anything. **Rava raised an objection to Rav Naḥman** from the following *baraita*: If **he betrothed her with collateral,**[H] **she is betrothed.** The Gemara answers: **There,** it is referring **to collateral** belonging **to other** people,[N] which was in the possession of the man who betrothed her, **and this is in accordance with** the opinion of **Rabbi Yitzḥak.**

דְּאָמַר רַבִּי יִצְחָק: מִנַּיִן לְבַעַל חוֹב שֶׁקּוֹנֶה מַשְׁכּוֹן? שֶׁנֶּאֱמַר: "וּלְךָ תִּהְיֶה צְדָקָה", אִם אֵינוֹ קוֹנֶה – צְדָקָה מִנַּיִן? מִכָּאן לְבַעַל חוֹב שֶׁקּוֹנֶה מַשְׁכּוֹן.

As Rabbi Yitzḥak says: From where is it derived **that a creditor acquires collateral,**[H] i.e., that the individual in possession of the collateral has the actual rights to it? **As it is stated:** "You shall surely restore him the pledge when the sun goes down that he may sleep in his garment, and bless you; **and it shall be righteousness to you**" (Deuteronomy 24:13). **If** the creditor **does not acquire** the pledge or collateral, **from where** does this considering his return of the collateral as **righteousness** stem? The creditor is not giving an item belonging to him; why is this considered a righteous act? Rather, **from here** it is derived **that a creditor acquires collateral** to a certain extent.

בְּנֵי רַב הוּנָא בַּר אָבִין זְבוּן הַהִיא אַמְתָא בִּפְרִיטֵי. לָא הָווּ בַּהֲדַיְיהוּ, אוֹתִיבִי נַסְכָא עֲלֶיהָ. לְסוֹף אִיַּיקַּר אַמְתָא. אָתוּ לְקַמֵּיהּ דְּרַבִּי אַמִי, אֲמַר לְהוּ: פְּרִיטֵי אֵין כָּאן, נַסְכָא אֵין כָּאן.

The Gemara relates: **The sons of Rav Huna bar Avin**[P] **bought a certain maidservant** on the condition that they would pay **with** copper ***perutot.* They did not have** the money at the time, and therefore **they gave a piece of silver** [***naskha***][L] **for her** as collateral. **Ultimately,** the price of the **maidservant increased** and the sellers wanted to cancel the sale. **They came before Rabbi Ami** for his ruling and **he said to them: There are no** ***perutot*** **here,** and **there is no piece of silver here** either. There was no valid act of acquisition at all because they did not actually give the money, and the collateral does not transfer ownership.

תָּנוּ רַבָּנַן: "הִתְקַדְּשִׁי לִי בְּמָנֶה", נְטָלַתּוּ וּזְרָקַתּוּ לַיָּם, אוֹ לָאוּר, אוֹ לְכָל דָּבָר הָאָבֵד – אֵינָהּ מְקוּדֶּשֶׁת. הָא שְׁדִיתִינְהוּ קַמֵּיהּ – הָווּ קִידּוּשִׁין? הָא קָאָמְרָה לֵיהּ: שְׁקֵיל, לָא בָּעֵינָא!

§ **The Sages taught** in a *baraita* (*Tosefta* 2:9): If a man said to a woman: **Be betrothed to me with one hundred dinars, and she took it** from his hand **and threw it**[N] **into the sea,**[H] **or into the fire, or into anything that destroys, she is not betrothed.** The Gemara expresses surprise at this ruling: The *baraita* indicates that she is not betrothed only if the one hundred dinars are destroyed, **but** if she **threw the coins before him** but did not destroy them, **that is a betrothal.** Why should this be? By throwing the coins at him **she is** effectively **saying to him: Take** this; **I do not want** your betrothal.

NOTES

There is no one hundred dinars here – מָנֶה אֵין כָּאן: Some commentaries claim that there is no one hundred dinars here because all he has given her is a promise, like a loan. As for the collateral, that is not hers to keep (Ramban). Others claim that collateral can be transferred only if there was an earlier monetary obligation, which is not the case here (Ra'avad). Others add that this *halakha* applies only to betrothal and the acquisition of slaves, where actual money must be given. With regard to gifts and other obligations the acquisition is valid (*Tosafot*; Meiri).

It is referring to collateral belonging to other people – בְּמַשְׁכּוֹן דַּאֲחֵרִים: Most commentaries accept this statement at face value, i.e., he has acquired the actual collateral, which he uses to betroth the woman. Others explain that he transfers to her the rights to the loan represented by the collateral, and he gives her the collateral as support for that acquisition (Rashi; *Tosefot Rabbeinu Yitzḥak MiDampierre*; Meiri).

She took it and threw it – נְטָלַתּוּ וּזְרָקַתּוּ: The later commentaries discuss why her initial taking of the money is not indicative of her desire to become betrothed, and her later act of throwing it away shows that she changed her mind once it was too late (see *Ḥakham Tzvi*). Some commentaries write that everything depends on how the witnesses and the court interpret the events. If they see that she snatched the money merely to throw it, it is clear that she never intended to become betrothed (Meiri).

HALAKHA

He betrothed her with collateral – קִידְּשָׁהּ בְּמַשְׁכּוֹן: If a man had collateral from a loan that he gave to somebody and he betrothed a woman with it, she is betrothed because he has a certain ownership over the object. Some claim that this applies only to collateral that was not given at the time of the loan (Rambam *Sefer Nashim*, *Hilkhot Ishut* 5:23; *Shulḥan Arukh*, *Even HaEzer* 28:12, and in the comment of Rema).

That a creditor acquires collateral – בַּעַל חוֹב שֶׁקּוֹנֶה מַשְׁכּוֹן: If a creditor is in possession of collateral and it is lost or stolen, he is required to pay for it. Since the collateral has been acquired by him he is responsible to guard it (Rambam *Sefer Mishpatim*, *Hilkhot Sekhirut* 10:1; *Shulḥan Arukh*, *Ḥoshen Mishpat* 72:2).

She took it and threw it into the sea – נְטָלַתּוּ וּזְרָקַתּוּ לַיָּם: If a man betrothed a woman with a dinar and she took it and threw it somewhere irretrievable, she is not betrothed, even if the dinar was not destroyed (Rambam *Sefer Nashim*, *Hilkhot Ishut* 4:3; *Shulḥan Arukh*, *Even HaEzer* 30:7).

LANGUAGE

A piece of silver [*naskha*] – נַסְכָא: From the root *nun*, *tav*, *khaf*, which is the origin of the word *matekhet*, metal. The term refers to chunks of metal that have no defined form. The Sages use this word for precious metals in general, e.g., gold or silver.

PERSONALITIES

Rav Huna bar Avin – רַב הוּנָא בַּר אָבִין: Rav Huna bar Avin was a fourth-generation *amora* of Eretz Yisrael. Rav Huna was born in Babylonia, where he studied Torah under Rav Yosef. He eventually immigrated to Eretz Yisrael, where he entered Rabbi Yirmeya's yeshiva in Tiberias. Rav Huna quotes Rabbi Yirmeya several times in the Talmud. He also cites other *amora'im* of Eretz Yisrael, whose statements he apparently learned from Rabbi Yirmeya. With regard to *aggada*, Rav Huna's primary teacher was Rabbi Aḥa. Following Rav Huna's rise to prominence, he became a member of the court that determined the sanctification of the New Moon.

Rav Huna was a victim of Roman persecution and was forced to spend a good deal of time hiding in a cave. During this time, Rav Huna sent a message to Rava in Babylonia detailing the secret of how to intercalate the year, a practice that the Romans forbade (*Rosh HaShana* 21a). Few details about Rav Huna's life are known. One fact that is related is that although he was a priest, he refused to accept *teruma*. His students were Rabbi Yona and Rabbi Yosei, son of Rabbi Bun.

לָא מִיבָּעֲיָא קָאָמַר; לָא מִיבָּעֲיָא שְׁדִיתִינְהוּ קַמֵּיהּ דְּלָא הָווּ קִידּוּשִׁין, אֲבָל זְרָקַתּוּ לַיָּם אוֹ לָאוּר, אֵימָא: כֵּיוָן דְּמִיחַיְּיבָא בְּהוּ – קִדּוּשֵׁי קָדֵישׁ נַפְשָׁהּ, וְהָא דְּקָא עָבְדָא הָכִי סָבְרָא: אִיבְדְּקֵיהּ לְהַאי גַּבְרָא אִי רַתְחָנָא הוּא אוֹ לָא. קָא מַשְׁמַע לַן.

The Gemara answers: The *tanna* of the *baraita* **is speaking** using the style of: **It is not necessary,** as follows: **It is not necessary** to state in a case where **she throws** the money **before him that it is not a betrothal,** as her action indicates that she does not want to be betrothed. **But** when **she throws it into the sea or into the fire,** one might **say** that **since she is obligated** to pay for the money he gave her, perhaps **she betrothed herself** with the money she received. **And** as for the reason why **she did this** act of destroying the money, **she thought: I will test this man** to see **if he is** an individual of **an angry** temperament **or not.** Therefore, the *tanna* **teaches us** that even in that case it is not a betrothal.

תָּנוּ רַבָּנַן: ״הִתְקַדְּשִׁי לִי בְּמָנֶה״ – ״תְּנֵם לְאַבָּא וּלְאָבִיךָ״ – אֵינָהּ מְקוּדֶּשֶׁת. ״עַל מְנָת שֶׁיְּקַבְּלוּם לִי״ – מְקוּדֶּשֶׁת.

The Sages taught in a *baraita* (*Tosefta* 2:9): If a man said to a woman: **Be betrothed to me with one hundred dinars,** and she said to him: **Give** the money **to my father,** or: Give the money **to your father,**[H] **she is not betrothed.** If she said: Give the money to my father, or Give the money to your father **on the condition that he accepts them for me, she is betrothed.**

תָּנָא ״אַבָּא״ לְהוֹדִיעֲךָ כֹּחַ דְּרֵישָׁא, תָּנָא ״אָבִיךָ״ לְהוֹדִיעֲךָ כֹּחַ דְּסֵיפָא.

The Gemara comments: The *baraita* **taught** the case where she said: Give the money to my **father, to convey the far-reaching nature of** the *halakha* **of the first clause.** If she simply said that he should give the money to anybody else, even her own father, whom it can be assumed she wants to benefit, she is still not betrothed. And the *baraita* **taught** the case where she said: Give the money to **your father, to convey the far-reaching nature of** the *halakha* **of the latter clause.** If she said that someone else should receive the money on her behalf, it is a valid betrothal even if she said the money should be given to his father.

״הִתְקַדְּשִׁי לִי בְּמָנֶה״ – ״תְּנֵם לִפְלוֹנִי״ – אֵינָהּ מְקוּדֶּשֶׁת. ״עַל מְנָת שֶׁיְּקַבְּלֵם לִי״ – מְקוּדֶּשֶׁת. וּצְרִיכָא.

The Gemara cites a similar case. If he said to her: **Be betrothed to me with one hundred dinars,** and she said to him: **Give them to so-and-so, she is not betrothed.** But if she said to him: **On the condition that he accepts them for me, she is betrothed.** The Gemara comments: **It is necessary** to issue this ruling, despite the fact that it is apparently identical to the previous *halakha*.

דְּאִי אַשְׁמְעִינַן ״אַבָּא״ וְ״אָבִיךָ״ – הָתָם הוּא דְּכִי אָמְרָה ״עַל מְנָת שֶׁיְּקַבְּלוּם לִי״ הָווּ קִידּוּשִׁין – דְּסָמְכָה דַּעְתָּהּ עִילַּוַיְיהוּ, סָבְרָה: עָבְדִין לִי שְׁלִיחוּתַאי. אֲבָל פְּלוֹנִי – לָא.

The Gemara elaborates: This is **because if** the *tanna* had **taught us** only the case where she said: **Give** the money **to my father,** or: Give the money **to your father,** one would say that **it is** in that case **there, when she said: On the condition that** one of these relatives **accepts them for me,** that **it is a betrothal, as she relies on them** and she **thinks: They will do my bidding for me** and will hold this money on my behalf. **But** if she says: Give it to **so-and-so,** someone who is not related to either of them, **no,** the betrothal is not valid.

וְאִי אַשְׁמְעִינַן ״פְּלוֹנִי״ – הָכָא הוּא דְּכִי אָמְרָה ״תְּנֵם לִפְלוֹנִי״ לָא הָווּ קִידּוּשֵׁי – דְּלָא מִקָּרְבָא דַּעְתָּהּ לְגַבֵּיהּ לְמֵיתְבָה לֵיהּ בְּמַתָּנָה. אֲבָל ״אַבָּא״ וְ״אָבִיךָ״, דְּמִקָּרְבָא דַּעְתָּהּ לְגַבַּיְיהוּ – אֵימָא בְּמַתָּנָה יְהַבִיתֵיהּ נִיהֲלַיְיהוּ. צְרִיכָא.

And conversely, if the *tanna* had **taught us** only the case of **so-and-so,** one might say: **It is here, when she said: Give it to so-and-so,** that **it is not a betrothal,** as **she is not close to him** and is not interested in **giving him** this money **as a gift. But** if she said: **Give** the money **to my father,** or: Give the money **to your father, to whom she is close,** one might **say** that **she gave it to them as a gift,** i.e., she accepted the sum as her betrothal money and decided to give it as a gift. If so, she should be betrothed. **It was** therefore **necessary** for the *tanna* to issue both rulings and clarify that she is not betrothed in either case.

תָּנוּ רַבָּנַן: ״הִתְקַדְּשִׁי לִי בְּמָנֶה״ – ״תְּנֵם עַל גַּבֵּי סֶלַע״ – אֵינָהּ מְקוּדֶּשֶׁת. וְאִם הָיָה סֶלַע שֶׁלָּהּ – מְקוּדֶּשֶׁת. בָּעֵי רַב בֵּיבַי: סֶלַע שֶׁל שְׁנֵיהֶם מַהוּ? תֵּיקוּ.

The Sages taught: If a man said to a woman: **Be betrothed to me with one hundred dinars,** and she said to him: **Place them on a rock,**[H] **she is not betrothed. And if the rock was hers,**[N] **she is betrothed. Rav Beivai raises a dilemma:** If the **rock** was the property **of both of them, what is** the *halakha*? No answer was found, and the Gemara states that the dilemma **shall stand** unresolved.

״הִתְקַדְּשִׁי לִי בְּכִכָּר״ – ״תְּנֵהוּ לְכֶלֶב״ – אֵינָהּ מְקוּדֶּשֶׁת. וְאִם הָיָה כֶּלֶב שֶׁלָּהּ – מְקוּדֶּשֶׁת. בָּעֵי רַב מָרִי: כֶּלֶב רָץ אַחֲרֶיהָ מַהוּ?

The Gemara discusses a similar case. If a man said to a woman: **Be betrothed to me with a loaf** of bread, and she said to him: **Give it to a dog,**[H] **she is not betrothed. And if** this **dog was hers, she is betrothed. Rav Mari raises a dilemma: If a dog** was **chasing her** to bite her, and she said to him: Give the loaf to the dog, **what is** the *halakha*?

HALAKHA

Give the money to my father or to your father – תְּנֵם לְאַבָּא וּלְאָבִיךָ: If a man said to a woman: Be betrothed to me with one hundred dinars, and she said: Give it to my father, or: Give it to your father, or: Give it to so-and-so, she is not betrothed. If she says that they should accept the money on her behalf, she is betrothed (Rambam *Sefer Nashim, Hilkhot Ishut* 4:3; *Shulḥan Arukh, Even HaEzer* 30:8).

Place them on a rock – תְּנֵם עַל גַּבֵּי סֶלַע: If a man says to a woman: Be betrothed to me with one hundred dinars, and she says to him: Place them on a rock, she is not betrothed. If the rock belongs to her, she is betrothed. If it belongs to both of them, the status of her betrothal is uncertain, as this question is left unresolved in the Gemara (Rambam *Sefer Nashim, Hilkhot Ishut* 4:4; *Shulḥan Arukh, Even HaEzer* 30:9).

Give it to a dog – תְּנֵהוּ לְכֶלֶב: If a man said to a woman: Be betrothed to me with this loaf of bread, and she said: Give it to a dog, she is not betrothed. If the dog was hers, she is betrothed. If the dog was not hers and was chasing her, it is unclear if she is betrothed, as this case is left unresolved by the Gemara (Rambam *Sefer Nashim, Hilkhot Ishut* 4:4; *Shulḥan Arukh, Even HaEzer* 30:11).

NOTES

If the rock was hers – אִם הָיָה סֶלַע שֶׁלָּהּ: According to Rashi, the issue here is an act of acquisition by way of a courtyard, i.e., she acquires the betrothal money because it is located in her courtyard (see Rabbeinu Ḥananel ben Shmuel). Others explain that the question is whether the woman wants him to place the money in a safe location, which would be an indication that she intends to accept it (*Tosafot*). Alternatively, the case of a jointly owned rock depends on whether the money has left the man's possession (Ritva).

בְּהַהוּא הֲנָאָה דְּקָא מַצְּלָה נַפְשָׁהּ מִינֵּיהּ – גָּמְרָה וּמַקְנְיָא לֵיהּ נַפְשָׁהּ, אוֹ דִּלְמָא: מָצֵי אָמְרָה לֵיהּ: מִדְּאוֹרַיְיתָא חַיּוּבֵי מְחַיְּיבַתְּ לְאַצּוֹלַן? תֵּיקוּ.

The Gemara presents the two sides of the dilemma: Does one say that **she commits herself** to betrothal **and transfers herself** to him **through this benefit that** she receives **by being rescued** from the dog? **Or perhaps she can say to him: By Torah law you are required to rescue me,**[H] due to the injunction: "Neither shall you stand idly by the blood of your neighbor" (Leviticus 19:16), and therefore she is not betrothed with the loaf because she does not owe him anything. This problem is also left unanswered, and the Gemara again states that the dilemma **shall stand** unresolved.

"הִתְקַדְּשִׁי לִי בְּכִכָּר" – "תְּנֵהוּ לְעָנִי" – אֵינָהּ מְקוּדֶּשֶׁת, אֲפִילּוּ עָנִי הַסָּמוּךְ עֲלָהּ. מַאי טַעְמָא? אָמְרָה לֵיהּ: כִּי הֵיכִי דִּמְחַיַּיבְנָא בֵּיהּ אֲנָא – הָכִי מְחַיַּיבְתְּ בֵּיהּ אַתְּ.

If a man said to a woman: **Be betrothed to me with a loaf** of bread, and she said: **Give it to a poor person,**[H] **she is not betrothed, even** if it was **a poor person who is dependent upon her,** i.e., a poor person who regularly receives food from that woman. **What is the reason** for this? She could **say to him: Just as I am required** to give charity to **him, so too you are required** to give charity to **him.** Therefore, this donation is not an indication that she has agreed to the betrothal.

הַהוּא גַּבְרָא דַּהֲוָה קָא מְזַבֵּין

The Gemara relates: There was **a certain man who was selling**

Perek **I**
Daf **9** Amud **a**

חוּמְרֵי פְּתַכְיָיתָא. אֲתַאי הַהִיא אִיתְּתָא, אָמְרָה לֵיהּ: הַב לִי חַד שׁוֹכָא! אֲמַר לָהּ: אִי יָהֲבֵינָא לֵיךְ מִיקַדְּשַׁתְּ לִי? אָמְרָה לֵיהּ: הֲבָה מִיהֲבָה. אֲמַר רַב חָמָא: כָּל "הֲבָה מִיהֲבָה" – לָאו כְּלוּם הוּא.

beads [*ḥumrei*][L] **of glass** [*petakhyata*].[L] **A certain woman came** and **said to him: Give me one string. He said to her: If I give you** this string **will you be betrothed to me** with it? **She said to him: Give, give. Rav Ḥama said: Any** use of the expression: **Give, give,**[H] **is nothing.** Although she said: Give, give, she did not agree to the condition, as she was mocking him and had no intention of actually becoming betrothed.

הַהוּא גַּבְרָא דַּהֲוָה קָא שָׁתֵי חַמְרָא בְּחָנוּתָא. אֲתַאי הַהִיא אִיתְּתָא, אָמְרָה לֵיהּ: הַב לִי חַד כָּסָא! אֲמַר לָהּ: אִי יָהֵיבְנָא לֵיךְ מִיקַדְּשַׁתְּ לִי? אָמְרָה לֵיהּ: אַשְׁקוּיֵי אַשְׁקְיַין. אֲמַר רַב חָמָא: כָּל "אַשְׁקוּיֵי אַשְׁקְיַין" – לָאו כְּלוּם הוּא.

The Gemara relates a similar incident: There was **a certain man who was drinking wine in a store. A woman came** in and **said to him: Give me one cup** of wine. **He said to her: If I give you** a cup of wine will **you be betrothed to me** with it? **She said to him: Give to drink, give it to me to drink. Rav Ḥama said** that any use of the expression: **Give to drink, give** it **to me to drink,** is **nothing,** i.e., she certainly did not intend to accept the condition and she is not betrothed.

הַהוּא גַּבְרָא דַּהֲוָה קָא שָׁדֵי תַּמְרֵי מִדִּקְלָא. אֲתַאי הַהִיא אִיתְּתָא, אָמְרָה לֵיהּ: שְׁדֵי לִי תַּרְתֵּי! אֲמַר לָהּ: אִי שָׁדֵינָא לֵיךְ מִיקַדְּשַׁתְּ לִי? אָמְרָה לֵיהּ: שְׁדֵי מִישְׁדָא. אֲמַר רַב זְבִיד: כָּל "שְׁדֵי מִישְׁדָא" – לָאו כְּלוּם הוּא.

The Gemara further relates: There was **a certain man who was picking dates from a date tree. A certain woman came** and **said to him: Throw me two. He said to her: If I throw** two dates to **you will you be betrothed to me** with them? **She said to him: Throw, throw. Rav Zevid said: Any use** of the expression: **Throw, throw, is nothing,** and she is not betrothed.

אִיבַּעְיָא לְהוּ: "הַב", "אַשְׁקֵי" וּ"שְׁדֵי" מַהוּ? אֲמַר רָבִינָא: מְקוּדֶּשֶׁת. רַב סָמָא בַּר רַקְתָּא אֲמַר: תָּגָא דְּמַלְכָּא! אֵינָהּ מְקוּדֶּשֶׁת. וְהִלְכְתָא: אֵינָהּ מְקוּדֶּשֶׁת.

A dilemma was raised before the Sages:[B] If she said: **Give,** or: **Give to drink,** or: **Throw,** without the additional emphasis of the repetition, **what is** the *halakha*? Does this straightforward statement indicate that she actually meant him to give it to her in accordance with his stated condition, or does she not agree to betrothal even here? **Ravina said: She is betrothed. Rav Sama bar Rakta said** in the form of an oath: **By the king's crown! She is not betrothed.** The Gemara states: **And the *halakha*** is that **she is not betrothed.**

וְהִלְכְתָא: שִׁירָאֵי לָא צְרִיכִי שׁוּמָא. וְהִלְכְתָא כְּרַבִּי אֶלְעָזָר. וְהִלְכְתָא כְּרָבָא אֲמַר רַב נַחְמָן.

The Gemara issues further rulings concerning the previous cases. **And the *halakha*** is: With regard to **silk** garments that are worth more than one *peruta*, **appraisal** is **not necessary**[N] before a woman can be betrothed with them. **And the *halakha* is in accordance with** the opinion of **Rabbi Elazar,** that if a man promised a woman one hundred dinars as betrothal money and gave her only a dinar, she is betrothed. **And the *halakha* is in accordance with** the opinion of **Rava,** who said that **Rav Naḥman said** that if he promised one hundred dinars and gave her only collateral, this is not a valid betrothal.

HALAKHA

By Torah law you are required to rescue me – מִדְּאוֹרַיְיתָא חַיּוּבֵי מְחַיְּיבַתְּ לְאַצּוֹלַן: Anyone who can rescue another and does not do so has violated the injunction: "Neither shall you stand idly by the blood of your neighbor" (Leviticus 19:16). For example, if one sees somebody drowning in the sea or being attacked by bandits or wild animals, he must rescue him (Rambam *Sefer Nezikin*, *Hilkhot Rotze'aḥ UShmirat HaNefesh* 1:14).

Give it to a poor person – תְּנֵהוּ לְעָנִי: If one says to a woman: Be betrothed to me with this loaf of bread, and she says to him: Give it to so-and-so the pauper, she is not betrothed, even if that poor person depends on her (Rambam *Sefer Nashim*, *Hilkhot Ishut* 4:4; *Shulḥan Arukh*, *Even HaEzer* 30:10).

LANGUAGE

Beads [*ḥumrei*] – **חוּמְרֵי:** This word refers to different types of round objects, e.g., coins, buttons, or beads. It is apparently related to the Middle Persian muhr, which generally means seal.

Glass [*petakhyata*] – **פְּתַכְיָיתָא:** An Aramaic term that according to the *ge'onim* means large. It refers to jewelry hung around the neck.

HALAKHA

Any use of give, give – כָּל הֲבָה מִיהֲבָה: If a man had food, drink, or anything else in front of him, and a woman came along and said: Give me some of this, whereupon he responded: Will you be betrothed to me if I give it to you, and she said: Give me, or something similar, she is not betrothed. If she said: Yes, she is betrothed. Similarly, if he said to her when he gave her the item: You are hereby betrothed to me, and she took it, she is betrothed (Rambam *Sefer Nashim*, *Hilkhot Ishut* 4:5; *Shulḥan Arukh*, *Even HaEzer* 29:10).

BACKGROUND

A dilemma was raised before the Sages – אִיבַּעְיָא לְהוּ: This expression introduces a dilemma raised anonymously in the Gemara in which two alternatives are presented.

NOTES

And the *halakha* is, with regard to silk garments appraisal is not necessary – וְהִלְכְתָא שִׁירָאֵי לָא צְרִיכִי שׁוּמָא: Some commentaries derive a novel *halakha* from the wording of the Gemara. It states that appraisal is not necessary for items such as clothing, whose value is more or less known. One can infer that items whose value can be assessed only by experts, e.g., precious stones, do in fact require appraisal before betrothal (Rabbeinu Tam). For this reason it is customary to use a ring without a stone to betroth a woman.

תָּנוּ רַבָּנַן: בִּשְׁטָר כֵּיצַד? כָּתַב לוֹ עַל הַנְּיָיר אוֹ עַל הַחֶרֶס, אַף עַל פִּי שֶׁאֵין בּוֹ שָׁוֶה פְּרוּטָה, ״בִּתְּךָ מְקוּדֶּשֶׁת לִי״ ״בִּתְּךָ מְאוֹרֶסֶת לִי״ ״בִּתְּךָ לִי לְאִינְתּוּ״ – הֲרֵי זוֹ מְקוּדֶּשֶׁת.

§ **The Sages taught: How is** betrothal performed **with a document?**[H] If he **wrote** the following **for** a young woman's father **on paper or earthenware, despite** the fact **that** the paper or earthenware **is not worth one** ***peruta*****: Your daughter is betrothed** [*mekuddeshet*] **to me,** or: **Your daughter is betrothed** [*me'oreset*] **to me,** or: **Your daughter is to me as a wife,** then **she is betrothed.** There is no requirement for the paper or earthenware to be worth one *peruta*, as she is not betrothed through the value of the paper or earthenware.

מַתְקִיף לָהּ רַבִּי זֵירָא בַּר מֶמֶל: הָא לָא דָּמֵי הַאי שְׁטָרָא לִשְׁטָר זְבִינֵי! הָתָם – מוֹכֵר כּוֹתֵב לוֹ ״שָׂדִי מְכוּרָה לְךָ״, הָכָא בַּעַל כּוֹתֵב ״בִּתְּךָ מְקוּדֶּשֶׁת לִי״!

Rabbi Zeira bar Memel objects to this description of the writing of the document: **But this document is not comparable to a bill of sale. There,** in the case of a bill of sale, the **seller** is the one who **writes to** the buyer: **My field is sold to you. Here,** the **husband,** who is akin to a buyer, is the one who **writes: Your daughter is betrothed to me.**

אֲמַר רָבָא: הָתָם מֵעִנְיָינָא דִּקְרָא, וְהָכָא מֵעִנְיָינָא דִּקְרָא. הָתָם כְּתִיב: ״וּמָכַר מֵאֲחֻזָּתוֹ״ – בְּמוֹכֵר תָּלָה רַחֲמָנָא, הָכָא כְּתִיב: ״כִּי יִקַּח״ – בְּבַעַל תָּלָה רַחֲמָנָא.

Rava said: There, in the case of a sale, the formulation of the document is taken **from the context of the verse, and here,** in the case of betrothal, the formulation of the document is likewise taken **from the context of the verse.** Rava elaborates: **There,** with regard to a sale, **it is written: "And sells of his ancestral land"** (Leviticus 25:25), which indicates that **the Merciful One renders** the transaction **dependent on the seller. Here, it is written: "If** a man **takes** a woman" (Deuteronomy 22:13), meaning that **the Merciful One renders** the betrothal **dependent on the husband.**

הָתָם נַמִּי כְּתִיב: ״שָׂדוֹת בַּכֶּסֶף יִקְנוּ״! קְרֵי בֵּיהּ ״יַקְנוּ״. מַאי טַעְמָא קָרֵית בֵּיהּ ״יַקְנוּ״? מִשּׁוּם דִּכְתִיב ״וּמָכַר״. הָכִי נַמִּי קְרֵי בֵּיהּ ״כִּי יַקַּח״ דִּכְתִיב: ״אֶת בִּתִּי נָתַתִּי לָאִישׁ הַזֶּה״!

The Gemara asks: **There,** in the case of a sale, **it is also written: "Men shall buy** [*yiknu*] **fields for money"** (Jeremiah 32:44), which indicates that the matter depends upon the buyer. The Gemara answers: **Read into** the verse: Shall sell [*yakknu*]. The Gemara asks: **What is the reason** that **you read it as** ***yakknu*****; because it is written** in the verse in Leviticus: **"And sells,"** and there is a preference to have the verse from the Prophets accord with that of the Torah? **So too,** instead of: "If a man takes [*ki yikaḥ*]" (Deuteronomy 22:13), **read into** the verse: When he is given [***ki yakiaḥ***], **as it is written: "I gave my daughter to this man"** (Deuteronomy 22:16), so that the verses will accord with each other.

אֶלָּא אֲמַר רָבָא: הִלְכְתָא נִינְהוּ, וְאַסְמְכִינְהוּ רַבָּנַן אַקְּרָאֵי. וְאִיבָּעֵית אֵימָא: הָתָם נַמִּי כְּתִיב: ״וָאֶקַּח אֶת סֵפֶר הַמִּקְנָה״.

Rather, Rava said: There is no proof from the verses for these rulings, as **they are a** ***halakha*** received through tradition, **and the Sages based them on the verses. And if you wish, say: There too,** in the case in Jeremiah, **it is written** with regard to the buyer: **"And I took the deed of purchase"** (Jeremiah 32:11), thereby indicating that it is the seller who writes the document.

וְאָמַר רָבָא אָמַר רַב נַחְמָן: כָּתַב לוֹ עַל הַנְּיָיר אוֹ עַל הַחֶרֶס, אַף עַל פִּי שֶׁאֵין בּוֹ שָׁוֶה פְּרוּטָה ״בִּתְּךָ מְקוּדֶּשֶׁת לִי״ ״בִּתְּךָ מְאוֹרֶסֶת לִי״ ״בִּתְּךָ לִי לְאִינְתּוּ״, בֵּין עַל יְדֵי אָבִיהָ בֵּין עַל יְדֵי עַצְמָהּ – מְקוּדֶּשֶׁת מִדַּעְתּוֹ, וְהוּא שֶׁלֹּא בָּגְרָה.

And Rava says that Rav Naḥman says: If he **wrote** the following **for him on paper or earthenware, despite** the fact **that** the paper or earthenware **is not worth one** ***peruta*****: Your daughter is betrothed** [*mekuddeshet*] **to me,** or: **Your daughter is betrothed** [*me'oreset*] **to me,** or: **Your daughter is to me as a wife, whether** he gave it **to her father or whether** he gave it directly **to her, she is betrothed with the consent** of her father. **And this** is the *halakha* provided **that she has not** yet **reached her majority,**[H] before which her father alone has the authority to betroth her.

HALAKHA

Betrothal with a document – קִדּוּשִׁין בִּשְׁטָר: How is betrothal performed with a document? The man writes on paper, earthenware, or anything else: You are hereby betrothed to me, or any other accepted formula of betrothal, and he gives it to the woman in the presence of two witnesses (Rambam *Sefer Nashim*, *Hilkhot Ishut* 3:3; *Shulḥan Arukh*, *Even HaEzer* 32:1, 3).

Betrothal of a minor girl and an adult – קִדּוּשֵׁי קְטַנָּה וּגְדוֹלָה: One who betroths a minor girl or a young woman by means of a document should write to her father in the document of betrothal: Your daughter is betrothed to me. He can also betroth her directly, provided that he does so with her father's consent. If he does not have her father's consent she is not betrothed, even if her father later agrees. A father has no authority over an adult woman, and she can be betrothed only through her own consent and by means of a document written for her sake (Rambam *Sefer Nashim*, *Hilkhot Ishut* 3:12–13; *Shulḥan Arukh*, *Even HaEzer* 32:1, 3).

כָּתַב לָהּ עַל הַנְּיָיר אוֹ עַל הַחֶרֶס, אַף עַל פִּי שֶׁאֵין בּוֹ שָׁוֶה פְּרוּטָה, ״הֲרֵי אַתְּ מְקוּדֶּשֶׁת לִי״ ״הֲרֵי אַתְּ לִי לְאִינְתּוּ״ ״הֲרֵי אַתְּ מְאוֹרֶסֶת לִי״ – מְקוּדֶּשֶׁת, בֵּין עַל יְדֵי אָבִיהָ בֵּין עַל יְדֵי עַצְמָהּ מִדַּעְתָּהּ, וְהוּא שֶׁבָּגְרָה.

If he wrote for her on paper or earthenware, despite the fact **that** the paper or earthenware **is not worth one *peruta*: You are hereby betrothed** [***mekuddeshet***] **to me,** or: **You are hereby to me as a wife,** or: **You are hereby betrothed** [***me'oreset***] **to me,** then **she is betrothed whether** he gave it **to her father** or **to her,** as long as this was **with her consent. And this** is the *halakha* provided **that she has reached her majority** and is under her own authority.

בָּעֵי רַבִּי שִׁמְעוֹן בֶּן לָקִישׁ: שְׁטַר אֵירוּסִין שֶׁכְּתָבוֹ שֶׁלֹּא לִשְׁמָהּ, מַהוּ? הֲוָיוֹת לִיצִיאוֹת מַקְּשִׁינַן; מַה

§ **Rabbi Shimon ben Lakish raises a dilemma:** With regard to **a document of betrothal that was written not for her sake,** i.e., not for this particular woman, **what is the** *halakha*? Do **we juxtapose** the *halakhot* of the **modes of becoming** betrothed **to the** *halakhot* of the **modes of leaving** a marriage, i.e., divorce? If so, one should say: **Just as**

Perek **I**
Daf **9** Amud **b**

HALAKHA

We require that leaving must be for her sake – יְצִיאָה בָּעֵינַן לִשְׁמָהּ: One of the most basic elements of divorce by Torah law is that the bill of divorce must be written for the sake of the woman being divorced (Rambam *Sefer Nashim*, *Hilkhot Geirushin* 1:1; *Shulḥan Arukh*, *Even HaEzer* 131:1).

We juxtapose becoming to leaving – הֲוָיָה לִיצִיאָה מַקְּשִׁינַן: A document of betrothal must be written for the sake of the woman who is being betrothed, as it is juxtaposed to a bill of divorce, which must be written for the sake of the woman being divorced. If it was not written for her sake, she is not betrothed (Rambam *Sefer Nashim*, *Hilkhot Ishut* 3:4; *Shulḥan Arukh*, *Even HaEzer* 32:1).

A man wrote a document of betrothal for her sake but without her consent – כְּתָבוֹ לִשְׁמָהּ וְשֶׁלֹּא מִדַּעְתָּהּ: The authorities disagree about a case in which a man wrote a betrothal document for a woman for her sake but received her consent to the betrothal only later, when he gave it to her. Many claim that she is not betrothed (Rabbeinu Ḥananel; Rif; Rambam). Others rule in accordance with the opinions of Rava and Ravina that she is betrothed (*Ge'onim*). Some commentaries state that as this dispute is unresolved, it is uncertain whether this woman is betrothed (Rosh). The *Shulḥan Arukh* rules in accordance with this opinion (Rambam *Sefer Nashim*, *Hilkhot Ishut* 3:4; *Shulḥan Arukh*, *Even HaEzer* 32:1).

יְצִיאָה בָּעֵינַן לִשְׁמָהּ – אַף הֲוָיָה בָּעֵינַן לִשְׁמָהּ. אוֹ דִּלְמָא: הֲוָיוֹת לַהֲדָדֵי מַקְּשִׁינַן, מַה הֲוָיָה דְּכֶסֶף – לָא בָּעֵינַן לִשְׁמָהּ, אַף הֲוָיָה דִּשְׁטָר, לָא בָּעֵינַן לִשְׁמָהּ?

we require that the document of **leaving,** i.e., a bill of divorce, must be written specifically **for her sake,**[H] **so too, we require** that the document of **becoming** betrothed be written **for her sake. Or perhaps we juxtapose** the different **modes of becoming** betrothed **to each other** and say: **Just as we do not require** that **becoming** betrothed **with money** must be carried out with coins minted **for her sake, so too, we do not require** that **becoming** betrothed **with a document** must be with a document written **for her sake.**

בָּתַר דְּבַעְיָא הֲדַר פַּשְׁטָהּ: הֲוָיָה לִיצִיאָה מַקְּשִׁינַן, דְּאָמַר קְרָא: ״וְיָצְאָה...וְהָיְתָה״.

After he raised the dilemma, Rabbi Shimon ben Lakish **then resolved it. We juxtapose becoming** betrothed **to leaving**[H] a marriage, **as the verse states: "And she departs** out of his house, and goes **and becomes"** (Deuteronomy 24:2). This shows that the *halakhot* of a betrothal document are derived from those of a bill of divorce, and therefore a document of betrothal must also be written for her sake.

אִיתְּמַר, כְּתָבוֹ לִשְׁמָהּ וְשֶׁלֹּא מִדַּעְתָּהּ. רָבָא וְרָבִינָא אָמְרִי: מְקוּדֶּשֶׁת. רַב פַּפָּא וְרַב שֵׁרֵבְיָא אָמְרִי: אֵינָהּ מְקוּדֶּשֶׁת. אָמַר רַב פַּפָּא: אֵימָא טַעֲמָא דִּידְהוּ, וְאֵימָא טַעֲמָא דִּידִי. אֵימָא טַעֲמָא דִּידְהוּ: דִּכְתִיב: ״וְיָצְאָה...וְהָיְתָה״ – מַקִּישׁ הֲוָיָה לִיצִיאָה; מַה יְּצִיאָה לִשְׁמָהּ וְשֶׁלֹּא מִדַּעְתָּהּ – אַף הֲוָיָה נַמִי, לִשְׁמָהּ וְשֶׁלֹּא מִדַּעְתָּהּ.

It was stated that *amora'im* disagreed with regard to the following issue: If a man **wrote** a document of betrothal **for her sake but without her consent,**[H] i.e., she did not know at the time that they were writing it but accepted it afterward, **Rava and Ravina say: She is betrothed. Rav Pappa and Rav Sherevya say: She is not betrothed. Rav Pappa said: I will say their reason and I will say my reason. I will state their reason, as it is written: "And she departs** out of his house, and goes **and becomes,"** by which the verse **juxtaposes becoming** betrothed **to leaving** a marriage. **Just as** a bill of divorce, written for **leaving** a marriage must be written **for her own sake but** can be written **without her consent, so too,** a document written for **becoming** betrothed must be written **for her own sake and** can even be **without her consent.**

וְאֵימָא טַעֲמָא דִּידִי: ״וְיָצְאָה...וְהָיְתָה״ – מַקִּישׁ הֲוָיָה לִיצִיאָה; מַה יְּצִיאָה – בָּעֵינַן דַּעַת מַקְנֶה, אַף הֲוָיָה – בָּעֵינַן דַּעַת מַקְנֶה.

And I will say my reason: The verse says: **"And she departs** out of his house, and goes **and becomes."** The verse **juxtaposes becoming** betrothed **to leaving** a marriage. **Just as** with regard to a bill of divorce, written for **leaving** a marriage, **we require the consent of the one transferring** ownership, i.e., the man, as he divorces and transfers authority of the woman to herself, **so too,** with regard to a document written for **becoming** betrothed, **we require the consent of the one transferring** ownership, which in this case is the woman, who must agree to the marriage.

מֵיתִיבֵי: אֵין כּוֹתְבִין שְׁטָרֵי אֵירוּסִין וְנִשּׂוּאִין אֶלָּא מִדַּעַת שְׁנֵיהֶן. מַאי לָאו שְׁטָרֵי אֵירוּסִין וְנִשּׂוּאִין מַמָּשׁ? לָא, שְׁטָרֵי פְּסִיקְתָּא, וְכִדְרַב גִּידֵּל אָמַר רַב.

The Gemara **raises an objection** from a mishna (*Bava Batra* 167b) against the opinion that she is betrothed if the document was written without her consent. **One writes documents of betrothal and marriage**[N] **only with the consent of both** the man and woman. **What, is** the mishna **not** referring to **actual documents of betrothal and marriage,** which indicates that the document must be written with the woman's consent? The Gemara rejects this proof: **No,** this is referring to **documents of stipulation,**[H] which contain the details of the dowry. **And** this statement is **in accordance with** that which **Rav Giddel** says that **Rav says.**

דְּאָמַר רַב גִּידֵּל אָמַר רַב: "כַּמָּה אַתָּה נוֹתֵן לִבְנְךָ?" "כָּךְ וְכָךְ"; "לְבִתְּךָ?" "כָּךְ וְכָךְ". עָמְדוּ וְקִדְּשׁוּ – קָנוּ, הֵן הֵן הַדְּבָרִים הַנִּקְנִים בַּאֲמִירָה.

As Rav Giddel says that **Rav says:** If the father of one member of the couple says to the father of the other: **How much are you giving to your son?** And he answers: **Such and such,** and adds: How much are you giving **to your daughter?** And the other responds: **Such and such,** then if **they,** the couple, subsequently **arose and** became **betrothed, they acquire** everything that was promised. **These are the matters that are acquired through speech,** and they do not require an act of acquisition. The documents of betrothal mentioned here that require the woman's consent are those which contain this type of monetary obligation, not actual documents of betrothal.

"וּבְבִיאָה". מְנָא לָן? אָמַר רַבִּי אַבָּהוּ אָמַר רַבִּי יוֹחָנָן: דְּאָמַר קְרָא: "בְּעֻלַת בַּעַל" – מְלַמֵּד שֶׁנַּעֲשָׂה לָהּ בַּעַל עַל יְדֵי בְּעִילָה. אָמַר לֵיהּ רַבִּי זֵירָא לְרַבִּי אַבָּהוּ, וְאָמְרִי לָהּ, רֵישׁ לָקִישׁ לְרַבִּי יוֹחָנָן: כְּעוּרָה זוֹ שֶׁשָּׁנָה רַבִּי: "וּבְעָלָהּ" – מְלַמֵּד שֶׁנִּקְנֵית בְּבִיאָה?

§ The mishna teaches that a woman can be betrothed **through sexual intercourse.** The Gemara asks: **From where do we** derive this? **Rabbi Abbahu said** that **Rabbi Yoḥanan said** that **the verse states:** "If a man be found lying with **a married woman** [*beulat ba'al*]" (Deuteronomy 22:22). This **teaches that he becomes her husband** [*ba'al*] **by means of sexual intercourse** [*be'ila*]. **Rabbi Zeira said to Rabbi Abbahu, and some say** it was **Reish Lakish** who said this **to Rabbi Yoḥanan:** Is **this** other proof, **taught by Rabbi** Yehuda HaNasi, **unacceptable:** "When a man takes a woman **and engages in sexual intercourse with her"** (Deuteronomy 24:1)? This verse **teaches** that **she can be acquired through intercourse.**

אִי מֵהָתָם הֲוָה אָמִינָא: עַד דִּמְקַדֵּשׁ וַהֲדַר בָּעֵיל. קָא מַשְׁמַע לָן.

The Gemara answers that the verse cited by Rabbi Yehuda HaNasi is insufficient proof that a woman can be betrothed via intercourse, as, **if** this *halakha* were derived only **from there, I would say** that she is not considered his wife **unless he** first **betroths** her through money, indicated by the phrase "takes a woman," **and then engages in intercourse** with her. This is the only valid mode of betrothal, and intercourse alone is not enough. Therefore, the verse states "a married woman [*beulat ba'al*]" and **teaches us** that intercourse by itself is a valid means of betrothal.

מַתְקִיף לָהּ רַבִּי אַבָּא בַּר מֶמֶל: אִם כֵּן נַעֲרָה הַמְאוֹרָסָה דְּאָמַר רַחֲמָנָא בִּסְקִילָה, הֵיכִי מַשְׁכַּחַתְּ לָהּ?

Rabbi Abba bar Memel objects to this: The above suggestion, that both money and sexual intercourse are required for betrothal, cannot be the correct interpretation of the verse: "When a man takes a woman and engages in sexual intercourse with her." This is because, **if** it is **so,** that a woman can be acquired only through both betrothal money and intercourse, the case of one who engages in intercourse with **a betrothed young woman,** concerning which **the Merciful One states** in the Torah that he is punished **by stoning** (see Deuteronomy 22:23–24), **how can you find** a case where he is liable to be punished in this manner?

אִי דְּאַקְדֵּישׁ וַהֲדַר בָּעֵיל – בְּעוּלָה הִיא. אִי דְּאַקְדֵּישׁ וְלָא בָּעֵיל – לָאו כְּלוּם הוּא! אָמְרוּהָ רַבָּנַן קַמֵּיהּ דְּאַבָּיֵי: מַשְׁכַּחַתְּ לָהּ כְּגוֹן שֶׁבָּא עָלֶיהָ אָרוּס שֶׁלֹּא כְּדַרְכָּהּ.

Rabbi Abba bar Memel elaborates: **If** this is referring to a case **where he betrothed** her with money **and then engaged in sexual intercourse** with her, **she is a non-virgin,** and the punishment of stoning applies only to one who engages in intercourse with a betrothed young virgin. **If** it is referring to a case **where he betrothed** her with money **and did not engage in intercourse** with her, this **is nothing,** as the betrothal has not been completed. **The Rabbis said before Abaye: You find it** in a case **where** he betrothed her with money and then the **betrothed man engaged in intercourse with her in an atypical manner,**[H] i.e., anal intercourse. Despite the fact that she is still a virgin, the betrothal has taken effect by means of this type of sexual intercourse.

NOTES

Documents of betrothal and marriage – **שְׁטָרֵי אֵירוּסִין וְנִשּׂוּאִין**: The meaning of documents of marriage is unclear. Some commentaries claim that the term does not refer to a particular document; rather, the conditions of a dowry are known as documents of betrothal and marriage (*Tosefot HaRosh*; Ritva). Alternatively, documents of marriage are marriage contracts (Ritva).

HALAKHA

Documents of stipulation – **שְׁטָרֵי פְּסִיקְתָּא**: When there is an arranged marriage between two families, and one father allots a certain amount of money for his son and the other father allots a certain amount for his daughter, and the betrothal is performed immediately afterward, the promised sums are acquired by the couple. There is no need for a further act of acquisition. Many details exist with regard to this *halakha* and the manner in which the acquisition takes effect (Rambam *Sefer Nashim, Hilkhot Ishut* 23:13–14 and *Sefer Kinyan, Hilkhot Zekhiya UMattana* 6:17; *Shulḥan Arukh, Even HaEzer* 51).

Where the betrothed man engaged in intercourse with her in an atypical manner – **כְּגוֹן שֶׁבָּא עָלֶיהָ אָרוּס שֶׁלֹּא כְּדַרְכָּהּ**: A man can betroth a woman with sexual intercourse even by engaging in intercourse in an atypical manner (Rambam *Sefer Nashim, Hilkhot Ishut* 3:5).

אֲמַר לְהוּ אַבָּיֵי: עַד כָּאן לָא פְּלִיגִי רַבִּי וְרַבָּנַן אֶלָּא בְּאַחֵר, אֲבָל בַּעַל – דִּבְרֵי הַכֹּל, אִם בָּא עָלֶיהָ שֶׁלֹּא כְּדַרְכָּהּ – עֲשָׂאָהּ בְּעוּלָה!

Abaye said to those Sages: The verse cannot be explained in that manner, as **Rabbi** Yehuda HaNasi **and the Rabbis disagree only with regard to another** man, i.e., whether a woman is considered to be a virgin after engaging in anal intercourse with another man. **But** with regard to her **husband, everyone agrees** that **if he engages in intercourse in an atypical manner with her he has rendered her a non-virgin.** If so, she is no longer considered a virgin with regard to the *halakha* of a betrothed young woman.

מַאי הִיא? דְּתַנְיָא: בָּאוּ עָלֶיהָ עֲשָׂרָה אֲנָשִׁים וַעֲדַיִין הִיא בְּתוּלָה – כּוּלָּן בִּסְקִילָה. רַבִּי אוֹמֵר: אוֹמֵר אֲנִי: הָרִאשׁוֹן – בִּסְקִילָה, וְכוּלָּן בְּחֶנֶק!

The Gemara clarifies: **What is** the dispute to which Abaye refers? **As it is taught** in a *baraita* (*Tosefta, Sanhedrin* 10:4): If **ten men engaged in sexual intercourse with** a betrothed young woman, **and she is still a virgin,**[N] as they engaged in anal intercourse with her, **they are all** punished **by stoning. Rabbi** Yehuda HaNasi **says: I say** that **the first** one is punished **by stoning,** as he engaged in intercourse with a virgin young woman, **but all** the others are punished **by strangulation.** Once the first man engages in intercourse with her she is no longer considered a virgin, even if he engaged in anal intercourse with her.

אֲמַר רַב נַחְמָן בַּר יִצְחָק: מַשְׁכַּחַתְּ לָהּ כְּגוֹן שֶׁקִּדְּשָׁהּ בִּשְׁטָר, הוֹאִיל וְגוֹמֵר וּמוֹצִיא – גּוֹמֵר וּמַכְנִיס.

Rav Naḥman bar Yitzḥak said a different answer to Rabbi Abba bar Memel's question: **You find** a situation where a man who engages in intercourse with a betrothed young woman is punished by stoning in a case **where he betrothed her with a document.** Everyone agrees that **since** a document, i.e., a bill of divorce, **completely removes** a woman from her husband, without the need for an additional act, it also **completely brings** her into the state of betrothal. If a young woman is betrothed by means of a document, she can be a betrothed young woman while remaining a virgin.

וְרַבִּי יוֹחָנָן, הַאי "וּבְעָלָהּ" מַאי עָבֵיד לֵיהּ? הַהוּא מִיבָּעֵי לֵיהּ: זוֹ נִקְנֵית בְּבִיאָה, וְאֵין אָמָה הָעִבְרִיָּה נִקְנֵית בְּבִיאָה.

The Gemara returns to the different derivations of Rabbi Yehuda HaNasi and Rabbi Yoḥanan. **And Rabbi Yoḥanan,** who maintains that the mode of betrothal through intercourse is derived from the verse: "If a man be found lying with a married woman [*beulat ba'al*]" (Deuteronomy 22:22), what does he **do with this** verse: "When a man takes a woman **and engages in sexual intercourse with her**" (Deuteronomy 24:1)? The Gemara answers: **He requires that** verse for a different *halakha*, as he maintains that it teaches that **this** woman **can be acquired through intercourse, but a Hebrew maidservant cannot be acquired through intercourse.**

סָלְקָא דַּעְתָּךְ אָמִינָא תֵּיתֵי בְּקַל וָחוֹמֶר מִיבָמָה: וּמַה יְבָמָה שֶׁאֵין נִקְנֵית בְּכֶסֶף – נִקְנֵית בְּבִיאָה, זוֹ שֶׁנִּקְנֵית בְּכֶסֶף – אֵינוֹ דִּין שֶׁנִּקְנֵית בְּבִיאָה?

As it might **enter your mind to say: Let** the *halakha* of a Hebrew maidservant **be derived through an *a fortiori* inference from** the *halakha* of **a *yevama*: Just as a *yevama*, who cannot be acquired through money** at all, nevertheless **can be acquired through intercourse,** which indicates that the ability of an act of sexual intercourse to effect acquisition is greater than that of money, **is it not logical that this** Hebrew maidservant, **who can be acquired through money, can** also **be acquired through intercourse?**

מַה לִּיבָמָה שֶׁכֵּן זְקוּקָה וְעוֹמֶדֶת! סָלְקָא דַּעְתָּךְ אָמִינָא: הוֹאִיל וְכָתַב "אִם אַחֶרֶת יִקַּח לוֹ" – הִקִּישָׁהּ הַכָּתוּב לְאַחֶרֶת; מָה אַחֶרֶת מִיקַּנְיָא בְּבִיאָה – אַף אָמָה הָעִבְרִיָּה מִיקַּנְיָא בְּבִיאָה. קָא מַשְׁמַע לַן.

The Gemara rejects this opinion: **What** is unique **about a *yevama* is that she is bound and standing** waiting for the *yavam*, i.e., there is already a connection between them. Perhaps it is for this reason that intercourse enables a *yavam* to acquire a *yevama*, and the same cannot be said of a maidservant. Rather, it might **enter your mind to say** a different claim: **Since it is written** with regard to a the master of a Hebrew maidservant: **"If he take himself another** wife" (Exodus 21:10), this **verse juxtaposes** a Hebrew maidservant **with another** woman that a master marries: **Just as another** woman that a master marries **can be acquired through intercourse, so too, a Hebrew maidservant can be acquired through intercourse. Therefore,** the verse **teaches us,** with the phrase "and engages in sexual intercourse with her," that this is not the case.

NOTES

And she is still a virgin – וַעֲדַיִין הִיא בְּתוּלָה: The underlying issue of this dispute is whether a young woman is considered a virgin if she has an intact hymen, or whether virginity depends on not having engaged in any type of sexual intercourse. Some early commentaries argue that everyone agrees that atypical intercourse constitutes actual sexual intercourse, and this discussion is referring to a typical but incomplete act (see Meiri).

וְרַבִּי, הַאי סְבָרָא מְנָא לֵיהּ? אִם כֵּן לִכְתּוֹב רַחֲמָנָא "וּבָעַל". מַאי "וּבְעָלָהּ"? שְׁמַע מִינָּהּ תַּרְתֵּי.

The Gemara asks: **And Rabbi** Yehuda HaNasi, who learns that betrothal can be effected through sexual intercourse from this verse, **from where does he** derive **this conclusion** that a Hebrew maidservant cannot be acquired through intercourse? The Gemara answers: **If so,** that this verse is teaching only one *halakha*, **let the Merciful One write** simply: **And he engages in sexual intercourse. What** is the meaning of the phrase **"And he engages in sexual intercourse with her"? Learn two** *halakhot* **from it.** One can learn from this verse both that a woman can be acquired through intercourse, and that an ordinary woman can be betrothed through intercourse but a Hebrew maidservant cannot be acquired through intercourse.

וּלְרָבָא, דַּאֲמַר: בַּר אָהִינָא אַסְבְּרָהּ לִי: "כִּי יִקַּח אִישׁ אִשָּׁה וּבְעָלָהּ", קִידּוּשִׁין הַמְּסוּרִין לְבִיאָה – הָווּ קִידּוּשִׁין, קִידּוּשִׁין שֶׁאֵין מְסוּרִין לְבִיאָה – לָא הָווּ קִידּוּשִׁין, מַאי אִיכָּא לְמֵימַר?

The Gemara asks: And **according to** the opinion of **Rava, who said: Bar Ahina explained this to me** by citing a proof from the following verse: **"When a man takes a woman and engages in sexual intercourse with her"** (Deuteronomy 24:1), which teaches that **betrothal that is given to consummation,** i.e., betrothal when it is permitted for the man and woman to engage in intercourse, **is a betrothal,** but **betrothal that is not given to consummation is not** a valid **betrothal, what is there to say?** Since he uses this verse for a different purpose, from where does Rava derive that a woman can be betrothed through intercourse and that a Hebrew maidservant cannot be acquired in this manner?

אִם כֵּן נִכְתּוֹב קְרָא "אוֹ בְּעָלָהּ". מַאי "וּבְעָלָהּ"? שְׁמַע מִינָּהּ כּוּלְּהוּ.

The Gemara answers: **If so,** that a woman cannot be betrothed through intercourse, **let the verse write:** When a man takes a woman **or engages in intercourse with her. What is** indicated by the phrase: **"And engages in sexual intercourse with her"?** One can **learn from** the verse **all** these *halakhot*, that intercourse is a valid mode of betrothing a woman but not acquiring a maidservant, and betrothal is effective only when it is given to consummation.

וְרַבִּי, הַאי "בְּעֻלַת בַּעַל" מַאי עָבֵיד לֵיהּ? הַאי מִיבָּעֵי לֵיהּ: בַּעַל עוֹשֶׂה אוֹתָהּ בְּעוּלָה שֶׁלֹּא כְּדַרְכָּהּ, וְאֵין אַחֵר עוֹשֶׂה אוֹתָהּ בְּעוּלָה שֶׁלֹּא כְּדַרְכָּהּ.

The Gemara asks: **And Rabbi** Yehuda HaNasi, **what does he do with this** verse: "If a man be found lying with **a married woman** [***beulat ba'al***]" (Deuteronomy 22:22), from which Rabbi Yoḥanan derives that intercourse is a valid means of betrothal? The Gemara answers: Rabbi Yehuda HaNasi **requires this** verse for the *halakha* that **the husband renders her a non-virgin**[N] even if he engages **in intercourse** with her **in an atypical manner, but no other** man **renders her a non-virgin** by engaging **in intercourse** with her **in an atypical manner.**

וּמִי אִית לֵיהּ לְרַבִּי הַאי סְבָרָא? וְהָתַנְיָא: בָּאוּ עָלֶיהָ עֲשָׂרָה אֲנָשִׁים וַעֲדַיִין הִיא בְּתוּלָה – כּוּלָּם בִּסְקִילָה. רַבִּי אוֹמֵר: אוֹמֵר אֲנִי: הָרִאשׁוֹן בִּסְקִילָה וְכוּלָּם בְּחֶנֶק.

The Gemara asks: **And does Rabbi** Yehuda HaNasi **accept this opinion? But isn't it taught** in a *baraita*: **If ten men engaged in intercourse with** a betrothed young woman,[H] **and she is still a virgin, they are all** punished **by stoning. Rabbi** Yehuda HaNasi **says: I say** that **the first** one is punished **by stoning, but** the others are **all** punished **by strangulation.**[B] This proves that in the opinion of Rabbi Yehuda HaNasi, even one who is not her husband can render a woman a non-virgin by engaging in anal intercourse with her.

NOTES

The husband renders her a non-virgin – בַּעַל עוֹשֶׂה אוֹתָהּ בְּעוּלָה: The commentaries write that a husband renders his wife a non-virgin when he engages in intercourse in an atypical manner for the sake of betrothal (Ritva). The reason is that this act is powerful enough to complete the acquisition. This is not the case if the intercourse in an atypical manner is not a function of acquisition, e.g., a groom who engages in anal intercourse with his betrothed while she is still living in her father's house.

HALAKHA

Ten men engaged in intercourse with a betrothed young woman – בָּאוּ עָלֶיהָ עֲשָׂרָה: If a betrothed young woman, who is under the authority of her father, was raped by several men who all engaged in intercourse in an atypical manner with her, she remains a virgin and they are all punished by stoning (Rambam *Sefer Kedusha, Hilkhot Issurei Bia* 3:6).

BACKGROUND

The first one is punished by stoning, but the others are all punished by strangulation – הָרִאשׁוֹן בִּסְקִילָה וְכוּלָּם בְּחֶנֶק: There are four forms of capital punishment prescribed by the Torah and administered by a court of twenty-three members. They are, in decreasing order of severity: Stoning, burning, decapitation by sword, and strangulation. Stoning was carried out in the following manner: The individual to be executed was pushed to the ground from a height of 8 cubits, about 4 m. If he did not die on impact, the witnesses whose testimony convicted him would cast a heavy stone upon him. If he survived that blow, the entire populace would continue stoning him until he died. Strangulation was performed by wrapping a scarf around the violator's neck and then pulling simultaneously at both ends until the condemned person expired.

אֲמַר רַבִּי זֵירָא: מוֹדֶה רַבִּי לְעִנְיַן קְנָס דְּכוּלְּהוּ מְשַׁלְּמִי. מַאי שְׁנָא מִקְטָלָא? שָׁאנֵי הָתָם דְּאָמַר קְרָא ״וּמֵת הָאִישׁ אֲשֶׁר שָׁכַב עִמָּהּ לְבַדּוֹ״.

Rabbi Zeira said: Rabbi Yehuda HaNasi **concedes with regard to** the **fine** of a rapist and a seducer **that they all pay**[H] this fine, and they are not exempt merely because their acts of intercourse were with a non-virgin. The Gemara asks: In **what** way **is** this case **different from** the **death** penalty? With respect to the death penalty they are punished as though they engaged in intercourse with a betrothed non-virgin, and yet concerning the fine, they pay as though they engaged in intercourse with a virgin. The Gemara answers: It **is different there,** with regard to capital punishment, **as the verse states: "Then the man only who lay with her shall die"** (Deuteronomy 22:25), which indicates that only one man is executed for having sexual intercourse with a virgin, and no more.

וְרַבָּנַן, הַאי ״לְבַדּוֹ״ מַאי עָבְדִי לֵיהּ? מִיבָּעֵי לְהוּ לְכִדְתַנְיָא: ״וּמֵתוּ גַּם שְׁנֵיהֶם״ – עַד שֶׁיִּהְיוּ שָׁוִין כְּאֶחָד, דִּבְרֵי רַבִּי אוֹשַׁעְיָא. רַבִּי יוֹנָתָן אוֹמֵר: ״וּמֵת הָאִישׁ אֲשֶׁר שָׁכַב עִמָּהּ לְבַדּוֹ״.

The Gemara asks: **And the Rabbis, what do they do with this** term **"only"?** The Gemara answers: **They require it for that which is taught** in a *baraita*. The verse states: **"Then they shall both of them die"** (Deuteronomy 22:22). This indicates that this is not the case **unless** the two of them **are equal,**[HN] i.e., both deserve punishment. But if one of them cannot be punished, e.g., if he is a minor, the other is not executed either. This is **the statement of Rabbi Oshaya. Rabbi Yonatan says** that the verse: **"Then the man only who lay with her shall die,"** indicates that in some cases only one of them is liable to receive the death penalty.

וְרַבִּי יוֹחָנָן: הַאי סְבָרָא מְנָא לֵיהּ? אִם כֵּן נִכְתּוֹב קְרָא ״בְּעוּלַת אִישׁ״, מַאי ״בְּעוּלַת בַּעַל״? שְׁמַע מִינָּהּ תַּרְתֵּי.

The Gemara asks: **And Rabbi Yoḥanan, from where does he** derive **this conclusion** that only a woman's husband can render her a non-virgin through intercourse in an atypical manner, if he uses this verse to derive the mode of betrothal by means of sexual intercourse? The Gemara answers: **If so,** that this verse is teaching only one *halakha*, **let the verse write:** If a man be found lying with **a** ***beulat ish***, literally, a woman who engaged in sexual intercourse with a man. **What** is indicated by the term "***beulat ba'al***," literally, who engaged in sexual intercourse with a husband? **Learn two** *halakhot* **from it:** First, that one can betroth a woman through intercourse, and second, that only a woman's husband can render her a non-virgin by intercourse in an atypical manner.

אִיבַּעְיָא לְהוּ: תְּחִילַּת בִּיאָה קוֹנָה אוֹ סוֹף בִּיאָה קוֹנָה? נָפְקָא מִינָּהּ כְּגוֹן שֶׁהֶעֱרָה בָּהּ, וּפָשְׁטָה יָדָהּ וְקִיבְּלָה קִדּוּשִׁין מֵאַחֵר.

§ **A dilemma was raised before** the Sages: Since intercourse is not a momentary act but has different stages, does **the beginning of intercourse effect acquisition or** does **the end of intercourse effect acquisition?** When exactly is the moment of betrothal? The Gemara comments: The **practical difference** resulting from this question is in a case **where** one **engaged in** only **the initial stage of intercourse with her and** in the meantime **she reached her hand out and accepted betrothal from another** man. If the beginning of sexual intercourse effects acquisition, the other man's betrothal is meaningless. If the end of sexual intercourse effects acquisition, she is betrothed to the other man.

אִי נַמִּי לְכֹהֵן גָּדוֹל, דְּקָא קָנֵי בְּתוּלָה בְּבִיאָה, מַאי? אָמַר אַמֵּימָר מִשְּׁמֵיהּ דְּרָבָא: כָּל הַבּוֹעֵל – דַּעְתּוֹ עַל גְּמַר בִּיאָה.

Alternatively, there is a difference with regard **to a High Priest who acquires a virgin through sexual intercourse.** If only the end of intercourse effects acquisition, she is no longer a virgin at the time of the betrothal, which would mean that a High Priest cannot acquire a woman through intercourse, as it is prohibited for him to marry a non-virgin (Leviticus 21:14). **What,** then, is the *halakha*? **Ameimar said in the name of Rava: Anyone who engages in sexual intercourse has the completion of** the act of **intercourse in mind,**[H] not the beginning. Therefore, the acquisition is complete only when the act has been completed.

HALAKHA

With regard to the fine that they all pay – לְעִנְיַן קְנָס דְּכוּלְּהוּ מְשַׁלְּמִי: If several men rape a betrothed young woman, they each must pay the fine and the other payments imposed on a rapist. Some maintain that this applies only if they raped her vaginally (Rambam). Others (Ra'avad; Rosh) hold that they must pay whether they had raped her vaginally or anally (Rambam *Sefer Nashim, Hilkhot Na'ara Betula* 2:8; *Tur, Even HaEzer* 177).

The two are equal – שֶׁיִּהְיוּ שָׁוִין כְּאֶחָד: One who engaged in sexual intercourse with a betrothed minor is liable to be stoned, while the minor is exempt from punishment even if she participated willingly, as she is not old enough to be subject to punishment (Rambam *Sefer Kedusha, Hilkhot Issurei Bia* 3:5).

Has the completion of intercourse in mind – דַּעְתּוֹ עַל גְּמַר בִּיאָה: It is assumed that one who betroths a woman through sexual intercourse has the end of the act in mind, and therefore she is betrothed only once he completes the act. Consequently, if she accepts betrothal from another man before the first man completes the act, she is betrothed to the second man. If he engaged in the initial stage of intercourse and withdrew, or if he said from the outset that he intends to acquire her with the initial stage of intercourse, he acquires her immediately (Rambam *Sefer Nashim, Hilkhot Ishut* 3:5; *Shulḥan Arukh, Even HaEzer* 33:2).

NOTES

Unless the two of them are equal – עַד שֶׁיִּהְיוּ שָׁוִין כְּאֶחָד: Apparently, Rashi maintains that according to this opinion, an adult who engages in intercourse with a minor girl, although he has violated as transgression, does not receive the death penalty. The fact that the girl is exempt serves to exempt him from court-imposed capital punishment. Most early commentaries disagree with this explanation. Some claim that this Gemara does not entirely exempt an adult who engages in intercourse with a minor. Rather, it is stating that this man is strangled, not stoned, like one who commits adultery with a regular married woman (Ritva; see *Tosafot*).

אִיבַּעְיָא לְהוּ: בִּיאָה, נִשּׂוּאִין עוֹשָׂה אוֹ אֵירוּסִין עוֹשָׂה? נָפְקָא מִינָּהּ לְיוֹרְשָׁהּ,

Additionally, **a dilemma was raised before** the Sages: Does the **sexual intercourse** that is performed to effect betrothal **effect marriage**[H] at the same time that it effects betrothal, **or** does it **effect** only **betrothal? The practical difference** that arises from this question concerns all cases where it matters whether a woman is betrothed or married. For example, one issue is whether the act allows him **to inherit** property from **her.** If he betroths her through intercourse, does he inherit her property when she dies as he would if they were married?

וְלִיטַּמֵּא לָהּ, וּלְהָפֵר נְדָרֶיהָ. אִי אָמְרַתְּ נִשּׂוּאִין עוֹשָׂה – יוֹרְשָׁהּ, וּמִיטַּמֵּא לָהּ וּמֵיפֵר נְדָרֶיהָ. וְאִי אָמְרַתְּ אֵירוּסִין עוֹשָׂה – אֵינוֹ יוֹרְשָׁהּ, וְאֵינוֹ מִיטַּמֵּא לָהּ, וְאֵינוֹ מֵיפֵר נְדָרֶיהָ. מַאי?

And if he is a priest, is he required **to become ritually impure** to bury **her,**[B] as he must do for his wife? **And** similarly, does a betrothal through intercourse allow him **to nullify her vows** by himself, without her father's participation? **If you say** that intercourse **effects marriage, he inherits** property from **her, and he becomes impure to** bury **her, and he nullifies her vows** alone. **And if you say** that **it effects** only **betrothal, he does not inherit** property from **her, and he does not become ritually impure to** bury **her, and he cannot nullify her vows** alone. **What,** then, is the *halakha*?

אֲמַר אַבַּיֵי, תָּא שְׁמַע: הָאָב זַכַּאי בְּבִתּוֹ בְּקִדּוּשֶׁיהָ בְּכֶסֶף בִּשְׁטָר וּבְבִיאָה, וְזַכַּאי בִּמְצִיאָתָהּ וּבְמַעֲשֵׂה יָדֶיהָ וּבַהֲפָרַת נְדָרֶיהָ, וּמְקַבֵּל אֶת גִּיטָּהּ, וְאֵינוֹ אוֹכֵל פֵּירוֹת בְּחַיֶּיהָ. נִישֵּׂאת – יָתֵר עָלָיו הַבַּעַל, שֶׁאוֹכֵל פֵּירוֹת בְּחַיֶּיהָ.

Abaye said: Come and **hear** a resolution from the following mishna (*Ketubot* 46b): **A father has authority** over **his daughter with regard to her betrothal,**[H] whether it is **through money, through a document, or through sexual intercourse.** Likewise, a father **has a right to items she** has **found, and to her earnings, and to** effect **the nullification of her vows,**[H] i.e., a father may nullify his daughter's vows. **And he accepts her bill of divorce**[HN] on her behalf if she is divorced from betrothal before she becomes a grown woman. **And** although he inherits her property when she dies, e.g., property she inherited from her mother's family, **he does not enjoy the profits** of her property **during her lifetime.**[H] If the daughter **married, the husband has more** rights and obligations **than** her father had before the marriage, **as he enjoys the profits**[HB] of her property **during her lifetime.**

קָתָנֵי בִּיאָה וְקָתָנֵי נִישֵּׂאת. כִּי קָתָנֵי נִישֵּׂאת – אַשְּׁאָרָא.

The mishna **teaches** that a man has rights to his daughter's betrothal through **sexual intercourse,** and it subsequently **teaches:** If the daughter **married.** This indicates that intercourse effects only betrothal. The Gemara rejects this claim: **When it teaches:** If the daughter **married,** that is referring **to the other** modes mentioned here, i.e., betrothal by means of money or a document. In these cases there is a difference between betrothal and marriage, while it is possible that betrothal through intercourse effects marriage as well.

אֲמַר רָבָא, תָּא שְׁמַע: בַּת שָׁלֹשׁ שָׁנִים וְיוֹם אֶחָד מִתְקַדֶּשֶׁת בְּבִיאָה. וְאִם בָּא עָלֶיהָ יָבָם – קְנָאָהּ, וְחַיָּיבִין עָלֶיהָ מִשּׁוּם אֵשֶׁת אִישׁ, וּמְטַמְּאָה אֶת בּוֹעֲלָהּ

Rava said: Come and **hear** a resolution from a *baraita*: A girl who is **three years and one day old can be betrothed through intercourse,**[H] **and if** her *yavam* **engaged in intercourse with her, he has acquired her.**[H] And if she is married, **one is liable** if he engages in intercourse **with her, due to** her status as **a married woman.**[H] **And** if she is impure as a menstruating woman, **she renders one who engages in intercourse with her ritually impure**[H] for seven days.

HALAKHA

Sexual intercourse that effects marriage – בִּיאָה הָעוֹשָׂה נִישּׂוּאִין: With regard to one who engages in intercourse with a woman for the sake of marriage after he had earlier betrothed the woman, he acquires her once he engages in the initial stage of intercourse. From that point she is considered his full-fledged wife in all respects (Rambam *Sefer Nashim, Hilkhot Ishut* 10:1).

A father has authority over his daughter with regard to her betrothal – הָאָב זַכַּאי בְּבִתּוֹ בְּקִדּוּשֶׁיהָ: A father may betroth his minor daughter to a man even without her consent, and her betrothal money belongs to him. Similarly, before she becomes an adult any items she finds belong to him, as do her earnings. If she is widowed or is divorced, her father has the rights to the money of her marriage contract (Rambam *Sefer Nashim, Hilkhot Ishut* 3:11; *Shulḥan Arukh, Even HaEzer* 37:1).

And to effect the nullification of her vows – וּבַהֲפָרַת נְדָרֶיהָ: A father can nullify any vow or oath made by his daughter when she is a young woman (Rambam *Sefer Hafla'a, Hilkhot Nedarim* 11:6; *Shulḥan Arukh, Yoreh De'a* 234:1).

He accepts her bill of divorce – מְקַבֵּל אֶת גִּיטָּהּ: If a father betrothed his minor daughter to a man, and he divorced her while she was still a minor, her father receives her bill of divorce. Once the bill of divorce reaches his hand, she is divorced. If he divorced her after she became a young woman, either she or her father can receive her bill of divorce (Rambam *Sefer Nashim, Hilkhot Geirushin* 2:18; *Shulḥan Arukh, Even HaEzer* 141:4).

He does not enjoy the profits of her property during her lifetime – אֵינוֹ אוֹכֵל פֵּירוֹת בְּחַיֶּיהָ: A father is not entitled to the profits of his minor daughter's property (Rambam *Sefer Nezikin, Hilkhot Ḥovel UMazik* 4:19; *Shulḥan Arukh, Ḥoshen Mishpat* 424:7).

The husband has more rights…as he enjoys the profits – יָתֵר...הַבַּעַל שֶׁאוֹכֵל פֵּירוֹת: A man is entitled to the profits of his wife's usufruct property (Rambam *Sefer Nashim, Hilkhot Ishut* 12:3, 22:7; *Shulḥan Arukh, Even HaEzer* 69:3).

A girl who is three…can be betrothed through intercourse – בַּת שָׁלֹשׁ...מִתְקַדֶּשֶׁת בְּבִיאָה: A girl who is three years and one day old can be betrothed by means of sexual intercourse with her father's consent. If she is younger than that she cannot be betrothed in this manner (Rambam *Sefer Nashim, Hilkhot Ishut* 3:11; *Shulḥan Arukh, Even HaEzer* 37:1).

If her *yavam* engages in sexual intercourse with her he has acquired her – אִם בָּא עָלֶיהָ יָבָם קְנָאָהּ: If a *yavam* engages in intercourse with his *yevama* who is at least three years and one day old, he acquires her as his wife through that act (Rambam *Sefer Nashim, Hilkhot Yibbum VaḤalitza* 1:17; *Shulḥan Arukh, Even HaEzer* 167:4).

One is liable if he has intercourse with her due to her status as a married woman – חַיָּיבִין עָלֶיהָ מִשּׁוּם אֵשֶׁת אִישׁ: If a father accepts a betrothal for his minor daughter and the man betroths her through intercourse, and another man later engages in intercourse with her, the second man is executed by strangulation, while she is exempt from punishment (Rambam *Sefer Kedusha, Hilkhot Issurei Bia* 3:2).

And she renders one who engages in intercourse with her ritually impure – וּמְטַמְּאָה אֶת בּוֹעֲלָהּ: One who engages in intercourse with a minor girl who is menstruating is rendered ritually impure, as is the case with any menstruating woman (Rambam *Sefer Tahara, Hilkhot Metamei Mishkav UMoshav* 3:3).

NOTES

And he accepts her bill of divorce – וּמְקַבֵּל אֶת גִּיטָּהּ: Rashi notes that this refers only to a case where she was widowed or divorced from a betrothal. Once she is married the father does not accept her bill of divorce because upon her marriage she leaves his authority entirely.

BACKGROUND

Become ritually impure to bury her – מִיטַּמֵּא לָהּ: By Torah law (Leviticus 21:1–30), it is prohibited for a priest to contract ritual impurity through proximity with a corpse, except at the funeral of his wife, father, mother, son, daughter, brother, or his sister who is an unmarried virgin.

Profits – פֵּירוֹת: This is referring to profits from usufruct property, which is a wife's personal property from which her husband is entitled to derive benefit. It is property that a wife brings to the marriage from her father's home and which is not included in her marriage contract, as well as property that she inherits or receives as a gift after her marriage. All such property remains hers even after she is married, and her husband is not permitted to sell it. He is entitled to enjoy its profits. The husband must tend to this property, although he is not responsible if it decreases in value, provided that he did not cause the loss intentionally. The property is returned to the wife if the husband dies or divorces her, and any increase or decrease in its value at that time from its value at the beginning of the marriage accrues to her. If she dies before her husband, he inherits the property. Before marriage, a couple may make any agreement they wish with regard to usufruct property.

NOTES

He renders impure the object upon which he lies like the upper one – לְטַמֵּא מִשְׁכָּב תַּחְתּוֹן כְּעֶלְיוֹן: The Torah states that if a man engages in intercourse with a menstruating woman: "Her impurity shall be upon him" (Leviticus 15:24). This indicates that he is not merely impure with a first-degree level of impurity, as one who touches a menstruating woman; rather, he becomes a primary source of impurity, similar to the woman herself. Nevertheless, there is a difference between the impurity of a menstruating woman and that of a man who engages in intercourse with her. If a menstruating woman or a *zav* sits or lies upon objects that are designated for that purpose, even if she does not make direct contact with those objects because there is something else covering them, the objects are rendered a primary source of impurity. A man who engages in intercourse with a menstruating woman also renders these items impure, but only at the level of first-degree impurity, similar to the upper cover, i.e., the blanket on top of him, which is impure due to contact. Consequently, these items can render only food and drink impure, but not people or vessels.

לְטַמֵּא מִשְׁכָּב תַּחְתּוֹן כְּעֶלְיוֹן.

And he **renders impure the object upon which he lies like the upper one.**[N] One who engages in sexual intercourse with a menstruating woman renders the objects upon which he lies ritually impure even if he has no direct contact with them.

וְאִם נִישֵּׂאת לְכֹהֵן – אוֹכֶלֶת בִּתְרוּמָה. וְאִם בָּא עָלֶיהָ אֶחָד מִכׇּל עֲרָיוֹת שֶׁבַּתּוֹרָה – מוּמָתִין עַל יָדָהּ וְהִיא פְּטוּרָה. וְאִם בָּא עָלֶיהָ אֶחָד מִן הַפְּסוּלִין – פְּסָלָהּ מִן הַכְּהוּנָּה.

And if she marries a priest she may partake of *teruma*[H] from that point onward. **And if one of those with whom sexual relations are forbidden by the Torah** (see Leviticus, chapter 18) **engages in intercourse with her, he is put to death due to** his sin with **her,**[H] **and she is exempt** from punishment as a minor. **And if someone of unfit** lineage, i.e., a man who would disqualify her from marrying a priest if he engaged in sexual intercourse with her, **engages in intercourse with her, he has disqualified her from** marrying into **the priesthood.**[H] This concludes the *baraita*.

קָתָנֵי בִּיאָה, וְקָתָנֵי נִישֵּׂאת. הָכִי קָאָמַר: אִי הָנֵי נִשּׂוּאִין דְּכֹהֵן נִינְהוּ – אוֹכֶלֶת בִּתְרוּמָה.

The Gemara analyzes this source. **It is taught** in that *baraita*: She can be betrothed through **sexual intercourse, and it is taught** separately: And if **she marries** a priest. This indicates that intercourse does not effect marriage. The Gemara rejects this: **This is what** the *baraita* **said: If this** betrothal through intercourse **is a marriage to a priest, she may partake of *teruma*.** It is possible that there are not two separate stages here but a single action, as sexual intercourse effects marriage.

תָּא שְׁמַע: וּכְבָר שָׁלַח יוֹחָנָן בֶּן בַּג בַּג אֵצֶל רַבִּי יְהוּדָה בֶּן בְּתֵירָה לִנְצִיבִין: שָׁמַעְתִּי עָלֶיךָ שֶׁאַתָּה אוֹמֵר אֲרוּסָה בַּת יִשְׂרָאֵל אוֹכֶלֶת בִּתְרוּמָה. שָׁלַח לוֹ: וְאַתָּה אִי אַתָּה אוֹמֵר כֵּן? מוּחְזְקָנִי בְּךָ שֶׁאַתָּה בָּקִי בְּחַדְרֵי תוֹרָה, לִדְרוֹשׁ בְּקַל וָחוֹמֶר אִי אַתָּה יוֹדֵעַ?!

Come and hear a proof from a *baraita*: **And Yoḥanan ben Bag Bag**[P] **already sent** a message **to Rabbi Yehuda ben Beteira**[P] **in** the city of **Netzivin: I heard about you that you say** that **the daughter of a non-priest betrothed** to a priest **may partake of *teruma*.** Rabbi Yehuda ben Beteira **sent** back this reply **to him: And do you not say so? I know about you that you are an expert in** many **areas of Torah; do you not know how to teach *halakhot* based on an *a fortiori*** inference?

HALAKHA

If she marries a priest she may partake of *teruma* – אִם נִישֵּׂאת לְכֹהֵן אוֹכֶלֶת בִּתְרוּמָה: The daughter of a non-priest who marries a priest may partake of *teruma* even if she is only three years and one day old (Rambam *Sefer Zera'im*, *Hilkhot Terumot* 6:3).

He is put to death due to his sin with her – מוּמָתִין עַל יָדָהּ: If a man engages in sexual intercourse with a girl who is forbidden to him and who is three years and one day old, he is liable to receive the death penalty, excision, or lashes, depending on the circumstances, whereas she is exempt from any punishment. If she is younger than this, the act is not considered intercourse and they are both exempt (Rambam *Sefer Kedusha*, *Hilkhot Issurei Bia* 1:13).

He has disqualified her from the priesthood – פְּסָלָהּ מִן הַכְּהוּנָּה: In the case of a woman who engages in any manner of sexual intercourse with a man who is a forbidden relative to her, if she is older than three years and one day and he is at least nine years and one day old, she may not marry a priest. Similarly, if she is of priestly lineage she is rendered unfit to partake of *teruma* (Rambam *Sefer Kedusha*, *Hilkhot Issurei Bia* 18:6, 19:2; *Shulḥan Arukh*, *Even HaEzer* 6:9, 7:12).

PERSONALITIES

Yoḥanan ben Bag Bag – יוֹחָנָן בֶּן בַּג בַּג: Yoḥanan ben Bag Bag was an early *tanna*. He is called ben Bag Bag in the Mishna and the Gemara. Since an individual of this name testified in Yavne, he apparently lived during the time close to the destruction of the Second Temple, as that is when the Sanhedrin was located in Yavne. There is an opinion that Yoḥanan ben Bag Bag was a colleague of Hillel and Shammai (Rambam). If so, he was one of the youngest students of Hillel and lived a very long life. Some commentaries claim that Yoḥanan ben Bag Bag was a convert or the son of converts (*Tosafot*).

Rabbi Yehuda ben Beteira – רַבִּי יְהוּדָה בֶּן בְּתֵירָה: There are at least two or three *tanna'im* by this name, all of whom descended from the same family. Several members of this Babylonian family immigrated to Eretz Yisrael and served as communal leaders before Hillel the Elder. The rest of the family remained in the main center of Jewish life in Babylonia, Netzivin. Apparently, this Rabbi Yehuda ben Beteira, who is sometimes called ben Petora, was one of the Sages at Yavne, where he cited rulings and analyzed *halakhot* with the leaders of that generation, Rabbi Yehoshua and Rabbi Akiva. He later immigrated to Babylonia, where he served as the head of a large and important Torah center. It is likely that Rabbi Yehuda ben Beteira lived a long time, as he was still alive in the period after the bar Kokheva revolt, when he was considered a Torah authority of the highest stature. Many Sages of Eretz Yisrael came to Netzivin to learn Torah from him, and they also wrote to him requesting rulings on halakhic issues. The Sages of his generation thought highly of Rabbi Yehuda ben Beteira, and Rabbi Eliezer called him a great scholar. Although most of his activity was in Babylonia, Rabbi Yehuda ben Beteira was an active campaigner for the centrality of Eretz Yisrael in Jewish life and opposed attempts to establish Babylonia as the primary center of Torah study. Only a few Sages in the Talmud transmit statements of Torah in his name.

וּמָה שִׁפְחָה כְּנַעֲנִית שֶׁאֵין בִּיאָתָהּ מַאֲכִילָתָהּ בִּתְרוּמָה – כַּסְפָּהּ מַאֲכִילָתָהּ בִּתְרוּמָה, זוֹ שֶׁבִּיאָתָהּ מַאֲכִילָתָהּ בִּתְרוּמָה – אֵינוֹ דִּין שֶׁכַּסְפָּהּ מַאֲכִילָתָהּ בִּתְרוּמָה? אֲבָל מָה אֶעֱשֶׂה שֶׁהֲרֵי אָמְרוּ חֲכָמִים: אֵין אֲרוּסָה בַּת יִשְׂרָאֵל אוֹכֶלֶת בִּתְרוּמָה עַד שֶׁתִּכָּנֵס לַחוּפָּה.

The *a fortiori* inference is as follows: **If** in the case of **a Canaanite maidservant, whose sexual intercourse** with a priest **does not allow her to partake of** ***teruma***, as she is not betrothed to him, **her money**, i.e., if a priest acquires her through money, **allows her to partake of** ***teruma***,[H] **is it not logical** with regard to **this** betrothed woman, **whose sexual intercourse** with a priest **allows her to partake of** ***teruma***, that **her** betrothal **money** from the priest should **allow her to partake of** ***teruma***? If this is indeed the case, the daughter of a non-priest betrothed to a priest should be permitted to partake of *teruma*. **But what can I do, as the Sages said:** By rabbinic law, **the daughter of a non-priest betrothed** to a priest **may not partake of** ***teruma*** **until she enters the** wedding **canopy.**[H]

הֵיכִי דָּמֵי? אִי בְּבִיאָה שֶׁעַל יְדֵי חוּפָּה, וְכֶסֶף שֶׁעַל יְדֵי חוּפָּה – בְּתַרְוַיְיהוּ מֵיכַל אָכְלָה.

The Gemara clarifies: **What are the circumstances** of the comparison between money and sexual intercourse? **If** it is referring to a case **of sexual intercourse by means of** a wedding **canopy,** i.e., after they are married, **and** betrothal through **money** where the marriage is then completed **by means of** a wedding **canopy, in both** cases **she may partake of** *teruma* even by rabbinic law, as she is a full-fledged married woman.

וְאֶלָּא בְּבִיאָה שֶׁעַל יְדֵי חוּפָּה, וְכֶסֶף שֶׁלֹּא עַל יְדֵי חוּפָּה – הָכָא תַּרְתֵּי וְהָכָא חֲדָא. אֶלָּא לָאו – בְּבִיאָה שֶׁלֹּא עַל יְדֵי חוּפָּה, וְכֶסֶף שֶׁלֹּא עַל יְדֵי חוּפָּה.

Or rather one could say that this comparison is referring to **sexual intercourse by means of** a wedding **canopy, and** betrothal through **money not by means of** a wedding **canopy.** If so, the *a fortiori* inference is not valid, as **here,** in the case of intercourse, there are **two** stages of acquisition, intercourse followed by the wedding canopy, **and here,** in the case of money, there is only **one** stage. **Rather, is it not** correct to say that the comparison between money and intercourse is referring **to sexual intercourse not by means of** a wedding **canopy and** also **money not by means of** a wedding **canopy?**

אִי אָמְרַתְּ בִּשְׁלָמָא נִשּׂוּאִין עוֹשָׂה – מִשּׁוּם הָכִי פְּשִׁיטָא לֵיהּ דַּאֲלִימָא לַהּ בִּיאָה מִכֶּסֶף. אֶלָּא אִי אָמְרַתְּ קִדּוּשִׁין עוֹשָׂה – מַאי שְׁנָא הָכָא דִּפְשִׁיטָא לֵיהּ, וּמַאי שְׁנָא הָכָא דְּמִסְתַּפְּקָא לֵיהּ?

Granted, if you say that intercourse by itself **effects marriage,** it is **due to that** reason that it **is obvious to** Rabbi Yehuda ben Beteira **that** the mode of **sexual intercourse is stronger than money,** and allows her to partake of *teruma*. **But if you say** that sexual intercourse **effects** only **betrothal, what is different here,** in the case of betrothal through intercourse, **that it is obvious to him** that it allows her to partake of *teruma*, **and what is different here,** in the case of betrothal through money, **that he is uncertain** and must derive the matter through an *a fortiori* inference? In both cases she is only betrothed.

אָמַר רַב נַחְמָן בַּר יִצְחָק: לְעוֹלָם אֵימָא לָךְ בְּבִיאָה שֶׁעַל יְדֵי חוּפָּה, וְכֶסֶף שֶׁלֹּא עַל יְדֵי חוּפָּה. וּדְקָאָמְרַתְּ: הָכָא תַּרְתֵּי וְהָכָא חֲדָא – קַל וָחוֹמֶר מִיהָא אִיתֵיהּ.

Rav Naḥman bar Yitzḥak said: Actually, I will say to you that he is speaking **about sexual intercourse by means of** a wedding **canopy and money not by means of** a wedding **canopy. And** as for **that which you said** in opposition to this *a fortiori* inference: **Here** there are **two** stages of acquisition, **and here** there is only **one** stage. **In any event, there is** a valid ***a fortiori*** inference.

וְהָכִי שְׁלַח לֵיהּ: וּמָה שִׁפְחָה כְּנַעֲנִית שֶׁאֵין בִּיאָתָהּ מַאֲכִילָתָהּ בִּתְרוּמָה אֲפִילּוּ עַל יְדֵי חוּפָּה – כַּסְפָּהּ מַאֲכִילָתָהּ בְּלֹא חוּפָּה, זוֹ שֶׁבִּיאָתָהּ מַאֲכִילָתָהּ בִּתְרוּמָה עַל יְדֵי חוּפָּה – אֵינוֹ דִּין שֶׁכַּסְפָּהּ מַאֲכִילָתָהּ בִּתְרוּמָה בְּלֹא חוּפָּה?

And this is what Rabbi Yehuda ben Beteira **sent him,** i.e., his statement should be understood as follows: **If a Canaanite maidservant, whose intercourse** with a priest **does not allow her to partake of** ***teruma***, **even by means of** a wedding **canopy,** and yet **her money allows her to partake** of *teruma* **without** the means of a wedding **canopy, is it not logical** with regard to **this** betrothed woman, **whose intercourse** with a priest **allows her to partake of** ***teruma*** **by means of** a wedding **canopy,** that **her** betrothal **money** from the priest should **allow her to partake of** ***teruma*** **without** the means of a wedding **canopy?**

אֲבָל מָה אֶעֱשֶׂה שֶׁהֲרֵי אָמְרוּ חֲכָמִים: אֵין אֲרוּסָה בַּת יִשְׂרָאֵל אוֹכֶלֶת בִּתְרוּמָה עַד שֶׁתִּכָּנֵס לַחוּפָּה, מִשּׁוּם דְּעוּלָּא.

But what can I do, as the Sages said: By rabbinic law, **the daughter of a non-priest betrothed** to a priest **may not partake of** ***teruma*** **until she enters the** wedding **canopy, due to** the reason stated **by Ulla.** According to Ulla, there is a concern that she may feed her siblings or members of her family *teruma* while she is still living in her father's house.

HALAKHA

A Canaanite maidservant partakes of ***teruma*** **– שִׁפְחָה כְּנַעֲנִית אוֹכֶלֶת בִּתְרוּמָה:** A male or female Canaanite servant who belongs to a priest may partake of *teruma* because he or she is the property of the priest, acquired with his money (Rambam *Sefer Zera'im, Hilkhot Terumot* 6:1).

A betrothed woman may not partake of ***teruma*** **– אֵין אֲרוּסָה אוֹכֶלֶת בִּתְרוּמָה:** Although the daughter of a non-priest who is betrothed to a priest may partake of *teruma* by Torah law, the Sages prohibited her from doing so before she is brought to the wedding canopy. This decree was instituted lest she feed *teruma* to members of her family with whom she is living in her father's house, as stated by Ulla (Rambam *Sefer Zera'im, Hilkhot Terumot* 6:3, 8:7).

NOTES

Annulling factor – סִימְפּוֹן: An annulling factor refers to the cancellation of a transaction due to some type of blemish in the item being acquired. By extension, a receipt for a paid debt is called by this term (see *Bava Metzia* 20a). In the case of a betrothal, the man might discover hidden blemishes on the woman, which may lead to the annulment of the betrothal. This concern exists until she enters the wedding canopy and is married, as it is assumed that a man will not engage in sexual intercourse with a woman unless he has checked her first, and therefore once he has engaged in intercourse with her he can no longer submit a claim of this kind.

LANGUAGE

Annulling factor [*simfon*] – סִימְפּוֹן: Apparently from the Greek σύμφωνον, *sumphonon*, meaning agreement or conditions for an agreement. This term is also used, as it is here, to refer to the annulment of an agreement or the cancellation of a contract.

וּבֶן בַּג בַּג, גַּבֵּי שִׁפְחָה כְּנַעֲנִית – לָא שַׁיֵּיר בְּקִנְיָנָהּ; הָכָא – שַׁיֵּיר בְּקִנְיָנָהּ.

And ben Bag Bag explains why one cannot accept this *a fortiori* inference involving a Canaanite maidservant: **With regard to a Canaanite maidservant** who is purchased with money, the buyer **does not leave out** anything **from her acquisition,** i.e., he completes the purchase in full. **Here,** in the case of betrothal, **he leaves out** part **of her acquisition,** as the stage of marriage has yet to be performed. Therefore, these two cases are dissimilar.

רָבִינָא אָמַר: מִדְּאוֹרָיְיתָא – מִיפְשַׁט פְּשִׁיטָא לֵיהּ דְּאָכְלָה, וּמִדְּרַבָּנַן הוּא דִּשְׁלַח לֵיהּ.

Ravina said that **by Torah law, it is obvious to** Yoḥanan ben Bag Bag **that** she **may partake of** *teruma* also when she is betrothed to a priest through money alone, as she is acquired with his money. **And** the question **that he sent him** is referring to the *halakha* **by rabbinic law.**

וְהָכִי שְׁלַח לֵיהּ: שָׁמַעְתִּי עָלֶיךָ שֶׁאַתָּה אוֹמֵר אֲרוּסָה בַּת יִשְׂרָאֵל אוֹכֶלֶת בִּתְרוּמָה, וְלָא חָיְישַׁתְּ לְסִימְפּוֹן. שְׁלַח לֵיהּ: וְאַתָּה אִי אַתָּה אוֹמֵר כֵּן? מוּחְזְקַנִי בְּךָ שֶׁאַתָּה בָּקִי בְּחַדְרֵי תוֹרָה, לִדְרוֹשׁ בְּקַל וָחוֹמֶר אִי אַתָּה יוֹדֵעַ?

Ravina elaborates: **And this is** the question **that he sent to him: I heard about you that you say** that in practice **the daughter of a non-priest betrothed** to a priest **may partake of** *teruma*, **and we are not concerned about an annulling factor** [*simfon*],[NL] i.e., that he might find some blemish in her through which the betrothal would be considered retroactively invalid. If so, she would have eaten *teruma* when she was not permitted to do so. And it was with regard to this issue that Rabbi Yehuda ben Beteira **sent to him: And do you not say this? I know about you that you are an expert** in many **areas of Torah; do you not know how to teach** *halakhot* **based on an** *a fortiori* inference?

וּמָה שִׁפְחָה כְּנַעֲנִית שֶׁאֵין בִּיאָתָהּ מַאֲכִילָתָהּ בִּתְרוּמָה – כַּסְפָּהּ מַאֲכִילָתָהּ בִּתְרוּמָה, וְלָא חָיְישִׁינַן לְסִימְפּוֹן. זוֹ שֶׁבִּיאָתָהּ מַאֲכִילָתָהּ בִּתְרוּמָה – אֵינוֹ דִּין שֶׁכַּסְפָּהּ מַאֲכִילָתָהּ בִּתְרוּמָה וְלָא נֵיחוּשׁ לְסִימְפּוֹן? אֲבָל מָה אֶעֱשֶׂה, שֶׁהֲרֵי אָמְרוּ חֲכָמִים: אֲרוּסָה בַּת יִשְׂרָאֵל אֵינָהּ אוֹכֶלֶת בִּתְרוּמָה

The *a fortiori* inference is as follows: **If a Canaanite maidservant, whose** engaging in **intercourse** with a priest **does not allow her to partake of** *teruma*, and yet **her** receiving purchase **money allows her to partake of** *teruma*, **and we are not concerned about** *simfon*, i.e., that the Canaanite maidservant may have some physical blemish that nullifies her purchase retroactively, **is it not logical** with regard to **this** betrothed woman, **whose intercourse** with a priest **allows her to partake of** *teruma*, **that her** receiving betrothal **money** from the priest should **allow her to partake of** *teruma* even before entering the wedding canopy, **and we should not be concerned about** *simfon*? **But what can I do, as the Sages said:** By rabbinic law **the daughter of a non-priest betrothed** to a priest **may not partake of** *teruma*

Perek **I**
Daf **11** Amud **a**

HALAKHA

He does not accept *simfon* with regard to slaves – סִימְפּוֹן בַּעֲבָדִים לֵית לֵיהּ: One who acquires a male or female slave may not return him or her due to blemishes which do not impair the slave's ability to perform labor. If the slave had an exposed blemish the buyer should have been aware of it. If a slave has a hidden blemish that does not affect his job, this is of no relevance (Rambam *Sefer Kinyan*, *Hilkhot Mekhira* 15:12; *Shulḥan Arukh*, *Ḥoshen Mishpat* 232:10).

עַד שֶׁתִּכָּנֵס לַחוּפָּה, מִשּׁוּם דְּעוּלָּא.

until she enters the wedding **canopy, due to** the reason **of Ulla,** lest she feed her non-priestly family members the *teruma* that her husband has given her.

וּבֶן בַּג בַּג: סִימְפּוֹן בַּעֲבָדִים לֵית לֵיהּ. אִי מוּמִין שֶׁבְּגָלוּי הוּא – הָא קָא חָזֵי לֵיהּ. אִי מִשּׁוּם מוּמִין שֶׁבְּסֵתֶר – מַאי נָפְקָא לֵיהּ מִינֵּיהּ? לִמְלָאכָה קָא בָּעֵי לֵיהּ, לָא אִיכְפַּת לֵיהּ.

The Gemara asks: **And ben Bag Bag,** what does he say about this *a fortiori* inference? The Gemara answers that he maintains that this *a fortiori* inference is invalid because **he does not accept** that there can be a claim of ***simfon*** **with regard to** the acquisition **of slaves.**[H] The reason is that **if it is an exposed blemish** that the master found on the slave, **he saw** the blemish and purchased him regardless. Therefore, he cannot later claim that the transaction was unfair. **If** it is **due to hidden blemishes** on his slave, **what difference does that make to him?** Why should it matter if a slave has hidden blemishes? **He needs him** only **for labor,** and **he does not care** if he has hidden blemishes that do not impair his ability to perform labor.

נִמְצָא גַּנָּב אוֹ קוּבְיוּסְטוּס – הִגִּיעוֹ. מַאי אָמְרַתְּ, לִסְטִים מְזוּיָּין אוֹ נִכְתַּב לְמַלְכוּת? הָנְהוּ קָלָא אִית לְהוּ.

And even if this slave **is discovered** to be **a thief or a gambler** [*kuvyustus*],[LNH] which are considered hidden blemishes that affect his work, **it has come to him,** i.e., the slave is acquired by the one who purchased him and the transaction is non-refundable. The reason is that the buyer should have suspected behavior of this kind, which is common among slaves, and therefore he suffers the loss. **What do you say?** Perhaps he discovered that the slave is **an armed bandit** and subject to be killed by the government for this, **or sentenced** to death **by the government**[NH] for another reason, and is sought by the authorities. This is not a valid claim, since **these** matters **generate publicity,** and therefore he is assumed to have taken the risk into consideration.

מִכְּדִי בֵּין לְמָר וּבֵין לְמָר לָא אָכְלָה, מַאי בֵּינַיְיהוּ?

The Gemara asks: **Now, both according to** the one **Master,** Yoḥanan ben Bag Bag, **and according to** the other **Master,** Rabbi Yehuda ben Beteira, the daughter of a non-priest betrothed to a priest **may not partake** of *teruma* by rabbinic decree. **What,** then, **is the difference between them?**

אִיכָּא בֵּינַיְיהוּ קִיבֵּל, מָסַר וְהָלַךְ.

The Gemara answers: **The** difference **between them** involves three cases. The Gemara elaborates: If the husband initially **accepted** her blemishes, there is no concern that an annulling factor might lead to the nullification of the betrothal, but there is still concern that she might feed *teruma* to the members of her family. If her father **transferred** her to the betrothed husband's agents, **or** if the father's agents **walked**[N] with the husband's messenger, and therefore she is no longer in her father's house, there is no concern that she might feed her family members *teruma*, but it remains possible that the betrothal will be nullified.

״בְּכֶסֶף בֵּית שַׁמַּאי אוֹמְרִים בְּדִינָר״ וכו׳. מַאי טַעֲמַיְיהוּ דְּבֵית שַׁמַּאי? אָמַר רַבִּי זֵירָא: שֶׁכֵּן אִשָּׁה מַקְפֶּדֶת עַל עַצְמָהּ, וְאֵין מִתְקַדֶּשֶׁת בְּפָחוֹת מִדִּינָר.

§ The Gemara returns to the *halakhot* of the mishna. The mishna teaches that if one betroths a woman **with money, Beit Shammai say** he must betroth her **with** at least **one dinar,**[B] whereas according to the opinion of Beit Hillel even one *peruta* is sufficient. The Gemara asks: **What is the reasoning of Beit Shammai? Rabbi Zeira says:** Their reasoning is **that a woman is particular about herself** and considers it beneath her dignity to be acquired with a paltry sum, **and** therefore she **will not** agree to **be betrothed with less than one dinar.**

אֲמַר לֵיהּ אַבַּיֵי: אֶלָּא מֵעַתָּה, כְּגוֹן בְּנָתֵיהּ דְּרַבִּי יַנַּאי דְּקָפְדָן אַנַּפְשַׁיְיהוּ וְלָא מִקַּדְּשִׁי בְּפָחוֹת מִתַּרְקְבָא דְּדִינָרֵי, הָכִי נַמִי דְּאִי פָּשְׁטָה יָדָהּ וְקִבְּלָה חַד זוּזָא מֵאַחֵר, הָכִי נַמִי דְּלָא הָווּ קִדּוּשִׁין?

Abaye said to him: If that is so, with regard to Rabbi Yannai's daughters,[NP] **for example, who are** very **particular about themselves** and their honor, **and they will not** agree to **be betrothed with less than a vessel** [*tarkeva*][L] **full of dinars** due to their status, **so too** will you say **that if she reaches out her hand and accepts one dinar from another** man, **so too,** this **is not a betrothal?**

NOTES

Gambler [*kuvyustus*] – קוּבְיוּסְטוּס: Some commentaries explain that this term refers to kidnappers (Rambam). Others contend the word means one who plays with dice (*Tosafot*; Rabbeinu Ḥananel). This is considered a blemish not only because the slave wastes time in this activity, but also because he will likely steal to repay his debts.

Sentenced by the government – נִכְתַּב לְמַלְכוּת: Rashi writes that he was sentenced to death by the government. Others explain that this slave is the property of the king, who might claim his services at any time (Rambam).

Accepted, transferred, or walked – קִיבֵּל מָסַר וְהָלַךְ: According to Rashi the Gemara is listing three distinct cases here. Alternatively, this is a single case: The father accepted betrothal, then transferred the daughter and walked away. In this scenario there is a concern only for an annulling factor (Ra'avad).

Rabbi Yannai's daughters – בְּנָתֵיהּ דְּרַבִּי יַנַּאי: Some commentaries explain that the Gemara is referring to the daughters of King Yannai (see 66a), as a king's daughters are very particular about their honor (Rid).

HALAKHA

He is discovered to be a thief or a gambler – נִמְצָא גַּנָּב אוֹ קוּבְיוּסְטוּס: If one discovers that the slave he has purchased is a thief or gambler, or constantly runs away, or eats or drinks to excess, he cannot return him, as these traits are common among slaves (Rambam *Sefer Kinyan*, *Hilkhot Mekhira* 15:13; *Shulḥan Arukh*, *Ḥoshen Mishpat* 232:10).

An armed bandit or sentenced by the government – לִסְטִים מְזוּיָּין אוֹ מוּכְתָּב לְמַלְכוּת: If one discovers that the slave he purchased is a bandit, the sale is entirely nullified, as the slave will ultimately be caught and executed. Similarly, if he has been sentenced by the government, the king may come at any time and take him. In that case, the buyer can retract his purchase, in accordance with the Gemara, as explained by *Tosafot* (Rambam *Sefer Kinyan*, *Hilkhot Mekhira* 15:13; *Shulḥan Arukh*, *Ḥoshen Mishpat* 232:10).

LANGUAGE

Gambler [*kuvyustus*] – קוּבְיוּסְטוּס: From the Greek κυβευτής, *kubeutēs*, meaning one who plays with dice.

Greek vase with drawing of dice players, circa 500 BCE

Vessel [*tarkeva*] – תַּרְקְבָא: This word refers to a measuring vessel that holds half a *se'a*. The early commentaries say it is a contraction of the words *trei ve'kav*, meaning two *kav* and another *kav*, equaling three *kav*, which is half a *se'a*. It seems that the term is derived from the Greek τρίκαβος, *trikabos*, meaning three *kav*.

BACKGROUND

Dinar – דִּינָר: One dinar was equal to ten *issar*. The *issar* was one of the smallest coins, although smaller still was one *peruta*, which was worth only one-eighth of an *issar* and was typically made of copper. By this calculation, there are eighty *perutot* in one dinar. This shows how much more lenient Beit Hillel are than Beit Shammai with regard to this issue.

PERSONALITIES

Rabbi Yannai's daughters – בְּנָתֵיהּ דְּרַבִּי יַנַּאי: Rabbi Yannai was one of the earliest *amora'im* in Eretz Yisrael and a leader of his generation. He was very wise and taught many important Sages, including Rabbi Yoḥanan. In addition, he was extremely wealthy and owned numerous fields and vineyards. One of his daughters married Judah, son of Rabbi Ḥiyya. In light of this, is clear why Rabbi Yannai's daughters had a high level of self-worth.

אֲמַר לֵיהּ: פָּשְׁטָה יָדָהּ וְקִבְּלָה לָא קָאָמִינָא. כִּי קָאָמִינָא – דְּקִדְּשָׁהּ בְּלֵילְיָא. אִי נַמִּי דְּשַׁוְיָה שָׁלִיחַ.

Rabbi Zeira **said to** Abaye: **I did not say** that this *halakha* includes a case where **she reached out her hand and accepted** a betrothal. She has the right to willingly relinquish her dignity. **When I said** this *halakha* I was referring to a case **where he betrothed her at night** and she did not see what she was being given. **Alternatively, where she appointed an agent** to betroth her but did not explicitly tell him how much she wished to receive for her betrothal. In these cases it is assumed that she is particular about her honor and will not agree to be betrothed for less than one dinar.

רַב יוֹסֵף אֲמַר: טַעֲמַיְהוּ דְּבֵית שַׁמַּאי כִּדְרַב יְהוּדָה אָמַר רַב אַסִי, דְּאָמַר רַב יְהוּדָה אָמַר רַב אַסִי: כָּל כֶּסֶף הָאָמוּר בַּתּוֹרָה – כֶּסֶף צוֹרִי, וְשֶׁל דִּבְרֵיהֶם – כֶּסֶף מְדִינָה.

Rav Yosef said a different explanation: **The reasoning of Beit Shammai is in accordance with** that which **Rav Yehuda** says that **Rav Asi says. As Rav Yehuda says** that **Rav Asi says: Every** sum of **money mentioned in the Torah**[NH] **is** in **Tyrian coinage,** i.e., dinars from Tyre, which have a high value. **And** any amount of money set **by rabbinic law** is measured by **provincial coinage.** Local currency, i.e., that which existed at the time of the Sages of the Mishna, was worth about one-eighth of the value of Tyrian coinage. Beit Shammai follow the standard sum of the Torah, and the smallest possible amount in Tyrian currency is the silver coin, which is worth one dinar.

גּוּפָא, אָמַר רַב יְהוּדָה אָמַר רַב אַסִי: כָּל כֶּסֶף הָאָמוּר בַּתּוֹרָה – כֶּסֶף צוֹרִי; וְשֶׁל דִּבְרֵיהֶם – כֶּסֶף מְדִינָה. וּכְלָלָא הוּא?

The Gemara discusses **the** matter **itself. Rav Yehuda says** that **Rav Asi says: Every** sum of **money mentioned in the Torah is Tyrian coinage, and** any amount of money set **by rabbinic law** is measured by **provincial coinage.** The Gemara asks: **And is** it an established **principle** that any mention of money in the Torah is referring to a silver coin worth at least one dinar?

NOTES

Every sum of money mentioned in the Torah – כָּל כֶּסֶף הָאָמוּר בַּתּוֹרָה: While the Torah does not mention silver explicitly in connection with betrothal of a woman, silver is stated in the Torah's discussion of the acquisition of a field, to which betrothal is compared. Rashi notes that as there is no Tyrian coin of copper, this must be referring to an important coin such as a silver dinar.

HALAKHA

Every sum of money mentioned in the Torah – כָּל כֶּסֶף הָאָמוּר בַּתּוֹרָה: Every sum of money mentioned in the Torah, with regard to rape, seduction, slander, killing a slave, and redemption of a firstborn son, is paid in shekels, which are pure silver. The Sages say that these amounts must be paid by the weight of the *sela* of the Second Temple period. The sums established by rabbinic law refers to coinage that existed in their time, which was worth one-eighth of the value of the money stated in the Torah (Rambam *Sefer Mishpatim, Hilkhot To'en VeNitan* 3:2 and *Sefer Nashim, Hilkhot Ishut* 10:8).

Perek **I**
Daf **11** Amud **b**

וַהֲרֵי טַעֲנָה, דִּכְתִיב: ״כִּי יִתֵּן אִישׁ אֶל רֵעֵהוּ כֶּסֶף אוֹ כֵלִים לִשְׁמֹר״, וּתְנַן: שְׁבוּעַת הַדַּיָּינִין, הַטַּעֲנָה – שְׁתֵּי כֶסֶף; וְהַהוֹדָאָה – שָׁוֶה פְּרוּטָה?

But with regard to **a claim that** someone has not returned a deposit or loan, when the defendant admits that only part of the claim is true, **it is written: "If a man deliver to his neighbor money or vessels to guard** and it be stolen out of the man's house" (Exodus 22:6). The following verses teach that if the thief is not found, the case is brought to a court, where the defendant must take an oath. **And we learned** in a mishna with regard to one who admits to part of a claim (*Shevuot* 38b): **The oath** administered **by the judges** to one who admits to part of a claim is administered only when **the claim** is for at least **two silver** *ma'a*,[B] **and the** defendant's **admission**[H] is to at least **the value of one** *peruta***.** If every sum of money mentioned in the Torah is referring to Tyrian coinage, how did the Sages arrive at the amount of two *ma'a* in this case?

הָתָם דּוּמְיָא דְּכֵלִים; מַה כֵּלִים – שְׁנַיִם, אַף כֶּסֶף – שְׁנַיִם. וּמַה כֶּסֶף דָּבָר חָשׁוּב – אַף כֵּלִים דָּבָר חָשׁוּב.

The Gemara explains: **There,** the *halakha* is derived from a juxtaposition, as the "money" mentioned in the verse is **similar to "vessels": Just as** the word **"vessels"** indicates at least **two, so too "money"** is referring to at least **two** coins. **And just as money is a significant item, so too** the **vessels** must be **a significant item.**

וַהֲרֵי מַעֲשֵׂר, דִּכְתִיב: ״וְצַרְתָּ הַכֶּסֶף בְּיָדְךָ״, וּתְנַן: הַפּוֹרֵט סֶלַע מִמְּעוֹת מַעֲשֵׂר שֵׁנִי! ״כֶּסֶף״ ״הַכֶּסֶף״ רִיבָּה.

The Gemara asks: **But** there is the case of the redemption of second **tithe, as it is written: "And bind up the money in your hand"** (Deuteronomy 14:25). **And** yet **we learned** in a mishna (*Ma'aser Sheni* 2:8): With regard to **one who exchanges** copper coins **of second-tithe money** for **a** *sela*,[N] Beit Shammai say: He may exchange the copper coins for the entire silver *sela*. This mishna indicates that second-tithe money, mentioned in the Torah, can be in the form of copper coins, and it is not required to be in the form of silver coins. The Gemara explains that the verse does not say **money,** but **"the money."** The addition of the article **serves as an amplification.** In other words, this addition teaches that second-tithe money can be in any coinage, including copper coins.

BACKGROUND

***Ma'a* – מָעָה:** The *ma'a* is a small silver coin generally identified, both in weight and significance, with the *gera*, the smallest denomination of currency mentioned in the Torah. Originally, the biblical sacred shekel, equal in worth to the mishnaic *sela*, was worth twenty *ma'a*, but the *sela* was later increased by twenty percent to twenty-four *ma'a*. The mishnaic shekel, half of a biblical shekel, was worth twelve *ma'a*.

HALAKHA

The claim…and the admission – הַטַּעֲנָה...וְהַהוֹדָאָה: One who admits to part of a claim made against him is required to take an oath only if the claim is worth at least two *ma'a* and if the defendant admits to owing at least one *peruta* (Rambam *Sefer Mishpatim, Hilkhot To'en VeNitan* 3:1–2; *Shulḥan Arukh, Ḥoshen Mishpat* 88:1).

NOTES

One who exchanges a *sela* – הַפּוֹרֵט סֶלַע: Everyone agrees that the exchange referred to here is not breaking a large denomination into smaller coins, but the opposite: The combination of several coins into a larger one.

וַהֲרֵי הֶקְדֵּשׁ, דִּכְתִיב: ״וְנָתַן הַכֶּסֶף וְקָם לוֹ״, וְאָמַר שְׁמוּאֵל: הֶקְדֵּשׁ שָׁוֶה מָנֶה שֶׁחִילְּלוֹ עַל שָׁוֶה פְּרוּטָה – מְחוּלָּל! הָתָם נַמִי ״כֶּסֶף״ ״כֶּסֶף״ יָלֵיף מִמַּעֲשֵׂר.

The Gemara asks: **But** there is the case of **consecrated** property, **as it is written: "And he will give the money and it will be assured to him"** (see Leviticus 27:19). **And Shmuel says:** With regard to **consecrated** property **worth one hundred dinars, which was redeemed for** an item **worth one *peruta*,**[H] **it is redeemed.** Although the word "money" is stated in the Torah, a copper *peruta* may be used. The Gemara answers: **There too,** there is a reason for this unusual *halakha*, as **he derives** this ruling from a verbal analogy of the terms **"money"** mentioned here and **"money" from tithes.** Consequently, one may use any type of coin in this case as well.

וַהֲרֵי קִידּוּשֵׁי אִשָּׁה, דִּכְתִיב: ״כִּי יִקַּח אִישׁ אִשָּׁה וּבְעָלָהּ״ וְגָמַר ״קִיחָה״ ״קִיחָה״ מִשְּׂדֵה עֶפְרוֹן, וּתְנַן: בֵּית הִלֵּל אוֹמְרִים: בִּפְרוּטָה וּבְשָׁוֶה פְּרוּטָה, נֵימָא רַב אַסִּי דְּאָמַר כְּבֵית שַׁמַּאי?!

The Gemara asks: **But** there is the case of **the betrothal of a woman, as it is written: "When a man takes a woman and engages in sexual intercourse with her"** (Deuteronomy 24:1), **and one derives** betrothal through money by a verbal analogy of the term **"taking"** used here and **"taking" from** the case of **the field of Ephron. And** yet **we learned** in the mishna that **Beit Hillel say** one can betroth a woman **with one *peruta* or with** any item that is **worth one *peruta*. If so, shall we say** that **Rav Asi,** who claims that all sums of money mentioned in the Torah are in Tyrian coinage, **stated** his opinion **in accordance with** the opinion of **Beit Shammai?**

אֶלָּא, אִי אִיתְּמַר הָכִי אִיתְּמַר: אָמַר רַב יְהוּדָה אָמַר רַב אַסִּי: כָּל כֶּסֶף קָצוּב הָאָמוּר בַּתּוֹרָה – כֶּסֶף צוֹרִי, וְשֶׁל דִּבְרֵיהֶם – כֶּסֶף מְדִינָה.

Rather, the Gemara suggests an alternative explanation: **If this was stated, it was stated like this:**[B] **Rav Yehuda says that Rav Asi says: Every set** amount of **money stated in the Torah,** i.e., when a specific amount is mentioned, is referring to **Tyrian coinage, and** any amount of money set **by rabbinic law** is in **provincial coinage.**

מַאי קָא מַשְׁמַע לָן? תְּנֵינָא: חָמֵשׁ סְלָעִים שֶׁל בֵּן, שְׁלֹשִׁים שֶׁל עֶבֶד, חֲמִשִּׁים שֶׁל אוֹנֵס וְשֶׁל מְפַתֶּה, מֵאָה שֶׁל מוֹצִיא שֵׁם רַע – כּוּלָּם בְּשֶׁקֶל הַקּוֹדֶשׁ, בְּמָנֶה צוֹרִי!

The Gemara asks: If so, **what is** Rav Asi **teaching us?** We have already **learned** all of these *halakhot* explicitly (*Bekhorot* 49b): The payment of **five *sela* for** the redemption of a firstborn **son**[H] (Numbers 18:16); the payment of **thirty** *sela* **for a slave,**[H] paid by the owner of the ox that killed the slave (Exodus 21:32); the **fifty** *sela* paid **by a rapist and by a seducer** (Deuteronomy 22:29);[H] the **one hundred** *sela* paid **by a defamer** (Deuteronomy 22:19);[H] **all of these** are paid **in the sacred shekel,** which is **one hundred dinars in Tyrian** coinage. All of the cases in which a defined amount is mentioned by the Torah have already been taught, and it is unclear what Rav Asi adds.

״וְשֶׁל דִּבְרֵיהֶם כֶּסֶף מְדִינָה״ אִיצְטְרִיכָא לֵיהּ, דְּלָא תְּנַן. דְּתַנְיָא: הַתּוֹקֵעַ לַחֲבֵירוֹ נוֹתֵן לוֹ סֶלַע. וְלָא תֵּימָא: מַאי סֶלַע – אַרְבַּע זוּזֵי, אֶלָּא מַאי סֶלַע – פַּלְגָא דְּזוּזָא, דַּעֲבִידֵי אֱינָשֵׁי דְּקָרוּ לְפַלְגָא דְּזוּזָא אִיסְתֵּירָא.

The Gemara answers: **It was necessary for** Rav Asi to teach: **And** any amount of money set **by rabbinic law** is in **provincial coinage, as we did not learn** that *halakha* in that mishna. **As it is taught** in a *baraita*: The Sages established that **one who strikes another**[NH] as an act of disrespect **must give him one *sela*** as a fine. **And** Rav Asi is teaching that one should **not say: What** is the meaning of **one *sela*?** It is a Tyrian *sela* worth **four dinar. Rather, what** is the meaning of **one *sela*?** This is the *sela* of provincial coinage, which is worth **half a dinar, as people commonly call half a dinar** by the name ***sela* [*isteira*].**[L]

BACKGROUND

If this was stated, it was stated like this – אִי אִיתְּמַר הָכִי אִיתְּמַר: Sometimes, when an objection has been raised against an amoraic statement, the Gemara resolves the problem by suggesting that the remark of the *amora* was reported incorrectly and must be emended.

NOTES

One who strikes another – הַתּוֹקֵעַ לַחֲבֵירוֹ: Rashi suggests two explanations of this attack: It is referring either to one who shouts in the ear of another, or to one who smacks another on the head near the ear. Alternatively, this refers to hitting another on the hand (Rambam).

LANGUAGE

***Sela* [*isteira*] – אִיסְתֵּירָא:** This is the name of the Greek coin στατήρ, *statēr*. This coin was worth one *sela*, or four dinars, when they were made of gold. The Gemara here states that this refers to provincial coinage, a copper coin, which was worth one-eighth of the value of the larger Tyrian coins. Accordingly, an *isteira* is worth only half a dinar.

HALAKHA

Consecrated property…which was redeemed for an item worth one *peruta* – הֶקְדֵּשׁ...שֶׁחִילְּלוֹ עַל שָׁוֶה פְּרוּטָה: Consecrated property that is not consecrated to be sacrificed on the altar may be redeemed if one exchanges it for an item of equal value. After the fact, the item is redeemed and loses its sanctity even if one redeemed it for another item worth less than the first item's value. That is the case even if the item was worth one hundred dinars and was redeemed for another item worth one *peruta* (Rambam *Sefer Hafla'a, Hilkhot Arakhin* 7:8).

Five *sela* for a firstborn son – חָמֵשׁ סְלָעִים שֶׁל בֵּן: It is a positive mitzva for a father to redeem the firstborn son of his non-priest wife with five Tyrian silver *sela*. This sum is equal to 102 *ma'a* of silver (Rambam *Sefer Zera'im, Hilkhot Bikkurim* 11:6; *Shulḥan Arukh, Yoreh De'a* 305:1).

Thirty for a slave – שְׁלֹשִׁים שֶׁל עֶבֶד: If one's animal kills a Canaanite slave, the animal's owner is required to pay a fine, as stated in the Torah. This fine is thirty *sela* of pure silver, regardless of the slave's actual worth (Rambam *Sefer Nezikin, Hilkhot Nizkei Mamon* 11:1).

Fifty by a rapist and by a seducer – חֲמִשִּׁים שֶׁל אוֹנֵס וְשֶׁל מְפַתֶּה: One who rapes or seduces a virgin young woman is required to pay a fine of fifty *sela* of pure silver (Rambam *Sefer Nashim, Hilkhot Na'ara Betula* 1:1).

One hundred by a defamer – מֵאָה שֶׁל מוֹצִיא שֵׁם רַע: One who slanders his wife must pay her father one hundred *sela* of pure silver. If she is an orphan, the money belongs to her (Rambam *Sefer Nashim, Hilkhot Na'ara Betula* 3:1).

One who strikes another – הַתּוֹקֵעַ לַחֲבֵירוֹ: One who strikes another is required to pay him one *sela* in state coinage, which is half of a silver dinar (Rambam *Sefer Nezikin, Hilkhot Ḥovel UMazik* 3:9–10; *Shulḥan Arukh, Ḥoshen Mishpat* 420:41–42).

רַבִּי שִׁמְעוֹן בֶּן לָקִישׁ אוֹמֵר: טַעֲמַיְיהוּ דְּבֵית שַׁמַּאי כִּדְחִזְקִיָּה. דְּאָמַר חִזְקִיָּה: אָמַר קְרָא: "וְהֶפְדָּהּ" – מְלַמֵּד שֶׁמְּגָרַעַת מִפִּדְיוֹנָהּ וְיוֹצְאָה.

Rabbi Shimon ben Lakish says a different explanation: **The reasoning of Beit Shammai,** that the minimum amount with which a woman can be betrothed is one dinar, is **in accordance with** the opinion **of Ḥizkiyya. As Ḥizkiyya says** that **the verse states** with regard to a Hebrew maidservant: **"Then he shall let her be redeemed"** (Exodus 21:8), which **teaches that she can deduct** an amount **from** the price of **her redemption**[N] **and leave** before her time of slavery is complete. If she comes into possession of money, she can pay the master for her value, less the work she has performed. Beit Shammai derive the *halakhot* of regular betrothal from the case of a Hebrew maidservant, as explained below.

אִי אָמְרַתְּ בִּשְׁלָמָא דִּיהַב לָהּ דִּינָר הַיְינוּ דִּמְגָרְעָה וְאָזְלָה עַד פְּרוּטָה. אֶלָּא אִי אָמְרַתְּ דִּיהַב לָהּ פְּרוּטָה – מִפְּרוּטָה מִי מְגָרְעָה? וְדִלְמָא הָכִי קָאָמַר רַחֲמָנָא: הֵיכָא דִּיהַב לָהּ דִּינָר – תִּיגְרַע עַד פְּרוּטָה; הֵיכָא דִּיהַב לָהּ פְּרוּטָה – לָא תִּיגְרַע כְּלָל!

Granted, if you say that when she was acquired **he gave her** at least **one dinar, this is** the meaning of the statement **that she may continually deduct** from that amount **up to one *peruta*. But if you say that** he **gave her one *peruta*** when he purchased her as a maidservant, can **she deduct from one *peruta*?** One *peruta* is already the smallest possible sum of money. The Gemara rejects this argument: **But perhaps this is what the Merciful One is saying:** In a case **where he gave her one dinar, she deducts** from that amount **up to one *peruta*;** in **a case where he gave her one *peruta* she cannot deduct at all.** If he paid one *peruta* for her, the option of redemption does not apply.

Perek **I**
Daf **12** Amud **a**

לָא סָלְקָא דַּעְתָּךְ, דּוּמְיָא דְּיֵיעוּד; מַה יֵּיעוּד, אַף עַל גַּב דְּאִי בָּעֵי מְיַיעֵד וְאִי בָּעֵי לָא מְיַיעֵד, כָּל הֵיכָא דְּלָא מָצֵי מְיַיעֵד – לָא הָווּ זְבִינָא זְבִינֵי, הָכִי נַמִי כָּל הֵיכָא דְּלָא מָצֵי מִיגְרְעָא – לָא הָווּ זְבִינָא זְבִינֵי.

The Gemara rejects this suggestion: This **cannot enter your mind,** as the *halakha* of deduction must be **similar** to the *halakha* of **designation,** i.e., the process by which a master designates his Hebrew maidservant as a wife for him or his son (Exodus 21:8–9). **Just as** with **designation, although** the *halakha* is that **if he desires, he may designate** her **and if he does not desire, he** is **not** required to **designate** her, nevertheless **anywhere that he cannot designate** her, e.g., in a case where they are related and she is therefore forbidden to him, **her sale is not** a valid **sale, so too** here, with regard to her redemption, **anywhere that she cannot deduct**[H] an amount from her purchase price, **her sale is not** a valid **sale.**

וְקִידּוּשֵׁי אִשָּׁה לְבֵית שַׁמַּאי נָפְקָא לְהוּ מֵאָמָה הָעִבְרִיָּה: מָה אָמָה הָעִבְרִיָּה בִּפְרוּטָה לָא מִקְנְיָא – אַף אִשָּׁה בִּפְרוּטָה לָא מִיקַּדְּשָׁא.

The Gemara notes: **And according to** the opinion of **Beit Shammai** the mode of **betrothal of a woman** by money **is derived from** the case of **a Hebrew maidservant,** as follows: **Just as a Hebrew maidservant cannot be acquired with one *peruta*, so too a woman cannot be betrothed with one *peruta*.**

וְאֵימָא פַּלְגָּא דְּדִינָר, וְאֵימָא שְׁתֵּי פְּרוּטוֹת? כֵּיוָן דְּאַפִּיקְתֵּיהּ מִפְּרוּטָה – אוֹקְמָהּ אַדִּינָר.

The Gemara asks: Even if Beit Shammai derive their opinion from here, how does this prove that a woman can be betrothed only with a minimum of one dinar? **But** why not **say** she can be betrothed with **half a dinar, or say** that she can be betrothed with **two *perutot*,** as it is possible to fulfill the redemption of a Hebrew maidservant if her sale was for either of these amounts? The Gemara answers: **Since** this comparison **excludes** betrothal **with one *peruta*,** as it indicates that a woman can be betrothed only with money of significant value, the Sages **established** the minimum amount **at one dinar,** which is a coin of substantial value.

רָבָא אָמַר: הַיְינוּ טַעְמָא דְּבֵית שַׁמַּאי: שֶׁלֹּא יְהוּ בְּנוֹת יִשְׂרָאֵל כְּהֶפְקֵר.

Rava said a different explanation: **This is the reasoning of Beit Shammai,** who hold that a woman can be betrothed only with a minimum of one dinar: **The daughters of Israel should not be** treated **like ownerless** property.[N] Allowing women to be betrothed with such a small amount as one *peruta* is disrespectful to them.

NOTES

She can deduct from her redemption – שֶׁמְּגָרַעַת מִפִּדְיוֹנָהּ: Since the money paid to purchase a woman as a maidservant can be used as the betrothal money for her master or his son, the case of maidservants can serve as a source for betrothal in general. In fact, in the Jerusalem Talmud it is stated that the primary source for the mode of betrothal by means of money is from the case of a maidservant.

HALAKHA

Anywhere that she cannot deduct – כָּל הֵיכָא דְּלָא מָצֵי מִיגְרְעָא: A Hebrew maidservant can be acquired with money, an item of monetary value, or with a document. She must be purchased with at least one *peruta*, as the money with which she is acquired must be subject to deduction. In other words, she must be able to emancipate herself by deducting the value of services rendered (Rambam *Sefer Kinyan*, *Hilkhot Avadim* 4:3).

NOTES

The daughters of Israel should not be treated like ownerless property – שֶׁלֹּא יְהוּ בְּנוֹת יִשְׂרָאֵל כְּהֶפְקֵר: Rashi explains that technically even Beit Shammai agree that the Torah permits a woman to be betrothed with one *peruta*, but according to Beit Shammai the Sages raised this minimum amount to one dinar to protect the honor of Jewish girls. The Sages have the right to render void a betrothal by less than that amount. Others maintain that this *halakha* applies by Torah law and that the Sages simply provided an explanation for the Torah's refusal to allow Jewish women to be betrothed for a pittance (Ritva).

״וּבֵית הִלֵּל אוֹמְרִים בִּפְרוּטָה״. סָבַר רַב יוֹסֵף לְמֵימַר: פְּרוּטָה – כׇּל דְּהוּ. אֲמַר לֵיהּ אַבָּיֵי: וְהָא עֲלַהּ קָתָנֵי: כַּמָּה הִיא פְּרוּטָה – אֶחָד מִשְּׁמוֹנָה בְּאִיסָּר הָאִיטַלְקִי!

§ The mishna teaches: **And Beit Hillel say** that a woman can be betrothed **with one *peruta*,** or with any item that is worth one *peruta*. **Rav Yosef thought to say: One *peruta* means any amount.** There is no defined value, as a woman may be betrothed with one *peruta* regardless of its value at the time. **Abaye said to him: But isn't it taught with regard to** this in the mishna itself: **How much is one *peruta*?** It is **one-eighth of the Italian *issar*.**[H] This shows there is a defined value for one *peruta*.

וְכִי תֵּימָא הָנֵי מִילֵּי בְּדוֹרוֹ שֶׁל מֹשֶׁה, אֲבָל הָכָא – כִּדְחַשְׁבָה לְהוּ לֶאֱינָשֵׁי, וְהָא כִּי אֲתָא רַב דִּימִי אֲמַר: שִׁיעֵר רַבִּי סִימָאִי בְּדוֹרוֹ כַּמָּה הִיא פְּרוּטָה: אֶחָד מִשְּׁמוֹנָה בְּאִיסָּר הָאִיטַלְקִי. וְכִי אֲתָא רָבִין אֲמַר: רַבִּי דּוֹסְתַּאי וְרַבִּי יַנַּאי וְרַבִּי אוֹשַׁעְיָא שִׁיעֲרוּ: כַּמָּה הָוֵי פְּרוּטָה – אֶחָד מִשִּׁשָּׁה בְּאִיסָּר הָאִיטַלְקִי!

And if you would say: This statement applies **only to the generation of Moses,** i.e., this was the value of one *peruta* in the time of the Torah, **but now,** at any later time, its value is determined by **that which people consider** one *peruta*, that claim cannot be correct. **As when Rav Dimi came** from Eretz Yisrael **he said: Rabbi Simai estimated in his generation: How much is one *peruta*?** It is **one-eighth of the Italian *issar*. And when Ravin came** from Eretz Yisrael to Babylonia **he said** that **Rabbi Dostai and Rabbi Yannai and Rabbi Oshaya estimated: How much is one *peruta*?** It is **one-sixth of the Italian *issar*.**

אֲמַר לֵיהּ רַב יוֹסֵף: אִי הָכִי הַיְינוּ דְּתָנֵינָא: צֵא וַחֲשׁוֹב כַּמָּה פְּרוּטוֹת בִּשְׁנֵי סְלָעִים – יוֹתֵר מֵאַלְפַּיִם. הָשְׁתָּא אַלְפַּיִם לָא הָוְיָין, יָתֵר מֵאַלְפַּיִם קָרֵי לְהוּ?! אֲמַר לְהוּ הַהוּא סָבָא: אֲנָא תָּנֵינָא לָהּ: קָרוֹב לְאַלְפַּיִם. סוֹף סוֹף אַלְפָא וְחָמֵשׁ מֵאָה וּתְלָתִין וְשִׁיתָּא הוּא דְּהָוְיָין! כֵּיוָן דְּנָפְקָא לְהוּ מִפַּלְגָא – קָרוֹב לְאַלְפַּיִם קָרֵי לֵיהּ.

Rav Yosef said to Abaye: **If so,** then **this is** in conflict with that **which we learned** in a *baraita*: **Go and calculate how many *perutot* there are in two *sela*: More than two thousand. Now there are not** even **two thousand, and you call them: More than two thousand?** Rather, the *peruta* is certainly worth less than one-eighth of the Italian *issar*. **A certain old man said to them: I teach this** *baraita* as saying: **Close to two thousand.** The Gemara asks: **Ultimately,** according to the calculation of one-eighth of an *issar*, the number of *perutot* in two *sela* **is 1,536,** which is nowhere near two thousand. The Gemara answers: **Since it passes half** of the second thousand **it is called: Close to two thousand.**

גּוּפָא, כִּי אֲתָא רַב דִּימִי אֲמַר: שִׁיעֵר רַבִּי סִימָאִי בְּדוֹרוֹ כַּמָּה הִיא פְּרוּטָה – אֶחָד מִשְּׁמוֹנָה בְּאִיסָּר הָאִיטַלְקִי. וְכִי אֲתָא רָבִין אֲמַר: שִׁיעֲרוּ רַבִּי דּוֹסְתַּאי וְרַבִּי יַנַּאי וְרַבִּי אוֹשַׁעְיָא, כַּמָּה הִיא פְּרוּטָה – אֶחָד מִשִּׁשָּׁה בְּאִיסָּר הָאִיטַלְקִי. אֲמַר לֵיהּ אַבָּיֵי לְרַב דִּימִי: נֵימָא אַתְּ וְרָבִין בִּפְלוּגְתָּא דְּהָנֵי תַּנָּאֵי קָא מִיפַּלְגִיתוּ,

The Gemara discusses **the matter itself. When Rav Dimi**[P] came from Eretz Yisrael **he said: Rabbi Simai estimated in his generation: How much is one *peruta*?** It is **one-eighth of the Italian *issar*. And when Ravin**[P] **came he said** that **Rabbi Dostai and Rabbi Yannai and Rabbi Oshaya estimated: How much is one *peruta*?** It is **one-sixth of the Italian *issar*. Abaye said to Rav Dimi: Shall we say** that **you and Ravin disagree with regard to** the issue that is the subject of **the dispute between these *tanna'im*.**

דְּתַנְיָא: פְּרוּטָה שֶׁאָמְרוּ חֲכָמִים – אֶחָד מִשְּׁמוֹנָה בְּאִיסָּר הָאִיטַלְקִי, שֵׁשׁ מָעָה כֶּסֶף – דִּינָר; מָעָה – שְׁנֵי פּוּנְדְּיוֹנִין; פּוּנְדְּיוֹן – שְׁנֵי אִיסָּרִין; אִיסָּר – שְׁנֵי מוּסְמִיסִים; מַסְמָס – שְׁנֵי קוֹנְטְרוֹנְקִין; קוֹנְטְרַנְק – שְׁתֵּי פְּרוּטוֹת; נִמְצָא פְּרוּטָה – אַחַת מִשְּׁמוֹנָה בְּאִיסָּר הָאִיטַלְקִי.

As it is taught in a *baraita*: The ***peruta* mentioned by the Sages is one-eighth of the Italian *issar*. Six silver *ma'a* are one dinar,** and one ***ma'a*** is worth **two *pundeyon*.**[B] In a ***pundeyon*** there are **two *issar*,** and **an *issar*** is **two *masmas*.**[L] **A *masmas*** is worth **two *konterank*,**[L] and a ***konterank*** is **two *perutot*.** By this calculation, one **finds that one *peruta* is one-eighth of the Italian *issar*.**

HALAKHA

The value of one *peruta* – שִׁיעוּר פְּרוּטָה: One *peruta* is one-eighth of the Italian *issar*, which is the weight of half a barley grain of pure silver (Rambam *Sefer Zemanim*, *Hilkhot Shekalim* 1:3).

BACKGROUND

***Pundeyon* – פּוּנְדְּיוֹן:** A *pundeyon* was a coin worth two *issar*. The source of the word is the Latin dupondius, meaning two *assarii*, which were Roman coins. A dinar consisted of twelve *pundeyon*, and there were forty-eight *pundeyon* in a *sela*.

LANGUAGE

***Masmas* – מַסְמָס:** From the Latin semis, meaning half, referring here to half of an *issar*, or half of the Roman coin known by the name *as*.

***Konterank* – קוֹנְטְרַנְק:** There are many variations and explanations of this term. It is apparently derived from the Greek κοδράντης, *kodrantēs*, which is related to the Latin quadrans, meaning a quarter of an *as*, the Roman coin equivalent to the *issar*.

PERSONALITIES

Rav Dimi – רַב דִּימִי: Rav Dimi was an *amora* who lived during the third and fourth generations of *amora'im*. At various times he lived in Babylonia and Eretz Yisrael. Rav Dimi was apparently a Babylonian who moved to Eretz Yisrael in his youth. He returned to Babylonia several times, where he reported the statements of Sages living in Eretz Yisrael. In the Jerusalem Talmud Rav Dimi is sometimes called Rav Avdimi Naḥota, and sometimes Rav Avduma Naḥota. He was one of the Sages who were given the title *Rabbanan Naḥotei*, the emigrant Sages, as they carried the rulings of Eretz Yisrael to Babylonia, mainly the statements of Rabbi Yoḥanan, Reish Lakish, and Rabbi Elazar. The list of Sages who participated in this task includes Rabba bar bar Ḥana, Ulla, and later Ravin and Rav Shmuel bar Yehuda. The Talmud reports dozens of halakhic decisions that Rav Dimi brought from one Torah center to the other, concerning which he engaged in discussions with the greatest Sages of his generation. At the end of his life Rav Dimi apparently returned to Babylonia, where he died.

Ravin – רָבִין: An abbreviation of Rabbi Avin, who is called Rabbi Bon in the Jerusalem Talmud. He was the most important of the Sages described as: Those who descended to Babylonia, i.e., those who went from Eretz Yisrael to Babylonia, in the third to fourth generations of the Babylonian *amora'im*. Ravin was born in Babylonia and immigrated to Eretz Yisrael at an early age. There he studied Torah from Rabbi Yoḥanan, who lived to a very old age. After Rabbi Yoḥanan's death, Ravin continued to learn from his many students. Ravin was appointed to go to Babylonia to disseminate innovative Torah insights from Eretz Yisrael, as well as various traditions of Eretz Yisrael that were unknown in other lands. Although Rav Dimi was the emissary from Eretz Yisrael before him, Ravin transmitted new and revised formulations of many *halakhot*. Therefore, Ravin is considered an authority and, as a principle, the *halakha* is ruled in accordance with his opinion. Ravin returned to Eretz Yisrael several times, where he transmitted the Torah he studied in Babylonia. His statements are often cited in the Jerusalem Talmud. Little is known about his family and other events of his life. One fact that is known is that his father died before he was born, and his mother died at his birth. Some say that his father's name was also Rabbi Avin and that he was named after him. According to one opinion, Yosei bar Bon, the Sage in Eretz Yisrael, was his son.

רַבָּן שִׁמְעוֹן בֶּן גַּמְלִיאֵל אוֹמֵר: שְׁלֹשָׁה הַדְרֵסִין לְמָעָה; שְׁנֵי הֵנְצִין לְהַדְרֵיס; שְׁנֵי שְׁמָנִין לְהֵנֶץ; שְׁתֵּי פְרוּטוֹת לְשָׁמִין; נִמְצָא פְּרוּטָה – אַחַת מִשִּׁשָּׁה בְּאִיסָּר הָאִיטַלְקִי. לֵימָא דְּמָר אָמַר כְּתַנָּא קַמָּא, וְרָבִין דַּאֲמַר כְּרַבָּן שִׁמְעוֹן בֶּן גַּמְלִיאֵל?

Rabban Shimon ben Gamliel says: This is not the case; rather, there are **three** ***hadreis***[L] **to a** ***ma'a*****, two** ***henetz***[L] **to a** ***hadreis*****, two** ***shamin***[L] **to a** ***henetz*****,** and **two** ***perutot*** **to a** ***shamin*****.** Consequently, one **finds** that one ***peruta*** is **one-sixth of the Italian** ***issar*****. Shall we say that** one **Master agrees with the first** ***tanna*****, and Ravin,** who **said** his ruling in the name of Rabbi Dostai and Rabbi Yannai and Rabbi Oshaya, **agrees with Rabban Shimon ben Gamliel?**

אֲמַר לֵיהּ: בֵּין דִּידִי וּבֵין רָבִין אַלִּיבָּא דְּתַנָּא קַמָּא, וְלָא קַשְׁיָא; הָא – דְּאִיַּקּוּר אִיסּוּרֵי, הָא – דְּזוֹל אִיסּוּרֵי. הָא דְּאִיַּקּוּר אִיסּוּרֵי – קוֹם עֶשְׂרִים וְאַרְבַּע בְּזוּזָא; הָא דְּזוֹל – קוֹם תְּלָתִין וּתְרֵין בְּזוּזָא.

Rav Dimi **said to** Abaye: **Both my** statement **and** that of **Ravin** are **in accordance with** the opinion of **the first** ***tanna*****, and it** is **not difficult. This** statement of mine is referring to **when** the ***issar*** **increased in value** in relation to silver coins, and **this** statement of Ravin is referring to **when** the ***issar*** **decreased in value.** The Gemara elaborates: **When** the ***issar*** **increased in value, twenty-four** ***issar*** **stood at one dinar;** when they **decreased in value, thirty-two** ***issar*** **stood at one dinar.** If so, there is a set ratio between the value of a *peruta* and the value of silver, and there are 192 *perutot* in one dinar. By contrast, the ratio between the value of a copper *issar* and silver dinars fluctuates, so that sometimes an *issar* will be worth eight *perutot* while at other times it is worth only six.

אָמַר שְׁמוּאֵל: קִידְּשָׁהּ בִּתְמָרָה, אֲפִילּוּ עוֹמֵד כּוֹר תְּמָרִים בְּדִינָר – מְקוּדֶּשֶׁת. חָיְישִׁינַן שֶׁמָּא שָׁוֶה פְּרוּטָה בְּמָדַי.

§ **Shmuel says:** If man **betrothed** a woman **with a date,**[H] **she is betrothed even** if a ***kor*** **of dates is worth one dinar,** which would mean that one date is worth much less than one *peruta*. The reason is that although a date has little value here, **we are concerned that perhaps it is worth one** ***peruta***[N] **in Media** or in some other distant place where dates are expensive. Therefore, she is betrothed in this location as well.

וְהָא אֲנַן תְּנַן: בֵּית הִלֵּל אוֹמְרִים בִּפְרוּטָה וּבְשָׁוֶה פְּרוּטָה! לָא קַשְׁיָא, הָא – בְּקִידּוּשֵׁי וַדַּאי; הָא – בְּקִידּוּשֵׁי סָפֵק.

The Gemara asks: **But didn't we learn** in the **mishna** that **Beit Hillel say: With one** ***peruta*** **or with** an item **worth one** ***peruta*****,** but not less? The Gemara explains: This is **not difficult. This** statement in the mishna is referring **to betrothal** whose status is **certain.** Betrothal with one *peruta* or an item worth one *peruta* is certainly valid. Conversely, **this** case stated by Shmuel is referring **to betrothal** whose status is **uncertain.** Although the item is not worth one *peruta* here, there is a concern that the betrothal might nevertheless be valid.

הַהוּא גַּבְרָא דְּאַקַדֵּישׁ בְּזַוְודָא דְּאוּרְדֵי. יְתֵיב רַב שִׁימִי בַּר חִיָּיא קַמֵּיהּ דְּרַב, וְקָא מְעַיֵּין בָּהּ; אִי אִית בָּהּ שָׁוֶה פְּרוּטָה – אִין, אִי לָא – לָא. וְאִי לֵית בָּהּ שָׁוֶה פְּרוּטָה לָא? וְהָאָמַר שְׁמוּאֵל: חָיְישִׁינַן! לָא קַשְׁיָא; הָא – בְּקִידּוּשֵׁי וַדַּאי, הָא – בְּקִידּוּשֵׁי סָפֵק.

The Gemara relates: There was **a certain man who betrothed** a woman **with a bundle of rags** [*zavda de'urdei*].[L] **Rav Shimi bar Ḥiyya sat before Rav and examined** the bundle to see **if it had the value of one** ***peruta*****.** If it was worth one *peruta*, **yes,** she was betrothed, **and if not, no,** she was not betrothed. The Gemara asks: **And if it does not have the value of one** ***peruta*****,** is she **not** betrothed? **But didn't Shmuel say** that **we are concerned** that the item might be worth one *peruta* in Media? The Gemara explains: This is **not difficult. This** ruling of Rav Shimi bar Ḥiyya is referring **to betrothal** whose status is **certain,** whereas **this** statement of Shmuel is referring **to betrothal** whose status is **uncertain.**

הַהוּא גַּבְרָא דְּאַקַדֵּישׁ בְּאַבְנָא דְּכוּחְלָא. יְתֵיב רַב חִסְדָּא וְקָא מְשַׁעֵר לֵיהּ; אִי אִית בֵּיהּ שָׁוֶה פְּרוּטָה – אִין, וְאִי לָא – לָא. וְאִי לֵית בֵּיהּ שָׁוֶה פְּרוּטָה לָא? וְהָא אָמַר שְׁמוּאֵל: חָיְישִׁינַן! רַב חִסְדָּא לָא סָבַר לֵיהּ דִּשְׁמוּאֵל.

The Gemara further relates: There was **a certain man who betrothed** a woman **with a blue marble stone.**[B] **Rav Ḥisda sat and estimated** whether **it** was worth one *peruta*. **If it was worth one** ***peruta*****, yes,** she was betrothed, **and if not, no,** she was not betrothed. The Gemara asks: **And if it does not have the value of one** ***peruta*****,** is she **not** betrothed? **But didn't Shmuel say** that **we are concerned** that the item might be worth one *peruta* in Media? The Gemara answers: **Rav Ḥisda does not hold** in accordance with **that** opinion **of Shmuel,** as he holds that if the item is not worth one *peruta* in the place where the betrothal occurred, the betrothal is invalid.

אָמְרָה לֵיהּ אִימֵּיהּ: וְהָא הַהוּא יוֹמָא דְּקַדְּשָׁהּ הֲוָה בֵּיהּ שָׁוֶה פְּרוּטָה! אֲמַר לָהּ: לָאו כָּל כְּמִינָּךְ דְּאָסְרַתְּ לָהּ אַבַּתְרָא.

The mother of the man who offered the betrothal **said to** Rav Ḥisda: **But on that day that he betrothed her it was worth one** ***peruta*****.** He **said to** the mother: **It is not in your** power **to render her forbidden to a later** man. If another comes and betroths her, his betrothal is not dismissed due to this earlier act. Since the marble stone is not worth one *peruta* now, the betrothal of the second man may be valid.

LANGUAGE

Hadreis – הַדְרֵיס: Some commentaries say this is a variation of the Latin hordeum, a grain of barley, and a term used to describe a small coin.

Henetz – הֵנֶץ: Apparently from the Greek ἐννεάς, *enneas*, meaning related to the number nine, or one ninth of a certain weight.

Shamin – שָׁמִין: This is apparently a Hebrew term, related to the word *shemona*, that means one-eighth, either of a coin or of a weight.

Bundle of rags [*zavda de'urdei*] – זַוְודָא דְאוּרְדֵי: Aramaic for bundle or group. This is similar to the Arabic مزود, *mizwad*, from which the modern Hebrew word *mizvada*, suitcase, is derived. The term *urdei*, or, as it appears in some manuscripts, *udrei*, is Aramaic for rags, down, straw, or stubble.

HALAKHA

He betrothed her with a date – קִידְּשָׁהּ בִּתְמָרָה: If a man betroths a woman with less than one *peruta* of money, she is not betrothed. If he betroths her with food or a vessel that is worth less than one *peruta*, the status of her betrothal is uncertain, as the item might be worth one *peruta* elsewhere, as stated by Shmuel. Some authorities rule that this applies only if he betroths her with an item that can be transferred to a different place, but if he betroths her with an item that will not endure, she is not betrothed (Rambam *Sefer Nashim*, *Hilkhot Ishut* 4:19; *Shulḥan Arukh*, *Even HaEzer* 31:3).

NOTES

We are concerned that perhaps it is worth one *peruta* – חָיְישִׁינַן שֶׁמָּא שָׁוֶה פְּרוּטָה: Some commentaries maintain that were it to be known with certainty that the item is worth one *peruta* elsewhere, the betrothal would certainly be valid (Meiri). Others state that even if the item's worth in a different location is definitely established, the betrothal remains uncertain (Ramban).

BACKGROUND

A blue marble stone – אַבְנָא דְּכוּחְלָא: Rashi explains that this was a black stone. Other commentaries state that it was a semi-precious stone, but not a jewel, of a blue-black hue.

לָאו הַיְינוּ דִּיהוּדִית דְּבֵיתְהוּ דְּרַבִּי חִיָּיא, דַּהֲוֵית לָהּ צַעַר לֵידָה, אָמְרָה לֵיהּ: אָמְרָה לִי אֵם: קִיבֵּל בֵּיךְ אֲבוּךְ קִידּוּשֵׁי כִּי זוּטַרְתְּ. אֲמַר לָהּ: לָאו כָּל כְּמִינָהּ דְּאִימָּךְ דְּאָסְרַתְּ לֵיךְ עִילָּוַאי.

Rav Ḥisda explained: **Is this not** similar to the case of **Yehudit, wife of Rabbi Ḥiyya,**[NP] **who would have painful childbirths** and therefore wished to leave Rabbi Ḥiyya? **She said to** Rabbi Ḥiyya: **My mother told me: When you were young your father accepted betrothal on your behalf** from another man, which would render Yehudit forbidden to Rabbi Ḥiyya. **He said to her: It is not in your mother's** power **to render you forbidden to me,** as this testimony is insufficient.

אָמְרִי לֵיהּ רַבָּנַן לְרַב חִסְדָּא: אַמַּאי? הָא אִיכָּא סָהֲדֵי בְּאִידִית, דְּיָדְעִי דְּבְהַהוּא יוֹמָא הֲוָה בֵּיהּ שָׁוֶה פְּרוּטָה! הַשְׁתָּא מִיהָא לָא לֵיתְנְהוּ קַמָּן.

Returning to the incident with the blue marble stone, the Gemara relates that **the Sages said to Rav Ḥisda: Why** do you say that she is not betrothed because the item is not worth one *peruta* in the place where the betrothal occurred? After all, **there are witnesses**[N] **in Idit**[L] **who know that on that day it had the value of one** ***peruta***. Rav Ḥisda said to them: **Now, in any event, they are not here,** and therefore their potential testimony is disregarded.

לָאו הַיְינוּ דְּרַבִּי חֲנִינָא, דְּאָמַר רַבִּי חֲנִינָא: עֵידֶיהָ בְּצַד אִסְתָּן וְתֵיאָסֵר?!

Rav Ḥisda cites a proof for his statement: **Isn't this** the same as the opinion **of Rabbi Ḥanina?** In the case of a woman who appeared before the court and said that she was taken captive but remained undefiled, if there are no witnesses that she was captured, her entire claim must be accepted, and therefore she is permitted to her husband. Although there are witnesses elsewhere who can testify that she was taken captive, and consequently, the court need not rely on her statement alone, **as Rabbi Ḥanina says:** When **her witnesses** are far away **in the north** [*istan*],[L] **will she be forbidden?**

אַבַּיֵי וְרָבָא לָא סְבִירָא לְהוּ לְהָא דְּרַב חִסְדָּא; אִם הֵקִילוּ בִּשְׁבוּיָה, דִּמְנַוְּולָה נַפְשָׁהּ גַּבֵּי שַׁבַּאי – נֵיקֵיל בְּאֵשֶׁת אִישׁ?!

The Gemara comments: **Abaye and Rava do not hold** in accordance **with this** statement **of Rav Ḥisda** with regard to betrothal. In their opinion one cannot learn the *halakha* here from Rabbi Ḥanina's statement, as there is a difference between the cases: **If** in the case of Rabbi Ḥanina the Sages **were lenient with regard to a captive woman, who makes herself appear repulsive before her captor** so that he will not rape her, and it is therefore believable that she was not violated, **shall we be lenient with regard to** the serious prohibition of **a married woman?**

אִישְׁתַּאַר מֵהַהִיא מִשְׁפָּחָה בְּסוּרָא וּפָרְשׁוּ רַבָּנַן מִינָּהּ. וְלָאו מִשּׁוּם דִּסְבִירָא לְהוּ דִּשְׁמוּאֵל, אֶלָּא מִשּׁוּם דִּסְבִירָא לְהוּ כְּאַבַּיֵי וְרָבָא.

The Gemara reports: Descendants **of the family** of the woman who had been betrothed with a blue marble stone **remained in Sura,** as after Rav Ḥisda ruled that that woman's first betrothal was invalid, she married another man and had children. **But the Sages avoided** the family and refused to marry into it due to the concern that it was founded on a possibly adulterous relationship, which would render the descendants of the family *mamzerim*. The Gemara comments: **And it was not because they maintained,** in accordance **with** the opinion of **Shmuel,** that there is a concern that any item might be worth one *peruta* somewhere else. **Rather,** it was **because they held** in accordance **with** the opinion of **Abaye and Rava,** who said: Since there are witnesses in a different place, one must take them into account.

NOTES

Yehudit, wife of Rabbi Ḥiyya – יְהוּדִית בֵּיתְהוּ דְּרַבִּי חִיָּיא: In the Jerusalem Talmud, a slightly different version of this story is cited, involving Rabbi Ḥiyya's daughter.

There are witnesses – הָא אִיכָּא סָהֲדֵי: The commentaries explain that this was not merely a theoretical concern, as there were rumors that there were, in fact, witnesses (*Tosafot*). It was not certain that the witnesses would testify (*Tosefot Tukh*).

LANGUAGE

Idit – אִידִית: There are many versions of this word in the manuscripts. The text before the *Arukh* reads *uriya*, meaning west. His claim that this word comes from the Persian is difficult to understand. It would instead seem that the term derives from Akkadian amurru, west.

North [*istan*] – אִסְתָּן: In Aramaic this term means northern wind. It is apparently derived from the Assyrian word for north.

PERSONALITIES

Rabbi Ḥiyya – רַבִּי חִיָּיא: Rabbi Ḥiyya ben Abba, from the city of Kafri in Babylonia, was among the first *amora'im*, a colleague-disciple of Rabbi Yehuda HaNasi. Rabbi Ḥiyya descended from a family of distinguished lineage that traced its ancestry back to King David and that produced many Sages. While he was still in Babylonia, Rabbi Ḥiyya was already considered a Torah luminary. With regard to his ascension to Eretz Yisrael from Babylonia with his family, some Sages state, by way of hyperbole, that the Torah was nearly forgotten until he came from Babylonia and reestablished it. When he came to Eretz Yisrael he became a disciple and a colleague of Rabbi Yehuda HaNasi, with whom he had a very close relationship. He was especially close to Rabbi Yehuda HaNasi's son, Shimon, who was also his business partner. Rabbi Ḥiyya was among the prominent Torah scholars in his generation and his nephew was Rav. In addition to his prominence as a Torah scholar, Rabbi Ḥiyya was renowned for his piety, as reflected in several anecdotes recorded in the Talmud. His most significant project was the redaction of an anthology of external *mishnayot* to complement the Mishna edited by Rabbi Yehuda HaNasi. This was a joint project he undertook together with his colleague-disciple, Rabbi Oshaya. Their anthology was considered to be most authoritative of collections other than the Mishna itself, to the extent that it was said that any *baraita* that was not reviewed by them is unfit to be analyzed in the study hall. Some hold that this is the *Tosefta*.

Apparently, upon his arrival in Eretz Yisrael, Rabbi Ḥiyya received financial support from the *Nasi*. His primary livelihood was from international trade, primarily of silk. He had twin daughters, Pazi and Tavi, who were the matriarchs of significant families of Torah scholars. He also had twin sons, Yehuda, the son-in-law of Rabbi Yannai, and Ḥizkiyya. Both were among the leading Torah scholars in the transitional generation between *tanna'im* and *amora'im*, and they apparently replaced him as heads of his private yeshiva in the city of his residence, Tiberias.

All of the students of Rabbi Yehuda HaNasi were friends of Rabbi Ḥiyya, and he was also close to the *tanna* Shimon ben Ḥalafta. The younger students of Rabbi Yehuda HaNasi, including Rabbi Ḥanina, Rabbi Oshaya, and Rabbi Yannai, studied Torah from him and were to a certain extent his students as well. His brothers' sons, Rabba bar Ḥana, and above all, the great *amora* Rav, were his primary disciples. He also appears as a central character in the *Zohar*.

Rabbi Ḥiyya was buried in Tiberias, and later his two sons were buried beside him.

הַהוּא גַּבְרָא דְּאַקְדֵּישׁ בְּשׁוֹטִיתָא דְּאָסָא בְּשׁוּקָא. שְׁלַחָה רַב אַחָא בַּר הוּנָא לְקַמֵּיהּ דְּרַב יוֹסֵף, כְּהַאי גַּוְונָא מַאי? שְׁלַח לֵיהּ: נַגְּדֵיהּ – כְּרַב, וְאִצְטְרִיךְ גִּיטָּא – כִּשְׁמוּאֵל.

§ The Gemara relates: There was **a certain man who betrothed** a woman **with a myrtle branch in the marketplace. Rav Aḥa bar Huna sent** this dilemma **before Rav Yosef: In a case like this, what** is the *halakha*? Rav Yosef **sent** a response **to him: Flog him, in accordance with** the opinion of **Rav, and require** her to receive **a bill of divorce, in accordance with** the opinion of **Shmuel,** in case the myrtle branch is worth one *peruta* somewhere else.

דְּרַב מְנַגֵּיד עַל דִּמְקַדֵּשׁ בְּשׁוּקָא; וְעַל דִּמְקַדֵּשׁ בְּבִיאָה; וְעַל דִּמְקַדֵּשׁ בְּלָא שִׁידּוּכֵי;

The Gemara explains **that Rav** would **flog** a man **for betrothing** a woman **in the marketplace,**[H] because this is disrespectful and crude, **and for betrothing** a woman **through sexual intercourse,**[N] as it is unsavory to invite witnesses to observe a man and woman enter a room to engage in intercourse. **And** he would also flog a man **for betrothing** a woman **without an arrangement** [*shiddukhei*],[L] i.e., if he did not discuss betrothal with the woman before betrothing her. Each of these acts is considered indecent behavior.

וְעַל דִּמְבַטֵּיל גִּיטָּא; וְעַל דְּמָסַר מוֹדָעָא אַגִּיטָּא; וְעַל דִּמְצַעֵר שְׁלוּחָא דְּרַבָּנַן; וְעַל דְּחָלָה שַׁמְתָּא עִילָּוֵיהּ תְּלָתִין יוֹמִין;

And likewise, Rav would flog a man **for nullifying a bill of divorce**[H] he has already sent to his wife, **and for issuing a declaration** preemptively invalidating **a bill of divorce.** The latter case is referring to one who announces before giving a bill of divorce that he is divorcing his wife against his will, thereby rendering the document ineffective. This behavior might lead to a grave sin if the wife marries another man under the mistaken impression that she is divorced. **And** similarly, Rav would flog anyone **for tormenting a messenger of the Sages,**[NH] as this indicates a lack of regard for the Sages. **And** Rav would flog **one who had an excommunication take effect on him**[H] **for thirty days** and yet does not repent or appeal to the Sages to annul his censure.

וְעַל חַתְנָא דְּדָיֵיר בֵּי חֲמוּהּ. דְּדָיֵיר – אִין, חָלֵיף – לָא. וְהָא הַהוּא חַתְנָא דַּחֲלֵיף אַבָּבָא דְּבֵי חֲמוּהּ, וְנַגְּדֵיהּ רַב שֵׁשֶׁת! הַהוּא מֵידָם הֲוַת דַּיְימָא חֲמָתֵיהּ מִינֵּיהּ.

And Rav would flog **a son-in-law who lives in his father-in-law's house,**[NH] as there is a concern that he might sin with his mother-in-law. The Gemara comments: This indicates that with regard to one **who lives** in his father-in-law's house permanently, **yes,** he is flogged, whereas with regard to one who only **passes by** his father-in-law's house, **no,** he is not flogged. **But** there was **a certain son-in-law who passed by the entrance of his father-in-law's house and Rav Sheshet flogged him** due to licentiousness. The Gemara explains: In **that** case, **there were suspicions** [*dayma*][L] **about him and his mother-in-law,**[H] i.e., about rumors of intimacy between them. In walking by the house he contributed to these rumors, which is why he was flogged.

NOTES

For betrothing through sexual intercourse – **עַל דִּמְקַדֵּשׁ בְּבִיאָה**: The commentaries explain that it is indecent to have witnesses to sexual intercourse (*Tosafot*). Some early commentaries note that the actual act need not be witnessed; it is sufficient if witnesses see the couple seclude themselves. Nevertheless, it is improper to betroth a woman in this manner. This is perhaps why some authorities maintain that this is indecent behavior only if there has been no prior discussion or arrangement of marriage (Meiri).

For tormenting a messenger of the Sages – **מְצַעֵר שְׁלוּחָא דְּרַבָּנַן**: Rashi writes that this torment takes the form of physical abuse. Others state that this does not necessarily refer to an actual beating, as that is prohibited in any case by Torah law (Rashba). Rather, the messenger is insulted or cursed (Meiri).

Who lives in his father-in-law's house – **דְּדָיֵיר בֵּי חֲמוּהּ**: Rashi's explains that the mother-in-law might be tempted to engage in untoward behavior, especially with her first son-in-law. Others claim that it is indecent for one to engage in sexual intercourse with his wife in her father's house (Rambam). Yet others contend that this prohibition applies only before marriage, whereas afterward this arrangement does not warrant lashes, despite the fact that it is considered improper (*Shita Mekubbetzet*). The early commentaries already write that this concern is not taken into account (*Tosafot*), because by their time Jewish women had become particularly careful about licentious sexual intercourse (Ra'avad; Meiri).

LANGUAGE

An arrangement [*shiddukhei*] – **שִׁידּוּכֵי**: Apparently from an Aramaic word meaning calming or quieting. The Aramaic translations of the Bible use it in this manner: "And the land had rest [*vatishkot*]" (Judges 3:11), which is translated as: *Ushedokhat*. This led to the meaning of appeasing others so as to reach an agreement, specifically with regard to a marriage agreement.

Suspicions [*dayma*] – **דַּיְימָא**: This Aramaic word and its Hebrew cognate, as well as the root *dalet*, *vav*, *mem* or *dalet*, *yod*, *mem*, mean suspect or accused. The Sages use it in reference to one who is the target of gossip and rumor, usually of the negative variety, or the subject of idle chatter.

HALAKHA

Would flog a man for betrothing a woman in the marketplace – **מְנַגֵּיד עַל דִּמְקַדֵּשׁ בְּשׁוּקָא**: One who betroths a woman through intercourse, or who betroths a woman in the market, or who betroths a woman without a prior arrangement, is punished with lashes of rebelliousness, in accordance with the opinion of Rav. Some authorities (Rema, citing *Tur* and Rosh) say that these lashes are administered only to one who betroths a woman through intercourse, in accordance with the opinion of the Sages of Neharde'a (Rambam *Sefer Kedusha*, *Hilkhot Issurei Bia* 21:14 and *Sefer Nashim*, *Hilkhot Ishut* 3:21; *Shulḥan Arukh*, *Even HaEzer* 26:4).

For nullifying a bill of divorce – **עַל דִּמְבַטֵּיל גִּיטָּא**: If one sends a bill of divorce to his wife and later cancels it front of two witnesses, or if one declares a bill of divorce invalid before it is given, he receives lashes of rebelliousness, in accordance with the opinion of Rav (Rambam *Sefer Nashim*, *Hilkhot Geirushin* 6:26; *Shulḥan Arukh*, *Even HaEzer* 141:67).

For tormenting a messenger of the Sages – **מְצַעֵר שְׁלוּחָא דְּרַבָּנַן**: If one torments a court-appointed messenger, the court has the authority to punish him with lashes of rebelliousness, in accordance with the opinion of Rav (Rambam *Sefer Shofetim*, *Hilkhot Sanhedrin* 25:6; *Shulḥan Arukh*, *Ḥoshen Mishpat* 8:5).

One who had an excommunication take effect on him – **דְּחָלָה שַׁמְתָּא עִילָּוֵיהּ**: One who is required to take a rabbinic oath and refuses to do so is excommunicated for thirty days. If he does not ask for the excommunication to be revoked, he is given lashes of rebelliousness. Similarly, anyone who is excommunicated for thirty days is given lashes of rebelliousness if he does not repent, after which the ban is lifted (Rambam *Sefer Mishpatim*, *Hilkhot To'en VeNitan* 1:5; *Shulḥan Arukh*, *Even HaEzer* 87:9).

A son-in-law who lives in his father-in-law's house – **חַתְנָא דְּדָיֵיר בֵּי חֲמוּהּ**: The Sages prohibited one from living in his father-in-law's house and called such behavior brazenness. Nevertheless, one who does so is not punished with lashes (Rambam). Some (Ra'avad; see *Tosafot*) write that if he has his own quarters, it is permitted (Rambam *Sefer Kedusha*, *Hilkhot Issurei Bia* 21:15).

There were suspicions about him and his mother-in-law – **מֵידָם הֲוַת דַּיְימָא חֲמָתֵיהּ מִינֵּיהּ**: If one has been accused of engaging in a forbidden sexual relationship, or if a rumor has spread about him and a certain woman, they should not live in the same courtyard and should not be seen together in the same neighborhood. The Ra'avad writes that this *halakha* applies only to a mother-in-law, as the son-in-law is familiar with her due to her daughter. It does not apply to other forbidden relationships (Rambam *Sefer Kedusha*, *Hilkhot Issurei Bia* 2:12).

נְהַרְדְּעֵי אָמְרִי: בְּכוּלְּהוּ לָא מַנְגֵּיד רַב אֶלָּא עַל דִּמְקַדֵּשׁ בְּבִיאָה בְּלָא שִׁידּוּכֵי. וְאִיכָּא דְּאָמְרִי: וַאֲפִילּוּ בְּשִׁידּוּכֵי נַמִי, מִשּׁוּם פְּרִיצוּתָא.

The Sages **of Neharde'a**[P] **say: Rav would not flog** a violator **in all** of the cases listed, **but** he would in fact flog a man **for betrothing** a woman **through sexual intercourse without** a prior **arrangement. And there are** those **who say: Even if** there was **an arrangement beforehand,** he would **also** flog a man for betrothing a woman with intercourse, **due to licentiousness,** as it is indecent to have witnesses observe a man and woman enter a room to engage in intercourse.

הַהוּא גַּבְרָא דְּקַדֵּישׁ בְּצִיפְּתָא דְּאָסָא. אָמְרוּ לֵיהּ: וְהָא לֵית בָּהּ שָׁוֶה פְּרוּטָה! אֲמַר לְהוּ: תִּיקְדּוּשׁ בְּאַרְבַּע זוּזֵי דְּאִית בָּהּ. שְׁקַלְתָּא וְאִישְׁתִּיקָא. אֲמַר רָבָא: הָוֵה שְׁתִיקוּתָא דִּלְאַחַר מַתַּן מָעוֹת, וְכָל שְׁתִיקוּתָא דִּלְאַחַר מַתַּן מָעוֹת – לָאו כְּלוּם הִיא.

§ The Gemara relates: There was **a certain man who betrothed** a woman **with a mat of myrtle branches.**[H] People who were present **said to him: But it is not worth one** ***peruta*****. He said to them:** If so, **let her be betrothed with** the **four dinars that are** wrapped **in** the mat. The woman **took** the mat **and was silent. Rava said: This is silence after** the **money is given, and any silence after** the **money is given is nothing.** Since it was assumed at the time that he gave her an item worth less than one *peruta*, there is no proof that she acted in accordance with his subsequent statement. It is possible that she ignored him and did not intend to become betrothed with the four dinars.

אֲמַר רָבָא: מְנָא אָמֵינָא לַהּ – דְּתַנְיָא, אָמַר לָהּ: כְּנְסִי סֶלַע זוֹ בְּפִקָּדוֹן, וְחָזַר וְאָמַר לָהּ: הִתְקַדְּשִׁי לִי בּוֹ; בִּשְׁעַת מַתַּן מָעוֹת – מְקוּדֶּשֶׁת, לְאַחַר מַתַּן מָעוֹת, רָצְתָה – מְקוּדֶּשֶׁת, לֹא רָצְתָה – אֵינָהּ מְקוּדֶּשֶׁת.

Rava said: From where do I state this opinion? **As it is taught** in a *baraita* that in a case where a man **said to** a woman: **Take this** ***sela*** **as a deposit,**[H] **and he** subsequently **went back and said to her: Be betrothed to me with it,** if he said this **at the time** the **money** was **given, she is betrothed.** In a case where he said this **after** the **money** was **given,** then if **she wanted** to be betrothed in this manner, **she is betrothed.** If **she did not want** it, **she is not betrothed.**

מַאי רָצְתָה וּמַאי לֹא רָצְתָה? אִילֵימָא: רָצְתָה – דְּאָמְרָה "אִין", לֹא רָצְתָה – דְּאָמְרָה "לָא", מִכְּלָל דְּרֵישָׁא

The Gemara inquires: **What is** the meaning of: **She wanted, and what is** the meaning of: **She did not want? If we say** that: **She wanted,** means **that she said yes,** she wishes to be betrothed, and: **She did not want,** means that **she** explicitly **said no,** one can learn **by inference** that in **the first clause** of the *baraita*, when he spoke as he gave her the money and no difference is suggested between her wanting or not wanting,

Perek **I**
Daf **13** Amud **a**

כִּי אָמְרָה "לָא" נַמִי הָווּ קִידּוּשִׁין? אַמַּאי? וְהָא קָאָמְרָה "לָא"! אֶלָּא לָאו: רָצְתָה – דְּאָמְרָה "אִין", לֹא רָצְתָה – דְּאִישְׁתִּיקָה מִשְׁתְּקָה. וּשְׁמַע מִינָּהּ: שְׁתִיקָה דִּלְאַחַר מַתַּן מָעוֹת – וְלָאו כְּלוּם הִיא.

that **if** she **said: No, it would also be a betrothal. But why** should that be the case? After all, **she said: No. Rather, is it not** to be explained in this manner, i.e., that the phrase: **She wanted,** means **she said yes,** and: **She did not want,** means **that she remained silent. And** one can **learn from this** that **silence after** the **money is given is nothing.** Her silence is not interpreted as an agreement to the betrothal.

קָשׁוּ בָּהּ בְּפוּם נַהֲרָא מִשְּׁמֵיהּ דְּרַב הוּנָא בְּרֵיהּ דְּרַב יְהוֹשֻׁעַ: מִי דָּמֵי? הָתָם – בְּתוֹרַת פִּקָּדוֹן יְהָבִינְהוּ נִיהֲלַהּ, סָבְרָה: אִי שָׁדֵינָא לְהוּ וּמִיתַּבְרִי – מִחַיְּיבְנָא בְּהוּ; הָכָא – בְּתוֹרַת קִידּוּשִׁין יְהָבִינְהוּ נִיהֲלַהּ, וְאִי אִיתָא דְּלָא נִיחָא לַהּ – לִישַׁדְיִנְהוּ.

In the city of **Pum Nahara they raised a difficulty against** Rava's proof, **in the name of Rav Huna, son of Rav Yehoshua: Is it comparable? There,** in the *baraita*, **he gave her** the money **as a deposit** but they are his. She therefore **thinks: If I throw them and they break I will be obligated** to pay **for them,** as would anyone who destroys another person's property. Consequently, her silence is interpreted as consent only to continue in her role of holding it as a deposit. By contrast, **here he gives them to her as betrothal** money so that they would belong to her. **And if it is so, that she is not amenable** to being betrothed, **let her throw them** away.

PERSONALITIES

The Sages of Neharde'a – נְהַרְדְּעֵי: The Gemara states (*Sanhedrin* 17b) that statements attributed to the Sages of Neharde'a refer to Rav Ḥama from Neharde'a, who served as the head of the yeshiva of Neharde'a for several years following the passing of Rav Naḥman bar Yitzḥak. Apparently, Rav Ḥama was related to the house of the Exilarch and for a time served as the Exilarch's official scholar. It is also possible that this is the Rav Ḥama who met with the king of Persia and discussed matters of Torah with him.

HALAKHA

Who betrothed her with a mat of myrtle branches – דְּקַדֵּישׁ בְּצִיפְּתָא דְּאָסָא: In a case where a man gave a woman an item that was not worth one *peruta*, and she agreed to be betrothed with it, and when he was told it was not worth one *peruta* he said that it contained something worth more than one *peruta*, then if the woman said yes, she is betrothed, and if she was silent she is not betrothed, in accordance with the opinion of Rava. The woman might still be betrothed due to Shmuel's concern with regard to the betrothal of a woman with an item worth less than one *peruta* (Rambam; Rashba). Others (Rif, Rosh; *Shulḥan Arukh*) claim that if she remains silent her betrothal is uncertain (Rambam *Sefer Nashim*, *Hilkhot Ishut* 5:25; *Shulḥan Arukh*, *Even HaEzer* 28:5).

Take this *sela* as a deposit – כְּנְסִי סֶלַע זוֹ בְּפִקָּדוֹן: With regard to a man who gave a woman an item and told her to take it as a deposit, and then said to her: You are hereby betrothed with it, if he said this before he gave it to her or while giving it to her, and she accepted it in silence, she is betrothed. If he said this after he gave it to her and she remained silent, the betrothal is invalid. If she said yes, she is betrothed (Rambam *Sefer Nashim*, *Hilkhot Ishut* 5:11; *Shulḥan Arukh*, *Even HaEzer* 28:4).

פָּרֵיךְ רַב אַחַאי: אַטּוּ כּוּלְּהוּ נָשֵׁי דִּינָא גְּמִירִי? הָכִי נַמִּי סָבְרָה: אִי שָׁדֵינָא לְהוּ וּמִיתַּבְרִי מִיתְחַיְּיבְנָא בְּאַחְרָיוּתַיְיהוּ. שְׁלָחָהּ רַב אַחָא בַּר רַב לְקַמֵּיהּ דְּרָבִינָא: כְּהַאי גַּוְונָא מַאי? שְׁלַח לֵיהּ: אֲנַן לָא שְׁמִיעַ לַן הָא דְּרַב הוּנָא בְּרֵיהּ דְּרַב יְהוֹשֻׁעַ, אַתּוּן דִּשְׁמִיעַ לְכוּ – חוּשׁוּ לַהּ.

Rav Aḥai refutes this argument: **Is that to say that all women are learned in** *halakha*? In this case **also, she thinks: If I throw them and they break I will be responsible for them.** Therefore, I will not throw them. One cannot deduce from the fact that she does not throw the coins that she accepted them as betrothal money. **Rav Aḥa bar Rav, sent** this question **to Ravina: In a case like this, what** is the *halakha*? Ravina **sent** the following response **to him: We did not hear**[N] **this** statement **of Rav Huna, son of Rav Yehoshua.** Therefore, we do not need to take it into consideration. **You, who heard it, should be concerned about** a possible betrothal.

הַהִיא אִיתְּתָא דַּהֲוָה קָא מְזַבְּנָה וַרְשְׁכֵי. אֲתָא הַהוּא גַּבְרָא חָטַף וַרְשְׁכָא מִינָּהּ. אָמְרָה לֵיהּ: הָבָה נִיהֲלִי. אֲמַר לַהּ: אִי יָהֵיבְנָא לִיךְ מִיקַּדְּשַׁתְּ לִי? שַׁקְלְתֵּיהּ וְאִישְׁתִּיקָה. וַאֲמַר רַב נַחְמָן: יְכוֹלָה לְמֵימַר: אִין, שָׁקְלִי, וְדִידִי שָׁקְלִי.

§ The Gemara further relates: There was **a certain woman who was selling belts.**[L] **A certain man came and snatched a belt** [*varshekha*] **from her. She said to him: Give it to me. He said to her: If I give it to you will you be betrothed to me? She took it and was silent, and Rav Naḥman said: She could say: Yes, I took** it, **but I took my** property. There is no proof that she agreed to accept it as a betrothal.

אֵיתִיבֵיהּ רָבָא לְרַב נַחְמָן: קִידְּשָׁהּ בְּגֶזֶל וּבְחָמָס וּבִגְנֵיבָה, אוֹ שֶׁחָטַף סֶלַע מִיָּדָהּ וְקִידְּשָׁהּ – מְקוּדֶּשֶׁת! הָתָם בִּדְשָׁדֵיךְ.

Rava raised an objection to the opinion of **Rav Naḥman** from a *baraita*: If a man **betrothed** a woman **with** property that was taken **by robbery; or** with property taken **by a forced transaction,** when the owner was reluctant to sell, **or** with property that was taken **by theft;**[H] **or if he grabbed a *sela* from her hand and betrothed her**[H] with it, **she is betrothed.** If so, why does Rav Naḥman say here that when he took it from her and betrothed her she is not betrothed? Rav Naḥman answered: **There,** it is referring to a case where **he** had previously **arranged** to marry her, and therefore if she remained silent she certainly agreed to the betrothal.

וּמְנָא תֵּימְרָא דְּשָׁנֵי לַן בֵּין שָׁדֵיךְ וּדְלָא שָׁדֵיךְ? דְּתַנְיָא: אָמַר לָהּ ״כַּנְסִי סֶלַע זוֹ שֶׁאֲנִי חַיָּיב לִיכִי״ וְחָזַר וְאָמַר לָהּ ״הִתְקַדְּשִׁי לִי בּוֹ״, בִּשְׁעַת מַתַּן מָעוֹת; רָצְתָה – מְקוּדֶּשֶׁת, לֹא רָצְתָה – אֵינָהּ מְקוּדֶּשֶׁת. לְאַחַר מַתַּן מָעוֹת – אֲפִילּוּ רָצְתָה אֵינָהּ מְקוּדֶּשֶׁת.

And from where do you say that there is a difference between a case **where he** had previously **arranged** to marry her **and where he had not arranged** to do so? **As it is taught** in a *baraita* that with regard to a man who **said to** a woman: **Take this *sela* that I owe**[H] **you, and he went back and said to her: Be betrothed to me with it,** if he said this **at the time the money was given** and **she wanted** it, **she is betrothed; if she did not want** it, **she is not betrothed.** If he issued his statement **after** the **money was given,** then **even if she wanted it, she is not betrothed.**

מַאי רָצְתָה וּמַאי לֹא רָצְתָה? אִילֵּימָא רָצְתָה דְּאָמְרָה ״אִין״, לֹא רָצְתָה דְּאָמְרָה ״לָא״, הָא אִישְׁתִּיקָה – הָווּ קִידּוּשִׁין, וְנִתְנֵי מְקוּדֶּשֶׁת סְתָם, כִּי הָתָם.

Rav Naḥman clarifies: **What** is the meaning of: **She wanted, and what** is the meaning of: **She did not want? If we say** that: **She wanted,** means **that she said yes,** and: **She did not want,** means that **she** explicitly **said no,** it can be inferred that if **she was silent it is** a valid **betrothal. But** if so, **let** the *baraita* **teach** simply that **she is betrothed, without specification,** as it did **there** in the previous case, with regard to one who said: Take this *sela* as a deposit. It is obvious that if she explicitly said no, she is not betrothed.

אֶלָּא: רָצְתָה – דְּאָמְרָה ״אִין״, לֹא רָצְתָה – דְּאִישְׁתִּיקָה. וְקָא תָּנֵי דְּאֵינָהּ מְקוּדֶּשֶׁת. מַאי טַעֲמָא? יְכוֹלָה לְמֵימַר: אִין, שָׁקְלִי, וְדִידִי שָׁקְלִי.

Rather, the phrase: **She wanted,** means **she said yes,** and: **She did not want,** means **that she remained silent. And** in this case of silence the *baraita* **taught that she is not betrothed. What is the reason** that she is not betrothed if she remained silent? It is that **she can say: Yes I took** it, **but I took my own** property and did not intend to become betrothed.

וְאֶלָּא קַשְׁיָא הַךְ דְּקִדְּשָׁהּ בְּגֶזֶל וּבְחָמָס וּבִגְנֵיבָה, אוֹ שֶׁחָטַף סֶלַע מִיָּדָהּ וְקִדְּשָׁהּ – מְקוּדֶּשֶׁת. אֶלָּא לָאו שְׁמַע מִינָּהּ: הָא – דְּשָׁדֵיךְ, הָא – דְּלָא שָׁדֵיךְ.

But this is difficult with regard to **that** which we learned, that if a man **betrothed her with** property that was taken **by robbery, or** with property taken **by a forced transaction, or** with property that was taken **by theft, or if he grabbed a *sela* from her hand and betrothed her** with it, **she is betrothed. Rather, isn't it** correct to **conclude from it** that **this** ruling, that she is betrothed if she was silent, is referring to a case **where he arranged** the marriage beforehand, whereas **this** ruling, that she is not betrothed when she remained silent, is referring to a situation **where he did not arrange** it beforehand?

NOTES

We did not hear – אֲנַן לָא שְׁמִיעַ לַן: According to some commentaries, this means that they did not learn this from their rabbis, and therefore they were uncertain whether Rav Huna, son of Rav Yehoshua, actually said it (see Rabbeinu Yehonatan of Lunel). This interpretation is somewhat difficult, as the point here is a matter of logic and should not be dependent on the reliability of the source. Some explain that, as is often the case in the Gemara (see *Pesaḥim* 41a), the expression: We did not hear, is a polite way of saying: That sounds illogical (Rabbeinu Ḥananel ben Shmuel).

LANGUAGE

Belt [*varshekha*] – וַרְשְׁכָא: Apparently from the Middle Persian waršak, meaning belt.

HALAKHA

He betrothed her with property that was taken by robbery, or by a forced transaction, or by theft – קִידְּשָׁהּ בְּגֶזֶל וּבְחָמָס וּבִגְנֵיבָה: If a man betroths a woman with money or an item that was stolen and the owners had not yet despaired of retrieving it, she is not betrothed. Once the owners lose hope of retrieving it, the thief acquires the property, and therefore if he betroths a woman with it at that stage the betrothal is valid (Rambam *Sefer Nashim, Hilkhot Ishut* 5:7; *Shulḥan Arukh, Even HaEzer* 28:1).

If he grabbed a *sela* from her hand and betrothed her – שֶׁחָטַף סֶלַע מִיָּדָהּ וְקִידְּשָׁהּ: If a man stole or forcibly took an item from a woman and betrothed her with it, she is not betrothed even if she accepted the item from him. If they had arranged their marriage beforehand, or even if they had made no arrangement but when he said that she is betrothed with the item she said yes, she is betrothed, in accordance with the opinion of Rav Naḥman (Rambam *Sefer Nashim, Hilkhot Ishut* 5:10; *Shulḥan Arukh, Even HaEzer* 28:2).

Take this *sela* that I owe – כַּנְסִי סֶלַע זוֹ שֶׁאֲנִי חַיָּיב: If a man repaid a debt that he owed to a woman and before she took it he said to her: You are hereby betrothed to me with this money, and she remained silent, she is betrothed if they had a prior arrangement to be married. If there was no such arrangement, she is not betrothed unless she said yes. If he said to her: Be betrothed with this debt, after she took it, she is not betrothed even if she said yes (Rambam *Sefer Nashim, Hilkhot Ishut* 5:12; *Shulḥan Arukh, Even HaEzer* 28:3).

כִּי נָח נַפְשֵׁיהּ דְּרַבִּי אַסִּי עַיִּילוּ רַבָּנַן לְנַקּוֹטִינְהוּ לִשְׁמַעְתְּתֵיהּ, אֲמַר לְהוּ הַהוּא מֵרַבָּנַן וְרַבִּי יַעֲקֹב שְׁמֵיהּ: הָכִי אָמַר רַבִּי אַסִּי אָמַר רַבִּי מָנִי: כְּשֵׁם שֶׁאֵין אִשָּׁה נִקְנֵית בִּפְחוֹת מִשָּׁוֶה פְּרוּטָה, כָּךְ אֵין קַרְקַע נִקְנֵית בִּפְחוֹת מִשָּׁוֶה פְּרוּטָה. אָמְרוּ לֵיהּ: וְהָתַנְיָא: אַף עַל פִּי שֶׁאֵין אִשָּׁה נִקְנֵית בִּפְחוֹת מִשָּׁוֶה פְּרוּטָה – קַרְקַע נִקְנֵית בִּפְחוֹת מִשָּׁוֶה פְּרוּטָה!

§ The Gemara relates: **When Rabbi Asi**[P] **died, the Sages assembled to collect his statements,** i.e., they wished to review his rulings of *halakha* lest they be forgotten. **A certain member of the Sages, and Rabbi Ya'akov was his name, said to them: This** is what **Rabbi Asi said that Rabbi Mani said: Just as a woman cannot be acquired by less than the value of one** *peruta***, so too land cannot be acquired by less than the value of one** *peruta*.[H] **They said to him: But isn't it taught** in a *baraita*: **Although a woman cannot be acquired by less than the value of one** *peruta***, land can be acquired by less than the value of one** *peruta*?

אֲמַר לְהוּ: כִּי תַּנְיָא הַהִיא – בַּחֲלִיפִין. דְּתַנְיָא: קוֹנִין בִּכְלִי וְאַף עַל פִּי שֶׁאֵין בּוֹ שָׁוֶה פְּרוּטָה.

Rabbi Ya'akov **said to them: When that** *baraita* **is taught** to the effect that land can be acquired by less than the value of one *peruta* but a woman cannot, it was **with regard to** acquisition through symbolic **exchange,** i.e., a legal act of acquisition formalizing the transfer of ownership of an article. **As it is taught** in a *baraita*: **One can acquire** land and movable items through a symbolic exchange **by** giving **a vessel, even though it is not worth one** *peruta*.[H]

הֲדַר יָתְבִי וְקָאָמְרִי, הָא דְּאָמַר רַב יְהוּדָה אָמַר שְׁמוּאֵל: כׇּל שֶׁאֵינוֹ יוֹדֵעַ בְּטִיב גִּיטִּין וְקִידּוּשִׁין – לֹא יְהֵא לוֹ עֵסֶק עִמָּהֶן. אָמַר רַבִּי אַסִּי אָמַר רַבִּי יוֹחָנָן: וְקָשִׁין לָעוֹלָם יוֹתֵר מִדּוֹר הַמַּבּוּל, שֶׁנֶּאֱמַר: ״אָלֹה וְכַחֵשׁ וְרָצֹחַ וְגָנֹב וְנָאֹף פָּרָצוּ וְדָמִים בְּדָמִים נָגָעוּ״.

They then sat and said additional statements in the name of Rabbi Asi. One statement concerned **that which Rav Yehuda says that Shmuel says: Anyone who does not know the nature of bills of divorce and betrothals**[H] **should have no dealings in them,** as his ignorance might lead people to commit serious sins. In this context, **Rabbi Asi says** that **Rabbi Yoḥanan says: And** those who deal with these issues without proper knowledge **are worse for the world than the generation of the flood, as it is stated: "Swearing and lying, and killing, and stealing, and committing adultery. They break all bounds, and blood touches blood"** (Hosea 4:2).

מַאי מַשְׁמַע? כִּדְמְתַרְגֵּם רַב יוֹסֵף: מוֹלְדִין בְּנִין מִנְּשֵׁי חַבְרֵיהוֹן, חוֹבִין עַל חוֹבִין מוֹסִיפִין.

The Gemara asks: **From where may** it **be inferred** that this verse is referring to individuals of this kind and that they are worse for the world than the generation of the flood? The Gemara explains: **As Rav Yosef translated**[N] the phrase "and committing adultery, they break all bounds, and blood touches blood," as: **They give birth to children through the wives of others; they add sins upon sins.**

וּכְתִיב: ״עַל כֵּן תֶּאֱבַל הָאָרֶץ וְאֻמְלַל כׇּל יוֹשֵׁב בָּהּ בְּחַיַּת הַשָּׂדֶה וּבְעוֹף הַשָּׁמַיִם וְגַם דְּגֵי הַיָּם יֵאָסֵפוּ״ וגו׳. וְאִילּוּ בְּדוֹר הַמַּבּוּל לֹא נִגְזְרָה גְּזֵירָה עַל דָּגִים שֶׁבַּיָּם, שֶׁנֶּאֱמַר: ״מִכֹּל אֲשֶׁר בֶּחָרָבָה מֵתוּ״ וְלֹא דָּגִים שֶׁבַּיָּם. וְאִילּוּ הָכָא – אֲפִילּוּ דָּגִים שֶׁבַּיָּם.

And it is written in the next verse: **"Therefore the land mourns and everyone who dwells there languishes, with the beasts of the field and the fowls of heaven, and the fishes of the sea are also taken away"** (Hosea 4:3). This indicates that those who cause illegitimate children to be born lead to such a great tragedy that even the fish of the sea will die, **whereas in the generation of the flood the decree was not imposed upon the fish in the sea, as it is stated: "Whatever was on dry land died"** (Genesis 7:22). The explicit mention of dry land indicates that **the fish in the sea did not** die. **But here,** in the punishment described in the verses in Hosea, **even the fish in the sea** died.

וְאֵימָא עַד דְּעָבֵיד לְכוּלְּהוּ? לָא סָלְקָא דַּעְתָּךְ, דִּכְתִיב: ״כִּי מִפְּנֵי אָלָה אָבְלָה הָאָרֶץ״.

The Gemara asks: **But** one can **say** that this punishment is not administered **until they perform all of them,** i.e., only if they commit all of the sins mentioned in the verse, including taking false oaths, committing murder, and stealing. The Gemara answers: It should **not enter your mind** to say this, **as it is written: "For because of swearing the land mourns"** (Jeremiah 23:10). This verse teaches that on account of taking false oaths alone the world can be destroyed, from which it may be inferred that each these acts on its own is enough to warrant destruction.

וְאֵימָא: אָלָה לְחוּד, וְהָנָךְ לְחוּדַיְיהוּ?

The Gemara further asks: **But** one can **say** that taking a false **oath is distinct,** as it involves the desecration of God's name, **and these** other sins **are distinct,** i.e., they are less severe offenses that entail a less serious punishment. Therefore, it is possible that this great tragedy will result only if one performs all of them.

PERSONALITIES

Rabbi Asi – רַבִּי אַסִּי: Rabbi Asi was a third-generation *amora* who is one of the most widely quoted *amora'im* in the Talmud. After studying under Shmuel in Neharde'a, Babylonia, he moved to Eretz Yisrael, where he became a devoted student of Rabbi Yoḥanan in Tiberias. He was extremely close to his contemporary Rabbi Ami, and the two are often cited in tandem. Even when they disagree, the Talmud does not always specify who held which opinion. They both were priests and both are praised for their piety. Rabbi Asi performed many acts of kindness, especially on behalf of converts. It is related in the Jerusalem Talmud (*Kilayim* 9:3) that a man once had a dream that the sky was going to fall and that a student of Rabbi Yoḥanan was supporting it. Rabbi Yoḥanan brought before him several of his students to see whether he could identify the man in his dream who was responsible for holding up the sky. He identified Rabbi Asi.

HALAKHA

Land cannot be acquired by less than the value of one ***peruta*** **– אֵין קַרְקַע נִקְנֵית בִּפְחוֹת מִשָּׁוֶה פְּרוּטָה:** Land cannot be acquired by less than the value of one *peruta*, in accordance with the opinion of Rabbi Asi (Rambam *Sefer Kinyan, Hilkhot Mekhira* 1:4; *Shulḥan Arukh, Ḥoshen Mishpat* 190:2).

One can acquire by a vessel, even though it is not worth one ***peruta*** **– קוֹנִין בִּכְלִי וְאַף עַל פִּי שֶׁאֵין בּוֹ שָׁוֶה פְּרוּטָה:** A vessel can be used in a symbolic exchange to acquire other items, even if it is not worth one *peruta* (Rambam *Sefer Kinyan, Hilkhot Mekhira* 5:6; *Shulḥan Arukh, Ḥoshen Mishpat* 195:2).

Anyone who does not know the nature of bills of divorce and betrothals – כׇּל שֶׁאֵינוֹ יוֹדֵעַ בְּטִיב גִּיטִּין וְקִידּוּשִׁין: Whoever is not an expert in the *halakhot* of divorce and betrothal should not deal with these matters, as he may err and permit a woman to remarry, which might lead to the birth of *mamzerim* (*Shulḥan Arukh, Even HaEzer* 49:3, 154:101).

NOTES

As Rav Yosef translated – כִּדְמְתַרְגֵּם רַב יוֹסֵף: The early commentaries ask why Rav Yosef would cite the Aramaic translation of the verse, and not the verse itself. Some explain that because Rav Yosef was blind and did not want to recite biblical verses from memory, he would quote the translation of verses (Ritva). Others say that Rav Yosef was thoroughly proficient in the translations (*Tosafot* on *Bava Kamma* 3b). One question is why a translation is required at all, as the verse explicitly mentions adultery. The answer given is that although the literal meaning of the verse is referring to adultery, the translation is required to convey the sense that rulings of those who are ignorant of the *halakhot* of divorce will lead to adulterous relationships (*Tosefot HaRosh*).

BACKGROUND

Sin-offering – חַטָּאת: If a Jew unwittingly commits a transgression that would be punishable by *karet* if he had performed it intentionally, he is obligated to bring a sin-offering. A sin-offering brought by an individual is either a female lamb or a goat, which is less than one year old. It must be slaughtered in the northern section of the Temple courtyard and its blood received there. The blood is sprinkled on each of the four corners of the altar. The fats of the sin-offering are burned on the altar, and its meat is consumed by the priests. Other sin-offerings are brought in certain cases as part of the purification rites at the conclusion of a period of ritual impurity, e.g., that of a woman following childbirth. There are other sin-offerings that serve to atone for the community, as well as special sin-offerings brought by the leaders of the people to atone for their transgressions.

HALAKHA

A woman who brought her sin-offering – הָאִשָּׁה שֶׁהֵבִיאָה חַטָּאתָהּ: If a woman who gave birth brings her sin-offering and then dies, her heirs must bring her burnt-offering on her behalf, despite the fact that she did not designate an animal for that purpose before she died. The reason is that there is a lien on her property for this offering (Rambam *Sefer Korbanot*, *Hilkhot Meḥusrei Kappara* 1:13).

With regard to a loan by oral agreement, he can collect from the heirs – מִלְוֶה עַל פֶּה גּוֹבֶה מִן הַיּוֹרְשִׁין: One who lends money, even by oral agreement, can collect repayment from the debtor's heirs. Although the Gemara established that one can recover debts left by the deceased only from land, the *ge'onim* instituted an ordinance that all creditors can seize movable property from the heirs as well (Rambam *Sefer Mishpatim*, *Hilkhot Malve VeLoveh* 11:4; *Shulḥan Arukh*, *Ḥoshen Mishpat* 107:1).

But he cannot collect from those who purchased – וְאֵינוֹ גּוֹבֶה מִן הַלָּקוֹחוֹת: One who lends money by oral agreement can collect only from property that the debtor holds. He cannot seize property he has sold or given as gifts, as stated by Rav Pappa (Rambam *Sefer Mishpatim*, *Hilkhot Malve VeLoveh* 11:4; *Shulḥan Arukh*, *Ḥoshen Mishpat* 111:1).

מִי כְּתִיב ״וּפָרְצוּ״? ״פָּרְצוּ״ כְּתִיב.

The Gemara explains: **Is it written: And they break all bounds,** with the conjunction: And, which would indicate that all the sins are included as one unit? Rather, it **is written: "They break all bounds,"** from which it may be inferred that this punishment is given separately for each one of these sins.

הֲדוּר יָתְבִי וְקָאָמְרִי, הָא דִּתְנַן: הָאִשָּׁה שֶׁהֵבִיאָה חַטָּאתָהּ וּמֵתָה – יָבִיאוּ יוֹרְשִׁין עוֹלָתָהּ. אָמַר רַב יְהוּדָה אָמַר שְׁמוּאֵל: וְהוּא שֶׁהִפְרִישָׁתָהּ מֵחַיִּים, אֲבָל לֹא הִפְרִישָׁתָהּ מֵחַיִּים – לֹא.

§ **They then sat and said** additional statements in the name of Rav Asi, one of which concerned **that which we learned** in a mishna (*Kinnim* 2:5): With regard to **a woman** after childbirth **who brought her sin-offering**[BH] for her ritual purification **and died, the heirs bring her burnt-offering** to fulfill her remaining sacrificial obligations. **Rav Yehuda says** that **Shmuel says: And this is the** *halakha* only **when** the woman herself had already **separated,** i.e., designated, the animal for the burnt-offering **in her lifetime. But** if she **had not separated it in her lifetime, no,** the heirs are not required to bring a burnt-offering on her behalf.

אַלְמָא קָסָבַר: שִׁיעְבּוּדָא לָאו דְּאוֹרַיְיתָא. אָמַר רַבִּי אַסִּי אָמַר רַבִּי יוֹחָנָן: אַף עַל גַּב שֶׁלֹּא הִפְרִישָׁהּ מֵחַיִּים. אַלְמָא קָסָבַר: שִׁיעְבּוּדָא הָוֵה דְּאוֹרַיְיתָא.

The Gemara concludes: **Apparently,** Shmuel **maintains** that the property of a debtor is **not liened by Torah law.** In other words, one does not say that because she was required to bring a burnt-offering there is a lien on her property and the debt must be paid even if she did not set aside the animal before her death. **Rabbi Asi says** that **Rabbi Yoḥanan says:** This is the *halakha* **even though she did not separate** the burnt-offering **in her lifetime. Apparently,** Rabbi Yoḥanan **maintains** that the property of a debtor is **liened by Torah law.**

וְהָא פְּלִיגִי בַּהּ חֲדָא זִימְנָא, דְּרַב וּשְׁמוּאֵל דְּאָמְרִי תַּרְוַיְיהוּ: מִלְוֶה עַל פֶּה – אֵינָהּ גּוֹבָה מִן הַיּוֹרְשִׁין וְלֹא מִן הַלָּקוֹחוֹת, וְרַבִּי יוֹחָנָן וְרֵישׁ לָקִישׁ דְּאָמְרִי תַּרְוַיְיהוּ: מִלְוֶה עַל פֶּה גּוֹבֶה בֵּין מִן הַיּוֹרְשִׁין בֵּין מִן הַלָּקוֹחוֹת!

The Gemara asks: **But** these Sages already **disagreed about** this issue **once;** why would they engage in the same dispute with regard to multiple applications? **As Rav and Shmuel** both **say:** With regard to **a loan** granted **by oral** agreement, i.e., without a document that places a lien on the land, if the debtor dies, the creditor **cannot collect** the loan **from the heirs or from those who purchased** the land. This is the *halakha* even if it is clear that there was a loan and the debtors do not dispute this fact. **And Rabbi Yoḥanan and Reish Lakish both say:** With regard to **a loan by oral** agreement, the creditor **can collect from the heirs and from those who purchased** from the debtor. This shows that those same Sages already disagreed as to whether a lien on a property exists by Torah law in the absence of a document.

צְרִיכָא. דְּאִי אִיתְּמַר בְּהָא – בְּהַךְ קָאָמַר שְׁמוּאֵל, מִשּׁוּם דְּלָא מִלְוֶה כְּתוּבָה בַּתּוֹרָה הִיא, אֲבָל בְּהַךְ – אֵימָא מוֹדֶה לְהוּ לְרַבִּי יוֹחָנָן וּלְרֵישׁ לָקִישׁ.

The Gemara answers: It is **necessary** to teach both cases **as, if it were stated** only **about this** case of a loan, one might say: It is only **with regard to this** situation **that Shmuel says** there is no lien on property, **because it is a loan that is not written in the Torah.** This loan is merely a private agreement between two individuals. **But with regard to this** obligation of a woman to bring a burnt-offering, one might **say** that **he concedes to Rabbi Yoḥanan and to Reish Lakish.** Since this woman's obligation to bring a burnt-offering is written in the Torah, perhaps it creates a lien on her property despite the fact that there is no document to that effect.

וְאִי אַשְׁמְעִינַן בְּהָא – בְּהָא קָאָמַר רַבִּי יוֹחָנָן, דְּמִלְוֶה כְּתוּבָה בַּתּוֹרָה כִּכְתוּבָה בִּשְׁטָר דָּמְיָא, אֲבָל בְּהַךְ – אֵימָא מוֹדֶה לֵיהּ לִשְׁמוּאֵל. צְרִיכָא.

And conversely, **had** the *amora'im* **taught us about** their dispute only in **this** case of the burnt-offering of a woman following childbirth, one might say that **Rabbi Yoḥanan says** that the Torah imposes a lien only in **this** case of the burnt-offering, as **a loan written in the Torah is like one written in a document. But with regard to this** private loan, one might **say** that **he concedes to Shmuel** that the lien does not apply by Torah law. Therefore, it is **necessary** to state the dispute in both cases.

אָמַר רַב פַּפָּא: הִילְכְתָא, מִלְוֶה עַל פֶּה – גּוֹבֶה מִן הַיּוֹרְשִׁין, וְאֵינוֹ גּוֹבֶה מִן הַלָּקוֹחוֹת. גּוֹבֶה מִן הַיּוֹרְשִׁין – שִׁיעְבּוּדָא דְּאוֹרַיְיתָא, וְאֵינוֹ גּוֹבֶה מִן הַלָּקוֹחוֹת – דְּלֵית לֵיהּ קָלָא.

Rav Pappa said that **the** ***halakha*** is as follows: With regard to **a loan by oral** agreement, the creditor can **collect from the heirs**[H] **but he cannot collect from those who purchased**[H] from the debtor. The reason **he can collect from the heirs** is that the accepted opinion is that the property of a debtor is **liened by Torah law. But he cannot collect from those who purchased** from the debtor, because a loan by oral agreement **does not generate publicity,** i.e., people will not have heard about it. Therefore, they are not careful to avoid buying property from the debtor. These purchasers should not suffer due to a lien that was not well known.

״וְקוֹנָה אֶת עַצְמָהּ בְּגֵט וּבְמִיתַת הַבַּעַל״. בִּשְׁלָמָא גֵּט – דִּכְתִיב: ״וְכָתַב לָהּ סֵפֶר כְּרִיתֻת״.

§ The mishna teaches: **And** a woman **acquires herself through a bill of divorce or through the death of the husband.** The Gemara asks: **Granted,** this is the *halakha* with regard to **a bill of divorce, as it is written** explicitly in the Torah: **"And he writes for her a scroll of severance,** and gives it in her hand, and sends her out of his house; and she departs out of his house and she goes and becomes another man's wife" (Deuteronomy 24:1–2). This indicates that a bill of divorce enables a woman to marry whomever she wishes after the divorce.

אֶלָּא מִיתַת הַבַּעַל מְנָלַן? סְבָרָא הוּא: הוּא אֲסָרָהּ וְהוּא שָׁרְתָהּ.

But from where do we derive that **the death of the husband** also enables a woman to remarry? The Gemara answers: This **is** based on **logical reasoning: He,** the husband, **rendered her forbidden** to every man, **and he** has **permitted her.** Since the husband is no longer alive, there is no one who renders her forbidden.

וְהָא עֲרָיוֹת, דְּאָסַר לְהוּ וְלָא שָׁרֵי לְהוּ! אֶלָּא: מִדְּאָמַר רַחֲמָנָא יְבָמָה שֶׁאֵין לָהּ בָּנִים אֲסוּרָה – הָא יֵשׁ לָהּ בָּנִים – מוּתֶּרֶת.

The Gemara asks: **But** consider the status of **those with whom relations are forbidden, as he renders** her **forbidden to them, and** yet he **does not permit** her **to them** when he dies. For example, one may not marry one's father's wife even after the father dies. **Rather, from** the fact **that the Merciful One states** that a *yevama* **who does not have children** from her deceased husband **is prohibited** from marrying anyone besides the *yavam*, it may be inferred that a widow **who has children** from her deceased husband **is permitted** to remarry.

וְדִילְמָא: אֵין לָהּ בָּנִים – אֲסוּרָה לְעָלְמָא וְשַׁרְיָא לְיָבָם, וְיֵשׁ לָהּ בָּנִים – לְכוּלֵּי עָלְמָא נַמִי אֲסוּרָה! אֶלָּא, מִדְּאָמַר רַחֲמָנָא אַלְמָנָה לְכֹהֵן גָּדוֹל אֲסוּרָה, הָא לְכֹהֵן הֶדְיוֹט – שַׁרְיָא.

The Gemara asks: **But perhaps** one should infer the following from that *halakha*: A woman who **does not have children** from her deceased husband **is forbidden to everyone and permitted to the *yavam*, and** a woman who **has children** from her deceased husband **is forbidden to everyone also. Rather,** the *halakha* that the death of the husband permits a woman to marry another man is derived **from** the fact that **the Merciful One states** that **a widow is forbidden to a High Priest.** This indicates that it is **permitted** for her **to** marry **a common priest,** and the same certainly applies to a non-priest.

וְדִילְמָא: לְכֹהֵן גָּדוֹל – בְּלָאו, לְכוּלֵּי עָלְמָא – בַּעֲשֵׂה. הַאי עֲשֵׂה מַאי עֲבִידְתֵיהּ? אִי דְּאַהֲנְיָא מִיתַת הַבַּעַל – תִּישְׁתְּרֵי לְגַמְרֵי. אִי דְּלָא אַהֲנְיָא מִיתַת הַבַּעַל – תּוֹקְמָהּ בְּמִילְּתָא קַמַּיְיתָא.

The Gemara asks: **But perhaps** one can say that she is forbidden **to a High Priest by a prohibition,** whereas she is forbidden **to everyone else** only **by** dint of **a positive mitzva.** The Gemara asks: **This positive mitzva, what is its purpose? If the death of the husband affects** her status, **she should be entirely permitted,** and **if the death of the husband does not affect** her status **she remains in her initial state** when her husband was alive, and therefore those who engage in sexual intercourse with her would be liable to receive the death penalty.

אַלְמָה לָא? אַפֵּיקְתָהּ מִמִּיתָה וְאוֹקִימְתָּהּ עַל עֲשֵׂה, מִידֵּי דַּהֲוָה אַפְּסוּלֵי הַמּוּקְדָּשִׁים;

The Gemara answers: And **why** is this suggestion **not** considered reasonable? One could argue that the death of the husband **removed her from** the class of people with whom one is punished with **death** for engaging in intercourse, **and placed her in** the class of people with whom one is prohibited to engage in intercourse due to **a positive mitzva, just as it is with consecrated** animals **that have been disqualified.** This is referring to animals that were designated as offerings but became invalid due to some blemish.

דְּמֵעִיקָּרָא אִית בְּהוּ מְעִילָה, וַאֲסִירִי בְּגִיזָּה וַעֲבוֹדָה. פְּרָקִינְהוּ, מְעִילָה – לֵית בְּהוּ; בְּגִיזָּה וַעֲבוֹדָה – אֲסִירִי.

The Gemara explains: The *halakha* with regard to such animals is **that initially,** when they are unblemished, **they are subject** to the *halakhot* of **misuse,**[H] i.e., if one benefited from them he has misused consecrated items. **And** likewise **shearing** them and performing **labor** with them **is prohibited.** Once these animals have developed a blemish and **one has redeemed them,**[H] the prohibition against **misuse** of consecrated items **does not apply to them,** but **shearing** them and performing **labor** with them remains **prohibited.** Based on this example, it is possible that the death of the husband does not render the woman entirely permitted. If so, one cannot derive from here that it is permitted for a wife whose husband has passed away to marry another man.

HALAKHA

That initially they are subject to the *halakhot* of misuse – דְּמֵעִיקָּרָא אִית בְּהוּ מְעִילָה: It is prohibited for one to benefit from consecrated property, whether it is an offering or an item dedicated for Temple maintenance. One has committed misuse of consecrated property if he derives benefit worth one *peruta* from an item of this kind. By Torah law, consecrated animals may not be shorn or worked, and one who does so is liable to receive lashes (Rambam *Sefer Avoda*, *Hilkhot Me'ila* 1:1, 7).

One has redeemed them – פְּרָקִינְהוּ: If a consecrated animal develops a blemish and is redeemed, it may be slaughtered and its meat is permitted. While the animal is alive it may not be shorn or used for work (Rambam *Sefer Avoda*, *Hilkhot Me'ila* 1:9).

אֶלָּא מִדְּאָמַר קְרָא: ״פֶּן יָמוּת בַּמִּלְחָמָה וְאִישׁ אַחֵר יִקָּחֶנָּה״. מַתְקִיף לָהּ רַב שֵׁישָׁא בְּרֵיהּ דְּרַב אִידִי: אֵימָא מַאן ״אַחֵר״ – יָבָם.

Rather, the source that a widow may remarry is **from that** which **the verse states: "Lest he die in battle and another man take her"** (Deuteronomy 20:7). This indicates that a man may marry a widow. **Rav Sheisha, son of Rav Idi, objects to this:** One can **say: Who is** this **other** man mentioned by the verse? It is **a *yavam*.**

אֲמַר רַב אַשִׁי: שְׁתֵּי תְּשׁוּבוֹת בַּדָּבָר: חֲדָא: דְּיָבָם לָא אִיקְרֵי ״אַחֵר״. וְעוֹד כְּתִיב: ״וּשְׂנֵאָהּ הָאִישׁ הָאַחֲרוֹן וְכָתַב לָהּ סֵפֶר כְּרִיתֻת...אוֹ כִי יָמוּת הָאִישׁ הָאַחֲרוֹן״. וְאִיתְקַשׁ מִיתָה לְגֵירוּשִׁין. מַה גֵּירוּשִׁין – שַׁרְיָא וְגוֹמֶרֶת, אַף מִיתָה – שַׁרְיָא וְגוֹמֶרֶת.

Rav Ashi said that there are **two refutations of** this **statement: First, a *yavam* is not called "another,"** as his relationship with her is not entirely separate from that of the first husband. **And furthermore, it is written: "And the latter husband hates her, and writes her a scroll of severance and gives it in her hand and sends her out of his house, or if the latter husband dies"** (Deuteronomy 24:3). In this manner the verse **juxtaposes death to divorce: Just as divorce permits** a woman to everyone **and completes** the severing of a husband from his wife, thereby allowing her to marry another man, **so too, death permits** her **and completes** the severing, allowing her to marry another man.

״וְהַיְּבָמָה נִקְנֵית בְּבִיאָה״ כו׳. בְּבִיאָה מְנָלַן? אָמַר קְרָא.

§ The mishna teaches: **And a *yevama*** can be **acquired** by the deceased husband's brother, the *yavam*, only **through intercourse.** And she acquires herself through *ḥalitza* or through the death of the *yavam*. The Gemara asks: **From where do we** derive that she can be acquired **through intercourse? The verse states:**

Perek **I**
Daf **14** Amud **a**

״יְבָמָהּ יָבֹא עָלֶיהָ וּלְקָחָהּ לוֹ לְאִשָּׁה״. וְאֵימָא לְכוּלָּהּ מִילְּתָא כְּאִשָּׁה? לָא סָלְקָא דַּעְתָּךְ. דְּתַנְיָא: יָכוֹל יְהוּ כֶּסֶף וּשְׁטָר גּוֹמְרִים בָּהּ כְּדֶרֶךְ שֶׁהַבִּיאָה גּוֹמֶרֶת בָּהּ, תַּלְמוּד לוֹמַר: ״וְיִבְּמָהּ״ – בִּיאָה גּוֹמֶרֶת בָּהּ, וְאֵין כֶּסֶף וּשְׁטָר גּוֹמְרִים בָּהּ.

"Her brother-in-law will engage in sexual intercourse with her and take her to him as a wife, and perform levirate marriage with her" (Deuteronomy 25:5), which indicates that intercourse renders her his wife. The Gemara asks: **But** one can **say** that **with regard to all matters** she is **like a wife,** and therefore she can also be acquired with money or a document like any other woman. The Gemara answers: It could **not enter your mind** to say this, **as it is taught** in a *baraita*: One **might** have thought that **money and a document can complete** the acquisition of a *yevama* and cause her to be married, **in the manner that intercourse completes** her acquisition. Therefore, **the verse states: "And perform levirate marriage with her"** (Deuteronomy 25:5), which indicates that only **intercourse completes her** acquisition,[H] **but money or a document do not complete her** acquisition.[H]

וְאֵימָא: מַאי ״וְיִבְּמָהּ״ – דִּבְעַל כָּרְחָהּ מְיַיבֵּם. אִם כֵּן לֵימָא קְרָא: ״וְיִיבֵּם״. מַאי ״וְיִבְּמָהּ״? שְׁמַעַתְּ מִינַּהּ תַּרְתֵּי.

The Gemara asks: **But** one can **say: What** is the meaning of: **"And perform levirate marriage with her"**? It teaches **that he can perform levirate marriage without her consent,**[H] as unlike an ordinary marriage, a levirate marriage does not require the woman's agreement. The Gemara answers: **If so, let the verse say: And perform levirate marriage,** and one would understand that the matter depends entirely on him. **What is** the meaning of: **"And perform levirate marriage with her"? Learn two** conclusions **from this:** First, that a levirate marriage can be performed against her will, and second, that the only way to acquire a *yevama* is through sexual intercourse.

HALAKHA

Sexual intercourse completes her acquisition – בִּיאָה גּוֹמֶרֶת בָּהּ: By engaging in intercourse with a *yevama*, the *yavam* acquires her completely. No other act of acquisition is required by Torah law. Later, the Sages instituted an ordinance that he must first perform an act of betrothal with money or a document (Rambam *Sefer Nashim, Hilkhot Yibbum VaḤalitza* 2:1; *Shulḥan Arukh, Even HaEzer* 170:12).

Money or a document do not complete her acquisition – אֵין כֶּסֶף וּשְׁטָר גּוֹמְרִים בָּהּ: When a *yavam* betroths his *yevama* with money or with a document, this act does not acquire her entirely. She is not his full-fledged wife until he engages in sexual intercourse with her (Rambam *Sefer Nashim, Hilkhot Yibbum VaḤalitza* 5:2; *Shulḥan Arukh, Even HaEzer* 170:2).

Levirate marriage without her consent – יִבּוּם בְּעַל כָּרְחָהּ: One who engages in sexual intercourse in any manner with his *yevama* acquires her completely whether the act is consensual or without her consent (Rambam *Sefer Nashim, Hilkhot Yibbum VaḤalitza* 2:3; *Shulḥan Arukh, Even HaEzer* 166:7).

״בַּחֲלִיצָה״ מְנָלַן? דִּכְתִיב: ״וְנִקְרָא שְׁמוֹ בְּיִשְׂרָאֵל בֵּית חֲלוּץ הַנָּעַל״ – כֵּיוָן שֶׁחָלַץ בָּהּ נַעַל הוּתְּרָה לְכׇל יִשְׂרָאֵל.

§ The mishna teaches that the *yevama* acquires herself **through *ḥalitza*.** The Gemara asks: **From where do we** derive this *halakha*? The Gemara answers: **As it is written** with regard to levirate marriage, after the *yavam* has performed *ḥalitza*: **"And his name shall be called in Israel: The house of him who had his shoe removed"**[B] (Deuteronomy 25:10). This indicates: **Once his shoe is removed by her,**[H] **she is permitted to all of Israel.**

הַאי ״יִשְׂרָאֵל״ לְהָכִי הוּא דַּאֲתָא? הַאי מִיבָּעֵי לֵיהּ לְכִדְתָנֵי רַב שְׁמוּאֵל בַּר יְהוּדָה: ״בְּיִשְׂרָאֵל״ – בְּבֵית דִּין שֶׁל יִשְׂרָאֵל, וְלֹא בְּבֵית דִּין שֶׁל נׇכְרִים. תְּרֵי ״בְּיִשְׂרָאֵל״ כְּתִיבִי.

The Gemara asks: **This** term **"Israel," does it come** to teach **this** *halakha*? **It is required for that which is taught** by **Rav Shmuel bar Yehuda:** The verse says **"in Israel"** to teach that *ḥalitza* may be performed only **in a Jewish court,**[H] **but not in a gentile court.** The Gemara answers that the phrase **"in Israel" is written twice** in that chapter: "And his name shall be called in Israel" (Deuteronomy 25:10), and: "To establish a name for his brother in Israel" (Deuteronomy 25:7). A different *halakha* is derived from each of these instances.

וְאַכַּתִּי מִיבָּעֵי לֵיהּ לְכִדְתַנְיָא, אָמַר רַבִּי יְהוּדָה: פַּעַם אַחַת הָיִינוּ יוֹשְׁבִים לִפְנֵי רַבִּי טַרְפוֹן, וּבָאתָה יְבָמָה לַחֲלוֹץ, וְאָמַר לָנוּ: עֲנוּ כּוּלְּכֶם וְאִמְרוּ ״חֲלוּץ הַנָּעַל, חֲלוּץ הַנָּעַל״! הַהוּא מִ״וְּנִקְרָא שְׁמוֹ״ נָפְקָא.

The Gemara asks: **But still,** we also **require** the additional term "in Israel" **for that which is taught** in a *baraita*, that **Rabbi Yehuda said: Once we were sitting before Rabbi Tarfon and a *yevama* came to perform *ḥalitza*. And** Rabbi Tarfon **said to us** after the *ḥalitza*: **All of** you should **answer and say: The one whose shoe was removed,**[H] **the one whose shoe was removed.** This indicates that the phrase: "And his name shall be called in Israel" (Deuteronomy 25:10), teaches that the matter must be announced and publicized throughout the nation. The Gemara answers: **That** *halakha* is not derived from the phrase "in Israel." Rather, **it is derived from: "And his name shall be called,"** which indicates that it must be announced that this is his name.

״וּבְמִיתַת הַיָּבָם״. מְנָלַן? קַל וָחוֹמֶר: וּמָה אֵשֶׁת אִישׁ שֶׁהִיא בְּחֶנֶק – מִיתַת הַבַּעַל מַתִּירָתָהּ, יְבָמָה שֶׁהִיא בְּלָאו – לֹא כׇּל שֶׁכֵּן?

§ The mishna further teaches that a *yevama* is released from levirate marriage and may remarry **through the death of the *yavam*.** The Gemara asks: **From where do we** derive this *halakha*? The Gemara answers that it is an ***a fortiori*** inference: **If,** with regard to **a married woman, who is** forbidden to other men by a prohibition punished **with strangulation,** and yet **the death of her husband renders her permitted,** is it **not all the more so** that with regard to **a *yevama*, who is** forbidden to other men while the *yavam* is alive **by** only a mere **prohibition,** that the death of the *yavam* should render her permitted?

מַה לְּאֵשֶׁת אִישׁ – שֶׁכֵּן יוֹצְאָה בְּגֵט, תֹּאמַר בְּזוֹ – שֶׁאֵינָהּ יוֹצְאָה בְּגֵט! הָא נַמִי יוֹצְאָה בַּחֲלִיצָה.

The Gemara raises a difficulty against this *a fortiori* inference: **What** is unique **about a married woman** is **that she can leave through a bill of divorce**[B] as well. **Will you say** the same **with regard to this** *yevama*, **who does not leave through a bill of divorce?** The Gemara answers: This is an insufficient refutation of the *a fortiori* inference, as **this** *yevama* **also leaves through *ḥalitza*,** which serves the same function as a bill of divorce.

אֶלָּא, מַה לְּאֵשֶׁת אִישׁ – שֶׁכֵּן אוֹסְרָהּ מַתִּירָהּ. אָמַר רַב אַשִׁי: הָא נַמִי אוֹסְרָהּ מַתִּירָהּ. יָבָם אוֹסְרָהּ – יָבָם שָׁרֵי לָהּ.

Rather, one can challenge this *a fortiori* inference in the following manner. **What** is unique **about a married woman** is **that** the one who **renders her forbidden** to everyone else, i.e., her husband, also **renders her permitted** when he dies. This is not so with regard to a *yevama*, as she is rendered forbidden upon the death of her husband. **Rav Ashi said:** With regard to **this** *yevama* **as well,** he who **renders her forbidden** is also the one who **renders her permitted:** The ***yavam*** **renders her forbidden,** because if he was not alive she would automatically be permitted to other men. Likewise, the ***yavam*** **renders her permitted** through *ḥalitza*.

וְתֶהֱוֵי אֵשֶׁת אִישׁ יוֹצְאָה בַּחֲלִיצָה מִקַּל וָחוֹמֶר; וּמָה יְבָמָה שֶׁאֵינָהּ יוֹצְאָה בְּגֵט – יוֹצְאָה בַּחֲלִיצָה, זוֹ שֶׁיּוֹצְאָה בְּגֵט – אֵינוֹ דִּין שֶׁיּוֹצְאָה בַּחֲלִיצָה? אָמַר קְרָא: ״סֵפֶר כְּרִיתֻת״ – סֵפֶר כּוֹרְתָהּ, וְאֵין דָּבָר אַחֵר כּוֹרְתָהּ.

The Gemara asks: **And let a married woman leave** a marriage **through *ḥalitza*,** as derived **by an *a fortiori*** inference: **If a *yevama*, who cannot leave through a bill of divorce, can leave through *ḥalitza*, is it not** logical that **this** married woman, **who can leave through a bill of divorce,** can likewise **leave through *ḥalitza*?** The Gemara answers: **The verse states** with regard to a married woman: **"A scroll of severance"** (Deuteronomy 24:3), which indicates that **a scroll,** i.e., a written document, **severs her** from her husband **and nothing else severs her**[H] from him. While the husband is alive only a bill of divorce can dissolve a marriage.

BACKGROUND

The house of him who had his shoe removed – בֵּית חֲלוּץ הַנָּעַל: In order to ensure that the shoe used for *ḥalitza* is valid, it is a long-standing custom that every court that administers *ḥalitza* have a specific shoe for this purpose. This shoe is built to conform to all the stringent opinions.

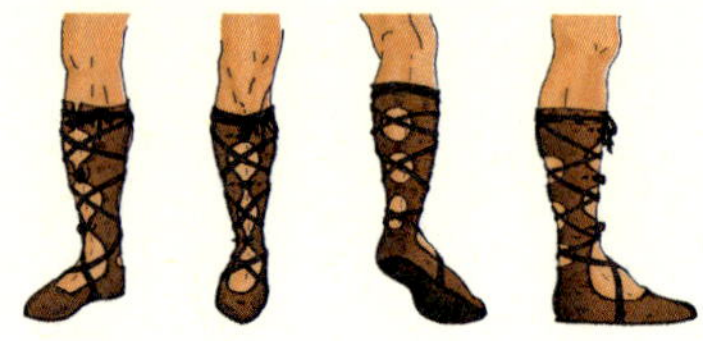

Sandal used for *ḥalitza*

Bill of divorce [*get*] – גֵּט: Although the term *get* sometimes applied to all legal documents, it is more commonly used to refer specifically to a bill of divorce. The basic text of a bill of divorce includes the declaration of the husband that he, identified by his name and his father's name, divorces his wife. Her name and that of her father must also be mentioned, and it must state that she is permitted to marry any man. The document must contain the date it was written and the signatures of two witnesses. In the talmudic period a bill of divorce could be written privately by a scribe at the request of the husband. In later generations it became customary for a bill of divorce to be written in a rabbinical court that had expertise in this field, so that no difficulties would arise that might lead to the invalidation of the document.

HALAKHA

Once his shoe is removed by her – כֵּיוָן שֶׁחָלַץ בָּהּ נַעַל: A *yavam* releases his *yevama* by performing *ḥalitza* with her, whereupon she is permitted to marry another man. If he had earlier performed an act of betrothal with her, he must also give her a bill of divorce to negate that act. In this case, she still requires *ḥalitza* (Rambam *Sefer Nashim*, *Hilkhot Yibbum VaḤalitza* 5:2).

In a Jewish court – בְּבֵית דִּין שֶׁל יִשְׂרָאֵל: The *ḥalitza* ceremony must be performed in the presence of three Jewish judges, in accordance with the opinion of Rav Shmuel bar Yehuda (Rambam *Sefer Nashim*, *Hilkhot Yibbum VaḤalitza* 4:5; *Shulḥan Arukh*, *Even HaEzer* 169:1).

And say, the one whose shoe was removed – וְאִמְרוּ חֲלוּץ הַנָּעַל: The man and woman who perform the *ḥalitza* ceremony must recite the relevant passage from the Torah in Hebrew. After they finish the *ḥalitza* ceremony, everyone present must repeat after the woman: The one whose shoe was removed, three times, in accordance with the instructions of Rabbi Tarfon (Rambam *Sefer Nashim*, *Hilkhot Yibbum VaḤalitza* 4:8; *Shulḥan Arukh*, *Even HaEzer* 169:42).

And nothing else severs her – וְאֵין דָּבָר אַחֵר כּוֹרְתָהּ: A woman can be divorced from her husband only through the writing of a bill of divorce. When she receives this document she is permitted to marry other men (Rambam *Sefer Nashim*, *Hilkhot Geirushin* 1:1).

וּתְהֵא יְבָמָה יוֹצְאָה בְּגֵט מִקַּל וָחוֹמֶר; וּמָה אֵשֶׁת אִישׁ שֶׁאֵין יוֹצְאָה בַּחֲלִיצָה – יוֹצְאָה בְּגֵט, זוֹ שֶׁיּוֹצְאָה בַּחֲלִיצָה – אֵין דִּין שֶׁיּוֹצְאָה בְּגֵט? אָמַר קְרָא: ״כָּכָה״, וְ״כָכָה״ עִיכּוּבָא.

The Gemara further asks: **And let a *yevama* leave through a bill of divorce,** as derived **by an *a fortiori* inference: If a married woman, who cannot leave through *ḥalitza*, can leave through a bill of divorce, is it not logical** that **this** *yevama*, **who can leave through *ḥalitza*,** can also **leave through a bill of divorce?** The Gemara answers: **The verse states: "So** shall it be done to the man" (Deuteronomy 25:9), with regard to the *ḥalitza* of a *yevama*, **and "so" precludes** another option.

וְכָל הֵיכָא דְּאִיכָּא עִיכּוּבָא לָא דָּרְשֵׁי קַל וָחוֹמֶר? וְהָא יוֹם הַכִּפּוּרִים דִּכְתִיב: ״גּוֹרָל״ וְ״חוּקָּה״,

The Gemara asks: **And** is it true that **anywhere that there is** a term that **precludes** another option **one cannot learn an *a fortiori*** inference? **But there is** the case of the designation of the goats on **Yom Kippur, as it is written:** "The goat upon which the **lot** came up for the Lord" (Leviticus 16:9), **and:** "This shall be an everlasting **statute**[B] to you" (Leviticus 16:34), which indicates that everything stated with regard to the mitzvot of Yom Kippur is critical to the performance of the service of the day.

וְתַנְיָא: ״וְעָשָׂהוּ חַטָּאת״ – הַגּוֹרָל עוֹשֶׂה חַטָּאת, וְאֵין הַשֵּׁם עוֹשֶׂה חַטָּאת.

And it is taught in a *baraita* that the verse states: "Aaron shall bring forward the goat upon which the lot came up for the Lord, **and he shall offer it for a sin-offering"** (Leviticus 16:9). The verse indicates that **the lottery renders** it **a sin-offering,** but **a verbal designation** of the goat with the status of a sin-offering **does not render** it **a sin-offering.**

שֶׁיָּכוֹל, וַהֲלֹא דִּין הוּא: וּמָה בְּמָקוֹם שֶׁלֹּא קִידֵּשׁ הַגּוֹרָל – קִידֵּשׁ הַשֵּׁם, מָקוֹם שֶׁקִּידֵּשׁ הַגּוֹרָל אֵינוֹ דִּין שֶׁיְּקַדֵּשׁ הַשֵּׁם?

The *baraita* continues: A verse is necessary to teach this *halakha*, as one **might** have thought that the opposite conclusion is correct: Could this **not** be derived through an *a fortiori* **inference,** as follows: **Just as in a case in which** the use of **a lottery does not effect the consecration** of the animals with a specific designation, e.g., with regard to a woman who has given birth and must bring two birds, one as a sin-offering and one as a burnt-offering, and nevertheless **a verbal designation** of the animals with the required status **does effect the consecration** of them, so too, in **a case in which** the use of **a lottery does effect the consecration** of the animals, **is it not** logically **right that a verbal designation** of the animals with the required status **should effect the consecration** of them?

תַּלְמוּד לוֹמַר: ״וְעָשָׂהוּ חַטָּאת״ – הַגּוֹרָל עוֹשֶׂה חַטָּאת, וְאֵין הַשֵּׁם עוֹשֶׂה חַטָּאת. וְטַעֲמָא – דְּמַעֲטֵיהּ קְרָא, הָא לָאו הָכִי – דָּרְשִׁינַן קַל וָחוֹמֶר, אַף עַל גַּב דִּכְתִיב בֵּיהּ ״חוּקָּה״!

To counter this reasoning, **the verse states** with regard to the goat: **"He shall offer it for a sin-offering"** (Leviticus 16:9), to indicate that **the lottery renders it a sin-offering, but a verbal designation** of the goat with the status of a sin-offering **does not render** it **a sin-offering. And the reason** that a verbal designation is ineffective **is that the verse excluded** this possibility, from which it may be inferred **that if it were not so, one would learn an *a fortiori*** inference, **even though it is written with regard to it "statute."** The same logic should apply in the case of *ḥalitza*, i.e., the term "so" should not prevent one from learning an *a fortiori* inference, and therefore it might be argued that a *yevama* can be released through a bill of divorce.

BACKGROUND

Lot and statute – גּוֹרָל וְחוּקָּה: The Torah commands that on Yom Kippur lots must be drawn between two goats, one to be sacrificed as a sin-offering in the Temple, and one to be sent to *Azazel* (Leviticus, chapter 16). The latter goat was thrown from a high desert cliff located some twelve to fifteen kilometers from Jerusalem. Before sending the goat to its death, the High Priest would symbolically burden it with all the sins of the Jewish people, both their intentional and their unwitting violations. Afterward, he would send the goat to the desert with someone specifically designated for this task. The service associated with this goat, an essential part of the Yom Kippur ritual, atoned for sins for which no other offering provided atonement.

אָמַר קְרָא: "לָהּ" – לָהּ וְלֹא לִיבָמָה. וְאֵימָא: "לָהּ" – לִשְׁמָהּ.

Rather, the Gemara explains that here too, there is a limitation derived from a verse. **The verse states** with regard to a bill of divorce: "And write **for her** a scroll of severance" (Deuteronomy 24:3). **"For her"** is a limitation, which teaches: A bill of divorce is effective for a regular woman **but not for a *yevama*.** The Gemara asks: **But** one can **say** that the phrase **"for her"** indicates that the bill of divorce must be written **for her sake.**

תְּרֵי "לָהּ" כְּתִיבִי. וְאַכַּתִּי מִיבְּעֵי לֵיהּ; חַד "לָהּ" – לִשְׁמָהּ, וְאִידָךְ "לָהּ" – וְלֹא לָהּ וְלַחֲבֶירְתָּהּ!

The Gemara answers: **"For her" is written twice** (Deuteronomy 24:1, 3), and therefore both *halakhot* can be derived. The Gemara asks: **And still, one** instance of: **"For her" is required** to teach that the bill of divorce must be written **for her sake, and the other "for her"** is needed to teach: For her **and not** both **for her and for another,**[N] i.e., her rival wife. One bill of divorce cannot be used for two women.

אֶלָּא אָמַר קְרָא: "נַעַל", נַעַל – אִין, מִידֵּי אַחֲרִינָא – לָא.

Rather, the Gemara suggests a different explanation as to why a bill of divorce is ineffective for a *yevama*. With regard to a *yevama* **the verse states:** "The house of him who had his **shoe** removed" (Deuteronomy 25:10), which teaches: If she is released by the *ḥalitza* of the **shoe, yes,** she is released from the *yavam*, but if she was released by means of **something else, no,** she is not released.

וְהַאי "נַעַל" לְהָכִי הוּא דַּאֲתָא? הַאי מִיבְּעֵי לֵיהּ לְכִדְתַנְיָא: "נַעֲלוֹ" – אֵין לִי אֶלָּא נַעֲלוֹ. נַעַל שֶׁל כָּל אָדָם מִנַּיִן לֵיהּ?

The Gemara asks: **But this** term **"shoe," does it come** to teach **this? It is necessary for that which is taught** in a *baraita*: The verse said: "And remove **his shoe**" (Deuteronomy 25:9). **I have** derived **only** that **his shoe** may be used. **From where** do I derive that the **shoe of any person**[H] may also be used for *ḥalitza*?

תַּלְמוּד לוֹמַר "נַעַל" "נַעַל" רִיבָּה. אִם כֵּן מָה תַּלְמוּד לוֹמַר "נַעֲלוֹ"? נַעֲלוֹ הָרָאוּי לוֹ, פְּרָט לְגָדוֹל שֶׁאֵין יָכוֹל לְהַלֵּךְ בּוֹ, פְּרָט לְקָטָן שֶׁאֵין חוֹפֶה אֶת רוֹב רַגְלוֹ, פְּרָט

The verse states "shoe," and states again in the next verse **"shoe,"** which **includes** any other shoe. **If so, what** is the meaning when **the verse states "his shoe,"** which is apparently referring to the shoe of that particular man? This teaches that it must be **his shoe that is fit for him,**[H] **excluding** a shoe so **large that he cannot walk in it,** and **excluding** a shoe so **small that it does not cover most of his foot,** and **excluding**

Perek **I**
Daf **14** Amud **b**

לְמְסוּלַיִם שֶׁאֵין לוֹ עָקֵב! אִם כֵּן נִיכְתּוֹב קְרָא "נַעַל". מַאי "הַנַּעַל"? שְׁמַעַת מִינָּהּ תַּרְתֵּי.

sandals [*mesulayim*][L] **that have no heels,** which do not qualify as shoes. The Gemara answers: **If so,** that the term is stated only for that purpose, **let the verse write "shoe." What** is the meaning of **"the shoe"? Learn** the **two** previously stated conclusions **from it.**

NOTES

For her and for another – לָהּ וְלַחֲבֵירְתָּהּ: The commentaries explain that this refers to a man who writes a bill of divorce for two women, in which he specifies: For so-and-so and for so-and-so. If one wrote two separate bills of divorce on a single piece of paper, they are both valid (Ritva).

HALAKHA

The shoe of any person – נַעַל שֶׁל כָּל אָדָם: The *yavam* must be given the shoe used in *ḥalitza* as a gift *ab initio*. Some say he should walk around in it for a while to demonstrate that it belongs to him. After the fact, the *ḥalitza* is still valid even if the shoe was not his (Rambam *Sefer Nashim, Hilkhot Yibbum VaḤalitza* 4:19; *Shulḥan Arukh, Even HaEzer* 169:14).

His shoe that is fit for him – נַעֲלוֹ הָרָאוּי לוֹ: If one performed *ḥalitza* with a shoe so big that he cannot walk in it, or with a small or torn shoe that does not cover most of his foot, or with a shoe that has no heel, the *ḥalitza* is invalid (Rambam *Sefer Nashim, Hilkhot Yibbum VaḤalitza* 4:18; *Shulḥan Arukh, Even HaEzer* 169:22).

LANGUAGE

Sandals [*mesulayim*] – מְסוּלַיִם: The *Arukh* and the *ge'onim* have a version of the text that reads *mesulayis*. The origin of this word is apparently the Latin solea, which refers to a sandal without a heel or strap to support the back of the foot.

Ancient Egyptian sandals without heel straps

מתני׳ עֶבֶד עִבְרִי נִקְנֶה בְּכֶסֶף וּבִשְׁטָר, וְקוֹנֶה עַצְמוֹ בְּשָׁנִים, וּבַיּוֹבֵל, וּבְגֵרָעוֹן כֶּסֶף. יְתֵירָה עָלָיו אָמָה הָעִבְרִיָּה שֶׁקּוֹנָה אֶת עַצְמָהּ בְּסִימָנִין. הַנִּרְצָע נִקְנֶה בִּרְצִיעָה, וְקוֹנֶה אֶת עַצְמוֹ בַּיּוֹבֵל וּבְמִיתַת הָאָדוֹן.

MISHNA **A Hebrew slave**[B] can be **acquired** by his master **through money or through a document,**[H] **and** he can **acquire himself,** i.e., he is emancipated, **through years,**[H] i.e., when he completes his six years of labor, **or through the** advent of the **Jubilee Year,**[H] **or through the deduction of money.**[H] The slave can redeem himself during the six years by paying for his remaining years of slavery. **A Hebrew maidservant** has one mode of emancipation **more than him, as she acquires herself through signs** indicating puberty.[H] A slave **who is pierced** after serving six years is **acquired** as a slave for a longer period **through piercing** his ear with an awl,[H] **and he acquires himself through the** advent of the **Jubilee Year**[H] **or through** the **death of the master.**

גמ׳ עֶבֶד עִבְרִי נִקְנֶה בְּכֶסֶף מְנָלַן? אָמַר קְרָא: ״מִכֶּסֶף מִקְנָתוֹ״ – מְלַמֵּד שֶׁנִּקְנֶה בְּכֶסֶף. אַשְׁכַּחַן עֶבֶד עִבְרִי הַנִּמְכָּר לְנָכְרִי הוֹאִיל וְכָל קִנְיָנוֹ בְּכֶסֶף.

GEMARA The mishna teaches that **a Hebrew slave** can be **acquired through money.** The Gemara asks: **From where do we** derive this *halakha*? The Gemara answers that the **verse states: "Out of the money that he was bought for"** (Leviticus 25:51), which **teaches** that he can be **acquired through money.** The Gemara asks: **We found** that **a Hebrew slave who is sold to a gentile** is acquired with money, which is the case discussed in that verse, but this proves nothing with regard to a Jew sold to a Jew. One could argue that **since all of the acquisitions** of a gentile are performed only **with money,** he can likewise purchase a Hebrew slave with money.

נִמְכָּר לְיִשְׂרָאֵל מְנָלַן? אָמַר קְרָא: ״וְהֶפְדָּהּ״ – מְלַמֵּד שֶׁמְּגָרַעַת פִּדְיוֹנָהּ וְיוֹצְאָה.

But **from where do we** derive that a Hebrew slave can be **sold to a Jew** with money? The Gemara explains that with regard to a Hebrew maidservant, the **verse states:** "Then he shall let her **be redeemed**" (Exodus 21:8), which **teaches**[N] that if she acquires money and wishes to be emancipated before her time is complete, she **deducts** a sum **from her redemption.** The maidservant can deduct the value of time served from her purchase price and pay the remaining amount, and she then **is emancipated.** This teaches that a Hebrew maidservant is acquired through money, a *halakha* that applies to a male slave as well.

אַשְׁכַּחַן אָמָה הָעִבְרִיָּה, הוֹאִיל וּמִיקַּדְּשָׁה בְּכֶסֶף – מִיקַּנְיָא בְּכֶסֶף. עֶבֶד עִבְרִי מְנָלַן? אָמַר קְרָא: ״כִּי יִמָּכֵר לְךָ אָחִיךָ הָעִבְרִי אוֹ הָעִבְרִיָּה וַעֲבָדְךָ שֵׁשׁ שָׁנִים״ – מַקִּישׁ עִבְרִי לְעִבְרִיָּה.

The Gemara asks: Although **we found** this *halakha* with regard to a **Hebrew maidservant,** one cannot extrapolate from there to this case, as it is possible that it applies only to a female. The reason for this is that **since** she is ordinarily **betrothed through money,** she can also be **acquired** as a maidservant **through money. From where do we** derive that a **Hebrew slave** can likewise be acquired through money? The Gemara answers that the **verse states: "If your brother, a Hebrew man, or a Hebrew woman is sold to you, and he shall serve you six years"** (Deuteronomy 15:12). This verse **juxtaposes**[B] **a Hebrew man to a Hebrew woman,** indicating that the modes through which they are acquired are the same.

BACKGROUND

Hebrew slave – עֶבֶד עִבְרִי: A Hebrew slave is an adult male Jew who becomes the slave of another Jew. There are two ways in which a Jew can enter into slavery: The court may sell a thief into slavery if he does not possess the means to make restitution for his theft (Exodus 22:2), or if a Jew becomes impoverished he may choose to sell himself to seek relief from his poverty (Leviticus 25:39). A Hebrew slave sold by the court is emancipated after serving his master for six years (Exodus 21:2). In the event of his master's death, a Hebrew slave is required to continue serving his master's son until the end of the period for which he was sold. If the master had no sons the slave is not obligated to continue serving other heirs. On Yom Kippur of the Jubilee Year, all Hebrew slaves are emancipated irrespective of how long they have served (Leviticus 25:40). When a Hebrew slave attains his freedom, his master or his master's heirs must give him a severance gift (Deuteronomy 15:13–14). A Hebrew slave may also attain his freedom by paying his master the value of the remainder of the term for which he was sold. With regard to a slave who becomes ill or incapacitated, if the period of his illness is less than three years, his slavery is not extended.

If a Hebrew slave has a wife and children, his master is obligated to provide for them as well. According to some authorities, they in turn are obligated to provide the master with the same work and earnings that they would give their husband and father. When a Hebrew slave who is married and has children is sold by the court, his master is entitled to provide him with a Canaanite maidservant with whom to live. If she bears children, they become the property of the master and have no legal connection with their biological father (Exodus 21:4). In all other respects, the Hebrew slave has all the obligations of a free Jew and is bound by the positive and negative mitzvot. Should the Hebrew slave sold by the court desire to remain with his master, perhaps due to his love for the Canaanite maidservant and her children, after the six years of his slavery are concluded, he must undergo a ceremonial rite involving the piercing of his ear (Exodus 21:5–6). Afterward he remains a slave until Yom Kippur of the Jubilee Year or the death of his master. It is the slave's right to insist on undergoing the piercing ceremony, but this is strongly discouraged. It is prohibited to give a Hebrew slave humiliating work, even if there are freemen willing to perform those tasks. It is likewise prohibited to overwork him (see Leviticus 25:39–43). In all matters, e.g., food and sleeping quarters, the Hebrew slave and his family must be treated like the master himself.

Juxtaposes – מַקִּישׁ: Juxtaposition is an important exegetical principle. When two matters appear in the same verse or in adjacent verses, the Talmud assumes that as they are juxtaposed, they are analogous. Consequently, legal inferences are drawn by comparing the two cases. For example, the Torah states with regard to a woman being divorced: "And she departs out of his house, and goes and becomes another man's wife" (Deuteronomy 24:2). Since divorce and marriage appear in the same verse, the Talmud derives that many of the *halakhot* governing divorce apply to marriage and vice versa.

NOTES

Then he shall let her be redeemed, which teaches – וְהֶפְדָּהּ מְלַמֵּד: The derivation of this *halakha* is unclear. Rashi explains that as the woman is entitled to deduct a sum, she must have been acquired with money. A similar explanation is that as the maidservant can acquire herself with money, it must be possible to purchase her with money as well (Rabbeinu Tam).

HALAKHA

Can be acquired through money or through a document – נִקְנֶה בְּכֶסֶף וּבִשְׁטָר: A Hebrew slave can be acquired through money, an item of monetary value, or a document (Rambam *Sefer Kinyan*, *Hilkhot Avadim* 2:1).

He can acquire himself through years – קוֹנֶה עַצְמוֹ בְּשָׁנִים: A Hebrew slave who was sold by the court serves for six years from the day of the sale. He is emancipated at the beginning of his seventh year (Rambam *Sefer Kinyan*, *Hilkhot Avadim* 2:2).

Through the Jubilee Year – בַּיּוֹבֵל: A Hebrew slave is emancipated on Yom Kippur of the Jubilee Year, even if he was sold into slavery only a year earlier (Rambam *Sefer Kinyan*, *Hilkhot Avadim* 2:2–3).

Through the deduction of money – בְּגֵרָעוֹן כֶּסֶף: A Hebrew slave can free himself by paying the value of the remaining time he has to serve. This *halakha* applies whether he was sold by the court or he sold himself, both when he was sold to a Jew and when he was sold to a gentile. The value of each year is calculated based on the amount the master paid for him and the number of years he was meant to serve (Rambam *Sefer Kinyan*, *Hilkhot Avadim* 2:8).

She acquires herself through signs indicating puberty – קוֹנָה אֶת עַצְמָהּ בְּסִימָנִין: If a Hebrew maidservant develops the signs of adulthood and becomes a young woman, she is emancipated immediately, even if she had been sold only the day before (Rambam *Sefer Kinyan*, *Hilkhot Avadim* 4:5).

A slave who is pierced can be acquired through piercing with an awl – הַנִּרְצָע נִקְנֶה בִּרְצִיעָה: If a man sold by the court as a Hebrew slave refuses to be emancipated after his term, he is pierced with an awl and continues to serve his master (Rambam *Sefer Kinyan*, *Hilkhot Avadim* 3:6).

He acquires himself through the Jubilee Year – קוֹנֶה אֶת עַצְמוֹ בַּיּוֹבֵל: A pierced slave can acquire himself only by the advent of the Jubilee Year or through the death of his master (Rambam *Sefer Kinyan*, *Hilkhot Avadim* 3:7).

אַשְׁכַּחַן מְכָרוּהוּ בֵּית דִּין, הוֹאִיל וְנִמְכָּר בְּעַל כּוֹרְחוֹ. מוֹכֵר עַצְמוֹ מְנָלַן?

The Gemara further asks: **We found** a source in this verse for **a slave who is sold by the court.** This verse is referring to a thief who is unable to repay the value of his theft and is sold as a slave so that he can repay his debt. One can therefore argue that this case is unique, **since** he is **sold against his will. From where do we** derive that one who **sells himself** can be sold through money?

יָלֵיף "שָׂכִיר" "שָׂכִיר". הָנִיחָא לְמַאן דְּיָלֵיף "שָׂכִיר" "שָׂכִיר". אֶלָּא לְמַאן דְּלָא יָלֵיף "שָׂכִיר" "שָׂכִיר" מַאי אִיכָּא לְמֵימַר?

The Gemara answers: One **derives** this through a verbal analogy between the terms **"hired worker"** and **"hired worker."** This term appears both with regard to one who sells himself: "As a hired worker and as a settler he shall be with you" (Leviticus 25:40), and with regard to one who is sold by the court: "For double of the hire of a hired worker he has served you" (Deuteronomy 15:18). The Gemara asks: **This works out well according to the one who** derives this verbal analogy between the terms **"hired worker"** and **"hired worker." But according to the one who does not derive** the verbal analogy between **"hired worker"** and **"hired worker," what can be said?** From where does he derive that one who sells himself may be purchased with money?

אָמַר קְרָא: "וְכִי תַשִּׂיג" – מוּסָף עַל עִנְיָן רִאשׁוֹן, וְיִלָּמֵד עֶלְיוֹן מִתַּחְתּוֹן.

The Gemara answers: The **verse states** at the start of the passage dealing with one sold to a gentile: **"And if** a stranger who is a settler with you **becomes rich"** (Leviticus 25:47). The conjunction "and" serves to **add to the first matter,** i.e., the passage discussing one who sells himself to a Jew, as it joins the two issues. And therefore **let the above case** of one who sells himself to a Jew **be derived from the case below** of one who is sold to a gentile: Just as one who is sold to a gentile can be acquired with money, so too, one who sells himself to a Jew can be acquired with money.

וּמַאן תַּנָּא דְּלָא יָלֵיף "שָׂכִיר" "שָׂכִיר"? הַאי תַּנָּא הוּא, דְּתַנְיָא: הַמּוֹכֵר עַצְמוֹ – נִמְכָּר לְשֵׁשׁ וְיָתֵר עַל שֵׁשׁ, מְכָרוּהוּ בֵּית דִּין – אֵינוֹ נִמְכָּר אֶלָּא לְשֵׁשׁ.

The Gemara comments: **And who is the** *tanna* **who does not derive** the verbal analogy between **"hired worker"** and **"hired worker"? It is this** *tanna*, **as it is taught in** a *baraita*: One who **sells himself** as a slave **is sold for six** years, **and** if he wishes he can be sold for **more than six** years,[NH] whereas one who is **sold by the court is sold only for six** years, but no more.

הַמּוֹכֵר עַצְמוֹ – אֵינוֹ נִרְצָע, מְכָרוּהוּ בֵּית דִּין – נִרְצָע. מוֹכֵר עַצְמוֹ – אֵין מַעֲנִיקִים לוֹ, מְכָרוּהוּ בֵּית דִּין – מַעֲנִיקִים לוֹ. הַמּוֹכֵר עַצְמוֹ – אֵין רַבּוֹ מוֹסֵר לוֹ שִׁפְחָה כְּנַעֲנִית; מְכָרוּהוּ בֵּית דִּין – רַבּוֹ מוֹסֵר לוֹ שִׁפְחָה כְּנַעֲנִית.

The *baraita* adds that there are additional differences between these two slaves: **One who sells himself may not be pierced** with an awl,[H] whereas one who is **sold by the court may be pierced** with an awl. One who **sells himself is not granted** a severance gift[H] by his master when he is emancipated, whereas one who is **sold by the court is granted** a severance gift. With regard to **one who sells himself, his master may not provide him** with **a Canaanite maidservant**[NH] as a wife to produce slave children, whereas with regard to one **sold by the court, his master may provide him** with **a Canaanite maidservant.**

NOTES

Sold for six and more – נִמְכָּר לְשֵׁשׁ וְיָתֵר: Some commentaries explain that he can be sold for six years or more than six years, but not for less than six years (Rashi; Rambam). Others claim that he can sell himself for less than six years as well, as indicated in the Jerusalem Talmud (Ritva).

His master may not provide him with a Canaanite maidservant – אֵין רַבּוֹ מוֹסֵר לוֹ שִׁפְחָה כְּנַעֲנִית: Some commentaries claim that one who sells himself cannot be provided with a Canaanite maidservant by his master (Rashi; Rambam). Others maintain that although the master of one who has sold himself cannot force him to live with a Canaanite maidservant, the master may do so if the slave is agreeable to this (Ritva).

HALAKHA

Sold for six and more than six – נִמְכָּר לְשֵׁשׁ וְיָתֵר עַל שֵׁשׁ: A slave who was sold by the court can be sold only for six years, whereas one who sells himself can be sold for six years or more, in accordance with the opinion of the first *tanna* in the *baraita* (Rambam *Sefer Kinyan, Hilkhot Avadim* 3:12).

One who sells himself may not be pierced with an awl – הַמּוֹכֵר אֶת עַצְמוֹ אֵינוֹ נִרְצָע: A Hebrew slave who sold himself into slavery may not be pierced with an awl (Rambam *Sefer Kinyan, Hilkhot Avadim* 3:6).

Is not granted a severance gift – אֵין מַעֲנִיקִים לוֹ: A severance gift is granted to a Hebrew slave who was sold by the court, but not to one who sold himself (Rambam *Sefer Kinyan, Hilkhot Avadim* 3:12).

His master may not provide him with a Canaanite maidservant – אֵין רַבּוֹ מוֹסֵר לוֹ שִׁפְחָה כְּנַעֲנִית: A Hebrew slave who sold himself is prohibited from engaging in sexual intercourse with a maidservant, but one who was sold by the court may be given a Canaanite maidservant by his master (Rambam *Sefer Kinyan, Hilkhot Avadim* 3:12).

רבי אלעזר אומר: זה וזה אינו נמכר אלא לשש, זה וזה נרצע, וזה וזה מעניקים לו, וזה וזה רבו מוסר לו שפחה כנענית. מאי לאו בהא קמיפלגי, דתנא קמא לא יליף "שכיר" "שכיר", ורבי אלעזר יליף "שכיר" "שכיר"?

Rabbi Elazar says that there is no difference between these two types of slaves. Rather, both **this** slave **and that** slave may be **sold for only six** years; both **this and that** one may be **pierced** with an awl, both **this and that** one **are granted** a severance gift, and in both **this** case **and that** case **his master may provide him** with a **Canaanite maidservant. What, is it not** the case that **they disagree with regard to this, that the first *tanna* does not derive** the verbal analogy between **"hired worker"** and **"hired worker," and Rabbi Elazar derives** the verbal analogy between **"hired worker"** and **"hired worker"**? If one holds that the two cases are juxtaposed, one will equate the *halakhot* of both slaves. This is the opinion of Rabbi Elazar, in contrast to the opinion of the first *tanna*, who holds that the *halakhot* of each type of slave are discrete.

אמר רב טביומי משמיה דאביי: דכולי עלמא יליף "שכיר" "שכיר". והכא בהאי קרא קמיפלגי; מאי טעמא דתנא קמא דאמר: מוכר עצמו נמכר לשש ויתר על שש? מיעט רחמנא גבי מכרוהו בית דין: "ועבדך שש שנים" – זה, ולא מוכר עצמו.

Rav Tavyumei said in the name of Abaye: That is not so; rather, **everyone derives** the verbal analogy between **"hired worker"** and **"hired worker," and here,** in the dispute in the *baraita*, **they disagree about this** following **verse. What is the reasoning** of the **first *tanna*,** who **says** that one who **sells himself is sold for six** years **and more than six** years? He maintains that with regard to one **sold by the court, the Merciful One excludes** a certain case by the verse: "If your brother, a Hebrew man, or a Hebrew woman, is sold to you, **and he shall serve you six years**" (Deuteronomy 15:12). That teaches that only **this** type of slave serves for six years and no more, but the same does **not** apply to one who **sells himself.** If he so stipulates, he may serve for more than six years.

ואידך: "ועבדך" – לך ולא ליורש.

The Gemara explains: **And the other,** Rabbi Elazar, learns a different *halakha* from this verse. **"And he shall serve you"** means that he works **for you and not for an heir** other than a son. If a master has no sons, his slave is not transferred as an inheritance to a daughter or to a brother like his other property. If he does have sons, they inherit a Hebrew slave.

ואידך: "ועבדך" אחרינא כתיב. ואידך: ההוא להרצאת אדון הוא דאתא.

The Gemara asks: **And the other,** the first *tanna*, from where does he derive that a slave is not transferred as an inheritance? The Gemara answers that the phrase, **"And he shall serve you,"** is **written another** time, and he derives this *halakha* from there. The Gemara asks: **And the other,** Rabbi Elazar, what does he do with that other verse? The Gemara answers: In his opinion **that** verse **comes to appease the master.**[N] The verse emphasizes that the servitude is of limited duration to encourage the master to free the slave without hesitation.

מאי טעמא דתנא קמא דאמר מוכר עצמו אינו נרצע? מדמיעט רחמנא גבי מכרוהו בית דין "ורצע אדניו את אזנו במרצע" – אזנו שלו, ולא אזנו של מוכר עצמו.

The Gemara asks: **What is the reasoning of the first *tanna*, who says** that one who **sells himself is not pierced** with an awl? The Gemara answers: He derives this **from** the fact that **with regard to one sold by the court, the Merciful One excludes** a certain case by the verse: **"And his master shall pierce his ear with an awl"** (Exodus 21:6), which teaches: **His ear,** of this slave, **and not the ear of** a slave who **sells himself.**

NOTES

To appease the master – להרצאת אדון: Rashi explains that the master must be appeased so that he will follow the biblical mitzva of presenting his emancipated slave with a severance gift. The commentaries explain that Rashi rejected the more straightforward interpretation that this appeasement refers to the master having to free the slave after six years, as he is compelled to fulfill this obligation by the court. The bestowal of a severance gift, by contrast, is not imposed by the court, as it is a positive mitzva, and the court does not force people to observe obligations of this kind. Consequently, the master has to be persuaded to perform this act of kindness (Ritva).

וְאִידָּךְ – הַהִיא לִגְזֵירָה שָׁוָה הוּא דְּאָתָא. דְּתַנְיָא, רַבִּי אֱלִיעֶזֶר אוֹמֵר: מִנַּיִן לִרְצִיעָה שֶׁהִיא בְּאֹזֶן יְמָנִית? נֶאֱמַר כָּאן ״אֹזֶן״ וְנֶאֱמַר לְהַלָּן ״אֹזֶן״, מָה לְהַלָּן יָמִין – אַף כָּאן יָמִין.

And the other Sage, Rabbi Elazar, would say: **That** term, "his ear," **comes for a verbal analogy. As it is taught** in a *baraita* that **Rabbi Eliezer says: From where** is it derived that the **piercing** of a Hebrew slave's ear with an awl is performed **on the right ear?**[B] **It is stated: Ear, here,** with regard to a Hebrew slave, **and it is stated there,** with regard to the ritual purification of a leper: "The right **ear** of he who is to be purified" (Leviticus 14:14). **Just as there,** with regard to a leper, it specifies the **right** ear explicitly, **so too here,** the piercing of a slave must be performed on the **right**[H] ear.

וְאִידָּךְ: אִם כֵּן לֵימָא קְרָא ״אֹזֶן״. מַאי ״אׇזְנוֹ״?

The Gemara asks: **And** how does **the other** Sage, the first *tanna*, derive that this piercing can be performed only on the right ear? The Gemara answers: He would argue that **if it is so** that the word "ear" is stated only for the sake of the verbal analogy, **let the verse say** merely: **Ear,** and one would learn the *halakha* through a verbal analogy from the case of the leper's ear. **What** is the reason that it states **"his ear"?** This serves to teach that one who sells himself may not be pierced.

וְאִידָּךְ: הַהוּא מִיבָּעֵי לֵיהּ: ״אׇזְנוֹ״ – וְלֹא אׇזְנָהּ. וְאִידָּךְ: נָפְקָא לֵיהּ מִ״וְאִם יֹאמַר הָעֶבֶד״ – הָעֶבֶד וְלֹא אָמָה.

And the other Sage, Rabbi Elazar, would answer: **That** formulation **is necessary** to teach that the mitzva of piercing applies to **"his ear" but not her ear.** He learns from the pronoun that piercing may be performed only on a male slave, not a maidservant. The Gemara asks: **And** from where does **the other** Sage, the first *tanna*, derive this *halakha*? The Gemara answers: **He derives it from** the verse: **"But if the slave shall say"** (Exodus 21:5). This indicates that piercing applies to **the slave but not** to **a maidservant.**[H]

וְאִידָּךְ: מִיבָּעֵי לֵיהּ עַד שֶׁיֹּאמַר כְּשֶׁהוּא עֶבֶד.

And the other Sage, Rabbi Elazar, who does not derive this ruling in the same manner as the first *tanna*, **requires** this verse for a different *halakha*: A slave may declare that he wishes to be pierced **provided that he says** this **when he is** still **a slave.**[H] After he has been emancipated, he can no longer say that he wishes to remain with his master.

וְאִידָּךְ: מִ״עֶבֶד״ ״הָעֶבֶד״ נָפְקָא. וְאִידָּךְ: ״עֶבֶד״ ״הָעֶבֶד״ לָא דָּרֵישׁ.

The Gemara asks: **And** from where does **the other** Sage, the first *tanna*, learn this *halakha*? The Gemara responds: **He derives** it **from** the terms: **Slave,** and **"the slave."** If the verse had stated only: Slave, one would have learned that a slave may say this only while still a slave. Since it is actually written "the slave," this teaches the other *halakha* as well, that a slave may be pierced but a maidservant may not. The Gemara comments: **And the other** Sage, Rabbi Elazar, **does not learn** a *halakha* from this slight difference between: **Slave,** and **"the slave."**

מַאי טַעֲמָא דְּתַנָּא קַמָּא דְּאָמַר מוֹכֵר עַצְמוֹ אֵין מַעֲנִיקִין לוֹ? מִיעֵט רַחֲמָנָא גַּבֵּי מְכָרוּהוּ בֵּית דִּין ״הַעֲנֵיק תַּעֲנִיק לוֹ״, לוֹ – וְלֹא לְמוֹכֵר עַצְמוֹ.

The Gemara clarifies additional details with regard to this dispute: **What is the reasoning of the first *tanna*, who says** that **one does not grant** a severance **gift**[B] **to one who sells himself? With regard to one sold by the court, the Merciful One excludes** a certain case by the verse: **"You shall give a severance gift to him"** (Deuteronomy 15:14). **"To him"** means to one who is sold by the court, **but not to one who sells himself.**[N]

וְאִידָּךְ: הַהוּא מִיבָּעֵי לֵיהּ ״לוֹ״ – וְלֹא לְיוֹרְשָׁיו. יוֹרְשָׁיו אַמַּאי לָא? ״שָׂכִיר״ קְרָייהּ רַחֲמָנָא, מָה שָׂכִיר פְּעוּלָּתוֹ לְיוֹרְשָׁיו – אַף הַאי פְּעוּלָּתוֹ לְיוֹרְשָׁיו! אֶלָּא: ״לוֹ״ – וְלֹא לְבַעַל חוֹבוֹ.

The Gemara asks: **And** what does **the other** Sage, Rabbi Elazar, derive from that verse? The Gemara answers: **He requires that** verse to teach the following: **"To him"** means that one grants a severance gift only to the slave himself **but not to his heirs.** The Gemara asks: **Why not** give this gift **to his heirs?** After all, **the Merciful One** calls a Hebrew slave **"a hired worker." Just as** payment for **the labor of a hired worker** is given **to his heirs** when he dies, **so too this** severance gift for **his labor** should be given **to his heirs** when he dies. **Rather,** this verse teaches **"to him," but not to** the slave's **creditor.**[HN] One to whom the slave owes money may not collect the slave's severance gift as repayment of the debt.

BACKGROUND

Right ear – אֹזֶן יְמָנִית: The purification process of a leper follows a complicated procedure which extends over eight days. The Gemara is referring to the final steps of the purification. On the eighth day of his rehabilitation, the leper first immerses in a ritual bath and then brings several animal offerings to the Temple. The blood of the guilt-offering, along with oil, is placed on the individual's right ear, right thumb, and right big toe (see Leviticus 14:14).

Grant a severance gift – מַעֲנִיקִין לוֹ: Upon the completion of his service, a Hebrew slave is provided with goods by his master. This obligation is described in Deuteronomy 15:12–15, which mandates a gift of sheep, grain, and wine. The last verse in the section detailing this severance gift reminds the Jews that they were slaves in Egypt and were subsequently granted their freedom by God. This is possibly an allusion to the fact that upon their exit from bondage, the Jews collected gold and silver from the Egyptians (see Exodus 12:35–36), in fulfillment of a promise made to Abraham (see Genesis 15:12–16). The purpose of both the payment to the emancipated Hebrew slave and the payment to the Jewish people at the start of their journey was to help them establish themselves in their new lives.

HALAKHA

So too here, it must be the right – אַף כָּאן יָמִין: A Hebrew slave who chooses to be pierced with an awl is pierced on his right ear (Rambam *Sefer Kinyan, Hilkhot Avadim* 3:9).

The slave but not a maidservant – הָעֶבֶד וְלֹא אָמָה: A woman may not be pierced with an awl in the manner of a male Hebrew slave (Rambam *Sefer Kinyan, Hilkhot Avadim* 3:13).

That he says this when he is a slave – שֶׁיֹּאמַר כְּשֶׁהוּא עֶבֶד: A slave is pierced only if he says: "I love my master, my wife, and my children, I will not go out free" (Exodus 21:5) while he is still a slave. If he issues this statement after his six years of slavery are over, he is not pierced. He must make this declaration when there is sufficient time remaining to his term for him to perform work equal in value to at least one *peruta* (Rambam *Sefer Kinyan, Hilkhot Avadim* 3:10).

To him but not to his creditor – לוֹ וְלֹא לְבַעַל חוֹבוֹ: The severance gifts that are granted to a Hebrew slave belong to him alone and may not be claimed by a creditor (Rambam *Sefer Kinyan, Hilkhot Avadim* 3:15).

NOTES

Give a severance gift to him…but not to one who sells himself – תַּעֲנִיק לוֹ...וְלֹא לְמוֹכֵר עַצְמוֹ: The logic of this claim is hard to understand: If one who is sold due to his inability to repay a theft is granted a severance gift, why should a slave not receive it if he sold himself due to destitution? One explanation is that while the thief is sold against his will, one who willingly sells himself violates the injunction indicated by the verse: "For to Me the children of Israel are slaves" (Leviticus 25:55).

To him but not to his creditor – לוֹ וְלֹא לְבַעַל חוֹבוֹ: Some commentaries explain that as the severance gift is not an obligation but a form of charity given to the slave by his master, these charity funds cannot be claimed by a creditor. Alternatively, a Hebrew slave is compared to a hired worker, whose wages may not be taken by a creditor (*Tosafot*).

מִדִּסְבִירָא לָן בְּעָלְמָא כְּרַבִּי נָתָן, דְּתַנְיָא, אָמַר רַבִּי נָתָן: מִנַּיִן לְנוֹשֶׁה בַּחֲבֵרוֹ מָנֶה, וַחֲבֵרוֹ בַּחֲבֵרוֹ, מִנַּיִן שֶׁמּוֹצִיאִין מִזֶּה וְנוֹתְנִין לְזֶה? תַּלְמוּד לוֹמַר: ״וְנָתַן לַאֲשֶׁר אָשַׁם לוֹ״,

The Gemara asks: Why is it necessary to emphasize that a creditor has no rights to the severance gift? That is necessary due to the fact **that we generally hold in accordance with** the opinion of **Rabbi Natan, as it is taught** in a *baraita* that **Rabbi Natan says: From where** is it derived **that** in the case of **one who lends one hundred dinars to another,**[H] **and the other** lends a similar sum **to** yet **another,** a third person, **from where** is it derived **that** the court **appropriates** the money **from this one,** the third person, **and gives it to that one,** the first creditor, without going through the second person, who owes money to the first and is owed that same amount by the third? **The verse states: "And he shall give it to him whom he has wronged"** (Numbers 5:7), which indicates that the loan should be repaid to the creditor to whom the money is ultimately owed.

אֲתָא ״לוֹ״ לְאַפּוּקֵי. וְאִידָּךְ: בְּעָלְמָא נַמִי לָא סְבִירָא לָן כְּרַבִּי נָתָן.

Therefore, the term **"to him" comes to exclude** this possibility, as the severance gift is given to the slave and not to his creditor. **And** how does **the other** Sage, the first *tanna*, respond to this claim? He maintains that **we generally do not hold in accordance with** the opinion of **Rabbi Natan.** Consequently, this exposition is unnecessary.

מַאי טַעֲמָא דְּתַנָּא קַמָּא דְּאָמַר: מוֹכֵר עַצְמוֹ אֵין רַבּוֹ מוֹסֵר לוֹ שִׁפְחָה כְּנַעֲנִית? מִיעֵט רַחֲמָנָא גַּבֵּי מְכָרוּהוּ בֵּית דִּין ״אִם אֲדֹנָיו יִתֶּן לוֹ אִשָּׁה״, לוֹ – וְלֹא לְמוֹכֵר עַצְמוֹ. וְאִידָּךְ: ״לוֹ״ – בְּעַל כָּרְחוֹ.

The Gemara continues to ask: **What is the reasoning of the first *tanna*, who says** that if **one sells himself his master does not provide him** with **a Canaanite maidservant?** The Gemara answers: **With regard to one sold by the court, the Merciful One excludes** a certain case by the verse: **"If his master give to him a wife"** (Exodus 21:4). This serves to emphasize **"to him" but not to one who sells himself. And the other** Sage, Rabbi Elazar, explains: **"To him"** means even **against his will.**[H]

וְאִידָּךְ: מִ״כִּי מִשְׁנֶה שְׂכַר שָׂכִיר״ נָפְקָא. דְּתַנְיָא: ״כִּי מִשְׁנֶה שְׂכַר שָׂכִיר עֲבָדְךָ״, שָׂכִיר אֵינוֹ עוֹבֵד אֶלָּא בַּיּוֹם, עֶבֶד עִבְרִי – עוֹבֵד בֵּין בַּיּוֹם וּבֵין בַּלַּיְלָה.

And from where does **the other** Sage, the first *tanna*, derive that the slave must remain with this maidservant against his will? **He derives** it **from** the verse: **"For double of the hire of a hired worker** he has served you" (Deuteronomy 15:18). **As it is taught** in a *baraita* that this verse: **"For double of the hire of a hired worker he has served you,"** indicates that **a hired worker works only during the day,** whereas **a Hebrew slave works both during the day and at night.**

וְכִי תַּעֲלֶה עַל דַּעְתְּךָ שֶׁעֶבֶד עִבְרִי עוֹבֵד בֵּין בַּיּוֹם וּבֵין בַּלַּיְלָה? וַהֲלֹא כְּבָר נֶאֱמַר: ״כִּי טוֹב לוֹ עִמָּךְ״ – עִמְּךָ בְּמַאֲכָל, עִמְּךָ בְּמִשְׁתֶּה! וְאָמַר רַבִּי יִצְחָק: מִכָּאן שֶׁרַבּוֹ מוֹסֵר לוֹ שִׁפְחָה כְּנַעֲנִית.

The Gemara clarifies: **And can it enter your mind that a Hebrew slave** actually **works both during the day and at night? But isn't it already stated: "Because he fares well with you"** (Deuteronomy 15:16), which teaches that he must be **with you in food** and **with you in drink?**[H] All of the slave's needs must be fulfilled, and his living conditions must be equal to those of the master himself. If so, he cannot be forced to work under unreasonable conditions. **And Rabbi Yitzḥak says** in explanation of this *halakha*: **From here** it is derived **that his master may provide him** with **a Canaanite maidservant** against his will to produce children for the master. This is the service he performs at night.

וְאִידָּךְ: אִי מֵהָתָם הֲוָה אָמִינָא: הָנֵי מִילֵּי מִדַּעְתֵּיהּ, אֲבָל בְּעַל כָּרְחוֹ אֵימָא לָא. קָא מַשְׁמַע לָן.

And the other Sage, Rabbi Elazar, would say that this is no proof, because **if** it is derived **from there** alone **I would say: This matter applies** only **with his consent; but** as for his master forcing him to live with a maidservant **against his will, I would say no,** he cannot do this. Therefore, the term "to him" **teaches us** that the master can even provide him with a Canaanite maidservant against his will.

אֶלָּא מַאן תַּנָּא דְּלָא יָלֵיף ״שָׂכִיר״ ״שָׂכִיר״? הַאי תַּנָּא הוּא, דְּתַנְיָא: ״וְשָׁב אֶל מִשְׁפַּחְתּוֹ״ וגו׳. אָמַר רַבִּי אֱלִיעֶזֶר בֶּן יַעֲקֹב: בְּמָּה הַכָּתוּב מְדַבֵּר? אִי בְּמוֹכֵר עַצְמוֹ – הֲרֵי כְּבָר אָמוּר.

§ According to the above explanation, both Rabbi Elazar and the first *tanna* accept the verbal analogy between "hired worker" and "hired worker." **Rather, who is the *tanna*** who **does not derive** the verbal analogy between **"hired worker"** and **"hired worker"? It is this *tanna*, as it is taught** in a *baraita* as follows with regard to the verse: "He shall labor with you until the Jubilee Year, then he shall go out from you, he and his children with him, **and shall return to his own family** and to the possession of his fathers he shall return" (Leviticus 25:40–41). **Rabbi Eliezer ben Ya'akov says: What is the verse speaking of** when it states: "And shall return to his own family"? **If** it is speaking **of one who sold himself** and the Jubilee Year arrived during his six years of slavery, this **is already stated:** "He shall labor with you until the Jubilee Year, then he shall go out from you" (Leviticus 25:40).

HALAKHA

From where is it derived that one who lends…to another – **מִנַּיִן לְנוֹשֶׁה בַּחֲבֵרוֹ**: If Reuven owes Shimon money and Shimon owes Levi the same amount, Levi can collect his money directly from Reuven, in accordance with the opinion of Rabbi Natan (Rambam *Sefer Mishpatim, Hilkhot Malve VeLoveh* 2:6; *Shulḥan Arukh, Ḥoshen Mishpat* 86:1).

To him, against his will – **לוֹ בְּעַל כָּרְחוֹ**: A master may give a Canaanite maidservant to a Hebrew slave sold by the court, so that he will produce slave offspring for the master. A master may even force his Hebrew slave to agree to this arrangement (Rambam *Sefer Kinyan, Hilkhot Avadim* 3:3).

With you in food and with you in drink – **עִמְּךָ בְּמַאֲכָל עִמְּךָ בְּמִשְׁתֶּה**: A slave's master must match the quality of his slave's food and drink with his own (Rambam *Sefer Kinyan, Hilkhot Avadim* 1:9).

אִי בְּנִרְצָע – הֲרֵי כְּבָר אָמוּר. הָא אֵין הַכָּתוּב מְדַבֵּר אֶלָּא בִּמְכָרוּהוּ בֵּית דִּין שְׁתַּיִם וְשָׁלֹשׁ שָׁנִים לִפְנֵי הַיּוֹבֵל, שֶׁהַיּוֹבֵל מוֹצִיאוֹ. וְאִי סָלְקָא דַּעְתָּךְ יָלֵיף "שָׂכִיר" "שָׂכִיר" – לָמָּה לִי? נֵילַף "שָׂכִיר" "שָׂכִיר"!

If it is speaking **of a pierced** slave, it **is already stated,** as will be explained. It must be that **the verse is speaking of nothing other** than a man **sold by the court two or three years before the Jubilee** Year,[B] and it teaches **that the Jubilee Year releases him** from slavery. The Gemara analyzes this opinion: **And if it would enter your mind** that Rabbi Eliezer ben Ya'akov **derives** the verbal analogy between **"hired worker"** and **"hired worker," why do I** need this verse? **Let him derive** that a man sold by the court is released in the Jubilee Year by the verbal analogy between **"hired worker"** and **"hired worker,"** from the case of one who sold himself.

אֲמַר רַב נַחְמָן בַּר יִצְחָק: לְעוֹלָם יָלֵיף "שָׂכִיר" "שָׂכִיר", וְאִיצְטְרִיךְ; סָלְקָא דַּעְתָּךְ אָמִינָא: מוֹכֵר עַצְמוֹ הוּא – דְּלָא עֲבַד אִיסּוּרָא, אֲבָל מְכָרוּהוּ בֵּית דִּין, דַּעֲבַד אִיסּוּרָא – אֵימָא נִיקְנְסֵיהּ. קָא מַשְׁמַע לָן.

Rav Naḥman bar Yitzḥak said that this claim can be refuted: **Actually,** Rabbi Eliezer ben Ya'akov **derives** the verbal analogy between **"hired worker"** and **"hired worker"** as well, **and** even so it **was necessary** for him to learn that *halakha* from a verse. The reason is that it might **enter your mind to say** that **one who sells himself, who did not commit a transgression,** is emancipated at the onset of the Jubilee Year even if six years have not passed, **but** with regard to **one sold by the court, who did commit a transgression,** as he was sold because he was unable to repay the value of his theft, one might **say** that **we should penalize him** and therefore he should not be emancipated in the Jubilee Year. Consequently, the verse **teaches us** that even this slave is emancipated in the Jubilee Year.

אָמַר מָר: אִי בְּנִרְצָע – הֲרֵי כְּבָר אָמוּר. מַאי הִיא? דְּתַנְיָא: "וְשַׁבְתֶּם אִישׁ אֶל אֲחֻזָּתוֹ וְאִישׁ אֶל מִשְׁפַּחְתּוֹ" וגו׳, בַּמֶּה הַכָּתוּב מְדַבֵּר? אִי בְּמוֹכֵר עַצְמוֹ – הֲרֵי כְּבָר אָמוּר.

The Master said earlier, in the *baraita*: **If** it is speaking **about a pierced** slave, it **is already stated.** The Gemara asks: **What is** the verse that teaches that a pierced slave is released in the Jubilee Year? **As it is taught** in a *baraita* that the verse states: **"And you shall return, each man to his land, and** you shall return, **each man to his family"** (Leviticus 25:10). **What is the verse speaking of? If** it is speaking **of one who sells himself,** it **is already stated:** "He shall labor with you until the Jubilee Year" (Leviticus 25:40).

אִי בִּמְכָרוּהוּ בֵּית דִּין – הֲרֵי כְּבָר אָמוּר. הָא אֵין הַכָּתוּב מְדַבֵּר אֶלָּא בְּנִרְצָע שְׁתַּיִם וְשָׁלֹשׁ שָׁנִים לִפְנֵי הַיּוֹבֵל, שֶׁהַיּוֹבֵל מוֹצִיאוֹ. מַאי מַשְׁמַע? אֲמַר רָבָא בַּר שֵׁילָא: אָמַר קְרָא: "אִישׁ" – אֵיזֶהוּ דָּבָר שֶׁנּוֹהֵג בְּאִישׁ וְאֵין נוֹהֵג בְּאִשָּׁה? הֱוֵי אוֹמֵר זוֹ רְצִיעָה.

If it is speaking **of one who was sold by the court, it is already stated:** "Then he shall go out from you, he and his children with him, and shall return to his own family" (Leviticus 25:41). It must be that **the verse is speaking of nothing other** than a slave **who is pierced two or three years before the Jubilee** Year, and **that the Jubilee** Year **releases him.**[H] The Gemara asks: **From where may** it **be inferred** that the verse is specifically referring to a pierced slave? **Rava bar Sheila said** that **the verse states "man." What matter applies to a man and does not apply to a woman? You must say** that **this is piercing** a Hebrew slave's ear with an awl.

וְאִיצְטְרִיךְ לְמִיכְתַּב מְכָרוּהוּ בֵּית דִּין, וְאִיצְטְרִיךְ לְמִיכְתַּב נִרְצָע, דְּאִי אַשְׁמְעִינַן מְכָרוּהוּ בֵּית דִּין – מִשּׁוּם דְּלָא מְטַאי זִמְנֵיהּ, אֲבָל נִרְצָע דִּמְטַאי זִמְנֵיהּ – אֵימָא נִיקְנְסֵיהּ.

The Gemara comments: **And it was necessary** for the Torah **to write** that **one sold by the court** leaves in the Jubilee Year, **and it was** also **necessary to write** the same with regard to **a pierced** slave, as neither case can be derived from the other. The Gemara elaborates: **As, if** the Torah had **informed us** only about **one who was sold by the court,** one might say that the Jubilee Year releases him **because his time had not come** to be freed. **But** with regard to **a pierced** slave, **whose time had come** but he did not wish to be freed, one might **say** that **we should penalize him** and he should remain a permanent slave.

וְאִי אַשְׁמְעִינַן נִרְצָע – מִשּׁוּם דַּעֲבַד לֵיהּ שֵׁשׁ, אֲבָל מְכָרוּהוּ בֵּית דִּין דְּלָא עֲבַד לֵיהּ שֵׁשׁ – אֵימָא לָא. צְרִיכָא.

And conversely, **if** the Torah had **informed us** only about a **pierced** slave, one might say that the Jubilee Year releases him **because he has served** the master **for six** years, as required, **but** with regard to **one who was sold by the court,** who **has not** yet **served** his master **for six** years, one might **say** that he should **not** be freed in the Jubilee Year. Therefore, **it was necessary** for the Torah to state this *halakha* with regard to both cases.

וְאִיצְטְרִיךְ לְמִיכְתַּב "וְשַׁבְתֶּם" וְאִיצְטְרִיךְ לְמִיכְתַּב "לְעוֹלָם". דְּאִי כְּתַב רַחֲמָנָא "לְעוֹלָם" – הֲוָה אָמִינָא: לְעוֹלָם מַמָּשׁ, כְּתַב רַחֲמָנָא "וְשַׁבְתֶּם".

And likewise, **it was necessary** for the Torah **to write** with regard to the release of a pierced slave in the Jubilee Year: **"And you shall return,** each man to his land" (Leviticus 25:10), **and it was necessary to write** as well: "And he shall serve him **forever"** (Exodus 21:6), which is interpreted by the Sages as referring to until the Jubilee Year. **As, if the Merciful One** had **written** only **"forever," I would say** that this **actually** means **forever,** i.e., for his entire life. Therefore, **the Merciful One writes: "And you shall return."**

BACKGROUND

The Jubilee Year – הַיּוֹבֵל: The Jubilee Year, which is the fiftieth year that follows seven Sabbatical cycles of seven years, has a unique status. All of the agricultural *halakhot* that are followed in the Sabbatical Year must also be observed in the Jubilee Year. In addition, all Hebrew slaves, including those who agreed to continue in slavery beyond their initial obligation, are emancipated, and fields that have been sold are returned to their original owners (see Leviticus, chapter 25). The liberation of the slaves and the restoration of the fields occur after Yom Kippur. On Yom Kippur of that year, special prayers are recited and the shofar is sounded in a manner similar to the ritual of Rosh HaShana. The Jubilee Year is observed only when the majority of the Jewish people are living in Eretz Yisrael. Consequently, its observance was discontinued during the First Temple period and has not yet been renewed.

HALAKHA

A slave who is pierced…the Jubilee Year releases him – נִרְצָע...הַיּוֹבֵל מוֹצִיאוֹ: A pierced slave is emancipated when the Jubilee Year arrives, even if this occurs only a short time after he was pierced (Rambam *Sefer Kinyan, Hilkhot Avadim* 3:6).

וְאִי כְּתַב רַחֲמָנָא "וְשַׁבְתֶּם" – הֲוָה אָמִינָא: הָנֵי מִילֵּי – הֵיכָא דְּלָא עָבַד שֵׁשׁ, אֲבָל הֵיכָא דְּעָבַד שֵׁשׁ – לֹא יְהֵא סוֹפוֹ חָמוּר מִתְּחִלָּתוֹ: מַה תְּחִלָּתוֹ שֵׁשׁ – אַף סוֹפוֹ נַמִי שֵׁשׁ. קָמַשְׁמַע לָן: "לְעוֹלָם" – לְעוֹלָמוֹ שֶׁל יוֹבֵל.

And if the Merciful One had **written** only **"and you shall return," I would say** that **this statement applies** only **where he did not serve six** years after being pierced; **but** in a case **where he did serve six** years after he was pierced, one might argue as follows: **His final** stage, after he is pierced, **should not be stricter than his initial** stage, when he was first sold: **Just as** after **his initial** stage he serves only **six** years, **so too** in **his final** stage he serves only **six** years and no longer. Therefore, the verse **teaches us "forever,"** which means **forever until the Jubilee** Year, even if the Jubilee Year arrives many years later. In any case, with regard to the issue at hand there is no proof that Rabbi Eliezer ben Ya'akov does not derive the verbal analogy between "hired worker" and "hired worker."

אֶלָּא מַאן תַּנָּא דְּלָא יָלֵיף "שָׂכִיר" "שָׂכִיר"? רַבִּי הִיא, דְּתַנְיָא.

Rather, who is the ***tanna*** who **does not derive** the verbal analogy between **"hired worker"** and **"hired worker"? It is Rabbi** Yehuda HaNasi, **as it is taught** in a *baraita*:

Perek **I**
Daf **15** Amud **b**

HALAKHA

He cannot be redeemed after six years – אֵין נִגְאָל בְּשֵׁשׁ: If an individual who sold himself to a gentile is not redeemed, he is not released after six years. Rather, he must wait until the Jubilee Year to be released. This *halakha* is in accordance with the opinion of Rabbi Yehuda HaNasi (Rambam *Sefer Kinyan*, *Hilkhot Avadim* 2:6).

"וְאִם לֹא יִגָּאֵל בְּאֵלֶּה" – רַבִּי אוֹמֵר: בְּאֵלֶּה הוּא נִגְאָל, וְאֵין נִגְאָל בְּשֵׁשׁ.

A Hebrew slave sold to a gentile can be redeemed by his relatives, as it is stated: **"And if he is not redeemed by any of these,** then he shall go out in the Jubilee Year" (Leviticus 25:54). **Rabbi** Yehuda HaNasi **says: He can be redeemed** only **through these,** i.e., the assistance of his relatives, **and he is not redeemed after six** years of labor.

שֶׁיָּכוֹל, וַהֲלֹא דִּין הוּא: וּמַה מִּי שֶׁאֵינוֹ נִגְאָל בְּאֵלֶּה נִגְאָל בְּשֵׁשׁ, זֶה שֶׁנִּגְאָל בְּאֵלֶּה אֵינוֹ דִּין שֶׁנִּגְאָל בְּשֵׁשׁ? תַּלְמוּד לוֹמַר: "בְּאֵלֶּה" – בְּאֵלֶּה הוּא נִגְאָל, וְאֵין נִגְאָל בְּשֵׁשׁ.

Rabbi Yehuda HaNasi elaborates: **As I might have** argued that one sold to a gentile should be released after six years. Could this **not** be derived through an *a fortiori* **inference: If one who cannot be redeemed by these** relatives, i.e., a Hebrew slave who was sold to a Jew, as he cannot be redeemed by his relatives, nevertheless **is redeemed after six** years of labor, **is it not logical** that **this** Hebrew slave sold to a gentile, **who can be redeemed by these** relatives, **can** likewise **be redeemed after six** years of work? Therefore, **the verse states "by any of these,"** to emphasize that one sold to a gentile **can be redeemed** only **through these** relatives, **and he cannot be redeemed after six** years.[H]

וְאִי סָלְקָא דַּעְתָּךְ יָלֵיף "שָׂכִיר" "שָׂכִיר" – אַמַּאי קָאָמַר "וּמַה מִּי שֶׁאֵינוֹ נִגְאָל בְּאֵלֶּה"? נֵילַף "שָׂכִיר" "שָׂכִיר"!

The Gemara explains the proof: **And if it enters your mind that** Rabbi Yehuda HaNasi **derives** the verbal analogy between **"hired worker"** and **"hired worker," why** does he **say: If one who cannot be redeemed by these,** with regard to one who is sold to a Jew? **Let him derive** that *halakha* from the case of one sold to a gentile, through the verbal analogy between **"hired worker"** and **"hired worker."** The term "hired worker" is used in reference to one sold to a gentile as well: "As a hired worker year by year he shall be with him" (Leviticus 25:53), and accordingly one can say that even one sold to a Jew can be redeemed by his relatives. The fact that he does not accept this claim indicates that Rabbi Yehuda HaNasi rejects the verbal analogy between "hired worker" and "hired worker."

אֲמַר רַב נַחְמָן בַּר יִצְחָק: לְעוֹלָם יָלֵיף "שָׂכִיר" "שָׂכִיר", וְשָׁאנֵי הָכָא דְּאָמַר קְרָא "יִגְאָלֶנּוּ" – לְזֶה וְלֹא לְאַחֵר.

Rav Naḥman bar Yitzḥak said: This proof can be refuted, as one can say that **actually** Rabbi Yehuda HaNasi **does derive** the verbal analogy between **"hired worker"** and **"hired worker," and it is different here,** with regard to one sold to a gentile, **as the verse states:** "Either his uncle or his uncle's son **may redeem him**" (Leviticus 25:49). This emphasis of "him" teaches that redemption is an option only **for this** slave **and not for another** type of slave.

ומאן תנא דפליג עליה דרבי? רבי יוסי הגלילי ורבי עקיבא. דתניא: "לא יגאל באלה" – רבי יוסי הגלילי אומר: באלה – לשחרור, בשאר כל אדם – לשעבוד. רבי עקיבא אומר: באלה – לשעבוד, בשאר כל אדם – לשחרור.

With regard to the dispute itself the Gemara inquires: **And who is the** ***tanna*** who **disagrees with Rabbi** Yehuda HaNasi with regard to this? It is **Rabbi Yosei HaGelili and Rabbi Akiva. As it is taught** in a *baraita* concerning the verse: "And if **he is not redeemed by any of these**" (Leviticus 25:54), that **Rabbi Yosei HaGelili says:** The expression **"by any of these"** indicates that redemption by one's relatives is **to freedom,** i.e., one becomes an entirely free man. But if a slave is redeemed **by anyone else** who pays the gentile master, it is **to slavery.** The redeemed slave becomes indentured to his redeemer until he repays the cost of his redemption through his work. **Rabbi Akiva says** the opposite: **By these** relatives he is redeemed **to slavery,** whereas if he is redeemed **by anyone else,** it is **to freedom.**

מאי טעמא דרבי יוסי הגלילי? אמר קרא: "אם לא יגאל באלה" אלא באחר – "ויצא בשנת היובל". ורבי עקיבא אומר: "אם לא יגאל" אלא "באלה" – "ויצא בשנת היובל". ורבי יוסי הגלילי: מידי "אלא באלה" כתיב?

The Gemara asks: **What is the reasoning of Rabbi Yosei HaGelili? The verse states** concerning a redeemed slave who is emancipated: **"If he is not redeemed by any of these"** relatives; **but** if he is redeemed **by another, "then he shall go out in the Jubilee Year,"** not earlier, as he becomes enslaved to him. **And Rabbi Akiva says: "If he is not redeemed"** in any other manner but **only "by any of these," "then he shall go out in the Jubilee Year,"** i.e., if he is redeemed by relatives, he is emancipated only at the close of Yom Kippur of the Jubilee Year. By contrast, if he is redeemed by others he is emancipated immediately. **And** how does **Rabbi Yosei HaGelili** respond to this claim? He would ask: **Is it written: Only by any of these?**

אלא בהאי קרא קמיפלגי: "או דדו או בן דדו יגאלנו" – זה גאולת קרובים. "או השיגה ידו" – זה גאולת עצמו. "ונגאל" – זו גאולת אחרים.

Rather, as this suggested interpretation of the verse by Rabbi Akiva is clearly problematic, the Gemara retracts the previous explanation of the dispute and instead says that **they disagree with regard to** the precise meaning of **this verse:** "Either his uncle or his uncle's son may redeem him, or any that is near of kin unto him of his family may redeem him; or if he becomes rich, and he is redeemed" (Leviticus 25:49). **"Either his uncle or his uncle's son may redeem him"; this is the redemption** performed **by relatives. "Or if he becomes rich"; this is redemption** by **himself. "And he is redeemed"; this is redemption by other** people.

רבי יוסי הגלילי סבר: מקרא נדרש לפניו. שדי גאולת קרובים אגאולת עצמו; מה גאולת עצמו – לשחרור, אף גאולת קרובים – לשחרור. ורבי עקיבא סבר: מקרא נדרש לאחריו. שדי גאולת אחרים אגאולת עצמו; מה גאולת עצמו – לשחרור, אף גאולת אחרים – לשחרור.

Rabbi Yosei HaGelili maintains: A verse is interpreted homiletically based on its juxtaposition to the verse immediately **preceding it.** Therefore, one should **cast,** i.e., compare, the case of **redemption** performed **by relatives to** the case of **redemption** performed **by himself: Just as redemption** performed **by himself** leads **to** complete **freedom, so too, redemption** performed **by relatives** leads **to freedom. And Rabbi Akiva maintains** that **a verse is interpreted homiletically** based on its juxtaposition to the verse immediately **after it.** Therefore one should **cast** the case of **redemption** performed **by others to** the case of **redemption** performed **by himself: Just as redemption** performed **by himself is to freedom, so too, redemption** performed **by others is to freedom,** whereas if he is redeemed by his relatives, he becomes enslaved to them.

אי הכי "באלה" למה לי? אי לאו "באלה" הוה אמינא מקרא נדרש בין לפניו בין לאחריו, והכל לשחרור.

The Gemara asks: **If so,** that this is their dispute, **why do I** need the phrase **"by any of these,"** according to both Rabbi Yosei HaGelili and Rabbi Akiva? The Gemara answers: **If** it were **not** for the phrase **"by any of these," I would say** that **a verse is interpreted homiletically** based on its juxtaposition to the verse immediately **preceding it as well as** to the verse immediately **after it, and** therefore in **every** manner in which he is redeemed it is **to freedom.**[H] The phrase "by any of these" limits this freedom either to relatives or other people, according to the respective opinions of Rabbi Yosei HaGelili and Rabbi Akiva.

אי הכי הדר קושיא לדוכתיה! אלא בסברא קמיפלגי.

The Gemara asks: **If so,** that the different opinions are based on the phrase "by any of these," then **the difficulty** with the opinion of Rabbi Akiva, that the verse does not say: If he is not redeemed in any other manner but only by any of these, **has returned to its place,** i.e., it is still valid, as this phrase indicates that Rabbi Yosei HaGelili's interpretation of the verse is correct. **Rather,** Rabbi Yosei HaGelili and Rabbi Akiva **disagree with regard to reason.** Their dispute is a matter of logic and does not concern textual interpretation.

HALAKHA

Every manner in which he is redeemed is to freedom – הכל לשחרור: One who has been sold to a gentile can be redeemed by his relatives. If they do not redeem him, either because they do not want to or because they do not have the financial means to do so, it is a mitzva for any Jew to redeem him. Regardless of who redeems him, he is completely emancipated, in accordance with the opinion of the Rabbis in the *baraita* (Rambam *Sefer Kinyan*, *Hilkhot Avadim* 2:7).

רַבִּי יוֹסֵי הַגְּלִילִי סָבַר: מִסְתַּבְּרָא גְּאוּלַּת אֲחֵרִים לְשִׁיעְבּוּד, דְּאִי אָמְרַתְּ לְשִׁחְרוּר – הָווּ מִימְנְעִי וְלָא פָּרְקִי לֵיהּ. וְרַבִּי עֲקִיבָא סָבַר: מִסְתַּבְּרָא גְּאוּלַּת קְרוֹבִים לְשִׁיעְבּוּד, דְּאִי אָמְרַתְּ לְשִׁחְרוּר – כׇּל יוֹמָא וְיוֹמָא אָזֵיל וּמְזַבֵּין נַפְשֵׁיהּ.

The Gemara elaborates. **Rabbi Yosei HaGelili maintains: It stands to reason** that **redemption** performed **by others is to slavery, as, if you say** it is **to freedom, they will refrain and will not redeem him.** If the slave is required to serve them, and they incur no financial loss, they will redeem him. **And Rabbi Akiva maintains: It stands to reason** that **redemption** performed **by relatives** is **to slavery, as, if you say** it is **to freedom, each and every day he will go and sell himself** over and again, relying on his relatives to free him.

אָמַר רַבִּי חִיָּיא בַּר אַבָּא אָמַר רַבִּי יוֹחָנָן: זוֹ דִּבְרֵי רַבִּי יוֹסֵי הַגְּלִילִי וְרַבִּי עֲקִיבָא, אֲבָל חֲכָמִים אוֹמְרִים: הַכֹּל לְשִׁחְרוּר.

Rabbi Ḥiyya bar Abba says that **Rabbi Yoḥanan says: This is the statement of Rabbi Yosei HaGelili and Rabbi Akiva,** who hold that a slave is not invariably freed whenever he is redeemed from his gentile master. **But the Rabbis say** that in **every** case, when he is emancipated it is **to freedom.**

מַאן חֲכָמִים? רַבִּי הִיא, דְּמַפֵּיק לֵיהּ לְהַאי "בְּאֵלֶּה" לִדְרָשָׁה אַחֲרִינָא, וּמִקְרָא נִדְרָשׁ בֵּין לְפָנָיו וּבֵין לְאַחֲרָיו.

The Gemara inquires: **Who** are these **Rabbis?** It is **Rabbi** Yehuda HaNasi, **who derives another exposition from this** term **"by any of these,"** as stated above. **And** Rabbi Yehuda HaNasi maintains that **a verse is interpreted homiletically** based on its juxtaposition to the verse immediately **preceding it as well as** to the verse immediately **after it.** Consequently, the Hebrew slave of a gentile is emancipated regardless of whether he is redeemed by relatives or other people.

וְרַבִּי, הַאי "וְיָצָא בִּשְׁנַת הַיֹּבֵל" מַאי עָבֵיד לֵיהּ? מִיבְּעֵי לֵיהּ לְכִדְתַנְיָא: "וְיָצָא בִּשְׁנַת הַיּוֹבֵל",

The Gemara asks: **And Rabbi** Yehuda HaNasi, **what does he do with** the verse: "And if he is not redeemed by any of these means, **then he shall go out in the Jubilee Year**" (Leviticus 25:54)? The Gemara answers: **He requires** this verse **for that which is taught** in a *baraita* with regard to the verse: **"Then he shall go out in the Jubilee Year."** If the slave is not redeemed prior to this point in time he leaves his gentile master only in the Jubilee Year.

Perek **I**
Daf **16** Amud **a**

NOTES

A gentile who is under your authority – נׇכְרִי שֶׁיֶּשְׁנוֹ תַּחַת יָדְךָ: Even when Jews have authority over a gentile who bought a Jew, they may not take money from him unlawfully (Rashi; *Tosafot*).

HALAKHA

The document of a Hebrew maidservant – שְׁטַר אָמָה עִבְרִיָּה: A Hebrew maidservant is sold by means of a document. In practice, this means that a father must write on paper or earthenware: My daughter is sold to you, or: My daughter is acquired by you, and give the document to the master. The *halakha* is in accordance with the opinion of Rav Ḥisda (Rambam *Sefer Kinyan*, *Hilkhot Avadim* 4:3).

בְּנׇכְרִי שֶׁיֶּשְׁנוֹ תַּחַת יָדְךָ, אוֹ אֵינוֹ אֶלָּא בְּנׇכְרִי שֶׁאֵינוֹ תַּחַת יָדְךָ? אָמַרְתָּ: וְכִי מָה אֶפְשָׁר לַעֲשׂוֹת לוֹ? הָא אֵין הַכָּתוּב מְדַבֵּר אֶלָּא בְּנׇכְרִי שֶׁיֶּשְׁנוֹ תַּחַת יָדְךָ.

This indicates that the verse is stated **with regard to a gentile who is under your authority,**[N] i.e., one who is subject to Jewish rule. **Or** perhaps you will say that the verse is stated **only with regard to a gentile who is not under your authority.** This is not possible, as **you say: But what can be done to him** to compel him to obey the Torah's commands? Consequently, **the verse must be speaking of nothing other** than **a gentile who is under your authority.**

"וּבִשְׁטָר". מְנָלַן? אָמַר עוּלָּא: אָמַר קְרָא: "אִם אַחֶרֶת יִקַּח לוֹ" – הִקִּישָׁהּ הַכָּתוּב לְאַחֶרֶת. מָה אַחֶרֶת מִקְנְיָא בִּשְׁטָר – אַף אָמָה הָעִבְרִיָּה מִקְנְיָא בִּשְׁטָר.

§ The mishna teaches: A Hebrew slave can be acquired by his master through money **or through a document.** The Gemara asks: **From where do we** derive that he can be acquired through a document? **Ulla said: The verse states** with regard to a Hebrew maidservant: **"If he takes himself another wife"** (Exodus 21:10). **The verse** thereby **juxtaposes** a Hebrew maidservant **to another** woman who is betrothed: **Just as another** woman **can be acquired** by her husband **through a document** (see 2a), **so too, a Hebrew maidservant can be acquired through a document.**[H]

הָנִיחָא לְמַאן דְּאָמַר: שְׁטַר אָמָה הָעִבְרִיָּה אָדוֹן כּוֹתְבוֹ. אֶלָּא לְמַאן דְּאָמַר: אָב כּוֹתְבוֹ – מַאי אִיכָּא לְמֵימַר? דְּאִיתְּמַר: שְׁטַר אָמָה הָעִבְרִיָּה מִי כּוֹתְבוֹ? רַב הוּנָא אָמַר: אָדוֹן כּוֹתְבוֹ; רַב חִסְדָּא אָמַר: אָב כּוֹתְבוֹ. הָנִיחָא לְרַב הוּנָא; אֶלָּא לְרַב חִסְדָּא מַאי אִיכָּא לְמֵימַר?

The Gemara asks: **This works out well according to the one who says** that the **master writes the document** of a **Hebrew maidservant,** just as a betrothal document is written by the husband. **But according** the **one who says** that the **father writes it,** in the manner of a document of sale, **what can be said?** According to that opinion, the document of a Hebrew maidservant is not similar to a betrothal document. **As it was stated** that *amora'im* disagreed about this matter: With regard to **the document** of **a Hebrew maidservant, who writes it? Rav Huna says:** The **master writes it. Rav Ḥisda says:** The **father writes it. This works out well according to** the opinion of **Rav Huna, but according to** the opinion of **Rav Ḥisda, what can be said?**

אֲמַר רַב אַחָא בַּר יַעֲקֹב: אָמַר קְרָא ״לֹא תֵצֵא כְּצֵאת הָעֲבָדִים״ – אֲבָל נִקְנֵית הִיא כְּקִנְיַן עֲבָדִים. וּמַאי נִיהוּ? שְׁטָר.

Rav Aḥa bar Ya'akov said that this *halakha* is derived from a different source. **The verse states** with regard to a Hebrew maidservant: **"She shall not go out as the men slaves do"** (Exodus 21:7). One can infer: **But she can be acquired in** the manner of **the acquisition of** Canaanite **male slaves. And what is** this mode of acquisition? It is **a document.**

וְאֵימָא: אֲבָל נִקְנֵית הִיא כְּקִנְיַן עֲבָדִים – וּמַאי נִיהוּ? חֲזָקָה! אָמַר קְרָא: ״וְהִתְנַחַלְתֶּם אֹתָם לִבְנֵיכֶם אַחֲרֵיכֶם״, אוֹתָם – בַּחֲזָקָה, וְלֹא אַחֵר בַּחֲזָקָה.

The Gemara asks: **But** one can **say** that the inference should be a different one: **But she can be acquired in** the manner of **the acquisition of** Canaanite **male slaves, and what is** this mode of acquisition? It is **possession.** The Gemara answers that one cannot interpret that verse in this manner, as **the verse states** with regard to Canaanite slaves: **"And you shall bequeath them to your children after you"** (Leviticus 25:46), which indicates that you can acquire only **them,** i.e., Canaanite slaves, **through possession,**[B] like an inherited tract of land, **but other** slaves **cannot** be acquired **through possession.**

וְאֵימָא: אוֹתָם – בִּשְׁטָר, וְלֹא אַחֵר בִּשְׁטָר! הָכְתִיב ״לֹא תֵצֵא כְּצֵאת הָעֲבָדִים״. וּמָה רָאִיתָ?

The Gemara asks: **But** if so, one can equally **say** that **they,** Canaanite slaves, can be acquired **through a document, but others cannot** be acquired **through a document.** The Gemara answers: **Isn't it written: "She shall not go out as the men slaves do"** (Exodus 21:7), and this is explained to mean that she, like other slaves, can be acquired through a document. The Gemara asks: Since these two verses can be explained in either manner, **what did you see** that led you to compare a Hebrew maidservant to a Canaanite slave with regard to a document, and what led you to differentiate her from a Canaanite slave with regard to acquisition through possession? Perhaps the opposite should be the case, i.e., she is similar to a Canaanite slave with regard to possession and differs from him concerning acquisition through a document?

מִסְתַּבְּרָא: שְׁטָר הֲוָה לֵיהּ לְרַבּוּיֵי, שֶׁכֵּן מוֹצִיאָהּ בְּבַת יִשְׂרָאֵל. אַדְּרַבָּה, חֲזָקָה הֲוָה לֵיהּ לְרַבּוּיֵי, שֶׁכֵּן קוֹנָה בְּנִכְסֵי הַגֵּר. בְּאִישׁוּת מִיהַת לָא אַשְׁכַּחַן. אִי בָּעֵית אֵימָא: לְהָכִי אַהֲנֵי ״אִם אַחֶרֶת״.

The Gemara answers: **It stands to reason** that **a document should be included** in the acquisition of a slave, **as** a document is powerful in that it can **release a Jewish woman,** in the form of a bill of divorce. The Gemara rejects this argument: **On the contrary, possession should be included, as it can effect acquisition** in the case **of the property of a convert**[NH] who died without leaving heirs, whereas no other mode can be used to acquire such property. The Gemara answers: Nevertheless, **with regard to marriage, in any event, one does not find** acquisition by means of possession. **If you wish, say** another answer: It is **to that end,** i.e., to determine in which way to compare a Hebrew maidservant to a Canaanite slave, that the verse **"if** he takes **another," is effective,** as it indicates that the acquisition of a Hebrew maidservant includes a mode of acquisition used in betrothal, i.e., a document.

וְרַב הוּנָא, הַאי ״לֹא תֵצֵא כְּצֵאת הָעֲבָדִים״ מַאי דָּרֵישׁ בֵּיהּ? הַהוּא מִיבָּעֵי לֵיהּ שֶׁאֵינָהּ יוֹצְאָה בְּרָאשֵׁי אֵבָרִים כְּעֶבֶד. וְרַב חִסְדָּא: אִם כֵּן לִכְתּוֹב קְרָא: ״לֹא תֵצֵא כַּעֲבָדִים״. מַאי ״כְּצֵאת הָעֲבָדִים״? שְׁמַע מִינָּהּ תַּרְתֵּי.

The Gemara asks: **And Rav Huna, what does he learn from this** verse: **"She shall not go out as the men slaves do"** (Exodus 21:7)? The Gemara answers: **He requires that** verse to teach **that she is not released on** account of an injury **to the extremities**[BH] **like a** Canaanite **slave.** If a master injures one of her limbs she is not emancipated, as explained in greater detail below. The Gemara asks: **And Rav Ḥisda,** from where does he derive this *halakha*? The Gemara answers: **If so,** that it is teaching only one *halakha*, **let the verse write: She shall not go out as the men slaves. What** is the reason for the additional term **"as the men slaves do"? Conclude two** conclusions **from it:** She is not freed due to injured limbs, and like a slave, she too can be acquired by means of a document.

״וְקוֹנֶה אֶת עַצְמוֹ בְּשָׁנִים״. דִּכְתִיב: ״שֵׁשׁ שָׁנִים יַעֲבֹד וּבַשְּׁבִעִת״ וגו׳.

§ The mishna teaches: **And** a Hebrew slave **can acquire himself after** six **years** of work. The Gemara cites the source for this *halakha*: **As it is written: "Six years he shall labor; and in the seventh** he shall go out free for nothing" (Exodus 21:2).

״בַּיּוֹבֵל״. דִּכְתִיב: ״עַד שְׁנַת הַיֹּבֵל יַעֲבֹד עִמָּךְ״.

§ The mishna further states that a Hebrew slave is emancipated **in the Jubilee** Year. The Gemara explains that this is **as it is written: "He shall labor with you until the Jubilee Year"** (Leviticus 25:40).

BACKGROUND

Possession – חֲזָקָה: When it appears in the context of the transfer of ownership of immovable property, this term refers to the establishment of ownership by an action that demonstrates that ownership. The performance of this action constitutes the transaction through which one formally acquires property received as a gift or purchased from another.

Extremities – רָאשֵׁי אֵבָרִים: A master who blinds a Canaanite slave, i.e., a slave who is a gentile, or knocks out his tooth must set him free (Exodus 21:26–27). In addition, freedom is granted if any of his twenty-four extremities are damaged, e.g., the ends of the slave's fingers and toes, the ears, the nose, etc.

NOTES

As it can effect acquisition of the property of a convert – שֶׁכֵּן קוֹנָה בְּנִכְסֵי הַגֵּר: The property of a deceased childless convert is ownerless and may be taken by anyone. This unique *halakha* does not apply to one who was born a Jew, as he necessarily must have some relatives, whereas a convert is considered like a newborn child in that he does not retain his ties to his former family.

HALAKHA

Possession with regard to the property of a convert – חֲזָקָה בְּנִכְסֵי הַגֵּר: The property of a convert who has no heirs is considered ownerless, and anyone who takes it by any mode of acquisition, apart from enjoying the profits of the property, acquires it (Rambam *Sefer Kinyan, Hilkhot Zekhiya UMattana* 2:1).

She is not released on account of an injury to the extremities – אֵינָהּ יוֹצְאָה בְּרָאשֵׁי אֵבָרִים: A Hebrew maidservant whose master damages one of her extremities is not emancipated as a result. Instead, she is treated like any other Jew who has been injured (Rambam *Sefer Kinyan, Hilkhot Avadim* 4:6).

״בְּגֵרָעוֹן כֶּסֶף״. אָמַר חִזְקִיָּה: דְּאָמַר קְרָא: ״וְהֶפְדָּהּ״ – מְלַמֵּד שֶׁמְּגָרַעַת פִּדְיוֹנָהּ וְיוֹצְאָה. תָּנָא: וְקוֹנֶה אֶת עַצְמוֹ בְּכֶסֶף וּבְשָׁוֶה כֶּסֶף וּבִשְׁטָר.

§ The mishna teaches that a Hebrew slave can be freed **through the deduction of money. Ḥizkiyya says** that the reason is **that the verse states: "Then he shall let her be redeemed"** (Exodus 21:8), which **teaches that** if she acquires money and wishes to be emancipated before her time is complete, she **deducts** the value of the years that she has not yet worked from the cost of **her redemption, and is emancipated.** The same *halakha* applies to a slave. A *tanna* **taught: And** a slave **can acquire himself with money,**[H] with an item **worth money, and with a document.**

בִּשְׁלָמָא כֶּסֶף – דִּכְתִיב: ״מִכֶּסֶף מִקְנָתוֹ״. שָׁוֶה כֶּסֶף נַמִי – ״יָשִׁיב גְּאֻלָּתוֹ״ אָמַר רַחֲמָנָא, לְרַבּוֹת שָׁוֶה כֶּסֶף כְּכֶסֶף. אֶלָּא הַאי שְׁטָר הֵיכִי דָּמֵי? אִילֵימָא דְּכָתַב לֵיהּ שְׁטָרָא אַדָּמֵיהּ – הַיְינוּ כֶּסֶף!

The Gemara comments: **Granted,** he can be acquired through **money, as it is written: "Out of the money that he was bought for"** (Leviticus 25:51). Likewise, it is **also** clear that he can be acquired with an item **worth money,** as **the Merciful One states: "He shall give back the price of his redemption"** (Leviticus 25:51), which serves **to include** an item of **monetary value,** which is considered **like money.** In other words, any item of value can be used to redeem a slave. **But** with regard to **this document** mentioned here, **what are the circumstances? If we say that** the slave **wrote** a promissory **note for his own money, that is** the same as **money.** What is the difference between the two cases?

אֶלָּא שִׁיחְרוּר – שְׁטָר לָמָּה לִי? לֵימָא לֵיהּ בְּאַפֵּי תְּרֵי: זִיל. אִי נַמִי, בְּאַפֵּי בֵּי דִינָא: זִיל! אָמַר רָבָא: זֹאת אוֹמֶרֶת עֶבֶד עִבְרִי גּוּפוֹ קָנוּי, וְהָרַב שֶׁמָּחַל עַל גֵּרָעוֹנוֹ – אֵין גֵּרָעוֹנוֹ מָחוּל.

Rather, this is referring to a document of **manumission** written by the master when the slave is emancipated. The Gemara asks: **Why do I need** a **document** for this purpose? **Let him say in the presence of two** witnesses:[N] **Go** free. **Alternatively,** let him say **before a court: Go** free. **Rava says: That is to say** that **the body of a Hebrew slave is owned**[HN] by his master, and this is not merely a monetary debt. **And** in the case of **a master who relinquishes his deduction,** i.e., the money that the slave must return for the years he has not yet served, **his deduction is not relinquished.** Although one can relinquish a monetary debt verbally, this is insufficient to release a slave whose body is owned by his master. A document is required to effect his freedom.

״יְתֵירָה עָלָיו אָמָה הָעִבְרִיָּה״. אָמַר רֵישׁ לָקִישׁ: אָמָה הָעִבְרִיָּה קוֹנָה אֶת עַצְמָהּ בְּמִיתַת הָאָב מֵרְשׁוּת אָדוֹן מִקַּל וָחוֹמֶר: וּמָה סִימָנִין שֶׁאֵין מוֹצִיאִין מֵרְשׁוּת אָב – מוֹצִיאִין מֵרְשׁוּת אָדוֹן, מִיתָה שֶׁמּוֹצִיאָה מֵרְשׁוּת אָב – אֵינוֹ דִּין שֶׁמּוֹצִיאָה מֵרְשׁוּת אָדוֹן?

§ The mishna teaches that **a Hebrew maidservant has** one mode of emancipation **more than** a Hebrew slave, as she acquires herself through signs indicating puberty. **Reish Lakish says: A Hebrew maidservant acquires herself from the master's authority through the death of** her **father.** This is derived **through an** *a fortiori* inference: **If signs** indicating puberty, **which do not release her from** her **father's authority,** as, although she develops signs of puberty she remains under her father's authority with regard to certain matters, nevertheless **release her from the master's authority, is it not logical that death, which releases her** entirely **from** her **father's authority,** should **release her from** her **master's authority?**

מֵיתִיבֵי רַב הוֹשַׁעְיָא: יְתֵירָה עָלָיו אָמָה הָעִבְרִיָּה שֶׁקּוֹנָה אֶת עַצְמָהּ בְּסִימָנִין. וְאִם אִיתָא – נִיתְנֵי נַמִי מִיתַת הָאָב! תָּנָא וְשַׁיֵּיר.

Rav Hoshaya raises an objection from the mishna: **A Hebrew maidservant has** one mode of emancipation **more than** a Hebrew slave, **as she acquires herself through signs** indicating puberty. **And if it is so** that she also acquires herself through her father's death, as claimed by Reish Lakish, **let** the mishna **teach also** that she is released through **the death of the father.** The Gemara answers: The absence of an explicit statement is not proof, as the mishna **taught** one difference between a male slave and a maidservant **and omitted** others.

מַאי שַׁיֵּיר דְּהַאי שַׁיֵּיר? שַׁיֵּיר מִיתַת הָאָדוֹן. אִי מִשּׁוּם מִיתַת הָאָדוֹן – לָאו שִׁיּוּרָא הוּא, דְּכֵיוָן דְּאִיכָּא נַמִי בְּאִישׁ – לָא קָתָנֵי.

The Gemara asks: **What else did he omit that he omitted this?**[B] The *tanna* would certainly not leave out only one *halakha.* The Gemara answers: The *tanna* **omitted the death of the master.** In the event of the master's death, the Hebrew maidservant is emancipated and is not inherited by the master's heirs. The Gemara rejects this suggestion: **If** it is **due to the death of the master, that is not an omission.**[N] The reason is **that since there is also** a similar *halakha* with regard to **a man,** i.e., a pierced slave, the mishna **does not teach** this case.

HALAKHA

He can acquire himself with money – קוֹנֶה אֶת עַצְמוֹ בְּכֶסֶף: A Jew who was sold by the court to another Jew, or who sold himself to a Jew or a gentile, can deduct the amount of time he has already served from the amount for which he was sold and be emancipated by paying the remainder to the master. This amount can be paid in money or an item worth money. Additionally, his master can emancipate him by means of a document (Rambam *Sefer Kinyan, Hilkhot Avadim* 2:8, 12).

The body of a Hebrew slave is owned – עֶבֶד עִבְרִי גּוּפוֹ קָנוּי: Even if a master relinquishes his claim to the remaining labor owed to him by a slave, the slave is released only if he is given a document of emancipation. This is because his body is owned by his master, in accordance with the opinion of Rava. For the same reason, if a slave utters a vow of naziriteship or another type of vow that involves a degree of affliction that impedes his ability to work, the master can compel him not to fulfill his vow (Rambam *Sefer Kinyan, Hilkhot Avadim* 2:11; *Sefer Hafla'a, Hilkhot Nezirut* 2:17–18).

NOTES

In the presence of two witnesses – בְּאַפֵּי תְּרֵי: The commentaries wonder why two witnesses are required here. It is even more surprising that a court would be needed. Some explain that these witnesses are necessary to testify about the release rather than to effect it (Rabbeinu Ḥananel). Similarly, the act is performed before a court to substantiate the release, as any action performed in the presence of a court will be publicized (*Eshel Avraham*). Alternatively, it is performed before a court to establish the master's consent (*Ḥiddushei Batra*).

The body of a Hebrew slave is owned – עֶבֶד עִבְרִי גּוּפוֹ קָנוּי: The commentaries explain that there are two aspects to the purchase of a slave. There is the monetary component, as the master buys the slave's services. This can be relinquished, like any property. In addition, there is a separate element here, as the slave is permitted to engage in sexual intercourse with a Canaanite maidservant. This proves that this is not merely a financial arrangement but an acquisition that alters the status of the slave. For this reason, the master cannot simply relinquish the deduction, as the element of ownership would remain intact (Ramban).

That is not an omission – לָאו שִׁיּוּרָא: The commentaries note that in general the Gemara will seek to avoid the claim that the *tanna* taught some cases and omitted others, as it prefers to interpret the language of *tanna'im* precisely, even if this leads to a forced explanation (Ramban).

BACKGROUND

What else did he omit that he omitted this – מַאי שַׁיֵּיר דְּהַאי שַׁיֵּיר: Sometimes the Gemara suggests that a list in a mishna or a *baraita* is incomplete. The Gemara will accept this suggestion only if it can be shown that at least two items were omitted from the list. Accordingly, if a Sage contends that a certain item was omitted from a list in a mishna or *baraita*, and that it was not the intention of the *tanna* to enumerate all relevant cases, the Gemara will ask: What other item did the *tanna* who compiled the list omit that enables you to claim that he omitted this first item?

וְאֶלָּא נִיתְנֵי! תַּנָּא, דָּבָר שֶׁיֵּשׁ לוֹ קִצְבָּה – קָתָנֵי; דָּבָר שֶׁאֵין לוֹ קִצְבָּה – לָא קָתָנֵי.

But if so, the question remains: **Rather, let it teach** that she is emancipated through the death of her father. The Gemara answers: The *tanna* in the mishna **teaches a matter that has a set time,** and **he does not teach a matter that does not have a set time,** e.g., the death of her father.

וְהָא סִימָנִין דְּאֵין לָהֶם קִצְבָּה, וְקָתָנֵי! אָמַר רַב סַפְרָא: אֵין לָהֶם קִצְבָּה לְמַעְלָה, אֲבָל יֵשׁ לָהֶם קִצְבָּה

The Gemara raises a difficulty: **But** there is the case of **signs** indicating puberty, **which do not have a set time,** as young women exhibit these signs of puberty at different ages, **and** yet **it teaches** this mode of emancipation anyway. **Rav Safra says:** Admittedly, these signs **have no maximum set time,** as once she reaches the age of twelve she is emancipated whenever she develops these signs, **but they do have a set time**

Perek **I**
Daf **16** Amud **b**

לְמַטָּה.

with regard to the **minimum** age at which these signs are taken into consideration. In other words, there is a lower limit, as any signs of puberty before a certain age are ignored.

דְּתַנְיָא: בֶּן תֵּשַׁע שָׁנִים שֶׁהֵבִיא שְׂתֵּי שְׂעָרוֹת – שׁוּמָא; מִבֶּן תֵּשַׁע שָׁנִים וְיוֹם אֶחָד עַד בֶּן שְׁתֵּים עֶשְׂרֵה שָׁנָה וְיוֹם אֶחָד, וְעוֹדָן בּוֹ – שׁוּמָא. רַבִּי יוֹסֵי בְּרַבִּי יְהוּדָה אוֹמֵר: סִימָן. בֶּן שְׁלֹשׁ עֶשְׂרֵה שָׁנָה וְיוֹם אֶחָד – דִּבְרֵי הַכֹּל סִימָן.

As it is taught in a *baraita*: Everyone agrees with regard to a **nine-year-old boy**[H] **who developed two** pubic **hairs** that this is not considered a sign of adulthood, as they are treated as hairs that grow on **a mole. From** the age of **nine years and one day until** the age of **twelve years and one day,** even if **they are still on him** and have not fallen out, this is still considered **a mole. Rabbi Yosei, son of Rabbi Yehuda, says:** It is **a sign** indicating puberty. If he is **thirteen years and one day old** and grows two hairs, **everyone agrees** that this is **a sign** indicating puberty.

מְתִיב רַב שֵׁשֶׁת: רַבִּי שִׁמְעוֹן אוֹמֵר: אַרְבָּעָה מַעֲנִיקִים לָהֶם, שְׁלֹשָׁה בְּאִישׁ וּשְׁלֹשָׁה בְּאִשָּׁה. וְאִי אַתָּה יָכוֹל לוֹמַר אַרְבָּעָה בְּאֶחָד – לְפִי שֶׁאֵין סִימָנִים בְּאִישׁ, וְאֵין רְצִיעָה בְּאִשָּׁה.

Rav Sheshet raises an objection: It is taught in a *baraita* that **Rabbi Shimon says:** There are **four** different ways of emancipating slaves, and when they are emancipated **one grants them a severance gift.** Of these, **three** apply **to a man,** i.e., a Hebrew slave, **and three** apply **to a woman,** a Hebrew maidservant. **And you cannot say** that there are **four** ways **for** either **one** of them, **because there is no** emancipation through **signs** indicating puberty[B] **for a man, and there is no** emancipation through **piercing** the ear **for a woman.** Consequently, there are only three modes of emancipation for each.

וְאִם אִיתָא: נִיתְנֵי נַמִּי מִיתַת אָב! וְכִי תֵּימָא: הָכָא נַמִּי תָּנֵי וְשַׁיֵּיר – וְהָא אַרְבָּעָה קָתָנֵי! וְכִי תֵּימָא: תַּנָּא, דָּבָר שֶׁיֵּשׁ לוֹ קִצְבָּה – קָתָנֵי, וְדָבָר שֶׁאֵין לוֹ קִצְבָּה – לָא קָתָנֵי, וְהָא סִימָנִין דְּאֵין לָהֶם קִצְבָּה וְקָתָנֵי!

The Gemara clarifies the difficulty: **And if it is so** that a Hebrew maidservant acquires herself through her father's death, as claimed by Reish Lakish, **let him teach also** that a Hebrew maidservant is emancipated at **the death of the father.**[H] **And if you would say, here too he taught** some differences between a Hebrew slave and a Hebrew maidservant **and omitted** others, this cannot be the case, as **he teaches:** There are **four** ways of emancipating slaves. The mention of a number indicates that there is a set number of ways. **And if you would say** that the *tanna* **teaches a matter that has a set time and does not teach a matter that does not have a set time, as** there is the *halakha* of **signs** indicating puberty, **which do not have a set time, and** nevertheless **he teaches** it.

HALAKHA

Nine-year-old boy – בֶּן תֵּשַׁע שָׁנִים: If a girl develops two pubic hairs before turning twelve, or if a boy grows two hairs before the age of thirteen, these are considered merely the hairs of a mole. This is the case even if the hairs remain after the individual has reached the age of maturity, in accordance with the opinion of the first *tanna* (Rambam *Sefer Nashim, Hilkhot Ishut* 2:18; *Even HaEzer* 155:14, 172:6).

The death of the father – מִיתַת אָב: If the father of a girl who was sold as a Hebrew maidservant dies, she is not emancipated automatically (Rambam *Sefer Kinyan, Hilkhot Avadim* 4:2).

BACKGROUND

Signs indicating puberty – סִימָנִים: According to *halakha*, among the physical signs marking the transition between childhood and adulthood are the appearance of at least two hairs in the pubic area. There is no precise time for the appearance of these signs, and several variables affect their earlier or later appearance, including genetics, nutrition, and climate. Nevertheless, there are average ages for the growth of this hair in boys and girls. The appearance of such hair extremely early is rarely a sign of halakhic adulthood, except in cases of disease, and can instead be defined, halakhically, as merely a mole.

וְכִי תֵּימָא: הָכָא נַמִּי כִּדְרַב סָפְרָא – וְהָאִיכָּא מִיתַת אָדוֹן דְּאֵין לָהֶם קִצְבָה, וְקָתָנֵי! מִיתַת אָדוֹן נַמִּי לָא קָתָנֵי.

And if you would say that **here, too,** this is **in accordance** with the opinion of **Rav Safra,** that signs have a minimum set time, **there is still the death of the master,** which **does not have a set time, and** yet he **taught** it. The Gemara answers: **The death of the master is not taught either,** i.e., this mode of emancipation is not counted among the four modes mentioned in the *baraita*.

וְאֶלָּא אַרְבָּעָה מַאי נִיהוּ? שָׁנִים, וְיוֹבֵל, וְיוֹבֵל שֶׁל רְצִיעָה, וְאָמָה הָעִבְרִיָּה בְּסִימָנִים.

The Gemara asks: **But** if you do not count the death of the master, **what are these four** methods? The Gemara answers: A Hebrew slave or maidservant is emancipated after serving six **years and** in **the Jubilee** Year, even if it occurs within those six years. **And the Jubilee** Year also emancipates a slave, even **after** the act of **piercing** a Hebrew slave's ear with an awl extended his term of slavery, **and a Hebrew maidservant** is emancipated **with signs** indicating puberty.

הָכִי נַמִּי מִסְתַּבְּרָא, דְּקָתָנֵי סֵיפָא: אִי אַתָּה יָכוֹל לוֹמַר אַרְבָּעָה בְּאֶחָד מֵהֶם – לְפִי שֶׁאֵין סִימָנִים בְּאִישׁ, וְאֵין רְצִיעָה בְּאִשָּׁה. וְאִם אִיתָא – בְּאִשָּׁה מִיהָא מַשְׁכַּחַתְּ לָהּ אַרְבָּעָה. שְׁמַע מִינָּהּ.

The Gemara adds: **So too, it is reasonable** that this is the correct interpretation of the *baraita*, **as it teaches in the last clause: You cannot say** that there are **four** modes **for** either **one of them, because there is no** emancipation through **signs** indicating puberty **for a man, and there is no** emancipation through **piercing for a woman. And if it is so** that the death of the master is included, in the case **of a woman, at least, you find four** ways that she can be freed: Six years of service, the Jubilee Year, signs of puberty, and the death of the master. The Gemara comments: **Conclude from** the *baraita* that it is so.

מְתִיב רַב עַמְרָם: וְאֵלּוּ מַעֲנִיקִים לָהֶם: הַיּוֹצֵא בְּשָׁנִים, וּבַיּוֹבֵל, וּבְמִיתַת הָאָדוֹן, וְאָמָה הָעִבְרִיָּה בְּסִימָנִים. וְאִם אִיתָא – נִיתְנֵי נַמִּי מִיתַת אָב! וְכִי תֵּימָא: תָּנָא וְשַׁיֵּיר – וְהָא ״אֵלּוּ״ קָתָנֵי.

Rav **Amram** also **raises an objection** against the opinion of Reish Lakish from a *baraita*: **And these** are the slaves **to whom one grants a severance gift: One who leaves through** six **years** of service, **and** one who leaves **in the Jubilee** Year, **and** one who leaves **through the death of the master, and a Hebrew maidservant** who is released **by signs** indicating puberty. **And if it is so** that she is emancipated through her father's death as well, as claimed by Reish Lakish, **let** the *baraita* **also teach** that she is released through **the death of the father. And if you would say, here too, he taught** some differences between a Hebrew slave and maidservant **and omitted** others, **he teaches: These,** which indicates that this *halakha* applies only to a slave freed in these ways and no others.

וְכִי תֵּימָא: דָּבָר שֶׁיֵּשׁ לוֹ קִצְבָה קָתָנֵי, דָּבָר שֶׁאֵין לוֹ קִצְבָה לָא קָתָנֵי – וְהָא סִימָנִין דְּאֵין לָהֶם קִצְבָה, וְקָתָנֵי. וְכִי תֵּימָא הָכָא נַמִּי כִּדְרַב סָפְרָא – הָאִיכָּא מִיתַת אָדוֹן. תְּיוּבְתָּא דְּרֵישׁ לָקִישׁ! תְּיוּבְתָּא.

And if you would say that the *tanna* **teaches a matter that has a set time and does not teach a matter that does not have a set time, but** isn't there the case of **signs** indicating puberty, **which do not have a set time, and** nevertheless **he teaches** it. **And if you would say** that **here too,** this is **in accordance** with the opinion of **Rav Safra** that signs have a minimum set time, **there is the death of the master,** which **does not have a set time, and** yet **he taught** it. Therefore, this is **a conclusive refutation** of the opinion of **Reish Lakish.** The Gemara affirms: **The refutation** of the opinion **of Reish Lakish is** indeed **a conclusive refutation.**

וְהָא רֵישׁ לָקִישׁ קַל וָחוֹמֶר אֲמַר! קַל וָחוֹמֶר פְּרִיכָא הִיא, מִשּׁוּם דְּאִיכָּא לְמִיפְרַךְ: מַה לְּסִימָנִין – שֶׁנִּשְׁתַּנָּה הַגּוּף, תֹּאמַר בְּמִיתַת אָב – שֶׁכֵּן לֹא נִשְׁתַּנָּה הַגּוּף.

The Gemara asks: **But** the ruling of **Reish Lakish** is based on **an** *a fortiori* inference, and nothing has been said to contradict his reasoning. The Gemara answers: **The** *a fortiori* inference **is refutable, because** it **can be refuted** in the following manner: **What** is unique **about signs** indicating puberty is that they indicate **that her body has changed,** and perhaps she is emancipated because she is now considered a different person. **Will you say** the same **with regard to the death of the father,** as her **body has not changed?**

תָּנֵי חֲדָא: עֲנָק עֶבֶד עִבְרִי לְעַצְמוֹ, וַעֲנָק אָמָה הָעִבְרִיָּה לְעַצְמָהּ. וְתַנְיָא אִידָּךְ: עֲנָק אָמָה הָעִבְרִיָּה וּמְצִיאָתָהּ – לְאָבִיהָ, וְאֵין לְרַבָּהּ אֶלָּא שְׂכַר בַּטָּלָה בִּלְבַד.

It is taught in **one** *baraita*: **The severance gift** bestowed upon **a Hebrew slave** when he is emancipated is given **to the** slave **himself,**[H] **and the severance gift** bestowed upon **a Hebrew maidservant**[H] is given **to the** maidservant **herself. And it is taught** in **another** *baraita*: The **severance gift of a Hebrew maidservant and** any **lost items** she finds belong **to her father, and her master has only** the **reimbursement for her lost time.** He is paid the money he would have earned if she had been working instead of carrying home the items she found.

HALAKHA

The severance gift of a Hebrew slave is given to the slave himself – עֲנָק עֶבֶד עִבְרִי לְעַצְמוֹ: The severance gift is given to the Hebrew slave himself and cannot be collected by a creditor, in accordance with the opinion of Abaye (Rambam *Sefer Kinyan, Hilkhot Avadim* 3:15).

The severance gift of a Hebrew maidservant – עֲנָק אָמָה הָעִבְרִיָּה: A Hebrew maidservant's severance gift, as well as any items that she finds, belong to her father. If her father died before taking possession of the money, it belongs to her, and her brothers cannot claim it. This is because the authority that a man has with regard to his daughter is not transferred to his sons (Rambam *Sefer Kinyan, Hilkhot Avadim* 3:15).

מַאי לָאו, הָא – דְּנָפְקָא בְּסִימָנִים, וְהָא – דְּנָפְקָא לָהּ בְּמִיתַת אָב?

The Gemara suggests: **What, is it not** correct to say that the difference between the two *baraitot* is that **this** *baraita*, which says that the severance gift is given to her father, is referring to **when she leaves through signs** indicating puberty, as she is a young woman and still under the authority of her father with regard to certain matters, **and this** *baraita*, which states that the severance gift is given to her, is referring to a case **when she leaves through the death of the father.** Since she does not have a father she keeps the severance gift herself. This explanation is in accordance with the opinion of Reish Lakish, that she is emancipated through the death of her father, and it contradicts the conclusion that his ruling should be rejected.

לָא, אִידִי וְאִידִי דְּנָפְקָא לָהּ בְּסִימָנִין. וְלָא קַשְׁיָא; הָא – דְּאִיתֵיהּ לָאָב, הָא – דְּלֵיתֵיהּ לָאָב.

The Gemara rejects this claim: **No,** both **this** *baraita* **and that** *baraita* are referring to a maidservant **who left through signs** indicating puberty, **and it** is **not difficult: This** *baraita* is referring to a case **where there is a father** who can take the gift, and **this** *baraita* is referring to a case **where there is no father,** i.e., he died before she developed the signs of puberty. In that case she receives the severance gift herself.

בִּשְׁלָמָא עֲנָק אָמָה הָעִבְרִיָּה לְעַצְמָהּ – לְמַעוּטֵי אַחִין, דְּתַנְיָא: "וְהִתְנַחַלְתֶּם אֹתָם לִבְנֵיכֶם אַחֲרֵיכֶם", אוֹתָם לִבְנֵיכֶם – וְלֹא בְּנוֹתֵיכֶם לִבְנֵיכֶם. מִכָּאן שֶׁאֵין אָדָם מוֹרִישׁ זְכוּת בִּתּוֹ לִבְנוֹ.

The Gemara comments: **Granted,** one can understand the *baraita* that taught that the **severance gift of a Hebrew maidservant** is **for herself,** as this serves **to exclude** the maidservant's **brothers.** These brothers do not receive the gifts after her father's death, **as it is taught** in a *baraita*: **"And you shall bequeath them to your children after you"** (Leviticus 25:46). This verse indicates that **they,** Canaanite slaves, are bequeathed **to your sons, but your daughters** are **not** bequeathed **to your sons. From here** it is derived **that a person may not bequeath** his **rights to** profits generated by **his daughter to his son.**

אֶלָּא עֲנָק עֶבֶד עִבְרִי לְעַצְמוֹ פְּשִׁיטָא! אֶלָּא לְמַאן? אֲמַר רַב יוֹסֵף: יוֹ"ד קֶרֶת קָא חָזֵינָא הָכָא.

But it is obvious that **the severance gift of a Hebrew slave is for himself. Rather, to whom** could it be given? **Rav Yosef said: I see here** a small letter *yod* that has been made into a large **city.**[NL] In other words, although it was not necessary for the *tanna* to teach this *halakha*, he stated it out of habit despite the fact that this ruling does not teach anything novel.

אַבַּיֵי אֲמַר: הָכִי אֲמַר רַב שֵׁשֶׁת: הָא מַנִּי – תּוּטָאי הוּא. דְּתַנְיָא, תּוּטָאי אוֹמֵר: "לוֹ" – וְלֹא לְבַעַל חוֹבוֹ.

Abaye said that **Rav Sheshet said like this:** In accordance with **whose** opinion **is this** *baraita*? **It is** in accordance with the opinion of the Sage **Tutai. As it is taught** in a *baraita* that **Tutai says:** The verse: "You shall grant severance **to him"** (Deuteronomy 15:14), indicates that it is given to a Hebrew slave **but not to his creditor.** Even if the slave owes money, this gift is not given to the creditor.

גּוּפָא, אֵלּוּ מַעֲנִיקִים לָהֶם: הַיּוֹצֵא בְּשָׁנִים, וּבַיּוֹבֵל, וּבְמִיתַת אָדוֹן, וְאָמָה הָעִבְרִיָּה בְּסִימָנִין. אֲבָל בּוֹרֵחַ וְיוֹצֵא בְּגֵרָעוֹן כֶּסֶף – אֵין מַעֲנִיקִים לוֹ. רַבִּי מֵאִיר אוֹמֵר: בּוֹרֵחַ – אֵין מַעֲנִיקִין לוֹ, וְיוֹצֵא בְּגֵרָעוֹן כֶּסֶף – מַעֲנִיקִים לוֹ.

The Gemara discusses **the** matter **itself. And these** are the Hebrew slaves **to whom one grants a severance gift:**[H] **One who leaves through** completing **six years** of service, **and** one who leaves **in the Jubilee** Year, **and** one who leaves **through the death of the master, and a Hebrew maidservant** who is released **by signs** indicating the onset of puberty. **But** with regard to **one who flees** from his master **or one who is released by deducting money, one does not grant a severance gift to him. Rabbi Meir says:** With regard to **one who flees, one does not grant a severance gift to him, but** in the case of **one who is released by deducting money, one does grant a severance gift to him.**

NOTES

A *yod* into a large city [*keret*] – יוֹ"ד קֶרֶת: Rashi explains that the *yod*, which is the smallest letter, was made into a city, i.e., the *tanna* was unnecessarily elaborate. An alternate version of the text reads *yadkeret*, which is interpreted by some commentaries to mean that this is a question previously posed by the Sage Rabbi Yosei from Yokrat (Rabbeinu Ḥananel). Others explain that the question is as difficult as Rabbi Yosei ben Yokrat, who was a difficult man to deal with (Ra'avad; see *Ta'anit* 23b).

LANGUAGE

***Yod* into a city – יוֹ"ד קֶרֶת:** Rashi's interpretation of this phrase, that it is referring to the letter *yod*, is supported by similar expressions in Greek and other languages, in which *yod* is used to refer to something particularly small.

HALAKHA

These are the slaves to whom one grants a severance gift – אֵלּוּ מַעֲנִיקִים לָהֶם: It is a mitzva to give a severance gift to a Hebrew slave who is emancipated after six years of work, to one who is emancipated in the Jubilee Year, to one who is emancipated upon the death of his master, and to a Hebrew maidservant who is emancipated in one of these ways or through signs indicating puberty (Rambam *Sefer Kinyan*, *Hilkhot Avadim* 3:14).

NOTES

Rabbi Shimon says there are four – רַבִּי שִׁמְעוֹן אוֹמֵר אַרְבָּעָה: The early commentaries discuss the nature of the dispute between the first *tanna* and Rabbi Shimon. Some suggest that they disagree about what happens upon the master's death. The first *tanna* maintains that the Hebrew slave is granted a severance gift, whereas Rabbi Shimon says that he is not entitled to this gift (Rid; *Shita Lo Node'a LeMi*). Others claim that Rabbi Shimon does not dispute the opinion of the first *tanna* at all but merely adds the case of the Jubilee Year with regard to a pierced slave (*Tosefot Tukh*). Yet others say that Rabbi Shimon is simply stating the *halakha* in an organized fashion (Ra'avad).

HALAKHA

This excludes a slave who flees – יָצָא בּוֹרֵחַ: If a slave runs away from his master and is subsequently freed by the arrival of the Jubilee Year, he does not receive a severance gift. Similarly, a slave who leaves by deducting money does not receive a severance gift, in accordance with the opinion of the first *tanna* (Rambam *Sefer Kinyan*, *Hilkhot Avadim* 3:14–15).

A slave who flees…is obligated to complete – בּוֹרֵחַ חַיָּיב לְהַשְׁלִים: A Hebrew slave who flees from his master is required to complete the remaining term of his slavery (Rambam *Sefer Kinyan*, *Hilkhot Avadim* 2:4).

רַבִּי שִׁמְעוֹן אוֹמֵר: אַרְבָּעָה מַעֲנִיקִים לָהֶם, שְׁלֹשָׁה בְּאִישׁ וּשְׁלֹשָׁה בְּאִשָּׁה, וְאִי אַתָּה יָכוֹל לוֹמַר אַרְבָּעָה בְּאֶחָד מֵהֶן, לְפִי שֶׁאֵין סִימָנִין בְּאִישׁ וּרְצִיעָה בְּאִשָּׁה.

Rabbi Shimon says: There are **four**[N] different ways of emancipating a Hebrew slave, and when Hebrew slaves are emancipated **one grants them a severance gift.** Of these methods, **three** apply **to a man and three** apply **to a woman. And you cannot say four** modes apply **for** either **one of them, because there is no** emancipation through **signs** indicating puberty **for a man, and there is no piercing for a woman.** This concludes the *baraita*.

מְנָא הָנֵי מִילֵּי? דְּתָנוּ רַבָּנַן: יָכוֹל לֹא יְהוּ מַעֲנִיקִים אֶלָּא לְיוֹצֵא בְּשֵׁשׁ. מִנַּיִן לְרַבּוֹת יוֹצֵא בַּיּוֹבֵל וּבְמִיתַת הָאָדוֹן, וְאָמָה הָעִבְרִיָּה בְּסִימָנִין? תַּלְמוּד לוֹמַר: ״תְּשַׁלְּחֶנּוּ״ ״וְכִי תְשַׁלְּחֶנּוּ״.

The Gemara asks: **From where are these matters** derived? The Gemara explains that this is **as the Sages taught:** One **might** have thought that **one grants a severance gift only to** a Hebrew slave **who is released after six** years. **From where** is it derived **to include** that one grants a severance gift to one who **left in the Jubilee** Year, **and** one freed **through the death of the master, and a Hebrew maidservant** who leaves **through signs** indicating puberty? **The verse states:** "You shall not **send him,"** and: **"And when you send him"** (Deuteronomy 15:13). These phrases serve to expand the *halakha* of severance to include any Hebrew slave who is emancipated.

יָכוֹל שֶׁאֲנִי מְרַבֶּה בּוֹרֵחַ וְיוֹצֵא בְּגֵרָעוֹן כֶּסֶף – תַּלְמוּד לוֹמַר: ״וְכִי תְשַׁלְּחֶנּוּ חָפְשִׁי מֵעִמָּךְ״, מִי שֶׁשִּׁילּוּחוֹ מֵעִמְּךָ – יָצָא בּוֹרֵחַ וְיוֹצֵא בְּגֵרָעוֹן כֶּסֶף, שֶׁאֵין שִׁילּוּחוֹ מֵעִמְּךָ. רַבִּי מֵאִיר אוֹמֵר: בּוֹרֵחַ – אֵין מַעֲנִיקִין לוֹ, דְּאֵין שִׁילּוּחוֹ מֵעִמְּךָ, אֲבָל יוֹצֵא בְּגֵרָעוֹן כֶּסֶף, שֶׁשִּׁילּוּחוֹ מֵעִמְּךָ.

I **might** have thought **that I** should **include** a Hebrew slave **who flees and one who is released through the deduction of money.** Therefore, **the verse states: "And when you send him free from you"** (Deuteronomy 15:13), which is referring to **one who was sent from you** with your knowledge and consent. This **excludes** a Hebrew slave **who flees**[H] from his master **and** one who **is released through the deduction of money, who are not sent away from you** with your permission. **Rabbi Meir says: One does not grant a severance gift to** a Hebrew slave **who flees, as he is not sent away from you,** because he left on his own. **But** with regard to a Hebrew slave who **is released through the deduction of money, who is sent from you,** he is granted a severance gift, as this deduction payment requires the agreement of the master.

בּוֹרֵחַ הַשְׁלָמָה בָּעֵי, דְּתַנְיָא: מִנַּיִן לְבוֹרֵחַ שֶׁחַיָּיב לְהַשְׁלִים? תַּלְמוּד לוֹמַר: ״שֵׁשׁ שָׁנִים יַעֲבֹד״.

The Gemara asks: Isn't a Hebrew slave **who flees required to complete** the remaining years of his contract, at which point he should be entitled to receive a severance gift? **As it is taught** in a *baraita*: **From where** is it derived with regard to a Hebrew slave **who flees** his master **that he is obligated to complete**[H] his term? **The verse states: "Six years he shall labor"** (Exodus 21:2), and no less. Therefore, if a Hebrew slave runs away in the middle of this period, he is required to complete his six years of service.

Perek **I**
Daf **17** Amud **a**

HALAKHA

He fled and the Jubilee Year arrived – בָּרַח וּפָגַע בּוֹ יוֹבֵל: If a slave flees and the Jubilee Year arrives while he is a runaway, his master is not required to give him a severance gift, in accordance with the opinion of Rav Sheshet (Rambam *Sefer Kinyan*, *Hilkhot Avadim* 3:15).

יָכוֹל אֲפִילּוּ חָלָה – תַּלְמוּד לוֹמַר: ״וּבַשְּׁבִעִת יֵצֵא״!

One **might** have thought that **even** a slave who **became sick** and is unable to work must work additional time to compensate for the time missed. Therefore, **the verse states: "And in the seventh he shall go out"** (Exodus 21:2), which indicates that he leaves his master in any case, even if he has not worked the full six years.

אֲמַר רַב שֵׁשֶׁת: הָכָא בְּמַאי עָסְקִינַן – כְּגוֹן שֶׁבָּרַח וּפָגַע בּוֹ יוֹבֵל. מַהוּ דְּתֵימָא: הוֹאִיל וְאַפֵּיק לֵיהּ יוֹבֵל – שִׁילּוּחוֹ מֵעִמְּךָ קָרֵינַן בֵּיהּ, וְלָא נִיקְנְסֵיהּ, וְנַעֲנִיק לֵיהּ. קָא מַשְׁמַע לַן.

Rav Sheshet said: With what are we dealing here? This concerns a case **where he fled and the Jubilee** Year **arrived**[H] immediately afterward, and therefore he did not complete the six years of servitude. The novelty of this *halakha* is as follows. **Lest you say: Since the Jubilee** Year **released him, he is considered sent away by you,** the master, **and** therefore **we should not penalize him but grant him the severance gift,** the *baraita* **teaches us** that once he flees he forfeits his right to the severance gift.

אָמַר מָר: יָכוֹל אֲפִילּוּ חָלָה – תַּלְמוּד לוֹמַר: ״וּבַשְּׁבִעִת יֵצֵא״. אֲפִילּוּ חָלָה כׇּל שֵׁשׁ? וְהָתַנְיָא: חָלָה שָׁלֹשׁ וְעָבַד שָׁלֹשׁ – אֵינוֹ חַיָּיב לְהַשְׁלִים, חָלָה כׇּל שֵׁשׁ – חַיָּיב לְהַשְׁלִים! אָמַר רַב שֵׁשֶׁת: בְּעוֹשֶׂה מַעֲשֵׂה מַחַט.

The Master said above: One **might** have thought that **even** a slave who **became sick**[H] and was unable to work must work additional time to compensate for the time missed. Therefore, **the verse states: "And in the seventh he shall go out"** (Exodus 21:2). The Gemara asks: Is he excused from working additional time **even if he was sick for all six** years? **But isn't it taught** in a *baraita*: **If he was sick** for **three** years **and served** for **three** years, **he is not obligated to complete** the six years of actual labor, but if **he was sick** for **all six** years **he is obligated to complete** the six years of actual labor. **Rav Sheshet said:** This is referring to a case where he is unable to perform strenuous labor but can execute minor tasks, such **as performing needlework** or sewing clothes. Since he can perform work of some kind, this slave is not required to work additional time to compensate for the time missed, even if he was ill for all six years.

הָא גּוּפָא קַשְׁיָא; אָמַרְתְּ חָלָה שָׁלֹשׁ וְעָבַד שָׁלֹשׁ – אֵין חַיָּיב לְהַשְׁלִים, הָא אַרְבַּע – חַיָּיב לְהַשְׁלִים. אֵימָא סֵיפָא: חָלָה כׇּל שֵׁשׁ חַיָּיב לְהַשְׁלִים. הָא אַרְבַּע – אֵין חַיָּיב לְהַשְׁלִים! הָכִי קָאָמַר: חָלָה אַרְבַּע – נַעֲשָׂה כְּמִי שֶׁחָלָה כׇּל שֵׁשׁ וְחַיָּיב לְהַשְׁלִים.

The Gemara comments: **This matter itself is difficult**, as the *baraita* is apparently self-contradictory. On the one hand, **you said** that if **he was sick for three** years **and he served for** the other **three** years **he is not obligated to complete** the six years of actual labor. **This** indicates that if he was ill for **four** years **he is obligated to complete** the six years of labor. On the other hand, **say the last clause** of the *baraita*: If **he was sick** for **all six** years **he is obligated to complete** the six years of actual labor. **That** indicates that if he was ill for **four** years **he is not obligated to complete** the six years of actual labor. The Gemara answers that **this is what** the *baraita* **is saying: If he was sick** for **four** years **he becomes as one who was sick for all six** years, **and** therefore **he is required to complete** the six years of actual labor.

תָּנוּ רַבָּנַן: כַּמָּה מַעֲנִיקִים לוֹ? חָמֵשׁ סְלָעִים מִכׇּל מִין וּמִין, שֶׁהֵן חֲמֵשׁ עֶשְׂרֵה סְלָעִים, דִּבְרֵי רַבִּי מֵאִיר. רַבִּי יְהוּדָה אוֹמֵר: שְׁלֹשִׁים, כִּשְׁלֹשִׁים שֶׁל עֶבֶד. רַבִּי שִׁמְעוֹן אוֹמֵר: חֲמִשִּׁים, כַּחֲמִשִּׁים שֶׁבַּעֲרָכִין.

§ **The Sages taught: How much does one grant** a freed slave[H] as **a severance gift?** It is **five** *sela* in value **of each and every type** mentioned in this verse: "And you shall grant severance to him out of your flock, and out of your threshing floor, and out of your winepress" (Deuteronomy 15:14), **which is** a total of **fifteen** *sela*. This is **the statement of Rabbi Meir. Rabbi Yehuda says:** He is given **thirty** *sela* in total, **like the thirty** shekels **of** the fine that is paid for **a slave** (see Exodus 21:32). **Rabbi Shimon says:** The master gives him **fifty** shekels, **like** the sum **of valuations,**[B] in which fifty shekels is the largest designated amount for a man (see Leviticus 27:3).

אָמַר מָר: חָמֵשׁ סְלָעִים מִכׇּל מִין וּמִין, שֶׁהֵם חֲמֵשׁ עֶשְׂרֵה סְלָעִים, דִּבְרֵי רַבִּי מֵאִיר. וְרַבִּי מֵאִיר מִנְיָנָא אֲתָא לְאַשְׁמוֹעִינַן? הָא קָא מַשְׁמַע לַן: מִיבְצַר הוּא דְּלָא מִבְצַר לֵיהּ מֵהַאי מִנְיָנָא. וְאִי בְּצַר לֵיהּ מֵחַד מִינָא וְטָפֵי לֵיהּ מֵחַד מִינָא – לֵית לַן בַּהּ.

The Master said above: The master gives **five** *sela* **of each and every type, which is fifteen** *sela*; this is **the statement of Rabbi Meir.** The Gemara asks: **And** does **Rabbi Meir come to teach us** to **count?** His novelty certainly cannot be that three fives equal fifteen. The Gemara answers that Rabbi Meir **teaches us this:** The master may **not** give **less than this** total **number, but if he gives him less**[N] of **one type and more of one** other **type, we have no** problem **with it,** and he has fulfilled the mitzva.

מַאי טַעְמָא דְּרַבִּי מֵאִיר? יָלֵיף ״רֵיקָם״ ״רֵיקָם״ מִבְּכוֹר. מָה לְהַלָּן חָמֵשׁ סְלָעִים – אַף כָּאן חָמֵשׁ סְלָעִים.

The Gemara asks: **What is the reasoning of Rabbi Meir?** The Gemara explains: **He derives** a verbal analogy from **"empty"** stated with regard to the severance gift: "You shall not send him away empty" (Deuteronomy 15:13), and **"empty"** stated **with regard to a firstborn:** "All the firstborn of your sons you shall redeem; and none shall appear before Me empty" (Exodus 34:20). **Just as there,** in the case of the firstborn, one must give **five** *sela*, **so too here,** in the case of severance gifts, one must give **five** *sela*.

וְאֵימָא חָמֵשׁ סְלָעִים מִכּוּלְּהוּ? אִי כְּתִיב: ״רֵיקָם״ לְבַסּוֹף – כִּדְקָאָמְרַתְּ. הָשְׁתָּא דִּכְתִיב ״רֵיקָם״ בְּרֵישָׁא – שְׁדִי ״רֵיקָם״ אַ״צֹּאן״, ״רֵיקָם״ אַ״גּוֹרֶן״, ״רֵיקָם״ אַ״יֶּקֶב״.

The Gemara asks: **But** one can **say** that he is obligated to give only **five** *sela* in total **from all of** the three types listed in the verse. The Gemara answers: **If "empty" were written at the end** of the verse, i.e., Deuteronomy 15:14, the *halakha* would be **as you said.** But **now that "empty" is written before** the verse, i.e., at the end of Deuteronomy 15:13, **apply** the phrase "Do not send him away **empty" to "flock,"** and apply **"empty" to "threshing floor,"** and likewise apply **"empty" to "winepress."** Consequently, there must be five *sela* for each type.

HALAKHA

A slave who became sick – חָלָה הָעֶבֶד: If a slave becomes sick his time off work counts toward the completion of six years, provided that it is less than four years. This is the case regardless of whether he was sick for an extended period or for several short periods. If he was sick for four years he is required to make up the time that he missed. This *halakha* applies if it was a serious enough illness that it prevented him from performing any type of work. If his illness was less serious and he was able to perform minor types of labor, e.g., sewing, the time counts toward his six years even if he was sick for the entire period. The *halakha* is in accordance with the opinion of Rav Sheshet (Rambam *Sefer Kinyan, Hilkhot Avadim* 2:5).

How much does one grant a freed slave – כַּמָּה מַעֲנִיקִים לוֹ: A master who gives a severance gift to a slave must give him a gift worth at least thirty *sela*, regardless of whether he gives him one type of item or different kinds. The *halakha* is in accordance with the opinion of Rabbi Yehuda (Rambam *Sefer Kinyan, Hilkhot Avadim* 3:14).

BACKGROUND

Valuations – עֲרָכִין: The *halakhot* of valuations appear in Leviticus 27:1–8 and are clarified in tractate *Arakhin*. A valuation, known as an *erekh*, is a special type of consecration by which a fixed sum is given for each individual in accordance with their age and sex, regardless of importance or actual monetary worth as a slave. If one says: I am obligated in the valuation of my hand, he has not said anything of consequence, as only a whole person has a valuation. By contrast, one can state a vow to consecrate the monetary value of a hand or foot to the Sanctuary, provided that he does not employ the term valuation. Notwithstanding the above distinction, if one valuates part of the body upon which life depends, e.g., if he says: I am obligated in the valuation of my head, it is as though he has valuated the entire person, as one cannot live without a head.

NOTES

But if he gives him less – וְאִי בְּצַר לֵיהּ: Some commentaries write that even according to the conclusion of the Gemara, which states that Rabbi Meir maintains that the master is not required to give the freed slave an equal amount of each type, he is not allowed to give the value of fifteen *sela* of gifts from a single type, as he must attempt to fulfill the Torah's description of the severance gift in its straightforward reading (Ritva).

BACKGROUND

Burnt-offering of appearance – **עוֹלַת רְאִיָּה**: This refers to the burnt-offering brought to the Temple by celebrants on the three pilgrimage Festivals. The Torah prohibits a pilgrim from coming to the Temple on these Festivals without bringing an offering (see Deuteronomy 16:16–17).

וְנֵילַף ״רֵיקָם״ ״רֵיקָם״ מֵעוֹלַת רְאִיָּה? אָמַר קְרָא: ״אֲשֶׁר בֵּרַכְךָ ה׳ אֱלֹהֶיךָ״.

The Gemara asks: **And let us derive** a verbal analogy between **"empty"** and **"empty" from** the case of **the burnt-offering of appearance**[B] in the Temple brought on the pilgrimage Festivals, with regard to which it is said: "And they shall not appear before the Lord empty" (Deuteronomy 16:16). The burnt-offering of appearance has no fixed value. The Gemara answers that **the verse states: "Of that with which the Lord your God has blessed you"** (Deuteronomy 15:14), which indicates that one must give a respectable amount as a severance gift.

רַבִּי יְהוּדָה אוֹמֵר: שְׁלֹשִׁים כִּשְׁלֹשִׁים שֶׁל עֶבֶד. מַאי טַעֲמָא דְּרַבִּי יְהוּדָה? יָלֵיף נְתִינָה נְתִינָה מֵעֶבֶד. מַה לְּהַלָּן שְׁלֹשִׁים – אַף כָּאן שְׁלֹשִׁים.

The *baraita* states that **Rabbi Yehuda says** that a freed slave is given **thirty** *sela* in total, **like the thirty** shekels of the fine that is paid **for a slave.** The Gemara asks: **What is the reasoning of Rabbi Yehuda?** The Gemara answers: **He derives** a verbal analogy between **giving,** as stated with regard to the severance gift, **from** the expression of **giving** stated in connection to a Canaanite **slave** gored by an ox: "He shall give to their master thirty shekels of silver" (Exodus 21:32). **Just as there,** he must pay **thirty** shekels for the slave, **so too here,** in the case of a severance gift, he must pay **thirty.**

וְנֵילַף נְתִינָה נְתִינָה מֵעֲרָכִין, מַה לְּהַלָּן חֲמִשִּׁים – אַף כָּאן חֲמִשִּׁים?

The Gemara asks: **But let him derive** a similar verbal analogy between **"giving"** stated with regard to the severance gift and **"giving" from valuations** (see Leviticus 27:23): **Just as there,** in the case of valuations, it is **fifty** shekels for an adult male, **so too here,** it should be **fifty.**

חֲדָא: דְּתָפַשְׂתָּ מְרוּבֶּה – לֹא תָּפַשְׂתָּ, תָּפַשְׂתָּ מוּעָט – תָּפַשְׂתָּ. וְעוֹד: עֶבֶד מֵעֶבֶד הֲוָה לֵיהּ לְמֵילַף.

The Gemara responds: **One** answer is, as people say, **that if you grasped too much, you did not grasp anything; if you grasped a bit, you grasped** something. In other words, if there are two possible sources from which to derive the sum of the severance gift, then without conclusive proof one may not presume that the Torah intended to teach the larger amount. Consequently, the master should be required to give only thirty shekels, not fifty. **And furthermore, one should derive** the *halakha* **of a slave,** i.e., the severance gift, **from** another case involving **a slave,** i.e., the thirty shekels paid when a Canaanite slave is gored by an ox, rather than derive the *halakha* of the severance gift from valuations, which apply to all people.

רַבִּי שִׁמְעוֹן אוֹמֵר: חֲמִשִּׁים כַּחֲמִשִּׁים שֶׁבַּעֲרָכִין. מַאי טַעְמֵיהּ דְּרַבִּי שִׁמְעוֹן? גָּמַר נְתִינָה נְתִינָה מֵעֲרָכִין, מַה לְּהַלָּן חֲמִשִּׁים – אַף כָּאן חֲמִשִּׁים. וְאֵימָא בִּפְחוּת שֶׁבַּעֲרָכִין! ״אֲשֶׁר בֵּרַכְךָ ה׳ אֱלֹהֶיךָ״ כְּתִיב.

The *baraita* further teaches that **Rabbi Shimon says:** The master gives him **fifty** shekels, **like the fifty** shekels **of valuations** for an adult male. The Gemara asks: **What is the reasoning of Rabbi Shimon? He derived** a verbal analogy between **"giving"** and **"giving" from valuations** (Leviticus 27:23): **Just as there,** he pays **fifty, so too here,** he pays **fifty.** The Gemara asks: **But** one can **say** that as this verbal analogy is referring to valuations in general, he should pay **the smallest of the valuations,** which is merely three *sela*. The Gemara answers that **it is written: "Of that with which the Lord your God has blessed you"** (Deuteronomy 15:14), which indicates that one must give a respectable amount as a severance gift.

וְנֵילַף נְתִינָה נְתִינָה מֵעֶבֶד, מַה לְּהַלָּן שְׁלֹשִׁים – אַף כָּאן שְׁלֹשִׁים! חֲדָא: דְּתָפַשְׂתָּ מְרוּבֶּה – לֹא תָּפַשְׂתָּ. וְעוֹד: עֶבֶד מֵעֶבֶד הֲוָה לֵיהּ לְמֵילַף. רַבִּי שִׁמְעוֹן מִיכָה מִיכָה גָּמַר.

The Gemara asks: **But let** Rabbi Shimon **derive,** like Rabbi Yehuda, the verbal analogy between **"giving"** and **"giving" from** the verses discussing the goring of a Canaanite **slave,** teaching that **just as there** he pays **thirty, so too here,** he pays **thirty?** The Gemara adds that there are two reasons to prefer this derivation, as stated above: **One** reason is **that if you grasped too much, you did not grasp anything; if you grasped a bit, you grasped** something. **And furthermore, one should derive** the *halakha* **of a slave from** another case involving **a slave.** The Gemara answers: **Rabbi Shimon derives** a verbal analogy between **poverty** and **poverty.** With regard to valuations the Torah states: "But if he is too poor" (Leviticus 27:8), and concerning a Hebrew slave the verse says: "And if your brother grows poor" (Leviticus 25:39).

בִּשְׁלָמָא לְרַבִּי מֵאִיר – הַיְינוּ דִּכְתִיב צֹאן גּוֹרֶן וְיֶקֶב. אֶלָּא לְרַבִּי יְהוּדָה וְרַבִּי שִׁמְעוֹן – הַאי צֹאן גּוֹרֶן וְיֶקֶב לָמָּה לִי?

Having ascertained the source for each of the opinions in the *baraita*, the Gemara analyzes their opinions. The Gemara asks: **Granted,** with regard **to** the opinion of **Rabbi Meir, this is as it is written "flock," "threshing floor," and "winepress,"** as he derives from these three terms that the severance gift must be worth fifteen *sela*. **But according to** the opinions of **Rabbi Yehuda and Rabbi Shimon, why do I** need **these** terms **"flock," "threshing floor," and "winepress,"** in light of the fact that one may give his slave any product?

הַאי מִיבְּעֵי לֵיהּ לְכִדְתַנְיָא: יָכוֹל לֹא יְהוּ מַעֲנִיקִין אֶלָּא מִצֹּאן גּוֹרֶן וְיֶקֶב. מִנַּיִן לְרַבּוֹת כׇּל דָּבָר? תַּלְמוּד לוֹמַר: ״אֲשֶׁר בֵּרַכְךָ ה׳ אֱלֹהֶיךָ״. אִם כֵּן, מַה תַּלְמוּד לוֹמַר צֹאן גּוֹרֶן וְיֶקֶב? לוֹמַר לְךָ: מַה צֹּאן גּוֹרֶן וְיֶקֶב מְיוּחָדִים, שֶׁיֶּשְׁנָן בִּכְלַל בְּרָכָה – אַף כׇּל שֶׁיֶּשְׁנָן בִּכְלַל בְּרָכָה. יָצְאוּ כְּסָפִים, דִּבְרֵי רַבִּי שִׁמְעוֹן. רַבִּי אֱלִיעֶזֶר בֶּן יַעֲקֹב אוֹמֵר: יָצְאוּ פְּרָדוֹת.

The Gemara answers: **These terms are necessary for that which is taught** in a *baraita*: One **might** have thought that **one grants severance gifts only from the flock, the threshing floor, and the winepress; from where** is it derived **to include every matter? The verse states: "Of that with which the Lord your God has blessed you"** (Deuteronomy 15:14). **If so, what** is the meaning when **the verse states** "flock," "threshing floor," and "winepress"? This serves **to tell you** that **just as a flock, a threshing floor, and a winepress are unique in that they are included in** the category of **blessing**, i.e., they grow and multiply, **so too all** items **that are included in** the category of **blessing** may be given as a severance gift. This **excludes money,** which does not increase on its own. This is **the statement of Rabbi Shimon. Rabbi Eliezer ben Ya'akov says:** This **excludes mules,**[B] which cannot reproduce.[H]

וְרַבִּי שִׁמְעוֹן – פְּרָדוֹת מִשְׁבְּחַן בְּגוּפַיְיהוּ. וְרַבִּי אֱלִיעֶזֶר בֶּן יַעֲקֹב: כְּסָפִים עָבֵיד בְּהוּ עִיסְקָא.

The Gemara asks: **And Rabbi Shimon,** why does he exclude money but not mules? The Gemara answers: With regard to **mules, their bodies** grow and **enhance.** Although they do not reproduce, they still grow. **And Rabbi Eliezer ben Ya'akov,** why doesn't he exclude money? He maintains that **one can conduct business with money** and thereby profit from it. In this manner money can increase.

וּצְרִיכָא. דְּאִי כְּתַב רַחֲמָנָא צֹאן – הֲוָה אָמִינָא: בַּעֲלֵי חַיִּים – אִין, גִּידּוּלֵי קַרְקַע – לָא. כְּתַב רַחֲמָנָא גּוֹרֶן. וְאִי כְּתַב גּוֹרֶן הֲוָה אָמִינָא: גִּידּוּלֵי קַרְקַע – אִין, בַּעֲלֵי חַיִּים – לָא. כְּתַב רַחֲמָנָא צֹאן. יֶקֶב לָמָּה לִי?

The Gemara notes: **And it is necessary** for the Torah to mention a flock, a threshing floor, and a winepress, **as, if the Merciful One had written** only **"flock," I would say** that **animals, yes,** the master may give them to his slave upon his release, but that which **grows from the ground, no,** he may not give them. Therefore, **the Merciful One writes "threshing floor." And if** the Torah **had written** only **"threshing floor," I would say** that that which **grows from the ground, yes,** he may give them, but **animals, no,** he may not give them. Therefore, **the Merciful One writes "flock."** The Gemara asks: Since threshing floor is stated, **why do I** need the mention of **a winepress?**

BACKGROUND

Mules – פְּרָדוֹת: *Equus mulus* is a hybrid of a donkey and a horse. The offspring of a male donkey and a mare is called a mule, while the offspring of a female donkey and a horse is called a hinny. Mules can be either male or female. Despite their apparently normal genitalia, they are always sterile, as they have an odd number of chromosomes that do not match up. A mule receives thirty-two horse chromosomes from one parent and thirty-one donkey chromosomes from the other parent.

HALAKHA

What does one grant a freed slave – מַה מַּעֲנִיקִים לוֹ: When giving severance gifts to a slave, one must give him items that are similar to cattle, grain, or wine, i.e., he should be given property that grows and multiplies. Consequently, the master should not give him money or clothes. The *halakha* is in accordance with the opinion of Rabbi Shimon (Rambam *Sefer Kinyan*, *Hilkhot Avadim* 3:14).

Perek **I**
Daf **17** Amud **b**

לְמָר – לְמַעוּטֵי כְּסָפִים, לְמָר – לְמַעוּטֵי פְּרָדוֹת.

The Gemara answers: According **to one Master,** Rabbi Shimon, this term serves **to exclude money.** According **to the** other **Master,** Rabbi Eliezer, it serves **to exclude mules.**

תָּנוּ רַבָּנַן: ״אֲשֶׁר בֵּרַכְךָ ה׳ אֱלֹהֶיךָ״. יָכוֹל נִתְבָּרֵךְ בַּיִת בִּגְלָלוֹ – מַעֲנִיקִים לוֹ, לֹא נִתְבָּרֵךְ בַּיִת בִּגְלָלוֹ – אֵין מַעֲנִיקִים לוֹ. תַּלְמוּד לוֹמַר: ״הַעֲנֵק תַּעֲנִיק״ – מִכׇּל מָקוֹם. אִם כֵּן, מַה תַּלְמוּד לוֹמַר: ״אֲשֶׁר בֵּרַכְךָ״? הַכֹּל לְפִי בְּרָכָה תֵּן לוֹ.

The Sages taught with regard to the verse: "And you shall grant severance to him out of your flock, and out of your threshing floor, and out of your winepress, **of that with which the Lord your God has blessed you"** (Deuteronomy 15:14). One **might** have thought that if the **house is blessed due to him,** then the master **grants him a severance gift,** and if the **house is not blessed due to him,** he **does not grant him a severance gift.** Therefore, **the verse states: "You shall grant severance [*ha'anek ta'anik*],"** with the doubled form of the verb used for emphasis, to indicate that you must grant him a severance gift **in any case.**[H] **If so, what** is the meaning when **the verse states: "Of that with which** the Lord your God **has blessed you"?** This teaches that **all** that one **gives him** as a severance gift should be **in accordance with the blessing** one possesses.

רַבִּי אֶלְעָזָר בֶּן עֲזַרְיָה אוֹמֵר: דְּבָרִים כִּכְתָבָן. נִתְבָּרֵךְ בַּיִת בִּגְלָלוֹ – מַעֲנִיקִים לוֹ; לֹא נִתְבָּרֵךְ בַּיִת בִּגְלָלוֹ – אֵין מַעֲנִיקִים לוֹ. אִם כֵּן מַה תַּלְמוּד לוֹמַר: ״הַעֲנֵיק תַּעֲנִיק״? דִּבְּרָה תּוֹרָה כִּלְשׁוֹן בְּנֵי אָדָם.

Rabbi Elazar ben Azarya says: The meaning of the **statements** of the Torah is **as they are written,** i.e., as indicated by a straightforward reading of the verse. Therefore, if **the house was blessed due to him,** the master **grants him a severance gift,** and if **the house was not blessed due to him,** he **does not grant him a severance gift** at all. **If so, what** is the meaning when **the verse states: "You shall grant severance [*ha'anek ta'anik*],"** with the doubled form of the verb? **The Torah spoke in the language of people,**[B] i.e., the emphasis of the doubled verb is merely stylistic, but does not serve to teach a novel *halakha*.

HALAKHA

You shall grant severance in any case – הַעֲנֵק תַּעֲנִיק מִכׇּל מָקוֹם: Regardless of whether or not the master's house was blessed due to the slave, he must grant him a severance gift. He should increase this gift in accordance with the blessing that the slave brought upon him (Rambam *Sefer Kinyan*, *Hilkhot Avadim* 3:14).

BACKGROUND

The Torah spoke in the language of people – דִּבְּרָה תּוֹרָה כִּלְשׁוֹן בְּנֵי אָדָם: Although phrased as a comprehensive principle, this concept is applied in only very circumscribed cases. Double verbs are used frequently in the Torah, e.g., in the verse: "You shall release [*shale'aḥ teshalaḥ*]" (Deuteronomy 22:7). According to Rabbi Yishmael and his school, these doubled verbs have no exegetical significance, as the doubling of the verb is simply a standard linguistic form of emphasis, or, as the Talmud phrases it: The Torah spoke in the language of people. By contrast, Rabbi Akiva and his school sought to draw halakhic inferences from the repetitions. This is not a general principle of biblical exegesis, as it applies only to cases where a verb form is repeated. Early commentaries broaden the application of the principle that the Torah speaks in the language of people to explain such phenomena as the anthropomorphic expressions used in reference to God.

Tosefot Tukh and the Ritva comment that Rabbi Elazar ben Azarya only occasionally rejects the derivations from doubled language. The case here is one where it appeared to him that the exposition is contrary to the literal meaning of the text.

BACKGROUND

What did you see – **מָה רָאִיתָ**: This expression has a standard meaning. It is used when an apparently arbitrary distinction is suggested between different cases. The question: What did you see that led you to that conclusion, indicates that the Gemara is seeking a rationale for distinguishing between those cases in that manner.

תָּנוּ רַבָּנַן: עֶבֶד עִבְרִי עוֹבֵד אֶת הַבֵּן, וְאֵינוֹ עוֹבֵד אֶת הַבַּת. אָמָה עִבְרִיָּה אֵינָהּ עוֹבֶדֶת לֹא אֶת הַבֵּן וְלֹא אֶת הַבַּת. הַנִּרְצָע וְהַנִּמְכָּר לְנָכְרִי – אֵינוֹ עוֹבֵד לֹא אֶת הַבֵּן וְלֹא אֶת הַבַּת. אָמַר מָר: עֶבֶד עִבְרִי עוֹבֵד אֶת הַבֵּן וְאֵינוֹ עוֹבֵד אֶת הַבַּת. מְנָהָנֵי מִילֵּי?

§ **The Sages taught: A Hebrew slave serves the son**[H] of his deceased master **but does not serve the daughter. A Hebrew maidservant serves neither the son nor the daughter,**[H] but only the master. **A pierced slave**[H] **and a Hebrew slave sold to a gentile**[H] **serve neither the son nor the daughter. The Master** said above: **A Hebrew slave serves the son but does not serve the daughter.** The Gemara asks: **From where is this matter** derived?

דְּתָנוּ רַבָּנַן: ״וַעֲבָדְךָ שֵׁשׁ שָׁנִים״, לְךָ – וְלֹא לְיוֹרֵשׁ. אַתָּה אוֹמֵר לְךָ וְלֹא לְיוֹרֵשׁ, אוֹ אֵינוֹ אֶלָּא לְךָ וְלֹא לְבֵן? כְּשֶׁהוּא אוֹמֵר: ״שֵׁשׁ שָׁנִים יַעֲבֹד״ – הֲרֵי לְבֵן אָמוּר. הָא מָה אֲנִי מְקַיֵּים ״וַעֲבָדְךָ שֵׁשׁ שָׁנִים״? לְךָ וְלֹא לְיוֹרֵשׁ.

As the Sages taught, with regard to a verse that deals with a Hebrew slave: **"And he shall serve you six years"** (Deuteronomy 15:12). This indicates that he serves **you and not an heir,** i.e., if the master dies his slave does not serve one who inherits his estate. Do **you say: You and not an heir, or** perhaps **is it even: You and not a son?** The Gemara answers: **When it says: "Six years he shall labor"** (Exodus 21:2), which does not indicate any exclusion, the inclusion of **a son is** thereby **stated. How** then **do I uphold** the other verse: **"And he shall serve you six years"?** The expression "serve you" emphasizes that he serves only **you but** he does **not** serve **an heir** other than a son.

מָה רָאִיתָ לְרַבּוֹת אֶת הַבֵּן וּלְהוֹצִיא אֶת הָאָח? מְרַבֶּה אֲנִי אֶת הַבֵּן – שֶׁכֵּן קָם תַּחַת אָבִיו לְיַעֲדָהּ וְלִשְׂדֵה אֲחוּזָּה.

The Gemara asks: **What did you see**[B] that led you **to include the son** who inherits a Hebrew slave **and to exclude the brother** from inheriting his brother's slave? The Gemara answers: **I include the son, as he stands in place of his father to designate her.**[H] Just as a father can designate a Hebrew maidservant as a wife for himself, so too can he betroth her on behalf of his son. **And** similarly, he replaces his father with regard **to an ancestral field** (see Leviticus 27:16–21).[H] If one redeems a field consecrated by his father, it is considered as though the father himself had redeemed it, which means that the field returns to the family in the Jubilee Year. If someone else redeems the field, including a brother, it does not return to the family.

אַדְּרַבָּה, מְרַבֶּה אֲנִי אֶת הָאָח שֶׁכֵּן קָם תַּחַת אָחִיו לְיִבּוּם! כְּלוּם יֵשׁ יִבּוּם אֶלָּא בְּמָקוֹם שֶׁאֵין בֵּן. הָא יֵשׁ בֵּן – אֵין יִבּוּם.

The Gemara asks: **On the contrary,** I should **include the brother, as he stands in his brother's place with regard to levirate marriage.** The Gemara responds: This is insufficient proof, as **is there levirate marriage other** than **in a case when there is no son? If there is a son, there is no levirate marriage.** This indicates that a son replaces the deceased before a brother, even with regard to levirate marriage.

אֶלָּא טַעֲמָא דְּאִיכָּא הָא פִּירְכָא. הָא לָאו הָכִי – אָח עָדִיף? וְתֵיפוֹק לִי דְּהָכָא תַּרְתֵּי וְהָכָא חֲדָא!

The Gemara asks: **Rather, the reason for** this *halakha* is specifically that **there is this refutation** that a levirate marriage applies only when there is no son. Does that not indicate that **without this** consideration I would say that **a brother is preferable** to a son? **But let me derive** that a son has a greater claim of standing in place of his father than a brother **from** the fact that **here,** with regard to the preference of a son, there are **two** cases: Designation of a Hebrew maidservant and an ancestral field, **and here,** in the case of a brother, there is only **one:** Levirate marriage.

HALAKHA

Serves the son – **עוֹבֵד אֶת הַבֵּן**: If the master of a Hebrew slave dies and is survived by a son, the slave continues serving the son until the scheduled time for his release. If the master is not survived by a son, the slave is emancipated and is not required to serve his master's brother, his daughter, or any other heirs (Rambam *Sefer Kinyan, Hilkhot Avadim* 2:12).

Serves neither the son nor the daughter – **אֵינָהּ עוֹבֶדֶת לֹא אֶת הַבֵּן וְלֹא אֶת הַבַּת**: If the master of a Hebrew maidservant dies, she is emancipated and is not required to serve the master's son or daughter (Rambam *Sefer Kinyan, Hilkhot Avadim* 4:4).

A pierced slave – **הַנִּרְצָע**: A pierced slave whose master died is emancipated and is not required to serve the master's son or daughter (Rambam *Sefer Kinyan, Hilkhot Avadim* 3:7).

A slave sold to a gentile – **הַנִּמְכָּר לְנָכְרִי**: One who is sold to a gentile is not required to serve his master's son but is emancipated upon his master's death (Rambam *Sefer Kinyan, Hilkhot Avadim* 2:12).

He stands in place of his father to designate her – **קָם תַּחַת אָבִיו לְיַעֲדָהּ**: If a Hebrew maidservant's master has an adult son, and the son gives his father permission to designate her for him, the father can say to her in the presence of two witnesses: You are betrothed to my son, and she is thereby betrothed with the money of her sale (Rambam *Sefer Kinyan, Hilkhot Avadim* 4:7).

With regard to an ancestral field – **לִשְׂדֵה אֲחוּזָּה**: If one consecrated his field and redeemed it before the Jubilee Year, the field returns to its owners. Similarly, if the son of the man who consecrated it redeemed the field, it returns to his father in the Jubilee Year. If another redeemed the field, the field does not return to the original owner, even if he was a relative (Rambam *Sefer Hafla'a, Hilkhot Arakhin* 4:20).

שְׂדֵה אֲחוּזָּה נַמִּי מֵהַאי פִּירְכָא הוּא דְּקָא נָפְקָא לֵיהּ לְתַנָּא: כְּלוּם יֵשׁ יִבּוּם אֶלָּא בְּמָקוֹם שֶׁאֵין בֵּן.

The Gemara answers: With regard to **an ancestral field too, the** ***tanna*** **derives** the *halakha* **from this** same **refutation.** The *tanna* learns from the case of levirate marriage that only the son, not the brother, takes the place of his father for the redemption of the field, employing the same reasoning mentioned above: **Is there levirate marriage other** than **in a case when there is no son?** Therefore, without this consideration there is only one supporting example for each claim.

״אָמָה הָעִבְרִיָּה אֵינָהּ עוֹבֶדֶת לֹא אֶת הַבֵּן וְלֹא אֶת הַבַּת״. מְנָהָנֵי מִילֵּי? אֲמַר רַבִּי פְּדָא: דְּאָמַר קְרָא: ״וְאַף לַאֲמָתְךָ תַּעֲשֶׂה כֵּן״ – הִקִּישָׁהּ הַכָּתוּב לְנִרְצָע; מַה נִּרְצָע אֵינוֹ עוֹבֵד לֹא אֶת הַבֵּן וְלֹא אֶת הַבַּת – אַף אָמָה הָעִבְרִיָּה אֵינָהּ עוֹבֶדֶת לֹא אֶת הַבֵּן וְלֹא אֶת הַבַּת. וְהַאי ״לַאֲמָתְךָ תַּעֲשֶׂה כֵּן״ לְהָכִי הוּא דְּאָתָא? הָא מִיבְּעֵי לֵיהּ לְכִדְתַנְיָא: ״וְאַף לַאֲמָתְךָ תַּעֲשֶׂה כֵּן״ – לְהַעֲנִיק.

§ The *baraita* taught that **a Hebrew maidservant serves neither the brother nor the daughter.** The Gemara asks: **From where is this matter** derived? **Rabbi Padda said: As the verse states** with regard to a pierced Hebrew slave: **"And also to your maidservant you shall do likewise"** (Deuteronomy 15:17). **The verse juxtaposes** a Hebrew maidservant **to a pierced** slave: **Just as a pierced** slave **serves neither the son nor the daughter, so too a Hebrew maidservant serves neither the son nor the daughter.** The Gemara asks: **And** does **this** verse: **"And also to your maidservant you shall do likewise," come** to teach **this** matter? The *tanna* **requires it for that which is taught** in a *baraita*, that the verse: **"And also to your maidservant you shall do likewise,"** is a command **to grant** her **a severance gift.**

אַתָּה אוֹמֵר לְהַעֲנִיק, אוֹ אֵינוֹ אֶלָּא לִרְצִיעָה? כְּשֶׁהוּא אוֹמֵר: ״וְאִם אָמֹר יֹאמַר הָעֶבֶד״ – וְלֹא אָמָה הָעִבְרִיָּה, הֲרֵי רְצִיעָה אָמוּר.

Do **you say** that this comparison obligates one **to grant a severance gift** to a Hebrew maidservant, **or is it** teaching **only** that the *halakha* of **piercing** a Hebrew slave's ear with an awl, which is stated immediately beforehand, applies to a Hebrew maidservant as well? The Gemara explains: **When it says** with regard to piercing: **"But if the slave shall say"** (Exodus 21:5), which indicates that a Hebrew slave can issue this declaration **but a Hebrew maidservant cannot,**[H] the *halakha* of **piercing is** thereby **stated** and accounted for.

הָא מָה אֲנִי מְקַיֵּים ״וְאַף לַאֲמָתְךָ תַּעֲשֶׂה כֵּן״ – לְהַעֲנִיק! אִם כֵּן נִכְתּוֹב קְרָא: ״לַאֲמָתְךָ כֵּן״. מַאי ״תַּעֲשֶׂה״? שְׁמַעַתְּ מִינָּהּ תַּרְתֵּי.

How do I realize the meaning of the verse: **"And also to your maidservant you shall do likewise"**? This obligates a master **to grant a severance gift** to a freed Hebrew maidservant. If so, one cannot derive from this verse that a Hebrew maidservant serves neither the son nor the daughter. The Gemara answers: **If so,** that it comes only to compare her to a pierced Hebrew slave, **let the verse write** merely: **To your maidservant likewise. What** is the meaning of the additional phrase: **"You shall do"? Draw two conclusions from** this: A Hebrew maidservant does not serve the son, and she is granted severance gifts.

״הַנִּרְצָע וְהַנִּמְכָּר לְנָכְרִי אֵינוֹ עוֹבֵד לֹא אֶת הַבֵּן וְלֹא אֶת הַבַּת״. נִרְצָע – דִּכְתִיב: ״וְרָצַע אֲדֹנָיו אֶת אָזְנוֹ בַּמַּרְצֵעַ וַעֲבָדוֹ לְעֹלָם״ – וְלֹא אֶת הַבֵּן וְאֶת הַבַּת. נִמְכָּר לְנָכְרִי מִנַּיִן? אָמַר חִזְקִיָּה: אָמַר קְרָא: ״וְחִשַּׁב עִם קֹנֵהוּ״ – וְלֹא עִם יוֹרְשֵׁי קוֹנֵהוּ.

§ The *baraita* further teaches that **a pierced** Hebrew slave **and one sold to a gentile serve neither the son nor the daughter.** The Gemara explains: The *halakha* of **a pierced** slave **is as it is written: "And his master shall pierce his ear with an awl, and he shall serve him forever"** (Exodus 21:6), which indicates that he serves this master, **but not the son or the daughter.** The Gemara asks: **From where** is it derived that the same applies to a Hebrew slave **sold to a gentile? Ḥizkiyya says** that **the verse states** with regard to the emancipating of a slave who was sold to a gentile: **"And he shall reckon with his purchaser"** (Leviticus 25:50), which teaches that this applies only to his purchaser **but not to the heirs of his purchaser.**

אָמַר רָבָא: דְּבַר תּוֹרָה נָכְרִי יוֹרֵשׁ אֶת אָבִיו, שֶׁנֶּאֱמַר: ״וְחִשַּׁב עִם קֹנֵהוּ״ – וְלֹא עִם יוֹרְשֵׁי קוֹנֵהוּ, מִכְּלָל דְּאִית לֵיהּ יוֹרְשִׁים. גֵּר אֶת הַנָּכְרִי אֵינוֹ מִדִּבְרֵי תוֹרָה אֶלָּא מִדִּבְרֵי סוֹפְרִים.

Rava says: By Torah law a gentile inherits the property **of his father,**[H] **as it is stated** with regard to one sold to a gentile: **"And he shall reckon with his purchaser," but not with his purchaser's heirs.** One can derive from here **by inference** that ordinarily a gentile **has heirs.** By contrast, **by Torah law a convert does not** inherit the property of his father or any other **gentile,** as once he converts he is considered a new person with no ties to his previous family. **Rather,** a convert inherits the property of his father **by rabbinic law.**[H]

HALAKHA

A slave can but a Hebrew maidservant cannot – הָעֶבֶד וְלֹא אָמָה הָעִבְרִיָּה: A Hebrew maidservant is not pierced with an awl (Rambam *Sefer Kinyan, Hilkhot Avadim* 3:13).

A gentile inherits the property of his father – נָכְרִי יוֹרֵשׁ אֶת אָבִיו: By Torah law a gentile inherits his gentile father's property. Other heirs inherit property in accordance with the laws of the gentiles (Rambam *Sefer Mishpatim, Hilkhot Naḥalot* 6:9; *Shulḥan Arukh, Ḥoshen Mishpat* 293:1).

A convert inherits the property of a gentile – גֵּר אֶת הַנָּכְרִי: By Torah law a convert does not inherit the property of his gentile father. Despite this, the Sages ruled that he does inherit the property, lest the desire to inherit from his father lead to the convert returning to his gentile lifestyle (Rambam *Sefer Mishpatim, Hilkhot Naḥalot* 5:10; *Shulḥan Arukh, Ḥoshen Mishpat* 293:1).

דִּתְנַן: גֵּר וְנָכְרִי שֶׁיָּרְשׁוּ אֶת אֲבִיהֶם נָכְרִי, גֵּר יָכוֹל לוֹמַר לַנָּכְרִי: טוֹל אַתָּה עֲבוֹדָה זָרָה וַאֲנִי מָעוֹת, טוֹל אַתָּה יֵין נֶסֶךְ וַאֲנִי פֵּירוֹת. מִשֶּׁבָּאוּ לִרְשׁוּת גֵּר – אָסוּר.

As we learned in a mishna (*Demai* 6:10): With regard to **a convert and a gentile who inherited**[H] property **from their gentile father, the convert can say to the gentile: You take** the objects of **idol worship and I** will take **money; you take wine** used for **a libation** to idolatry[B] **and I** will take **produce.** Provided that these objects have not entered the domain of the convert, he may divide everything with his brother so that his brother takes as an inheritance the items that the convert is prohibited from using as a Jew. But **once they have come into the convert's possession,** it **is prohibited** for him to exchange these objects with his brother, as he would thereby be benefiting from idolatry.

וְאִי סָלְקָא דַּעְתָּךְ דְּאוֹרַיְיתָא, כִּי לֹא בָּאוּ לִרְשׁוּתוֹ נַמִי, כִּי שָׁקֵיל – חִילּוּפֵי עֲבוֹדָה זָרָה הוּא דְּקָא שָׁקֵיל!

And if it would enter your mind that a convert inherits property from his father **by Torah law, it** should be prohibited **when** these objects **have not** yet **come into his possession as well,** as **when he takes** money or produce and gives the idols to the gentile, **he takes** an item that has been **exchanged for** objects of **idol worship.** Since he receives half the inheritance at the moment when his father dies, he has a share in these items as well.

אֶלָּא מִדְּרַבָּנַן, גְּזֵירָה הוּא דַּעֲבוּד רַבָּנַן, שֶׁמָּא יַחֲזוֹר לְסוּרוֹ. תַּנְיָא נַמִי הָכִי: בַּמֶּה דְּבָרִים אֲמוּרִים – כְּשֶׁיָּרְשׁוּ, אֲבָל כְּשֶׁנִּשְׁתַּתְּפוּ – אָסוּר.

Rather, a convert inherits property from his father **by rabbinic law,** as this is **a decree that the Sages instituted lest he return to his** previous **wayward path** [*suro*].[L] The Sages were concerned that due to his concern over losing his inheritance, a convert might return to his gentile lifestyle. In any event, as he does not inherit his father's property by Torah law, the idols are not considered his property. **This** *halakha* **is also taught** in a *baraita*: **In what case is this statement said?** He may do this **when they inherited. But when** the convert and the gentile **formed a partnership, it is prohibited** for him to divide the property so that the gentile takes the idols, as the convert benefits from them indirectly.

נָכְרִי אֶת הַגֵּר, וְגֵר אֶת הַגֵּר – אֵינוֹ לֹא מִדִּבְרֵי תוֹרָה וְלֹא מִדִּבְרֵי סוֹפְרִים. דִּתְנַן: לָוָה מָעוֹת מִן הַגֵּר שֶׁנִּתְגַּיְּירוּ בָּנָיו עִמּוֹ – לֹא יַחֲזִיר לְבָנָיו. וְאִם הֶחֱזִיר – אֵין רוּחַ חֲכָמִים נוֹחָה הֵימֶנּוּ.

With regard to the same issue it is taught: **By Torah law and by rabbinic law a gentile does not** inherit property **from** his father who is **a convert,**[H] **nor** does **a convert** inherit property **from** his father who is **a convert.**[N] **As we learned** in a mishna (*Shevi'it* 10:9): If one **borrowed money from a convert**[H] **whose sons converted with him,** and therefore when they converted there were no longer any legal ties between the sons and the father, **he does not return** it **to** the creditor's **sons,** as they are not considered his heirs. **And if he** does **return** it, **the Sages are not pleased with him.**[N]

וְהָתַנְיָא: רוּחַ חֲכָמִים נוֹחָה הֵימֶנּוּ! לָא קַשְׁיָא; כָּאן – שֶׁהוֹרָתוֹ וְלֵידָתוֹ שֶׁלֹּא בִּקְדוּשָּׁה,

The Gemara asks: **But isn't it taught** in a *baraita* that **the Sages are pleased with him?** The Gemara answers: This is **not difficult. Here,** it is referring to a convert **whose conception and birth were not in sanctity** of the Jewish people, i.e., his father was a gentile when he was born and afterward the son converted. In this case there are no legal ties between the father and the son, and therefore one who owes money to the father is not required to pay the son.

BACKGROUND

Wine used for a libation to idolatry – יֵין נֶסֶךְ: In its strict sense this term refers to wine used in the rites of idolatry. It is prohibited to drink or benefit from such wine (Deuteronomy 32:38). The Sages extended the scope of this prohibition and prohibited drinking any wine touched by gentiles even if it was not used, or intended to be used, for idolatry.

LANGUAGE

His wayward path [*suro*] – סוּרוֹ: Some commentaries say that this refers to something spoiled, as in the verse: "They are all corrupt [*sar*], they are together become foul" (Psalms 14:3). Others explain that it is a shortened version of the word *seor*, i.e., a substance that ferments, indicating a character flaw.

NOTES

A convert from a convert – גֵּר אֶת הַגֵּר: The early commentaries explain that the Sages did not permit inheritance for this convert, as there is no concern that he will revert to his previous lifestyle. The reason is that he would not receive the inheritance even if he were to return to living like a gentile, as a gentile cannot inherit from a convert even according to most gentile legal systems (*Tosefot Tukh*; *Tosefot HaRosh*).

The Sages are not pleased with him – אֵין רוּחַ חֲכָמִים נוֹחָה הֵימֶנּוּ: The early commentaries ask what is wrong with returning the money in this case. Due to this difficulty, Rashi claims this statement should not be understood in the usual manner of disapproval. Rather, in this context it means that the Sages did not endorse this act but instead left it up to the individual. The Ramban explains that the Sages are actively displeased with him, as returning the money to the son may lead others to conclude that he is the legal child of the deceased creditor, which can in turn lead to mistaken rulings concerning whom the son may marry.

HALAKHA

A convert and a gentile who inherited – גֵּר וְנָכְרִי שֶׁיָּרְשׁוּ: If a convert and gentile inherited property from their gentile father, the convert may divide the property so that the idols or forbidden foods are given to the gentile, while he takes the permitted items. Once the convert has taken possession of such articles, it is prohibited to do this. Similarly, it is prohibited for them to divide property in this manner if they are business partners (Rambam *Sefer HaMadda, Hilkhot Avoda Zara* 7:5 and *Sefer Kedusha, Hilkhot Ma'akhalot Assurot* 13:22; *Shulḥan Arukh, Yoreh De'a* 146:4).

A gentile…from a convert – נָכְרִי אֶת הַגֵּר: A gentile does not inherit his convert father, neither by Torah law nor by rabbinic law (Rambam *Sefer Mishpatim, Hilkhot Naḥalot* 6:10; *Shulḥan Arukh, Ḥoshen Mishpat* 293:1).

If one borrowed money from a convert – לָוָה מָעוֹת מִן הַגֵּר: If one borrowed money from a convert whose children converted with him, and the convert dies, the debtor is not required to repay the children of the convert. If he does repay them, the Sages are not pleased with him (*Shulḥan Arukh, Ḥoshen Mishpat* 127:2).

וְכָאן שֶׁהוֹרָתוֹ שֶׁלֹּא בִּקְדוּשָּׁה וְלֵידָתוֹ בִּקְדוּשָּׁה.

And here it is referring to a case **where he was not conceived in sanctity,**[NH] i.e., his mother conceived him before she converted, **and** only **his birth was in sanctity,** as she converted when pregnant. It is appropriate to return money to this individual.

רַב חִיָּיא בַּר אָבִין אָמַר רַבִּי יוֹחָנָן: נׇכְרִי יוֹרֵשׁ אֶת אָבִיו דְּבַר תּוֹרָה, דִּכְתִיב: "כִּי יְרֻשָּׁה לְעֵשָׂו נָתַתִּי אֶת הַר שֵׂעִיר". וְדִלְמָא יִשְׂרָאֵל מְשׁוּמָּד שָׁאנֵי? אֶלָּא מֵהָכָא: "כִּי לִבְנֵי לוֹט נָתַתִּי אֶת עָר יְרֻשָּׁה".

Rav Ḥiyya bar Avin says that **Rabbi Yoḥanan says: By Torah law a gentile inherits** from **his father, as it is written: "Because I have given mount Seir to Esau as an inheritance"** (Deuteronomy 2:5). The Gemara asks: **But perhaps it is different** with regard to **an apostate**[N] **Jew?**[NHB] In other words, it is possible that Esau was not considered a gentile but rather Jewish, like the Patriarchs. Consequently, he is categorized as an apostate Jew. **Rather,** the proof is **from here: "Because I have given Ar to the children of Lot as an inheritance"** (Deuteronomy 2:9), and the descendants of Lot were certainly gentiles.

וְרַב חִיָּיא בַּר אָבִין מַאי טַעְמָא לָא אָמַר כְּרָבָא? מִי כְּתִיב "וְחִשַּׁב עִם קֹנֵהוּ" וְלֹא עִם יוֹרְשֵׁי קוֹנֵהוּ?

The Gemara asks: **And Rav Ḥiyya bar Avin, what is the reason** that he **did not state** his opinion **in accordance with** the explanation of **Rava,** who derives the inheritance of gentiles from the verse: "And he shall reckon with his purchaser" (Leviticus 25:50)? The Gemara answers: **Is it written** explicitly in the Torah: **And he shall reckon with his purchaser and not with the heirs of his purchaser?** This proof is based on an exposition, not on an explicit source.

וְרָבָא מַאי טַעֲמָא לָא אֲמַר כְּרַב חִיָּיא בַּר אָבִין? מִשּׁוּם כְּבוֹדוֹ דְּאַבְרָהָם שָׁאנֵי.

The Gemara further asks: **And Rava, what is the reason** that he **did not state** his opinion **in accordance with** the explanation of **Rav Ḥiyya bar Avin?** The Gemara answers: Perhaps **due to the honor of Abraham it is different.** It is possible that for the sake of Abraham an inheritance was given to the members of his family. The same may not apply to gentiles in general.

תָּנוּ רַבָּנַן: יֵשׁ בְּעִבְרִי שֶׁאֵין בְּעִבְרִיָּה, וְיֵשׁ בְּעִבְרִיָּה שֶׁאֵין בְּעִבְרִי. יֵשׁ בְּעִבְרִי שֶׁהוּא יוֹצֵא בְּשָׁנִים וּבַיּוֹבֵל וּבְמִיתַת הָאָדוֹן, מַה שֶּׁאֵין כֵּן בְּעִבְרִיָּה. וְיֵשׁ בְּעִבְרִיָּה שֶׁהֲרֵי עִבְרִיָּה יוֹצְאָה בְּסִימָנִין, וְאֵינָהּ נִמְכֶּרֶת וְנִשְׁנֵית, וּמַפְדִּין אוֹתָהּ בְּעַל כּוֹרְחוֹ, מַה שֶּׁאֵין כֵּן בְּעִבְרִי.

§ **The Sages taught: There are** details **of the** *halakhot* **of a Hebrew** slave **that do not** apply **to** the case of **a Hebrew** maidservant and **there are** details **of the** *halakhot* **of a Hebrew** maidservant **that do not** apply **to a Hebrew** slave. The *baraita* elaborates: **There are** unique details **in the** *halakhot* of emancipating **a Hebrew** slave, **as he leaves through** serving a term of six **years, and** he leaves **through the Jubilee** Year, **and** he leaves **through the death of the master,**[N] **which is not the case for a Hebrew** maidservant. **And there are** unique details **in the** *halakhot* of emancipating **a Hebrew** maidservant,[N] **as a Hebrew** maidservant **leaves through signs** indicating puberty, **and** she is **not sold for a second time, and** one can **redeem her against his will,** as the Gemara will explain, **which is not the case for a Hebrew** slave.

HALAKHA

Where he was not conceived in sanctity – שֶׁהוֹרָתוֹ שֶׁלֹּא בִּקְדוּשָּׁה: If one borrows money from a gentile whose children who were not conceived in sanctity but were born as Jews, and he repays the children, the Sages are pleased with him, in accordance with the explanation of Rashi (*Shulḥan Arukh, Ḥoshen Mishpat* 127:2).

It is different with an apostate Jew – יִשְׂרָאֵל מְשׁוּמָּד שָׁאנֵי: By right, an apostate Jew should inherit property from his father. The court has the right to punish him and prevent him from inheriting property in order to discourage sinners. This is the common practice in most locales, where the inheritance is given to other heirs or relatives. Variations of this *halakha* are mentioned by the authorities, e.g., if the apostate might repent the property is held by the court (Rambam *Sefer Mishpatim, Hilkhot Naḥalot* 6:12; *Shulḥan Arukh, Ḥoshen Mishpat* 283:2, and in the comment of Rema).

BACKGROUND

An apostate Jew – יִשְׂרָאֵל מְשׁוּמָּד: Apostasy literally refers to the act of abandoning one's religion. The precise degree of rejection one must adopt to be labeled an apostate is subject to dispute. The Rambam (*Sefer HaMadda, Hilkhot Teshuva* 3:9) identifies two categories of apostates: An apostate with regard to a single mitzva and an apostate with regard to the entire Torah. Individuals who are apostates of the first kind willfully and repeatedly commit a specific sin. They are apostates even if the act is a relatively minor one, e.g., shaving one's sideburns, since constant violation of a mitzva is tantamount to its denial. Nevertheless, the Rambam distinguishes between one who commits a sin to satisfy a desire, e.g., for forbidden food, and the far more serious case of one whose goal is to anger God. An apostate with regard to the entire Torah is one who renounces his faith in favor of another religion. The Rambam writes that this might occur if a Jew feels that the lot of the Jews is one of suffering and humiliation and that he would benefit from joining the dominant culture. It is unclear from the Gemara here which type of apostate Esau is considered to be.

NOTES

Here it is referring to a case where he was not conceived in sanctity – וְכָאן שֶׁהוֹרָתוֹ שֶׁלֹּא בִּקְדוּשָּׁה: The early commentaries struggle to explain this passage. Older versions of the Gemara read: Here he was conceived and born in sanctity, which indicates that the money is not returned if he was not conceived in sanctity (see Rabbeinu Yehonatan of Lunel). Most early commentaries reject this reading because if the individual was conceived and born in sanctity he is a born Jew, and the money must certainly be returned to him (Ramban). One explanation is that if only his birth was in sanctity the money should not be returned because he might be confused with a born Jew (*Tosafot*). Furthermore, if his birth was in sanctity there is no fear that he might revert to a gentile lifestyle, because he would have no possibility, neither in Jewish nor in gentile courts, of collecting his inheritance (*Tosefot Tukh*).

An apostate – מְשׁוּמָּד: The assumption of this passage is that the Patriarchs were considered Jewish, but this is far from clear. First, they did not observe all the *halakhot* of the Torah, e.g., Jacob married two sisters. Second, the Gemara elsewhere discusses the relationship between the behavior of the Patriarchs and the Noahide laws, which indicates that they had the status of Noahides. Concerning the issue of their observance of mitzvot, some commentaries argue that the Patriarchs observed the Torah fully only in Eretz Yisrael, and Jacob was outside of Eretz Yisrael when he married Leah and Rachel (Ramban). Others claim that the Patriarchs are classified as Jews even if they did not follow the mitzvot in every respect. The title of Jew is given to one who is obligated in *halakhot* beyond those of the Noahide code. Since Abraham accepted the mitzva of circumcision, he and his children are considered Jews with regard to inheritance as well (*Kovetz Shiurim*).

It is different with an apostate Jew – יִשְׂרָאֵל מְשׁוּמָּד שָׁאנֵי: Many Sages have cited this Gemara in support of the claim that an apostate inherits from his father by Jewish law, notwithstanding his wickedness. Although many authorities maintain that in practice this individual should not be given an inheritance, this penalty is established by rabbinic law (Rambam). The *ge'onim* suggest that he is treated according to the local custom, which in their time and place was Muslim law, which dictates that an apostate does not inherit property from his father. Many commentaries claim that although he is technically entitled to inherit property, since this apostate has removed himself from the community its laws are no longer applied to him (*Ge'onim*).

And through the death of the master – וּבְמִיתַת הָאָדוֹן: Some commentaries omit this clause, arguing that even according to the opinion of Rav Sheshet a Hebrew maidservant is emancipated through the death of her master-husband even after designation. Others note that sometimes she is not freed by the death of the master, e.g., if she has been designated for his son or if he died without sons, when she must undergo levirate marriage (Meiri; *Shita Lo Node'a LeMi*).

There are details in the *halakhot* of a Hebrew maidservant – יֵשׁ בְּעִבְרִיָּה: Some commentaries ask why the Gemara does not list piercing as an option that is available only to a male slave (*Tosefot HaRosh*). One answer is that the *baraita* lists only those differences that concern one's release from slavery, whereas piercing extends the time of one's slavery (Rashba).

אמר מר: יש בעברי שאין בעבריה. ורמינהי: יתירה עליו אמה העבריה שקונה עצמה בסימנין! אמר רב ששת: כגון שיעדה.

The Gemara analyzes this *baraita*. **The Master said** above: **There are** details **of the** *halakhot* of emancipating **a Hebrew** slave **that do not** apply **to** the case of **a Hebrew** maidservant. **And** the Gemara **raises a contradiction** from the mishna: **A Hebrew maidservant has** one mode of emancipation **more than him, as she acquires herself through signs** indicating puberty. The expression: More than him, indicates that all of the modes through which a Hebrew slave can be freed apply to a Hebrew maidservant as well. **Rav Sheshet said:** This *baraita* is referring to a case **where** the master **designated her**[H] to marry him during the six years. Consequently, she cannot be released from his authority by all of the modes through which a Hebrew slave can be freed, as she is his wife.

יעדה פשיטא, גיטא בעיא! מהו דתימא: לא ליבטלה הילכתא מינה, קא משמע לן. אי הכי אמאי יוצאה בסימנין? הכי קאמר: אם לא יעדה – יוצאה אף בסימנין.

The Gemara asks: If **he designated her, it is obvious** that she cannot be released in the manner of a slave, as she is his wife and therefore **requires a bill of divorce.** The Gemara says: It is necessary to state this explicitly, **lest you say** that **the** primary *halakha* **is not nullified with regard to her,** i.e., even after she has been designated she can still be freed as a slave would be, without a bill of divorce. Therefore, the *baraita* **teaches us** that this is not the case. The Gemara asks: **If so,** that this is referring to a case where he designated her, **why does she leave through signs** indicating puberty? If he designated her she becomes his wife, and signs indicating the onset of puberty should not affect her status. The Gemara answers: **This is what** the *baraita* **is saying: If he did not designate her, she leaves also through signs** indicating puberty.

"ואינה נמכרת ונשנית". מכלל דעבד עברי נמכר ונשנה? והתניא: "בגנבתו" – ולא בכפילו; "בגניבתו" – ולא בזממו; "בגניבתו" – כיון שנמכר פעם אחת שוב אי אתה רשאי למוכרו!

§ The *baraita* teaches: **And** a Hebrew maidservant is **not sold a second time.** The Gemara comments: **From the fact** that the *baraita* says this about a Hebrew maidservant, it can be inferred that **a Hebrew slave can be sold a second time. But isn't it taught** in a *baraita* that the verse: "And he is sold **for his theft**" (Exodus 22:2), means that he can be sold to pay for the items that he has stolen **but not** to pay **for his double payment?**[HB] Although one can be sold into slavery to reimburse the owner for the principal of his theft, he cannot be sold to pay the fine. Furthermore, **"for his theft"** indicates: **But not** to pay **for his conspiring testimony.**[HB] If he is a conspiring witness, who is required to pay the value of what he testified that another had stolen but he does not have the money to do so, he is not sold as a slave. Additionally, the phrase **"for his theft"** teaches that he can be sold for stealing only once, and **once he has been sold one time you may not sell him again.**

אמר רבא: לא קשיא; כאן – בגניבה אחת, כאן – בשתי גניבות.

Rava said: This is **not difficult. Here,** in the second *baraita*, it is referring **to one theft,**[N] i.e., he stole a large amount but he is not worth enough as a slave for the proceeds of his sale to repay his entire debt. In that case he cannot be sold a second time. **There,** in the first *baraita*, it is referring to **two thefts,** as he may be sold a second time if he stole once, was sold, and subsequently stole again.

HALAKHA

Where he designated her – כגון שיעדה: If a master designates a Hebrew maidservant as his wife, she is not emancipated by the modes through which a Hebrew maidservant is emancipated, as she is a full-fledged married woman. As such, she is released through the death of her husband or through a bill of divorce. The *halakha* is in accordance with the opinion of Rav Sheshet (Rambam *Sefer Kinyan, Hilkhot Avadim* 4:7).

For his theft but not for his double payment – בגנבתו ולא בכפילו: A thief is sold only to pay for the principal of his theft, but not for the double payment or the payment of four or five times the value of the principal. If he is unable to pay these fines, he is not sold as a slave but remains obligated to pay them until he earns enough to settle his debt (Rambam *Sefer Nezikin, Hilkhot Geneiva* 3:12).

For his theft but not for his conspiring testimony – בגניבתו ולא בזממו: If witnesses testify that one was sold as a Hebrew slave and they are proven to be conspiring witnesses, they are flogged but are not sold as slaves (Rambam *Sefer Mishpatim, Hilkhot Edut* 20:8; *Tur, Ḥoshen Mishpat* 38).

NOTES

Here it is referring to one theft – כאן בגניבה אחת: Some commentaries explain that a thief cannot be sold more than once for a single act of theft, but he can be sold for multiple acts of theft (Rashi). Others claim the opposite: One can be sold twice for one theft, but only once for two thefts, as the verse: "And he is sold for his theft" (Exodus 22:2), indicates that he is sold repeatedly until he has paid off the theft for which he was originally sold (*Tosafot*).

BACKGROUND

His double payment – כפילו: A thief must repay twice the value of a stolen item (see Exodus 22:3), i.e., he must return the stolen item to its owner and make an additional payment equal to the value of the item. This additional payment is a fine. Accordingly, the thief is required to pay this only if he is apprehended by others. If he admits his wrongdoing voluntarily and seeks to return the stolen item or repay its value, he is exempt from the fine. One who takes an oath that an item placed in his care was stolen is obligated to pay double if the item is found in his possession.

For his conspiring testimony – בזממו: The term: Conspiring witnesses, refers specifically to witnesses who are proven to have perjured themselves in an attempt to cause another to lose a monetary dispute or be punished by the court. There are two ways in which the testimony of witnesses can be invalidated: If two other witnesses testify that an event did not happen as described by the first pair of witnesses, the testimony of neither pair is accepted and the matter remains unresolved. If two witnesses testify that the first pair, whose testimony condemned the defendant, was actually with the second pair of witnesses when the supposed incident transpired and therefore could not have witnessed the events about which they testified, the first pair is deemed to be conspiring witnesses. In this case, the testimony of the second pair of witnesses is accepted, and that of the first pair of witnesses is rejected. Furthermore, the first pair of witnesses must pay the penalty they sought to inflict on the defendant through their testimony (see Deuteronomy 19:16–19). If their testimony would have resulted in the defendant's execution, they are both executed. If their testimony would have led to the imposition of a fine, these witnesses are themselves required to compensate their victim the amount they sought to have him pay. The specifics of this *halakha* are analyzed in great detail in the first chapter of tractate *Makkot*.

אָמַר לֵיהּ אַבָּיֵי: ״בִּגְנֵיבָתוֹ״ – טוּבָא מַשְׁמַע! אֶלָּא אָמַר אַבָּיֵי: לָא קַשְׁיָא; כָּאן – בְּאָדָם אֶחָד; כָּאן – בִּשְׁנֵי בְנֵי אָדָם.

Abaye said to Rava: The expression **"for his theft" indicates** even **many** thefts. **Rather, Abaye said:** This is **not difficult. Here,** in the second *baraita*, it is referring **to** one who stole from **one person.**[H] This thief cannot be sold a second time even for several thefts. **There,** in the first *baraita*, it is referring **to** thefts from **two people.**

תָּנוּ רַבָּנַן: גְּנֵיבוֹ אֶלֶף, וְשָׁוֶה חֲמֵשׁ מֵאוֹת – נִמְכָּר וְחוֹזֵר וְנִמְכָּר. גְּנֵיבוֹ חֲמֵשׁ מֵאוֹת, וְשָׁוֶה אֶלֶף – אֵינוֹ נִמְכָּר כְּלָל. רַבִּי אֱלִיעֶזֶר אוֹמֵר: אִם הָיָה גְּנֵיבוֹ כְּנֶגֶד מִמְכָּרוֹ – נִמְכָּר; וְאִם לָאו – אֵינוֹ נִמְכָּר.

The Sages taught: If the **property he stole** was worth **one thousand**[H] **and** as a slave he **is worth** only **five hundred, he is sold and sold again.** If the **property he stole** was worth **five hundred** and he **is worth one thousand, he is not sold at all. Rabbi Eliezer says: If the property he stole was** exactly **equal to** his value if he were **sold,**[N] **he is sold; and if not, he is not sold.**

אָמַר רָבָא: בְּהָא זָכִינְהוּ רַבִּי אֱלִיעֶזֶר לְרַבָּנַן, דְּמַאי שְׁנָא גְּנֵיבוֹ חֲמֵשׁ מֵאוֹת וְשָׁוֶה אֶלֶף, דְּאֵין נִמְכָּר? דְּנִמְכָּר כּוּלּוֹ אָמַר רַחֲמָנָא וְלָא חֶצְיוֹ. הָכִי נַמִי – נִמְכָּר בִּגְנֵיבָתוֹ אָמַר רַחֲמָנָא, וְלָא נִמְכָּר בַּחֲצִי גְּנֵיבָתוֹ.

Rava said: In this case Rabbi Eliezer triumphed over the Rabbis, as **what is different** in a case where the **property he stole** is worth **five hundred and he is worth one thousand** that they concede **that he is not sold?** The reason is that **the Merciful One states that he is sold in his entirety, and not part of him. So too,** if he is worth less than the value of the property he stole, one can say: **The Merciful One states** that **he is sold for his theft, and he is not sold for part of his theft.**

״וּמְפַדִּין אוֹתָהּ בְּעַל כָּרְחוֹ״. סְבַר רָבָא לְמֵימַר: בְּעַל כָּרְחֵיהּ דְּאָדוֹן. אֲמַר לֵיהּ אַבָּיֵי: מַאי נִיהוּ? דְּכָתְבִינַן לֵיהּ שְׁטָרָא אַדְּמֵיהּ. אַמַּאי? נָקֵיט מַרְגָּנִיתָא בִּידֵיהּ יָהֲבִינַן לֵיהּ חַסְפָּא?

§ The *baraita* further teaches: **And one can redeem** a Hebrew maidservant **against his will. Rava thought to say** that this means **against the will of the master,** i.e., she can be redeemed even if he refuses. **Abaye said to him: What is** the mechanism for emancipating her against the will of her master? Is it **that one writes a document to him for her value,** and when she has the money she repays this debt? **Why** should it be possible to force the master to free her in this manner? He **is holding a pearl** [*marganita*][L] **in his hand** and **one gives him a shard** instead, as this document is currently useless.

אֶלָּא אָמַר אַבָּיֵי: בְּעַל כָּרְחֵיהּ דְּאָב, מִשּׁוּם פְּגַם מִשְׁפָּחָה. אִי הָכִי עֶבֶד עִבְרִי נַמִי, נִכְפִּינְהוּ לִבְנֵי מִשְׁפָּחָה מִשּׁוּם פְּגַם מִשְׁפָּחָה! הָדַר אָזֵיל וּמְזַבֵּין נַפְשֵׁיהּ.

Rather, Abaye said: She can be redeemed **against the will of** her **father,**[H] **due to the family flaw,** i.e., the harm caused to the family name by her status. The court pressures the father as much as possible to redeem her, as it is disgraceful to a family if one of its daughters is a maidservant. The Gemara asks: **If so, one should force the family of a Hebrew slave** to redeem him **also, due to the family flaw.** The Gemara answers: There is a concern that **he will go back and sell himself** and earn money in this manner at his family's expense.

הָכָא נַמִי, הָדַר אָזֵיל וּמְזַבֵּין לַהּ! הָא קָתָנֵי: אֵינָהּ נִמְכֶּרֶת וְנִשְׁנֵית. וּמַנִּי? רַבִּי שִׁמְעוֹן הִיא. דְּתַנְיָא: מוֹכֵר אָדָם אֶת בִּתּוֹ לְאִישׁוּת וְשׁוֹנֶה, לְשִׁפְחוּת וְשׁוֹנֶה, לְאִישׁוּת אַחַר שִׁפְחוּת, אֲבָל לֹא לְשִׁפְחוּת אַחַר אִישׁוּת. רַבִּי שִׁמְעוֹן אוֹמֵר: כְּשֵׁם שֶׁאֵין אָדָם מוֹכֵר אֶת בִּתּוֹ לְשִׁפְחוּת אַחַר אִישׁוּת – כָּךְ אֵין אָדָם מוֹכֵר אֶת בִּתּוֹ לְשִׁפְחוּת אַחַר שִׁפְחוּת.

The Gemara asks: **Here too,** in the case of a Hebrew maidservant, the father **might go back and sell her** as a maidservant again and receive money for her a second time. The Gemara answers that it **is taught:** A maidservant **is not sold a second time. And whose** opinion is this? **It is that of Rabbi Shimon, as it is taught** in a *baraita*: **One can sell,** i.e., transfer, **his** young **daughter in marriage and** go back and betroth her **again** if she was divorced or widowed. Likewise, he can sell her **into slavery and** transfer her **again,**[H] this time **for marriage, after** he sold her into **slavery. But** one **cannot** sell his daughter into **slavery after marriage. Rabbi Shimon says: Just as a person cannot sell his daughter into slavery after marriage, so too, a person cannot sell his daughter into slavery after slavery.**

וּבִפְלוּגְתָּא דְּהָנֵי תַּנָּאֵי, דְּתַנְיָא: ״בְּבִגְדוֹ בָהּ״,

The Gemara comments: **And** this issue is taught **in the dispute** between **these *tanna'im*,**[B] **as it is taught** in a *baraita* with regard to the verse: "He shall have no power to sell her to a foreign people, seeing that he has dealt deceitfully with her [*bevigdo vah*]" (Exodus 21:8).

HALAKHA

Here it is referring to one person – כָּאן בְּאָדָם אֶחָד: If one stole property and was sold as a slave due to his theft, and he subsequently steals from another person, he can be resold, even one hundred times. If he stole from the same person a second time, he is not sold as a slave again, in accordance with the explanation of Abaye (Rambam *Sefer Nezikin*, *Hilkhot Geneiva* 3:15).

The property he stole was worth one thousand – גְּנֵיבוֹ אֶלֶף: If one whose value on the slave market is five hundred stole items worth one thousand, he is sold and owes the remaining amount of the principal and the fine as a debt (Rambam *Sefer Nezikin*, *Hilkhot Geneiva* 3:14 and *Kesef Mishne* there).

Against the will of her father – בְּעַל כָּרְחֵיהּ דְּאָב: Although one can sell his daughter as a maidservant only if he is poor and has no other means of providing for her, he is still compelled to redeem her due to the dishonor this brings upon the family name, in accordance with the opinion of Abaye (Rambam *Sefer Kinyan*, *Hilkhot Avadim* 4:2).

Sell her into slavery and transfer her again – לְשִׁפְחוּת וְשׁוֹנֶה: If one sells his daughter as a maidservant and she is designated for marriage, but her master dies or divorces her and she returns to her father's authority while still a minor, he can sell her a second time as a maidservant. If he betroths his daughter to a man while she is a minor and she is subsequently widowed or divorced, he can no longer sell her as a maidservant (Rambam *Sefer Kinyan*, *Hilkhot Avadim* 4:13).

NOTES

The property he stole is equal to his value if he were sold – גְּנֵיבוֹ כְּנֶגֶד מִמְכָּרוֹ: This is somewhat problematic, as according to a straightforward reading of Rabbi Eliezer's opinion, a thief would virtually never be sold. Some commentaries explain that Rabbi Eliezer agrees that a thief can be sold once in the manner stated by the first *tanna*, but he maintains that one can be sold a second time only if he is worth the exact amount of the property that he stole (Rid). Others contend that according to Rabbi Eliezer, the thief's victim must forgive the value of the stolen property beyond the slave's worth, and therefore he is always sold for the exact value of the stolen property (Maharit; *Sefer HaMikna*).

LANGUAGE

Pearl [*marganita*] – מַרְגָּנִיתָא: From the Greek μαργαρίτης, *margaritēs*, meaning pearl. This is apparently the source of the Hebrew word *margalit*. Here the word appears in its Aramaic form, with the common exchange of the letter *lamed* for a *nun*. Some say that the word *ḥaspa* means shell in this context. If so, it means that the master holds the pearl and he is being given the oyster shell.

BACKGROUND

The dispute between these *tanna'im* – פְּלוּגְתָּא דְּהָנֵי תַּנָּאֵי: Sometimes the Gemara draws parallels between tannaitic disputes, suggesting that the subject of a dispute under discussion is parallel to a dispute based on the same principles between a second pair who disagree elsewhere with regard to another case.

כֵּיוָן שֶׁפֵּירַשׂ טַלִּיתוֹ עָלֶיהָ שׁוּב אֵין רַשַּׁאי לְמוֹכְרָהּ, דִּבְרֵי רַבִּי עֲקִיבָא. רַבִּי אֱלִיעֶזֶר אוֹמֵר: ״בְּבִגְדוֹ בָהּ״ – כֵּיוָן שֶׁבָּגַד בָּהּ שׁוּב אֵין רַשַּׁאי לְמוֹכְרָהּ.

This verse indicates that **once** the master **has spread his garment over her,** thereby designating her as his wife, her father **may no longer sell her.** This is **the statement of Rabbi Akiva,** who interprets *bevigdo* as related to *beged,* meaning garment. **Rabbi Eliezer says:** ***"Bevigdo vah"*** means that **since** the father **dealt deceitfully** [*bagad*] **with her** and sold her once, **he cannot sell her again.**

בְּמַאי קָמִיפַּלְגִי? רַבִּי אֱלִיעֶזֶר סָבַר: יֵשׁ אֵם לַמָּסוֹרֶת; וְרַבִּי עֲקִיבָא סָבַר: יֵשׁ אֵם לַמִּקְרָא; וְרַבִּי שִׁמְעוֹן סָבַר: יֵשׁ אֵם לַמִּקְרָא וְלַמָּסוֹרֶת.

The Gemara asks: **With regard to what** principle **do they disagree? Rabbi Eliezer maintains that the tradition** of the manner in which the verses in the Torah are written **is authoritative,**[N] and one derives *halakhot* based on the spelling of the words. One relies on the way a word is written, without the traditional vocalization, and therefore it is read as though it were vocalized as *bevagdo,* which refers to betrayal, not a garment. **And Rabbi Akiva maintains** that the **vocalization** of the Torah **is authoritative,**[B] meaning that one derives *halakhot* based on the pronunciation of the words, although it diverges from the spelling, and since one pronounces the term as *bevigdo,* it is related to the word *beged,* meaning garment. **And Rabbi Shimon maintains** that both the **vocalization** of the Torah **and the tradition** of the manner in which the verses in the Torah are written are **authoritative.** Consequently, she cannot be sold as a slave after she has been taken as a wife, nor can she be sold again after she has already been sold once.

בָּעֵי רַבָּה בַּר אֲבוּהּ: יִעוּד, נִישּׂוּאִין עוֹשֶׂה אוֹ אֵירוּסִין עוֹשֶׂה? נָפְקָא מִינָּהּ לְיוֹרְשָׁהּ, וְלִיטַּמֵּא לָהּ, וּלְהָפֵר נְדָרֶיהָ. מַאי?

Rabba bar Avuh raises a dilemma: Does **designation** of a Hebrew maidservant for betrothal by her master **effect marriage or** does it **effect** only **betrothal?** The **practical difference** of the outcome of this dilemma is **whether he inherits her** property, i.e., does her husband inherit her property if she dies as he would if she were married to him; **and** whether he is obligated to **become impure to** bury **her** when she dies, if he is a priest; **and** whether he can **nullify her vows** on his own without her father, as is the case with a married woman. **What is the** *halakha*?

תָּא שְׁמַע: ״בְּבִגְדוֹ בָהּ״, כֵּיוָן שֶׁפֵּירַשׂ טַלִּיתוֹ עָלֶיהָ – שׁוּב אֵינוֹ רַשַּׁאי לְמוֹכְרָהּ. זַבּוֹנֵי הוּא דְּלָא מְזַבֵּין לָהּ, הָא יַעוּדֵי – מְיַיעַד לָהּ. וְאִי אָמְרַתְּ נִישּׂוּאִין עוֹשֶׂה, כֵּיוָן דְּנִישֵּׂאת – שׁוּב אֵין לְאָבִיהָ רְשׁוּת בָּהּ. אֶלָּא לָאו שְׁמַע מִינָּהּ: אֵירוּסִין עוֹשֶׂה.

The Gemara suggests: **Come** and **hear** a solution to this dilemma. ***"Bevigdo vah"*** means: **Once** her master **has spread his garment over her,** the father **may no longer sell her.** The Gemara analyzes this statement: This indicates that her father **cannot sell her** afterward, but he **can designate her** for another man if the master dies or divorces her. **And if you say** that designation **effects marriage, once she is married her father no longer has authority over her.**[H] **Rather,** is it **not** correct to **learn from this** that designation **effects** only **betrothal?**[H]

אָמַר רַב נַחְמָן בַּר יִצְחָק: הָכָא בְּקִידּוּשִׁין דְּעָלְמָא קָאֵי. וְהָכִי קָאָמַר: כֵּיוָן שֶׁמְּסָרָהּ אָבִיהָ לְמִי שֶׁנִּתְחַיֵּיב בִּשְׁאֵרָהּ כְּסוּתָהּ וְעוֹנָתָהּ – שׁוּב אֵין יָכוֹל לְמוֹכְרָהּ.

Rav Naḥman bar Yitzḥak said that this argument can be refuted. **Here,** the *baraita* is **dealing with** the **ordinary betrothal** of one's daughter, not to one who sells his daughter as a maidservant. **And this is what** the *baraita* **is saying: Since her father gave her,** i.e., betrothed her, **to one who is obligated to** provide **her food, her clothing, and** fulfill **her conjugal rights, he can no longer sell her.** Therefore, this *baraita* proves nothing with regard to the issue of whether or not designation effects marriage.

NOTES

The tradition of the manner in which the verses are written is authoritative – יֵשׁ אֵם לַמָּסוֹרֶת: There are two basic interpretations of this issue. Rashi claims that the *tanna'im* disagree with regard to the meaning of the term *bevigdo*, as to whether it is referring to clothing or to betrayal. Alternatively, the dispute is actually based on the meaning of an earlier word in the verse: "Who did not [*lo*] designate her" (Exodus 21:8). This *lo* is written with the letter *alef*, according to which it means: Not. If so, the verse is saying that she has not been designated and there has been no marriage, i.e., she has only been sold as a maidservant. Nevertheless, he cannot sell her as a maidservant again, as claimed by Rabbi Eliezer. The word *lo* is read as though it were written with a *vav*, in which case it means: Who to himself has designated her, which indicates that the father cannot sell her again after marriage (Ritva). One problem with this interpretation is that the *baraita* presents the dispute as focusing on the word *bevigdo*, not *lo*. Nevertheless, it is possible that that the alternative readings of *lo* affect the explanation of *bevigdo*: If the Torah means that he has not designated her, then the word *bevigdo* suggests betrayal, whereas if it is saying that he has designated her to him, the term is referring to clothes (Ritva).

BACKGROUND

The tradition of the manner in which the verses are written is authoritative and…the vocalization of the Torah is authoritative – אֵם לַמָּסוֹרֶת וְאֵם לַמִּקְרָא: The question as to whether the written or the vocalized text is authoritative raises the issue of whether or not conclusions can be drawn from the manner in which words are written in the Torah, even if those interpretations contradict the accepted pronunciations of those words. This dispute arises in several places in the Talmud. In fact, neither opinion entirely precludes the other, as everyone agrees that both the vocalization and the traditional text must be taken into consideration. The dispute applies only to instances where the conclusions derived by means of the two approaches are contradictory.

HALAKHA

Once she is married her father no longer has authority over her – כֵּיוָן דְּנִישֵּׂאת שׁוּב אֵין לְאָבִיהָ רְשׁוּת בָּהּ: If a daughter was married and was subsequently widowed or divorced, even when still a minor, her father has no authority to marry her off again (Rambam *Sefer Nashim, Hilkhot Ishut* 3:12; *Shulḥan Arukh, Even HaEzer* 37:3, 55:7).

Designation effects betrothal – יִעוּד אֵירוּסִין עוֹשֶׂה: Designation is similar to betrothal, and it is not similar to marriage. Consequently, if the master is a priest, he does not inherit her property, he does not become impure to bury her if she passes away, and he cannot nullify her vows until she enters the wedding canopy (Rambam *Sefer Kinyan, Hilkhot Avadim* 4:9).

תָּא שְׁמַע: אֵין מוֹכְרָהּ לִקְרוֹבִים. מִשּׁוּם רַבִּי אֱלִיעֶזֶר אָמְרוּ: מוֹכְרָהּ לִקְרוֹבִים. וְשָׁוִין שֶׁמּוֹכְרָהּ אַלְמָנָה לְכֹהֵן גָּדוֹל, גְּרוּשָׁה וַחֲלוּצָה לְכֹהֵן הֶדְיוֹט.

The Gemara cites another relevant source. **Come and hear:** A father **cannot sell** his daughter as a maidservant **to relatives**[H] with whom she is prohibited from engaging in sexual intercourse, as they cannot fulfill the mitzva of designation. **They said in the name of Rabbi Eliezer: He can sell her to relatives,** because designation is merely an option and its inapplicability does not negate the possibility of a sale. **And they agree that he can sell her to a High Priest** if she is **a widow,**[H] or **to a common priest** if she is **a divorcée or a** ***yevama*** **who performed** ***ḥalitza*** **[*ḥalutza*].** Although it is prohibited for her to marry these men, their betrothal is effective, and therefore designation is not entirely impossible in these cases.

הַאי אַלְמָנָה הֵיכִי דָּמֵי? אִילֵימָא דְּקָדֵישׁ נַפְשָׁהּ – אַלְמָנָה קָרֵי לָהּ? וְאֶלָּא דְּקִדְּשָׁהּ אָבִיהָ – מִי מָצֵי מְזַבֵּין לָהּ? וְהָא אֵין אָדָם מוֹכֵר אֶת בִּתּוֹ לְשִׁפְחוּת אַחַר אִישׁוּת.

The Gemara clarifies: **What are the circumstances of this widow? If we say that** she **betrothed herself**[H] when she was a minor and her husband died, is **she called a widow?** Since the initial betrothal was entirely ineffective, as a minor cannot accept betrothal independently, she would not be considered his wife. **Rather,** one must say **that her father betrothed her** and she was subsequently widowed. But if that is the case, **can he sell her? But** it was taught that **a person cannot sell his daughter into slavery after marriage.**

וְאָמַר רַב עַמְרָם אָמַר רַבִּי יִצְחָק: הָכָא בְּקִדּוּשֵׁי יִעוּד, וְאַלִּיבָּא דְּרַבִּי יוֹסֵי בְּרַבִּי יְהוּדָה, דְּאָמַר: מָעוֹת הָרִאשׁוֹנוֹת לָאו לְקִידּוּשִׁין נִיתְּנוּ. וְאִי אָמְרַתְּ נִישּׂוּאִין עוֹשֶׂה – כֵּיוָן שֶׁנִּישֵּׂאת, שׁוּב אֵין לְאָבִיהָ רְשׁוּת בָּהּ!

And Rav Amram says that **Rabbi Yitzḥak says: Here,** it is referring **to** a woman widowed from **betrothal of designation, and** this is **in accordance with** the opinion of **Rabbi Yosei, son of Rabbi Yehuda, who says: The original money** of the sale of the maidservant **was not given for** the purpose of **betrothal** but as payment for her work, and if the master wishes to designate her he must give her additional money for that purpose. The relevance of this assertion will be clarified below. The Gemara explains the proof from this *baraita*: **And if you say** that designation **effects marriage, once she is married her father no longer has authority over her.** How can he sell her a second time after the death of her first husband?

וְאֶלָּא מַאי – אֵירוּסִין עוֹשֶׂה? וְשָׁוִין שֶׁמּוֹכְרָהּ?! הָא אֵין אָדָם מוֹכֵר אֶת בִּתּוֹ לְשִׁפְחוּת אַחַר אִישׁוּת! אֶלָּא מַאי אִית לָךְ לְמֵימַר? שָׁאנֵי אֵירוּסִין דִּידָהּ מֵאֵירוּסִין דְּאָבִיהָ. אֲפִילּוּ תֵּימָא נִישּׂוּאִין עוֹשֶׂה – שָׁאנֵי נִישּׂוּאִין דִּידָהּ מִנִּישּׂוּאִין דְּאָבִיהָ.

The Gemara asks from the other perspective: **Rather, what** will you say, that designation **effects** only **betrothal?** If so, why does the *baraita* state: **And they agree that he can sell her?** After all, **a person cannot sell his daughter into slavery after matrimony.** This *baraita* also refers to a case where a woman was betrothed but the marriage was not consummated. **Rather, what have you to say? Betrothal** effected **by her is different from betrothal** effected **by her father.** Since the marriage was not performed through her father but by the master giving her additional money, as held by Rabbi Yosei, son of Rabbi Yehuda, the principle that one cannot sell his daughter into slavery after betrothal does not apply. But by the same reasoning, **even if you say** that designation **effects marriage,** you can argue that **marriage** effected **by her is different from marriage** effected **by her father.**

הַאי מַאי?! בִּשְׁלָמָא אֵירוּסִין מֵאֵירוּסִין – שָׁאנֵי. אֶלָּא נִישּׂוּאִין מִנִּישּׂוּאִין,

This challenge is rejected: **What is this** comparison? **Granted,** one form of **betrothal is different from** the other **betrothal,** i.e., there is a difference between standard betrothal with the father's consent and betrothal through designation, which is performed upon the master's initiative. After that type of betrothal the father can, in fact, sell her a second time. **But** with regard to one mode of effecting **marriage** in relation **to** another mode of effecting **marriage,**

HALAKHA

He cannot sell her to relatives – אֵין מוֹכְרָהּ לִקְרוֹבִים: A Hebrew maidservant can be sold only if she may be betrothed to the master or his son. Consequently, one can sell his daughter to his father, as, although his father is forbidden to her, his other sons, i.e., the daughter's uncles, are permitted to marry her. He cannot sell her to his son, as his son is forbidden to her as her brother, and his son's son is forbidden to her because she is the sister of his father. The *halakha* is in accordance with the opinion of the Rabbis (Rambam *Sefer Kinyan*, *Hilkhot Avadim* 4:11).

He can sell her to a High Priest if she is a widow – שֶׁמּוֹכְרָהּ אַלְמָנָה לְכֹהֵן גָּדוֹל: Although a father cannot sell his daughter to one who may not betroth her, he can sell her to those for whom betrothal to her is effective, even if the relationship is forbidden, e.g., a widow to a High Priest, or a divorcée to a common priest (Rambam *Sefer Kinyan*, *Hilkhot Avadim* 4:12).

If we say that she betrothed herself – אִילֵימָא דְּקָדֵישׁ נַפְשָׁהּ: If a woman betrothed herself before she reached adulthood, she is not betrothed. If she was widowed or divorced from that betrothal, she is not forbidden to priests (Rambam *Sefer Nashim*, *Hilkhot Ishut* 3:13).

HALAKHA

Man, to exclude a minor – אִישׁ פְּרָט לְקָטָן: In all cases of forbidden sexual relationships, if one of the parties is an adult and the other a minor who is old enough to engage in intercourse, the adult is liable while the minor is exempt (Rambam *Sefer Kedusha*, *Hilkhot Issurei Bia* 1:18).

To exclude the wife of a minor – פְּרָט לְאֵשֶׁת קָטָן: One who engages in intercourse with the wife of a minor, even if she was a *yevama*, and her husband, the *yavam*, was nine years and one day old, is exempt, in accordance with the opinion of Rav Ashi (Rambam *Sefer Kedusha*, *Hilkhot Issurei Bia* 3:1).

מִי שָׁאנֵי?

is the matter **different?** In both cases she is fully released from her father's authority by Torah law, and therefore he should not be able to sell her again afterward.

וּלְרַב נַחְמָן בַּר יִצְחָק, דְּאָמַר: אֲפִילּוּ לְרַבִּי יוֹסֵי בְּרַבִּי יְהוּדָה מָעוֹת הָרִאשׁוֹנוֹת לְקִידּוּשִׁין נִיתְּנוּ, בְּמַאי מוֹקִים לָהּ? מוֹקִים לָהּ כְּרַבִּי אֱלִיעֶזֶר, דְּאָמַר: לְשִׁפְחוּת אַחַר שִׁפְחוּת הוּא דְּלָא מָצֵי מְזַבֵּין לָהּ, אֲבָל לְשִׁפְחוּת אַחַר אִישׁוּת – מָצֵי מְזַבֵּין לָהּ.

The Gemara asks: **And according to** the explanation of **Rav Naḥman bar Yitzḥak, who says that even** according **to Rabbi Yosei, son of Rabbi Yehuda, the original money** of the sale of the maidservant **was given for** the purpose of **betrothal, in accordance with whose** opinion does **he establish** the *baraita* that permits a father to sell his widowed daughter? After giving her in marriage a father may no longer sell his daughter into slavery. The Gemara explains: **He establishes it in accordance with** the opinion of **Rabbi Eliezer, who says: It is for slavery after slavery that he is not able to sell her, but he is able to sell her into slavery after marriage.**

בָּעֵי רֵישׁ לָקִישׁ: מַהוּ שֶׁמְּיַיעֵד אָדָם לִבְנוֹ קָטָן? ״בְּנוֹ״ אָמַר רַחֲמָנָא – בְּנוֹ כׇּל דְּהוּ, אוֹ דִּילְמָא: בְּנוֹ דּוּמְיָא דִּידֵיהּ: מַה הוּא גָּדוֹל – אַף בְּנוֹ גָּדוֹל?

§ **Reish Lakish raises a dilemma:** With regard to the possibility **that a person can designate** a Hebrew maidservant **for his minor son, what is** the *halakha*? The Gemara clarifies the sides of this dilemma. Does one learn from the verse: "And if he designates her for **his son**" (Exodus 21:9), that **the Merciful One states** that this applies to **any son,** even if he is too young to be married? **Or perhaps** it means **his son** who is **similar to him: Just as he is an adult man, so too, his son** must be **an adult man.**

אֲמַר רַבִּי זֵירָא, תָּא שְׁמַע: ״אִישׁ״ – פְּרָט לְקָטָן; ״אֲשֶׁר יִנְאַף אֶת אֵשֶׁת אִישׁ״ – פְּרָט לְאֵשֶׁת קָטָן. וְאִי אָמְרַתְּ מְיַיעֵד – אִם כֵּן מָצִינוּ אִישׁוּת לְקָטָן.

Rabbi Zeira said: Come and **hear** a solution to this dilemma from the verse: "And the man who commits adultery with the wife of another man, even he that commits adultery with his neighbor's wife, both the adulterer and the adulteress shall surely be put to death" (Leviticus 20:10). The Sages expounded that the term **"man"** serves **to exclude a minor**[H] who commits adultery. The phrase **"who commits adultery with the wife of another man"** serves **to exclude the wife of a minor,**[H] as the marriage of a minor is invalid. **And if you say** that a father can **designate** a wife for his minor son, and designation effects betrothal or marriage, **we find** that there is **marriage for a minor.**

וְאֶלָּא מַאי? אֵינוֹ מְיַיעֵד, אַמַּאי קָא מְמַעֵט לֵיהּ קְרָא? תִּיפְשׁוֹט מִינָּהּ דִּמְיַיעֵד! אֲמַר רַב אַשִׁי: הָכָא בְּיָבָם בֶּן תֵּשַׁע שָׁנִים וְיוֹם אֶחָד הַבָּא עַל יְבִמְתּוֹ עָסְקִינַן,

The Gemara challenges this proof: **But rather, what** will you say, that a master **cannot designate** a maidservant for his son who is a minor? If so, **why does the verse exclude him?** If the marriage of a minor is never valid, why is it necessary for the verse to exclude him? On the contrary, **resolve from here that one can designate** for his minor son. **Rav Ashi said:** One could say that **here,** when this verse excludes the wife of a minor, **we are dealing with a** ***yavam*** who is **nine years and one day old who engaged in sexual intercourse with his** ***yevama*,** and his intercourse is considered valid.

דְּמִדְּאוֹרָיְיתָא חֲזָיָא לֵיהּ. מַהוּ דְּתֵימָא: כֵּיוָן דְּמִדְּאוֹרָיְיתָא חֲזָיָא לֵיהּ, וּבִיאָתוֹ בִּיאָה – הַבָּא עָלֶיהָ מִתְחַיֵּיב בְּאֵשֶׁת אִישׁ. קָא מַשְׁמַע לַן.

The unique feature of this case is **that by Torah law** she **is fit for him.**[N] The *halakhot* of levirate marriage do not stipulate the minimum age of the *yavam*. Sexual intercourse with a boy aged nine years and one day is legally considered intercourse, and therefore this verse is necessary, **lest you say: Since by Torah law she is fit for him, and his sexual intercourse** is considered proper **intercourse;** therefore, he acquires her and she is his wife in all regards. Consequently, **one who engages in intercourse with her becomes liable for** violating the prohibition against engaging in intercourse with **a married woman.** Therefore, the verse **teaches us** that despite this consideration, she is not considered a full-fledged married woman.

NOTES

By Torah law she is fit for him – מִדְּאוֹרָיְיתָא חֲזָיָא לֵיהּ: The sexual intercourse of a minor boy who is nine years and one day old serves to acquire the woman with regard to certain matters (Rashi; Ra'avad). Some explain Rashi as saying that technically the sexual intercourse of a minor is sufficient to acquire a *yevama*, but the Sages determined that this act does not effect a complete acquisition (*Penei Yehoshua*). Others state that as this act effects acquisition in the case of an adult, one might have argued that the same applies to a minor (*Tosafot*).

מַאי הָוֵי עֲלַהּ? תָּא שְׁמַע, אָמַר רַבִּי אַיְיבוּ אָמַר רַבִּי יַנַּאי: אֵין יִעוּד אֶלָּא בְּגָדוֹל, אֵין יִעוּד אֶלָּא מִדַּעַת. תַּרְתֵּי?! מַה טַּעַם קָאָמַר; מַה טַּעַם אֵין יִעוּד אֶלָּא בְּגָדוֹל? לְפִי שֶׁאֵין יִעוּד אֶלָּא מִדַּעַת.

The Gemara asks: Ultimately, **what** halakhic conclusion **was** reached **about** this matter of designation for a minor son? **Come and hear,** as **Rabbi Aivu says** that **Rabbi Yannai says: Designation applies only to an adult man,**[H] and **designation applies only with consent.** The Gemara asks: Why is it necessary to teach these **two**[N] *halakhot* with regard to this matter? It can be derived from the statement that designation requires consent that it applies only to an adult, as a minor is legally incapable of consent. The Gemara answers: Rabbi Yannai **is saying: What is the reason,** i.e., **what is the reason** that **designation applies only to an adult man?** It is **because designation applies only with consent.**

וְאִיבָּעֵית אֵימָא: מַאי מִדַּעַת? מִדַּעַת דִּידָהּ. דְּתָנֵי אַבַּיֵי בְּרֵיהּ דְּרַבִּי אַבָּהוּ: "אֲשֶׁר לֹא יְעָדָהּ" – מְלַמֵּד שֶׁצָּרִיךְ לְיַיעֲדָהּ.

And if you wish, say an alternative explanation. **What** is the meaning of the term: **With consent?** It means **with her consent.**[H] **As Abaye, son of Rabbi Abbahu, taught:** The verse **"who did not designate her** [*ye'adah*]**"** (Exodus 21:8), **teaches that he is required to inform her** [*ya'adah*].[N]

הוּא תָּנֵי לַהּ, וְהוּא אָמַר לַהּ: בְּקִידּוּשֵׁי יִעוּד, וְאַלִּיבָּא דְּרַבִּי יוֹסֵי בְּרַבִּי יְהוּדָה, דְּאָמַר: מָעוֹת הָרִאשׁוֹנוֹת לָאו לְקִידּוּשִׁין נִיתְּנוּ. רַב נַחְמָן בַּר יִצְחָק אָמַר: אֲפִילּוּ תֵּימָא לְקִידּוּשִׁין נִיתְּנוּ. שָׁאנֵי הָכָא דְּאָמַר רַחֲמָנָא "יְעָדָהּ".

He teaches it and he says it: This is referring **to betrothal through designation, and** it is **in accordance with** the opinion of **Rabbi Yosei, son of Rabbi Yehuda, who said: The original money** of the sale of the maidservant **was not given for** the purpose of **betrothal.** For this reason, an additional act of betrothal must be performed with her consent. **Rav Naḥman bar Yitzḥak said: Even** if **you say** that the original money **was given for betrothal, it is different here, as the Merciful One states "designate her** [*ye'adah*]**."** This unusual expression alludes to the *halakha* that this act must be performed with her consent.

מַאי רַבִּי יוֹסֵי בְּרַבִּי יְהוּדָה? דְּתַנְיָא: "יְעָדָהּ וְהֶפְדָּהּ" – צָרִיךְ שֶׁיְּהֵא שְׁהוּת בַּיּוֹם כְּדֵי פְּדִיָּיה.

After mentioning the opinion of Rabbi Yosei, son of Rabbi Yehuda, several times, the Gemara asks: **What** is the source in which the opinion of **Rabbi Yosei, son of Rabbi Yehuda,** is stated? The Gemara answers: **As it is taught** in a *baraita* with regard to the verse: "Who did not **designate her, then he shall let her be redeemed**" (Exodus 21:8). This juxtaposition indicates that designation applies only when she can be redeemed. Consequently, if she is at the end of her service **it is necessary that** when he designates her **there must be enough time** remaining **in the day for redemption.** There must be sufficient time for her to be redeemed, and if only a short amount of time remains, during which she would be unable to perform work worth one *peruta,* the master does not have the option of redeeming her.

מִכָּאן אָמַר רַבִּי יוֹסֵי בְּרַבִּי יְהוּדָה: אִם יֵשׁ שְׁהוּת בַּיּוֹם כְּדֵי לַעֲשׂוֹת עִמּוֹ שָׁוֶה פְּרוּטָה – מְקוּדֶּשֶׁת, וְאִם לָאו – אֵינָהּ מְקוּדֶּשֶׁת. אַלְמָא קָסָבַר: מָעוֹת הָרִאשׁוֹנוֹת לָאו לְקִידּוּשִׁין נִיתְּנוּ.

From here Rabbi Yosei, son of Rabbi Yehuda, says: If there is enough time left **in the day for her to perform** work that is **worth one** *peruta* **for him, she is betrothed,** as he betroths her with the amount she owes him for her work, which is the value of one *peruta.* **And if not, she is not betrothed. Apparently, he maintains** that **the original money** of the sale of the maidservant **was not given** for the purpose of **betrothal.**

HALAKHA

Designation applies only to an adult man – אֵין יִעוּד אֶלָּא בְּגָדוֹל: Designation applies only to an adult male. If one wishes to designate a Hebrew maidservant for one of his sons, that son must be an adult. Similarly, designation applies only if the son gave his father permission to betroth the Hebrew maidservant to him, in accordance with the opinion of Rabbi Yannai (Rambam *Sefer Kinyan, Hilkhot Avadim* 4:7).

With her consent – מִדַּעַת דִּידָהּ: A master may designate a Hebrew maidservant only with her consent, in accordance with the opinion of Rav Naḥman bar Yitzḥak. Rabbeinu Tam maintains that he is required merely to inform her (Rambam *Sefer Kinyan, Hilkhot Avadim* 4:8).

NOTES

Two – תַּרְתֵּי: Rashi explains that these two ideas are really a single point, as they are different ways of expressing the same idea. Others maintain that these two rulings are actually in conflict, as the statement that designation applies only to an adult indicates that this can be achieved even without his intent, whereas the *halakha* that intent is required can be explained as including a minor who has intent (Ritva, citing Rabbeinu Tam; *Shita Lo Node'a LeMi*, citing Ra'avad).

That he is required to inform her – שֶׁצָּרִיךְ לְיַיעֲדָהּ: The commentaries dispute the meaning of this requirement. Some argue that provided that the maidservant is informed, she can be betrothed even against her will (Ramban). Others maintain that awareness is insufficient and that she must agree to the marriage (*Tosefot Tukh*; *Tosefot HaRosh*).

רַב נַחְמָן בַּר יִצְחָק אֲמַר: אֲפִילּוּ תֵּימָא לְקִידּוּשִׁין נִיתְּנוּ. שָׁאנֵי הָכָא דְּאָמַר רַחֲמָנָא "וְהֶפְדָּהּ".

Rav Naḥman bar Yitzḥak said: Even if you say that the original money **was given for betrothal,** one can explain this *halakha* as follows: **It is different here, as the Merciful One states** by means of the juxtaposition: "Who did not designate her, **then he shall let her be redeemed,**"[N] that by a Torah edict the designation must be performed at a stage when she can still be redeemed.

אָמַר רָבָא אָמַר רַב נַחְמָן: אוֹמֵר אָדָם לְבִתּוֹ קְטַנָּה "צְאִי וְקַבְּלִי קִידּוּשַׁיִךְ", מִדְּרַבִּי יוֹסֵי בְּרַבִּי יְהוּדָה.

§ **Rava says** that **Rav Naḥman says: A person** may **say to his minor daughter: Go out and accept your betrothal,**[NH] and when she accepts the betrothal it is as though she were appointed the father's agent for her betrothal, despite the fact she is not halakhically competent. From where is this derived? It is derived **from that** which **Rabbi Yosei, son of Rabbi Yehuda** said.

לָאו אָמַר רַבִּי יוֹסֵי בְּרַבִּי יְהוּדָה: מָעוֹת הָרִאשׁוֹנוֹת לָאו לְקִידּוּשִׁין נִיתְּנוּ, וְכִי מְשַׁיֵּיר בָּהּ שָׁוֶה פְּרוּטָה – הָווּ קִידּוּשֵׁי? הָכָא נַמִי, לָא שְׁנָא.

The Gemara elaborates: **Didn't Rabbi Yosei, son of Rabbi Yehuda, say that the original money** of the sale of the maidservant **was not given for** the purpose of **betrothal, and if** enough time for **her** to perform work **worth one *peruta* remains, it is a betrothal?** This indicates that when the father sells his daughter he effectively appoints her as her own agent to receive her betrothal, if the master wishes to designate her for himself. At the time of the designation the father receives nothing, while the daughter accepts the value of one *peruta* for her work as betrothal. **Here too, it is no different,** and therefore a minor can accept her betrothal with the consent of her father.

וְאָמַר רָבָא אָמַר רַב נַחְמָן: הַמְקַדֵּשׁ בְּמִלְוָה שֶׁיֵּשׁ עָלֶיהָ מַשְׁכּוֹן – מְקוּדֶּשֶׁת, מִדְּרַבִּי יוֹסֵי בְּרַבִּי יְהוּדָה. לָאו אָמַר רַבִּי יוֹסֵי בְּרַבִּי יְהוּדָה מָעוֹת הָרִאשׁוֹנוֹת לָאו לְקִידּוּשִׁין נִיתְּנוּ? הַאי – הַלְוָאָה הִיא, וְהִיא גּוּפָא מַשְׁכּוֹן הִיא,

And Rava says that **Rav Naḥman says:** With regard to **one who betroths** a woman **with a loan for which there is collateral,**[NH] i.e., he relinquishes his claim to a loan that she owes him and he returns the collateral she gave him, **she is betrothed.** This is derived **from that** which **Rabbi Yosei, son of Rabbi Yehuda,** said. **Didn't Rabbi Yosei, son of Rabbi Yehuda, say that the original money** of the sale of the maidservant **was not given for** the purpose of **betrothal?** If so, **this** daughter's requirement to serve **is** similar to **a loan,** as there is no actual money but only an obligation, **and she herself is the collateral.** In other words, her body is the security that the loan will be repaid.

NOTES

As the Merciful One states, then he shall let her be redeemed – דְּאָמַר רַחֲמָנָא וְהֶפְדָּהּ: If the maidservant no longer owes the master any service worth one *peruta*, her term has effectively expired, and therefore he can no longer designate her (Ritva, citing Ramban).

Go out and accept your betrothal – צְאִי וְקַבְּלִי קִידּוּשַׁיִךְ: This passage is problematic, as a minor cannot be appointed an agent, nor can she effect acquisition on her own. How, then, can this girl accept her betrothal herself? One answer is that although a minor cannot effect acquisition on behalf of another, she can effect acquisition on behalf of herself. Therefore, a girl can become betrothed with money she receives herself. The money belongs to her father, as he acquires everything of hers (Ramban). Others explain that a minor can effect acquisition if authorized to do so by her father, as she is similar to a courtyard that is consciously secured by its owners, which can effect acquisition for its owner (Rashba).

With a loan for which there is collateral – בְּמִלְוָה שֶׁיֵּשׁ עָלֶיהָ מַשְׁכּוֹן: Some commentaries explain that he betroths her by relinquishing his claim to a loan for which he holds a collateral, even if he does not return the collateral to her (*Tosafot*; *Tosefot Tukh*). One problem with this opinion is that the loan is merely an obligation, but not a tangible item of value, and therefore it is unclear with what she is betrothed (Rashba). Some answer that as the collateral is a tangible item, the loan is also treated as actual money (*Tosefot HaRosh*). Most early commentaries claim that he returns the collateral to her, which is considered an actual benefit by which she is betrothed. In fact, this is similar to betrothal through designation, in which the body of the maidservant is the collateral, as upon her designation the master returns control of her body to her (see Rambam).

HALAKHA

Go out and accept your betrothal – צְאִי וְקַבְּלִי קִידּוּשַׁיִךְ: Just as a father can accept betrothal for his minor daughter, so too can he appoint an agent to do so. He can even tell her to go and accept her own betrothal. Since some commentaries dispute this ruling, to satisfy all opinions it is preferable for the father to be with the minor girl when she accepts her betrothal (Rambam *Sefer Nashim, Hilkhot Ishut* 3:14; *Shulḥan Arukh, Even HaEzer* 37:7, and in the comment of Rema).

One who betroths a woman with a loan for which there is collateral – הַמְקַדֵּשׁ בְּמִלְוָה שֶׁיֵּשׁ עָלֶיהָ מַשְׁכּוֹן: If a man had collateral for a loan he gave to a woman, and he betrothed her with that loan and returned the collateral to her, she is betrothed (Rambam *Sefer Nashim, Hilkhot Ishut* 5:14; *Shulḥan Arukh, Even HaEzer* 28:11).

וְכִי מְשַׁיֵּיר בָּהּ שָׁוֶה פְּרוּטָה וּמְיַיעֵד – הָווּ קִידּוּשִׁין, הָכָא נַמִּי לָא שְׁנָא.

And yet if time for her to perform work **worth one *peruta* remains, and he designates** her, **it is a betrothal.** This shows that he can betroth her with a loan, i.e., the value of the remaining time of her servitude, for which she herself is collateral. **Here too, it is no different,** and in general one may betroth a woman with a loan for which there is collateral.

תָּנוּ רַבָּנַן: כֵּיצַד מִצְוַת יִעוּד? אוֹמֵר לָהּ בִּפְנֵי שְׁנַיִם "הֲרֵי אַתְּ מְקוּדֶּשֶׁת לִי" "הֲרֵי אַתְּ מְאוֹרֶסֶת לִי", אֲפִילּוּ בְּסוֹף שֵׁשׁ, וַאֲפִילּוּ סָמוּךְ לִשְׁקִיעַת הַחַמָּה. וְנוֹהֵג בָּהּ מִנְהַג אִישׁוּת, וְאֵינוֹ נוֹהֵג בָּהּ מִנְהַג שִׁפְחוּת. רַבִּי יוֹסֵי בְּרַבִּי יְהוּדָה אוֹמֵר: אִם יֵשׁ שְׁהוּת בַּיּוֹם כְּדֵי לַעֲשׂוֹת עִמּוֹ שָׁוֶה פְּרוּטָה – מְקוּדֶּשֶׁת; וְאִם לָאו – אֵינָהּ מְקוּדֶּשֶׁת.

§ **The Sages taught: How is the mitzva of designation** performed?[H] The master **says to her before two** witnesses: **You are hereby betrothed [*mekuddeshet*]**[N] **to me,** or: **You are hereby betrothed [*me'oreset*] to me.** The designation is effective **even** if he said this **at the end of six** years of work, **and even** if it is **close to sunset** on the last day of her term. **And** once he designates her **he treats her in the manner of marriage and may not treat her in the manner of slavery. Rabbi Yosei, son of Rabbi Yehuda, says: If there is enough time** left **in that day for her to perform** for **him** work **worth one *peruta*, she is betrothed, and if not, she is not betrothed.**

מָשָׁל לְאוֹמֵר לְאִשָּׁה "הִתְקַדְּשִׁי לִי מֵעַכְשָׁיו לְאַחַר שְׁלֹשִׁים יוֹם", וּבָא אַחֵר וְקִידְּשָׁהּ בְּתוֹךְ שְׁלֹשִׁים יוֹם – שֶׁמְּקוּדֶּשֶׁת לָרִאשׁוֹן. מָשָׁל לְמַאן?

The *baraita* continues: This can be understood by way of **a parable** comparing this *halakha* **to** the *halakha* of **one who says to a woman: Be betrothed to me from now after thirty days, and another man came and betrothed her within thirty days.** In this case the *halakha* is **that she is betrothed to the first** man. The Gemara inquires: **According to whom** is this **parable** suggested? Of the two opinions cited in the *baraita,* whose opinion accords with the *halakha* in the case of the parable?

אִילֵימָא מָשָׁל לְרַבִּי יוֹסֵי בְּרַבִּי יְהוּדָה – הָא אִם יֵשׁ שְׁהוּת בַּיּוֹם כְּדֵי לַעֲשׂוֹת עִמּוֹ שָׁוֶה פְּרוּטָה – מְקוּדֶּשֶׁת, וְאִם לָאו – לָא!

If we say that the *halakha* in the case of the **parable is** compared **to** the opinion of **Rabbi Yosei, son of Rabbi Yehuda,** didn't he say: **If there is enough time on that day for her to perform** for **him** work **worth one *peruta*, she is betrothed, and if not,** she is **not** betrothed? Rabbi Yosei, son of Rabbi Yehuda, maintains that she is not considered betrothed conditionally when she is initially acquired as a Hebrew maidservant. Rather, the betrothal takes effect only when he designates her. This is evident from the fact that enough time must remain for her to perform work worth one *peruta,* as she is betrothed with that amount. If so, one cannot compare his ruling to the case of the parable, where the betrothal of the first was given before that of the second.

אָמַר רַב אַחָא בְּרֵיהּ דְּרָבָא: מָשָׁל לְרַבָּנַן. פְּשִׁיטָא!

Rav Aḥa, son of Rava, said: The *halakha* in the case of the **parable is** compared **to** the opinion of **the Rabbis,** i.e., the first opinion cited in the *baraita,* who say that when she was initially acquired as a Hebrew maidservant it is as though he had betrothed her on condition that she would be retroactively betrothed whenever her master desired. This indicates that retroactive betrothal is possible. The Gemara asks: **Isn't it obvious** that this comparison is correct? Why would the *baraita* need to state a parable?

מַהוּ דְּתֵימָא: הָא לָא אֲמַר לֵיהּ "מֵעַכְשָׁיו". קָא מַשְׁמַע לַן.

The Gemara explains: The *baraita* needs to state a parable **lest you say** that the Rabbis hold she is betrothed to the master even if the master **did not say to** the father that she is betrothed to him **from now.** The parable therefore **teaches us** that the case of the master is comparable to a case where the first man said to her: From now, and if the master did not state this term when acquiring her as a Hebrew maidservant, then she is not betrothed to him.

NOTES

You are hereby betrothed – הֲרֵי אַתְּ מְקוּדֶּשֶׁת: An alternative version of this text reads: You are designated to me. The commentaries explain that although that formulation is not effective in the case of a regular woman, it is clearly valid for a Hebrew maidservant (*Shita Lo Node'a LeMi*).

HALAKHA

How is the mitzva of designation performed – כֵּיצַד מִצְוַת יִעוּד: The mitzva of designation is performed as follows. A master says to his maidservant before two witnesses: You are hereby betrothed to me, or: You are hereby my wife. This statement can be issued even near sunset on the last day of her term of service. He does not need to give her anything, as the original money he paid is considered given for the sake of betrothal, in accordance with the opinion of the Rabbis (Rambam *Sefer Kinyan, Hilkhot Avadim* 4:7).

תַּנְיָא אִידַּךְ: הַמּוֹכֵר אֶת בִּתּוֹ, וְהָלַךְ וְקִידְּשָׁהּ לְאַחֵר – שִׂיחֵק בָּאָדוֹן, וּמְקוּדֶּשֶׁת לַשֵּׁנִי, דִּבְרֵי רַבִּי יוֹסֵי בְּרַבִּי יְהוּדָה. וַחֲכָמִים אוֹמְרִים: אִם רָצָה לְיַיעֵד – מְיַיעֵד.

It is taught in **another** *baraita*: With regard to **one who** first **sells his daughter** as a Hebrew maidservant **and** then **goes and betroths her to another**[H] man, he **mocks the master, and she is betrothed to the second** man. Although he sold her as a Hebrew maidservant, he can remove her from the authority of the master, and this is seen as mocking him. This is **the statement of Rabbi Yosei, son of Rabbi Yehuda. And the Rabbis say: If** the master **wants to designate** her, he can **designate** her, and the second man's betrothal is void.

מָשָׁל לְאוֹמֵר לְאִשָּׁה ״הֲרֵי אַתְּ מְקוּדֶּשֶׁת לִי לְאַחַר שְׁלֹשִׁים יוֹם״ וּבָא אַחֵר וְקִידְּשָׁהּ בְּתוֹךְ שְׁלֹשִׁים יוֹם – שֶׁמְּקוּדֶּשֶׁת לַשֵּׁנִי. מָשָׁל לְמַאן?

The *baraita* continues: This can be understood by way of **a parable** comparing this *halakha* to the *halakha* of **one who says to a woman: Be betrothed to me after thirty days, and another man came and betrothed her within thirty days.** In this case the *halakha* is **that she is betrothed to the second** man. The Gemara inquires: **According to whom** is this **parable** suggested? Of the two opinions cited in the *baraita*, whose opinion accords with the *halakha* in the case of the parable?

אִילֵימָא לְרַבָּנַן – הָאָמְרִי רַבָּנַן אִם רָצָה לְיַיעֵד מְיַיעֵד!

If we say that the *halakha* in the case of the **parable is** compared **to** the opinion of **the Rabbis, don't the Rabbis say** that **if** the master **wants to designate** her, **he may designate** her, and the second man's betrothal does not take effect? In the case of the parable, she is betrothed to the second man, and the first cannot prevent this.

אֶלָּא אָמַר רַב אַחָא בְּרֵיהּ דְּרָבָא: מָשָׁל לְרַבִּי יוֹסֵי בְּרַבִּי יְהוּדָה. פְּשִׁיטָא!

Rather, Rav Aḥa, son of Rava, said: The *halakha* in the case of the **parable is** compared **to** the opinion of **Rabbi Yosei, son of Rabbi Yehuda.** The Gemara asks: **Isn't it obvious** that this comparison is correct? Why would the *baraita* need to state a parable?

מַהוּ דְּתֵימָא: הָא לָא אֲמַר לַהּ ״לְאַחַר שְׁלֹשִׁים יוֹם״. קָא מַשְׁמַע לַן.

The Gemara explains: The *baraita* needs to state a parable **lest you say** that the case of the Hebrew maidservant is different, as **he did not say to her** when he acquired her: **After thirty days.** One might argue that the reason Rabbi Yosei, son of Rabbi Yehuda, holds that she is not betrothed to the master is that he did not state when he acquired her that she should be designated at a specific time in the future, but if he would have stated this at the time he acquired her as a Hebrew maidservant, the designation would then take effect. By comparing this case to the case of the parable, the *baraita* **teaches us** that Rabbi Yosei, son of Rabbi Yehuda, would hold that the designation does not take effect even if the master had said at the time of the acquisition that designation should take effect in thirty days, provided that her father betroths her to another in the interim.

תַּנְיָא אִידַּךְ: הַמּוֹכֵר אֶת בִּתּוֹ וּפָסַק עַל מְנָת שֶׁלֹּא לְיַיעֵד – נִתְקַיֵּים הַתְּנַאי, דִּבְרֵי רַבִּי מֵאִיר. וַחֲכָמִים אוֹמְרִים: אִם רָצָה לְיַיעֵד – מְיַיעֵד, מִפְּנֵי שֶׁהִתְנָה עַל מַה שֶּׁכָּתוּב בַּתּוֹרָה, וְכׇל הַמַּתְנֶה עַל מַה שֶּׁכָּתוּב בַּתּוֹרָה – תְּנָאוֹ בָּטֵל.

§ **It is taught** in **another** *baraita*: With regard to **one who sells his daughter and stipulates** with the buyer that the sale applies **on the condition that he does not designate**[H] her, **the condition stands.** This is **the statement of Rabbi Meir. And the Rabbis say: If** the master **wants to designate** her **he may designate her, because** the father **stipulated counter to that which is written in the Torah,** as the Torah permits the designation of a Hebrew maidservant. **And** with regard to **anyone who stipulates counter to that which is written in the Torah,**[H] **his condition is void.**

וּלְרַבִּי מֵאִיר תְּנָאוֹ קַיָּים? וְהָתַנְיָא: הָאוֹמֵר לְאִשָּׁה ״הֲרֵי אַתְּ מְקוּדֶּשֶׁת לִי עַל מְנָת שֶׁאֵין לָךְ עָלַי שְׁאֵר כְּסוּת וְעוֹנָה״ – הֲרֵי זוֹ מְקוּדֶּשֶׁת, וּתְנָאוֹ בָּטֵל, דִּבְרֵי רַבִּי מֵאִיר. רַבִּי יְהוּדָה אוֹמֵר: בְּדָבָר שֶׁבְּמָמוֹן תְּנָאוֹ קַיָּים!

The Gemara asks: **And according to** the opinion of **Rabbi Meir,** does **his condition stand** in that case? **But isn't it taught** in a *baraita*: **One who says to a woman: You are hereby betrothed to me on the condition that you do not have against me** any claims of **food, clothing, and conjugal rights, she is betrothed and his condition is void;** this is **the statement of Rabbi Meir. Rabbi Yehuda says: With regard to monetary matters,** e.g., food and clothing, **his condition stands.**[N] This indicates that Rabbi Meir maintains that one cannot stipulate counter to that which is written in the Torah.

אָמַר חִזְקִיָּה: שָׁאנֵי הָכָא, דְּאָמַר קְרָא ״לְאָמָה״ – פְּעָמִים שֶׁאֵינוֹ מוֹכְרָהּ אֶלָּא לְאָמָה בִּלְבַד.

Ḥizkiyya said: It is **different here, as the verse states:** "And if a man sells his daughter **as a maidservant**" (Exodus 21:7), from which it is derived: There are **times when he sells her only as a maidservant,** not for the sake of marriage. This indicates that the designation of a maidservant is not a Torah obligation but is optional. Therefore, one can issue a stipulation that runs counter to the master designating her.

HALAKHA

One who sells his daughter and goes and betroths her to another – **הַמּוֹכֵר אֶת בִּתּוֹ וְהָלַךְ וְקִידְּשָׁהּ לְאַחֵר**: With regard to a father who sells his daughter but then betroths her to another man, if the master wishes to designate her, he can do so. If the master does not designate her for himself or for his son, once she leaves the authority of the master she becomes betrothed to the second man (Rambam *Sefer Kinyan, Hilkhot Avadim* 4:15).

On the condition that he does not designate – **עַל מְנָת שֶׁלֹּא לְיַיעֵד**: Even if a father stipulates when selling his daughter that she may not be designated, the master may designate her if he chooses to do so. The reason is that the father stipulated counter to that which is written in the Torah, and therefore his condition is void, in accordance with the opinion of the Rabbis (Rambam *Sefer Kinyan, Hilkhot Avadim* 4:16).

Anyone who stipulates counter to that which is written in the Torah – **הַמַּתְנֶה עַל מַה שֶּׁכָּתוּב בַּתּוֹרָה**: If one issues a condition counter to that which is written in the Torah, his condition is void, except in cases of monetary matters, concerning which the condition stands (Rambam *Sefer Nashim, Hilkhot Ishut* 6:9).

NOTES

With regard to monetary matters his condition stands – **בְּדָבָר שֶׁבְּמָמוֹן תְּנָאוֹ קַיָּים**: The reasoning here is that as one's money is completely within his control, he can choose to give it as a gift. Consequently, Torah obligations or options can be nullified if he decides to forego his rights. The early commentaries point out that if one expressly states that his condition should override a Torah law in a particular case, his condition is void.

וְרַבָּנַן, הַאי "לְאָמָה" מַאי עָבְדִי לֵיהּ? הַאי מִיבָּעֵי לְהוּ לְכִדְתַנְיָא: "לְאָמָה" – מְלַמֵּד שֶׁמּוֹכְרָהּ לִפְסוּלִים.

The Gemara asks: **And the Rabbis, what do they do with this** phrase: **"As a maidservant"**? How do they interpret it? The Gemara answers: **This** expression **is necessary for them for that which is taught** in a *baraita*: The verse states **"as a maidservant." This teaches that he can sell her to** people of **flawed** lineage,[H] e.g., a *mamzer*, whom she is prohibited from marrying but whose betrothal is effective.

וַהֲלֹא דִּין הוּא: אִם מְקַדְּשָׁהּ לִפְסוּלִים – לֹא יִמְכְּרֶנָּה לִפְסוּלִים? מָה לִמְקַדְּשָׁהּ לִפְסוּלִים – שֶׁכֵּן אָדָם מְקַדֵּשׁ אֶת בִּתּוֹ כְּשֶׁהִיא נַעֲרָה; יִמְכְּרֶנָּה לִפְסוּלִים – שֶׁאֵין אָדָם מוֹכֵר אֶת בִּתּוֹ כְּשֶׁהִיא נַעֲרָה? תַּלְמוּד לוֹמַר "לְאָמָה" – מְלַמֵּד שֶׁמּוֹכְרָהּ לִפְסוּלִין.

The *baraita* asks: Why is it necessary to derive that *halakha* from the verse? **But** could this **not** be derived through **logical inference: If** her father **can betroth her to** people of **flawed** lineage, can he **not sell her to** people of **flawed** lineage? The *baraita* answers: The verse is necessary, as **what** is unique about **betrothal to** people of **flawed** lineage is that **a person can betroth his daughter** even **when she is a young woman,** i.e., between the ages of twelve and twelve and a half. Therefore, one cannot learn from this that **he can** also **sell her to** people of **flawed** lineage because that case is different, **as a person cannot sell his daughter when she is a young woman.**[H] The *halakha* that a person can betroth his daughter even when she is a young woman demonstrates that the rights that a father has with regard to his daughter's betrothal are more extensive than his right to sell her. Therefore, **the verse states "as a maidservant,"** which **teaches that** he can, in fact, **sell her to disqualified people.**

רַבִּי אֱלִיעֶזֶר אוֹמֵר: אִם לְלַמֵּד שֶׁמּוֹכְרָהּ לִפְסוּלִין – הֲרֵי כְּבָר נֶאֱמַר: "אִם רָעָה בְּעֵינֵי אֲדֹנֶיהָ" – שֶׁרָעָה בְּנִישּׂוּאֶיהָ. מַה תַּלְמוּד לוֹמַר "לְאָמָה"? מְלַמֵּד שֶׁמּוֹכְרָהּ

The *baraita* continues: **Rabbi Eliezer says: If** that verse serves **to teach that he can sell her to** people of **flawed** lineage, it is unnecessary, **as it is already stated: "If she does not please her master,** who designated her" (Exodus 21:8). This indicates **that she is displeasing in her marriage,** i.e., marriage to him was forbidden, and yet the sale is valid. If so, **what** is the meaning when **the verse states "as a maidservant"?** This **teaches that he can sell her**

HALAKHA

This teaches that he can sell her to people of flawed lineage – מְלַמֵּד שֶׁמּוֹכְרָהּ לִפְסוּלִים: A father can sell his daughter as a maidservant to people whom she may not marry, e.g., a widow to a High Priest, or a divorcée to an ordinary priest. Although it is prohibited for these men to betroth her, their betrothal is nevertheless effective (Rambam *Sefer Kinyan*, *Hilkhot Avadim* 4:12).

A person cannot sell his daughter when she is a young woman – אֵין אָדָם מוֹכֵר אֶת בִּתּוֹ כְּשֶׁהִיא נַעֲרָה: Once a girl becomes a young woman her father can no longer sell her as a slave, despite the fact that he retains some authority over her (Rambam *Sefer Kinyan*, *Hilkhot Avadim* 4:11).

Perek **I**
Daf **20** Amud **a**

לִקְרוֹבִים.

to relatives, e.g., his father, despite the fact that sexual intercourse between them is prohibited.

וַהֲלֹא דִּין הוּא: אִם מוֹכְרָהּ לִפְסוּלִין לֹא יִמְכְּרֶנָּה לִקְרוֹבִים? מָה לְמוֹכְרָהּ לִפְסוּלִין – שֶׁאִם רָצָה לְיַיעֵד מְיַיעֵד, יִמְכְּרֶנָּה לִקְרוֹבִים – שֶׁאִם רָצָה לְיַיעֵד אֵינוֹ מְיַיעֵד? אָמַר קְרָא "לְאָמָה" – מְלַמֵּד שֶׁמּוֹכְרָהּ לִקְרוֹבִים.

The *baraita* asks: Why is it necessary to derive that *halakha* from the verse? **But** could this **not** be derived through **logical inference:**[N] **If he can sell her to** people of **flawed** lineage, can he **not sell her to relatives?** The *baraita* answers: The verse is necessary, as **what** is unique **about selling her to** people of **flawed** lineage is **that if** that master **wants to designate** her, **he can designate** her. Although it is prohibited for these people to marry her, nevertheless the betrothal would take effect. Therefore, one cannot learn from this that **he can** also **sell her to relatives.** This is a situation **where if** this master **wants to designate** her, **he cannot designate** her, as betrothal is ineffective. Therefore, **the verse states "as a maidservant,"** which **teaches that he can sell her to relatives.**

וְרַבִּי מֵאִיר? לִפְסוּלִין נָפְקָא לֵיהּ מֵהֵיכָא דְּנָפְקָא לֵיהּ לְרַבִּי אֱלִיעֶזֶר. בִּקְרוֹבִים סָבַר לַהּ כְּרַבָּנַן, דְּאָמְרִי: אֵין מוֹכְרָהּ לִקְרוֹבִים.

The Gemara asks: **And** as for **Rabbi Meir,** who derived from the term "as a maidservant" that one can stipulate that she cannot be designated, how does he know that one can sell her as a maidservant to people of unflawed lineage or relatives? The Gemara answers: **He derives** that she can be sold to people of **flawed** lineage **from** the verse **where Rabbi Eliezer derives** it: "If she does not please her master" (Exodus 21:8). **With regard to relatives, he holds in accordance with** the opinion of **the Rabbis, who say that he cannot sell her to relatives.**

NOTES

But could this not be derived through logical inference – וַהֲלֹא דִּין הוּא: This claim is puzzling, as even if she may be sold to people of flawed lineage, why should this mean that she can be sold to relatives? After all, the disqualification with regard to relatives involves a more severe level of forbidden relations. One answer is that the *mamzer* is included in the category of people of flawed lineage. Although marriage to a *mamzer* is of a lesser severity of prohibition than marriage to a forbidden relative, the *baraita* deems them equal, as marriage to a *mamzer* is considered especially objectionable (Ritva).

תָּנֵי חֲדָא: מוֹכְרָהּ לְאָבִיו וְאֵין מוֹכְרָהּ לִבְנוֹ. וְתַנְיָא אִידָּךְ: אֵין מוֹכְרָהּ לֹא לְאָבִיו וְלֹא לִבְנוֹ. בִּשְׁלָמָא אֵינוֹ מוֹכְרָהּ לֹא לְאָבִיו וְלֹא לִבְנוֹ – כְּרַבָּנַן. אֶלָּא מוֹכְרָהּ לְאָבִיו וְאֵין מוֹכְרָהּ לִבְנוֹ – כְּמַאן?

It is taught in one *baraita*: **One can sell** his daughter **to his father, but he cannot sell her to his son.**[H] **And it is taught in another** *baraita*: **He cannot sell her to his father nor to his son.** The Gemara clarifies this issue: **Granted,** the *baraita* that states that **he cannot sell her to his father nor to his son** is in accordance **with** the opinion of **the Rabbis,** who say that he cannot sell her to relatives whom she cannot marry. **But in accordance with whose** opinion is the *baraita* that states that **he can sell her to his father but he cannot sell her to his son?**

לָא כְּרַבָּנַן וְלָא כְּרַבִּי אֱלִיעֶזֶר! לְעוֹלָם כְּרַבָּנַן, מוֹדוּ רַבָּנַן הֵיכָא דְּאִיכָּא צַד יִעוּד.

It is not in accordance with the opinion of **the Rabbis,** who forbid selling her to any relative, **and it is not in accordance with** the opinion of **Rabbi Eliezer,** who permits selling her to all relatives. The Gemara answers: **Actually,** it is in accordance **with** the opinion of **the Rabbis.** Although they say he cannot sell her to relatives, **the Rabbis concede** that he is permitted to do so **where there is a possibility of designation.** In this case, although the father of the girl's father cannot marry her, he can designate her as a wife for his other son, who is the girl's uncle. Since this uncle can marry her, designation is a possibility, and therefore the sale is effective.

תָּנוּ רַבָּנַן: ״אִם בְּגַפּוֹ יָבֹא בְּגַפּוֹ יֵצֵא״ – בְּגוּפוֹ נִכְנַס בְּגוּפוֹ יֵצֵא. רַבִּי אֱלִיעֶזֶר בֶּן יַעֲקֹב אוֹמֵר: יְחִידִי נִכְנַס יְחִידִי יֵצֵא. מַאי ״בְּגוּפוֹ נִכְנַס בְּגוּפוֹ יֵצֵא״? אָמַר רָבָא: לוֹמַר שֶׁאֵינוֹ יוֹצֵא בְּרָאשֵׁי אֵבָרִים כְּעֶבֶד. אֲמַר לֵיהּ אַבַּיֵּי: הַהוּא מִ״לֹּא תֵצֵא כְּצֵאת הָעֲבָדִים״ נָפְקָא!

§ **The Sages taught** concerning the following verse, which is referring to a Hebrew slave: **"If he comes in *begappo* he shall leave *begappo*"** (Exodus 21:3), which means that if **he enters with his body [*begufo*] he shall leave with his body [*begufo*]. Rabbi Eliezer ben Ya'akov says:** If **he enters alone he shall leave alone.** The Gemara clarifies. **What** is the meaning of the ruling that if **he enters with his body**[N] **he shall leave with his body? Rava said:** This means **to say that he is not released through** the loss of his **extremities**[H] like a Canaanite **slave** (Exodus 21:26), meaning he does not leave his master because of damage done to his body. **Abaye said to** Rava: **This** *halakha* **is derived** from a different verse: **"She shall not go out as the men slaves do"** (Exodus 21:7).

אִי מֵהָתָם – הֲוָה אָמֵינָא: נֵיתִיב לֵיהּ דְּמֵי עֵינֵיהּ, וְנִיפּוֹק. קָא מַשְׁמַע לַן.

Rava answers: **If** this *halakha* **were** derived only **from there, I would say:** The master **should give him the value of the eye** that he took out **and let him be released.** In other words, one could say that the verse which states that a Hebrew maidservant does not leave as Canaanite slaves leave, which would serve as the source for the *halakha* of a Hebrew slave as well, does not mean that she is not released at all due to the loss of her extremities. Rather, it means that unlike Canaanite slaves, she receives compensation for the injury as well as being released. Therefore, the verse: "If he comes in with his body he shall leave with his body," **teaches us** that this is not so. Rather, although the master must reimburse him for the loss of his eye, he is not freed as a result of the injury.

רַבִּי אֱלִיעֶזֶר בֶּן יַעֲקֹב אוֹמֵר: יְחִידִי נִכְנַס יְחִידִי יֵצֵא. מַאי ״יְחִידִי יֵצֵא״? אָמַר רַב נַחְמָן בַּר יִצְחָק, הָכִי קָאָמַר: יֵשׁ לוֹ אִשָּׁה וּבָנִים – רַבּוֹ מוֹסֵר לוֹ שִׁפְחָה כְּנַעֲנִית, אֵין לוֹ אִשָּׁה וּבָנִים – אֵין רַבּוֹ מוֹסֵר לוֹ שִׁפְחָה כְּנַעֲנִית.

The Gemara discusses the second opinion in the *baraita*. **Rabbi Eliezer ben Ya'akov says:** If **he enters alone, he shall leave alone.** The Gemara asks: **What** is the meaning of: **He shall leave alone? Rav Naḥman bar Yitzḥak said** that **this is what** Rabbi Eliezer ben Ya'akov **is saying:** If the Hebrew slave **has a wife**[HN] **and children** when he is purchased, **his master may provide him** with **a Canaanite maidservant.** But if **he did not have a wife and children,** i.e., he enters alone, **his master may not provide him** with **a Canaanite maidservant.**

תָּנוּ רַבָּנַן: נִמְכַּר בְּמָנֶה, וְהִשְׁבִּיחַ וְעָמַד עַל מָאתַיִם, מִנַּיִן שֶׁאֵין מְחַשְּׁבִין לוֹ אֶלָּא מָנֶה? שֶׁנֶּאֱמַר ״מִכֶּסֶף מִקְנָתוֹ״.

§ **The Sages taught:** With regard to a slave who **was sold for one hundred dinars and increased** in value[H] during his term, **and** his value **stood at two hundred** dinars, **from where** is it derived **that** if he wishes to redeem himself **one assesses him,** for the payment of the remainder of his service, based **only** on the calculation of **one hundred dinars,** his value when originally purchased? **As it is stated: "Out of the money that he was bought for"** (Leviticus 25:51).

HALAKHA

One can sell her to his father but he cannot sell her to his son – מוֹכְרָהּ לְאָבִיו וְאֵין מוֹכְרָהּ לִבְנוֹ: One can sell his daughter as a maidservant only to one who can designate her to himself or to his son. Consequently, one can sell his daughter to his father, as although his father is prohibited to her, his father's son, the girl's uncle, is permitted to her. By contrast, he cannot sell her to his son, as his daughter is prohibited both to his son, who is her brother, and to his son's son, her nephew (Rambam *Sefer Kinyan, Hilkhot Avadim* 4:11).

Not released through the loss of his extremities – אֵינוֹ יוֹצֵא בְּרָאשֵׁי אֵבָרִים: A Hebrew maidservant and a Hebrew slave are not freed from their master's authority if he injures any of their extremities. Instead, the master pays them damages like any case of one who injures another Jew (Rambam *Sefer Kinyan, Hilkhot Avadim* 4:6).

He has a wife – יֵשׁ לוֹ אִשָּׁה: A Hebrew slave may not be given a Canaanite maidservant to live with unless he already has a Jewish wife and children. This is in accordance with the opinion of Rabbi Eliezer ben Ya'akov, whose rulings are generally accepted as *halakha* (Rambam *Sefer Kinyan, Hilkhot Avadim* 3:4).

He was sold for one hundred dinars and increased in value – נִמְכַּר בְּמָנֶה וְהִשְׁבִּיחַ: If the value of a Hebrew slave or maidservant increased or decreased during his service, the lower sum is used to assess his cost of redemption. For example, if he was sold for one hundred dinars and is now worth two hundred, he repays the master based on the value of one hundred dinars. If he was sold for two hundred dinars and is now worth one hundred, one assesses his cost of redemption based on the value of one hundred dinars (Rambam *Sefer Kinyan, Hilkhot Avadim* 2:9).

NOTES

He enters with his body – בְּגוּפוֹ נִכְנַס: The line of thought here is unclear. What is the connection between entering with one's body and not being freed through the loss of his extremities? One explanation is that one who entered his servitude with a physically intact body should leave intact as well, and when the master pays him for an injury he caused, it is considered as if the master completes his body (Meiri). Alternatively, just as he entered with his body, he leaves due to his body completing his term or by his body being redeemed. He does not leave due to an injury to his body. Various explanations have been offered for the reason that a Jewish slave does not leave through the loss of his extremities as a Canaanite slave does. One opinion is that whereas it is prohibited for a master to strike his Jewish slave, he may strike his Canaanite slave. Therefore, the Torah provides a safeguard so that he will not strike him with excessive force, which is the threat of having to release the slave due to injury (see *Ḥeshek Shlomo*).

He has a wife – יֵשׁ לוֹ אִשָּׁה: The commentaries explain the reason for this *halakha* as follows: If the slave has another wife, there is no concern that he will be drawn to the Canaanite maidservant and wish to stay as a slave by having his ear pierced. If he has no other wife, he might become too attached to her (Meiri).

נִמְכַּר בְּמָאתַיִם וְהִכְסִיף וְעָמַד עַל מָנֶה, מִנַּיִן שֶׁאֵין מְחַשְּׁבִין לוֹ אֶלָּא מָנֶה? תַּלְמוּד לוֹמַר ״כְּפִי שָׁנָיו״.

If he was **sold for two hundred** dinars **and decreased** in value **and stood at one hundred dinars, from where** is it derived **that** when he is redeemed **one assesses him** based **only** on the calculation of **one hundred dinars? The verse states: "According to his years** he shall give back the price of his redemption" (Leviticus 25:52), meaning that he pays in accordance with the value of his remaining years of service.

אֵין לִי אֶלָּא עֶבֶד הַנִּמְכָּר לְנׇכְרִי, הוֹאִיל וְנִגְאָל בִּקְרוֹבִים – יָדוֹ עַל הַתַּחְתּוֹנָה.

I have derived this *halakha* **only** in the case of **a slave sold to a gentile, since** the Torah is lenient with regard to his redemption, as **he may be redeemed** even **by relatives** who pay his money and free him. Consequently, in this case the owner **is at a disadvantage,** and regardless of whether his value increased or decreased the slave always pays the lower amount.

נִמְכַּר לְיִשְׂרָאֵל מְנָלַן? תַּלְמוּד לוֹמַר ״שָׂכִיר״ ״שָׂכִיר״ לִגְזֵירָה שָׁוָה.

In a case where the slave was **sold to a Jew, from where do we** derive that this *halakha* also applies to him? **The verse states** with regard to a Hebrew slave sold to a Jew: "As **a hired worker** and as a settler he shall be with you" (Leviticus 25:40), and it states with regard to one sold to a gentile: "As **a hired worker** year by year he shall be with him" (Leviticus 25:53), **for a verbal analogy.** This verbal analogy teaches that the same *halakha* applies to one sold to a gentile as to one sold to a Jew.

אָמַר אַבָּיֵי: הֲרֵינִי כְּבֶן עַזַּאי בְּשׁוּקֵי טְבֶרְיָא. אָמַר לֵיהּ הַהוּא מֵרַבָּנַן לְאַבָּיֵי: מִכְּדֵי הָנֵי קְרָאֵי אִיכָּא לְמִידְרְשִׁינְהוּ לְקוּלָּא וְאִיכָּא לְמִידְרְשִׁינְהוּ לְחוּמְרָא. מַאי חָזֵית דְּדָרְשִׁינְהוּ לְקוּלָּא? נִידְרְשִׁינְהוּ לְחוּמְרָא!

When he was in a good mood, **Abaye**[P] once **said: Behold I am like** the intellectually sharp **ben Azzai,**[P] who would regularly expound on the Torah **in the markets of Tiberias.** I too am ready to answer any question put to me. **One of the Sages said to Abaye: After all,** with regard to **those verses:** "Out of the money that he was bought for" and "according to his years," **one could expound them leniently,** and assess the cost of redemption at the lower amount. **And one could,** in equal measure, **expound them stringently,** i.e., one could say that if a slave was worth more when he was purchased, he pays according to the "the money that he was bought for," and if he increased in value he must pay "according to his years," i.e., by his present worth. **What did you see** to cause you to decide **to expound them leniently? Let us expound them stringently.**

לָא סָלְקָא דַּעְתָּךְ – מִדְּאַקֵּיל רַחֲמָנָא לְגַבֵּיהּ. דְּתַנְיָא: ״כִּי טוֹב לוֹ עִמָּךְ״ – עִמְּךָ בְּמַאֲכָל, וְעִמְּךָ בְּמִשְׁתֶּה.

Abaye answered: **It cannot enter your mind** to expound the verses stringently, as indicated **from** the fact **that the Merciful One is lenient with regard to** a slave and is concerned about his well-being. **As it is taught** in a *baraita*: The verse states concerning a Hebrew slave: **"Because he fares well with you"** (Deuteronomy 15:16),[N] which teaches that the slave should be **with you,** i.e., treated as your equal, **in food,** meaning that his food must be of the same quality as yours, and **with you in drink.**[H]

NOTES

Because he fares well with you – כִּי טוֹב לוֹ עִמָּךְ: Some commentaries maintain that although it is a mitzva for the master to act in this manner, he is not obligated to do so, and the slave cannot sue him for these rights (Meiri). The Meiri adds that although there is no institution of Hebrew slaves nowadays, it behooves employers to provide their workers with living conditions equal to their own. Furthermore, the Jerusalem Talmud states that Rabbi Yoḥanan took care to treat even his Canaanite slaves in accordance with these guidelines.

HALAKHA

With you in food and with you in drink – עִמְּךָ בְּמַאֲכָל וְעִמְּךָ בְּמִשְׁתֶּה: A master must provide living conditions for his Hebrew slave and maidservant which are equal to his own. These conditions include food, drink, clothing, and other matters (Rambam *Sefer Kinyan*, *Hilkhot Avadim* 1:9).

PERSONALITIES

Abaye – אַבָּיֵי: One of the outstanding Sages of the Talmud, Abaye was a fourth generation Babylonian. He lost both of his parents at an early age and was raised in the house of his uncle, Rabba. Some say that Abaye's real name was Naḥmani or Kelil, and Abaye was just a nickname. Although Rabba was a priest and the head of the yeshiva, he lived in poverty, as did Abaye. Growing up in his uncle's home, Abaye was aware of the difficulties of scholars who were without financial means. The Gemara in tractate *Berakhot* (35b) relates that he testified that many were successful in following the path of Rabbi Yishmael, who instructed his students to plow, plant, and harvest at the appropriate times, but very few were successful in following the instruction of Rabbi Shimon bar Yoḥai, who taught that one should devote himself entirely to Torah and ignore worldly concerns. Abaye was the primary student of his uncle and of Rav Yosef. After Rav Yosef's death, Abaye succeeded him as the head of the yeshiva in Pumbedita. In addition to his prominence as a Torah scholar, Abaye was known for his righteousness and his acts of kindness.

Abaye's exchanges and halakhic discussions with his uncle and, even more so, with Rav Yosef, can be found throughout the Talmud. His disputes with his colleague Rava are especially significant. Their disputes, known as the discussions of Abaye and Rava, are examples of profound and edifying discussions and are among the foundations of the Babylonian Talmud. In these disputes, with several exceptions, the *halakha* is ruled in accordance with the opinion of Rava.

Ben Azzai – בֶּן עַזַּאי: Shimon ben Azzai was a *tanna* at Yavne. Although he was never ordained, which is why he has no title, Shimon ben Azzai was considered one of the greatest scholars to appear in several generations. Ben Azzai began studying Torah only in adulthood, when Rabbi Akiva's daughter made this pursuit a condition for his marriage to her. He studied with Rabbi Yehoshua and Rabbi Yishmael and became the student-colleague of Rabbi Akiva, who held him in high esteem. It is unclear if he ever married Rabbi Akiva's daughter or if he was her husband for just a short time, as he devoted his entire life to Torah study. When ben Azzai died, people said that there were no more diligent students in the nation (*Sota* 49a). Ben Azzai trained disciples in his native Tiberias, and his halakhic and aggadic statements are quoted in the Mishna, *baraitot*, and Talmud. Ben Azzai pursued the esoteric dimensions of the Torah and was one of the four scholars to enter the orchard, *pardes*, the obscure realm of Torah study. It is stated that he viewed the secrets of the Torah and died, whereupon the verse: "Precious in the sight of the Lord is the death of His saints" (Psalms 116:15), was applied to him.

שֶׁלֹּא תְּהֵא אַתָּה אוֹכֵל פַּת נְקִיָּה וְהוּא אוֹכֵל פַּת קִיבָּר, אַתָּה שׁוֹתֶה יַיִן יָשָׁן וְהוּא שׁוֹתֶה יַיִן חָדָשׁ, אַתָּה יָשֵׁן עַל גַּבֵּי מוֹכִים וְהוּא יָשֵׁן עַל גַּבֵּי הַתֶּבֶן. מִכָּאן אָמְרוּ: כׇּל הַקּוֹנֶה עֶבֶד עִבְרִי כְּקוֹנֶה אָדוֹן לְעַצְמוֹ.

The *baraita* continues: This means **that there shall not** be a situation in **which you eat fine bread and he eats inferior bread [*kibbar*]**,[L] bread from coarse flour mixed with bran, which is low quality. There shall not be a situation in which **you drink aged wine and he drinks** inferior **new wine.** There shall not be a situation in which **you sleep** comfortably **on** bedding made from **soft sheets and he sleeps on straw. From here** the Sages **stated: Anyone who acquires a Hebrew slave** is considered **like one who acquires a master for himself,** because he must be careful that the slave's living conditions are equal to his own.

וְאֵימָא הָנֵי מִילֵּי – לְעִנְיַן אֲכִילָה וּשְׁתִיָּה, כִּי הֵיכִי דְּלָא לִיצְטַעַר לֵיהּ. הָא לְעִנְיַן פִּדְיוֹן – נַחְמִיר עֲלֵיהּ, מִדְּרַבִּי יוֹסֵי בְּרַבִּי חֲנִינָא. דְּתַנְיָא, רַבִּי יוֹסֵי בְּרַבִּי חֲנִינָא אוֹמֵר: בֹּא וּרְאֵה כַּמָּה קָשָׁה אֲבָקָהּ שֶׁל שְׁבִיעִית.

That Sage asked Abaye: **But** one can **say** that **this** leniency in the case of a Hebrew slave **applies** only **to the matter of eating and drinking, so as not to cause him suffering.** But with regard **to the matter of redemption,** perhaps **one should be stringent with him.** The reason to be stringent is **based on** a statement **of Rabbi Yosei, son of Rabbi Ḥanina. As it is taught** in a *baraita* that **Rabbi Yosei, son of Rabbi Ḥanina, says: Come and see how harsh is** the violation of even **a hint of the Sabbatical** Year,[B] i.e., how great are the punishments not just for working the land, but also for treating lightly the sanctity of Sabbatical-Year produce.

אָדָם נוֹשֵׂא וְנוֹתֵן בְּפֵירוֹת שְׁבִיעִית – לְסוֹף מוֹכֵר אֶת מִטַּלְטְלָיו, שֶׁנֶּאֱמַר: ״בִּשְׁנַת הַיּוֹבֵל...תָּשֻׁבוּ אִישׁ אֶל אֲחֻזָּתוֹ״ וּסְמִיךְ לֵיהּ: ״וְכִי תִמְכְּרוּ מִמְכָּר לַעֲמִיתֶךָ אוֹ קָנֹה מִיַּד עֲמִיתֶךָ״ דָּבָר הַנִּקְנֶה מִיָּד לְיָד.

If **a person has commercial dealings with Sabbatical**-Year **produce,** which is prohibited, **ultimately** he will become so poor that **he will have to sell his movable property, as it is stated: "In this Jubilee Year you shall return every man to his land"** (Leviticus 25:13), **and juxtaposed to it** is the verse: **"And if you sell[N] any item to your neighbor or buy from your neighbor's hand"** (Leviticus 25:14), which is referring to **an item acquired** by passing it **from hand to hand.** This teaches that if one sins with regard to the Jubilee Year or the Sabbatical Year, which have many identical *halakhot*, he will eventually have to sell his movable property.

לֹא הִרְגִּישׁ – לְסוֹף מוֹכֵר אֶת שְׂדוֹתָיו, שֶׁנֶּאֱמַר: ״כִּי יָמוּךְ אָחִיךָ וּמָכַר מֵאֲחֻזָּתוֹ״. לֹא בָּאת לְיָדוֹ עַד שֶׁמּוֹכֵר אֶת בֵּיתוֹ, שֶׁנֶּאֱמַר: ״כִּי יִמְכֹּר בֵּית מוֹשַׁב עִיר חוֹמָה״.

If one **does not sense** that he is being punished and does not repent, **ultimately he** will have to **sell his fields, as it is stated** in an adjacent verse: **"If your brother grows poor and sells of his ancestral land"** (Leviticus 25:25). If **no** move toward repentance **comes to his hand,[N] he** will have to **sell his house, as it is stated:** "And if a man **sells a dwelling-house in a walled city"** (Leviticus 25:29).

מַאי שְׁנָא הָתָם דְּאָמַר ״לֹא הִרְגִּישׁ״, וּמַאי שְׁנָא הָכָא דְּאָמַר ״לֹא בָּאת לְיָדוֹ״? כִּדְרַב הוּנָא. דְּאָמַר רַב הוּנָא: כֵּיוָן שֶׁעָבַר אָדָם עֲבֵירָה וְשָׁנָה בָּהּ – הוּתְּרָה לוֹ. הוּתְּרָה לוֹ סָלְקָא דַּעְתָּךְ?! אֶלָּא: נַעֲשֵׂית לוֹ כְּהֶיתֵּר.

The Gemara asks: **What is different there,** in the first sentence, in which the *tanna* **says: He does not sense, and what is different here,** in the continuation, **in** which he **says:** If **no** move toward repentance **comes to his hand?** The Gemara answers that this is **in accordance with** a statement **of Rav Huna. As Rav Huna says: Once a person commits a transgression and repeats it, it is permitted to him.** The Gemara is surprised at this: **Can it enter your mind that it is permitted to him** merely because he has sinned twice? **Rather,** say that **it becomes to him as though** it is **permitted.**[B] Therefore, when he violates a prohibition a second time, the *baraita* takes for granted that he does not sense that he is performing a sin, and employs a different terminology.

לֹא בָּאת לְיָדוֹ עַד שֶׁמּוֹכֵר אֶת בִּתּוֹ, שֶׁנֶּאֱמַר: ״וְכִי יִמְכֹּר אִישׁ אֶת בִּתּוֹ לְאָמָה״. וְאַף עַל גַּב דְּבִתּוֹ לָא כְּתִיבָא בְּהַאי עִנְיָנָא – הָא קָא מַשְׁמַע לָן: נִיזְבֵּין אֱינָשׁ בְּרַתֵּיהּ, וְלָא נֵיזִיף בְּרִיבִּיתָא. מַאי טַעְמָא? בְּרַתֵּיהּ – מִגְּרְעָא וְנָפְקָא, וְהָא – מוֹסְפָא וְאָזְלָא.

The Gemara resumes its citation of the *baraita*: If **no** move toward repentance **comes to his hand,** his poverty will increase **until he sells his daughter,**[H] **as it is stated: "And when a man sells his daughter as a maidservant"** (Exodus 21:7). The Gemara comments: **And even though "his daughter" is not written with regard to that matter** in Leviticus 25 but in Exodus, nevertheless, **it teaches us this** principle: **A person will sell his daughter rather than borrow with interest. What is the reason** for this? **His daughter can** occasionally **deduct** money from her debt **and** use it to **leave** her master, **but this** interest **continuously increases.**

LANGUAGE

Inferior bread [*kibbar*] – קִיבָּר: From the Latin panis cibarius, or the Greek κιβαρίον, *kibariyon*, meaning simple or dark bread.

BACKGROUND

A hint of the Sabbatical Year – אֲבָקָהּ שֶׁל שְׁבִיעִית: The prohibition discussed in the *baraita*, engaging in commerce with produce of the Sabbatical Year, is referred to as a hint, literally, the dust, of the violation of a prohibition, because the primary prohibition of the Sabbatical Year is working the land (Rashi; *Tosafot*). Alternatively, this prohibition is referred to as a hint because the prohibition against engaging in commerce is a subcategory of the prohibition of storing produce for use in the eighth year (*Arukh*).

It becomes to him as though it is permitted – נַעֲשֵׂית לוֹ כְּהֶיתֵּר: This is analogous to one whose clothes are filthy and subsequently he does not protect them from becoming further soiled. By contrast, one whose clothes are pristine guards them from any dirt (*Da'at Zekenim*).

NOTES

And juxtaposed to it is the verse, and if you sell – וּסְמִיךְ לֵיהּ וְכִי תִמְכְּרוּ: The early commentaries ask how the *tanna* of the *baraita* knows that the verse is referring to selling produce of the Sabbatical Year. Perhaps it is speaking of one who works the land during the Sabbatical Year. One explanation is that the punishment suits the infraction, and as the punishment of this individual is for his participation in a sale, his sin must also have involved business transactions.

If no move toward repentance comes to his hand [*lo bat leyado*] – לֹא בָּאת לְיָדוֹ: Some commentaries explain that the phrase *lo bat leyado* means that before one can profit from his sale he is punished with deeper poverty and forced to sell more of his possessions (Maharsha).

HALAKHA

If no move toward repentance comes to his hand, his poverty will increase until he sells his daughter – לֹא בָּאת לְיָדוֹ עַד שֶׁמּוֹכֵר אֶת בִּתּוֹ: A father cannot sell his daughter as a Hebrew maidservant unless he has become impoverished and has no land, movable property, or clothing left to sell (Rambam *Sefer Kinyan*, *Hilkhot Avadim* 4:2).

לֹא בָּאת לְיָדוֹ עַד שֶׁלָּוֶה בְּרִבִּית, שֶׁנֶּאֱמַר: ״וְכִי יָמוּךְ אָחִיךָ וּמָטָה יָדוֹ עִמָּךְ״ וּסְמִיךְ לֵיהּ ״אַל תִּקַּח מֵאִתּוֹ״ וגו׳. לֹא בָּאת לְיָדוֹ עַד שֶׁמּוֹכֵר אֶת עַצְמוֹ, שֶׁנֶּאֱמַר: ״וְכִי יָמוּךְ אָחִיךָ... וְנִמְכַּר לָךְ״.

The *baraita* continues its exposition of the verses in Leviticus: If **no** move toward repentance **comes to his hand, he** will eventually need to **borrow with interest, as it is stated: "And if your brother grows poor and his means fails with you"** (Leviticus 25:35), **and juxtaposed to it** is the verse: **"Take no** usury or interest **from him"** (Leviticus 25:36). If **no** move toward repentance **comes to his hand, he will** eventually need to **sell himself,**[H] **as it is stated: "And if your brother grows poor** with you **and sells himself to you"** (Leviticus 25:39).

לֹא לָךְ אֶלָּא לְגֵר, שֶׁנֶּאֱמַר ״לְגֵר״. וְלֹא לְגֵר צֶדֶק אֶלָּא לְגֵר תּוֹשָׁב, שֶׁנֶּאֱמַר ״גֵּר תּוֹשָׁב״. ״מִשְׁפַּחַת גֵּר״ – זֶה נָכְרִי. כְּשֶׁהוּא אוֹמֵר ״לְעֵקֶר״,

The *baraita* further states: **Not** only will he be sold **to you,** a born Jew, **but** he will even be sold **to a stranger, as it is stated:** "And sells himself **to a stranger** [*ger*]" (Leviticus 25:47). **And** this sale to a *ger* is **not** referring to a sale **to a righteous convert** [*ger tzedek*],[B] **but** even **to a gentile who resides in Eretz Yisrael and observes the seven Noahide mitzvot** [*ger toshav*],[B] **as it is stated:** "And sells himself to a **stranger who is a settler** [*ger toshav*]" (Leviticus 25:47). With regard to the continuation of the verse, "or to an offshoot of a stranger's family," the Gemara expounds: **"A stranger's family"; this is a gentile,** i.e., he will reach a state where he has no choice but to sell himself to a gentile. **When it says: "To an offshoot** of a stranger's family,"[H]

HALAKHA

If no move toward repentance comes to his hand, he will need to sell himself – לֹא בָּאת לְיָדוֹ עַד שֶׁמּוֹכֵר אֶת עַצְמוֹ: One may not sell himself as a slave unless he has no remaining property, including clothing (Rambam *Sefer Kinyan*, *Hilkhot Avadim* 1:1).

To an offshoot of a stranger's family – לְעֵקֶר מִשְׁפַּחַת גֵּר: One may sell himself as a slave only to a Jew *ab initio*. After the fact, if one sold himself to a gentile, or even for the service of idolatry, the sale is valid (Rambam *Sefer Kinyan*, *Hilkhot Avadim* 1:3).

BACKGROUND

A righteous convert – גֵּר צֶדֶק: This is referring to a gentile who accepts Judaism upon himself in full. After circumcision, immersion in a ritual bath for the purpose of conversion, and acceptance of the mitzvot of the Torah in the presence of a court, he is considered as a Jew in all respects. Even if the convert later returns to his previous faith, his conversion to Judaism remains in effect and his status is that of an apostate Jew. The Torah specifically commands Jews to love a convert, not to cause him distress by reminding him of his past, and to support him in every sense.

Ger toshav – גֵּר תּוֹשָׁב: A gentile who seeks to reside permanently in Eretz Yisrael is required to accept certain mitzvot. There are several opinions with regard to the extent of the commitment required from him. Some authorities say that he need accept upon himself only the prohibition against idol worship. Others contend that he must observe virtually all the prohibitions, with the exception of certain dietary prohibitions. According to most authorities, he must observe the seven Noahide mitzvot.

Perek **I**
Daf **20** Amud **b**

זֶה הַנִּמְכָּר לַעֲבוֹדָה זָרָה עַצְמָהּ.

this is referring to **one sold for idol worship itself,**[N] i.e., he is forced to sell himself as a slave to work in a temple of idol worship. The *baraita* teaches that it is only due to a person's sins that he reaches a point where he has to sell himself as a slave. Therefore, one should be stringent with him with regard to his redemption and not allow him to be redeemed easily.

אֲמַר לֵיהּ: הָתָם – הָא אַהַדְרֵיהּ קְרָא, דְּתָנֵי דְּבֵי רַבִּי יִשְׁמָעֵאל: הוֹאִיל וְהָלַךְ זֶה וְנַעֲשָׂה כּוֹמֶר לַעֲבוֹדָה זָרָה, אֵימָא: לִידְחֵי אֶבֶן אַחַר הַנּוֹפֵל – תַּלְמוּד לוֹמַר: ״אַחֲרֵי נִמְכַּר גְּאֻלָּה תִּהְיֶה לּוֹ אֶחָד מֵאֶחָיו יִגְאָלֶנּוּ״.

Abaye **said to** that Sage: **There, the verse brings him back,** i.e., one must strive to redeem a Jew who has been sold as a slave. **As the school of Rabbi Yishmael taught: Since this** person who sold himself as a slave **has gone and become a priest for idol worship,** one might **say: Let us throw a stone after the fallen,**[H] that is, since he has reached this nadir one should abandon him. Therefore, **the verse states: "After he is sold he shall be redeemed; one of his brothers may redeem him"** (Leviticus 25:48).

וְאֵימָא: ״גְּאוּלָּה תִּהְיֶה לּוֹ״ – כִּי הֵיכִי דְּלָא לִיטַּמַּע בֵּין הַנָּכְרִים, הָא לְעִנְיַן פִּדְיוֹן – נַחְמִיר עֲלֵיהּ, מִדְּרַבִּי יוֹסֵי בְּרַבִּי חֲנִינָא!

The Gemara further asks: **But** one can **say** as follows: **"He shall be redeemed,"** so that **he will not be assimilated among the gentiles.** But **with regard to the matter of** his **redemption** and freedom, **let us act strictly with him,** as derived **from that which Rabbi Yosei, son of Rabbi Ḥanina,** said, that one is sold as a slave due to his sins.

אֲמַר רַב נַחְמָן בַּר יִצְחָק: תְּרֵי קְרָאֵי כְּתִיבִי; כְּתִיב: ״אִם עוֹד רַבּוֹת בַּשָּׁנִים״, וּכְתִיב: ״וְאִם מְעַט נִשְׁאַר בַּשָּׁנִים״. וְכִי יֵשׁ שָׁנִים מְרוּבּוֹת וְיֵשׁ שָׁנִים מוּעָטוֹת? אֶלָּא: נִתְרַבָּה כַּסְפּוֹ – ״מִכֶּסֶף מִקְנָתוֹ״; נִתְמַעֵט כַּסְפּוֹ – ״כְּפִי שָׁנָיו״.

Rav Naḥman bar Yitzḥak said: Two verses are written with regard to the redemption of a slave sold to a gentile. **It is written: "If there be yet many of the years,** according to them he shall give back the price of his redemption out of the money that he was bought for" (Leviticus 25:51), **and it is written: "And if there remain but few of the years** until the Jubilee Year, and he shall reckon with him, according to his years" (Leviticus 25:52). **But** how can **there be** both **many years**[N] **and few years** when, in any case, he will not serve for more than six years? **Rather,** this means that as the **money** of **his** value **increased** with the passage of time, he is redeemed **"out of the money that he was bought for,"** i.e., the price for which he was originally sold, which is the lower sum. And if **his monetary** value **decreased** over time, one determines his value **"according to his years,"** i.e., according to his current value.

NOTES

This is one sold for idol worship itself – זֶה הַנִּמְכָּר לַעֲבוֹדָה זָרָה עַצְמָהּ: The Gemara interprets the verse: "To an offshoot [*eker*] of the stranger's family" (Leviticus 25:47), as referring to the abstract root, *ikkar*, of a gentile family, which is its idolatry.

But how can there be many years – וְכִי יֵשׁ שָׁנִים מְרוּבּוֹת: Rashi explains that the Gemara is asking about the length of a slave's term, considering that all slaves work for six years. Other commentaries challenge this interpretation, as a slave can agree to be sold for longer than six years. Furthermore, if a slave is sold just before the Jubilee Year, he will work for less than six years (Ramban; Rashba). These commentaries therefore explain that the Gemara is asking whether a year can be shorter or longer than its fixed length.

HALAKHA

Let us throw a stone after the fallen – לִידְחֵי אֶבֶן אַחַר הַנּוֹפֵל: One does not say to a wicked person: You might as well add to your evil ways and refrain from performing mitzvot (Rambam *Sefer Ahava*, *Hilkhot Tefilla* 15:6).

BACKGROUND

A mnemonic device – סִימָן: Because the Talmud was studied orally for many generations, mnemonic devices were necessary to help students recall various series and the order in which they were taught.

וְאֵימָא, הָכִי קָאָמַר: הֵיכָא דַּעֲבַד תְּרֵי וּפַשׁ לֵיהּ אַרְבַּע – נֵיתִיב לֵיהּ אַרְבַּע ״מִכֶּסֶף מִקְנָתוֹ״. עֲבַד אַרְבַּע וּפָשׁוּ לֵיהּ תַּרְתֵּי – נֵיתִיב תַּרְתֵּי ״כְּפִי שָׁנָיו״?

The Gemara asks: **But** one can **say** that **this is what** the Torah **is saying:** In a case **where he served** for **two** years **and** an additional **four years remain for his** service, as indicated by the phrase "if there be yet many of the years," **let him give** his redemption money for the **four** years he owes him **"out of the money that he was bought for."** If **he served four** years **and two years remain for his** service, as is stated "and if there remain but few of the years," **let him give** his redemption money the value of the **two** years, **"according to his years."**

אִם כֵּן נִכְתּוֹב קְרָא ״אִם עוֹד רַבּוֹת שָׁנִים״ ״אִם מְעַט נִשְׁאַר שָׁנִים״. מַאי ״בַּשָּׁנִים״? נִתְרַבָּה כַּסְפּוֹ בַּשָּׁנִים – ״מִכֶּסֶף מִקְנָתוֹ״; נִתְמַעֵט כַּסְפּוֹ בַּשָּׁנִים – ״כְּפִי שָׁנָיו״. אֲמַר רַב יוֹסֵף: דָּרְשִׁינְהוּ רַב נַחְמָן בַּר יִצְחָק לְהָנֵי קְרָאֵי כְּסִינַי.

The Gemara rejects this suggestion: **If so, let the verse write: If there be yet many years,** and: **If there remain but few years. What** is the meaning of the phrase **"of the years"?** This teaches that if **his monetary** value **increased over the years** of his servitude, he is redeemed **"out of the money that he was bought for,"** which is the lower sum. And if **his monetary** value **decreased over the years** of his servitude, one determines his value **"according to his years."** Upon hearing this statement, **Rav Yosef said: Rav Naḥman bar Yitzḥak** homiletically **interpreted these verses like Sinai.** His exposition reflects the truth of Torah as it was given at Mount Sinai, as every matter is fully resolved.

(סִימָן: עבד בית חצאין בית עבד קרובים.)
בְּעָא מִינֵּיהּ רַב הוּנָא בַּר חִינְּנָא מֵרַב שֵׁשֶׁת: עֶבֶד עִבְרִי הַנִּמְכָּר לְנׇכְרִי נִגְאָל לַחֲצָאִין אוֹ אֵינוֹ נִגְאָל לַחֲצָאִין?

The Gemara records **a mnemonic** device[B] for the upcoming discussions: **Slave, house, partial, house, slave,** and **relatives. Rav Huna bar Ḥinnana raised a dilemma before Rav Sheshet:** With regard to **a Hebrew slave who is sold to a gentile,** can he **be partially redeemed,**[H] **or can he not be partially redeemed?** Does this slave have the option of paying part of his value and thereby reducing his remaining period of service?

״גְּאֻלָּתוֹ״ ״גְּאֻלָּתוֹ״ מִשְּׂדֵה אֲחוּזָּה גָּמַר; מַה שְּׂדֵה אֲחוּזָּה אֵינוֹ נִגְאָל לַחֲצָאִין – אַף הַאי נַמִי אֵינוֹ נִגְאָל לַחֲצָאִין. אוֹ דִּילְמָא: לְקוּלָּא – אָמְרִינַן, לְחוּמְרָא – לָא אָמְרִינַן?

The Gemara analyzes the sides of the dilemma: With regard to a Hebrew slave sold to a gentile, the verse states: "According to his years he shall give back the price of **his redemption** [*ge'ullato*]" (Leviticus 25:52), and the meaning of the term "*ge'ullato*" can be **derived from** the same term stated with regard to the redemption of an ancestral field: "And he becomes rich and finds sufficient means to **redeem it** [*ge'ullato*]" (Leviticus 25:26). Accordingly, **just as an ancestral field cannot be partially redeemed,**[H] but is either fully redeemed or not at all, **so too, this** slave **cannot be partially redeemed. Or perhaps we say** that he cannot be partially redeemed only if that leads **to a leniency,** but **we do not say** that he cannot be redeemed if it leads **to a stringency.**

אֲמַר לֵיהּ: לָאו אָמְרַתְּ הָתָם: נִמְכַּר – כּוּלּוֹ וְלֹא חֶצְיוֹ; הָכִי נַמִי – ״נִגְאָל״ – כּוּלּוֹ וְלֹא חֶצְיוֹ.

Rav Sheshet **said to him: Didn't you say there,** with regard to a thief who is sold to repay what he stole, that the verse: "And he is sold" (Exodus 22:2), teaches that **all of him is sold but not part of him?** If he is worth one thousand, and he owes five hundred for theft, he cannot be sold. **So too,** in the case of one who was sold to a gentile, the phrase **"he is redeemed"** (Leviticus 25:49) means **all of him and not part of him.**

HALAKHA

Sold to a gentile, can be partially redeemed – נִמְכָּר לְנׇכְרִי נִגְאָל לַחֲצָאִין: A Jew who was sold to a gentile can borrow money to redeem himself, and he can partially redeem himself, in accordance with the opinion of Abaye (Rambam *Sefer Kinyan*, *Hilkhot Avadim* 2:7).

An ancestral field cannot be partially redeemed – שְׂדֵה אֲחוּזָּה אֵינוֹ נִגְאָל לַחֲצָאִין: One who sold his land and subsequently came into money cannot redeem part of his field. An ancestral field can be redeemed only in its entirety (Rambam *Sefer Zera'im*, *Hilkhot Shemitta VeYovel* 11:18).

אֲמַר אַבַּיֵי: אִם תִּימְצֵי לוֹמַר נִגְאָל לַחֲצָאִין – מַשְׁכַּחַתְּ לָהּ לְקוּלָּא וּלְחוּמְרָא; לְקוּלָּא: זַבְנֵיהּ בְּמֵאָה, יָהַב לֵיהּ חַמְשִׁין, פַּלְגָּא דְּדָמֵי, וְאַשְׁבַּח וְקָם עַל מָאתָן. אִי אָמְרַתְּ נִגְאָל לַחֲצָאִין – יָהֵיב לֵיהּ מֵאָה וְנָפֵיק. וְאִי אָמְרַתְּ אֵין נִגְאָל לַחֲצָאִין – יָהֵיב לֵיהּ מֵאָה וַחֲמִשִּׁין וְנָפֵיק.

Abaye said: If you say that he is partially redeemed, you find elements **of leniency and stringency.**[H] This ruling can lead **to a leniency** in the following case: A master **purchased** a Hebrew slave **for one hundred** and the redeemer **gives him fifty,** which is **half of his value, and** afterward the slave **increased** in value **and stood at two hundred. If you say** that **he can be partially redeemed** he is already half-redeemed. Consequently, the redeemer **gives him one hundred,** half of his current value, **and** the slave **goes out,** i.e., is redeemed. **And if** you **say** that **he cannot be partially redeemed,** the redeemer **gives** the owner an additional **one hundred and fifty and** the slave **goes out,** as the initial fifty serves merely as the first payment, and he is now worth two hundred.

וְהָאָמְרַתְּ: נִתְרַבָּה כַּסְפּוֹ – ״מִכֶּסֶף מִקְנָתוֹ״! כְּגוֹן דְּאוֹקִיר וְזָל וְאוֹקִיר.

The Gemara asks: **But you said** that if the **money** of **his** value **increased,** one always pays **"out of the money that he was bought for"** (Leviticus 25:51), i.e., one calculates the value of the slave in accordance with his value at the time when he was acquired, even if that is less than his present value. Why, then, should one have to pay the full two hundred? The Gemara answers: This is referring to a case **where** he initially, before being sold, **increased in value,** was then sold for two hundred, **and** afterward **decreased** in value to one hundred, **and** subsequently he again **increased in value** so that he was worth the same amount as he was originally. In this case, his value of two hundred remains determinative.

מַשְׁכַּחַתְּ לָהּ לְחוּמְרָא: זַבְנֵיהּ בְּמָאתָן, יָהֵיב מֵאָה, פַּלְגֵי דְּדָמֵי, וְאִיכְּסַף וְקָם עַל מֵאָה. אִי אָמְרַתְּ נִגְאָל לַחֲצָאִין – יָהֵיב לֵיהּ חַמְשִׁין וְנָפֵיק. וְאִי אָמְרַתְּ אֵין נִגְאָל לַחֲצָאִין – הָנָךְ מֵאָה פִּקָּדוֹן נִינְהוּ גַּבֵּיהּ, יָהֵיב לְהוּ נִיהֲלֵיהּ וְנָפֵיק.

Abaye proceeds to describe how **you find** a case that leads **to a stringency.** A master **purchased** a Hebrew slave **for two hundred** and the redeemer **gave one hundred,** which is **half of his value, and** the slave **decreased** in value **and stood at** a value of **one hundred. If you say** that **he can be partially redeemed,** the redeemer **gives fifty and** the slave **goes out,** i.e., is redeemed. **And if you say** that **he cannot be partially redeemed, these one hundred are a deposit with him.** Therefore, the redeemer **gives it to him** at the time of the redemption **and** the slave **goes out.** There is no reason to pay him more money, as he is now worth one hundred.

בְּעָא מִינֵּיהּ רַב הוּנָא בַּר חִינָּנָא מֵרַב שֵׁשֶׁת: הַמּוֹכֵר בַּיִת בְּבָתֵּי עָרֵי חוֹמָה, נִגְאָל לַחֲצָאִין אוֹ אֵינוֹ נִגְאָל לַחֲצָאִין? ״גְּאֻלָּתוֹ״ ״גְּאֻלָּתוֹ״ מִשְּׂדֵה אֲחוּזָּה גָּמַר; מַה שְּׂדֵה אֲחוּזָּה אֵינָהּ נִגְאֶלֶת לַחֲצָאִין – אַף הַאי נַמִי אֵינוֹ נִגְאָל לַחֲצָאִין,

Rav Huna bar Ḥinnana raised a dilemma before Rav Sheshet with regard to a similar topic: In the case of **one who sells a house from among the houses of walled cities,** which can be redeemed only during the first year after the sale, can it **be partially redeemed, or can it not be partially redeemed?** The Gemara explains the sides of the dilemma: Does he **derive** the verbal analogy of ***"ge'ullato"*** (Leviticus 25:29) and ***"ge'ullato"*** (Leviticus 25:26) **from** the case of **an ancestral field** and say that **just as ancestral land cannot be partially redeemed,**[N] **so too, this** house **cannot be partially redeemed?**

אוֹ דִּילְמָא: הֵיכָא דְּגַלֵּי – גַּלֵּי, הֵיכָא דְּלָא גַּלֵּי – לָא גַּלֵּי?

Or perhaps one should say: In a case **where** the verse explicitly **revealed** that it cannot be redeemed partially, as it does in the context of an ancestral field, **it revealed** it. With regard to one who redeems an ancestral field, it is written: "And he becomes rich and finds sufficient means to redeem it" (Leviticus 25:26), indicating that he has enough money to redeem the whole field, not part of it. By contrast, in a case **where** the Torah **did not reveal** that it cannot be redeemed, **it did not reveal** it, and therefore a house from a walled city can be partially redeemed, as the verse does not state this condition in that context.

אֲמַר לֵיהּ: מִמִּדְרָשׁוֹ שֶׁל רַבִּי שִׁמְעוֹן נִשְׁמַע שֶׁלֹּוֶה וְגוֹאֵל וְגוֹאֵל לַחֲצָאִין. דְּתַנְיָא: ״אִם גָּאֹל יִגְאַל״ – מְלַמֵּד שֶׁלֹּוֶה וְגוֹאֵל וְגוֹאֵל לַחֲצָאִין.

Rav Sheshet **said to him: From Rabbi Shimon's interpretation one learns that** with regard to houses in walled cities, **one can borrow** money **and redeem** them, and similarly that **one can partially redeem** them. **As it is taught** in a *baraita* with regard to a verse that describes one who consecrates his field: **"And if he will redeem** [*ga'ol yigal*] the field" (Leviticus 27:19). The repetition of the verb **teaches that one can borrow** money **and redeem** houses in walled cities **and** that **one can** also **partially redeem** them.[H]

HALAKHA

You find elements of leniency and stringency – מַשְׁכַּחַתְּ לָהּ לְקוּלָּא וּלְחוּמְרָא: One who was sold to a gentile as a slave can be partially redeemed. This *halakha* can have lenient and stringent ramifications. For example, a gentile may purchase a Jew for two hundred only for the value of the Jew to decrease to one hundred. At that point the slave might pay fifty toward his redemption. If he later became healthy and was again worth two hundred, and he wanted to redeem himself fully, he would need to add only one hundred, half of his current value. Conversely, if the Jew was purchased for two hundred, and he paid one hundred to redeem half of his value, and he subsequently decreased in value to one hundred, he must still pay half of his value, or an additional fifty. In this case he would pay one hundred and fifty despite the fact that he was then worth only one hundred (Rambam *Sefer Kinyan, Hilkhot Avadim* 2:10).

The redemption of a consecrated field – גְּאוּלַּת שָׂדֶה שֶׁהִקְדִּישׁ: One who consecrates his field may sell other fields or borrow money so that he can redeem his field. Similarly, he may partially redeem his field, in accordance with the opinion of Rabbi Shimon (Rambam *Sefer Hafla'a, Hilkhot Arakhin VaHaramim* 5:2).

NOTES

Partial redemption – גְּאוּלָּה לַחֲצָאִין: There is a fundamental dispute between the commentaries with regard to partial redemption. Some maintain that the object of redemption is partially redeemed immediately. For example, if part of a field is redeemed, that section of the land returns at once to the original owners. The partial redemption of a slave is a more complicated case. Some claim that the individual is not redeemed in part, but rather the time owed is reduced. They dismiss the possibility that the slave is released immediately for a period of time only to return to serve the duration of his term (Rashi; Rashba). Others say that partial redemption means that the slave is half free and half enslaved: He works on alternate days for his master and himself (Rashash). Alternatively, the option of partial redemption merely means that a slave is entitled to pay part of his redemption money early, and the master is obligated to accept payment in installments (Rashbam on *Bava Batra* 103a; Rashba; Ritva).

אמר רבי שמעון: מה טעם? לפי שמצינו במוכר שדה אחוזה שיפה כחו, שאם הגיע יובל ולא נגאלה – חוזרת לבעליה ביובל, הורע כחו – שאינו לוה וגואל וגואל לחצאין.

Rabbi Shimon said: What is the reason[N] for this *halakha*? This is **because we find with regard to one who sells his ancestral field that his power is enhanced, as, if the Jubilee** Year **arrives and it is not redeemed,** the ancestral field **returns to its owners in the Jubilee** Year[H] without them having to pay for it. Therefore, **the power** of the seller **is diminished in** that **he cannot borrow** money **and redeem**[H] the field but must have the money to do so on his own, **and** he cannot **partially redeem** it.

מקדיש, שהורע כחו, שאם הגיע יובל ולא נגאלה – יוצאה לכהנים ביובל, יפה כחו שלוה וגואל וגואל לחצאין.

By contrast, if **one consecrates** his field **his power is diminished, as, if the Jubilee** Year **arrives and he did not redeem it** in the meantime, and the Temple treasurer sold it to someone else, the ancestral field **goes out** and becomes the property **of the priests in the Jubilee** Year[H] and does not return to its original owners. Consequently, in order to offset this stringency **his power is enhanced** in **that he may borrow** money **and redeem** the field, **and partially redeem** it.

האי מוכר בית בבתי ערי חומה נמי, הואיל והורע כחו, שאם מלאה לו שנה תמימה ולא נגאלה נחלט – יפה כחו שלוה וגואל וגואל לחצאין.

According to this explanation, with regard to **this one who sells a house from among the houses of walled cities,**[H] **since his power is also diminished, as, if a full year passes and** the house **has not been redeemed** it remains the **permanent** property of the buyer, in order to offset this stringency, **his power** should be **enhanced in** that **he may borrow** money **and redeem** the house, **and partially redeem** it.

איתיביה: "אם גאל יגאל" – מלמד שלוה וגואל וגואל לחצאין.

Rava bar Ḥinnana **raised an objection to** this opinion from a *baraita*. The verse states with regard to one who consecrates his field: "**And if he will redeem** [*ga'ol yigal*] the field" (Leviticus 27:19). This **teaches that he may borrow** money **and redeem** it, **and partially redeem** it.

שיכול, והלא דין הוא. ומה מוכר שדה אחוזה, שיפה כחו, שאם הגיע יובל ולא נגאלה חוזרת לבעליה ביובל – הורע כחו שאין לוה וגואל וגואל לחצאין, מקדיש, שהורע כחו, שאם הגיע יובל ולא נגאלה יוצאה לכהנים ביובל – אינו דין שהורע כחו, שאין לוה וגואל וגואל לחצאין?

The *baraita* continues: **As** one **might** have thought: Could this **not** be derived through an *a fortiori* **inference: Just as** with regard to **one who sells an ancestral field that his power is enhanced, as if the Jubilee** Year **arrives and it is not redeemed, it returns to its owners in the Jubilee** Year, and yet **his power is diminished** in **that he cannot borrow** money **and redeem** the field **and** he cannot **partially redeem** it; with regard to **one who consecrates** a field, where **his power is diminished, for if the Jubilee** Year **arrives and it was not redeemed it goes out to the priests in the Jubilee** Year, **is it not logical that his power is diminished** in **that he cannot borrow** money **and redeem** the field **and** he cannot **partially redeem** it?

מה למוכר שדה אחוזה – שכן הורע כחו ליגאל מיד, תאמר במקדיש – שיפה כחו ליגאל מיד.

The *baraita* raises a difficulty against this *a fortiori* inference: **What** is unique **about** one who **sells his ancestral field** is that **his power is diminished with regard to redeeming** it **immediately,** as he cannot redeem his field right away but must wait at least two years. Shall **you say** that the same *halakhot* apply **with regard to one who consecrates** his field, **as his power is enhanced with regard to redeeming** it **immediately?** One who has consecrated his field can redeem it as soon as he has the money to do so. If so, the *a fortiori* inference is not valid.

NOTES

What is the reason – מה טעם: Rashi and other commentaries note that Rabbi Shimon follows his standard line of reasoning, as he maintains that one explains the reasoning of a verse. In other words, according to Rabbi Shimon one is permitted to seek the logic behind a mitzva and rely on this reasoning to reach halakhic conclusions.

HALAKHA

The return of an ancestral field in the Jubilee Year – החזרת שדה אחוזה ביובל: If one sells his ancestral field, the land returns to its original owners in the Jubilee Year. This is the case even if the land was sold to a third party or changed hands numerous times (Rambam *Sefer Zera'im, Hilkhot Shemitta VeYovel* 11:15).

He cannot borrow and redeem – שאינו לוה וגואל: If one sells his ancestral field, he cannot sell other land to redeem his ancestral land, nor can he borrow money for this purpose. Furthermore, he cannot partially redeem the field (Rambam *Sefer Zera'im, Hilkhot Shemitta VeYovel* 11:17).

Consecrated his field and it was not redeemed – מקדיש ולא נגאלה: If one consecrates his ancestral land and the Jubilee Year arrived before he redeemed it, the field does not return to its original owners but remains under the control of the Temple treasury. The priests give the value of the field to the treasury, and the field remains theirs forever (Rambam *Sefer Hafla'a, Hilkhot Arakhin VaHaramim* 4:19).

Houses of walled cities – בתי ערי חומה: If one sells a house of a walled city, and a year passes without the seller redeeming it, the house becomes the permanent property of the buyer and it does not return to the original owner in the Jubilee Year (Rambam *Sefer Zera'im, Hilkhot Shemitta VeYovel* 12:4).

מוֹכֵר בַּיִת בְּבָתֵּי עָרֵי חוֹמָה יוֹכִיחַ, שֶׁיָּפֶה כֹּחוֹ לִיגְאֹל מִיָּד – וְאֵין לֹוֶה וְגוֹאֵל וְגוֹאֵל לַחֲצָאִין! לָא קַשְׁיָא.

The *baraita* responds: The case of one who **sells a house from among the houses of walled cities can prove** otherwise, **as his power is enhanced with regard to redeeming** it **immediately,** and yet **he cannot borrow** money **and redeem** the house **and** he cannot **partially redeem** it. In any case, with regard to the issue at hand, the *baraita* indicates the opposite of the previous conclusion: One who sells a house in a walled city cannot partially redeem it. Rav Sheshet answers: This is **not difficult.**

Perek **I**
Daf **21** Amud **a**

הָא – רַבָּנַן, הָא – רַבִּי שִׁמְעוֹן.

This second *baraita* is in accordance with the opinion of **the Rabbis,** and **that** *baraita*, which teaches that one can borrow money and redeem the house and partially redeem it, is in accordance with the opinion of **Rabbi Shimon.**

תָּנֵי חֲדָא: לֹוֶה וְגוֹאֵל וְגוֹאֵל לַחֲצָאִין. וְתַנְיָא אִידָךְ: אֵין לֹוֶה וְגוֹאֵל וְגוֹאֵל לַחֲצָאִין. לָא קַשְׁיָא, הָא – רַבָּנַן, הָא – רַבִּי שִׁמְעוֹן.

The Gemara states: It **is taught** in **one** *baraita* with regard to the houses of walled cities: **One can borrow** money **and redeem** it, **and** one can **partially redeem** it, **and** it **is taught** in **another** *baraita*: **One cannot borrow** money **and redeem** it, **nor** can one **partially redeem.** Apparently, there is a contradiction between these two *baraitot*. The Gemara answers as above: This is **not difficult. This** *baraita* is in accordance with the opinion of **the Rabbis,** and **that** *baraita* is in accordance with the opinion of **Rabbi Shimon.**

(סִימָן: חרש חבש זמן.)

The Gemara provides **a mnemonic** device for the names of the Sages who raise the dilemmas cited below and those to whom the questions are addressed: ***Ḥeresh, ḥavash, zeman.*** They allude to the following interlocutors: *Ḥeresh* alludes to Rav Aḥa, son of Rava, and Rav Ashi; *ḥavash* alludes to Rav Aḥa Sava and Rav Ashi; and *zeman* alludes to Mar Zutra, son of Rav Mari, and Ravina.

אֲמַר לֵיהּ רַב אַחָא בְּרֵיהּ דְּרָבָא לְרַב אַשִׁי: אִיכָּא לְמִיפְרַךְ: מָה לְמוֹכֵר בַּיִת בְּבָתֵּי עָרֵי חוֹמָה – שֶׁכֵּן הוּרַע כֹּחוֹ לִיגָּאֵל לְעוֹלָם, תֹּאמַר בְּמַקְדִּישׁ שֶׁיָּפֶה כֹּחוֹ לִיגָּאֵל לְעוֹלָם!

Rav Aḥa, son of Rava, said to Rav Ashi: The comparison detailed earlier (20b) between one who sells a house and one who consecrates a field, **can be refuted** as follows: **What** is unique about **one who sells a house among the houses of walled cities** is that **his power is diminished,** in that he is not able **to redeem** it **forever,** since he cannot redeem it after a year has passed (see Leviticus 25:30). Shall **you say** the same **with regard to one who consecrates** his field, **as his power is enhanced** in that he is able **to redeem forever?**

אֲמַר לֵיהּ רַב אַחָא סָבָא לְרַב אַשִׁי: מִשּׁוּם דְּאִיכָּא לְמֵימַר נִיהְדַּר דִּינָא, תֵּיתֵי בְּמָה הַצַּד: מוֹכֵר שְׂדֵה אֲחוּזָּה יוֹכִיחַ – שֶׁיָּפֶה כֹּחוֹ לִיגָּאֵל לְעוֹלָם וְאֵין לֹוֶה וְגוֹאֵל וְגוֹאֵל לַחֲצָאִין. מָה לְמוֹכֵר שְׂדֵה אֲחוּזָּה – שֶׁכֵּן הוּרַע כֹּחוֹ לִיגָּאֵל מִיָּד. מוֹכֵר בַּיִת בְּבָתֵּי עָרֵי חוֹמָה יוֹכִיחַ.

Rav Aḥa Sava said to Rav Ashi: The comparison is valid, **because it can be said** that **the argument returns,** as one can learn in a different manner. **Let** this matter **be derived by** an analogy derived from **the common factor** of two sources: The *halakha* of **one who sells an ancestral field can prove it, as his power is enhanced** in that he is able **to redeem** the field **forever, and he cannot borrow** money **and redeem** it, **and** he cannot **partially redeem** it. And if you say: **What** is unique about **one who sells an ancestral field is that his power is diminished** in that he is not able **to redeem** it **immediately,** the case of **one who sells a house from among houses of walled cities can prove** otherwise. Although one can redeem the house immediately, he cannot borrow money and redeem it, nor partially redeem it.

וְחָזַר הַדִּין; לֹא רְאִי זֶה כִּרְאִי זֶה, הַצַּד הַשָּׁוֶה שֶׁבָּהֶן – שֶׁנִּגְאָלִין, וְאֵין לֹוֶה וְגוֹאֵל וְגוֹאֵל לַחֲצָאִין. אַף אֲנִי אָבִיא מַקְדִּישׁ – שֶׁנִּגְאָל וְאֵין לֹוֶה וְגוֹאֵל, וְגוֹאֵל לַחֲצָאִין.

And the derivation has reverted to its starting point, as one could alternate the explanations for each side with their respective refutations. Ultimately, the **aspect of this** case, an ancestral field, **is not like the aspect of that** case, a house from among houses of walled cities. **Their common denominator is that they can be redeemed, and one cannot borrow** money **and redeem** them, **and** likewise, one cannot **partially redeem** them. **I will also bring** the case of **one who consecrates** his field and rule **that it may be redeemed, but one cannot borrow** money **and redeem** it, **and** one cannot **partially redeem** it.

אמר ליה מר זוטרא בריה דרב מרי לרבינא: איכא למיפרך: מה להצד השוה שבהן – שכן הורע כחם ליגאל בשנה שניה, תאמר במקדיש – שיפה כחו ליגאל בשנה שניה!

Mar Zutra, son of Rav Mari, said to Ravina: This derivation, based on the common denominator, **can be refuted** as follows: **What** is unique **to their common denominator is that their power is diminished** in that they are unable **to redeem** the respective properties **during the second year,** as in neither case can they be redeemed in the second year. One who sells a house in a walled city cannot redeem it beyond the first year, while one who sells an ancestral field cannot redeem it during the first two years. Shall **you say** the same **with regard to one who consecrated** his field, **as his power is enhanced** in that he is able **to redeem** the field **in the second year?**

אמר ליה רבינא: משום דאיכא למימר: עבד עברי הנמכר לנכרי יוכיח – שיפה כחו ליגאל בשנה שניה, ואין לוה וגואל וגואל לחצאין.

Ravina said to him that the derivation is valid **because it can be said** that the case of **a Hebrew slave sold to a gentile can prove** otherwise, **as his power enhanced** in that he is able **to redeem** himself **in the second year, and** nevertheless **he cannot borrow** money **and redeem**[H] himself, **and** he cannot **partially redeem** himself.

בעא מיניה רב הונא בר חיננא מרב ששת: המוכר בית בבתי ערי חומה, נגאל לקרובים או אין נגאל לקרובים? "גאלתו" "גאלתו" משדה אחוזה גמר, מה שדה אחוזה אינה נגאלת לחצאין ונגאלת לקרובים – אף האי נמי, אין נגאל לחצאין ונגאל לקרובים.

The Gemara discusses a similar matter. **Rav Huna bar Ḥinnana raised a dilemma before Rav Sheshet:** In the case of **one who sells a house from among the houses of walled cities, can it be redeemed by relatives or can it not be redeemed by relatives?** Is the ability to redeem a house limited to the seller himself? The Gemara presents the two sides of the dilemma: Does one **derive** the verbal analogy of **"*ge'ullato*"** (Leviticus 25:29) and **"*ge'ullato*"** (Leviticus 25:26) **from an ancestral field** in this manner: **Just as an ancestral field cannot be partially redeemed**[H] **and yet it can be redeemed by relatives, so too, this** house **also cannot be partially redeemed and yet it can be redeemed by relatives?**

או דילמא, כי כתיבא גאולה – בחצאין הוא דכתיב, בקרובים – לא כתיב? אמר ליה: אינו נגאל.

Or perhaps, when the word ***ge'ula*** **is written** in the case of an ancestral field, **it is written with regard to partial** redemption; but the word redemption **is not written with regard to relatives.** If so, the verbal analogy does not apply to the *halakha* of redemption by relatives. Rav Sheshet **said to him:** The house **cannot be redeemed**[H] by relatives.

איתיביה "בכל...גאלה תתנו" – לרבות בתים ועבד עברי. מאי לאו בתי ערי חומה? לא, בתי חצרים.

Rav Huna bar Ḥinnana **raised an objection to** the ruling of Rav Sheshet from a *baraita* that deals with the verse: "And **in all** of your ancestral land **you shall grant redemption** for the land" (Leviticus 25:24). This verse serves **to include houses and a Hebrew slave. What, is it not** correct to say that the term houses is referring to **houses of walled cities,**[N] indicating that they can also be redeemed by relatives? The Gemara rejects this suggestion: **No,** this is referring to **houses in open areas** without walls.

בתי חצרים בהדיא כתיב בהו "על שדה הארץ יחשב"! ההוא לקובעו חובה, ואליבא דרבי אליעזר.

The Gemara asks: With regard to **houses in open areas** without walls, **it is explicitly written: "Shall be reckoned with the field of the country"** (Leviticus 25:31), meaning that they are like ancestral fields. If so, there is no need for another verse to teach this *halakha*. The Gemara answers: **That** verse: "And in all of your ancestral land you shall grant redemption for the land" (Leviticus 25:24), serves **to establish** that redemption by relatives is **an obligation, and** this is **in accordance with** the opinion of **Rabbi Eliezer.**

דתניא: "וגאל את ממכר אחיו" – רשות. אתה אומר רשות, או אינו אלא חובה? תלמוד לומר: "ואיש כי לא יהיה לו גאל", וכי יש אדם בישראל שאין לו גואלים? אלא זה שיש לו ואינו רוצה ליקח, שהרשות בידו, דברי רבי יהושע.

As it is taught in a *baraita*, with regard to a verse that deals with one who sells ancestral land: **"And he shall redeem that which his brother has sold"** (Leviticus 25:25), this redemption is **optional,** i.e., if he wishes to do so he may redeem the land. Do **you say** that it is **optional or is it nothing other** than **an obligation? The verse states** concerning an ancestral field that was sold: **"And if a man has no one to redeem it"** (Leviticus 25:26). This verse is puzzling: **But is there a man in Israel who does not have redeemers?** Every Jew has a relative of some sort, even if he must trace his family tree back all the way to Jacob. **Rather,** this is referring to **one who has** a relative **who does not want to purchase,** i.e., redeem, the land, **as he has permission**[H] to refrain from doing so, since this redemption is optional. This is **the statement of Rabbi Yehoshua.**

HALAKHA

He cannot borrow and redeem – **אין לוה וגואל:** One who sells a house in a walled city cannot borrow and redeem the house, nor can he partially redeem it, in accordance with the opinion of the Rabbis (Rambam *Sefer Zera'im, Hilkhot Shemitta VeYovel* 12:2).

An ancestral field cannot be partially redeemed – **שדה אחוזה אינה נגאלת לחצאין:** One who sells an ancestral field cannot partially redeem it. His relatives may redeem it if they so desire (Rambam *Sefer Zera'im, Hilkhot Shemitta VeYovel* 11:18).

Redemption of houses of walled cities – **גאולת בתי ערי חומה:** If one sells a house in a walled city, his relatives cannot redeem it. He alone can redeem the house (Rambam *Sefer Zera'im, Hilkhot Shemitta VeYovel* 12:2).

As he has permission – **שהרשות בידו:** In cases where it is permitted for relatives to redeem fields and houses, this redemption is optional, not mandatory. The *halakha* is in accordance with the opinion of Rabbi Yehoshua (Rambam *Sefer Zera'im, Hilkhot Shemitta VeYovel* 11:18).

NOTES

Houses of walled cities – **בתי ערי חומה:** The special *halakhot* of selling and consecrating real estate are discussed in the Torah (Leviticus 25:25–33; 27:16–25). The basic *halakhot* are as follows: If one sells his ancestral land and it is not redeemed, it returns to him in the Jubilee Year. Relatives can redeem this land. It cannot be redeemed within two years of its sale, and it cannot be redeemed unless one actually has the money to do so. Therefore, one cannot borrow money to redeem the land. Furthermore, one cannot partially redeem it.

If one sells a house in a walled city, he can redeem it immediately. If he does not redeem it within a year, the house belongs to the purchaser forever, and it does not revert to the original owner in the Jubilee Year. A house cannot be redeemed by relatives and one cannot borrow money to redeem it, nor can one partially redeem it. Houses in villages or fields, i.e., anywhere not surrounded by a wall, are treated like ancestral land, with the exception that they can be redeemed immediately. The same *halakha* applies to houses of Levites and priests, even if they are in walled cities.

One who consecrates his ancestral land can redeem it immediately, one may borrow money to redeem it, and one may partially redeem it. If the field was not redeemed before the Jubilee Year, it does not return to its owners and instead becomes the property of the priests. If the son of one who consecrated a field redeems it, he is considered like his father with regard to the return of the field in the Jubilee Year.

In the case of one who consecrates a house in a walled city, he can redeem it immediately. If another person purchased the house from the Temple treasurer, it is treated like any other case involving one who purchases a house in a walled city: If it is not redeemed within a year, it does not return to its owners. Finally, one who consecrates a house outside a walled city can redeem it at any time. It returns to its owner in the Jubilee Year even if another person had acquired it from the Temple treasury in the meantime.

רַבִּי אֱלִיעֶזֶר אוֹמֵר: "וְגָאַל אֵת מִמְכַּר אָחִיו" – חוֹבָה. אַתָּה אוֹמֵר חוֹבָה, אוֹ אֵינוֹ אֶלָּא רְשׁוּת? תַּלְמוּד לוֹמַר "בְּכֹל גְּאֻלָּה תִּתְּנוּ" – הַכָּתוּב קְבָעוֹ חוֹבָה.

Rabbi Eliezer says that when the verse states: **"And he shall redeem that which his brother has sold,"** this redemption is **an obligation.** Do **you say** that it is **an obligation, or is it only optional? The verse states:** "And **in all** of your ancestral land **you shall grant redemption** for the land" (Leviticus 25:24). Here **the verse established it as obligatory.** This is the interpretation of the verses according to Rabbi Eliezer.

אָמְרִי לֵיהּ רַבָּנַן לְרַב אַשִׁי, וְאָמְרִי לַהּ רָבִינָא לְרַב אַשִׁי: בִּשְׁלָמָא לְמַאן דְּאָמַר: לְרַבּוֹת בָּתֵּי עָרֵי חוֹמָה – הַיְינוּ דִּכְתִיב "בְּכֹל". אֶלָּא לְמַאן דְּאָמַר: לְרַבּוֹת בָּתֵּי חֲצֵרִים – מַאי "בְּכֹל"? קַשְׁיָא.

The Sages said to Rav Ashi, and some say Ravina said this **to Rav Ashi: Granted, according to the one who says** that the verse serves **to include houses of walled cities, this is as it is written "in all."** "In all" serves to include a case omitted by the phrase "you shall grant a redemption for the land." **But according to the one who says** that it serves **to include houses in open areas** without walls, **what** is meant by the term **"in all"?** It was already taught that these houses are included in the category of ancestral fields, and therefore they are referred to by the expression "redemption for the land." No answer was found to this question and the Gemara states that it is **a difficulty.**

אֵיתִיבֵיהּ אַבַּיֵי: מַה תַּלְמוּד לוֹמַר "יִגְאָלֶנּוּ" "יִגְאָלֶנּוּ" "יִגְאָלֶנּוּ" שָׁלֹשׁ פְּעָמִים? לְרַבּוֹת כָּל הַגְּאוּלּוֹת שֶׁנִּגְאָלוֹת כַּסֵּדֶר הַזֶּה. מַאי לָאו – בָּתֵּי עָרֵי חוֹמָה, וְעֶבֶד עִבְרִי? לָא, בָּתֵּי חֲצֵרִים, וּשְׂדֵה אֲחוּזָּה.

Abaye raised an objection to this opinion that houses in walled cities cannot be redeemed by relatives. It is taught in a *baraita*: **What** does it mean when **the verse states: "May redeem him," "may redeem him,"** and **"may redeem him"** (Leviticus 25:48–49), **three times?** This serves **to include all redemptions,** and **that they are redeemed in this order:** In the case of a Hebrew slave sold to a gentile, if he does not redeem himself he can be redeemed by a brother; if he is not redeemed by a brother, then he can be redeemed by an uncle or some other relative. **What, is it not** correct to say that this inclusion is referring to **houses of walled cities and a Hebrew slave,** that they too can be redeemed by relatives? The Gemara rejects this interpretation: **No,** it includes **houses in open areas and an ancestral field.**

בָּתֵּי חֲצֵרִים וּשְׂדֵה אֲחוּזָּה בְּהֶדְיָא כְּתִיב "עַל שְׂדֵה הָאָרֶץ יֵחָשֵׁב"! כִּדְאָמַר רַב נַחְמָן בַּר יִצְחָק: לְקָרוֹב קָרוֹב קוֹדֵם; הָכִי נַמִי לְקָרוֹב קָרוֹב קוֹדֵם.

The Gemara asks: But the cases of **houses in open areas and** the case of **an ancestral field** are **written explicitly: "Shall be reckoned with the field of the country"** (Leviticus 25:31). The Gemara answers: This is **as Rav Naḥman bar Yitzḥak said,** that the verse detailing the redemption by relatives stated with regard to an ancestral field teaches that **the closer** of a relative one is to the seller, the **earlier** one is in the order of redeeming the ancestral field. The obligation or merit to redeem the field applies first to one who is more closely related to the seller. **So too,** with regard to houses in open areas, this verse teaches that **the closer** of a relative one is to the seller, the **earlier** one is in the order of redeeming the house.

הֵיכָא אִיתְּמַר דְּרַב נַחְמָן בַּר יִצְחָק? אַהָא, דְּאִיבַּעְיָא לְהוּ: עֶבֶד עִבְרִי הַנִּמְכָּר לְיִשְׂרָאֵל נִגְאָל לִקְרוֹבִים אוֹ אֵינוֹ נִגְאָל לִקְרוֹבִים? אַלִּיבָּא דְּרַבִּי – לָא תִּבָּעֵי לָךְ, דְּאָמַר: מִי שֶׁאֵינוֹ נִגְאָל בְּאֵלֶּה נִגְאָל בְּשֵׁשׁ, אַלְמָא – לָא מִיפְּרַק.

The Gemara asks: **Where was** this opinion **of Rav Naḥman bar Yitzḥak** originally **stated?** The Gemara answers that it was stated **with regard to this** issue, **as a dilemma was raised before** the Sages: Can **a Hebrew slave sold to a Jew be redeemed by** his **relatives or can he not be redeemed by** his **relatives?** The Gemara comments: **According to** the opinion of **Rabbi** Yehuda HaNasi, **you should not raise the dilemma, as he says: One who is not redeemed by these** relatives **is redeemed by six** years of service. **Evidently,** Rabbi Yehuda HaNasi holds that a Hebrew slave sold to a gentile **cannot be redeemed** by his relatives.

כִּי תִּיבָּעֵי לָךְ – אַלִּיבָּא דְּרַבָּנַן, מַאי? יָלְפִינַן "שָׂכִיר" "שָׂכִיר" וְלָא דָּרְשֵׁי "יִגְאָלֶנּוּ", אוֹ דִּילְמָא: יִגְאָלֶנּוּ – לְזֶה וְלֹא לְאַחֵר?

When you raise the dilemma, it is **according to** the opinion of **the Rabbis. What** is the *halakha*? Does one **derive** the verbal analogy comparing **"hired worker"** (Leviticus 25:40) and **"hired worker"** (Leviticus 25:53) from the case of a Jew sold to a gentile, and say that just as one can be redeemed by one's relatives if sold to a gentile, so too, one can be redeemed if sold to a Jew? **And** at the same time **one does not interpret homiletically** the phrase **"may redeem him"** (Leviticus 25:48), stated with regard to one sold to a gentile, as a restricting term. **Or perhaps** the phrase **"may redeem him"** is in fact a restricting term, which indicates that this *halakha* applies only **to this** slave, i.e., only one sold to a gentile can be redeemed by relatives, **and** it does **not** apply **to another** slave, one sold to a Jew.

HALAKHA

The redemption of a Hebrew slave sold to a gentile – גְּאוּלַּת עֶבֶד עִבְרִי הַנִּמְכָּר לְגוֹי: A Hebrew slave sold to a gentile should be redeemed by his relatives. This obligation applies to his closest relatives first (Rambam *Sefer Kinyan, Hilkhot Avadim* 2:7).

תָּא שְׁמַע: ״בְּכֹל גְּאוּלַּת תִּתְּנוּ״ – לְרַבּוֹת בָּתִּים וְעֶבֶד עִבְרִי, מַאי לָאו: בָּתֵּי עָרֵי חוֹמָה וְעֶבֶד עִבְרִי הַנִּמְכָּר לְיִשְׂרָאֵל? לָא, עֶבֶד עִבְרִי הַנִּמְכָּר לְנָכְרִי.

Come and **hear** a *baraita*: "And **in all** of your ancestral land **you shall grant redemption** for the land" (Leviticus 25:24). The inclusive expression "in all" serves **to include houses and a Hebrew slave. What, is it not** correct to say that this includes **houses of walled cities and a Hebrew slave sold to a Jew?** The Gemara rejects this interpretation: **No,** one can say that this is referring to a **Hebrew slave sold to a gentile.**[H]

עֶבֶד עִבְרִי הַנִּמְכָּר לְנָכְרִי בְּהֶדְיָא כְּתִיב בֵּיהּ ״אוֹ דֹדוֹ אוֹ בֶן דֹּדוֹ יִגְאָלֶנּוּ״!

The Gemara asks: It is **explicitly written with regard to a Hebrew slave sold to a gentile: "Either his uncle or his uncle's son may redeem him"** (Leviticus 25:49). If so, it is unnecessary to derive the option of redemption by a relative from an inclusive expression in a different verse.

Perek **I**
Daf **21** Amud **b**

HALAKHA

To establish an obligation – לְקוֹבְעוֹ חוֹבָה: If one is sold as a slave to a gentile, his relatives are required to redeem him so that he will not be assimilated. The court can force the family to do this. If his relatives will not redeem him or if they do not have the means to do so, the mitzva to redeem him applies to all Jews. Similarly, a father is required to redeem his son who has been taken captive. Some authorities write that the same applies to other relatives, although the obligation applies to closer relatives first (Rambam *Sefer Kinyan, Hilkhot Avadim* 2:7; *Shulḥan Arukh, Yoreh De'a* 252:2, and in the comment of Rema).

הַהוּא לְקוֹבְעוֹ חוֹבָה, וַאֲפִילּוּ לְרַבִּי יְהוֹשֻׁעַ.

The Gemara answers: **That** verse serves **to establish** that redeeming him is **an obligation.**[H] **And even according to** the opinion of **Rabbi Yehoshua,** who says that there is no requirement to redeem land, this case is different, as it is proper to redeem him to prevent him from being assimilated by gentiles.

תָּא שְׁמַע מַה תַּלְמוּד לוֹמַר ״יִגְאָלֶנּוּ״ ״יִגְאָלֶנּוּ״ ״יִגְאָלֶנּוּ״ שָׁלֹשׁ פְּעָמִים? לְרַבּוֹת כָּל הַגְּאוּלּוֹת שֶׁנִּגְאָלוֹת כַּסֵּדֶר הַזֶּה. מַאי לָאו בָּתֵּי עָרֵי חוֹמָה וְעֶבֶד עִבְרִי הַנִּמְכָּר לְיִשְׂרָאֵל? לָא, בָּתֵּי חֲצֵרִים וּשְׂדֵה אֲחוּזָּה. בָּתֵּי חֲצֵרִים בְּהֶדְיָא כְּתִיב בְּהוּ ״עַל שְׂדֵה הָאָרֶץ יֵחָשֵׁב״! אָמַר רַב נַחְמָן בַּר יִצְחָק: לְקָרוֹב קָרוֹב קוֹדֵם.

Come and **hear** a proof from a *baraita*: **What** is the meaning when **the verse states: "May redeem him," "may redeem him,"** and **"may redeem him"** (Leviticus 25:48–49), **three times?** This serves **to include all redemptions,** and **that they are redeemed in this order. What, is it not** correct to say that this inclusion is referring both to **houses of walled cities and a Hebrew slave sold to a Jew,** that they can be redeemed by relatives? The Gemara rejects this interpretation: **No,** it includes **houses in open areas and an ancestral field.** The Gemara asks: **Concerning houses in open areas and an ancestral field, it is written explicitly: "Shall be reckoned with the field of the country"** (Leviticus 25:31). **Rav Naḥman bar Yitzḥak said:** This teaches that **the closer** of a relative one is to the seller, the **earlier** one is in the order of redeeming the house or the field. This is the context of Rav Naḥman bar Yitzḥak's statement.

״וְהַנִּרְצָע נִקְנֶה בִּרְצִיעָה״. דִּכְתִיב: ״וְרָצַע אֲדֹנָיו אֶת אָזְנוֹ בַּמַּרְצֵעַ״ וגו׳.

§ The Gemara returns to the mishna, which teaches: **And** a Hebrew slave **who is pierced** after serving six years **is acquired** as a slave for a longer period **through piercing his ear with an awl.** The Gemara explains that this is **as it is written: "And his master shall pierce his ear with an awl,** and he shall serve him forever" (Exodus 21:6).

״וְקוֹנֶה אֶת עַצְמוֹ בַּיּוֹבֵל וּבְמִיתַת הָאָדוֹן״. דִּכְתִיב: ״וַעֲבָדוֹ״ – וְלֹא אֶת הַבֵּן וְלֹא אֶת הַבַּת. ״לְעֹלָם״ – לְעוֹלָמוֹ שֶׁל יוֹבֵל.

The mishna further teaches that a pierced slave **acquires himself**[N] **through** the advent of **the Jubilee Year and through the master's death.** The Gemara explains that this is **as it is written: "And he shall serve him** forever" (Exodus 21:6). This term indicates that he serves only the master, **but not the son and not the daughter.** The term **"forever"** is referring **to the forever** represented **by the Jubilee** Year.[N] The word "forever" does not mean for eternity, but refers to the end of the cycle of the Jubilee Year.

NOTES

A slave acquires himself – וְקוֹנֶה אֶת עַצְמוֹ: The commentaries ask why the mishna doesn't include the possibility of a slave acquiring his freedom by paying the master the value of the labor of the remainder of his servitude. Since a pierced slave is meant to serve until the Jubilee Year, which is a fixed duration, he could pay for the years not yet served (Rabbeinu Tam). Rabbeinu Tam answers that as a pierced slave is not acquired with money, he cannot be released with money. Others suggest that as the service of a pierced slave is considered a fine, he is not granted the option of emancipating himself (Rid).

To the forever represented by the Jubilee Year – לְעוֹלָמוֹ שֶׁל יוֹבֵל: In the Jerusalem Talmud a different verse is cited as the source of this *halakha*: "And proclaim liberty throughout the land unto all the inhabitants thereof; it shall be a Jubilee for you; and you shall return, each man to his land" (Leviticus 25:10). This verse indicates that all slaves are emancipated. Some commentaries write that this verse is the primary source for this *halakha*, while the phrase: The forever of the Jubilee Year, is merely an explanation of the term forever in this context (Ritva). Others add that without the verse from Leviticus one would interpret the term forever literally (*Shita Lo Node'a LeMi*).

תָּנוּ רַבָּנַן: ״מַרְצֵעַ״. אֵין לִי אֶלָּא מַרְצֵעַ. מִנַּיִן לְרַבּוֹת הַסּוֹל וְהַסִּירָא וְהַמַּחַט וְהַמַּקְדֵּחַ וְהַמַּכְתֵּב? תַּלְמוּד לוֹמַר: ״וְלָקַחְתָּ״ – לְרַבּוֹת כׇּל דָּבָר שֶׁנִּקָּח בְּיָד, דִּבְרֵי רַבִּי יוֹסֵי בְּרַבִּי יְהוּדָה.

The Sages taught: From the term **"an awl" I have** derived **only** that a master can pierce the ear of a Hebrew slave **with an awl. From where** do I derive that **a sharp thorn** [*sol*],[L] **a thorn** [*sira*],[L] **a needle, an auger, and a stylus** used to engrave in wax may be used? **The verse states: "And you shall take** the awl" (Deuteronomy 15:17). This term "and you shall take" serves **to include any implement that can be taken in the** master's **hand.** This is **the statement of Rabbi Yosei, son of Rabbi Yehuda.**

רַבִּי אוֹמֵר: מָה מַרְצֵעַ מְיוּחָד – שֶׁל מַתֶּכֶת, אַף כׇּל – שֶׁל מַתֶּכֶת. דָּבָר אַחֵר ״הַמַּרְצֵעַ״ – לְהָבִיא הַמַּרְצֵעַ הַגָּדוֹל.

Rabbi Yehuda HaNasi **says:** Not all of these utensils may be used for piercing. **Just as an awl is unique** in that it is made **of metal, so too any** tool made **of metal**[H] can be used; one may not pierce a slave's ear with non-metal implements. **Alternatively,** the verse states: "And you shall take **the awl," to include the large awl**[N] for piercing.

אָמַר רַבִּי אֶלְעָזָר, יוּדָן בְּרִיבִּי הָיָה דּוֹרֵשׁ: כְּשֶׁהֵן רוֹצְעִים אֵין רוֹצְעִים אֶלָּא בְּמֵילְתָא. וַחֲכָמִים אוֹמְרִים: אֵין עֶבֶד עִבְרִי כֹּהֵן נִרְצָע, מִפְּנֵי שֶׁנַּעֲשֶׂה בַּעַל מוּם. וְאִם תֹּאמַר בְּמֵילְתָא הֵם רוֹצְעִים – הֵיאָךְ עֶבֶד עִבְרִי כֹּהֵן יֵעָשֶׂה בַּעַל מוּם? הָא אֵין נִרְצָע אֶלָּא בְּגוֹבַהּ שֶׁל אֹזֶן. בְּמַאי קָמִיפַּלְגִי?

Rabbi Elazar said: Yudan the Distinguished would teach as follows: **When they pierce, they pierce only the earlobe. And the Rabbis say:** The piercing is not performed on the earlobe, as the *halakha* is that **a Hebrew slave** who is **a priest is not pierced**[H] at all **because** the piercing **renders him blemished**[B] and unfit to serve in the Temple. **And if you say** that **they pierce** a slave's **earlobe, how does a Hebrew slave** who is **a priest become blemished** through piercing? A pierced earlobe is not considered a blemish. This indicates that **he is pierced only on the upper part of the ear** through the cartilage.[H] The Gemara inquires: **With regard to what** principle **do** Rabbi Yehuda HaNasi and Rabbi Yosei, son of Rabbi Yehuda, **disagree?**

דְּרַבִּי דָּרֵישׁ כְּלָלֵי וּפְרָטֵי. ״וְלָקַחְתָּ״ – כְּלָל; ״מַרְצֵעַ״ – פְּרָט; ״בְּאׇזְנוֹ וּבַדֶּלֶת״ – חָזַר וְכָלַל. כְּלָל וּפְרָט וּכְלָל אִי אַתָּה דָּן אֶלָּא כְּעֵין הַפְּרָט; מָה הַפְּרָט מְפוֹרָשׁ – שֶׁל מַתֶּכֶת, אַף כׇּל – שֶׁל מַתֶּכֶת.

The Gemara explains: **Rabbi** Yehuda HaNasi **expounds** the verses by means of the hermeneutical principle of reading the verse as consisting of **generalizations and details.** Accordingly, he maintains that the term **"and you shall take"** is **a generalization** that indicates piercing may be performed with any implement. **"An awl"** is **a detail,** and when the verse states: **"Through his ear and into the door"** (Deuteronomy 15:17), **it** then **generalized** again. When the verse writes **a generalization and a detail and a generalization, you may deduce** that the verse is referring **only** to items **similar to the detail: Just as the explicit detail** mentions an awl, which is made **of metal, so too, any** utensil used for piercing must be made **of metal.**

רַבִּי יוֹסֵי דָּרֵישׁ רִיבּוּיֵי וּמִיעוּטֵי; ״וְלָקַחְתָּ״ – רִיבָּה; ״מַרְצֵעַ״ – מִיעֵט; ״בְּאׇזְנוֹ וּבַדֶּלֶת״ – חָזַר וְרִיבָּה. רִיבָּה וּמִיעֵט וְרִיבָּה – רִיבָּה הַכֹּל.

By contrast, **Rabbi Yosei expounds** the verses by means of the hermeneutical principle of reading the verse as consisting of **amplifications and restrictions.**[N] Accordingly, he learns that the term **"and you shall take" amplifies,** i.e., it includes any item that can be taken in one's hand. The term **"an awl" restricts.** When the verse states **"through his ear and into the door," it then amplifies again.** When the verse **amplifies, restricts, and amplifies, it has amplified** the *halakha* to include **everything** except one item.

NOTES

To include a large awl – לְהָבִיא הַמַּרְצֵעַ הַגָּדוֹל: The commentaries explain that due to its size, a large awl cuts instead of making a hole. Because it is so different from a regular awl, it is not included in the straightforward interpretation of the verse (*Tosefot Tukh*; *Tosefot HaRosh*).

Generalization and detail, amplification and restriction – כְּלָל וּפְרָט רִיבּוּי וּמִיעוּט: Notwithstanding the basic similarity between these methods of derivation, the hermeneutical principle of amplification and restriction is more inclusive. The hermeneutical principle of reading verses as containing a generalization, a detail, and a generalization serves to include only items that are similar to the detail, whereas the hermeneutical principle of reading verses as containing amplifications, restrictions, and amplifications serves to include everything apart from a single case that differs widely from the restriction. These two principles are associated with different schools: Rabbi Yishmael's academy adopted the principle of reading verses as containing generalizations and details, whereas Rabbi Akiva and his students adopted the principle of reading verses as containing amplifications and restrictions. Nevertheless, the two schools were not completely committed to these styles. Some commentaries conclude that the Sages would employ whichever principle seemed more appropriate, for various reasons, in a given case (Ritva).

LANGUAGE

A sharp thorn [*sol*] – סוֹל: Similar to the word *sillon*, as in the verse: "And there will no longer be a pricking briar [*sillon*] to the house of Israel" (Ezekiel 28:24). Specifically, it refers to the thorns that grow on the branches of a palm tree, similar to the Arabic سلاء, *sullā'*.

Thorn [*sira*] – סִירָא: The plant called *sira* in the Bible has been identified as the *Sarcopoterium spinosum* from the rose family. Commonly referred to as thorny burnet, this plant is a small bush that grows to a height of 30–60 cm and is most commonly found in the mountainous region north of Beersheba. It grows sharp leaves, small flowers, and red berries. Its tangled branches and thorns easily snare objects, which are subsequently difficult to remove.

Thorny burnet

HALAKHA

An awl of metal – מַרְצֵעַ שֶׁל מַתֶּכֶת: A slave is pierced only with a metal awl or some other metal implement, in accordance with the opinion of Rabbi Yehuda HaNasi (Rambam *Sefer Kinyan*, *Hilkhot Avadim* 3:9).

A priest is not pierced – אֵין...כֹּהֵן נִרְצָע: A priest sold as a Hebrew slave is not pierced, in accordance with the opinion of the Rabbis (Rambam *Sefer Kinyan*, *Hilkhot Avadim* 3:8).

Where does one pierce – הֵיכָן רוֹצְעִים: A slave is pierced on the upper portion of the ear, not on the earlobe, in accordance with the opinion of the Rabbis (Rambam *Sefer Kinyan*, *Hilkhot Avadim* 3:9).

BACKGROUND

Blemished – בַּעַל מוּם: Certain types of blemishes disqualify a priest from serving in the Temple. The *halakhot* of these blemishes are discussed in tractate *Bekhorot*. Many of the blemishes that disqualify animals to be sacrificed as offerings also disqualify priests from serving in the Temple (see Leviticus 21:16–24).

מַאי רַבֵּי? רַבֵּי כָּל מִילֵּי. מַאי מִיעֵט? מִיעֵט סַם.

What has it amplified, i.e., included beyond an awl? **It has amplified** the category to include **everything** that can pierce an ear. **What has it restricted** from inclusion in the category? It excludes only the method that is most dissimilar to the use of an awl, which is **a corrosive substance.** Producing a hole in the slave's ear with a substance of this kind is not a valid form of piercing.

אָמַר מָר: "הַמַּרְצֵעַ" – לְהָבִיא מַרְצֵעַ הַגָּדוֹל. מַאי מַשְׁמַע? כְּדַאֲמַר רָבָא "הַיָּרֵךְ" – הַמְיוּמֶּנֶת שֶׁבַּיָּרֵךְ. הָכָא נַמִי – "הַמַּרְצֵעַ" – מְיוּחָד שֶׁבַּמַּרְצְעִין.

The Master said above: **"The awl,"** this serves **to include the large awl** for piercing. The Gemara asks: **From where may** it **be inferred** that this expression is referring to a large awl? The Gemara answers that this is **as Rava said** with regard to the verse: "The sinew of the thigh vein which is upon the hollow of **the thigh"** (Genesis 32:33), that this is referring to **the most important** [*meyummenet*][L] part of **the thigh.** The definite article indicates something clear and obvious. **Here too,** the term **"the awl"** is referring to **a special awl.**

אָמַר רַבִּי אֶלְעָזָר, יוּדָן בְּרִיבִּי הָיָה דּוֹרֵשׁ: כְּשֶׁהֵן רוֹצְעִין אֵין רוֹצְעִין אֶלָּא בְּמֵילְתָא. וַחֲכָמִים אוֹמְרִים: אֵין עֶבֶד עִבְרִי כֹּהֵן נִרְצָע, מִפְּנֵי שֶׁנַּעֲשֶׂה בַּעַל מוּם. וְיֵעָשֶׂה בַּעַל מוּם! אָמַר רַבָּה בַּר רַב שֵׁילָא: אָמַר קְרָא: "וְשָׁב אֶל מִשְׁפַּחְתּוֹ" – לְמוּחְזָק שֶׁבְּמִשְׁפַּחְתּוֹ.

It was further stated in the above *baraita* that **Rabbi Elazar said: Yudan the Distinguished would teach: When they pierce** a slave **they pierce only the earlobe. And the Rabbis say: A Hebrew slave** who is **a priest is not pierced** at all, **because** piercing **renders him blemished.** The Gemara asks: **And** let him be pierced and **be rendered blemished** and disqualified for Temple service. Why is it prohibited to do this? **Rabba bar Rav Sheila says: The verse states** concerning a Hebrew slave at the end of his servitude: **"And he shall return to his own family"** (Leviticus 25:41), i.e., **to his status in his family.** He must be able to return to the position he had as a member of his family. If he was rendered a blemished priest while a slave, once he is emancipated he can no longer return to his status as a priest who can perform the Temple service.

אִיבַּעְיָא לְהוּ: עֶבֶד עִבְרִי כֹּהֵן מַהוּ שֶׁיִּמְסוֹר לוֹ רַבּוֹ שִׁפְחָה כְּנַעֲנִית? חִידּוּשׁ הוּא, לָא שְׁנָא כֹּהֲנִים וְלָא שְׁנָא יִשְׂרָאֵל,

A dilemma was raised before the Sages: With regard to **a Hebrew slave** who is **a priest,**[H] **what is** the *halakha* concerning the permissibility **for his master to provide him** with **a Canaanite maidservant** with whom to engage in sexual intercourse? The Gemara analyzes the two sides of the dilemma: Does one say that the *halakha* permitting a Hebrew slave to engage in intercourse with a Canaanite maidservant **is** a halakhic **novelty,**[B] as a Jew is generally prohibited from engaging in intercourse with a gentile, and in light of this novelty, **it is no different** in the case of **priests and no different** in the case of **an Israelite?**

אוֹ דִּילְמָא שָׁאנֵי כֹּהֲנִים, הוֹאִיל וְרִיבָּה בָּהֶן הַכָּתוּב מִצְוֹת יְתֵירוֹת? רַב אָמַר: מוּתָּר. וּשְׁמוּאֵל אָמַר: אָסוּר.

Or perhaps the case of **priests is different** from Israelites, **since the Torah includes additional mitzvot for them,** which do not apply to all Jews. Therefore, it is prohibited for a priest to engage in sexual intercourse with a Canaanite maidservant, despite the fact she is permitted to a non-priest. The *amora'im* disagreed with regard to this issue. **Rav said: It is permitted** for the master to provide him with a Canaanite maidservant, **and Shmuel said it is prohibited.**

אֲמַר לֵיהּ רַב נַחְמָן לְרַב עָנָן: כִּי הֲוֵיתוּ בֵּי מָר שְׁמוּאֵל בְּאִיסְקוּמַדְרֵי אִיטַּלְלִיתוּ?! מַאי טַעֲמָא לָא תֵּימְרוּ לֵיהּ מֵהָא: וַחֲכָמִים אוֹמְרִים: אֵין עֶבֶד עִבְרִי כֹּהֵן נִרְצָע, מִפְּנֵי שֶׁנַּעֲשֶׂה בַּעַל מוּם.

Rav Naḥman said to Rav Anan: When you were studying in the house of Mar Shmuel did you **play with tokens** [*iskumadri*]?[L] Didn't you take your studies seriously? **What is the reason** that **you do not say** a proof **to him from that** which we learned: **And the Rabbis say: A Hebrew slave** who is **a priest is not pierced** at all **because** piercing **renders him blemished.**

וְאִם תֹּאמַר: אֵין רַבּוֹ מוֹסֵר לוֹ שִׁפְחָה כְּנַעֲנִית – תֵּיפוֹק לִי דְּבָעֵינָא "אָהַבְתִּי אֶת אֲדֹנִי אֶת אִשְׁתִּי וְאֶת בָּנָי" וְלֵיכָּא. תּוּ לָא מִידֵּי.

Rav Naḥman explains the proof: **And if you say** that **if his master cannot provide him** with **a Canaanite maidservant,** it is not even relevant to suggest that a slave of priestly lineage could be pierced, as the fact that he cannot be pierced **could be derived** from another point, **as I require** the slave to say: **"I love my master, my wife, and my children"** (Exodus 21:5), **and** that declaration **cannot** be issued by a priest if his master may not provide him with a Canaanite maidservant. And **nothing more** can be answered to this proof. The reason given by the Rabbis proves that a Canaanite maidservant can be provided even to a priest.

LANGUAGE

The most important [*meyummenet*] – מְיוּמֶּנֶת: The root *yud*, *mem*, *nun* is used in several ways. In addition to meaning the right side, in general it can refer to something important or unique.

Tokens [*iskumadri*] – אִיסְקוּמַדְרֵי: The origin of this term and its meaning are uncertain. Some commentaries maintain that it is the name of a game played with different kinds of stones (Rashi; *Arukh*).

HALAKHA

A Hebrew slave who is a priest – עֶבֶד עִבְרִי כֹּהֵן: It is permitted for a priest sold as a slave to engage in sexual intercourse with a Canaanite maidservant while he is a slave. The *halakha* is in accordance with the opinion of Rav, and in accordance with Rav Naḥman's decision (Rambam *Sefer Kinyan*, *Hilkhot Avadim* 3:4).

BACKGROUND

Novelty – חידוש: Any *halakha* in which there is a component that is anomalous relative to other *halakhot* is considered a novelty. A *halakha* of this kind cannot serve as the basis for deriving the specifications of other cases. In this context, the term suggests that the Torah's law should be accepted without qualification. Because it is so unusual, we should be reluctant to limit its application.

אִיבַּעְיָא לְהוּ: כֹּהֵן מַהוּ בִּיפַת תּוֹאַר? חִידּוּשׁ הוּא, לָא שְׁנָא כֹּהֵן וְלָא שְׁנָא יִשְׂרָאֵל, אוֹ דִילְמָא: שָׁאנֵי כֹּהֲנִים הוֹאִיל וְרִיבָּה בָּהֶן מִצְוֹת יְתֵרוֹת? רַב אָמַר: מוּתָּר. וּשְׁמוּאֵל אָמַר: אָסוּר.

Similarly, **a dilemma was raised before them: What is** the *halakha* with regard to the permissibility **for a priest** who goes to war to engage in intercourse **with a beautiful woman**[HB] captured in that war? Does one say that the case of a beautiful woman **is a novelty** in that the Torah permits a man to engage in intercourse with a gentile woman? Consequently, it **is no different** in the case of **a priest and no different** in the case of **an Israelite,** as both are permitted to engage in intercourse with this woman. **Or perhaps** the case of **priests is different, since** the Torah **includes additional mitzvot for them? Rav said:** It is **permitted, and Shmuel said:** It is **prohibited.**

בְּבִיאָה רִאשׁוֹנָה דְּכוּלֵּי עָלְמָא – לָא פְּלִיגִי דְּשָׁרֵי, דְּלֹא דִּבְּרָה תּוֹרָה אֶלָּא כְּנֶגֶד יֵצֶר הָרָע.

The Gemara comments: **With regard to the first act of sexual intercourse** between the soldier priest and the gentile woman, **everyone agrees that** it is permitted, **as the Torah spoke only in response to the evil inclination,** and the evil inclination of a priest is as strong as that of an Israelite. This passage serves to prevent intercourse performed in a prohibited manner, which is relevant to a priest as well.

כִּי פְּלִיגִי – בְּבִיאָה שְׁנִיָּה. רַב אָמַר: מוּתָּר. וּשְׁמוּאֵל אָמַר: אָסוּר. רַב אָמַר: מוּתָּר, הוֹאִיל וְאִישְׁתְּרַיָא – אִישְׁתְּרַי. וּשְׁמוּאֵל אָמַר: אָסוּר, דְּהָא הָוְיָא לָהּ גִּיּוֹרֶת, וְגִיּוֹרֶת לְכֹהֵן לָא חַזְיָא.

When they disagree it is **with regard to the second act of sexual intercourse.** Is a priest permitted to bring the captive into his house, convert her, and marry her? **Rav said** it is **permitted, and Shmuel said** it is **prohibited.** Their reasoning is as follows: **Rav said** it is **permitted: Since** she was **permitted** to him once, she remains **permitted** to him. **And Shmuel said** it is **prohibited, as** ultimately **she is a convert, and a convert is not fit to marry a priest.**[H]

אִיכָּא דְּאָמְרִי: בְּבִיאָה שְׁנִיָּה כּוּלֵּי עָלְמָא לָא פְּלִיגִי דַּאֲסִירָא, דְּהָוְיָא לָהּ גִּיּוֹרֶת. כִּי פְּלִיגִי – בְּבִיאָה רִאשׁוֹנָה. רַב אָמַר: מוּתָּר, דְּהָא לֹא דִּבְּרָה תּוֹרָה אֶלָּא כְּנֶגֶד יֵצֶר הָרָע. וּשְׁמוּאֵל אָמַר: אָסוּר, כָּל הֵיכָא דְּקָרֵינָא בֵּיהּ ״וַהֲבֵאתָהּ אֶל תּוֹךְ בֵּיתֶךָ״ – קָרֵינָא בֵּיהּ ״וְרָאִיתָ בַּשִּׁבְיָה״; כָּל הֵיכָא דְּלָא קָרֵינָא בֵּיהּ ״וַהֲבֵאתָהּ אֶל תּוֹךְ בֵּיתֶךָ״ – לָא קָרֵינָא בֵּיהּ ״וְרָאִיתָ בַּשִּׁבְיָה״.

There are those who say a different version of this dispute. **With regard to the second act of intercourse everyone agrees that it is prohibited, as she is a convert,** and a priest may not marry a convert. **When they disagree** it is **with regard to the first act of intercourse. Rav said** it is **permitted, as the Torah spoke only in response to the evil inclination. And Shmuel said it is prohibited,** as **any** situation **that one can read with regard to it: "Then you shall bring her home to your house"** (Deuteronomy 21:12), **one** can also **read** and fulfill **with regard to** the earlier command of: **"And see among the captives**[H] a beautiful woman, and you have a desire for her, and would take her to you as a wife" (Deuteronomy 21:11). Conversely, **any** situation **that one cannot read with regard to it: "Then you shall bring her home to your house,"** i.e., if the soldier may not marry her, **one does not read with regard to it: "And sees among the captives,"** and one may not engage in sexual intercourse with her.

תָּנוּ רַבָּנַן: ״וְרָאִיתָ בַּשִּׁבְיָה״ – בִּשְׁעַת שִׁבְיָהּ; ״אֵשֶׁת״ – וַאֲפִילּוּ אֵשֶׁת אִישׁ; ״יְפַת תּוֹאַר״ – לֹא דִּבְּרָה תּוֹרָה אֶלָּא כְּנֶגֶד יֵצֶר הָרָע, מוּטָב שֶׁיֹּאכְלוּ יִשְׂרָאֵל בְּשַׂר

The Sages taught: With regard to a beautiful captive, the verse states: **"And sees among the captives,"** teaching that this *halakha* applies only if he notices her **when she is a captive.**[N] The expression **"a woman"** teaches that she is permitted **even** if she is **a married woman.** The phrase **"a beautiful woman"** indicates that **the Torah** here **spoke only in response to the evil inclination,** as it is due to her beauty that he desired her. And why does the Torah permit this? **It is preferable for Jews to eat the meat**

Perek **I**
Daf **22** Amud **a**

תְּמוּתוֹת שְׁחוּטוֹת וְאַל יֹאכְלוּ בְּשַׂר תְּמוּתוֹת נְבֵילוֹת. ״וְחָשַׁקְתָּ״ – אַף עַל פִּי שֶׁאֵינָהּ נָאָה. ״בָּהּ״ – וְלֹא בָּהּ וּבַחֲבֶרְתָּהּ.

of dying animals that were **slaughtered, and let them not eat the meat of dying animals** that were not slaughtered but which will become **carcasses.** In other words, it is preferable for this act to be performed in a somewhat permitted way rather than in a manner that is entirely prohibited. The expression: **"And you have a desire** for her and would take her to you as a wife" (Deuteronomy 21:11), teaches that this *halakha* applies **even if she is not pretty,**[H] as this is a subjective judgment dependent on one's desire. The term **"for her"** indicates that he may take her, **but not her and another** woman. A soldier is allowed to take only one captive in this manner.

HALAKHA

A priest with a beautiful woman – כֹּהֵן...בִּיפַת תּוֹאַר: It is permitted for a priest to engage in intercourse with a beautiful captive woman once. He may not marry her afterward, even if she converts. The *halakha* follows the opinion of Rav, in accordance with the second version of his dispute with Shmuel (Rambam *Sefer Shofetim, Hilkhot Melakhim* 8:4).

A convert is not fit to marry a priest – גִּיּוֹרֶת לְכֹהֵן לָא חַזְיָא: It is prohibited for a convert to marry a priest, even if she converted when younger than three years old (Rambam *Sefer Kedusha, Hilkhot Issurei Bia* 18:3).

And see among the captives – וְרָאִיתָ בַּשִּׁבְיָה: A beautiful woman of the enemy is permitted only when she has been taken captive. The same *halakhot* apply whether or not she is a virgin. The soldier may engage in intercourse with her even if she is a married woman (Rambam *Sefer Shofetim, Hilkhot Melakhim* 8:3).

BACKGROUND

A beautiful woman – יְפַת תּוֹאַר: This term is referring to a gentile female prisoner of war (see Deuteronomy 21:10–14). According to some authorities, a soldier was allowed to engage in intercourse with a woman of the enemy whom he encountered in wartime. Afterward, if he desired to marry her, she had to shave her head, let her nails grow, and undergo a monthlong period of mourning in his home. When that period was over, if she decided to convert to Judaism, they could marry. According to other authorities, sexual intercourse with a captive during wartime was prohibited, but a soldier had the right to convert his captive and marry her after the conclusion of the mourning period. Everyone agrees that these rights were granted to the soldier as a concession to his evil inclination.

NOTES

When she is a captive – בִּשְׁעַת שִׁבְיָהּ: Rashi explains that he desired to take her for the purpose of marrying from the outset, as soon as he captured her, and he did not initially take her with some other purpose, e.g., selling her as a slave, in mind. Others state that this means that she is permitted to him while she is a captive but not afterward, unless he follows the instructions laid out in the chapter (*Tosafot*). Alternatively, it means that he had to have noticed her for the first time when she was a captive and not before she was taken prisoner (Ramban).

HALAKHA

Even if she is not pretty – אַף עַל פִּי שֶׁאֵינָהּ נָאָה: The right to engage in intercourse with a captive woman does not apply only when she is beautiful. Rather, it includes any captive woman of his choice. It is prohibited to engage in intercourse with two such women, and one may not engage in intercourse with one woman and take another one for someone else (Rambam *Sefer Shofetim, Hilkhot Melakhim* 8:3).

״וְלָקַחְתָּ״ – לִיקּוּחִין יֵשׁ לְךָ בָּהּ. ״לְךָ לְאִשָּׁה״ – שֶׁלֹּא יִקַּח שְׁתֵּי נָשִׁים, אַחַת לוֹ וְאַחַת לְאָבִיו, אַחַת לוֹ וְאַחַת לִבְנוֹ. ״וַהֲבֵאתָהּ״ – מְלַמֵּד שֶׁלֹּא יִלְחָצֶנָּה בַּמִּלְחָמָה.

The phrase "and would take her" teaches: **You have** the ability to **take her,**[NH] i.e., to marry her. **"To you as a wife"** teaches **that he may not take two women, one for him and one for his father,**[N] **or one for him and one for his son.** The verse: **"Then you shall bring her** home into your house" (Deuteronomy 21:12), **teaches that he should not pressure her** to engage in sexual intercourse **during the war,**[N] but he should first take her into his home.

תָּנוּ רַבָּנַן: ״אִם אָמֹר יֹאמַר״ – עַד שֶׁיֹּאמַר וְיִשְׁנֶה. אָמַר בִּתְחִילַּת שֵׁשׁ וְלֹא אָמַר בְּסוֹף שֵׁשׁ – אֵינוֹ נִרְצָע, שֶׁנֶּאֱמַר: ״לֹא אֵצֵא חָפְשִׁי״ – עַד שֶׁיֹּאמַר בִּשְׁעַת יְצִיאָה.

§ **The Sages taught:** It is stated with regard to a pierced slave: **"But if** the slave **shall say** [*amor yomar*]: I love my master, my wife, and my children, I will not go out free" (Exodus 21:5). The repeated verb teaches that he is not pierced **unless he says**[H] this statement **and repeats** it. **If he said at the beginning of** his **six** years of service that he wants to be pierced, **but he did not say** it **at the end of six years, he is not pierced, as it is stated: "I will not go out free,"** i.e., he is not pierced **unless he says** it **when he leaves.**

אָמַר בְּסוֹף שֵׁשׁ וְלֹא אָמַר בִּתְחִילַּת שֵׁשׁ – אֵינוֹ נִרְצָע, שֶׁנֶּאֱמַר: ״אִם אָמֹר יֹאמַר הָעֶבֶד״ – עַד שֶׁיֹּאמַר כְּשֶׁהוּא עֶבֶד.

If **he said** this statement **at the end of six** years **but did not say** it **at the beginning of** his **six** years, he is likewise **not pierced, as it is stated: "If the slave shall say** [*amor yomar*]," which indicates that he is not pierced **unless he states** it **while he is still a slave.** This concludes the *baraita*.

אָמַר מָר: אָמַר בִּתְחִילַּת שֵׁשׁ וְלֹא אָמַר בְּסוֹף שֵׁשׁ – אֵינוֹ נִרְצָע, שֶׁנֶּאֱמַר: ״לֹא אֵצֵא חָפְשִׁי״. מַאי אִירְיָא מִ״לֹּא אֵצֵא חָפְשִׁי״? תֵּיפוֹק לֵיהּ דִּבְעֵינַן ״אָהַבְתִּי אֶת אֲדֹנִי אֶת אִשְׁתִּי וְאֶת בָּנָי״ וְלֵיכָּא!

The Gemara analyzes this *baraita*. **The Master said** above: **If he said** it **at the beginning of** his **six** years **and he did not say** it **at the end of six** years, **he is not pierced, as it is stated: "I will not go out free."** The Gemara asks: **Why** does the *tanna* of the *baraita* learn this *halakha* **specifically from** the phrase **"I will not go out free"? Let him derive** it from the fact **that we require** another condition. He has to be able to say: **"I love my master, my wife, and my children"** (Exodus 21:5) in order to become a pierced slave, **and** he **cannot** say this, as at the start of the six years he does not yet have children from the Canaanite maidservant his master provided for him.

וְתוּ: אָמַר בְּסוֹף שֵׁשׁ וְלֹא אָמַר בִּתְחִילַּת שֵׁשׁ אֵינוֹ נִרְצָע, שֶׁנֶּאֱמַר ״הָעֶבֶד״. אַטּוּ סוֹף שֵׁשׁ לָאו עֶבֶד הוּא? אֲמַר רָבָא: מַאי בִּתְחִילַּת שֵׁשׁ? בִּתְחִילַּת פְּרוּטָה אַחֲרוֹנָה. וּמַאי בְּסוֹף שֵׁשׁ? בְּסוֹף פְּרוּטָה אַחֲרוֹנָה.

And furthermore, the *baraita* states that if **he said** this statement **at the end of six years but did not say** it **at the beginning of** his **six** years, he is likewise **not pierced, as it is stated "the slave." Is that to say that he is not a slave at the end of six** years? **Rava said: What is** the meaning of: **At the beginning of six?** This is not referring to the actual beginning of his six years of service, but **to the beginning of the last *peruta*,**[N] i.e., when he reaches the start of his final stage of work worth one *peruta*, when he is still a slave. **And what is** the meaning of the term: **At the end of six? At the end of the last *peruta*.**

תָּנוּ רַבָּנַן: לוֹ אִשָּׁה וּבָנִים וּלְרַבּוֹ אֵין אִשָּׁה וּבָנִים – אֵינוֹ נִרְצָע, שֶׁנֶּאֱמַר: ״כִּי אֲהֵבְךָ וְאֶת בֵּיתֶךָ״. לְרַבּוֹ אִשָּׁה וּבָנִים וְלוֹ אֵין אִשָּׁה וּבָנִים – אֵינוֹ נִרְצָע, שֶׁנֶּאֱמַר: ״אָהַבְתִּי אֶת אֲדֹנִי אֶת אִשְׁתִּי וְאֶת בָּנָי״.

The Sages taught: If the slave **has a wife and children**[H] **and his master does not have a wife and children,**[N] **he is not pierced, as it is stated: "Because he loves you and your house"** (Deuteronomy 15:16). The word "house" is referring to a wife and children, and therefore if the master does not have a wife and children the verse cannot be fulfilled, and the slave is not pierced. Similarly, if **his master has a wife and children and he does not have a wife and children, he is not pierced, as it is stated: "I love my master, my wife, and my children"** (Exodus 21:5).

NOTES

You have the ability to take her – לִיקּוּחִין יֵשׁ לְךָ בָּהּ: Rashi writes that betrothal to this woman is effective and once he engages in intercourse with her she is considered his wife in all regards. Some claim that when he brings her into his home she is entitled to a marriage contract and betrothal like any other woman (Rambam). Others contend that betrothal with money or a document is not necessary or effective in this case, as sexual intercourse suffices to establish her status as a married woman. In this regard the captive woman is like a *yevama*, who is acquired through intercourse (Ramban).

One for him and one for his father – אַחַת לוֹ וְאַחַת לְאָבִיו: Some commentaries maintain that this statement should be emended so that it reads: He should not take for his father or for his son. There is no reason to mention two women, since it is prohibited to take even one woman for the sake of someone else, as indicated by the previous statement: You have the right to take her, i.e., for yourself (*Tosafot*).

He should not pressure her during the war – שֶׁלֹּא יִלְחָצֶנָּה בַּמִּלְחָמָה: Rashi explains that he should not engage in sexual intercourse with her. Others add that he may not perform even one act of intercourse during the war (*Tosafot*). Most authorities, including the Rambam, permit the first act in wartime, and therefore they explain this statement of the Gemara in other ways. Some write that he may not compel her to engage in intercourse a second time until she has been completely converted (Rabbeinu Tam). Others state that the soldier may not engage in intercourse with her on the battlefield but must bring her into a house (Rambam). Alternatively, this means that he may not rape her (*Smag*; Meiri).

The beginning of the last *peruta* – תְּחִילַּת פְּרוּטָה אַחֲרוֹנָה: Some commentaries explain that he must make the statement that he wants to stay with his master both at the start of his final stage of work worth one *peruta* and at the end of this stage (Rambam). Alternatively, on the last day of service he must issue this declaration at the beginning and at the end of the day, as the term *peruta* should not be taken literally (Meiri). Yet others disagree and say that he must say it at some point during his six years of service, when he has a wife and children. According to this opinion, the phrase: At the start of his last *peruta*, refers to the last time that he can make the statement (Ritva).

And his master does not have a wife and children – וּלְרַבּוֹ אֵין אִשָּׁה וּבָנִים: Some commentaries write that there is no requirement for the master to have children, as the fact that he must have a wife is derived from the mention of "house," and a man's house is his wife. Children are mentioned here only by force of habit (*Tosefot HaRosh*). With regard to the slave's family, most commentaries reject the literal meaning of the plural form of children, as they claim that a single child is enough to enable the slave to issue the statement.

HALAKHA

You have the ability to take her – לִיקּוּחִין יֵשׁ לְךָ בָּהּ: After performing all the conditions mandated by the Torah with regard to a beautiful captive woman, one may marry her by means of betrothal and a marriage contract (Rambam *Sefer Shofetim, Hilkhot Melakhim* 8:6).

Unless he says – עַד שֶׁיֹּאמַר: A slave is pierced only if he says: I love my master, my wife, and my children, when he is a slave, not after his six years of service have been completed (Rambam *Sefer Kinyan, Hilkhot Avadim* 3:10).

He has a wife and children – לוֹ אִשָּׁה וּבָנִים: If a slave has a wife and children and his master does not have a wife and children, or his master has a wife and children and the slave does not, he is not pierced. If his master does not love him, or if he does not love his master, he is not pierced. If he is sick and his master is healthy, or he is healthy and his master is sick, he is not pierced. Similarly, if both of them are sick he is not pierced (Rambam *Sefer Kinyan, Hilkhot Avadim* 3:11).

הוּא אוֹהֵב אֶת רַבּוֹ וְרַבּוֹ אֵינוֹ אוֹהֲבוֹ – אֵינוֹ נִרְצָע, שֶׁנֶּאֱמַר ״כִּי טוֹב לוֹ עִמָּךְ״. רַבּוֹ אוֹהֲבוֹ וְהוּא אֵינוֹ אוֹהֵב אֶת רַבּוֹ – אֵינוֹ נִרְצָע, שֶׁנֶּאֱמַר ״כִּי אֲהֵבְךָ״. הוּא חוֹלֶה וְרַבּוֹ אֵינוֹ חוֹלֶה – אֵינוֹ נִרְצָע, שֶׁנֶּאֱמַר: ״כִּי טוֹב לוֹ עִמָּךְ״. רַבּוֹ חוֹלֶה וְהוּא אֵינוֹ חוֹלֶה – אֵינוֹ נִרְצָע, שֶׁנֶּאֱמַר: ״עִמָּךְ״.

Furthermore, if **he loves his master but his master does not love him, he is not pierced, as it is stated: "Because he fares well with you"** (Deuteronomy 15:16), which indicates that it is good for both of them to be with each other. If **his master loves him but he does not love his master,**[N] **he is not pierced, as it is stated: "Because he loves you."** If **he is ill and his master is not ill, he is not pierced, as it is stated: "Because he fares well with you,"** which excludes a sick person. Similarly, if **his master is ill and he is not ill, he is not pierced, as it is stated "with you,"** which equates the well-being of the pair.

בָּעֵי רַב בֵּיבָי בַּר אַבַּיֵי: שְׁנֵיהֶם חוֹלִין מַאי? ״עִמָּךְ״ בָּעֵינַן – וְהָא אִיכָּא, אוֹ דִּילְמָא ״כִּי טוֹב לוֹ עִמָּךְ״ בָּעֵינַן, וְהָא לֵיכָּא? תֵּיקוּ.

Rav Beivai bar Abaye raised a dilemma: If **both of them are ill, what** is the *halakha*? **Do we require** only that the slave be **"with you,"** i.e., in the same condition as the master, **and that is** the case **here,** as they are both ill, and the slave can be pierced? **Or perhaps we require "because he fares well with you,"** i.e., it must be good for both of them, **and that is not** the case **here,** as they are both ill. If so, he cannot be pierced. No answer was found, and therefore the Gemara says that the dilemma **shall stand** unresolved.

תָּנוּ רַבָּנַן: ״כִּי טוֹב לוֹ עִמָּךְ״ – עִמְּךָ בְּמַאֲכָל, עִמְּךָ בְּמִשְׁתֶּה, שֶׁלֹּא תְּהֵא אַתָּה אוֹכֵל פַּת נְקִיָּה וְהוּא אוֹכֵל פַּת קִיבָּר, אַתָּה שׁוֹתֶה יַיִן יָשָׁן וְהוּא שׁוֹתֶה יַיִן חָדָשׁ, אַתָּה יָשֵׁן עַל גַּבֵּי מוֹכִין, וְהוּא יָשֵׁן עַל גַּבֵּי תֶּבֶן. מִכָּאן אָמְרוּ: כָּל הַקּוֹנֶה עֶבֶד עִבְרִי – כְּקוֹנֶה אָדוֹן לְעַצְמוֹ.

The Sages taught: The verse states concerning a Hebrew slave: **"Because he fares well with you,"** which teaches that the slave should be **with you,** i.e., treated as your equal, **in food,**[N] meaning that his food must be of the same quality as yours, and **with you in drink.** This means **that there shall not** be a situation in **which you eat fine bread and he eats inferior bread,** bread from coarse flour mixed with bran, which is low quality. There shall not be a situation in which **you drink aged wine and he drinks** inferior **new wine.** There shall not be a situation in which **you sleep** comfortably **on** bedding made from **soft sheets and he sleeps on straw. From here** the Sages **stated: Anyone who acquires a Hebrew slave** is considered **like one who acquires a master for himself,** because he must be careful that the slave's living conditions are equal to his own.

תָּנוּ רַבָּנַן: ״וְיָצָא מֵעִמָּךְ הוּא וּבָנָיו עִמּוֹ״. אָמַר רַבִּי שִׁמְעוֹן: אִם הוּא נִמְכָּר בָּנָיו וּבְנוֹתָיו מִי נִמְכָּרִים? מִכָּאן שֶׁרַבּוֹ חַיָּיב בִּמְזוֹנוֹת בָּנָיו. כַּיּוֹצֵא בַּדָּבָר אַתָּה אוֹמֵר ״אִם בַּעַל אִשָּׁה הוּא וְיָצְאָה אִשְׁתּוֹ עִמּוֹ״. אָמַר רַבִּי שִׁמְעוֹן: אִם הוּא נִמְכָּר אִשְׁתּוֹ מִי נִמְכְּרָה? מִכָּאן שֶׁרַבּוֹ חַיָּיב בִּמְזוֹנוֹת אִשְׁתּוֹ.

The Sages taught with regard to a verse that deals with the emancipation of a slave: **"Then he shall go out from you, he and his children with him"** (Leviticus 25:41). **Rabbi Shimon said:** This verse is puzzling, as, **if he is sold, are his sons and daughters sold?** Rather, **from here** it is derived that **his master is obligated to** provide **sustenance**[H] **for his children,**[N] and when the slave is emancipated his sons are released as well. **You say something similar** with regard to the verse: **"If he is married then his wife shall go out with him"** (Exodus 21:3). **Rabbi Shimon said: If he is sold, is his wife sold?** Rather, **from here** it is derived **that his master is obligated to** provide **sustenance for his wife.**

וּצְרִיכָא, דְּאִי אַשְׁמוּעִינַן בָּנָיו – מִשּׁוּם דְּלָא בְּנֵי מֵיעֲבַד וּמֵיכַל נִינְהוּ, אֲבָל אִשְׁתּוֹ דְּבַת מֵיכַל וּמֵיעֲבַד הִיא – אֵימָא תַּעֲבֵיד וְתֵיכוּל.

The Gemara comments: **And it is necessary** for the *baraita* to mention both cases, **as if it** had **taught us** only that the master is required to provide sustenance for the slave's **children,** one might say that this is **because they are not fit to work and eat.** Since they are unable to support themselves, the master is required to support them. **But** with regard to **his wife, who can eat and work,** one might **say** that **she should work and eat** in payment for her work, and the master is not required to support her for free.

NOTES

He does not love his master – אֵינוֹ אוֹהֵב אֶת רַבּוֹ: If the slave does not love the master, why does he wish to stay with him? One suggestion is that due to his poverty, the free room and board that come with slavery is an attractive arrangement for him (Ritva, citing *Tosafot*).

With you in food – עִמְּךָ בְּמַאֲכָל: That this does not mean that if the master eats delicacies he is required to give the slave some of what he is eating at the time. Rather, he must give him the kind of food that freemen eat (Ritva).

His master is obligated to provide sustenance for his children – חַיָּיב בִּמְזוֹנוֹת בָּנָיו: The early commentaries discuss who enjoys the profits of the labor of the slave's wife and children. Some claim that as the master supports them in place of the slave, he is entitled to their earnings (Ramban's Commentary on the Torah; Ritva). Others rule that whatever they earn goes to the slave, their husband and father (Rambam).

HALAKHA

And his master is obligated to provide sustenance – רַבּוֹ חַיָּיב בִּמְזוֹנוֹת: A master is obligated to provide food for the wife of his slave. Likewise, he is required to provide food for the slave's children (Rambam *Sefer Kinyan*, *Hilkhot Avadim* 3:1).

וְאִי אַשְׁמְעִינַן אִשְׁתּוֹ – דְּלָאו דִּירְכַּהּ לְהַדּוּרֵי, אֲבָל בָּנָיו דְּדִירְכַּיְיהוּ לְהַדּוּרֵי – אֵימָא לָא. צְרִיכָא.

And conversely, if the *baraita* had **taught us** only about **his wife,** one might say that the master is required to support her **since it is not her manner to circulate** and collect charity, as she is too embarrassed to do this. **But** with regard to **his children, since it is their manner to circulate** and beg, i.e., this is not beneath their dignity, one might **say no,** he is not required to support them. Therefore it is **necessary** to issue both rulings.

תָּנוּ רַבָּנַן:

The Sages taught:

Perek **I**
Daf **22** Amud **b**

אִילּוּ נֶאֱמַר "אָזְנוֹ בַּדֶּלֶת" – הָיִיתִי אוֹמֵר: יִדְקוֹר כְּנֶגֶד אָזְנוֹ בַּדֶּלֶת, דֶּלֶת – אִין, אָזְנוֹ – לָא. וְאוֹזֶן לָא? וְהָכְתִיב: "וְרָצַע אֲדֹנָיו אֶת אָזְנוֹ בַּמַּרְצֵעַ"!

Had the verse **stated: His ear to the door, I would say: He should pierce, opposite his ear, into the door** alone. In other words, with regard to **the door, yes,** it should be pierced, but **his ear** itself, **no,** it should not be pierced. The Gemara asks: **But** how could it even be suggested that **his ear** should **not** be pierced? **But isn't it written: "And his master shall pierce his ear with an awl"** (Exodus 21:6)?

אֶלָּא, הָיִיתִי אוֹמֵר: יִרְצָעֶנָּה לָאוֹזֶן מֵאַבָּרַאי, וְיַנִּיחֶנָּה עַל הַדֶּלֶת, וְיִדְקוֹר כְּנֶגֶד אָזְנוֹ בַּדֶּלֶת. תַּלְמוּד לוֹמַר "בְּאָזְנוֹ וּבַדֶּלֶת". הָא כֵּיצַד? דּוֹקֵר וְהוֹלֵךְ עַד שֶׁמַּגִּיעַ אֵצֶל דֶּלֶת.

Rather, I would say that the master **should pierce his ear outside,** i.e., not at the door, **and he should place it** afterward **on the door,** and then **he should pierce opposite his ear on the door.**[H] Therefore, **the verse states:** "And you shall take the awl and place it **through his ear and into the door**" (Deuteronomy 15:17). **How so? He bores through** his ear **until he reaches the door.**

"דֶּלֶת" שׁוֹמֵעַ אֲנִי בֵּין עֲקוּרָה בֵּין שֶׁאֵינָהּ עֲקוּרָה. תַּלְמוּד לוֹמַר "מְזוּזָה"; מָה מְזוּזָה מְעוּמָּד – אַף דֶּלֶת נַמִי מְעוּמָּד.

The *baraita* adds: Since the verse states **"door,"** I would **derive** that this applies to any door, regardless of **whether** it is **detached** from its doorpost or **whether it is not detached.** Therefore, **the verse states:** "Then his master shall bring him to the court, and shall bring him to the door, or to the **doorpost**" (Exodus 21:6): **Just as a doorpost is upright** and attached, **so too, a door** must be **upright**[H] and attached to the doorpost.

רַבָּן יוֹחָנָן בֶּן זַכַּאי הָיָה דּוֹרֵשׁ אֶת הַמִּקְרָא הַזֶּה כְּמִין חוֹמֶר: מַה נִּשְׁתַּנָּה אוֹזֶן מִכׇּל אֵבָרִים שֶׁבַּגּוּף? אָמַר הַקָּדוֹשׁ בָּרוּךְ הוּא: אוֹזֶן שֶׁשָּׁמְעָה קוֹלִי עַל הַר סִינַי בְּשָׁעָה שֶׁאָמַרְתִּי "כִּי לִי בְנֵי יִשְׂרָאֵל עֲבָדִים" – וְלֹא עֲבָדִים לַעֲבָדִים, וְהָלַךְ זֶה וְקָנָה אָדוֹן לְעַצְמוֹ – יֵרָצַע.

Rabban Yoḥanan ben Zakkai would expound this verse as a type of decorative wreath [*ḥomer*],[L] i.e., as an allegory: **Why is the ear different from all the other limbs in the body,** as the ear alone is pierced? **The Holy One, Blessed be He, said:** This **ear heard**[N] **My voice on Mount Sinai when I said: "For to Me the children of Israel are slaves"** (Leviticus 25:55), which indicates: **And** they should **not** be **slaves to slaves. And** yet **this** man **went** and willingly **acquired a master for himself.** Therefore, **let** this ear **be pierced.**

HALAKHA

The piercing procedure – דֶּרֶךְ הָרְצִיעָה: A master pierces his slave in the following manner: After the slave is brought before the court, where he issues his declaration, his right ear is bored until the implement reaches through his ear to the door (Rambam *Sefer Kinyan*, *Hilkhot Avadim* 3:9).

A door must be upright – דֶּלֶת מְעוּמָּד: The door on which a slave is pierced must be upright, like a doorpost (Rambam *Sefer Kinyan*, *Hilkhot Avadim* 3:9).

LANGUAGE

Decorative wreath [*ḥomer*] – חוֹמֶר: This term might be related to *ḥumrata*, meaning a ring or sack for holding spices. If so, the phrase means like a bundle of fragrant spices, i.e., a midrashic explanation. Alternatively, the expression is referring to a stringency, *ḥumra*, as the exposition explains why the Torah is strict with the slave.

NOTES

This ear heard – אוֹזֶן שֶׁשָּׁמְעָה: The verse: "For to Me the children of Israel are slaves" (Leviticus 25:55), was not said at the revelation at Sinai. Some commentaries explain that this idea is based on the verse: "I am the Lord your God, Who brought you out of the land of Egypt from the house of bondage" (Exodus 20:2). The Gemara cites the verse from Leviticus instead because it includes a forthright statement that Jews are slaves to God (*Hever ben Ḥayyim*). In the *Mekhilta* it is explained that the Jews heard with their ears at Sinai the commandment not to steal, and yet this man went and stole. After all, only one who has stolen can eventually be pierced. Two difficulties are raised with regard to this explanation. First, according to the Sages, the command: "Do not steal" (Exodus 20:13), is referring to kidnapping, not stealing property (see Riaf). Second, why doesn't violation of the other nine commandments, e.g., adultery, warrant piercing? The main answer to this second question is that the other violations entail harsh enough punishments, whereas if somebody sells himself into slavery he has demonstrated that this punishment does not frighten him. On the contrary, he prefers to remain a slave (see *Iyyun Ya'akov*). In the Jerusalem Talmud yet another version of this accusation is cited. The ear that heard the command: "You shall have no other gods before Me" (Exodus 20:2), went and bought a master for himself. This interpretation resolves the problem with regard to Sinai, as well as providing an answer to why one who sells himself as a slave and accepts another master is deserving of punishment.

וְרַבִּי שִׁמְעוֹן בַּר רַבִּי הָיָה דּוֹרֵשׁ אֶת הַמִּקְרָא הַזֶּה כְּמִין חוֹמֶר: מַה נִּשְׁתַּנָּה דֶּלֶת וּמְזוּזָה מִכׇּל כֵּלִים שֶׁבַּבַּיִת? אָמַר הַקָּדוֹשׁ בָּרוּךְ הוּא: דֶּלֶת וּמְזוּזָה שֶׁהָיוּ עֵדִים בְּמִצְרַיִם בְּשָׁעָה שֶׁפָּסַחְתִּי עַל הַמַּשְׁקוֹף וְעַל שְׁתֵּי הַמְּזוּזוֹת, וְאָמַרְתִּי "כִּי לִי בְנֵי יִשְׂרָאֵל עֲבָדִים" וְלֹא עֲבָדִים לַעֲבָדִים, וְהוֹצֵאתִים מֵעַבְדוּת לְחֵירוּת, וְהָלַךְ זֶה וְקָנָה אָדוֹן לְעַצְמוֹ – יֵרָצַע בִּפְנֵיהֶם.

And Rabbi Shimon bar Rabbi Yehuda HaNasi **would** likewise **expound this verse as a type of decorative wreath: Why are the door and a doorpost different from all other objects in the house,** that the piercing is performed with them? **The Holy One, Blessed be He, said: The door and the doorpost were witnesses in Egypt when I passed over the lintel and when I passed over the two doorposts** of houses in which there were Jews (Exodus, chapter 12), **and I said: "For to Me the children of Israel are slaves," and** they should **not be slaves to slaves. And I delivered them** at that time **from slavery to freedom, and yet this man went and acquired a master for himself.** Therefore, **let him be pierced before them,** as they are witnesses that he violated God's will.

מתני׳ עֶבֶד כְּנַעֲנִי נִקְנֶה בְּכֶסֶף וּבִשְׁטָר וּבַחֲזָקָה, וְקוֹנֶה אֶת עַצְמוֹ בְּכֶסֶף עַל יְדֵי אֲחֵרִים, וּבִשְׁטָר עַל יְדֵי עַצְמוֹ, דִּבְרֵי רַבִּי מֵאִיר. וַחֲכָמִים אוֹמְרִים: בְּכֶסֶף עַל יְדֵי עַצְמוֹ וּבִשְׁטָר עַל יְדֵי אֲחֵרִים, וּבִלְבָד שֶׁיְּהֵא הַכֶּסֶף מִשֶּׁל אֲחֵרִים.

MISHNA A **Canaanite slave**[N] **is acquired by** means **of money, by** means **of a document,**[H] **or by** means of the master **taking possession** of him. **And he can acquire himself,**[NH] i.e., his freedom, **by** means **of money** given **by others,** i.e., other people can give money to his master, **and by** means of **a bill** of manumission if he accepts it **by himself.** This is **the statement of Rabbi Meir. And the Rabbis say:** The slave can be freed **by** means of **money** given **by himself, and by** means of **a bill** of manumission if it is accepted **by others, provided that the money** he gives **belongs to others,** not to him. This is because the slave cannot possess property, as anything owned by a slave is considered his master's.

גמ׳ מְנָלַן? דִּכְתִיב: "וְהִתְנַחַלְתֶּם אֹתָם לִבְנֵיכֶם אַחֲרֵיכֶם לָרֶשֶׁת אֲחֻזָּה" – הִקִּישָׁן הַכָּתוּב לִשְׂדֵה אֲחוּזָּה; מַה שְּׂדֵה אֲחוּזָּה נִקְנֶה בְּכֶסֶף בִּשְׁטָר וּבַחֲזָקָה – אַף עֶבֶד כְּנַעֲנִי נִקְנֶה בְּכֶסֶף בִּשְׁטָר וּבַחֲזָקָה.

GEMARA The Gemara asks: **From where do we** derive that these are the modes by which a slave can be acquired? The Gemara answers: **As it is written** with regard to Canaanite slaves: **"And you shall bequeath them to your children as an ancestral inheritance"** (Leviticus 25:46). **The verse juxtaposes** Canaanite slaves **to an ancestral field: Just as an ancestral field can be acquired by** means of **money, by** means of **a document, or by** means of the owner **taking possession** of it, **so too, a Canaanite slave can be acquired by** means of **money, by** means of **a document, or by** means of the master **taking possession** of him.

אִי מַה שְּׂדֵה אֲחוּזָּה חוֹזֶרֶת לַבְּעָלִים בַּיּוֹבֵל – אַף עֶבֶד כְּנַעֲנִי חוֹזֵר לַבְּעָלִים בַּיּוֹבֵל? תַּלְמוּד לוֹמַר: "לְעֹלָם בָּהֶם תַּעֲבֹדוּ".

The Gemara asks: **If** so, perhaps one can interpret this juxtaposition differently: **Just as an ancestral field returns to its owners in the Jubilee** Year, **so too a Canaanite slave returns to his** prior **owners in the Jubilee** Year. Therefore, **the verse states: "Of them you may take your slaves forever"** (Leviticus 25:46), which indicates that the sale is permanent.

תָּנָא: אַף בַּחֲלִיפִין. וְתַנָּא דִּידָן? מִילְּתָא דְּלֵיתָא בְּמִטַּלְטְלִין – קָתָנֵי; מִילְּתָא דְּאִיתָא בְּמִטַּלְטְלִין – לָא קָתָנֵי.

A Sage **taught** in a *baraita* that a Canaanite slave can **also** be acquired **by** means of symbolic **exchange,**[NH] i.e., a *pro forma* act of acquisition performed by the giving of an item, usually a kerchief, effecting the transfer of ownership of an article. The Gemara asks: **And** why doesn't **the *tanna* of our** mishna mention acquisition through symbolic exchange? The Gemara answers: He **teaches** only the effectiveness of **modes** of acquisition **which are not** effective in transferring the ownership **of movable property,** as it is a novelty that these are effective, as one may have thought that a slave can be acquired only in the same manner as movable property is acquired. He does **not teach** the effectiveness of **modes** of acquisition **which are** effective in transferring the ownership **of movable property,** as it is not a novelty that a slave can be acquired in that manner.

NOTES

A Canaanite slave – עֶבֶד כְּנַעֲנִי: Several early commentaries ask how there can be an actual Canaanite slave considering that the Jews were instructed to leave no Canaanite population in Eretz Yisrael. Rashi explains that due to the verse: "Cursed be Canaan, a slave of slaves he shall be to his brothers" (Genesis 9:25), the term Canaanite is synonymous with slave, and that all gentile slaves are referred to as Canaanite slaves. Some commentaries write that according to the Rambam, those Canaanites who surrendered to the Jewish people and accepted upon themselves the seven Noahide laws could remain in Eretz Yisrael. Those individuals could be acquired as slaves (Meiri).

And he can acquire himself – וְקוֹנֶה אֶת עַצְמוֹ: The obvious difficulty with this mishna is its omission of an additional way for a Canaanite slave to gain his freedom: The removal of his tooth or eye, or one of the other extremities. One explanation is that this is not mentioned because the release of the slave under these circumstances is considered a fine rather than a form of legal acquisition (Ritva). Many early commentaries say that this case is omitted because it is unclear whether injuring a slave leads to complete freedom or whether a document of manumission is also required, as discussed below (see Rambam's Commentary on the Mishna).

Also by symbolic exchange – אַף בַּחֲלִיפִין: The early commentaries dispute whether the slave can also acquire his freedom through symbolic exchange. One suggestion is that he can acquire himself by means of symbolic exchange with regard to his financial status, i.e., he is not required to work for the master, but not with regard to the prohibitions that govern him. Therefore, he still requires a document of manumission before he can marry a Jewish woman (Ritva).

HALAKHA

A Canaanite slave is acquired…by means of a document – עֶבֶד כְּנַעֲנִי נִקְנֶה...בִּשְׁטָר: A Canaanite slave can be acquired by means of a document, money, or possession. This is the *halakha* whether he is acquired before or after he immerses for the purpose of servitude. The same modes are effective whether he is being acquired from a gentile or from a Jew (Rambam *Sefer Kinyan, Hilkhot Avadim* 5:1; *Shulḥan Arukh, Yoreh De'a* 267:23 and *Ḥoshen Mishpat* 196:1).

And he can acquire himself – וְקוֹנֶה אֶת עַצְמוֹ: A Canaanite slave can acquire himself and be freed by means of money, a document, or if his master injures one of his extremities (*Shulḥan Arukh, Yoreh De'a* 267:23).

Also by symbolic exchange – אַף בַּחֲלִיפִין: A Canaanite slave can be acquired through symbolic exchange, as stated in the *baraita*. Some authorities maintain that he can also acquire himself through symbolic exchange (*Shulḥan Arukh, Yoreh De'a* 267:23, and in the comment of Rema).

אָמַר שְׁמוּאֵל: עֶבֶד כְּנַעֲנִי נִקְנֶה בִּמְשִׁיכָה. כֵּיצַד? תְּקָפוֹ וּבָא אֶצְלוֹ – קְנָאוֹ; קְרָאוֹ וּבָא אֶצְלוֹ – לֹא קְנָאוֹ.

Shmuel says: A Canaanite slave can be acquired by means of **pulling,**[H] as can movable property. **How** is pulling performed in the case of a slave? If the master **took him by force and** the slave **came to him, he has** thereby **acquired him.** But if the master **called him and he came to him** willingly, **he has not acquired him.**

בִּשְׁלָמָא לְתַנָּא דִּידָן – מִילְּתָא דְּאִיתָא בְּמִטַּלְטְלֵי לָא קָתָנֵי, דְּלֵיתָא בְּמִטַּלְטְלֵי – קָתָנֵי. אֶלָּא לְתַנָּא בָּרָא, נִיתְנֵי מְשִׁיכָה! כִּי קָתָנֵי – מִילְּתָא דְּאִיתָא בֵּין בְּמְקַרְקְעֵי בֵּין בְּמִטַּלְטְלֵי, מְשִׁיכָה דִּבְמִטַּלְטְלֵי אִיתָא בְּמְקַרְקְעֵי לֵיתָא – לָא קָתָנֵי.

The Gemara comments: **Granted, according to** the opinion of **the** ***tanna*** **of our** mishna, it is clear why he did not list pulling as a mode of acquisition, as **he** does **not teach** the effectiveness of **modes** of acquisition **that are** effective in transferring the ownership **of movable property;** he **teaches** only the effectiveness of **modes** of acquisition **that are not** effective in transferring the ownership **of movable property.** Pulling is effective with movable property. **But according to** the opinion of **the** ***tanna*** **of the** ***baraita*****,**[B] who taught the mode of symbolic exchange, **let him teach pulling** as well. The Gemara answers: **When he teaches** his *baraita*, which includes acquisition through symbolic exchange, he teaches the effectiveness of **modes** of acquisition **that are** effective in transferring the ownership of **both land and movable property. He does not teach** the effectiveness of **pulling, which is** effective in transferring the ownership **of movable property** but **is not** effective in transferring the ownership **of land.**

״כֵּיצַד? תְּקָפוֹ וּבָא אֶצְלוֹ – קְנָאוֹ; קְרָאוֹ וּבָא אֶצְלוֹ – לֹא קְנָאוֹ״. וּקְרָאוֹ לָא? וְהָתַנְיָא: כֵּיצַד בִּמְסִירָה? אֲחָזָהּ בְּטַלְפָּהּ, בִּשְׂעָרָהּ, בָּאוּכָּף שֶׁעָלֶיהָ, בַּשָּׁלִיף שֶׁעָלֶיהָ, בִּפְרוּמְבִּיָּא שֶׁבְּפִיהָ, וּבְזוֹג שֶׁבְּצַוָּארָהּ – קְנָאָהּ.

The Gemara returns to analyze Shmuel's statement: **How** does one acquire a slave through pulling? If the master **took him by force and he came to him,** he has **acquired him. If he called him and he came to him,** he has **not acquired him.** The Gemara asks: **And** has he **not** acquired him if **he called him? But isn't it taught** in a *baraita*: **How** is an animal acquired **through passing? If he grabbed it by its hoof, or by its hair,** or **by the saddle on it,** or **by the load** [*shalif*][L] **on it,** or **by the bit** [*bifrumbiya*][L] **in its mouth,** or **by the bell on its neck, he has acquired it.**

כֵּיצַד בִּמְשִׁיכָה? קוֹרֵא לָהּ וְהִיא בָּאָה, אוֹ שֶׁהִכִּישָׁהּ בְּמַקֵּל וְרָצְתָה לְפָנָיו, כֵּיוָן שֶׁעָקְרָה יָד וָרֶגֶל – קְנָאָהּ. רַבִּי אַסִּי וְאָמְרִי לָהּ רַבִּי אַחָא אוֹמֵר: עַד שֶׁתְּהַלֵּךְ לְפָנָיו מְלֹא קוֹמָתָהּ!

How is an animal acquired **by pulling?** If **he calls it and it comes, or he if hits it with a stick and it runs before him, once it lifts a foreleg and a hind leg** from where it was standing, he **acquires it.**[H] **Rabbi Asi, and some say Rabbi Aḥa, says:** It is not enough if the animal lifts its feet. Rather, one does not acquire it **until it walks** the distance **of its full height in the presence of** the one acquiring it. In any event, this indicates that calling is an effective use of the mode of pulling.

אָמְרִי: בְּהֵמָה – אַדַּעְתָּא דְּמָרַהּ אָזְלָה; עֶבֶד – אַדַּעְתֵּיהּ דְּנַפְשֵׁיהּ קָאָזֵיל. אֲמַר רַב אַשִׁי: עֶבֶד קָטָן כִּבְהֵמָה דָּמֵי.

The Sages **say** in response that there is a difference between the acquisition of a slave and that of an animal. **An animal walks by the will of its owner,** as it is domesticated and follows the orders of its master. Consequently, if it comes when called it is as though it was pulled. By contrast, **a slave walks by his own will.** Consequently, even if a slave comes when called, this cannot be considered acquisition through pulling, as the master has performed no act of acquisition. **Rav Ashi said: A slave who is a minor**[N] **is considered like an animal.** Since he has no will of his own, he can be acquired through calling, like an animal.

תָּנוּ רַבָּנַן: כֵּיצַד בַּחֲזָקָה? הִתִּיר לוֹ מִנְעָלוֹ, אוֹ הוֹלִיךְ כֵּלָיו אַחֲרָיו לְבֵית הַמֶּרְחָץ, הִפְשִׁיטוֹ, הִרְחִיצוֹ, סָכוֹ, גֵּרְדוֹ, הִלְבִּישׁוֹ, הִנְעִילוֹ, הִגְבִּיהוֹ – קְנָאוֹ. אָמַר רַבִּי שִׁמְעוֹן: לֹא תְּהֵא חֲזָקָה גְּדוֹלָה מֵהַגְבָּהָה, שֶׁהַגְבָּהָה קוֹנָה בְּכָל מָקוֹם. מַאי קָאָמַר?

§ **The Sages taught** (*Tosefta* 1:5): **How** does one acquire a slave **though possession?**[H] If the slave **removes** the master's **shoe,**[N] or **carries his garments after him**[N] **to the bathhouse,** or **undresses him,** or **bathes him,** or **anoints him,** or **scrubs** the oil off him, or **dresses him,** or **puts on his shoes, or lifts him,** the master **acquires him. Rabbi Shimon says:** Acquisition through the mode of **possession should not be considered greater than** acquisition using the mode of **lifting, as lifting acquires** property **in any situation.** With regard to this last statement the Gemara asks: **What is** Rabbi Shimon **saying** here? The first *tanna* also said that a slave can be acquired by lifting.

HALAKHA

Can be acquired by pulling – נִקְנֶה בִּמְשִׁיכָה: A Canaanite slave can be acquired by pulling, in accordance with the opinion of Shmuel. This is performed by the master grabbing him forcefully and taking him. The slave is not acquired if the master merely calls him and he comes, unless he is a minor, as stated by Rav Ashi (Rambam *Sefer Kinyan, Hilkhot Avadim* 5:1 and *Hilkhot Mekhira* 2:3; *Shulḥan Arukh, Yoreh De'a* 267:25 and *Ḥoshen Mishpat* 196:5).

Acquiring an animal by pulling – קִנְיַן מְשִׁיכָה בִּבְהֵמָה: An animal is acquired if it is pulled along or if it is ridden. Likewise, it is acquired if it responds to being called, or runs before the owner when struck. Once it raises its foreleg and hind leg in response, it is acquired. Pulling is sufficient to acquire an animal in the presence of the owner. In the owner's absence, it has to be made clear that the mode of pulling is being employed (Rambam *Sefer Kinyan, Hilkhot Mekhira* 2:6; *Shulḥan Arukh, Ḥoshen Mishpat* 197:3).

How is possession of a slave performed – כֵּיצַד חֲזָקָה בַּעֲבָדִים: A slave is acquired through possession if he performs labor that a slave normally performs for his master, e.g., undressing him, dressing him, anointing him, or removing his shoes. Some authorities claim that this form of acquisition is effective only if the work is performed on the master's body, but if a slave worked on his master's behalf by performing an action such as sewing his clothes or raking the ground, he is not acquired (Rambam *Sefer Kinyan, Hilkhot Mekhira* 2:2; *Shulḥan Arukh, Yoreh De'a* 267:23, and in the comment of Rema; *Ḥoshen Mishpat* 196:3).

BACKGROUND

The *tanna* of the *baraita* – תַּנָּא בָּרָא: This expression, which literally means the external *tanna*, refers to the author of the *baraita* under discussion, as opposed to the term: Our *tanna*, i.e., the *tanna* of the mishna. The *Tosefta* is a compilation of *baraitot*, tannaitic statements not included in the Mishna. The book referred to today as the *Tosefta* is the only one of these compilations still extant. Not all references to the *Tosefta* in the Gemara match the *baraitot* in the extant version of the *Tosefta*.

LANGUAGE

Load [*shalif*] – שָׁלִיף: Similar to the Aramaic *shelifa*, meaning a bag placed on the back of an animal.

Bit [*perumbiya*] – פְּרוּמְבִּיָּא: From the Greek φορβεία, *forbeia*, the bit which fastens a horse to the feeding trough.

NOTES

A slave who is a minor – עֶבֶד קָטָן: Some commentaries claim that this is referring to a very young slave, who has not reached the age of six. At this age he is considered to be following the master's will. If the slave is older he has a mind of his own, and therefore the master cannot acquire him by calling (*Nimmukei Yosef*, citing Ramah).

Removes his shoe – הִתִּיר לוֹ מִנְעָלוֹ: Many early commentaries maintain that this act is effective only if the slave performs an act affecting the master's body, but if he performs some other sort of labor on his behalf, e.g., tailoring his clothes, he is not acquired (Rid; Rashba). Based on the Jerusalem Talmud, some commentaries write that an act such a tailoring also effects acquisition (*Sefer HaIttur*).

Carries his garments after him – הוֹלִיךְ כֵּלָיו אַחֲרָיו: Although this act is not performed on the master's body, nevertheless it demonstrates servitude, as a freeman would never perform such a lowly task (Ritva).

אָמַר רַב אַשִׁי: הִגְבִּיהוֹ הוּא לְרַבּוֹ – קְנָאוֹ. הִגְבִּיהוֹ רַבּוֹ לוֹ – לֹא קְנָאוֹ. אָמַר רַבִּי שִׁמְעוֹן: לֹא תְּהֵא חֲזָקָה גְּדוֹלָה מֵהַגְבָּהָה, שֶׁהַגְבָּהָה קוֹנָה בְּכׇל מָקוֹם.

Rav Ashi says that one can infer from the statement of the first *tanna*: If a slave **lifts his master,** the master **acquires him,** as he is performing labor for the master. But if **his master lifts** the slave, the master **does not acquire him,** as the slave has not performed labor for his master. With regard to this **Rabbi Shimon says:** Acquisition through **possession should not be greater than** acquisition through **lifting, as lifting acquires** property **in any situation.**[H] Consequently, one can acquire a slave even by lifting him.

הַשְׁתָּא דְּאָמְרַתְּ הִגְבִּיהוֹ הוּא לְרַבּוֹ קְנָאוֹ, אֶלָּא מֵעַתָּה שִׁפְחָה כְּנַעֲנִית תִּקָּנֶה בְּבִיאָה! כִּי קָאָמְרִינַן – זֶה נֶהֱנֶה וְזֶה מִצְטַעֵר; הָכָא – זֶה נֶהֱנֶה וְזֶה נֶהֱנֶה הוּא.

The Gemara asks: **Now that you said** that if a slave **lifts his master,** the master **acquires him,** consider the following ramification of this ruling: **If that is so, let a Canaanite maidservant be acquired by** means of **sexual intercourse** with the master, as it is possible to claim she lifts him during the act of intercourse. The Gemara answers: **When we say** that one acquires a slave through the labor the slave performs for him, that applies to a situation where **this** master **benefits and that** slave **suffers.** In this manner the master exercises his authority over the slave. **Here,** with regard to sexual intercourse, **it is** a case where **this** master **benefits and this** Canaanite maidservant likewise **benefits.** Since both sides derive benefit, it cannot be seen as an act of acquisition.

שֶׁלֹּא כְּדַרְכָּהּ מַאי אִיכָּא לְמֵימַר? אָמַר רַב אַחַיי [בַּר אַדָּא] דְּמִן אַחָא: מַאן לֵימָא לַן דְּלָאו הֲנָאָה אִית לְהוּ לְתַרְוַיְיהוּ? וְעוֹד: ״מִשְׁכְּבֵי אִשָּׁה״ כְּתִיב, הִקִּישָׁה הַכָּתוּב כְּדַרְכָּהּ לְשֶׁלֹּא כְּדַרְכָּהּ?

The Gemara asks: If he engages in intercourse **in an atypical manner,** i.e., anal intercourse, with her, **what can be said?** In that case the woman does not benefit from the intercourse. **Rav Aḥai bar Adda of** the place called **Aḥa said: Who will tell us,** i.e., it is not obvious, **that there is no benefit for both of them,** i.e., there is benefit only for the man, when they engage in intercourse in an atypical manner? **And furthermore, it is written: "Lyings with a woman"** (Leviticus 18:22). The plural form indicates that there are two ways of engaging in sexual intercourse with a woman: In this manner **the verse compares typical** sexual intercourse **to** intercourse in **an atypical manner.**

רַבִּי יְהוּדָה הַנְּדוֹאָה גֵּר שֶׁאֵין לוֹ יוֹרְשִׁין הֲוָה. חֲלַשׁ. עַל מָר זוּטְרָא לְשַׁיּוֹלֵי בֵּיהּ. חֲזַיֵיהּ דְּתַקִּיף לֵיהּ עָלְמָא טוּבָא. אֲמַר לֵיהּ לְעַבְדֵּיהּ: שְׁלוֹף לִי מְסָנַאי, וְאַמְטִינְהוּ לְבֵיתָא. אִיכָּא דְּאָמְרִי: גָּדוֹל הֲוָה,

§ The Gemara relates: **Rabbi Yehuda from India**[P] **was a convert who had no heirs.** When **he became ill Mar Zutra**[P] **entered to ask** about his health. When he **saw that his condition intensified,** i.e., that he was about to die, Mar Zutra **said to** Rabbi Yehuda's **slave: Remove my shoes and take them to my house.** He wanted to acquire the slave upon the death of his master, as when a convert without heirs dies, the first person to claim his property acquires it. The Gemara comments: **There are** those **who say** that this slave **was an adult man,**

HALAKHA

Acquiring a slave by lifting – **קִנְיַן עֶבֶד בְּהַגְבָּהָה:** A slave can be acquired when he lifts the master or when the master lifts him. The *Tur* maintains that the master cannot acquire the slave by lifting him (Rambam *Sefer Kinyan, Hilkhot Mekhira* 2:2; *Shulḥan Arukh, Yoreh De'a* 267:24 and *Ḥoshen Mishpat* 196:3).

PERSONALITIES

Rabbi Yehuda from India – **רַבִּי יְהוּדָה הַנְּדוֹאָה:** As indicated by his name, this Sage was a convert from India. Some say that Rav Shmuel bar Yehuda was the son of this Rabbi Yehuda (Rabbeinu Tam).

Mar Zutra – **מָר זוּטְרָא:** A colleague of Rav Ashi, Mar Zutra was one of the leading Sages of his generation. He became a disciple-colleague of his teachers, Rav Pappa and Rav Naḥman bar Yitzḥak. Beyond his greatness in *halakha* and *aggada*, Mar Zutra was a noted preacher, and his homiletic interpretations are cited throughout the Talmud. He apparently held an official position as the scholar and preacher of the house of the Exilarch. Late in his life, he was appointed head of the yeshiva of Pumbedita.

Meetings between Mar Zutra, Ameimar, and Rav Ashi are frequently mentioned in the Talmud, some of which may well have been formal conferences of the leaders of Babylonian Jewry of that generation.

Perek **I**
Daf **23** Amud **a**

זֶה פֵּירֵשׁ לְמִיתָה וְזֶה פֵּירֵשׁ לְחַיִּים.

and **this** person, Rabbi Yehuda from India, **departed to death, and that** individual, Mar Zutra, **departed to life** by receiving a slave.

וְאִיכָּא דְּאָמְרִי: קָטָן הֲוָה, וּדְלָא כְּאַבָּא שָׁאוּל. דְּתַנְיָא: גֵּר שֶׁמֵּת וּבָזְזוּ יִשְׂרָאֵל נְכָסָיו, וְהָיוּ בָּהֶן עֲבָדִים, בֵּין גְּדוֹלִים בֵּין קְטַנִּים – קָנוּ עַצְמָן בְּנֵי חוֹרִין. אַבָּא שָׁאוּל אוֹמֵר: גְּדוֹלִים – קָנוּ עַצְמָן בְּנֵי חוֹרִין, קְטַנִּים – כׇּל הַמַּחֲזִיק בָּהֶן זָכָה בָּהֶן.

And there are those **who say** that this slave **was a minor, and** Mar Zutra did **not** act **in accordance with** the opinion of **Abba Shaul. As it is taught** in a *baraita*: With regard to **a convert who dies** without heirs **and Jews plundered his property,** as it is considered ownerless, **and among** his possessions **were slaves,** then, **whether** the slaves were **adults or minors, they acquire** ownership of **themselves** and become **freemen,** as they can acquire themselves from the ownerless property. **Abba Shaul says: Adult** slaves **acquire** ownership of **themselves**[H] and become **freemen.** But with regard to **minor** slaves, **anyone who takes possession of them acquires them.** According to the opinion of Abba Shaul, Mar Zutra did not have to hasten to acquire the slave during Rabbi Yehuda's lifetime before the slave would acquire himself. He could have waited until Rabbi Yehuda died before acquiring the slave.

HALAKHA

Adult slaves acquire themselves – **גְּדוֹלִים קָנוּ עַצְמָן:** If a convert dies without heirs, his adult slaves acquire themselves and become free. His minor slaves are acquired by anyone who takes possession of them (Rambam *Sefer Kinyan, Hilkhot Zekhiya UMattana* 2:17; *Shulḥan Arukh, Yoreh De'a* 267:65 and *Ḥoshen Mishpat* 275:29).

"וְקוֹנֶה עַצְמוֹ בְּכֶסֶף" כו׳. בְּכֶסֶף עַל יְדֵי אֲחֵרִים – אִין, אֲבָל לֹא עַל יְדֵי עַצְמוֹ. בְּמַאי עָסְקִינַן? אִילֵימָא שֶׁלֹּא מִדַּעְתּוֹ – מִכְּדִי שָׁמְעִנָא לֵיהּ לְרַבִּי מֵאִיר דְּאָמַר: חוֹב הוּא לְעֶבֶד שֶׁיֵּצֵא מִיַּד רַבּוֹ לְחֵירוּת, וְתָנֵינָא: זָכִין לְאָדָם שֶׁלֹּא בְּפָנָיו, וְאֵין חָבִין לוֹ אֶלָּא בְּפָנָיו!

§ The mishna teaches that a slave can acquire himself **by** means of **money,** and Rabbi Meir rules that this money must be given by others. The Gemara comments: This ruling indicates that **with money** given **by others, yes,** the slave can be freed in this manner, **but not by** giving money **himself.** The Gemara inquires: **With what are we dealing? If we say** that this is referring to emancipating the Canaanite slave **without his consent,** that creates a difficulty. **After all, we have heard** that **Rabbi Meir** is the one **who says: It is against the slave's interest to leave his master's authority for freedom,** as he thereby loses out on certain benefits; **and we learned** in a *baraita*: **One can act in a person's interest in his absence,**[HB] **but one can act against a person's interest only in his presence.** How can one act against the slave's interest and free him without his consent?

אֶלָּא פְּשִׁיטָא – מִדַּעְתּוֹ, וְהָא קָמַשְׁמַע לָן: עַל יְדֵי אֲחֵרִים – אִין, עַל יְדֵי עַצְמוֹ – לָא. אַלְמָא: אֵין קִנְיָן לְעֶבֶד בְּלֹא רַבּוֹ.

Rather, it is **obvious** that this slave was freed **with his consent, and** the mishna **teaches us this:** With money given **by others, yes,** the slave can be freed in this manner, but **by** giving money **himself, no,** he cannot be freed in this manner, despite his consent. **Evidently, a slave has no acquisition without his master.** It is impossible for a slave to perform an independent act of acquisition, as everything acquired by him immediately belongs to his master. Consequently, he cannot be in possession of money with which he can acquire himself. Instead, the money must be given to his owner by somebody else.

אִי הָכִי אֵימָא סֵיפָא: בִּשְׁטָר עַל יְדֵי עַצְמוֹ. עַל יְדֵי עַצְמוֹ – אִין, עַל יְדֵי אֲחֵרִים – לָא. וְאִי מִדַּעְתּוֹ, עַל יְדֵי אֲחֵרִים אַמַּאי לָא?

The Gemara asks: **If so, say the latter clause** of the mishna: He can be freed **by** means of **a bill** of manumission if he accepts it **by himself.** The Gemara analyzes this ruling: If he accepts it **by himself, yes,** but if it is accepted **by others, no,** he cannot acquire his freedom in this manner. **And if** this document is produced **with** the slave's **consent,** as claimed above, **why** is it **not** effective if it is accepted **by others?**

וְכִי תֵּימָא: מַאי עַל יְדֵי עַצְמוֹ? אַף עַל יְדֵי עַצְמוֹ, וְהָא קָא מַשְׁמַע לָן: דְּגִיטּוֹ וְיָדוֹ בָּאִים כְּאֶחָד. וְהָא לָא תָּנֵי הָכִי, דְּתַנְיָא: בִּשְׁטָר עַל יְדֵי עַצְמוֹ, וְלֹא עַל יְדֵי אֲחֵרִים, דִּבְרֵי רַבִּי מֵאִיר!

The Gemara adds: **And if you would say** in response: **What** is the meaning of: If he accepts it **by himself?** This means that in addition to being freed if the bill of manumission is accepted by others, **he can also** be freed if he accepts it **by himself, and** according to **this** interpretation the mishna **teaches us this,** that **his bill** of manumission **and his ability** to acquire himself **come simultaneously.**[H] In other words, although he did not have the legal power to acquire himself while he was still a slave, when he receives his bill of manumission he attains this ability at that same moment. The Gemara explains why this interpretation of the mishna is problematic: **But** Rabbi Meir **did not teach this** ruling, **as it is taught** in a *baraita*: A slave can be freed **by** means **of a bill** of manumission if he accepts it **by himself, but not** if it is accepted **by others;** this is **the statement of Rabbi Meir.**

אֲמַר אַבָּיֵי: לְעוֹלָם שֶׁלֹּא מִדַּעְתּוֹ. וְשָׁאנֵי כֶּסֶף, הוֹאִיל וְקָנֵי לֵיהּ בְּעַל כּוֹרְחֵיהּ – מַקְנֵי לֵיהּ בְּעַל כּוֹרְחֵיהּ.

Abaye said: Actually, according to Rabbi Meir the mishna is referring to a case where the master received money **without** the slave's **consent, and** acquisition effected with the giving of **money is different: Since it acquires him against his will** from another master, as the slave's consent is not necessary in that case, it likewise **acquires him for himself against his will.** His consent is not required, despite the fact that it is against his interest to be freed.

אִי הָכִי שְׁטָר נַמִּי! הַאי שְׁטָרָא לְחוּד וְהַאי שְׁטָרָא לְחוּד.

The Gemara asks: **If so,** that the *halakha* that a slave can be freed with the giving of money without his consent is predicated on the *halakha* that he can be acquired by means of the giving of money to his previous master without his consent, he should **also** be freed with **a document** if it is accepted by others without his consent. The Gemara answers: **This document is discrete, and this document is discrete,** i.e., the comparison between the acquisition of a slave and his emancipation is invalid in the case of a document, as a document of sale is not similar to a bill of manumission.

HALAKHA

One can act in a person's interest in his absence – זָכִין לְאָדָם שֶׁלֹּא בְּפָנָיו: If someone gives a gift to another through an intermediary, as soon as the agent takes the gift the recipient acquires it, and the giver may no longer retract the gift. The reason is that one can act in a person's interest in his absence, but one can act against a person's interest only in his presence (Rambam *Sefer Kinyan, Hilkhot Zekhiya UMattana* 4:2; *Shulḥan Arukh, Ḥoshen Mishpat* 243:1).

His bill of manumission and his ability to acquire come simultaneously – גִּיטּוֹ וְיָדוֹ בָּאִים כְּאֶחָד: If a master gives his slave, in the presence of two witnesses, a document which states that he is a free man, or if the document was signed by two witnesses and the master gives it to him privately, the slave is emancipated. The reason is that his bill of manumission and his ability to acquire himself are considered to take effect simultaneously (Rambam *Sefer Kinyan, Hilkhot Avadim* 5:3; *Shulḥan Arukh, Yoreh De'a* 267:44).

BACKGROUND

One can act in a person's interest in his absence – זָכִין לְאָדָם שֶׁלֹּא בְּפָנָיו: This is a halakhic principle that allows a matter which is to a person's benefit, e.g., a gift, to be acquired for him by another without him being present, without him having explicitly appointed the other person to act on his behalf, and even without his knowledge. Anyone can act as an agent for the person receiving the gift. This principle applies if the transaction involves an outright benefit for the person. If both benefits and disadvantages are entailed and it is debatable whether the benefits outweigh the disadvantages, the principle is not applied.

הָכָא נַמִי, הַאי כַּסְפָּא לְחוּד וְהַאי כַּסְפָּא לְחוּד! טִיבְעָא מִיהָא חַד הוּא.

The Gemara asks: **Here too, this money is discrete and this money is discrete,** as the money is given for a different purpose in the cases of acquisition and manumission. The Gemara answers: **In any event, the coin** itself **is one,** i.e., there is no noticeable difference between the coin used for acquisition of a slave and one that would be used for emancipating him. The same cannot be said with regard to documents, as particular texts serve specific purposes, and the same document could not be used for both acquiring a slave and emancipating him.

רָבָא אֲמַר: כֶּסֶף – קַבָּלַת רַבּוֹ גָּרְמָה לוֹ; שְׁטָר – קַבָּלַת אֲחֵרִים גָּרְמָה לוֹ.

Rava said the following distinction: With regard to emancipation by means of **money, his master's receipt** of the money **causes him** to be freed, not the giving of the money by others. Therefore, they are not considered to have harmed the slave without his consent. By contrast, in the case of **a document,** the **receipt** of the document **by others** on behalf of the slave **causes him** to be freed, and one can incur liability for another person only in his presence.

״וַחֲכָמִים אוֹמְרִים: בְּכֶסֶף עַל יְדֵי עַצְמוֹ״. בְּכֶסֶף עַל יְדֵי עַצְמוֹ – אִין, עַל יְדֵי אֲחֵרִים – לָא. אַמַּאי? נְהִי נַמִי דְּשֶׁלֹּא מִדַּעְתּוֹ, מִכְּדִי שָׁמַעֲנָא לְהוּ לְרַבָּנַן דְּאָמְרִי: זְכוּת הוּא שֶׁיֵּצֵא מִתַּחַת יַד רַבּוֹ לְחֵירוּת, וְתָנֵינָא: זָכִין לְאָדָם שֶׁלֹּא בְּפָנָיו, וְאֵין חָבִין לוֹ אֶלָּא בְּפָנָיו!

§ The mishna teaches: **And the Rabbis say:** The slave can be freed by means of **money** given **by himself.**[H] The Gemara analyzes this ruling: **By** means of **money** given **by himself, yes,** he can be emancipated in this manner, but with money given **by others, no,** he cannot be emancipated in this manner. The Gemara asks: **Why** not? **Although** this was **indeed** performed **without** the slave's **consent, after all, we heard that the Rabbis say: It is in** a slave's **interest to go out from the master's authority to freedom. And we learned** in a *baraita*: **One can act in a person's interest in his absence, but one can act against a person's interest only in his presence.** Why, then, isn't he freed when others give the money, considering that this change of status is to his advantage?

וְכִי תֵּימָא: מַאי עַל יְדֵי עַצְמוֹ? אַף עַל יְדֵי עַצְמוֹ, וְקָא מַשְׁמַע לָן דְּיֵשׁ קִנְיָן לְעֶבֶד בְּלֹא רַבּוֹ. אִי הָכִי אֵימָא סֵיפָא: בִּשְׁטָר עַל יְדֵי אֲחֵרִים וְלֹא עַל יְדֵי עַצְמוֹ. וְהָא קַיְימָא לָן דְּגִיטּוֹ וְיָדוֹ בָּאִין כְּאֶחָד!

And if you would say: What is the meaning of the phrase: **By** means of **money** given **by himself?** This means that not only can he be redeemed by means of money given to others but he can be redeemed **even by** means of money given to **himself, and it teaches us that a slave has** the ability to receive **an acquisition without his master. If so, say the latter clause** of the mishna: He can be freed **by** means of **a bill** of manumission if it is accepted **by others.** This indicates: If it is accepted by others **but not** if he accepts it **by himself. And** yet **we maintain** that according to the Rabbis **his bill** of manumission **and his ability to acquire** his freedom **come simultaneously.** If so, why can't he be freed through a document he accepts by himself?

וְכִי תֵּימָא: מַאי עַל יְדֵי אֲחֵרִים? אַף עַל יְדֵי אֲחֵרִים, וְהָא קָא מַשְׁמַע לָן דִּזְכוּת הוּא לְעֶבֶד שֶׁיֵּצֵא מִיַּד רַבּוֹ לְחֵירוּת. אִי הָכִי, נַעַרְבִינְהוּ וְנִיתְנִינְהוּ: בְּכֶסֶף וּבִשְׁטָר – בֵּין עַל יְדֵי אֲחֵרִים בֵּין עַל יְדֵי עַצְמוֹ!

And if you would say: What is the meaning of: If it is accepted **by others?** This means that not only can he be emancipated if he accepts the bill of manumission by himself, but he can **even** be freed if it is accepted **by others, and** the mishna **teaches us this:** That **it is in a slave's interest**[H] **to go out from the master's authority to freedom. If so,** there is no difference between emancipation by means of money and emancipation by means of a document, and therefore **let us combine them and teach them** together and say: A slave can be freed **by** means of **money and by** means of **a bill** of manumission, **whether by others** or **whether by himself.**

אֶלָּא בְּכֶסֶף – בֵּין עַל יְדֵי אֲחֵרִים בֵּין עַל יְדֵי עַצְמוֹ; בִּשְׁטָר – עַל יְדֵי אֲחֵרִים וְלֹא עַל יְדֵי עַצְמוֹ. וְרַבִּי שִׁמְעוֹן בֶּן אֶלְעָזָר הוּא. דְּתַנְיָא, רַבִּי שִׁמְעוֹן בֶּן אֶלְעָזָר אוֹמֵר: אַף בִּשְׁטָר עַל יְדֵי אֲחֵרִים וְלֹא עַל יְדֵי עַצְמוֹ, וְשָׁלֹשׁ מַחֲלוֹקוֹת בַּדָּבָר.

Rather, it is clear that there is a difference between money and a document. When he is emancipated **by** means of **money,** a slave can be freed **whether** by means of money given **by others** or **whether** by means of money given **by himself.** In the case **of a bill** of manumission, he can be emancipated if it is accepted **by others but not** if he accepts it **by himself. And** this latter clause **is the** opinion of **Rabbi Shimon ben Elazar. As it is taught** in a *baraita* that **Rabbi Shimon ben Elazar says:** A slave can **also** be freed **with a bill** of manumission if it is accepted **by others but not** if he accepts it **by himself. And** there are **three disputes with regard to the matter.**[N] There are the opinions of Rabbi Meir, the Rabbis, and Rabbi Shimon ben Elazar.

HALAKHA

By means of money given by himself – בְּכֶסֶף עַל יְדֵי עַצְמוֹ: If someone gives a master money and says to him: This is for the purpose of emancipating your slave, once the master accepts the money the slave is emancipated. This transaction can be performed even without the slave's consent. Similarly, if someone gives money to a slave and says to him: This is for the purpose of obtaining your freedom, and the master wants him to accept the money, the slave becomes free immediately. The *halakha* is that he can be emancipated with money whether it was given by the slave himself or by others, in accordance with the opinion of the Sages (Rambam *Sefer Kinyan*, *Hilkhot Avadim* 5:2; *Shulḥan Arukh*, *Yoreh De'a* 267:26).

It is in a slave's interest – זְכוּת הוּא לְעֶבֶד: A slave's consent is not required for him to be freed, as his emancipation is considered to his advantage, and one can act in a person's interest in his absence (Rambam *Sefer Kinyan*, *Hilkhot Avadim* 5:2; *Shulḥan Arukh*, *Yoreh De'a* 267:41).

NOTES

There are three disputes with regard to the matter – שָׁלֹשׁ מַחֲלוֹקוֹת בַּדָּבָר: The commentaries explain that not only are there multiple opinions with regard to this issue, but these opinions are based on three basic disputes concerning three separate issues. First, whether it is advantageous for a slave to be freed. Second, whether it is possible for a slave to acquire property without it being acquired by his master, and third, whether a slave's bill of manumission and his ability to acquire are obtained simultaneously (Meiri). All of the commentaries agree that these are the questions framing the different opinions, although they disagree about how each *tanna* rules on each issue. Many agree that Rabbi Shimon ben Elazar maintains that whether a slave is emancipated with money or a document, the acquisition cannot be performed by the slave, but must be performed by another person, and the Rabbis contend that either the slave or another person can perform the acquisition in both cases. Lastly, Rabbi Meir claims that a slave can be freed with a bill of manumission if he accepts it himself, whereas the money must be paid by others, and this can be performed even without the slave's knowledge (Rashi; *Tosafot*; *Tosefot HaRosh*; Meiri). Others maintain that in the opinion of Rabbi Shimon ben Elazar, a slave is emancipated by means of money, whether it was given by the slave himself or by others (Rid; Ramban; Rashba; Ritva).

אמר רבה: מאי טעמא דרבי שמעון בן אלעזר? גמר "לה" "לה" מאשה. מה אשה – עד שיוציא גט לרשות שאינה שלו, אף עבד נמי – עד שיוציא גט לרשות שאינה שלו.

Rabba said: What is the reason of Rabbi Shimon ben Elazar? He derives this by means of a verbal analogy, understanding the meaning of **"to her [*lah*],"** written with regard to a maidservant in the verse: "Nor was freedom given to her" (Leviticus 19:20), **from** the meaning of **"for her [*lah*],"** written with regard to **a wife:** "And he writes for her a bill of divorce" (Deuteronomy 24:3). **Just as a woman** is not divorced **until** the husband **moves** the **bill of divorce** from his domain **to a domain that is not his,** and the bill of divorce is ineffective as long as it remains in his domain; **so too, a slave** is not freed **unless** the master **moves** the **bill** of manumission **to a domain that is not his.** Since the slave belongs to him, the document will remain the master's even if he gives it to the slave. Therefore, he can be freed by means of a document only through other people who receive the document on his behalf.

בעי רבה:

Rabba raises a dilemma:

Perek **I**
Daf **23** Amud **b**

לרבי שמעון בן אלעזר, עבד כנעני מהו שיעשה שליח לקבל גיטו מיד רבו? כיון דגמר "לה", "לה" מאשה – כאשה.

According to the opinion of **Rabbi Shimon ben Elazar,** in the case of **a Canaanite slave, what is** the *halakha* with regard to the possibility **that** a slave **can appoint an agent to accept his bill** of manumission **from the hand of his master?** Does one say that **since** Rabbi Shimon ben Elazar **derives** the verbal analogy of **"*lah*"** and **"*lah*" from a woman,** which teaches that a slave can be freed with a document, therefore, a slave is also **like a woman** in that he too can appoint an agent?

או דילמא: אשה, דאיהי מצי מקבלת גיטה – שליח נמי מצי משויא, עבד דאיהו לא מקבל גיטיה – שליח נמי לא מצי משוי! בתר דבעיא הדר פשטא: "לה", "לה" מאשה – כאשה.

Or perhaps, in the case of **a woman, as she can accept her bill of divorce** herself, **she can also appoint an agent,** whereas **a slave** is different, **as he cannot accept his bill** of manumission himself, and consequently **he cannot appoint an agent either. After raising the dilemma,** Rabba **subsequently resolved it:** Since Rabbi Shimon ben Elazar derives the verbal analogy of **"*lah*"** and **"*lah*" from a woman,** a slave is also treated **like a woman** with regard to his ability to appoint an agent.

ואלא הא דאמר רב הונא בריה דרב יהושע: הני כהני שלוחי דרחמנא נינהו. דאי סלקא דעתך שלוחי דידן נינהו – מי איכא מידי דאנן לא מצינן עבדינן ואינהו מצי עבדי?

The Gemara comments: **But** consider **that which Rav Huna, son of Rav Yehoshua, says** with regard to the service in the Temple: **These priests are the agents of the Merciful One,**[NH] i.e., they perform the Temple service as the emissaries of God. **As if it enters your mind that they are our agents, is there anything that we cannot do but** agents **can do** on our behalf? Since it is prohibited for non-priests to serve in the Temple, priests cannot be considered the agents of the Jewish people.

ולא? והא עבדא, דאיהו לא מצי מקבל גיטיה, ושליח מצי משוי!

This statement leads to the following question: **But** is it **not** true that an agent can be appointed to perform a task that cannot be done by the one who sent him? **But** according to Rava's conclusion there is the case of **a slave, who is unable to accept his bill** of manumission **himself, and yet he can appoint an agent** to receive it for him.

ולא היא. ישראל לא שייכי בתורת קרבנות כלל; עבד שייך בגיטין. דתניא: נראין הדברים שהעבד מקבל גיטו של חבירו מיד רבו של חבירו אבל לא מיד רבו שלו.

The Gemara rejects this suggestion: **And** that **is not so.** The difference between the cases is that **an Israelite is not involved in the *halakhot* of offerings at all,** as a non-priest is never permitted to sacrifice offerings. By contrast, **a slave is** somewhat **involved in bills** of manumission, **as it is taught** in a *baraita*: **It seems that a slave can accept the bill** of manumission **of another** slave[H] **from the hand of the master of** that **other** slave. **But** he **cannot** accept a bill of manumission **from the hand of his own master,** who wishes to free another of his slaves. In this case there is no acquisition, as the document has not left the master's property, as anything given to a slave is considered the property of his master. With regard to the issue at hand, since a slave can accept a bill of manumission, at least on behalf of another slave, the *halakhot* of these documents are relevant to him, and therefore he can appoint an agent to receive his bill of manumission.

NOTES

These…are the agents of the Merciful One – שלוחי דרחמנא נינהו: This issue has halakhic ramifications with regard to one who takes a vow not to derive benefit from a priest. May a priest sacrifice offerings on behalf of this individual? In general, one who takes a vow not to derive benefit from another may still fulfill his halakhic obligations through him, e.g., by hearing him blow the shofar, due to the broad principle that the performance of a mitzva is not considered deriving benefit. Despite this, this leniency does not apply to one who is specifically appointed as an agent to act on behalf of another to perform a mitzva. Therefore, if the priests are considered the agents of the people, the priest in the case mentioned above may not sacrifice offerings on behalf of the one who uttered the vow.

HALAKHA

These priests are the agents of the Merciful One – הני כהני שלוחי דרחמנא נינהו: If the owner of an offering took a vow not to derive benefit from a priest, that priest may sacrifice his offerings on his behalf. The reason is that priests are considered God's agents, not the agents of the one who brought the offering. This *halakha* is in accordance with the opinion of Rav Huna, son of Rav Yehoshua (Rambam *Sefer Hafla'a, Hilkhot Nedarim* 6:5).

A slave can accept the bill of manumission of another slave – העבד מקבל גיטו של חבירו: A slave can accept a bill of manumission from the master of another slave on behalf of that slave. He cannot accept this bill for another slave owned by his own master (Rambam *Sefer Kinyan, Hilkhot Avadim* 6:8; *Shulḥan Arukh, Yoreh De'a* 267:55).

״וּבִלְבַד שֶׁיְּהֵא הַכֶּסֶף מִשֶּׁל אֲחֵרִים״. נֵימָא בְּהָא קָמִיפַּלְגִי: דְּרַבִּי מֵאִיר סָבַר: אֵין קִנְיָן לְעֶבֶד בְּלֹא רַבּוֹ, וְאֵין קִנְיָן לְאִשָּׁה בְּלֹא בַּעְלָהּ, וְרַבָּנַן סָבְרִי: יֵשׁ קִנְיָן לְעֶבֶד בְּלֹא רַבּוֹ, וְיֵשׁ קִנְיָן לְאִשָּׁה בְּלֹא בַּעְלָהּ?

§ The mishna teaches that according to Rabbi Meir the slave can be freed by means of money given by others, while the Rabbis hold that he can be freed by means of money given by himself, **provided that the money** he gives **belongs to others.** The Gemara suggests: **Shall we say that they disagree with regard to this** principle, and **that Rabbi Meir maintains: There is no acquisition for a slave without his master,**[H] i.e., a slave has no personal property and therefore his master immediately owns whatever the slave acquires, which means a slave cannot receive his redemption money himself. **And** similarly **there is no acquisition for a woman without her husband.**[H] **And the Rabbis maintain: There is acquisition for a slave without his master, and there is acquisition for a woman without her husband.**

אֲמַר רַבָּה אֲמַר רַב שֵׁשֶׁת: דְּכוּלֵּי עָלְמָא אֵין קִנְיָן לְעֶבֶד בְּלֹא רַבּוֹ וְאֵין קִנְיָן לְאִשָּׁה בְּלֹא בַּעְלָהּ. וְהָכָא בְּמַאי עָסְקִינַן – דְּאַקְנֵי לֵיהּ אַחֵר מָנֶה, וַאֲמַר לֵיהּ ״עַל מְנָת שֶׁאֵין לְרַבְּךָ רְשׁוּת בּוֹ״.

Rabba said that **Rav Sheshet said: Everyone agrees** that **there is no acquisition for a slave without his master, and there is no acquisition for a woman without her husband, and** so, **with what are we dealing here?** This is a unique case in **which another** individual **transferred one hundred dinars to** a slave **and said to him:** I am giving this to you **on the condition that your master has no rights to it.**

רַבִּי מֵאִיר סָבַר: כִּי אָמַר לֵיהּ ״קְנֵי״ – קָנֵי עֶבֶד, וְקָנֵי רַבֵּיהּ. וְכִי אֲמַר לֵיהּ ״עַל מְנָת״ – לָא כְלוּם קָאָמַר לֵיהּ. וְרַבָּנַן סָבְרִי: כֵּיוָן דַּאֲמַר לֵיהּ ״עַל מְנָת״ – אַהֲנֵי לֵיהּ תְּנָאֵיהּ.

The Gemara clarifies the two opinions according to this explanation. **Rabbi Meir maintains** that **when** this third party **said to** the Canaanite slave: **Acquire** the money, the **slave acquires** it and **his master** immediately **acquires** it.[H] **And when he said to him: On the condition** that your master has no rights to it, **he has said nothing to him,**[N] i.e., his condition is ineffective. **And the Rabbis maintain** that **since he said to him: On the condition, his condition is effective** and the master does not acquire the money. Therefore, the slave owns this money, with which he can redeem himself.

וְרַבִּי אֶלְעָזָר אֲמַר: כָּל כִּי הַאי גַּוְונָא – דְּכוּלֵּי עָלְמָא לָא פְּלִיגִי דְּקָנֵי עֶבֶד וְקָנֵי רַבֵּיהּ. וְהָכָא בְּמַאי עָסְקִינַן? כְּגוֹן דְּאַקְנֵי לֵיהּ אַחֵר מָנֶה, וַאֲמַר לֵיהּ ״עַל מְנָת שֶׁתֵּצֵא בּוֹ לְחֵירוּת״.

And Rabbi Elazar said: In **a case like this, everyone agrees** that the **slave acquires** the money, **and his master** automatically **acquires** that which was acquired by the slave. **And with what are we dealing here,** in the dispute between the Sages and Rabbi Meir? This is referring to a case **where another** person **transferred one hundred dinars to him and said to him: On the condition that you are emancipated with it.**[HN]

רַבִּי מֵאִיר סָבַר: כִּי אֲמַר לֵיהּ ״קְנֵי״ – קָנֵי עֶבֶד וְקָנֵי רַבֵּיהּ, וְכִי אֲמַר לֵיהּ ״עַל מְנָת״ – לָא כְלוּם קָאָמַר לֵיהּ. וְרַבָּנַן סָבְרִי: לְדִידֵיהּ נַמִי הָא לָא קָא מַקְנֵי לֵיהּ, דְּהָא לָא אֲמַר לֵיהּ אֶלָּא ״עַל מְנָת שֶׁתֵּצֵא בּוֹ לְחֵירוּת״.

The Gemara explains the dispute according to this interpretation. **Rabbi Meir maintains that when he said to him: Acquire** the money, the **slave acquires** it, **and his master** immediately **acquires** the one hundred dinars from him. **And when he said to him: On the condition, he has said nothing to him. And the Rabbis maintain: He** does **not transfer** the money **to** the slave **himself, as he said to him only: On the condition that you are emancipated with it.** In other words, he gave it to the slave only for him to hand over the money to his master for his emancipation. His condition is valid and the slave is emancipated.

וְרָמֵי דְּרַבִּי מֵאִיר אַדְּרַבִּי מֵאִיר, וְרָמֵי דְּרַבָּנַן אַדְּרַבָּנַן. דְּתַנְיָא:

And the Gemara **raises a contradiction** between one statement **of Rabbi Meir and** a second statement **of Rabbi Meir, and** it **raises a contradiction between** one statement of **the Rabbis** and a second statement of **the Rabbis. As it is taught** in a *baraita*:

HALAKHA

There is no acquisition for a slave without his master – אֵין קִנְיָן לְעֶבֶד בְּלֹא רַבּוֹ: Anything received by a slave is immediately acquired by his master. This *halakha* applies whether he found a lost item or was given a gift (Rambam *Sefer Kinyan, Hilkhot Zekhiya UMattana* 3:12; *Shulḥan Arukh, Yoreh De'a* 267:22).

There is no acquisition for a woman without her husband – אֵין קִנְיָן לְאִשָּׁה בְּלֹא בַּעְלָהּ: If one gives a gift to a married woman, her husband has rights to the profits from the gift even if the benefactor says: On the condition that your husband has no rights to it (Rambam *Sefer Kinyan, Hilkhot Zekhiya UMattana* 3:12–13 and *Sefer Hafla'a, Hilkhot Nedarim* 7:17; *Shulḥan Arukh, Yoreh De'a* 222:1 and *Even HaEzer* 85:11).

The slave acquires it and his master acquires it – קָנֵי עֶבֶד וְקָנֵי רַבֵּיהּ: If one gives a gift to a slave on the condition that his master does not have rights to it, the master acquires the gift and the condition does not take effect, in accordance with the opinion of Rabbi Elazar (Rambam *Sefer Kinyan, Hilkhot Zekhiya* 3:13; *Shulḥan Arukh, Yoreh De'a* 267:22).

On the condition that you are emancipated with it – עַל מְנָת שֶׁתֵּצֵא בּוֹ לְחֵירוּת: If one gives a slave a gift on the condition that he use it to be emancipated, and the master accepts it, the slave is emancipated. If he does not agree, the slave does not acquire the gift, in accordance with the opinion of the Rabbis (Rambam *Sefer Kinyan, Hilkhot Zekhiya* 3:14 and *Hilkhot Avadim* 5:2; *Shulḥan Arukh, Yoreh De'a* 267:26).

NOTES

He has said nothing to him – לָא כְלוּם קָאָמַר לֵיהּ: The early commentaries ask why this apparently valid condition is ineffective. Ritva explains that either way the acquisition fails: If the condition is valid, then there is no acquisition at all, as a slave has no ability to acquire property on his own. If the condition is invalid then the master automatically acquires whatever the slave receives. Some commentaries explain that the condition is ineffective because once a person says he is giving the slave a gift, he has no right to stipulate that the master should not get it as this stipulation is counter to Torah law (Ramban; Rashba). Some suggest that this is not a true condition, as it does not refer to what the recipient must or must not do. Instead, this statement is a kind of retraction from what he has promised, and therefore it bears no weight at all (Ritva).

On the condition that you are emancipated with it – עַל מְנָת שֶׁתֵּצֵא בּוֹ לְחֵירוּת: The commentaries explain that there is a difference between: On the condition that your master does not have rights to it, and this condition. If one gives a gift and stipulates that it may be used only for a specific purpose, it is indeed limited to that use. Therefore, if one gives a gift to a slave on the condition that he uses it to be emancipated, the master acquires it only on those terms (Rambam). Similarly, a wife who receives a gift on condition that she use it for a particular purpose must follow that instruction.

אֵין אִשָּׁה פּוֹדָה מַעֲשֵׂר שֵׁנִי בְּלֹא חוֹמֶשׁ. רַבִּי שִׁמְעוֹן בֶּן אֶלְעָזָר אוֹמֵר מִשּׁוּם רַבִּי מֵאִיר: אִשָּׁה פּוֹדָה מַעֲשֵׂר שֵׁנִי בְּלֹא חוֹמֶשׁ. הֵיכִי דָּמֵי? אִילֵימָא בְּזוּזֵי דְּבַעַל וּמַעֲשֵׂר דְּבַעַל – שְׁלִיחוּתֵיהּ דְּבַעַל קָא עָבְדָה!

A woman may not redeem her husband's **second tithe**[N] **without** adding **one-fifth** of its value to the redemption money, as is required from all those who redeem their own second tithe. **Rabbi Shimon ben Elazar said in the name of Rabbi Meir: A woman may redeem second tithe**[H] **without** adding **one-fifth.** The Gemara inquires: **What are the circumstances? If we say** that she redeems second tithe **with her husband's money,** which he gave her for this purpose, **and the tithe** belongs **to** her **husband,** in this case **she acts with the agency of** her **husband.** Just as he is required to add one-fifth when he redeems his own second tithe, it is clear that she too must add one-fifth.

וְאֶלָּא, בְּזוּזֵי דִּידָהּ וּמַעֲשֵׂר דִּידֵיהּ – ״אִישׁ״ אָמַר רַחֲמָנָא, וְלֹא אִשָּׁה!

But rather, one might say that this is referring **to** a case where she uses **her money and** it is **his tithe.** This is also difficult, as in this case the Rabbis would agree that she is exempt from paying the additional fifth, as **the Merciful One states:** "And if **a man** shall redeem any of his tithe" (Leviticus 27:31). The emphasis of the term "man" teaches: This applies to a man, **but** this does **not** apply to **a woman** who redeems her husband's tithe.

אֶלָּא לָאו כִּי הַאי גַּוְונָא, דְּאַקְנֵי לָהּ אַחֵר מָנֶה וְאָמַר לָהּ: עַל מְנָת שֶׁתִּפְדִּי בּוֹ אֶת הַמַּעֲשֵׂר, וְאִיפְּכָא שָׁמַעְנָא לְהוּ?

Rather, is it not correct to say that we are dealing with **a case like this** following one: **Where another** person **transferred one hundred dinars to her, and said to her:** I am giving this to you **on the condition that you redeem** your husband's **tithe with it? And** if so, **we heard them** say the **opposite** with regard to the issue of whether such a condition is effective. According to Rabbi Meir's reasoning presented in the case of a slave, anything a woman acquires should be acquired by her husband, which would mean that it is as though her husband himself redeemed it. How, then, could Rabbi Meir rule that a woman redeems second tithe with adding one-fifth? Additionally, the Rabbis said that the money received by the slave is not immediately acquired by his master, and yet here they consider the money received by the wife as belonging to her husband.

אָמַר אַבַּיֵי: אֵיפּוּךְ. רָבָא אָמַר: לְעוֹלָם לָא תֵּיפּוּךְ, וְהָכָא בְּמַעֲשֵׂר דַּאֲתָא מִבֵּי נָשָׁא עָסְקִינַן. וְרַבִּי מֵאִיר לְטַעֲמֵיהּ, דְּאָמַר: מַעֲשֵׂר מָמוֹן הֶקְדֵּשׁ הוּא, וְלָא קָנֵי לֵיהּ בַּעַל.

Abaye said: Reverse the opinions in the case of redemption of tithes. **Rava said: Actually do not reverse** them, **and here, with regard to tithes, we are dealing with tithe she received from her father's house**[H] as an inheritance. **And Rabbi Meir** conforms **to** his standard line of **reasoning, as he says: Tithe is property** that belongs to the **Temple** treasury,[NH] **and** therefore **the husband does not acquire it,** unlike the regular property a woman brings to her marriage. Consequently, a woman can redeem it with her husband's money without adding one-fifth, as the husband is not the owner of the tithe.

וְרַבָּנַן לְטַעֲמַיְיהוּ, דְּאָמְרִי: מָמוֹן הֶדְיוֹט הוּא וְקָנֵי לֵיהּ בַּעַל. הִילְכָּךְ שְׁלִיחוּתָא דְּבַעַל קָעָבְדָא.

And the Rabbis conform **to their** standard line of **reasoning, as they say: Tithe is common,** i.e., non-sacred, **property.** It is not owned by the Temple treasury. **And** consequently, the **husband acquires it** like other property of his wife, to whose profits he is entitled. **Therefore, she performs** with **the agency of** her **husband** and must add the fifth.

תָּנָא: יוֹצֵא בְּשֵׁן וְעַיִן וְרָאשֵׁי אֵבָרִים שֶׁאֵינָן חוֹזְרִים. בִּשְׁלָמָא שֵׁן וְעַיִן – כְּתִיבִי. אֶלָּא רָאשֵׁי אֵבָרִים מְנָלַן? דּוּמְיָא דְּשֵׁן וְעַיִן; מָה שֵׁן וְעַיִן – מוּמִין שֶׁבְּגָלוּי וְאֵינָן חוֹזְרִין, אַף כֹּל – מוּמִין שֶׁבְּגָלוּי וְאֵינָן חוֹזְרִין.

§ A Sage **taught:** A Canaanite slave **is emancipated through a tooth and an eye**[H] **and** through permanent damage to other **extremities that do not regenerate** if they are severed. The Gemara asks: **Granted, a tooth and an eye,** these body parts are explicitly **written,** as the Torah states clearly that if a master damages a tooth or blinds an eye the slave is emancipated (Exodus 21:26–27). **But from where do we** derive that if the master permanently damages other **extremities** the slave is likewise emancipated? The Gemara answers: These extremities are **similar to a tooth and an eye: Just as** the removal of a **tooth and an eye** leads to **exposed,** i.e., external, **blemishes that do not regenerate, so too,** the same applies to **all blemishes** caused by the slave's master that are **exposed and that do not regenerate.**

NOTES

Second tithe and its redemption – מַעֲשֵׂר שֵׁנִי וּפִדְיוֹנוֹ: The *halakhot* of second tithe are described in the Torah (Deuteronomy 14:22–26) and in great detail in tractate *Ma'aser Sheni*. After separating *teruma* for the priests and a tithe of grain for the Levites, which is called the first tithe, one must separate a tenth of the remaining produce. In most years this batch has the status of second tithe. During the third and sixth years of the Sabbatical-Year cycle this tithe has the status of poor man's tithe, which is given to the poor. Second tithe is brought to Jerusalem where it is eaten. If for some reason it is not possible to bring the produce itself to Jerusalem, it may be exchanged for money. The money is then brought to Jerusalem where it is used to purchase food. With regard to second tithe, the Torah states: "And if a man shall redeem any of his tithe he shall add to it its fifth" (Leviticus 27:31). This means that when the owner of the tithe redeems his tithe, he is required to add one-fifth to its value, like anyone who redeems consecrated property. If someone other than the owner redeems the tithe, he is required to pay only its principal value.

Tithe is money that belongs to the Temple treasury – מַעֲשֵׂר מָמוֹן הֶקְדֵּשׁ הוּא: The dispute concerning the nature of second tithe is based on the fact that it is consumed by the owners. Rabbi Yehuda maintains that the produce is the full-fledged property of the owners, with the caveat that the Torah instructed that it must be eaten in Jerusalem. Rabbi Meir says the opposite, that second tithe is sacred and does not belong to the owners once it is separated. Nevertheless, like certain other offerings, e.g., the animal tithe or a firstborn offering, it is permitted for the owners to consume it.

HALAKHA

A woman may redeem second tithe, etc. – אִשָּׁה פּוֹדָה מַעֲשֵׂר שֵׁנִי וכו׳: A wife who redeems her own second tithe is not required to add one-fifth of its value (Rambam *Sefer Zera'im*, *Hilkhot Ma'aser Sheni* 5:2).

With tithe she received from her father's house – בְּמַעֲשֵׂר דַּאֲתָא מִבֵּי נָשָׁא: If a woman receives second tithe from her father's house, her husband does not acquire it. Therefore, if he redeems it, he is not required to add one-fifth of its value, in accordance with the opinion of Rava (Rambam *Sefer Zera'im*, *Hilkhot Ma'aser Sheni* 5:11).

Tithe is money that belongs to the Temple treasury – מַעֲשֵׂר מָמוֹן הֶקְדֵּשׁ הוּא: Tithe is considered to belong to the Temple treasury. Consequently, it cannot be transferred as a gift or sold, nor may it be used as collateral. The *halakha* is in accordance with the opinion of Rabbi Meir (Rambam *Sefer Zera'im*, *Hilkhot Ma'aser Sheni* 3:17).

He is emancipated through a tooth and an eye – יוֹצֵא בְּשֵׁן וְעַיִן: A Canaanite slave goes free if he is intentionally struck by his master in a manner that causes permanent damage to one of his twenty-four extremities (Rambam *Sefer Kinyan*, *Hilkhot Avadim* 5:4).

וְאֵימָא נֶיהֱווּ שֵׁן וְעַיִן כִּשְׁנֵי כְתוּבִים הַבָּאִים כְּאֶחָד, וְכׇל שְׁנֵי כְתוּבִים הַבָּאִים כְּאֶחָד אֵין מְלַמְּדִין! צְרִיכָא, דְּאִי כְּתַב רַחֲמָנָא שֵׁן – הֲוָה אָמִינָא אֲפִילּוּ

The Gemara asks: **But** one can **say** that the examples of **a tooth and an eye are like two verses**[N] **that come as one,** i.e., they teach the same matter, **and** there is a principle that **any two verses that come as one do not teach** their *halakha* so that it can be applied to other cases. If so, a slave should be emancipated only for an injury to a tooth or an eye. The Gemara answers: It is **necessary** to mention both a tooth and an eye, as neither *halakha* could not be derived from the other. Consequently, they are not considered to be like two verses that come as one. The Gemara elaborates: **As, if the Merciful One had written** only **tooth, I would say** that **even**

NOTES

Two verses – **שְׁנֵי כְתוּבִים**: Rashi briefly explains the logic behind this concept (see Rabbeinu Ḥananel). Wherever the Torah offers only one example of a *halakha*, one can extrapolate to other situations by analogy. By contrast, when the Torah provides two examples, where one case could have been derived from the other, this is an indication that the *halakha* is limited to those two cases. If the two examples are too dissimilar to allow transference from one to the other, this is not considered two verses that come as one, and therefore that *halakha* can be applied to other similar situations.

Perek **I**
Daf **24** Amud **b**

שֵׁן דְּחָלָב, כְּתַב רַחֲמָנָא ״עַיִן״. וְאִי כְּתַב רַחֲמָנָא ״עַיִן״ הֲוָה אָמִינָא, מָה עַיִן שֶׁנִּבְרָא עִמּוֹ – אַף כֹּל שֶׁנִּבְרָא עִמּוֹ, אֲבָל שֵׁן – לָא. צְרִיכָא.

a milk tooth,[H] a child's tooth that will eventually fall out to be replaced by another, is included in this *halakha*. Therefore **the Merciful One writes "eye,"** to teach that this *halakha* applies only to a body part that does not regenerate, like an eye. **And if the Merciful One had written** only **"eye," I would say** that **just as an eye was created with him** in the womb, **so too,** this *halakha* applies to **anything that was created with him** in the womb. **But** with regard to **a tooth,** which grows later, perhaps he would **not** be emancipated if his master knocked it out. Therefore, **it is necessary** to mention both cases.

וְאֵימָא: ״כִּי יַכֶּה״ – כְּלָל; ״שֵׁן וְעַיִן״ – פְּרָט. כְּלָל וּפְרָט – אֵין בַּכְּלָל אֶלָּא מַה שֶּׁבַּפְּרָט, שֵׁן וְעַיִן – אִין, מִידֵּי אַחֲרִינָא – לָא!

The Gemara asks: **But** one can **say** the following argument: "If a man **smites"** (Exodus 21:26), is **a generalization; "a tooth" and "an eye"** are each **a detail.** If so, this should be read as **a generalization and a detail,** and the hermeneutical principle in a case of this kind is that **the generalization includes only what is** mentioned explicitly **in the detail.** Consequently, **a tooth and an eye are** included, but **not other matters.**

״לְחׇפְשִׁי יְשַׁלְּחֶנּוּ״ חָזַר וְכָלַל. כְּלָל וּפְרָט וּכְלָל אִי אַתָּה דָּן אֶלָּא כְּעֵין הַפְּרָט; מָה הַפְּרָט מְפוֹרָשׁ – מוּם שֶׁבְּגָלוּי וְאֵינָן חוֹזְרִים, אַף כֹּל מוּמִין שֶׁבְּגָלוּי וְאֵינָן חוֹזְרִין.

The Gemara answers that when each verse states: **"To freedom shall he send him"** (Exodus 21:26, 27), **it then generalized** again. Consequently, this should be read as **a generalization and a detail and a generalization.** In this case, the hermeneutical principle is that **you may deduce** that the verse is referring **only** to items **similar to the detail: Just as the explicit detail** is **an exposed blemish** that **does not regenerate** itself, **so too, any** body parts that are **exposed blemishes**[H] **and that do not regenerate** themselves are included in this *halakha*.

אִי מָה הַפְּרָט מְפוֹרָשׁ – מוּמִין שֶׁבְּגָלוּי, וּבָטֵל מִמְּלַאכְתּוֹ, וְאֵינוֹ חוֹזֵר – אַף כֹּל מוּמִין שֶׁבְּגָלוּי, וְאֵינוֹ חוֹזֵר, וּבָטֵל מִמְּלַאכְתּוֹ. אַלְמָה תַּנְיָא: תָּלַשׁ בִּזְקָנוֹ וְדִילְדֵּל בּוֹ עֶצֶם – עֶבֶד יוֹצֵא בָּהֶם לְחֵירוּת? ״לְחׇפְשִׁי יְשַׁלְּחֶנּוּ״ רִיבּוּיָא הוּא.

The Gemara asks: **If** so, one can limit this category even further: **Just as with the explicit details,** they are referring to **exposed blemishes** and the body part **is prevented from** performing **its** regular **function and does not regenerate, so too,** a slave should be emancipated as a result of an injury to **all exposed blemishes that do not regenerate and** where the body part **is prevented from** performing its regular **function. Why,** then, **is it taught** in a *baraita*: If the master **pulled out his beard**[H] **and dislocated a bone in** the slave's jaw,[BN] **the slave is emancipated by means of** this injury. In this case there is no loss of function. The Gemara answers: **"To freedom shall he send him"** (Exodus 21:26–27), **is an amplification,** which includes an injury that is not exactly the same as the detail.

HALAKHA

A milk tooth – **שֵׁן דְּחָלָב**: If a master knocked out the tooth of his young slave, the slave is not emancipated, because another tooth will grow in its place (Rambam *Sefer Kinyan, Hilkhot Avadim* 5:4).

Any exposed blemishes – **כֹּל מוּמִין שֶׁבְּגָלוּי**: The examples of a tooth and an eye are mentioned in the Torah to teach that just as these are exposed blemishes that do not regenerate, this *halakha* applies to all exposed blemishes that do not regenerate (Rambam *Sefer Kinyan, Hilkhot Avadim* 5:4).

He pulled out his beard – **תָּלַשׁ בִּזְקָנוֹ**: If one pulled out his slave's beard and dislocated his jaw, the slave is emancipated, as the teeth attached to this bone can no longer function properly (Rambam *Sefer Kinyan, Hilkhot Avadim* 5:10; *Shulḥan Arukh, Yoreh De'a* 267:30).

BACKGROUND

His beard, and dislocated a bone in his jaw – **בִּזְקָנוֹ וְדִילְדֵּל בּוֹ עֶצֶם**: This apparently refers to the dislocation of the lower jawbone by pulling on his beard or by delivering a sharp blow to the area.

NOTES

Dislocated a bone in the slave's jaw – **דִּילְדֵּל בּוֹ עֶצֶם**: According to Rashi and other early commentaries, although dislocating a bone causes an exposed blemish that does not regenerate, this does not lead to cessation of function. The inclusion of the verse teaches that this too is an injury that frees a slave. Some add that this injury admittedly makes chewing difficult, but this is not considered a cessation of function (*Shita Lo Node'a LeMi*). Others claim that the dislocation of the bone does prevent proper functioning, but since the bone is not exposed, it requires a special inclusion (see *Tosefot Rabbeinu Yitzḥak of Dampierre*).

וְאִי רִיבּוּיָא הוּא – אֲפִילּוּ הִכָּהוּ עַל יָדוֹ וְצָמְתָה וְסוֹפָהּ לַחֲזוֹר נַמִי. אַלְמָה תַּנְיָא: הִכָּהוּ עַל יָדוֹ וְצָמְתָה וְסוֹפָהּ לַחֲזוֹר – אֵין עֶבֶד יוֹצֵא בָּהּ לְחֵירוּת? אִם כֵּן שֵׁן וְעַיִן מַאי אַהֲנֵי לֵיהּ?

The Gemara asks: **But if it is an amplification,** which includes additional injuries, the slave should **also** be emancipated **even if he struck him on his hand and it withered,** i.e., became temporarily paralyzed, **but would eventually** be expected to **regenerate. Why,** then, **is it taught** in a *baraita*: If **he struck him on his hand** and the hand **withered**[H] **but it will eventually regenerate, the slave is not emancipated by means of** this injury? The Gemara answers: **If so,** that even limbs that will eventually regain their function are included in this *halakha*, **what** purpose do the examples of **tooth and eye serve?** These two items that are explicitly stated in the verse would not exclude anything. Rather, only injuries similar to the details of an tooth and an eye are included, but not temporary injuries.

תָּנוּ רַבָּנַן: בְּכוּלָּם עֶבֶד יוֹצֵא בָּהֶם לְחֵירוּת, וְצָרִיךְ גֵּט שִׁחְרוּר, דִּבְרֵי רַבִּי שִׁמְעוֹן. רַבִּי מֵאִיר אוֹמֵר: אֵינוֹ צָרִיךְ. רַבִּי אֱלִיעֶזֶר אוֹמֵר: צָרִיךְ. רַבִּי טַרְפוֹן אוֹמֵר: אֵינוֹ צָרִיךְ. רַבִּי עֲקִיבָא אוֹמֵר: צָרִיךְ.

The Sages taught: With regard to any of the twenty-four extremities, if a master strikes his slave and injures him there, **the slave is emancipated by means of** these injuries, **and** he **requires a bill of manumission**[H] from his master. This is **the statement of Rabbi Shimon. Rabbi Meir says: He does not require** a bill of manumission. **Rabbi Eliezer says: He requires** one. **Rabbi Tarfon says: He does not require** one. **Rabbi Akiva says: He requires** one.

הַמַּכְרִיעִים לִפְנֵי חֲכָמִים אוֹמְרִים: נִרְאִין דִּבְרֵי רַבִּי טַרְפוֹן בְּשֵׁן וְעַיִן, שֶׁהַתּוֹרָה זִכְּתָה לוֹ, וְדִבְרֵי רַבִּי עֲקִיבָא בִּשְׁאָר אֵבָרִים, הוֹאִיל וּקְנַס חֲכָמִים הוּא. קְנָס הוּא?! קְרָאֵי קָא דָּרְשִׁינַן! אֶלָּא, הוֹאִיל וּמִדְרַשׁ חֲכָמִים הוּא.

Those who discuss matters and **decide before the Sages**[B] **say** the following compromise: **Rabbi Tarfon's statement appears** correct **with regard to a tooth and an eye, since** in these cases **the Torah** explicitly **benefitted him.** Because his right to emancipation is stated explicitly in the verse, the slave does not require a bill of manumission. **And Rabbi Akiva's statement** is reasonable **with regard to other limbs, since it is a rabbinic penalty.** The Gemara is puzzled by this claim: **Is it** a rabbinic **penalty? We interpret** the **verses,** and therefore this *halakha* applies to the other limbs by Torah law. **Rather,** these Sages meant that is necessary to give a bill of manumission **since it is a rabbinic interpretation**[N] and is not written explicitly in the Torah.

מַאי טַעֲמָא דְּרַבִּי שִׁמְעוֹן? יָלֵיף שִׁילּוּחַ שִׁילּוּחַ מֵאִשָּׁה; מָה אִשָּׁה בִּשְׁטָר – אַף עֶבֶד נַמִי בִּשְׁטָר. וְרַבִּי מֵאִיר: אִי כְּתַב ״חָפְשִׁי״ לְבַסּוֹף – כִּדְקָאָמְרַתְּ. הַשְׁתָּא דִּכְתַב ״לַחָפְשִׁי יְשַׁלְּחֶנּוּ״ – הֲוָה לֵיהּ חָפְשִׁי מֵעִיקָּרָא.

The Gemara asks: **What is the reason of Rabbi Shimon? He derives** a verbal analogy between: **Sending away,** "to freedom shall he send him" (Exodus 21:26, 27), and: **Sending away,** "and sends her out of his house" (Deuteronomy 24:1), **from** the case of **a woman. Just as a woman** can be released from her husband only **by** means of **a document, so too, a slave** can **also** be released from his master only **by** means of **a document. And Rabbi Meir** would say that **if** the term **"freedom" was written at the end** of the phrase, i.e., if the verse had stated: He shall send him away to freedom, it would be **as you said,** that he must be given a bill of manumission before he can be emancipated. **Now that it is written "to freedom shall he send him,"** this indicates that **he is free from the beginning,** i.e., no additional act of emancipation is required.

תָּנוּ רַבָּנַן: הִכָּהוּ עַל עֵינוֹ וְסִמְּאָהּ, עַל אָזְנוֹ וְחֵירְשָׁהּ – עֶבֶד יוֹצֵא בָּהֶן לְחֵירוּת. נֶגֶד עֵינוֹ וְאֵינוֹ רוֹאֶה, כְּנֶגֶד אָזְנוֹ וְאֵינוֹ שׁוֹמֵעַ – אֵין עֶבֶד יוֹצֵא בָּהֶן לְחֵירוּת. אֲמַר רַב שֶׁמֶן לְרַב אַשִׁי: לְמֵימְרָא דְּקָלָא לָאו כְּלוּם הוּא?

The Sages taught in a *baraita* (*Tosefta, Bava Kamma* 9:26): If a slave owner **struck** his slave **on his eye and blinded him,** or **on his ear and deafened him, the slave is emancipated** by means **of these** injuries. If he struck **near his eye**[H] and as a result **he does not see,** or **near his ear**[B] **and he does not hear, the slave is not emancipated by means of these** injuries. **Rav Shemen said to Rav Ashi: Is this to say that a sound** that causes damage **is nothing?**

NOTES

Since it is a rabbinic interpretation – הוֹאִיל וּמִדְרַשׁ חֲכָמִים הוּא: Many early commentaries are puzzled by this claim, as it is unclear why it should matter that this is a rabbinic interpretation. After all, many *halakhot* are derived in similar fashion (see *Tosafot*). The main answer is that as most people are unfamiliar with the interpretation of the verse, they might belittle an emancipation that is not accompanied by means of a bill of manumission and assume it is invalid (Rabbeinu Tam; Rabbeinu Ḥananel; Rid; Rashba). Some claim that there is a difference between a matter stated explicitly in the Torah and interpreted *halakhot*, as these latter *halakhot* have the status of rabbinic law (*Ge'onim*). For this reason a bill of manumission is required (see Rambam and Rashba).

HALAKHA

He struck him on his hand and it withered – הִכָּהוּ עַל יָדוֹ וְצָמְתָה: If a master struck his slave's hand and it withered, but it is expected to eventually regain its normal function, the slave is not emancipated (Rambam *Sefer Kinyan, Hilkhot Avadim* 5:10; *Shulḥan Arukh, Yoreh De'a* 267:31).

He requires a bill of manumission – צָרִיךְ גֵּט שִׁחְרוּר: If a master injured one of the twenty-four extremities of his slave, the slave is emancipated. He must still be given a bill of manumission before he is considered a freeman, in accordance with the opinion of Rabbi Akiva (Rambam *Sefer Kinyan, Hilkhot Avadim* 5:4; *Shulḥan Arukh, Yoreh De'a* 267:27).

He struck him on his eye…near his eye – הִכָּהוּ עַל עֵינוֹ...נֶגֶד עֵינוֹ: If one struck his slave on his eye and blinded him, or on his ear and deafened him, the slave is emancipated. If he struck him near his eye or near his ear and caused him to become blind or deaf through fear, the slave is not emancipated (Rambam *Sefer Kinyan, Hilkhot Avadim* 5:7; *Shulḥan Arukh, Yoreh De'a* 267:35).

BACKGROUND

Those who discuss matters and decide before the Sages – הַמַּכְרִיעִים לִפְנֵי חֲכָמִים: This phrase is referring to scholars who avoided choosing sides in a dispute of the Sages, preferring instead to find a third opinion. This compromise ruling would be in accordance with each opinion in different situations. The phrase appears rarely in the Talmud, and elsewhere Rashi admits that he does not know which specific scholars it is referring to (*Gittin* 42b). A modern theory is that the authors of these compromises are in fact Rabbi Yosei and Rabbi Yehuda HaNasi, as on several occasions they are quoted as saying: The statement of this Sage appears to be correct with regard to this example, and the statement of this Sage appears to be correct with regard to that example. Most halakhic authorities maintain that the *halakha* is not in accordance with a compromise ruling of this kind in a situation where the disputing Sages do not mention these examples at all (Rif on *Kiddushin* 9a and *Gittin* 22b; Rosh on *Kiddushin* 1:30).

He struck him…near his ear – הִכָּהוּ...כְּנֶגֶד אָזְנוֹ: Occasionally, a person can experience extreme fear and enter a state of hysteria. This hysteria can take many forms, and can even lead to blindness or deafness. Although there is no physical damage, this individual can no longer see or hear.

וְהָתָנֵי רָמִי בַּר יְחֶזְקֵאל: תַּרְנְגוֹל שֶׁהוֹשִׁיט רֹאשׁוֹ לַאֲוִיר כְּלִי זְכוּכִית, וְתָקַע בּוֹ וּשְׁבָרוֹ – מְשַׁלֵּם נֶזֶק שָׁלֵם. וְאָמַר רַב יוֹסֵף, אָמְרִי בֵּי רַב: סוּס שֶׁצָּנַף, וַחֲמוֹר שֶׁנָּעַר, וְשָׁבְרוּ כֵּלִים בְּתוֹךְ הַבַּיִת – מְשַׁלְּמִים חֲצִי נֶזֶק!

But didn't Rami bar Yeḥezkel teach a *baraita*: With regard to a **rooster that stuck its head**[H] **into the airspace of a glass vessel and crowed into it and** the noise **broke it,**[B] its owner **pays the full** cost of the **damage** like a regular case of damage. **And Rav Yosef said** that the Sages of **Rav's study hall say:** With regard to **a horse that neighed**[H] **or a donkey that brayed and they** thereby **broke vessels in the house,** their owners must **pay** for **half of the damage.**[B] Although these two examples are different, as one results in full payment and the other in half payment, it is clear that sound can be a source of liability for damages.

אֲמַר לֵיהּ: שָׁאנֵי אָדָם, דְּכֵיוָן דְּבַר דַּעַת הוּא – אִיהוּ מִיבְעִית נַפְשֵׁיהּ. כִּדְתַנְיָא: הַמַּבְעִית אֶת חֲבֵירוֹ – פָּטוּר מִדִּינֵי אָדָם וְחַיָּיב בְּדִינֵי שָׁמַיִם. כֵּיצַד? תָּקַע בְּאׇזְנוֹ וְחֵירְשׁוֹ – פָּטוּר; אֲחָזוֹ וְתָקַע בְּאׇזְנוֹ וְחֵירְשׁוֹ – חַיָּיב.

Rav Ashi **said to him: A person is different, as, since he is** mentally **competent it is he who frightened himself.** It was not the physical sound that caused the damage but the slave's subjective fear, which is not a direct result of the action. **As it is taught** in a *baraita* (*Tosefta, Bava Kamma* 6:16) that injury can result from being frightened: **One who frightens another**[H] and causes him injury **is exempt according to human laws but liable according to the laws of Heaven. How so? If one shouted into** another's **ear and deafened him,** he is **exempt.** But if **he held him and shouted into his ear and deafened him,** he is **liable** according to human laws as well, as he took physical hold of him. Once he physically took hold of him, he is liable for all the resultant damage.

תָּנוּ רַבָּנַן: הִכָּהוּ עַל עֵינוֹ וְכִהֲתָה, עַל שִׁינּוֹ וְנִדְּדָה, אִם יָכוֹל לְהִשְׁתַּמֵּשׁ בָּהֶן עַכְשָׁיו – אֵין עֶבֶד יוֹצֵא בָּהֶן לְחֵירוּת, וְאִם לָאו – עֶבֶד יוֹצֵא בָּהֶן לְחֵירוּת. תַּנְיָא אִידָּךְ: הֲרֵי שֶׁהָיְתָה עֵינוֹ כְּהוּיָה וְסִמְּאָהּ, שִׁינּוֹ נְדוּדָה וְהִפִּילָהּ, אִם יָכוֹל לְהִשְׁתַּמֵּשׁ בָּהֶן כְּבָר – עֶבֶד יוֹצֵא בָּהֶן לְחֵירוּת, וְאִם לָאו – אֵין עֶבֶד יוֹצֵא בָּהֶן לְחֵירוּת.

The Sages taught in a *baraita* (*Tosefta, Bava Kamma* 9:9): In a case where the master **struck him on his eye and weakened** his vision[H] without blinding him, or he struck him **on his tooth and loosened it, if he can use** the eye or the tooth **now,** the **slave is not emancipated by means of them. And if** he can no longer use them at all, then the **slave is emancipated by means of them. It is taught in another** clause in that *baraita*: In a case **where** the slave's **eye was weak**[H] prior to this incident, **and** the master **blinded it** entirely, or if the slave's **tooth was loose and** his master **knocked it out, if he** was **able to use them before** the master struck him, the **slave is emancipated by means of them, and if not,** then the **slave is not emancipated by means of them.**

וּצְרִיכָא; דְּאִי אַשְׁמוֹעִינַן הָךְ קַמַּיְיתָא – מִשּׁוּם דְּמֵעִיקָּרָא נְהוֹרָא בָּרִיא וְהַשְׁתָּא נְהוֹרָא כְּחִישָׁא, אֲבָל הָכָא דְּמֵעִיקָּרָא נַמִי נְהוֹרָא כְּחִישָׁא – אֵימָא לָא.

The Gemara comments: **And** it is **necessary** to state both *halakhot*, despite the fact that they apparently teach the same *halakha* that a weakened eye is not considered a significant injury, **as, if** the *tanna* had **taught us** only **this first** *halakha*, I would say that he is emancipated, **because at the outset** his **vision was strong and now** his **vision is weak. But here,** in the second *baraita*, **where his vision was also weak at the outset,** I would **say** he is **not** emancipated if the master blinded him entirely, as his eye did not function properly even beforehand.

וְאִי אַשְׁמוֹעִינַן הָא – מִשּׁוּם דְּסַמְיָא לְגַמְרֵי, אֲבָל הָתָם דְּלָא סַמְיָא לְגַמְרֵי – אֵימָא לָא. צְרִיכָא.

And conversely, **if** the *tanna* had **taught us** only **this** second *halakha*, I would say that he is emancipated **because he blinded** him **entirely. But there,** where **he did not blind** him **entirely** I would **say no,** he is not emancipated, despite the fact that he weakened his vision. Therefore, it is **necessary** to state both *halakhot*.

תָּנוּ רַבָּנַן: הֲרֵי שֶׁהָיָה רַבּוֹ רוֹפֵא וְאָמַר לוֹ לִכְחוֹל לוֹ עֵינוֹ וְסִמְּאָהּ, לַחֲתוֹר לוֹ שִׁינּוֹ וְהִפִּילָהּ – שִׂיחֵק בָּאָדוֹן, וְיָצָא לְחֵירוּת. רַבָּן שִׁמְעוֹן בֶּן גַּמְלִיאֵל אוֹמֵר: ״וְשִׁחֲתָהּ״ – עַד שֶׁיִּתְכַּוֵּין לְשַׁחֲתָהּ.

The Sages taught in a *baraita* (*Tosefta, Bava Kamma* 9:9): In a case **where his master was a doctor**[H] **and** the slave **said to him to paint his eye** with a medicament, and the master **blinded it** in the process, or he asked him **to drill his** aching **tooth, and** the master **knocked it out,** the slave **laughs at the master and is emancipated. Rabban Shimon ben Gamliel says** that the verse: "And if a man smites the eye of his slave, or the eye of his maidservant, **and destroys it,** to freedom shall he send him for his eye's sake" (Exodus 21:26), means that the slave is not emancipated **unless** the master **intends to destroy it.**[N] If he intended to heal him, the slave is not freed, even if the master did, in fact, injure him.

HALAKHA

A rooster that stuck its head – תַּרְנְגוֹל שֶׁהוֹשִׁיט רֹאשׁוֹ: If a rooster stuck its head inside a glass vessel to reach spices inside the vessel that the bird wanted to eat, and it broke the vessel by crowing, its owner pays the full cost of the damage for the spices and half the cost of the damage for the vessel. If the vessel was empty, it is considered unusual for the bird to act in this manner, and the owner is required to pay only half of the damage. The *halakha* is in accordance with the opinion of the Rabbis, not as stated in the *baraita* here (Rambam *Sefer Nezikin, Hilkhot Nizkei Mamon* 2:9; *Shulḥan Arukh, Ḥoshen Mishpat* 390:9).

A horse that neighed, etc. – סוּס שֶׁצָּנַף וכו׳: If a horse or a donkey broke a vessel by neighing or braying, it's owner pays half the damage (Rambam *Sefer Nezikin, Hilkhot Nizkei Mamon* 2:10; *Shulḥan Arukh, Ḥoshen Mishpat* 390:9).

One who frightens another – הַמַּבְעִית אֶת חֲבֵירוֹ: If a person frightens another without touching him, he is exempt by the laws of man but is liable by the laws of Heaven. If he touches him, e.g., he grabs him while shouting in his ear, he is liable for the damage he causes (Rambam *Sefer Nezikin, Ḥovel UMazik* 2:7; *Shulḥan Arukh, Ḥoshen Mishpat* 420:25, 32).

He struck him on his eye and weakened it, etc. – הִכָּהוּ עַל עֵינוֹ וְכִהֲתָה וכו׳: If one struck his slave's eye and damaged his vision, or if one struck his tooth and loosened it, the slave is not emancipated if they are still functional. If he can no longer use the eye or the tooth, the slave is emancipated (Rambam *Sefer Kinyan, Hilkhot Avadim* 5:8; *Shulḥan Arukh, Yoreh De'a* 267:34).

His eye was weak, etc. – הָיְתָה עֵינוֹ כְּהוּיָה וכו׳: In a case where a slave's eye was weak and his master struck it and blinded him, the slave is emancipated if he was previously able to use the eye (Rambam *Sefer Kinyan, Hilkhot Avadim* 5:9; *Shulḥan Arukh, Yoreh De'a* 267:33).

In a case where his master was a doctor, etc. – הֲרֵי שֶׁהָיָה רַבּוֹ רוֹפֵא וכו׳: A slave is emancipated by injury to one of his extremities only if his master harms him intentionally. Consequently, if the master stuck his hand into his maidservant's womb to assist her in giving birth and blinded the fetus, the fetus is not emancipated because the master had no intent to touch its eye. Nevertheless, if the master was a doctor and the slave asked him to paint his eye with a medicament, and he blinded him accidentally, the slave is emancipated, as the master did intend to treat the eye (Rambam *Sefer Kinyan, Hilkhot Avadim* 5:11–13; *Shulḥan Arukh, Yoreh De'a* 267:36).

BACKGROUND

A rooster that broke a vessel – תַּרְנְגוֹל שֶׁשָּׁבַר כְּלִי: Sound waves are capable of breaking glass due to the strength of the sound and the resonance of the waves.

Half of the damage – חֲצִי נֶזֶק: The owner of an ox or any other animal that had no history of causing malicious damage is required to pay for one-half of the damage caused maliciously by his animal to other animals or other people (Exodus 21:35). The Sages disagreed as to whether the reason for the requirement to pay half of the damage was that the owner should have been liable to pay the entire sum and the Torah reduced his liability, or whether perhaps, by rights, no payment should have been required at all, and the Torah obligated him to pay for half of the damage as a fine.

NOTES

Unless he intends to destroy it – עַד שֶׁיִּתְכַּוֵּין לְשַׁחֲתָהּ: Some commentaries apparently maintain that in the opinion of the Rabbis the slave's emancipation depends on whether the master aimed for a specific limb (Rashi; *Tosafot*). Others claim that the issue is not whether the master meant to damage a limb, but if he destroyed something whole (Ra'avad). This is why he is exempt for injuring a fetus's eye, as the child is unborn and therefore its eye cannot be considered whole (see Rashba and Ritva).

HALAKHA

His eye was blind and he removed it – הָיְתָה עֵינוֹ סְמוּיָה וְחִטְּטָהּ: If a slave's eye was blind and his master removed it entirely, the slave is emancipated, because he caused him to lose a body part. The same applies to other extremities. Even with regard to a body part that was defective and could not fulfill its ordinary function, if the master severed it the slave is emancipated (Rambam *Sefer Kinyan*, *Hilkhot Avadim* 5:6; *Shulḥan Arukh*, *Yoreh De'a* 267:33).

Unblemished status and male status, etc. – תַּמּוּת וְזַכְרוּת בִּבְהֵמָה וכו׳: It is not necessary for a bird-offering to be male; female birds can be used for any bird-offering. Likewise, there is no requirement for the bird to be unblemished, provided that it has no major blemishes. If a bird's wing dried out or if it was missing an eye or leg, it would be disqualified to be used as an offering (Rambam *Sefer Avoda*, *Hilkhot Issurei Mizbe'aḥ* 3:1).

וְרַבָּנַן, הַאי "וְשִׁחֲתָהּ" מַאי עָבְדִי לֵיהּ? מִיבְּעֵי לְהוּ לְכִדְתַנְיָא: רַבִּי אֶלְעָזָר אוֹמֵר: הֲרֵי שֶׁהוֹשִׁיט יָדוֹ לִמְעֵי שִׁפְחָתוֹ וְסִימֵּא עוּבָּר שֶׁבְּמֵעֶיהָ – פָּטוּר. מַאי טַעְמָא? דְּאָמַר קְרָא: "וְשִׁחֲתָהּ" – עַד שֶׁיִּתְכַּוֵּין לְשַׁחֲתָהּ.

The Gemara asks: **And the Rabbis, what do they do with this** verse **"and destroys it"?** What do they derive from this phrase? The Gemara answers: **They require** it **for that which is taught** in a *baraita*: **Rabbi Elazar says** that in a case **where** the master **stuck his hand into the womb of his maidservant** to assist her in giving birth **and he blinded the fetus in her womb, he is exempt** and the fetus is not emancipated when born. **What is the reason** for this? **As the verse states "and destroys it,"** meaning **unless he intends to destroy** it, and in this case he did not mean to touch the fetus's eye.

וְאִידָּךְ: מִ"וְּשִׁחֵת" "שִׁחֲתָהּ" נָפְקָא. וְאִידָּךְ: "שִׁחֵת" "שִׁחֲתָהּ" לָא דָּרֵישׁ.

And the other Sage, Rabban Shimon ben Gamliel, would say that that *halakha* is **derived from** the fact that the verse could have said: **And destroys,** and instead said **"destroys it." And the other** Sage, i.e., the Rabbis, how do they respond to this argument? **They do not expound** the difference between **"destroys"** and **"destroys it,"** i.e., they maintain that this is not a significant deviation from which one can derive a *halakha*.

אָמַר רַב שֵׁשֶׁת: הֲרֵי שֶׁהָיְתָה עֵינוֹ סְמוּיָה וְחִטְּטָהּ – עֶבֶד יוֹצֵא בָּהֶן לְחֵירוּת. מַאי טַעְמָא? מְחוּסָּר אֵבֶר הוּא.

Rav Sheshet says: In a case **where** the slave's **eye was blind and** the master **removed it**[H] entirely, the **slave is emancipated by means of** this injury. **What is the reason** for this? **He is** now **lacking a limb,** which is worse than a mere blemish.

וְתָנָא תּוּנָא: תַּמּוּת וְזַכְרוּת בִּבְהֵמָה, וְאֵין תַּמּוּת וְזַכְרוּת בְּעוֹפוֹת.

And the *tanna* of a *baraita* also **taught:** The *halakha* of **unblemished status,** i.e., that an offering must not contain a blemish, **and the** *halakha* of **male status**[H] apply **to animal** offerings, **but** the *halakha* of **unblemished status and** the *halakha* of **male status** do **not** apply **to bird** offerings.

יָכוֹל יָבְשָׁה גַּפָּהּ, נִקְטְעָה רַגְלָהּ, נֶחְטְטָה עֵינָהּ – תַּלְמוּד לוֹמַר "מִן הָעוֹף" – וְלֹא כׇּל הָעוֹף.

The Gemara comments: One **might** have thought that if one brings a bird **whose wing is dried,** or whose **leg is severed,** or whose **eye was removed,** that it too is acceptable as an offering. Therefore, **the verse states:** "And if his offering to the Lord is a burnt-offering **from birds**" (Leviticus 1:14). This phrase indicates that only some birds can be sacrificed as offerings, **but not all birds.** This teaches that a bird can be disqualified due to a blemish. For example, if a significant part of the bird is missing, e.g., a limb, the bird is not acceptable as an offering. This indicates that the actual loss of an eye is considered a greater blemish than blindness. Consequently, if his master takes out the slave's blind eye, he is emancipated.

אָמַר רַב חִיָּיא בַּר אַשִׁי אָמַר רַב: הָיְתָה לוֹ

Rabbi Ḥiyya bar Ashi says that **Rav says:** If the slave **had**

Perek **I**
Daf **25** Amud **a**

יְתֶרֶת וַחֲתָכָהּ – עֶבֶד יוֹצֵא בָּהֶן לְחֵירוּת. אָמַר רַב הוּנָא: וְהוּא שֶׁנִּסְפֶּרֶת עַל גַּב הַיָּד.

an extra[B] finger, i.e., six fingers on his hand, **and** the master **severed it,**[H] the **slave is emancipated by means of** this injury. **Rav Huna says: And this** *halakha* applies **when** the finger **can be counted along the back of the hand,** i.e., the extra finger is on the same line as the others. If it protrudes from another spot, then it is not classified as a finger but a mere growth, and destroying it is not considered the removal of a limb.

BACKGROUND

An extra finger – יְתֶרֶת: Polydactyly, or having an additional finger, is a genetic phenomenon. This finger often grows near the pinky finger or thumb. Sometimes this finger is merely a piece of flesh that looks like a finger, while in other cases it actually contains a bone. It is possible for this finger to be aligned with the other fingers. Nowadays such additional fingers are removed at a young age.

HALAKHA

An extra finger and he severed it – יְתֶרֶת וַחֲתָכָהּ: If a slave had an additional finger and his master severed it, he is emancipated if this finger was aligned with the others. The *halakha* is in accordance with the shared opinion of Rav and Rav Huna (Rambam *Sefer Kinyan*, *Hilkhot Avadim* 5:6; *Shulḥan Arukh*, *Yoreh De'a* 267:29).

סָבֵי דִּנְזוֹנְיָא לָא אָתוּ לְפִירְקֵיהּ דְּרַב חִסְדָּא, אֲמַר לֵיהּ לְרַב הַמְנוּנָא: זִיל צַנְעִינְהוּ. אֲזַל אֲמַר לְהוּ: מַאי טַעְמָא לָא אָתוּ רַבָּנַן לְפִירְקָא? אָמְרוּ לֵיהּ: אַמַּאי נֵיתֵי? דְּבָעֵינַן מִינֵּיהּ מִילְּתָא וְלָא פְּשַׁט לַן. אֲמַר לְהוּ: מִי בְּעֵיתוּ מִינַּאי מִידֵּי וְלָא פְּשֵׁיטְנָא לְכוּ?

§ The Gemara relates: **The Elders of** the city of **Nezonya**[B] **did not come to Rav Ḥisda's lecture.** Rav Ḥisda **said to Rav Hamnuna:**[P] Go and **ostracize them** [*tzaninhu*][NL] because they act disrespectfully toward the Sages. Rav Hamnuna **went** and **said to** the Elders of Nezonya: **What is the reason that the rabbis did not come to the lecture? They said to him: Why should we come, as we asked him** about **a matter and he did not resolve it for us.** We have nothing to learn from him. Rav Hamnuna **said to them: Have you asked me anything that I did not resolve for you?** Ask me your question.

בְּעוֹ מִינֵּיהּ: עֶבֶד שֶׁסֵּרְסוֹ רַבּוֹ בְּבֵיצִים מַהוּ? כְּמוּם שֶׁבְּגָלוּי דָּמֵי אוֹ לָא? לָא הֲוָה בִּידֵיהּ. אָמְרוּ לוֹ: מַה שְּׁמָךְ? אָמַר לְהוּ: הַמְנוּנָא. אָמְרוּ לֵיהּ: לָאו הַמְנוּנָא, אֶלָּא קַרְנוּנָא.

They raised the following **dilemma before him:** With regard to a **slave whose master castrates his testicles, what is the** *halakha*? **Is that considered an exposed blemish** that is sufficient to emancipate him **or not?** An answer to their dilemma **was not available to** Rav Hamnuna. **They said to him: What is your name? He said to them: Hamnuna.**[L] **They said to him** in jest: You should **not** be called **Hamnuna,** a good hot fish; **rather,** your name should be **Karnuna,**[N] a cold fish that is no longer tasty.

אֲתָא לְקַמֵּיהּ דְּרַב חִסְדָּא. אֲמַר לֵיהּ: מַתְנִיתָא בְּעוֹ מִינָּךְ. דִּתְנַן: עֶשְׂרִים וְאַרְבָּעָה רָאשֵׁי אֵבָרִים שֶׁבָּאָדָם כּוּלָּם אֵין מְטַמְּאִין מִשּׁוּם מִחְיָה.

After this encounter Rav Hamnuna **came before Rav Ḥisda** and told him what had happened. Rav Ḥisda **said to him: They raised before you a dilemma** that can be resolved from **a** ***baraita*****,**[N] which was cited in connection to a mishna, and you did not know how to answer them. **As we learned** in a mishna (*Nega'im* 6:7): There are **twenty-four extremities in a person, none of which can become ritually impure due to unaffected skin.**[NH] The Torah states that if a leprous spot contains some healthy flesh, the person is immediately rendered impure (Leviticus 13:14). The *halakha* of unaffected skin does not apply to the extremities because the priest must be able to see the entirety of the untainted area at once. Due to the shape of the twenty-four extremities, it is impossible to see the entirety of the area from a single vantage point. Consequently, the *halakha* of unaffected skin does not apply to them.

וְאֵלּוּ הֵם: רָאשֵׁי אֶצְבְּעוֹת יָדַיִם וְרַגְלַיִם, וְרָאשֵׁי אׇזְנַיִם, וְרֹאשׁ הַחוֹטֶם, וְרֹאשׁ הַגְּוִויָּה, וְרָאשֵׁי דַּדִּים שֶׁבָּאִשָּׁה. רַבִּי יְהוּדָה אוֹמֵר: אַף שֶׁבָּאִישׁ. וְתָנֵי עֲלַהּ: בְּכוּלָּם עֶבֶד יוֹצֵא בָּהֶם לְחֵירוּת. רַבִּי אוֹמֵר: אַף הַסֵּירוּס. בֶּן עַזַּאי אוֹמֵר: אַף הַלָּשׁוֹן.

And these are the twenty-four extremities: **The extremities of the fingers and toes,** twenty in total, **and the extremities of the ears, and the extremity of the nose, and the extremity of the penis, and the extremities of the nipples of a woman. Rabbi Yehuda says: Even the nipples of a man** are included. **And it is taught in that regard** in a *baraita*: **A slave is emancipated for** injuries to **all of them.**[NH] The body parts listed with regard to leprosy are the same ones that, when injured, lead to the emancipation of a slave. **Rabbi** Yehuda HaNasi **says: Also, the castration**[H] of a slave by his master entails his freedom. **Ben Azzai says: The tongue** is **also** considered an exposed body part, as it is exposed when one speaks. Consequently, if the master severs his slave's tongue, the slave goes free.

LANGUAGE

Ostracize them [*tzaninhu*] – צַנְעִינְהוּ: According to Rashi, this term, which literally means: Make them hide, is referring to a ban, indicating that they should hide in their houses.

Hamnuna – הַמְנוּנָא: Apparently originating from the Greek, ὕμνος, *humnos*, this name means a song or anthem. Since the Elders wished to rebuke Rav Hamnuna, they expounded the name as though it were a combination of the words *ham* and *nuna*, which they turned into *kar* and *nuna*. Some commentaries say that the name Karnuna, resembling the Hebrew word *keren*, horn, suggests one who has horns.

HALAKHA

None of which can become ritually impure due to unaffected skin – כּוּלָּם אֵין מְטַמְּאִין מִשּׁוּם מִחְיָה: There are twenty-four extremities on the human body that do not render one impure due to unaffected skin in a case of leprosy. They are the fingers and toes, the ears, the nose, the penis, and the nipples of a woman (Rambam *Sefer Tahara, Hilkhot Tumat Tzara'at* 3:8).

A slave is emancipated for all of them – בְּכוּלָּם עֶבֶד יוֹצֵא בָּהֶם לְחֵירוּת: If a master injures one of the twenty-four extremities of his slave, or if he damages his tooth or eye, the slave is emancipated (Rambam *Sefer Kinyan, Hilkhot Avadim* 5:5; *Shulḥan Arukh, Yoreh De'a* 267:27).

Also the castration – אַף הַסֵּירוּס: If a master castrates his slave by severing his testicles entirely, he is emancipated. If they remain in place he is not emancipated, even if the master cut the tubes connecting them to the body. Some commentaries (Rambam) maintain that if a master castrates his slave, the slave is not emancipated even if the master severed the testicles (Rambam *Sefer Kinyan, Hilkhot Avadim* 5:4; *Shulḥan Arukh, Yoreh De'a* 267:28).

BACKGROUND

Nezonya – נְזוֹנְיָא: According to one tradition, Nezonya was a pastoral village near Sura, where Rav Ḥisda lived (Rabbeinu Ḥananel).

PERSONALITIES

Rav Hamnuna – רַב הַמְנוּנָא: Rav Hamnuna, who lived in the second generation of Babylonian *amora'im*, was a student of Rav. A Sage with the same name also lived in the following generation. The Rav Hamnuna mentioned here remained in Rav's academy. Whenever a statement is made in the name of the school of Rav or the Elders of the school of Rav, it is attributed to Rav Hamnuna.

Rav Hamnuna maintained ties with Rav Huna, but although he accepted Rav Huna's authority to a certain extent, he was head of his own academy. Several of the most well-known Sages of the next generation learned from him.

NOTES

Go ostracize them [*tzaninhu*] – זִיל צַנְעִינְהוּ: This translation follows Rashi. In tractate *Nidda* (36b) Rashi explains a similar expression as meaning: Convince them to change their minds. Alternatively, he is telling him to rebuke those Elders (*Arukh*; see Maharit).

Karnuna – קַרְנוּנָא: According to Rashi this is alluding to *keren*, corners, in reference to those who sit on the corner rather than in the house of study. Some early commentaries are surprised that these Sages would insult Rav Hamnuna and call him a loiterer simply because he could not answer their question. Consequently, most accept the interpretation that Rav Hamnuna was no longer a hot and tasty fish, but a cold tasteless one (Rabbeinu Ḥananel).

They raised before you a dilemma that can be resolved from a *baraita* – מַתְנִיתָא בְּעוֹ מִינָּךְ: Some commentaries explain that Rav Ḥisda was aware of the *baraita* but did not want to cite it in answer to the Elders of Nezonya because it contains an unresolved dispute (*Shita Lo Node'a LeMi*). Mahari Beirav notes that this explanation is not necessary, as there is no indication that the question the Elders posed to Rav Hamnuna was the same one they had earlier posed to Rav Ḥisda without receiving a response.

None of which can become ritually impure due to unaffected skin – כּוּלָּם אֵין מְטַמְּאִין מִשּׁוּם מִחְיָה: Many early commentaries state that this requirement that the priest be able to see the entire area of the leprous sore all at once is not limited to its unaffected skin but is a fundamental matter that applies to leprosy in general. The verse: "As far as appears to the priest" (Leviticus 13:12), indicates that the leprous sore must be in a place where all of it can be seen at one glance. The *halakha* is stated specifically with regard to unaffected skin because the cited verse appears in that context (*Tosefot Tukh*; *Tosefot HaRosh*; *Shita Lo Node'a LeMi*).

A slave is emancipated for all of them – בְּכוּלָּם עֶבֶד יוֹצֵא בָּהֶם לְחֵירוּת: Some commentaries claim that the list of twenty-four extremities refers specifically to leprosy and does not represent the full complement of extremities that, when injured, require a slave to be freed (Rid). According to this opinion, any blemish that causes a priest to be disqualified or an offering to be invalidated causes a slave to be freed if it is exposed and if the injury causes a loss of function (see *Shita Lo Node'a LeMi*).

אָמַר מָר: רַבִּי אוֹמֵר אַף הַסֵּירוּס. סֵירוּס דְּמַאי? אִילֵימָא סֵירוּס דְּגִיד – הַיְינוּ גְּוִיָּיה. אֶלָּא לָאו – סֵירוּס דְּבֵיצִים.

The Master said above that **Rabbi** Yehuda HaNasi **says: Also castration.** The Gemara asks: **Castration of what? If we say** that it is referring to **castration of** the **penis,** i.e., that the master severed the slave's penis, **this is** the same as the mishna that already mentioned **a penis.** What, then, does Rabbi Yehuda HaNasi add? **Rather, is it not** correct to say that Rabbi Yehuda HaNasi is referring to **castration of the testicles?** If so, this *baraita* resolves the dilemma raised by the Elders of Nezonya.

״רַבִּי אוֹמֵר אַף הַסֵּירוּס״. וְרַבִּי לָשׁוֹן לָא? וּרְמִינְהוּ: הֲרֵי מִי שֶׁהָיָה מַזֶּה וְנִתְּזָה הַזָּאָה עַל פִּיו, רַבִּי אוֹמֵר: הִיזָּה, וַחֲכָמִים אוֹמְרִים: לֹא הִיזָּה.

The Gemara further analyzes the *baraita*. **Rabbi** Yehuda HaNasi **says: Also castration,** but he does not include the tongue, unlike ben Azzai. The Gemara inquires: **And** according to **Rabbi** Yehuda HaNasi, is the **tongue not** considered exposed? **And** the Gemara **raises a contradiction** from the following: In a case **where one was sprinkling** the purification water of the red heifer on another person in order to purify him from ritual impurity imparted by a corpse, **and a sprinkling** of water **landed on his mouth,**[H] **Rabbi** Yehuda HaNasi **says: He has sprinkled,** i.e., this is a valid form of sprinkling and the impure person is purified. **And the Rabbis say: He has not sprinkled,** i.e., this is an invalid form of sprinkling because water of purification must be sprinkled on exposed limbs.

מַאי לָאו עַל לְשׁוֹנוֹ? לָא, עַל שְׂפָתָיו. עַל שְׂפָתָיו פְּשִׁיטָא! מַהוּ דְּתֵימָא: זִימְנָא דְּחַלִּים שִׂפְתֵיהּ. קָא מַשְׁמַע לָן.

The Gemara clarifies the difficulty from this *baraita*: **What, is it not** the case that this is referring to a situation where water was sprinkled **on his tongue,** which would indicate that Rabbi Yehuda HaNasi maintains that the tongue is an exposed limb? The Gemara rejects this suggestion: **No,** this is referring to one who had water sprinkled **on his lips.** The Gemara asks: If it was sprinkled **on his lips, isn't it obvious** that he is ritually pure, as the lips are exposed? The Gemara answers: It is necessary to state this, **lest you say** that at **times, he closes his lips** tightly, and consequently they should be considered an unexposed part of the body. Therefore, the *baraita* **teaches us** that according to Rabbi Yehuda HaNasi one's lips are considered exposed.

וְהָתַנְיָא: עַל לְשׁוֹנוֹ! וְעוֹד תַּנְיָא: וְשֶׁנִּיטַּל רוֹב הַלָּשׁוֹן, רַבִּי אוֹמֵר: רוֹב הַמְדַבֵּר שֶׁבִּלְשׁוֹנוֹ!

The Gemara further asks: **But isn't it taught** explicitly in a *baraita* that if one had water sprinkled **on his tongue** he is ritually pure according to Rabbi Yehuda HaNasi? **And it is further taught** in a *baraita* dealing with the blemishes of priests and offerings **that if most of his tongue was removed,** this is a blemish; and **Rabbi** Yehuda HaNasi **says:** This is referring to a case where the part removed was **most of the part of his tongue** that **he uses for speaking**[HB] and pronouncing words, which is the tip of the tongue, not most of its length. This indicates that Rabbi Yehuda HaNasi maintains that if the tongue is removed, that is considered a blemish.

אֶלָּא, רַבִּי אוֹמֵר: סֵירוּס, וְלָא מִיבַּעְיָא לָשׁוֹן. בֶּן עַזַּאי אָמַר: לָשׁוֹן, אֲבָל סֵירוּס – לָא. וּמַאי ״אַף״? אַקַּמַּיְיתָא. אִי הָכִי נַקְדְּמָה דְּבֶן עַזַּאי בְּרֵישָׁא!

Rather, the *baraita* should be explained as follows. **Rabbi** Yehuda HaNasi **says: Castration** is included, **and it is not necessary** to say that if the slave's **tongue** is removed he is emancipated, as the tongue is exposed. **Ben Azzai says:** The loss of his **tongue** emancipates him, **but castration** does **not. And what** is the meaning of the term: **Also,** in the *baraita*, which indicates that ben Azzai is adding to Rabbi Yehuda HaNasi's statement? He is adding **to the first** statement of the first *tanna*, not to the immediately preceding ruling of Rabbi Yehuda HaNasi. The Gemara asks: **If so,** the statement **of ben Azzai should be first,** as he adds one item, i.e., the tongue, to the ruling of the first *tanna*, while Rabbi Yehuda HaNasi further adds the case of castration to ben Azzai's opinion.

תַּנָּא שְׁמָעָהּ לְדְרַבִּי וּקְבָעָהּ, וּשְׁמָעָהּ לְדְבֶן עַזַּאי וְתָנֵי, וּמִשְׁנָה לֹא זָזָה מִמְּקוֹמָהּ.

The Gemara answers: The *baraita* should have been formulated in this manner, but the *tanna* first **heard** the opinion of **Rabbi** Yehuda HaNasi **and set it** in his version of the *baraita*, **and** afterward **he heard** the opinion of **ben Azzai and taught** it at the end. **And** although it would be appropriate to change the order of the statements, he did not do so because **a mishna does not move from its place.**[B] Once it has been taught in a certain manner, the *tanna* will not change the text of a mishna, in order to avoid confusion.

HALAKHA

A sprinkling…on his mouth – הַזָּאָה עַל פִּיו: When one sprinkles the purification water on a person who is ritually impure from contact with a corpse, that person is purified when the water touches any part of his body. This is the case even if the water comes into contact only with his fingertips or lips. If the water touched only his tongue the sprinkling is not effective, in accordance with the opinion of the Rabbis (Rambam *Sefer Tahara, Hilkhot Para Aduma* 12:1).

Most of the part of his tongue he uses for speaking – רוֹב הַמְדַבֵּר שֶׁבִּלְשׁוֹנוֹ: If the majority of the part of one's tongue that is used for speaking is removed, this is a blemish. If an equivalent amount of an animal's tongue is removed, that animal is invalid as an offering. A priest who has suffered this injury is disqualified from serving in the Temple. This *halakha* is in accordance with the opinion of Rabbi Yehuda HaNasi (Rambam *Sefer Avoda, Hilkhot Biat HaMikdash* 7:7).

BACKGROUND

Most of the part of his tongue he uses for speaking – רוֹב הַמְדַבֵּר שֶׁבִּלְשׁוֹנוֹ: The back of the tongue is attached to the jawbone. Part of it cannot be seen and does not move when one speaks. The average length of the tongue is around 13 cm, while the part used for speaking, which is free to move is roughly 8 cm.

A mishna does not move from its place – מִשְׁנָה לֹא זָזָה מִמְּקוֹמָהּ: There is a dispute among the early commentaries, as well as modern scholars, as to whether Rabbi Yehuda HaNasi actually wrote the Mishna or if he merely edited it into its final form for the purposes of oral study. In either case, even according to those who say that he established the Mishna in written form, it was not widely available, and the study of the mishna remained primarily an oral exercise. Since students learned the *mishnayot* orally in order, the omission of a particular mishna and its replacement with a similar one, or the combination of two *mishnayot* into one, could cause confusion in their studies. For this reason, Rabbi Yehuda HaNasi often left an original mishna in place, even after other *mishnayot* had rendered its rulings redundant.

אָמַר עוּלָּא: הַכֹּל מוֹדִים בְּלָשׁוֹן לְעִנְיַן טוּמְאָה, דְּגָלוּי הוּא אֵצֶל הַשֶּׁרֶץ. מַאי טַעֲמָא? ״אֲשֶׁר יִגַּע בּוֹ״ אָמַר רַחֲמָנָא – וְהַאי נַמִי בַּר נְגִיעָה הוּא.

Ulla says: **All concede with regard to a tongue** that **in the matter of ritual impurity it is** considered **exposed with respect to a dead creeping animal**[B] and other items that impart impurity. In other words, if an individual comes into contact with a source of ritual impurity with his tongue, he is rendered impure. **What is the reason** for this? **The Merciful One states: "Whom he touches"** (Leviticus 15:11), **and this** tongue **can also touch.**[H] It is possible for one to touch objects with his tongue.

לְעִנְיַן טְבִילָה – כְּטָמוּן דָּמֵי. מַאי טַעֲמָא? ״וְרָחַץ בְּשָׂרוֹ בַּמַּיִם״ אָמַר רַחֲמָנָא, מַה בְּשָׂרוֹ מֵאַבְּרַאי – אַף כֹּל מֵאַבְּרַאי.

Similarly, all agree about a tongue with regard **to the matter of immersion** that the tongue **is considered concealed,**[H] and therefore one need not open his mouth so that the water touches his tongue. For an immersion to be valid, the water must come into contact with the entire outside of one's body. Ulla teaches that this does not include the tongue. **What is the reason** for this? **The Merciful One states: "And he shall immerse his flesh in water"** (Leviticus 15:13). **Just as his flesh is on the outside, so too everything** that requires immersion is **on the outside,** and this does not include what is ordinarily on the inside.

לֹא נֶחְלְקוּ אֶלָּא לְעִנְיַן הַזָּאָה; רַבִּי מְדַמֵּי לָהּ לְטוּמְאָה, וְרַבָּנַן מְדַמּוּ לָהּ לִטְבִילָה.

They disagreed only with regard **to** whether the tongue is considered exposed or concealed in **the matter of sprinkling. Rabbi** Yehuda HaNasi **compares** sprinkling **to impurity,** where the tongue is considered exposed, **and the Rabbis compare it to immersion,** where the tongue is considered concealed.

וְתַרְוַיְיהוּ בְּהַאי קְרָא קָמִיפַּלְגִי: ״וְהִזָּה הַטָּהֹר עַל הַטָּמֵא״ וגו׳. רַבִּי סָבַר: ״וְהִזָּה הַטָּהֹר עַל הַטָּמֵא בַּיּוֹם הַשְּׁלִישִׁי וּבַיּוֹם הַשְּׁבִיעִי וְחִטְּאוֹ״.

The Gemara comments: **And the two of them disagree with regard to** the meaning of **this verse: "And the pure person shall sprinkle upon the impure person** on the third day and on the seventh day, and he shall purify him on the seventh day and he shall wash his clothes and immerse in water and he shall become pure in the evening" (Numbers 19:19). **Rabbi** Yehuda HaNasi **maintains** that the verse should be read as: **"And the pure person shall sprinkle upon the impure person on the third day and on the seventh day, and he shall purify him."** This indicates that sprinkling is compared to ritual impurity, which means that it is effective if the water lands on any part of the body that can become impure.

רַבָּנַן סָבְרִי ״וְחִטְּאוֹ בַּיּוֹם הַשְּׁבִיעִי וְכִבֶּס בְּגָדָיו וְרָחַץ בַּמַּיִם״.

Conversely, **the Rabbis maintain** that one should read the phrase "and he shall purify him" with the last part of the verse, as follows: **"And he shall purify him on the seventh day and he shall wash his clothes and immerse in water."** According to this reading, sprinkling is compared to immersion, which means that the water must be sprinkled on part of the body that requires immersion.

וְרַבָּנַן נַמִי, נְדַמְּיָיהּ לְטוּמְאָה! טָהֳרָה מִטָּהֳרָה הֲוָה לֵיהּ לְמֵילַף. וְרַבִּי, נְדַמְּיָיהּ לִטְבִילָה! ״וְכִבֶּס בְּגָדָיו״ הִפְסִיק הָעִנְיָן.

The Gemara asks: **And** with regard to the opinion of **the Rabbis as well, let us compare** sprinkling **to impurity.** The Gemara answers: **One should derive purification from purification.** Just as immersion is a method of purification, so too sprinkling is a method of purification, and therefore it is appropriate to compare these two cases. The Gemara asks from the other perspective: **And** with regard to the opinion of **Rabbi** Yehuda HaNasi, **let us compare** sprinkling **to immersion.** The Gemara answers that the phrase **"and he shall wash his clothes" concludes** the discussion of **that matter,** i.e., this expression indicates that a new clause begins from here, and therefore sprinkling should not be compared to immersion but to impurity, which is mentioned prior to it.

וְסָבַר רַבִּי לְעִנְיַן טְבִילָה כְּטָמוּן דָּמֵי? וְהָאָמַר רָבִין אָמַר רַב אַדָּא אָמַר רַבִּי יִצְחָק: מַעֲשֶׂה בְּשִׁפְחָה שֶׁל בֵּית רַבִּי שֶׁטָּבְלָה וְעָלְתָה, וְנִמְצָא עֶצֶם בֵּין שִׁינֶּיהָ, וְהִצְרִיכָהּ רַבִּי טְבִילָה אַחֶרֶת!

The Gemara asks: **But does Rabbi** Yehuda HaNasi **maintain** with regard **to the matter of immersion** that the tongue **is considered concealed? But doesn't Ravin say** that **Rav Adda says** that **Rabbi Yitzḥak says:** There was **an incident involving a maidservant of the household of Rabbi** Yehuda HaNasi[B] **who immersed** herself, **and she ascended** from her immersion **and a bone was found between her teeth,**[H] **and Rabbi** Yehuda HaNasi **required her** to perform **another immersion?** This indicates that according to Rabbi Yehuda HaNasi one may not have a foreign object even inside one's mouth during immersion. If so, the tongue should require immersion as well.

BACKGROUND

A dead creeping animal – שֶׁרֶץ: There are eight small mammals and lizards in the category of creeping animals, whose carcasses impart ritual impurity upon contact (Leviticus 11:29–30). There is no clear oral tradition with regard to the identity of the animals listed in the Torah, and therefore the determination of their identity involves educated conjecture. Among the suggestions offered are that *ḥoled* is a rat; *akhbar* is a mouse; *tzav* is a dab lizard; *anaka* is a gecko; *koaḥ* is a monitor lizard; *leta'a* is the common lizard; *ḥomet* is a skink; and *tinshemet* is a chameleon.

A maidservant of the household of Rabbi Yehuda HaNasi – שִׁפְחָה שֶׁל בֵּית רַבִּי: The maidservant of the household of Rabbi Yehuda HaNasi is mentioned here and in several other contexts in the Gemara. She famously used the purest, most ancient form of the Hebrew language, including words with which the Sages themselves were no longer familiar. Apparently, she was a unique maidservant who was perhaps raised in the family of the *Nasi*. Her conduct and her witty and wise manner of speech are recounted in the Gemara. She may have served as Rabbi Yehuda HaNasi's housekeeper.

HALAKHA

The tongue with regard to impurity – לָשׁוֹן לְעִנְיַן טוּמְאָה: Ritual impurity transmitted through touch is contracted when one's flesh touches the impure item, even by means of one's tongue. This *halakha* is in accordance with the opinion of Ulla (Rambam *Sefer Tahara, Hilkhot Tumat Met* 1:3).

With regard to the matter of immersion it is considered concealed – לְעִנְיַן טְבִילָה כְּטָמוּן דָּמֵי: It is not necessary for water to enter concealed spaces when immersing, and therefore one need not open his mouth so that the water can enter there (Rambam *Sefer Tahara, Hilkhot Mikvaot* 1:10; *Shulḥan Arukh, Yoreh De'a* 198:38).

A bone was found between her teeth – נִמְצָא עֶצֶם בֵּין שִׁינֶּיהָ: If a woman immerses and finds an object stuck between her teeth, her immersion was not effective (Rambam *Sefer Tahara, Hilkhot Mikvaot* 2:13; *Shulḥan Arukh, Yoreh De'a* 198:24).

נְהִי דְּבִיאַת מַיִם לָא בָּעֵינַן, מָקוֹם הָרָאוּי לָבוֹא בּוֹ מַיִם בָּעֵינַן,

The Gemara answers: That is no proof, as it is **granted that we do not require immersion in water,** i.e., the water need not actually enter one's mouth. But **we require** that the mouth be **a place** that **is fit for water to enter.**[NH] If there is a foreign object, the water cannot enter that spot.

כִּדְרַבִּי זֵירָא. דְּאָמַר רַבִּי זֵירָא: כׇּל הָרָאוּי לְבִילָּה – אֵין בִּילָּה מְעַכֶּבֶת בּוֹ, וְשֶׁאֵינוֹ רָאוּי לְבִילָּה – בִּילָּה מְעַכֶּבֶת בּוֹ.

This is **in accordance with that** statement **of Rabbi Zeira. As Rabbi Zeira says** with regard to meal-offerings: For **any** amount of flour **suitable for mingling**[NH] with oil in a meal-offering, **mingling is not indispensable for it.** Although it is a mitzva to mingle the flour and oil *ab initio*, if they were not mingled the meal-offering is still valid. **But** for **any** amount of flour **not suitable for mingling, mingling is indispensable for it,** and such a meal-offering is invalid. The principle is: *Ab initio* requirements prevent the fulfillment of a mitzva in situations where they are not merely absent but impossible. Here too, although there is no need for the water to actually enter the concealed spaces of the body, it is still necessary that these places be fit for immersion without the interposition of a foreign object.

NOTES

A place that is fit for water to enter – מָקוֹם הָרָאוּי לָבוֹא בּוֹ מַיִם: Some early commentaries question the support of the Gemara's answer based on Rabbi Zeira's statement by noting that the two issues are not really similar. It is clear that mixing a meal-offering is required *ab initio*, like all non-critical actions that are presented as mitzvot. By contrast, there is no special command that immersion reach the concealed spaces *ab initio* (*Tosafot*). *Tosafot* claim that the phrase: "And he shall immerse his flesh" (Leviticus 15:13), indicates that ideally one's entire body should be immersed. Consequently, one could theorize that all parts of the body must be fit for the entry of water. Some rule that although by Torah law there is no obligation for the water to reach these spaces, the Sages decreed that one undergoing ritual purification should remove all foreign objects that interpose between one's body and the water (Ramban; Rashba; Ritva).

Any amount of flour suitable for mingling – כׇּל הָרָאוּי לְבִילָּה: The reason that mixing is necessary only theoretically is that this action, which is mentioned several times, is never stated in the form of an instruction: And he shall mix, but as an adjective: "Mixed with oil" (see Numbers 28:28). This indicates that mixing is not indispensable.

HALAKHA

A place that is fit for water to enter – מָקוֹם הָרָאוּי לָבוֹא בּוֹ מַיִם: It is not necessary for water to enter into concealed spaces and between folds in the skin. Nevertheless, these areas must be fit for water to enter. A bandage on a concealed space is considered an interposition that disqualifies the immersion (Rambam *Sefer Tahara, Hilkhot Mikvaot* 1:10; *Shulḥan Arukh, Yoreh De'a* 198:43).

Any amount of flour suitable for mingling – כׇּל הָרָאוּי לְבִילָּה: One may not bring a meal-offering that fills a vessel larger than sixty-tenths of an ephah because the flour and oil of such a large offering could not be mixed properly. Although one can still fulfill his obligation without mixing, it must be theoretically possible to mix the offering, as stated by Rabbi Zeira (Rambam *Sefer Korbanot, Hilkhot Ma'aseh HaKorbanot* 17:6).

Perek **I**
Daf **25** Amud **b**

כְּתַנָּאֵי: "וּמָעוּךְ וְכָתוּת וְנָתוּק וְכָרוּת" – כּוּלָּן בְּבֵיצִים, דִּבְרֵי רַבִּי יְהוּדָה.

The Gemara comments that the first question with regard to castration of the testicles is **like** a dispute between ***tanna'im***. It is stated with regard to animals that cannot be used as offerings due to blemishes: **"That whose stones are bruised, or crushed,**[NH] **or torn, or cut** you shall not sacrifice to the Lord" (Leviticus 22:24). **All of** these blemishes **are** referring **to the** animal's **testicles;** this is **the statement of Rabbi Yehuda.**

בְּבֵיצִים וְלֹא בְּגִיד?! אֶלָּא: כּוּלָּן אַף בְּבֵיצִים, דִּבְרֵי רַבִּי יְהוּדָה. רַבִּי אֱלִיעֶזֶר בֶּן יַעֲקֹב אוֹמֵר: כּוּלָּם בְּגִיד. רַבִּי יוֹסֵי אוֹמֵר: "מָעוּךְ וְכָתוּת" – אַף בְּבֵיצִים. "נָתוּק וְכָרוּת", בְּגִיד – אִין, בְּבֵיצִים – לָא.

The Gemara asks: Could Rabbi Yehuda possibly mean that these blemishes apply only **to the testicles and not to the penis?** Certainly these should also be considered blemishes if they affect the penis, which is more exposed than the testicles. **Rather,** this is what the *baraita* is saying: **All of** these blemishes apply **to the testicles also;** this is **the statement of Rabbi Yehuda. Rabbi Eliezer ben Ya'akov says: All of them** apply only **to the penis. Rabbi Yosei states** the following distinction: **"Bruised or crushed"** applies **to the testicles also.** Conversely, when there are areas that are **"broken or cut" on the penis, yes,** these are considered a blemish, but **on the testicles, no,** they are not a blemish.

NOTES

Bruised or crushed, etc. – מָעוּךְ וְכָתוּת וכו׳: The commentaries explain that only exposed blemishes disqualify offerings. Consequently, everyone agrees that the removal of one testicle is considered a blemish that invalidates the animal. The dispute concerns a case where one of the testicles was altered, but the damage is not visible. Should this be considered an exposed blemish or not (Rid)?

HALAKHA

Bruised or crushed, etc. – מָעוּךְ וְכָתוּת וכו׳: If one's penis is bruised, crushed, torn, or broken, or if his testicles are similarly damaged, even just one of them, this is considered a blemish. This individual may not serve as a priest. An animal injured in this manner may not be sacrificed as an offering. This *halakha* is in accordance with the opinion of Rabbi Yehuda (Rambam *Sefer Avoda, Hilkhot Biat HaMikdash* 7:8, and see *Kesef Mishne* there).

Image **Credits**

My Notes

My Notes

My Notes